DANO MORAL

Múltiplos Aspectos nas Relações de Trabalho

3ª edição

IRANY FERRARI
MELCHÍADES RODRIGUES MARTINS

DANO MORAL

Múltiplos Aspectos nas Relações de Trabalho

3ª edição

EDITORA LTr®
SÃO PAULO

Dados Internacionais de Catalogação na Publicação (CIP)
(Câmara Brasileira do Livro, SP, Brasil)

Ferrari, Irany
Dano moral : múltiplos aspectos nas relações de trabalho / Irany Ferrari, Melchíades Rodrigues Martins. — 3. ed. — São Paulo : LTr, 2008.

Bibliografia
ISBN 978-85-361-1080-6

1. Dano moral 2. direito do trabalho — Brasil 3. Relações de trabalho 4. Relações industriais — Brasil I. Martins, Melchíades Rodrigues. II. Título.

07-8354 CDU-34:331.1:347.426.4(81)

Índice para catálogo sistemático:

1. Brasil : Dano moral nas relações de trabalho : Direito do trabalho 34:331.1:347.426.4(81)

(Cód. 3542.9)

LTr

EDITORA LTDA.

Rua Apa, 165 — CEP 01201-904 — Fone (11) 3826-2788 — Fax (11) 3826-9180
São Paulo, SP — Brasil — www.ltr.com.br

Janeiro, 2008

ÍNDICE

Nota à Terceira Edição 7

Nota à Segunda Edição 9

Nota à Primeira Edição — Introdução 11

Capítulo I — Dano Moral — Conceito e sua aplicação no Direito do Trabalho 13

Capítulo II — Dano Moral — Competência da Justiça do Trabalho, inclusive as demandas que versam sobre acidente do trabalho ou a ele equiparado 24

Capítulo III — Dano Moral — Competência — Fase pré-contratual, contratual e pós-contratual 57

Capítulo IV — Dano Moral — Legitimidade ativa para agir 72

Capítulo V — Dano Moral — Carteira de Trabalho e Previdência Social — Anotações desabonadoras e outras infrações a ela ligadas 80

Capítulo VI — Dano Moral e o Assédio Moral 98

Capítulo VII — Dano Moral e o Assédio Sexual 143

Capítulo VIII — Dano Moral — Assédio Processual 171

Capítulo IX — Dano Moral e os Direitos da Personalidade 185

Capítulo X — Dano Moral por atos discriminatórios 309

Capítulo XI — Dano Moral — Decorrente de acidente do trabalho ou a ele equiparado (doença ocupacional ou profissional) 342

Capítulo XII — Dano Moral e os interesses difusos e coletivos (dano moral coletivo) 408

Capítulo XIII — Dano Moral e os atos de fiscalização, de monitoramento eletrônico e de revistas de empregado por parte de empregador 439

Capítulo XIV — Dano Moral decorrente de rescisão do contrato de trabalho por justa causa ou não 480

Capítulo XV — Dano Moral e os empregados em bancos 506

Capítulo XVI — Dano Moral e os poderes disciplinar e diretivo do empregador 532

Capítulo XVII — Dano Moral praticado por empregado 546

Capítulo XVIII — Dano Moral e a fixação da indenização reparatória 559

Capítulo XIX — Dano Moral e a prova judicial 588

Capítulo XX — Dano Moral e o prazo prescricional 604

Capítulo XXI — Dano Moral — Indenização — Natureza jurídica 628

Capítulo XXII — Dano Moral — Banalização 631

Índice Alfabético-remissivo 641

NOTA À TERCEIRA EDIÇÃO

Esta terceira edição é mais que isso; é uma nova obra.

Isto porque seus autores, depois do lançamento da edição anterior, continuaram nos estudos e nas pesquisas sobre a matéria em todas suas nuances.

Em razão disso, a parte doutrinária, bem como a jurisprudencial, foram consideravelmente ampliadas conforme se pode constatar pela bibliografia citada em cada capítulo e pelo número de decisões novas também em cada capítulo.

Mas não é apenas essa a novidade da obra, em sua 3ª edição, eis que a mais importante é a inclusão de três novos capítulos, de inegável interesse para os estudiosos do Direito do Trabalho.

São eles dedicados à banalização do dano moral; à legitimidade ativa para agir; e, ainda, ao chamado assédio processual, distinto da litigância de má-fé e do atentado à dignidade da justiça, por suas características próprias.

Assuntos que justificariam, por si sós, uma obra distinta, acabaram por ser incluídos nesta 3ª edição, como medida de economia e de melhor aproveitamento da obra já existente.

Irany Ferrari

Melchíades Rodrigues Martins

NOTA À SEGUNDA EDIÇÃO

Os motivos e as preocupações que nos levaram à elaboração desta obra são os mesmos constantes da introdução feita à primeira edição.

Ao ensejo desta nova edição, eis que, em poucos meses, a primeira se esgotou, fizemos reparos em quase todos os textos e acrescentamos outras considerações e decisões mais recentes para uma apresentação mais acurada da obra.

Apenas para exemplificar, o tema dedicado ao dano moral praticado por empregado recebeu um novo tratamento, bem como o relacionado com o dano moral e o prazo prescricional. Como não poderia deixar de ser, a questão sobre a competência da Justiça do Trabalho para apreciar e julgar ações fundadas em indenização por dano moral decorrentes de acidente de trabalho ou doença profissional a ele equiparado também foi objeto de novas considerações em face da reformulação do entendimento do Supremo Tribunal Federal, em decisão ocorrida no dia 29.6.05 (Conflito de Competência n. 7.204-1-MG).

De notar-se, ainda, que as partes destinadas à jurisprudência, bem como à bibliografia, sofreram um acréscimo relevante, a fim de proporcionar aos seus leitores uma considerável ampliação de seus conhecimentos sobre tão complexos temas.

Acreditamos que as inovações introduzidas nesta nova edição serão bem recebidas pelos leitores, já que feitas com o intuito de melhorar os textos da primeira edição.

Irany Ferrari

Melchíades Rodrigues Martins

NOTA À SEGUNDA EDIÇÃO

NOTA À PRIMEIRA EDIÇÃO — INTRODUÇÃO

O que nos levou a elaborar esta obra foi a idéia de tratarmos dessa matéria tão discutida atualmente pela doutrina e pelos tribunais, de maneira a contribuir para um enfoque abrangente dos principais temas envolvidos por ela.

Tal enfoque constitui em apresentarmos pequeno comentário sobre cada tema, seguido das referências legais, da bibliografia mais conhecida sobre ele e das decisões dos tribunais a respeito de cada um.

Essa visão ampla foi a idéia conjunta que tivemos e que esperamos que tenha sido exposta e pesquisada com real proveito de todos os operadores do direito.

Contudo, nossa idéia não se destina apenas aos versados ou interessados no direito, porque queremos que ela seja útil também para as empresas e para os empregados de um modo geral.

Para os empregados, porque são as possíveis vítimas das ofensas morais e para as empresas porque elas vêm representando pesados ônus não calculados nos riscos de suas atividades.

A leitura do índice dos temas indicados nesta obra está a revelar os principais casos provocados de danos morais, os chamados riscos extrapatrimoniais.

Para que reine a harmonia entre empregados e empregadores, antes, durante e depois dos contratos de trabalho, será necessário, portanto, que os empregadores, responsáveis pelos atos praticados por seus prepostos, tomem medidas corretas de segurança física, de atendimento à saúde e de orientação segura a seus empregados de confiança ou de chefia, normalmente superiores na hierarquia reinante no relacionamento trabalhista, no sentido de evitar que agressões à honra, ao bom nome ou à imagem de seus empregados venham a ocorrer.

Circulares, Avisos e até Cursos de RH devem conter essa preocupação não só para que não ocorram arranhões pessoais, nem prejuízos com reparações determinadas pelo Judiciário em razão de danos extrapatrimoniais.

Foi sobretudo com esta intenção que idealizamos esta obra com a qual esperamos a satisfação de seus bons resultados junto a operadores de direito, bem como em atenção a empregados e empregadores, eis que de nada vale uma declaração unilateral do empregador, por exemplo, no sentido de que não será responsável por atos do empregado ou até por acidente de trabalho, porque esta declaração não elidiria o princípio de ordem pública de que o empregador deve responder pelo dano causado pelo empregado, e, conseqüentemente, por sua reparação indenizatória.

O art. 5º, X, da CF/88 preceitua que "são invioláveis a intimidade, a vida privada, a honra e a imagem das pessoas, assegurado o direito à indenização pelo dano material e moral decorrente de sua violação".

Por outro lado, o Código Civil vigente, arts. 186 e 932, III, não deixam dúvidas quanto à responsabilidade do empregador; o primeiro estatuindo que "aquele que, por ação ou omissão voluntária, negligência ou imprudência, violar direito e causar dano a outrem, ainda que exclusivamente moral, comete ato ilícito" e o segundo, estabelecendo que "são também responsáveis pela reparação civil: (...) III — o empregador ou comitente, por seus empregados, serviçais e prepostos, no exercício do trabalho que lhes competir, ou em razão dele".

É certo ainda, que como preleciona *Caio Mário da Silva Pereira*, em sua obra "Responsabilidade Civil", Forense, 9ª ed., à p. 55,

> "Quando se cuide de dano moral, o fulcro do conceito ressarcitório acha-se deslocado para a convergência de duas forças: 'caráter punitivo' para que o causador do dano, pelo fato da condenação, se veja castigado pela ofensa que praticou; e o 'caráter compensatório' para a vítima, que receberá uma soma que lhe proporcione prazeres como contrapartida do mal sofrido.
>
> É com tal inspiração que as nossas cortes de justiça têm proclamado que a condenação pecuniária nas ações de indenização por dano moral têm função meramente satisfatória."

Diante de todas estas implicações jurídicas, será possível prever nos contratos de trabalho que, em caso de dano material ou moral causado pelo empregado contra terceiros ou outros colegas empregados, a empresa descontará o prejuízo por ele causado durante a vigência do contrato ou mesmo quando expirado em ação regressiva.

Tal previsão contratual terá espeque no que dispõe o artigo 462, § 1º, da CLT, a saber:

> "Em caso de dano causado pelo empregado, o desconto será lícito, desde que esta possibilidade tenha sido acordada ou na ocorrência de dolo do empregado."

Com esta cláusula contratual, os empregados cuidarão, com certeza, de se acautelar com os assédios e demais possíveis danos de ordem material ou moral, amenizando ou livrando as empresas dos prejuízos correspondentes, quase nunca calculadas em seus riscos porque arbitrários e sem que venham a constituir uma freqüência preocupante.

Desejamos aos leitores o melhor proveito do que nesta obra deixamos escrito.

Irany Ferrari

Melchíades Rodrigues Martins

CAPÍTULO I

DANO MORAL — CONCEITO E SUA APLICAÇÃO NO DIREITO DO TRABALHO

1. COMENTÁRIO

A Constituição de 1988, em seus primeiros artigos, estabelece entre os seus princípios fundamentais: "a dignidade da pessoa humana" e os "valores sociais do trabalho" (art. 1º, incisos III e IV).

Observa-se, também, que no seu art. 3º há uma preocupação com os objetivos fundamentais que devem pautar todos os atos do Estado, quais sejam "reduzir as desigualdades sociais e regionais; promover o bem de todos, sem preconceitos de origem, raça, sexo, cor, idade e quaisquer outras formas de discriminação".

São direitos, portanto, considerados fundamentais pela ordem jurídica do País e podem ser conceituados como "aqueles que o subsistema normativo constitucional houve por bem estender aos cidadãos, que são os destinatários diretos da Lei Fundamental, de modo a preservar àqueles quanto aos aspectos de liberdade, igualdade, fraternidade e todos preceitos decorrentes destes"(1).

Neste contexto, todas as normas legais deverão ser compreendidas à luz desses fundamentos em sintonia com os princípios protetivos do trabalho, os quais guardam relação direta com os valores sociais do trabalho e com a dignidade da pessoa humana.

E a dignidade, como salienta *André Gustavo Corrêa de Andrade,* é a "qualidade ou atributo inerente ao homem, decorrente da própria condição humana, que o torna credor de igual consideração e respeito por parte de seus semelhantes. Constitui a dignidade um valor universal não obstante as diversidades socioculturais dos povos. A despeito de todas as diferenças físicas, intelectuais, psicológicas, as pessoas são detentoras de igual dignidade. Embora diferentes em sua individualidade, apresentam, pela sua humana condição, as mesmas necessidades e faculdades vitais"(2).

E acrescenta *André Gustavo* que "A dignidade é composta por um conjunto de *direitos existenciais* compartilhados por todos os homens, em igual proporção, independentemente de seu estado ou condição. Partindo dessa premissa contesta-se aqui toda e qualquer idéia de que a dignidade humana encontre seu fundamento na autonomia da vontade. A titularidade dos direitos existenciais, porque inerente ao ser humano, independe até da capacidade de a pessoa se relacionar, expressar, comunicar, criar, sentir. Dispensa a autoconsciência ou compreensão da própria existência, porque 'um homem continua sendo homem mesmo quando

---

(1) Varela Gonçalves, Rogério Magnus. *Direito Constitucional do Trabalho.* Aspectos controversos da automação, 2003, Livraria do Advogado Editora, Porto Alegre, RS, p. 30.

(2) *Dano Moral e Indenização Punitiva.* Os *punitive damages* na experiência do *common law* e na perspectiva do Direito brasileiro, 2006, Forense, Rio, pp. 9/10.

cessa de funcionar normalmente'. Como observa *Ingo Wolfgang Sarlet,* 'mesmo aquele que já perdeu a consciência da própria dignidade merece tê-la (sua dignidade) considerada e respeitada'(3). E, mais que, "a dignidade pressupõe, portanto, a igualdade entre os seres humanos. Este é um de seus pilares. É da ética que se extrai o princípio de que os homens devem ter os seus interesses igualmente considerados, independente de raça, gênero, capacidade ou outras características individuais. Os interesses em evitar a dor, manter relações efetivas, obter uma moradia, satisfazer a necessidade básica de alimentação e tantos outros são comuns a todos os homens, independentemente da inteligência, da força física ou outras aptidões que o indivíduo possa ter"(4).

Os direitos ligados à dignidade da pessoa humana, dada a sua importância como direitos fundamentais, constam da Declaração Universal dos Direitos Humanos, ao consagrar no seu artigo 1º que "Todas as pessoas nascem livres e iguais em dignidade e direitos. São dotadas de razão e consciência e devem agir em relação umas às outras com espírito de fraternidade".

Observa-se também, pela sua disposição, que a mencionada Declaração coloca igualmente a liberdade como um dos pilares da dignidade da pessoa humana, porque "É a liberdade, em sua concepção mais ampla, que permite ao homem exercer plenamente os seus direitos existenciais. O homem necessita de liberdade interior, para sonhar, realizar suas escolhas, elaborar planos e projetos de vida, refletir, ponderar, manifestar suas opiniões. Por isso, a censura constitui um grave ataque à dignidade humana. Todavia, o homem não é livre para ofender a honra alheia, expor a vida privada de outrem ou para incitar abertamente a prática de crime. A liberdade encontra limites em outros direitos integrantes da personalidade humana, tais como a honra, a intimidade, a imagem. Liberdade exige responsabilidade social, porque sem ela constitui simples capricho. O exercício da liberdade em toda a sua plenitude pressupõe a existência de condições materiais mínimas. Não é verdadeiramente livre aquele que não tem acesso à educação e à informação, à saúde, à alimentação, ao trabalho, ao lazer"(5).

Verifica-se, assim, que existe um manto protetor sobre tais direitos e, para assegurar a sua plena eficácia, o legislador constituinte colocou no Título II da Carta Magna, que trata dos direitos e garantias fundamentais, a reparação do dano moral.

Com efeito, no art. 5º, V, está disposto que "é assegurado o direito de resposta, proporcional ao agravo, além da indenização por dano material, moral ou à imagem", e no inciso X do mesmo artigo, que "são invioláveis a intimidade, a vida privada, a honra e a imagem das pessoas, assegurado o direito à indenização pelo dano material ou moral decorrente de sua violação".

O Código Civil atual estabeleceu as diretrizes necessárias para que seja cumprido o que determina o texto constitucional, pois possibilita, ainda que não haja prejuízos materiais, a reparação de dano exclusivamente moral, seguindo a tendência doutrinária e jurisprudencial, conforme se verifica pelo seu art. 186, que preconiza:

> "Aquele que, por ação ou omissão voluntária, negligência ou imprudência, violar direito e causar dano a outrem, ainda que exclusivamente moral, comete ato ilícito."

---

(3) Ob. cit., p. 10.
(4) Ob. cit., p. 11.
(5) Corrêa de Andrade, André Gustavo. Ob. cit., pp. 11/12.

Embora se situando no campo da responsabilidade civil[6] a reparação do dano moral, muitos doutrinadores apostam que é no seio do Direito do Trabalho que essa matéria deverá alcançar o seu máximo desenvolvimento.

Este é o posicionamento de *Horácio de La Fuente*, para quem "o Direito do Trabalho aparece, assim, como o ramo jurídico em cujo seio o estudo do dano moral deveria alcançar seu máximo desenvolvimento, já que, como se disse, nesse direito a proteção da personalidade adquire especial dimensão, tanto por sua primordial importância — dado o caráter pessoal e duradouro da relação — como por ter sido objeto de uma garantia jurídica especial"[7].

Pinho Pedreira, sobre a questão, diz que é coincidente com o pensamento de *Vasquez Vialard*, quando este afirma:

> "Se em algum âmbito de Direito o conceito de 'dano moral' pode ter alguma aplicação, *é*, precisamente, no do trabalho. A razão da 'subordinação' a que está sujeito o trabalhador na satisfação do seu débito leva a que a atuação da outra parte, que dirige essa atividade humana, possa menoscabar a faculdade de atuar que diminui ou até frustra totalmente a satisfação de um interesse não patrimonial.
>
> Uma das finalidades fundamentais do Direito do Trabalho é de assegurar o respeito da dignidade do trabalhador, pelo que a lesão que em tal sentido se lhe inflija exige uma 'reparação', quer entendida esta expressão em sentido lato ou no de pena.
>
> Se bem seja certo que esse tipo de menoscabo pode se dar com maior freqüência em relação à pessoa do trabalhador, também pode acontecer pela ação deste sobre a do empregador ou dos que atuam em seu nome, o que também merece a devida consideração, com o propósito de estabelecer um equilíbrio na relação direta entre duas pessoas, que se expressa através dos débitos recíprocos que as vinculam"[8].

O número de demanda que grassa nos tribunais trabalhistas, bem como a gama de estudiosos sobre o tema no Direito do Trabalho no Brasil, têm demonstrado que, efetivamente, ele já ganhou um espaço significativo nesse ramo do direito e por certo esse espaço será muito maior com o tempo.

---

(6) José Affonso Dallegrave Neto, na sua obra *Responsabilidade Civil no Direito do Trabalho*, 2ª ed., março/2007, pela LTr, p. 98, afirma que, sistematizado a teoria do risco da atividade econômica, temos a seguinte tipologia da responsabilidade civil aplicada ao Direito do Trabalho;

I — Responsabilidade Civil Subjetiva:

a) incidente sobre a inexecução de obrigações de meio (art. 186, CC), tais como 'os danos decorrentes de abuso de direito (art. 187, CC);

b) aplicada nos casos de indenização acidentária causada pelo empregador (art. 7º, XXVIII, *in fine,* da CF);

II — Responsabilidade Civil Objetiva:

a) incidente sobre a inexecução de obrigações de resultado, tais como aqueles danos decorrentes da simples e regular execução do contrato em face da assunção do risco da atividade econômica (teoria da culpa contratual presumida e do risco proveito art. 2º, CLT);

b) incidente sobre a indenização decorrente de risco físico ou perigo em atividade normal da empresa (teoria do risco criado — art. 927, parágrafo único do CC);

c) incidente sobre danos ambientais em relação a todas as vítimas — comunidade e trabalhadores (art. 225, § 3º, CF e art. 14, § 1º, da Lei n. 6.938/81);

d) atribuída ao empregador por dano de terceiro decorrente de ato culposo praticado por empregado ou preposto em razão do contrato de trabalho (responsabilidade por fato de outrem — art. 933 do CC).

(7) *Apud* Luiz de Pinho Pedreira da Silva. *Ensaios de Direito do Trabalho*, 1998, LTr, SP, p. 52.

(8) Ob. cit., p. 52.

No que concerne ao conceito de dano moral, *Pinho Pedreira*, em recente livro[9] sobre dano moral, cita *Cristina Mangarelli*, a qual "pondo em relevo que a doutrina tem assinalado, quanto a esse tema, uma verdadeira 'anarquia conceitual', existindo tantas definições quanto os autores que a versam".

De notar-se que existem definições que colocam o dano material no mesmo patamar do dano moral, quando se sabe que existem distinções entre os dois: outros tratam a conceituação de forma descritiva, isto é, enumerando os casos de dano moral como se isso fosse uma solução para tão complexa questão que passou pela proteção da pessoa física para abarcar também a pessoa jurídica.

Por outro lado, a matéria tem hoje projeção no mundo jurídico, principalmente na seara das relações laborais, em face das modalidades de dano moral encontradas no seu meio, como o assédio moral, assédio sexual, revistas em empregados, monitoramentos eletrônicos e outras formas que vão surgindo à medida que avança o processo da globalização e das relações de trabalho.

Com efeito, *Pinho Pedreira*, após fazer a análise das definições por ele encontradas no direito comparado, opta pela de *Rafael Garcia Lopes,* que considera o "dano moral como resultado prejudicial que tem por objeto a lesão ou menoscabo de alguns dos bens ou direitos correspondentes ao âmbito estritamente pessoal da esfera jurídica do sujeito de direito, que se ressarcem por vias satisfatórias sob o critério eqüitativo do juiz"[10].

Na doutrina brasileira, encontramos vários conceitos sobre o dano moral. *Valdir Florindo*, um dos autores que mais se debruçou sobre o tema e, como ele próprio afirma, valendo-se dos ensinamentos dos grandes autores, inclusive os alienígenas, ousaria definir "o dano moral como aquele decorrente de lesão à honra, à dor-sentimento ou física, aquele que afeta a paz interior do ser humano, enfim, ofensa que cause um mal, com fortes abalos na personalidade do indivíduo", e acrescenta ainda que, "pode-se dizer com segurança que seu caráter é extrapatrimonial, contudo é inegável seu reflexo sobre o patrimônio. A verdade é que podemos ser lesados no que somos e não tão-somente no que temos"[11].

João de Lima Teixeira Filho, por sua vez, define o dano moral como sendo "o sofrimento humano provocado por ato ilícito de terceiro que molesta bens imateriais ou magoa valores íntimos da pessoa, os quais constituem o sustentáculo sobre o qual a sua personalidade é moldada e sua postura nas relações em sociedade é erigida"[12].

Rodolfo Pamplona Filho, discorrendo sobre o seu conceito jurídico-doutrinário de dano, o encara "como a lesão ou prejuízo que sofre uma pessoa, em seus bens vitais naturais — não patrimoniais — ou em seu patrimônio valorado economicamente", acrescentando que, obviamente, a definição "pode variar de acordo com a acepção que se tiver do termo 'patrimônio', pois se esse for encarado como o conjunto de bens e direitos de uma pessoa, é lógico que a honra estaria sempre englobada no 'patrimônio jurídico' de uma pessoa"[13].

---

(9) *A Reparação do Dano Moral no Direito do Trabalho*, 2004, LTr, SP, p. 25.

(10) Ob. cit., p. 29.

(11) *Dano Moral e o Direito do Trabalho*, 4ª ed., 2002, LTr, SP, p. 53.

(12) *Instituições de Direito do Trabalho*, Arnaldo Süssekind; Délio Maranhão; Segadas Vianna; João de Lima Teixeira Filho, 18ª ed., vol. I, 1999, LTr, SP, p. 636.

(13) *O Dano Moral na Relação de Emprego*, 3ª ed., julho/2002, ampliada, revista e atualizada, LTr, SP, p. 43.

Ensina *Guilherme Augusto Caputo Bastos* que o dano moral pode ser definido "como toda e qualquer lesão proveniente de ato ilícito perpetrado por terceiro, que venha atingir os valores magnânimos, juridicamente tutelados, de uma determinada pessoa, causando-lhe, contra sua vontade, prejuízos de ordem imaterial e sem conteúdo econômico, mas que podem materializar-se, economicamente, de forma reflexa", e observa ainda que, "dentro desse contexto, faz-se importante ressaltar que a materialização do prejuízo de ordem econômica torna-se perfeitamente vislumbrada quando o dano malfere, por exemplo, a reputação de um bom profissional, abalando a sua imagem-atributo, com conseqüente cancelamento de celebração de contratos"(14).

Para *Francisco Antonio de Oliveira*, o "dano moral é aquele que atinge bens incorpóreos como a auto-estima, a honra, a privacidade, a imagem, o nome, a dor, o espanto, a emoção, a vergonha, a injúria física ou moral, a sensação de dor, de angústia, de perda. O dano moral firma residência em sede psíquica e sensorial. Daí a impossibilidade de medi-lo objetivamente para fins indenizatórios"(15).

Após examinar a configuração do dano moral no plano do ato ilícito, *Humberto Theodoro Júnior* assinala que "De maneira mais ampla, pode-se afirmar que são danos morais os ocorridos na esfera da subjetividade, ou no plano valorativo da pessoa na sociedade, alcançando os aspectos mais íntimos da personalidade humana ('o da intimidade e da consideração pessoal'), ou o da própria valoração da pessoa no meio em que vive e atua ('o da reputação ou da consideração social') (*idem,* n. 7, p. 41). Derivam, portanto, de 'práticas atentatórias à personalidade humana' (STJ, 3ª T., voto do Relator Eduardo Ribeiro, no REsp 4.236, in Bussada, Súmulas do Superior Tribunal de Justiça, São Paulo, Jurídica Brasileira, 1995, vol. I, p. 680). Traduzem-se em 'um sentimento de pesar íntimo da pessoa ofendida' (STF, RE 69.754/SP, RT 485/230) capaz de gerar 'alterações psíquicas' ou 'prejuízo à parte social ou afetiva do patrimônio moral' do ofendido (STF, RE 116.381-RJ, *Bussada,* ob. cit., p. 6.873)"(16).

Sobre o prisma da doutrina e da jurisprudência dominantes, *Maria Celina Bodin de Moraes* afirma que "o dano moral é aquele que, independentemente de prejuízo material, fere direitos personalíssimos, isto é, todo e qualquer atributo que individualiza cada pessoa, tal como a liberdade, a honra, a atividade profissional, a reputação, as manifestações culturais e intelectuais, entre outros". Acrescenta ainda a autora que "o dano é ainda considerado moral quando os efeitos da ação, embora não repercutam na órbita de seu patrimônio material, originam angústia, dor, sofrimento, tristeza ou humilhação à vítima, trazendo-lhe sensações e emoções negativas. Neste último caso, diz-se necessário, outrossim, que o constrangimento, a tristeza, a humilhação, sejam intensos a ponto de poderem facilmente distinguir-se dos aborrecimentos e dissabores do dia-a-dia, situações comuns a que todos se sujeitam, como aspectos normais da vida cotidiana" (17).

Nehemias Domingos de Melo também apresenta o seu conceito de dano moral dando ênfase à indenização e sua tríplice finalidade. São suas as palavras: "Com o advento do novo Código Civil e cotejando os avanços doutrinários jurisprudenciais, ousamos afirmar que o dano moral é toda agressão injusta àqueles bens imateriais, tanto de pessoa física quanto de

---

(14) *O Dano Moral no Direito do Trabalho*, junho/2003, LTr, SP, p. 21.

(15) *Revista LTr* 62-01/24.

(16) *Dano Moral,* 5ª ed., 2007, Ed. Juarez de Oliveira, SP, p. 2.

(17) *Danos à Pessoa Humana — Uma Leitura Civil-Constitucional dos Danos Morais*, 2003, Renovar, Rio, pp. 157/158.

pessoa jurídica ou da coletividade, insusceptível de quantificação pecuniária, porém indenizável com tríplice finalidade: satisfativo para a vítima, dissuasório para o ofensor e de exemplaridade para a sociedade"[18].

A verdade é que a noção e o conceito de dano moral são muito amplos, conforme ensina *Jorge Pinheiro Castelo,* ao afirmar que "A noção e conceito de dano moral, inclusive o laboral, são muito mais amplos, pois cobrem todo o espectro da personalidade humana, alcançando todos os atos ilícitos que causem, desnecessária e ilicitamente, desassossego, desconforto, medo, constrangimento, angústia, apreensão, perda da paz interior, sentimento de perseguição ou discriminação, desestabilização pessoal, profissional, social e financeira"[19].

Já para *Xisto Tiago de Medeiros Neto*, em sua definição mais ampla, o "dano moral ou extrapatrimonial consiste na lesão injusta imprimida a determinados interesses não-materiais, sem equipolência econômica, porém concebidos como valores jurídicos protegidos, integrantes do leque de proteção interna (por exemplo: o bem-estar, a intimidade, a liberdade, a privacidade, o equilíbrio psíquico e a paz) ou externa (como o nome, a reputação e a consideração social) inerente à personalidade do ser humano (abrangendo todas as áreas de extensão da sua dignidade), podendo também alcançar os valores extrapatrimoniais reconhecidos pelo sistema legal à pessoa jurídica ou a uma coletividade de pessoas"[20].

2. *REFERÊNCIAS LEGAIS*

Constituição Federal

Art. 1º A República Federativa do Brasil, formada pela união indissolúvel dos Estados e Municípios e do Distrito Federal, constitui-se em Estado Democrático de Direito e tem como fundamentos:

....

III — a dignidade da pessoa humana;

IV — os valores sociais do trabalho e da livre iniciativa;

....

Art. 5º Todos são iguais perante a lei, sem distinção de qualquer natureza, garantindo-se aos brasileiros e aos estrangeiros residentes no País a inviolabilidade do direito à vida, à liberdade, à igualdade, à segurança e à propriedade, nos termos seguintes:

....

V — é assegurado o direito de resposta, proporcional ao agravo, além da indenização por dano material, moral ou à imagem;

....

Art. 170. A ordem econômica, fundada na valorização do trabalho humano e na livre iniciativa, tem por fim assegurar a todos existência digna, conforme os ditames da justiça social, observados os seguintes princípios:

Consolidação das Leis do Trabalho

....

Art. 8º As autoridades administrativas e a Justiça do Trabalho, na falta de disposições legais ou contratuais, decidirão, conforme o caso, pela jurisprudência, por analogia, por eqüidade e outros princípios e normas

(18) *Dano Moral Trabalhista,* 2007, Atlas, SP, p. 16.

(19) A prova do dano moral trabalhista. *In Revista do Advogado,* p. 53. *Apud* Daniel Itokazu Gonçalves. O Dano Moral Trabalhista à Luz da Emenda Constitucional 45/2004, *In Dano Moral e sua quantificação,* 2005, Coordenação: Sérgio Augustin,. Ed. Plenum, Caxias do Sul, RS, p. 87.

(20) *Dano Moral Coletivo*, 2004, LTr, SP, pp. 54/55.

gerais de direito, principalmente do direito do trabalho, e, ainda, de acordo com os usos e costumes, o direito comparado, mas sempre de maneira que nenhum interesse de classe ou particular prevaleça sobre o interesse público.

Parágrafo único. O direito comum será fonte subsidiária do direito do trabalho, naquilo em que não for incompatível com os princípios fundamentais deste.

Código Civil de 2002

Art. 186. Aquele que, por ação ou omissão voluntária, negligência ou imprudência, violar direito e causar dano a outrem, ainda que exclusivamente moral, comete ato ilícito.

Art. 187. Também comete ato ilícito o titular de um direito que, ao exercê-lo, excede manifestamente os limites impostos pelo seu fim econômico ou social, pela boa-fé ou pelos bons costumes.

....

Art. 927. Aquele que, por ato ilícito (arts. 186 e 187), causar dano a outrem, fica obrigado a repará-lo.

Parágrafo único. Haverá obrigação de reparar o dano, independentemente de culpa, nos casos especificados em lei, ou quando a atividade normalmente desenvolvida pelo autor do dano implicar, por sua natureza, risco para os direitos de outrem.

3. JURISPRUDÊNCIA

Caracterização

Ementa: DANOS MORAIS. CARACTERIZAÇÃO. A caracterização do direito à reparação por danos morais depende, no plano fático, do impulso do agente; do resultado lesivo; e do nexo causal entre ambos. Tais elementos são os pressupostos da responsabilidade civil. Deve existir relação de causalidade entre o dano experimentado e a ação alheia. Desta forma, cumpre haver ação (comportamento positivo) ou omissão (comportamento negativo) de outrem que, de acordo com as circunstâncias fáticas, vem a alcançar e ferir, de modo injusto, componente da esfera da moralidade do lesado. Características não evidenciadas no presente feito. Recurso improvido por unanimidade, no particular. TRT 24ª Reg. RO 339/2001 (Ac. TP n. 1788/2001) — Rel. Juiz João de Deus Gomes de Souza. DJMS n. 5.550, 16.7.01.

Caracterização

Ementa: DANO MORAL. O dano moral se caracteriza por um sofrimento decorrente de lesão de direitos não patrimoniais, de difícil mensuração pecuniária e ainda, por abuso desnecessário, no tratamento humilhante sofrido pelo empregado. Para que lhe seja reconhecido o direito à reparação a este título é necessário que comprove efetivo prejuízo sofrido em decorrência do fato invocado. TRT 1ª Reg. RO 00243-2003-059-01-00-7 — (Ac. 4ª T.) — Relª Des. Doris Castro Neves. DJRJ 29.9.04, p. 225.

Caracterização

Ementa: DANO MORAL. REPARABILIDADE. CARACTERIZAÇÃO. Dano moral constitui fato que conceitualmente destrata e distrata, que capta repúdio no círculo que o alcança e que apanha o ator social envolvido que usualmente afeta, como deformidade, o caráter do indivíduo. Expressões injuriosas dirigidas à Reclamante, inclusive levadas ao conhecimento do círculo do emprego, atingem moralmente o trabalhador e são passíveis de reparação indenizatória. TRT 3ª Reg. RO 00489-2005-098-03-00-2 — (Ac. 6ª T.) — Relª Juíza Emília Facchini. DJMG 24.11.05, p. 17.

Caracterização e efeitos

Ementa: DANO MORAL. INDENIZAÇÃO. O dano moral, entendido como qualquer prejuízo de natureza extrapatrimonial, representado, essencialmente, pelo sofrimento físico e mental, ou mesmo pelos sentimentos de dor e desânimo, conquanto não mensurável por critérios objetivos, enseja uma reparação que dê à vítima o conforto e a esperança de ver mitigado o seu sofrimento e o sentimento de descrença, tanto como se justifica como uma forma de punição para o ofensor. TRT 3ª Reg. RO 00629-2005-048-03-00-6 — (Ac. 6ª T.) — Juiz Red. Ricardo Antonio Mohallem. DJMG 24.11.05, p. 17.

Caracterização por elementos objetivos e não por mera consideração subjetiva da parte que se declara atingida

Ementa: DANO MORAL. INDENIZAÇÃO. A indenização por dano moral é caracterizada por elementos objetivos e não por mera consideração subjetiva da parte que se declara atingida. *In casu*, não houve comprovação de desrespeito à intimidade ou à vida privada do autor, ou, ainda, abalo que denegrisse a sua imagem de forma que culminasse em grave dano ao seu conceito social. Indevida qualquer indenização. TRT 9ª Reg. RO 18349-2002-014-09-00-1 — (Ac. 4ª T. 17848/05) — Rel. Juiz Sergio Murilo Rodrigues Lemos. DJPR 15.7.05, p. 460.

Conceito

Ementa: DANO MORAL. CONCEITO. CONFIGURAÇÃO. Dano moral é aquele que decorre de lesão à honra, à dor-sentimento ou física, aquela que afeta a paz interior do ser humano, enfim, ofensa que cause um mal, com fortes abalos na personalidade do indivíduo. *Valdir Florindo, in* "Dano Moral e o Direito do Trabalho", Ed. LTr, SP, 2ª ed., 1996. Configura-se quando alguém por ação ou omissão voluntária, negligência ou imprudência, violar direito, ou causar prejuízo a outrem. Hipóteses não caracterizadas nos presentes autos. Recurso improvido por unanimidade no particular. TRT 24ª Reg. RO 991/2001 — Rel. Juiz João de Deus Gomes de Souza. DJMS n. 5.721, 1º.4.02.

Conceito

Ementa: RECURSO ORDINÁRIO. DANOS MORAIS. INDENIZAÇÃO. Consiste o dano moral na penosa sensação da ofensa, na humilhação perante terceiros, na dor sofrida, enfim, nos efeitos puramente psíquicos e sensoriais experimentados pela vítima do dano, em conseqüência deste, seja provocada pela recordação do defeito ou lesão, quando não tenha deixado resíduo mais concreto, seja pela atitude de repugnância ou de reação a ridículo tomada pelas pessoas que o defrontam. Não tendo a parte autora provado o nexo de causalidade entre os fatos descritos na exordial e os efeitos psíquico-sensoriais que alega ter experimentado, não há como se acolher a tese de dano moral. TRT 1ª Reg. RO 01076-2002-342-00-3 — (Ac. 8ª T.) — Rel. Des. Alberto Fortes Gil. DJRJ 19.11.04, p. 126.

Conceito

Ementa: DANO MORAL. O dano à moral deve ser compreendido como aquele causado a outrem que não tenha natureza patrimonial. É o sofrimento humano provocado por determinado ato ilícito de terceiro que molesta bens imateriais ou magoa valores íntimos da pessoa. Trata-se da dor oriunda da violação de um bem juridicamente tutelado sem repercussão patrimonial. Por conseguinte, em virtude de um ato ilícito, sobrevindo perturbação nas relações psíquicas, na tranqüilidade, nos entendimentos e nos afetos de uma pessoa, configura-se o dano moral, perfeitamente passível de indenização. Destarte, merece acolhida a tese que busca fixação do *quantum* relevante para pagamento de indenização face à necessidade de reparação da lesão sofrida com eficácia na punição para o agente causador. Recurso do reclamante que se dá provimento para majorar a indenização arbitrada. TRT 15ª Reg. (Campinas/SP) RO 01353-2003-042-15-00-8 — (Ac. 6.801/07, PATR, 6ª C.) — Rel. Juiz Marcelo Garcia Nunes. DJSP 16.2.07, p. 28.

Da decisão acima colhe-se o seguinte fundamento:

"3.1. DO DANO MORAL:

Sustenta a reclamada, na esfera recursal, ser incabível a indenização por dano moral, haja vista que, o obreiro não sofria humilhações e nem era submetido a situações aviltantes, eis que a condição apresentada na prova emprestada, somente diz respeito ao reclamante de outro feito.

Em recurso adesivo, diz o reclamante que, o valor da indenização por dano moral deve ser majorado para R$ 68.857,00, diante da gravidade da ofensa sofrida pelo trabalhador e a possibilidade econômica da reclamada.

Portanto, considerando a identidade de matéria, apesar dos escopos distintos, merecem ser analisados conjuntamente os recursos.

O artigo 5º, inciso X, da Constituição Federal de 1988, prevê: "*são invioláveis a intimidade, a vida privada, a honra e a imagem das pessoas, assegurando o direito à indenização pelo dano material ou moral decorrente de sua violação*".

Dano moral deve ser compreendido como o dano causado a outrem que não tenha natureza patrimonial. É o sofrimento humano provocado por determinado ato ilícito de terceiro que molesta bens imateriais ou magoa valores íntimos da pessoa. Trata-se da dor oriunda da violação de um bem juridicamente tutelado sem repercussão patrimonial. Por conseguinte, em virtude de um ato ilícito, sobrevindo perturbação nas relações psíquicas, na tranqüilidade, nos entendimentos e nos afetos de uma pessoa, configura-se o dano moral, perfeitamente passível de indenização.

Ainda, entende-se por ato ilícito toda ação ou omissão voluntária, negligência ou imprudência, que viole direito alheio ou cause prejuízo a outrem, por dolo ou culpa. É, assim, a violação dolosa ou culposa do direito de outra pessoa, do qual decorra dano a seu titular.

Nesta Justiça Especializada, o ressarcimento do dano moral tem plena aplicação nas relações decorrentes do vínculo de emprego, devendo o empregador responder pelos danos causados por dolo ou culpa que lesem interesses ou bens não patrimoniais do trabalhador e vice-versa.

No caso *sub judice*, as declarações das testemunhas obreiras (fls. 217/218 e 223), corroboraram que o reclamante era submetido a situações aviltantes, desagradáveis, causando-lhe sofrimento e dor, quando havia prestações de serviços em outras localidades, haja vista a ausência de condições de higiene para seu repouso (vide fls. 217/218: havia baratas, ratos, escorpiões, mau cheiro, nos locais em que dormia).

Não podemos olvidar, hodiernamente, o *princípio da dignidade da pessoa humana*, com proteção dos valores sociais e pessoais mínimos dos trabalhadores, tão enfatizado na Constituição Federal de 1988 e no novo Código Civil brasileiro.

Houve dano moral ao trabalhador e, como consectário, deve haver a respectiva indenização.

Por derradeiro, quanto ao valor arbitrado à indenização (R$12.000,00), entendo que o mesmo deve ser fixado em *quantum* superior àquele constante da decisão de origem. Isto porque, a gravosidade do ato enseja a necessidade de reflexos pecuniários mais significativos no patrimônio do réu.

Destarte, arbitro a indenização em R$ 25.000,00 (vinte e cinco mil reais).

Posto isso, **decido conhecer** dos recursos interpostos para, **negar provimento ao do réu e dar parcial provimento ao do reclamante**, para majorar a indenização para R$25.000,00, nos termos da fundamentação, que fica fazendo parte integrante deste dispositivo, mantendo íntegra a respeitável sentença de origem, inclusive quanto ao arbitramento das custas (fls. 230)."

Configuração

Ementa: DANO MORAL. CONFIGURAÇÃO. Na dicção do artigo 186, do Código Civil Brasileiro de 2002, "aquele que, por ação ou omissão voluntária, negligência ou imprudência, violar direito e causar dano a outrem, ainda que exclusivamente moral, comete ato ilícito". O preceito é complementado pela regra contida no artigo 927, que dispõe: "aquele que, por ato ilícito (arts. 186 e 187), causar dano a outrem, fica obrigado a repará-lo". A reparação contemplada no dispositivo legal em estudo, portanto, alcança as violações aos direitos patrimoniais e não-patrimoniais. Assim, comprovada a prática de atos suscetíveis de causar ofensa moral, impositiva a respectiva reparação. Recurso conhecido e parcialmente provido. TRT 10ª Reg. RO 01092-2004-012-10-00-2 — (Ac. 3ª T./05) — Rel. Juiz José Ribamar O. Lima Júnior. DJU3 8.7.05, p. 45.

Configuração

Ementa: DANO MORAL. Para configurar dano moral, reparável pelo empregador, por ação ou omissão, é necessária a caracterização do nexo de causalidade entre o dano sofrido pelo empregado e a ação do empregador, quer na modalidade dolosa ou culposa, de modo a atingir direitos personalíssimos pela Constituição (art. 5º, X, CF). Não restando demonstrado que o ato danoso fora perpetrado pelo empregador, inexiste a reparação por ele a ser determinada, porquanto não concorreu para qualquer efeito danoso. TRT 9ª Reg. RO 02322-2003-018-09-00-3 — (Ac. 3ª T. 09479/05) — Relª Juíza Rosemarie Diedrichs Pimpão. DJPR 22.4.05, p. 366.

Indenização por danos materiais e morais — Caracterização e fixação

Ementa: INDENIZAÇÃO POR DANOS MATERIAIS E MORAIS. CARACTERIZAÇÃO E FIXAÇÃO. O dano moral pode ser tido como aquele que atinge os valores extrapatrimoniais da pessoa, como, por exemplo, sua imagem e sua intimidade, dentre outras deste jaez. Já o dano material é aquele dano patrimonial, e por isso, devidamente mensurável, subdividindo-se em danos emergentes — aquilo que fui obrigado a despender, em razão do dano sofrido — e lucros cessantes — tudo aquilo que, também em razão deste mesmo dano, deixarei de auferir — tudo, logicamente, em rápidas considerações. Disto extrai-se que o primeiro, ao contrário do segundo, não pode ser quantificado pelos métodos comuns, pois não se mostra "líquido e certo" por sua própria natureza, o que o torna de difícil fixação. Mas pode-se, observando-se o princípio da razoabilidade, e atentando-se para a gravidade do dano, a condição pessoal tanto da vítima quanto do autor do ilícito, assim como para as circunstâncias do caso, dentre outros fatores, atribuir-lhe valor que, a um só tempo, em face do ofensor, revista-se de características de "punição", para que reflita sobre o ato perpetrado, assim como impinja um caráter educativo/corretivo, no sentido de criar, em seu íntimo, ambiente para uma reflexão sobre o mal praticado, a fim de que não mais o repita. Já para o ofendido, é preciso que a indenização fixada seja vista por seu ânimo "compensatório", criando um sentimento de prazer, para se contrapor a dor da ofensa. Não se estabelece, então, neste caso, uma compensação aritmético/matemática, como no caso do dano material, mas algo que, no nosso íntimo, seja capaz de nos "afagar" perante o mal de que padecemos. TRT 3ª Reg. RO 01691-2001-042-03-00-3 — (Ac. 5ª T.) — Rel. Juiz Emerson José Alves Lage. DJMG 15.6.04, p. 22.

4. *BIBLIOGRAFIA*

Alexandre Agra Belmonte, *Danos Morais no Direito do Trabalho — Identificação, Tutela e Reparação dos Danos Morais Trabalhistas*, 2ª ed., 2002, Renovar, Rio e *Instituições Civis no Direito do Trabalho — Curso de Direito Civil Aplicado ao Direito do Trabalho*, 2004, Renovar, Rio; Alice Monteiro de Barros, *Proteção à Intimidade do Empregado*, 1997, LTr, SP; André Gustavo Corrêa de Andrade, *Dano Moral e Indenização Punitiva*, 2006, Forense, Rio; Antônio Álvares da Silva, *Pequeno Tratado da Nova Competência Trabalhista*, outubro/2005, LTr, SP; Antonio Lindbergh C. Montenegro, *Ressarcimento de Danos*, 2005, Lumen Juris Rio; Arnaldo Süssekind, Délio Maranhão, Segadas Vianna, Lima Teixeira, *Instituições de Direito do Trabalho*, 22ª ed., março/2005, LTr, SP; Augusto Zenun, *Dano Moral e a sua Reparação*, 1994, Forense, Rio; Beatriz Della Giustina, *A Reparação do Dano Moral Decorrente da*

Relação de Emprego, Gênesis, Revista de Direito do Trabalho, n. 34, out. 1995, Gênesis, Curitiba, PR; Bruno Lewichi, *A Privacidade da Pessoa Humana no Ambiente do Trabalho*, 2003, Renovar, Rio; Caio Mário da Silva Pereira, *Responsabilidade Civil*, 8ª ed., Forense, Rio; Carlos Alberto Bittar, *Reparação Civil por Danos Morais*, 3ª ed., 1994, Revista dos Tribunais, SP; Carlos Eduardo Oliveira Dias, *Dano Moral e Direito do Trabalho*, Revista da Amatra XV, n. 1, 1997, Leditathi, MG; Celso Leal da Veiga Júnior, *A Competência da Justiça do Trabalho e os Danos Morais*, 2000, LTr, SP; Christiani Marques, *O Contrato de Trabalho e a Discriminação Estética*, 2002, LTr, SP; Daniel Itokazu Gonçalves, *Aspectos Relevantes do Dano Moral Trabalhista*, *in* Síntese Trabalhista, n. 168, junho/2004; Daniel Itokazu Gonçalves. *O Dano Moral Trabalhista à Luz da Emenda Constitucional 45/2004*, *In Dano Moral e sua quantificação,* 2005, Coordenação: Sérgio Augustin. Ed. Plenum, Caxias do Sul, RS; Dilvanir José da Costa, *Sistema de Direito Civil à Luz do Novo Código Civil*, 2003, Forense, Rio; Edilton Meireles, *O Novo Código Civil e o Direito do Trabalho*, 2ª ed., 2ª tiragem, 2003, LTr, SP; Enoque Ribeiro dos Santos, *O Dano Moral na Dispensa do Empregado*, 2002, LTr, SP; Estêvão Mallet, *O Novo Código Civil e o Direito do Trabalho, in O Impacto do Novo Código Civil no Direito do Trabalho*, Coordenadores José Affonso Dallegrave Neto e Luiz Eduardo Gunther, 2003, LTr, SP; Fernando Sogdu Martins, *Vedação de Práticas Discriminatórias. Privacidade do Trabalhador. Dano Moral*, Livro em homenagem ao Prof. Arion Sayão Romita, Coordenador Gustavo Adolpho Vogel Neto, 2000, Forense, Rio; Gardênia Borges Moraes, *Dano Moral nas Relações Trabalhistas*, 2003, LTr, SP; Gislene A. Sanches, *Dano Moral e suas Implicações no Direito do Trabalho*, 1997, LTr, SP; Guilherme Augusto Caputo Bastos, *O Dano Moral no Direito do Trabalho*, 2003, LTr, SP; Hádassa Dolores Bonilha Ferreira, *Assédio Moral nas Relações de Trabalho*, 2004, Ed. Russell, Campinas, SP; Helena Elias, *O Dano Moral na Jurisprudência do STJ*, 2004, Lumen Juris, Rio; Hugo Roberto Mansueti, *Assédio Sexual e Dano Moral na América Latina, in Novos Rumos do Direito do Trabalho na América Latina*, Coordenação Domingos Sávio Zainaghi e Yone Frediani, 2003, LTr, SP; Humberto Theodoro Júnior, *Dano Moral*, 5ª ed., 2007, Ed. Juarez de Oliveira, SP; João Augusto da Palma, *Novo Código Civil e Comercial, Anotado e Comparado e o que se Aplica ao Trabalho*, 2002, LTr, SP; João de Lima Teixeira Filho, *Dano Moral, in Instituições de Direito do Trabalho*, Arnaldo Süssekind e outros, 18ª ed., vol. 1, LTr, SP; José Augusto Rodrigues Pinto, *O Impacto do Novo Código Civil sobre o Direito do Trabalho, in O Impacto do Novo Código Civil no Direito do Trabalho*, Coordenadores José Affonso Dallegrave Neto e Luiz Eduardo Gunther, 2003, LTr, SP; José Cláudio Monteiro de Brito Filho, *Discriminação no Trabalho*, 2002, LTr, SP; José Jairo Gomes, *A Responsabilidade Civil e Eticidade*, 2005, Del Rey, Belo Horizonte, MG; José Raffaelli Santini, *Dano Moral*, 3ª ed., 2002, Millennium, Campinas/SP; José Roberto Dantas Oliva, *Tutela da Moral na Esfera Trabalhista: Tendências e Perspectivas*, *in Grandes Temas da Atualidade*, vários autores, Coordenação Eduardo de Oliveira Leite, 2002, Forense, Rio; Luiz Eduardo Gunther e Cristina Maria Navarro Zornig, *Aplicação do Novo Código Civil ao Direito do Trabalho*, 2003, LTr, SP; Luiz de Pinho Pedreira da Silva, *A Reparação do Dano Moral no Direito do Trabalho*, 2004, LTr, SP; Márcio Flávio Salem Vidigal, *A Reparação do Dano Moral na Órbita do Direito do Trabalho*, *in O Que há de Novo em Direito do Trabalho,* Coordenadores Márcio Túlio Viana e Luiz Otávio Linhares Renault, Homenagem a Ísis de Almeida, Messias Pereira Donato e Paulo Emílio Ribeiro de Vilhena, 1997, LTr, SP; Marcos Antônio Scheuer de Souza, *O Dano Moral nas Relações entre Empresas e Empregadores*, 1998, Edelbra, Erechim, RS; Marcus Vinícius Lobregat, *Dano Moral nas Relações Individuais do Trabalho*, 2001, LTr, SP; Margareth de Freitas Bacellar, *O Direito do Trabalho na Era Virtual*, 2003, Renovar, Rio; Maria Celina Bodin de Moraes, *Danos à Pessoa Humana, Uma Leitura Civil-Constitucional dos Danos Morais*, 2003, Renovar, Rio; Maria Luíza Pinheiro Coutinho, *Discriminação na Relação de Trabalho — Uma Afronta ao Princípio da Igualdade*, 2004, Aide, Rio; Mário Gonçalves Júnior, *A Intimidade dos Trabalhadores e o Poder de Comando dos Patrões,* Gênesis, Revista do Direito do Trabalho, vol. 133, jan./2004; Mauro Schiavi, *Ações de Reparação por Danos Morais decorrentes da Relação de Trabalho*; Nehemias Domingos de Melo, 1) *Dano Moral — Problemática: Do Cabimento à Fixação do* Quantum, 2004, Juarez de Oliveira, SP; 2) *Dano Moral Trabalhista*, 2007, Atlas, SP; Nereida Veloso Silva, *Dano Estético*, 2004, LTr, SP; Nora Magnólia Costa Rotondaro, *Indenização por Dano Moral: Parâmetros*, Revista do Tribunal Regional do Trabalho da 15ª Região, n. 8/1996, LTr, SP; Octavio Bueno Magano, *Dos Direitos da Personalidade e o Direito do Trabalho*, Revista do Direito do Trabalho, coordenação de Nelson Manrich, n. 111, jul./dez. 2003; Orlando Teixeira da Costa, *Da Ação Trabalhista sobre Dano Moral*, *in*

Revista do Tribunal Regional do Trabalho da 15ª Região, n. 8/1996; Paulo Eduardo V. Oliveira, *O Dano Pessoal no Direito do Trabalho*, 2002, LTr, SP; Paulo Maximilian Wilhelm Schonblum, *Dano Moral: Questões Controvertidas*, 2003, Forense, Rio; R. Limongi França, *Reparação do Dano Moral — Estudos de Direito do Trabalho*, Livro em homenagem ao Prof. Washington Luiz da Trindade, vários Autores, Coordenadores Antonio Carlos de Oliveira e Rodolfo Pamplona Filho, 1998, LTr, SP; Renato Mehanna Khamis, *O Dano Moral — Dispensa Imotivada de Portador do Vírus HIV*, 2002, LTr, SP; Rodolfo Capón Filas, *Daño Moral y Derecho del Trabajo, in Direito do Trabalho*, Livro em homenagem ao Prof. Luiz de Pinho Pedreira da Silva, vários autores, Coordenadores Lélia Guimarães Carvalho Ribeiro e Rodolfo Pamplona Filho, 1998, LTr, SP; Rodolfo Pamplona Filho, *Dano Moral e Justiça do Trabalho, in Grandes Temas da Atualidade*, vários autores, Coordenação: Eduardo de Oliveira Leite, 2002, Forense, Rio; Rodolfo Pamplona Filho, *O Dano Moral na Relação de Emprego*, 3ª ed., 2002, SP; Sandra Lia Simon, *A Proteção Constitucional da Intimidade e da Vida Privada do Empregado*, 2000, LTr, SP; Sebastião Geraldo de Oliveira, *Indenizações por Acidente do Trabalho ou Doença Ocupacional,* junho/2005, LTr, SP; Sebastião Geraldo de Oliveira, *Proteção Jurídica à Saúde do Trabalhador*, 2ª ed., 1998, LTr, SP; Valdir Florindo, *Dano Moral e o Direito do Trabalho*, 4ª ed., 2002, LTr, SP; Vera Lúcia Carlos, *Discriminação nas Relações de Trabalho*, 2004, Editora Método, SP; Walmir Oliveira da Costa, *Dano Moral nas Relações Laborais — Competência e Mensuração,* 1999, Juruá, Curitiba, PR; Wladimir Novaes Martinez, *Dano Moral no Direito Previdenciário*, novembro/2005, LTr, SP; Xisto Tiago de Medeiros Neto, *Dano Moral Coletivo*, 2004, LTr, SP.

CAPÍTULO II

DANO MORAL — COMPETÊNCIA DA JUSTIÇA DO TRABALHO, INCLUSIVE AS DEMANDAS QUE VERSAM SOBRE ACIDENTE DO TRABALHO OU A ELE EQUIPARADO

1. COMENTÁRIO

Na edição anterior desta obra, tratamos em dois capítulos da questão relacionada com a competência da Justiça do Trabalho para apreciar e julgar pedido de indenização por dano moral. No Capítulo II, tratamos da competência da Justiça do Trabalho para apreciar as ações com pedido de indenização por dano moral, excluídas aquelas fundadas em acidente do trabalho, ou de doença profissional a ele equiparado, as quais seriam da competência da Justiça Comum, e por isso fora analisada no Capítulo III, por força de decisões do Supremo Tribunal Federal nesse sentido, como seguem:

> Ementa: Competência: Justiça comum: ação de indenização fundada em acidente do trabalho, ainda quando movida contra empregador. 1. É da jurisprudência do STF que, em geral, compete à Justiça do Trabalho conhecer de ação indenizatória por danos decorrentes da relação de emprego, não importando deva a controvérsia ser dirimida à luz do direito comum e não do Direito do Trabalho. 2. Da regra geral são de excluir-se, por força do art. 109, I, da Constituição, as ações fundadas em acidente de trabalho, sejam as movidas contra a autarquia seguradora, sejam as propostas contra o empregador. STF — RE 403.823-3 — (Ac. 1ª T., 11.11.03) — Rel. Min. Sepúlveda Pertence. DJU 12.03.04, p. 43.

> Ementa: Ação indenizatória de acidente de trabalho. Competência da justiça comum. Orientação do STF. RE intempestivo. Reexame de fatos e provas (Súmula 279). Regimental não provido. STF Ag. Reg. no Agravo de Instrumento 476.279-4 (1633) — SP — (Ac. 2ª T., julg. 16.12.03) — Rel. Min. Nelson Jobim. DJU 16.04.04, p. 83.

Foi ressaltado, no entanto, nos dois capítulos da 1ª edição, que, com a promulgação da Emenda Constitucional n. 45, de 8.12.04, DOU 31.12.04, a questão, notadamente a tratada no Capítulo III, suprimida nesta edição, seria objeto de muita controvérsia, como de fato foi, conforme se verá mais adiante.

Inicialmente, é preciso destacar que, depois de muita controvérsia que imperou não só na doutrina como na jurisprudência, ficou pacificado o entendimento de que a Justiça do Trabalho é competente para apreciar e julgar demanda que tenha por objeto indenização por dano moral ou material oriundo da relação de emprego.

Foi o Supremo Tribunal Federal que, apreciando a questão, decidiu em várias oportunidades que a Justiça do Trabalho é competente para apreciação e julgamento de causas postulando indenização por dano moral, sendo de se destacar o RE n. 238.737, tendo por Relator o Ministro Sepúlveda Pertence, publicado no DJ de 5.2.99, cujo acórdão contém a seguinte ementa:

Justiça do Trabalho. Competência. ação de reparação de danos decorrentes da imputação caluniosa irrogada ao trabalhador pelo empregador a pretexto de justa causa para a despedida e, assim, decorrente da relação de trabalho, não importando deva a controvérsia ser dirimida à luz do Direito Civil.

O Tribunal Superior do Trabalho sempre se pautou pelo entendimento de que a Justiça do Trabalho é competente para apreciação e julgamento de pedido de indenização por dano moral, admitindo inclusive que essa competência também se estendia para os casos decorrentes de acidente do trabalho.

No Tribunal Superior do Trabalho, a matéria foi objeto de Orientação Jurisprudencial editada pela Seção de Dissídios Individuais, a de n. 327, inserida em 9.12.03, hoje transformada na Súmula n. 392, pela Resolução n. 137/2005, nos seguintes termos:

Súmula n. 392 — Dano moral. Competência da Justiça do Trabalho. Nos termos do art. 114 da CF/88, a Justiça do Trabalho é competente para dirimir controvérsias referentes à indenização por dano moral, quando decorrente da relação de emprego.

No que concerne aos Tribunais Regionais do Trabalho, assinala *Pinho Pedreira*, em obra recente, que, "salvo um ou outro acórdão discrepante, se anteciparam no reconhecimento da competência da Justiça para as ações em que se pede pagamento de indenização por dano moral derivado das relações de trabalho continuam a aceitá-la, já agora escudados também no pronunciamento do Supremo Tribunal Federal"(1).

Com a Emenda Constitucional n. 45, de 8.12.04, ficou pacificada a competência da Justiça do Trabalho para apreciar e julgar as causas relacionadas com o dano moral nas relações de trabalho, em face da nova redação do art. 114 da Carta Magna:

"Art. 114. Compete à Justiça do Trabalho processar e julgar:

....

VI — as ações de indenização por dano moral ou patrimonial, decorrentes da relação de trabalho;" (*Acrescentado pela Emenda Constitucional n. 45, de 8.12.04, DOU 31.12.04*)

No que concerne ao pedido de indenização por dano moral decorrente do acidente do trabalho, mesmo com a Emenda Constitucional n. 45, de 8.12.04, o Supremo Tribunal Federal vinha entendendo que a competência seria da Justiça Comum, com fundamento no art. 109, I, da Constituição Federal, conforme as decisões já mencionadas acima e outra proferida no mês de março deste ano, portanto, após a Emenda Constitucional n. 45.

Desconhecendo a última decisão da Suprema Corte, e com base nas anteriores, sustentamos em artigo publicado na *Revista LTr*, do mês de fevereiro de 2005, às pp. 139/147, a tese de que a competência no tocante ao pedido de indenização por dano moral fundado em acidente do trabalho continuava sendo da Justiça Comum.

Justificamos naquela oportunidade que a questão relacionada com o acidente do trabalho e a doença profissional, que a ele se equipara, afeta a saúde do trabalhador e extrapola as relações de trabalho porque é de responsabilidade de toda a sociedade, sendo, portanto, tratada na Constituição Federal de forma particularizada, com a exigência de contribuições de vários segmentos sociais para que se tenha um sistema não só preventivo, mas também de fiscalização e de controle social.

---

(1) *A Reparação do Dano Moral no Direito do Trabalho*, 2004, LTr, SP, p. 123.

Os empregadores que descumprem as normas de segurança e higiene no trabalho e as decorrentes de acidente do trabalho ou doença profissional não ficam sujeitos apenas à ação acidentária, mas também à de indenização de natureza civil (responsabilidade civil) e por dano moral. Os empregadores também ficam sujeitos à ação regressiva da Previdência Social para a reparação dos prejuízos causados, se comprovados a culpa e o dolo com o infortúnio do trabalhador, e igualmente sujeitos a pedido de indenização por dano moral que se apóia no acidente do trabalho como ato ilícito.

A Emenda Constitucional n. 45, de 8.12.04, não alterou a redação do art. 109, I, da Constituição Federal, sendo que, com base nele, todas as decisões do Supremo Tribunal Federal conferem à Justiça Comum competência para apreciar as ações fundadas em indenização por dano moral decorrentes de acidente do trabalho. O raciocínio para o referido entendimento está no fato de que tanto a União como os Estados são responsáveis pelo controle e prevenção dos acidentes do trabalho e das doenças profissionais, daí por que a matéria ficou na esfera de competência da Justiça Comum, Federal e Estadual.

Dissemos também que a expressão "relação de trabalho" não é suficiente para atrair a competência da Justiça do Trabalho para todas as ações de natureza civil, e isso está patente na decisão proferida pelo Ministro Nelson Jobim na liminar que afastou a competência da Justiça do Trabalho para apreciar e julgar as demandas relacionadas com os servidores públicos estatutários.

Acrescentamos, ainda, que, se ação acidentária é da competência da Justiça Comum, à qual se exige a perícia médica do próprio órgão acidentário, para configuração da lesão sofrida pelo empregado, os seus efeitos nas relações do trabalho e no plano previdenciário, também da Justiça Comum será a competência para o julgamento das ações com pedido de indenização por dano moral decorrente de acidente do trabalho, até porque, no caso, prevalecerá a "unidade de convicção" tão defendida pela Suprema Corte, considerando-se mais o disposto no art. 108, I, do CPC, que prescreve: "A ação acessória será proposta perante o juiz competente para a ação principal".

Entretanto, a posição do Supremo Tribunal Federal foi alterada em decisão histórica proferida no dia 29.6.05, no Conflito de Competência n. 7.204/05, suscitado pelo Tribunal Superior do Trabalho, em que, por unanimidade, os seus Ministros atribuíram competência à Justiça do Trabalho para apreciar as causas envolvendo pedido de indenização por dano moral fundado em acidente do trabalho.

O entendimento da Suprema Corte ainda tem comportado algumas controvérsias, sendo que destacamos a posição levantada por *Julio Bernardo do Carmo*, o qual sustenta que a competência da Justiça do Trabalho não é absoluta, mas condicionada, uma vez que a Justiça Comum ainda é a competente para apreciação da ação acidentária e nesse sentido poderia a Justiça do Trabalho decidir pela existência do acidente do trabalho, quando este foi dito por inexistente pela Justiça Comum, ou pronunciasse inexistente o mesmo fato quando na Justiça Comum tal fato foi dado por incontroverso.

Justifica *Julio Bernardo do Carmo* o seu entendimento ao afirmar que "a decisão judicial discrepante da Justiça do Trabalho, em chaças com a decisão judicial soberana da Justiça Comum, que constitucionalmente ostenta a competência *ex ratione materiae* para entender configurado ou não o acidente de trabalho, obraria de imediato no vácuo jurídico e, se transitada em julgado, seria mesmo passível de corte rescisório fundado em sua incompetência absoluta para caracterizar ou descaracterizar a ocorrência do acidente de trabalho no mundo jurídico. Tome-se o exemplo possível de em uma lide acidentária, armada entre o segurado e a autarquia federal (INSS), ter sido administrativamente descaracterizada a ocorrência do acidente de trabalho, decisão que vem a ser confirmada pela Justiça Federal ou Comum — (*vide* § 3º, inciso XI, do art. 109 da Constituição Federal) —, sendo que simultaneamente, em lide distinta que invoca ser de sua competência, a Justiça do Trabalho venha a condenar o empregador a pagar indenização por danos morais e materiais decorrentes de acidente de trabalho. Há flagrante e incontornável vilipêndio ao princípio da unidade de convicção que torna rescindível a decisão da Justiça do Trabalho por absoluta ausência de competência para declarar caracterizado com efeitos *erga omnes* o fato gerador do acidente de trabalho. De duas uma: ou a condenação exsurgida contra o empregador, em face de pronunciamento discrepante da Justiça Federal ou da Justiça Comum, perde automaticamente seu objeto, sendo totalmente inexeqüível por ter perimido a sua execução, circunstância que pode e deve ser pronunciada *ex officio* pelo Juiz do Trabalho nos respectivos autos, ou, a se entender que a decisão da Justiça do Trabalho continua soberana e surtindo eficácia no mundo jurídico, teria lugar o corte rescisório calcado na incompetência absoluta do Juízo. Desses argumentos se extrai que a competência da Justiça do Trabalho para apreciar e julgar pedidos de indenização por danos morais e materiais decorrentes de acidentes do trabalho jamais seria absoluta e, sim, contingente, condicionada e só pronunciável *incidenter tantum*, sem qualquer eficácia vinculativa em face de decisão discrepante do INSS ou da Justiça Federal ou Comum, quando vierem a entender não caracterizado o acidente de trabalho ou vice-versa. Os argumentos supra tecidos prestam-se a reforçar a tese jurídica de que a competência da Justiça do Trabalho nesta seara nunca seria absoluta mas sempre condicionada ao que, em última instância, vier a ser decidido pela Justiça Federal ou pela Justiça Comum. E nem se diga que sendo incontroverso a ocorrência do acidente de trabalho a Justiça do Trabalho poderia obrar de forma absoluta e soberana na dirimência do litígio que lhe é afeto (responsabilidade subjetiva do empregador).

Ledo engano. A incontrovérsia em torno de um fato jurídico jamais erige-se em regra atribuidora de competência absoluta e ou originária, ostentando antes o valor de mera regra excludente do ônus da prova, conforme comando constante de nosso digesto processual. Ou seja: o fato de ser incontroverso o acidente de trabalho torna apenas mais ágil a tramitação do dissídio perante a Justiça do Trabalho, mas nem por isso a decisão que vier a proferir, sempre revestida de caráter *incidenter tantum*, teria o condão de vincular com efeito *erga omnes* seja a autarquia federal (INSS) ou a Justiça Federal ou Comum, sendo que essas últimas, em face de sua competência genuína e originária, poderão, se for o caso, novamente pronunciar-se em caráter vinculativo e decisivo sobre o tema do acidente de trabalho. Tome-se o exemplo de uma decisão judicial transitada em julgado pronunciada pela Justiça Federal ou pela Justiça Comum que entenda caracterizado o acidente de trabalho. Posteriormente, em ação rescisória desse julgado, o INSS vem a obter ganho de causa, *v.g.*, por ocorrência de erro de fato, quando desconstituída a decisão judicial originária, outra se profere em desfavor da caracterização do acidente de trabalho. Nesse caso, a decisão judicial que tenha sido proferida na Justiça do Trabalho contra o empregador (danos morais e materiais, por dolo ou culpa envolvendo acidente de trabalho), ainda que tenha dado por incontroverso o acidente de trabalho, torna-se um nada jurídico, uma peça totalmente inócua, sem carga de eficácia no mundo jurídico, sendo tranqüilamente passível de corte rescisório. Pergunta-se: que competência é essa que ostenta a Justiça do Trabalho para condenar o empregador em indenização por danos morais e materiais decorrentes de acidentes de trabalho se, eventualmente, pode ser totalmente relegada ao olvídio jurídico pela Justiça Federal ou pela Justiça Comum ou até mesmo rescindível quando discrepante daqueles julgados?

A conclusão é uma só: trata-se de competência condicionada, meramente *incidenter tantum,* que não tem o condão de vincular terceiros, sendo eventualmente passível de contestação na esfera administrativa do INSS ou até mesmo judicialmente, nos casos enfocados"(2).

Há de ser acrescentado ao que foi dito por *Julio Bernardo do Carmo* que toda a normatividade relacionada com o acidente do trabalho e doença ocupacional ou profissional está disciplinada na Lei n. 8.213/91, em todos os seus detalhes, já que se trata de matéria afeta ao direito previdenciário, tanto que lá está disposta a possibilidade de ação regressiva contra o empregador que se descurou de sua responsabilidade no trato da segurança e medicina do trabalho. Tal ação é do INSS em face do empregador, sendo consubstanciada na constatação de que o evento danoso do empregado ocorreu por culpa ou dolo do empregador.

A indagação que se faz é se a Justiça do Trabalho seria competente para apreciação de ação regressiva contra o empregador na forma salientada acima, com base em perícia realizada por perito designado pela Justiça do Trabalho, quando se sabe que o diagnóstico sobre a doença ocupacional ou profissional é de competência exclusiva do INSS por várias razões. Pensamos que não.

Ocorre que no art. 22 da Lei n. 8.213/91 está disposto que "a empresa deverá comunicar o acidente do trabalho à Previdência Social até o 1º (primeiro) dia útil seguinte ao da ocorrência e, em caso de morte, de imediato, à autoridade competente, sob pena de multa variável entre o limite mínimo e o limite máximo do salário-de-contribuição, sucessivamente aumentada nas reincidências, aplicada e cobrada pela Previdência Social". Observe-se que, na eventualidade de a empresa não fazer a comunicação por qualquer razão não plausível, o legislador estabeleceu no § 2º que "podem formalizá-la o próprio acidentado, seus dependentes, a entidade sindical competente, o médico que o assistiu ou qualquer autoridade pública". Nos arts. 20 e 21 da mencionada lei, constam que as doenças ocupacionais ou profissionais são consideradas como acidente do trabalho ou então equiparadas, como se dá no caso de doença proveniente de contaminação acidental do empregado no exercício de sua atividade (art. 21, III). Tais dispositivos não se constituem em faculdade do empregador, mas num dever, dada a impositividade da lei, caso contrário, o legislador teria utilizado o verbo "poderá".

Considere-se também que a CAT (comunicação de acidente do trabalho) "tem relevância para a verificação da natureza do benefício a ser deferido, para fins trabalhistas e para acompanhamento estatístico dos acidentes de trabalho, com efeitos nas ações de prevenção e de aferição do risco da atividade (com decorrência na respectiva contribuição previdenciária patronal)"(3).

Por outro lado, se o trabalhador for portador de doença ocupacional ou profissional em decorrência do trabalho exercido na empresa, ele terá a necessidade de acompanhamento por parte da INSS, primeiro, para a continuidade do auxílio-acidentário, se for o caso de pagamento, ou, então, para transformar o seu afastamento em aposentadoria por invalidez. Nesse sentido, a lição de *Simone Barbisan Fortes* e *Leandro Paulsen*, quando afirmam que "a comprovação da incapacidade também é feita por intermédio de avaliação médico-pericial a cargo do INSS, muito embora não haja específica previsão legal a respeito. Tal avaliação pericial, consoante dispõe o art. 170 do Decreto n. 3.048/99, será preferencialmente feita por médicos especializados em perícia para aferição de incapacidade, garantida sua revisão por médico

(2) LTr 69-07/787/788.

(3) Fortes, Simone Barbisan & Paulsen, Leandro, *Direito da Seguridade Social, Prestações e Custeio da Previdência, Assistência e Saúde*, 2005, Livraria do Advogado, Porto Alegre, p. 110.

do INSS que satisfaça tal condição quando realizada, em primeira aferição, por médicos credenciados, que não integram o quadro dos servidores da autarquia". Acrescentam os autores que "similarmente ao que ocorre no campo da aposentadoria por invalidez, também aqui a avaliação médica administrativa não constitui prova plena, podendo ser judicialmente contestada. Em outros termos, valendo-se o segurado de ação judicial, nela poderá ser produzida avaliação médico-pericial judicial, que substitui aquela produzida na seara administrativa. Por fim, incumbe salientar que, até mesmo por conta da temporalidade da enfermidade incapacitante, no caso, devem ser feitas avaliações periciais periódicas, consoante previsão do art. 101[(4)] da Lei n. 8.213/91"[(5)].

Outra questão que precisa ser destacada é que recentemente o legislador incluiu na Lei n. 8.213/91 o art. 21-A, cujo texto decorreu da Lei n. 11.430, de 26.12.06, DOU 27.12.06, e está reproduzido na parte destinada às referências legais. Compreende-se pelo teor do referido artigo que a perícia médica considerará caracterizada a natureza acidentária da incapacidade quando constatar a ocorrência de nexo técnico epidemiológico entre o trabalho e o agravo, decorrente da relação entre a atividade da empresa e a entidade mórbida motivadora da incapacidade elencada na Classificação Internacional de Doenças — CID, em conformidade com o que dispuser o regulamento do INSS. Tal constatação será feita pela perícia médica, independentemente de a empresa ter emitido a Comunicação de Acidente do Trabalho – CAT.

Tanto isso é verdade que no § 1º do art. 21-A está estatuído que "a perícia médica do INSS deixará de aplicar o disposto neste artigo quando demonstrada a inexistência do nexo de que trata o *caput* deste artigo", e permitindo a empresa discutir a não aplicação do nexo técnico epidemiológico, de cuja decisão caberá recurso com efeito suspensivo, da empresa ou do segurado, ao Conselho de Recursos da Previdência Social (§ 2º do mesmo artigo).

Em síntese, pode-se falar que se o empregado ou ex-empregado, encontrando-se não bem de saúde em razão do trabalho, procurar o INSS e constatando a perícia médica a existência de doença ocupacional ou profissional relacionada com o trabalho, o resultado da perícia será considerado para os efeitos do benefício previdenciário, mesmo sem a emissão da CAT pelo empregador. A empresa, ou o trabalhador, conforme o disposto no § 2º do art. 21-A, poderá discutir a questão administrativamente, sendo que da decisão caberá recurso, com efeito suspensivo, perante o Conselho de Recursos da Previdência Social.

Ainda sobre tal questão, é mister salientar que no art. 336 do Decreto n. 3.048/99 estão disciplinadas as providências das empresas na ocorrência de acidente do trabalho e de doenças profissionais e respectiva comunicação à Previdência Social, sendo que no art. 337 está claro que o acidente do trabalho e a doença ocupacional serão caracterizados tecnicamente pela perícia médica do Instituto Nacional do Seguro Social, conforme se verifica pelo seu texto que se encontra na parte destinada a referências legais.

A respeito, vejam-se as seguintes decisões:

Ementa: REALIZAÇÃO DE EXAMES MÉDICOS PELO SUS. NECESSIDADE DE CONSTATAÇÃO DA EXISTÊNCIA OU NÃO DE NEXO CAUSAL ENTRE AS ATIVIDADES

---

(4) O art. 101 da Lei n. 8.213/91 dispõe: "O segurado em gozo de auxílio-doença, aposentadoria por invalidez e o pensionista inválido estão obrigados, sob pena de suspensão do benefício, a submeter-se a exame médico a cargo da Previdência Social, processo de reabilitação profissional por ela prescrito e custeado, e tratamento dispensado gratuitamente, exceto o cirúrgico e a transfusão de sangue, que são facultativos." (Redação dada pela Lei n. 9.032, de 1995.)

(5) Ob. cit., p. 130.

DESENVOLVIDAS PELO EMPREGADO JUNTO DA EMPRESA, COM A ENFERMIDADE QUE O ACOMETEU. Cabe ao SUS — Sistema Único de Saúde guardar pela saúde das pessoas doentes, como também auxiliá-las na tentativa de verem declarados os direitos provenientes da doença sofrida, segundo a previsão constante no inc. II, do art. 200, da Constituição Federal." TRT 9ª Reg. RO 00852-2003-068-09-00-3 — (Ac. 1ª T. 22855/05) — Rel. Juiz Ubirajara Carlos Mendes. DJPR 16.9.05, p. 446.

"Ementa: DOENÇA PROFISSIONAL. PRETENSÃO DE VÊ-LA RECONHECIDA POR AÇÃO TRABALHISTA. IMPOSSIBILIDADE. COMPROVAÇÃO DE QUE A RESCISÃO SE DEU A PEDIDO DO EMPREGADO. PEDIDO DE REINTEGRAÇÃO INDEVIDO. Foge à competência da Justiça do Trabalho discutir a doença de que acometido o empregado, porque tal incumbência é do Órgão Previdenciário, contra quem deve se insurgir o trabalhador quando não se conforma com a classificação dada. À Justiça do Trabalho cabe apenas examinar, para efeito da estabilidade acidentária, se estão preenchidos os requisitos insertos no art. 118 da Lei n. 8.213/91, descabendo, ainda, a reintegração postulada quando demonstrado nos autos o pedido de demissão do empregado, contra o que não há, por outro lado, prova de assinatura por coação ou mediante qualquer outra irregularidade, ao que se impõe reconhecer a renúncia quanto ao direito invocado." TRT 12ª Reg. RO-V 03892-2002-005-12-00-7 — (Ac. 3ª T. 11262/05, 16.8.05) — Rel. Juiz Gerson Paulo Taboada Conrado. DJSC 14.9.05, p. 266.

"Ementa: ACIDENTE DO TRABALHO. NEXO DE CAUSALIDADE. PROVA NECESSÁRIA. JUSTIÇA DO TRABALHO. INCOMPETÊNCIA. É imprescindível para a implementação do direito à estabilidade provisória regulada pelo art. 118 da Lei n. 8.213/1991 a prova relativa ao nexo de causalidade entre a doença da qual acometido o trabalhador e as atividades profissionais por si desenvolvidas. E, uma vez não caracterizado o acidente do trabalho, sua configuração deve ser postulada perante a Justiça Comum, porquanto a Justiça do Trabalho não detém competência para declarar a sua ocorrência." TRT 12ª Reg. RO-V 00117-2004-020-12-00-4 — (AC. 2ª T. 12932/05, 30.8.05) — Relª Juíza Sandra Márcia Wambier. DJSC 24.10.05, p. 247.

"Ementa: GARANTIA DE EMPREGO. ACIDENTE DO TRABALHO. Se houve a requisição do benefício acidentário, e este foi negado, inviável a pretensão à estabilidade. Caberia ao Reclamante pleitear perante o órgão jurisdicional competente a reversão da decisão administrativa. Não importa se houve a emissão do CAT, pois tal ato não se caracteriza como fato constitutivo do direito pretendido. Recurso improvido." TRT 2ª Reg. RO 01489199802502005 — (Ac. 1ª T. 20050716403) — Rel. Juiz Plínio Bolivar de Almeida. DJSP 25.10.05, p. 12.

"Ementa: DANO MORAL. PROVA DO FATO ILÍCITO GERADOR. Não tendo o Instituto Nacional do Seguro Social caracterizado as moléstias apresentadas pelo recorrente como decorrentes do trabalho, não há prova da prática de ato ilícito pela recorrida, como determinante das doenças sofridas, portanto, não há como deferir o dano moral e material objetivado. Recurso parcialmente conhecido e, no mérito, não provido." TRT 10ª Reg. RO 01216-2004-018-10-00-8 — (Ac. 1ª T./05) — Relª Juíza Cilene Ferreira Amaro Santos. DJU3 18.11.05, p. 23.

As duas últimas decisões deixam bem claro que, negado o benefício acidentário pelo INSS, deve o reclamante pleitear perante o órgão jurisdicional competente a reversão da decisão administrativa, ou, quando não, não há prova do ilícito que dê causa à reparação fundada em dano moral.

Portanto, não ocorrendo o reconhecimento da doença profissional ou do acidente de trabalho pelo INSS, a discussão que se instaura é do trabalhador contra o órgão previdenciário, e este se utilizará do seu amplo direito de defesa e do contraditório a exemplo daquele.

Assim, ainda que no processo da ação acidentária seja designado pelo Juízo competente perícia de médico de sua confiança, o contraditório e a ampla defesa serão em face do INSS, que também apresentará o seu laudo pericial por médico do seu quadro funcional na forma do art. 337 do Decreto n. 3.048/99 acima transcrito.

Se não for assim, teremos situação que se afasta da unidade de convicção da ordem jurídica, porque alguns trabalhadores se valerão de ações de indenização por dano moral relacionado com a doença profissional em face do empregador perante a Justiça do Trabalho sem passar pelo INSS, enquanto outros se sujeitarão, no nosso entender, ao procedimento correto, em virtude da comunicação ao citado órgão pelo empregador ou por outros agentes permitidos pela lei, sendo que no INSS se desencadeará a necessária avaliação médico-pericial oficial do trabalhador, observados, portanto, as regras legais e os reflexos decorrentes, no caso da confirmação da doença profissional.

No processo, se ficar comprovado que houve culpa ou dolo do empregador para a ocorrência do acidente do trabalho ou doença profissional, ele poderá ser responsabilizado civilmente, dado o que dispõe o art. 7º, XXVIII, da Carta Magna: "seguro contra acidentes de trabalho, a cargo do empregador, sem excluir a indenização a que este está obrigado, quando incorrer em dolo ou culpa".

Atento a essa situação, afirma *Marco Fridolin Sommer Santos* que, no contexto da relação jurídica do seguro social prevista em lei, o dano causado dolosamente pelo empregador viola o princípio da boa-fé. Isso justifica a sub-rogação do INSS nos créditos pagos ao trabalhador. O dano causado por dolo não se enquadra em nenhuma das categorias de risco, o que permite ao INSS se ressarcir frente ao empregador dos valores pagos a título de benefício acidentário ao trabalhador. A rigor, a cobertura do dano sofrido pelo trabalhador na hipótese de dolo do empregador foge à lógica do seguro. A sub-rogação do INSS no benefício pago ao trabalhador é uma fórmula que permite corrigir essa distorção, preservando-se o equilíbrio econômico-atuarial do seguro de acidentes do trabalho. O legislador ordinário, apesar disso, não observou atentamente os termos da Constituição Federal. À revelia do art. 7º, XXVIII, da Constituição, a Lei n. 8.213/91 houve por bem instituir uma norma que permite ao INSS se sub-rogar nos benefícios pagos em favor do trabalhador na hipótese de dano causado por mera culpa do empregador. O art. 120 da Lei n. 8.213/91 dispõe que: "Nos casos de negligência quanto às normas padrão de segurança e higiene do trabalho indicadas para proteção individual e coletiva, a Previdência Social proporá ação regressiva contra os responsáveis"[(6)]. Referida norma encontra-se em plena vigência na ordem jurídica, tanto que o TRF, da 4ª Reg., no Processo n. 2000.72.72.02.000687-7 (apelação civil), a considerou constitucional, cuja decisão é citada pelo mencionado autor.

Acrescenta ainda o autor que, "em nível doutrinário, o aludido dispositivo recebeu o respaldo de Teresinha Saad, a qual vislumbra, através dele, a Previdência Social como instrumento de prevenção dos riscos do trabalho. É interessante observar que Teresinha Saad fundamenta sua tese justamente no argumento de que o risco coberto pelo seguro não inclui o dano causado por culpa do empregador: 'O INSS tem obrigação de reparar o acidente pelo prejuízo sofrido, independente de culpa. Sua responsabilidade é objetiva. Se forma por força de lei, ou, como se diz, *ope legis*. Contudo, ocorrendo o acidente por culpa da empresa, ele deve, através da ação regressiva, recuperar para os cofres públicos do Seguro Social as despesas; enfim, os recursos despendidos com o evento que, escapando do risco inerente à atividade, teve raiz na ausência de cuidados quanto à segurança do trabalho, ou seja, emanou da negligência da empresa, no tocante às suas obrigações com a saúde dos trabalhadores. Ao não admitir que custos dessa natureza sejam suportados pela Previdência Social, estaremos contribuindo para a causa preventiva'".

---

(6) *Acidente do Trabalho entre a Seguridade Social e a Responsabilidade Civil — Elementos para uma Teoria do Bem-Estar e da Justiça Social*, setembro/2005, LTr, SP, pp. 83/84.

Sobre a ação regressiva, afirma *Helder Martinez Dal Col* que:

"A Lei é de 1991. Já conta com muitos anos de vigência. Imaginava-se uma atuação rigorosa da Previdência Social contra as empresas e pessoas físicas responsáveis pelo dano acidentário, o que não se confirmou.

A realidade mostrou-se diferente. Fontes informativas do INSS e da OIT apontam que, de 1992 a 1995, o INSS ingressou apenas com 18 ações contra empresas, enquanto que naquele período ocorreram 1.240.340 acidentes passíveis de ação regressiva.

Dados coletados pelo DIEESE junto ao Anuário Estatístico do MPAS, disponibilizados na Internet, indicam a ocorrência de outros 1.385.425 acidentes do trabalho, no período de 1995 a 1998.

Não se sabe que postura o INSS poderá adotar em relação a esse ativo, mas o certo é que a prescrição o vem consumindo dia após dia. É de se lembrar que a prescrição assinalada em lei é de 5 anos para o exercício da cobrança regressiva.

Também não se conhecem os números atuais acerca do montante de acidentes indenizados, para os quais haveria possibilidade de cobrança regressiva por parte do INSS nos últimos anos, mas o certo é que o direito de ação relativo a muitos deles já deve ter sido consumido pela prescrição.

Sobre o montante de acidentes passíveis de ação regressiva, há que se alertar para a fragilidade dos dados estatísticos, além do grande número de dissimulações efetuadas pelas empresas, seja para manter seus números internos de dias sem acidentes e sustentar as 'placas da CIPA', seja para evitar a entrada do trabalhador no gozo do benefício previdenciário e a conseqüente estabilidade daí decorrente.

Ademais, conforme bem observa Sergio Pardal Freudenthal, a Lei n. 9.032/95 equiparou os benefícios previdenciários que substituem o salário, que são o auxílio-doença, a aposentadoria por invalidez e a pensão por morte, desfazendo a vantagem pecuniária que tinham os benefícios acidentários, e completa:

'Talvez assim se escondam mais acidentes... E principiaram a anulação do Auxílio-Acidente, benefício indenizatório de prestação continuada que havia sido bastante aperfeiçoado pela primeiro texto da Lei n. 8.213, em 1991. Desta forma, pela 9.032, o Auxílio-Acidente passou a ser calculado em 50% do Salário-de-Benefício e devido por seqüelas resultantes de 'acidentes de qualquer natureza'. E ainda passou a integrar a listagem do artigo 124 da 8.213, tornando-se inacumulável com benefício igual, mesmo se de origem diferente'.

Tais fatores, conforme se extrai dos alertas do autor, podem propiciar a omissão dos acidentes de trabalho aos órgãos competentes, comprometendo os dados estatíticos"[7].

Não se pode negar também a existência de uma cobertura de natureza social pelo INSS ao empregado acidentado ou com doença profissional, dependendo da situação em que ele se encontra, poderá estar sujeito à habilitação ou reabilitação profissional, cujas providências estão a cargo do órgão previdenciário por força de lei. Conforme assinalam *Simone Barbisan Fortes* e *Leandro Paulsen*:

---

(7) Dal Col, Helder Martinez, *Responsabilidade Civil do Empregador — Acidentes do Trabalho*, 2005, Forense, Rio, pp. 325/326.

"Disciplinado nos arts. 89 a 93 da Lei 8.213/91, o denominado serviço de *habilitação ou reabilitação profissional* visa a promover a inserção ou reinserção de segurados e seus dependentes previdenciários no mercado de trabalho. Trata-se de serviço prestado ao beneficiário incapacitado parcial ou totalmente para o trabalho, e às pessoas portadoras de deficiência, propiciando-lhes os meios para a (re)educação e de (re)adaptação profissional e social para participar do mercado de trabalho e do contexto em que vive. A teleologia de tal serviço é propiciar ao próprio beneficiário o desenvolvimento de meios e alternativas para o próprio sustento, por conta da qualificação profissional promovida, desonerando, assim, a Previdência Social do encargo financeiro de sustento de benefícios devidos em função da incapacidade laborativa dos beneficiados, sejam eles segurados ou dependentes"[8].

Os argumentos expedidos levam à conclusão, salvo melhor juízo, de que os acidentes de trabalho e as doenças decorrentes do trabalho estão intimamentes ligados ou conexos com as normas previdenciárias e, dessa forma, a competência para julgar os pedidos de indenização por dano moral fundados em acidentes do trabalho ou doença profissional é da Justiça do Trabalho, por força da decisão proferida em 29.6.05, pelo Supremo Tribunal Federal, no Conflito de Competência n. 7.204-1 (Minas Gerais).

Entretanto, a constatação da ocorrência de acidente do trabalho ou de doença profissional é do Órgão Previdenciário, sob pena de invalidar todas as normas que tratam da questão na esfera previdenciária, tanto que o fator determinante para assegurar o direito à estabilidade provisória de doze meses prevista no art. 118 da Lei n. 8.213/91, em razão do acidente do trabalho, é o afastamento superior a 15 dias e a conseqüente percepção do auxílio-doença previdenciário, o que está retratado na Súmula n. 378, II, do TST:

ESTABILIDADE PROVISÓRIA. ACIDENTE DO TRABALHO. ART. 118 DA LEI N. 8.213/1991. CONSTITUCIONALIDADE. PRESSUPOSTOS. (Conversão das Orientações Jurisprudenciais ns. 105 e 230 da SDI-1 — Res. 129/2005 — DJ 20.04.2005)

I — ....

II São pressupostos para a concessão da estabilidade o afastamento superior a 15 dias e a conseqüente percepção do auxílio-doença acidentário, salvo se constatada, após a despedida, doença profissional que guarde relação de causalidade com a execução do contrato de emprego. (Primeira parte — ex-OJ n. 230 — Inserida em 20.06.2001)

A parte final do item II dessa Súmula, que fala do surgimento de doença profissional após a despedida, não afasta, no nosso entender, a sua averiguação por parte da Previdência Social, justamente para não criar situações como as que vêm ocorrendo na prática, quais sejam: de trabalhadores procurarem o órgão previdenciário para afirmação ou não da doença profissional e possível recebimento do benefício previdenciário; outros ajuizando ação diretamente na Justiça do Trabalho postulando a indenização por dano moral fundado em acidente do trabalho no limiar do período prescricional, sem qualquer reconhecimento da sua existência pelo INSS. São caminhos diferentes envolvendo a mesma causa e os efeitos não deixam de ser conexos quanto à sua origem: acidente de trabalho ou doença profissional.

Acreditamos que tais questões serão objeto de muita controvéria no Judiciário Trabalhista com desdobramento na Justiça Comum.

O empregador não poderá denunciar à lide o Instituto Nacional do Seguro Social no processo trabalhista para a averiguação da existência ou não de doença profissional, até

(8) Ob. cit., p. 105.

porque não se trata de ação acidentária; entretanto, não se pode falar em dano moral se não houver a constatação pelo órgão previdenciário do fato gerador, dadas as conseqüências que ele acarreta nos planos social e previdenciário, principalmente quando envolver estabilidade no emprego.

Como já se acentuou, a habilitação, reabilitação profissional e transformação do afastamento do empregado em aposentadoria por invalidez são atos estritamente vinculados à Previdência Social, não podendo a Justiça do Trabalho, salvo melhor juízo, usurpar dessa competência.

Vale ressaltar também que no art. 200 da Carta Magna está estabelecido que "ao Sistema Único de Saúde compete, além de outras atribuições, nos termos da lei: executar as ações de vigilância sanitária e epidemiológica, bem como as de saúde do trabalhador (inciso II)".

Não podemos deixar de consignar outro conflito de competência também originado da decisão do Supremo Tribunal Federal (Conflito de Competência n. 7204, MG, Rel. Carlos Brito), que reformulou o seu entendimento para atribuir à Justiça do Trabalho a competência para apreciar as ações com pedido de indenização por dano moral decorrente de acidente do trabalho e que envolve o direito intertemporal processual.

É que processos sobre tais questões ainda tramitam pela Justiça Comum ou mesmo pela Justiça do Trabalho, alguns deles com sentença de mérito ou então em grau recursal, de forma que, com a nova decisão do Supremo Tribunal Federal, surgiu um conflito entre os fatos e situações jurídicas já consumadas naquela Justiça, tida por competente, e a Justiça que passou a ser competente em face do novo entendimento da Suprema Corte.

Neste contexto, o conflito só pode ser solucionado sob a luz do direito processual intertemporal e pelo Superior Tribunal de Justiça (art. 105, *d,* da CF), órgão competente para tanto.

Segundo *Cândido Rangel Dinamarco,* "na relação jurídica processual, que é por definição dinâmica e evolutiva, situações novas se criam diante de cada ação ou omissão de seus sujeitos. Tais são os chamados *direitos processuais adquiridos*, tomada essa expressão no amplíssimo sentido tradicional indicador das situações já consumadas. Prevalece, em direito processual, como na ordem jurídica em geral, essa regra de equilíbrio reguladora da tensão entre a força da lei que chega e o respeito à *segurança das relações jurídicas preexistentes,* constitucionalmente assegurado", acrescentando que "a freqüente alusão doutrinária a *situações jurídicas constituídas* prevalece também em direito processual intertemporal e, nesse contexto, falar em *direito processual adquirido* significa substancialmente levar em conta as situações processuais consumadas, cuja efetividade deve resistir à superveniência de lei processual nova. Também aqui importa preservar, no processo, os 'efeitos já produzidos pelos fatos que a lei (no caso, processual) se destina a regular'"[(9)].

Levando-se em conta tais questões afetas ao direito processual intertemporal e considerando a mudança de entendimento do Supremo Tribunal Federal, a Segunda Seção do Superior Tribunal de Justiça, em voto prevalente do Ministro Barros Monteiro, decidiu "que somente serão remetidos à Justiça do Trabalho os feitos relativos à indenização de danos morais e/ou patrimoniais decorrentes de acidente de trabalho (nova redação do art. 114, VI, da CF/1988) que, no advento da EC n. 45/2004, ainda se encontravam sem sentença prolatada, seja de

---

(9) *A Reforma da Reforma*, 4ª ed., 2002, Malheiros, SP, p. 51.

mérito ou não. Aqueles já com sentença prosseguem regidos pela antiga competência da Justiça comum estadual, inclusive recursal", conforme se verifica pela decisão que consta da parte destinada à jurisprudência.

Assim, pela referida decisão, somente serão remetidos à Justiça do Trabalho os feitos relativos à indenização de danos morais e/ou patrimoniais decorrentes de acidente de trabalho (nova redação do art. 114, VI, da CF/1988) que, no advento da EC n. 45/2004, ainda se encontravam sem sentença prolatada, seja de mérito ou não. Aqueles já com sentença prosseguem regidos pela antiga competência da Justiça Comum estadual, inclusive recursal. Decidiu-se adotar jurisprudência do STF no sentido de que a alteração superveniente de competência, mesmo que determinada por regra constitucional, não atinge a validade de sentença anteriormente proferida. A Min. Nancy Andrighi, voto vencido, no referido acórdão entendia que só as ações ajuizadas após a referida emenda teriam seus autos enviados à Justiça trabalhista, enquanto o Min. Humberto Gomes de Barros e o Min. Cesar Asfor Rocha foram vencidos apenas na fundamentação, pois afirmaram que, desde aquela data, todas as causas pendentes a respeito do tema deveriam seguir para as varas e tribunais trabalhistas correlatos, de acordo com precedentes. Precedentes citados do STF: CC 7.204-MG, DJ 3.8.2005; CC 6.967-RJ, DJ 26.9.97, e RTJ 60/855. **CC 51.712-SP**, Rel. Min. Barros Monteiro, julgado em 10.8.2005.

Também há decisões do Superior Tribunal de Justiça no sentido de que, com o advento da EC n. 45/2004, que deu nova redação ao art. 114 da Carta Magna de 1988, a competência para julgar o presente feito é da distinta Justiça do Trabalho. Tratando-se de competência absoluta, deve o juiz, de ofício, declarar a incompetência, nos termos do art. 113 do CPC. A justificativa para tal entendimento, ou seja, de que ela se aplica desde logo, está na parte final do art. 87 do CPC. A respeito, veja-se a ementa que consta na parte destinada à jurisprudência, Processo STJ — CC n. 50.603-SP (2005/0090166-2) — (Ac. 1ª Seção) — Rel. Min. José Delgado. DJU 14.9.05, p. 195.

Entretanto, pela ementa do Conflito de Competência n. 7.204-MG, publicada no Diário da Justiça da União de 9.12.05, a qual se encontra na parte destinada à jurisprudência, o Supremo Tribunal Federal deixa claro que "a nova orientação alcança os processos em trâmite pela Justiça comum estadual, desde que pendentes de julgamento de mérito. É dizer: as ações que tramitam perante a Justiça comum dos Estados, com sentença de mérito anterior à promulgação da EC 45/04, lá continuam até o trânsito em julgado e correspondente execução. Quanto àquelas cujo mérito ainda não foi apreciado, hão de ser remetidas à Justiça do Trabalho, no estado em que se encontram, com total aproveitamento dos atos praticados até então. A medida se impõe, em razão das características que distinguem a Justiça comum estadual e a Justiça do Trabalho, cujos sistemas recursais, órgãos e instâncias não guardam exata correlação. 5. O Supremo Tribunal Federal, guardião-mor da Constituição Republicana, pode e deve, em prol da segurança jurídica, atribuir eficácia prospectiva às suas decisões, com a delimitação precisa dos respectivos efeitos, toda vez que proceder a revisões de jurisprudência definidora de competência *ex ratione materiae*. O escopo é preservar os jurisdicionados de alterações jurisprudenciais que ocorram sem mudança formal do Magno Texto". Vale dizer que, no caso, prevalece o entendimento esposado pela Segunda Seção do Superior Tribunal de Justiça, o qual, por sinal, já se lastreava em entendimento da Excelsa Corte.

É de se registrar, no entanto, que existem decisões, conforme está demonstrado na parte destinada à jurisprudência, que entendem que a Justiça do Trabalho não é competente para apreciação de pedido de indenização com fundamento em dano moral decorrente de acidente de trabalho pela viúva, companheiro ou companheira, descendentes e ascendentes do trabalhador vitimado. Outras decisões já consideram que a Justiça do Trabalho é a competente. A respeito, veja-se o capítulo em que tratamos da legitimidade de agir nas causas relacionadas com o dano moral.

Enfim, existem muitas dúvidas que precisam ser equacionadas e superadas pelo Poder Judiciário, e com isso ganharão os jurisdicionados com a celeridade e efetividade do processo, o que estará em consonância com o disposto no inciso LXXVIII do art. 5º da Carta Magna, o qual estatui que "a todos, no âmbito judicial e administrativo, são assegurados a razoável duração do processo e os meios que garantem a celeridade de sua tramitação", e a própria Justiça pela almejada segurança jurídica na prestação jurisdicional.

2. *REFERÊNCIAS LEGAIS*

Constituição Federal

Art. 109. Aos juízes federais compete processar e julgar:

I — as causas em que a União, entidade autárquica ou empresa pública federal forem interessadas na condição de autoras, rés, assistentes ou oponentes, exceto as de falência, as de acidentes de trabalho e as sujeitas à Justiça Eleitoral e à Justiça do Trabalho;

....

Art. 114. Compete à Justiça do Trabalho processar e julgar:

I — as ações oriundas da relação de trabalho, abrangidos os entes de direito público externo e da administração pública direta e indireta da União, dos Estados, do Distrito Federal e dos Municípios; (*Redação dada pela Emenda Constitucional n. 45, de 8.12.04, DOU 31.12.04*)

Nota: Concedida Liminar, com efeito *ex tunc*, na Ação Direta de Inconstitucionalidade n. 3.395-6, em 27.1.05, nos seguintes termos: "Suspendo, *ad referendum*, toda e qualquer interpretação dada ao inciso I do art. 114 da CF, na redação dada pela Emenda Constitucional n. 45, que inclua, na competência da Justiça do Trabalho, '... a apreciação ... de causas ... que sejam instauradas entre o Poder Público e seus servidores, a ele vinculados por típica relação de ordem estatutária ou de caráter jurídico-administrativo".

....

VI — as ações de indenização por dano moral ou patrimonial, decorrentes da relação de trabalho; (*Acrescentado pela Emenda Constitucional n. 45, de 8.12.04, DOU 31.12.04*)

....

Consolidação das Leis do Trabalho

Art. 8º As autoridades administrativas e a Justiça do Trabalho, na falta de disposições legais ou contratuais, decidirão, conforme o caso, pela jurisprudência, por analogia, por eqüidade e outros princípios e normas gerais de direito, principalmente do direito do trabalho, e, ainda, de acordo com os usos e costumes, o direito comparado, mas sempre de maneira que nenhum interesse de classe ou particular prevaleça sobre o interesse público.

Parágrafo único. O direito comum será fonte subsidiária do direito do trabalho, naquilo em que não for incompatível com os princípios fundamentais deste.

....

Art. 643. Os dissídios, oriundos das relações entre empregados e empregadores, bem como de trabalhadores avulsos e seus tomadores de serviços, em atividades reguladas na legislação social, serão dirimidos pela Justiça do Trabalho, de acordo com o presente Título e na forma estabelecida pelo processo judiciário do trabalho. (*Redação dada pela Lei n. 7.494/86*)

....

§ 2º As questões referentes a acidentes do trabalho continuam sujeitas à justiça ordinária, na forma do Decreto n. 24.637, de 10 de julho de 1934, e legislação subseqüente.

....

Lei n. 8.212, de 24.7.91

Previdência Social

Art. 22. A contribuição a cargo da empresa, destinada à Seguridade Social, além do disposto no art. 23, é de: (*) **Nota**: A Lei n. 9.317, de 5.12.96, dispôs sobre o tratamento diferenciado às microempresas e empresas de pequeno porte — SIMPLES.

I — 20% (vinte por cento) sobre o total das remunerações pagas, devidas ou creditadas a qualquer título, durante o mês, aos segurados empregados e trabalhadores avulsos que lhe prestem serviços, destinadas a retribuir o trabalho, qualquer que seja a sua forma, inclusive as gorjetas, os ganhos habituais sob a forma de utilidades e os adiantamentos decorrentes de reajuste salarial, quer pelos serviços efetivamente prestados, quer pelo tempo à disposição do empregador ou tomador de serviços, nos termos da lei ou do contrato ou, ainda, de convenção ou acordo coletivo de trabalho ou sentença normativa; *(Redação dada pela Lei n. 9.876, de 26.11.99)*

II — para o financiamento do benefício previsto nos arts. 57 e 58 da Lei n. 8.213, de 24 de julho de 1991, e daqueles concedidos em razão do grau de incidência de incapacidade laborativa decorrente dos riscos ambientais do trabalho, sobre o total das remunerações pagas ou creditadas, no decorrer do mês, aos segurados empregados e trabalhadores avulsos: *(Redação dada pela Lei n. 9.732, de 11.12.98)*

a) 1% (um por cento) para as empresas em cuja atividade preponderante o risco de acidentes do trabalho seja considerado leve;

b) 2% (dois por cento) para as empresas em cuja atividade preponderante esse risco seja considerado médio;

c) 3% (três por cento) para as empresas em cuja atividade preponderante esse risco seja considerado grave.

....

Lei n. 8.213, de 24.7.91

Previdência Social

Art. 19. Acidente do trabalho é o que ocorre pelo exercício do trabalho a serviço da empresa ou pelo exercício do trabalho dos segurados referidos no inciso VII do art. 11 desta lei, provocando lesão corporal ou perturbação funcional que cause a morte ou a perda ou redução, permanente ou temporária, da capacidade para o trabalho.

§ **1º** A empresa é responsável pela adoção e uso das medidas coletivas e individuais de proteção e segurança da saúde do trabalhador.

§ **2º** Constitui contravenção penal, punível com multa, deixar a empresa de cumprir as normas de segurança e higiene do trabalho.

§ **3º** É dever da empresa prestar informações pormenorizadas sobre os riscos da operação a executar e do produto a manipular.

§ **4º** O Ministério do Trabalho e da Previdência Social fiscalizará e os sindicatos e entidades representativas de classe acompanharão o fiel cumprimento do disposto nos parágrafos anteriores, conforme dispuser o Regulamento.

Art. 20. Consideram-se acidente do trabalho, nos termos do artigo anterior, as seguintes entidades mórbidas:

I — doença profissional, assim entendida a produzida ou desencadeada pelo exercício do trabalho peculiar a determinada atividade e constante da respectiva relação elaborada pelo Ministério do Trabalho e da Previdência Social;

II — doença do trabalho, assim entendida a adquirida ou desencadeada em função de condições especiais em que o trabalho é realizado e com ele se relacione diretamente, constante da relação mencionada no inciso I.

§ **1º** Não são consideradas como doença do trabalho:

a) a doença degenerativa;

b) a inerente a grupo etário;

c) a que não produza incapacidade laborativa;

d) a doença endêmica adquirida por segurado habitante de região em que ela se desenvolva, salvo comprovação de que é resultante de exposição ou contato direto determinado pela natureza do trabalho.

§ **2º** Em caso excepcional, constatando-se que a doença não incluída na relação prevista nos incisos I e II deste artigo resultou das condições especiais em que o trabalho é executado e com ele se relaciona diretamente, a Previdência Social deve considerá-la acidente do trabalho.

Art. 21. Equiparam-se também ao acidente do trabalho, para efeitos desta Lei:

I — o acidente ligado ao trabalho que, embora não tenha sido a causa única, haja contribuído diretamente para a morte do segurado, para redução ou perda da sua capacidade para o trabalho, ou produzido lesão que exija atenção médica para a sua recuperação;

II — o acidente sofrido pelo segurado no local e no horário do trabalho, em conseqüência de:

a) ato de agressão, sabotagem ou terrorismo praticado por terceiro ou companheiro de trabalho;

b) ofensa física intencional, inclusive de terceiro, por motivo de disputa relacionada ao trabalho;

c) ato de imprudência, de negligência ou de imperícia de terceiro ou de companheiro de trabalho;

d) ato de pessoa privada do uso da razão;

e) desabamento, inundação, incêndio e outros casos fortuitos ou decorrentes de força maior;

III — a doença proveniente de contaminação acidental do empregado no exercício de sua atividade;

IV — o acidente sofrido pelo segurado, ainda que fora do local e horário de trabalho:

a) na execução de ordem ou na realização de serviço sob a autoridade da empresa;

b) na prestação espontânea de qualquer serviço à empresa para lhe evitar prejuízo ou proporcionar proveito;

c) em viagem a serviço da empresa, inclusive para estudo quando financiada por esta dentro de seus planos para melhor capacitação da mão-de-obra, independentemente do meio de locomoção utilizado, inclusive veículo de propriedade do segurado;

d) no percurso da residência para o local de trabalho ou deste para aquela, qualquer que seja o meio de locomoção, inclusive veículo de propriedade do segurado.

§ 1º Nos períodos destinados a refeição ou descanso, ou por ocasião da satisfação de outras necessidades fisiológicas, no local do trabalho ou durante este, o empregado é considerado no exercício do trabalho.

§ 2º Não é considerada agravação ou complicação de acidente do trabalho a lesão que, resultante de acidente de outra origem, se associe ou se superponha às conseqüências do anterior.

Art. 21-A. A perícia médica do INSS considerará caracterizada a natureza acidentária da incapacidade quando constatar ocorrência de nexo técnico epidemiológico entre o trabalho e o agravo, decorrente da relação entre a atividade da empresa e a entidade mórbida motivadora da incapacidade elencada na Classificação Internacional de Doenças — CID, em conformidade com o que dispuser o regulamento. *(Artigo acrescentado pela Lei n. 11.430, de 26.12.06, DOU 27.12.06)*

§ 1º A perícia médica do INSS deixará de aplicar o disposto neste artigo quando demonstrada a inexistência do nexo de que trata o *caput* deste artigo.

§ 2º A empresa poderá requerer a não aplicação do nexo técnico epidemiológico, de cuja decisão caberá recurso com efeito suspensivo, da empresa ou do segurado, ao Conselho de Recursos da Previdência Social.

Art. 22. A empresa deverá comunicar o acidente do trabalho à Previdência Social até o 1º (primeiro) dia útil seguinte ao da ocorrência e, em caso de morte, de imediato, à autoridade competente, sob pena de multa variável entre o limite mínimo e o limite máximo do salário-de-contribuição, sucessivamente aumentada nas reincidências, aplicada e cobrada pela Previdência Social.

§ 1º Da comunicação a que se refere este artigo receberão cópia fiel o acidentado ou seus dependentes, bem como o sindicato a que corresponda a sua categoria.

§ 2º Na falta de comunicação por parte da empresa, podem formalizá-la o próprio acidentado, seus dependentes, a entidade sindical competente, o médico que o assistiu ou qualquer autoridade pública, não prevalecendo nestes casos o prazo previsto neste artigo.

§ 3º A comunicação a que se refere o § 2º não exime a empresa de responsabilidade pela falta do cumprimento do disposto neste artigo.

§ 4º Os sindicatos e entidades representativas de classe poderão acompanhar a cobrança, pela Previdência Social, das multas previstas neste artigo.

§ 5º A multa de que trata este artigo não se aplica na hipótese do *caput* do art. 21-A. *(Acrescentado pela Lei n. 11.430, de 26.12.06, DOU 27.12.06)*

Art. 23. Considera-se como dia do acidente, no caso de doença profissional ou do trabalho, a data do início da incapacidade laborativa para o exercício da atividade habitual, ou o dia da segregação compulsória, ou o dia em que for realizado o diagnóstico, valendo para este efeito o que ocorrer primeiro.

....

Art. 59. O auxílio-doença será devido ao segurado que, havendo cumprido, quando for o caso, o período de carência exigido nesta Lei, ficar incapacitado para o seu trabalho ou para a sua atividade habitual por mais de 15 (quinze) dias consecutivos.

....

Art. 118. O segurado que sofreu acidente do trabalho tem garantida, pelo prazo mínimo de 12 (doze) meses, a manutenção do seu contrato de trabalho na empresa, após a cessação do auxílio-doença acidentário, independentemente de percepção de auxílio-acidente.

....

Art. 129. Os litígios e medidas cautelares relativos a acidentes do trabalho serão apreciados:

I — na esfera administrativa, pelos órgãos da Previdência Social, segundo as regras e prazos aplicáveis às demais prestações, com prioridade para conclusão; e

II — na via judicial, pela Justiça dos Estados e do Distrito Federal, segundo o rito sumaríssimo, inclusive durante as férias forenses, mediante petição instruída pela prova de efetiva notificação do evento à Previdência Social, através de Comunicação de Acidente do Trabalho — CAT.

Parágrafo único. O procedimento judicial de que trata o inciso II deste artigo é isento do pagamento de quaisquer custas e de verbas relativas à sucumbência.

Decreto n. 3.048, de 6.5.99

Art. 336. Para fins estatísticos e epidemiológicos, a empresa deverá comunicar à previdência social o acidente de que tratam os arts. 19, 20, 21 e 23 da Lei n. 8.213, de 1991, ocorrido com o segurado empregado, exceto o doméstico, e o trabalhador avulso, até o primeiro dia útil seguinte ao da ocorrência e, em caso de morte, de imediato, à autoridade competente, sob pena da multa aplicada e cobrada na forma do art. 286. (*Redação dada pelo Decreto n. 4.032, de 2001*)

§ **1º** Da comunicação a que se refere este artigo receberão cópia fiel o acidentado ou seus dependentes, bem como o sindicato a que corresponda a sua categoria.

§ **2º** Na falta do cumprimento do disposto no *caput*, caberá ao setor de benefícios do Instituto Nacional do Seguro Social comunicar a ocorrência ao setor de fiscalização, para a aplicação e cobrança da multa devida.

§ **3º** Na falta de comunicação por parte da empresa, ou quando se tratar de segurado especial, podem formalizá-la o próprio acidentado, seus dependentes, a entidade sindical competente, o médico que o assistiu ou qualquer autoridade pública, não prevalecendo nestes casos o prazo previsto neste artigo. (*Redação dada pelo Decreto n. 4.032, de 2001*)

§ **4º** A comunicação a que se refere o § 3º não exime a empresa de responsabilidade pela falta do cumprimento do disposto neste artigo.

§ **5º** (*Revogado pelo Decreto n. 3.265, de 1999*)

§ **6º** Os sindicatos e entidades representativas de classe poderão acompanhar a cobrança, pela previdência social, das multas previstas neste artigo.

Art. 337. O acidente do trabalho será caracterizado tecnicamente pela perícia médica do INSS, mediante a identificação do nexo entre o trabalho e o agravo.

* *Caput com redação determinada pelo Dec. 6.042/2007 (DOU 13.02.2007), em vigor na data de sua publicação, produzindo efeitos a partir do primeiro dia do mês de abril de 2007 (v. art. 5º, I, do referido Decreto).*

§ **1º** O setor de benefícios do Instituto Nacional do Seguro Social reconhecerá o direito do segurado à habilitação do benefício acidentário.

§ **2º** Será considerado agravamento do acidente aquele sofrido pelo acidentado quando estiver sob a responsabilidade de reabilitação profissional.

§ **3º** Considera-se estabelecido o nexo entre o trabalho e o agravo quando se verificar nexo técnico epidemiológico entre a atividade da empresa e a entidade mórbida motivadora da incapacidade, elencada na Classificação Internacional de Doenças (CID) em conformidade com o disposto na Lista B do Anexo II deste Regulamento.

§ 4º Para os fins deste artigo, considera-se agravo a lesão, doença, transtorno de saúde, distúrbio, disfunção ou síndrome de evolução aguda, subaguda ou crônica, de natureza clínica ou subclínica, inclusive morte, independentemente do tempo de latência.

§ 5º Reconhecidos pela perícia médica do INSS a incapacidade para o trabalho e o nexo entre o trabalho e o agravo, na forma do § 3º, serão devidas as prestações acidentárias a que o beneficiário tenha direito.

§ 6º A perícia médica do INSS deixará de aplicar o disposto no § 3º quando demonstrada a inexistência de nexo causal entre o trabalho e o agravo, sem prejuízo do disposto nos §§ 7º e 12.

§ 7º A empresa poderá requerer ao INSS a não aplicação do nexo técnico epidemiológico ao caso concreto mediante a demonstração de inexistência de correpondente nexo causal entre o trabalho e o agravo.

§ 8º O requerimento de que trata o § 7º poderá ser apresentado no prazo de 15 (quinze) dias da data para a entrega, na forma do inciso IV do art. 225, da GFIP que registre a movimentação do trabalhador, sob pena de não conhecimento da alegação em instância administrativa.

§ 9º Caracterizada a impossibilidade de atendimento ao disposto no § 8º, motivada pelo não conhecimento tempestivo do diagnóstico do agravo, o requerimento de que trata o § 7º poderá ser apresentado no prazo de 15 (quinze) dias da data em que a empresa tomar ciência da decisão da perícia médica do INSS referida no § 5º.

§ 10 Juntamente com o requerimento de que tratam os §§ 8º e 9º, a empresa formulará as alegações que entender necessárias e apresentará as provas que possuir demonstrando a inexistênca de nexo causal entre o trabalho e o agravo.

§ 11 A documentação probatória poderá trazer, entre outros meios de prova, evidências técnicas circunstanciadas e tempestivas à exposição do segurado, podendo ser produzidas no âmbito de programas de gestão de risco, a cargo da empresa, que possuam responsável técnico legalmente habilitado.

§ 12 O INSS informará ao segurado sobre a contestação da empresa, para, querendo, impugná-la, obedecendo quanto à produção de provas o disposto no § 10, sempre que a instrução do pedido evidenciar a possibilidade de reconhecimento de inexistência do nexo causal entre o trabalho e o agravo.

§ 13 Da decisão do requerimento de que trata o § 7º cabe recurso, com efeito suspensivo, por parte da empresa ou, conforme o caso, do segurado ao Conselho de Recursos da Previdência Social, nos termos dos arts. 305 a 310.

**§§ 3º a 13 acrescentados pelo Dec. 6.042/2007 (DOU 13.02.2007), em vigor na data de sua publicação, produzindo efeitos a partir do primeiro dia do mês de abril de 2007 (v. art. 5º, I, do referido Decreto).*

Art. 338. A empresa é responsável pela adoção e uso de medidas coletivas e individuais de proteção à segurança e saúde do trabalhador sujeito aos riscos ocupacionais por ela gerados. (*Redação dada pelo Decreto n. 4.032, de 2001*)

§ 1º É dever da empresa prestar informações pormenorizadas sobre os riscos da operação a executar e do produto a manipular. (*Incluído pelo Decreto n. 4.032, de 2001*)

§ 2º Os médicos peritos da previdência social terão acesso aos ambientes de trabalho e a outros locais onde se encontrem os documentos referentes ao controle médico de saúde ocupacional, e aqueles que digam respeito ao programa de prevenção de riscos ocupacionais, para verificar a eficácia das medidas adotadas pela empresa para a prevenção e controle das doenças ocupacionais. (*Incluído pelo Decreto n. 4.032, de 2001*)

§ 3º O INSS auditará a regularidade e a conformidade das demonstrações ambientais, incluindo-se as de monitoramento biológico, e dos controles internos da empresa relativos ao gerenciamento dos riscos ocupacionais, de modo a assegurar a veracidade das informações prestadas pela empresa e constantes do CNIS, bem como o cumprimento das obrigações relativas ao acidente de trabalho. (*Incluído pelo Decreto n. 4.882, de 2003*)

§ 4º Os médicos peritos da previdência social deverão, sempre que constatarem o descumprimento do disposto neste artigo, comunicar formalmente aos demais órgãos interessados na providência, inclusive para aplicação e cobrança da multa devida. (*Incluído pelo Decreto n. 5.545, de 2005*)

Código Civil de 2002

Art. 427. A proposta de contrato obriga o proponente, se o contrário não resultar dos termos dela, da natureza do negócio, ou das circunstâncias do caso.

....

Art. 429. A oferta ao público equivale a proposta quando encerra os requisitos essenciais ao contrato, salvo se o contrário resultar das circunstâncias ou dos usos.

....

3. *JURISPRUDÊNCIA*

SÚMULAS

STJ

N. 15. Compete à Justiça Estadual processar e julgar os litígios decorrentes de acidente do trabalho.

TST

N. 392. DANO MORAL. COMPETÊNCIA DA JUSTIÇA DO TRABALHO. (Conversão da Orientação Jurisprudencial n. 327 da SDI-1 — Res. 129/2005 — DJ 20.04.2005). Nos termos do art. 114 da CF/1988, a Justiça do Trabalho é competente para dirimir controvérsias referentes à indenização por dano moral, quando decorrente da relação de trabalho. (ex-OJ n. 327 — DJ 09.12.2003)

Ação — Dano moral — Indenização — Acidente do Trabalho — Competência da Justiça do Trabalho

Decisão: O Tribunal, por unanimidade, conheceu do conflito e, por maioria, definiu a competência da justiça trabalhista, a partir da Emenda Constitucional n. 45/2004, para julgamento das ações de indenização por danos morais e patrimoniais decorrentes de acidente do trabalho, vencido, no caso, o Senhor Ministro Marco Aurélio, na medida em que não estabelecia a edição da emenda constitucional como marco temporal para competência da justiça trabalhista. Votou a Presidente. Ausente, justificadamente, o Senhor Ministro Nelson Jobim (Presidente). Presidiu o julgamento a Senhora Ministra Ellen Gracie (Vice-Presidente). Plenário, 29.06.2005. Republicada por haver incorreção no original da Ata da 20ª (vigésima) sessão ordinária, do Plenário, realizada em 29 de junho de 2005, publicada no Diário da Justiça de 03 de agosto de 2005. Brasília, 16 de setembro de 2005. Luiz Tomimatsu Secretário STF — CC n.7204-1-MG — (Plenário, 29.6.01) — Rel. Min. Carlos Britto. DJU 3.8.05 e republicado em 21.9.05.

Da decisão acima, colhe-se o seguinte fundamento do Ministro Relator:

"CONFLITO DE COMPETÊNCIA 7.204-1 MINAS GERAIS

RELATÓRIO

O SENHOR MINISTRO CARLOS AYRES BRITTO (Relator).

1. Trata-se de conflito negativo de competência, suscitado pelo Tribunal Superior do Trabalho em face do recentemente extinto Tribunal de Alçada do Estado de Minas Gerais.

2. Por meio dele, conflito, discute-se a competência para processar e julgar ação indenizatória por danos morais e patrimoniais decorrentes de acidente do trabalho, quando tal ação é proposta por empregado contra o seu empregador. Donde a controvérsia: competente é a Justiça comum estadual, ou a Justiça especializada do trabalho?

3. Pois bem, o fato é que Vicente Giacomini Perón ajuizou, na Justiça do Trabalho e contra o então Banco do Estado de Minas Gerais/BEMGE, ação de indenização por motivo de doença profissional. O que levou a Junta de Conciliação e Julgamento de Ubá/MG a se dar por incompetente e determinar a remessa dos autos a uma das Varas Cíveis daquela mesma Comarca. Pelo que a Justiça estadual julgou o pedido parcialmente procedente, resultando daí a interposição de recurso de apelação pelo Banco demandado.

4. Acontece que, ao apreciar o apelatório, o Tribunal de Alçada de Minas Gerais declinou de sua competência e determinou a devolução dos autos à Junta de Conciliação e Julgamento de Ubá/MG. Esta última, agora sim, aceitou o processamento da ação e, também ela, julgou parcialmente procedente o pedido do autor. Fato que ensejou a interposição de recurso ordinário — apenas parcialmente provido pelo TRT/3ª Região — e, posteriormente, recurso de revista.

5. Foi quando, na análise desta última impugnação, a 5ª Turma do egrégio Tribunal Superior do Trabalho reconheceu a incompetência da Justiça especial, de maneira a suscitar o presente conflito negativo de competência (tendo em vista a recusa anteriormente externada pelo Tribunal de Alçada de Minas Gerais).

6. Prossigo neste relato para consignar que o Ministério Público Federal opinou pela procedência da suscitação, em parecer assim ementado:

'CONFLITO NEGATIVO DE COMPETÊNCIA. QUINTA TURMA DO TST E TRIBUNAL DE ALÇADA DE MINAS GERAIS. AÇÃO DE INDENIZAÇÃO POR DANOS MATERIAIS E MORAIS DECORRENTES DE ACIDENTE DE TRABALHO. ART. 109, INCISO I, DA CF, E ART. 114, DA CF, COM A NOVA

REDAÇÃO DADA PELA EMENDA CONSTITUCIONAL N. 45/2004. REMANESCE A COMPETÊNCIA DA JUSTIÇA ESTADUAL PARA JULGAR AÇÃO INDENIZATÓRIA FUNDADA EM ACIDENTE DE TRABALHO. PRECEDENTES. PARECER PELO CONHECIMENTO DO CONFLITO, PARA QUE SE DECLARE COMPETENTE A JUSTIÇA COMUM ESTADUAL'.

7. É o relatório, que submeto ao egrégio Plenário desta Casa (RI/STF, art. 6º, inciso I, 'd')".

* * * * * * *

VOTO

O SENHOR MINISTRO CARLOS AYRES BRITTO (Relator).

8. Conforme visto, a questão que se põe neste conflito consiste em saber a quem compete processar e julgar as ações de reparação de danos morais e patrimoniais advindos do acidente do trabalho. Ações propostas pelo empregado em face de seu empregador, de sorte a provocar o seguinte questionamento: a competência é da Justiça comum estadual, segundo concluiu o órgão suscitante (TST), ou é da Justiça Obreira, como entendeu o suscitado (antigo Tribunal de Alçada de Minas Gerais)?

9. Começo por responder que a jurisprudência do Supremo Tribunal Federal proclama a competência da Justiça trabalhista para o conhecimento das ações indenizatórias por danos morais **decorrentes da relação de emprego**. Pouco importando se a controvérsia comporta resolução à luz do Direito Comum, e não do Direito do Trabalho. Todavia, desse entendimento o STF vem excluindo as ações reparadoras de danos morais, **fundadas em acidente do trabalho** (ainda que movidas pelo empregado contra seu empregador), para incluí-las na competência da Justiça comum dos Estados. Isso por conta do inciso I do art. 109 da Constituição Republicana.

Foi o que o Tribunal Pleno decidiu, por maioria de votos, quando do julgamento do RE 438.639, sessão do dia 09.03.2005, na qual fiquei vencido, como Relator, na companhia do eminente Ministro Marco Aurélio.

10. Nada obstante, valendo-me do art. 6º do Regimento Interno da Casa, trago o presente conflito ao conhecimento deste colendo Plenário para rediscutir a matéria. É que, a meu sentir, a norma que se colhe do inciso I do art. 109 da *Lei das Leis* não autoriza concluir que a Justiça comum estadual detém competência para apreciar as ações que o empregado propõe contra o seu empregador, pleiteando reparação por danos morais ou patrimoniais decorrentes de acidente do trabalho. É dizer: quanto mais reflito sobre a questão, mais me convenço de que a primeira parte do dispositivo constitucional determina mesmo que compete aos **juízes federais** processar e julgar *"as causas em que a União, entidade autárquica ou empresa pública federal **forem interessadas na condição de autoras, rés, assistentes ou oponentes**..."*. Mas esta é apenas a regra geral, plasmada segundo o critério de distribuição de competência em razão da pessoa. Impõe-se atentar para a segunda parte do inciso, assim vocalizada: *"...exceto as de falência, **as de acidente de trabalho** e as sujeitas à Justiça Eleitoral e à Justiça do Trabalho"*. E esta segunda parte, como exceção que é, deve ser compreendida no contexto significante daquela primeira, consubstanciadora de regra geral. Em discurso quiçá mais elucidativo: à luz da segunda parte do inciso I do art. 109 da Constituição Federal, tem-se que as causas de acidente do trabalho em que a União, entidade autárquica ou empresa pública federal forem interessadas, na condição de autora, ré, assistente ou oponente, **não são da competência dos juízes federais**.

11. Remarque-se, então, que as causas de acidente do trabalho, excepcionalmente excluídas da competência dos juízes federais, **só podem ser as chamadas ações acidentárias.**

Ações, como sabido, movidas pelo segurado contra o INSS, a fim de discutir questão atinente a benefício previdenciário.

Logo, feitos em que se faz presente interesse de uma autarquia federal, é certo, mas que, por exceção, se deslocam para a competência da Justiça comum dos Estados. Por que não repetir? Tais ações, expressamente excluídas da competência dos juízes federais, passam a caber à Justiça comum dos Estados, segundo o critério residual de distribuição de competência. Tudo conforme serena jurisprudência desta nossa Corte de Justiça, cristalizada no enunciado da Súmula 501.

12. Outra, porém, é a hipótese das ações reparadoras de danos oriundos de acidente do trabalho, **quando ajuizadas pelo empregado contra o seu empregador**. Não contra o INSS. É que, agora, não há interesse da União, nem de entidade autárquica ou de empresa pública federal, a menos, claro, que uma delas esteja na condição de empregadora. O interesse, reitere-se, apenas diz respeito ao empregado e seu empregador. Sendo desses dois únicos protagonistas a legitimidade processual para figurar nos pólos ativo e passivo da ação, respectivamente. Razão bastante para se perceber que a regra geral veiculada pela primeira parte do inciso I do art. 109 da Lei Maior — definidora de competência em razão da pessoa que integre a lide — não tem como ser erigida a norma de incidência, visto que ela não trata de relação jurídica entre empregados e empregadores. Já a parte final do inciso I do art. 109 da Magna Carta, segundo demonstrado, cuida é de outra coisa: excepcionar as hipóteses em que a competência seria da própria Justiça Federal.

13. Deveras, se a vontade objetiva do Magno Texto fosse excluir da competência da Justiça do Trabalho matéria ontologicamente afeita a ela, Justiça Obreira,

certamente que o faria no próprio âmbito do art. 114. Jamais no contexto do art. 109, versante, este último, sobre competência de uma outra categoria de juízes.

14. Noutro modo de dizer as coisas, não se encaixando em nenhuma das duas partes do inciso I do art. 109 as ações reparadoras de danos resultantes de acidente do trabalho, em que *locus* da Constituição elas encontrariam sua específica norma de regência? Justamente no art. 114, que proclama a competência da Justiça especial aqui tantas vezes encarecida. Competência que de pronto se define pelo exclusivo fato de o litígio eclodir entre trabalhadores e empregadores, como figura logo no início do texto normativo em foco. E já me antecipando, ajuízo que a nova redação que a EC n. 45/04 conferiu a esse dispositivo, para abrir significativamente o leque das competências da Justiça Laboral em razão da matéria, só veio robustecer o entendimento aqui esposado.

15. Com efeito, estabelecia o *caput* do art. 114, em sua redação anterior, que era da Justiça do Trabalho a competência para conciliar e julgar os dissídios individuais e coletivos **entre trabalhadores e empregadores**, além de **outras controvérsias decorrentes da relação de trabalho**. Ora, um acidente de trabalho é fato ínsito à interação trabalhador/empregador. A causa e seu efeito. Porque sem o vínculo trabalhista o infortúnio não se configuraria; ou seja, o acidente só é acidente de trabalho se ocorre no próprio âmago da relação laboral. A possibilitar a deflagração de efeitos morais e patrimoniais imputáveis à responsabilidade do empregador, em regra, ora por conduta comissiva, ora por comportamento omissivo.

16. Como de fácil percepção, para se aferir os próprios elementos do ilícito, sobretudo a culpa e o nexo causal, é imprescindível que se esteja mais próximo do dia-a-dia da complexa realidade laboral. Aspecto em que avulta a especialização mesma de que se revestem os órgãos judicantes de índole trabalhista. É como dizer: órgãos que se debruçam cotidianamente sobre os fatos atinentes à relação de emprego (muitas vezes quanto à própria existência dela) e que por isso mesmo detêm melhores condições para apreciar toda a trama dos delicados aspectos objetivos e subjetivos que permeiam a relação de emprego. Daí o conteúdo semântico da Súmula 736, deste Excelso Pretório, assim didaticamente legendada: *"Compete à Justiça do Trabalho julgar as ações que tenham como causa de pedir o descumprimento de normas trabalhistas relativas à segurança, higiene e saúde dos trabalhadores"*.

17. Em resumo, a relação de trabalho é a invariável matriz das controvérsias que se instauram entre trabalhadores e empregadores. Já a matéria genuinamente acidentária, voltada para o benefício previdenciário correspondente, é de ser discutida com o INSS, perante a Justiça comum dos Estados, por aplicação da norma residual que se extrai do inciso I do art. 109 da *Carta de Outubro*.

18. Nesse rumo de idéias, renove-se a proposição de que a nova redação do art. 114 da *Lex Maxima* só veio aclarar, expletivamente, a interpretação aqui perfilhada.

Pois a Justiça do Trabalho, que já era competente para conciliar e julgar os dissídios individuais e coletivos **entre trabalhadores e empregadores, além de outras controvérsias decorrentes da relação trabalhista**, agora é confirmativamente competente para processar e julgar **as ações de indenização por dano moral ou patrimonial, decorrentes da relação de trabalho** (inciso VI do art. 114).

19. Acresce que a norma fundamental do inciso IV do art. 1º da Constituição Republicana ganha especificação trabalhista em vários dispositivos do art. 7º, como o que prevê a redução dos riscos inerentes ao trabalho, por meio de normas de saúde, higiene e segurança (inciso XXII), e o que impõe a **obrigação do seguro contra acidente do trabalho, sem prejuízo, note-se, da indenização por motivo de conduta dolosa ou culposa do empregador** (inciso XXVIII). Vale dizer, o direito à indenização em caso de acidente de trabalho, quando o empregador incorrer em dolo ou culpa, vem enumerado no art. 7º da Lei Maior como autêntico direito trabalhista. E como todo direito trabalhista, é de ser tutelado pela Justiça especial, até porque desfrutável às custas do empregador (nos expressos dizeres da Constituição).

20. Tudo comprova, portanto, que a longa enunciação dos direitos trabalhistas veiculados pelo art. 7º da Constituição parte de um pressuposto lógico: a hipossuficiência do trabalhador perante seu empregador. A exigir, assim, interpretação extensiva ou ampliativa, de sorte a autorizar o juízo de que, ante duas defensáveis exegeses do texto constitucional (art. 114, como penso, ou art. 109, I, como tem entendido esta Casa), deve-se optar pela que prestigia a competência especializada da Justiça do Trabalho.

21. Por todo o exposto, e forte no art. 114 da Lei Maior (redações anterior e posterior à EC 45/04), concluo que não se pode excluir da competência da Justiça Laboral as **ações de reparação de danos morais e patrimoniais decorrentes de acidente de trabalho, propostas pelo empregado contra o empregador**. Menos ainda para incluí-las na competência da Justiça comum estadual, com base no art. 109, inciso I, da *Carta de Outubro*.

22. No caso, pois, julgo improcedente este conflito de competência e determino o retorno dos autos ao egrégio Tribunal Superior do Trabalho, para que proceda ao julgamento do recurso de revista manejado pelo empregador.

É o meu voto.

* * * * * * *

CAB/DCH(www.stf.gov.br, 3.12.05)

Referido conflito de competência, (CC 7.204-I), teve a seguinte ementa na publicação no Diário da Justiça da União de 9.12.05, conforme abaixo:

Ação de indenização por danos morais e patrimoniais decorrentes de acidente do trabalho, proposta pelo empregado em face de seu (ex-) empregador — Competência da Justiça do Trabalho — Processos em curso na Justiça Comum dos Estados — Imperativo de política judiciária

Ementa: CONSTITUCIONAL. COMPETÊNCIA JUDICANTE EM RAZÃO DA MATÉRIA. AÇÃO DE INDENIZAÇÃO POR DANOS MORAIS E PATRIMONIAIS DECORRENTES DE ACIDENTE DO TRABALHO, PROPOSTA PELO EMPREGADO EM FACE DE SEU (EX-)EMPREGADOR. COMPETÊNCIA DA JUSTIÇA DO TRABALHO. ART. 114 DA MAGNA CARTA. REDAÇÃO ANTERIOR E POSTERIOR À EMENDA CONSTITUCIONAL N. 45/04. EVOLUÇÃO DA JURISPRUDÊNCIA DO SUPREMO TRIBUNAL FEDERAL. PROCESSOS EM CURSO NA JUSTIÇA COMUM DOS ESTADOS. IMPERATIVO DE POLÍTICA JUDICIÁRIA. 1. Numa primeira interpretação do inciso I do art. 109 da *Carta de Outubro*, o Supremo Tribunal Federal entendeu que as ações de indenização por danos morais e patrimoniais decorrentes de acidente do trabalho, ainda que movidas pelo empregado contra seu (ex-)empregador, eram da competência da Justiça comum dos Estados-Membros. 2. Revisando a matéria, porém, o Plenário concluiu que a Lei Republicana de 1988 conferiu tal competência à Justiça do Trabalho. Seja porque o art. 114, já em sua redação originária, assim deixava transparecer, seja porque aquela primeira interpretação do mencionado inciso I do art. 109 estava, em boa verdade, influenciada pela jurisprudência que se firmou na Corte sob a égide das Constituições anteriores. 3. Nada obstante, como imperativo de política judiciária — haja vista o significativo número de ações que já tramitaram e ainda tramitam nas instâncias ordinárias, bem como o relevante interesse social em causa —, o Plenário decidiu, por maioria, que o marco temporal da competência da Justiça trabalhista é o advento da EC 45/04. Emenda que explicitou a competência da Justiça Laboral na matéria em apreço. 4. A nova orientação alcança os processos em trâmite pela Justiça comum estadual, desde que pendentes de julgamento de mérito. É dizer: as ações que tramitam perante a Justiça comum dos Estados, com sentença de mérito anterior à promulgação da EC 45/04, lá continuam até o trânsito em julgado e correspondente execução. Quanto àquelas cujo mérito ainda não foi apreciado, hão de ser remetidas à Justiça do Trabalho, no estado em que se encontram, com total aproveitamento dos atos praticados até então. A medida se impõe, em razão das características que distinguem a Justiça comum estadual e a Justiça do Trabalho, cujos sistemas recursais, órgãos e instâncias não guardam exata correlação. 5. O Supremo Tribunal Federal, guardião-mor da Constituição Republicana, pode e deve, em prol da segurança jurídica, atribuir eficácia prospectiva às suas decisões, com a delimitação precisa dos respectivos efeitos, toda vez que proceder a revisões de jurisprudência definidora de competência *ex ratione materiae*. O escopo é preservar os jurisdicionados de alterações jurisprudenciais que ocorram sem mudança formal do Magno Texto. 6. Aplicação do precedente consubstanciado no julgamento do Inquérito 687, Sessão Plenária de 25.08.99, ocasião em que foi cancelada a Súmula 394 do STF, por incompatível com a Constituição de 1988, ressalvadas as decisões proferidas na vigência do verbete. 7. Conflito de competência que se resolve, no caso, com o retorno dos autos ao Tribunal Superior do Trabalho.

STF — Conflito de Competência 7.204-1 (45) — MG — (Ac. Plenário, 29.6.05) — Rel. Min. Carlos Britto. DJU 9.12.05, p. 5.

Ação — Danos patrimoniais e morais decorrentes de acidente do trabalho — EC n. 45/2004 — Aplicação imediata — Competência da Justiça Trabalhista, na linha do assentado pelo STF — Aplicação imediata do Texto Constitucional aos processos em que ainda não proferida a sentença

Ementa: COMPETÊNCIA. AÇÃO REPARATÓRIA DE DANOS PATRIMONIAIS E MORAIS DECORRENTES DE ACIDENTE DO TRABALHO. EMENDA CONSTITUCIONAL N. 45/2004. APLICAÇÃO IMEDIATA. COMPETÊNCIA DA JUSTIÇA TRABALHISTA, NA LINHA DO ASSENTADO PELO SUPREMO TRIBUNAL FEDERAL. APLICAÇÃO IMEDIATA DO TEXTO CONSTITUCIONAL AOS PROCESSOS EM QUE AINDA NÃO PROFERIDA A SENTENÇA. A partir da Emenda Constitucional n. 45/2004, a competência para processar e julgar as ações reparatórias de danos patrimoniais e morais decorrentes de acidente do trabalho é da Justiça do Trabalho (Conflito de Competência n. 7.204-1/MG-STF, relator Ministro Carlos Britto). A norma constitucional tem aplicação imediata. Porém, "*a alteração superveniente da competência, ainda que ditada por norma constitucional, não afeta a validade da sentença anteriormente proferida. Válida a sentença anterior à eliminação da competência do juiz que a prolatou, subsiste a competência recursal do tribunal respectivo*" (Conflito de Competência n. 6.967-7/RJ-STF, relator Ministro Sepúlveda Pertence). Conflito conhecido, declarado competente o suscitante. STJ — CC n. 51.712-SP (2005/0104294-7) — (Ac. 2ª Seção) — Rel. Min. Barros Monteiro. DJU 14.9.05, p. 189.

Ação acidentária — INSS — Competência — Justiça Comum Estadual

Ementa: AGRAVO REGIMENTAL EM RECURSO EXTRAORDINÁRIO. ACIDENTE DO TRABALHO. AÇÃO ACIDENTÁRIA AJUIZADA CONTRA O INSS. COMPETÊNCIA DA JUSTIÇA COMUM ESTADUAL. INCISO I E § 3º DO ARTIGO 109 DA CONSTITUIÇÃO FEDERAL. SÚMULA 501 DO STF. A teor do § 3º c/c inciso I do artigo 109 da Constituição Republicana, compete à Justiça comum dos Estados apreciar e julgar as ações acidentárias, que são aquelas propostas pelo segurado contra o Instituto Nacional do Seguro Social — INSS, visando ao benefício e aos serviços previdenciários correspondentes ao acidente do trabalho. Incidência da Súmula 501 do STF. Agravo regimental desprovido. STF — AG.REG.NO RE n. 478.472-6 (1015) — DF — (Ac. 1ª T., j. 26.4.07) — Rel. Min. Carlos Britto. DJU 1.6.07, p. 56.

Ação de indenização decorrente de acidente de trabalho — Aplicação, imediata, da EC n. 45/2004 (Art. 114, VII) — Art. 87 do CPC — Precedentes — Competência da Justiça Trabalhista

Ementa: CONFLITO NEGATIVO DE COMPETÊNCIA. AÇÃO DE INDENIZAÇÃO DECORRENTE DE ACIDENTE DE TRABALHO. APLICAÇÃO, IMEDIATA, DA EC N. 45/2004 (ART. 114, VII). ART. 87 DO CPC. PRECEDENTES. COMPETÊNCIA DA JUSTIÇA TRABALHISTA. 1. Conflito de competência estabelecido entre a Justiça Comum Estadual e a Justiça Laboral, em ação na qual se busca a indenização por danos material e moral, decorrentes de acidente de trabalho. 2. O art. 114, VI, da CF/1988, com a redação inserta pela EC n. 45/2004, dispõe que *"compete à Justiça do Trabalho processar e julgar as ações de indenização por dano moral ou patrimonial, decorrentes da relação de trabalho"*. 3. Com o advento da EC n. 45/2004, que deu nova redação ao art. 114 da Carta Magna de 1988, a competência para julgar o presente feito é da distinta Justiça do Trabalho. Tratando-se de competência absoluta, deve o juiz, de ofício, declarar a incompetência, nos termos do art. 113 do CPC. 4. No tocante ao fenômeno da aplicação da Emenda Constitucional referida no tempo, tenho que ela se aplica, desde logo, em face do disposto na parte final do art. 87 do CPC. Todos os processos, em conseqüência, qualquer que seja a fase em que se encontrem, devem ser enviados à Justiça do Trabalho, sob pena de nulidade absoluta. 5. Precedentes desta Corte Superior. 6. Competência do Juízo Trabalhista. (*)

"Vistos, etc.

Cuida-se de conflito de competência estabelecido entre a Justiça Comum Estadual e a Justiça Laboral, em ação na qual se busca a indenização por danos material e moral, decorrentes de acidente de trabalho.

Parecer do Ministério Público Federal pela competência do Juízo Trabalhista. Relatados, decido.

Convergindo com o douto parecer ministerial, entendo que a competência para apreciar e julgar a demanda é do Juízo Laboral.

Reconheço a incompetência da Justiça Comum Estadual para processar e julgar a presente demanda em face do panorama jurídico oriundo da reforma operada na Carta Magna com a publicação da Emenda Constitucional n. 45, de 08 de dezembro de 2004.

Sobre o tema, firmo o seguinte posicionamento.

A EC n. 45 dispõe, conforme redação que deu ao art. 114, III, da CF/88, que:

"Art. 114. Compete à Justiça do Trabalho processar e julgar:

I — as ações oriundas da relação de trabalho, abrangidos os entes de direito público externo e da administração pública direta e indireta da União, dos Estados, do Distrito Federal e dos Municípios;

II — as ações que envolvam exercício do direito de greve;

III — as ações sobre representação sindical, entre sindicatos, entre sindicatos e trabalhadores, e entre sindicatos e empregadores;

IV — os mandados de segurança, habeas corpus *e* habeas data, *quando o ato questionado envolver matéria sujeita à sua jurisdição;*

V — os conflitos de competência entre órgãos com jurisdição trabalhista, ressalvado o disposto no art. 102, I, o;

VI — as ações de indenização por dano moral ou patrimonial, decorrentes da relação de trabalho;

VII — as ações relativas às penalidades administrativas impostas aos empregadores pelos órgãos de fiscalização das relações de trabalho;

VIII — a execução, de ofício, das contribuições sociais previstas no art. 195, I, a *, e II, e seus acréscimos legais, decorrentes das sentenças que proferir;*

IX — outras controvérsias decorrentes da relação de trabalho, na forma da lei."

Como se observa, com o advento da EC n. 45/2004, que deu nova redação ao art. 114 da CF/88, a competência para julgar o presente feito é da Justiça do Trabalho.

Após a referida EC, todos os processos que versam sobre os temas relacionados acima devem ser remetidos ao Juízo Laboral.

Tratando-se de competência absoluta, deve o juiz, de ofício, declarar a incompetência, nos termos do art. 113 do CPC.

Na linha acima destacada, apresento, dentre tantos, os seguintes e recentes precedentes desta Corte Superior: REsps ns. 734273/PR, Rel. Min. Teori Albino Zavascki, DJ de 09/06/2005; 717372/PR, deste Relator, DJ de 09/06/2005; 717315/PR, deste Relator, DJ de 09/06/2005.

No tocante ao fenômeno da aplicação da EC n. 45 no tempo, tenho que ela se aplica, desde logo, em face do disposto na parte final do art. 87 do CPC.

Qualquer decisão proferida por órgão judiciário incompetente, após a vigência da EC 45, é nula de pleno direito, por ser a incompetência absoluta inderrogável (art. 111 do CPC).

Sobre o tema, o posicionamento da egrégia Primeira Seção deste Tribunal: CC n. 48305/MG, desta Relatoria, julgado à unanimidade, em 25/05/2005, (acórdão ainda pendente de publicação) e das Questões de Ordem provenientes dos Recursos Especiais ns. 727196/SP, 734874/SP, 727201/SP e 734368/SP, todos desta Relatoria, afetados à Primeira Seção, julgados à unanimidade, em 25/05/2005.

Em face de tudo quanto foi exposto e vinculado ao princípio de que a competência jurisdicional, quando modificada pela Constituição Federal, aplica-se imediatamente, em qualquer fase que se encontre o processo, por entender ser competente a Justiça do Trabalho, em face da carga cogente do art. 114 da Carta Política.

Por tais razões, com apoio nos fundamentos supraenfocados, que revelam entendimento sem divergência deste Superior Tribunal de Justiça, pela Seção competente sobre a matéria, nego seguimento ao conflito (art. 38 da Lei n. 8.038/90, c/c o art. 120, parágrafo único, do CPC), por reconhecer como jurídica a competência do Juízo Trabalhista, o que assim declaro para todos os efeitos processuais, o qual deverá imprimir rápido andamento ao feito.

Publique-se. Oficie-se. Intimações necessárias.

Brasília (DF), 29 de agosto de 2005.

MINISTRO JOSÉ DELGADO — Relator (*) STJ — CC n. 50.603-SP (2005/0090166-2) — (Ac. 1ª Seção) — Rel. Min. José Delgado. DJU 14.9.05, p. 195.

Ação indenizatória — Dano moral — Competência da Justiça do Trabalho

Ementa: DANOS MORAIS. COMPETÊNCIA. VIOLAÇÃO DOS ARTS. 5º, INCISOS II, XIII E LV, E 114 DA CF/88. NÃO VERIFICADA. O art. 114 da Constituição Federal de 1988 fixa a competência da Justiça do Trabalho para *"conciliar e julgar os dissídios individuais e coletivos entre trabalhadores e empregadores"*, do que se pode inferir que os dissídios individuais entre os trabalhadores e empregadores abrangem, inclusive, os decorrentes de danos morais por atos praticados pelas partes em decorrência da relação de emprego. Neste sentido o Excelso STF, em acórdão da lavra do Ministro Sepúlveda Pertence, no qual se concluiu não ser relevante, para fixação da competência da Justiça do Trabalho, que a solução da lide remeta a normas de direito civil, mas que o fundamento do pedido se assente na relação de emprego, inserindo-se no contrato de trabalho (Conflito de Jurisdição n. 6.959-6, Distrito Federal). Ademais, a matéria encontra-se pacificada nesta Corte pela OJ n. 327 da SBDI-I. Recurso de revista não conhecido. TST — RR-701.776/2000.1 — (Ac. 4ª T.) — 3ª Reg. — Rel. Juiz Convocado José Antônio Pancotti. DJU 18.6.04, p. 614.

Ação indenizatória — Dano moral — Competência da Justiça do Trabalho

Ementa: AGRAVO DE INSTRUMENTO. RECURSO DE REVISTA. COMPETÊNCIA DA JUSTIÇA DO TRABALHO. DANOS MORAIS. Não se viabiliza o processamento da revista por violação ao art. 114 da CF, porquanto o Regional aplicou o citado dispositivo, consignando que a Justiça do Trabalho é competente para julgar indenização por dano moral, quando o conflito ocorrer entre empregado e empregador, em razão da relação de emprego. Nota-se que o citado dispositivo não exclui expressamente a competência da Justiça do Trabalho quando a matéria versa sobre indenização por danos morais. Resta incólume o dispositivo constitucional tido como violado. Os arestos transcritos são inservíveis. Agravo não provido. TST — AIRR-491/1999-023-01-40.5 — (Ac. 3ª T.) — 1ª Reg. — Relª Juíza Convocada Dora Maria da Costa. DJU 18.6.04, p. 490.

Ação indenizatória — Dano moral — Competência da Justiça do Trabalho

Ementa: 1. DANO MORAL. AÇÃO INDENIZATÓRIA. COMPETÊNCIA DA JUSTIÇA DO TRABALHO. É possível que o dano moral decorra da relação de trabalho, quando o empregador lesar o empregado em sua intimidade, honra e imagem (CF, art. 5º, V e X; CLT, art. 483, *a, b* e *e*), de forma que se encontra inserida na regra de competência preconizada pelo art. 114 da Carta da República a sua apreciação, conforme jurisprudência já pacificada desta Corte (OJ n. 327 da SBDI-1) e do STF. Na hipótese, o acórdão recorrido traz elementos que demonstram o nexo de causalidade entre o ato da Empresa e o dano sofrido pelo Autor, visto que o afastamento do cargo de chefia ocorreu após a comunicação, pelo Reclamante, de ser portador do vírus da AIDS. Por outro lado, a discussão quanto à ocorrência do dano e sua valoração implica reexame de prova, esbarrando no óbice da Súmula n. 126 do TST. 2. VALOR DA INDENIZAÇÃO. DANO MORAL. O Regional interpretou a sentença, consignando que a condenação a título de danos morais importou em pagamento de 360 meses de plano de saúde, combustível, assistência médica de psicólogos e assistentes sociais. O acórdão recorrido não incluiu no montante da indenização o pagamento de salários ao Reclamante em caráter vitalício, de forma que a sua percepção não poderá exceder à data da aposentadoria. Assim, o *quantum* indenizatório limita-se às parcelas discriminadas pelo Regional. Ademais, considerando que não houve dispensa do empregado, mas somente o afastamento do cargo de chefia, e que a sentença deixou assente que o próprio Autor não demonstrou interesse em retornar ao trabalho, mas sim de requerer a aposentadoria, a indenização foi fixada em um montante razoável e proporcional à intensidade da discriminação sofrida pelo Reclamante. Recurso de revista não conhecido. TST — RR-589/2000-191-17-00.1 — (Ac. 4ª T.) — 17ª Reg. — Rel. Min. Ives Gandra Martins Filho. DJU 20.8.04, p. 860.

Ação indenizatória — Dano moral — Competência da Justiça do Trabalho

Ementa: DANO MORAL. COMPETÊNCIA DA JUSTIÇA DO TRABALHO. Após o advento da Constituição da República de 1988, a matéria referente aos direitos de personalidade e a conseqüente questão do dano moral, que a violação àqueles direitos pode ensejar tem enquadramento constitucional. E, como tal, pode ser alvo quer de reparação civil, quer penal, quer trabalhista. O aspecto diferenciador dirá respeito à distinção, em cada caso, da origem da lesão, da relação em face da qual possa ser esboçado o fundamento do pedido. Tendo sido demonstrado que os Reclamantes, em dependências do estabelecimento do empregador, sofreram agressão moral, vexatória, humilhante e constrangedora por parte de superior hierárquico perante os colegas, exsurge a competência da Justiça do Trabalho para apreciar a demanda. Recurso conhecido e não provido. TST — RR-666843/00.0 — (Ac. 3ª T.) — 12ª Reg. — Relª Min. Eneida Melo Correia de Araújo. DJU 16.8.02, p. 501.

Ação indenizatória — Dano moral — Competência da Justiça do Trabalho

Ementa: DANO MORAL. COMPETÊNCIA DA JUSTIÇA DO TRABALHO. A competência da Justiça do Trabalho, prevista no artigo 114 da Constituição Federal de 1988, estende-se aos conflitos decorrentes da relação de trabalho, entre os quais se encontra a indenização por dano moral. Precedente do colendo STF (RE-238.737/SP, DJU de 5.2.99). TST-RR-763.443/01.4 — (Ac. 4ª T.) — TRT 17ª Reg. — Rel. Min. Milton de Moura França. DJU 26.4.02, p. 633.

Ação indenizatória — Dano moral — Competência da Justiça do Trabalho

Ementa: DANO MORAL. INDENIZAÇÃO. COMPETÊNCIA. A competência da Justiça do Trabalho é definida pela natureza jurídica da relação entre as partes litigantes, necessariamente de emprego, e que define a qualidade das partes convergente com o mandamento constitucional. As ações perante ela propostas devem imperativamente pertinir àquela relação jurídica, não importando, contudo, qualquer restrição à natureza material do direito e das pretensões deduzidas, se trabalhista, ou não. TRT 4ª Reg. RO 01292-2001-012-04-00-5 — (Ac. 4ª T., julg. 15.1.04) — Rel. Juiz Milton Varela Dutra. DJRS 25.2.04.

Da decisão acima, colhe-se o seguinte fundamento:

"3. EXCEÇÃO DE INCOMPETÊNCIA. DANO MORAL

A recorrente suscita preliminar de incompetência material da Justiça do Trabalho para julgar o pedido de indenização decorrente de dano moral.

A questão suscitada, pertinente à competência da Justiça do Trabalho para conhecer de pretensão de indenização por dano moral, à luz do regrado pelo art. 114 da Constituição Federal, como bem entendido pelo Juízo *a quo*, encontra-se superada na jurisprudência que, majoritária e predominantemente, vem entendendo efetiva e inequívoca a competência da Justiça do Trabalho para conhecer de ação em que se debata dano moral e/ou material decorrente de ato praticado por empregador e/ou que seja decorrente de ou vinculado a contrato de trabalho, mormente desde a decisão proferida pela 1ª Turma do E. Supremo Tribunal Federal, em julgamento do RE n. 238.737-4, assim ementada: '**Justiça do Trabalho: competência: ação de reparação de danos decorrentes de imputação caluniosa irrogada ao trabalhador pelo empregador a pretexto de justa causa para a despedida e, assim, decorrente da relação de trabalho, não importando deva a controvérsia ser dirimida à luz do Direito Civil**' (Relator Min. Sepúlveda Pertence, DJU 5.2.1999). Elucida a matéria o seguinte excerto do voto do Min. Relator: '**7. Para saber se a lide decorre da relação de trabalho não tenho como decisivo, *data venia*, que a composição judicial penda ou não de solução de temas jurídicos de direito comum, e não, especificamente, de direito do trabalho. 8. O fundamental é que a relação jurídica alegada como suporte do pedido esteja vinculada, com efeito à sua causa, à relação empregatícia, como parece inquestionável que se passa aqui, não obstante o conteúdo específico seja o de uma promessa de venda, instituto de direito civil**.'

Mesmo o Superior Tribunal de Justiça modificou o posicionamento mantido até então, como exsurge da seguinte ementa: 'Conflito de Competência. Ação de indenização. Danos morais e materiais. 1. Ressalvada a orientação do Relator, a Justiça do Trabalho é competente para processar e julgar ação de responsabilidade civil proposta por trabalhador contra ex-empregador em decorrência de danos morais e materiais ocasionados durante a relação empregatícia. Precedente do STF (RE n. 238.737-4/SP, 1ª Turma). 2. Conflito conhecido para declarar a competência da Justiça do Trabalho.' (CC n. 22.840/RJ, Relator Min. Carlos Alberto Menezes Direito, 2ª Seção, DJU 21.6.1999, tendo pacificado o entendimento, a partir daí, como se depreende da seguinte ementa: 'COMPETÊNCIA. AÇÃO DE INDENIZAÇÃO. DANOS MATERIAIS E MORAIS. DEMANDA FUNDADA EM FATO DECORRENTE DA RELAÇÃO DE TRABALHO. É competente a Justiça do Trabalho para processar e julgar ação de responsabilidade civil proposta por trabalhador contra o seu ex-empregador em decorrência de danos materiais e morais ocasionados durante a relação empregatícia. Precedentes do STF e do STJ' (Recurso Especial n. 68.501/RJ, Relator Min. Barros Monteiro, julgado em 5.10.99).

Na companhia da jurisprudência predominante, tenho que a competência da Justiça do Trabalho é definida pela natureza jurídica da relação, necessariamente de emprego, e que define a qualidade das partes convergente com o mandamento constitucional, o que importa se conceba que o fato de as ações perante ela propostas deverem imperativamente pertinir àquela relação jurídica não faz dele decorrer qualquer restrição à natureza do direito e das pretensões deduzidas, se trabalhista ou não. O direito material, como critério de atribuição de competência, cede lugar à qualidade das partes litigantes — empregado e empregador.

É, também, exatamente neste sentido o entendimento desta 4ª Turma do Tribunal Regional Gaúcho, que, à unanimidade, em recente julgamento, decidiu nos termos do voto da ilustre lavra do Exmo. Relator, Juiz Ricardo Luiz Tavares Gehling, *verbis*: 'É indiscutível que a matéria trazida a debate na presente ação advém da relação de emprego havida entre as partes, e, sendo assim, tem esta Justiça competência para apreciar e julgar o litígio, nos expressos termos no art. 114 da Constituição da República. Com efeito, os alegados danos morais sofridos pela reclamante teriam decorrido, conforme afirmado na inicial, de mora no pagamento do salário do mês de outubro de 1998, aspecto diretamente vinculado ao contrato de emprego. É pertinente a lição de *Arnaldo Süssekind*, com amparo em precedente do E. STF: *'(...) Não se exige que o direito questionado ou a norma legal a ser aplicada pertençam ao campo do Direito do Trabalho. O fundamental é que o litígio derive da relação de emprego (dissídio entre trabalhador e o respectivo empregador) ou de relação de trabalho (envolve tanto a de emprego, como a da prestação de serviços do trabalhador avulso e do autônomo), mas, nessa segunda hipótese, quando a competência da Justiça do Trabalho for prevista em lei'*. O Colendo Supremo Tribunal Federal, ao resolver o Conflito de Jurisdição n. 6.959-6, proferiu judicioso aresto, que se tornou paradigma para desate das controvérsias pertinentes à competência dos tribunais do trabalho: *'(...) 2 — À determinação da competência da Justiça do Trabalho não importa que dependa a solução da lide de questões de direito civil, mas sim, no caso, que a promessa de contratar, cujo alegado conteúdo é o fundamento do pedido, tendo sido feita em razão da relação de emprego, inserindo-se no contrato de trabalho' (Ac. Pleno de 25.5.90,* in *DJ de 22.2.91)*. E no voto seguido pela maioria, o Ministro Sepúlveda Pertence, asseverou: *'Como resulta do artigo 114, no que interessa, a Constituição cometeu à Justiça do Trabalho 'conciliar e julgar os dissídios individuais e coletivos entre trabalhadores e empregadores', dissídios, porém, que hão de ser os 'decorrentes da relação de trabalho'. O fundamental é que a relação jurídica alegada como suporte do pedido esteja vinculada, como efeito à sua causa, à relação empregatícia, como parece inquestionável que se passa aqui, não obstante o seu conteúdo específico seja o de uma promessa de venda, instituto de direito civil' (Voto transcrito por* Valdir Florindo, *Jornal Trabalhista, Brasília, de 20.3.95, p. 288)*. No mesmo sentido OCTAVIO BUENO MAGANO: *'6. COMPETÊNCIA. Configurando dano moral uma questão trabalhista, não pode haver dúvida quanto à competência da Justiça do Trabalho para a dirimir, tudo como se infere da ementa de acórdão (...) do Supremo Tribunal Federal.'* E, também, *Eduardo Gabriel Saad: 'Ora bem, o dano moral sofrido pelo empregado tem como pressuposto o contrato de trabalho. Daí a ilação de que o assunto se inclui na competência da Justiça Laboral. Este aspecto da questão é muito bem apreciado por* Valdir Florindo *em sua excelente monografia sobre o 'Dano Moral e o Direito do Trabalho', editada, em 1995, pela LTr. (...) É flagrante a desvalia do argumento de que o objeto da ação e a* causa petendi *definem a competência da Justiça Estadual para julgar o feito em que se postula ressarcimento de dano moral. A regra agasalhada no art. 114, a esse respeito, é irrefutável. A controvérsia prende-se a um contrato de trabalho e, por isso mesmo, cabe à Justiça Laboral decidir sobre o assunto.'* Assim, mantenho a decisão revisanda, que rejeitou a argüição de incompetência da Justiça do Trabalho para processar e julgar o pedido de indenização por pretenso dano moral".

No caso destes autos, o dano moral alegadamente sofrido pela demandante (situação de constrangimento e pressão psicológica existente no ambiente de trabalho em face de tratamento dispensado a ela e aos demais empregados do setor pelo superior hierárquico Diego Vidor Pelini) apresenta nexo causal com o exercício regular das suas atividades profissionais enquanto empregada da recorrente, mais ainda quando atribuída culpa à empregadora pelos fatos de que emerge a pretensão. É evidente que tais fatos, os quais a autora afirma danosos à sua higidez psíquica, somente ocorreram em decorrência da vigência do contrato de trabalho e da obrigação de prestar trabalho, donde decorre, como antes fundamentado, a absoluta competência desta Justiça do Trabalho para o feito.

Nego provimento." (www.trt4.gov.br., em 21.8.04)

Acidente de trabalho fatal — Ação de indenização por dano moral proposta pelo pai do empregado vitimado — Demanda em nome próprio — Incompetência da Justiça do Trabalho — Conflito de competência

Ementa: ACIDENTE DE TRABALHO FATAL. AÇÃO DE INDENIZAÇÃO POR DANO MORAL PROPOSTA PELO PAI DO EMPREGADO VITIMADO. DEMANDA EM NOME PRÓPRIO. A indenização por dano moral pleiteada decorre de dano moral sofrido indiretamente pelo pai do *de cujus*. Distingue-se o dano moral direto, sofrido pela vítima, do dano moral indireto, sofrido de forma reflexa por outra pessoa. Mesmo que a Justiça do Trabalho seja competente para apreciar lides de natureza não trabalhista, como, por exemplo, a ação de indenização por danos morais, que tem natureza cível, há que se verificar uma relação direta entre o dano e a relação de trabalho. No caso, a dor que o Autor sentiu pela perda de seu filho tem uma relação indireta com o acidente ocorrido no local de trabalho, o que afasta a competência desta Especializada para analise do pedido. Declara-se a nulidade da sentença e de todos os atos praticados por esta Justiça Especializada e suscita-se conflito negativo de competência, determinando-se a remessa dos autos ao Exmo. Ministro Presidente do Egrégio Superior Tribunal de Justiça, na forma do que dispõe o art. 105, inciso I, alínea d, da Constituição Federal.

TRT 9ª Reg. — RIND 99514-2005-026-09-00-0 — (Ac. 4ª T. 02137/07) — Relª. Juíza Sueli Gil El-Rafihi. DJPR 30.1.07, p. 293.

Acidente do trabalho — Companheiro, esposa e filhos — Competência da Justiça do Trabalho

Ementa: COMPETÊNCIA DA JUSTIÇA DO TRABALHO. DANOS DECORRENTES DE ACIDENTE DE TRABALHO. COMPANHEIRO, ESPOSA E FILHOS. A competência da Justiça do Trabalho para apreciar os litígios que envolvam a responsabilidade do empregador por acidente de trabalho decorre do art. 114, inciso VI, da Constituição Federal, e já se encontra pacificada pelo Supremo Tribunal Federal (decisão proferida em 29.06.2005 no conflito de competência n. 7.204-1-Relator Ministro Carlos Ayres Britto). Ainda, a partir da Emenda Constitucional n. 45-2004, a ser estabelecida em face da condição que os litigantes ostentam, como ocorrida na redação originária do art. 114 da Constituição Federal (litígios "entre trabalhadores e empregadores"). Atualmente essa competência é determinada pela origem do litígio: "ações oriundas da relação de trabalho". Logo, irrelevante que a indenização postulada decorra de danos morais e materiais que os Autores, que não eram empregados, mas companheira e filhos do empregado, sofreram. O que importa é a circunstância de que os pretensos danos sofridos são "oriundos", "decorrentes", de uma relação de trabalho. TRT 9ª Reg. — PR-99518-2005-671-09-00-2 — (Ac. 5ª T. 09196/07) - Rel. Juiz Arion Mazurkevic. DJPR 13.4.07, p. 829.

Acidente do trabalho — Conflito de competência — Modificação da competência

Ementa: COMPETÊNCIA. INDENIZAÇÃO. ACIDENTE DE TRABALHO. O marco definidor da competência para processar e julgar ações em que se pleiteia indenização decorrente de acidente de trabalho ou doença profissional do trabalho deve ser a data em que proferida a sentença na causa. Adotam-se os posicionamentos jurisprudenciais exarados pelo STJ e STF, declinando a competência para o exame dos recursos originados de sentenças proferidas pela Justiça comum estadual, anteriores à Emenda Constitucional n. 45/2004, com vigência a partir de 31.12.2004. Conflito negativo de competência suscitado ao Superior Tribunal de Justiça. TRT 4ª Reg. — Proc. 03045-2005-000-04-00-7 — (Ac. 6ª T.) — Rel. Juiz João Alfredo Borges Antunes de Miranda. DJRS 1º.12.05.

Da decisão, colhe-se o seguinte fundamento:

"PRELIMINARMENTE

A decisão de fls. 106/112 foi prolatada na data de 16-11-2004, anterior à edição da Emenda Constitucional n. 45, de 08-12-2004 (DOU de 31-12-2004) que, alterando a redação do artigo 114 da Constituição Federal, acresceu o inciso VI, atribuindo competência à Justiça do Trabalho para processar e julgar as ações de indenização por dano moral e/ou patrimonial, decorrentes da relação de trabalho.

Em face de tal comando legal, e de decisão exarada pelo Supremo Tribunal Federal, no julgamento do Conflito de Competência n. 7.204-1, em 29-06-2005, em acórdão de lavra da Exma. Juíza-Relatora, Des(a). *Ana Lúcia Carvalho Pinto Vieira*, a 10ª Câmara Cível do Tribunal de Justiça do Estado, à unanimidade, entenderam em declinar a competência do presente feito, de ofício, a este Tribunal (fls. 189/192).

Todavia, a 2ª Seção do Superior Tribunal de Justiça, nos autos do Conflito de Competência n. 51.712-SP, em data de 10-08-2005 (DJ de 14-09-2005), tendo como Relator o Ministro Barros Monteiro, decidiu, por maioria de votos, que o marco definidor da competência para processar e julgar ações em que se pleiteia indenização decorrente de acidente de trabalho ou doença profissional do trabalho deve ser a data em que proferida a sentença na causa. Cabe aqui transcrever o voto do Exmo. Sr. Ministro:

...

Cuidando-se de ação indenizatória em decorrência de acidente do trabalho, fundada na culpa do ex-empregador, firmara-se a orientação do Superior Tribunal de Justiça de que a competência para julgar era da Justiça comum estadual, na esteira de pronunciamento emanado pela Suprema Corte.

Ocorre que, em sessão realizada no dia 29.6.2005 (Conflito de Competência n. 7.204-1/MG, Relator Ministro Carlos Britto), o Supremo Tribunal Federal houve por bem modificar tal orientação.

...

Em resumo, a excelsa Corte reputou inaplicável à espécie a regra insculpida no art. 109, inciso I, da Carta Magna e proclamou a competência da Justiça do Trabalho em face do disposto no art. 114, inciso VI, da Constituição Federal, com a redação introduzida pela Emenda n. 45, de 2004.

Não resta dúvida que, diante do pronunciamento proferido pelo intérprete máximo da Lei Maior, a partir da Emenda Constitucional supramencionada a competência para processar e julgar as ações reparatórias de danos patrimoniais e morais decorrentes de acidente de trabalho é da Justiça especializada.

A questão que se põe aqui é saber qual o momento ou estágio processual que define a incidência do novo texto constitucional.

Bem a propósito, a jurisprudência do Sumo Pretório indica o marco sobre o qual se determina a competência da Justiça do Trabalho, nesses casos. Ao apreciar Conflito de Competência n. 6.967-7/RJ, relator Ministro Sepúlveda Pertence, o STF, em sessão plenária, assentou:

'Norma constitucional de competência: eficácia imediata, mas, salvo disposição expressa, não retroativa.

1. A norma constitucional tem eficácia imediata e pode ter eficácia retroativa: esta última, porém, não se presume e reclama regra expressa.

2. A alteração superveniente de competência, ainda que ditada por norma constitucional, não afeta a validade da sentença anteriormente proferida.

3. Válida a sentença anterior à eliminação da competência do juiz que a prolatou, subsiste a competência recursal do tribunal respectivo.'

Essa diretriz já era prevalecente na Corte Suprema, consoante se pode verificar dos julgados insertos na RTJ, vol. 60, págs. 855 e 863, ambos de relatoria do Ministro Luiz Gallotti.

Nestes termos, o marco definidor da competência ou não da Justiça obreira é a sentença proferida na causa. Se já foi ela prolatada pelo Juiz de Direito por onde tramitava, a competência permanece na Justiça comum estadual, cabendo o eventual recurso à Corte de 2º grau correspondente. Se ainda não foi proferida a decisão, o feito deve desde logo ser remetido à Justiça do Trabalho.

No caso em exame, ainda não foi prolatada a sentença, motivo pelo que se conclui pela competência da Justiça trabalhista.

Isso posto, conheço do conflito e declaro competente o Juízo da 2ª Vara do Trabalho de São Carlos — o suscitante.

É como voto.

A ementa referente ao processo em tela tem a seguinte redação:

COMPETÊNCIA. AÇÃO REPARATÓRIA DE DANOS PATRIMONIAIS E MORAIS DECORRENTES DE ACIDENTE DO TRABALHO. EMENDA CONSTITUCIONAL N. 45/2004. APLICAÇÃO IMEDIATA. COMPETÊNCIA DA JUSTIÇA TRABALHISTA, NA LINHA DO ASSENTADO PELO SUPREMO TRIBUNAL FEDERAL. APLICAÇÃO IMEDIATA DO TEXTO CONSTITUCIONAL AOS PROCESSOS EM QUE AINDA NÃO PROFERIDA A SENTENÇA.

A partir da Emenda Constitucional n. 45/2004, a competência para processar e julgar as ações reparatórias de danos patrimoniais e morais decorrentes de acidente do trabalho é da Justiça do Trabalho (Conflito de Competência n. 7.204-1/MG-STF, relator Ministro Carlos Britto).

A norma constitucional tem aplicação imediata. Porém, 'a alteração superveniente da competência, ainda que ditada por norma constitucional, não afeta a validade da sentença anteriormente proferida. Válida a sentença anterior à eliminação da competência do juiz que a prolatou, subsiste a competência recursal do tribunal respectivo' (Conflito de Competência n. 6.967-7/RJ-STF, relator Ministro Sepúlveda Pertence).

Conflito conhecido, declarado competente o suscitante.

Entende-se, portanto, adotando o posicionamento jurisprudencial do STJ e do STF citados, que todos os processos originários da Justiça Comum Estadual, que tenham sentenças proferidas pelos Exmos. Juízes de Direito até a data de 30-12-2004, permanecem como de competência da Justiça Comum Estadual.

Assim sendo, suscita-se conflito negativo de competência ao Colendo Superior Tribunal de Justiça, nos termos do artigo 105, inciso I, alínea *d,* da Constituição Federal." (www.trt4.gov.br, 6.12.05)

Acidente do trabalho — Dano moral e material — Competência da Justiça do Trabalho

Ementa: COMPETÊNCIA MATERIAL. JUSTIÇA DO TRABALHO. DANO MORAL E MATERIAL. ACIDENTE DE TRABALHO. 1. A Constituição Federal inscreveu na competência da Justiça do Trabalho as lides sobre dano moral e patrimonial decorrentes da relação de trabalho, consoante disposição contida no art. 114, inciso VI, com a redação dada pela Emenda Constitucional n. 45/2004. 2. Importaria, assim, contra-senso cindir ou fragmentar a competência por dano moral, conforme a lesão proviesse, ou não, de acidente de trabalho, de tal modo que se negasse a competência material da Justiça do Trabalho para causas em que se discute indenização por danos morais apenas quando oriundos de acidente de trabalho. 3. Tal circunstância poderia ensejar discrepância entre as decisões proferidas pela Justiça do Trabalho, no concernente ao exame da estabilidade provisória prevista no art. 118 da Lei 8.212/91, decorrente de acidente de trabalho, e pela Justiça Estadual, em relação à indenização por acidente de trabalho. 4. Inscreve-se, portanto, na competência material da Justiça do Trabalho o equacionamento de litígio entre empregado e empregador por indenização decorrente de supostos danos físicos e morais advindos de acidente de trabalho, a que se equipara a doença profissional. Inteligência do artigo 114, incisos I e VI, da Constituição Federal. 5. Embargos não conhecidos. TST — E-RR-789.278/2001.8 — (Ac. SBDI1) — 3ª Reg. — Rel. Min. João Oreste Dalazen. DJU 11.11.05, p. 919.

Da decisão, colhe-se o seguinte fundamento:

"1.1. ACIDENTE DE TRABALHO. DANOS MORAIS E FÍSICOS. COMPETÊNCIA DA JUSTIÇA DO TRABALHO

Com fulcro na alegação de ofensa ao art. 114 da Constituição Federal e em divergência jurisprudencial, alega a Reclamada que incumbe à Justiça Estadual julgar os feitos relativos a acidente do trabalho.

Contudo, razão não lhe assiste.

Certo que, durante largo período, registrou-se intensa controvérsia em doutrina e jurisprudência acerca da competência material da Justiça do Trabalho para dirimir o litígio entre empregado e empregador por indenização referente a dano moral ou patrimonial advindo de acidente do trabalho.

Sucede, todavia, que o art. 114, inc. VI, da CF/88, acrescentado pela Emenda Constitucional n. 45/2004, dirimiu as dúvidas que acaso pudessem subsistir a respeito, ao alastrar o espectro de atuação da Justiça do Trabalho para qualquer dissídio individual cujo objeto seja indenização por dano moral ou patrimonial decorrente da relação de trabalho.

O novo art. 114, inc. VI, da CF/88 consagra definitivamente o entendimento de que recaem na competência material da Justiça do Trabalho quaisquer lides por atos ilícitos civis causados pelo empregador ao empregado, ou vice-versa, em tal condição.

Se, pois, o dano mantém uma relação direta, de causa e efeito, com o contrato de emprego, de tal modo que a causa de pedir do pedido de indenização repousa na qualidade jurídica ostentada pelos sujeitos do conflito intersubjetivo de interesses (empregado e empregador, agindo nesta condição), inarredável a competência da Justiça do Trabalho, ao menos a partir da EC n. 45/2004, para solucionar a lide.

A meu juízo, o aspecto central da inovação constitucional repousa na competência para o ato ilícito atribuído ao empregador em face de acidente de trabalho.

Até sobrevir a EC n. 45/2004, todos sabemos, a jurisprudência amplamente dominante negava essa competência à Justiça do Trabalho para as causas entre empregado e empregador tendo por objeto indenização proveniente de acidente de trabalho (Súmula n. 15 do STJ). Mesmo no caso específico de dano moral decorrente desse infortúnio, a jurisprudência tendia a negar competência material à JT, não obstante iterativas decisões do Supremo Tribunal Federal, do STJ e do TST reconhecessem genericamente essa competência à Justiça do Trabalho caso o dano moral não adviesse de acidente de trabalho.

Inequivocamente, o novo art. 114, inc. VI, da CF/88 provocou uma reviravolta no quadro da competência para o dissídio entre empregado e empregador por indenização patrimonial e moral decorrente de acidente de trabalho.

O novel panorama referente à disciplina da competência para as ações resultantes de acidente de trabalho exige a compatibilização de dois preceitos constitucionais: o aludido art. 114, inc. VI e o art. 109, inc. I, que excluem da competência da Justiça Federal as causas de acidente de trabalho, cometendo-as, por exclusão, à Justiça estadual.

Entendo que é imperativo distinguir duas situações em matéria de acidente de trabalho para efeito de determinação da competência.

A primeira é a das chamadas ações acidentárias, isto é, lides previdenciárias derivantes de acidente de trabalho, promovidas em desfavor do INSS. Assim, se a ação tem por objeto prestações previdenciárias e nela figura como sujeito passivo o INSS, inequivocamente, inscreve-se na competência da Justiça Comum dos Estados, em face do que estatuem o art. 109, inc. I, da CF/88 e o art. 19, inc. II, da Lei n. 6.367, de 19.10.1976.

A segunda situação, de que ora se cuida, é a das lides entre empregado e empregador por indenização de dano patrimonial e/ou de dano moral causado pelo acidente de trabalho.

Para estas últimas lides, a Justiça do Trabalho é o juízo natural, seja por aplicação do art. 114, inciso I, seja por aplicação do art. 114, inciso VI, da Constituição Federal, apesar de a solução do litígio operar-se, evidentemente, mediante a incidência de normas do Direito Civil.

Uma vez que a pretensão é a de obter uma indenização pelo dano supostamente advindo da conduta culposa ou dolosa do empregador, ao provocar o acidente, a hipótese amolda-se plenamente ao novo art. 114, inc. VI, da Constituição Federal.

Afora isso, o mandamento constitucional em apreço não distingue a natureza do ato ilícito ou a natureza do pedido de indenização para o fim de fixação da competência.

Não se pode ignorar também que o acidente de trabalho é um mero desdobramento do labor pessoal e subordinado prestado a outrem e que, em decorrência, gera uma causa acessória e conexa da lide trabalhista típica.

De sorte que não há mesmo razão jurídica ou lógica para que as lides decorrentes de acidente de trabalho entre empregado e empregador transcendam da competência da Justiça do Trabalho.

A rigor, parece-me que constituiria até um contrasenso admitir-se a competência material da Justiça do Trabalho para causas em geral entre empregado e empregador em que se discuta indenização por danos materiais ou por danos morais e, ao mesmo tempo, negar-se semelhante competência caso o ato ilícito em que se funda a ação fosse o acidente de trabalho. Seria admitir competência da Justiça do Trabalho para o gênero, não para a espécie...

Impende realçar, de outro lado, que a indenização objeto do presente litígio está erigida entre os direitos sociais assegurados, em tese, a todo empregado no art. 7º, inciso XXVIII, da Constituição Federal, que igualmente prevê a redução dos riscos inerentes ao trabalho, por meio de normas de saúde, higiene e segurança (inciso XXII).

Percebe-se, pois, que a lide envolve pretensão de índole também tipicamente trabalhista, o que, também por isso, impõe equacionamento pela Justiça do Trabalho.

Sem mais, é a diretriz sufragada no Supremo Tribunal Federal.

É o que evidencia, primeiro, a aprovação da Súmula n. 736, em que assentou a Suprema Corte:

'Compete à Justiça do Trabalho julgar as ações que tenham como causa de pedir o descumprimento de normas trabalhistas relativas à segurança, higiene e saúde dos trabalhadores.'

É o que igualmente se constata da decisão unânime tomada ao julgar o Conflito de Competência n. 7204 (DJU de 21.09.2005; Rel. Min. Carlos Britto).

Palmilha em igual senda a jurisprudência dominante no Tribunal Superior do Trabalho, consoante diretriz perfilhada na Súmula 392 do TST, de seguinte teor:

'S. 392. Dano moral. Competência da Justiça do Trabalho. (conversão da Orientação Jurisprudencial n. 327 da SDI-1) — Res. 129/2005 — DJ 20.04.05). Nos termos do art. 114 da CF/1988, a Justiça do Trabalho é competente para dirimir controvérsias referentes à indenização por dano moral, quando decorrente da relação de trabalho. (ex-OJ n. 327 — DJ 09.12.2003).'

Ressalto, por derradeiro, que a modificação na competência material da Justiça do Trabalho encetada pela EC n. 45/2004 aplica-se aos processos pendentes em face do que estatui a regra do art. 87, *fine*, do CPC.

Na hipótese vertente, indubitável que o dano material e moral imputado ao empregador decorre de acidente de trabalho ocorrido durante a relação de emprego.

Inscreve-se o litígio, por conseguinte, na competência material da Justiça do Trabalho.

Ante o exposto, não conheço dos embargos."

Acidente do trabalho — Morte em serviço — Danos morais e materiais — Ação ajuizada pela mãe da vítima — Incompetência da justiça do trabalho

Ementa: COMPETÊNCIA. JUSTIÇA DO TRABALHO. MORTE EM SERVIÇO. DANOS MORAIS E MATERIAIS. AÇÃO AJUIZADA PELA MÃE DA VÍTIMA. — O art. 114 da CF confere à jurisdição trabalhista competência para processar e julgar não apenas as ações relativas à relação de emprego, açambarcando a orientação preconizada em seu inciso I, a um só tempo, tanto a competência em razão da matéria, quanto a competência em razão da pessoa. Nesse sentido, não estando presente no pólo ativo da demanda o trabalhador, mas sua herdeira, que visa o ressarcimento de suposta lesão moral e material sofrida em seu patrimônio, cujos danos se caracterizam como indiretos e personalíssimos, não sendo objeto do conflito, portanto, direitos decorrentes do contrato de trabalho, flagrante se revela a incompetência da Justiça do Trabalho para apreciá-la. TRT 15ª Reg. (Campinas/SP) — RO 01359-2005-041-15-00-0 — (Ac. 1183/07-PATR, 11ªC.) — Relª. Juíza Maria Cecília Fernandes Alvares Leite. DJSP 12.1.07, p. 120.

Acidente do trabalho — Reparação dos danos morais e materiais — Competência da Justiça do trabalho — Improcedência do corte rescisório

Ementa: AÇÃO RESCISÓRIA. ACIDENTE DO TRABALHO. REPARAÇÃO DOS DANOS MO-

RAIS E MATERIAIS. INCOMPETÊNCIA DA JUSTIÇA DO TRABALHO. IMPROCEDÊNCIA DO CORTE RESCISÓRIO. À luz do atual acervo legal sobre a competência jurisdicional para exame e julgamento de causas relacionadas a acidente do trabalho, bem assim o cenário jurídico interpretativo em que inserido, não há que se falar em violação aos arts. 109, I e 114 da CF e, por corolário, em decisão proferida por juízo incompetente, quando a ação de reparação por danos materiais e morais decorrentes de acidente do trabalho fora julgada por juízo trabalhista, o que atrai a improcedência da ação rescisória. TRT 3ª Reg. — AR 00319-2005-000-03-00-1 — (Ac. 2ª SEDI) — Rel. Juiz Ricardo Marcelo Silva. DJMG 21.10.05, p. 5.

Acidente de trabalho — Indenização por dano moral — Ação ajuizada pela mãe do empregado falecido — Competência da Justiça do Trabalho

Ementa: DANO MORAL DECORRENTE DE ACIDENTE DE TRABALHO. AÇÃO AJUIZADA PELA MÃE DO EMPREGADO FALECIDO. COMPETÊNCIA DA JUSTIÇA DO TRABALHO. O Julgador deve ter uma visão precisa e sábia de todas as matérias, de fato e de direito, que emergem da situação relatada nos autos. Mais que isso, deve conhecer suficientemente o nosso desordenado ordenamento jurídico, ou melhor, a nossa tão diversificada colcha de retalhos, colorida por tantas emendas constitucionais, medidas provisórias e um sem-número de leis. Observando todo o emaranhado de soluções disponíveis, o Juiz tem a obrigação de aquilatar e escolher aquela que, segundo o seu convencimento, levará à justa pacificação do conflito, não lhe sendo permitido perder-se entre os diversos caminhos. No que diz respeito ao pedido de indenização por dano moral decorrente de acidente de trabalho, não obstante as vozes em contrário, é certo que a Emenda Constitucional n. 45/2004 apenas veio confirmar a competência da Justiça do Trabalho, tese que já se encontrava consolidada pela jurisprudência. Ainda que a ação seja ajuizada pela mãe do empregado morto, a causa de pedir guarda relação com o contrato de trabalho havido entre o *de cujus* e a empresa ré, atraindo a competência para esta Justiça Especializada. Entendimento diverso levaria à contraditória conclusão de que os pedidos de indenização seriam direcionados conforme o resultado do acidente: se o empregado sobrevivesse, o julgamento seria pela Justiça do Trabalho; falecendo o trabalhador, a competência seria da Justiça Comum estadual. TRT 17ª Reg. Ro 00076.2005.001.17.00.1 — (Ac. 8444/2005) — Rel. Juiz Gerson Fernando da Sylveira Novais. DJES 11.11.05, p. 8.371.

Acidente do trabalho — Viúva e filha de empregado vitimado em serviço — Demanda em nome próprio — Indenização por dano moral — Competência da Justiça Comum

Ementa: CONFLITO DE COMPETÊNCIA. ACIDENTE DO TRABALHO. VIÚVA E FILHA DE EMPREGADO VITIMADO EM SERVIÇO. DEMANDA EM NOME PRÓPRIO. 1. Após o advento da Emenda Constitucional 45, consoante entendimento do Supremo Tribunal Federal, no julgamento do Conflito de Competência 7204-MG — compete à Justiça do Trabalho processar e julgar as ações de dano moral e patrimonial, decorrentes de acidente do trabalho. 2. No caso, as autoras, na condição de viúva e filha do empregado vitimado, buscam e atuam em nome próprio, perseguindo direito próprio, não decorrente da antiga relação de emprego e sim do acidente do trabalho. 3. Neste contexto, em se tratando de ato das empresas, suficientes à caracterização de culpa civil, de onde emergente o direito à indenização pleiteada, a competência para o processo e julgamento é da Justiça Estadual. 4. Competência determinada pela natureza jurídica da lide, relacionada com o tema da responsabilidade civil. 5. Conflito conhecido para declarar competente o Juízo de Direito da 6ª Vara Cível de Dourados-MS — o suscitado. STJ — CC n. 40.618-MS (2003/0193004-5) — (Ac. 2ª Seção, julg. 28.9.05) — Rel. Min. Fernando Gonçalves. DJU 13.10.05, p. 169.

Da decisão acima, colhe-se o seguinte fundamento:

“VOTO

O EXMO. SR. MINISTRO FERNANDO GONÇALVES (RELATOR):

A EC 45, dando nova redação ao art. 114 da Constituição Federal, atribuiu à Justiça do Trabalho competência para processar e julgar as ações de dano moral e patrimonial, decorrentes da relação de trabalho, decidindo o Supremo Tribunal Federal, em novo pronunciamento — CC 7204-MG —, estar incluídas na disposição também as ações de indenização por danos morais e patrimoniais decorrentes de acidente do trabalho.

No caso em comento, como destacado pelo ven. acórdão de fls. 243/247, do Tribunal Regional do Trabalho, as autoras, na condição de viúva e filha do empregado vitimado, buscam e atuam ‘em nome próprio, perseguindo direito próprio, bem da vida tutelado pela legislação constitucional e comum, não decorrente da antiga relação de emprego e sim do acidente de trabalho, com resultado morte. O pedido, portanto, não tem origem de emprego.’ (fls. 245)

Neste contexto, não decorrendo a demanda da relação de trabalho, mas de ato das empresas suficientes à caracterização de culpa civil, de onde emergente o direito à indenização pleiteada, a competência para processo e julgamento é da Justiça Estadual. Competência determinada pela natureza jurídica da lide, relacionada com o tema da responsabilidade civil.

É bem verdade que já existe sentença, não anulada pelo TRT e o feito já tramita há três anos. Entretanto, não se pode fugir à constatação de que o quadro relativo à competência não teve alteração com a EC 45.

Conheço do conflito para declarar competente o Juízo de Direito da 6ª Vara Cível de Dourados-MS — o suscitado."

Acidente do Trabalho — Viúva e filhos menores do empregado falecido em acidente de trabalho — Incompetência material da Justiça do Trabalho

Ementa: DANOS MORAIS DA VIÚVA E FILHOS MENORES DO EMPREGADO FALECIDO EM ACIDENTE DE TRABALHO. INCOMPETÊNCIA MATERIAL DA JUSTIÇA DO TRABALHO. A ação indenizatória movida, em nome próprio, pela viúva e filhos menores do trabalhador falecido em acidente de trabalho continua sendo da competência da Justiça Comum, pois tal litígio possui causa nitidamente civil, não sendo desta Justiça Especializada a competência para apreciá-la e julgá-la (exegese do art. 114 da Constituição Federal, com a redação da Emenda Constitucional n. 45/2004). TRT 12ª Reg. — RO-V 00982-2005-015-12-00-6 — (Ac. 2ª T. 03134/06, 07.02.06) — Rel. Juiz Geraldo José Balbinot. DJSC 15.3.06, p. 320.

Dano moral e material — Ação proposta no Juízo Cível — Competência declinada

Ementa: DANOS MORAIS E MATERIAIS. AÇÃO PROPOSTA NO JUÍZO CÍVEL. COMPETÊNCIA DECLINADA. Recebidos os autos nesta Justiça Especializada, após ter o Juízo Cível declinado de sua competência para apreciar pedido de indenização por danos morais e materiais decorrentes de acidente de trabalho, o processo recomeça com a audiência inicial, oportunidade em que o Reclamado deve apresentar defesa, na dicção do artigo 847 da CLT. Optando por manter a defesa apresentada no Juízo Cível, ato que restou convalidado pelo Juiz do Trabalho, não há como acolher a alegação de revelia, formulada pelo Obreiro sob alegação de defesa apresentada a destempo no Juízo que se declarou incompetente. TRT 3ª Reg. — RO 00288-2004-033-03-00-9 — (Ac. 6ª T.) — Relª Juíza Emilia Facchini. DJMG 5.8.04, p. 09.

Dano moral resultante da relação de emprego — Competência da Justiça do Trabalho

Ementa: EMBARGOS. COMPETÊNCIA DA JUSTIÇA DO TRABALHO. DANO MORAL. Ex-professor que é ofendido por preposto da Reclamada em sala de aula. A obrigação de indenizar decorre diretamente da relação empregatícia, donde se conclui que a Justiça do Trabalho é competente para conhecer e julgar a ação contendo pedido indenizatório, nos termos do artigo 114 da Constituição, desde que haja nexo de causalidade com a relação de emprego, como na hipótese dos autos. TST — E-RR-790.162/01 — (Ac. SDI-I) — Relª Min. Maria Cristina Irigoyen Peduzzi. DJU 5.12.03.

Dano moral resultante da relação de emprego — Competência da Justiça do Trabalho

Ementa: DANO MORAL. COMPETÊNCIA. Uma vez que é sim decorrente da relação de trabalho havida entre os litigantes, a indenização por dano moral e material encontra-se indubitavelmente inserta no preconizado pelo art. 114 da Constituição da República, sendo da Justiça do Trabalho a competência para processá-la e julgá-la. Muito embora nessas situações sejam aplicáveis as disposições do Código Civil, não está impedido o Juízo Trabalhista de aplicar as normas de direito comum na exata medida em que este, sendo subsidiário do direito do trabalho, passa a integrá-lo. Ora, se o dano patrimonial sofrido pelo empregado, inequivocadamente, figura entre os dissídios abrigados pela Justiça Obreira, resulta insustentável a tese de serem os danos extrapatrimoniais de competência da Justiça Comum. De fato, é a própria relação de emprego que consubstancia a *vis attractiva* da competência desta Justiça Especializada, no caso do prejuízo por dano moral doloso ou culposo causado ao empregado pelo empregador. TRT 12ª Reg. — RO-V 02435-2002-029-12-00-5 — (Ac. 3ª T. 08157/03, 29.7.03) — Relª Juíza Águeda Maria Lavorato Pereira. DJSC 29.8.03, p. 190.

Indenização por dano material e moral decorrente de acidente do trabalho — Lesões por esforços repetitivos — Competência da Justiça do Trabalho

Ementa: RECURSO DE REVISTA. INDENIZAÇÃO POR DANO MATERIAL E MORAL DECORRENTE DE ACIDENTE DE TRABALHO. LESÃO POR ESFORÇOS REPETITIVOS. COMPETÊNCIA DA JUSTIÇA DO TRABALHO. 1. Consoante o disposto no art. 109, I, da CF, excetua-se da competência dos Juízes Federais o processamento e julgamento das causas alusivas à falência, a acidente de trabalho e as sujeitas à Justiça Eleitoral e à Justiça do Trabalho. 2. Nesse contexto, interpretando-se o referido dispositivo constitucional, verifica-se que, se a competência para apreciar demanda alusiva a acidente de trabalho fosse da Justiça do Trabalho, não haveria necessidade de estar listada no referido dispositivo, tendo em vista que as demandas alusivas a esta Especializada também foram excetuadas. Logo, conclui-se que tal dispositivo se presta a fundamentar a competência da Justiça Comum Estadual para julgar questão referente a acidente de trabalho. 3. Por outro lado, a Constituição Federal, no art. 114, VI, determina que compete à Justiça do Trabalho processar e julgar as ações de indenização por dano moral decorrente da relação de trabalho. 4. Na hipótese vertente, foi postulada indenização por dano moral decorrente de acidente de trabalho, de modo que nos deparamos com um comando constitucional no sentido de que a competência é da Justiça Comum Estadual, por decorrer de acidente (art. 109, I), e outro no sentido de que a competência é da Justiça do Trabalho, por se tratar de dano moral (art. 114, VI), já que nenhum dos dois abrange integralmente as características do pedido. Assim posto o dilema, que faz emergir eventual contradição tópica na Constituição, cabe ao STF fazer a opção entre os dispositivos aparentemente conflitantes. 5. Por sua vez, a recente jurisprudência do Supremo Tribunal Federal segue no sentido de que a Justiça do Trabalho é competente para julgar pedido de indenização por dano moral decorrente de acidente de trabalho (STF-CC-7.204/MG, Rel. Min. Carlos Ayres Britto, *in* DJ de 21/09/05). 6. Portanto, concluiu-se que o STF fez prevalecer, dentro do universo constitucional, o art. 114, VI, sobre o art. 109, I, da Carta Política. Recurso de revista provido. TST — RR-1.800/2003-032-12-00.8 — (Ac. 4ª T.) — 12ª Reg. — Rel. Min. Ives Gandra Martins Filho. DJU 11.11.05, p. 1.293.

Decisão interlocutória — Efeitos

Ementa: DANOS MORAIS. COMPETÊNCIA DA JUSTIÇA DO TRABALHO. DECISÃO INTERLOCUTÓRIA. É interlocutória decisão que, afastando a incompetência da Justiça do Trabalho para apreciar demanda que envolva pedido decorrente de danos morais, devolve os autos à origem para análise da matéria de fundo. Aplicação do Enunciado n. 214/TST. Recurso de revista não conhecido. TST — RR-616.159/99.4 — (Ac. 5ª T.) — 3ª Reg. — Rel. Min. Rider Nogueira de Brito. DJU 31.10.02, p. 686.

Direito de imagem do empregado — Pedido de indenização por uso indevido — Justiça do Trabalho

Ementa: RECURSO ORDINÁRIO. COMPETÊNCIA DA JUSTIÇA DO TRABALHO. DIREITO DE IMAGEM DO EMPREGADO. PEDIDO DE INDENIZAÇÃO POR USO INDEVIDO. Considerando que o empregado trabalhava para a empresa nas atividades e nas condiçoes demonstradas nas fotos, que foram tiradas para a divulgação da finalidade negocial, com demonstração do uso de materiais e de pessoas empenhadas no serviço, resulta evidente que a tudo isso subjaz o contrato de trabalho, a atrair a diretriz do art. 114 da Constituição Federal. Compete, pois, à Justiça do Trabalho analisar pedido de indenização por uso indevido de imagem do trabalhador, eis que se trata de direito fundamental decorrente da condição humana, no caso, jungido à situação de trabalho, a merecer proteção (art. 5º, X, da CF). Recurso provido. TRT 15ª Reg. (Campinas/SP) — RO 01275-2002-083-15-00-6 — (Ac. 2ª T. 36741/2003-PATR) — Rel. Juiz José Pedro de Camargo R. de Souza. DJSP 21.11.03, p. 30.

Ofensas irrogadas em comícios eleitorais, durante campanha política, fora do contexto do emprego e só fortuita e indiretamente ligado ao contrato de trabalho — Incompetência da Justiça do Trabalho

Ementa: DANO MORAL. OFENSAS IRROGADAS EM COMÍCIOS ELEITORAIS, DURANTE CAMPANHA POLÍTICA, FORA DO CONTEXTO DO EMPREGO E SÓ FORTUITA E INDIRETAMENTE LIGADO AO CONTRATO DE TRABALHO. INCOMPETÊNCIA. Já está devidamente fixado, estratificado e, agora, elevado a cânone constitucional, ser a Justiça do Trabalho o ramo próprio para decidir questões trabalhistas envolvendo o relacionamento psicológico e administrativamente conflituoso entre empregador e empregado. Aqui, no entanto, os fatos se passaram entre cidadã ocasionalmente empregada da Ré e o sócio desta, no exercício dos atos da vida civil de ambos, em palanques de comícios eleitorais, em plena campanha política, onde apoiavam candidatos rivais, dos quais são irmãos. Isto é, tudo fora do contexto do emprego e só fortuita e indiretamente ligado ao contrato de trabalho. A irmã da Autora acusou, no palanque, o sócio da Ré de compra de votos e este respondeu, da mesma forma, assacando impropérios contra a A. por estar municiando a irmã com boatos.

A empresa não está envolvida, nem responde por atos do sócio na sua vida civil. E o direito de ação da A. contra o sócio não pode ser exercido aqui. Há incompetência da Justiça do Trabalho. TRT 3ª Reg. — RO 00579-2004-082-03-00-7 — (AC. 3ª T.) — Rel. Juiz Paulo Araújo. DJMG 16.4.05, p. 3.

Ofensa a empregados — Competência da Justiça do Trabalho

Ementa: DANO MORAL. COMPETÊNCIA DA JUSTIÇA DO TRABALHO. OFENSA A EMPREGADOS. A competência da Justiça do Trabalho é definida pelo art. 114/CR, estando nela inserido o julgamento de todos os dissídios individuais, entre trabalhadores e empregadores, que tenham origem na relação de trabalho. Não se pode pretender seja a Justiça comum competente para julgar dissídios entre empregado e empregador que tenham origem em alegadas ofensas desferidas contra o empregado, como é o caso dos autos, sendo a competência da Justiça do Trabalho. O pedido de indenização por dano moral, formulado com base em agressão verbal, é dirigido diretamente contra o empregador, não tendo qualquer efeito reflexo contra terceiros, estando fundado no disposto pelo art. 5º, X, CR/88. Portanto, é desta Justiça especializada a competência *rationae materiae* para apreciá-lo. TRT 3ª Reg. — RO 00702-2003-110-03-00-3 — (Ac. 8ª T.) — Rel. Juiz Paulo Mauricio Ribeiro Pires. DJMG 13.12.03, p. 25.

Origem no contrato de trabalho — Competência da Justiça do Trabalho

Ementa: INDENIZAÇÃO POR DANO MORAL. COMPETÊNCIA. Em regra, é pela natureza da relação jurídica substancial litigiosa que se faz a distinção entre as várias Justiças do sistema judiciário nacional, sendo atribuído constitucionalmente à Justiça do Trabalho a competência para julgar os dissídios individuais e coletivos entre empregados e empregadores, desde que a matéria em discussão tenha sua origem no contrato de trabalho, ou dele decorra, a teor do art. 114 da Carta Magna de 1988. Sendo a pretensão de reparação de dano moral decorrente da relação de emprego, porquanto o reclamante foi vitimado quando da execução do contrato de trabalho, por ela se fixa a competência *ex ratione materiae* da Justiça do Trabalho, em face do que dispõe o artigo constitucional já citado. TRT 3ª Reg. — RO 01336-2003-026-03-00-7 — (Ac. 8ª T.) — Rel. Juiz José Marlon de Freitas. DJMG 24.7.04, p. 16.

4. BIBLIOGRAFIA

Alice Monteiro de Barros, *Proteção à Intimidade do Empregado*, 1997, LTr, SP; Antônio Álvares da Silva, *Pequeno Tratado da Nova Competência Trabalhista*, outubro/2005, LTr, SP; Cândido Rangel Dinamarco, *A Reforma da Reforma*, 4ª ed., 2002, Malheiros, SP; Carolina Tupinambá, *Competência da Justiça do Trabalho à Luz da Reforma Constitucional*, 2006, Forense, Rio; Enoque Ribeiro dos Santos, *O Dano Moral na Dispensa do Empregado*, 2002, LTr, SP; Gardênia Borges Moraes, *Dano Moral nas Relações de Trabalho*, 2003, LTr, SP; Gislene A. Sanches, *Dano Moral e suas Implicações no Direito do Trabalho*, 1997, LTr, SP; Guilherme Augusto Caputo Bastos, *O Dano Moral no Direito do Trabalho*, 2003, LTr, SP; Helder Martinez Dal Col, *Responsabilidade Civil do Empregador — Acidentes do Trabalho, 2005, Forense, Rio;* Hélio Gustavo Alves e Ederson Ricardo Teixeira, *Competência das Ações Previdenciárias,* Editora Quartier Latin do Brasil, SP; José Affonso Dallegrave Neto, *Responsabilidade Civil no Direito do Trabalho*, junho/2005, LTr, SP; José Roberto Dantas Oliva, *Danos Materiais e Morais Decorrentes de Acidente do Trabalho: Competência da Justiça Comum dos Estados e não da Justiça do Trabalho*, Revista do Tribunal Regional do Trabalho do TRT da 15ª Região, n. 24, 1º semestre de 2004; Luiz de Pinho Pedreira da Silva, *A Reparação do Dano Moral no Direito do Trabalho*, 2004, LTr, SP; Marco Fridolin Sommer Santos, *Acidente do Trabalho entre a Seguridade Social ea Responsabilidade Civil — Elementos para uma Teoria do Bem-Estar e da Justiça Social,* setembro/2005, LTr, SP; Maria Luíza Pinheiro Coutinho, *Discriminação na Relação de Trabalho — Uma Afronta ao Princípio da Igualdade,* 2003, Aide, Rio; Sebastião Geraldo de Oliveira, *Indenizações por Acidente do Trabalho ou Doença Ocupacional,* junho/2005, LTr, SP; Sebastião Geraldo de Oliveira, *Proteção Jurídica à Saúde do Trabalhador,* 2ª ed., 1998, LTr, SP; Simone Barbisan Fortes e Leandro Paulsen, *Direito da Seguridade Social, Prestações e Custeio da Previdência, Assistência e Saúde,* 2005, Livraria do Advogado, Porto Alegre.

CAPÍTULO III

DANO MORAL — COMPETÊNCIA — FASE PRÉ-CONTRATUAL, CONTRATUAL E PÓS-CONTRATUAL

1. COMENTÁRIO

A pessoa do trabalhador poderá sofrer dano moral que enseja a sua reparação no curso do pacto laboral, na fase pré-contratual ou depois do contrato de trabalho extinto.

Tal ocorrência no curso do contrato de trabalho é a mais corriqueira e sobre ela não pairam dúvidas sobre a competência da Justiça do Trabalho em face do estipulado no artigo 114, VI, da Carta Magna, cuja questão foi analisada no Capítulo II, que trata da "**COMPETÊNCIA DA JUSTIÇA DO TRABALHO, INCLUSIVE AS DEMANDAS QUE VERSAM SOBRE ACIDENTE DO TRABALHO OU A ELE EQUIPARADO**".

Quanto ao pedido de indenização por dano moral de fatos ocorridos na fase pré-contratual e pós-contratual, há muita controvérsia na doutrina e na jurisprudência a respeito da competência da Justiça do Trabalho.

A fase pré-contratual, em que o contrato ainda não se aperfeiçoou, abrange todas as tratativas que ocorrem entre o candidato na sua busca pela colocação e a empresa interessada na sua contratação, podendo envolver neste processo a perquirição sobre o passado funcional ou experiência do trabalhador, sua capacitação profissional, condições de saúde e outras peculiaridades ligadas à função pretendida pelo trabalhador.

A prova grafológica[(1)] é uma das formas utilizadas no processo de seleção, bem como o teste psicotécnico, este muito utilizado pelas empresas no Brasil. Outros métodos são também utilizados pelas empresas, variando de acordo com o porte da empresa e da qualificação do pretendente a emprego, tanto que *Valdir Florindo* afirma que "de extraordinária importância e de riqueza doutrinária, são os danos, que podem ser reclamados no Fórum Trabalhista, decorrentes de um entendimento na fase pré-contratual, mais conhecido como culpa *in contrahendo,* no qual o empregador ainda não considera como empregado o trabalhador contratado"[(2)].

Quanto aos testes psicológicos, *Sandra Negri Cogo* afirma que "diante da diversidade de suas técnicas, são capazes de revelar as mais íntimas informaçoes sobre as feridas morais e

---

(1) João de Lima Teixeira Filho, referindo-se à prova grafológica, afirma que "ela é, em tese, demolidora da tutela à intimidade. Partindo da escrita do candidato, visa desnudar seus recatos, revelar, por uma fórmula matriz, o caráter, a personalidade da pessoa. Sua invasividade é evidente. E a lesão ao direito não está no vazamento do resultado da prova, mas na aplicação do teste em si, já que a recusa do pretendente a emprego de submeter-se aos desígnios da grafologia tolherá a possibilidade de sua contratação". *Apud* Enoque Ribeiro dos Santos. *O Dano Moral na Dispensa do Empregado,* 3ª ed., julho/2002, LTr, SP, p. 130.

(2) *Dano Moral e o Direito do Trabalho,* 4ª ed., 2002, LTr, SP, p. 224.

todas as nuances da personalidade do trabalhador. Todo o universo moral é descortinado e, o mais grave, as informações, invariavelmente, são sonegadas ao trabalhador. De posse desses dados o empregador saberá, perfeitamente, a localização da pedra de toque capaz de dirigir a conduta do subordinado", e acrescenta que "Não há a menor possibilidade de aceitar-se que o trabalhador possa, de forma livre e independente, consentir com a aplicação dos testes psicológicos. Nem mesmo se pode reconhecer que possa ocorrer esclarecimento capaz de retirar a turbação causada pela coação moral, bem como pelo comprometimento do trabalhador com sua própria sobrevivência. Não há mecanismo de esclarecimento capaz de vencer a barreira da necessidade e da sedução do emprego formal", e vai mais além ao dizer que "Todo consentimento oferecido pelo trabalhador no sentido de permitir a aplicação dos testes psicológicos será condicionado pela necessidade de sobrevivência. Porque a coação moral exercida pelo empregador macula a manifestação de vontade e, conseqüentemente, nulifica o negócio jurídico realizado pelo trabalhador. Toda a intervenção no patrimônio moral do trabalhador, causada pela prática dos testes psicológicos, é agressiva e ilegal"[(3)].

É importante ressaltar que, no âmbito das relações trabalhistas, quaisquer avaliações que se faça com o candidato a emprego que se afastem da normalidade, como o diagnóstico sobre doenças degenerativas e outras atitudes discriminatórias que se atritam com a vida privada e a intimidade da pessoa humana podem dar ensejo a pedido de indenização por dano moral. Entende, no entanto, *Guilherme Guimarães Feliciano* que "na fase-contratual, o empregador pode episodicamente solicitar os testes genéticos e, para além disso, torná-los *conditio sine qua non* para o seguimento no processo seletivo, desde que razões de segurança pessoal e coletiva os recomendem (como no caso da viação aérea, operações em minas carboníferas e usinas nucleares, etc.)"[(4)].

Na verdade, os fatos relacionam-se ao período de cogitação ou do aperfeiçoamento ou não do contrato de trabalho, daí por que *João de Lima Teixeira Filho* assinala que "o dano moral verificado durante o processo seletivo de candidato a um posto de trabalho refoge à competência do Judiciário Trabalhista. É que a apreciação do ato lesionante se situa em período pré-contratual, não lastreado por uma relação jurídica de emprego ou de trabalho, sustentáculo sobre o qual se erige a competência dessa Justiça Especializada. A reparabilidade do dano moral praticado nessas circunstâncias insere-se, pois, na competência da Justiça Comum"[(5)].

Vale ressaltar que essa tese ainda encontra guarida no Superior Tribunal de Justiça, pois recentemente encontramos decisão no Conflito de Competência n. 49.194, RJ, em que funcionou como Relator o Ministro Fernando Gonçalves (decisão monocrática), o qual considerou a Justiça Comum competente para apreciar ação cujo autor pleiteava indenização por danos decorrentes de situação vexatória a que teria sido submetido quando de exame admissional para integrar os quadros da ré. Tal decisão foi publicada no DJU de 22.11.05, p. 154, e destacada na parte destinada à jurisprudência.

Também sobre a questão, *Pinho Pedreira*, que tinha o entendimento de que a competência seria da Justiça do Trabalho, agora reformula sua posição com a justificativa de que

---

(3) *Gestão de Pessoas e a Integridade Psicológica do Trabalhador.* A dignidade humana como limite aos poderes da empresa em face do contrato de trabalho, agosto/2006, LTr, SP, p. 156.

(4) *Direito à Prova e Dignidade Humana,* maio/2007, LTr, SP, pp. 187/187, rodapé.

(5) *Instituições de Direito do Trabalho*, 22ª ed., vol. II, março/2005, LTr, SP, obra conjunta com Arnaldo Süssekind, p. 1341.

"nos termos do art. 114 da Constituição, ela está subordinada à extinção da relação de trabalho e esta, no período em questão, ainda não se perfez"[(6)].

Quer-nos parecer, no entanto, que a competência é da Justiça do Trabalho nos casos em que fica marcante que os fatos se convergiam ou se relacionavam com uma possível formalização de um contrato de trabalho e que não se verificou também por razões a ele ligado, citando-se, como exemplos, desinteresse do empregador, informações desabonadoras da pessoa do trabalhador e outros fatores de natureza administrativa. Na parte destinada à jurisprudência, são encontradas decisões que mostram que o dano moral pode ser caracterizado na fase pré-contratual e a jurisprudência majoritária é no sentido de que a Justiça competente é a do Trabalho, dada a proximidade do fato-trabalho (contrato de trabalho).

No que concerne à fase pós-contratual, como no curso do pacto laboral, para *Pinho Pedreira,* "tanto na fase contratual como na pós-contratual da relação de emprego a competência para o julgamento das ações com fundamento em dano moral é da Justiça do Trabalho", acrescentando que "o fato de estar extinta (a relação de emprego), esta é irrelevante para o efeito da competência, tanto que ninguém discute a respeito desta para as reclamações de ex-empregados por despedida, e o Ministro Moreira Alves, em votos no Supremo Tribunal Federal, acolheu-a para as questões relativas à complementação de aposentadorias pagas por empresas a antigos servidores seus por se tratar de projeção do contrato de trabalho"[(7)].

Pinho Pedreira, referindo-se a *Rodolfo Pamplona Filho*, ressalta que ele nega a competência do Judiciário Trabalhista na fase pós-contratual não porque a condição de empregado e empregador já estará há muito dissolvida, mas porque, sendo o ato lesivo à honra, de qualquer dos sujeitos de trabalho, praticado não mais em função da qualificação jurídica decorrente dela, e sim com objetivo específico em relação ao patrimônio do ex-empregado como pessoa e cidadão. Entretanto, dessa posição discorda *Pinho Pedreira*, por dois motivos: "1º) porque o ato lesivo à honra é apenas um dentre os muitos tipos de dano moral; 2º) e, principalmente, porque a competência na fase pós-contratual só existe quando o dano se vincula ao contrato de trabalho, como no caso dos empregadores que se dirigem a outros transmitindo-lhes informações desabonadoras e falsas sobre ex-empregado ou incluem o nome deste em lista"[(8)].

A verdade é que, se o ato lesivo foi praticado não só em função de ter existido o contrato de trabalho, mas com ele relacionado, não haverá dúvida de que a competência é da Justiça do Trabalho. Ocorre que, conforme assinala *José Affonso Dallegrave Neto,* "eventual calúnia dimanada do empregador ao empregado, ostentando eles essa figura jurídica, ainda que consumado o ato após a extinção do contrato, violará dever anexo de conduta, pautado pela boa-fé contratual (art. 422 do CCB). Não se ignore que os deveres de informação, proteção e lealdade não se limitam à execução do contrato, mas persistem na fase pós-contratual, implicando ao ex-empregador o dever de reparar o dano provocado ao ex-empregado, em face da aplicação da teoria da culpa *post pactum finitum*"[(9)].

E acrescenta *Dallegrave Neto* que "A competência material para apreciar o dano moral oriundo da violação de deveres de lealdade, proteção e informação decorrentes da relação de

---

(6) Ob. cit., p. 123.
(7) Ob. cit., p. 123.
(8) Ob. cit., p. 123.
(9) *Responsabilidade Civil no Direito do Trabalho,* 2ª ed., ,arço/2007, LTr, SP, pp. 115/16.

trabalho é da Justiça do Trabalho, vez que tais deveres de conduta são anexos ao contrato de trabalho, ainda que em sua fase *pos! pactum uinitum*. Observa-se que quando, *v. g.*, um ex-empregador difama ou calunia seu ex-empregado com informações distorcidas atinentes ao contrato de trabalho, assim está agindo não na condição de um sujeito qualquer que afronta a personalidade de outrem, mas especificamente de um sujeito investido na qualidade de contratante. O status jurídico do agente (ex-empregador) e da vítima (ex-empregado) é fundamental para a conclusão de que trata de um direito relativo aos contratantes, ainda que já extinto o contrato" [(10)].

O Tribunal Superior do Trabalho, em acórdão da 4ª Turma, tendo como Relator o Ministro Barros Levenhagen (Processo TST — RR n. 446.080/1998), já se posicionou no sentido de que a "competência da Justiça para dissídios motivados por dano moral não se estabelece linearmente, mas em decorrência da situação jurídica em que se encontra o trabalhador, nos períodos pré-contratual, contratual e pós-contratual, e do nexo de causa e efeito entre a lesão perpetrada e o vínculo de emprego". O referido acórdão consta da parte destinada à jurisprudência.

A questão, no entanto, deve ser analisada também sob o aspecto do prazo prescricional. Isso porque, se o trabalhador se deparar com lesão à sua honra em ato ligado ao contrato de trabalho, acontecido bem depois do prazo de dois anos da sua rescisão contratual, como ficará a sua situação diante do prazo prescricional a que aludem os arts. 7º, XXIX, da CF/88 e 11 da CLT? Nesse caso, se adotada a prescrição trabalhista, o direito do trabalhador estará prescrito, a não ser que o prazo prescricional se inicie a partir do ato ilícito vinculado ao contrato de trabalho, pouco importando se ele ocorreu após dois anos da rescisão contratual. Na esfera da Justiça Comum, a prescrição no caso seria de três anos (art. 206, § 3º, V) e o direito nasce quando ocorre a sua violação (art. 189), todos do Código Civil atual.

O ideal seria a edição de uma lei disciplinando a questão da competência e da prescrição no âmbito das relações trabalhistas, até porque, na atualidade, o universo de demandas judiciais converge para a necessidade de normas que disciplinem não só a questão da competência, se trabalhista ou da justiça comum, adequando-se também o prazo prescricional, pois assim ficariam afastados vários conflitos de competência que prejudicam tanto os jurisdicionados como o próprio judiciário, dadas as interpretações divergentes hoje existentes.

No Capítulo XVIII, em que tratamos do dano moral e o prazo prescricional, foram lançadas outras considerações sobre o tema e a ele nos reportamos.

2. REFERÊNCIAS LEGAIS

Constituição Federal

Art. 1º A República Federativa do Brasil, formada pela união indissolúvel dos Estados e Municípios e do Distrito Federal, constitui-se em Estado Democrático de Direito e tem como fundamentos:

....

III — a dignidade da pessoa humana;

IV — os valores sociais do trabalho e da livre iniciativa;

....

(10) Ob. cit., p. 116.

Art. 5º Todos são iguais perante a lei, sem distinção de qualquer natureza, garantindo-se aos brasileiros e aos estrangeiros residentes no País a inviolabilidade do direito à vida, à liberdade, à igualdade, à segurança e à propriedade, nos termos seguintes:

....

V — é assegurado o direito de resposta, proporcional ao agravo, além da indenização por dano material, moral ou à imagem;

....

X — são invioláveis a intimidade, a vida privada, a honra e a imagem das pessoas, assegurado o direito a indenização pelo dano material ou moral decorrente de sua violação;

....

Art. 170. A ordem econômica, fundada na valorização do trabalho humano e na livre iniciativa, tem por fim assegurar a todos existência digna, conforme os ditames da justiça social, observados os seguintes princípios:

....

Declaração Universal dos Direitos do Homem (Assembléia Geral das Nações Unidas — 1948)

Art. 12. Ninguém será objeto de intervenções arbitrárias em sua vida privada, sua família, seu domicílio ou sua correspondência, nem de ataques contra sua honra e reputação. Toda pessoa tem o direito à proteção da lei contra tais intervenções ou ataques.

Pacto Internacional de Direitos Civis e Políticos (Assembléia Geral das Nações Unidas — 1996 — Ratificado pelo Brasil, Decreto n. 592, de 6.7.92).

Art. 17:

1. Ninguém poderá ser objeto de ingerências arbitrárias ou ilegais em sua vida privada, em sua família, em seu domicílio ou em sua correspondência, nem ofensas ilegais às suas honra e reputação.

2. Toda pessoa terá direito à proteção da lei contra essas ingerências ou ofensas.

Consolidação das Leis do Trabalho

Art. 482. Constituem justa causa para rescisão do contrato de trabalho pelo empregador:

....

c) negociação habitual por conta própria ou alheia sem permissão do empregador, e quando constituir ato de concorrência à empresa para a qual trabalha o empregado, ou for prejudicial ao serviço;

....

g) violação de segredo da empresa;

....

j) ato lesivo da honra ou da boa fama praticado no serviço contra qualquer pessoa, ou ofensas físicas, nas mesmas condições, salvo em caso de legítima defesa, própria ou de outrem;

k) ato lesivo da honra ou da boa fama ou ofensas físicas praticadas contra o empregador e superiores hierárquicos, salvo em caso de legítima defesa, própria ou de outrem;

....

Código Civil de 2002

Art. 11. Com exceção dos casos previstos em lei, os direitos da personalidade são intransmissíveis e irrenunciáveis, não podendo o seu exercício sofrer limitação voluntária.

....

Art. 20. Salvo se autorizadas, ou se necessárias à administração da justiça ou à manutenção da ordem pública, a divulgação de escritos, a transmissão da palavra, ou a publicação, a exposição ou a utilização da imagem de uma pessoa poderão ser proibidas, a seu requerimento e sem prejuízo da indenização que couber, se lhe atingirem a honra, a boa fama ou a respeitabilidade, ou se se destinarem a fins comerciais.

Parágrafo único. Em se tratando de morto ou de ausente, são partes legítimas para requerer essa proteção o cônjuge, os ascendentes ou os descendentes.

Art. 21. A vida privada da pessoa natural é inviolável, e o juiz, a requerimento do interessado, adotará as providências necessárias para impedir ou fazer cessar ato contrário a esta norma.

....

Art. 186. Aquele que, por ação ou omissão voluntária, negligência ou imprudência, violar direito e causar dano a outrem, ainda que exclusivamente moral, comete ato ilícito.

Art. 187. Também comete ato ilícito o titular de um direito que, ao exercê-lo, excede manifestamente os limites impostos pelo seu fim econômico ou social, pela boa-fé ou pelos bons costumes.

....

Art. 422. Os contratantes são obrigados a guardar, assim na conclusão do contrato, como em sua execução, os princípios de probidade e boa-fé.

....

Art. 927. Aquele que, por ato ilícito (arts. 186 e 187), causar dano a outrem, fica obrigado a repará-lo.

Parágrafo único. Haverá obrigação de reparar o dano, independentemente de culpa, nos casos especificados em lei, ou quando a atividade normalmente desenvolvida pelo autor do dano implicar, por sua natureza, risco para os direitos de outrem.

....

Art. 932. São também responsáveis pela reparação civil:

....

III — o empregador ou comitente, por seus empregados, serviçais e prepostos, no exercício do trabalho que lhes competir, ou em razão dele;

....

Lei n. 9.029, de 13.4.95

Art. 4º O rompimento da relação de trabalho por ato discriminatório, nos moldes desta lei, faculta ao empregado optar entre:

I — a readmissão com ressarcimento integral de todo o período de afastamento, mediante pagamento das remunerações devidas, corrigidas monetariamente, acrescidas dos juros legais;

II — a percepção, em dobro, da remuneração do período de afastamento, corrigida monetariamente e acrescida dos juros legais.

3. *JURISPRUDÊNCIA*

Ação, cujo autor pleiteia indenização por danos decorrentes de situação vexatória a que teria sido submetido quando de exame admissional para integrar os quadros da ré — Competência da Justiça Comum. (Decisão abaixo).

"CONFLITO DE COMPETÊNCIA N. 49.194 — RJ (2005/0065388-1)

RELATOR: MINISTRO FERNANDO GONÇALVES (2ª Seção) DJU 22.11.05, p. 154.

DECISÃO

Trata-se de conflito negativo de competência estabelecido entre o JUÍZO DE DIREITO DA 1ª VARA CÍVEL DE MACAÉ-RJ, suscitante, e o JUÍZO DA 1ª VARA DO TRABALHO DE MACAÉ-RJ, suscitado, em reclamação trabalhista na qual pleiteia o autor indenização por danos morais ocasionados por situação vexatória a que submetido quando de seu exame admissional para integrar os quadros da ré.

Sustenta o magistrado suscitante que a causa de pedir da presente ação possui índole trabalhista, uma vez que, após a realização do referido exame, o contrato de trabalho foi efetivamente celebrado, devendo, pois, ser aquele interpretado como etapa preliminar da relação laboral (fls. 88/90).

O juízo suscitado, a seu turno, aduz que o possível ato ilícito ocorreu antes da celebração do contrato de trabalho, não ostentando, assim, as partes a qualidade jurídica de empregado-empregador, motivo por que declina de sua competência em favor da Justiça Comum Estadual (fls. 82).

A Subprocuradoria-Geral da República opina pela competência da Justiça do Trabalho (fls. 95/97).

Com razão o juízo suscitado.

Com efeito, a ação de indenização proposta tem como causa de pedir fato estranho à relação trabalhista, uma vez que no momento de ocorrência do pretendido dano ainda não existia contrato de trabalho.

Dessa forma, tendo em vista a clara feição de direito comum, assim como a nítida natureza da causa de pedir o ato ilícito, a competência para julgar a referida ação é da Justiça Estadual.

A propósito, confiram-se os seguintes precedentes desta Corte, que tratam de casos análogos:

'CONFLITO DE COMPETÊNCIA. AÇÃO DE INDENIZAÇÃO POR DANOS MORAIS. RELAÇÃO TRABALHISTA INEXISTENTE. COMPETÊNCIA DA JUSTIÇA ESTADUAL. PRECEDENTES.

1. A ação de indenização por danos morais causados antes da existência de relação trabalhista deve ser processada e julgada pela Justiça Estadual, tendo em vista a clara feição de direito comum, assim como nítida é a natureza da causa de pedir o ato ilícito.

2. Conflito conhecido para declarar competente o Juízo de Direito da 1ª Vara Cível de Presidente Prudente — SP, o suscitado.' (CC 48.241/SP, Rel. Min. Fernando Gonçalves, DJ de 13.06.2005)

'PROCESSO CIVIL. COMPETÊNCIA. Ação de indenização por danos morais e materiais ajuizada por candidata a emprego que, após o processo seletivo, foi desclassificada porque portadora de doença infecto-contagiosa; competência da Justiça Comum, porque a indenização pleiteada tem como ***causa petendi*** *ato discriminatório praticado antes da contratação. Agravo regimental não provido.' (AGA 309.117/SP, Rel. Min. Ari Pargendler, DJ de 11.06.2001)*

Ante o exposto, conheço do conflito e declaro competente o Juízo de Direito da 1ª Vara Cível de Macaé -RJ, o suscitante.

Publicar.

Brasília, 11 de novembro de 2005.

MINISTRO FERNANDO GONÇALVES, Relator."

Ação indenizatória movida por espólio de trabalhador falecido contra ex-empregador visando à reparação de danos materiais por ausência de anotação do contrato de trabalho do *de cujus* na CTPS — Competência da Justiça do Trabalho (STJ) — Decisão monocrática que assim entendeu, conforme abaixo:

"CONFLITO DE COMPETÊNCIA N. 49.780 — SP (2005/0076332-0) MINISTRO JORGE SCARTEZZINI, DA SEGUNDA SEÇÃO DO SUPERIOR TRIBUNAL DE JUSTIÇA, PUBLICADA NO DJ 23.11.05, pp. 166/167.

RELATOR: MINISTRO JORGE SCARTEZZINI

Vistos, etc.

Cuida-se de *Conflito Negativo de Competência* instaurado entre o ***D. JUÍZO DA 4ª VARA DO TRABALHO DE JUNDIAÍ-SP*** (suscitante) e o ***D. JUÍZO DE DIREITO DA 3ª VARA CÍVEL DE JUNDIAÍ-SP*** (suscitado), que se declararam incompetentes para julgar Ação Indenizatória (art. 159 do CC/1916) movida por espólio de trabalhador falecido contra ex-empregador, visando à reparação de danos materiais por ausência de anotação em carteira do contrato laboral do *de cujus*, conduta determinante do indeferimento, pelo INSS, de pensão por morte aos herdeiros (fls. 02/03). O d. Juízo Estadual suscitado alegou a competência da Justiça Especializada ao julgamento da ação, haja vista que os *'danos causados e alegados o foram, se comprovados, por não obediência às normas trabalhistas, bem como desrespeito ao contrato havido entre o falecido e sua antiga empregadora'* (fls. 72).

Ao revés, o d. Juízo Laboral suscitante, com fulcro em arestos dos Tribunais Superiores, aduziu a competência da Justiça Comum ao exame da lide, porquanto não decorrentes o pedido e a causa de pedir da relação empregatícia havida entre o trabalhador falecido e seu exempregador (fls. 78/79).

A d. Subprocuradoria-Geral da República opina pela competência da Justiça do Trabalho (fls. 86/87).

É o relatório.

Passo a decidir.

Inicialmente, conheço do presente Conflito, porquanto suscitado entre *'juízes vinculados a tribunais diversos'* (art. 105, 'd', da CF/88).

A questão é de singelo deslinde, na medida em que, hodiernamente, nos termos do art. 114 da CF/88, resta cristalizado o entendimento da Corte quanto à competência da Justiça Laboral para julgar ação oposta por trabalhador (espólio) contra ex-empregador, com vistas à reparação de danos patrimoniais oriundos de relação empregatícia.

Com efeito, este Colegiado, de início, amparando a definição da competência material na natureza jurídica da *quaestio*, deduzida dos respectivos pedido e causa de pedir, vislumbrava, em se cuidando de lides calcadas em normas de Direito Civil, nas quais pleiteada a reparação de danos materiais e morais (pedido), oriundos da prática de ilícito (*causa petendi*), embora movidas por trabalhador contra ex-empregador, a competência da Justiça Comum (cf. Segunda Seção, CC ns. 17.941/MG, Rel. Min. ***Cesar Asfor Rocha***, DJU 23.06.1997; 11.732-1/SP, Rel. Min. ***Sálvio de Figueiredo Teixeira,*** DJU 03.04.1995; 3.184-8/SP, Rel. Min. ***Waldemar Zveiter***, DJU 30.11.1992).

Todavia, aos 17.11.1998, a Corte Suprema, em interpretação ao art. 114 da CF/88 (*'Compete à Justiça do Trabalho conciliar e julgar (...), na forma da lei, outras controvérsias decorrentes da relação de trabalho, (...)'*), passou a pugnar pela competência da Justiça Especializada para julgar *'ação de repa-*

ração de danos decorrentes da imputação caluniosa irrogada ao trabalhador pelo empregador a pretexto de justa causa para despedida e, assim, decorrente da relação de trabalho, não importando deva a controvérsia ser dirimida à luz do Direito Civil' (RE n. 238.737-4/SP, Rel. Min. ***Sepúlveda Pertence***, DJU 05.02.1999).

Desde então, esta Corte perfilha de aludido posicionamento, de modo que, em síntese, *advindo os litígios de relação de emprego* (*causa de pedir remota*), é dizer, embasados o pedido (mediato e imediato) e a causa de pedir (próxima) em fatos ocorridos durante a vinculação empregatícia, conquanto demandem solução ao lume do Direito Civil, vislumbra-se a competência da Justiça Especializada (cf. CC ns. 52.014/SP, Rel. Min. ***Carlos Alberto Menezes Direito***, DJU 12.09.2005; 40.043/RJ, Relª Min. ***Nancy Andrighi***, DJU 02.02.2004; 31.749/SP, Rel. Min. ***Ruy Rosado de Aguiar***, DJU 13.08.2001; REsp n. 276.044/MT, Rel. Min. ***Aldir Passarinho Júnior***, DJU 11.12.2000).

Por derradeiro, ressalte-se que, com o advento da EC n. 45/2004, a qual inseriu no art. 114 da CF/88, dentre outros, o inciso VI (*'Compete à Justiça do Trabalho processar e julgar as ações de indenização por dano moral ou patrimonial, decorrentes da relação de trabalho'*), mais não se admite perquirir sobre a competência da Justiça Laboral ao exame de ações, como a presente, movidas por trabalhador (espólio) com vistas à reparação de danos materiais acarretados por conduta ilícita de ex-empregador (*in casu*, ausência de anotação de contrato laboral em CTPS), decursivos, portanto, diretamente da relação empregatícia havida entre as partes:

'CONFLITO DE COMPETÊNCIA. INDENIZAÇÃO. DANOS MORAIS. DEMISSÃO SEM JUSTA CAUSA. RELAÇÃO DE EMPREGO. JUSTIÇA DO TRABALHO.

1. ***Conforme entendimento pacífico desta Corte, compete à Justiça do Trabalho processar e julgar ação objetivando indenização por dano moral ou material derivado de relação de emprego, como, por exemplo, a despedida sem justa causa, máxime após o advento da EC 45, de 08 de dezembro de 2004 — Art. 114, inc. VI.***

2. Conflito conhecido para declarar competente o Juízo da 34ª Vara do Trabalho do Rio de Janeiro-RJ, o suscitante.' (Segunda Seção, CC n. 47.344/RJ, Rel. Min. ***Fernando Gonçalves***, DJU 13.04.2005)

Por tais fundamentos, nos termos dos arts. 120, parágrafo único, com a redação dada pela Lei n. 9.756/98, e 122, do CPC, ***conheço do presente Conflito, declarando a competência do D. JUÍZO DA 4ª VARA DO TRABALHO DE JUNDIAÍ - SP, ora suscitante, para processar e dirimir a lide.***

Oficie-se às partes, dando-lhes ciência.

Após, decorrido o prazo legal, devidamente certificado, encaminhem-se os autos à autoridade ora designada competente.

Publique-se. Cumpra-se.

Brasília (DF), 11 de novembro de 2005

MINISTRO JORGE SCARTEZZINI — RELATOR."

Ato discriminatório — Responsabilidade pré-contratual

Ementa: DANO MORAL. ATO DISCRIMINATÓRIO. RESPONSABILIDADE PRÉ-CONTRATUAL. A empresa que colhe de candidata a emprego oferecido por ela informações acerca de sua saúde física e mental não pratica ato discriminatório na fase jurídica da pré-contratação se demonstra que a declaração não era exigida como requisito para admissão, mas sim para efeito de adesão a plano de saúde oferecido como benesse no contrato de trabalho dos seus empregados. Do mesmo modo, não há como imputar à mesma empresa a prática de abuso da liberdade de não contratar em razão de não se consumar a admissão de candidata que se declara portadora de diabetes, se a empresa prova que admitiu em seu quadro funcional empregados já portadores de doenças físicas, que se submetem a tratamento permanente, desincumbindo-se do encargo processual que lhe é atribuído. TRT 3ª Reg. — RO 00258-2005-107-03-00-5 — (Ac. 5ª T.) — Rel. Juiz José Roberto Freire Pimenta. DJMG 25.6.05, p. 15.

Candidato não escolhido para vaga de emprego — Não caracterização

Ementa: DANO MORAL E PATRIMONIAL. CANDIDATO NÃO ESCOLHIDO PARA VAGA DE EMPREGO. NÃO CARACTERIZADO. Não se pode confundir os dissabores comuns da vida com o dano moral. Este pressupõe a violação de bens de ordem moral das pessoas, tais como a intimidade, a vida privada, a honra e a imagem. A não obtenção de uma vaga de emprego não implica em violação a qualquer um destes bens imateriais. Embora, de fato, acarrete grande frustração para o candidato, não é motivo de vergonha ou constrangimento. Assim, não se pode imputar à reclamada qualquer responsabilidade por dano moral. Melhor sorte também não agasalha a pretensão de danos materiais, fundada em gastos com a documentação destinada à possível contratação. Pois sequer foi trazido aos autos demonstrativos que comprovassem os suscitados custos. TRT 9ª Reg. — RO 09772-2003-011-09-00-2 — (Ac. 4ª T. 19082/05) — Rel. Juiz Sergio Murilo Rodrigues Lemos. DJPR 29.7.05, p. 377.

Fase pós-contratual — Ato praticado em outra reclamação trabalhista quando já extinto o contrato de trabalho — Justiça do Trabalho

Ementa: COMPETÊNCIA DA JUSTIÇA DO TRABALHO — DANO MORAL — ATO PRATICADO EM OUTRA RECLAMAÇÃO TRABALHISTA QUANDO JÁ EXTINTO O CONTRATO DE TRABALHO. A Justiça do Trabalho é competente para julgar ação por meio da qual se pretende indenização por dano moral praticado na fase pós-contratual. No caso, trata-se de pedido de indenização por dano moral decorrente de acusação do Empregador realizada na defesa de reclamação trabalhista promovida pela Autora anteriormente, após já extinto o contrato de trabalho, no sentido de que a Reclamante teria cometido delito ou furtado documentos da empresa durante a relação contratual. Constatada a possível afronta à cláusula geral da boa-fé objetiva. Recurso conhecido e provido. TST — RR-1.419/2000-034-15-00.2 — (Ac. 2ª T.) — Rel. Min. José Simpliciano Fontes de F. Fernandes. DJU 16.6.06, pp. 542/43

Fase pós-contratual — Competência da Justiça do Trabalho

Ementa: COMPETÊNCIA DA JUSTIÇA DO TRABALHO. INDENIZAÇÃO POR DANO MORAL. O artigo 114 da Constituição Federal, quando dispôs que "compete à Justiça do Trabalho conciliar e julgar os dissídios individuais e coletivos entre trabalhadores e empregadores", não estabeleceu limitação à vigência do contrato de trabalho, uma vez que a violação de direitos, tanto do empregado quanto do empregador, pode ocorrer na fase pós-contratual, porém, como decorrência da relação de emprego. Assim, merece reforma a decisão de origem para declarar a competência da Justiça do Trabalho para processar e julgar o pedido relativo à indenização por dano moral formulado pelo reclamante, determinando o retorno dos autos à origem para a apreciação meritória do pleito. Recurso provido. TRT 23ª Reg. — RO 00656.2004.036.23.00-9 — Rel. Juiz José Simioni. DJMT n. 7.087, 4.3.05, p. 25.

Da decisão acima, colhe-se o seguinte fundamento:

"COMPETÊNCIA DA JUSTIÇA DO TRABALHO/ INDENIZAÇÃO POR DANOS MORAIS

O MM. Juízo de origem declarou a incompetência da Justiça do Trabalho para apreciar e julgar a matéria atinente a indenização por dano moral postulada pelo reclamante, extinguindo o processo sem julgamento do mérito com relação ao pedido respectivo, sob o fundamento de que a competência desta Justiça Especializada não alcança fatos ou situações ocorridas posteriormente à extinção jurídica da relação de emprego.

Irresignado com a decisão primígena, recorre, o reclamante, postulando pelo reconhecimento, nesta Instância, da competência desta Justiça Especializada para conhecer e decidir o seu pedido de indenização por dano moral, argumentando que o fato ensejador do dano cuja reparação pretende, embora ocorrido após a extinção da relação de emprego, seria dela decorrente.

Tem razão o recorrente.

À inicial, o reclamante informou que teve seu contrato rescindido com a reclamada em 02.10.2003 e que em 08.12.2003 dirigiu-se até a sede da empresa para postular o recebimento do saldo salarial, quando foi agredido com um 'soco no olho esquerdo' pelo proprietário da empresa, Sr. Daltro Caversan.

O artigo 114 da Constituição Federal, quando dispôs que 'compete à Justiça do Trabalho conciliar e julgar os dissídios individuais e coletivos entre trabalhadores e empregadores', não estabeleceu limitação à vigência do contrato de trabalho, uma vez que a violação de direitos, tanto do empregado quanto do empregador, pode ocorrer na fase pós-contratual, porém, como decorrência da relação de emprego. Neste sentido vem decidindo a mais abalizada jurisprudência, valendo citar o seguinte aresto:

'COMPETÊNCIA DA JUSTIÇA DO TRABALHO. INDENIZAÇÃO POR DANO MORAL. A competência da Justiça do Trabalho para dirimir os dissídios motivados por dano moral não se estabelece linear mente, mas em decorrência da situação jurídica em que se encontra o trabalhador nos períodos pré-contratual, contratual e pós contratual e do nexo de causa e efeito entre a lesão perpetrada e o vínculo de emprego. Revista conhecida e provida. (TST — RR 439272 — 4ª T. — Rel. Min. Antônio José de Barros Levenhagen — DJU 06.04.2001 — p. 685).'

A agressão sofrida pelo reclamante, se ocorrida na forma alegada, traduz-se como reflexo da relação de emprego, tratando-se de lide que envolve, indubitavelmente, empregado e empregador, embora rompido, em parte, o liame jurídico que estabelecia esta relação. Diz-se que o rompimento do liame deu-se apenas em parte, posto que, mesmo após a rescisão do contrato, remanescem obrigações às partes, em razão dos efeitos próprios e conexos do contrato de trabalho.

A obrigação do reclamado de quitar as verbas rescisórias, por exemplo, é efeito próprio do contrato de trabalho que só aparece com a rescisão do vínculo, porém, mantém as partes atadas pelo liame obrigacional decorrente da condição que cada qual assumiu na relação jurídica extinta, de empregado e empregador.

Sobre o tema, oportuna é a transcrição da lição dada pelo Exmo. Juiz Guilherme Augusto Caputo Bastos, em sua obra 'O Dano Moral no Direito do Trabalho' (LTr, 2003, p. 65), citando elucidativo acórdão do Eg. TRT da 18ª região, relatado pelo Juiz Platon Teixeira de Azevedo Filho:

Por oportuno, mister mencionar-se o entendimento do e. Juiz Platon de Azevedo Filho sobre o tema, com o qual concordo integralmente, e que assevera que 'para um litígio ser processado perante este ramo do Poder Judiciário, sujeitando-se à *vis atractiva* emanada do dispositivo consubstanciado no art. 114 da Constituição Federal, basta a existência de um nexo de causalidade com o pacto laboral, de forma que sua causa de pedir possa ser referida a uma relação de trabalho preexistente. Por outras palavras, para que a competência material da Justiça do Trabalho remanesça configurada, os fatos que fundamentam o direito alegado devem ter sua gênese na relação laboral, ainda que, no momento da propositura da ação, esta já tenha encontrado seu termo *ad quem*. Na hipótese vertente, a *causa petendi* das postulações contidas na exordial satisfaz os requisitos anteriormente mencionados, porquanto se encontra relacionada, ainda que de forma mediata, ao contrato de trabalho anteriormente existente entre as partes, não havendo falar em demanda de natureza civil...' (TRT da 18ª Região, RO n. 2824/2001, Relator: Juiz Platon Teixeira de Azevedo Filho; Revisor: Juiz Aldivino A. da Silva).

Prossegue, S. Excelência, dizendo que 'o tema trazido à consideração desta Egrégia Corte, relativo ao ressarcimento dos danos morais decorrentes da prática do ato discriminatório susodeclinado, circunscreve-se, indubitavelmente, nos limites da competência deferida a este ramo especializado do Poder Judiciário. Com efeito, embora o fato em comento tenha ocorrido posteriormente ao término da relação de emprego, tal circunstância não descaracteriza a natureza trabalhista da lide, posto que a referida discriminação se encontra diretamente vinculada à propositura de reclamatória trabalhista destinada a discutir direitos oriundos do contrato de trabalho, apresentando indiscutível nexo de causa e efeito com o pacto laboral. Para se inferir a existência do mencionado vínculo, é suficiente considerar que, abstraindo a preexistente relação empregatícia, a demanda em apreço perderia seus fundamentos lógicos e sua razão de ser'.

Na esteira dos posicionamentos acima firmados, tenho que as alegações iniciais do reclamante a respeito do ato ilícito causador do alegado dano moral atraem a competência da Justiça do Trabalho para decidir a lide.

Por todo o exposto, reformo a decisão de origem para declarar a competência da Justiça do Trabalho para processar e julgar o pedido relativo à indenização por dano moral formulado pelo reclamante, determinando o retorno dos autos à origem para a apreciação meritória do pleito.

Dou provimento ao apelo."

Fase pós-contratual — Competência da Justiça do Trabalho

Ementa: DANO MORAL PÓS-CONTRATUAL — "LISTAS NEGRAS" — COMPETÊNCIA EX RATIONE MATERIAE DA JUSTIÇA DO TRABALHO — A competência ex ratione materiae da Justiça do Trabalho alcança a apreciação de pedido que verse sobre dano moral decorrente da emissão das chamadas "listas negras", ainda que o ato lesivo tenha ocorrido após a extinção do contrato de trabalho. Deduz-se que o suposto dano guarda identidade com as controvérsias oriundas da relação trabalhista havida entre as partes. Inteligência dos artigos 5º, incisos V e X, e 114, da Constituição Federal de 1988. TRT 9ª Reg. — Proc. 99553-2005-091-09-00-7 — (Ac. 3ª T. 09496/07) — Rel. Juiz Celio Horst Waldraff. DJPR 20.4.07.

Fase pós-contratual — Imputação de fatos desonrosos à reclamante depois de extinto o contrato de trabalho — Competência da Justiça do Trabalho

Ementa: DANO MORAL PÓS-CONTRATUAL — IMPUTAÇÃO DE FATOS DESONROSOS À RECLAMANTE DEPOIS DE EXTINTO O CONTRATO DE TRABALHO — COMPETÊNCIA MATERIAL DA JUSTIÇA DO TRABALHO. A competência material da Justiça do Trabalho alcança a apreciação de pedido que verse sobre dano moral decorrente da imputação de conduta desonrosa à reclamante, ainda que o ato lesivo tenha ocorrido depois da extinção do contrato de trabalho. Deduz-se que o suposto dano guarda identidade com as controvérsias oriundas da relação trabalhista havida entre as partes. Inteligência do disposto nos artigos 5º, incisos V e X, e 114 da Constituição Federal. Recurso ordinário da reclamante conhecido e provido. TRT 9ª Reg. — RO 18606-2005-001-09-00-1 — (Ac. 3ª T. 09042/07) — Rel. Juiz Altino Pedrozo dos Santos. DJPR 13.4.07, p. 828.

Fase pós-contratual — Ofensa assacada em juízo — Competência *ex ratione materiae* da Justiça do Trabalho

Ementa: AÇÃO CAUTELAR. DANOS MORAIS. CONTRATO DE TRABALHO EXTINTO. OFENSA ASSACADA EM JUÍZO. COMPETÊNCIA *EX RATIONE MATERIAE* DA JUSTIÇA DO TRABALHO. É competente a Justiça do Trabalho para apreciar e julgar ação cautelar preparatória ajuizada contra ex-empregador, com vistas a assegurar a eficácia de eventual e futura ação principal de indenização por danos morais. É irrelevante que a suposta lesão tenha ocorrido após a extinção contratual, mais precisamente na contestação de ação trabalhista em curso, proposta pelo ex-empregado, porquanto diretamente relacionada a fatos ocorridos durante a relação trabalhista havida entre as partes. Assim, buscando-se as razões do alegado dano moral no extinto contrato de trabalho, resulta patente que apenas a Justiça do Trabalho detém competência para dirimir a controvérsia. Incidência do art. 114 da Constituição Nacional vigente. TRT 9ª Reg. — Proc. 81141-2002-009-09-00-3 — (Ac. 25.383/2003) — Rel. Juiz Celio Horst Waldraff. DJPR 21.11.03, p. 404.

Fase pós-contratual — Referências desabonadoras à imagem do empregado — Competência da Justiça do Trabalho

Ementa: DANO MORAL. REFERÊNCIAS DESABONADORAS À IMAGEM DO EMPREGADO. PERÍODO PÓS-CONTRATUAL. COMPETÊNCIA DA JUSTIÇA DO TRABALHO. A Justiça do Trabalho detém competência para julgar pleito de danos morais pretensamente causados por referências desabonadoras prestadas a terceiros a respeito do trabalhador, porquanto alusivas ao contrato de trabalho, ainda que concretizadas em período pós-contratual. Não é, a rigor, o momento da ofensa o fator determinante na fixação da competência, mas a natureza da relação contratual da qual decorre o dano, a teor da Súmula n. 392 do C. TST e do art. 114, inc. VI, da Constituição Federal. TRT 9ª Reg. — RO 00160-2004-017-09-00-3 — (Ac. 1ª T. 18108/05) — Rel. Juiz Ubirajara Carlos Mendes. DJPR 19.7.05, p. 207.

Fase pré-contratual — Dano moral e patrimonial — Cabimento

Ementa: (...) FASE PRÉ-CONTRATUAL. DANO MORAL E PATRIMONIAL. A abertura de conta para percepção de salário, realização de exames médicos custeados pela empresa, encaminhamento da documentação necessária para formalização do contrato de trabalho, dentre estes a CTPS, a recepção de cartões de visita, mesmo que provisórios, e de lista de clientes, constituem fatos que permitem a conclusão de que houve aprovação em processo de seleção de pessoal para obtenção de vaga de emprego. Para assumir o contrato de trabalho, não poderia a empregada estar vinculada a outras empresas, em especial, concorrentes da demandada. A retirada da proposta de emprego, quando já alcançado o final do processo de seleção enseja a reparação dos prejuízos morais e patrimoniais advindos da atitude irresponsável da empresa. Recurso provido. TRT 4ª Reg. — RO 00772-2005-002-04-00-5 — (Ac. 8ª T.) — Relª. Juíza Cleusa Regina Halfen. Publ. DOE/RS: 17.5.07.

Fase pré-contratual, contratual e pós-contratual — Competência da Justiça do Trabalho

Ementa: COMPETÊNCIA DA JUSTIÇA DO TRABALHO. INDENIZAÇÃO POR DANO MORAL. A competência da Justiça do Trabalho para dirimir os dissídios motivados por dano moral não se estabelece linearmente, mas em decorrência da situação jurídica em que se encontra o trabalhador, nos períodos pré-contratual, contratual e pós-contratual, e do nexo de causa e efeito entre a lesão perpetrada e o vínculo de emprego. Recurso conhecido e provido. TST — RR-446.080/1998 — (Ac. 4ª T.) — Rel. Min. Barros Levenhagen. DJU 9.2.01, p. 560.

Da decisão acima, colhe-se o seguinte fundamento:

"1. CONHECIMENTO

1.1. COMPETÊNCIA *RATIONE MATERIAE* DA JUSTIÇA DO TRABALHO — INDENIZAÇÃO POR DANO MORAL

O Reclamante sustenta a competência da Justiça do Trabalho *ratione materiae* para apreciar pedido de indenização por danos morais, pois a competência prevista no art. 114 da Carta Magna não está restrita a conciliar e julgar os dissídios individuais e coletivos entre trabalhadores e empregadores, mas também estende-se a outras controvérsias decorrentes da relação de emprego. Aponta violação ao art. 114 da Constituição Federal e divergência jurisprudencial.

Colhe-se do acórdão recorrido ter o Regional, apesar de reconhecer a vinculação do pedido de indenização por dano moral com o contrato de trabalho, concluído pela incompetência da Justiça do Trabalho para apreciar o pleito em razão de fundar-se em princípios e normas referentes à responsabilidade civil.

A Constituição Federal, no art. 114, atribui à Justiça do Trabalho a competência para 'conciliar e julgar os dissídios individuais e coletivos entre trabalhadores e empregadores'.

Da norma ali inserta, depreende-se que os dissídios individuais entre os trabalhadores e empregadores abrangem, também, os decorrentes de danos morais praticados no âmbito da relação de emprego.

A competência da Justiça do Trabalho não resulta do *thema decindendum*, mas é fixada em face da questão controvertida oriunda da relação de emprego. O fato de tratar-se de dano extrapatrimonial sofrido pelo empregado, quer provenha da fase pré-contratual, da contratual ou pós-contratual, desde que se refira ao contrato de trabalho, é o elemento determinante para fixar a competência do Judiciário Trabalhista.

Mesmo antes do advento da Constituição de 1988, Christóvão Tostes Malta já se inclinava pela competência desta Justiça para processar e julgar ação de perdas e danos, envolvendo empregado e empregador, quando esses forem estritamente derivados da relação de emprego (*in* 'A reparação do dano moral no Direito do Trabalho', Revista LTr, mai./91, p. 559).

A questão, por sinal, obteve pronunciamento do STF, em acórdão da lavra do Ministro Sepúlveda Pertence, no qual se concluiu não ser relevante para fixação da competência da Justiça do Trabalho que a solução da lide remeta a normas de direito civil, mas que o fundamento do pedido se assente na relação de emprego, inserindo-se no contrato de trabalho (Conflito de Jurisdição n. 6.959-6, Distrito Federal).

Por conta desse precedente, a competência da Justiça do Trabalho para dirimir os dissídios motivados pelo dano moral não se estabelece linearmente. Ao contrário, decorre da situação jurídica em que se encontra o trabalhador (período pré-contratual, contratual ou pós-contratual) e do nexo de causa e efeito entre a lesão perpetrada e o vínculo de emprego.

Na hipótese *sub judice*, a competência da Justiça do Trabalho deveu-se ao fato de o dano moral ter ocorrido em razão do contrato de trabalho.

Do exposto, conheço do recurso por violação ao artigo 114 da Constituição Federal.

2. MÉRITO

2.1. COMPETÊNCIA *RATIONE MATERIAE* DA JUSTIÇA DO TRABALHO — INDENIZAÇÃO POR DANO MORAL

Tendo em vista o conhecimento da revista por violação ao artigo 114 da Constituição Federal, a conseqüência lógica é dar-lhe provimento a fim de, declarando a competência da Justiça do Trabalho para apreciar e julgar casos referentes à indenização por danos morais decorrentes da relação de emprego, determinar o retorno dos autos ao TRT de origem para que julgue o mérito como entender de direito." (www.tst.gov.br, em 28.8.04)

Fato ocorrido após o desligamento do empregado — Danos morais que têm sua raiz no contrato de trabalho

Ementa: DANO MORAL. COMPETÊNCIA. JUSTIÇA DO TRABALHO. Compete à Justiça do Trabalho examinar alegada ocorrência de danos morais amparados na assertiva de que a ex-empregadora, logo após o desligamento do obreiro de seus quadros, teria divulgado comunicado-circular que denegria a imagem profissional do laborista. O fato deste dano ter decorrido de ato posterior ao encerramento do vínculo laboral não basta para afastar tal competência, uma vez que os danos morais alegados têm sua raiz fática ainda firmada nos episódios havidos no curso da prestação de serviços. *Mutatis mutandis*, é o que se dá quando se atribui (e isto é pacífico) a esta Justiça Especializada a competência para apreciar ações nas quais o obreiro litiga com o ex-tomador de serviços com vistas ao recebimento de parcelas de complementação de aposentadoria — as quais, é óbvio, tornam-se devidas em períodos posteriores ao término do vínculo laboral. Outrossim, o fato de o dano moral ter amparo em normas civis de proteção à personalidade não vem afastar a competência desta Justiça Especializada, nos casos em que a alegada vulneração desta proteção tenha sido alegadamente cometida pelo tomador de serviços e vinculada a fatos e atos que defluem, em última análise, do contrato de trabalho. TRT 10ª Reg. — RO 00937-2003-001-10-00-8 — (Ac. 3ª T./2004) — Rel. Juiz Paulo Henrique Blair. DJU3 16.7.04, p. 32.

Fato ocorrido após a extinção do contrato — Incompetência da Justiça do Trabalho

Ementa: PROCESSO DO TRABALHO. DANOS MORAIS. FATO OCORRIDO APÓS A EXTINÇÃO DO CONTRATO DE TRABALHO. COMPETÊNCIA. A Justiça do Trabalho é incompetente para conhecer e julgar lide envolvendo pedido de danos morais tendo como causa de pedir oferecimento de *notitia criminis* pelo ex-empregador, após a extinção do contrato de trabalho. Recurso ordinário provido. TRT 1ª Reg. — RO-15.168/98 — (Ac. 2ª T.) — Red. Desig. Juiz Aloysio Santos. DJRJ 29.1.04, p. 228.

Fato ocorrido após a extinção do contrato — Nexo causal que atrai a competência da Justiça do Trabalho

Ementa: DANO MORAL. FATO OCORRIDO APÓS A EXTINÇÃO DO CONTRATO. NEXO CAUSAL QUE ATRAI A COMPETÊNCIA DA JUSTIÇA DO TRABALHO. Embora o ato praticado pela reclamada tenha ocorrido após a extinção do contrato, não se desvincula da relação principal, guardando identidade com controvérsias oriundas do contrato de trabalho, uma vez que, sem adentrar no mérito da questão, deduz-se que a citada "lista negra" foi elaborada a partir, e por causa, da propositura da reclamação trabalhista — eis o nexo causal que fixa a competência da Justiça do Trabalho para dirimir o litígio. TRT 24ª Reg. — RO.1-559/2003-003-24-00-9 — Rel. Juiz Ricardo Geraldo Monteiro Zandona. DJMS n. 6.179, de 5.2.04, p. 27.

Da decisão acima, colhe-se o seguinte fundamento:

"2. MÉRITO

2.1. INCOMPETÊNCIA DA JUSTIÇA DO TRABALHO

O Juízo de origem afastou a alegada incompetência da Justiça do Trabalho para apreciar e julgar o litígio, considerando que a competência é definida pela vinculação dos fatos litigiosos à relação de emprego (fl. 104), fundamentando-se no disposto no art. 114, da Constituição Federal.

Assevera a recorrente que, se houve danos, estes ocorreram após a extinção da relação de trabalho e, portanto, não devem ser apreciados e julgados pela Justiça do Trabalho, mas, sim, pela Justiça Ordinária Comum. Apresenta doutrina e jurisprudência que entende a seu favor.

O art. 114 da CF/88, declara:

Compete à Justiça do Trabalho conciliar e julgar os dissídios individuais e coletivos entre trabalhadores e empregadores, abrangidos os entes de direito público externo e da administração pública direta e indireta dos Municípios, do Distrito Federal, dos Estados e da União, e, na forma da lei, outras controvérsias decor-

rentes da relação de trabalho, bem como os litígios que tenham origem no cumprimento de suas próprias sentenças, inclusive coletivas (grifamos).

Efetivamente a indenização pretendida encontra-se diretamente relacionada ao contrato de trabalho estabelecido entre as partes.

Embora o ato praticado pela reclamada tenha ocorrido após a extinção do contrato, não se desvincula da relação principal, guardando identidade com controvérsias oriundas do contrato de trabalho, uma vez que, sem adentrar no mérito da questão, deduz-se que a citada 'lista negra' foi elaborada a partir, e por causa, da propositura da reclamação trabalhista — eis o nexo causal que fixa a competência da Justiça do Trabalho para dirimir o litígio.

Segundo *Orlando Gomes*, o dano moral constitui constrangimento que alguém experimenta em conseqüência da lesão sofrida em direito personalíssimo, ilicitamente produzida por outrem ('Obrigações', 2ª ed., Forense, RJ, 1976, pp. 324/325).

Inegável, pois, a competência da Justiça do Trabalho para apreciar pedido de indenização por danos morais, desde que estes decorram da relação de emprego, conforme dispõe a Constituição Federal em seu art. 114.

Neste sentido o entendimento jurisprudencial, veiculado no Acórdão TP n. 2.323/00 do Eg. TRT da 23ª Região, apreciando RO 1.546/00, da lavra do Exmo. Juiz Relator Tarcísio Valente:

Ementa: DANOS MORAIS E MATERIAIS. COMPETÊNCIA. JUSTIÇA DO TRABALHO. Pela dicção do art. 114 da Constituição Federal compete à Justiça do Trabalho a apreciação do dano moral ou material que seja decorrente da relação de emprego. Essa é a melhor interpretação que representa a *mens legis*, se a demanda tem sua gênese diretamente na relação de emprego desfeita. Mesmo que desfeito o contrato de trabalho, a competência da Justiça do Trabalho mostra-se inarredável se o dano, à evidência, mantém uma relação direta, de causa e efeito, com o contrato de emprego. Recurso ordinário a que se dá provimento. (publicado no DJMT n. 6.015, em 11.10.00, p. 114)

Na mesma esteira, este Eg. Regional:

JUSTIÇA DO TRABALHO. COMPETÊNCIA MATERIAL. DANO MORAL. Firma-se a competência da Justiça do Trabalho pela causa de pedir. Assim, mantendo o fato gerador do pedido de indenização por dano moral relação direta com o contrato de emprego, apresenta-se indiscutível a competência da Justiça do Trabalho para compor o dissídio entre empregado e empregador. (TRT 24ª Região — RO 1.367/2001 — Rel. Juiz Nicanor de Araújo Lima — DOMS n. 5.753, de 16.5.02, p. 70). Nega-se provimento ao recurso." (www.trt24.gov.br, em 19.8.04)

Pré-contratação — Postulação de dano moral — Justiça Comum

Ementa: Competência. Pré-contratação. Postulação de dano moral decorrente do fato de que o autor não foi contratado pela empresa. A Justiça do Trabalho é incompetente para analisar o caso dos autos, pois não houve pré-contratação, contratação ou relação de trabalho (art. 114, I, da Constituição). Competência da Justiça Comum. TRT 2ª Reg. — RO 01458200420102000 — (Ac. 2ª T. 20060517888) — Rel. Juiz Sérgio Pinto Martins. DJSP 1.8.06, p. 100.

Processo seletivo — Aprovação em todas as fases — Recusa injustificada da contratação — Função social da empresa — Configuração

Ementa: I — PROCESSO SELETIVO. FASE PRÉ-CONTRATUAL. OBRIGAÇÕES DO PROPONENTE. A sujeição a um processo seletivo de emprego não confere a certeza de admissão, em razão do risco inerente a esse tipo de admissão. Mas à medida em que o processo seletivo avança, a álea típica dessa forma de seleção diminui e a relação se torna cada vez mais individualizada. Começam a surgir, então, direitos e obrigações recíprocos próprios da fase pré-contratual (CC/2002, art. 427). A autorização para realização de exames médicos admissionais se equipara à proposta de emprego, cujo distrato depende da concordância de ambas as partes. A recusa na contratação, sem qualquer explicação, importa dano juridicamente relevante, sujeito a reparação compatível. II **PROCESSO SELETIVO. APROVAÇÃO EM TODAS AS FASES. RECUSA INJUSTIFICADA DA CONTRATAÇÃO. FUNÇÃO SOCIAL DA EMPRESA. DANO MORAL.** A faculdade de sujeitar os candidatos a processo seletivo prévio, composto por entrevistas e dinâmicas de grupo, é uma faculdade do empregador que deve ser exercida com observância dos direitos subjetivos dos trabalhadores. Aceita a forma de seleção pelos postulantes, cabe ao empregador, após a aprovação dos candidatos em todas as fases, implementar a contratação. Salvo a limitação de vagas, que deve ser comunicada de início, a recusa em admitir o postulante ao emprego, sem motivo justificado, importa subjetivismos que infligem danos imateriais aos lesados. A reparação deve levar em consideração, menos os aspectos subjetivos, e mais a penalização da empresa que não cumpriu sua função social. TRT 2ª Reg. — RO 00500200406402001 — (Ac. 3ª T. 20060494187) — Rel. Juiz Rovirso Aparecido Boldo. DJSP 11.7.06, p. 2.

Promessa de contratação — Retenção de CTPS — Competência material — Abuso do direito

Ementa: DANO MORAL — PROMESSA DE CONTRATAÇÃO — RETENÇÃO DE CTPS —

COMPETÊNCIA MATERIAL — ABUSO DO DIREITO — Mesmo que o contrato de trabalho não tenha sido formalizado, se a expectativa de direito (ao emprego e, em conseqüência, ao salário pactuado) tem origem na relação de emprego, é, sim, incontestavelmente da Justiça do Trabalho a competência para o desate da controvérsia. Este é o entendimento vigorante no Excelso STF e no Colendo TST: STF — Conflito de Jurisdição n. 6.959-6, Distrito Federal, Rel. Min. Sepúlveda Pertence; TST — RR — 279/2001-003-17-00-7, 1ª Turma, Rel. Min. Luiz Philippe Vieira de Mello Filho DJMG 27.10.2006; TST — RR-931/2003-006-07-00.9, 3ª Turma, Rel. Min. Maria Cristina Irigoyen Peduzzi, DJ 10.02.2006; TST — RR — 14264/2001-005-09-00, 4ª Turma, Rel. Min. Barros Levenhagen, DJ 10.03.2006. A conduta adotada pela empresa, na condição de pré-contratante, de reter a CTPS do reclamante por longo período (ao redor de 45 dias), quando ciente de que não mais o contrataria, tal como fizera com as outras mais de 100 pessoas que atenderam à convocação da ré, constitui abuso de direito, nos termos do artigo 187 do Código Civil, que enseja a obrigação de reparar o dano moral sofrido pelo candidato ao emprego, nos termos do art. 186 do Código Civil. TRT 3ª Reg. — RO 00718-2006-089-03-00-9 - (Ac. 4ª T.) — Rel. Des. Julio Bernardo do Carmo. DJMG 16.12.06, p. 17.

Promessa de emprego — Competência da Justiça do Trabalho

Ementa: JUSTIÇA DO TRABALHO. COMPETÊNCIA. DANOS MORAIS E MATERIAIS. PROMESSA DE EMPREGO. A proposta de emprego e a seguida recusa em formalizar a admissão justifica a competência da Justiça do Trabalho para apreciar o pedido de danos morais e materiais, sob a alegação de pré-contrato. TRT 3ª Reg. — RO 00477-2004-089-03-00-6 — (Ac. 5ª T.) — Rel. Juiz Eduardo Augusto Lobato. DJMG 21.8.04, p. 15.

Da decisão acima, colhe-se o seguinte fundamento:

"VOTO

JUÍZO DE ADMISSIBILIDADE

Preenchidos os pressupostos de admissibilidade, conheço do recurso.

JUÍZO DE MÉRITO

O d. Juízo de primeiro grau proclamou a incompetência da Justiça do Trabalho para apreciar e julgar o presente feito, razão pela qual extinguiu o processo, sem julgamento do mérito, na forma do art. 267, IV, do CPC. O entendimento esposado foi no sentido de que, no caso dos autos, inexiste dissídio entre trabalhador e empregador, nem tampouco a lide tem como pano de fundo uma relação de trabalho, tendo ocorrido, outrossim, apenas uma promessa de contratação, jamais efetivada.

A r. decisão recorrida merece reforma, *data venia.*

Muito embora da leitura da petição inicial, é possível inferir que, de fato, jamais houve relação de emprego entre as partes, o fato é que o art. 114 da Constituição da República atribui a esta Especializada a competência para julgar dissídios individuais e coletivos entre trabalhadores e empregadores.

Assim é que, conforme afirmou o reclamante, a reclamada convidou mais de 100 pessoas, para fins de admissão, tendo recolhido as CTPS's de todas elas, contudo, a contratação não se consumou. O fato de a ré haver lhe prometido emprego e ficado de posse da sua carteira de trabalho configura pré-contrato, nos termos dos arts. 427 e 429, ambos do Novo Código Civil, podendo, então, ser objeto da pretensão de ser responsabilizada pelos danos morais e materiais por ele sofridos, em tese, que pode ou não vingar.

Art. 427. A proposta de contrato obriga o proponente, se o contrário não resultar dos termos dela, da natureza do negócio, ou das circunstâncias do caso.

Art. 429. A oferta ao público equivale à proposta quando encerra os requisitos essenciais ao contrato, salvo se o contrário resultar das circunstâncias ou dos usos.

A proposta feita pela ré e a seguida recusa da admissão, por si só, já justifica a competência da Justiça do Trabalho para apreciar o pedido de danos morais e materiais, sob a alegação de pré-contrato.

Isso porque, o Juízo competente para as questões contratuais também o é para aquelas pré e pós-contratuais, como ocorre no caso dos pedidos da complementação de aposentadoria.

Pelo exposto, conheço do recurso e, no mérito, dou-lhe provimento para determinar o retorno dos autos à origem, para que se profira nova decisão, como se entender de direito." (www.trt3.gov.br., em 31.8.04)

4. BIBLIOGRAFIA

Alice Monteiro de Barros, *Proteção à Intimidade do Empregado*, 1997, LTr, SP; Antônio Álvares da Silva, *Pequeno Tratado da Nova Competência Trabalhista*, outubro/2005, LTr, SP; Carolina Tupinambá, *Competência da Justiça do Trabalho à Luz da Reforma Constitucional*, 2006, Forense, Rio; Enoque Ribeiro dos Santos, *O Dano Moral na Dispensa do Empregado*, 2002, LTr, SP; Gardênia Borges Moraes,

Dano Moral nas Relações de Trabalho, 2003, LTr, SP; Gislene A. Sanches, *Dano Moral e suas Implicações no Direito do Trabalho*, 1997, LTr, SP; Guilherme Augusto Caputo Bastos, *O Dano Moral no Direito do Trabalho*, 2003, LTr, SP; Guilherme Guimarães Feliciano, *Direito à Prova e Dignidade Humana,* maio/2007, LTr, SP; Hehemias Domingos de Melo, *Dano Moral Trabalhista*, 2007, Atlas, SP; José Affonso Dallegrave Neto, *Responsabilidade Civil no Direito do Trabalho*, junho/2005, LTr, SP; José Roberto Dantas Oliva, *Danos Materiais e Morais Decorrentes de Acidente do Trabalho: Competência da Justiça Comum dos Estados e não da Justiça do Trabalho*, Revista do Tribunal Regional do Trabalho do TRT da 15ª Região, n. 24, 1º semestre de 2004; Luiz de Pinho Pedreira da Silva, *A Reparação do Dano Moral no Direito do Trabalho*, 2004, LTr, SP; Marco Fridolin Sommer Santos, *Acidente do Trabalho entre a Seguridade Social e a Responsabilidade Civil — Elementos para uma Teoria do Bem-Estar e da Justiça Social*, setembro/2005, LTr, SP; Maria Luíza Pinheiro Coutinho, *Discriminação na Relação de Trabalho — Uma Afronta ao Princípio da Igualdade*, 2003, Aide, Rio; Mauro Schiavi, Ações de Reparação por Danos Morais decorrentes da Relação de Trabalho, 2007, LTr, SP: Rodolfo Pamplona Filho, *O Dano Moral na Relação de Emprego*, 3ª ed, julho/2002, LTr, SP; Sandra Negri Cogo, *Gestão de Pessoas e a Integridade Psicológica do Trabalhador.* A dignidade humana como limite aos poderes da empresa em face do contrato de trabalho, agosto/2006, LTr, SP; Sebastião Geraldo de Oliveira, *Indenizações por Acidente do Trabalho ou Doença Ocupacional,* junho/2005, LTr, SP; Sebastião Geraldo de Oliveira, *Proteção Jurídica à Saúde do Trabalhador*, 2ª ed., 1998, LTr, SP.

CAPÍTULO IV

DANO MORAL — LEGITIMIDADE ATIVA PARA AGIR

1. COMENTÁRIO

Para estar em juízo competente, além do interesse e da possibilidade jurídica do pedido, é preciso ser parte legitima para tanto. São regras pertinentes ao direito de ação.

Quando se trata da própria vítima do dano moral não há qualquer dúvida sobre a sua legitimidade de residir em juízo. A dúvida surge quando a vítima venha a falecer em acidente do trabalho e quais seriam os possíveis legitimados para a ação de reparação de danos.

A questão, como não poderia deixar de ser, tem merecido controvérsia na doutrina e jurisprudência no que se refere à titularidade do direito, ou seja, se ele é um direito personalíssimo ou transmissível para as pessoas ligadas à vítima com laços afetivos e que sofreram com a sua perda.

Como diz *Humberto Theodoro Júnior,* "quando o ofendido comparece, pessoalmente, em juízo para reclamar reparação do dano moral que ele mesmo suportou em sua honra e dignidade, de forma direta e imediata, não há dúvida alguma sobre sua legitimidade *ad causam.* Quando, todavia, não é o ofendido direto, mas terceiros que se julgam reflexamente ofendidos em sua dignidade, pela lesão imposta a outra pessoa, torna-se imperioso limitar o campo de repercussão da responsabilidade civil, visto que se poderia criar uma cadeia infinita ou indeterminada de possíveis pretendentes à reparação da dor moral, o que não corresponde, evidentemente, aos objetivos do remédio jurídico em tela"[(1)].

Importante destacar que o Código Civil de 1916, especificamente no art. 76, previa que "para propor, ou contestar uma ação, é necessário ter legítimo interesse econômico, ou moral", e no seu parágrafo único estabelecia que "o interesse moral só autoriza a ação quando toque diretamente ao autor, ou à sua família".

O Código Civil de 2002 prescreve no seu art. 12 que:

> "Pode-se exigir que cesse a ameaça, ou a lesão, a direito da personalidade, e reclamar perdas e danos, sem prejuízo de outras sanções previstas em lei.
>
> Parágrafo único. Em se tratando de morto, terá legitimação para requerer a medida prevista neste artigo o cônjuge sobrevivente, ou qualquer parente em linha reta, ou colateral até o quarto grau".

Comentando o parágrafo único do supracitado artigo, *Fabrício Zamprogna Mattielo* afirma que, "Embora os direitos da personalidade não se transmitam *causa mortis,* a prerrogativa de buscar em juízo a reparação dos danos provocados pela agressão passam às pessoas elencadas no dispositivo, não desaparecendo pelo só fato do óbito do titular. E de se observar

(1) *Dano Moral*, 5ª ed., 2007, Ed. Juarez de Oliveira, SP, p. 14.

que a ordem dos legitimados coincide com aquela que disciplina a vocação hereditária, inclusive limitando o parentesco de legitimidade até o quarto grau, exatamente aquele adotado pelo direito sucessório. Importa salientar que a faculdade de procurar judicialmente a reparação decorre da transmissão dos bens e direitos do obituado, mas principalmente da circunstância de o legislador entender que as afrontas perpetradas contra quem faleceu não devem ficar impunes, mesmo porque é perfeitamente plausível antever, em tese, até mesmo uma relação de causa e efeito entre a afronta e o resultado morte. Destarte, caberá às pessoas indicadas no mandamento, e exatamente na mesma ordem nele constante (com exclusão dos parentes pelo cônjuge e, entre aqueles, dos mais remotos em grau de parentesco pelos mais próximos), a prerrogativa de ajuizar demanda reparatória"[(2)].

Acrescenta ainda o autor que, "Ainda que os direitos personalíssimos propriamente ditos desapareçam juntamente com quem falece, seus efeitos podem prolongar-se no tempo, de forma que é possível a verificação de ofensas inclusive depois do óbito do titular, gerando conseqüências patrimoniais. As indevidas incursões contra o nome de pessoa falecida, por exemplo, podem acarretar danos materiais e morais, especialmente quando se tratar de alguém conhecido por publicações científicas ou literárias, produções, inventos etc., fatores que tornam mais evidente e comum a provocação de danos reparáveis"[(3)].

A verdade é que nada impede que pais, esposas, filhos, irmãos do trabalhador ofendido tenham titularidades para postular indenização por dano moral indireto ou reflexo. Nesse sentido, a posição do Superior Tribunal de Justiça, conforme a ementa que segue:

> "PROCESSUAL CIVIL. RECURSO ESPECIAL. VIOLAÇÃO AO ARTIGO 535, II, DO CPC NÃO CARACTERIZADA. AÇÃO REPARATÓRIA. DANOS MORAIS. LEGITIMIDADE ATIVA *AD CAUSAM* DO VIÚVO. PREJUDICADO INDIRETO. DANO POR VIA REFLEXA. I — Dirimida a controvérsia de forma objetiva e fundamentada, não fica o órgão julgador obrigado a apreciar, um a um, os questionamentos suscitados pelo embargante, mormente se notório seu propósito de infringência do julgado. II Em se tratando de ação reparatória, não só a vítima de um fato danoso que sofreu a sua ação direta pode experimentar prejuízo moral. Também aqueles que, de forma reflexa, sentem os efeitos do dano padecido pela vítima imediata, amargando prejuízos, na condição de prejudicados indiretos. Nesse sentido, reconhece-se a legitimidade ativa do viúvo para propor ação por danos morais, em virtude de ter a empresa ré negado cobertura ao tratamento médico-hospitalar de sua esposa, que veio a falecer, hipótese em que postula o autor, em nome próprio, ressarcimento pela repercussão do fato na sua esfera pessoal, pelo sofrimento, dor, angústia que individualmente experimentou. Recurso especial não conhecido. (REsp 530602/MA, STJ, 3ª Turma, Relator Castro Filho, DJ de 17.11.03, p. 326)".

De outra parte, *Humberto Theodoro Júnior* afirma que *"Antônio Chaves,* lembrando as conclusões da III Conferência de Desembargadores, realizada no Rio de Janeiro, em 1965, prevê que o ressarcimento do dano moral possa ser reclamado 'pela vítima, pelos descendentes, cônjuges e colaterais até 2º grau' (ob. cit., vol. III, p. 621)". E acrescenta que "é compreensível, que nesse círculo mais próximo de parentesco, seja mais fácil de presumir a ocorrência da dor moral pelo dano suportado diretamente por outra pessoa, principalmente nos casos de morte ou incapacitação. É bom de ver, todavia, que, fora da família em sentido estrito (pais, filhos e cônjuges), dependerá de análise mais acurada do juiz para, *in concreto,* determinar a razoabilidade da repercussão psicológica do ato não-patrimonial danoso"[(4)].

---

(2) *Código Civil Comentado,* Agosto 2003, LTr, SP, p. 32.
(3) *Ibidem,* p. 32.
(4) Ob. cit., p. 15.

Na esfera trabalhista à questão da transferência do titular do direito em caso de dano moral, os doutrinadores se debruçaram sobre o tema.

Para *Mauro Schiavi,* "Embora haja divergência na doutrina, a nosso ver o direito à reparação por danos morais é transmissível *causa mortis*, já que a reparação é uma obrigação pecuniária ou *in natura.* Além disso, não há qualquer vedação para tal transmissibilidade. Se tal direito não pudesse ser transmitido, seria uma injustiça manifesta a não punição do agressor". E acrescenta que, "Sob outro enfoque, o dano moral, conforme já expusemos, transcende o aspecto individual para adquirir caráter publicista. Em razão disso, interessa não só ao lesado, ou aos seus sucessores, a reparação efetiva do dano, mas também a toda a sociedade"[(5)].

No mesmo sentido é a posição de *José Affonso Dallegrave Neto,* quando afirma que, a rigor, o dano moral é *intuiti personae*, ou seja, é próprio da pessoa da vítima, sendo que tal dor não se transmite aos herdeiros. Contudo, nos termos do art. 943 do Código Civil, "o direito de exigir reparação e a obrigação de prestá-la transmitem-se com a herança". Logo, se o acidentado já havia iniciado o processo judicial e veio a falecer no seu decurso, cabem aos herdeiros prosseguirem no pólo ativo da demanda, nos mesmos moldes que acontece com qualquer outra ação trabalhista. Da mesma forma, morte do devedor de alimentos transmite sua obrigação perante a herança.

Registre-se, ainda, que no caso de o acidentado falecer por decorrência de acidente ou doença ocupacional, poderão ingressar com ação de dano moral todos aqueles que mantinham laço afetivo com o *de cujus*. Repare que aqui os demandantes agirão em nome próprio e não em substituição à dor do acidentado. A dor e angústia que originam o dano moral, neste caso, não é pela incapacidade laborativa do acidentado, mas pela perda de um ente querido. São legítimos para pleitearem esta espécie de dano moral não aqueles "a quem o morto devia alimentos" (art. 948, II, CC), mas todos aqueles que conviviam com o falecido e com ele mantinham intensa afeição:

> "I — A indenização por dano moral tem natureza extrapatrimonial e origem, em caso de morte, no sofrimento e no trauma dos familiares próximos das vítimas. Irrelevante, assim, que os autores do pedido não dependessem economicamente da vitima. II — No caso, em face das peculiaridades da espécie, os irmãos e sobrinhos possuem legitimidade para postular a reparação pelo dano moral." (STJ, REsp n. 39.009/RJ, 4ª Turma, Rel. Min. Sálvio de Figueiredo Teixeira, julgado em 13.6.00)"[(6)]

Fazendo alusão ao tema, *Raimundo Simão de Melo* manifesta-se no sentido de que, "Em vida, legitimado ativo para pleitear em juízo e receber o pagamento de indenização por dano moral decorrente de acidente de trabalho é a vítima do infortúnio.

"Porém, vindo esta a falecer por conta do acidente de trabalho ou da doença ocupacional, são legitimados, como autores, para pleitear o pagamento da indenização pelos danos sofridos em razão da morte do ente querido aquelas pessoas que com ela conviviam mediante estreito vínculo de afetividade, amor e grande amizade. Podem ser herdeiros ou não. O caso não é de hereditariedade, pois a indenização buscada em nome próprio, pelo dano indireto causado à pessoa que sofreu o dano moral pela morte da vítima. A indenização, por isso, não integra o espólio da vítima.

"O ponto de partida para identificar as pessoas que mantinham vínculo afetivo com a vítima é o núcleo familiar constituído por meio da união estável, das ligações homossexuais duradouras,

---

(5) *Ações de Reparação por Danos Morais Decorrentes da Relação de Trabalho,* abril 2007, LTr, SP, p. 221.
(6) *Responsabilidade Civil no Direito do Trabalho,* 2ª ed., março/2007, LTr, SP, pp. 247/48.

do relacionamento de ex-cônjuges, enteados, afilhados, noivos e amigos íntimos. Estas pessoas são presumivelmente vinculadas afetivamente à vítima e, pela morte desta, experimentam o sofrimento de dor, de pesar, de saudade e da ausência para sempre do ente querido"(7).

Após as suas considerações sobre o tema, *Sebastião Geraldo de Oliveira* diz que "é inevitável concluir que a identificação dos legitimados para postular indenização por dano moral dependerá muito das especificidades do caso concreto, de acordo com o prudente convencimento do juiz. Com certeza o ponto de partida será sempre o núcleo familiar restrito, dos que mantinham convivência mais íntima com a vítima e que são presumivelmente aqueles diretamente afetados. Outros pretendentes também poderão lograr êxito, desde que apresentem provas convincentes de laço afetivo duradouro com a vítima e dos efeitos danosos causados pela morte, de modo a justificar o deferimento da reparação por danos morais"(8).

Afora tais questões, remanescem outras como as relacionadas com a pluralidade de legitimados ativos (integrantes ou não do núcleo familiar), a fixação de indenização e a respectiva divisão entre os legitimados.

Sobre tais questões, pode-se dizer que nada impede que o pedido de indenização por dano moral seja feito através de um litisconsórcio ativo. Nessa hipótese, fica uma dúvida, qual seja, se o valor da indenização será fixado tomando-se por base um valor único a ser rateado entre os participantes do processo ou então o cálculo da indenização será feito levando-se em conta a individualidade dos litisconsortes.

A jurisprudência predominante tem partido do raciocínio de que a fixação da indenização por dano moral deve ser fixada tendo por base um montante global, o qual será rateado entre os titulares do direito posto em juízo, aplicando-se, por analogia, a mesma regra aplicável a pedido de indenização por dano material. Nesse sentido, são judiciosas as observações feitas por *José Affonso Dallegrave Neto,* ao dizer que "O valor da condenação deve ser global e partilhado entre todos os que se encontram legitimados a receber a verba; vale dizer a todos aqueles que mantinham laço afetivo com o falecido.

"Responsabilidade civil. Dano moral. Morte de esposa e mãe. Deferimento de indenização equivalente a 500 salários mínimos, a ser repartida igualmente entre os beneficiários. Recurso conhecido em parte pela divergência e provido parcialmente. (STJ, 4ª Turma, REsp n. 163.484/RJ, Rel. Ministro Ruy Rosado do Aguiar, julgado em 20.8.98)

"Como se vê, via de regra, o montante da condenação é rateado em partes iguais em analogia com a forma de partilha do dano material. Contudo, é possível, em situações especiais, que o julgador arbitre valor diferenciado de acordo com a proximidade mantida entre o falecido e as partes demandantes.

"Posterior ação judicial intentada por parte legítima que venha a pleitear dano moral contra a empresa causadora da morte do acidentado, quando já rateado o valor global em ação anterior, implicará no direito de participar do rateio, ainda que através de ação de regresso contra aqueles que foram inicialmente beneficiados. O que não se admite é que o agente-empregador tenha que pagar novo valor sob o mesmo título de dano moral por morte de empregado acidentado, fato que caracterizaria *bis in idem*"(9).

---

(7) *Direito Ambiental do Trabalho e a Saúde do Trabalhador,* 2ª ed., novembro/2006, LTr, SP, p. 275.
(8) *Indenizações por Acidentes do Trabalho ou Doença Ocupacional,* 3ª ed., março/2007, LTr, SP, p. 279.
(9) Ob. cit., pp. 248/249.

A fixação de um valor global e único a título de indenização por dano moral, sempre que possível será o mais aconselhável, pois se houver várias ações com o mesmo objetivo, indenizações fixadas individualmente e dependendo do seu somatório poderão acarretar a inviabilidade do empreendimento empresarial. Não se pode afastar também a função social da empresa, como geradora de empregos, daí porque a questão fica sempre na prudência e no convencimento do julgador.

Por último, quanto à competência para julgar as ações por aquelas pessoas que mantinham relações afetivas com a vítima, no caso o trabalhador, há controvérsia na jurisprudência, pois há decisão do Superior Tribunal de Justiça, do Ministro Carlos Alberto Menezes de Direito (CC n. 54/210/RO), que entende que a competência é da Justiça Comum. Contudo, existe uma decisão mais recente do Supremo Tribunal Federal (RE n. 503.043.1 ac. 1ª T., j. 26.4.07, Rel. Min. Carlos Britto, o qual consta da parte destinada à jurisprudência), que confere à Justiça do Trabalho, a competência para julgar tais ações com o fundamento de que o fato está relacionado ao contrato de trabalho. Somos de opinião, no entanto, que sendo pacificado o entendimento de que é a Justiça do Trabalho competente para julgar as ações relacionadas com dano moral decorrentes de acidentes do trabalho, não resta dúvida de que é a Justiça do Trabalho a competente para julgar as ações das pessoas com laços íntimos ou afetivos com a vítima (viúva/o, pais, esposas, filhos/as, etc.), pois há uma relação muito forte entre o fato de fundo e o trabalho.

2. REFERÊNCIAS LEGAIS

Constituição Federal

Art. 1º A República Federativa do Brasil, formada pela união indissolúvel dos Estados e Municípios e do Distrito Federal, constitui-se em Estado Democrático de Direito e tem como fundamentos:

....

III — a dignidade da pessoa humana;

IV — os valores sociais do trabalho e da livre iniciativa;

....

Art. 5º Todos são iguais perante a lei, sem distinção de qualquer natureza, garantindo-se aos brasileiros e aos estrangeiros residentes no País a inviolabilidade do direito à vida, à liberdade, à igualdade, à segurança e à propriedade, nos termos seguintes:

....

V — é assegurado o direito de resposta, proporcional ao agravo, além da indenização por dano material, moral ou à imagem;

....

X — são invioláveis a intimidade, a vida privada, a honra e a imagem das pessoas, assegurado o direito a indenização pelo dano material ou moral decorrente de sua violação;

....

Código Civil de 2002

Art. 12. Pode-se exigir que cesse a ameaça, ou a lesão, a direito da personalidade, e reclamar perdas e danos, sem prejuízo de outras sanções previstas em lei.

Parágrafo único. Em se tratando de morto, terá legitimação para requerer a medida prevista neste artigo o cônjuge sobrevivente, ou qualquer parente em linha reta, ou colateral até o quarto grau".

....

Art. 943. O direito de exigir reparação e a obrigação de prestá-la transmitem-se com a herança.

Código de Processo Civil

Art. 3º Para propor ou contestar ação é necessário ter interesse e legitimidade.

Art. 4º O interesse do autor pode limitar-se à declaração:

I — da existência ou da inexistência de relação jurídica;

II — da autenticidade ou falsidade de documento.

Parágrafo único. É admissível a ação declaratória, ainda que tenha ocorrido a violação do direito.

3. JURISPRUDÊNCIA

Ação ajuizada ou assumida pelos dependentes do trabalhador falecido — Competência da Justiça do Trabalho

Ementa: AGRAVO REGIMENTAL EM RECURSO EXTRAORDINÁRIO. CONSTITUCIONAL. COMPETÊNCIA EM RAZÃO DA MATÉRIA. INDENIZAÇÃO POR DANOS MORAIS E PATRIMONIAIS, DECORRENTES DE ACIDENTE DO TRABALHO. AÇÃO AJUIZADA OU ASSUMIDA PELOS DEPENDENTES DO TRABALHADOR FALECIDO. COMPETÊNCIA DA JUSTIÇA ESPECIAL. Compete à Justiça do Trabalho apreciar e julgar pedido de indenização por danos morais e patrimoniais, decorrentes de acidente do trabalho, nos termos da redação originária do artigo 114 c/c inciso I do artigo 109 da Lei Maior. Precedente: CC 7.204. Competência que remanesce ainda quando a ação é ajuizada ou assumida pelos dependentes do trabalhador falecido, pois a causa do pedido de indenização continua sendo o acidente sofrido pelo trabalhador. Agravo regimental desprovido. STF — AG. REG. no RE n. 503.043-1 (1023) SP (Ac. 1ª T., j. 26.4.07) — Rel. Min. Carlos Britto. DJU 1.6.07, p. 57.

Ação de indenização proposta pela esposa e pelo filho do falecido — Competência da Justiça Comum

Ementa: "Conflito de competência. Acidente do trabalho. Morte do empregado. Ação de indenização proposta pela esposa e pelo filho do falecido. 1. Compete à Justiça comum processar e julgar ação de indenização proposta pela mulher e pelo filho de trabalhador que morre em decorrência de acidente do trabalho. É que, neste caso, a demanda tem natureza exclusivamente civil, e não há direitos pleiteados pelo trabalhador ou, tampouco, por pessoas na condição de herdeiros ou sucessores destes direitos. Os autores postulam direitos próprios, ausente relação de trabalho entre estes e o réu. 2. Conflito conhecido para declarar a competência da Justiça comum." (STJ, CC n. 54210/RO, Ministro Carlos Alberto Menezes Direito, 2 Seção, data do julgamento 9.11.05, DJ 12.12.05, p. 268)

Ação reparatória — Danos morais — Legitimidade ativa *ad causam* do viúvo — Prejudicado indireto — Dano por via reflexa

"PROCESSUAL CIVIL. RECURSO ESPECIAL. VIOLAÇÃO AO ARTIGO 535, II, DO CPC NÃO CARACTERIZADA. AÇÃO REPARATÓRIA. DANOS MORAIS. LEGITIMIDADE ATIVA *AD CAUSAM* DO VIÚVO. PREJUDICADO INDIRETO. DANO POR VIA REFLEXA. I — Dirimida a controvérsia de forma objetiva e fundamentada, não fica o órgão julgador obrigado a apreciar, um a um, os questionamentos suscitados pelo embargante, mormente se notório seu propósito de infringência do julgado. II — Em se tratando de ação reparatória, não só a vítima de um fato danoso que sofreu a sua ação direta pode experimentar prejuízo moral. Também aqueles que, de forma reflexa, sentem os efeitos do dano padecido pela vítima imediata, amargando prejuízos, na condição de prejudicados indiretos. Nesse sentido, reconhece-se a legitimidade ativa do viúvo para propor ação por danos morais, em virtude de ter a empresa ré negado cobertura ao tratamento médico-hospitalar de sua esposa, que veio a falecer, hipótese em que postula o autor, em nome próprio, ressarcimento pela repercussão do fato na sua esfera pessoal, pelo sofrimento, dor, angústia que individualmente experimentou. Recurso especial não conhecido. STJ, REsp 530602/MA, 3ª Turma, Relator Castro Filho, DJ de 17.11.03, p. 326."

Acidente de trabalho fatal — Ação de indenização por dano moral proposta pelo pai do empregado vitimado — Demanda em nome próprio — Incompetência da Justiça do Trabalho — Conflito de competência

Ementa: ACIDENTE DE TRABALHO FATAL. AÇÃO DE INDENIZAÇÃO POR DANO MORAL PROPOSTA PELO PAI DO EMPREGADO VITIMADO. DEMANDA EM NOME PRÓPRIO. A indenização por dano moral pleiteada decorre de dano moral sofrido indiretamente pelo pai do *de cujus*. Distingue-se o dano moral direto, sofrido pela vítima, do dano moral indireto, sofrido de forma reflexa por outra pessoa. Mesmo que a Justiça do Trabalho seja competente para apreciar lides de natureza não trabalhista, como, por exemplo, a ação de indenização por danos morais, que tem natureza cível, há que se verificar uma relação direta entre o dano e a relação de trabalho. No caso, a dor que o Autor sentiu pela perda de seu filho tem uma relação indireta com o acidente ocorrido no local de trabalho, o que afasta a competência desta Especializada para analise do pedido. Declara-se a nulidade da sentença e de todos os atos praticados por esta Justiça Especializada e suscita-se conflito negativo de competência, determinando-se a remessa dos autos ao Exmo. Ministro Presidente do Egrégio Superior Tribunal de Justiça, na forma do que dispõe o art. 105, inciso I, alínea *d*, da Constituição Federal. TRT 9ª Reg. — RIND 99514-2005-026-09-00-0 — (Ac. 4ª T. 02137/07) — Relª. Juíza Sueli Gil El-Rafihi. DJPR 30.1.07, p. 293.

Acidente de trabalho — Danos morais e materiais suportados pelos familiares do *de cujus* — Ilegitimidade ativa *ad causam* do espólio

Ementa: ACIDENTE DE TRABALHO. DANOS MORAIS E MATERIAIS SUPORTADOS PELOS FAMILIARES DO *DE CUJUS*. ILEGITIMIDADE ATIVA *AD CAUSAM* DO ESPÓLIO. Se os pedidos de indenização por prejuízos materiais e por danos morais estão alicerçados, respectivamente, na necessidade de ressarcimento da cônjuge supérstite em valor correspondente ao salário do *de cujus* e nas dores suportadas pelos seus familiares em decorrência da sua morte, tais pleitos devem ser perseguidos apenas pelas pessoas que se sentiram lesadas, jamais pelo espólio do *de cujus*, na medida em que este representa apenas os ativos e passivos que, pertencentes anteriormente ao falecido, serão transmitidos aos seus sucessores. O direito ao percebimento de indenização por danos morais e materiais não é decorrente da transmissão dos bens do trabalhador aos seus herdeiros, mas, isto sim, tem como fato gerador a própria morte do obreiro, de maneira que nunca existiu enquanto o empregado tinha vida, daí a impossibilidade de aliar ao seu patrimônio. Dessarte, é impositiva a extinção *ex officio* do processo, relativamente ao pedido de danos morais e materiais formulados pelo espólio, sem resolução de mérito, por falta de legitimidade ativa *ad causam*, nos termos do disposto no art. 267, VI do CPC: TRT 23ª Reg. RO 01050.2006.008.23.00-3 — (Ac. 1ª T., julgado em 5.6.07) — Rel. Des. Roberto Benatar. Publicado em 18.6.07.

Acidente de trabalho — Espólio — Legitimidade ativa *ad causam* — Morte do trabalhador acidentado no curso da ação reclamatória

Ementa: ACIDENTE DE TRABALHO. ESPÓLIO. LEGITIMIDADE ATIVA *AD CAUSAM*. MORTE DO TRABALHADOR ACIDENTADO NO CURSO DA AÇÃO RECLAMATÓRIA. A transmissibilidade do direito à reparação por danos morais, a despeito de sua natureza personalíssima, assenta-se por tratar-se a indenização respectiva direito patrimonial, a ser pago em pecúnia, integrando a universalidade de bens da vítima, daí, falecendo ela no curso da ação de reparação por danos morais, legítima é a habilitação do espólio para prosseguir no pólo ativo da demanda, nos termos do art. 943 do Código Civil. TRT 23ª Reg. — RO 02632.2005.022.23.01-5 — (Ac. 1ª T, 22.5.07) — Rel. Des. Roberto Benatar. Publicado 29.5.07.

Acidente do trabalho — Óbito do empregado — Ação de indenização por danos morais e materiais — Legitimidade ativa dos filhos do "de cujus"

Ementa: ACIDENTE DO TRABALHO. ÓBITO DO EMPREGADO. AÇÃO DE INDENIZAÇÃO POR DANOS MORAIS E MATERIAIS. LEGITIMIDADE ATIVA DOS FILHOS DO "DE CUJUS". O dano moral decorre da violação a um direito personalíssimo. Em um primeiro plano, os herdeiros podem ajuizar a demanda buscando, com base na existência do espólio, a reparação devida, decorrente do acidente fatal, cujo dano decorre da própria morte que é inerente à condição humana. Em um segundo aspecto, os dependentes da vítima, mormente aqueles ligados a ela por relação sangüínea, como, "in casu", os autores, filhos do "de cujus", podem reclamar a indenização, pelo dano próprio e pessoal sofrido. Trata-se de dano reflexo ou em ricochete, assim denominado o dano sofrido por pessoa próxima ligada à vítima direta do ato ilícito. TRT 3ª Reg. — RO 00374-2006-055-03-00-0 — (Ac. 8ª T.) — Rel. Juiz Convocado Paulo Maurício Ribeiro Pires. DJMG, 6.2.07, p. 25.

Direito personalíssimo — Processo em curso — Sucessão

Ementa: AGRAVO DE INSTRUMENTO. 1. INDENIZAÇÃO POR DANO MORAL. DIREITO PERSONALÍSSIMO. PROCESSO EM CURSO. SUCESSÃO. O falecimento do autor no curso do processo em que busca a reparação por dano moral não impede a continuação da demanda por intermédio de seus sucessores, vez o direito reconhecido já ganhou contornos patrimoniais. Agravo não provido. 2. NEGATIVA DE PRESTAÇÃO JURISDICIONAL. Estando o acórdão regional adequadamente fundamentado, tem-se que a prestação jurisdicional foi entregue de forma plena, não havendo se falar em violação a quaisquer princípios constitucionais. Agravo não provido. 3. INDENIZAÇÃO POR DANO MORAL. VALORAÇÃO DA PROVAS. ARTIGO 131 DO CPC. Quando a afronta legal invocada pela parte decorrer da interpretação dada pelo Juízo *a quo* aos fatos e provas, torna-se inviável o trânsito do recurso de revista. Agravo de instrumento não provido. TST — AIRR — 35.806/2003-007-11-40.9 — (Ac. 4ª T.) — 11ª Reg. — Relª. Juíza Convocada Maria Doralice Novaes. DJU 8.6.07, p. 992.

Indenizações por danos material e moral — Doença profissional — Morte do empregado — Legitimidade ativa *ad causam* — Esposa e filhos do *de cujus*

Ementa: INDENIZAÇÕES POR DANOS MATERIAL E MORAL. DOENÇA PROFISSIONAL. MORTE DO EMPREGADO. LEGITIMIDADE ATIVA *AD CAUSAM*. ESPOSA E FILHOS DO *DE CUJUS*. Os danos decorrentes do óbito do trabalhador acometido por doença profissional atingem os parentes do *de cujus*, principalmente a esposa e os filhos. Destarte, a viúva é parte legítima para pretender, em nome próprio, as indenizações por danos materiais e morais, estes chamados indiretos ou em ricochete. TRT 3ª Reg. — RO 00124-2007-076-03-00-2 — (Ac. 5ª T.) — Rel. Juiz Convocado Rogerio Valle Ferreira. DJMG 16.6.07.

Morte em serviço — Danos morais e materiais — Ação ajuizada pela mãe da vítima — Incompetência da Justiça do Trabalho

Ementa: COMPETÊNCIA. JUSTIÇA DO TRABALHO. MORTE EM SERVIÇO. DANOS MORAIS E MATERIAIS. AÇÃO AJUIZADA PELA MÃE DA VÍTIMA. O art. 114 da CF confere à jurisdição trabalhista competência para processar e julgar não apenas as ações relativas à relação de emprego, açambarcando a orientação preconizada em seu inciso I, a um só tempo, tanto a competência em razão da matéria, quanto a competência em razão da pessoa. Nesse sentido, não estando presente no pólo ativo da demanda o trabalhador, mas sua herdeira, que visa o ressarcimento de suposta lesão moral e material sofrida em seu patrimônio, cujos danos se caracterizam como indiretos e personalíssimos, não sendo objeto do conflito, portanto, direitos decorrentes do contrato de trabalho, flagrante se revela a incompetência da Justiça do Trabalho para apreciá-la. TRT 15ª Reg. (Campinas/SP) — RO 01359-2005-041-15-00-0 — (Ac. 1183/07-PATR, 11ª C.) — Relª. Juíza Maria Cecília Fernandes Alvares Leite. DJSP 12.1.07, p. 120.

4. BIBLIOGRAFIA

Fabrício Zamprogna Mattielo, *Código Civil Comentado*, Agosto 2003, LTr, SP; Humberto Theodoro Júnior, *Dano Moral*, 5ª ed., 2007, Ed. Juarez de Oliveira, SP; José Affonso Dallegrave Neto, *Responsabilidade Civil no Direito do Trabalho*, 2ª ed., março/2007, LTr, SP; Mauro Schiavi, *Ações de Reparação por Danos Morais Decorrentes da Relação de Trabalho,* abril 2007, LTr, SP; Nehemias Domingos de Melo, Dano Moral Trabalhista, 2007, Atlas, SP; Raimundo Simão de Melo, *Direito Ambiental do Trabalho e a Saúde do Trabalhador,* 2ª ed., novembro/2006, LTr, SP; Sebastião Geraldo de Oliveira, *Indenizações por Acidente do Trabalho ou Doença Ocupacional,* 3ª ed., março/2007, LTr, SP.

CAPÍTULO V

DANO MORAL — CARTEIRA DE TRABALHO E PREVIDÊNCIA SOCIAL — ANOTAÇÕES DESABONADORAS E OUTRAS INFRAÇÕES A ELA LIGADAS

1. COMENTÁRIO

Instituída pelo Decreto n. 21.175, de 21 de março de 1932 e posteriormente regulamentada pelo Decreto n. 22.035, de 29 de outubro de 1932, a Carteira de Trabalho e Previdência Social tornou-se documento obrigatório para toda pessoa que venha a prestar algum tipo de serviço a outra pessoa, seja na indústria, no comércio, na agricultura, na pecuária ou mesmo de natureza doméstica[1].

É assegurado ao empregado o direito à anotação na CTPS de sua evolução funcional e outros dados ligados à profissão, uma vez que se trata de documento que deve retratar fielmente a realidade contratual do trabalhador (CLT, Título II, Capítulo I, Seção I a VI, arts. 13 a 40).

Importante assinalar que o trabalho sem o registro na CTPS constitui uma falta que gera responsabilidade civil e penal para o empregador. Adverte *Enoque Ribeiro dos Santos* que "Trata-se de gravíssima ofensa aos direitos materiais e morais do empregado que podem ensejar reparação por dano material e moral. O fato de não registrar o empregado é gravíssimo e se enquadra no rol da responsabilidade objetiva do empregador, pois obsta o direito básico de aposentadoria, de se beneficiar do auxílio-acidentário ou auxílio-doença da Previdência Social, em caso de necessidade, além de deixar o empregado em posição de inferioridade em relação aos demais empregados, devidamente registrados"[2].

E fazendo referência ao art. 297 do Código Penal, com as modificações introduzidas pela Lei n. 9.983/2000, o qual é reproduzido na parte destinada às referências legais, *Enoque Ribeiro dos Santos* afirma que, com seu advento "o empregador que deixar de registrar seus empregados e consignar as devidas anotações na CTPS estará tipificado crime, na conduta do citado dispositivo legal" e complementa mais adiante "que mesmo que o empregado consinta em não ser registrado pelo empregador, após a Lei n. 9.983/2000 esse comportamento se configura como ilícito penal, capitulado no art. 297, do Código Penal"[3].

De notar-se, também, que as anotações feitas pelo empregador na CTPS do empregado não geram presunção *juris et de jure*, mas apenas *juris tantum* (Súmula n. 12 do TST). Assim, à míngua de uma prova robusta que contrarie as anotações nela contidas, prevalecem as informações contidas na CTPS.

---

(1) Fonte: Ministério do Trabalho e Emprego.

(2) *Responsabilidade Objetiva e Subjetiva do Empregador em face do Novo Código Civil,* Fevereiro/2007, LTr, SP, p. 181.

(3) Ob. cit. p. 181.

No art. 29 da CLT, estão dispostas as observações pertinentes às anotações que devem constar da Carteira de Trabalho e Previdência Social do empregado. O § 4º do mencionado artigo reza que "é vedado ao empregador efetuar anotações desabonadoras à conduta do empregado em sua Carteira de Trabalho e Previdência Social". O § 5º do mesmo artigo estatui que o descumprimento do disposto no § 4º submeterá o empregador à multa prevista no art. 52 da CLT, cabendo ressaltar que os dois parágrafos foram acrescentados pela Lei n. 10.270, de 29.8.01.

Por ser o referido documento de valor significativo para o empregado, já que retrata a sua vida profissional, nele não poderá conter nenhuma informação, a não ser aquelas previstas em lei e ligadas ao contrato de trabalho, justamente para não lhe dificultar a obtenção de novo emprego. Da mesma forma, a retenção indevida da Carteira do Trabalho e Previdência Social, ainda que o trabalhador esteja na condição de pré-contratante, poderá dar ensejo à reparação por dano moral sofrido pelo candidato ao emprego, conforme se verifica pela seguinte decisão:

> "... A conduta adotada pela empresa, na condição de pré-contratante, de reter a CTPS do reclamante por longo período (ao redor de 45 dias), quando ciente de que não mais o contrataria, tal como fizera com as outras mais de 100 pessoas que atenderam à convocação da ré, constitui abuso de direito, nos termos do artigo 187 do Código Civil, que enseja a obrigação de reparar o dano moral sofrido pelo candidato ao emprego, nos termos do art. 186 do Código Civil. TRT 3ª Reg. — RO 00718-2006-089-03-00-9 — (Ac. 4ª T.) — Rel. Des. Julio Bernardo do Carmo. DJMG 16.12.06, p. 17."

No repertório de jurisprudência de nossos Tribunais Trabalhistas, há várias decisões sobre a questão, algumas delas acolhendo a indenização por dano moral sob o fundamento de que o empregador deixou de aplicar as normas da Consolidação das Leis do Trabalho sobre a matéria, indo mais além, ao mencionar fatos na CTPS que acarretam lesão à pessoa do trabalhador, já que muitas empresas não contratam trabalhadores que tenham reclamação ou reclamados contra seus ex-empregadores.

Aliás, há notícias de empresas que possuem "listas negras", com o objetivo salientado, sendo que recentemente os Tribunais do Trabalho modificaram o sistema de pesquisas pela *internet*, excluindo as consultas que utilizavam como parâmetros o nome do reclamante, justamente para evitar a referida prática.

Quanto ao dano moral ocasionado por meio da CTPS, *Luiz Eduardo Gunther* e *Cristina Maria Navarro Zornig* apontam "as hipóteses possíveis de indenização por dano moral: ausência de anotações obrigatórias; registros de informações desabonadoras; extravio do documento. Nas hipóteses em que a empresa, relativamente à CTPS do trabalhador, (a) não faça as anotações obrigatórias, (b) registros e informações desabonadoras ou (c) extravie o documento de identificação profissional, é possível fixar-se indenização por dano moral pela Justiça do Trabalho, desde que comprovados (I) — ato culposo do empregador ou seus prepostos, bem como (II) — violação de bens incorpóreos da personalidade, atingindo diretamente a vida privada, a honra e a própria imagem do trabalhador (art. 5º, X, da CF/88), de tal modo (III) — lhe cause constrangimento e reprovação social, aplicando-se, subsidiariamente, o art. 927 do Novo Código Civil, em valor a ser arbitrado, sem qualquer vinculação com o salário mínimo (vedação do art. 7º, IV, da CF/88)"[(4)].

---

(4) *Controvérsias e Soluções no Direito do Trabalho*. Em Memória dos Juízes Lucas Júlio Donagemma Proença Neto, Jairo César Xavier, Maria Hercília Horácio Stawinski e Ana Maria Mansur Mäder Gisi, 2004, LTr, SP.

Assim, os empregadores e seus prepostos precisam estar conscientes de que os valores sociais do trabalho, a dignidade da pessoa humana, são bens assegurados pela Carta Magna e figuram como direitos fundamentais. A Carteira de Trabalho e Previdência Social com o seu portador não deixa de ser um prolongamento dos direitos supracitados. Ademais, naquele documento se tem uma breve imagem retratada da vida profissional e pessoal de seu titular, que, se maculado, pode atingir-lhe a dignidade, impondo-lhe empecilhos ao exercício de direitos trabalhistas e previdenciários, assinalando que o trabalho dignifica o homem e está intimamente ligado com a sua sobrevivência e da respectiva família.

2. REFERÊNCIAS LEGAIS

Constituição Federal

Art. 1º A República Federativa do Brasil, formada pela união indissolúvel dos Estados e Municípios e do Distrito Federal, constitui-se em Estado Democrático de Direito e tem como fundamentos:

....

III — a dignidade da pessoa humana;

IV — os valores sociais do trabalho e da livre iniciativa;

....

Art. 5º Todos são iguais perante a lei, sem distinção de qualquer natureza, garantindo-se aos brasileiros e aos estrangeiros residentes no País a inviolabilidade do direito à vida, à liberdade, à igualdade, à segurança e à propriedade, nos termos seguintes:

....

V — é assegurado o direito de resposta, proporcional ao agravo, além da indenização por dano material, moral ou à imagem;

....

X — são invioláveis a intimidade, a vida privada, a honra e a imagem das pessoas, assegurado o direito a indenização pelo dano material ou moral decorrente de sua violação;

....

Art. 170. A ordem econômica, fundada na valorização do trabalho humano e na livre iniciativa, tem por fim assegurar a todos existência digna, conforme os ditames da justiça social, observados os seguintes princípios:

....

Consolidação das Leis do Trabalho

Art. 8º As autoridades administrativas e a Justiça do Trabalho, na falta de disposições legais ou contratuais, decidirão, conforme o caso, pela jurisprudência, por analogia, por eqüidade e outros princípios e normas gerais de direito, principalmente do direito do trabalho, e, ainda, de acordo com os usos e costumes, o direito comparado, mas sempre de maneira que nenhum interesse de classe ou particular prevaleça sobre o interesse público.

Parágrafo único. O direito comum será fonte subsidiária do direito do trabalho, naquilo em que não for incompatível com os princípios fundamentais deste.

....

Art. 29. A Carteira de Trabalho e Previdência Social será obrigatoriamente apresentada, contra recibo, pelo trabalhador ao empregador que o admitir, o qual terá o prazo de quarenta e oito horas para nela anotar, especificamente, a data de admissão, a remuneração e as condições especiais, se houver, sendo facultada a adoção de sistema manual, mecânico ou eletrônico, conforme instruções a serem expedidas pelo Ministério do Trabalho. *(Redação dada pela Lei n. 7.855, de 24.10.1989)*

§ 1º As anotações concernentes à remuneração devem especificar o salário, qualquer que seja sua forma de pagamento, seja ele em dinheiro ou em utilidades, bem como a estimativa da gorjeta. *(Redação dada pelo Dec.-lei n. 229, de 28.02.1967)*

§ 2º As anotações na Carteira de Trabalho e Previdência Social serão feitas: *(Redação dada pela Lei n. 7.855, de 24.10.1989)* *a)* na data-base; *(Redação dada pela Lei n. 7.855, de 24.10.1989)*

b) a qualquer tempo, por solicitação do trabalhador; *(Redação dada pela Lei n. 7.855, de 24.10.1989)*

c) no caso de rescisão contratual; ou *(Redação dada pela Lei n. 7.855, de 24.10.1989)*

d) necessidade de comprovação perante a Previdência Social. *(Redação dada pela Lei n. 7.855, de 24.10.1989)*

§ 3º A falta de cumprimento pelo empregador do disposto neste artigo acarretará a lavratura do auto de infração, pelo Fiscal do Trabalho, que deverá, de ofício, comunicar a falta de anotação ao órgão competente, para o fim de instaurar o processo de anotação. *(Parágrafo incluído pelo Decreto-lei n. 229, de 28.2.1967 e alterado pela Lei n. 7.855, de 24.10.1989)*

§ 4º É vedado ao empregador efetuar anotações desabonadoras à conduta do empregado em sua Carteira de Trabalho e Previdência Social. *(Parágrafo incluído pela Lei n. 10.270, de 29.8.2001)*

§ 5º O descumprimento do disposto no § 4º deste artigo submeterá o empregador ao pagamento de multa prevista no art. 52 deste Capítulo. *(Parágrafo incluído pela Lei n. 10.270, de 29.8.2001)*

Código Civil de 2002

Art. 186. Aquele que, por ação ou omissão voluntária, negligência ou imprudência, violar direito e causar dano a outrem, ainda que exclusivamente moral, comete ato ilícito.

Art. 187. Também comete ato ilícito o titular de um direito que, ao exercê-lo, excede manifestamente os limites impostos pelo seu fim econômico ou social, pela boa-fé ou pelos bons costumes.

....

Art. 421. A liberdade de contratar será exercida em razão e nos limites da função social do contrato.

....

Art. 927. Aquele que, por ato ilícito (arts. 186 e 187), causar dano a outrem, fica obrigado a repará-lo.

Parágrafo único. Haverá obrigação de reparar o dano, independentemente de culpa, nos casos especificados em lei, ou quando a atividade normalmente desenvolvida pelo autor do dano implicar, por sua natureza, risco para os direitos de outrem.

....

Art. 932. São também responsáveis pela reparação civil:

....

III — o empregador ou comitente, por seus empregados, serviçais e prepostos, no exercício do trabalho que lhes competir, ou em razão dele;

....

Art. 935. A responsabilidade civil é independente da criminal, não se podendo questionar mais sobre a existência do fato, ou sobre quem seja o seu autor, quando estas questões se acharem decididas no juízo criminal.

Código Penal

Art. 297. Falsificar, no todo ou em parte, documento público, ou alterar documento público verdadeiro:

Pena — reclusão, de dois a seis anos, e multa.

§ 1º Se o agente é funcionário público, e comete o crime prevalecendo-se do cargo, aumenta-se a pena de sexta parte.

§ 2º Para os efeitos penais, equiparam-se a documento público o emanado de entidade paraestatal, o título ao portador ou transmissível por endosso, as ações de sociedade comercial, os livros mercantis e o testamento particular.

§ 3º Nas mesmas penas incorre quem insere ou faz inserir: (*Incluído pela Lei n. 9.983, de 2000*)

I — na folha de pagamento ou em documento de informações que seja destinado a fazer prova perante a previdência social, pessoa que não possua a qualidade de segurado obrigatório; (*Incluído pela Lei n. 9.983, de 2000)*

II — na Carteira de Trabalho e Previdência Social do empregado ou em documento que deva produzir efeito perante a previdência social, declaração falsa ou diversa da que deveria ter sido escrita; (*Incluído pela Lei n. 9.983, de 2000)*

III — em documento contábil ou em qualquer outro documento relacionado com as obrigações da empresa perante a previdência social, declaração falsa ou diversa da que deveria ter constado. (*Incluído pela Lei n. 9.983, de 2000*)

§ **4º** Nas mesmas penas incorre quem omite, nos documentos mencionados no § 3º, nome do segurado e seus dados pessoais, a remuneração, a vigência do contrato de trabalho ou de prestação de serviços. (*Incluído pela Lei n. 9.983, de 2000*)

Lei n. 9.029, de 13.4.95

Art. 4º O rompimento da relação de trabalho por ato discriminatório, nos moldes desta lei, faculta ao empregado optar entre:

I — a readmissão com ressarcimento integral de todo o período de afastamento, mediante pagamento das remunerações devidas, corrigidas monetariamente, acrescidas dos juros legais;

II — a percepção, em dobro, da remuneração do período de afastamento, corrigida monetariamente e acrescida dos juros legais.

3. JURISPRUDÊNCIA

Ação de indenização por dano moral — Configuração de ato ilícito — Retificação de CTPS — Menção ao número do processo e à Vara do Trabalho — Conseqüências prejudiciais ao empregado

Ementa: RECURSO ORDINÁRIO. AÇÃO DE INDENIZAÇÃO POR DANO MORAL. CONFIGURAÇÃO DE ATO ILÍCITO. RETIFICAÇÃO DE CTPS. MENÇÃO AO NÚMERO DO PROCESSO E À VARA DO TRABALHO. CONSEQÜÊNCIAS PREJUDICIAIS AO EMPREGADO. A Carteira de Trabalho e Previdência Social constitui documento particular do trabalhador, sendo apenas permitidas as anotações autorizadas pelo art. 29 da CLT, mormente porque ela espelha o histórico funcional do empregado. Assim, ao proceder à retificação da CPTS, a simples menção ao número do processo, bem como a Vara do Trabalho onde tramitou a reclamação trabalhista, caracteriza ato ilícito patronal, vez que restou materializado o intuito de prejudicar o Reclamante que se viu lesionado no direito à intimidade. Isso porque tal informação desencadeia a malsinada ação discriminatória de vincular a admissão do candidato ao emprego à inexistência de reclamações trabalhistas. TRT 23ª Reg. — RO 00890.2002.026.23.00 — Rel. Juiz Tarcísio Valente. DJMT n. 6.668, 17.6.03, p. 19.

Anotação de número do processo judicial na Carteira de Trabalho — Dano moral configurado

Ementa: INDENIZAÇÃO POR DANO MORAL. ANOTAÇÃO DE NÚMERO DO PROCESSO JUDICIAL NA CARTEIRA DE TRABALHO. A anotação estampada na Carteira de Trabalho, afora ilícita, não traz nenhum proveito para a reclamada. Apenas, prejuízo para a reclamante, criando receio de dificuldades em toda e qualquer tentativa de obtenção de novo emprego. Circunstância que enseja o direito à indenização por dano moral. TRT 4ª Reg. RO 01643-2004-202-04-00-0 — (Ac. 3ª T.) — Rel. Juiz Ricardo Carvalho Fraga. DJRS 27.6.05.

Da decisão acima, colhe-se a seguinte fundamentação:

"2. DO DANO MORAL

A reclamante insurge-se contra a Sentença que não reconheceu o dano moral alegado em face da anotação efetuada em sua Carteira de Trabalho, observando o processo judicial. Salienta a importância do sigilo em torno do nome dos trabalhadores que ajuízam reclamatórias trabalhistas, tendo em vista a dificuldade de recolocação no mercado de trabalho. Nesse sentido, lembra a impossibilidade de consulta a processos pelo nome das partes na 'página' deste Tribunal Regional do Trabalho. Afirma que se trata de anotação de registro negativo que '*atinge a pessoa enquanto trabalhador*'. Sustenta que a anotação expressa do processo judicial dificulta o acesso do trabalhador ao mercado de trabalho, constituindo ato atentatório à dignidade da pessoa, enquanto trabalhador que busca ver reconhecido seus direitos mínimos pelo Judiciário. Enfatiza que a determinação judicial era para que registrasse o contrato de trabalho e não para que indicasse um processo trabalhista. Em decorrência, conclui demonstrados o nexo e o dano, motivo pelo qual sustenta a responsabilidade da reclamada. Postula a reforma.

Examina-se.

O ***juízo de Primeiro Grau, conquanto*** tenha indeferido a postulada indenização por dano moral, à fl. 39, no parágrafo sexto, assim se manifestou: '*Embora tal acordo não conste a necessidade de apor o número do processo, assim agiu o empregador, a seu talante. Implica em se analisar se este ato foi ilícito e se isto configura o alegado dano moral, por impossibilitar a reclamante de conseguir novo emprego.*' Mais adiante, a Sentença, como referido no recurso, admitiu o prejuízo à reclamante sugerindo a solicitação de nova Carteira de Trabalho junto à DRT, nos seguintes termos: '*Sinale-se que a autora,' poderia solicitar a DRT nova CTPS e requerer novo registro do empregador ao juízo, desta vez sem a menção do número do processo. A questão possível de ser resolvida pela via administrativa não enseja indenização por danos morais.*'

Ora, de acordo com o disposto no Capítulo I, Seção IV, ***art. 29 da CLT***, as anotações efetuadas na CTPS devem se limitar aos dados exigidos por lei. Portanto, qualquer registro que desabone a conduta do trabalhador ou lhe dificulte a obtenção de novo emprego, além de ser ilícito, não pode ser aceito diante da possibilidade de lhe causar sérios prejuízos.

A solicitação de ***nova*** Carteira de Trabalho ***poderia agravar*** a situação. Isto tendo em vista a possibilidade de existirem eventuais registros de empregos anteriores àqueles anotados pela demandada, o que também resultaria em prejuízo da reclamante, em razão de o novo documento não espelhar a realidade.

Por oportuno, cabe lembrar a Decisão da Turma, em ***situação semelhante***, no Processo n. 00075.851/01-6, publicado em 10.12.03, tendo como relator o Juiz Manuel Cid Jardon, e presentes as juízas, revisora Jane Alice Azevedo Machado e Eurídice Josefina Bazo Tôrres. Ali se tratava de ***rasura*** na Carteira de Trabalho do reclamante, efetuada pelo contador da reclamada, 'anulando' o contrato de trabalho, sem qualquer menção a processo judicial, mas que retardou a obtenção de novo emprego pelo autor. Naquele caso, se decidiu, por maioria, vencido o relator, que estava configurado o dano moral, reconhecendo devida a indenização correspondente.

Ainda, em caso semelhante, recorde-se o Acórdão 1ª Turma 02240/98 TRT/SC/RO-V 7104/97, julgado na sessão de 09.03.98, sob a Presidência do Juiz C. A. Godoy Ilha, em que Relator o Juiz Dilnei Ângelo Biléssimo.

Também é importante salientar o relato de Eugênio Facchini Neto, sobre o caso ***'falsa chaminé' em 1855***: '*...os juízes franceses ousaram romper com tal absolutismo do direito subjetivo e, através de sucessivas decisões, firmaram naquele ordenamento jurídico a figura do **abus du droit**. A primeira decisão paradigmática a respeito foi pronunciada no longínquo ano de 1855, pelo Tribunal de Colmar, na qual se determinou a demolição de uma falsa chaminé que um vizinho havia construído em seu terreno (invocando um suposto irrestrito direito de construir que integraria o direito de propriedade), com o aparente propósito de retirar a iluminação e circulação de ar sobre a janela do prédio vizinho. Naquela decisão, ainda que os juízes tivessem o cuidado de reconhecer que o 'direito de propriedade é de certa forma absoluto', afirmaram que o direito subjetivo deve ter um limite, consistente na satisfação de um 'interesse sério e legítimo' da parte do titular do invocado direito subjetivo. Naquele caso, os juízes não identificaram tal interesse sério e legítimo na edificação da falsa chaminé — daí a ordem de sua demolição. Estas duas qualidades — **seriedade e legitimidade do interesse** — foram posteriormente aceitas e absorvidas pela doutrina e jurisprudência, a fim de serem aplicadas a casos análogos.*' (Artigo 'Aspectos da Responsabilidade Civil e o Novo Código Civil', publicado na Revista da Procuradoria-Geral do Estado RS, n. 57, Junho/2003, pp. 157/184). (grifo atual)

No caso, a anotação estampada à fl. 43 da Carteira de Trabalho (fl. 13): 'REGISTRO EXTEMPORÂNEO CF. PROCESSO N. 01329200420104000 — JUSTIÇA DO TRABALHO. EM 04.10.2004', afora ***ilícita***, não traz nenhum proveito para a reclamada. Apenas, prejuízo para a reclamante, criando ***embaraços na obtenção de novo emprego***. Releva salientar a dificuldade de reingresso no mercado de trabalho para os trabalhadores que não têm qualquer 'registro' de fato que os desabone, ou pelo menos crie embaraços. *Máxime*, no caso da autora. Tal comportamento da reclamada é abusivo, nos termos do ***art. 187 do Código Civil***, ensejando prejuízos de ordem moral à reclamante.

Cabe ressaltar que, para a configuração do dano moral, é necessário que o trabalhador seja afetado por conduta do empregador quanto aos seus direitos da personalidade. A honra pode ser objetiva ou subjetiva. A primeira diz respeito à idéia que os outros fazem do sujeito e a última, à idéia que o próprio indivíduo faz de si mesmo. É evidente o ***receio de dificuldades*** em toda e qualquer tentativa de obtenção de novo emprego. Logo, razoável reconhecer o sofrimento, humilhação e constrangimento pelo qual passou a autora, em ofensa a sua dignidade. Medite-se que tais constrangimentos eram desnecessários.

Nessa linha de raciocínio, a situação dos autos ampara a postulada indenização por dano moral.

Definido o direito, passa-se a examinar o valor da ***indenização pretendida***, R$ 33.800,00 (100 x 338,00 — Piso Regional).

A reclamante manteve dois contratos de trabalho, distintos com a reclamada. O primeiro de 21.01.02 a 13.05.02 e o segundo de 10.01.03 a 28.12.03, fl. 12. De acordo com as anotações constantes no documento da fl.12, recebia, ao início, R$ 260,00.

A Sentença homologatória do acordo judicial (fl. 10), em que reconhecidos os pactos em questão, foi proferida em 04.10.2004 (fl. 10), ocasião em que determinada a anotação da Carteira de Trabalho da autora. Conforme o recibo da fl. 11, a CTPS foi entregue à demandada para os registros em 05.10.2004.

Registre-se que até o momento, não há notícia nos autos de que a reclamante tivesse conseguido novo emprego. Em decorrência, depreende-se que a autora está ***desempregada*** há, aproximadamente, 15 meses, no mínimo.

Ao se fixar o valor da reparação, deve-se ter presente que a indenização em tela objetiva compensar o ***sofrimento*** vivido pela autora, bem como servir de fator ***inibidor*** de novas práticas lesivas pelo empregador. Não se tem notícia de que a reclamada seja empresa de grande porte, conforme o contrato social das fls. 20/22.

Diante disso, arbitra-se a indenização por dano moral em R$ 5.000,00. Tal valor é próximo, um pouco superior ao resultado de 15 meses multiplicados pelo ganho mínimo mensal de R$ 300,00.

Dá-se provimento ao recurso para condenar a reclamada ao pagamento de indenização por dano moral no valor de R$ 5.000,00." (www.trt4.gov.br. 18.7.05, 9h05m)

Anotação de número do processo judicial na Carteira de Trabalho — Dano moral configurado

Ementa: INDENIZAÇÃO POR DANO MORAL — ANOTAÇÃO APOSTA NA CTPS NOTICIANDO No. DO PROCESSO E VARA ONDE TRAMITOU A AÇÃO TRABALHISTA. As anotações legais a serem efetuadas pelo empregador na CTPS obreira, segundo dispõem os artigos 29/40 da CLT, constituem elementos básicos ajustados entre as partes quando da contratação e condições especiais ocorridas durante o trato laboral. Observa-se, assim, que o legislador cuidou de exigir somente as condições inerentes à vida laboral do empregado. Ademais, não se pode olvidar da existência de norma expressa a proibir o empregador de efetuar "anotações desabonadoras à conduta do empregado em sua Carteira de Trabalho e Previdência Social" (art. 29, parágrafo 3º, CLT), com as quais se pode comparar o registro na CTPS de ação judicial ajuizada pelo trabalhador, haja vista a realidade econômica e social do país e o fato de não ser bem vista, pelos empregadores, a procura do Judiciário pelo candidato a emprego. As anotações na CTPS do reclamante no sentido de que o contrato de trabalho foi registrado em razão de decisão judicial trabalhista, sem dúvida, configura dano ao trabalhador, passível de reparação. TRT 3ª Reg. — RO 01505-2005-035-03-00-1 — (Ac. 8ª T.) — Rel. Juiz Paulo Mauricio Ribeiro Pires. DJMG 18.2.06, p. 24.

Anotação do contrato na CTPS com a justificativa de que houve determinação judicial nesse sentido — Indenização indevida

Ementa: DANO MORAL. NÃO CARACTERIZAÇÃO. ANOTAÇÃO DO CONTRATO NA CTPS COM A JUSTIFICATIVA DE QUE HOUVE DETERMINAÇÃO JUDICIAL NESSE SENTIDO. INDENIZAÇÃO INDEVIDA. A Reclamada, ao proceder ao registro do contrato de trabalho na CTPS com a explicação adicional de que a anotação decorria do cumprimento de determinação contida em ação trabalhista, não praticou ato que maculasse a honra, a dignidade e a imagem profissional do Reclamante. Por um lado, a anotação feita pela Reclamada retrata a realidade, qual seja, de que o contrato foi reconhecido pela via judicial. Por outro, o ajuizamento de ação e o reconhecimento judicial de vínculo empregatício não constitui fato desabonador do Reclamante. Assim, não restou configurado o pretenso ato ilícito capaz de gerar o direito ao pagamento de indenização por dano moral. Recurso de revista conhecido por divergência jurisprudencial e não provido. TST — RR-65/2003-401-04-00.3 — (Ac. 4ª T.) — 4ª Reg. — Rel. Min. Ives Gandra Martins Filho. DJU 11.2.05, p. 732.

Anotação deliberada do empregador de reclamação trabalhista na CTPS — Dano moral — Cabimento

Ementa: DANO MORAL. ANOTAÇÃO DELIBERADA DO EMPREGADOR DE RECLAMAÇÃO TRABALHISTA NA CTPS DO EMPREGADO. A Consolidação das Leis do Trabalho conferiu especial atenção à Carteira de Trabalho, dedicando-lhe capítulo inteiro, em um de cujos artigos prescreveu que "é vedado ao empregador efetuar anotações desabonadoras à conduta do empregado em sua Carteira de Trabalho e Previdência Social". Ainda que a referência à reclamação trabalhista ajuizada pelo empregado não seja entendida como a anotação desabonadora a que se refere a lei, é induvidoso que, numa sociedade na qual se sabe circular "listas negras de trabalhadores" em época de inegável escassez de empregos, a observação inscrita numa Carteira de Trabalho deixa de ter uma conotação de mera notícia para assumir uma outra e nefasta perspectiva: a de registro de contra-indicação do seu portador. Ainda mais quando essa anotação não decorre de determinação judicial, é feita deliberadamente pelo empregador e não contém nenhuma informação que seja absolutamente necessária para o registro da vida profissional do empregado e que assim a tornasse justificável. Essa conduta tem nítida intenção de frustrar ao trabalhador nova colocação no mercado de trabalho e possui o caráter ilícito que dá ensejo à reparação por danos morais. TRT 3ª Reg. — RO 00577-2003-082-03-00-7 — (Ac. 5ª T.) — Rel. Juiz João Bosco Pinto Lara. DJMG 14.2.04, p. 14.

Anotação desabonadora consignada pela reclamada na CTPS da reclamante — Dano moral configurado

Ementa: ANOTAÇÕES DESABONADORAS CONSIGNADAS PELA RECLAMADA NA CTPS DA RECLAMANTE. DANO MORAL CONFIGURADO. INDENIZAÇÃO DEVIDA. Restou inequívoco nos autos que a reclamada procedeu anotações desabonadoras na CTPS da autora. As acusações imputadas à reclamante e consignadas em sua CTPS demonstraram-se infundadas e não restaram provadas. Repercutiram na esfera moral da demandante, já que feriu sua auto-estima e dignidade, maculando sua imagem perante terceiros. Ademais, mesmo que restasse provada as alegações da defesa (o que não foi feito, frise-se), tal fato não autorizaria atitude da reclamada. Isto porque o § 4º do artigo 29 da CLT, peremptoriamente, veda ao empregador efetuar anotações desabonadoras à conduta do empregado em sua CTPS. Logo, a reclamada cometeu ato ilícito, o qual, no presente caso, repercutiu na esfera moral da autora. Exsurge, pois, o dever de indenizar, nos termos dos artigos 159 e 1.518 do CCB. TRT 9ª Reg. — Proc. 26161-2000-016-09-00-8 — (Ac. 20004/03) — Rel. Juiz Sérgio Murilo Rodrigues Lemos. DJPR 12.9.03, p. 460.

Anotação desabonadora em CTPS — Reintegração por mandado judicial — Inexistência de dano moral

Ementa: RECURSO DE REVISTA. ANOTAÇÃO DESABONADORA EM CTPS. REINTEGRAÇÃO POR MANDADO JUDICIAL. INEXISTÊNCIA DE DANO MORAL. Pedido de indenização por dano moral em decorrência de anotação em CTPS, com o esclarecimento de que a reintegração decorre de ação trabalhista movida pelo empregado. O dissenso pretoriano se resolve em favor do acórdão que privilegia o bom senso, posto que não há desdouro ou comprometimento da honorabilidade no registro feito de boa-fé pela empresa. A explicitação impugnada apenas justifica, mediante remissão ao mandado judicial, a origem da anulação da anterior data de dispensa. É uma providência necessária ao registro histórico do fato para prevenir futuros inconvenientes, facilmente previsíveis, principalmente no âmbito previdenciário oficial, pródigo em diligências para a concessão de aposentadorias. Revista conhecida e desprovida. TST — RR-1842/2001-029-03-00.3 — (Ac. 3ª T., julg. em 7.5.03) — 3ª Reg. — Relª Juíza Convocada Wilma Nogueira A. Vaz da Silva. DJU 30.5.03.

Da decisão acima, colhe-se o seguinte fundamento:

"I — CONHECIMENTO

DANO MORAL. ANOTAÇÃO DESABONADORA EM CTPS

Irresignado com a decisão turmária do Tribunal Regional, o recorrente aponta dissenso pretoriano mediante dois arestos paradigmas (fls. 149/150), o primeiro dos quais foi aceito no juízo originário de admissibilidade como demonstrador da divergência relativamente à tese que respalda a improcedência, nestes autos, do pedido de indenização por danos morais em decorrência da anotação posta na Carteira Profissional do reclamante, nos seguintes termos:

Conforme mandado judicial do Processo n. 01/0620/99 da 1ª Vara do Trabalho de Contagem, foi procedida a reintegração do portador desta CTPS, tornando sem efeito a data de desligamento constante da folha n. 16, passando a vigorar a data do desligamento de 17.6.2000.

De fato, o segundo aresto, proveniente da 15ª Região, embora contemple a indenização por danos morais na hipótese de anotações desairosas em CTPS, é inespecífico quanto ao fato gerador do evento que, no caso, é a explicitação de que a reintegração resulta de mandado judicial.

Já a primeira ementa (fl. 149) diz respeito especificamente à anotação que menciona ter sido a baixa do contrato realizada por determinação judicial (inclusive com a identificação numérica da reclamatória trabalhista) e conclui ter-se evidenciado, naquele caso, o intuito patronal de macular o espelho profissional do trabalhador.

Como se vê, a divergência está posta e, pois, conheço da revista, nos termos do art. 896, *a*, da CLT.

II — MÉRITO

Reconhecida a divergência, falta saber, pelo cotejo das teses antagônicas, qual dos dois julgados deve sobrepujar pela supremacia de sua consistência jurídica.

O aresto paradigma, como relatado acima, conduz à conclusão de que, naquele caso, ficou evidente o intuito patronal de macular o espelho profissional do trabalhador ao proceder à nova baixa em CTPS com a explicação adicional de que a retificação se fazia em cumprimento de mandado judicial, inclusive com a identificação numérica da reclamatória trabalhista.

Já o Regional, às fls. 144/145, posicionou-se nos seguintes termos:

A recorrida anotou na CTPS a realidade dos fatos, qual seja, que a reintegração do autor foi determinada por mandado judicial, tornando sem efeito a dispensa antes anotada.

Tal ato não ofende, de forma alguma, a honra e/ou imagem do recorrente, tampouco se reveste de ilicitude passível de indenização, posto que a empresa teria mesmo que justificar a retificação da data da dispensa, e o mero equívoco da anotação da nova data, já sanado, também não gera direito à indenização por dano moral, até porque não comprovada sua ocorrência.

A indenização por dano moral não é a panacéia com que tantos têm sonhado, como forma de enriquecimento. Há que ser inequívoca a prova do constrangimento a ponto de provocar um dano à imagem ou à honra do empregado.

Na hipótese dos autos, nenhuma prova há a demonstrar que o fato anotado na CTPS — verdadeiro, repita-se — tenha gerado repercussão pública capaz de macular a dignidade do recorrente.

A questão, portanto, gira em torno do bom senso.

Como salientado pela própria recorrida, em sua defesa, a anotação necessariamente haveria de ser feita, porque a data da dispensa originária fora anulada e de alguma forma se impunha a retificação na carteira profissional. Solucionado o conflito pela via judicial, ao mandado de reintegração corresponderia também a referida retificação que, se não fosse posta pela reclamada, a própria Secretaria da Vara Trabalhista o faria com pompa e circunstância, chamando mais ainda a atenção para o detalhe que o reclamante considera desabonador e do qual, por ter sido produzido pela empresa, pretende extrair a indenização por um dano moral que certamente não atribuiria ao Estado, na hipótese alternativa.

Mesmo que da anotação retificadora constasse apenas que o motivo era pura e simplesmente a reintegração (sem alusão ao mandado judicial expedido em ação trabalhista), a inferência não seria outra, porque a empresa que despede não detém a faculdade de reintegrar, mas a de reconsiderar a notificação do aviso prévio (art. 489, *caput* e parágrafo único, da CLT) ou recontratar o trabalhador. Sob, esse prisma, ainda, tem-se o Enunciado n. 28 do TST e os arts. 165, parágrafo único, 504 e 729, da CLT, além do conceito clássico de que a reintegração no cargo, entendida como a imposição de que tudo volte integralmente ao *statu quo ante (restitutio in integrum),* é o resultado peculiar de um despacho administrativo ou decisão judicial.

Portanto, não há e nem pode haver nenhum desdouro ou comprometimento da honorabilidade do empregado no registro feito pela empresa, de boa-fé, na carteira profissional do reclamante, até porque a explicitação impugnada se restringe a justificar, mediante remissão ao pertinente mandado judicial, a origem da anulação da anterior data de dispensa. Trata-se, aliás, de providência necessária ao registro histórico do fato para prevenir futuros inconvenientes, facilmente previsíveis principalmente no âmbito do órgão previdenciário oficial, pródigo na imposição de diligências para a concessão de aposentadorias.

Ante o exposto, resolvo a divergência em favor do acórdão recorrido e nego provimento ao recurso de revista." (www.tst.gov.br, em 28.7.04.)

Anotação desabonadora na CTPS à conduta profissional do autor — Impossibilidade — Artigo 29, § 4º, da CLT. Dano moral — Configuração

Ementa: ANOTAÇÃO EM CTPS DESABONADORA À CONDUTA PROFISSIONAL DO AUTOR. IMPOSSIBILIDADE. ARTIGO 29, § 4º, DA CLT. DANO MORAL. CONFIGURAÇÃO. Em virtude da importância que exerce na vida profissional do trabalhador, a Carteira de Trabalho e Previdência Social não constitui apenas um documento que tem a simples finalidade de registrar o contrato de trabalho ajustado, sendo, indubitavelmente, um documento de identificação e qualificação civil e de registro da sua vida profissional, que dela se utiliza para fazer valer o seu título de trabalhador empenhado e comprometido com a sua profissão e com a dedicação dos seus serviços em proveito de cada um dos seus empregadores, quando, efetivamente, for o caso. Nesse contexto, ainda que o empregador alegue que promoveu a referida anotação, desabonadora à conduta profissional do trabalhador, por desconhecimento da existência de preceito legal desautorizador e que, em momento algum, atuou com o objetivo de ocasionar prejuízos ao empregado, não há como entender que a anotação depreciativa a que se refere a lei não tenha se configurado. Em uma sociedade na qual é incontestável a carência de empregos e induvidosa a existência de listas discriminatórias de trabalhadores, as notas negativas inscritas na carteira de trabalho do trabalhador assumem, irrefragavelmente, uma infausta perspectiva, qual seja, a de registro de contra-indicação do seu portador. DANOS MORAIS. VALORAÇÃO. No arbitramento do valor da condenação em casos de dano moral, não pode o Juiz olvidar de certos indicativos para sua fixação, tais como o grau de culpa do empregador, a situação econômica das partes, a idade e o sexo da vítima, entre outros, sob pena de, ao reparar um dano, provocar a ocorrência de outros prejuízos, inclusive de natureza social. Deve o Magistrado, outrossim, considerar, em cada caso concreto, a equivalência entre o ato faltoso e o dano sofrido, bem como a possibilidade real de cumprimento da obrigação, sempre com observância ao princípio da razoabilidade e à vedação do enriquecimento sem causa. TRT 10ª Reg. — RO 00178-2004-002-10-00-0 — (Ac. 2ª T./ 2004) — Rel. Juiz Brasilino Santos Ramos. DJU 20.8.04, p. 39.

Anotação do contrato na CTPS do empregado em razão do reconhecimento da relação em Juízo e com expressa referência à decisão judicial — Não cabimento

Ementa: DANO MORAL. INDENIZAÇÃO. Não caracteriza dano moral a anotação do contrato de trabalho na CTPS, feita pela reclamada em razão do reconhecimento da relação de emprego em Juízo e com expressa referência à decisão judicial que impôs uma tal obrigação, sem que se verifique aí qualquer conotação de represália ou de propósito deliberado de causar prejuízo ao trabalhador. Este ato tem sustentação legal e não acarreta qualquer ofensa à imagem ou reputação do empregado a ponto de caracterizar o dano. As aflições decorrentes da procura de novo emprego, especificamente invocadas no recurso, não se enquadram na hipótese, eis que decorrem também das dificuldades que a maioria dos trabalhadores vem enfrentando para obtenção de nova colocação no mercado de trabalho em um dado momento da realidade econômica nacional, que não podem ser atribuídas à reclamada. A indenização pleiteada somente terá lugar quando comprovado de forma inconteste que a ação do empregador em anotar a CTPS do empregado atingiu seu patrimônio moral. TRT 3ª Reg. — RO 5.922/01 — (Ac. 1ª T.) — Rel. Juiz Marcus Moura Ferreira. DJMG 6.7.01, p. 11.

Anotação na Carteira de Trabalho do empregado — Forma incorreta — Não cabimento

Ementa: DANO MORAL. O fato de não ter a Reclamada procedido à anotação da CTPS da Autora de forma correta, apesar de se caracterizar como irregularidade, não implica na ocorrência de dano moral, eis que não houve violação à honra, à dignidade ou à imagem do Reclamante. TRT 1ª Reg. — RO 00078-2001-241-01-00-0 — (Ac. 3ª T.) — Relª Juíza Maria das Graças Cabral Viégas Paranhos. DJRJ 24.7.03, p. 212.

Anotação na CTPS — Contrato de curta duração — Não configuração

Ementa: RESPONSABILIDADE CIVIL. INDENIZAÇÃO POR DANO MORAL. ANOTAÇÃO EM CTPS. O fato de o empregador ter procedido à anotação do contrato de trabalho de curta duração na CTPS não macula a honra do trabalhador. Faz parte da natureza das relações de trabalho a possibilidade de se encerrarem um dia. Ademais, ao reconhecer-se que o registro acarretou para o autor o dano alegado, estar-se-ia punindo o empregador que, de toda sorte, procedeu em conformidade com a lei, registrando em carteira o contrato firmado, ainda que tenha perdurado por poucos dias. TRT 9ª Reg. — Proc. 00232-2003-053-09-00-5 — (Ac. 2ª T. 28007/04) — Relª Juíza Ana Carolina Zaina. DJPR 3.12.04, p. 481.

Anotação na CTPS — Registro efetivado no curso de ação trabalhista — Ilicitude — Dano moral configurado

Ementa: INDENIZAÇÃO POR DANO MORAL. ANOTAÇÃO DA CTPS. CONSIGNAÇÃO DE QUE O REGISTRO FOI EFETIVADO NO CURSO DE AÇÃO TRABALHISTA. ILICITUDE. PROCEDÊNCIA. 1. As anotações feitas na carteira profissional do trabalhador devem restringir-se aos elementos contratuais especificados em lei (CLT, art. 29). 2. A conduta empresarial de anotar na CTPS que o contrato de trabalho havido entre as partes foi registrado por determinação judicial violou direito e provocou dano, pois indiscutivelmente a referência ao ajuizamento de ação trabalhista representa real obstáculo à obtenção de nova colocação no mercado de trabalho. 3. Embora a busca da tutela jurisdicional se revele como um direito incontestável de todo trabalhador brasileiro, é inegável que a revelação pública do fato tem causado dificuldades para o laborista, pois muitas empresas utilizam tal informação como critério admissional decisivo. 4. Além de ilegal, o registro do fato na CTPS do obreiro perpetua uma informação que, para muitos potenciais empregadores, terá conotação desabonadora. 5. Dano moral caracterizado e indenização deferida. 6. Decisão unânime. TRT 24ª Reg. — RO 1-1346/2003-001-24-00-1— Rel. Juiz Amaury Rodrigues Pinto Júnior. DJMS n. 6.300, de 3.8.04, p. 39.

Anotação na Carteira de Trabalho do empregado — Alusão expressa à reclamação trabalhista

Ementa: DANO MORAL. EMPREGADOR QUE, AO PROCEDER À ANOTAÇÃO DA CARTEIRA DE TRABALHO DO EMPREGADO, FAZ ALUSÃO EXPRESSA À RECLAMAÇÃO TRABALHISTA POR ESTE ANTERIORMENTE AJUIZADA. Mostra-se passível de configurar o dano de ordem moral a atitude do ex-empregador que, ao proceder à anotação da CTPS do empregado, determinada por meio de decisão judicial, faz alusão expressa à reclamação trabalhista por este ajuizada. Constatam-se facilmente os prejuízos sofridos pelo empregado, mormente se considerarmos a situação econômica dos dias atuais, em que o emprego formal torna-se cada vez mais escasso, sendo de conhecimento geral que as empresas adotam como critério de seleção a verificação de ajuizamento de reclamação trabalhista anterior pelo candidato ao emprego, em conduta evidentemente discriminatória, que também merece ser punida na esfera própria. A atitude do empregador denota, no mínimo, negligência, não prosperando a sua escusa no sentido de que, se as anotações fossem procedidas pelo serventuário da Justiça, haveria inevitável alusão à reclamação trabalhista ajuizada pelo empregado. Ora, esta circunstância não exime o empregador da sua culpa, valendo ressaltar que a prerrogativa de que se vale o serventuário da Justiça no exercício das suas atribuições não se estende ao particular. TRT 3ª Reg. — RO-5.895/01 — (Ac. 2ª T.) — Relª Juíza Alice Monteiro de Barros. DJMG 27.6.01, p. 25.

Anotação na Carteira de Trabalho do empregado — Fatos desabonadores — Cabimento

Ementa: CTPS — FATOS DESABONADORES — DANO MORAL — CABIMENTO. A anotação procedida pelo empregador na CTPS de ex-empregado que faça menção aos motivos da rescisão contratual não está autorizada pela ordem jurídica, ainda mais quando a ruptura do contrato se dá por justa causa. O parágrafo 4º, do artigo 29, da CLT, veda a possibilidade de se efetuar anotações desabonadoras à conduta do obreiro em sua Carteira de Trabalho. TRT 3ª Reg. — RO 00837-2005-063-03-00-8 — (Ac. 4ª T.) — Rel. Juiz Luiz Otavio Linhares Renault. DJMG 28.1.06, p. 17.

Anotação na Carteira de Trabalho do empregado fora do prazo legal — Descabimento

Ementa: INDENIZAÇÃO POR DANO MORAL. ANOTAÇÃO DA CTPS FORA DO PRAZO LE-

GAL DE 48 HORAS. Apesar de não ter a Reclamada procedido, no prazo legal de 48 horas, à anotação da CTPS da Autora, tal fato não pode ser considerado apto a proporcionar indenização por dano moral, tendo em vista que não feriu a honra ou os direitos personalíssimos da Autora. TRT 1ª Reg. — RO 00171-2000-047-01-00-5 — (Ac. 3ª T.) — Relª Juíza Maria das Graças Cabral Viégas Paranhos. DJRJ 17.7.03, p. 212.

Do acórdão acima, extraímos o seguinte fundamento:

"REPARAÇÃO DE DANO MORAL

Assevera o reclamante que vem encontrando dificuldade em recolocar-se no mercado de trabalho, em razão de a reclamada ter registrado em sua CTPS o ajuizamento da demanda trabalhista por meio da qual logrou ver reconhecida a relação de emprego com ela mantida. Segundo afirma, tem sido, por isso, obrigado 'a esconder sua CTPS' porque diz ser do conhecimento comum o fato de que 'as empresas não admitem trabalhadores que tenham passado pela Justiça do Trabalho' e a alusão feita em sua CTPS à demanda trabalhista que ajuizou fará sempre com que seja preterido por outro candidato a emprego que não possua anotação nesse sentido. A reclamada argumentou que procedeu ao registro por determinação judicial, não tendo excedido os limites da realidade, mas apenas objetivado prevenir litígios no âmbito previdenciário. Afirma que a anotação do contrato na CTPS do autor, caso não tivesse sido procedida por ela, teria sido pela Secretaria da Vara onde tramitou a demanda, o que evidenciaria o mesmo efeito ora combatido e, finalmente, que o autor se limitou a alegar a existência do dano sem prová-lo, todavia. O d. Juízo de origem acolheu a tese da defesa fundado em que não constatou nos autos evidências de que o desemprego do reclamante esteja relacionado com a anotação aposta na sua CTPS, argumentando que diversa seria a hipótese em que restasse demonstrado o nexo de causalidade entre a exibição daquele documento e o desemprego do autor, quando se poderia admitir que o ato da empresa acarretara a discriminação eventualmente sofrida pelo reclamante, concluindo que não se deve reforçar o senso comum de que o ajuizamento de demanda trabalhista macula a vida do trabalhador, sob pena de se tornar desacreditado um direito assegurado pela Constituição da República.

Data venia de tal entendimento, tenho que a razão está com o reclamante.

Com efeito, a indenização por dano moral sofrido pelo empregado no âmbito do contrato de trabalho pressupõe um ato ilícito ou erro de conduta do empregador ou de preposto seu que vulnere os direitos da personalidade daquele trabalhador, causando-lhe um prejuízo. Tem por finalidade, além da reparação do prejuízo, coibir os abusos cometidos dentro da relação de emprego que atentem contra a obrigação geral de conduta e o respeito pelo patrimônio moral do trabalhador, sua dignidade, honra e bom nome. A prova do dano, da lesão e do nexo de causalidade entre o primeiro e a segunda, consistindo em fatos constitutivos do direito postulado, está a cargo do autor, portanto. O reclamante trabalhou para a reclamada no período de 1º.10.91 a 21.1.98, obtendo judicialmente o reconhecimento da existência desse pacto laboral. A reclamada, ao anotar o contrato de trabalho na CTPS do reclamante, lançou a seguinte observação no pé da sua p. 16: '*vide* p. 45'. E na p. 45 da CTPS inscreveu, *sponte propria:*

'Anotação de acordo com sentença final do Processo n. 15/00589-/98 — sentença final dada em 26.7.2002.'

A Carteira de Trabalho tem significativa importância na vida profissional do trabalhador. Além de ser documento de identificação e qualificação civil, registra a vida profissional do empregado que dela faz o seu título de trabalhador comprometido com a sua profissão e com a dedicação dos seus serviços em benefício de cada um dos seus empregadores. As anotações que devem ser inscritas na CTPS estão previstas na ordem legal e devem se restringir a informar, além da qualificação civil do seu portador: a) as condições básicas contratadas para a prestação do trabalho subordinado (admissão e remuneração, nesta incluídas todas as parcelas que a compõem) e as especiais (contrato de prova, por tempo determinado, de trabalho temporário, aprendizado); b) as férias; c) ocorrências de suspensão ou interrupção do contrato de trabalho; d) os acidentes do trabalho; e) alterações na qualificação do trabalhador e inscrição de seus dependentes; f) a conta vinculada no FGTS; g) inscrição no PIS/PASEP; h) CGC do empregador e número da guia CD/SD, quando da rescisão imotivada e atualizações pertinentes (Portaria n. 3.626, de 13.11.91, baixada pelo então Ministério do Trabalho e da Previdência Social).

Ou seja, a anotação procedida pelo empregador, *sponte propria*, que faça alusão ao ajuizamento de reclamação trabalhista pelo seu ex-empregado não se insere em nenhuma das anotações previstas na ordem legal, não se reveste de qualquer necessidade para a vida profissional do trabalhador e, ainda, não permite a quem lhe for apresentada distinguir que reivindicações foram feitas em Juízo, se justas ou injustas, abusivas ou não.

Essa conduta voluntária e deliberada do empregador é entendida, *data venia* do d. Juízo de origem, como um ato claro e inequívoco de frustrar a contratação do reclamante por outro empregador, porque é estreme de dúvida que, numa sociedade na qual se sabe circular 'listas negras de trabalhadores', em época de inegável escassez de empregos, a observação inscrita numa Carteira de Trabalho deixa de ter uma conotação de mera notícia para assumir uma outra e nefasta perspectiva: a de registro de contra-indicação do seu portador. Essa conduta da reclamada tem o nítido propósito de prejudicar o autor e se traduz no erro de conduta e abuso de direito que imprimem o caráter ilícito ensejador da reparação pretendida.

O ato ilícito constatado na situação dos autos, redobrada vênia, justifica as razões pelas quais o reclamante tem-se deparado com o constrangimento e a intimidação ao ser portador de uma Carteira de Trabalho que registre um acontecimento que o insere nas 'listas negras' que circulam em nossa sociedade. Esse constrangimento decerto que lhe causa um desconforto, sentimento de menos valia, de descrença e desesperança, ensejador da reparação pretendida. E, conquanto não mensurável por critérios estritamente objetivos, enseja uma reparação que lhe dê a esperança de ver mitigado o seu constrangimento e indignação causados pelo erro de conduta da sua ex-empregadora.

Quanto ao valor da indenização, *João de Lima Teixeira Filho* (*in* Revista LTr, vol. 60, n. 09, de setembro de 1996, p. 1171) estabelece parâmetros que devem ser observados pelo magistrado, quais sejam: a extensão do fato inquinado (número de pessoas atingidas, de assistentes ou de conhecedoras para efeito de repercussão); permanência temporal (o sofrimento é efêmero, pode ser atenuado ou tende a se prolongar no tempo por razão plausível); intensidade (o ato ilícito foi venial ou grave, doloso ou culposo); antecedentes do agente (a reincidência do infrator deve agravar a reparação a ser prestada ao ofendido); situação econômica do ofensor; e razoabilidade do valor. Considerando os parâmetros acima transcritos, as condições socioeconômicas da reclamada, o seu grau de culpa da reclamada e o tempo de prestação de serviços dedicado pelo reclamante, bem assim a extensão da lesão, para esse dano aqui constatado, fixo indenização no valor original de R$ 13.000,00 (treze mil reais) a serem atualizados monetariamente a partir da data desta Sessão de Julgamento (22.6.04), na fase de liquidação e condeno a reclamada a pagá-lo ao reclamante.

Dou provimento ao recurso do reclamante."

Anotação na Carteira de Trabalho do empregado — Retificação — Menção à determinação judicial

Ementa: DANO MORAL. RETIFICAÇÃO DA CTPS. MENÇÃO À DETERMINAÇÃO JUDICIAL. O registro na CTPS de que a anotação ou retificação das datas de início e término do contrato de trabalho ocorreu em virtude de reclamação trabalhista configura ilicitude que enseja o pagamento de indenização por danos morais. Não se pode ignorar que, em uma época de escassez de postos de trabalho, a postulação de direitos trabalhistas em juízo é vista como ameaça para muitos empregadores, e não como exercício regular dos direitos do cidadão, fazendo com que o trabalhador cuja CTPS contém uma anotação que faz referência a um processo judicial sinta-se constrangido e apreensivo no momento de procurar um emprego. TRT 3ª Reg. — RO 00504-2005-052-03-00-5 — (Ac. 6ª T.) — Rel. Juiz Sebastião Geraldo de Oliveira. DJMG 6.10.05, p. 12.

Da decisão acima, colhe-se o seguinte fundamento:

"3.2. Dano moral

Insurge-se a reclamada contra a sentença recorrida, que deferiu ao autor o pagamento de indenização por danos morais.

Sucessivamente, pleiteia a redução do valor arbitrado à indenização.

Com razão parcial.

Nos autos do processo judicial n. 00325-2004, a reclamada foi condenada a 'proceder à retificação do contrato de trabalho na CTPS do reclamante, fazendo constar admissão em 23.08.2001, saída em 28.11.2003', segundo cópia da sentença de f. 08/10, confirmada pelo acórdão de f. 11/13.

Com efeito, competia à reclamada cumprir a decisão judicial nos limites da condenação, inserindo na CTPS do reclamante apenas as datas de início e término do contrato de trabalho, tal como determinado pela sentença de f. 08/10, sem justificar a causa da anotação.

No entanto, ao atender ao comando judicial, a ré fez constar às páginas 60 e 61 da CTPS do autor as seguintes inscrições: 'A data de admissão do referido funcionário é 23 de agosto de 2001, conforme ata de audiência relativa ao processo 325/04' e 'A data de demissão do referido funcionário é 20 de novembro de 2003, conforme ata de audiência relativa ao processo 325/04' (f. 07 dos autos).

O artigo 29 da CLT prevê especificamente as anotações que devem ser feitas pelo empregador na CTPS, sendo que o § 4º do mesmo artigo determina que "é vedado ao empregador efetuar anotações desabonadoras à conduta do empregado em sua Carteira de Trabalho e Previdência Social'.

Diante disso, a atitude da reclamada de registrar que a retificação da CTPS do reclamante ocorreu em virtude de reclamação trabalhista configura ilicitude que enseja o pagamento de danos morais, uma vez que tal fato pode acarretar ao autor dificuldades na obtenção de um novo emprego, ou até mesmo inviabilidade deste.

Ademais, não se pode ignorar a grande dificuldade de reinserção dos trabalhadores no mercado de trabalho atual, em face da expressiva taxa de desemprego do nosso país. Acresce-se a isso o fato de que a postulação de direitos trabalhistas em juízo ainda é vista como ameaça para muitos empregadores, e não como exercício regular dos direitos do cidadão, o que muitas vezes leva à discriminação dos trabalhadores que já reivindicaram seus direitos na Justiça do Trabalho.

Não por acaso, em razão da difusão de 'listas negras de trabalhadores', o TST decidiu pela alteração do cadastro de informações processuais da Justiça do Trabalho, de forma que as consultas não mais podem ser realizadas pelo nome das partes, justamente para não expor o trabalhador.

Por outro ângulo, não procede a alegação da ré de que a anotação efetuada na CTPS do autor apenas reflete a realidade dos fatos. Isso porque, conforme observou o Juízo a *quo*, o que gera a obrigação da empresa de anotar a CTPS do trabalhador é a relação de emprego havida entre as partes, e não a determinação judicial. É certo que a decisão do Poder Judiciário se fez necessária em razão da recusa da reclamada ao cumprimento espontâneo da lei, mas a menção ao processo judicial não pode servir de justificativa para a retificação efetuada na Carteira de Trabalho do reclamante.

De resto, o argumento da reclamada no sentido de que, em sua omissão, a Secretaria da Vara efetuaria as retificações na CTPS do autor 'chamando mais ainda a atenção para o detalhe que o recorrido considera desabonador' não atenua a responsabilidade da empresa, porque a previsão contida no artigo 39, § 1º, da CLT visa somente a não deixar sem anotação a CTPS do trabalhador, na hipótese de omissão da empregadora, não permitindo que esta faça referência ao processo judicial quando for realizar a anotação da CTPS.

Lado outro, ao contrário do que pretende a reclamada, para o deferimento do pedido de indenização por danos morais, não é essencial a prova da repercussão do fato na órbita subjetiva do autor. Por se tratarem de fenômenos ínsitos da alma humana, que decorrem naturalmente das agressões do meio social, a dor, o constrangimento, o medo e a aflição dispensam comprovação, sendo suficiente a prova do ato ilícito e do nexo de causalidade deste com o dano.

De fato, revela-se desnecessário comprovar o que ordinariamente acontece e o que decorre da natureza humana. Demonstrado o ato ilícito, o dano moral se presume, pois está implícito na ilicitude do ato praticado. Mesmo nos casos em que a vítima suporta bem a ilicitude, permanece a necessidade da condenação, porquanto a indenização por danos morais tem também o objetivo pedagógico de intimidar o infrator na prática reiterada da conduta ilícita.

Ademais, não se pode olvidar que o trabalhador cuja CTPS contém uma anotação que faz referência a um processo judicial sente-se constrangido e apreensivo no momento de procurar um emprego, mormente em uma época de escassez de postos de trabalho, sendo evidente, portanto, o dano moral.

Resta claro que o empregador que inscreve tal observação em uma Carteira de Trabalho age com a nítida intenção de frustrar ao trabalhador uma nova colocação no mercado de trabalho. Nesse sentido, entendo que se encontra configurado o dolo na conduta da reclamada.

Assim, com respaldo nos artigos 186 e 927 do Código Civil, é certo que faz jus o reclamante à indenização por danos morais.

No que se refere ao pedido de redução do valor da indenização, é oportuno ressaltar que a indenização dos danos morais deve ser fixada em valor não tão elevado que importe em enriquecimento sem causa, nem tão ínfimo que não seja capaz de diminuir o sofrimento do autor nem sirva de intimidação para a reclamada.

Diante disso, entendo que o valor fixado pela sentença recorrida, de R$ 26.127,00, encontra-se realmente elevado.

Considero razoável arbitrar o valor da indenização em R$ 8.000,00 (oito mil reais), importância suficiente para compensar o constrangimento do reclamante e servir de desestímulo para a conduta da ré.

Portanto, provejo parcialmente, para reduzir o valor da indenização por danos morais para R$ 8.000,00 (oito mil reais)."

Anotação na Carteira de Trabalho do empregado pelo empregador com entendimento de que ele era faltoso e insubordinado — Dano moral configurado

Ementa: DANO MORAL. Configura este malefício ao trabalhador o acinte deveras ignominioso do empregador, ao anotar na CTPS do demitido o seu entendimento de que era aquele faltoso e insubordinado. Tal audácia busca dificultar ao demitido a obtenção de novo emprego, sendo certo que a pecha ali aposta abusivamente pelo empregador será de conhecimento de todos os outros que vierem a manipular o documento pessoal do laborista, sendo inafastável a aplicação exemplar de indenização pelo dano moral a ele causado. TRT 2ª Reg. — RO 02980485394 — (Ac. 5ª T.) — Rel. Juiz José Mechango Antunes. DJSP 21.1.04, p. 106.

Anotação na CTPS do empregado do motivo que ensejou a rescisão contratual por justa causa — Vedação legal — Cabimento

Ementa: INDENIZAÇÃO POR DANO MORAL. ANOTAÇÃO NA CTPS DO EMPREGADO DO MOTIVO QUE ENSEJOU A RESCISÃO CONTRATUAL POR JUSTA CAUSA. VEDAÇÃO LEGAL.

O empregador deve limitar-se a anotar na CTPS do trabalhador as observações dispostas no art. 29 da CLT. Se nela faz constar o real motivo que deu causa à rescisão contratual por justa causa, e com esse gesto desabona sua conduta, afronta o disposto nos §§ 4º e 5º do mesmo Dispositivo Legal, restando caracterizado o dano moral, ante a evidência de esse empregado haver sofrido desgaste em sua imagem. A indenização respectiva se impõe por força do disposto no art. 159 do Código Civil e no art. 5º, incisos V e X, da Constituição Federal. TRT 12ª Reg. — RO-EV 04497-2001-037-12-00-5 — (Ac. 3ª T. 01729/03, 14.01.03) — Relª Juíza Sandra Márcia Wambier. DJSC 17.2.03, p. 131.

Anotações em CTPS — Ilegal e desnecessária — Cabimento

Ementa: DANO MORAL. ANOTAÇÕES EM CTPS. Comete dano moral o ex-empregador que anota a CPTS do trabalhador consignando que o vínculo empregatício foi reconhecido em processo judicial. Anotação ilegal e desnecessária. Dano ao empregado consistente na dificuldade maior de obtenção de nova colocação do mercado de trabalho. TRT 15ª Reg. (Campinas/SP) — RO 00386-2005-034-15-00-8 — (Ac. 35623/2006-PATR, 7ª Câmara) — Relª. Juíza Andrea Guelfi Cunha. DJSP 4.8.06, p. 24.

Ausência de anotação do contrato de trabalho — Não configuração

Ementa: AUSÊNCIA DE ANOTAÇÃO DO CONTRATO DE TRABALHO. INDENIZAÇÃO POR DANO MORAL. A responsabilidade civil funda-se no princípio geral de direito segundo o qual quem causa dano a outrem tem dever de repará-lo, não ensejando a ausência de anotação do pacto laboral, por si só, a reparação pretendida, quando não demonstrada a ofensa aos bens incorpóreos do empregado, consubstanciados na honra, na privacidade, na imagem e no nome, causando-lhe dor, sofrimento e vergonha. TRT 9ª Reg. — RO 00284-2004-018-09-00-5 — (Ac. 1ª T. 13872/05) — Rel. Juiz Roberto Dala Barba. DJPR 10.6.05, p. 514.

Ausência de anotação da CTPS — Falecimento da ex-empregada — Efeitos

Ementa: DANO MORAL. FALECIMENTO DA EX-EMPREGADA. AUSÊNCIA DE ANOTAÇÃO DA CTPS. IMPOSSIBILIDADE DE RECEBIMENTO DE PENSÃO PELOS DEPENDENTES. 1. A carteira de trabalho e previdência social, bem como as anotações ali apostas, é um documento importante para a vida de qualquer trabalhador, constituindo um bem jurídico do empregado, porquanto ali estará relatada toda a sua vida profissional, as empresas para as quais trabalhou, as funções exercidas, os salários recebidos, e, principalmente, servirá como forma de comprovação do tempo de serviço para diversos fins, inclusive para o percebimento, pelos dependentes, de pensão por morte. 2. A ausência de anotação da CTPS, por si só, não enseja a indenização por dano moral. Contudo, no caso dos autos, está robustamente comprovado o reflexo danoso da conduta omissa do empregador a um bem jurídico pessoal e incorpóreo, como a honra e a dignidade dos dependentes da ex-empregada, porquanto além de passarem pelo sofrimento da perda da mãe, tiveram o dissabor e a frustração de não obterem a pensão devida, vantagem esta necessária à sobrevivência dos menores. Recurso a que se nega provimento. TRT 10ª Reg. — ROPS 00897-2006-013-10-00-7 — (Ac. 2ª T./07) — Relª. Juíza Maria Piedade Bueno Teixeira. DJU3 1.6.07, p. 29.

Ausência de anotação na CTPS — Não recebimento do auxílio-doença — Danos morais e materiais

Ementa: AUSÊNCIA DE ANOTAÇÃO NA CTPS. NÃO RECEBIMENTO DO AUXÍLIO-DOENÇA. DANOS MORAIS E MATERIAIS. Incontroversa a existência do nexo de causalidade para se atribuir responsabilidade à reclamada no tocante à sua omissão, eis que a anotação da CTPS é obrigação da empresa, assim como os respectivos recolhimentos previdenciários, para que o empregado tenha acesso aos respectivos benefícios. TRT 3ª Reg. — RO 00363-2004-067-03-00-9 — (Ac. 7ª T.) — Rel. Juiz Luiz Ronan Neves Koury. DJMG 13.7.04, p. 14.

Da decisão, colhe-se o seguinte fundamento:

"DANOS MORAIS E MATERIAIS

Aduz a recorrente que não há nexo de causalidade entre o acidente sofrido pelo autor e o contrato de trabalho.

Afirma que, além do dano, deve haver nexo causal entre a conduta da empresa e o evento danoso, não havendo no caso qualquer fato que autorize a reparação pretendida. Por cautela, requer que seja considerada a existência da culpa concorrente a fim de reduzir a indenização deferida para R$ 1.000,00.

Incontroverso que o reclamante sofreu acidente automobilístico, que lhe causou seqüelas irreversíveis. Não há dúvida também de que não teve a sua CTPS anotada à época da admissão, o que o impediu de receber o benefício previdenciário (auxílio-doença) por ocasião do acidente.

O artigo 186 do Novo Código Civil dispõe que, para configuração da culpa ensejadora da reparação do dano, necessária se faz a presença de três requisitos: o ato apontado como lesivo, o efetivo dano, além do nexo causal entre o ato e o evento danoso.

Não se discute aqui a responsabilidade da reclamada pelo acidente, pois está clara a inexistência de culpa da empresa em relação ao ocorrido, já que o reclamante se acidentou à noite, com uma motocicleta, quando não estava trabalhando (depoimento do reclamante à fl.17).

No entanto, omitiu-se a empresa ao deixar de assinar a CTPS do autor e, principalmente, de recolher a contribuição previdenciária, impedindo assim o recebimento do auxílio-doença. De qualquer forma, restou configurado o prejuízo sofrido pelo reclamante, além do constrangimento de não poder contar com o benefício que teria direito se a sua situação perante o órgão previdenciário estivesse regularizada.

Conclui-se, portanto, que há responsabilidade da reclamada pela sua omissão, vez que a anotação da CTPS é obrigação da empresa, assim como os respectivos recolhimentos previdenciários, a fim de que o empregado tenha acesso aos respectivos benefícios.

Não há que se falar em culpa concorrente, pois a causa do acidente não está sendo discutida nesses autos, além do que a culpa pela não anotação da CTPS e recolhimento previdenciário respectivo somente podem ser atribuídos à empregadora. Mantenho o valor da indenização deferido na sentença.

Nego provimento."

Extravio da CTPS — Inexistência de direito à indenização

Ementa: EXTRAVIO DA CTPS. INDENIZAÇÃO POR DANOS MORAIS E MATERIAIS. Sem prova de que do extravio da CTPS, por período limitado, tenha advindo algum prejuízo ao obreiro, não vinga o pleito de indenização por danos morais e materiais, sem se olvidar, contudo, do disposto na Lei 5.553, de 06.12.68 e nos artigos 52 e 53 da CLT. TRT 3ª Reg. — RO 00690-2005-103-03-00-0 — (Ac. 8ª T.) — Relª Juíza Denise Alves Horta. DJMG 12.11.05, p. 17.

Da decisão acima, colhe-se o seguinte fundamento:

"DA INDENIZAÇÃO POR DANOS MORAIS E MATERIAIS

Pede o reclamante a reforma da sentença no que tange à indenização por danos morais e materiais, tendo em vista a não devolução de sua CTPS pela primeira reclamada.

Em relação a tal aspecto, cabe registrar que, no nosso direito positivo, o dano decorre de um ato ilícito que provoca contra quem o praticou a obrigação de repará-lo, nos termos dos artigos 186 e 927 do atual Código Civil e artigo 159, do Código Civil de 1916.

A reparação do dano moral encontra previsão legal específica na Ordem Constitucional vigente, artigo 5º, inciso X.

E, como ensina a doutrina de Caio Mário, o primeiro fundamento da reparação está no erro de conduta do agente, contrário ao direito; o segundo é a ofensa a um bem jurídico, que tanto pode ser patrimonial como de cunho não patrimonial e o terceiro está em estabelecer uma relação de causalidade entre a antijuridicidade da ação e o dano causado (*In*, 'Instituições de Direito Civil', 12ª ed., vol. II, Forense, 1993, pp. 236/237).

Também, a doutrina de Maria Helena Diniz é no sentido de que 'a responsabilidade civil é a obrigação de reparar o dano causado a outrem por fato de que é autor direto ou indireto. A responsabilidade civil é, portanto, a aplicação de medidas que obriguem uma pessoa a reparar dano moral ou patrimonial causado a terceiros, em razão de ato por ela mesma praticado, por pessoa por quem ela responde, por alguma coisa a ela pertencente ou por simples imposição legal' (*In*, 'Curso de Direito Civil Brasileiro', 17ª ed., 3º vol., Saraiva, 2002, p. 755).

'In casu', aponta o autor que, no início do contrato de trabalho, entregou sua CTPS à 1ª reclamada, MÚLTIPLA PRESTAÇÃO DE SERVIÇOS E HIGIENIZAÇÃO LTDA., para que a mesma efetuasse as devidas anotações, não tendo sido a ele devolvida, quando do encerramento daquele contrato.

Argumenta que, diante de tal fato, sofreu grandes prejuízos de ordem material e moral, uma vez que ficou por três meses sem conseguir emprego, porquanto necessitava de sua CTPS para comprovar suas referências no mercado de trabalho.

Não obstante a conduta da empregadora possa a ela acarretar penalidades de ordem penal (Lei 5.553/68), sendo ainda passível de multa (artigos 52 e 53 da CLT), o extravio da CTPS do autor não conduz à assertiva de que se trata de ato que feriu o patrimônio moral do empregado, trazendo-lhe, ainda, prejuízos de ordem material.

Na hipótese em apreço, não restou provada a alegação de que o reclamante, durante 03 meses, não obteve novo emprego, justamente por ausência da CTPS, com as anotações comprovadoras de referências, bem como de experiências profissionais. Dano material, portanto, não há. Mesmo porque, como se infere do relato do autor, o extravio se deu por período limitado.

Quanto ao dano moral, pela sua natureza, afeta a ordem interna do ser humano, o conjunto de direitos de sua personalidade, seu lado psicológico, em virtude de dor, sofrimento, tristeza, ou outro sentimento qualquer, que atinge seu íntimo e seus valores.

Ora, ainda que a situação delineada nestes autos revele-se desagradável para o empregado, não há falar em indenização por danos morais, à míngua de elementos que se enquadrem no figurino exigido para o aludido fim.

Nego provimento."

Extravio da CTPS — Inexistência de direito à indenização

Ementa: DANO MORAL. EXTRAVIO DA CTPS. INEXISTÊNCIA DE DIREITO À INDENIZAÇÃO.

1. O art. 5º, X, da Carta Magna protege a intimidade, a vida privada, a honra e a imagem das pessoas, assegurando, no caso de violação desses bens jurídicos, indenização pelo dano material ou moral. 2. No caso, a angústia vivenciada pelo trabalhador decorrente do extravio da sua CTPS, ocasionado pelo roubo do veículo que a transportava, não acarreta nenhuma mácula à imagem ou reputação do Empregado, nem decorre de culpa do Empregador, não sendo, portanto, fato gerador de indenização por dano moral. 3. Nesse sentido, viola o preceito constitucional a decisão que defere a indenização, ampliando os bens juridicamente protegidos, para abranger o infortúnio decorrente do extravio da CTPS. Recurso de revista parcialmente conhecido e provido. TST — RR-1.164/2001-511-01-00.2 — (Ac. 4ª T.) — 1ª Reg. — Rel. Min. Ives Gandra Martins Filho. DJU 11.2.05, p. 749.

Extravio de CTPS — Ocorrência de roubo — Força maior — Indevida a indenização

Ementa: INDENIZAÇÃO POR DANOS MORAIS E MATERIAIS. EXTRAVIO DE CTPS. OCORRÊNCIA DE ROUBO. FORÇA MAIOR. INDEVIDA A INDENIZAÇÃO. Se o extravio da CTPS do obreiro deu-se em decorrência de roubo ao veículo da Empresa Brasileira de Correios e Telégrafos, a qual realizava o transporte daquele documento, verifica-se a ocorrência de força maior, não tendo o empregador não concorrido para a realização do fato inevitável, o qual impossibilitou o cumprimento da obrigação de devolução da CTPS. Incabível, pois, a indenização postulada, nos moldes do artigo 1.058, parágrafo único, do Código Civil. TRT 1ª Reg. — Proc. 01513-2001-511-01-00-6 — (Ac. 5ª T.) — Rel. Juiz Antonio Carlos Areal. DJRJ 11.4.03, p. 18.

Falta de anotação do contrato na CTPS — Inocorrência

Ementa: FALTA DE ANOTAÇÃO DO CONTRATO NA CTPS. DANO MORAL. INOCORRÊNCIA. A necessidade de reparar o dano moral vincula-se à constatação de que o empregador causou prejuízos à honra e a dignidade do trabalhador, ainda que por ofensa a sentimentos íntimos. O instituto da reparação por dano moral, em que pesem construções doutrinárias recentes, não pode ser alargado a ponto de se entender que a falta de anotação do contrato de trabalho na CTPS, por si só, afete a honra, a imagem ou o bom nome do empregado. Sob pena de banalização, a condenação a indenizar o dano moral deve cingir-se a critérios de racionalidade imunes à influência do sentimento de proteção ao trabalhador, em virtude de sua condição de hipossuficiente. Recurso a que se nega provimento, no particular, para manter a decisão que rejeitou a condenação por danos morais. TRT 9ª Reg. — Proc. 02424-2005-562-09-00-0 — (Ac. 2ª T. 14089/07) — Relª. Juíza Marlene T. Fuverki Suguimatsu. DJPR 1.6.07, p. 621.

Rasura na CTPS — Carimbo "cancelado" sobre o contrato havido — Equivalente a anotação desabonadora — Reconhecimento da relação empregatícia — Indenização devida

Ementa: DANO MORAL. RASURA NA CTPS. CARIMBO "CANCELADO" SOBRE O CONTRATO HAVIDO. EQUIVALENTE A ANOTAÇÃO DESABONADORA. RECONHECIMENTO DA RELAÇÃO EMPREGATÍCIA. INDENIZAÇÃO DEVIDA. Vedada a anotação desabonadora à conduta do empregado em sua CTPS, noção essa positivada quando da edição da Lei n. 10.270/01 que acrescentou os parágrafos quarto e quinto ao art. 29 da CLT, que, inclusive, remete-se à cominação de multa prevista no art. 52 do texto celetário. A conduta da empresa-Ré, consistente em apor carimbo de "cancelado" sobre o contrato de trabalho havido, este reconhecido na r. sentença recorrida, acarreta a indenização perseguida. Inegavelmente a atitude patronal, alterando a verdade dos fatos, relativos ao histórico profissional obreiro, repercutiu na sua inserção no mercado de trabalho, pois, de forma constrangedora, portou documento essencial à requisição de um posto de trabalho, retratando o cancelamento de um contrato que, em verdade, ocorreu de forma efetiva. Se a CTPS deve refletir a experiência profissional e a permanência em cada empresa, no caso em apreço, o Autor não apenas deixava de comprovar o labor prestado naquela função, como, com toda certeza, ensejava a necessidade de maiores explicações sobre a rasura efetuada. Frise-se, o carimbo cancelando o liame ajustado, deixando de configurar erro ou equívoco da empresa-Ré, pois, em tais circunstâncias, já se obteria a correção, de forma imediata; o cancelamento indubitavelmente gerou maiores questionamentos e indagações, focalizado na pessoa do trabalhador. Inegável a repercussão do fato no âmbito laboral ensejando ao obreiro, constrangimento, ferindo-lhe a dignidade e honra, relativamente à imagem de trabalhador, perante seus iguais e aos futuros empregadores, quando do recrutamento e seleção para uma oportunidade no mercado de trabalho, afronta ao art. 5º, X, da CF/88 reconhecida. Recurso do Reclamante a que se dá provimento, fixando valor indenizatório. TRT 9ª Reg. — RS-52212-2006-019-09-00-1 — (Ac. 1ª T. 14532/07) — Rel. Juiz Ubirajara Carlos Mendes. DJPR 8.6.07, pp. 422/423.

Reparação por dano moral — Registro de advertência lançado na CTPS obreira — Conduta do reclamante não demonstrada — Fixação do montante a ser pago

Ementa: 1. REPARAÇÃO POR DANO MORAL. REGISTRO DE ADVERTÊNCIA LANÇADO NA CTPS OBREIRA. CONDUTA DO RECLAMANTE NÃO DEMONSTRADA. No enquadramento do dano moral na esfera trabalhista, é importante salientar que a agressão daí decorrente deve ser tal a promover a necessidade de sua reparação. Em princípio, a só anotação de advertência ao ex-empregado não implica dano moral. Entretanto, tal anotação teria de ser justa e provada, o que não ocorreu no caso dos autos. Tal como se dá na caracterização da justa causa para a extinção do contrato de trabalho, opera-se aqui a inversão do ônus da prova, a Reclamada nada provou quanto aos fatos que ensejaram a advertência. Evidente o prejuízo obreiro, acertada revela-se a decisão de primeiro grau que acolheu o pedido de pagamento de indenização por danos morais. Recurso Ordinário patronal desprovido. 2. INDENIZAÇÃO POR DANO MORAL. FIXAÇÃO DO MONTANTE A SER PAGO. OBSERVÂNCIA AOS LIMITES DO PEDIDO. Não pairando nenhuma dúvida quanto ao montante da indenização postulada na inicial obreira, no importe de 10 salários, a sentença recorrida merece ser confirmada, ao fixar o valor da indenização com base naquele pedido, tomando o valor do salário obreiro registrado em sua Carteira de Trabalho. Recurso Ordinário a que se nega provimento. TRT 10ª Reg. — RO 1.939/02 — (Ac. 3ª T./02) — Relª Juíza Maria de Assis Calsing. DJU 29.11.02, p. 49.

Retenção de CTPS — Impossibilidade — Art. 53 da CLT — Configuração

Ementa: 1. RETENÇÃO DE CTPS. IMPOSSIBILIDADE. ARTIGO 53 DA CLT. DANO MORAL. CONFIGURAÇÃO. A Carteira de Trabalho e Previdência Social é documento obrigatório para toda pessoa que venha a prestar algum tipo de serviço a outrem. Em virtude da importância que exerce na vida profissional do trabalhador, este documento não tem apenas a simples finalidade de registrar o contrato de trabalho ajustado, sendo, um documento pessoal de identificação e qualificação civil e de registro da sua vida profissional, que dele se utiliza para fazer valer o seu título de trabalhador empenhado e comprometido com a sua profissão e com a dedicação dos seus serviços em proveito de cada um dos seus empregadores, quando, efetivamente, for o caso. Nesse contexto, o empregador que retém a CTPS do empregado, registre-se, documento pessoal, por prazo superior àquele previsto no artigo 53 da CLT, condicionando a sua entrega a ordem judicial ou mediante a desistência de direitos trabalhistas pelo empregado, indubitavelmente causa ao trabalhador constrangimento, atingindo-o tanto a esfera afetiva, moral como financeira, e por conseguinte, a sua dignidade, direito fundamental assegurado pela Carta Magna. 2. DANOS MORAIS. VALORAÇÃO. No arbitramento do valor da condenação em casos de dano moral, não pode o Juiz olvidar de certos indicativos para sua fixação, tais como o grau de culpa do empregador, a situação econômica das partes, a idade e o sexo da vítima, entre outros, sob pena de, ao reparar um dano, provocar a ocorrência de outros prejuízos, inclusive de natureza social. Deve o Magistrado, outrossim, considerar, em cada caso concreto, a equivalência entre o ato faltoso e o dano sofrido, bem como a possibilidade real de cumprimento da obrigação, sempre com observância ao princípio da razoabilidade e à vedação do enriquecimento sem causa. 3. LITIGÂNCIA DE MÁ-FÉ. CARACTERIZAÇÃO. Resta caracterizada a litigância de má-fé, se a petição inicial omitir informação essencial, capaz de influir no julgamento de pedidos trazidos a apreciação do Judiciário, pois indubitavelmente se buscou alterar a verdade dos fatos a fim de auferir vantagem indevida. A conduta da reclamante autoriza seja ela considerada litigante de má-fé, a teor das disposições constantes do inciso II do artigo 17 do CPC, de aplicação subsidiária. 4. Recurso conhecido e provido parcialmente. TRT 10ª Reg. 00685-2005-801-10-00-4 — (Ac. 2ª T./06) — Rel. Juiz Brasilino Santos Ramos. DJU3 28.4.06, p. 28.

Retificação de registro pela reclamada na CTPS do reclamante — Existência de reclamação trabalhista ajuizada pelo trabalhador — Dano moral configurado

Ementa: REGISTRO PELA RECLAMADA NA CTPS DO RECLAMANTE DE EXISTÊNCIA DE RECLAMAÇÃO TRABALHISTA AJUIZADA PELO TRABALHADOR. DANOS MORAIS E MATERIAIS. INDENIZAÇÃO. A atitude da ré de efetuar a retificação da CTPS do autor e registrar que tal se deu em função de reclamação trabalhista configura danos morais, quando provado que causou ao trabalhador discriminação por ocasião das tentativas de novo emprego e inviabilidade deste, certamente afetando o bem-estar, a paz, a tranqüilidade e a auto-estima da pessoa, causando-lhe angústia e desconforto. Também vislumbram-se danos materiais, quando se verifica que o reclamante deixou de ser admitido em outro estabelecimento após ser constatado o registro da ação trabalhista em sua CTPS. Assim, é cabível a indenização pelos danos sofridos pelo trabalhador. TRT 3ª Reg. — RO 01079-2003-040-03-00-0 — (Ac. 3ª T.) — Relª Juíza Maria Cristina Diniz Caixeta. DJMG 17.4.04, p. 05.

4. BIBLIOGRAFIA

Anita Tormen, *Da Omissão e da Falsidade dos Registros na CTPS — Aspectos Criminais*, Revista Justiça do Trabalho, n. 242, fevereiro de 2004; Enoque Ribeiro dos Santos, 1) *O Dano Moral na Dispensa do Empregado*, LTr, 3ª ed., 2002, SP; 2) *Responsabilidade Objetiva e Subjetiva do Empregador em face do Novo Código Civil,* Fevereiro/2007, LTr, SP; Luiz de Pinho Pedreira da Silva, *A Reparação do Dano Moral no Direito do Trabalho*, 2004, LTr, SP; Luiz Eduardo Gunther e Cristina Maria Navarro Zornig, *Controvérsias e Soluções no Direito do Trabalho.* Em memória dos Juízes Lucas Júlio Donagemma Proença Neto, Jairo César Xavier, Maria Hercília Horácio, Stawinski e Ana Maria Mansur Mäder Gisi, 2004, LTr, SP; Mauro Schiavi, *Ações de Reparação por Danos Morais decorrentes da Relação de Trabalho,* abril/2007, LTr, SP; Mônica Sette Lopes, A Nova CTPS e a Ética Trabalhista, in *O Que Há de Novo em Direito do Trabalho*, Coordenadores Márcio Túlio Viana e Luiz Otávio Linhares Renault, Homenagem a Ísis de Almeida, Messias Pereira Donato e Paulo Emílio Ribeiro de Vilhena, 1997, LTr, SP; Reginald Felker, *O Dano Moral, O Assédio Moral e o Assédio Sexual nas Relações de Trabalho,* Junho/2006, LTr, SP; Rodolfo Pamplona Filho, *O Dano Moral na Relação de Emprego*, 3ª ed., 2002, LTr, SP.

CAPÍTULO VI

DANO MORAL E O ASSÉDIO MORAL

1. COMENTÁRIO

O assédio moral é um mal que surgiu com o próprio trabalho. Entretanto, passou a ser encarado como um problema social, quando o trabalho se tornou não só socialmente estruturado, mas regulamentado, com o que surgiu a competição agressiva entre os trabalhadores visando a melhores condições de trabalho e de salário.

Parafraseando as palavras de *Hádassa Dolores Bonilha Ferreira,* "pode-se afirmar, sem medo de errar, que o assédio moral nas relações de trabalho é um dos problemas mais sérios enfrentados pela sociedade atual"[(1)]. Acrescenta ainda a autora que "ele é fruto de um conjunto de fatores, tais como a globalização econômica predatória, vislumbradora somente da produção e do lucro, e a atual organização de trabalho, marcada pela competição agressiva e pela opressão dos trabalhadores através do medo e da ameaça. Esse constante clima de terror psicológico gera, na vítima assediada moralmente, um sofrimento capaz de atingir diretamente sua saúde física e psicológica, criando uma predisposição ao desenvolvimento de doenças crônicas, cujos resultados a acompanharão por toda a vida"[(2)].

Acrescenta *Eliana dos Santos Alves Nogueira*, com respeito à onda globalizante da economia mundial, que "há um nítido rompimento dos laços de solidariedade dentro das classes sociais, que vivem em um dilema cada vez mais insolúvel: de um lado estão cada vez mais distanciadas e, contudo, solidarizam-se quando há necessidade de garantia de emprego e da sobrevivência, motivo pelo qual atitudes de assédio moral são cada vez mais freqüentemente relatadas com a convivência dos demais empregados que unem-se ao agressor, perpetrando as mesmas condutas, a fim de conservarem-se os seus postos de trabalho". (Revista do TRT da 15ª Região n. 23, setembro/2003, "Da Inviolabilidade do Direito de Trabalhar", pp. 314 a 321.)

Vale ressaltar que "somente no final do século passado, com as pressões por melhores condições de trabalho, é que teve início o debate público sobre o assunto e, logo, surgem publicações, doutrinas e legislações. Atualmente, alguns países já possuem legislação sobre o tema[(3)] e no Brasil também já registram-se diversas leis específicas, quer sejam estaduais ou

---

(1) *Assédio Moral nas Relações de Trabalho*, 2004, Ed. Russel, Campinas, SP, p. 37.

(2) *Ibidem,* p. 37.

(3) O Código do Trabalho Português de 2002 prevê, no seu artigo 24, norma relacionada com Assédio, assim disposta:

Art. 24. "Assédio

1 — Constitui discriminação o assédio a candidato a emprego e a trabalhador.

2 — Entende-se por assédio todo o comportamento indesejado relacionado com um dos factores indicados no n. 1 do artigo anterior, praticado aquando do acesso ao emprego ou no próprio emprego, trabalho ou formação profissional, com o objectivo ou o efeito de afectar a dignidade da pessoa ou criar um ambiente intimidativo, hostil, degradante, humilhante ou desestabilizador.

3 — Constitui, em especial, assédio todo o comportamento indesejado de carácter sexual, sob forma verbal, não verbal ou física, com o objectivo ou o efeito referidos no número anterior."

municipais, além de projetos federais. Mas as abrangências das mesmas restringem-se aos servidores ocupantes de cargos públicos"(4).

Os sindicatos dos trabalhadores contribuíram também para que surgissem debates sobre a questão, que é tão antiga quanto o próprio trabalho. É que os problemas relacionados com o assédio moral ficavam circunscritos ao ambiente interno das empresas, não havendo qualquer possibilidade de a pessoa lesada levantar a questão sem perder o emprego. Com o desenvolvimento das atividades sindicais, os trabalhadores, além de ficarem conscientizados sobre o problema, passaram a contar com o apoio do seu sindicato, de forma que o assunto deixava de ser um fato isolado para ser também uma bandeira do sindicalismo.

Registre-se, também, que o assédio moral foi objeto de muito estudo no ramo da Psicologia, depois deslocado para outros ramos da ciência, notadamente o da Sociologia, e finalmente foi levado ao campo do Direito, uma vez que se trata de um tema voltado para as relações humanas. O somatório dos estudos nos vários ramos da ciência proporcionou a averiguação das causas determinantes da sua ocorrência e ao mesmo tempo os instrumentos necessários para coibi-lo, que vão desde a conscientização dos trabalhadores até a dos empregadores.

Sabe-se que no Brasil existem projetos de lei visando ao disciplinamento do assédio moral, mas até hoje nada foi feito para colocá-los em prática, o que nos leva a pensar que o tema somente será considerado pelos nossos legisladores se houver um movimento dos trabalhadores visando à sua regularização.

Sobre a conceituação de assédio moral, *Marie-France Hirigoyen*, citada por *Hádassa Dolores Bonilha Ferreira*(5), afirma que "por assédio moral em um local de trabalho temos que entender toda e qualquer conduta abusiva manifestando-se, sobretudo, por comportamento, palavras, gestos, escritos, que possam trazer dano à personalidade, à dignidade ou à integridade física ou psíquica de uma pessoa, pôr em perigo seu emprego ou degradar o ambiente de trabalho".

Paulo Peli & Paulo Teixeira tratam do assédio moral como uma "responsabilidade corporativa e que se caracteriza pela atitude insistente e pela ação reiterada, por período prolongado, com ataques repetidos, que submetem a vítima a situações de humilhação, de rejeição, vexatórias, discriminatórias e constrangedoras com o objetivo de desestabilizá-la emocional e psiquicamente, quase sempre com severos reflexos na saúde física e mental"(6).

Euler Sinoir de Oliveira, sublinhando que alguns conceitos mostram termos freqüentes, quais sejam: humilhação, gestos repetitivos, relação hierárquica entre outros, apresenta o seu conceito como sendo "forma de humilhação, desprezo ou inação realizado em local de trabalho em que um superior hierárquico, ou não, faz, repetidamente, contra outro colega de

---

O disposto no n. 1, do artigo 23, a que se refere o n. 2, deste artigo prescreve:
"Proibição de discriminação
1 — O empregador não pode praticar qualquer discriminação, directa ou indirecta, baseada, nomeadamente, na ascendência, idade, sexo, orientação sexual, estado civil, situação familiar, património genético, capacidade de trabalho reduzida, deficiência ou doença crônica, nacionalidade, origem étnica, religião, convicções políticas ou ideológicas e filiação sindical."

(4) Oliveira, Euler Sinoir de. "Assédio Moral: Sujeito, Danos à Saúde e Legislação", Gênesis, vol. 134, fev./04, p. 221.

(5) *Op. cit.*, p. 43.

(6) *Assédio Moral. Uma Responsabilidade Corporativa,* 2006, Ícone Editora, SP, p. 27.

trabalho, com o objetivo de humilhar e destruir sua auto-estima, levando-o a tomar atitudes extremas como demitir-se ou, até mesmo, levá-lo a tentar ou cometer suicídio"[7].

Na lição de *Hádassa*, já citada várias vezes, o "assédio moral não se restringe ao ambiente físico de trabalho. Envolve não apenas o espaço físico no qual a atividade laboral é desenvolvida, mas todo o clima psicológico que possa surgir em razão dessa atividade do empregado assediado. Todavia é imprescindível que o processo assediador seja praticado durante o exercício do trabalho, não se confundindo com questões pessoais que possam aparecer dentro do ambiente de trabalho"[8].

Sua caracterização pode-se dar de várias formas. Segundo *Euler Sinoir de Oliveira*, "o assédio moral caracteriza-se como uma violência multilateral: pode ser vertical, horizontal ou ascendente (violência que parte do subordinado contra um chefe). Deve ser uma violência continuada, aliás esta é uma de suas características, que vise excluir a vítima do mundo do trabalho, seja forçando-a a demitir-se, aposentar-se precocemente, como a licenciar-se para tratamento de saúde"[9].

O assédio moral na empresa pode ser descendente, horizontal e ascendente, como já visto. Segundo *Paulo Peli & Paulo Teixeira,* o assédio moral descendente é "caracterizado pela ação de um superior hierárquico sobre um subordinado"; o horizontal, "pela ação entre pessoas do mesmo nível hierárquico"; e o ascendente, "pela ação de baixo para cima, ou seja, de um subordinado em relação ao seu superior hierárquico. Este é o menos freqüente dentre os três, mas, por vezes, também ocorre e é mais comumente encontrado nas empresas públicas em decorrência da estabilidade no emprego"[10]. A Ministra *Maria Cristina Irigoyen Peduzzi* ressalta também que o assédio moral pode ser "horizontal — entre colegas de mesma hierarquia — ou mesmo vertical ascendente — quando parte de um grupo de subordinados e se dirige a seu superior direto. Trata-se, portanto, de uma circunstância individual ou coletiva"[11].

O assédio moral também pode ser originado de forma indireta (ou a distância), conforme assinala *Ana Parreira,* e cita como exemplo a hipótese "do chefe, para não ser descoberto, manipula outros funcionários para que persigam o alvo em seu lugar (o chefe é mandante), assim, seu comportamento fique menos evidente"[12].

Paulo Peli & Paulo Teixeira também apontam que há distinção entre assédio moral e discriminação, ao afirmarem que o assédio moral "se reveste das características já mencionadas e tem o objetivo de humilhar independentemente das características pessoais da vítima e a discriminação se dá pela retirada ou restrição a um direito, como, por exemplo, na questão racial, na qual por vezes tenta-se impedir o direito de ir e vir ou ainda em relação às pessoas portadoras de necessidades especiais"[13].

Cláudio Armando Couce de Menezes, em trabalho relacionado com o assédio moral e seus efeitos jurídicos, aponta várias hipóteses que podem resultar na sua caracterização, como segue:

---

(7) Ob. cit., p. 223.
(8) Ob. cit., p. 43.
(9) Ob. cit., p. 223.
(10(Ob. cit., p. 31.
(11) *Site* do Tribunal Superior do Trabalho. Matéria especial: assédio moral na Justiça do Trabalho (www.tst.gov.br).
(12) *Assédio Moral, Um Manual de Sobrevivência.* 2007, Russell Editores, Campinas, SP, p. 34.
(13) Ob. cit., p. 31.

"1) muito comum é o assédio em circunstâncias em que o empregado ou a empregada goza de estabilidade ou de alguma garantia no emprego. Nesses casos, é perpetrado através da discriminação; rigor excessivo; provocações; inação forçada; serviços superiores às forças do trabalhador, vexatórios ou distintos daqueles relacionados com as suas funções;

2) no caso de ação movida pelo obreiro contra o patrão, quando este não é sumariamente despedido, não raro passa o empregador ou seu preposto a infernizar a vida do demandante, através de uma infinidade de expedientes, sendo ainda muito freqüente a preterição em promoções, rebaixamento de fato de funções, retorno às funções originais etc.;

3) despedidas, antecipadas de atos humilhantes (sala trancada, pertences pessoais na porta, gavetas esvaziadas, repreensão pública, circular interna);

4) pôr o empregado, incômodo ou em relação a quem se nutre uma antipatia, a trabalhar em espaço exíguo, mal iluminado e mal instalado;

5) tarefas e objetivos irrealizáveis;

6) ameaças constantes de dispensa, coletiva ou individual;

7) superior hierárquico que põe sempre em dúvida o trabalho e a capacidade do obreiro;

8) determinado chefe que trata seus funcionários rudemente, com agressões verbais e sistemáticas;

9) empregado que é vítima de comentários maldosos de ordem sexual, racial ou social;

10) retorno de empregado após período de licença médica ou de outra natureza, especialmente quando de longa duração. O empresário e seus gerentes e chefes, não raro, buscam se descartar desse 'problemático' trabalhador, através da inação forçada, transferência de funções e de local de trabalho e congelamento funcional, entre outros procedimentos"(14).

Segundo *Emmanuel Teófilo Furtado*, "pode haver a manifestação do assédio moral através da postura do chefe que, para atingir os objetivos da política da empresa, hostiliza o operário, o qual, em sua ótica, não se enquadra em tal perfil, seja pelo desprezo, como se aquele trabalhador não existisse, nem tivesse um potencial a ser explorado, muitas vezes deixando até mesmo de lhe dar um singelo bom-dia, ou como vai, seja não lhe passando qualquer tarefa, o que já caracterizaria o ilegal contrato para nada fazer, seja passando tarefas as mais pífias sem interesse, e mesmo aquém da capacidade do empregado. Da mesma sorte, pode se manifestar através da exigência de pressa além da possível na execução do serviço pelo laborista, quando às vezes o serviço do dia anterior sequer foi examinado pelo rigoroso chefe. Quando não, muda ou transfere o empregado de setor ou de turno, sem qualquer prévia comunicação ou consulta, nem muito menos existir a real necessidade do serviço. Outra forma se dá é mudando o empregado para função inexistente. Tudo sempre acompanhado de críticas e comentários que ridicularizam o obreiro. Sói acontecer, outrossim, de o chefe dar ordens por intermédio de terceiros ou de tecer comentários maledicentes que vilipendiam a dignidade e a intimidade do trabalhador, muitas vezes colocando em risco a própria vida deste"(15).

---

(14) "Assédio Moral e Seus Efeitos Jurídicos", Revista do Direito do Trabalho, vol. 108, ano 28, outubro-dezembro/2002, RT, SP, p. 198.

(15) *Preconceito no Trabalho e a Discriminação por Idade*, agosto/2004, LTr, SP, p. 263.

Acrescenta ainda o autor: "Poder-se-ia afirmar que estaria apto a realizar o assédio moral todo chefe que serve a empresa como verdadeiro vassalo, repassando ordens sem uma prévia reflexão, numa verdadeira obediência cega. Na verdade, em grande parte das vezes quem é violento não o é por instinto, mas por conta de uma atividade humana apreendida, inculcada e reproduzida, a qual somente se efetiva em relações assimétricas, onde predomina determinada estrutura de poder. A intenção daquele que pratica a violência moral é na maioria das vezes a de fazer seu subordinado aceitar as normas e ordens sem qualquer crítica ou análise"(16).

Assinala também *André Luiz Souza Aguiar* que "a violência do assédio moral entre os elementos de uma organização, conforme casos analisados, reduz a produtividade e resulta na doença de trabalho. Entretanto, o papel exercido pela má chefia não atinge exclusivamente a saúde dos seus subordinados, mas alcança também a saúde das organizações. O prejuízo com o assédio moral não é privilégio do trabalhador, pois elevados custos administrativos e baixo poder de competitividade no mercado atingem frontalmente a organização. O recrudescimento do assédio moral e o aviltamento do trabalhador chamam a atenção, em vista disso, para outro ponto: a quantificação de perdas oriundas desse tipo de comportamento, na contabilização dos resultados finais da empresa, principalmente devidas ao ônus das indenizações por danos morais", acrescentando que, "apesar do conhecimento desse tipo de comportamento nos seus quadros funcionais e dos processos judiciais trabalhistas julgados procedentes, as organizações, de um modo geral, não têm verificado os efeitos decorrentes do assédio moral na deterioração do ambiente de trabalho, vale dizer, não mensuram as perdas advindas da improdutividade do corpo funcional, não relacionam essas perdas com o clima organizacional, não contabilizam o ônus por indenizações trabalhistas, e não apuram, enfim, a responsabilidade de quem o pratica, como se fosse algo simples, sem nenhuma implicação no seu resultado final e sem conseqüência alguma sobre o bem-estar do empregado atingido"(17).

A verdade é que o assédio moral se apresenta de várias maneiras, e nesse sentido afirma *Teófilo Furtado* que o "assédio provoca danos os mais variados à saúde da vítima, a qual passa a ter pesadelos e sonhar com o agressor, inicia severo processo de insônia, baixa a sua auto-estima; passa a ter pensamentos repetitivos e confusos, ao mesmo tempo que começa a ter dificuldade de memorização e concentração, num verdadeiro bloqueio mental; desenvolve um medo em relação ao futuro, quando não inicia um consumo exagerado de álcool ou mesmo de outras drogas; tem pensamentos suicidas ou mesmo chega a atentar contra a própria vida; desenvolve dores generalizadas, passa a ter distúrbios digestivos, hipertensão arterial, dores de cabeça, depressão, angústia, ansiedade, falta de ar, diminuição do apetite, emagrecimento ou aumento, sentimento de traição, raiva, mágoas e ressentimentos"(18).

Dando-se ênfase às variadas formas de incidência do assédio moral afirmam *Fábio Tomás de Souza* e *Normando Augusto Cavalcanti Júnior* que ele pode caracterizar-se "iniciando-se de forma dissimulada, por meio de um controle obsessivo, que redunda em contínuas repreensões disciplinares por atitudes irrelevantes. Outra tática utilizada pelo agressor é a colocação da vítima em situações de isolamento, quer físico quer pessoal", e acrescentam ainda que "o

---

(16) Ob. cit. p. 263.

(17) *Assédio Moral — O Direito à Indenização pelos Maus-Tratos e Humilhações no Ambiente do Trabalho*, junho/2005, LTr, SP, p. 128.

(18) Ob. cit. p. 264.

agressor pode se valer de outras manobras comuns para alcançar seus objetivos, tais: a imposição à vítima de objetivos inalcançáveis; falta de informação acerca da tarefa a ser cumprida; a negação imotivada de licenças; revogação de benefícios com os quais o trabalhador contava como certos; e, finalmente, a remoção repentina do trabalhador para outra área física menor e em mau estado. As críticas contínuas de seus atos; a difamação; a atribuição de tarefas sem sentido que inferiorizam e são humilhantes e o comprometimento da imagem da vítima perante seus pares também fazem parte do rol de manobras com as quais o agressor pode se valer para minar por completo a auto-estima de suas vítimas"[(19)].

A Desembargadora *Eneida Melo Correia de Araújo,* do TRT da 6ª Região, aponta que "o assédio moral quebra a integridade da vítima e degrada o ambiente do trabalho, isso gera o medo, a angústia, a desconfiança, a perda do respeito próprio e da harmonia indispensável ao desempenho das atividades. Assim sendo, afastar esse problema configura-se em mais um dever do empregador". E enfatiza ainda a autora que "o empresário, os grupos de trabalhadores, o Sindicato e o Estado, mediante regras de proteção à vítima e de prevenção, devem atuar de forma a usar dos recursos para evitar que o assédio moral se verifique e, registrando-se, possa o infrator ser punido e eliminado o ato nocivo". E mais, que "a empresa deve criar regras em seu regulamento ou mediante acordos e convenções coletivas, dotadas de uma carga de justiça e de eqüidade. Para tanto, é indispensável que haja a participação dos trabalhadores, dando ensejo à construção de um sistema normativo razoavelmente harmonioso", e por fim, que "redimensionamento do papel da empresa, buscando um perfil mais participativo, democrático e, portanto, justo, a fim de que se possa obter um relativo equilíbrio entre o capital e o trabalho"[(20)].

Sob o enfoque jurisprudencial, *Hidemberg Alves da Frota* aponta os exemplos mais encontrados, como seguem:

> "(1) Impor, seja de forma explícita ou velada, que a empregada 'saia' com os clientes ou lhes 'venda o corpo' e ainda se submeta à lubricidade dos comentários e investidas de superior hierárquico;
>
> (2) Criar 'para o trabalhador situações vexatórias e constrangedoras de forma continuada através das agressões verbais sofridas, incutindo na psique do recorrente pensamentos derrotistas originados de uma suposta incapacidade profissional';
>
> (3) Sujeitar 'o empregado a comentários humilhantes e vexatórios sobre sua produção e capacidade';
>
> (4) Invocar o 'fantasma do desemprego'. Trata-se da 'atitude patronal que, durante cerca de um ano, lembrou e exaltou aos seus empregados que a dispensa estava iminente';
>
> (5) Quando o empregador obriga o seu empregado a submeter-se a exame psiquiátrico além do regular e periódico, sugerindo que ele seja portador de doença mental, acatando indicação do superior hierárquico motivada na suspeita de um comportamento 'arredio e calado' que é atribuído ao obreiro"[(21)].

---

(19) *O Assédio Moral no Trabalho,* 2006, Fortium Editora, Brasília, DF, p. 29.

(20) Um Novo Perfil de Empresa como Fator de Prevenção do Assédio Moral. In *Direitos Humanos: Essência do Direito do Trabalho, Juízes para a Democracia.* Coordenação de Alessandro da Silva, Jorge Luiz Souto Maior, Kenarik Boujikian Felippe e Marcelo Semer, junho/2007, LTr, SP, p. 228.

(21) "Assédio Moral à Luz da Jurisprudência Trabalhista", Revista Justiça do Trabalho, n. 260/agosto/2005, H.S. Editora, RS, p. 74.

A Ministra *Maria Cristina Irigoyen Peduzzi* afirma que

"No julgamento de casos em que se alega a ocorrência de assédio moral, alguns aspectos são essenciais: a regularidade dos ataques, que se prolongam no tempo, e a determinação de desestabilizar emocionalmente a vítima, visando afastá-la do trabalho. Trata-se, portanto, de um conjunto de atos nem sempre percebidos como importantes pelo trabalhador num primeiro momento, mas que, vistos em conjunto, têm por objetivo expor a vítima a situações incômodas, humilhantes e constrangedoras.

A lista de procedimentos e atitudes passíveis de enquadramento como assédio moral é extensa. A lei do Rio de Janeiro relaciona circunstâncias como atribuir tarefas estranhas ou incompatíveis com o cargo, ou em condições e prazos inexeqüíveis; designar funcionários qualificados ou especializados para funções triviais; apropriar-se de idéias, propostas, projetos ou trabalhos; torturar psicologicamente, desprezar, ignorar ou humilhar o servidor, isolando-o de contato com colegas e superiores hierárquicos; sonegar informações necessárias ao desempenho das funções ou relativas a sua vida funcional; e divulgar rumores e comentários maliciosos ou críticas reiteradas e subestimar esforços, afetando a saúde mental do trabalhador.

A essa lista, acrescentam-se ainda atitudes como a 'inação compulsória' — quando a chefia deixa de repassar serviços ao trabalhador, deixando-o propositalmente ocioso —, a imposição de 'prendas' que o exponham ao ridículo, em caso de não atingimento de metas, entre outros. Trata-se, portanto, de práticas que resultam na degradação das condições de trabalho, por meio de condutas negativas dos superiores hierárquicos em relação a seus subordinados, acarretando prejuízos práticos e emocionais para o trabalhador e a empresa ou órgão. Os colegas, temerosos ou indiretamente interessados no afastamento da vítima, muitas vezes endossam o assédio moral."

A Ministra *Cristina Peduzzi* ressalta, porém, que o assédio moral difere do assédio sexual. Este, conforme definido na lei, caracteriza-se pela relação "vertical descendente" — ou seja, é praticado por um superior hierárquico, que usa de sua posição para obter favores sexuais dos subordinados(22).

Evidentemente, o elenco das hipóteses sublinhadas não esgota as causas que podem dar ensejo ao assédio moral. Isso porque existe até hipótese de o assédio sexual (que difere do assédio moral) transformar-se em assédio moral. E quem nos dá o exemplo é *Márcia Novaes Guedes*, cujo fato ocorreu na Marinha dos Estados Unidos, em que um alto oficial assediou sexualmente um marinheiro sendo por ele rejeitado. Aí, "abusando do poder que detinha, o oficial rejeitado determinou que lhe fossem reservadas as tarefas mais difíceis, arriscadas ou fatigantes; foi isolado do convívio com os demais colegas, ficando proibido de desfrutar junto ao grupo dos momentos de lazer, inclusive de jogar futebol, durante as pausas da jornada. Não suportando a desqualificação humilhante e o isolamento, solicitou a baixa do serviço"(23).

De tudo o que foi exposto até agora sobre o assédio moral e sua caracterização, a indagação que se faz é se existem instrumentos legais que possibilitem a interrupção do assédio moral, mesmo porque ele poderá estar num estágio em que nenhum dano foi efetivamente estabelecido.

---

(22) *Site* do Tribunal Superior do Trabalho. Matéria especial: assédio moral na Justiça do Trabalho (www.tst.gov.br).

(23) *Terror psicológico no trabalho*, 2003, LTr, SP, p. 167.

A questão ora levantada foi tratada por *Jorge Luiz de Oliveira da Silva,* o qual aponta precedente no Reino Unido.

Com efeito, referido autor assinala que, "Iniciado o processo de agressões, mesmo que ainda não tenha precipitado nenhuma espécie de dano à vítima, é de suma importância a consolidação da oportunidade de fazer cessar tal processo. Assim, a criação de um sistema de proteção direcionado, especificamente, contra o assédio moral, que contemple ingerências de mediações ou mesmo de determinações judiciais a respeito, que interrompam o processo antes dos danos emergirem, faz-se imprescindível dentro de uma política preventiva e/ou repressiva em relação ao fenômeno.

"No Reino Unido, há previsão no Protection From Harassment 1997, da chamada 'Injunção', que é uma espécie de acordo a ser firmado entre a vítima e o assediador, chancelado pelo Judiciário, para que cesse imediatamente o processo de assédio. Caso o assediador desrespeite os termos da Injunção, será responsabilizado criminalmente, sem prejuízo da responsabilidade civil caso sua conduta venha a caracterizar algum dano à vítima". E acrescenta o autor que "é nestes moldes que o processo de assédio moral ganha relevância jurídica, antes mesmo de produzir danos efetivos. Portanto, dotar a legislação de instrumentos que possibilitam interferência do Judiciário na dinâmica do processo, antes da precipitação dos danos à vítima e aos demais envolvidos reflexamente (familiares, amigos, a própria empresa, o Estado etc.) é medida salutar e essencial na luta contra o assédio moral no ambiente de trabalho, estabelecendo uma tutela inibitória especialmente direcionada ao fenômeno"[24].

Convém ressaltar, também, que o empregado que vier a sofrer assédio moral poderá não só pleitear em juízo trabalhista as verbas rescisórias decorrentes do contrato de trabalho, sob o fundamento de descumprimento de deveres legais e contratuais (art. 483, alíneas *a*, *b* e *d*, da CLT), como também postular a indenização por dano moral[25], a qual não se relaciona com as "indenizações trabalhistas", pois, a do dano moral está assegurada no art. 5º, X, da Constituição Federal. Por outro lado, a dimensão dada pelo dispositivo constitucional leva em consideração a dignidade da pessoa humana, numa acepção em que se congrega o respeito à cidadania, à imagem, à honradez e à auto-estima, que são, igualmente, valores inseridos como direitos fundamentais. Portanto, são direitos que extrapolam os constantes da rescisão contratual de cunho meramente trabalhista.

Por outro lado, os atos do assediante, dependendo da gravidade, podem gerar situações não só perturbadoras à saúde do trabalhador, mas também de natureza psicológica, a ponto de exigir gastos com remédios e tratamentos. Em tais hipóteses, o trabalhador, além de postular a rescisão indireta do contrato de trabalho, a indenização por dano moral, poderá reivindicar também a indenização por dano material, mas para isso deverá comprovar as razões e as despesas efetivadas.

Não poderíamos deixar de consignar que *Ana Parreira,* na obra "Assédio Moral, Um Manual de Sobrevivência", além de dar um enfoque diferente no trato da matéria, ao analisar a vítima, o assediador, a empresa, os profissionais legais e de saúde, a família das emoções, os

---

(24) *Assédio Moral no Ambiente do Trabalho,* 2005, Editora e Livraria Jurídica do Rio de Janeiro, RJ, pp. 70/71.

(25) O STF, assim decidiu:
"Recurso extraordinário. Indenização por danos materiais e morais. Cumulação. Possibilidade. Inteligência do art. 5º, V, da Constituição, que preconiza apenas a existência de indenização por ofensa à moral das pessoas, não cuidando de suas eventuais causas. Precedentes do Tribunal. Agravo regimental desprovido" (STF — AgRg em RE n. 222.878/DF, 1ª T., Relª Min. Ellen Gracie, DJ 9.11.01, p. 52).

danos, as síndromes e os afastamentos, na parte das provas do assédio, afirma que "Organizar-se, como sempre, é chave de tudo. Juntar documentos, carteira de trabalho, gravações, bilhetes escritos pelo assediador ou por colegas, documentos relacionados ao caso, fotos e objetos. Alguns *e-mails,* por exemplo, enviados a todos, mas não à vítima, podem servir como provas de sua exclusão do grupo e das informações que o grupo recebia, como há casos verídicos. Também pedidos de transferência de setor, cartas de advertência e outras manifestações que realmente estejam ligadas ao caso"(26).

Acrescenta ainda a autora que, "um histórico do assédio, por escrito, também deve ser juntado, resumindo o que a vítima terá registrado em seu diário e na memória. Além disso, o advogado pode orientar a coleta de outros documentos que sirvam como prova. Essas informações podem ser arquivadas em uma pasta, por ordem de data. Essa pasta, que podemos chamar de 'Provas', e mais a pasta de 'Saúde' serão analisadas pelo advogado. Quanto mais resumido e coerente o conteúdo de ambas as pastas, mais fácil fica ao advogado compreender e caracterizar o assédio. Afinal, ele não passou por isso, então, é de se esperar que seja o primeiro a estranhar um relato de assédio, até que seja convencido de que as coisas de fato aconteceram", e justifica tais cautelas ao afirmar que, "É incrível, mas o assédio moral é uma violência invisível que só pode ser constatada se houver provas visíveis"(27).

Ultimamente, surgiram várias reclamações que têm como pleito indenização a título de dano moral, fundada em assédio moral, algumas delas sendo julgadas procedentes e outras não, mesmo porque, para a sua configuração, é necessário que a prova seja robusta e indene de dúvida, justamente para não se banalizar a sua ocorrência.

Finalmente, é importante assinalar que o assédio moral é muitas vezes praticado por prepostos do empregador. Este só vem a tomar conhecimento do fato por intermédio de reclamatória trabalhista, não obstante responderá pelos atos dos seus prepostos. Por causa disso, é que deverá haver na empresa um trabalho de conscientização, principalmente para o pessoal de comando ou de chefia, no sentido de que o trabalho sadio e produtivo está relacionado em muito com o ambiente de trabalho, enfatizando-se também que o empregado faltoso que deu origem ao ato lesivo e conseqüente ação contra o empregador poderá ser responsabilizado por este em ação regressiva ou, quando não, na mesma ação promovida pelo reclamante, se for aceita a denunciação à lide do empregado infrator.

2. REFERÊNCIAS LEGAIS

Constituição Federal

Art. 1º A República Federativa do Brasil, formada pela união indissolúvel dos Estados e Municípios e do Distrito Federal, constitui-se em Estado Democrático de Direito e tem como fundamentos:

....

III — a dignidade da pessoa humana;

IV — os valores sociais do trabalho e da livre iniciativa;

....

Art. 5º Todos são iguais perante a lei, sem distinção de qualquer natureza, garantindo-se aos brasileiros e aos estrangeiros residentes no País a inviolabilidade do direito à vida, à liberdade, à igualdade, à segurança e à propriedade, nos termos seguintes:

....

(26) Ob. cit., pp. 153/54.
(27) Ob. cit., p.154.

V — é assegurado o direito de resposta, proporcional ao agravo, além da indenização por dano material, moral ou à imagem;

....

X — são invioláveis a intimidade, a vida privada, a honra e a imagem das pessoas, assegurado o direito a indenização pelo dano material ou moral decorrente de sua violação;

....

Código Civil de 2002

Art. 11. Com exceção dos casos previstos em lei, os direitos da personalidade são intransmissíveis e irrenunciáveis, não podendo o seu exercício sofrer limitação voluntária.

....

Art. 20. Salvo se autorizadas, ou se necessárias à administração da justiça ou à manutenção da ordem pública, a divulgação de escritos, a transmissão da palavra, ou a publicação, a exposição ou a utilização da imagem de uma pessoa poderão ser proibidas, a seu requerimento e sem prejuízo da indenização que couber, se lhe atingirem a honra, a boa fama ou a respeitabilidade, ou se se destinarem a fins comerciais.

Parágrafo único. Em se tratando de morto ou de ausente, são partes legítimas para requerer essa proteção o cônjuge, os ascendentes ou os descendentes.

Art. 21. A vida privada da pessoa natural é inviolável, e o juiz, a requerimento do interessado, adotará as providências necessárias para impedir ou fazer cessar ato contrário a esta norma.

....

Art. 186. Aquele que, por ação ou omissão voluntária, negligência ou imprudência, violar direito e causar dano a outrem, ainda que exclusivamente moral, comete ato ilícito.

Art. 187. Também comete ato ilícito o titular de um direito que, ao exercê-lo, excede manifestamente os limites impostos pelo seu fim econômico ou social, pela boa-fé ou pelos bons costumes.

....

Art. 927. Aquele que, por ato ilícito (arts. 186 e 187), causar dano a outrem, fica obrigado a repará-lo.

Parágrafo único. Haverá obrigação de reparar o dano, independentemente de culpa, nos casos especificados em lei, ou quando a atividade normalmente desenvolvida pelo autor do dano implicar, por sua natureza, risco para os direitos de outrem.

Lei n. 9.029, de 13.4.95

Art. 4º O rompimento da relação de trabalho por ato discriminatório, nos moldes desta lei, faculta ao empregado optar entre:

I — a readmissão com ressarcimento integral de todo o período de afastamento, mediante pagamento das remunerações devidas, corrigidas monetariamente, acrescidas dos juros legais;

II — a percepção, em dobro, da remuneração do período de afastamento, corrigida monetariamente e acrescida dos juros legais.

3. JURISPRUDÊNCIA

Assédio moral — Abalo psíquico ao empregado — Caracterização

Ementa: ASSÉDIO MORAL. INDENIZAÇÃO POR DANOS MORAIS. É considerado assédio moral aquele comportamento abusivo que, com a sua repetição, ameaça a integridade física ou psíquica de uma pessoa, de forma a tornar o ambiente de trabalho insuportável. Havendo comprovação que as atitudes promovidas por uma importante diretora da empresa ensejaram um forte abalo psíquico ao empregado, é devida a indenização por danos morais. TRT 1ª Reg. — Proc. 00295-2003-043-01-00-8 — (Ac. 5ª T.) — Rel. Juiz Marcelo Augusto Souto de Oliveira. DJRJ 22.9.05, p. 148.

Assédio moral — Abuso cometido de forma sub-reptícia — Configuração

Ementa: ASSÉDIO MORAL. REPARAÇÃO DE DANOS. A designação de empregado para substituir um mero equipamento eletrônico (sensor ótico) tem a clara conotação de represália e configura assédio moral, que se caracteriza por atitudes deliberadamente perversas, com objetivo de afastar o empregado do mundo do trabalho e que provoca danos à sua personalidade, à sua dignidade e até mesmo à integridade física ou psíquica, põe em perigo o emprego e degrada o ambiente de trabalho. O abuso não foi cometido de forma direta ou aberta, mas sub-reptícia, quase velada, por meio de uma simples designação funcional que colocou o autor em posição de humilhante debilidade, na substituição de um equipamento eletrônico, provavelmente à vista de colegas que passaram a contribuir com os agressores primitivos, com as chacotas relatadas na petição inicial. Trata-se de colocar o empregado numa espécie de 'quarentena', prática que, infelizmente, tornou-se comum, em geral com o objetivo de pressioná-lo a desistir do emprego. Os danos morais são indiscutíveis e devem ser reparados pela empregadora, mediante pagamento de indenização. Recurso da empresa a que se nega provimento. TRT 9ª Reg. — RO 20143-2003-014-09-00-2 — (Ac. 2ª T. 03101/06) — Relª. Juíza Marlene T. Fuverki Suguimatsu. DJPR 3.2.06, p. 540.

Assédio moral — Abuso de direito por parte do empregador

Ementa: ASSÉDIO MORAL. ABUSO DE DIREITO POR PARTE DO EMPREGADOR. Segundo a autora Marie-France Hirigoyen, o assédio moral no trabalho é qualquer conduta abusiva (gesto, palavra, comportamento, atitude) que atente, por sua repetição ou sistematização, contra a dignidade ou integridade psíquica ou física de uma pessoa, ameaçando seu emprego ou degradando o clima de trabalho. O assédio moral se configura pela utilização tática de ataques repetitivos sobre a figura de outrem, seja com o intuito de desestabilizá-lo emocionalmente, seja com o intuito de se conseguir alcançar determinados objetivos empresariais. Se, por um lado, o objetivo pode ser apenas e tão-somente a "perseguição" de uma pessoa específica, objetivando a sua iniciativa na saída dos quadros funcionais, pode, também, configurar o assédio moral na acirrada competição, na busca por maiores lucros, instando os empregados à venda de produtos, ou seja, a uma produção sempre maior. O assédio ocorre pelo abuso do direito do empregador de exercer o seu poder diretivo ou disciplinar: as medidas empregadas têm por único objetivo deteriorar, intencionalmente, as condições em que o trabalhador desenvolve o seu trabalho, numa desenfreada busca para atingir os objetivos empresariais. O empregado, diante da velada ameaça constante do desemprego, se vê obrigado a atingir as metas sorrateiramente lhe impostas — ferindo o decoro profissional. TRT 3ª Reg. — RO 1301-2003-011-03-00-9 — (Ac. 1ª T., julg. 16.8.04) — Relª Juíza Adriana Goulart de Senna. DJMG 20.8.04.

Assédio moral — Adesão PDV — Pressão psicológica — Configuração

Ementa: ASSÉDIO MORAL. ADESÃO PDV. DANO MORAL CONFIGURADO. Adesão ao PDV deve ser espontânea, de acordo com a conveniência do trabalhador, livre de pressão. O reclamante não aderiu ao PDV, tendo sido colocado em "licença remunerada", por trinta dias, prorrogada sucessivamente até culminar com o desligamento imotivado. Nesse ínterim, recebeu vários "convites" a aderir ao Plano. Evidente que a licença, palestras, cartilhas, "Disque PDV", demonstrativo das verbas, formulários de inscrição etc., tinham o propósito de "convencer" o reclamante a aderir ao PDV. No entanto, desses expedientes, mais o contexto da prova oral coligida, infere-se atitudes que extrapolam a mera divulgação e ciência ao pessoal do programa demissional. O "modus operandi" desse "processo de convencimento" transcende aspecto informacional, enveredando-se pela seara da pressão psicológica, do assédio moral, com a finalidade de obter ilicitamente a adesão ao PDV, mormente quando o intento não é conseguido, o ferroviário acaba sendo descartado, como se fosse "um dormente de trilhos". Dano moral configurado. Sentença mantida. TRT 15ª Reg. (Campinas/SP) — RO 2170-2003-001-15-00-4 — (Ac. 45023/05-PATR, 11ª Câmara) — Rel. Juiz Edison dos Santos Pelegrini. DJSP 16.9.05, p. 58.

Assédio moral — Ameaças de dispensa do emprego — Exigência de tarefas extra contratuais

Ementa: ASSÉDIO MORAL. AMEAÇAS DE DISPENSA DO EMPREGO. EXIGÊNCIA DE TAREFAS EXTRA CONTRATUAIS. O assédio moral ocorre pelo abuso do poder diretivo do empregador, cuja intenção tanto pode ser simplesmente forçar a saída do empregado da empresa como a busca por objetivos pessoais ou empresariais. No caso, a recorrente utilizou-se de seu poder diretivo numa desenfreada aquisição por votos, intencionalmente ameaçando a autora na busca de seus objetivos, à revelia do contrato de trabalho que não abarcava a função exigida, numa conduta abusiva e degradante para o empregado. Recurso não provido. TRT 10ª Reg. — RO 00215-2006-006-10-00-8 — (Ac. 2ª T./06) — Relª Juíza Maria Piedade Bueno Teixeira. DJU3 6.10.06, p. 16.

Assédio moral — Aumento de produtividade e lucratividade em detrimento da dignidade da pessoa humana — Caracterização do dano moral — Indenização devida

Ementa: ASSÉDIO MORAL. AUMENTO DE PRODUTIVIDADE E LUCRATIVIDADE EM DETRIMENTO DA DIGNIDADE DA PESSOA HUMANA. CARACTERIZAÇÃO DO DANO MORAL. INDENIZAÇÃO DEVIDA. O ato de humilhar a autora praticado por preposto da reclamada, no intuito de pressioná-la a aumentar a produtividade, revela-se inaceitável, além de traduzir-se em inevitável ofensa a princípios constitucionais, em especial, a dignidade da pessoa humana, previsto no artigo 1º, III, da Carta Maior. Mesmo na competitividade, o ambiente de trabalho deve ser preservado de sorte a proporcionar a todos salubridade física e emocional, viabilizando um convívio harmonioso. Num contexto capitalista, o aumento de produtividade e, por conseguinte, de lucratividade, é desiderato de todos os empresários, porém, não deve ser alcançado por meio de ofensa à integridade emocional de seus empregados. A atitude assediante (assédio moral) de preposto da reclamada, representa, sem dúvida, dano moral à autora que era obrigada a trabalhar em ambiente desgastante e inóspito, permeado de humilhações perante os demais colegas e à sociedade. TRT 9ª Reg. — RO 03036-2004-664-09-00-6 — (Ac. 3ª T. 32095/05) — Relª Juíza Rosemarie Diedrichs Pimpao. DJPR 6.12.05, p. 327.

Assédio moral — Ausência de propósito específico e de agressão grave e individualizada à dignidade da trabalhadora — Não caracterização

Ementa: Assédio moral. Indenização. Caracterização. O assédio moral pressupõe agressão continuada e grave, a ponto de causar perturbação na esfera psíquica do trabalhador. Revela também discriminação, pois é especificamente dirigida e concentrada na pessoa daquele indivíduo determinado. Serve, ainda, a algum propósito eticamente reprovável. Hipótese em que, porém, a indicação é de encarregada que se dirigia a todos, indistintamente, de forma grosseira e inadequada. Ausência de propósito específico e de agressão grave e individualizada à dignidade da trabalhadora. Conduta que, embora reprovável, não serve, tecnicamente, à caracterização do assédio moral. Recurso da ré a que se dá provimento, nesse aspecto. TRT 2ª Reg. — RO 00030200604702002 — (Ac. 11ª T. 20070074237) — Rel. Juiz Eduardo de Azevedo Silva. DJSP 6.3.07, p. 13.

Assédio moral — Caracterização — Pressupostos objetivos — Desvio de finalidade do instituto

Ementa: DANO MORAL. CARACTERIZAÇÃO. PRESSUPOSTOS OBJETIVOS. DESVIO DE FINALIDADE DO INSTITUTO. O dano moral que impõe o dever de indenizar deve-se ancorar em pressupostos objetivos, causados pela conduta do agente agressor, expondo o ofendido a situações humilhantes e vexatórias, perante terceiros, maculando diretamente sua honra e imagem. O juiz, condutor do processo, no momento da formação de sua convicção, deve imprimir lente forte na leitura do contexto probatório, visando sobrepor-se aos limites subjetivos de "pesar íntimo" do empregado, que muitas vezes tem origem nas causas e motivações que originaram o rompimento do pacto laboral, sob pena de se incorrer na banalização do instituto. Inúmeras são as demandas que tramitam neste Foro Laboral, objetivando o pagamento de indenizações por danos morais, fulcrando-se em "sentimentos subjetivos" que desvirtuam a finalidade da indenização compensatória, transformando o Judiciário Trabalhista em "roletas da sorte". TRT 3ª Reg. — RO 00415-2004-114-03-00-0 — (Ac. 6ª T.) — Relª Juíza Maria Cristina Diniz Caixeta. DJMG 16.6.05, p. 9.

Da decisão, colhe-se a seguinte fundamentação:

"2.4. DANOS DECORRENTES DE ASSÉDIO MORAL — REPARAÇÃO

Passo seguinte, requer o Reclamante o pagamento de indenização por assédio moral no trabalho, com fulcro no art. 5º, V e X, da Constituição Federal, e arts. 927 e 186 do Código Civil. Alega que sofria pressões diárias da Diretoria, sempre voltadas para as exigências do Banco, de produção com eficiência e produtividade, sob pena de perda do emprego. Tamanha foi a coação resultante das sistemáticas campanhas de objetivos do Recorrido, quase inatingíveis, que se viu afetado psicológica e emocionalmente, acarretando danos à sua honra, moral, dignidade e imagem. Admitir tal conduta é abarrotar ainda mais a Previdência Social, tudo em nome do capitalismo selvagem e desenfreado, na busca constante do lucro. Não bastando, após longos anos de serviços prestados, foi chamado de incompetente perante todos os demais empregados da agência, conforme relatou a testemunha Ocimar Luiz Pereira. Ressalta que a conduta abusiva do Banco resta evidente, configurando ilícito capaz de ensejar a reparação vindicada, muito ao revés da conclusão a que chegou o d. Magistrado de primeiro grau (fls. 1.397-1.403).

O direito à indenização por dano moral (art. 186, do CCB, c/c art. 5º, X, da CF) submete-se à configuração de três pressupostos: erro de conduta do agente, contrário ao direito; ofensa a um bem jurídico (dano à vítima); nexo causal entre a antijuridicidade da ação e o dano verificado.

Analisando esses pressupostos, observamos que não há falar-se em erro de conduta por parte do Reclamado, vez que o depoimento da testemunha Ocimar Luiz Pereira Soares é isolado e inconsistente e rotulado pelo d. sentenciante como reticente e vago, o que capta a incidência do princípio da imediação pessoal, consubstanciado na relação direta do juiz com a testemunha, não podendo o mesmo ser revertido em proveito da tese autoral.

De outro lado, por ser o Reclamante pessoa bastante experiente exercendo atividades que o dotavam como verdadeiro substituto do empregador nas agências de Divino das Laranjeiras e Padre Eustáquio, não se pode admitir como coação psicológica o fato de o Reclamado exercitar cobranças voltadas para o alcance dos objetivos traçados pelo Banco.

Em verdade, não se tem, *in casu*, um ato positivo do Reclamado que possa amparar a pretensão reparatória deduzida. O Autor é que guarda um sentimento de desagrado íntimo em relação às causas e motivações que originaram o rompimento de seu contrato de trabalho.

A hipótese caracteriza desvio de fim, como cuida de explicitar o seguinte julgado:

DANOS MORAIS. CARACTERIZAÇÃO. SUBJETIVIDADE (SENTIMENTO ÍNTIMO DE PESAR) E OBJETIVIDADE (OFENSA À HONRA E À IMAGEM). MOMENTO DE CAUTELA. As hipóteses de desavença entre patrão e empregado, assim como aquelas que ensejam a dispensa motivada pelo empregador, descritas no art. 482/CLT, envolvem algumas situações que, realmente, podem vir a comprometer a honra e imagem do trabalhador que se vê imputado por uma daquelas condutas, de forma injusta, precipitada ou arbitrária, desde que o âmbito de ofensa da imputação exceda os limites da subjetividade. O ato de improbidade, por exemplo, é de tamanha seriedade, porquanto configura-se em mais que uma violação à confiança do empregador, mas uma violação de um dever legal, um dever moral. Constitui-se em um atentado ao patrimônio alheio, que revela desonestidade, abuso, má-fé. Assim, vislumbro que possa ser caracterizada a conduta dolosa por parte do empregador que acusa o empregado de atos desse porte e não logra êxito em provar suas acusações. Contudo, a concretização do dano moral que implica no dever de indenização só deve ser possível se a ofensa ultrapassar os limites da subjetividade, isto é, de forma que a conduta do empregador afete a honra e a imagem do empregado perante a sociedade, perante sua família, seu mercado de trabalho. Isto porque, nessas circunstâncias, há evidente prejuízo da imagem que ultrapassa aquele 'sentimento de pesar íntimo' da pessoa do ofendido. No nosso cotidiano turbulento, o sentimento íntimo de ofensa é experimentado por qualquer cidadão diante de uma imputação injusta, partindo até mesmo de entes queridos e próximos, até mesmo nas relações mais amorosas e amistosas... Daí por que, a indenização por dano moral deve extrapolar esse sentimento de pesar íntimo, para alcançar situações vexatórias e humilhantes, frente a terceiros, configurando-se o prejuízo à honra e à imagem.

Hoje, mais do que nunca, esse verdadeiro sentido da indenização por dano moral deve estar presente nessa Justiça Especial, 'momento de extrema cautela e conscientização', para que os pedidos de indenização por dano moral, que hoje abarrotam o poder judiciário, não se transformem numa verdadeira 'indústria' ou em um 'negócio lucrativo' para partes e advogados, o que traduziria uma completa deturpação do sistema (...).' (Juíza Maria Laura Franco Lima de Faria, RO/19389/97 — DJMG 18.08.98) (TRT 3ª R. — 2ª T. — RO/12349/01 — Rel. Juiz Hegel de Brito Boson. DJMG 17.10.2001, p. 22).

Assim, não existindo erro de conduta e, tampouco, dano (ofensa a um bem jurídico), a figura do nexo causal torna-se inexistente, não havendo falar em indenização por dano moral.

Nego provimento." (www.trt3.gov.br, 23.6.05)

Assédio moral — Castigo do empregador — Informação sobre a existência de empregados sem registro, após indagado pelo Fiscal do Trabalho — Configuração

Ementa: ASSÉDIO MORAL. O empregador que "castiga" o seu empregado por ter informado, após indagado pelo fiscal do trabalho, quando da realização de fiscalização por parte da Delegacia Regional do Trabalho, que existem na empresa empregados trabalhando sem o efetivo registro, colocando-o para trabalhar em local isolado dos demais, proibindo-o de conversar com os colegas e exigindo que peça permissão para ir ao banheiro, devendo, ainda, na ocasião, ser acompanhado pelos encarregados da empresa, excede manifestamente os limites traçados pela boa-fé e pelos costumes e ainda vulnera o primado social do trabalho, ultrapassando os limites de atuação do poder diretivo, para atingir a dignidade e a integridade física e psíquica desse empregado, praticando ato abusivo, ilícito, que ensejará justa reparação dos danos causados ao ofendido. TRT 3ª Reg. — RO 00871-2006-129-03-00-0 — (Ac. 5ª T.) — Rel. — Juiz Convocado Emerson Jose Alves Lage. DJMG 21.4.07, p. 24.

Da decisão, colhe-se o seguinte fundamento do voto do Juiz Relator:

"MÉRITO

REPARAÇÃO DE DANO MORAL

São invioláveis a honra, a dignidade e a integridade física e psíquica da pessoa, por força de expressa disposição de lei, garantias que têm destacada importância também no contexto do pacto laboral, fonte de dignidade do trabalhador. Daí porque a violação a qualquer desses bens jurídicos, no âmbito do contrato de trabalho, importará a indenização pelos danos dela decorrentes, tendo em conta que a igualdade preconizada no artigo 5º da Magna Carta deve ser considerada também na relação de respeito que deve nortear o contrato de trabalho.

A indenização por dano moral sofrido pelo empregado, no âmbito do contrato de trabalho, pressupõe, portanto, um ato ilícito, consubstanciado em erro de conduta ou abuso de direito, praticado pelo empregador ou por preposto seu, um prejuízo suportado pelo ofendido, com a subversão dos seus valores subjetivos da honra, dignidade, intimidade ou imagem, um nexo de causalidade entre a conduta injurídica do primeiro e o dano experimentado pelo último, dano este que, demonstrado a prática do ato ilícito e seu nexo causal com o trabalho, deduzir-se-á *in re ipsa*, pois decorre da própria violação perpetrada.

Disse então a reclamante, em síntese, que quando da realização de uma fiscalização por parte da Delegacia Regional do Trabalho nas dependências da reclamada, sendo ela membro da CIPA por indicação da empresa, foi abordada pelo respectivo fiscal que lhe indagou sobre a existência de empregados trabalhando sem o efetivo registro, ao que teria informado que boa parte deles se encontrava nesta situação. No dia seguinte ao ocorrido, foi abordada pelo preposto da reclamada, Sr. Renildo, que lhe informou que a partir de então seria ela "castigada" por ter denunciado a empresa. Foi, então, conduzida a uma mesa isolada dos demais empregados, sendo informada por outro encarregado, Sr. Jadilson, que aquele seria o local onde passaria a trabalhar, estando proibida de conversar com os colegas e de ir ao banheiro sem solicitar a um dos encarregados que, na oportunidade, deveria acompanhá-la até o local. Nesta mesma data o "dono" da demandante, Sr. Júlio, foi até a mesa onde estava trabalhando e, gritando, disse que ela era má influência para os demais empregados. Em face de notória injustiça passou a sofrer de hipertensão e ansiedade. No dia 15.05.06 faltou ao trabalho em virtude de doença de sua mãe e acabou sendo suspensa por três dias. No dia 30.05.06 foi sumariamente dispensada.

E, embora não se conforme a reclamada com a condenação imposta na origem ao pagamento de indenização por danos morais em virtude do assédio moral sofrido pela autora, coaduno com o entendimento primevo espelhado na bem fundamentada sentença de primeiro grau no sentido de que, in casu, restou cabalmente provada a conduta ilícita da reclamada, da qual, por sua natureza, decorre o dano passível de reparação, e o nexo de causalidade entre ambos.

Senão vejamos.

De início, como bem salientou o d. Juízo "a quo", a tese defensiva no sentido de que a reclamada desconhecia que a própria reclamante havia denunciado aos fiscais da DRT a existência de empregados trabalhando sem o efetivo registro foi infirmada pelo próprio depoimento pessoal do sócio-proprietário da empresa ao afirmar que "ficou sabendo através de outros empregados que a reclamante teria chamado a fiscalização do Ministério do Trabalho, sendo que tomou conhecimento de tais fatos cerca de dois a três dias depois da data em que a fiscalização ocorreu" (f. 130).

Por outro lado, a alegação empresária de que a reclamante não havia trabalhado nos dias 10.05.06 (dia em que ocorreu a dita fiscalização) e 12.05.06 (data da fiscalização informada pela autora), caiu por terra diante do cartão de ponto atinente ao mês de maio de 2006, apresentado pela demandada por determinação expressa do Juízo e no qual se constata que a autora trabalhou nos aludidos dias.

Doutro norte, as testemunhas obreiras foram uníssonas em confirmar os atos punitivos praticados pela reclamada e informados na peça de ingresso.

Com efeito, declarou a primeira testemunha obreira, Ilza Batista de Santana, que: "trabalhou para a reclamada de 19.05.03 a 31.05.06, como auxiliar de produção; que trabalhava em setor diferente da reclamante, mas no mesmo galpão; que a reclamada mudou a reclamante de função após a fiscalização ocorrida no dia 10.05.06; que a depoente ouviu o líder da sessão da reclamante, Sr. Renildo, dizer para a reclamante no dia 12.05.06 se ela estaria pronta para o castigo; que a depoente ouviu tal frase quando a reclamante e o Sr. Renildo estavam passando ao lado da mesa da depoente; que, após esse momento, a reclamante e o Sr. Renildo se dirigiram para uma mesa onde o outro encarregado chamado Sr. Jadilson estava esperando a autora; que a reclamante passou a trabalhar nessa mesa a partir desse momento; que nenhum outro empregado trabalhava nesse local antes da depoente, sendo que o mesmo ficava distante de todos os demais empregados; que a depoente estava indo pegar água no momento em que viu o Sr. Júlio, proprietário da reclamada, dando um murro na mesa e dizendo para a reclamante o que ela estava ganhando ao denunciar a empresa ao Ministério do Trabalho; que o Sr. Júlio também disse que ele tinha subornado um policial e os fiscais do trabalho, sendo que o sindicato era um sindicato mixuruca e, se ele quisesse, ele também poderia subornar o sindicato; que o Sr. Júlio disse para a reclamante que ela estava proibida de conversar com os outros empregados e que deveria ser escoltada pelos Srs. Jadilson ou Renildo para ir ao banheiro; que cerca de uma semana depois dessa conversa da reclamante com o Sr. Júlio a reclamante disse para a depoente a algumas outras empregadas que quando ela quisesse ir ao banheiro ela levantaria a mão e as colegas deveriam chamar os encarregados para autorizarem a mesma a ir ao banheiro; que em um determinado dia a depoente viu a reclamante levantando a mão, mas como não havia nenhum encarregado por perto, foi até a mesa da reclamante e disse que a acompanharia até o banheiro; que a reclamante disse para a depoente que ela deveria voltar ao seu local de trabalho porque seria prejudicada, já que a autora estava proibida de falar com os demais empregados; que a depoente foi dispensada no dia seguinte à data da dispensa da reclamante; que somente a depoente, a reclamante e uma outra empregada foram dispensadas por volta do dia 31.05.06; que essa outra empregada também conversava com a reclamante; que a reclamante era operada de máquina, executando grimpagem de cabos; que após o dia 12.05.06 a reclamante passou a fazer fusíveis e tomadas; que a reclamada tinha o costume de variar as atividades desempenhadas pelos empregados de acordo com as demandas da empresa, mas os empregados jamais eram transferidos das suas mesas; que cada empregado tinha a sua mesa e permanecia na mesma independentemente das atividades que estivesse desempenhando; que no setor da reclamante havia espaço nas mesas para a realização de serviços com fusíveis e tomadas; ... que a depoente viu a reclamante sendo acompanhada até o banheiro cerca de duas a três vezes; que a reclamante falou para a depoente, na hora do café, que tinha deixado de tomar o remédio para pressão porque o mesmo fazia com que ela tivesse vontade de ir ao banheiro diversas vezes; que a mesa em que a reclamante passou a trabalhar a partir do dia 12.05.06 era distante dos demais empregados, embora a depoente não saiba definir uma metragem; que a distância era maior que essa sala de audiência" (130/131).

No mesmo sentido o depoimento prestado pela segunda testemunha ouvida a rogo da autora, Vilma Coimbra Neves, segundo a qual: "trabalhou para a reclamada de 08.09.04 a 11.08.06, como auxiliar de produção; que a depoente trabalhava no setor de revisão e a reclamante trabalhava inicialmente como operadora de máquina; que a depoente ouviu dos demais colegas de trabalho que a reclamante teria denunciado a reclamada em razão de existirem empregados sem a assinatura da CTPS; que a depoente viu a reclamante trabalhando em um local mais deserto a partir do dia 12.05.06; que a Sra. Ilza, primeira testemunha da reclamante, disse para a depoente, no dia 12.05.06, que ela tinha visto o líder da reclamada levando a autora para essa mesa e dizendo para ela que ela ficaria de castigo; que a reclamante não podia falar com os outros empregados; que a reclamante tinha que levantar a mão para que o encarregado a acompanhasse até o banheiro; ... que viu a reclamante levantando a mão para ir ao banheiro umas cinco ou seis vezes; que os demais empregados poderiam ir ao banheiro com liberdade, sem ter que levantar a mão; .. que o setor de tomadas foi transferido de local em data posterior ao dia em que a reclamante passou a ser punida; ... que quando havia necessidade de auxiliar o setor de tomadas, alguns empregados pegavam o material e iam trabalhar no seu próprio setor, enquanto outros passavam a trabalhar no setor de tomadas; .. que não havia nenhum outro empregado que trabalhasse no local em que a reclamante passou a laborar a partir do dia 12.05.06; que a reclamante ficou isolada dos demais empregados" (f. 132).

Já os depoimentos prestados pelas testemunhas empresárias, dentre as quais os mencionados encarregados, não podem ser validados como meio de prova. A uma, porque, segundo a MM. Juíza de primeiro grau, as declarações dadas pelas testemunhas obreiras foram firmes e convincentes, o que não se verificou naqueloutros e, conforme é consabido, quando se trata de avaliação da prova oral produzida, deve a instância revisora, pelo menos em princípio, prestigiar a valoração do conjunto probatório feita pelo Juízo de primeiro grau, eis que este é quem teve contato direto com os depoentes, estando em melhores condições de estabelecer seu grau de credibilidade a partir de seu comportamento e de sua atitude em audiência, o que os autos não têm como registrar. A duas, porque, de fato, as testemunhas ouvidas a rogo da reclamada foram deveras contraditórias com os fatos e provas constantes dos autos.

As testemunhas empresárias, ao afirmarem que jamais ouviram qualquer comentário no sentido de que a autora teria denunciado a empresa para o Ministério do Trabalho contrariaram o que foi afirmado pelo próprio sócio-proprietário da ré, em seu depoimento pessoal.

A primeira testemunha ouvida a rogo da demandada, José Jadilson da Silva, como bem salientou o d. Juízo "a quo", chegou a contradizer a si mesmo em seu depoimento. Isto porque embora tenha dito, inicialmente, que "o empregado sempre é transferido de sua mesa quando tem que auxiliar outro setor", afirmou que "na verdade, o empregado pode ir para o setor de tomadas para realizar atividades do mesmo ou pegar as tomadas e ir trabalhar no seu próprio setor". Mais adiante declarou que "a mesa da reclamante ficava no setor de tomadas, sendo próxima ao bebedouro", afirmando, em seguida que "os setores de estamparia, ferramentaria, fábrica de fio e laboratório ficam próximos ao bebedouro, sendo somente os mesmos". Ao ser indagado pelo Juízo acerca de tal incongruência disse que "então, o setor de tomadas também fica próximo ao bebedouro" (depoimento de f. 133).

Como se não bastasse, o Sr. José Jadilson afirmou que "o Sr. Renildo foi quem decidiu que a reclamante seria transferida de mesa" (f. 134). No entanto, o Sr. Renildo, em seu depoimento, afirmou que "o encarregado geral foi quem decidiu que a reclamante seria transferida de mesa" (f. 134) e, portanto, o Sr. José Jadilson.

Também não se entenderam as testemunhas apresentadas pela reclamada quanto aos empregados que trabalhavam próximos à indigitada mesa para a qual foi transferida a reclamante e, tampouco, quanto à sua localização.

Diante das contradições dos depoimentos prestados pelas testemunhas empresárias, das inverdades declaradas pela ré, em sua defesa, outra saída não há senão reconhecer que a autora, de fato, foi "castigada", humilhada e constrangida, repetida e prolongadamente, pela reclamada, sendo patente o assédio moral por ela sofrido.

Insta salientar que o registro de freqüência colacionado aos autos (f. 101) infirma a assertiva defensiva de que a autora, após a fiscalização da DRT, trabalhou somente durante quatro dias, faltando, pois, um dos requisitos do assédio moral, qual seja, a repetição do ato ilícito.

Ademais, a notícia contida nos autos (depoimento da primeira testemunha obreira — f. 130/131) no sentido de que o Sr. Júlio, ao confrontar a demandante, disse que havia subornado um policial e os fiscais do trabalho, assim o fazendo aos brandos, só reforça a pressão psicológica impetrada sobre a reclamante, o que, inclusive, e apesar da gravidade do afirmado, não nos impõe o encaminhamento de ofício aos órgãos competentes para apuração do suposto crime, dado o próprio contexto e circunstâncias pelo qual foi realizado, como dito, de pressão psicológica à autora. Não há prova concreta do ocorrido, sendo temerário acolher os fatos afirmados.

O exercício abusivo do direito e o conseqüente ato ilícito em questão caracterizam o assédio moral, também denominado mobbing ou bullying, tema que já vem merecendo destacada importância na sociologia e medicina do trabalho, assim como no meio jurídico. Essa conduta injurídica vem sendo conceituada, no âmbito do contrato de trabalho, como a manipulação perversa e insidiosa que atenta sistematicamente contra a dignidade ou integridade psíquica ou física do trabalhador, objetivando a sua exposição a situações incômodas e humilhantes caracterizadas pela repetição de um comportamento hostil de um superior hierárquico ou colega, ameaçando o emprego da vítima ou degradando o seu ambiente de trabalho.

A ilustre Juíza do Trabalho MARTHA HALFELD FURTADO DE MENDONÇA SCHMIDT, desta 3ª Região, em seu excelente artigo "O Assédio Moral no Direito do Trabalho" (ABMCJ em Revista, vol. 02, p. 109/135), conceituou assim o assédio moral:

"Juridicamente, o assédio moral pode ser considerado como um abuso emocional no local de trabalho, de forma maliciosa, não-sexual e não-racial, com o fim de afastar o empregado das relações profissionais, através de boatos, intimidações, humilhações, descrédito e isolamento. (...) O assédio pode ser também visto através do ângulo do abuso de direito do empregador de exercer seu poder diretivo ou disciplinar. Porque é sob o manto do exercício normal de suas prerrogativas patronais que o assédio se manifesta mais freqüentemente. Nessas hipóteses, as medidas empregadas têm por único objetivo deteriorar, intencionalmente, as condições em que o trabalhador desenvolve seu trabalho".

Segundo a i. Juíza, o empregado que sofre assédio moral "é objeto de condutas abusivas, manifestadas por comportamentos, palavras, atos, gestos ou escritos repetidos, os quais podem agredir sua personalidade, sua dignidade ou sua integridade física ou moral, degradando o clima social".

Este tratamento discriminatório foi inequivocamente imposto à reclamante. O ato ilícito praticado pela ré e seus prepostos está aí demonstrado, e deve sofrer justa reparação, a cargo dos ofensores, em favor da autora, ofendida, segundo os termos dos artigos 927 e 932, inciso III, ambos do Código Civil.

A existência do ilícito já se traduz, por si só, em suporte para a busca indenizatória do dano moral, dada a subversão de valores aceitos pelo homem comum como o trabalho, a honestidade e o caráter que compõem a dignidade pessoal. Não bastasse isso, a agressão a um desses valores lesiona a honra da pessoa, restando assim caracterizado o dano, o prejuízo alegado.

Conquanto possa a lesão projetar-se objetivamente em forma de um sentimento de angústia, sofrimento, indignação, é realmente abstrata a sua consideração, estando aí a dificuldade encontrada por alguns operadores do Direito em estabelecer a configuração do dano moral. Todavia, já se sabe que a proteção à honra assegurada na Constituição da República não consiste apenas no direito da pessoa de não ser lesada na sua consideração social. A proteção alcança, também, o direito de não ser ofendida na sua dignidade, considerada esta em si mesma. Está jungida à agressão de um valor subjetivo que vai redundar em sofrimento para a vítima, mais em função do que vai abstrair do ato ela mesma, do que haverão de pensar os outros dela. A agressão estaria, para o Direito Penal, por exemplo, *mutatis mutandis*, como o fato delituoso tipificado como injúria, que é configurado independentemente de a ofensa ao valor subjetivo da pessoa ter sido divulgada a terceiro ou propagada pelo autor do delito.

As conseqüências psicológicas do assédio moral são de tal monta que, segundo avaliações científicas sobre o tema, têm causado males cujos efeitos se prolongam por toda a vida, muitas das vezes. É por essa razão, inclusive, que tramitam no Congresso Nacional vários projetos de lei, com destaque para o PL 4742/2001, que pretende introduzir no Código Penal Brasileiro o artigo 146-A que tipifica o crime de assédio moral no trabalho como sendo a desqualificação por meio de palavras, gestos ou atitudes, da auto-estima, segurança ou imagem do servidor público ou empregado, em razão de vínculo hierárquico funcional ou laboral.

Além disso, o Anexo II da NR-17, recentemente editado pelo Ministério do Trabalho, e analogicamente aplicável ao caso dos autos, dispõe, em seu item 5:

"5.6. Com o fim de permitir a satisfação das necessidades fisiológicas, as empresas devem permitir que os operadores saiam de seus postos de trabalho a qualquer momento da jornada, sem repercussões sobre suas avaliações e remunerações".

(...)

5.12 é vedada a utilização de métodos que causem pressão de trabalho, assédio moral, medo ou constrangimento".

Tudo isso considerado e mais a extensão da lesão, a situação sócio-econômica das partes e o grau de culpa da reclamada, entendo que se mostra justa a condenação por danos morais imposta na origem, no importe de R$10.000,00. Desprovejo." (www.trt3.gov.br, 18.6.07)

Assédio moral — Cerceio do direito ao trabalho — Dano moral configurado — Indenização devida

Ementa: ASSÉDIO MORAL. CERCEIO DO DIREITO AO TRABALHO. DANO MORAL CONFIGURADO. INDENIZAÇÃO DEVIDA. A dispensa do comparecimento ao local de trabalho, longe de representar liberalidade do empregador, é atitude perversa que pode trazer danos à personalidade, à dignidade e à integridade psíquica do trabalhador. O trabalho, garantia constitucional expressa no *caput* do art. 6º, não significa apenas direito ao emprego, à colocação no mercado de trabalho, mas ao efetivo desempenho de atividades. A premissa é de que, além do salário para satisfazer as necessidades próprias e da família, o trabalhador tem direito a resguardar a imagem de elemento produtivo. É comum o rompimento de barreiras éticas quando a empresa adota "estratégias empresariais", em especial aquelas que visam aumentar a produção e diminuir os custos. A degradação das condições de trabalho, em que se inclui a dispensa de comparecimento, sem prejuízo dos salários, faz com que o trabalhador sinta-se humilhado perante os colegas, a família e o grupo social. Esse ataque à dignidade profissional é grave e não permite sequer cogitar de que os salários do período de inação compensem os sentimentos negativos experimentados. O dano moral é inegável e deve ser indenizado. Recurso a que se nega provimento para manter a condenação em indenização por dano moral. TRT 9ª Reg. — Proc. 03179-2002-513-09-00-5 — (Ac. 6.727-2004) — Relª Juíza Marlene T. Fuverki Suguimatsu. DJPR 16.4.04, p. 518.

Assédio moral — Cobranças excessivas acerca de metas, acompanhadas de ameaça da perda de emprego — Não configuração

Ementa: I — ASSÉDIO MORAL. NÃO CONFIGURAÇÃO. Não estando patente o dano moral ou à imagem do reclamante, oriundo de ato do empregador, descabida qualquer indenização a respeito. II — O bancário, na condição de "Gerente de contas de Pessoa Jurídica", detendo, para o exercício da função, de uma fidúcia maior que a genérica, exigida do empregado comum, enquadra-se na exceção contida no artigo 224, § 2º, da CLT, não fazendo jus à 7ª e 8ª horas trabalhadas, como extraordinárias, mormente quando, além do horário, recebe a gratificação de função superior ao terço previsto na Lei. TRT 3ª Reg. — RO 01673-2004-012-03-00-2 — (Ac. 5ª T.) — Rel. Juiz Luiz Philippe V. de Mello Filho. DJMG 11.6.05, p. 15.

Da referida decisão, colhemos a seguinte fundamentação:

"ASSÉDIO MORAL

O reclamado manifesta seu inconformismo com a r. decisão de primeiro grau, na qual foi reconhecido o direito do autor ao recebimento de uma indenização de R$ 40.000,00, por assédio moral. A tese perfilhada na r. decisão atacada é no sentido de que o reclamado, em função de cobranças excessivas acerca de metas, acompanhadas de ameaça da perda de emprego, expôs o reclamante a uma situação degradante, afetando sua auto-estima, de modo a fazê-lo duvidar de sua capacidade profissional, ficando dessa forma caracterizado o assédio moral.

Pela prova oral produzida, é extreme de dúvida que o autor, no desempenho de suas funções, estava sujeito ao cumprimento de metas, fixadas pelo empregador. Todavia, não se pode concluir pelos elementos constantes dos autos que essas metas eram excessivas, superiores à capacidade dos empregados, a ponto de abalá-los moralmente, ou mesmo que sofriam pressão para cumpri-las mediante a ameaça da perda do emprego.

Essa assertiva tem por suporte o depoimento da testemunha Cláudio Gonçalves Rocha, fls. 337-338, que, a despeito de ter afirmado que eram pressionados a cumprir metas difíceis de serem alcançadas porque compreendiam valores muito altos, e, que, inclusive, nas reuniões, era mencionado o risco da perda da função e a capacidade técnica para o exercício dela, disse que 'desconhece algum caso em que tenha se concretizado a dispensa do empregado pelo não cumprimento de metas'.

Ademais, a testemunha Mário Antônio Alvarenga Frois afirmou que nunca presenciou cobranças em reuniões da qual participasse todo o quadro da agência.

Ora, a fixação de metas é um procedimento normal em qualquer emprego, assim como a cobrança de seu cumprimento. Insere-se no poder diretivo do empregador, a que alude o art. 2º, da CLT, desde que não extrapolado.

Ademais, pelo depoimento da testemunha Cláudio Gonçalves Rocha, ficou patenteado que o reclamado premiava os empregados que alcançavam as metas, o que vem demonstrar a atitude positiva do empregador, de incentivo ao empregado; e de que sua conduta não consistia apenas em cobranças, mas em reconhecimento do serviço prestado.

Diante dessas considerações, impõe-se o reconhecimento de que, no caso em exame, não restou configurada a potencialidade do dano, a ilicitude moral, a conduta contra os preceitos morais do reclamante.

Destarte, dou provimento ao recurso, neste aspecto, para excluir da condenação a indenização por assédio moral, no importe de R$ 40.000,00." (www.trt3.gov.br, 6.7.05, 20h.32m)

Assédio moral — Comportamento desleal e ímprobo ao reclamante - Ocorrência — Dever de indenizar

Ementa: ASSÉDIO MORAL. OCORRÊNCIA. DEVER DE INDENIZAR. O dano moral ocorre na esfera da subjetividade, traduzindo-se em sentimento de pesar íntimo do ofendido, capaz de gerar prejuízo ao aspecto afetivo ou social do seu patrimônio moral. Entretanto, para o deferimento da indenização, deve ficar provado o nexo de causalidade entre o dano e a conduta do ofensor, ou seja, que esta gerou aquele, bem como a existência do ato tido como ilícito. O empregador, ao imputar comportamento desleal e ímprobo ao empregado, para justificar a sua demissão, o submete a dor psicológica, bem como a perturbação da sua dignidade moral, restando configurado o nexo de causalidade entre dano e a conduta do ofensor, fazendo-se presente o dever de indenizar. TRT 10ª Reg. — RO 01814-2005-811-10-00-9 — (Ac. 1ª T./06) — Rel. Juiz Pedro Luis Vicentin Foltran. DJU3 15.9.06, p. 35.

Assédio moral — Conceituação

Ementa: ASSÉDIO MORAL. Em linhas genéricas, poder-se-ia conceituar assédio moral no ambiente de trabalho como condutas abusivas de chefes ou mesmo colegas, visando objetivos práticos, que se manifestam por comportamentos, atos, gestos ou palavras que têm repercussão direta sobre a saúde psíquica da vítima. Entende-se por conduta abusiva impingir ao assediado pressões, intimidações, humilhações, perseguições, ridicularizações, xingamentos, etc, causando situações de degradação das condições de trabalho, com ameaças de demissão, sobrecarga de trabalho, desmoralização perante os colegas, falta de reconhecimento e desprezo pelos esforços do empregado, de modo a conduzi-lo ao comportamento almejado pelo assediador. É pressuposto essencial do psicoterror a repetição da conduta, a cumulação de atos. Um episódio isolado não caracteriza assédio. Da mesma sorte, não se confunde com estresse ou esgotamento (burnout), más condições ou sobrecarga de trabalho, alto nível de exigência ou uma gestão patronal rígida. A repercussão do assédio moral na saúde da vítima é, invariavelmente, estresse, ansiedade, depressão e distúrbios psicossomáticos, podendo redundar até em desequilíbrios psíquicos. Do terror psicológico decorre o dano moral e sobeja a obrigação de indenizar nos termos do art. 5º, X, da Constituição Federal, e artigos 186 e 927 do Código Civil. TRT 10ª Reg. — RO 00583-2005-015-10-00-6 — (Ac. 3ª T./06) — Rel. Juiz Braz Henriques de Oliveira. DJU3 31.3.06, p. 39.

Assédio moral — Configuração

Ementa: ASSÉDIO MORAL. CONFIGURAÇÃO. O que é assédio moral no trabalho? É a exposição dos trabalhadores a situações humilhantes e constrangedoras, repetitivas e prolongadas durante a jornada de trabalho e no exercício de suas funções, sendo mais comuns em relações hierárquicas autoritárias, onde predominam condutas negativas, relações desumanas e antiéticas de longa duração, de um ou mais chefes, dirigidas a um subordinado, desestabilizando a relação da vítima com o ambiente de trabalho e a Organização. A organização e condições de trabalho, assim como as relações entre os trabalhadores, condicionam em grande parte a qualidade de vida. O que acontece dentro das empresas é fundamental para a democracia e os direitos humanos. Portanto, lutar contra o assédio moral no trabalho é contribuir com o exercício concreto e pessoal de todas as liberdades fundamentais. Uma forte estratégia do agressor na prática do assédio moral é escolher a vítima e isolá-la do grupo. Neste caso concreto, foi exatamente o que ocorreu com o autor, sendo confinado em uma sala, sem ser-lhe atribuída qualquer tarefa, por longo período, existindo grande repercussão em sua saúde, tendo em vista os danos psíquicos por que passou. Os elementos contidos nos autos conduzem, inexoravelmente, à conclusão de que se encontra caracterizado o fenômeno denominado assédio moral. Apelo desprovido, neste particular. VALOR DA INDENIZAÇÃO. CRITÉRIO PARA A SUA FIXAÇÃO. A fixação analógica, como parâmetro para a quantificação da compensação pelo dano moral, do critério original de indenização pela despedida imotivada, contido no artigo 478 Consolidado, é o mais aconselhável e adotado pelos Pretórios Trabalhistas. Ressalte-se que a analogia está expressamente prevista no texto consolidado como forma de integração do ordenamento jurídico, conforme se infere da redação do seu artigo 8º. Ademais, no silêncio de uma regra específica para a fixação do valor da indenização, nada mais salutar do que utilizar um critério previsto na própria legislação laboral. Assim, tendo em vista a gravidade dos fatos relatados nestes autos, mantém-se a respeitável sentença, também neste aspecto, fixando-se que a indenização será de um salário — o maior recebido pelo obreiro —, por ano trabalhado, em dobro. TRT 17ª Reg. — RO 1142.2001.006.17.00.9 (Ac. 9.029/2002) — Rel. Juiz José Carlos Rizk. DJES 15.10.02.

Assédio moral — Configuração

Ementa: RECURSO ORDINÁRIO DA RECLAMADA. ASSÉDIO MORAL. Hipótese em que a prova testemunhal revela a existência de diversos elementos que, minando a auto-estima da reclamante, contribuíram para que o ambiente de trabalho se tornasse insuportável. O dano moral decorre do fato em si (*damnum in re ipsa*), não se cogitando de prova da lesão extrapatrimonial, porquanto impossível ingressar na psique da vítima. Responsabilidade da reclamada que subsiste, mesmo na hipótese de ter o assédio moral natureza horizontal. Inteligência dos arts. 5º, V e X, da CF e 186 do CC/2002. Recurso ao qual se nega provimento no tópico. TRT 4ª Reg. — RO

00869-2003-511-04-00-8 — (Ac. 4ª T.) — Relª Juíza Maria Beatriz Condessa Ferreira. DJRS 21.11.05.

Assédio moral — Constrangimento e humilhação — Projeto de incentivo à produtividade — Configuração

Ementa: ASSÉDIO MORAL. CONSTRANGIMENTO E HUMILHAÇÃO. PROJETO DE INCENTIVO À PRODUTIVIDADE. Constitui prática abusiva, por parte da empregadora, a utilização de método desvirtuado de 'incentivo' à produtividade, em que são acentuados apenas aspectos negativos da conduta de alguns empregados, como pretenso estímulo aos demais. A permissão ou omissão da ré em relação ao programa é capaz de expor o empregado a situações humilhantes e constrangedoras, em que predominam condutas negativas, relações desumanas e antiéticas, de forma a desestabilizar a relação da vítima com o ambiente de trabalho e com a própria empresa. Nessa espécie de projeto, os empregados costumam ser impulsionados pelo temor de novos abusos e não pela efetiva vontade de produzir mais e melhor. Ainda, a circunstância da própria vítima dirigir o mesmo tipo de comentário aos colegas não significa que ela não tenha sofrido abalo moral, o que provavelmente também se deu com os outros empregados. Recurso a que se nega provimento, no particular, para manter a decisão que reconheceu o abuso e condenou a ré ao pagamento de indenização por danos morais. TRT 9ª Reg. — RO 14939-2004-006-09-00-2 — (Ac. 2ª T. 04233/07) — Relª. Juíza Marlene T. Fuverki Suguimatsu. DJPR 23.2.07, p. 521.

Assédio moral — Constrangimento e humilhações morais — Configuração

Ementa: RECURSO ORDINÁRIO DA RECLAMADA. ADICIONAL DE INSALUBRIDADE. Mantida a decisão que, acolhendo a conclusão pericial, no sentido de que o reclamante esteve exposto a agentes insalutíferos, nos termos do Anexo 9 da NR-15 da PM n. 3.214/78, condenou a reclamada ao pagamento do adicional de insalubridade. Recurso não provido. INDENIZAÇÃO. DANO MORAL. ASSÉDIO MORAL. Espécie em que devidamente demonstrados os constrangimentos e humilhações morais impostos ao reclamante no curso do contrato de trabalho. Dano moral configurado. Recurso não provido. TRT 4ª Reg. — RO 00887-2003-015-04-00-4 — (Ac. 8ª T.) — Rel. Juiz Carlos Alberto Robinson. DJRS 16.7.04.

Da decisão acima, colhe-se o seguinte fundamento:

"INDENIZAÇÃO POR DANO MORAL

Insurge-se a reclamada contra a condenação ao pagamento de indenização por dano moral. Alega que a análise da ocorrência ou não de dano moral não pode ser feita com base em critérios meramente objetivos. Aduz que a análise deve ser feita com base na subjetividade do indivíduo. Alude ser necessária a prova do ato gerador do dano e também da repercussão deste. Sustenta que os alegados constrangimentos sofridos pelo autor foram por ele mesmo admitidos como decorrentes do não atingimento das metas da empresa. Por fim, alega que, ainda que admitidos os fatos, as ditas punições eram aplicadas a todos, indiscriminadamente, não havendo perseguição pessoal, o que implica na inexistência de dano moral.

Sem razão.

Diz o reclamante, na inicial, que quando os vendedores não atingissem as metas eram obrigados a passar por um 'corredor polonês', além de serem obrigados a pagar 'apoios'. Alude que eram ofendidos com palavras de baixo calão, além de expressões como 'vocês são um bando de vagabundos', 'tem mais é que se ralar', etc. Sustenta que, havendo contrariedade por parte do empregado, este era obrigado a vestir uma saia e desfilar em cima de uma mesa, enquanto os colegas gritavam 'veado'. Busca indenização por dano moral.

Em defesa, a reclamada limita-se a aludir que não constrangeu, humilhou ou ofendeu o reclamante, não o submetendo a qualquer situação que provocasse dano moral e psicológico. Disse, ainda, que o reclamante não trouxe aos autos laudo técnico que comprove sua alegação.

Dos termos da inicial, entendo que a situação dos autos configura-se tipicamente como assédio moral.

O assédio moral, embora não se constitua em fato novo, uma vez que é tão antigo quanto o próprio trabalho, somente recentemente vem sendo estudado. É também conhecido como hostilização no trabalho, ou assédio psicológico no trabalho ou também, ainda, como 'psicoterror, *mobbing* ou *bullying*'.

Considera-se assédio moral no trabalho a exposição de empregados a situações humilhantes e constrangedoras ao longo da jornada laboral. Humilha-se o empregado fazendo-o sentir-se ofendido, menosprezado, rebaixado, magoado, envergonhado, etc. O empregado passa a sentir-se um ninguém, um inútil, sem qualquer valor.

Normalmente, o assédio, que tem início nas atitudes e palavras proferidas por superiores hierárquicos contra determinado empregado, acaba sendo praticado pelos colegas de trabalho, os quais, com medo de retaliações ou punições, afastam-se do humilhado, ofendendo-o também. A humilhação repetitiva interfere na vida do trabalhador, comprometendo sua identidade, dignidade e relações afetivas e sociais, ocasionando graves danos à saúde física e mental, podendo evoluir para a incapacidade laborativa, desemprego ou até mesmo a morte. Portanto, o assédio moral é um risco invisível, mas concreto nas relações de trabalho.

O assédio moral é praticado de forma diferenciada, dependendo do sexo da vítima: em geral, as mulheres sofrem interdição em sua fisiologia, quando, por exemplo, é controlado o tempo de permanência nos banheiros, etc.; já os homens são atingidos em sua virilidade.

Assim como a prática do assédio moral em homens e mulheres ocorre, de um modo geral, de forma diferenciada, os prejuízos sofridos, igualmente, aparecem de forma diversa. As mulheres costumam expressar suas indignações com choro, tristeza, ressentimentos, mágoas, enquanto que os homens sentem-se revoltados, indignados, desonrados, com raiva, traídos e com vontade de vingar-se. Sentem-se envergonhados, sobressaindo o sentimento de inutilidade, fracasso e baixa auto-estima. Isolam-se da família, evitam contar o acontecido aos amigos, passando a vivenciar sentimentos de irritabilidade, vazio, revolta e fracasso.

Segundo a Resolução n. 1.488/98 do Conselho Federal de Medicina, para o reconhecimento do nexo causal entre os problemas de saúde e as atividades do trabalhador, necessário que o médico, além do exame clínico, considere algumas questões, como o estudo do local de trabalho, o depoimento e a experiência dos trabalhadores, etc.

Atualmente é bastante variada a bibliografia a respeito do assunto. Além disto, as decisões judiciais já reconhecem a figura do assédio moral como fato gerador de indenização por dano moral.

Também contamos com uma série de legislações com força municipal em vários Estados do país, e vários projetos de lei contra o assédio moral, inclusive em nosso Estado, os quais, embora voltados a servidores públicos, evidenciam a gravidade da situação e a urgência com que o assédio moral deva ser dizimado das relações de trabalho.

Em decisão proferida pela Juíza Relatora Beatriz Zoratto Sanvicente, publicada em 9.6.03, no Processo n. 00967.013/00-3, foi citada a brilhante exposição da MMª Juíza do Trabalho da 5ª Região, Bahia, Márcia Novaes Guedes, *in* Mobbing — *Violência Psicológica no Trabalho*, Revista LTr, vol. 67, n. 02, Editora LTr, São Paulo, SP, 2003, pp. 162/165, a qual transcrevo a título de ilustração:

'Mobbing, *assédio moral ou terror psicológico no trabalho são sinônimos destinados a definir a violência pessoal, moral e psicológica, vertical, horizontal ou ascendente no ambiente de trabalho. O termo* mobbing *foi empregado pela primeira vez pelo etiologista* Heinz Lorenz, *ao definir o comportamento de certos animais que, circundando ameaçadoramente outro membro do grupo, provocam sua fuga por medo de um ataque.*

(...)

No mundo do trabalho, o assédio moral ou mobbing *pode ser de natureza vertical — a violência parte do chefe ou superior hierárquico; horizontal — a violência é praticada por um ou vários colegas de mesmo nível hierárquico; ou ascendente — a violência é praticada pelo grupo de empregados ou funcionários contra um chefe, gerente ou supervisor hierárquico.*

O terror psicológico no trabalho tem origens psicológicas e sociais que ainda hoje não foram suficientemente estudadas. Sabe-se, todavia, que, na raiz dessa violência no trabalho, existe um conflito mal resolvido ou ***a incapacidade da direção da empresa de administrar o conflito e gerir adequadamente o poder disciplinar****. Por isso mesmo* ***não se pode mitigar a responsabilidade dos dirigentes das organizações no exercício do poder diretivo****. Tanto a administração rigidamente hierarquizada, dominada pelo medo e pelo silêncio, quanto a administração frouxa, onde reina a total insensibilidade para com os valores éticos, permitem o desenvolvimento de comportamentos psicologicamente doentes, que dão azo à emulação e à criação de bodes expiatórios.*

(...)

A violência psicológica segue uma dinâmica identificada na qual o sujeito perverso emprega várias modalidades de agressões contra a pessoa.

(...)

Como sabiamente já deduziu o leitor, a vítima do assédio moral ou terror psicológico é violentada no conjunto de direitos que compõem a personalidade. São os direitos fundamentais, apreciados sob o ângulo das relações entre os particulares, aviltados, achincalhados, desrespeitados no nível mais profundo. O mais terrível é que essa violência se desenrola sorrateiramente, silenciosamente — a vítima é uma caixa de ressonância das piores agressões e, por não acreditar que tudo aquilo é contra ela, por não saber como reagir diante de tamanha violência, ***por não encontrar apoio*** *junto aos colegas nem* ***na direção da empresa, por medo de perder o emprego*** *e, finalmente, porque se considera culpada de toda a situação,* ***dificilmente consegue escapar das garras do perverso com equilíbrio emocional e psíquico para enfrentar a situação e se defender do terrorismo ao qual foi condenada****. O dano pessoal, conforme a redefinição do dano moral — tese brilhantemente construída por* Paulo Eduardo Vieira de Oliveira *— é a conseqüência jurídica imediata que deflui da análise do fenômeno sob o ponto de vista da defesa dos direitos e interesses da pessoa humana.*

(...)

O assédio moral é uma violência multilateral, tanto pode ser vertical, horizontal ou ascendente (a violência que parte dos subordinados contra um chefe), é continuada e visa excluir a vítima do mundo do trabalho, seja forçando-a a demitir-se, a aposentar-se precocemente, como também a licenciar-se para tratamento de saúde. O efeito dessa espécie de violência na vítima é devastador.

(...)

No mobbing, *o agressor pode utilizar-se de gestos obscenos, palavras de baixo calão para agredir a vítima, detratando sua auto-estima e identidade sexual; mas diferentemente do assédio sexual, cujo objetivo é dominar sexualmente a vítima, o assédio moral é uma ação estrategicamente desenvolvida para destruir psicologicamente a vítima e com isso afastá-la do mundo do trabalho. A violência é sutil, recheada de artimanhas voltadas para confundir a vítima. Conforme dissemos, os métodos empregados pelo perverso assemelham-se largamente com aqueles utilizados pelos fascistas para submeter as vítimas e conduzi-las ao cadafalso sem um protesto.* Heinz Leymann *definiu o* mobbing *como a pior espécie de estresse social e designou-o de psicoterror.*

(...)

Mobbing *não é uma ação singular, também não é um conflito generalizado. O terror psicológico é uma estratégia, uma ação sistemática, estruturada, repetida e duradoura.*

Em 1993, Heinz Leymann — *considerado hoje o pai do* mobbing — *definiu o fenômeno como um conflito cuja ação visa à manipulação da pessoa no sentido não amigável; essa ação pode ser analisada em três grupos de comportamentos: um grupo de ações se desenvolve sobre a comunicação com a pessoa atacada, tendendo a levar a pessoa ao absurdo ou à interrupção da comunicação. Com ele ou ela se grita, se reprova, se critica continuamente o trabalho, a sua vida privada, se faz terrorismo no telefone, não lhe é dirigida mais a palavra, se rejeita o contato, se faz de conta que a pessoa não existe, se murmura em sua presença, etc.*

Outro grupo e comportamento se assenta sobre a reputação da pessoa. As táticas utilizadas vão das piadinhas, mentiras, ofensas, ridicularização de um defeito físico, derrisão pública, por exemplo, de suas opiniões ou idéias, humilhação geral.

Enfim, as ações do terceiro grupo tendem a manipular a dignidade profissional da pessoa, por exemplo, como que para puni-la, não lhe é dado trabalho ou lhe dão trabalho sem sentido, ou humilhante, ou muito perigoso, ou, ainda, são estabelecidas metas de alcance duvidoso, levando a vítima a culpar-se e acreditar-se incapaz para o trabalho.' (grifamos)

No caso em análise, duas testemunhas foram ouvidas sobre o assunto, sendo que a primeira informou, fl. 481, que aos empregados que não atingiam as metas, chegavam atrasados, esqueciam o uniforme e não sabiam do programa de excelência da reclamada eram aplicadas as seguintes punições: pagavam apoio, passavam em fila (corredor polonês) e recebiam 'tapas'; que o programa de excelência exigia o conhecimento pelos funcionários de todas as regras e metas da reclamada, por isto, no início da jornada ocorria o 'pinga-fogo', que consistia em perguntas feitas pelo supervisor ou pelo gerente a determinado funcionário que deveria respondê-las sob pena de ter que pagar apoio; que eram ofendidos por palavras de baixo calão e com apelidos; que o autor era chamado de 'cabeça de cavalo', 'cabeção', 'manga-larga' e outros apelidos; que aos funcionários eram dirigidas palavras tais como: 'burro, não entra nada na cabeça', 'vou te f... no mês que vem'; que era regra que todos rissem, sob pena de sofrer o mesmo agravo, porém recorda que certas pessoas saíram chorando da sala.

A segunda testemunha informou que, quando os vendedores chegavam atrasados, esqueciam uniformes, não atingiam as metas, pagavam prendas; que eram chamados de 'filhos da p...', 'merda'; que tinham apertadas suas nádegas em corredor polonês, que isto acontecia quando o empregado não sabia responder ao 'pinga-fogo'; que o depoente ficou magoado e ofendido nessas ocasiões e que não voltaria a trabalhar na reclamada.

A prova oral corrobora as alegações da inicial, porquanto restou comprovado que a reclamada, através de seus representantes, no caso, seus supervisores de vendas, expõe seus empregados a situações humilhantes e degradantes, em verdadeiro assédio moral, o qual enseja indenização por dano moral.

Ressalto que o fato das punições serem aplicadas a todos não afasta a natureza de assédio moral, porquanto, como já explanado, a própria competição entre os empregados, para alcance de metas, é uma forma de constrangimento e humilhação que acaba na degradação do ser humano.

Anote-se, ainda, que o fato do reclamante admitir que sofreu humilhações por não atingir metas não isenta a reclamada do ônus relativo aos efeitos causados ao autor em decorrência do assédio moral.

Por fim, irrelevante dizer ser desnecessária a prova do ato gerador do dano e da repercussão deste, porque já restou esclarecido que o assédio moral é um risco invisível, porém moral. Conforme explanado, normalmente o assédio moral praticado contra homens manifesta-se através de atos contra sua virilidade. No caso, tal fato restou evidente, porquanto as denominadas 'prendas' referiam-se à masculinidade dos empregados.

Portanto, devida a condenação ao pagamento de indenização por dano moral, decorrente de assédio moral, uma vez que demonstrada, nos autos, a prática de atos atentatórios à dignidade do reclamante.

Nego provimento." (www.trt4.gov.br, em 14.8.04)

Assédio moral — Degradação do ambiente de trabalho — Direito à indenização

Ementa: ASSÉDIO MORAL. DEGRADAÇÃO DO AMBIENTE DE TRABALHO. DIREITO À INDENIZAÇÃO. A sujeição dos trabalhadores, e especialmente das empregadas, ao continuado rebaixamento de limites morais, com adoção de interlocução desabrida e sugestão de condutas permissivas em face dos clientes, no afã de elevar as metas de vendas, representa a figura típica intolerável do assédio moral, a merecer o mais veemente repúdio desta Justiça especializada. Impor, seja de forma explícita ou velada, como conduta profissional na negociação de consórcios, que a empregada "saia" com os clientes ou lhes "venda o corpo" e ainda se submeta à lubricidade dos comentários e investidas de superior hierárquico, ultrapassa todos os limites plausíveis em face da moralidade média, mesmo nestas permissivas plagas abaixo da linha do Equador. Nenhum objetivo comercial justifica práticas dessa natureza, que vilipendiam a dignidade humana e a personalidade da mulher trabalhadora. A subordinação no contrato de trabalho diz respeito à atividade laborativa e, assim, não implica submissão da personalidade e dignidade do empregado em face do poder patronal. O empregado é sujeito e não objeto da relação de trabalho e, assim, não lhe podem ser impostas condutas que violem a sua integridade física, intelectual ou moral. Devida a indenização por danos morais (art. 159, CC de 1916 e arts. 186 e 927, do NCC). TRT 2ª Reg. — RO 01531200146402000 — (Ac. 4ª T. 20050288894) — Rel. Juiz Ricardo Artur Costa e Trigueiros. DJSP 20.5.05, p. 213.

Assédio moral — Delegação de tarefas de limpeza — Não configuração

Ementa: DANO MORAL — ASSÉDIO MORAL — NÃO CONFIGURAÇÃO — A configuração do dano moral necessita de prova, com o intuito de evidenciar o fato causador do dano. "In casu", o contexto probatório dos autos não comprovou a ocorrência do comportamento doloso ou culposo da Reclamada, capaz de atingir a honra ou a boa imagem da Reclamante. O assédio moral não restou configurado, pois foram delegadas tarefas de limpeza à Reclamante em virtude da ausência de empregado específico, o que decorreu da realidade empresarial da Reclamada, não havendo intenção em rebaixar a Autora, muito menos intuito de forçá-la a tomar a iniciativa do desfazimento do vínculo empregatício. Conseqüentemente, não restando caracterizado o assédio moral, não está presente o dano moral, pois não houve preJuizo de ordem moral ou conduta culposa do empregador. Recurso a que se nega provimento. TRT 9ª Reg. — Proc. 02502-2006-242-09-00-8 — (Ac. 4ª T. 12501/07) — Rel. Juiz Arnor Lima Neto. DJPR 18.5.07, p. 768.

Assédio Moral — Designação funcional — Deterioração das condições de trabalho

Ementa: ASSÉDIO MORAL. DESIGNAÇÃO FUNCIONAL. DETERIORAÇÃO DAS CONDIÇÕES DE TRABALHO. Ainda que se admita a necessidade de substituir empregados em férias, o empregador deve cuidar para que vários substitutos se alternem na função, de forma que todos tenham períodos razoáveis de permanência no local em que residem. A vida familiar e social do indivíduo que só volta a sua casa e encontra a família nos finais de semana, ao longo de anos, é irremediavelmente comprometida. Pondere-se que o empregado sequer pode dedicar-se a qualquer forma de aperfeiçoamento profissional ou cultural, pois não permanece por mais de trinta dias, onde quer que seja. A situação ganha contornos mais graves por tratar-se de empregado que já contava com mais de duas décadas de serviços prestados, cujas condições de trabalho o empregador deveria, ao menos, manter, jamais deteriorar. Conduta que configura assédio moral e provoca danos ao trabalhador. Recurso provido, no particular, para reconhecer a ocorrência de danos morais e impor a devida condenação. TRT 9ª Reg. — RO 15830-2004-003-09-00-3 — (Ac. 2ª T.11797/07) — Relª. Juíza Marlene T. Fuverki Suguimatsu. DJPR 11.5.07, pp. 718/19.

Assédio moral — Dinâmica grupal — Desvirtuamento — Violação ao patrimônio moral do empregado — Indenização

Ementa: EMBRATEL. ASSÉDIO MORAL. DINÂMICA GRUPAL. DESVIRTUAMENTO. VIOLAÇÃO AO PATRIMÔNIO MORAL DO EMPREGADO. INDENIZAÇÃO. A dinâmica grupal na área de Recursos Humanos objetiva testar a capacidade do indivíduo, compreensão das normas do empregador e gerar a sua socialização. Entretanto, sua aplicação inconseqüente produz efeitos danosos ao equilíbrio emocional do empregado. Ao manipular tanto a emoção, como o íntimo do indivíduo, a dinâmica pode levá-lo a se sentir humilhado e menos capaz que os demais. Impor pagamentos de prendas publicamente, tais como, dançar a dança da boquinha da garrafa, àquele que não cumpre sua tarefa a tempo, configura assédio moral, pois o objetivo passa a ser o de inferiorizá-lo e torná-lo diferente do grupo. Por isso, golpeia a sua auto-estima e fere o seu decoro e prestígio profissional. A relação de emprego, cuja matriz filosófica está assentada no respeito e confiança mútua das partes contratantes, impõe ao empregador, o dever de zelar pela dignidade do trabalhador. A CLT, maior fonte estatal dos direitos e deveres do empregado e empregador, impõe a obrigação de o empregador abster-se de praticar lesão à honra e boa fama do seu empregado (art. 483). Se o empregador age contrário à norma, deve responder pelo ato antijurídico que praticou, nos termos do art. 5º, X, da CF/88. (Recurso provido). TRT 17ª Reg. — RO 01689.2004.008.17.00.0 — (Ac. 8693/2005) — Relª Juíza Sonia das Dores Dionísio. DJES 18.11.05, p. 8.545.

Assédio moral — Discriminação — Condição de gestante — Forçar a renúncia à estabilidade provisória — Configuração

Ementa: DANOS MORAIS. ASSÉDIO MORAL. A prova documental e oral, inclusive o depoimento da testemunha da reclamada, é absolutamente favorável à alegação da reclamante de que vinha sendo discriminada em face da sua condição de gestante, pela determinação de que não fizesse contato com seus clientes e não tivesse acesso à *Internet* no desempenho de seu mister de gerente de conta de investimentos, tudo com o objetivo de forçá-la a renunciar à estabilidade provisória de que era detentora e se desligar do quadro de empregados do banco. É evidente o ato lesivo praticado pelo reclamado, em total desrespeito à condição da reclamante, com inegável repercussão nos bens imateriais tutelados pela Constituição Federal, razão pela qual a indenização por danos morais é medida legal que se impõe. TRT 3ª Reg. — RO 00738-2004-016-03-00-8 — (Ac. 7ª T.) — Rel. Juiz Luiz Ronan Neves Koury. DJMG 25.1.05, p. 12.

Assédio moral — Dispensa — Direito potestativo — Ameaça da utilização desse direito para pressionar o empregado para aumento de produção — Configuração

Ementa: ASSÉDIO MORAL. Dispensar o empregado é direito potestativo do empregador. Não se admite, porém, que lance mão habitualmente da ameaça da utilização desse direito para pressionar o empregado, visando o aumento de produção. Ao assim agir, inclusive submetendo o empregado a comentários humilhantes e vexatórios sobre sua produção e capacidade, configura-se o assédio moral, passível de indenização, pois afeta diretamente a dignidade do trabalhador e a sua integridade psíquica e até física, violando princípio fundamental da Constituição da República (art. 1º, III da CF). TRT 3ª Reg. — RO 00021-2004-097-03-00-0 — (Ac. 8ª T.) —Relª Juíza Denise Alves Horta. DJMG 27.7.04, p. 14.

Da decisão acima, colhe-se a seguinte fundamentação:

"ASSÉDIO MORAL — INDENIZAÇÃO

O recorrente insurge-se contra o deferimento de indenização por dano moral, decorrente do alegado assédio moral a que teria se submetido a empregada.

O pleito da reclamante teve por fundamento a 'pressão para que todos os funcionários trabalhassem bem mais do que para o exercício de suas funções normais, em vendas de produtos do banco e abertura de contas (...) e se a pessoa não produzisse sem limites, era humilhado, massacrado e execrado publicamente'. Sustentou que 'tanto sofreu pressões no serviço que acabou adoecendo, e o médico, após uma série de exames, constatou que a doença sofrida pela reclamante devia-se à quebra da integridade psíquica pelo rebaixamento da auto-estima ocorrido'.

Os documentos apresentados às fls. 89/95 — comunicações internas por *'e-mails'* —, relativos ao mês de maio de 2001, demonstram a preocupação do reclamado em atingir as metas estabelecidas para abertura de contas, contendo relação de nomes de empregados que atingiram os objetivos. E há, sobretudo na mensagem de fl. 94, algumas observações em relação ao desempenho de empregados, tais como: 'É UMA VERGONHA; ... PARABÉNS/O ÚNICO QUE ESTÁ TRABALHANDO; ... CONTINUE RECUPERANDO CONTAS; ... PODE DOBRAR A PRODUÇÃO; ... DECEPCIONANTE; ... PODE FAZER MUITO MAIS; ... ESTÁ DEVENDO PARA O MÊS 6; ... ATÉ QUANDO ... ESTÁ FAZENDO O QUE PARA MELHORAR ...; VERGONHOSO, JÁ PODIA SER GERENTE ... MAS ...; PRECISA SAIR DA ESTUFA OU MUDAR DE PROFISSÃO ...; PARABÉNS', sendo que, com relação à reclamante, foi feito o seguinte registro: 'PARECE QUE NÃO PRECISA DO EMPREGO'.

Com relação a estes *'e-mails'*, a testemunha arregimentada pela reclamada, Sra. Luciana (fl. 416), declarou que 'se referem às mensagens partidas da gerência geral para todos os funcionários'.

A primeira testemunha arregimentada pela reclamante, Sra. Emiliana (fl. 414), revelou que: '... havia ameaça do Banco caso o empregado apresentasse atestado médico; que essas ameaças constituíam mais ou menos no seguinte: 'cuidado com as faltas; há muitos atestados em sua pauta'; que nunca ocorreu com a depoente de ser ameaçada de demissão por ter ocorrido faltas; que em determinadas campanhas em que as equipes não se saíam bem havia recados nos *e-mails* pessoais criticando os colegas, inclusive de outras agências; que isso era freqüente; que já ocorreu de os gerentes passarem nos caixas de 10 em 10 minutos para saberem como estavam as vendas; que a recte. já trabalhou doente, pelo que se recorda umas 3 vezes' (grifo meu).

A segunda testemunha arregimentada pela autora, Sr. Paulo (fl. 415), informou que: 'trabalhou na reclamada cerca de 13 anos, de fevereiro/89 a abril/02, sempre na agência em que trabalhou *(sic)* a reclamante; que o tratamento por parte dos superiores era normal; que no plano profissional havia cobrança de produção, por exemplo, eram obrigados a autenticar 300 documentos por dia e, além disto, tinham que realizar vendas durante o horário de atendimento ao caixa; que, por exemplo, quando um cliente ia a um caixa, tinha que convencê-lo a adquirir algum produto do banco; que, além disto, o Banco estabelecia metas, sendo que a cada mês eram distintas; que, se não atingissem as metas, nas reuniões era dito que se não vendesse havia muita gente do lado de fora para ocupar o posto de trabalho; que, além disso, de 1 em 1 hora em determinadas épocas, a agência tinha que repassar a quantidade de produtos vendidos; que essa mensagem era passada pelo gerente geral que, por sua vez, cobrava dos caixas a quantidade vendida enquanto estava sendo feito atendimento ao cliente; que, além disso, tinha que fazer visitas externas para vendas de produtos...; que no caso do depoente nunca houve xingamento por *e-mail*; que já tomou conhecimento de xingamentos com relação a outros funcionários, não tendo ocorrido com a reclamante; que, apesar disto, a recte. já reclamou deste fato com o depoente; que no caso do depoente já ocorreu do gerente lhe ter dito que era ruim de serviço e que não havia atingido a meta; que isso ocorreu em público, na ocasião em que o gerente o chamou até a mesma; que já viu a recte. trabalhando doente ... que a gerente disse que se não houvessem *(sic)* as 300 autenticações iriam reduzir o número de caixas'.

Lado outro, a testemunha arregimentada pela reclamada, Sra. Luciana (fl. 416), relatou '... que o Banco estabelece metas a serem cumpridas individualmente ou em equipe, que o empregado é avaliado de acordo com estas metas; que isso não quer dizer que havia uma punição na 1ª vez em que a pessoa não cumprisse a meta; que, caso fosse atingida a meta pela agência, havia uma bonificação que era paga a todos os funcionários; que isso ocorreu com freqüência e era lançado no contracheque; que as advertências eram feitas pelo gerente geral da agência; que na opinião da depoente não se tratava de advertência, mas de orientação para que a pessoa atingisse a meta, tentando verificar quais as deficiências do trabalhador; que já viu a recte. sendo orientada a atingir a meta; que nunca viu a recte. sendo xingada na agência ou por *e-mail*; que nunca viu a recte. sendo humilhada na agência; que a recte. pediu demissão porque queria continuar estudando; que sabe disto por ouvir dizer; que nunca viu a recte. trabalhando e reclamando de doença'.

Portanto, diante de tal quadro fático-probatório, conclui-se pela configuração do assédio moral, caracterizado pela comprovação de que a reclamante, no ambiente de trabalho, estava submetida a constantes pressões e ameaças, visando o alcance de produtividade em tarefas que, inclusive, extrapolavam o exercício de sua função de caixa. Era vítima de comentários humilhantes e vexatórios, através dos aludidos *e-mails*, inclusive com ameaça da perda do emprego. E nada há mais desestabilizador para o empregado e angustiante, nos dias atuais, do que o aceno do empregador com a perda do emprego.

A pressão que se estabelece sobre os empregados, como a relatada nos presentes autos, decorre da política econômica de alta competitividade no mercado, sempre submetido a freqüentes crises e em que o lucro deve sempre ser alcançado, independentemente dos meios e sacrifícios empregados.

Assim, tais artifícios, como pressões de toda ordem, são utilizados pelas chefias, pois imaginam que, mantendo o subordinado temeroso quanto ao seu futuro, ou em posição de inferioridade perante outros colegas, se desdobrará para alcançar melhor posição no grupo e, por conseguinte, atingir os objetivos empresariais.

Segundo a psicanalista francesa, *Marie-France Hirigoyen*, no seu livro 'Assédio Moral', publicado pela Editora Bertrand, o assédio dessa natureza 'define-se como toda conduta abusiva (gesto, palavra, comportamento, atitude) que porta atentado, por sua repetição ou sua sistematização, à dignidade ou à integridade psíquica ou física de uma pessoa, colocando em perigo seu emprego ou degradando o clima de trabalho'.

E quanto aos meios empregados, esclarece a Juíza Martha Halfeld Furtado de Mendonça Schimidt, no seu artigo 'O Assédio Moral no Direito do Trabalho', que 'o empregado que sofre assédio é objeto de condutas abusivas, manifestadas por comportamentos, palavras, atos, gestos ou escritos repetidos, os quais podem agredir sua personalidade, sua dignidade ou sua integridade física ou moral, degradando o clima social ...' (Revista da Associação Brasileira das Mulheres de Carreira Jurídica, n. 2, novembro de 2003, pp. 115/116).

Portanto, na hipótese dos autos, não há dúvida de que a laborista foi vítima de conduta arbitrária e discriminatória do Banco, que extrapolou o exercício regular do poder diretivo da empresa.

Como realçado pelo juízo primevo, o empregador deve garantir um ambiente de trabalho saudável para quem lhe presta serviços, e isto não se vislumbra na hipótese vertente.

Trazendo à baila ainda a doutrina de *Martha Schimidt*: 'Em se tratando de assédio moral, é importante ter em mente que as relações existentes no processo produtivo condicionam, de certa maneira, a qualidade de vida dos indivíduos de uma certa sociedade. O que se passa dentro das empresas é, pois, essencial para a democracia e para a afirmação dos direitos fundamentais dos indivíduos. Obrigação de todos, no limite de suas responsabilidades, o bom ambiente do local de trabalho constitui um dos sinais do progresso social' (ob. cit., pp. 133/135).

Como se vê, a violência psicológica no trabalho atenta contra a dignidade e integridade psíquica e até mesmo física do empregado, violando princípio fundamental da Constituição da República (art. 1º, III da CF), ensejando, assim, a reparação moral ou material pertinente.

No aspecto, insta ressalvar que o dano moral afeta a ordem interna do ser humano, o conjunto de direitos de sua personalidade, seu lado psicológico, em virtude de dor, sofrimento, tristeza, ou outro sentimento qualquer, que atinge seu íntimo e seus valores e repercute na vida profissional e social.

Saliente-se que, no nosso direito positivo, o dano decorre de um ato ilícito que provoca, contra quem o praticou, a obrigação de repará-lo, nos termos dos artigos 186 e 927 do atual Código Civil e artigo 159, do Código Civil de 1916.

A reparação do dano moral encontra previsão legal específica na Ordem Constitucional vigente, artigo 5º, inciso X e, também, nos aludidos artigos 186 e 927, do atual Código Civil.

E, como ensina a doutrina de *Caio Mário*, o primeiro fundamento da reparação está no erro de conduta do agente, contrário ao direito; o segundo é a ofensa a um bem jurídico, que tanto pode ser patrimonial como de cunho não patrimonial e o terceiro está em estabelecer uma relação de causalidade entre a antijuridicidade da ação e o dano causado (*in* 'Instituições de Direito Civil', 12ª ed., vol. II, Forense, 1993, pp. 236/237).

Também, a doutrina de *Maria Helena Diniz* é no sentido de que 'a responsabilidade civil é a obrigação de reparar o dano causado a outrem por fato de que é autor direto ou indireto. A responsabilidade civil é, portanto, a aplicação de medidas que obriguem uma pessoa a reparar dano moral ou patrimonial causado a terceiros, em razão de ato por ela mesma praticado, por pessoa por quem ela responde, por alguma coisa a ela pertencente ou por simples imposição legal' (*in* 'Curso de Direito Civil Brasileiro', 17ª ed., 3º vol., Ed. Saraiva, 2002, p. 755).

Ora, não há dúvida de que a situação delineada nestes autos teve como causa a conduta errônea do Banco, contrária ao direito, que atraiu para a laborista repercussões angustiantes e humilhantes, afetando, no mínimo, a sua dignidade, a sua auto-estima e integridade psíquica, sendo incontroversa a relação de causalidade entre a ação antijurídica e o dano causado, requisitos estes suficientes para a configuração do direito à reparação moral pretendida. Em tal circunstância, a ofensa e a humilhação encontram-se explícitas no comportamento do Banco, cujo objetivo, como técnica de aumento da produção, era exatamente este.

À luz dos fundamentos expostos, mantenho o julgado de origem quanto a essa matéria.

Nego provimento."

Assédio moral — Elementos caracterizadores

Ementa: ASSÉDIO MORAL. ELEMENTOS CARACTERIZADORES. O assédio moral está ligado às condições hierárquica e de autoridade do empregador, mais especificamente aos desvios no uso destas faculdades, não se confundindo com a "pressão" psicológica resultante do recrudescimento do mercado de trabalho no qual se insere a atividade do empregado, tampouco com o simples "receio de perder o emprego". O empregador detém legítimo direito de exigir produtividade dos seus empregados, porque assume os riscos da atividade econômica (CLT, art. 2º). Inexistem nos autos elementos que apontem no sentido de a empregada ter sido exposta a situação humilhante ou constrangedora, ou mesmo sofrimento psicológico, por ter sido afastada do local de trabalho ou por ter sido remanejada para outro departamento. Simples desconforto não caracteriza assédio moral e não justifica indenização pretendida. TRT 10ª Reg. — RO 00378-2005-801-10-00-3 — (Ac. 1ª T./05) — Relª Juíza Elaine Machado Vasconcelos. DJU3 16.12.05, p. 16.

Assédio moral — Elementos informadores e configuradores

Ementa: INDENIZAÇÃO DECORRENTE DE ASSÉDIO MORAL. O assédio moral ocorre quando os chefes, gerentes, encarregados — pessoas que exercem função de liderança — abusam da autoridade que receberam, interferindo de forma negativa nas pessoas as quais lideram. Atuam criando regras exceptivas para determinado empregado afetando a autoestima e a capacidade de reagir do obreiro que, via de regra, necessita do emprego como forma de sobrevivência. O assédio moral se percebe pela conduta de superiores hierárquicos que instalam clima de terror, promovendo perseguição, estabelecendo tarefas impossíveis de serem realizadas, prazos exíguos, excesso de tarefas, ausência de tarefas, deslocamento da mesa de trabalho para local isolado dos demais empregados, rebaixamento das funções, boatos, críticas insistentes, deboches, clima de desprezo à pessoa, etc. Por ofender o direito da personalidade, o assédio moral é passível de indenização. Para que gere o direito à reparação pecuniária se submete ao preenchimento de pressupostos: ação ou omissão culposa do agente, a existência de dano real à vítima e a relação de causalidade entre a atitude do agente e os danos experimentados. A ocorrência simultânea desses elementos dá ensejo à condenação por danos morais. Recurso da Reclamada não provido. TRT 10ª Reg. — RO 00537-2003-006-10-00-4 — (Ac. 2ª T./05) — Relª Juíza Heloisa Pinto Marques. DJU3 25.2.05, p. 15.

Assédio moral — Empregado gerente geral da empresa — Reestruturação — Recebendo salário, sem nada fazer — Configuração

Ementa: AGRAVO DE INSTRUMENTO. ASSÉDIO MORAL. EMPREGADO GERENTE GERAL DA

EMPRESA. REESTRUTURAÇÃO. DANO MORAL VERIFICADO. MATÉRIA FÁTICA. DESPROVIMENTO. É de ser mantida a v. decisão recorrida que entendeu, com base na prova, que restou configurado o dano moral, em face da postura da empresa que afetou a honra do empregado, que exercia a função de gerente geral, com boa reputação e que trabalhava há mais de vinte anos na empresa, e diante da prova de que durante movimento de reestruturação da empresa foi deixado de lado, apenas recebendo salário, sem nada fazer, provocando-lhe abalo psicológico. Incidência da Súmula 126 do c. TST, a inviabilizar a reforma pretendida. TST — AIRR-8.652/2005-004-11-40.5 — (Ac. 6ª T.) — 11ª Reg. — Rel. Min. Aloysio Corrêa da Veiga. DJU 13.4.07, p. 1.374.

Assédio moral — Empregador que persegue o empregado, torturando-o psicologicamente — Indenização — Cabimento

Ementa: ASSÉDIO MORAL. Comete assédio moral empregador que, abusando do poder diretivo e disciplinar, persegue empregado, torturando-o psicologicamente, a ponto deste não mais resistir à hostilidade do ambiente e debilitar-se. Não demonstrado nos autos esse perverso estratagema, não se há falar em "terror psicológico". TRT 3ª Reg. — RO 00267-2002-104-03-00 — (Ac. 2ª T.) — Relª Juíza Olivia Figueiredo Pinto Coelho. DJMG 28.7.04, p. 07.

Assédio moral — Expressões pejorativas e preconceituosas — Dano moral configurado

Ementa: ASSÉDIO MORAL. EXPRESSÕES PEJORATIVAS E PRECONCEITUOSAS. Trabalhador que, por repetidas vezes, é tratado em público por superior hierárquico de forma pejorativa e preconceituosa, procedimento que beira à discriminação racial, tem assegurado o direito de perceber indenização por dano moral. TRT 12ª Reg. — RO-V 00357-2003-024-12-00-3 — (Ac. 2ª T. 08591/04, 6.7.04) — Rel. Juiz C. A. Godoy Ilha. DJSC 10.8.04, p. 180.

Da decisão acima, colhe-se o seguinte fundamento:

"II — ASSÉDIO MORAL

O recorrente requereu fosse deferida a indenização por assédio moral, ao argumento de que a prova testemunhal produzida demonstra a conduta discriminatória da recorrida em relação à sua pessoa.

Caracteriza-se o assédio moral ou *mobbing* pela exposição continuada de empregado a situações vexatórias, humilhantes e constrangedoras no âmbito da relação de trabalho.

Nesse sentido é o magistério de *Marie-France Hirigoyen, in verbis*:

Por assédio em um local de trabalho temos que entender toda e qualquer conduta abusiva, manifestando-se sobretudo por comportamento, palavras, atos, gestos, escritos que possam trazer dano à personalidade, à dignidade ou à integridade física ou psíquica de uma pessoa, pôr em perigo seu emprego ou degradar o ambiente de trabalho ('Assédio Moral: a Violência Perversa no Cotidiano', 3ª ed., Rio de Janeiro: Bertrand Brasil, 2002, p. 65).

A prova carreada para os autos revela que o recorrente fora repetidas vezes tratado em público por seu superior hierárquico de forma pejorativa e preconceituosa, com o emprego das expressões *negro vadio* e *negro preguiçoso*, comportamento que foi presenciado pelas testemunhas Osni e Claudeonor (fls. 127/128). As testemunhas de defesa não negaram o acontecido, informando apenas não terem presenciado ou ouvido nenhuma discussão.

Quanto ao enquadramento dos fatos na moldura do assédio moral, ainda que a conclusão fosse pela negativa, consoante entendeu o Juízo de origem, mesmo assim exsurge inafastável o acolhimento do pleito indenizatório, em face do que dispõe a teoria da individuação da causa de pedir.

Acerca da distinção relevante, porém muitas vezes esquecida, entre as teorias da individualização e da substanciação da causa de pedir, é o magistério de *Alexandre Agra Belmonte:*

Para a Teoria Geral do Processo, causa (de pedir) é o fato jurídico (causa de pedir remota) que constitui o direito ou atribuição de efeitos (causa de pedir próxima) fundamentador da pretensão ao bem jurídico (objeto mediato), traduzido no provimento jurisdicional pretendido (objeto imediato ou pedido).

O processo comum exige a exposição do fato (causa de pedir remota) e também a apresentação da fundamentação jurídica (causa de pedir próxima) na petição inicial, sob pena de inépcia.

....

Filiado à teoria da substanciação, o Código de Processo Civil exige a apresentação do fato ou descrição da situação, bem como da relação jurídica derivada dessa situação, ou seja, o fundamento. Para o CPC, o fundamento não descrito não pode ser considerado pela sentença, daí a importância do respectivo aponte. Enfim, o Juiz até poderá conhecer de fatos novos suscetíveis de influir na sentença, mas não poderá alterar o fundamento apresentado pela parte ao proferir a sua decisão.

No processo trabalhista, dirigido a juristas, mas também a leigos (art. 791 da CLT), foi adotada a *teoria da individualização*: somente a narrativa da situação é exigível (o fato constitutivo ou causa de pedir remota), cabendo ao Juiz, diante dela, a inserção do fundamento cabível.

Basta verificar o que dispõe o art. 840, § 1º da Consolidação das Leis do Trabalho, para chegar-se a essa conclusão (Revista LTr, n. 67-05, p. 580).

Dessarte, ponderados os fatos narrados na inicial e provados suficientemente nos autos, mesmo eventual divergência quanto à conseqüência jurídica atribuída na exordial, não obsta o reconhecimento do direito no âmbito da Justiça do Trabalho, incumbindo ao Magistrado proceder ao correto enquadramento ao acolher o pleito indenizatório.

Ocorre, todavia, que a violação dos direitos humanos do recorrente (notadamente: honra, dignidade racial e igualdade), consistente em sucessivos constrangimentos e humilhações a que se viu exposto em virtude da discriminação racial sofrida no ambiente de trabalho, ocorreu pelo emprego de meios e expedientes comumente utilizados no assédio moral.

Nesse sentido é a promoção ministerial de fls. 175/180, bem como o magistério de *Cláudio Armando Couce de Menezes*, que inclui no rol exemplificativo das práticas caracterizadoras de assédio moral *empregado que é vítima de comentários maldosos de ordem sexual, racial ou social* (Revista LTr, n. 67-03, p. 293).

Ponderada a gravidade dos fatos, a repercussão provocada na esfera íntima do atingido e os limites do pedido, dou provimento parcial ao recurso para condenar a reclamada ao pagamento de trinta salários mínimos a título de indenização por danos morais, calculados com base no salário vigente na data da postulação, atualizado na forma da lei. Arbitro em R$ 7.000,00 o valor atualizado da condenação." (www.trt12.gov.br, em 26.8.04)

Assédio moral — Eventual incivilidade ou mesmo desrespeito de terceiros para com o empregado da empresa não torna esta automaticamente responsável pela reparação

Ementa: ASSÉDIO MORAL. CONFIGURAÇÃO. INDENIZAÇÃO. INEXISTÊNCIA. O assédio moral, em ordem de gerar obrigação de indenizar por parte do empregador, somente se configura quando o ato, revestido de ilicitude, é reiterado, ofensivo à honra e dignidade do empregado, inserido no risco inerente à atividade empresarial e coberto de publicidade. Eventual incivilidade ou mesmo desrespeito de terceiros para com o empregado da empresa não torna esta automaticamente responsável pela reparação, isentando aquele que na verdade demonstrou mau comportamento. TRT 10ª Reg. — RO 00051-2007-012-10-00-1 — (Ac. 3ª T./07) — Rel. Juiz Bertholdo Satyro. DJU3 15.6.07, p. 21.

Assédio moral — Expressões pejorativas e humilhações — Configuração

Ementa: ASSÉDIO MORAL. INDENIZAÇÃO. Exigir do empregado o correto cumprimento de suas funções é um direito do empregador. O que não se tolera é que essa exigência seja realizada por meio de expressões pejorativas e humilhações que são atitudes lesivas ao patrimônio ideal do trabalhador e que têm nítido caráter de violação à honra profissional, violando o direito a um meio ambiente de trabalho saudável. Nesse caso, é devida a indenização por danos morais. TRT 10ª Reg. — RO 00501-2006-101-10-00-0 — (Ac. 1ª T./07) — Rel. Juiz Oswaldo Florêncio Neme Junior. DJU3 9.3.07, p. 13.

Assédio moral — Fato-humilhação, na ofensa, no menoscabo, inferiorizando e causando dor e sofrimento desgravitados do padrão

Ementa: ASSÉDIO MORAL - CONFIGURAÇÃO — REQUISITOS. Segundo abalizada doutrina e jurisprudência, o assédio moral ou mobbing tem lugar no fato-humilhação, na ofensa, no menoscabo, inferiorizando e causando dor e sofrimento desgravitados do padrão mediano que se espera do ambiente de trabalho. Não é preciso ir muito longe para se verificar que a generalidade do dano moral na relação de emprego é aquela afetação dos brios do empregado, feita pelo empregador, maculando sua honra e imagem que são garantidas pela Constituição Federal. Mas a mera possibilidade de reparação do dano moral não pode se converter em panacéia, utilizável em toda e qualquer situação em que ocorra conflito de interesses nesse nível. Os efeitos indenizatórios decorrentes da responsabilidade civil prevista nos artigos 186 e 927 do Código Civil carecem de requisitos especiais, sem os quais, não se aflora a obrigação de reparar o dano causado. São eles: existência do ato, omissivo ou comissivo, violador do direito de outrem; o resultado danoso para a vítima e o nexo causal entre o ato ou omissão e o resultado. TRT 3ª Reg. — RO 00896-2006-009-03-00-1 — (Ac. 6ª T.) — Relª. Des. Emilia Facchini. DJMG 8.2.07, p. 21.

Assédio Moral — Imposição de candidato a pleito eleitoral — Abuso do poder diretivo

Ementa: IMPOSIÇÃO DE CANDIDATO A PLEITO ELEITORAL. ASSÉDIO MORAL. DANO MORAL. ABUSO DO PODER DIRETIVO. Quando o empregador, valendo-se do seu poder diretivo, submete o empregado a pressão psicológica, na tentativa de impor-lhe um candidato à eleição, suprimindo seu direito de escolha, impedindo que se manifeste a favor de candidato adversário e, mais grave, sempre com ameaças de não voltar a ser contratado na próxima safra, resta configurado o assédio moral, passível de indenização por dano moral. Recurso da Reclamada a que se nega provimento. TRT 9ª Reg. — Proc. 02536-2005-562-09-00-0 — (Ac. 1ª T. 05222/07) — Rel. Juiz Ubirajara Carlos Mendes. DJPR 2.3.07, p. 673.

Assédio moral — Indenização — Ausência da demonstração de clima de animosidade entre as partes — Não configuração

Ementa: ASSÉDIO MORAL. INDENIZAÇÃO. O assédio moral, também conhecido como "terror psicológico", *mobbing*, "hostilização no trabalho", decorre de conduta lesiva do empregador que, abusando do poder diretivo, regulamentar, disciplinar ou fiscalizatório, cria um ambiente de trabalho hostil, expondo o empregado a situações reiteradas de constrangimento e humilhação, que ofendem a sua saúde física e mental. Não demonstrado este clima de animosidade entre as partes, o pedido indenizatório é rejeitado. TRT 3ª Reg. — RO 00105-2004-089-03-00-0 — (Ac. 2ª T.) — Relª Juíza Olivia Figueiredo Pinto Coelho. DJMG 28.7.04, p. 07.

Assédio moral — Indenização pelos danos dele decorrentes

Ementa: ASSÉDIO MORAL. INDENIZAÇÃO PELOS DANOS DELE DECORRENTES. Quando o empregador obriga o seu empregado a submeter-se a exame psiquiátrico além do regular e periódico, sugerindo que ele seja portador de doença mental, acatando indicação do superior hierárquico motivada na suspeita de um comportamento "arredio e calado" que é atribuído ao obreiro, este empregador ultrapassa os limites de atuação do seu poder diretivo para atingir a dignidade e a integridade física e psíquica do empregado. A função natural da realização de exames médicos pelo empregado tem por objetivo salvaguardar a sua saúde, em cumprimento às normas de proteção à saúde e segurança do trabalhador instituídas na CLT. Nesse compasso, a indicação de exame psiquiátrico extraordinário consiste em ato desviado da sua função natural, que excede manifestamente os limites traçados pela boa-fé, pelos costumes e pela finalidade social para se transformar em instrumento cujo propósito é de degradar o ambiente de trabalho e criar embaraços para a execução normal do contrato, tornando o ato abusivo e, portanto, ilícito. O exercício abusivo do direito e o conseqüente ato ilícito em questão caracterizam o assédio moral, também denominado *mobbing* ou *bullying*, e enseja justa reparação da lesão dele decorrente, que vai atuar como lenitivo dos sentimentos de indignação e angústia suportados pelo ofendido. TRT 3ª Reg. — RO 00227-2004-020-03-00-5 — (Ac. 5ª T.) — Relª Juíza Taísa Maria Macena de Lima. DJMG 7.8.04, p. 11.

Assédio moral — Insistência do empregador em determinar o cumprimento de transferência ilegal do empregado — Caracterização

Ementa: ASSÉDIO MORAL. INSISTÊNCIA DO EMPREGADOR EM DETERMINAR O CUMPRIMENTO DE TRANSFERÊNCIA ILEGAL DO EMPREGO. CARACTERIZAÇÃO. Os elementos dos autos comprovam que o empregador já havia manifestado a intenção de despedir o reclamante, pois chegou a dispensá-lo sem justa causa, vindo a reintegrá-lo no emprego posteriormente em face de estabilidade provisória de que o reclamante era portador. Não obstante a sua estabilidade no emprego, o empregador determinou ilicitamente a sua transferência do local de trabalho, tendo este resistido, colocando-se à disposição da empresa no local onde sempre ativou, apesar do recolhimento de seu crachá. Pois bem, restando comprovado nos autos que a transferência pretendida pela empresa era ilegal, a insistente convocação do obreiro (apesar da justa recusa por parte deste), para que assumisse seu emprego em outra cidade, com a publicação, inclusive, de fato que denegriu a imagem do trabalhador (publicação de notícia de abandono de emprego sem justificativa da necessidade de serviço em jornal da cidade) constitui assédio moral, assegurando ao trabalhador a reparação civil pelo dano moral sofrido, uma vez que o "jus variandi" do empregador encontra limites no "jus resistentiae" do empregado, não lhe sendo lícito ultrapassar os limites do bom senso quando da manifestação de sua autoridade e de seu poder de mando, na medida em que este não é absoluto. Recurso ordinário não provido. TRT 15ª Reg. (Campinas/SP) — RO 00760-2004-121-15-00-6 — (Ac. 41994/2005-PATR, 5ª Câmara) — Rel. Juiz Lorival Ferreira dos Santos. DJSP 2.09.05, p. 58.

Assédio moral — Limitação do uso das instalações sanitárias — Configuração

Ementa: LIMITAÇÃO DO USO DAS INSTALAÇÕES SANITÁRIAS. ASSÉDIO MORAL. DANO MORAL. INDENIZAÇÃO. Não obstante seja compreensível que o empresário vise ao lucro, isto não lhe dá o direito de impor aos seus empregados limitações de ordem fisiológicas, como no caso da utilização de sanitários, violando normas de proteção à saúde e impondo-lhe uma situação degradante e vexatória, com o escopo de alcançar maior produtividade e, assim, deixando de respeitar os limites de cada um daqueles que coloca sob o seu comando hierárquico. Efetivamente, tanto a higidez física como a mental do ser humano são bens fundamentais de sua vida, privada e pública, de sua intimidade, de sua auto-estima e afirmação social, inquestionavelmente tutelados pela Lei Maior (art. 5º, incisos V e X). A violência psicológica sofrida implica lesão de um interesse extrapatrimonial, juridicamente protegido, gerando direito à reparação do dano moral. TRT 3ª Reg. — RO 01068-2005-016-03-00-8 — (Ac. 2ª T.) — Rel. Juiz Anemar Pereira Amaral. DJMG 11.10.06, p. 9.

Assédio moral — Marginalização do empregado em seu ambiente de trabalho e comprometendo a sua estabilidade emocional — Caracterização

Ementa: ASSÉDIO MORAL — CARACTERIZAÇÃO — O assédio moral, também denominado terror psicológico ou mobbing, consiste na exposição, sistemática e freqüente, do trabalhador a situações vexatórias, humilhantes ou qualquer outro meio que cause violência psicológica, acarretando a marginalização do empregado em seu ambiente de trabalho e comprometendo a sua estabilidade emocional. TRT 15ª Reg. (Campinas/SP) — RO 01785-2004-026-15-00-0 — (Ac. 6496/2006-PATR, 11ª Câmara) — Rel. Juiz Flávio Nunes Campos. DJSP 17.2.06, p. 55.

Assédio moral — Mera rudeza de tratamento de superior hierárquico — Não Configuração

Ementa: ASSÉDIO MORAL. Em linhas genéricas, poder-se-ia conceituar assédio moral no ambiente de trabalho como condutas abusivas de chefes ou mesmo de colegas, visando objetivos práticos, que se manifestam por comportamentos, atos, gestos ou palavras que têm repercussão direta sobre a saúde psíquica da vítima. Entende-se por conduta abusiva impingir ao assediado pressões, intimidações, humilhações, perseguições, ridicularizações, xingamentos, etc, causando situações de degradação das condições de trabalho, com ameaças de demissão, sobrecarga de trabalho, desmoralização perante os colegas, falta de reconhecimento e desprezo pelos esforços do empregado, de modo a conduzi-lo ao comportamento almejado pelo assediador. É pressuposto essencial do psicoterror a repetição da conduta, a cumulação de atos. Um episódio isolado não caracteriza assédio. Da mesma sorte, não se confunde com estresse ou esgotamento (burnout), más condições ou sobrecarga de trabalho, alto nível de exigência ou uma gestão patronal rígida. A repercussão do assédio moral na saúde da vítima é, invariavelmente, estresse, ansiedade, depressão e distúrbios psicossomáticos, podendo redundar até em desequilíbrios psíquicos. No caso dos autos, a Reclamada não agiu com abuso de autoridade, de modo a extrapolar os limites de seu poder diretivo, com o que não sobeja claro o intuito de perseguição ao Reclamante. A mera rudeza de tratamento por parte do superior hierárquico, por mais que mereça censura, por contribuir para a degradação do ambiente de trabalho, não constitui, por si só, assédio moral capaz de ensejar a indenização correspondente. TRT 10ª Reg. — RO 00075-2006-802-10-00-8 — (Ac. 3ª T./06) — Rel. Juiz Braz Henriques de Oliveira. DJU3 27.10.06, p. 44.

Assédio moral — Metas — Exigência — Extrapolamento — Ameaças, com intimidações e xingamentos, e impondo "castigos" (como trabalhar de pé, proibindo-os de ir ao banheiro, tomar água ou lanchar) — Configuração

Ementa ASSÉDIO MORAL. O empregador que exige dos seus empregados resultados que extrapolem as metas previamente estabelecidas, ameaçando-os, com intimidações e xingamentos, e impondo "castigos" (como trabalhar de pé, proibindo-os de ir ao banheiro, tomar água ou lanchar), excede manifestamente os limites traçados pela boa-fé e pelos costumes e ainda vulnera o primado social do trabalho, ultrapassando os limites de atuação do poder diretivo, para atingir a dignidade e a integridade física e psíquica desses empregados, praticando ato abusivo, ilícito, que ensejará justa reparação dos danos causados aos ofendidos. Não se pretende defender que a produção estimulada e a busca por resultados cada vez maiores sejam um exercício maléfico nas relações de trabalho vigentes num mercado de trabalho, como o atual, que labora em constante transformação e adaptação às práticas comerciais que vão surgindo a cada momento. Mas há várias formas de estimular o empregado na conquista de resultados mais favoráveis ao empreendimento econômico do empregador, como, por exemplo, através da oferta de cursos de capacitação e liderança ou da conhecida vantagem econômica, prática muito embora controvertida, mas largamente adotada, de remunerar os trabalhadores por produção, desde que respeitados, naturalmente, os seus limites físicos e psíquicos, tudo se fazendo sem atingir, todavia, a sua dignidade ou integridade física e psíquica. TRT 3ª Reg. — RO 01245-2005-012-03-00-0 — (Ac. 5ª T.) — Rel. Juiz Emerson Jose Alves Lage. DJMG 3.6.06, p. 19.

Assédio moral — Metas de difícil alcance e condições de trabalho penosas — Pressão direta para o desligamento voluntário — Dano moral configurado

Ementa: ASSÉDIO MORAL. METAS DE DIFÍCIL ALCANCE E CONDIÇÕES DE TRABALHO PENOSAS. PRESSÃO DIRETA PARA O DESLIGAMENTO VOLUNTÁRIO. DANO MORAL CONFIGURADO. INDENIZAÇÃO DEVIDA. O trabalho, garantia constitucional expressa no *caput* do art. 6º, não significa apenas direito ao emprego, à colocação no mercado de trabalho, mas ao efetivo desempenho de atividades. A premissa é de que, além do salário para satisfazer as necessidades próprias e da família, o trabalhador tem direito a resguardar a imagem de elemento produtivo. A imposição de sucessivas transferências, deslocamentos para agências distantes, além da pressão direta para que aceitasse indenização e se desligasse, em razão de sua condição de sindicalista, são condutas capazes de provocar danos à personalidade, à dignidade e à integridade psíquica do trabalhador. Da mesma forma, a exigência de metas de extrema dificuldade tem o claro intuito de solapar a auto-estima do empregado e fazer com que, frustrado pelo insucesso no cumprimento das ordens, termine por aceitar ou mesmo pedir o desligamento. O dano moral é inegável e deve ser indenizado. Recurso provido para manter a condenação. TRT 9ª Reg. — RO 00576-2003-089-09-00-4 — (Ac. 2ª T. 30115/05) — Relª Juíza Marlene T. Fuverki Suguimatsu. DJPR 22.11.05, p. 285.

Assédio moral — Natural pressão decorrente do mercado cada vez mais competitivo — Não configuração

Ementa: ASSÉDIO MORAL. INDENIZAÇÃO. O assédio moral não se confunde com a natural pressão decorrente do mercado cada vez mais competitivo do mundo globalizado, ou mesmo com o exercício regular do direito do empregador exigir produtividade de seus empregados (Gonçalves Júnior, Mário. O Assédio Moral, o Stress e os Portadores de DDA. Publicada no Juris Síntese n. 44. Nov/Dez de 2003). (...). Assim, não se vislumbra devidamente comprovado o dano moral a ensejar indenização. Incumbia ao Reclamante fazer prova do direito postulado, conforme dispõem os arts. 818 da CLT e 333, I, do CPC. Recurso do Reclamante a que se nega provimento. TRT 9ª Reg. — Proc. 00754-2006-662-09-00-0 — (Ac. 1ª T. 16353/07) — Rel. Juiz Ubirajara Carlos Mendes. DJPR 26.6.07.

Assédio moral — Não configuração

Ementa: DANO MORAL. **ASSÉDIO MORAL**. INEXISTÊNCIA. A moral individual é apresentada pela honra da pessoa, o seu nome, boa fama, a sua auto-estima e o apreço de que goza perante terceiros. O dano moral, por sua vez, é o resultante de ato ilícito que atinge o patrimônio da pessoa, ferindo sua honra, decoro, crenças políticas e religiosas, paz interior, bom nome, auto-estima e liberdade, originando sofrimento psíquico, físico ou moral propriamente dito. Por outro lado, assédio moral, manipulação perversa, terrorismo psicológico ou, ainda, *mobbing, bullying* ou *harcèlement* moral, é um mal que, apesar de não ser novo, começa a ganhar destaque na sociologia e medicina do trabalho, estando por merecer também a atenção dos juristas. O assédio é um processo, conjunto de atos, procedimentos destinados a expor a vítima a situações incômodas e humilhantes. De regra, é sutil, no estilo "pé de ouvido". A agressão aberta permite um revide, desmascara a estratégia insidiosa do agente provocador. O assédio moral, a exposição prolongada e repetitiva do trabalhador a situações humilhantes e vexatórias no trabalho, que atenta contra a sua dignidade ou integridade psíquica ou física é indenizável, no plano patrimonial e moral. *In casu*, não se observa a ocorrência de dano moral ou assédio moral. As provas oral e documental são insuficientes para demonstrar qualquer conduta da reclamada violadora da honra do autor, do seu nome, da sua boa fama, da sua auto-estima e do apreço de que goza perante terceiros. Não se observou também nenhuma situação humilhante e que poderia ocasionar qualquer dano físico ou psicológico. TRT 17ª Reg. — Proc. 01607.2002.006.17.00.2 — Rel. Juiz Cláudio Armando Couce de Menezes. DJES 6.8.03. (www.trt17.gov.br, em 14.8.04)

Da decisão acima, colhe-se o seguinte fundamento:

"A moral individual é apresentada pela honra da pessoa, o seu nome, boa fama, a sua auto-estima e o apreço de que goza perante terceiros.

O dano moral, por sua vez, é o resultante de ato ilícito que atinja o patrimônio da pessoa, ferindo sua honra, decoro, crenças políticas e religiosas, paz interior, bom nome, auto-estima e liberdade, originando sofrimento psíquico, físico ou moral propriamente dito.

O contrato de emprego é caracterizado por ser de trato sucessivo, de atividade, onde as prestações repetem-se com o curso do tempo, possibilitando o surgimento de gravames, agressões, lesões e danos à integridade física e moral dos contratantes. Ademais, a pessoalidade, a subordinação, configuradores da figura do empregado, e os poderes de direção, fiscalização e disciplinar, que caracterizam a atuação do empregador, facilitam atos, eventos e procedimentos geradores de dano moral.

Assédio moral, manipulação perversa, terrorismo psicológico ou, ainda, *mobbing, bullying* ou *harcèlement* moral, é um mal que, apesar de não ser novo, começa a ganhar destaque na sociologia e medicina do trabalho, estando por merecer também a atenção dos juristas.

Para a estudiosa francesa *Marie-France Hirigoyen*, uma das maiores autoridades no assunto, 'o **assédio moral** no trabalho é qualquer conduta abusiva (gesto, palavra, comportamento, atitude ...) que atente, por sua repetição ou sistematização, contra a dignidade ou integridade psíquica ou física de uma pessoa, ameaçando seu emprego ou degradando o clima de trabalho'.

Por sua vez, o pioneiro no assunto, o sueco *Heinz Leymann*, conceitua o **assédio moral** como 'a deliberada degradação das condições de trabalho através do estabelecimento de comunicações não éticas (abusivas), que se caracterizam pela repetição, por longo tempo, de um comportamento hostil de um superior ou colega(s) contra um indivíduo que apresenta, como reação, um quadro de miséria física, psicológica e social duradoura'.

O assédio é um processo, conjunto de atos, procedimentos destinados a expor a vítima a situações incômodas e humilhantes. De regra, é sutil, no estilo 'pé de ouvido'. A agressão aberta permite um revide, desmascara a estratégia insidiosa do agente provocador.

Assim, a preferência pela comunicação não-verbal (suspiros, erguer de ombros, olhares de desprezo, silêncio, ignorar a existência do agente passivo), ou pela fofoca, zombaria, ironias e sarcasmos, de mais fácil negação em caso de reação. ('Foi só uma brincadeira', 'não é nada disso, você entendeu mal', 'a senhora está vendo e/ou ouvindo coisas', 'isso é paranóia sua', 'ela é louca', 'não fiz nada demais, ela (ele) é que era muito sensível', são alegações típicas de quem se vê denunciado nesses casos).

Todavia, o assédio também tem lugar através de atos mais concretos, como rigor excessivo, confiar tarefas inúteis ou degradantes, desqualificação, críticas em público, isolamento, inatividade forçada, ameaças, exploração de fragilidade psíquica e física, limitação ou coibição de qualquer inovação ou iniciativa do trabalhador, obrigação de realizar autocríticas em reuniões públicas, exposição a ridículo (impor a utilização de fantasia, sem que isso guarde qualquer relação com sua função; inclusão no rol de empregados de menor produtividade); divulgação de doenças e problemas pessoais de forma direta e/ou pública, ...

A exteriorização do *harcèlement* moral, portanto, ocorre através de gestos, comportamentos obsessivos e vexatórios, humilhações públicas e privadas, amedrontamento, ameaças, ironias, sarcasmos, difamações, exposição ao ridículo, sorrisos, suspiros, trocadilhos, jogo de palavras de cunho sexista, indiferença à presença do outro, silêncio forçado, sugestão para pedido de demissão, ausência de serviço e tarefas impossíveis ou de dificílima realização, controle do tempo no banheiro, divulgação pública de detalhes íntimos, etc.

O **assédio moral**, face à sua multiplicidade, não raro se apresenta sob a ótica de atos discriminatórios ou deles chega muito próximo, quando não concretiza o assédio sexual e vice-versa, ou até pelo procedimento que interfira na privacidade do trabalhador.

Porém, essas situações guardam suas particularidades, mesmo porque podem se apresentar de forma direta, pontual, abrupta, agressiva e até violenta, o que as afastam do fenômeno sob análise.

O **assédio moral**, a exposição prolongada e repetitiva do trabalhador a situações humilhantes e vexatórias no trabalho, que atenta contra a sua dignidade ou integridade psíquica ou física, é indenizável, no plano patrimonial e moral, além de permitir a resolução do contrato ('rescisão indireta'), o afastamento por doença de trabalho e, por fim, quando relacionado à demissão ou dispensa do obreiro, a sua reintegração no emprego por nulidade absoluta do ato jurídico.

Todavia, não se observa a ocorrência do **assédio moral** ensejador da reparação por dano moral.

As provas oral e documental são insuficientes para demonstrar qualquer conduta da reclamada violadora da honra do autor, do seu nome, da sua boa fama, da sua auto-estima e do apreço de que goza perante terceiros. Não se observou também qualquer outro dano físico ou psicológico.

Penso que o obreiro poderia até ver questionada a alteração do contrato, mas alegar a existência de terror psicológico pela simples redução do número de aulas ...

Por todo o exposto, nega-se provimento ao recurso do reclamante." (www.tst17.gov.br, em 14.8.04)

Assédio moral — Não configuração

Ementa: ASSÉDIO MORAL. O assédio moral conceitua-se pelo terror psicológico. De início, os doutrinadores o definiam como "a situação em que uma pessoa ou um grupo de pessoas exercem uma violência psicológica extrema, de forma sistemática e freqüente e durante um tempo prolongado sobre outra pessoa, a respeito da qual mantém uma relação assimétrica de poder no local de trabalho, com o objetivo de destruir as redes de comunicação da vítima, destruir sua reputação, perturbar o exercício de seus trabalhos e conseguir, finalmente, que essa pessoa acabe deixando o emprego". Esse comportamento ocorre não só entre chefes e subordinados, mas também na via contrária, e entre colegas de trabalho com vários objetivos, entre eles o de forçar a demissão da vítima, o seu pedido de aposentadoria precoce, uma licença para tratamento de saúde, uma remoção ou transferência. Não se confunde com outros conflitos que são esporádicos ou mesmo com más condições de trabalho, pois o assédio moral pressupõe o comportamento (ação ou omissão) por um período prolongado, premeditado, que desestabiliza psicologicamente a vítima. A questão é que, independentemente do rigor do conceito que também merece críticas, o termo "assédio moral", também conhecido como *mobbing* (Itália e Alemanha), *harcèlement* moral (França), e a sua caracterização já entraram para o nosso mundo jurídico. Se o comportamento apontado (ação ou omissão) é efetivamente comprovado ter sido exercido por um certo período durante a execução do contrato de trabalho, de forma premeditada e, principalmente, desestabilizando psicologicamente o empregado no exercício da sua prestação de serviços, de forma a configurar uma violência psicológica, capaz de repercutir intencionalmente para um dano psíquico e marginalização no ambiente de trabalho, caracteriza-se o assédio moral que afronta contra a dignidade humana. TRT 3ª Reg. — RO 01423-2004-037-03-00-9 — (Ac. 2ª T.) — Rel. Juiz Hegel de Brito Bóson. DJMG 6.5.05, p. 6.

Da decisão acima, colhe-se o seguinte fundamento:

"JUÍZO DE MÉRITO

Importa esclarecer que, antes, a Autora ajuizou ação nessa Justiça Especial pretendendo indenização por danos morais, cuja causa de pedir foi o constrangimento alegado em torno de uma simulação de furto de um cigarro, conforme petição de fls. 14-15. Houve acordo entre as partes, ficando expressamente ressalvado que a quitação pactuada não abrangia o pedido de indenização reparatória por danos morais, conforme ata de fl. 67. Outra ação foi ajuizada pela Autora no juízo cível em torno do pedido reparatório, conforme peça de ingresso fls. 04-07, tendo a ação sido extinta sem julgamento de mérito, em face da declaração de incompetência absoluta, na forma da decisão da Justiça Comum de fls. 145-46, com remessa dos autos à Justiça do Trabalho. Portanto, a presente ação cinge-se ao pedido reparatório em torno de dano moral, decorrente da conduta dos Réus, na execução do contrato de trabalho, o que atrai a competência dessa Justiça Especial na forma do art. 114 da Constituição Federal.

No caso em concreto, a alegação do dano moral reside no assédio moral, no constrangimento instaurado pelos Réus na execução do contrato de trabalho, baseada em comentários de furto ou desvio de mercadorias imputados à Autora, bem como no constrangimento decorrente de fiscalização abusiva.

O assédio moral conceitua-se pelo terror psicológico. De início, os doutrinadores o definiam como 'a situação em que uma pessoa ou um grupo de pessoas exercem uma violência psicológica extrema, de forma sistemática e freqüente e durante um tempo prolongado sobre outra pessoa, a respeito da qual mantém uma relação assimétrica de poder no local de trabalho, com o objetivo de destruir as redes de comunicação da vítima, destruir sua reputação, perturbar o exercício de seus trabalhos e conseguir, finalmente, que essa pessoa acabe deixando o emprego'. Esse comportamento ocorre não só entre chefes e subordinados, mas também na via contrária, e entre colegas de trabalho com vários objetivos, entre eles o de forçar a demissão da vítima, o seu pedido de aposentadoria precoce, uma licença para tratamento de saúde, uma remoção ou transferência. Não se confunde com outros conflitos que são esporádicos ou mesmo com más condições de trabalho, pois o assédio moral pressupõe o comportamento (ação ou omissão) por um período prolongado, premeditado, que desestabiliza psicologicamente a vítima. A questão é que, independentemente do rigor do conceito que também merece críticas, o termo 'assédio moral', também conhecido como *mobbing* (Itália e Alemanha), *harcèlement* moral (França), e a sua caracterização já entraram para o nosso mundo jurídico. Se o comportamento apontado (ação ou omissão) é efetivamente comprovado ter sido exercido por um certo período durante a execução do contrato de trabalho, de forma premeditada e, principalmente, desestabilizando psicologicamente o empregado no exercício da sua prestação de serviços, de forma a configurar uma violência psicológica, capaz de repercutir intencionalmente para um dano psíquico e marginalização no ambiente de trabalho, caracteriza-se o assédio moral que afronta contra a dignidade humana.

O desfecho da hipótese 'sub judice' cinge-se ao juízo de valoração dos depoimentos colhidos. 'Data venia', entendo de forma diferente do juízo de origem, porque a sentença está distante do contexto probatório. Inclusive, a própria decisão salientou que vários elementos da prova oral desautorizam a tese da inicial e lembra até mesmo do depoimento da própria Reclamante (fls. 67 e 175), contraditório EXATAMENTE em torno da própria pessoa responsável na Reclamada pela fiscalização dita abusiva (fl. 180). Enfim, a prova oral não autoriza o convencimento sobre a fiscalização abusiva de forma a constranger a empregada, nem houve comprovação de ter sido exercida por período significativo do contrato de trabalho, nem tampouco de forma premeditada. No caso, não se configurou aquela violência psicológica, capaz de repercutir intencionalmente para um dano psíquico e marginalização no ambiente de trabalho, caracterizando-se o assédio moral que afronta contra a dignidade humana. Ressalte-se ainda que a Reclamante estava acometida de lesão na pele do abdômen, conforme comprovam os atestados médicos juntados, o que certamente a colocou altamente sensível, repercutindo no ambiente de trabalho, mas tudo num plano interno, de pesar íntimo, sem prova de que a Reclamada efetivamente tivesse agido de forma a assediá-la.

Isso posto, dou provimento para absolver a Reclamada da indenização por danos morais, invertendo-se os ônus sucumbenciais; isento a Reclamante de custas em face da concessão da justiça gratuita."

Assédio moral — Não configuração

Ementa: INDENIZAÇÃO POR DANOS MORAIS. ASSÉDIO MORAL. Entende-se por assédio moral na relação de emprego o comportamento traiçoeiro ou a seqüência de atos patronais, ostensivos, de molestação ou de importunação praticados com a intenção de enfraquecer "o moral" do trabalhador, de modo a coagi-lo a praticar ou deixar de praticar algo contra a sua vontade, como, por exemplo, no sentido de demitir-se ou a aceitar uma alteração contratual que lhe seria prejudicial. Provimento que se nega, tendo em vista que o autor não se desincumbiu do seu ônus probatório. TRT 3ª Reg. — RO 01171-2004-035-03-00-5 — (Ac. 7ª T.) — Relª Juíza Wilmeia da Costa Benevides. DJMG 18.8.05, p. 21.

Da decisão acima, colhe-se o seguinte fundamento:

"DANOS MORAIS

Sustenta o recorrente que sobre ele foi exercido terror psicológico, em atos reiterados e sucessivos, buscando minar sua resistência mediante investidas contra sua tranqüilidade psicológica, almejando resultados vantajosos à política da empresa, ou seja, livrar-se de um empregado que se viu acometido por doença. Aduz que não foi demitido porque resistiu bravamente e que sofreu duas comunicações de dispensa, além de uma acusação injusta de tentar ferir um colega. Pretende seja julgado procedente o pedido inicial.

Por assédio moral na relação de emprego há de se entender o comportamento traiçoeiro ou a seqüência de atos patronais, ou de seus prepostos, ostensivos, de molestação ou de importunação praticados com a intenção de enfraquecer 'o moral' do trabalhador, de modo a coagi-lo a praticar ou deixar de praticar algo contra a sua vontade, como, por exemplo, no sentido de demitir-se ou a aceitar uma alteração contratual que lhe seria prejudicial.

Necessariamente, não quer dizer que o assédio moral tipifique um dano moral, pois pode acontecer o fato sem que afete a honra e imagem da pessoa por não ultrapassar os limites da convivência e do relacionamento entre o assediado e o que assedia.

Vejamos, então, os fatos e as provas trazidos aos autos.

O reclamante iniciou no serviço no dia 25.02.98, mediante concurso público, e no dia 09.08.99 teve que ser afastado do trabalho por fortes dores na coluna. Retornou ao trabalho em dezembro de 1999, quando apresentou novamente o quadro clínico anterior. Em março de 2000, o autor se afastou novamente do trabalho, retornando em 20.05.2002.

Observa-se que o reclamante não pode ser dispensado do emprego depois que a empresa tomou ciência do seu estado de saúde, agindo corretamente, de acordo com o documento de fl. 24.

Embora o autor tenha afirmado ser vítima de assédio moral, não há nenhum elemento que comprove tais afirmações. O fato é que a reclamada não dispensou o reclamante e durante os períodos de afastamento recebeu corretamente os seus salários (fls. 249/275). Além disso, não há provas de que tenha sido ameaçado de ser escalado para dirigir veículos pesados, pois os documentos juntados às fls. 96/200 demonstram, apenas, efetivo trabalho em veículos leves. Quanto às acusações feitas pelo colega, sobre ter 'jogado o carro' em sua direção, nada restou provado, sendo certo que possíveis desavenças pessoais ocorridas entre empregados não nos autoriza a concluir que a empresa teve participação no fato. Além disso, o documento de fls. 34/37 não está assinado, sendo imprestável para a prova.

Nesse contexto, as circunstâncias que a recorrente aponta no seu recurso não podem ser tidas como configuradoras de qualquer tipo de assédio moral como pretendeu fazer crer, sendo indevida a indenização por danos morais pleiteada.

Nego provimento."

Assédio moral — Nulidade de sanções disciplinares — Não configuração

Ementa: NULIDADE DE SANÇÕES DISCIPLINARES. ASSÉDIO MORAL. Não demonstrada a alegada perseguição patronal decorrente do exercício da ação fiscalizadora do dirigente sindical e comprovada a conduta inadequada do empregado no ambiente de trabalho, impõe-se a manutenção da validade das sanções disciplinares aplicadas pelo empregador no exercício regular do seu poder diretivo. TRT 12ª Reg. — RO-V 00611-2004-018-12-00-2 — (Ac. 1ª T. 12724/05, 23.08.05) — Rel. Juiz Roberto Basilone Leite. DJSC 17.10.05, p. 347.

Assédio moral — Ociosidade forçada — Colocar empregado 'na geladeira' — Rescisão indireta — Ausência de provas

Ementa: ASSÉDIO MORAL. OCIOSIDADE FORÇADA. COLOCAR EMPREGADO 'NA GELADEIRA'. INDENIZAÇÃO POR DANOS MORAIS. RESCISÃO INDIRETA. AUSÊNCIA DE PROVAS. O assédio moral do tipo estratégico, praticado pela empresa interessada em eliminar do seu quadro de empregados aqueles considerados inadequados ou indesejáveis, com utilização de operações do tipo 'geladeira' ou ociosidade forçada, que significam excluir a participação do trabalhador da atividade profissional, com ausência de fornecimento de qualquer trabalho, deve estar cristalinamente provado nos autos, para garantir o direito ao trabalhador, vítima dessa conduta ilícita praticada pelo empregador, a indenização por danos morais, bem como o reconhecimento da chamada rescisão indireta. Não configura a estratégia quando o empregador, após o término do gozo de auxílio-doença-acidentário, oportuniza ao Autor a execução de serviços na empresa, de modo a reintegrá-lo ao ambiente laboral, mesmo que as atividades sejam diversas da sua originária, desde que estas não o colocam em isolamento e/ou o exponham a tratamento vexatório, humilhante e indigno. Neste contexto, a inexistência de falta efetivamente grave perpetrada pela empregadora — ociosidade forçada —, a ponto de causar prejuízos para o empregado, e, ainda, de tornar a continuidade do vínculo empregatício intolerável, ou seja, de inviabilizar a continuidade da relação de emprego, afasta o reconhecimento da rescisão indireta, assim como da indenização por danos morais decorrentes de assédio moral. TRT 23ª Reg. — RO 00646.2006.096.23.00-9 — (SESSÃO 11/07) — Rel. Des. Tarcísio Valente. DJE/TRT 23ª Reg. n. 210, 12.4.07, p. 26.

Assédio moral — Ofensa à honra, à imagem e à dignidade do trabalhador — Pertinência

Ementa: INDENIZAÇÃO. ASSÉDIO MORAL NO TRABALHO. OFENSA À HONRA, À IMAGEM E À DIGNIDADE DO TRABALHADOR. PERTINÊNCIA. O assédio moral no trabalho, segundo Marie-France Hirigoeyen, é "toda e qualquer conduta abusiva manifestando-se sobretudo por comportamentos, palavras, atos, gestos, escritos que possam trazer dano à personalidade, à dignidade ou à integridade física ou psíquica de uma pessoa, por em perigo seu emprego ou degradar o ambiente de trabalho". (A violência perversa do cotidiano, p.22). O fenômeno recebe denominações diversas no direito comparado: "mobbing" (Itália, Alemanha e países escandinavos), "bullying" (Inglaterra), "harassment" (Estados Unidos), "harcèlement moral" (França), "ijime" (Japão), "psicoterror laboral" ou "acoso moral" (em países de língua espanhola), terror psicológico, tortura psicológica ou humilhações no trabalho (em países de língua portuguesa). A doutrina destaca que o assédio moral como uma conduta abusiva, de natureza psicológica, que atenta contra a dignidade psíquica do indivíduo, de forma reiterada, possui quatro elementos, a saber: "a) Conduta abusiva; b) Natureza psicológica do atentado à dignidade psíquica do indivíduo; c) Reiteração da Conduta; d) Finalidade de exclusão" (Rodolfo Pamplona Filho). Com efeito, a conduta de superior hierárquico que deliberadamente degrada as condições de trabalho, através da repetição diária de gestos por longo tempo de atos, palavras, comentários e críticas hostis e depreciativa, agravadas por palavras de "baixo calão", aos seus subordinados em geral e, especificamente, a determinado funcionário, expõe a pessoa a uma situação vexatória, incômoda e humilhante incompatível com ética, com o respeito à dignidade da pessoa humana é profundamente ofensiva à honra, à imagem do trabalhador, devendo ser prontamente reprimida pelo Poder Judiciário. A fórmula encontrada, pelo direito, para rechaçar a conduta patronal é impor-lhe a obrigação de pagar ao trabalhador uma indenização por dano moral, não como forma de ressarcimento de danos, mas para reparar a ofensa psíquica que sofreu (CC, art. 186, 87 e 927). É evidente que tal conduta de pessoa que exerce função relevante na empresa não pode ser suportada, devendo o reclamado arcar com a indenização pelo dano imaterial (CC art. 932, III), em função do assédio moral ao reclamante. Recurso ordinário que se nega provimento. BANCÁRIO. DESCONTOS SALARIAL. "TARIFAS" DE CLIENTES. ILEGALIDADE. RISCO DA ATIVIDADE ECONÔMICA. VIOLAÇÃO DA CLT, ARTS. 2º E ART. 462. RESTITUIÇÃO DEVIDA. — A prova testemunhal confirma o fato de que o Gerente Geral da Agência, para evitar baixa de metas, determinava aos funcionários que utilizassem de todos os meios para protelarem ao máximo o encerramento de contas-correntes, solicitadas por clientes. A prova aponta ainda no sentido de que ao encerrar as contas, as tarifas e outras despesas tinham que ser pagas pelo funcionário responsável. A conduta patronal é de flagrante violação ao arts. 2º e 462 da CLT, porque não se pode exigir que o empregado concorra com o risco da atividade econômica da empresa, nem seja obrigado a ressarcir de despesas de clientes do Banco, quando não deu causa, nem concorreu com dolo ou culpa para tais despesas, como no caso em exame. Destarte, incensurável a sentença que determinou o reembolso destes valores. Recurso ordinário a que se nega provimento. TRT 15ª Reg. (Campinas/SP) — RO 0350-2005-020-15-00-1 — (Ac. 52805/06-PATR, 10ª C) — Rel. Juiz José Antonio Pancotti. DJSP 10.11.06, p. 65.

Assédio moral — Oitiva de testemunhas — Indeferimento — Prova essencial ao deslinde da controvérsia

Ementa: ASSÉDIO MORAL. OITIVA DE TESTEMUNHAS. INDEFERIMENTO. PROVA ESSENCIAL AO DESLINDE DA CONTROVÉRSIA. Dúvida não há de que — por se tratar de conduta odiosa, repudiada pela sociedade e pelo ordenamento jurídico —, a prática do assédio moral não costuma ocorrer por meio de documentos, ou seja, aquele que a pratica não passa recibo, ao menos não por escrito. Assim, resta à parte apenas um caminho para provar sua existência: a oitiva de pessoas capazes de esclarecer ao Juízo se e em que medida ocorreu. Dessa forma, não se afigura razoável, por mais nobre que seja a intenção de imprimir celeridade à tramitação processual, constituir o Juízo óbice de qualquer natureza à produção da aludida prova, como, por exemplo, fixar prazo para arrolamento de testemunhas sob pena de, não arroladas e não comparecendo, deixarem de ser ouvidas. Esse é o sentido do devido processo legal substancial, regra que prevalece, em ponderação de interesses, diante da duração razoável do processo de que trata a EC 45/2004. TRT 12ª Reg. — Proc. RO-V 00797-2005-024-12-00-2 — (Ac. 3ª T. 13797/06, 5.9.06) — Rel. Juiz Gerson Paulo Taboada Conrado. DJSC 17.10.06, p. 69.

Assédio moral — Patologia social — Configuração

Ementa: *MOBBING* — *BULLYING* — CONFIGURAÇÃO — ASSÉDIO MORAL — INDENIZAÇÃO — TEORIA PUNITIVE DAMAGES OU EXEMPLARY DAMAGE. ART. 5º, INCISO X, DA CARTA MAGNA — O Direito deve ser encarado como um instrumento de concretização da justiça, tendo o juiz o dever de transmudar preceitos abstratos em direito concreto, desde que visualize os direitos fundamentais da pessoa humana como embasamento central de suas decisões. O assédio moral é visto como uma patologia social, exteriorizando-se como uma doença comportamental, a qual gera graves danos de ordem física e psicológica nas vítimas, inviabilizando o convívio saudável no ambiente de trabalho. Restando configurada nos autos conduta reprovável perpetrada pelas vindicadas que, indubitavelmente, afrontou a dignidade da trabalhadora, devida a reparação por danos morais. O *quantum* a ser fixado no intuito de reparar tal ofensa deve ser sopesado com prudência, em observância aos princípios da razoabilidade e proporcionalidade, levando-se em conta a repercussão do evento danoso, a condição financeira das requeridas, bem como o caráter pedagógico da pena, a fim de não implicar o enriquecimento sem causa da obreira, bem como dissuadir as reclamadas na reiteração de atitudes dessa natureza. TRT 23ª Reg. — RO 00156.2005.003.23.00-7 — (Sessão: 10/2006) — Rel. Juiz Paulo Brescovivi. DJE/TRT 23ª Reg. 10.10.06, p. 21.

Assédio moral — Perseguição empreendida por superior hierárquico — Configuração

Ementa: 1. ASSÉDIO MORAL. Os elementos de prova colhidos nos autos deixam entrever que a autora foi vítima de assédio moral, traduzido na transferência desnecessária para outro setor, deixando o cargo de Gerente-Geral de agência; na suspeita que pairou sobre si quanto ao suposto crime de quebra de sigilo cometido, fragilizando-a perante demais colegas de trabalho; no menosprezo no tocante à designação de outra função para exercer, sem que houvesse qualquer atribuição específica, permanecendo a autora, antiga e experiente funcionária do Banco, limitada a verificar e-mails do Banco; a perseguição empreendida por superior hierárquico, que chegou a determinar sua transferência pelo simples fato de não querer que ficassem no mesmo prédio; os prejuízos suportados não só financeiramente pela demandante ao deixar os quadros do Banco para reiniciar do zero, como escriturária, sua carreira em outra entidade bancária. Se, de acordo com a conclusão do próprio Relatório de investigação, inexistiam provas quanto a sua culpabilidade na violação de sigilo bancário, não havia razão para ser indiciada sob essa tipificação, sendo-lhe tão duramente imputado o cometimento de fatos graves, que certamente se espalhariam pelo local de trabalho, afetando sua imagem e maculando sua vida profissional perante seus colegas. Todos esses elementos, somados, deixam entrever que a autora foi vítima de terror psicológico, cuja culpabilidade pode ser imputada ao Banco, personificado em seus prepostos. Além de ser ameaçada por ter falado mais do que devia, ou talvez porque os poderosos envolvidos estivessem receosos do que ainda poderia ser dito e divulgado à Imprensa, foi acusada e transferida de local de trabalho, ficando esquecida em algum setor, em que, certamente, não ficaria exposta. Todas essas circunstâncias conduziram-na a um estado depressivo, que deve ser considerado e reparado. 2. INDENIZAÇÃO. *QUANTUM* FIXADO. Em se tratando de arbitramento do valor da condenação em casos de dano moral, não pode o Juiz olvidar de certos indicativos para sua fixação, tais como o grau de culpa do empregador, a situação econômica das partes, a idade e o sexo da vítima, entre outros, sob pena de, ao reparar um dano, provocar a ocorrência de outros prejuízos, inclusive de natureza social. No caso concreto, as circunstâncias que compõem a realidade social e econômica da reclamante, inclusive a duração da situação experimentada, seu desfecho, a repercussão dos fatos envolvidos interna e externamente ao próprio Banco, o pedido de demissão, o início de outra carreira na CEF, os prejuízos profissionais e financeiros sofridos, a depauperação em sua saúde, bem como aquelas que permeiam o âmbito empresarial, recomendam a manutenção do valor arbitrado, considerando que a reparação por dano moral tem por objetivo compensar o sofrimento do empregado, bem assim atribuir uma sanção ao empregador para prevenir negligência futura. 3. DANOS MATERIAIS. PROGRAMA DE PARTICIPAÇÃO NOS RESULTADOS. Considerando que o reclamado praticou assédio moral de que foi vítima a reclamante (culpa); que tais atos foram provocadores de seu débil estado psíquico, impondo seu afastamento para tratamento de saúde (dano e nexo causal), é o réu responsável pela diminuição do valor percebido a título de PPR, já que tais dias de licença médica foram descontados do montante devido consoante previsto no termo aditivo do ACT. 4. Recurso conhecido e não provido. TRT 10ª Reg. — RO 01154-2005-011-10-00-0 — (Ac. 2ª T./06) — Rel. Juiz Brasilino Santos Ramos. DJU3 9.2.07, p. 66.

Assédio moral — Prepostos do empregador — Arquitetacão de um plano para que o trabalhador pedisse demissão ou cometesse algum deslize apto a atrair a aplicação do art. 482 da CLT — Rescisão indireta do contrato de trabalho configurada

Ementa: ASSÉDIO MORAL. RESCISÃO INDIRETA DO CONTRATO DE TRABALHO. Define-se o assédio moral — ou *mobbing* — como a atitude abusiva, de índole psicológica, que ofende repetidamente a dignidade psíquica do indivíduo, com o intento de eliminá-lo do ambiente laboral. Provando-se que os prepostos do empregador arquitetaram um plano para que o trabalhador, diante da perseguição de seus superiores, pedisse demissão ou cometesse algum deslize apto a atrair a aplicação do art. 482 da CLT, resta configurado o comportamento empresarial causador do assédio moral e da rescisão indireta do contrato de trabalho. Recurso conhecido e desprovido. TRT 10ª Reg. — RO 00687-2006-002-10-00-5 — (Ac. 3ª T./07) — Rel. Juiz Grijalbo Fernandes Coutinho. DJU3 11.5.07, p. 35.

Assédio moral — Pressão psicológica — Caracterização

Ementa: ASSÉDIO MORAL. CARACTERIZAÇÃO. PRESSÃO PSICOLÓGICA. REPARAÇÃO. Tem-se como ofensivas e psicologicamente perturbadoras as expressões utilizadas pela coordenadora do reclamado, no sentido de que "as empregadas deviam fazer faxina, vender coxinha na praia ou que engravidassem para segurar o emprego", comportamento adotado repetidamente, após anúncio de dispensa futura por reestruturação da empresa, de molde a caracterizar manifesto assédio moral praticado contra a reclamante, surgindo daí o dever de indenizá-la pelos danos morais sofridos, com fincas no artigo 186, do Código Civil. Também denominado "mobbing", o assédio moral atenta contra o direito ao meio ambiente do trabalho saudável, onde se compreende não apenas as instalações físicas da empresa, mas também um ambiente harmônico emocionalmente, ainda mais nos dias de hoje, onde as atividades profissionais já contêm alto índice de *stress*. Assim, a violência psicológica deve ser combatida tal qual se combatem os ambientes insalutíferos ou perigosos, já que a devastação psíquica também mutila o trabalhador da população economicamente ativa, sobrecarregando ainda mais o já caótico sistema Previdenciário. Evidenciado o abuso de direito do reclamado, não cabe falar em invasão do seu poder diretivo, que permanece preservado. PRINCÍPIO DA DIGNIDADE HUMANA. TRABALHADOR. CONSOLIDAÇÃO DAS LEIS DO TRABALHO. A dignidade do ser humano é o valor fundante da ordem jurídica, cuja proteção deve ser revisitada pela interpretação judicial, superando a tolerância moral de comportamentos admitidos como corriqueiros na sociedade, cujo substrato ético revele-se deficiente. A nova sociedade, operacionalizada pela interpretação constitucional, firmada sobre valores éticos e morais compatíveis com a dignidade humana, não deve tolerar abusos e costumes nocivos, junto de um vício histórico decorrente do elitismo. A Consolidação das Leis do Trabalho, muito antes de diploma de reparação econômica dos trabalhadores, é diploma de proteção contra os abusos do capital e a preservação moral dos economicamente mais fracos, realidade ainda hoje imutável. TRT 3ª Reg. — RO 01349-2004-111-03-00-6 — (Ac. 5ª T.) — Rel. Juiz Luiz Philippe V. de Mello Filho. DJMG 3.9.05, p. 20.

Da decisão, colhe-se o seguinte fundamento:

"ASSÉDIO MORAL — CARACTERIZAÇÃO

Sustentou a reclamante na inicial que foi vítima de assédio moral, desde o momento em que foi comunicada pela coordenadora de nome Virgínia que sua dispensa era iminente, em novembro de 2002, o que perdurou até sua dispensa em 01 ago.2003. Diz que tal coordenadora ofendia e humilhava as empregadas, mandando-as arrumar marido rico, fazer faxina, engravidar para manter o emprego, dentre outras colocações inadequadas.

Em defesa, a reclamada negou a ocorrência de tais fatos (fls. 51-52), dizendo não ter havido a prática de qualquer ato lesivo à honra e idoneidade moral da autora. Contudo, sua própria testemunha cuidou em afirmar a ocorrência dos fatos narrados na inicial.

Com efeito, declarou tal testemunha que a coordenadora, de nome Virgínia Fonseca, fez comentários '... do tipo: que ninguém morreria de fome se saísse da empresa, pois poderiam vender coxinha na praia' (fl. 378).

No mesmo sentido, a testemunha ouvida a rogo da reclamante afirmou que '... a Sra. Maria Virgínia Fonseca, coordenadora, fez uma reunião com os empregados, onde demonstrou um gráfico; que comunicou ainda, que pelo projeto da empresa, deveria haver uma redução no setor de trabalho e como os empregados já eram muito antigos de casa, já estava na hora dos empregados colocarem o *curriculum* debaixo do braço e procurar emprego;..., os empregados tentaram questionar o procedimento, o que a coordenadora não aceitou; que então a coordenadora disse que se os empregados não tivessem satisfeitos, podiam ir embora para casa fazer faxina; que a reclamante era uma deste grupo de empregados;... que na última reunião ocorrida com a referida coordenadora, esta informou que os empregados seriam todos dispensados, e que a última chance das mulheres do setor era que engravidassem para segurar o emprego; que os empregados novatos já estavam sendo admitidos, sendo que os antigos treinariam os novos;... que a referida coordenadora, constantemente, afirmava que os empregados que questionavam eram chatos' (fl. 377).

A Magna Carta, no artigo 170, *caput*, dispõe que a ordem econômica funda-se na 'valorização do trabalho humano e na livre iniciativa, tem por fim assegurar a todos existência digna, conforme os ditames da justiça social,...'.

A dignidade da pessoa humana tem tamanha importância social, que foi alçada a fundamento do Estado Democrático de Direito, segundo o artigo 1º, III, da CR, princípio que deve ser observado em todos os níveis das relações sociais, mas, especialmente, nas relações de trabalho, cuja importância também é indelével segundo o texto constitucional, tanto que nossa Ordem Social '... tem como base o primado do trabalho, e como objetivo o bem-estar e a justiça sociais.', conforme determina o artigo 193, da CR.

Ora, como se alcançar pacificação social, com a valorização do ser humano, em um ambiente laboral onde o empregador, valendo-se da superioridade econômica, submete o trabalhador a situações vexatórias e humilhantes. Além de lamentável o procedimento da coordenadora Maria Virgínia Fonseca, sua conduta, que foi permitida, orientada ou, no mínimo, tolerada pelo reclamado, é francamente ilegal e atenta contra as garantias sociais da empregada, que antes de mais nada é uma cidadã e um ser humano, protegido na ordem jurídica contra abusos de qualquer natureza, garantia esta consubstanciada no artigo 5º, X, da CR.

A dignidade do ser humano é o valor fundante da ordem jurídica, cuja proteção deve ser revisitada pela interpretação judicial, superando a tolerância moral de comportamentos admitidos como corriqueiros na sociedade, cujo substrato ético revele-se deficiente. A nova sociedade, operacionalizada pela interpretação constitucional, firmada sobre valores éticos e morais compatíveis com a dignidade humana, não deve tolerar abusos e costumes nocivos, junto de um vício histórico decorrente do elitismo. A Consolidação das Leis do Trabalho, muito antes de diploma de reparação econômica dos trabalhadores, é diploma de proteção contra os abusos do capital e a preservação moral dos economicamente mais fracos, realidade ainda hoje imutável.

Discorrendo sobre o princípio da dignidade humana no direito do trabalho, preleciona Raimundo Simão de Melo em 'Meio Ambiente do Trabalho', LTr Editora, 2003, p. 10: '... o termo dignidade, o qual tem origem etimológica na palavra latina *dignitas*, que significa respeitabilidade, prestígio, consideração, estima, nobreza, excelência, ou seja, é aquilo que merece respeito e reverência na busca de uma vida digna. Conforme Cleber Francisco Alves, 'o homem é uma pessoa e não somente uma porção de matéria, um elemento individual na natureza, como um átomo. Ele é, de algum modo, um todo, um universo, um ser moral autodeterminado, portador de valores únicos e supremos'.

Com efeito, o tratamento da dignidade da pessoa humana como valor ou como princípio jurídico — e, em conseqüência, o seu caráter preferencialmente deontológico ou axiológico-teleológico — revela-se decisivo para se definir o papel dos intérpretes e aplicadores da Constituição nas sociedades democráticas e contemporâneas.' (grifos do autor)

Assim, o princípio fundamental da dignidade da pessoa humana não pode passar, aos olhos do intérprete da lei, como mera retórica ou discurso político. O respeito à pessoa humana pode e deve ser exercido em todos os âmbitos das relações sociais.

Importante transcrever, ainda, a conclusão do autor acima citado sobre tal assunto:

'Nesse diapasão, deve-se compreender que as empresas e empreendimentos existem não somente para obter lucros; eles têm um papel social, como demonstra, felizmente, a manifestação a seguir transcrita, de um gestor de empresas:

'Entendemos que o papel social da empresa extrapola o benefício que seus produtos podem gerar, pois ela mobiliza muitas pessoas, para fazê-los — desde a comunidade que a abriga, até os mercados que consegue atingir. Entre estas pessoas destacam-se seus funcionários, que devem ser considerados seu maior patrimônio, merecedores de toda a sua atenção e cuidado'. Nessa linha de raciocínio cabe lembrar que um novo conceito administrativo pressupõe que o investimento efetuado em uma operação não seja apenas em equipamentos, tecnologia e capital de giro, mas também nas pessoas que ali trabalham, o capital humano, pois o homem doente, infeliz e sem educação adequada não tem condições de acompanhar os processos de produção cada vez mais sofisticados.'

A doutrina, com lastro em estudos psicológicos, lançou a teoria do assédio moral, como vertente do dano moral e que, não obstante de reflexos imateriais, ideológicos, é passível de indenização, com fincas na teoria civilista da culpa e no artigo 5º, X, da CR.

Prelecionando sobre o assédio moral na empresa, Marie-France Hirigoyen, psicanalista e vitimóloga, no livro 'Assédio Moral — A violência perversa no cotidiano', tradução de Maria Helena Kühner, Editora Bertrand Brasil, 2000, p. 66, afirma:

'Por assédio em um local de trabalho temos que entender toda e qualquer conduta abusiva manifestando-se sobretudo por comportamentos, palavras, atos, gestos, escritos que possam trazer dano à personalidade, à dignidade ou à integridade física ou psíquica de uma pessoa, pôr em perigo seu emprego ou degradar o ambiente de trabalho.

Embora o assédio no trabalho seja uma coisa tão antiga quanto o próprio trabalho, somente no começo desta década foi realmente identificado como fenômeno destruidor do ambiente de trabalho, não só diminuindo a produtividade como também favorecendo o absenteísmo, devido aos desgastes psicológicos que provoca.'

Também denominado 'mobbing', o assédio moral atenta contra o direito ao meio ambiente do trabalho saudável, onde se compreende não apenas as instalações físicas da empresa, mas também um ambiente harmônico emocionalmente, ainda mais nos dias de hoje, onde as atividades profissionais já contêm em si alto índice de *stress*. Assim, a violência psicológica deve ser combatida tal qual se combatem os ambientes insalutíferos ou periculosos, já que a devastação psíquica também mutila o trabalhador da população economicamente ativa, sobrecarregando ainda mais o já caótico sistema Previdenciário.

É ainda da autora susomencionada a seguinte explicação:

"O assédio nasce como algo inofensivo e propaga-se insidiosamente. Em um primeiro momento, as pessoas envolvidas não querem mostrar-se ofendidas e levam na brincadeira desavenças e maus-tratos. Em seguida, esses ataques vão se multiplicando e a vítima é seguidamente acuada, posta em situação de inferioridade, submetida a manobras hostis e degradantes durante um período maior.

Não se morre diretamente de todas essas agressões, mas perde-se uma parte de si mesmo. Volta-se para casa, a cada noite, exausto, humilhado, deprimido. E é difícil recuperar-se.'

Tem-se como ofensivas, portanto, as expressões utilizadas pela coordenadora do reclamado, após anunciar a dispensa futura dos empregados do setor, no sentido de 'que as empregadas deviam fazer faxina, vender coxinha na praia ou que engravidassem para segurar o emprego', de molde a caracterizar manifesto assédio moral praticado contra a reclamante, surgindo o dever de indenizá-la pelos danos morais sofridos, com fincas no artigo 186, do Código Civil.

Não se pode admitir a tese do reclamado de que o caso dos autos abarcaria apenas o pedido de rescisão indireta do contrato de trabalho, com base no artigo 483, 'b', da CLT. De fato, caberia tal atitude por parte da reclamante, caso tivesse tido interesse. Contudo, ela apenas daria cobro ao abuso de direito praticado pelo reclamado, mas não lhe repararia o dano moral sofrido. As duas reparações de direito, assim, somariam-se, mas nunca se excluiriam.

Não se está, ademais, interferindo no poder diretivo da empresa, mas reconhecendo-se o abuso de direito por ela praticado no uso do seu poder disciplinar e hierárquico, o que causou danos à reclamante e devem ser reparados.

Nego provimento."

Assédio moral — Pressões por parte do empregador — Humilhações — Configuração

Ementa: ASSÉDIO MORAL. PRESSÕES POR PARTE DO EMPREGADOR. HUMILHAÇÕES. A recorrente, no desempenho de suas funções, sofria degradação moral no ambiente de trabalho, de forma repetitiva, através das condutas abusivas de seus superiores hierárquicos. Foi humilhada mediante ameaça de dispensa por justa causa, ofendida na sua auto-estima na frente de colegas e terceiros e foi isolada do grupo, atitudes que demonstram forte estratégia do agressor objetivando desestabilizar a empregada. Tal conduta, que atinge diretamente a dignidade do trabalhador, merece ser corrigida mediante indenização decorrente do assédio moral. Recurso parcialmente provido. TRT 10ª Reg. — RO 00880-2006-018-10-00-1 — (Acc. 2ª T./07) — Relª. Juíza Maria Piedade Bueno Teixeira. DJU3 15.6.07, p. 11.

Assédio moral — Procedimento vexatório — Abuso de direito — Dever de boa-fé e de solidariedade — Dano e indenização

Ementa: ASSÉDIO MORAL. PROCEDIMENTO VEXATÓRIO. ABUSO DE DIREITO. DEVER DE BOA-FÉ E DE SOLIDARIEDADE. DANO E INDENIZAÇÃO. A exigência de que o empregado percorra diversos setores da empresa, para verificação de pendências e devolução de material, não pode ser aceita sob a justificativa de agilização do processo de dispensa. Ao contrário, configura atitude perversa que, deliberadamente, coloca o trabalhador, já desgastado pela perda do emprego, em situação constrangedora. Trata-se do dever de boa-fé que deve permear o contrato de trabalho e não se encerra na rescisão. Há que se incentivar atitudes de solidariedade, na dispensa, que, além de reduzir os efeitos estressantes do processo demissional, impedirão que o demitido transmita informações negativas sobre a empresa. Há que se observar, ainda, que a defesa do patrimônio, pelo empregador, é lícita, desde que não transborde os limites necessários e atinja o patrimônio moral do trabalhador. Configurado o dano moral, a indenização se impõe, também como medida preventiva da reincidência. Recurso provido, no particular, para condenar o réu ao pagamento de indenização por dano moral. TRT 9ª Reg. — Proc. 06689-2001-652-09-00-4 — (Ac. 10.113-2004) — Relª Juíza Marlene T. Fuverki Suguimatsu. DJPR 28.5.04, p. 432.

Assédio moral — Rebaixamento arbitrário de função e na perda do direito ao adicional de periculosidade — Configuração

Ementa: 1. ASSÉDIO MORAL. Os elementos de prova colhidos nos autos deixam entrever que o autor foi vítima de assédio moral, traduzido no rebaixamento arbitrário de função e na perda do direito ao adicional de periculosidade — circunstâncias que lhe conduziram a um estado depressivo e que devem ser consideradas tendo-se em mente o fato de que os reclamantes na ação em que buscavam gratificação de quebra-de-caixa, dentre eles o autor, foram os únicos que experimentaram situação similar. 2. INDENIZAÇÃO. QUANTUM FIXADO. Em se tratando de arbitramento do valor da condenação em casos de dano moral, não pode o Juiz olvidar de certos indicativos para sua fixação, tais como o grau de culpa do empregador, a situação econômica das partes, a idade e o sexo da vítima, entre outros, sob pena de, ao reparar um dano, provocar a ocorrência de outros prejuízos, inclusive de natureza social. No caso concreto, as circunstâncias que compõem a realidade social e econômica do reclamante, inclusive a duração da situação experimentada, bem como aquelas que permeiam o âmbito empresarial, recomendam a diminuição do valor arbitrado para reparação por dano moral, que tem por objetivo compensar o sofrimento do empregado e atribuir uma sanção ao empregador para prevenir negligência futura, não devendo, em hipótese alguma, servir como "indústria de indenizações". 3. Recurso conhecido e parcialmente provido. TRT 10ª Reg. — RO 00634-2005-010-10-00-8 — (Ac. 2ª T./06) — Rel. Juiz Brasilino Santos Ramos. DJU3 31.3.06, p. 24.

Assédio Moral — Rebaixamento de função e redução de salário. Gravidez. Perturbação a sua dignidade moral. Configuração

EMENTA: DANO MORAL. OCORRÊNCIA. DEVER DE INDENIZAR. O dano moral ocorre na esfera da subjetividade, traduzindo-se em sentimento de pesar íntimo do ofendido, capaz de gerar prejuízo ao aspecto afetivo ou social do seu patrimônio moral. Para o deferimento da indenização, deve ficar provado o nexo de causalidade entre o dano e a conduta do ofensor, ou seja, que esta gerou aquele, bem como a existência do ato tido como ilícito. Nesse contexto, o empregador que rebaixa a função e reduz salário de empregada que lhe comunica o seu estado gravídico, certamente para persuadi-la a pedir demissão do emprego, submete tal funcionária a dor psicológica e provoca a perturbação da sua dignidade moral, configurando, assim, o nexo de causalidade entre dano e a conduta do ofensor, tornando-se presente o dever de indenizar. TRT 10ª Reg. — RO 01360-2006-102-10-00-9 — (Ac. 1ª T./07) — Rel. Juiz Pedro Luis Vicentin Foltran. DJU3 20.4.07, p. 13.

Assédio moral — Reiteradas situações vexatórias, com intuito de puni-lo pelo não alcance de meta — Configuração

Ementa: ASSÉDIO MORAL. O empregador tem o direito de exigir dos seus empregados o cumprimento satisfatório de suas obrigações contratuais. Mas quando a sua conduta ultrapassa os limites ético-morais exigíveis, expondo o trabalhador a reiteradas situações vexatórias, com o intuito de puni-lo pelo não alcance de meta e ao mesmo tempo forçá-lo ao alcance sempre maior de produtividade, o assédio moral resta configurado, em afronta ao princípio fundamental da dignidade da pessoa humana (art. 1º, III da CF), atraindo o direito à indenização correlata. TRT 3ª Reg. — RO 00099-2005-111-03-00-8 — (Ac. 8ª T.) — Relª Juíza Denise Alves Horta. DJMG 22.10.05, p. 20.

Do voto da relatora, colhe-se o seguinte fundamento:

"DANO MORAL

As reclamadas não se conformam com a condenação ao pagamento de R$ 5.000,00 à autora a título de indenização pelo reconhecimento da ocorrência de assédio moral. Alegam que 'a lesão passível de indenização, ao contrário da hipótese dos autos, pressupõe a existência de atos gravíssimos cometidos pelo empregador contra o empregado, atentatórios à sua boa fama e honra, o que, 'data venia', jamais ocorreu no caso em questão'. Argumentam que as testemunhas não esclareceram, com precisão, o alegado assédio moral.

Sem razão, contudo.

A reclamante, em sua inicial, argumenta que, ao longo do pacto laboral, foi vítima de dano moral. Menciona que a primeira reclamada, TNL CONTAX S/A, impunha metas quase sempre inatingíveis de produção, sendo que, quando essas não eram alcançadas, 'o procedimento corriqueiro para punir o operador de telemarketing, ou a respectiva equipe, era diferenciar os 'TA's' (terminais de atendimento) dos que não alcançassem as metas com um abacaxi, além de se exigir dos mesmos o uso de um nariz de palhaço por determinado tempo'. Alega que, quando isso acontecia, 'acabavam virando motivo de zombaria, chacota e escárnio perante todos que transitavam no local'.

Cabe registrar que, no nosso direito positivo, o dano decorre de um ato ilícito que provoca contra quem o praticou, a obrigação de repará-lo, nos termos dos artigos 186 e 927 do atual Código Civil e artigo 159, do Código Civil de 1916.

É certo que a doutrina tem definido o assédio moral não apenas como um terror psicológico com o objetivo de excluir o empregado do ambiente de trabalho, mas também como um 'abuso de direito do empregador de exercer seu poder diretivo ou disciplinar' (Juíza Martha Halfeld Furtado de Mendonça Schimidt, *in*, 'O Assédio Moral no Direito do Trabalho'. Revista da Associação Brasileira das Mulheres de Carreira Jurídica, n. 2, novembro de 2003, p. 109).

Contudo, independentemente da discussão acerca de configurar, ou não, o caso em apreço assédio moral, a prova coligida aos autos deixa claro que a reclamante sofreu dano em seu direito da personalidade, fazendo jus ao recebimento de indenização por danos morais.

Nesse sentido, a testemunha arregimentada pela autora, Sr. Cleidson Batista Ventura (fls. 309/310), respondeu que: 'os operadores tinham metas a cumprir na empresa e, se não alcançasse, o supervisor fazia alguns procedimentos do tipo, colocar um abacaxi no computador do atendente, usar nariz de palhaço ou se vestir de palhaço, ou outra coisa que o supervisor determinasse; que tais fatos ocorriam todos os meses; que, em relação à reclamante se recorda de várias vezes colocarem um abacaxi no computador da mesma; que, quando o atendente chegava para trabalhar, o abacaxi já estava em seu computador e só depois o fato era esclarecido; que o abacaxi era colocado após o intervalo do operador; (...) que uma das metas a serem atingidas era tempo de atendimento, pausa mínima ou pausa extra' (fl. 310).

Por sua vez, a testemunha Marco Antônio Pereira Barbosa, indicada pela autora, informou que 'haviam metas a serem cumpridas pelo atendente; não sendo essa cumprida o atendente estava sujeito a sofre (*sic*) alguns tipos de constrangimento, como por exemplo colocar o abacaxi em cima da PA do atendente, vestir de palhaço, etc; que se recorda de ter acontecido com a reclamante, do procedimento do abacaxi' (fl. 311).

Portanto, analisando-se o quadro fático-probatório delineado nos autos, não há como se afastar a indubitável conclusão de que a reclamante sofreu dano moral, nitidamente caracterizado pela cabal comprovação dos fatos de que, no ambiente de trabalho, estava submetida a constantes pressões visando o alcance de produtividade, por meio da utilização de situações vexatórias.

Ressalve-se que não há contradições nos depoimentos e que não afasta a conclusão ora exposta o fato de a testemunha Cleidson não ter trabalhado com a reclamante nos mesmos horários.

É de se notar que o empregador deve garantir um ambiente de trabalho saudável para quem lhe presta serviços, o que inegavelmente não é o caso específico dos autos.

No aspecto, insta ressalvar que o dano moral afeta a ordem interna do ser humano, o conjunto de direitos de sua personalidade, seu lado psicológico, em virtude de dor, sofrimento, tristeza, ou outro sentimento qualquer, que atinge seu íntimo e seus valores e repercute na vida profissional e social. Há casos em que o lesado não precisa, inclusive, comprovar que se sentiu ofendido ou humilhado, consideradas para tanto aquelas hipóteses em que a situação constrangedora ou angustiante seja presumível, em face da própria natureza do ato ilícito porventura praticado.

Ora, não há dúvida de que a situação delineada nestes autos teve repercussões indeléveis para a empregada. Isto porque, não há como se negar que os procedimentos adotados pela empresa tenham causado à obreira, como causaria a qualquer pessoa, prejuízos a sua integridade psíquica, e estes são requisitos suficientes para a configuração do dano moral.

À luz dos fundamentos expostos, mantenho o julgado de origem quanto a essa matéria.

Nego provimento." (wwww.trt3.gov.br, 29.10.05)

Assédio moral — Repercussões sociais

Ementa: ASSÉDIO MORAL. REPERCUSSÕES SOCIAIS. A questão da ofensa à moral conflagra um subjetivismo oriundo da própria condição de cada indivíduo. Não se sente menos constrangido o trabalhador que escolhe adotar uma postura conciliadora, preferindo não detonar uma crise no ambiente de trabalho que fatalmente o prejudicará, pois a questão aqui transcende a figura do ofendido, projetando as conseqüências pela supressão do seu posto de trabalho a quem dele eventualmente dependa economicamente. O fantasma do desemprego assusta, pois ao contrário da figura indefinida e evanescente que povoa o imaginário popular, este pesadelo é real. É o receio de perder o emprego que alimenta a tirania de alguns maus empregadores, deixando marcas profundas e às vezes indeléveis nos trabalhadores que sofrem o assédio moral. Exposta a desumanidade da conduta do empregador, que, de forma aética, criou para o trabalhador situações vexatórias e constrangedoras de forma continuada através das agressões verbais sofridas, incutindo na psique do recorrente pensamentos derrotistas originados de uma suposta incapacidade profissional. O isolamento decretado pelo empregador acaba se expandindo para níveis hierárquicos inferiores, atingindo os próprios colegas de trabalho. Estes, também por medo de perderem o emprego e cientes da competitividade própria da função, passam a hostilizar o trabalhador, associando-se ao detrator na constância da crueldade imposta. A busca desenfreada por índices de produção elevados, alimentada pela competição sistemática incentivada pela empresa, relega à preterição a higidez mental do trabalhador que se vê vitimado por comportamentos agressivos aliados à indiferença ao seu sofrimento. A adoção de uma visão sistêmica sobre o assunto faz ver que o processo de globalização da economia cria para a sociedade um regime perverso, eivado de deslealdade e exploração, iniqüidades que não repercutem apenas no ambiente de trabalho, gerando grave desnível social. Daí a corretíssima afirmação do Ilustre *Aguiar Dias* de que o "prejuízo imposto ao particular afeta o equilíbrio social". Ao trabalhador assediado pelo constrangimento moral, sobram a depressão, a angústia e outros males psíquicos, causando sérios danos a sua qualidade de vida. Nesse sentido, configurada a violação do direito e o prejuízo moral derivante. TRT 2ª Reg. — RO 01117200203202004 — (Ac. 6ª T. 20040071124) — Rel. Juiz Valdir Florindo. DJSP 12.3.04, p. 169.

Da decisão, colhe-se o seguinte fundamento:

"**Do dano moral.** Sustenta o recorrente que foi submetido a humilhações de toda sorte pela reclamada, especificamente quando xingado pelo gerente da empresa de 'imbecil', 'bengala', 'inútil' e etc., fato que lhe gerou inúmeros danos psíquicos e emocionais. O exame do processado indica que o autor tem razão. As suas testemunhas são uníssonas em admitir os maus-tratos a que estavam submetidos os vendedores que não alcançavam a produtividade desejada pela empresa, sendo relegados à chamada sala do 'castigo' como modo de punição pelo mau desempenho. A segunda testemunha da reclamada, em depoimento (fl. 89), afirma que por diversas vezes foi chamado de 'bengala' pelos vendedores, porém não se sentiu ofendido e nem humilhado pelos insultos. Há que se registrar, que a mencionada testemunha confirma a existência de uma sala para os vendedores que não efetuavam vendas, chamada de 'sala dos zerados'. Evidente a prática discriminatória. Um vendedor que não obtém os resultados esperados é empregado que precisa de treinamento, a fim de que a reciclagem o torne apto a suprir as necessidades empresariais. O que não pode acontecer é o empregador arvorar-se no direito de diminuir a estima e macular a honra do trabalhador através de ofensas e atos gratuitos que, via de regra, trazem insegurança ao empregado, que, abalado psicologicamente, decerto tem um rendimento abaixo do esperado.

A questão da ofensa à moral conflagra um subjetivismo oriundo da própria condição de cada indivíduo. Não se sente menos constrangido o trabalhador que escolhe adotar uma postura conciliadora, preferindo não detonar uma crise no ambiente de trabalho que fatalmente o prejudicará, pois a questão aqui transcende a figura do ofendido, projetando as conseqüências pela supressão do seu posto de trabalho a quem dele eventualmente dependa economicamente. O fantasma do desemprego assusta, pois ao contrário da figura indefinida e evanescente que povoa o imaginário popular, este pesadelo é real. É o receio de perder o emprego que alimenta a tirania de alguns maus empregadores, deixando marcas profundas e às vezes indeléveis nos trabalhadores que sofrem o assédio moral.

Não resta dúvida que premiar os vendedores pela excelência de produtividade é fator de estímulo que acirra a competitividade sadia, gerando benefícios para a empresa que terá boas possibilidades de atingir resultados satisfatórios em termos de lucratividade. Entretanto, não se pode admitir a existência de uma política segregacionista dentro da empresa, aquinhoando com benesses os vendedores mais realizadores e execrando aqueles que estão gerando pouco ganho para a empresa. Aqui já foi dito que, para os pouco produtivos, a melhor saída é buscar alternativas para o aperfeiçoamento profissional destes. A reclamada, entretanto, punia os vendedores com menor aproveitamento, pois, ao que parece, esta considerava o ato de empregar como se um obséquio fosse. A instituição da sala dos 'zerados' (testemunha da empresa) ou sala do 'castigo' (testemunhas do recorrente), particularizando-se o caso, deixa exposta a desumanidade da conduta do empregador, que, de forma aética, criou para o trabalhador situações vexatórias e constrangedoras de forma continuada através das agressões verbais sofridas, incutindo na psique do recorrente pensamentos derrotistas originados de uma suposta incapacidade profissional.

Via de regra, o isolamento decretado pelo empregador acaba se expandindo para níveis hierárquicos inferiores, atingindo os próprios colegas de trabalho. Estes, também por medo de perderem o emprego e cientes da competitividade própria da função, passam a hostilizar o trabalhador, associando-se ao detrator na constância da crueldade imposta. A busca desenfreada por índices de produção elevados, alimentada pela competição sistemática incentivada pela empresa, relega à preterição a higidez mental do trabalhador que se vê vitimado por comportamentos agressivos aliados à indiferença ao seu sofrimento. A adoção de uma visão sistêmica sobre o assunto faz ver que o processo de globalização da economia cria para a sociedade um regime perverso, eivado de deslealdade e exploração, iniqüidades que não repercutem apenas no ambiente de trabalho, gerando grave desnível social. Daí a corretíssima afirmação do Ilustre *Aguiar Dias* de que o 'prejuízo imposto ao particular afeta o equilíbrio social'.

Ao trabalhador assediado pelo constrangimento moral, sobra a depressão, a angústia e outros males psíquicos, causando sérios danos a sua qualidade de vida. Nesse sentido, configurada a violação do direito e o prejuízo moral derivante.

Logo, como reparação adequada à espécie, tendo presente uma série de elementos objetivos relacionados às partes, arbitro (art. 1.553, CCB/1916) como valor indenizatório a importância de R$ 18.000,00 (dezoito mil reais), correspondentes a 50 (cinqüenta) vezes o último salário do reclamante, com atualização monetária a partir da despedida, a título de reparação por danos morais, e juros de mora a partir da propositura da ação, que reputo justa e razoável ao presente caso. Dou provimento." (www.trt2.gov.br, em 28.7.04)

Assédio moral — Represália por ter ingressado com ação trabalhista — Caracterização

Ementa: ASSÉDIO MORAL — REPRESÁLIA POR TER INGRESSADO COM AÇÃO TRABALHISTA — CARACTERIZAÇÃO — INDENIZAÇÃO DEVIDA. É devida a indenização postulada quando os atos da empregadora caracterizam o assédio moral, havendo prova nos autos de que tenha adotado práticas destinadas a deteriorar as condições de trabalho, abusivas e maliciosas, com o fito de forçar o empregado a pedir demissão. Se o assédio moral traduz represália contra o ajuizamento de ação trabalhista, deve ser coibida ainda com maior rigor, por estar o direito de petição dentre os mais necessários ao estabelecimento de um Estado Democrático de Direito. TRT 12ª Reg. — RO-VA 00179-2005-019-12-00-7 — (Ac. 2ª T. 11187/06, 04.07.06).—. Rel. Juiz José Ernesto Manzi. DJSC 18.8.06, p. 66.

Assédio moral — Rescisão do contrato de trabalho e dificuldade de conseguir recolocação no mitigado mercado de trabalho — Não configuração

Ementa: ASSÉDIO MORAL. INDENIZAÇÃO POR DANO. Não comprovado o nexo de causalidade entre as ofensas e o abalo moral descritos na petição inicial e a prática interna do Reclamado, correta a r. sentença de primeiro grau que julgou improcedente o pleito de danos morais. A circunstância de o empregador rescindir o contrato de trabalho de empregado seu, atrelada à dificuldade de se conseguir recolocação no mitigado mercado de trabalho nacional, não caracterizam, por si sós, dano moral. A blindagem aos direitos da pessoa não pode ser de tal monta que inviabilize o caráter sinalagmático do contrato de trabalho. Recurso ordinário conhecido e desprovido. TRT 10ª Reg. — RO 00386-2005-001-10-00-4 — (Ac. 3ª T.) — Relª Juíza Márcia Mazoni Cúrcio Ribeiro. DJU3 21.10.05, p. 15.

Assédio moral — Resolução do contrato de trabalho por justa causa do empregador — Indenização por dano moral — Cabimento

Ementa: ASSÉDIO MORAL. RESOLUÇÃO DO CONTRATO DE TRABALHO POR JUSTA CAUSA DO EMPREGADOR. INDENIZAÇÃO POR DANO MORAL. CABIMENTO. O assédio moral, como forma de degradação deliberada das condições de trabalho por parte do empregador em relação ao obreiro, consubstanciado em atos e atitudes negativas ocasionando prejuízos emocionais para o trabalhador, face à exposição ao ridículo, humilhação e descrédito em relação aos demais trabalhadores, constitui ofensa à dignidade da pessoa humana e quebra do caráter sinalagmático do contrato de trabalho. Autorizando, por conseguinte, a resolução da relação empregatícia por justa causa do empregador, ensejando, inclusive, indenização por dano moral. TRT 15ª Reg. (Campinas/SP) — Proc. 20.534/02 — (Ac. 2ª T. 5807/03-PATR) — Relª Juíza Mariane Khayat Fonseca do Nascimento. DJSP 21.3.03, p. 85.

Assédio moral — Responsabilidade civil do empregador — Não configuração

Ementa: ASSÉDIO MORAL E A RESPONSABILIDADE CIVIL DO EMPREGADOR. 1. O dano moral está presente quando se tem a ofensa ao patrimônio ideal do trabalhador, tais como: a honra, a liberdade, a imagem, o nome etc. Não há dúvidas de que o dano moral deve ser ressarcido (art. 5º, V e X, CF). O que justifica o dano moral, nos moldes da exordial, é o assédio moral. 2. O assédio moral é a exposição do trabalhador a situações humilhantes e constrangedoras, repetitivas e prolongadas durante a jornada de trabalho e no exercício de suas funções. 3. O empregador, pela culpa na escolha e na fiscalização, torna-se responsável pelos atos de seus prepostos (Súmula n. 341, STF). A responsabilidade é objetiva do empregador. Contudo, torna-se necessária a prova do preposto, logo, temos o fator da responsabilidade subjetiva, pela modalidade extracontratual (art. 159, Código Civil de 1916, atual 186, Código Civil de 2002). Os requisitos da responsabilidade civil subjetiva são: a) ato comissivo ou omissivo; b) dano moral; c) nexo causal; d) culpa em sentido amplo (dolo) ou restrito (negligência, imprudência ou imperícia). 4. O exame global das provas indica que não há elementos seguros para justificar a ofensa moral ou as agressões da Sra. Marta não só em relação ao autor, como também em relação aos demais funcionários. A prova há de ser cabal e robusta para o reconhecimento do dano moral. Não há elementos para se indicar a presença do assédio moral. Se não há o elemento do ato, deixa de se justificar a existência do próprio assédio. E, por fim, o dano moral é questionável, notadamente, quando o próprio autor disse que nunca procurou orientação psicológica ou reclamações perante o Ministério do Trabalho ou a Delegacia Regional do Trabalho. Diante da inexistência dos requisitos da responsabilidade civil, descabe a indenização por dano moral. TRT 2ª Reg. — RO 02146200390202006 — (Ac. 4ª T. 20030361740) — Rel. Juiz Francisco Ferreira Jorge Neto. DJSP 1º.8.03, p. 162.

Assédio moral — Síndrome do pânico — Dano e nexo causal configurados

Ementa: ASSÉDIO MORAL. SÍNDROME DO PÂNICO. DANO E NEXO CAUSAL CONFIGURADOS. O exercício de pressão para cumprimento de prazos e metas, com a ameaça constante do desemprego, configura assédio moral, especialmente quando fica patente o desprezo do empregador às condições de saúde deterioradas do trabalhador. A doença psíquica conhecida como Síndrome do Pânico tem, entre suas características, a perda de respeito por si próprio, o que contribui para a conclusão de que pode ter sido causada ou agravada pelas más condições do ambiente de trabalho. O empregado que costumava receber elogios formais e, sobrecarregado de tarefas, passa a ser alvo de ameaças, ainda que veladas, de perda do emprego, pode alimentar o medo numa proporção capaz de criar distúrbios físicos e psicológicos. Não se cogita de que más condições de trabalho sejam uma contingência do processo produtivo moderno, pois remanesce íntegro o dever do empregador contribuir para a manutenção das perfeitas condições de saúde que, inclusive, foram exigidas para a contratação do empregado. Recurso a que se nega provimento, no particular, para manter a condenação por danos morais. TRT 9ª Reg. — RO 23641-2000-013-09-00-8 — (Ac. 2ª T. 09739/06) — Relª. Juíza Marlene T. Fuverki Suguimatsu. DJPR 4.4.06, p. 243.

Assédio moral — Sofrido pelo empregado no ambiente de trabalho — Não configuração

Ementa: DANO MORAL. ASSÉDIO MORAL SOFRIDO PELO EMPREGADO NO AMBIENTE DE TRABALHO. Considerando-se que o empregador assume os riscos da atividade econômica e dirige a prestação pessoal de serviços (art. 2º da CLT), e considerando-se, ainda, que nosso ordenamento jurídico estabelece que o empregador é responsável pela reparação civil, por atos de seus empregados, no exercício do trabalho que lhes competir ou em razão dele (art. 932, III, do CC), é inequívoca a responsabilidade do empregador pela reparação patrimonial ao dano sofrido pelo trabalhador que vier a ser submetido ao assédio moral, porquanto a sua culpa pode se configurar até mesmo na sua negligência, que se concretiza pela omissão no controle das atividades desenvolvidas na empresa. Contudo, no presente caso, há de se destacar que, muito embora o reclamante tenha alegado que foi isolado no ambiente de trabalho, o depoimento da única testemunha ouvida nos autos não se mostra suficiente para confirmar o assédio moral a que teria sido submetido o reclamante. Recurso ordinário não provido. TRT 15ª Reg. (Campinas/SP) — RO 01251-2002-095-15-00-7 (Ac. 3ª T. 25726/2005-PATR) — Rel. Juiz Lorival Ferreira dos Santos. DJSP 10.6.05, p. 24.

Assedio moral — *Stress* — Não configuração

Ementa: ASSÉDIO MORAL. Há elementos em torno dos quais a doutrina e a jurisprudência estão em consonância como caracterizadores do assédio moral, podendo ser enaltecida a intensidade da violência psicológica. É necessário que ela seja grave na concepção objetiva de uma pessoa normal. Não deve ser avaliada sob a percepção subjetiva e particular do afetado, que poderá viver com muita ansiedade situações que objetivamente não possuem a gravidade capaz de justificar esse estado de alma. Nessas situações, a patologia estaria mais vinculada com a própria personalidade da vítima do que com a hostilidade no local de trabalho. Efetivamente danos psíquicos se revestem à índole patológica e constituem, portanto, enfermidade que pressupõe diagnóstico clínico com nexo causal entre o ambiente nocivo de trabalho e o psiquismo da vítima e isto envolve prova. Ele se configura quando a personalidade da vítima é alterada e seu equilíbrio emocional sofre perturbações, que se exteriorizam por meio de depressão, bloqueio, inibições etc. Esses estados devem guardar igual nexo de causalidade com o fato danoso. A doutrina distingue o dano psíquico do dano moral. O primeiro, por meio de uma alteração psicopatológica comprovada e o segundo, na lesão a direitos da personalidade, mas é atando-os ao conceito de assédio moral que deverá ser definido o comportamento do assediador, sendo de enfático o elemento alusivo ao dano psíquico como indispensável ao conceito de assédio moral na construção da ilicitude da conduta. A prova, nesse contorno, é paupérrima. Nada revela em contemporização a esse figurino, sendo o *stress* um sintoma possível na vítima de assédio, mas que também pode ter inúmeras outras concausas, mesmo não dolosas, mas especialmente na particularidade de cada psiquismo. É essencial o cuidado redobrado para não se presumir causas pelos seus efeitos. Pode uma pessoa assediada apresentar stress, mas nem todo stress é decorrência de assédio moral. Não provados os fatos típicos alegados na petição inicial acerca do assédio moral, indevida a indenização pleiteada. TRT 3ª Reg. — RO 00997-2006-112-03-00-3 — (Ac. 6ª T.) — Rel. Des. Emilia Facchini. DJMG 30.1.07, p. 16.

Assédio moral — Sujeição do empregado — Irrelevância de que o constrangimento não tenha perdurado por longo lapso de tempo

Ementa: ASSÉDIO MORAL. SUJEIÇÃO DO EMPREGADO. IRRELEVÂNCIA DE QUE O CONSTRANGIMENTO NÃO TENHA PERDURADO POR LONGO LAPSO DE TEMPO. Conquanto não se trate de fenômeno recente, o assédio moral tem merecido reflexão e debate em função de aspectos que, no atual contexto social e econômico, levam o trabalhador a se sujeitar a condições de trabalho degradantes, na medida em que afetam sua dignidade. A pressão sobre os empregados, com atitudes negativas que, deliberadamente, degradam as condições de trabalho, é conduta reprovável que merece punição. A humilhação, no sentido de ser ofendido, menosprezado, inferiorizado, causa dor e sofrimento, independente do tempo por que se prolongou o comportamento. A reparação do dano é a forma de coibir o empregador que intimida o empregado, sem que se cogite de que ele, em indiscutível estado de sujeição, pudesse tomar providência no curso do contrato de trabalho, o que, certamente, colocaria em risco a própria manutenção do emprego. Recurso provido para condenar a ré ao pagamento de indenização por danos provocados pelo assédio moral. TRT 9ª Reg. — Proc. 09329-2002-004-09-00-2 — (Ac. 00549-2004) — Relª Juíza Marlene T. Fuverki Suguimatsu. DJPR 23.1.04, p. 210.

Assédio moral — Suposto incentivo à produtividade

Ementa: ASSÉDIO MORAL. SUPOSTO INCENTIVO À PRODUTIVIDADE. O abuso no exercício do poder diretivo, pela conduta agressiva e constrangedora do superior hierárquico, configura assédio moral. O comportamento dissimulado do supervisor que se transforma em pessoa dócil na presença de superiores e, na ausência deles, dirige expressões grosseiras e humilhantes aos colegas, coloca-os em permanente posição defensiva (hipervigilância) e cria inegável ansiedade. Há assédio moral, ainda, na exigência de trabalho extraordinário, sem o respectivo pagamento tampouco concessão de intervalos, e com cobranças injustas e constrangedoras, mesmo quando se trata de empregado exemplar. Recurso a que se nega provimento para manter a condenação. TRT 9ª Reg. — 01876-2004-016-09-00-1 — (Ac. 2ª T. 04654/07) — Relª. Juíza Marlene T. Fuverki Suguimatsu. DJPR 27.2.07, p. 307.

Assédio moral — Tentativa de desqualificação profissional do autor — Configuração

Ementa: ASSÉDIO MORAL. DANO MORAL. INDENIZAÇÃO. Incumbia à ré fazer prova de que tenha prestigiado os projetos do autor, especialmente no ano que antecedeu a dispensa. Trata-se de prova viável, pela mera apresentação de documentos, inclusive peças audiovisuais capazes de afastar a alegação de que as ações do empregado sofriam boicote, pela empresa. Caracterizada, portanto, a ocorrência de assédio moral, consubstanciado nas tentativas de desqualificação profissional do autor, que deve preservar a imagem que construiu entre os profissionais da área. É dever contratual da empresa contribuir, na medida do possível, para que o empregado ascenda, profissionalmente, o que impõe a conclusão de que atitudes que denigram sua imagem configuram assédio moral. Os danos causados por essa prática são inegáveis, pois atingem a imagem que o indivíduo cultua na comunidade e a reparação é devida. Recurso provido para condenar a ré em diferenças salariais e indenização por dano moral. TRT 9ª Reg. — Proc. 14860-2002-003-09-00-0 — (Ac. 22997/04) — Relª Juíza Marlene T. Fuverki Suguimatsu. DJPR 15.10.04, p. 368.

Assédio moral ou *mobbing* — Tipificação — Repercussões

Ementa: *MOBBING* OU ASSÉDIO MORAL. TIPIFICAÇÃO. REPERCUSSÕES. O *mobbing* ou assédio moral no trabalho, que não se confunde com assédio sexual, é o "terror psicológico" impingido ao trabalhador, "ação estrategicamente desenvolvida para destruir psicologicamente a vítima e com isso afastá-la do mundo do trabalho" (cf. *Márcia Novaes Guedes*, *in* "Mobbing — Violência Psicológica no Trabalho", Revista LTr, 67-2/162/165). Exterioriza-se por formas diversas, reiteradas, e "pode ser também visto através do ângulo do abuso de direito do empregador de exercer seu poder diretivo e disciplinar", "um assédio pela degradação deliberada das condições de trabalho" (cf. *Martha Halfeld Furtado de Mendonça Schimidt*, *in* "O Assédio Moral no Direito do Trabalho", Revista da ABMCJ, n. 2, p. 109). A violência psicológica no trabalho atenta contra a dignidade e a integridade psíquica ou física do trabalhador, ensejando a reparação moral e/ou material pertinente. TRT 3ª Reg. — RO 00936-2003-036-03-00-5 — (Ac. 8ª T.) — Relª Juíza Denise Alves Horta. DJMG 29.5.04, p. 17.

Assédio moral — Tratamento desigual em comparação com os demais colegas de trabalho, além de desrespeitoso à sua dignidade pessoal — Caracterização

Ementa: DANOS MORAIS — ASSÉDIO MORAL — CARACTERIZAÇÃO — Havendo tratamento discriminatório do trabalhador, caracterizado pelo tratamento desigual em comparação com os demais colegas de trabalho, além de desrespeitoso à sua dignidade pessoal, fato, inclusive, que levou ao reconhecimento da rescisão indireta do contrato de trabalho, e mesmo que tal conduta tenha sido praticada por preposto do empregador (gerente), que, sob o pretexto de estar agindo dentro do denominado e reconhecido poder diretivo do contrato, caracterizado está o assédio moral, passível de reparação civil, pois o ordenamento jurídico brasileiro elevou, até mesmo à honras de princípios fundamentais, a dignidade da pessoa humana, bem como, a inviolabilidade da intimidade, da vida privada, da honra e da imagem das pessoas, assegurando, a quem os tem ofendidos, o direito à justa reparação, segundo, logicamente, a critérios eqüitativos do juiz. TRT 3ª Reg. — RO 00192-2006-047-03-00-5 — (Ac. 2ª T.) — Rel. Juiz Emerson Jose Alves Lage. DJMG 6.9.06, p. 9.

Assédio moral — Zombaria — Menosprezo — Problema de visão — Configuração

Ementa: INDENIZAÇÃO POR DANO MORAL. ASSÉDIO MORAL. A comprovação de que a zombaria praticada pelos sócios da reclamada no ambiente de trabalho contra o autor configurava muito mais do que uma simples brincadeira, pois tinha o intuito de menosprezar o empregado e escarnecer dele em razão de seu problema de visão, configura assédio moral, também conhecida como "mobbing", "bullying" ou "harcèlement moral", no direito internacional. Os efeitos da exposição prolongada e repetitiva a situações humilhantes e vexatórias são deletérios à auto-estima da pessoa e, no ambiente de trabalho, a prática tem a agravante de ocorrer em uma relação hierarquizada, com forte dependência econômica do trabalhador. Os danos decorrentes de tais atitudes devem ser indenizados, servindo a condenação também para obtenção de um efeito didático-pedagógico, a fim de que a conduta não mais se repita no empreendimento. TRT 12ª Reg. — RO-V 00745-2005-008-12-00-7 — (Ac. 3ª T. 04319/06, 07.03.06) — Relª Juíza Gisele Pereira Alexandrino. DJSC 17.4.06, p 311.

Assédio moral — Zombarias, desqualificações e exposição de fragilidades — Superior hierárquico — Configuração

Ementa: RESCISÃO INDIRETA. ASSÉDIO MORAL. CARACTERIZAÇÃO. Apontando o contexto probatório dos autos para a prática de atos de constrangimento ao obreiro no ambiente de seu contrato de trabalho, consistentes em recorrentes zombarias, desqualificações e exposição de suas fragilidades, levadas a efeito por parte do seu superior hierárquico, forçoso é o reconhecimento da justa causa praticada pela empresa, restando delineadas as hipóteses descritas na alíneas "d" e "e" do art. 483 da CLT. TRT 10ª Reg. — RO 00580-2006-004-10-00-0 — (Ac. 1ª T./07) — Red. Designada Juíza Maria Regina Machado Guimarães. DJU3 20.4.07, p. 03.

4. BIBLIOGRAFIA

Ana Parreira, *Assédio Moral, Um Manual de Sobrevivência*. 2007, Russell Editores, Campinas, SP; André Luiz Souza Aguiar, *Assédio Moral — o Direito à Indenização pelos Maus-Tratos e Humilhações Sofridos no Ambiente do Trabalho*, 2ª ed., setembro/2006, LTr, SP; César Luís Pacheco Glöckner, *Assédio Moral no Trabalho*, outubro/2004, Thomson/IOB, SP; Cláudio Armando Couce de Menezes, *Assédio Moral e Seus Efeitos Jurídicos*, Revista do Direito do Trabalho, vol. 108, ano 28, outubro-dezembro/ 2002, RT, SP; Eliana dos Santos Alves Nogueira, *Da Inviolabilidade do Direito de Trabalhar*, Revista do Tribunal Regional do Trabalho da 15ª Região, n. 23, jul./ dez./2003, LTr; Emmanuel Teófilo Furtado, *Preconceito no Trabalho e a Discriminação por Idade*, agosto/2004, LTr, SP; Eneida Melo Correia de Araújo, Um Novo Perfil de Empresa como Fator de Prevenção do Assédio Moral. *In Direitos Humanos: Essência do Direito do Trabalho, Juízes para a Democracia*. Coordenação de Alessandro da Silva, Jorge Luiz Souto Maior, Kenarik Boujikian Felippe e Marcelo Semer, junho/2007, LTr, SP; Euler Sinoir de Oliveira, *Assédio Moral: Sujeitos, Danos à Saúde e Legislação*, Rev. Gênesis, vol. 134, fev./04; Fábio Tomás de Souza e Normando Augusto Cavalcanti Júnior, *O Assédio Moral no Trabalho,* 2006, Fortium Editora, Brasília, DF; Gilberto Ronald Lopes Florêncio, *Direitos da Personalidade no Novo Código Civil*, 2005, LED Editora de Direito, Leme, SP; Hádassa Dolores Bonilha Ferreira, *O Assédio Moral nas Relações de Trabalho*, 2004, Ed. Russell, Campinas, SP; Hidemberg Alves da Frota, *Assédio Moral à Luz da Jurisprudência Trabalhista*, Revista Justiça do Trabalho, n. 260, agosto/2005, H.S. Editora, RS; Jorge Luiz de Oliveira da Silva, *Assédio Moral no Ambiente do Trabalho,* 2005, Editora e Livraria Jurídica do Rio de Janeiro, RJ; Jouberto de Quadros Pessoa Cavalcante e Francisco Ferreira Jorge Neto, *O Direito do Trabalho e o Assédio Moral,* Revista do Direito Trabalhista, n. 6, junho/ 2004, Consulex, Brasília, DF; Márcia Novaes Guedes, *Terror Psicológico no Trabalho*, 2003, LTr; Maria Aparecida Alkimin, *Assédio Moral na Relação de Emprego*, Juruá, Curitiba, PR; Maria Luíza Pinheiro Coutinho, *Discriminação na Relação de Trabalho — Uma Afronta ao Princípio da Igual*gáveis, *dade*, 2003, Aide, Rio; Marcus de Oliveira Kaufman, *Perspectivas da Utilização do Assédio Moral na Proteção e Defesa de Representantes Unitários e Não Sindicais de Trabalhadores nos Locais de Trabalho*, Revista Trabalhista — Direito e Processo, Anamatra, vol. VIII, 2003, Forense, Rio; Marie-France Hirigoyen, *Assédio Moral, a Violência Perversa do Cotidiano*, 2002, Bertrand do Brasil, Rio; Marie-France Hirigoyen, *Mal-Estar no Trabalho* — Redefinindo o Assédio Moral, 2002, Bertrand do Brasil, Rio; Mauro Schiavi, Ações de Reparações por Danos Morais decorrentes da Relação de Trabalho, abril/2007, LTr, SP; Nehemias Domingos de Melo, *Dano Moral Trabalhista,* 2007, Atlas, SP; Paulo Peli & Paulo Teixeira, *Assédio Moral. Uma Responsabilidade Corporativa*, 2006, Ícone Editora, SP; Reginald Felker, O Dano Moral, O Assédio Moral e o Assédio Sexual nas Relações de Trabalho, Junho/2006, LTr, SP; Sônia A. C. Mascaro Nascimento, *O Assédio Moral no Ambiente do Trabalho*, Revista LTr 68-08/922; Vilja Marques Asse, *Um Fenômeno Chamado Psicoterrorismo*, LTr 68-07-819.

CAPÍTULO VII

DANO MORAL E O ASSÉDIO SEXUAL

1. COMENTÁRIO

Aloysio Santos, afirmando que "não existe, propriamente, divergência sobre o conceito de assédio sexual, mas, sim, modos diversos de enunciá-lo, dependendo tal definição da linha doutrinária que os legisladores assumem no tratamento desse desvio comportamental, em seus respectivos países", aponta o conceito de *Robert Husbands*, que consta da Revista Internacional del Trabajo, vol. 134, 1992, OIT, Genebra, o qual se caracteriza "pelos avanços sexuais importunos, os pedidos de favores ou outras manifestações verbais, não verbais ou físicas de conotação sexual que têm por objetivo ou por conseqüência influir abusivamente sobre a *performance* profissional da pessoa visada ou, ainda, de criar um ambiente de trabalho de natureza intimidatória, hostilizante, insultante ou ofensiva"(1).

Normalmente o assédio sexual é visto de duas maneiras, quais sejam: por chantagem ou por intimidação. Segundo *Aloysio Santos*, o assédio por chantagem é "a prática de ato, físico ou verbal, de alguém visando molestar outrem, do mesmo sexo ou do sexo oposto, no trabalho ou em razão dele, aproveitando-se o assediador da condição de superior hierárquico ou de ascensão econômica sobre o assediado, que não deseja ou considera uma molestação tal iniciativa, com a promessa de melhorar, manter ou de não modificar o *status* funcional da vítima ou, mediante ameaça de algum prejuízo profissional, com a finalidade de obter satisfação sexual"(2).

Já o assédio por intimidação caracteriza-se "pela atitude do patrão, superior hierárquico ou dirigente público, ou mesmo de colega de trabalho, de solicitar atividade sexual importuna ou indesejada ou qualquer outra investida de índole sexual, com a intenção de restringir, sem motivo, a atuação de alguém no trabalho ou de criar uma circunstância ofensiva ou abusiva ou um ambiente de trabalho hostil, ainda que o assediado não venha a sofrer ou perder a posição funcional ostentada antes do assédio"(3).

Quanto à classificação do assédio sexual, *Denise Pasello Valente Novais* faz referência a *Fuente Vasquez,* o qual propõe que "as condutas de assédio sexual sejam classificadas em vários graus: leve, moderado, médio, forte e muito forte. O assédio leve compreende piadas, comentários, assobios, conversas com conteúdo sexual realizadas em presença da vítima; o assédio moderado caracteriza-se por condutas não verbais e sem contato físico, como olhares lascivos e gestos insinuantes; o assédio médio, por sua vez, compreende as condutas verbais consideradas fortes (*conductas fuertes verbales*), como chamadas telefônicas ou convites para sair; o assédio forte corresponde às manifestações que implicam contato físico, como

---

(1) *Assédio Sexual nas Relações Trabalhistas e Estatutárias*, 1999, Forense, Rio, p. 31.

(2) Ob. cit., p. 31.

(3) Ob. cit., p. 34.

roçar intencionalmente o corpo da vítima, encurralar o assediado, beliscões ou toques com conotação sexual; por fim, o assédio muito forte, que compreende o comportamento dirigido à consumação do ato sexual"[(4)].

É necessário também fazer uma distinção entre assédio sexual a motivar reparação por dano moral e o procedimento inconveniente no trabalho, este a caracterizar incontinência de conduta.

Em ambos os casos, haverá a participação de um superior hierárquico num relacionamento de trabalho com sua colega hierarquicamente inferior ou mesmo entre empregados da mesma hierarquia funcional.

No primeiro caso (de dano moral), haverá uma promessa de concessão de vantagens profissionais ou de benefícios materiais, com o aceno de que havendo recusa, ocorrerá a perda do emprego.

No segundo caso (de incontinência de conduta), haverá apenas um comportamento ousado e irregular do empregado incompatível com a moral sexual. Se tal atitude for de um empregado em relação a outro (empregado ou empregada), dará ela ensejo à despedida por justa causa do seu autor.

Se, por outro lado, for de superior hierárquico a atitude, dará ao empregado ensejo à despedida indireta, com fulcro no art. 483, letra *e*, da CLT, acumulada com dano moral, por incontinência de conduta assemelhada com o assédio sexual, como ofensa à honra.

A tipificação do dano moral por assédio sexual deve ter o enquadramento de ameaça concreta de represália ou de demissão do emprego. A represália constituir-se-á em perda de promoções, de transferência indevida, etc.

O assédio sexual revela-se sempre como um abuso do poder que resulta em ofensa à honra e à dignidade de quem é assediado.

As empresas devem tomar todos os cuidados possíveis contra tais atos praticados por seus empregados, qualquer que seja o nível hierárquico deles, diminuindo ou eliminando o número de processos contra a empresa, por vezes de forma solidária.

A respeito, vale lembrar o disposto no art. 932, inciso III, do Código Civil, que prescreve:

"Art. 932. São também responsáveis pela reparação civil:

(...)

III — o empregador ou comitente, por seus empregados, serviçais e prepostos, no exercício do trabalho que lhes competir, ou em razão dele.

(...)"

Nessa conformidade, sendo a responsabilidade do empregador objetiva, já que responderá por atos praticados por seu preposto e empregados, como também por ato de seu empregado perante terceiros, ele deverá adotar uma política preventiva não só com um objetivo pedagógico, mas também para conscientizar os trabalhadores no sentido de coibir atos que levem à configuração de assédio sexual, até porque o empregado infrator poderá ser responsabilizado em ação regressiva, em caso de condenação do seu empregador, por ato de sua autoria. É o que prescreve o art. 934 do CC: "Aquele que ressarcir o dano causado por outrem pode reaver o que houver pago daquele por quem pagou, salvo se o causador do dano for descendente seu, absoluta ou relativamente incapaz".

---

(4) *Discriminação da Mulher e Direito do Trabalho*, outubro/2005, LTr, SP, p. 95.

Como apregoa *Ernesto Lippmann*, "para que esta política seja implantada, o primeiro passo é colocar, de forma clara e visível, a lei para todos os funcionários. O segundo é estabelecer uma fórmula de punição ao assediante, e um canal de denúncia para o assediado". Para tanto, preparou um modelo a ser divulgado em cartazes nos quadros de avisos, no jornal da empresa, o qual repetimos sucintamente:

"De acordo com a Lei n. 10.224, de 15.5.01, constranger alguém com o intuito de levar vantagem ou fornecimento sexual, prevalecendo-se o agente de sua forma de superior hierárquico, ou ascendência inerente a exercício de emprego, cargo ou função, é crime sujeito à pena de detenção de um a dois anos"(5).

Conforme assinala *José Affonso Dallegrave Neto*, do conceito legal de assédio sexual que consta do art. art. 216-A do Código Penal, introduzido pela Lei n. 10.224/01, sobrevêm dois requisitos de configurações:

"a. constrangimento provocado por agente que assim age favorecido pela ascendência exercida sobre a vítima;

b. ação dolosa e reiterada que visa vantagem sexual"(6).

Acrescenta o autor que "o agente é sempre o empregador ou um colega de trabalho que atua como superior hierárquico da vítima. Ressalvada tal condição subjetiva (atinente aos sujeitos ativo e passivo), nada obsta que agente e vítima sejam do sexo masculino ou feminino, nem mesmo que sejam hetero ou homossexuais. Entretanto, não se pode negar a influência de fatores culturais sobre o tema, os quais nos levam a constatar que, na maioria dos casos, o agente é do sexo masculino e a vítima do feminino"(7).

A regra abrange não só os empregados da empresa, como também os prestadores de serviços e os empregados de empresas terceirizadas.

A empresa irá apurar com severidade o ocorrido, punindo o assediante até a dispensa por justa causa.

Como bem adverte *Ernesto Lippmann*, na obra citada às pp. 36/39, os Tribunais vêm admitindo o uso de conversa gravada, como meio de prova, conforme julgados divulgados no item de Jurisprudência relativo a este tema.

Artigo excelente publicado na Revista LTr 61-02/1997, às pp. 175/182, pelo Juiz do Trabalho da 5ª Região *Paulo Viana de Albuquerque Jucá*, traz a citação de um texto de autoria da psicóloga Silvia Generali da Costa, cuja síntese é a seguinte:

"São seis horas da manhã quando inicia o primeiro turno de trabalho da indústria ... fulana de tal, uma jovem e competente funcionária do setor de produção não comparece ao trabalho, como vem fazendo com freqüência nos últimos dois meses. Alega estar gripada, ou com dores abdominais, ou ainda que algum parente faleceu. As colegas mais próximas sabem que isso não é verdade. O fato é que fulana de tal não tem mais vontade de trabalhar. Sente-se envergonhada e constrangida. Há mais de três meses seu chefe vem lhe fazendo propostas de caráter sexual e ameaçando-a de demissão caso não ceda aos seus apelos. É mais uma vítima de assédio sexual no local de trabalho."

---

(5) *Assédio Sexual nas Relações de Trabalho*, 2001, LTr, SP, p. 31.

(6) *Responsabilidade Civil no Direito do Trabalho*, junho/2005, LTr, SP, p. 231.

(7) Dallegrave Neto, José Affonso, ob. cit., pp. 283/84.

Nesse caso, a empregada poderá postular a rescisão indireta de seu contrato de trabalho com fulcro nas alíneas *a* e *e* do art. 483 da CLT: a) quando forem exigidos serviços superiores às suas forças, defesos por lei, contrários aos bons costumes ou alheios ao contrato; e) praticar o empregador ou seus prepostos, contra ele ou pessoas de sua família, ato lesivo da honra e boa fama e, também, pedido de indenização por dano moral fundado em assédio sexual.

As conclusões do trabalho citado, de autoria do Juiz *Paulo Viana de Albuquerque Jucá*, são por nós adotadas, como sendo:

O assédio sexual pode ser verbal ou físico, necessitando o primeiro de repetição, a encontrar resistência na vítima, já que, anuindo, não haverá assédio.

Caracterizado o assédio, poderá o empregado, quando vítima, postular a rescisão indireta do contrato de trabalho, quando o assediador for o próprio empregador ou preposto seu, com fundamento no art. 483, alínea *e*, da CLT. Quando o empregado for o próprio assediador, poderá ser despedido por justa causa, por ato de incontinência de conduta para apuração de falta grave, se portador de estabilidade absoluta.

Poderá o empregado cumular em reclamação trabalhista pedido de indenização por danos físicos ou morais.

No campo da prova, poderá valer-se de qualquer meio admitido em direito. Entretanto, algumas considerações merecem ser feitas no que concerne à prova de assédio sexual. Ocorre que, em geral, o assediador age às surdinas, de forma a não deixar pistas ou vestígios dos seus atos ilícitos. Via de regra, o assediador pratica as suas investidas sem a presença de testemunhas. Conseqüentemente, a vítima terá muita dificuldade em caracterizar o assédio sexual.

A prova indiciária, no caso, tem muita pertinência, como ressalta *Reginald Felker*, ao afirmar que "Na apreciação da prova no processo de reparação de dano moral, por assédio sexual, o Juiz do Trabalho tem uma margem de apreciação probatória bem mais ampla do que o mesmo Juiz ao apreciar um feito onde se discutem exclusivamente verbas decorrentes da relação de emprego, que digam respeito a parcelas salarial, férias, verbas rescisórias e outras do gênero, pois deverá se valer de indícios, presunções e dando uma valoração muito mais expressiva ao depoimento pessoal da vítima e, inclusive das circunstâncias que revestem a personalidade do ofensor e ofendido, inclusive seus antecedentes, conceito perante a comunidade, entre outros. As condições pessoais das Partes, que no processo trabalhista comum sóem ser irrelevantes, adquirem, agora, uma feição extremamente importante"[(8)].

Uma indagação pertinente é a que nos faz *Rodolfo Pamplona Filho*, Juiz da 5ª Região, "se é possível a tentativa de assédio sexual", definindo-a como das mais relevantes, tendo em vista, inclusive, a criminalização desta conduta, por força da Lei n. 10.224, de 15.5.2001.

Discorre o autor, de forma convincente, seu raciocínio, concluindo que "há espaço para elucubração acerca da possibilidade de tentativa, caso o ordenamento jurídico venha consagrar realmente a regra da imprescindibilidade da reiteração da conduta de natureza sexual. Neste caso, poder-se-ia, talvez, incidir a previsão legal de tentativa quando o agente, após a manifestação inequívoca do destinatário de que repele aquela conduta, cessa imediatamente a prática dos atos de natureza sexual pela intervenção de terceiros ou outra forma que independe de sua vontade"[(9)].

---

(8) *O Dano Moral, o Assédio Moral e o Assédio Sexual nas Relações de Trabalho,* Junho/2006, LTr, SP, p. 258.
(9) "Assédio Sexual — Questões Conceituais", *in Decisório Trabalhista*, vol. 4, n. 18, pp. 09/33.

Por último, o assédio sexual, como já visto, constitui crime e acreditamos que nenhum empregador, a não ser quando seja ele o assediador, deseja a sua ocorrência no seu empreendimento comercial. Por esse motivo, entendemos que seria recomendável a denunciação da lide do suposto assediador pelo empregador, em caso de reclamação trabalhista com pedido de indenização por dano moral.

Três razões justificariam essa medida.

Em primeiro lugar, é importante assinalar que o trabalhador também é uma pessoa sujeita de direitos e que tem a obrigação de cumprir a lei (lembre-se que o assédio sexual é crime), bem como as regras de boa conduta, a exemplo de todo cidadão. Se o trabalhador passa à condição de assediante em função do seu cargo e pratica atos (dolosos) que extrapolam as relações normais de trabalho com assunção de riscos, é injusta a participação isolada do empregador no pólo passivo da demanda, já que terá de se defender como empregador e também produzir prova em benefício daquele que praticou o ato considerado como crime. *Rodolfo Pamplona Filho* e *Fernanda Salinas Di Giacomo,* comentando a aplicação da denunciação da lide no processo do trabalho, deixam claro o seu entendimento sobre a aplicação do referido instituto no caso de assédio sexual, ao afirmarem "por ser ele ampliativo e menos oneroso ao Poder Público, já que todas as circunstâncias fáticas, incluindo-se a culpa ou o dolo (responsabilidade subjetiva) do assediador serão vislumbrados simultaneamente ao processo principal, que esta sendo movido contra o empregador/empresa da qual fazia parte o primeiro. Desse modo, não haverá necessidade de cobrança regressiva, uma vez que o verdadeiro devedor da indenização (agente causador do dano) haverá participado de todo o processo e efetivado o seu direito constitucional ao contraditório e à ampla defesa". E acrescentam ainda os autores que, depois da edição da Emenda Constitucional que ampliou as hipóteses do art. 114 da CF/88, "... torna-se plenamente aplicável ao processo do trabalho a denunciação da lide, mais especificamente em casos de assédio sexual, até porque não se estaria criando um dissídio entre duas empresas, mas sim entre o empregador demandado pelo empregado assediado e o obreiro assediador. Entre a empresa e o assediador já existe uma relação de emprego, razão pela qual, nos termos do dispositivo supracitado, é competente a Justiça do Trabalho para analisar e julgar esse litígio decorrente da denunciação da lide, devendo, no entanto, a sentença definir e estabelecer quais as responsabilidades de cada parte envolvida na demanda"(10).

Em segundo lugar, teria efeito pedagógico a participação do assediador como parte do processo, inibindo a sua ocorrência para outros empregados que ficariam sabendo dessa possibilidade e evitaria também a prática de atos simulados com o objetivo de lesar o empregador. Aqui, vale lembrar a lição de *Gisela Sampaio da Cruz*, para quem, "no âmbito da responsabilidade civil, os prejuízos decorrentes de um dano injusto devem ser repartidos entre os agentes que concorreram na produção do dano, ainda que perante a vítima eles sejam responsáveis solidários; ou entre o agente e o lesado, se este contribuiu para o evento danoso"(11).

Em terceiro lugar, na fixação do valor da indenização do dano moral, o julgador haverá de sopesar as circunstâncias do caso, notadamente da omissão ou não do empregador no episódio danoso. São questões que, efetivamente, merecem ser debatidas entre os operadores do direito, mas de forma a não desvirtuar a finalidade de proteger a mulher e sua dignidade no trabalho.

---

(10) "A Aplicabilidade da Denunciação da Lide no Processo do Trabalho", Revista de Direito do Trabalho n. 126, ano 33, abril-junho/2007, Coordenação de Nelson Mannrich, Ed. Revista dos Tribunais, SP, pp. 150/151.

(11) *O Problema do Nexo Causal na Responsabilidade Civil,* 2005, Renovar, Rio, p. 325.

Por último, como bem enfatizamos na nota à primeira edição dessa obra, é preciso que os empregadores se acautelem contra tais atos e para isso é necessário que nos futuros contratos de trabalho assinados com os trabalhadores contenham cláusula na qual fique bem claro que a empresa não tolera quaisquer tipos de assédio e alertando-os das conseqüências advindas de tais atos. Nada impede, também, que os atuais empregados sejam alertados a respeito de tais práticas e a possibilidade de sanções, até porque são atitudes que prejudicam em muito o ambiente de trabalho.

2. REFERÊNCIAS LEGAIS

Constituição Federal

Art. 1º A República Federativa do Brasil, formada pela união indissolúvel dos Estados e Municípios e do Distrito Federal, constitui-se em Estado Democrático de Direito e tem como fundamentos:

....

III — a dignidade da pessoa humana;

IV — os valores sociais do trabalho e da livre iniciativa;

....

Art. 5º Todos são iguais perante a lei, sem distinção de qualquer natureza, garantindo-se aos brasileiros e aos estrangeiros residentes no País a inviolabilidade do direito à vida, à liberdade, à igualdade, à segurança e à propriedade, nos termos seguintes:

....

V — é assegurado o direito de resposta, proporcional ao agravo, além da indenização por dano material, moral ou à imagem;

....

X — são invioláveis a intimidade, a vida privada, a honra e a imagem das pessoas, assegurado o direito a indenização pelo dano material ou moral decorrente de sua violação;

....

Art. 7º São direitos dos trabalhadores urbanos e rurais, além de outros que visem à melhoria de sua condição social:

....

XXX — proibição de diferença de salários, de exercício de funções e de critério de admissão por motivo de sexo, idade, cor ou estado civil.

....

Consolidação das Leis do Trabalho

Art. 482. Constituem justa causa para rescisão do contrato de trabalho pelo empregador:

....

b) incontinência de conduta, ou mau procedimento;

....

h) ato de indisciplina ou de insubordinação;

....

j) ato lesivo da honra ou da boa fama praticado no serviço contra qualquer pessoa, ou ofensas físicas, nas mesmas condições, salvo em caso de legítima defesa, própria ou de outrem;

....

Art. 483. O empregado poderá considerar rescindido o contrato e pleitear a devida indenização quando:

a) forem exigidos serviços superiores às suas forças, defesos por lei, contrários aos bons costumes; ou alheios ao contrato;

b) for tratado pelo empregador ou por seus superiores hierárquicos com rigor excessivo;

c) correr perigo manifesto de mal considerável;

....

e) praticar o empregador ou seus prepostos, contra ele ou pessoas de sua família, ato lesivo da honra e boa fama;

....

Código Civil de 2002

Art. 11. Com exceção dos casos previstos em lei, os direitos da personalidade são intransmissíveis e irrenunciáveis, não podendo o seu exercício sofrer limitação voluntária.

....

Art. 20. Salvo se autorizadas, ou se necessárias à administração da justiça ou à manutenção da ordem pública, a divulgação de escritos, a transmissão da palavra, ou a publicação, a exposição ou a utilização da imagem de uma pessoa poderão ser proibidas, a seu requerimento e sem prejuízo da indenização que couber, se lhe atingirem a honra, a boa fama ou a respeitabilidade, ou se se destinarem a fins comerciais.

Parágrafo único. Em se tratando de morto ou de ausente, são partes legítimas para requerer essa proteção o cônjuge, os ascendentes ou os descendentes.

Art. 21. A vida privada da pessoa natural é inviolável, e o juiz, a requerimento do interessado, adotará as providências necessárias para impedir ou fazer cessar ato contrário a esta norma.

....

Art. 186. Aquele que, por ação ou omissão voluntária, negligência ou imprudência, violar direito e causar dano a outrem, ainda que exclusivamente moral, comete ato ilícito.

Art. 187. Também comete ato ilícito o titular de um direito que, ao exercê-lo, excede manifestamente os limites impostos pelo seu fim econômico ou social, pela boa-fé ou pelos bons costumes.

....

Art. 927. Aquele que, por ato ilícito (arts. 186 e 187), causar dano a outrem, fica obrigado a repará-lo.

Parágrafo único. Haverá obrigação de reparar o dano, independentemente de culpa, nos casos especificados em lei, ou quando a atividade normalmente desenvolvida pelo autor do dano implicar, por sua natureza, risco para os direitos de outrem.

....

Art. 932. São também responsáveis pela reparação civil:

....

III — o empregador ou comitente, por seus empregados, serviçais e prepostos, no exercício do trabalho que lhes competir, ou em razão dele;

....

Art. 935. A responsabilidade civil é independente da criminal, não se podendo questionar mais sobre a existência do fato, ou sobre quem seja o seu autor, quando estas questões se acharem decididas no juízo criminal.

Código Penal

Assédio sexual

Art. 216-A. Constranger alguém com o intuito de obter vantagem ou favorecimento sexual, prevalecendo-se o agente da sua condição de superior hierárquico ou ascendência inerentes ao exercício de emprego, cargo ou função.

Pena — detenção, de 1 (um) a 2 (dois) anos. *(Artigo acrescentado pela Lei n. 10.224, de 15.5.01, DOU 16.5.01)*

Parágrafo único. *(vetado)*

Lei n. 10.778, de 24.11.03

Art. 1º Constitui objeto de notificação compulsória, em todo o território nacional, a violência contra a mulher atendida em serviços de saúde públicos e privados.

§ 1º Para os efeitos desta Lei, deve-se entender por violência contra a mulher qualquer ação ou conduta, baseada no gênero, que cause morte, dano ou sofrimento físico, sexual ou psicológico à mulher, tanto no âmbito público como no privado.

§ 2º Entender-se-á que violência contra a mulher inclui violência física, sexual e psicológica e que:

I — tenha ocorrido dentro da família ou unidade doméstica ou em qualquer outra relação interpessoal, em que o agressor conviva ou haja convivido no mesmo domicílio que a mulher e que compreende, entre outros, estupro, violação, maus-tratos e abuso sexual;

II — tenha ocorrido na comunidade e seja perpetrada por qualquer pessoa e que compreende, entre outros, violação, abuso sexual, tortura, maus-tratos de pessoas, tráfico de mulheres, prostituição forçada, seqüestro e assédio sexual no lugar de trabalho, bem como em instituições educacionais, estabelecimentos de saúde ou qualquer outro lugar; e

III — seja perpetrada ou tolerada pelo Estado ou seus agentes, onde quer que ocorra.

§ 3º Para efeito da definição serão observados também as convenções e acordos internacionais assinados pelo Brasil, que disponham sobre prevenção, punição e erradicação da violência contra a mulher.

3. *JURISPRUDÊNCIA*

Assédio sexual — Abuso de autoridade — Configuração

Ementa: ASSÉDIO SEXUAL. DANOS MORAIS. CONFIGURAÇÃO. Devida é a indenização por danos morais quando demonstrado o comportamento absolutamente impróprio do gerente que, em evidente abuso de autoridade e valendo-se de sua posição hierarquicamente superior, pressionava a Obreira de forma reiterada, no horário do expediente e na presença dos demais empregados, com o fim de obter favores de natureza sexual. Recurso parcialmente provido, apenas para reduzir o valor da indenização. TRT 10ª Reg. — RO 00899-2005-004-10-00-4 — (Ac. 1ª T./06) — Rel. Juiz Oswaldo Florêncio Neme Junior. DJU3 5.5.06, p. 24.

Assédio sexual — Ações constrangedoras por parte do diretor da escola — Configuração

Ementa: RECURSO ORDINÁRIO INTERPOSTO PELO RECLAMANTE. DANO MORAL. Espécie em que os elementos trazidos permitem concluir que a autora, efetivamente, sofreu ações constrangedoras por parte do diretor de escola mantida pela reclamada, ao qual estava subordinada, violando valores abstratos, humanos e sociais. A indenização arbitrada na origem, em valor equivalente a mais de duas vezes (2,135) a maior remuneração percebida, durante a vigência do contrato, por ano de serviço prestado, revela-se incompatível com a magnitude do dano moral reconhecido, merecendo ser majorada para R$ 30.000,00. Recurso provido. RECURSO ADESIVO DA RECLAMADA. HORAS EXTRAS DECORRENTES DE AULA DE ALFABETIZAÇÃO MINISTRADA A ADULTOS. Hipótese em que a reclamada não nega tenha designado a autora para ministrar aulas em curso de alfabetização de adultos, por força de convênios realizados com municípios vizinhos e não demonstra que ela era remunerada por estes. Recurso não provido. TRT 4ª Reg. — RO 01131-2001-402-04-00-7 — (Ac. 8ª T., julgado 22.4.04) — Rel. Juiz Carlos Alberto Robinson. DJRS 5.5.04.

Assédio sexual — Arquivamento da denúncia de suposto crime, por falta de provas — Configuração do ato ilícito no juízo trabalhista

Ementa: DIREITO DO TRABALHO. DIREITO CIVIL. DIREITO PROCESSUAL PENAL E DO TRABALHO. DANO MORAL. ASSÉDIO SEXUAL. ARQUIVAMENTO DA DENÚNCIA DE SUPOSTO CRIME, POR FALTA DE PROVAS. CONFIGURAÇÃO DO ATO ILÍCITO NO JUÍZO TRABALHISTA — As ações penal e trabalhista são independentes, de maneira que o fato de ter sido arquivada a primeira não obsta a configuração do ato ilícito no Juízo trabalhista. Se evidenciado o constrangimento físico ou psicológico ao trabalhador, ou à sua liberdade sexual, não há como afastar a ocorrência do dano moral. A repercussão na mídia escrita e local de assédio sexual sofrido pela trabalhadora não poderia ser mais vexatória para uma mulher na sociedade em que vivemos. Exigir-se mais provas, seria exigir demais da honra de uma mulher. Provado o fato e o constrangimento, caracterizado está o dano, afigurando-se devida a indenização. Recursos improvidos. (Segredo de Justiça; Ementa não publicada.) TRT 15ª Reg. (Campinas/SP) — RO 2218-2005-077-15-00-5 — (Ac. 6795/07-PATR, 4ª C) — Relª. Juíza Luciane Storel da Silva. DJSP 16.2.07, p. 24.

Assédio sexual — Ato do preposto da ré — Superior hierárquico — Vantagem sexual — Dano moral configurado

Ementa: ASSÉDIO SEXUAL. DANO MORAL. Comprovado nos autos o ato do preposto da ré, que atenta contra a dignidade, a moral, a honra e a imagem da empregada, tentando obter, em face de sua condição de superior hierárquico, vantagem sexual, configurado está o assédio sexual, que autoriza o deferimento de indenização por dano moral, nos moldes dos arts. 5º, X, da CRFB, 186 e 927 do CC. TRT 12ª Reg. — RO-VA 02429-2002-005-12-00-8 — (Ac. 1ª T. 10510/03, 30.9.03) — Rel. Juiz Garibaldi T. P. Ferreira. DJSC 5.11.03, p. 236.

Assédio sexual — Ausência de pressuposto fático

Ementa: ASSÉDIO SEXUAL. DANO MORAL. AUSÊNCIA DE PRESSUPOSTO FÁTICO. INDENIZAÇÃO INDEVIDA. Não é possível imputar ao empregador a responsabilidade civil por ato seu sem que haja prova insofismável da ação ou da omissão do agente, do dano, do nexo de causalidade e da presença de dolo ou culpa. *In casu*, a ausência de prova da ocorrência de assédio sexual, com promessa de vantagem ou represália por resistência ao envolvimento pessoal com o superior hierárquico, torna indevida a indenização por danos morais, por inexistente pressuposto fático da responsabilidade civil subjetiva, ou seja, a ação ou a omissão do agente. TRT 12ª Reg. — RO-V 06404-1999-001-12-00-1 — (Ac. 3ª T. 5.257/03, 23.4.03) — Relª Juíza Lília Leonor Abreu. DJSC 4.6.03, p. 156.

Assédio sexual — Ausência de prova — Não configuração

Ementa: DANO MORAL. ASSÉDIO SEXUAL. Hipótese em que não restou demonstrada pela reclamante a prática dos atos e fatos atribuídos ao empregador, a ensejar o deferimento da postulada indenização por danos morais em decorrência de assédio sexual. Sentença mantida. TRT 4ª Reg. — RO 00374-2003-771-04-00-9 — (Ac. 3ª T., julgado 5.5.04) — Relª Juíza Eurídice Josefina Bazo Tôrres. DJRS 27.5.04.

Assédio sexual — Ausência de provas — Não-cabimento de indenização

Ementa: ASSÉDIO SEXUAL. DANO MORAL. AUSÊNCIA DE PROVAS. NÃO-CABIMENTO DE INDENIZAÇÃO. A indenização por dano moral não é cabível se inexiste prova do ato ilícito imputado ao acusado — assédio sexual —, que se caracteriza pela promessa de vantagem ou represália por negativa de envolvimento pessoal com o superior hierárquico. Não constitui prova a aceitação, pelo representante da ré, de transação penal. É da índole da transação o não-adentramento no mérito, somente se podendo extrair o reconhecimento do ilícito, se este reconhecimento estivesse inserido na própria transação penal. TRT 12ª Reg. — RO-V 06023-2003-034-12-00-0 — (Ac. 1ª T. 05546/05, 6.4.05) — Rel. Juiz José Ernesto Manzi. DJSC 23.5.05, p. 265.

Assédio sexual — Caracterização

Ementa: ASSÉDIO SEXUAL — CARACTERIZAÇÃO — ELEMENTOS — São elementos caracterizadores básicos do assédio sexual: 1) Sujeitos: agente (assediador) e destinatário (assediado); 2) Conduta de natureza sexual; 3) Rejeição à conduta do agente; e 4) Reiteração da conduta. A relação de poder entre os sujeitos não é essencial para a caracterização do ilícito trabalhista, diferentemente do que ocorre com a figura penal, pois aquele, em tese, poderá ocorrer entre colegas de serviço, entre empregado e o cliente da empresa e entre o empregado e o seu empregador, este último figurando como agente passivo, dependendo, logicamente, do poder de persuasão do agente ativo, e.g., coação irresistível. O comportamento sexual reprovado é composto pelos atos da conduta do agente ativo, seja ele homem ou mulher, que, para satisfazer a sua libido, utiliza-se de ameaça direta ou velada para com a pessoa objeto do seu desejo, subjugando a sua resistência. Lembremo-nos que a vítima deve ter a chance de negar o pedido do agente ativo, pois, caso contrário, o ato sexual estará sendo praticado com violência (estupro e atentado violento ao pudor). O assédio sexual pressupõe sempre uma conduta sexual não desejada pela pessoa assediada, que inequivocamente manifesta a sua repulsa às propostas do assediante. Por isso a simples paquera ou flerte não é considerado como assédio sexual, pois não há uma conotação sexual explícita. Finalmente, o assédio sexual depende da reiteração da conduta tida por ilícita por parte do assediante. Todavia, em casos excepcionais, se a conduta do assediante se mostrar insuperável é possível o afastamento do requisito em comento. A falta de qualquer um destes requisitos desfigura o ilícito de assédio sexual. ASSÉDIO SEXUAL — CULPA CONCORRENTE — Deve ser levada em conta a existência de culpa concorrente da vítima que, ainda que não justifique a violência do ato, será uma atenuante ou, talvez, uma explicação para o comportamento do assediador. TRT 15ª Reg. (Campinas/SP) — RO 01041-2005-024-15-00-4 — (Ac. 28048/2006-PATR, 11ª Câmara) — Rel. Juiz Flávio Nunes Campos. DJSP 9.6.06, p. 94.

Assédio sexual — Comportamento inadequado ou deselegante do supervisor não pode ser confundido com assédio sexual — Não configuração

Ementa: DANOS MORAIS — ASSÉDIO SEXUAL. Para a configuração do assédio sexual necessário o constrangimento da empregada para que o superior hierárquico obtenha vantagem de natureza sexual. No caso, não restou comprovado que o supervisor da reclamante tenha praticado qualquer ato que importasse em assédio sexual. A própria obreira em seu interrogatório reconheceu que nunca foi submetida a constrangimento com o intuito de favorecimento sexual para seu superior. Qualquer comportamento inadequado ou deselegante do supervisor não pode ser confundido com assédio sexual que possui características específicas, conforme previsão constante no art. 216-A do Código Penal, de aplicação subsidiária ao processo do trabalho. TRT 9ª Reg. — RO 01982-2006-664-09-00-0 — (Ac. 4ª T. 15928/07) — Rel. Juiz Sergio Murilo Rodrigues Lemos. DJPR 22.6.07, p. 745.

Assédio sexual — Conduta intimidatória do empregador que assedia sexualmente empregada sua — Caracterização

Ementa: DANO MORAL. COMPETÊNCIA DA JUSTIÇA DO TRABALHO. A competência da Justiça do Trabalho, prevista no artigo 114 da Constituição Federal de 1988, estende-se aos conflitos decorrentes da relação de trabalho, entre os quais se encontra a indenização por dano moral — Precedente do colendo STF (RE n. 238.737/SP, DJU de 5.2.99). DANO MORAL. ASSÉDIO SEXUAL. CARACTERIZAÇÃO. Tipifica dano moral, passível de reparação, conduta intimidatória do empregador que assedia sexualmente empregada sua, valendo-se da sua condição de provedor do vínculo empregatício. A estima e o respeito que o ser humano usufrui no meio da coletividade estão íntima e diretamente vinculados aos seus mais elevados valores morais e espirituais, virtudes que justificam seu viver e caminhar neste mundo, de forma que a indenização por dano moral, que deverá corresponder à gravidade da lesão, e não ser equivalente, por impossível a equivalência, deve, de um lado, significar uma justa compensação ao ofendido e, de outro lado, uma severa e grave advertência ao ofensor, de forma a inibi-lo ou dissuadi-lo da prática de novo ilícito da mesma natureza. Esse é o sentido pedagógico e punitivo que a indenização representa para o ofensor, enquanto que, para o ofendido, significa a minimização da lesão sofrida em seu patrimônio moral. DANO MORAL. VALOR. CRITÉRIO DE FIXAÇÃO. VINCULAÇÃO AO SALÁRIO MÍNIMO. VIOLAÇÃO DO ARTIGO 7º, IV, DA CF. A questão da fixação da indenização atrelada ao salário mínimo não foi prequestionada no âmbito do Regional, e, portanto, carece do necessário prequestionamento, atraindo o óbice do Enunciado n. 297 ao exame da violação do artigo 7º, IV, da CF. Agravo de instrumento não provido. TST — AIRR-36525/2002-900-03-00.0 — (Ac. 4ª T.) — Rel. Min. Milton de Moura França. DJU 12.9.03.

Da decisão acima, colhe-se o seguinte fundamento:

"DANO MORAL

O e. Regional manteve a r. sentença que condenou o reclamado ao pagamento de indenização por dano moral, em razão de assédio sexual sofrido pela reclamante no curso da relação de emprego (fls. 84/87).

O reclamado, nas suas razões de revista, sustenta que a condenação está consubstanciada em prova meramente indiciária, estando violados os artigos 331 do CPC e 818 da CLT. Tem ainda por violado o artigo 397 do CPC, sob a alegação de que o Regional desprezou o exame de documento novo, no qual a mãe da testemunha revela que a própria filha (reclamante) lhe contou que prestou falso testemunho, juntamente com as colegas de trabalho, para incriminar o sócio, ora recorrente. Indica, outrossim, violação do artigo 405, § 1º, III, do CPC, por considerar válido o depoimento da testemunha Priscila Martins Pontes, que reconhece ser menor de 15 anos, sendo, portanto, incapaz.

Igualmente, quanto ao tema, o recurso de revista não é viável.

O Regional, após análise circunstanciada dos autos, concluiu pela existência de assédio sexual, adotando fundamentação, cuja pertinência para elucidação do caso em exame se reproduz, *in verbis:*

De fato, não há como negar que a r. sentença de primeiro grau, da lavra de ilustre e competente Juíza, esteja de certa forma carregada de alguma emoção, considerando a sua condição de mulher e de mãe e a natureza dos fatos discutidos no processo. Mas isto não leva à desfundada conclusão dos recorrentes de que houve parcialidade na sua prolação, pois como ver-se-á abaixo ela se ateve com segurança aos elementos probatórios dos autos.

E muito menos os documentos dos quais admite juntada às fls. 71/77, tendo em vista a gravidade dos fatos aqui discutidos, ensejam a pretendida reviravolta no conjunto probatório que levou à condenação dos recorrentes.

Observo, inclusive, que a reclamante manifestou-se sobre os documentos (fls. 79/80) e manteve inabaláveis as suas alegações iniciais.

Os documentos, como ver-se-á, não produzem prova em prol de sua absolvição. A declaração da mãe de uma testemunha, no sentido de que esta lhe confessara ter mentido em Juízo, é documento unilateral e, evidentemente, não pode ser tomado como superação ou invalidação daquele testemunho. Só a própria testemunha poderia fazê-lo com a eficiência de invalidar seu depoimento, tomando sob compromisso legal. A cópia de Ata de Audiência realizada no MPT, no Procedimento Investigatório (PI) n. 0016/01, não revela, como diz o recorrente, que ele fora arquivado. A contrário, determinou-se ao seu final a conclusão dos autos à d. Procuradora investigante, o que significa que ele ainda está em prosseguimento. As declarações de fls. 76/77 são apenas declarações de terceiros, também unilaterais, e não tocam na especificidade da matéria fática dos autos.

Por fim, a constatação de que no livro de registro de empregados, aberto em 1982, revelam-se poucas contratações de menores, com o perfil da reclamante, também é irrelevante. Lembro, apenas, que esta só foi registrada por força deste processo, e não há prova de que suas testemunhas tenham sido regularmente registradas como empregadas. E ainda, tenho que este comportamento em relação à reclamante faz presumir que os recorridos pratiquem o ilícito trabalhista de admitir e assalariar empregados sem registros ou anotações na CTPS.

Por isto que, no exame do recurso, volto à prova produzida em primeira instância. Veja-se: A reclamante, menor de idade, trabalhou por dois curtos períodos na empresa reclamada, sempre sem formalização do contrato, sendo que após desvincular-se do empreendimento no segundo contrato decidiu por ajuizar a presente ação alegando, com veemência, que durante todo o tempo sofrera o que se convencionou chamar de assédio sexual por parte de um dos sócios-proprietários da empresa, a quem fez incluir no pólo passivo da demanda.

Evidente que a defesa tenha negado o fato de forma igualmente enfática, assim como o faz nas razões recursais, onde se sustenta a inexistência de testemunhas oculares, principalmente porque a testemunha Sheila Cristina Martins Alvarenga, que depôs à fl. 20, indicada pela empresa, e que teria sido partícipe de uma das situações descritas na inicial, o negue de forma peremptória.

Faço coro com a r. sentença de primeiro grau para concluir que, verdadeiramente, é dificílima para a autora da ação prova robusta e direta das situações que possam ser consideradas como de assédio sexual, pois via de regra elas são arquitetadas às escondidas, em lugares ou circunstâncias em que a sós se encontrem agente e vítima. Ocorre que no caso dos autos a reclamante denuncia que o fato mais grave ocorrera com a participação e na presença da testemunha Sheila Alvarenga, já mencionada, e por isto tenho que seu depoimento é absolutamente imprestável no conjunto probatório dos autos. Mais do que isto, trata-se de testemunha suspeita porque, se realmente comprovados os fatos na alçada do Ministério Público da Comarca de origem, que deles já fora notificado, esta pessoa necessariamente será tida como autora ou co-autora dos delitos tipificados no Código Penal Brasileiro.

Também são absolutamente irrelevantes nos autos os depoimentos das duas outras testemunhas dos recorrentes, notadamente da pessoa física do segundo recorrente. A primeira, senhor Antônio Ribeiro de Faria, é seu vizinho e conhecido de muitos anos, e apenas fez afirmação genérica de não ter conhecimento de qualquer fato que deponha contra a moral do reclamado, afigurando-se ainda como desprezível o fato de ter-se qualificado como Comissário de Menores da Comarca. A terceira testemunha, senhora Ângela Maria Gomes, a par de também prestar informações genéricas sobre os fatos dos autos, por se tratar de ex-empregada da empresa, e hoje senhora casada, jamais daria depoimento que pudesse trazer-lhe complicações pessoais e familiares.

E o que resta de prova nos autos, além dos fortes indícios da prática do assédio sexual em relação à recorrida?

Primeiro, tem-se o depoimento candente, sob compromisso legal, da testemunha Paula Soares Braga, dizendo que já fora igualmente molestada, e nas mesmas circunstâncias, pelo sócio-proprietário recorrente, para arrematar que o fato de o reclamado assediar suas funcionárias é de conhecimento geral na região. Ora, é imperioso concluir que ninguém imputaria a outrem a autoria de fatos tipificados como criminosos a não ser que tivesse certeza de sua ocorrência.

Em seguida, ouviu-se o depoimento de Priscila Martins Pontes, de 15 anos, que, mesmo sem passar pelo crivo do compromisso legal, dá sustentação suficiente às alegações da inicial. Ela mesma se diz ter sido acintosamente assediada pelo segundo recorrente.

E, no meu ver, a prova mais candente contra o segundo recorrente é a prova indiciária, que se extrai não só dos depoimentos da testemunha e da informante da autora, ainda que não tenham sido testemunhas oculares do fato, mas da fatídica situação da viagem a Belo Horizonte não negada, aliás, confirmada no depoimento da testemunha Sheila Cristina Alvarenga, envolvida nos fatos. É incontroverso que o segundo recorrente, reclamante e esta pessoa empreenderam viagem a Belo Horizonte, supostamente para comprar material de construção. E foi nesta viagem que teria ocorrido o fato mais grave, descrito na inicial, em que a reclamante fora conduzida à porta de um motel, onde teria sido exibida a Carteira de Identidade da senhora Sheila, presente na viagem, numa tentativa de fazer com que aquela se passasse por maior de idade. É claro que os fatos não se confirmam como postos na inicial, até porque a testemunha Sheila o nega de forma peremptória.

Todavia, a interrogação que fica no ar é a prova indiciária mais contundente contra o recorrente. Por que ele teria viajado a Belo Horizonte, durante o expediente, com duas empregadas, sendo uma delas menor de idade, de quem nem assinara a Carteira de Trabalho? Pergunta-se mais: tinha o recorrente autorização dos pais ou responsáveis, como previsto no Estatuto da Criança e do Adolescente? E pergunta-se, por fim:

Qual a utilidade da presença da reclamante, menor, com 15 anos de idade, numa viagem à Capital para comprar material de construção?

Todas estas perguntas ficam sem respostas, lamentavelmente, porque o MM. Juízo de primeiro grau, fundado no artigo 765 da CLT, poderia ter avançado mais, e muito mais, na produção da prova. Até mesmo ouvindo-se como testemunha, referida no depoimento da menor Priscila Pontes, a senhora Do Carmo, que trabalha na empresa (fls. 84/87).

E conclui o Regional:

De qualquer forma, com a prova direta existente nos autos, além da fortíssima indiciária, tem-se que está correta a r. sentença de primeiro grau que admitiu a ocorrência do fato do assédio sexual e, como conseqüência, entendeu caracterizado o dano moral, fixando indenização razoável, correspondente a 100 salários mínimos, na linha da jurisprudência dos Tribunais.

Observo que a MMª Julgadora já determinou que se remetesse cópia da r. sentença ao Ministério Público local, assim como a digna representante do MPT determinou as providências cabíveis do âmbito do órgão conforme alentado Parecer de fls. 62/66. Faço mais: determino que o MM. Juízo de primeiro grau também envie cópias dos depoimentos colhidos em audiência, e, agora, desta decisão confirmatória da sentença.

Lembro, por fim, que a condenação dos reclamados nestes autos de ação trabalhista se funda, obviamente, nas provas aqui colhidas. Como as alegações que deram ensejo a esta ação transbordam para a esfera criminal, e já havendo procedimentos próprios para tanto na Comarca de origem, lá os fatos ficaram suficientemente esclarecidos, considerando o amplo poder investigatório dos órgãos auxiliares da Justiça Criminal e do Ministério Público Estadual. Confirmados ou não, as duas partes pagarão, cada qual, com as conseqüências severas advindas da legislação penal (fl. 87).

Como se verifica, o contexto probatório vem em amparo das alegações da reclamante, mantendo-se intactos os artigos 331 do CPC e 818 da CLT.

A alegação de violação do artigo 397 do CPC, no que tange ao exame de documento novo, não se configura, dado que o citado documento, no qual a mãe da reclamante supostamente teria declarado que a filha lhe confidenciara que prestou falso testemunho em Juízo, em nada alteraria o desate da lide, em face da robustez dos demais elementos de prova acima destacados.

Tampouco se configura a violação do artigo 405, § 1º, III, do CPC, tendo em vista que o Juízo de primeiro grau acertadamente tomou o depoimento da testemunha Priscila Martins Pontes apenas na condição de informante, dado que é menor de idade." (www.tst.gov.br, 14.8.04)

Assédio sexual — Configuração — Dano moral

Ementa: ASSÉDIO SEXUAL. CONFIGURAÇÃO. DANO MORAL. INDENIZAÇÃO. Se a reclamante, no interior da empresa, sofre reiteradas investidas de conotação sexual por parte do chefe da área, submetendo-a à situação vexatória e atentadora à sua dignidade, configura-se o assédio sexual que, segundo *José Wilson Ferreira Sobrinho*, "é o comportamento consistente na explicitação da intenção sexual que não encontra receptividade concreta de outra parte, comportamento esse reiterado após a negativa", atraindo, assim, o direito da reclamante à reparação por dano moral. TRT 3ª Reg. — RO 14.159/97 — (Ac. 4ª T.) — Relª Juíza Denise Alves Horta. DJMG 13.6.98, p. 06.

Assédio sexual — Configuração

Ementa: ASSÉDIO SEXUAL. Assediar significa estabelecer cerco para impor sujeição a alguém; perseguir com propostas indecorosas; sugerir com insistência; ser inoportuno para obter alguma vantagem. O assédio sexual, por sua vez, está direcionado ao prazer e consiste, normalmente, em atos verbais ou físicos, de ordem fortemente comissivos, repetidos e gradativos, em torno da sexualidade, com forte apelo às emoções corporais, de molde a causar um efeito desfavorável no ambiente de trabalho da vítima, acarretando-lhe conseqüências prejudiciais à integridade moral, física e até psicológica. Em regra, o assédio configura-se por uma conduta reiterada do assediante, que não pode encontrar espaço para as suas investidas indecorosas, sob pena de descaracterização do ato ilícito. Assediar é molestar, é ser insistente, chato e indecoroso. Esses atos repetitivos não são necessariamente idênticos, já que o seu objetivo, explícito ou implícito, é a conquista resistida. Excepcionalmente, contudo, pode também caracterizar-se pela prática desesperada de um ato isolado, quando a conduta de conotação sexual do agente é suficientemente grave, como, por exemplo, quando ele exibe à assediada parte do seu próprio corpo ou quando força um contato físico com determinada intensidade, de modo a transgredir as regras comuns da moral e dos bons costumes. Em todo caso, é relevante que a pessoa assediada não tenha consentido nas ações praticadas pelo assediante. É extremamente significativo que a pessoa que se diz ofendida tenha repelido a conduta do agente, colocando-o no seu devido lugar. Se a empregada-mulher, alvo mais freqüente de atos dessa natureza, manteve um relacionamento amoroso com o suposto agressor, durante certo lapso de tempo, fato esse que passou para o domínio público, chegando ao conhecimento de familiares, de amigos e de outras pessoas da comunidade, não há como se estabelecer o nexo de causalidade entre a conduta do agente e a tipificação do assédio sexual. Ademais, ainda que atos conducentes ao assédio tenham sido praticados no início do "affair", o desejo do suposto assediante acabou sendo aceito e compartilhado pela suposta vítima, que, quando realmente não quer, repele imediatamente, em idêntica ou até mais forte intensidade, qualquer, digamos assim, avanço do sinal. Mesmo que o ambiente de trabalho, pelo convívio diário, seja propício ao assédio sexual, existem fatores de resistência natural, cultural, moral, inclusive de amor próprio, além dos traços da personalidade de cada pessoa, que conduzem a um comportamento de franca e imediata postura de rejeição, de indignação, de revolta e, se for o caso, até de delação para que medidas severas sejam tomadas contra o assediante. TRT 3ª Reg. — RO 00697-2005-070-03-00-6 — (Ac. 4ª T.) — Rel. Juiz Luiz Otávio Linhares Renault. DJMG 26.11.05, p. 10.

Assédio sexual — Configuração — Requisitos necessários — Promessa de vantagem ou represália por resistência ao envolvimento pessoal com o superior hierárquico e oposição declarada

Ementa: ASSÉDIO SEXUAL. CONFIGURAÇÃO. REQUISITOS NECESSÁRIOS. PROMESSA DE VANTAGEM OU REPRESÁLIA POR RESISTÊNCIA AO ENVOLVIMENTO PESSOAL COM O SUPERIOR HIERÁRQUICO E OPOSIÇÃO DECLARADA. Doutrina e jurisprudência têm exigido como elemento essencial do assédio sexual "que o comportamento seja incômodo e que seja repelido. Logo, só o repúdio manifesto a uma solicitação sexual ou a oposição declarada a uma atitude sexual ofensiva pode justificar uma ação judicial..." (BARROS, Alice Monteiro de. Assédio sexual no direito do trabalho comparado. Síntese Trabalhista n. 118-abr-1999, p. 05). "Necessária será a intenção de traficar, de valer-se do posto funcional como um atrativo, ou como instrumento de extorsão de privilégio, ou de vantagens indevidas". (ROBORTELLA, Luiz Carlos Amorim. (Assédio sexual e dano moral nas relações de trabalho, III Ciclo de Estudos de Direito do Trabalho, IBCB, 1997, p. 158). Configurado um relacionamento consentido, resta afastada a hipótese de assédio sexual, pois ausente promessa de vantagem ou represália por resistência ao envolvimento pessoal com o superior hierárquico. Indenização por danos morais excluída. Recurso ordinário da Reclamada a que se dá provimento. TRT 9ª Reg. — RO 00193-2005-671-09-00-9 — (Ac. 1ª T. 30624/06) — Rel. Juiz Ubirajara Carlos Mendes. DJPR 27.10.06, p. 689.

Assédio sexual — Configuração por meio de atos sub-reptícios — Dificuldade de comprovação pela vítima — Prova indiciária — Validade

Ementa: ASSÉDIO SEXUAL. CONFIGURAÇÃO POR MEIO DE ATOS SUB-REPTÍCIOS. DIFICULDADE DE COMPROVAÇÃO PELA VÍTIMA. PROVA INDICIÁRIA. VALIDADE. É cediço que a prova acerca de assédio sexual é, na maioria das vezes, se não impossível, pelo menos muito difícil de ser produzida, na medida em que as práticas lesivas que configuram esse dano no ambiente de trabalho ocorrem sob as mais diversas formas sub reptícias, dissimuladas, em ambientes fechados, fora da presença de outras pessoas. Via de regra, o assédio sexual é praticado por superiores hierárquicos que, valendose da sua condição de chefe, deixa ainda mais fragilizada a vítima, como no caso dos presentes autos. Diante das dificuldades que normalmente a vítima tem para comprovar suas alegações, impõe-se que seja dada especial valoração à prova indiciária. TRT 18ª Reg. — RO-00952-2005-051-18-00-0 — Red. Desig. Juiz Elvecio Moura dos Santos. DJGO n. 14.847, 26.9.06, p. 61.

Assédio sexual — Dificuldade de comprovação — Indenização — Fixação do valor devido — Responsabilidade objetiva do empregador.

Ementa: ASSÉDIO SEXUAL — DIFICULDADE DE COMPROVAÇÃO — INDENIZAÇÃO — FIXAÇÃO DO VALOR DEVIDO — RESPONSABILIDADE OBJETIVA DO EMPREGADOR. É certo que circunstâncias que envolvem o assédio sexual são de difícil comprovação, porque o que agente procura se cercar de todo o cuidado que o ato exige, não permitindo a presença de pessoas que o possam denunciar, mas a testemunha da autora informa os fatos que autorizam a conclusão de que assistiu a parte da conversa e, em juízo, afirmou que ouviu a pessoa acusada dizendo que pretendia encontrar com a reclamante e que esta não teria aceitado a proposta. O próprio juízo sentenciante argumenta que, se tiver havido qualquer iniciativa por parte da pessoa que foi indicada como autora do ato, no sentido de constranger sexualmente a reclamante, tal fato não restou demonstrado. Aliás, a prova de fatos dessa natureza quase sempre é difícil, em razão das condições em que são praticados. No caso dos autos, pode-se afirmar que os contatos mantidos entre o acusado e a reclamante foram além dos limites profissionais, apesar de o ilustre julgador concluir, com o que não concordo, *permissa venia*, que "não o suficiente para se concluir de que tenha havido o alegado assédio sexual" (f. 107). Apesar de este julgador estar convicto da ocorrência do fato, ainda pesa em favor da reclamante o princípio *in dubio pro operario,* que deve ser aplicado. Não só pelas condições de hipossuficiência, mas — e especialmente — por se tratar de sexo feminino, alvo de tais procedimentos que não condizem com a dignidade da trabalhadora. Se admitirmos a continuação deste tipo de conduta, teremos as regras ditadas pelo elemento mais forte fisicamente no seio da comunidade de animais irracionais ou retornaremos à idade pré-histórica, em que o macho se valia do seu cajado impiedoso e colocava em estado de inconsciência a fêmea e dela fazia uso como bem lhe aprouvesse, e ela não podia resistir às investidas e abusos. Na sociedade atual, guardadas as devidas proporções, o abuso do poderoso continua e todos devemos lutar para extirpar este mal que campeia — ainda quase impunemente — na comunidade global, impiedosamente. Não só quanto à mulher — alvo mais fácil -, mas também o pobre, o negro, o desafortunado, que é explorado em todos os sentidos, ainda que para trabalhar mais e ganhar menos que os outros. Entendo, por tudo isto, que ficou provado o assédio sexual, devendo o reclamado pagar a indenização por danos morais postulada, bem como arcar com o pagamento das verbas da rescisão indireta do contrato de trabalho, que declaro neste ato, conforme está sendo postulado na peça inicial. E, tratando-se de responsabilidade objetiva do empregador, nos termos do artigo 932 do Código

Civil brasileiro, deve este arcar com os danos causados por seu preposto no evento, podendo, se entender que deve, se ressarcir com o causador do prejuízo, em ação própria, o que foge a esta reclamação. TRT 3ª Reg. — RO 0192-2006-056-03-00-6 — (Ac. 3ª T.) — Red. Juiz Bolivar Viegas Peixoto. DJMG 15.7.06, p. 5.

Assédio sexual — Encarregado — Configuração

Ementa: DANO MORAL. CARACTERIZAÇÃO. INDUBITÁVEL EXISTÊNCIA DE NEXO CAUSAL ENTRE O ATO ATENTATÓRIO À MORAL DA RECLAMANTE E A OCORRÊNCIA DE ILÍCITO POR PARTE DO EMPREGADOR. PROCEDÊNCIA. *DECISUM* MANTIDO. — Para a caracterização da ocorrência do dano moral é necessário, assim como em qualquer outro caso de responsabilidade civil, que haja provas de ato atentatório à moral da postulante em razão da ocorrência de ilícito por parte do empregador. O nexo de causalidade deve estar presente de forma indubitável para que esteja perfectibilizada a hipótese do art. 186 do CC renovado. Tendo a reclamante sido exposta a assédio sexual por parte do encarregado, bem como tendo sofrido humilhações no decorrer do contrato de trabalho, resta inegável a ocorrência de dano moral, que deve ser ressarcido, não como forma de pagar a dor por ela sofrida, mas como forma de compensar-lhe e inibir na ré, e em quantos deste julgamento tiverem ciência, a prática de atos impensados que podem prejudicar a vida pessoal de outrem, causando-lhes danos psicológicos duradouros, permanentes e/ou irreversíveis. Decisão que se mantém. TRT 15ª Reg. (Campinas/SP) — RO 00358-2005-001-15-00-0 — (Ac. 19364/06-PATR, 6ª Câmara) — Relª. Juíza Ana Paula Pellegrina Lockmann. DJSP 28.4.06, p. 72.

Assédio Sexual — Exposição do empregado a situação vexatória e humilhante — Indenização devida

Ementa: DANO MORAL. EXPOSIÇÃO DO EMPREGADO A SITUAÇÃO VEXATÓRIA E HUMILHANTE. INDENIZAÇÃO DEVIDA. Não se nega à empresa o direito de apurar eventual prática de assédio sexual em suas dependências. Todavia, ao fazê-lo deve cercar-se de cautelas especiais, para preservar a imagem e direitos dos envolvidos, e bem assim, a imagem da própria instituição. In casu, ao indagar numa sessão pública com estagiários, de forma precipitada e até leviana, se algum deles já fora molestado pelo reclamante, o empregador maculou gravemente a imagem do autor, vez que sobre este passou a pairar, no mínimo, a sombra de uma grave desconfiança sobre a prática do crime de assédio sexual (Lei 10.224, de 15/05/01), ainda que nada tenha sido efetivamente apurado. Provada a exposição pública a situação humilhante e vexatória, indisfarçável o dano gravíssimo causado à sua integridade moral, imagem e personalidade do reclamante, de que resulta obrigação de reparar, à luz dos artigos 5º, incisos V e X, da Constituição Federal e 159, do Código Civil de 1916, vigente à época dos fatos (186 e 927, do C. Civil de 2002). Recurso do autor a que se dá provimento. TRT 2ª Reg. — RO 01787200006002008 — (Ac. 4ª T. 20060101266) — Rel. Juiz Ricardo Artur Costa e Trigueiros. DJSP 10.3.06, p. 11

Assédio sexual — Imposição da vontade de uma parte a outra, em razão da superioridade hierárquica — Caracterização

Ementa: ASSÉDIO SEXUAL. CARACTERIZAÇÃO. O que caracteriza o assédio sexual são as tentativas de imposição da vontade de uma parte a outra, em razão da superioridade hierárquica, sem a devida autorização ou a não receptividade pela parte passiva da investida. O empregador fere a honra e a dignidade da empregada ao forçar uma relação amorosa não correspondida, podendo configurar, inclusive, dano moral. TRT 9ª Reg. — RO 14.589/2001 — (Ac. 3ª T. 17924/2002) — Rel. Juiz Roberto Dala Barba — DJPR 9.8.02.

Assédio sexual — Indenização por danos morais — Ausência de prova

Ementa: ASSÉDIO SEXUAL. INDENIZAÇÃO POR DANOS MORAIS. A condenação ao pagamento de indenização por danos morais em decorrência de assédio sexual depende da produção de prova robusta de que este tenha efetivamente ocorrido, sendo certo que as apenações que possam ser impostas ao empregador em virtude de tal conduta — que também configura crime regulado pela legislação penal — dependem da demonstração irrefutável da ocorrência do ilícito penal (assédio por chantagem, artigo 216-A do CP) ou do denominado assédio por intimidação, requisito sem o qual não há sequer que se cogitar em pagamento da mencionada indenização. TRT 3ª Reg. — RO 00466-2004-041-03-00-6 — (Ac. 7ª T.) — Rel. Juiz Milton V. Thibau de Almeida. DJMG 27.7.04, p. 12.

Assédio sexual — Inexistência dos elementos configuradores — Ausência de culpa da empresa

Ementa: DANO MORAL. INEXISTÊNCIA DOS ELEMENTOS CONFIGURADORES. AUSÊNCIA DE CULPA DA EMPRESA. Para que se configure o dano moral é necessária a presença concomitante de três fatores: o dano efetivo, culpa do agente e nexo causal entre eles (artigos 186 e 942 do Novo CCB). Não havendo, na hipótese vertente, a presença concomitante desses requisitos, não há que se falar em dano moral e muito menos em indenização equivalente. Agiu corretamente o Banco-reclamado ao apurar em reunião discreta entre a Diretoria e o reclamante a acusação de assédio sexual, não deixando vazar o seu conteúdo. A *performance* positiva do reclamado foi confirmada pela manutenção do reclamante na gerência da instituição bancária, no exercício das mesmas funções, só sendo demitido quase um ano depois. Verificado que não houve alteração no nível de respeito dos subordinados do autor e, tampouco, na produtividade da gerência do banco, não havendo também qualquer infiltração negativa no âmbito familiar comprovada, não prosperam as alegações obreiras de conduta irresponsável e negligente do reclamado, desaguando em direito a danos morais, que são inexistentes, *in casu,* na forma preconizada pela lei. TRT 3ª Reg. — RO 01453-2001-105-03-00-6 — (Ac. 4ª T.) — Rel. Juiz Antônio Álvares da Silva. DJMG 15.5.04, p. 11.

Assédio sexual — Inocorrência

Ementa: ASSÉDIO SEXUAL. INOCORRÊNCIA. DANO MORAL. Não restando robustamente comprovada a prática, pelo superior hierárquico, de atos atentatórios à dignidade, moral, honra e imagem da empregada, tentando obter, em face de sua condição de superior hierárquico, vantagem sexual, não há como configurar o assédio sexual pretendido, restando improcedente a indenização por dano moral postulada. TRT 12ª Reg. — Proc. RO-V 00888-2004-014-12-00-0 — (Ac. 1ª T. 08268/05, 14.6.05) — Rel. Juiz Garibaldi T. P. Ferreira. DJSC 8.7.05, p. 264.

Assédio sexual — Não configuração

Ementa: JUSTA CAUSA. Não resta configurada a justa causa alegada pela Reclamada, seja de incontinência de conduta, em virtude das provas apresentadas não revelarem tal atitude pela Obreira, seja de indisciplina, na medida em que não ficou demonstrado o conhecimento da Reclamante das regras proibitivas do *Shopping* onde estava localizada a Reclamada. ASSÉDIO SEXUAL. No âmbito das relações de trabalho, fica caracterizado o assédio sexual quando o Empregador ou seus prepostos, em abuso da autoridade ínsita à sua condição, pressiona o Empregado com o fim de obter favores de natureza sexual, para si ou para terceiros, sob ameaças. É primordial, para a percepção da indenização por danos morais, a resistência da vítima e sua não-colaboração, ainda que indireta, à conduta libidinosa do assediador. TRT 10ª Reg. — RO 01224-2003-017-10-00-7 — (Ac. 2ª T./2004) — Relª Juíza Flávia Simões Falcão. DJU3 13.8.04, p. 14.

Assédio sexual — Não configuração

Ementa: DANO MORAL. ASSÉDIO SEXUAL NÃO CARACTERIZADO. Embora o "assédio sexual seja um ato que pela sua própria natureza se pratica secretamente", o que dificulta, sobremaneira, a prova direta, a conduta do agente, como prova indireta, como os tribunais têm considerado, não se verificou em relação a outras empregadas. Não há qualquer elemento de prova, mesmo a indireta, que corrobore as assertivas da reclamante, razão pela qual não se pode atribuir ao empregador a responsabilidade que a autora pretende lhe imputar. Simples alegações, ainda que graves, mas sem respaldo probatório convincente, não podem ensejar a reparação por danos morais. A prova dos atos atentatórios da intimidade da empregada é muito difícil, pois geralmente são perpetrados na clandestinidade, daí por que os indícios constantes dos autos têm especial relevância, principalmente quando apontam para a prática reiterada do assédio sexual com outras empregadas. Do mesmo modo, tal não se comprovou nestes autos e, por derradeiro, não há prova inequívoca da prática de assédio sexual, que traga a certeza de que, efetivamente, o reclamado acusado se comportou de forma imoral, a ponto de ferir a liberdade sexual da reclamante que acabou por enamorar-se de um outro colega de trabalho. Assim sendo, provejo o recurso para excluir da condenação a indenização por danos morais. TRT 3ª Reg. — RO 01707-2003-026-03-00-0 — (Ac. 6ª T.) — Relª Juíza Lucilde D'Ajuda L. de Almeida. DJMG 2.9.04, p. 11.

Assédio sexual — Prova

Ementa: ASSÉDIO SEXUAL. PROVA. Os atos que caracterizam o assédio sexual, de um modo geral, são praticados secretamente, o que dificulta sobremaneira a prova direta e objetiva pela vítima. Muitas vezes são apenas de conhecimento da vítima e do agressor. Em razão disso, os agressores contam com a certeza da impunidade. Por isso, também, o Juízo deve investigar com olhos atentos todos os indícios da prática do assédio sexual, e aplicar as sanções para impedir a continuidade da afronta aos direitos fundamentais do ser humano, em especial à dignidade, à honra e à intimidade das mulheres trabalhadoras que procuram esta Justiça Especializada. TRT 12ª Reg. — RO-V 01746-2004-009-12-00-4 — (Ac. 2ª T. 03965/06, 21.02.06) — Relª. Juíza Ione Ramos. DJSC 31.3.06. p. 318.

Assédio sexual — Prova — Não configuração

Ementa: ASSÉDIO SEXUAL — NÃO CONFIGURAÇÃO. O assédio sexual, episódio infelizmente muito comum durante a relação de emprego, pode provocar a indenização por dano moral, porquanto ocorre agravo à honra da pessoa admoestada, bem como permite à vítima a rescisão motivada da relação empregatícia. Entretanto, sua configuração deve ocorrer de forma robusta e indene de dúvidas, situação que não restou configurada nos presentes autos, desautorizando a condenação ao pagamento de indenização por danos morais pleiteada. TRT 9ª Reg. — Proc. 00488-2006-678-09-00-0 — (Ac. 4ª T. 03813/07) — Relª. Juíza Sueli Gil El-Rafihi. DJPR 13.2.07, p. 246.

Assédio sexual — Prova e configuração

Ementa: ASSÉDIO SEXUAL. PROVA. A prova do assédio sexual, conquanto haja de ser sempre convincente, não precisa ser "robusta e incontestável", como quer o reclamado, até porque o assédio sexual não se pratica em locais públicos e à vista de todos, mas sim em corredores mal iluminados, sem câmeras de vigilância, e de regra com a participação apenas do assediador e do assediado. No caso concreto os diversos indícios apontados na decisão de origem amparam a condenação do reclamado ao pagamento de indenização por dano moral. Recurso do reclamado parcialmente provido, para reduzir o valor da indenização. TRT 4ª Reg. — RO 01216-2004-022-04-00-0 — (Ac. 5ª T.) — Rel. Juiz Clóvis Fernando Schuch Santos. DJRS 27.10.05.

Da decisão acima, colhe-se o seguinte fundamento:

"1 — DA INDENIZAÇÃO POR DANO MORAL: PROVA — HIERARQUIA — VALOR

O recorrente investe contra a condenação ao pagamento de indenização por dano moral. Alega, em resumo, que a autora não se desincumbiu do seu encargo probatório, não havendo nos autos prova robusta e incontestável acerca do alegado assédio moral atribuído a outro empregado do recorrente. Desqualifica os depoimentos prestados pelas testemunhas da autora, enaltecendo os de suas próprias testemunhas, aduzindo que a prova documental também não ampara a conclusão a que chegou o MM. Juízo *a quo*. Acrescenta que não havia hierarquia entre a reclamante e o acusado de praticar o assédio sexual, o que inviabilizaria o acolhimento da pretensão; e que, de todo o modo, o valor arbitrado na sentença deveria ser reduzido substancialmente, pois os fatos narrados na exordial não envolvem pessoas ligadas à administração do condomínio, não sendo este último uma potente empresa.

Apenas em parte merece prosperar o apelo.

Quanto ao ônus da prova, é bem verdade que este cabia à recorrida, nos termos do artigo 818 da CLT, não sendo menos verdadeiro que o ora recorrente negou os fatos e até defendeu o seu outro empregado, acusado de molestar a recorrida. O engano do recorrente é o de ter concluído que a prova dos autos não ampara a condenação, pois ocorre bem o contrário.

Reconhece o recorrente que 'assédio sexual é uma prática condenável'. Alega, porém, equivocadamente, que 'a prova da existência do assédio, justamente por se tratar de fato grave, que gera sérias conseqüências, deve ser ainda mais clara e robusta'. Ora, as 'sérias conseqüências' do assédio sexual ficam para o assediado, não para o assediador. Daí por que a prova, que naturalmente sempre há de ser convincente, não precisa ser 'robusta e incontestável', como quer o recorrente, até porque o assédio sexual não se pratica em locais públicos e à vista de todos, mas sim em corredores mal iluminados, sem câmeras de vigilância, e de regra com a participação apenas do assediador e do assediado. Caso em que a prova indiciária, que tem previsão legal, é suficiente para caracterizar o assédio sexual, se não na esfera criminal, ao menos nesta Justiça Especial, para a reparação de dano moral.

As testemunhas ouvidas a convite da recorrida, Carlos Antônio Gazineu Dias, Sueli Tatsch Mendes e Vanda Janete Mendes Borba, fornecem elementos de convicção suficientes para se concluir que a obreira foi vítima do alegado assédio sexual. Inclusive com ameaças ou ofensas, pois discussão áspera entre a recorrida e o 'senhor João', que lhe era superior, e da qual a obreira sai chorando, não pode estar limitada a questões de trabalho. Diz-se que as testemunhas fornecem indícios, pela suspeição que pesa sobre a testemunha Carlos Antônio Gazineu Dias, de manter relacionamento amoroso com a recorrida, pois esta testemunha afirmou ter visto a recorrida sendo assediada por três vezes, inclusive sendo segurada 'por trás'.

As testemunhas ouvidas a convite do recorrente, João Batista Brum, Jandira Flores e João Idenir da Silva Lopes, em nada contrariam a convicção que resulta da oitiva das testemunhas anteriores, reforçada pela prova documental. A primeira, João Batista Brum, é o assediador, cuja única defesa é que a recorrida 'está fazendo uma armação contra ele', alegação esta sem nenhum fundamento ou justificação nos autos. A segunda, Jandira Flores, não acrescentou nada sobre o fato a ser provado, e nem era esse o objetivo da sua oitiva, limitando-se a tecer comentários sobre um possível envolvimento da recorrida com a testemunha Carlos Antônio Gazineu Dias, o que também foi o único objeto do depoimento da terceira testemunha do recorrente, João Idenir da Silva Lopes.

Por fim, a prova documental é também favorável à tese da recorrida. Se a transação no Juízo Criminal não autoriza a inscrição do nome do réu no rol dos culpados, não quer dizer que não seja um indício, para os efeitos da presente decisão, de que o réu teria alguma culpa, pois é da sabedoria popular que 'quem não deve não teme', nem mesmo o prosseguimento da ação penal. Também é prova documental a folha de antecedentes criminais das folhas 33/34, indicando que o indigitado assediador teve várias condenações, embora por outros crimes, que não assédio sexual. Trata-se de outro indício, no sentido de que o 'senhor João' já cometeu outros atos reprováveis e vedados pelo Direito, e não há que se perquirir se são fatos passados, se os crimes foram outros, e tudo o mais, pois no presente feito trata-se apenas de um indício.

A referência do MM. Juízo *a quo*, no sentido de que a prova produzida pela recorrida no prosseguimento não seria muito convincente, há de ser entendida no sentido de que as testemunhas ouvidas a convite da autora no prosseguimento, ou seja, as testemunhas, Sueli Tatsch Mendes e Vanda Janete Mendes Borba, não amparariam um juízo de condenação, o que todavia se tornou possível e até impositivo, ante os demais elementos de prova já constantes dos autos, como a prova documental e a oitiva da testemunha Carlos Antônio Gazineu Dias.

Provado o assédio sexual, cabe acrescentar que o assediador estava sim numa posição de superioridade em relação à recorrida, ainda que em seus registros conste a função de Auxiliar de Serviços Gerais. Repassava ordens do síndico e material de trabalho, e, na visão da testemunha Sueli Tatsch Mendes, seria o encarregado das empregadas que trabalham na limpeza. É o suficiente para que o empregador, que na verdade tem o dever de proteger a integridade física e moral dos seus empregados independentemente de hierarquia, seja responsabilizado pelo ato praticado pelo 'senhor João'.

Quanto ao valor arbitrado à condenação, o recorrente se limita a alegar que o mesmo deve ser reduzido, mas não fornece ao Juízo qualquer elemento de convicção neste sentido. Não obstante isso, a reparação por dano moral não deve constituir causa de enriquecimento do ofendido, mas apenas oferecer a este uma compensação para a dor sofrida, ao mesmo tempo em que sinaliza ao ofensor a reprovabilidade do ato. Razão por que se reduz o valor arbitrado à compensação, para R$ 10.000,00.

Termos em que se provê parcialmente o apelo." (www.trt4.gov.br, 30.10.05)

Assédio sexual — Prova e configuração

Ementa: DANO MORAL. ASSÉDIO SEXUAL. Inviável se exigir da trabalhadora a prova substancial dos fatos ante a impossibilidade probatória direta do assédio sexual. A prova da perseguição à empregada se faz à luz da verossimilhança das alegações, por meio de fatos pontuais que, ligados, demonstram uma teia de perseguição. Cabe ao empregador, por conta das obrigações acessórias do contrato de trabalho como a urbanidade, o respeito e a custódia, zelar pela segurança e pelo saudável ambiente de trabalho, coibindo a prática de constrangimentos de seus prepostos contra os demais empregados. TRT 4ª Reg. — RO 00178-2004-017-04-00-2 — (Ac. 5ª T.) — Rel. Juiz José Felipe Ledur. DJRS 25.10.05.

Da decisão acima, colhe-se o seguinte fundamento:

"DANO MORAL. ASSÉDIO SEXUAL

A sentença indeferiu o pedido de pagamento de indenização por dano moral, ao fundamento de que não foram demonstrados de forma subsistente os fatos narrados na petição inicial quanto ao alegado assédio sexual praticado pelo Sr. Jaci Mendes, gerente da reclamada, que motivou o pedido '*g*' de danos morais (fl. 06).

Inconforma-se a reclamante com a sentença. Admite a recorrente a dificuldade extrema de comprovar o assédio sexual em vista da natureza sutil dos fatos, que não deixam provas impressas ou testemunhos. Aduz que o empregador estava ciente do registro por parte da autora de ocorrência policial por assédio, o qual gerou somente termo circunstanciado por ser delito de menor potencial ofensivo (Lei 9.099/95), livrando-se o ofensor com o pagamento de multa. Sustenta que esse delito não pode ser tratado da mesma forma quando decorrente de ofensa à dignidade de mulher trabalhadora.

À análise.

É obrigação acessória do empregado o dever de obediência, porém, segundo Carmem Camino:

'*O abuso de direito pelo empregador pode se expressar desde as ordens de serviço (exigência de horas extras habituais, de trabalho superior às forças físicas ou à capacitação profissional do empregado) até a imposição de práticas ilícitas ou imorais. O empregado que vier a resistir a tais ordens não incorre em nenhuma infração disciplinar, e eventual punição imposta será nula.*' (*in* CAMINO, Carmen, *Direito Individual do Trabalho*, 4. ed. Porto Alegre: Síntese, 2003. p. 327.)

Ainda segundo a mesma autora, é obrigação acessória do empregador o dever de urbanidade e respeito (art. 483, *d* e *e*, da CLT) e diz que:

'*A exemplo do ocorrido com o empregado, o empregador também está sujeito ao dever de urbanidade e de adequada conduta social, abstendo-se de condutas inapropriadas, capazes de constranger o empregado, ofendê-lo na sua honra ou de sua família, nome profissional ou integridade física. As mesmas razões justificadoras de tais deveres em relação ao empregado são pertinentes em relação ao empregador, por razões óbvias.*' (*in* CAMINO, Carmen, *Direito Individual do Trabalho*, 4. ed. Porto Alegre: Síntese, 2003. p. 338.)

Outra obrigação acessória do sujeito subordinante da relação de emprego é o dever de custódia do empregador, o qual consiste em adotar medidas preventivas de segurança e saúde do trabalho (art. 157, I, da CLT).

A regra é que incumba à parte autora a prova do fato constitutivo do direito pleiteado, nos termos dos arts. 818 da CLT e 333, I, do CPC. Todavia, em casos que envolvam atos que, pela sua natureza, são praticados sem testemunhas presenciais, tais preceitos devem ser relativizados.

É inviável exigir-se da trabalhadora assediada sexualmente a prova substancial de todos os fatos a isso relacionados ante a impossibilidade probatória direta do assédio sexual. Na verdade, a prova da perseguição, nesse caso, se faz à luz da verossimilhança das alegações, por meio de fatos pontuais que, ligados, demonstram uma teia de perseguição. O nexo causal vai sendo construído nessa teia, especialmente porque estão em causa atitudes sutis e de fundo emocional de ambas as partes. A análise dos fatos exige exame acurado.

Cumpre questionar: qual prova seria razoável exigir de empregada vítima dos constrangimentos narrados na petição inicial, considerando sua posição de fragilidade na relação jurídica de trabalho? A resposta é complexa. O assédio sexual é conduta ilícita e imoral que dificilmente será provada de forma cabal por ser praticada sem a presença de terceiros e por causa da intenção maliciosa e abusiva do agressor.

Registra-se sentença da juíza Judith dos Santos Mottecy de 13-12-02, da 7ª Vara Cível de Porto Alegre (Processo 100845925), em caso envolvendo fato de natureza análoga, confirmada por unanimidade pela quinta câmara cível na Apelação Cível 70006334155:

'* *apresentando-se a narrativa coerente, harmônica e uniforme — aliada a outros elementos de prova, em crimes que não deixam vestígios, bem como cometido sem a presença de testemunhas, situação comum no atentado ao pudor, a palavra da vítima possui segurança para gerar juízo de condenação.*'

Tal decisão considerou dispensável prova testemunhal ocular e, ainda, que a autora '* *demonstrou pertinência e personalidade ao provocar o Poder Judiciário, para que este punisse o autor do fato ocorrido — isto nada mais é do que exercício da cidadania*'.

O assédio sexual, além de tipificado como crime, constitui espécie de assédio moral mais grave em vista da natureza da motivação do agressor, ou seja, a lascívia. O rol de fatos pontuais referidos permite raciocínio indiciário de inferência fundado na conexão entre esses fatos, suas conexões, que demonstram uma teia de assédio moral, no caso, na espécie sexual.

O contrato de trabalho produz efeitos conexos para além de seu objeto e tais efeitos são passíveis de atrair a incidência das normas jurídicas, especialmente porque é direito jus-fundamental da pessoa a preservação da sua intimidade, honra e imagem, assegurado o direito à indenização pelo dano moral decorrente de sua violação (art. 5º, X, da CF/88).

Os fatos narrados pela reclamante na petição inicial foram impugnados na contestação da reclamada (fls. 37-9) com basicamente três argumentos: (a) de que são inverídicos; (b) as ocorrências policiais não geram presunção de veracidade ou responsabilidade; (c) e que a reclamante é litigante de má-fé por fazer acusações levianas. No entanto, tem-se que eles foram provados.

Com efeito, as ocorrências policiais trazidas com a petição inicial são mero indício, já que qualquer cidadão pode comparecer junto à autoridade policial e narrar fatos que serão levados a termo sem demonstração de autoria e materialidade. Contudo, não é verdadeiro, como dito na contestação, que aquela datada de 04-11-03 (fl. 17) refira fato ocorrido seis meses antes. O que nela é referido são fatos ocorridos desde a admissão até o final de outubro de 2003. A outra é datada de 05-01-04 (fl. 18). Os fatos ali narrados revelam situação inadmissível para uma relação de emprego, geradora de clima insuportável para a obreira.

Evidentemente que, como dito no depoimento pessoal da autora — '* *depois do fato acima relatado, a depoente contou tudo para o sr. Henrique e para o sr. Fantinel, para o esposo da sócia Carolina, referindo que 'estava demais', mas estava precisando do emprego**' (*sic*, fl. 149) —, justifica-se que ela tenha registrado ocorrência policial e permanecido no emprego com a expectativa de que a situação fosse resolvida.

A valoração dada pela sentença à circunstância de as testemunhas não terem presenciado os fatos (fl. 165), mas sabê-los por intermédio da autora, não parece a mais adequada dada a natureza do assédio sexual, realizado longe dos olhos de terceiros. A primeira testemunha trazida pelo réu, Leandro Santos de Mello, refere a presença permanente da sócia na loja, mas sem saber seu nome (fl. 152). O próprio acusado (sócio-preposto Jaci Mendes) não referiu a presença da Sra. Fantinel no local (fl. 150), aliás, em contradição com a defesa (fl. 38).

Não é crível ou mesmo razoável que uma empregada na função de vendedora, recebendo aproximadamente um salário mínimo por mês, que precisava do emprego e tomou atitudes compatíveis com empregada assediada (falou com o sócio Henrique e registrou ocorrência junto à polícia civil) inventasse tais acusações. Para tanto, ela precisaria ter planejado várias acusações, com encenações maliciosas e feitas em datas distintas, para que as testemunhas ouvidas pudessem propositalmente presenciar os fatos. Todavia, vê-se que a prova oral revela que a reclamante estava quase sempre sozinha com o acusado e se queixando de ser 'cantada' pelo chefe. O comportamento da autora, em lugar de má-fé, denota constrangimento e impotência.

Por meio de consulta processual informatizada junto ao TJ, verificou-se que o Processo n. 115315161, oriundo dos boletins de ocorrência efetivados pela autora, foi transacionado em 18-02-04, antes da extinção do contrato, presumindo-se conhecimento do empregador em relação aos fatos alegados.

Demais disso, a carta narrada pela primeira testemunha é datada e assinada pelo sócio-preposto da reclamada (fl. 143). O fato de a autora ter juntado tal documento aos autos é indício de que o tenha recebido. Ainda que não admita o endereçamento da carta à autora, a sentença descreve bem o quanto tal manuscrito possui conteúdo estranho à relação de emprego (fls. 165-6).

Por tudo isso, conclui-se que há dano a ser reparado, pois violado o art. 5º, X, da CF/88. Repita-se, o fato lesivo originário tanto de atos comissivos de sócio da reclamada quanto de omissão aos demais ao não coibir as perseguições e humilhações a que exposta a autora restou provado, produzindo dano. A despedida sem justa causa com atendimento dos direitos decorrentes não guarda relação com os fatos que configuram o assédio.

A autora, portanto, faz jus à indenização.

Dirimida a questão fática, resta a análise do *quantum* indenizatório. Pondera-se, de início, que a autora limita o pedido de indenização ao montante de 100 salários mínimos que, à época da despedida, era de R$ 240,00 (pedido 'g' da fl. 06).

Contudo, rejeita-se a fixação da indenização em números de salários mínimos, em atenção à norma constitucional, segundo a qual ele não deve servir de parâmetro para fins de vinculação de obrigações. Assim, o parâmetro que será utilizado é o salário contratual da reclamante.

O juízo do arbitramento da indenização do dano moral segue critério de eqüidade, posto que, ao contrário do dano material, é inviável de ser aferido pelo que efetivamente se perdeu e o que se deixou de lucrar. Certo é que o valor arbitrado a título de dano moral deve levar em conta duas finalidades: punir o infrator e compensar a vítima, em valor razoável, o suficiente para que se reprima a atitude lesiva, sem ser um valor inócuo ou que propicie o enriquecimento sem causa. E, para tal balizamento, utilizam-se critérios de eqüidade. O contexto de fragilidade do trabalhador na própria forma em que entrega sua energia produtiva, ou seja, enquanto cumpre o objeto principal do contrato de trabalho, origina efeitos conexos que dizem respeito justamente à dignidade humana, princípio que, por ser o núcleo central dos direitos fundamentais, deve ser o primeiro a compor a fórmula que o julgador utiliza na atividade de concreção jurídica.

As conseqüências negativas na esfera pessoal da vítima, vale dizer, o dano, são presumíveis, já que atingiram diretamente a honra subjetiva e objetiva do reclamante. De fato, a existência de prejuízo, de dor e indignidade se originou do abalo à honra subjetiva da autora enquanto perseguida por Jaci Mendes, cujos atos acabaram por atingir também sua honra objetiva, já que a situação de constrangimento por assédio sexual é evidente.

Assim, considerados o elevado grau de sujeição econômica de trabalhadora vendedora mal remunerada, o dano à honra, o abalo emocional, e a sensação de impotência e injustiça; ainda, que a reclamada é empresa de pequeno porte do ramo da construção civil, com capital de R$ 20.000,00 (vinte mil reais), mas que denota capacidade econômica plena na atuação no mercado; que o sócio Henrique sabia da perseguição e se omitiu, e bem assim as finalidades punitivo-educativas e de compensação à vítima da indenização, considera-se razoável o valor de R$ 10.680,00. O montante resulta do valor do salário — R$ 356,00 por mês — multiplicado pelo fator 30, atentando-se para o fato de o contrato ter durado 08 (oito) meses.

Por todo o exposto, dá-se provimento ao recurso da autora, para, reconhecendo a ocorrência de dano moral por assédio sexual, condenar a reclamada ao pagamento de indenização no valor de R$ 10.680,00." (www.trt4.gov.br, 30.10.05)

Assédio sexual — Prova frágil — Não-configuração

Ementa: ASSÉDIO SEXUAL. PROVA FRÁGIL. NÃO-CONFIGURAÇÃO. O assédio sexual configura-se na insistente pretensão que fira a liberdade sexual d'outrem, no sentido de fazer aquilo que não quer, utilizando-se para tanto de poder hierárquico sobre a vítima. Para a imputação de tais atos há que se ter presente prova robusta e não apenas meros indícios. Portanto, não havendo certeza de que o acusado tenha efetivamente se comportado de forma imoral, ferindo a liberdade sexual de subordinado, não há como lhe imputar referido constrangimento ante a fragilidade da prova produzida. TRT 12ª Reg. — RO-V 00992-2000-019-12-85-5 — (Ac. 2ª T. 3.655/03, 11.3.03) — Rel. Juiz Dilnei Ângelo Biléssimo. DJSC 24.4.03, p. 217.

Assédio sexual — Prova indiciária — Admissibilidade

Ementa: DANO MORAL. INDENIZAÇÃO. PROVA INDICIÁRIA DO ASSÉDIO SEXUAL. ADMISSIBILIDADE. De uma maneira geral, os atos que configuram o assédio sexual são praticados secretamente pelo agressor, o que dificulta sobremaneira a prova da vítima. Daí porque a prova não precisa ser cabal e ocular, na medida em que, não sendo praticado em locais públicos e à vista de todos, há de se considerar que a prova indiciária, que tem previsão legal, é suficiente para caracterizá-lo na esfera Trabalhista. No presente caso, extrai-se, após análise detalhada e cuidadosa do conjunto probatório, indícios suficientes para convencer esse órgão julgador de que o assédio sexual anunciado pela reclamante efetivamente ocorreu, eis que o comportamento inadequado do agressor restou reconhecido até mesmo na decisão criminal que julgou improcedente a queixa-crime. Recurso ordinário provido parcialmente para reduzir o valor da indenização. TRT 15ª Reg. (Câmara) — RO 00859-2005-002-15-00-2 — (Ac. 43832/2006-PATR, 5ª Câmara) — Rel. Juiz Lorival Ferreira dos Santos. DJSP 22.9.06, pp. 42/43.

Assédio sexual — Prova indireta — Configuração

Ementa: DANO MORAL. ASSÉDIO SEXUAL. "O assédio sexual é um ato que, pela sua própria natureza, se pratica secretamente" *(Luiz de Pinho Pedreira da Silva)*. Portanto, a prova direta dificilmente existirá. Por conseguinte, os tribunais têm levado em conta a conduta similar do agente, como forma de prova indireta. Comprovado que o agente agiu da mesma maneira em relação a outras possíveis vítimas, demonstrando um comportando desvirtuado da normalidade, o assédio sexual restará admitido. TRT 3ª Reg. — RO 8.051/98 — (Ac. 4ª T.) — Rel. Juiz Luiz Otávio Linhares Renault. DJMG 26.9.99, p. 08.

Assédio sexual — Requisitos necessários — Promessa de vantagem ou represália por resistência ao envolvimento pessoal com o superior hierárquico e oposição declarada

Ementa: ASSÉDIO SEXUAL. CONFIGURAÇÃO. REQUISITOS NECESSÁRIOS. PROMESSA DE VANTAGEM OU REPRESÁLIA POR RESISTÊNCIA AO ENVOLVIMENTO PESSOAL COM O SUPERIOR HIERÁRQUICO E OPOSIÇÃO DECLARADA. Doutrina e jurisprudência têm exigido como elemento essencial do assédio sexual "que o comportamento seja incômodo e que seja repelido. Logo, só o repúdio manifesto a uma solicitação sexual ou a oposição declarada a uma atitude sexual ofensiva pode justificar uma ação judicial..."(BARROS, Alice Monteiro de. Assédio sexual no direito do trabalho comparado. Síntese Trabalhista n. 118-abr-1999, p. 05). "Necessária será a intenção de traficar, de valer-se do posto funcional como um atrativo, ou como instrumento de extorsão de privilégio, ou de vantagens indevidas". (ROBORTELLA, Luiz Carlos Amorim. (Assédio sexual e dano moral nas relações de trabalho, III Ciclo de Estudos de Direito do Trabalho, IBCB, 1997, p. 158). Configurado um relacionamento consentido, resta afastada a hipótese de assédio sexual, pois ausente promessa de vantagem ou represália por resistência ao envolvimento pessoal com o superior hierárquico. Indenização por danos morais excluída. Recurso ordinário da Reclamada a que se dá provimento. TRT 9ª Reg. — RO 00193-2005-671-09-00-9 — (Ac. 1ª T. 30624/06) — Rel. Juiz Ubirajara Carlos Mendes. DJPR 27.10.06, p. 689.

Assédio sexual — Rescisão indireta

Ementa: ASSÉDIO SEXUAL. RESCISÃO INDIRETA. A empregada que sofre assédio sexual por superior hierárquico, registrando a ocorrência e sem que a administração empresarial tome quaisquer providências, tem autorizada a rescisão indireta do contrato de trabalho. TRT 12ª Reg. — RO-V-06632/00 — (Ac. 02.896/01 1ª T.) — Rel. Juiz C. A. Godoy Ilha. DJSC 30.3.01.

Assédio sexual — Rescisão indireta do contrato de trabalho — Reparação civil — Procedência

Ementa: ASSÉDIO SEXUAL. RESCISÃO INDIRETA DO CONTRATO DE TRABALHO. DANO MORAL. REPARAÇÃO CIVIL. PROCEDÊNCIA. Pode-se inferir que assédio sexual é conduta, verbal ou física, de conotação sexual não desejada, repetida ou não, capaz de causar constrangimento à vítima e efeito desfavorável no ambiente de trabalho, atentando contra a dignidade e a integridade física ou moral da pessoa humana. Restando comprovado o assédio sexual de superior hierárquico durante o liame empregatício, procedente se revela o pedido de reconhecimento de rescisão indireta do contrato de trabalho por justa causa do empregador. TRT 3ª Reg. — RO 00560-2005-097-03-00-0 — (Ac. 8ª T.) — Rel. Juiz Paulo Maurício Ribeiro Pires. DJMG 8.10.05, p. 16.

Da decisão acima, colhe-se o seguinte fundamento:

"DANO MORAL/ASSÉDIO SEXUAL

O fato que ensejou a condenação ao dano moral sofrido pela autora durante todo o pacto laborativo decorreu de assédio sexual perpetrado por seu superior hierárquico.

A ré defendeu-se sob o argumento de que o agressor não era superior hierárquico da demandante e ainda que assim o fosse, o fato não chegou ao conhecimento da Diretoria da recorrente.

Estes os limites objetivos da lide, no particular.

A matéria referente ao assédio sexual é demasiadamente delicada, apesar de não ser novidade na prática social empregatícia e nem nos tribunais.

A questão mereceu enquadramento legal, na esfera criminal, através da Lei n. 10.224 de 15.5.2001, que estabeleceu o tipo penal do assédio sexual no artigo 216-A do Código Penal:

'Constranger alguém com o intuito de obter vantagem ou favorecimento sexual, prevalecendo-se o agente de sua condição de superior hierárquico ou ascendência inerentes ao exercício de emprego, cargo ou função.

Pena: detenção, de 1 (um) a 2 (dois) anos.'

O tipo penal admite apenas a forma dolosa, ou seja, a intenção de ofender, mediante atos ou convites indecorosos, bem como a superioridade hierárquica do infrator.

O emérito juiz Francisco Antônio de Oliveira, em artigo publicado na Revista LTr 66-01, 'O Assédio

Sexual e o Dano Moral', de janeiro de 2002, p. 12, observa o caráter restritivo da norma, *expressis verbis:*

'Referida norma foi colocada em âmbito restritivo, pois considera assédio sexual o constrangimento proveniente de superior hierárquico ou de quem tenha ascendência em virtude de ocupação de emprego, cargo ou função. Todavia, o assédio poderá ocorrer, mediante chantagem, por quem não tenha qualquer ascendência.'

O conceito de assédio sexual é colhido na doutrina:

'Toda conduta de conotação sexual não desejada, tanto verbal como física, geralmente repetida, de maneira a causar um efeito desfavorável no ambiente de trabalho da vítima, a acarretar conseqüências prejudiciais em matéria de emprego, ou a trazer atentado à integridade física ou psicológica da pessoa, ou à sua dignidade' (cf. definição de Maurice Derpaeau, *in* 'Le harcèlemant sexuel au travail', citado por Paulo Viana de Albuquerque Jucá em artigo de doutrina intitulado 'O Assédio Sexual como Justa Causa Típica', Revista LTr 61.02/175-182).

'O assédio sexual ocorre no contexto das relações face a face e caracteriza-se pelo uso abusivo do poder de uma parte em relação à outra, visando à obtenção de favores sexuais. Trata-se, portanto, de uma iteração desequilibrada entre as pessoas, fortemente marcada pela assimetria de poder. No momento em que essa relação volta ao equilíbrio e se torna simétrica, o problema deixa de ser assédio sexual. Em outras palavras, o relacionamento sexual, quando bilateralmente consentido, não configura assédio sexual. Este só ocorre quando uma das partes é colocada em relação de forte subordinação e rejeição em relação à outra.' (*in* 'Assédio Sexual no Trabalho — O que fazer?', José Pastore e Luiz Carlos A. Robortella — Ed. Makron Books — p. 15)

Do mesmo artigo citado *supra*, da lavra de Francisco Antônio de Oliveira, colhe-se:

'É bem de ver que o assédio sexual se exterioriza pela via moral ou pela via física, esta com procedimentos provocatórios (beijos lascivos, passadas de mão, tapinhas, beliscões, etc.). Sempre haverá um oferecimento, em contrapartida (conservação do emprego, guarda de segredo). Conforme o caso, poderá ou não ser superior hierárquico. Caso o oferecimento seja a conservação do *status quo* (emprego, cargo, função), o agente ativo deverá deter poderes de mando.'

Por fim, o jurista Ernesto Lippmann, em seu livro 'Assédio Sexual nas Relações de Trabalho' (Editora LTr, p. 17), citando o juiz Paulo Jucá, conceitua:

'Enfim, o assédio se caracteriza por ter conotação sexual, pela falta de receptividade, por uma ameaça concreta contra o empregado, e 'que seja repetitiva em se tratando de assédio verbal e não necessariamente quando o assédio é físico — a chamada apalpadela no bumbum, entre pessoas que não dividem intimidade e com intenção sexual, é suficiente para configurar o assédio sexual, sem necessidade de repetição —, de sorte a causar um ambiente desagradável no trabalho, colocando em risco o próprio emprego, além de atentar contra a integridade e dignidade da pessoa, possibilitando pedido de indenização por danos físicos e morais'.'

Do exposto, pode-se inferir que assédio sexual é conduta, verbal ou física, de conotação sexual não desejada, repetida ou não, capaz de causar constrangimento à vítima e efeito desfavorável no ambiente de trabalho, atentando contra a dignidade e a integridade física ou moral da pessoa humana.

Pela natureza dos fatos alegados na exordial é bom dizer que, sem prejuízo de se caracterizar o assédio sexual, algumas condutas podem caracterizar ainda outros delitos, ainda mais graves, como, por exemplo, o atentado violento ao pudor previsto no artigo 214 do Código Penal, *verbis*:

'Art. 214. Constranger alguém, mediante violência ou grave ameaça, a praticar ou permitir que com ele se pratique ato libidinoso diverso da conjunção carnal:

Pena — reclusão, de 6 (seis) a 10 (dez) anos.'

Consenso é, e o bom senso indica, que o assédio sexual, pela natureza que encerra, geralmente ocorre a portas fechadas, longe da vista de terceiros, sendo que a prova direta dificilmente existirá, devendo o julgador valer-se da prova indireta, dos indícios e circunstâncias da *res iudicio deducta*.

Tal dificuldade não passou despercebida ao citado doutrinador Ernesto Lippmann (ob. cit., p. 34/35):

'Uma das maiores dificuldades de qualquer advogado é reconstituir ao juiz o que realmente ocorreu.

Já ouvi várias vezes de juízes: 'realmente pareceu-me que fulano tinha razão, mas tive que decidir com base nas provas'...

Um dos maiores enganos daqueles que entram com um processo é pensar que o juiz decide sempre com base em seu senso de justiça, algo como um Salomão da Bíblia, mas devidamente instalado numa sala com ar condicionado. Engano total. O juiz decide com base em provas. Apresentá-las consistentes e bem produzidas é meio caminho andado para vencer qualquer processo, principalmente um que envolva o assédio sexual, matéria nova e sujeita a controvérsias.

Assim, aquele que se sente assediado deve fazer um registro dos incidentes, com data, local e horário, e o nome dos que presenciaram a cena, ou de outros colegas que também tenham sido assediados. Deve também procurar registrar seu protesto perante o assediante de maneira clara, sempre que possível por meio de uma carta, ou de um *e-mail*, que deve ser impresso e guardado. A recusa deve ser educada, porém absolutamente clara, mostrando que a vítima não deseja nenhum relacionamento de natureza não profissional com o assediante.

A questão da prova no assédio torna-se mais grave, na medida em que geralmente é praticado a portas fechadas, o que poderia levar à conclusão precipitada de que a única maneira de provar o assédio seria a palavra da vítima contra a do ofensor, especialmente quando não houver testemunhas presentes.

Mas, pela própria característica psicológica de quem pratica o assédio, a prova se encontra profundamente facilitada pela repetição e pela insistência do assediante. E, neste ponto, cabe àquele que se sente assediado aumentar as suas chances de vitória num processo, gravando as conversas ou telefonemas pelos quais o assediante fez suas propostas.'

Postas estas considerações, passo à análise dos fatos debatidos nos autos, perquirindo a existência de sintonia entre os fatos narrados na exordial e o teor da prova dos autos.

No que pertine à these de o agressor Eliseu Miguel Peil não possuir poderes diretivos na ré, foi soterrada diante de seu depoimento, afirmando (fl. 38):

'que aproximadamente 35 pessoas atualmente são subordinadas ao depoente; que distribui os serviços entre os empregados; que tem poderes para advertir e suspender empregados; que tem poderes para sugerir dispensa por justa causa ao Sr. Valdemir.'

Em relação à conduta do referido encarregado, melhor sorte não assistiu à demandada, porquanto, diante das afirmações das testemunhas ouvidas, restou evidenciada a forma constrangedora e humilhante pela qual tratava os empregados.

Registre-se que o argumento defensivo no sentido de impingir parcialidade ao julgamento proferido pelo Juízo primevo em razão da I. Magistrada ser do sexo feminino corrobora ainda mais a conivência da ré com o tratamento constrangedor dispensado às empregadas. Tanto assim, que as condutas assediantes foram também relatadas pela testemunha Joel Alves Camilo, asseverando (fl. 33), *in verbis*:

'que várias vezes presenciou o Sr. Eliseu chegando por trás das empregadas, 'relando' nas empregadas; que o Sr. Eliseu também 'cantava' as empregadas; que uma vez viu o Sr. Eliseu encostando na recte. por trás; que a recte. mandou o Sr. Eliseu sair; que uma vez presenciou o Sr. Eliseu perguntando à recte. se ela não iria sair com ele; que então a recte. disse que era casada e não poderia sair com ele; que normalmente ele esperava um tempo após a admissão de empregada para começar com o assédio; que as empregadas que não cediam ao seu assédio pouco depois eram dispensadas; que há outros encarregados na empresa que assediam as empregadas; que já presenciou o Sr. Eliseu chamando as empregadas de burras.'

A segunda testemunha, Vanderlene de Jesus Ribeiro, corroborou o primeiro depoimento, acrescentando (fls. 34/35):

'que o Sr. Eliseu trata mal as empregadas, faz cantadas freqüentes e sempre arruma um jeito de se esfregar nas empregadas; que o Sr. Eliseu se dirige às empregadas, inclusive à depoente e à reclamante, fazendo as seguintes afirmações: 'vamos meter comigo', 'vou colocar você de quatro e você vai gemer'; que o Sr. Eliseu também fazia gestos com a mão insinuando acerca do tamanho de seu pênis; que presenciou o Sr. Eliseu se esfregando na reclamante; que como não cediam aos assédios do Sr. Eliseu começava a xingá-las de 'porra', 'caralho', etc.; que como castigo colocou a recte. e a depoente para trabalhar no setor de secagem, área em que não sabiam trabalhar, razão pela qual a depoente chegou a se acidentar; que inclusive o Sr. Eliseu fechava a porta do setor de acabamento, única entrada de ar da área, dizendo que queria que morressem sufocadas; que viu o Sr. Eliseu e a Sra. Benedita no 'maior amasso', dentro do galpão da lixa'.

No mesmo sentido o depoimento da testemunha Vanda Maria de Souza, às fls. 35/36:

'que uma vez presenciou o Sr. Eliseu chamando a recte. para ir a um motel; que o Sr. Eliseu disse que se ela aceitasse o convite teria regalias na empresa, como, por exemplo, trabalhos leves'.

Não merecem guarida as informações prestadas pelas testemunhas posteriores, porquanto, além de ocuparem cargo de confiança da ré, não trabalhavam no setor da autora, razão pela qual não poderiam ter presenciado o assédio cabalmente comprovado.

Por tais fundamentos e diante da robusta prova dos fatos constitutivos do direito em que se funda o pedido de rescisão indireta do contrato de trabalho, nego provimento ao recurso.

INDENIZAÇÃO POR DANO MORAL A AUTO-IMAGEM DO EMPREGADO — QUALIDADE DAS RELAÇÕES DE TRABALHO

Afirmou a ré que não houve o dano moral declarado pelo Juízo primevo, não tendo sido provada a existência dos elementos ensejadores da indenização deferida.

Considerando que o reconhecimento do pleito de rescisão indireta do pacto laborativo já foi alvo de análise anterior, passo à análise dos requisitos caracterizadores do ato ilícito: culpa, nexo de causalidade e o dano sofrido.

Insurgiu-se a ré contra o deferimento dos danos físicos, materiais e morais, sob o argumento de que não restou provada sua culpa.

A culpa, em sentido lato, é entendida como toda espécie de comportamento contrário ao direito, intencional ou não, imputável, por qualquer razão, ao causador do dano, em função do dever geral negativo de não prejudicar outrem.

Detendo-se ao estudo da culpa *stricto sensu*, pode-se conceituá-la como a prática não intencional de um ilícito, eximindo-se o agente de um dever de atenção e cuidado. Suas modalidades são: a negligência, revelada pela displicência ou omissão de conduta legalmente exigível; a imprudência, traduzida pela criação desnecessária de um perigo a outrem e, por fim, a imperícia, que é a ausência de habilidade técnica para a atividade proposta.

Certo é que culpa pressupõe previsibilidade, sendo inculpável aquele que não previu o imprevisível; tudo a partir da noção do homem médio.

No campo do direito Juslaboral, em especial, na ocorrência de dano ao moral, proveniente do contrato de trabalho, o Magistrado deve se socorrer do Direito Comum para averiguar a existência ou não de requisitos autorizadores da reparação civil pelo empregador (artigos 186 e 927/CCB).

A culpa capaz de ensejar a responsabilidade extracontratual foi objeto de sucinta e engenhosa análise pelo I. Magistrado e Doutor em Direito do Trabalho, Rodolfo Pamplona Filho, em sua obra 'O Dano Moral na Relação de Emprego', 3ª ed., Ed. LTr, São Paulo, 2002, p. 35, *verbis*:

'Para caracterizar a responsabilidade civil contratual, faz-se mister que a vítima e o autor do dano já tenham se aproximado anteriormente e se vinculado para o cumprimento de uma ou mais prestações, sendo a culpa contratual a violação de um dever de adimplir, que constitui justamente o objeto do negócio jurídico, ao passo que, na culpa *aquiliana*, viola-se um dever necessariamente negativo, ou seja, a obrigação de não causar dano a ninguém. Na responsabilidade civil *aquiliana*, a culpa deve ser sempre provada pela vítima, enquanto na responsabilidade contratual, ela é, de regra, presumida, invertendo-se o ônus da prova, cabendo à vítima comprovar, apenas, que a obrigação não foi cumprida, restando ao devedor o *onus probandi*, por exemplo, que não agiu com culpa ou que ocorreu alguma causa excludente do elo de causalidade.' (original sem grifos)

O pleito de reparação civil em tela decorre de lesão à honra da demandante, em razão de assédio sexual, fato que lhe motivou a pleitear judicialmente o reconhecimento da justa causa patronal na oportunidade em que ingressou em gozo de férias.

Feitas essas considerações, passo a decidir.

É certo que o *jus variandi* encampa os poderes diretivo, administrativo e disciplinar do empregador, contudo, opõe-se a ele, uma barreira intransponível: a que assegura o respeito à dignidade do empregado, sendo passível de reparação, qualquer atitude patronal que diminua a condição e prestígio moral do empregado.

Numa cultura onde reina o método de direção autoritário e em que as pessoas, especialmente, as mais humildes, dependem, para sua auto-imagem, do conceito que o meio social faz de si, ser alvo de assédio sexual, maus-tratos e abusos constantes, revelando conduta repugnante do representante do ente patronal, é extremamente doloroso e ofensivo à honra, porquanto abala sua reputação pessoal e sentimento de auto-estima.

Impõe-se, pedagogicamente, que ações deste jaez, reveladoras de desrespeito à dignidade humana, não fiquem impunes, para que tanto superiores hierárquicos, quanto empregadores, passem a cuidar da qualidade das relações entre seus empregados.

A doutrina abalizada nos ensina que dano moral é o sofrimento humano estranho ao patrimônio material, repercutindo no patrimônio ideal da pessoa natural.

Danos morais seriam, exemplificadamente, os decorrentes das ofensas à honra, ao decoro, à paz interior de cada qual, às crenças íntimas, aos sentimentos afetivos de qualquer espécie, à liberdade, à vida, à integridade corporal.

No caso *sub judice*, restou evidenciado que o assédio sexual também era perpetrado por outros encarregados, que, segundo o cotejo da prova oral, 'formavam uma espécie de máfia' com o escopo de assediar as empregadas.

Presente a ofensa ao sentimento de auto-estima da vítima, também merecedor da tutela jurídica, concretiza-se a hipótese de ofensa a um direito, ainda que dela não tenha ocorrido prejuízo material ou que o fato não tenha sido divulgado pela ré.

A reparação do dano moral tem como escopo lenir a dor suportada pela vítima, ao mesmo tempo em que se desestimula o agressor, evitando que danos desta natureza venham a se repetir.

Critérios para fixação do dano moral.

Embora exista grande dificuldade em estabelecer com exatidão a equivalência objetiva entre o dano e o ressarcimento, tal argumento não é razão para não indenizar e, desta forma, beneficiar o responsável, deixando o direito sem sanção nem tutela. A impossibilidade da exata avaliação há de ser tomada em benefício da vítima e não em seu prejuízo.

Por isto, neste caso, ao juiz é dada uma larga esfera de liberdade para apreciação, valorização e arbitramento do dano.

Para esta fixação, considerando-se as dificuldades da positivação do dano moral, este Juízo perfilha orientação jurisprudencial que adota como critério para seu arbitramento a regra do artigo 84 do Código Brasileiro de Telecomunicações (Lei 4.117/62), que prevê a reparação do dano moral de 5 a 100 salários mínimos, por injúria, difamação e calúnia e a norma contida no art. 52 da Lei de Imprensa (Lei 5.250/67), que permite o arbitramento do dano moral até 200 salários mínimos, sendo também matéria de ponderação os dispositivos dos artigos 4º e 5º da Lei de Introdução ao Código Civil.

O julgador deverá levar em conta, também, na fixação do dano moral, os seguintes elementos (artigo 53 da Lei de Imprensa): intensidade do sofrimento do ofendido; a gravidade, a natureza e o sofrimento do ofendido; grau de culpa ou dolo com que se houve o ofensor; conseqüências do ato; condições financeiras das partes (art. 400 do CCB: necessidade da vítima x possibilidade do ofensor); circunstâncias, retratação espontânea etc.

No caso dos autos a conduta culposa da ré decorre do fato de ter ofendido a honra e a integridade física da autora, expondo a trabalhadora à incontestável humilhação, bem como ferindo sua auto-estima, em razão dos constrangimentos e maus-tratos habituais no ambiente de trabalho.

Isto posto, entendo que a indenização pecuniária relativa ao dano moral experimentado pela autora, de acordo com os parâmetros susofixados, o valor de R$ 20.000,00, 66,66 salários mínimos, foi razoável, face à gravidade e à intensidade do sofrimento, à capacidade econômica da ré, bem como ao princípio da razoabilidade, reitor do Direito do Trabalho.

Desprovejo."

Assédio sexual — Responsabilidade do empregador pelos atos do preposto — Prova indiciária

Ementa: ASSÉDIO SEXUAL. RESPONSABILIDADE DO EMPREGADOR PELOS ATOS DO PREPOSTO. PROVA INDICIÁRIA. Ao empregador incumbe a obrigação de manter um ambiente de trabalho respeitoso, pressuposto mínimo para a execução do pacto laboral. A sua responsabilidade pelos atos de seus prepostos é objetiva (art. 1.521, III, do CC e Súmula n. 341 do Supremo Tribunal Federal), presumindo-se a culpa. A prova dos atos atentatórios da intimidade da empregada é muito difícil, pois geralmente são perpetrados na clandestinidade, daí por que os indícios constantes dos autos têm especial relevância, principalmente quando apontam para a prática reiterada do assédio sexual com outras empregadas. Tal conduta tem como conseqüência a condenação em indenização por danos morais (art. 5º, X, da CR/88) e a rescisão indireta do contrato de trabalho (art. 483, *e*, da CLT). TRT 3ª Reg. — RO 00081-2002-075-03-00-4 — (Ac. 6ª T.) — Rel. Juiz Rogério Valle Ferreira. DJMG 6.7.02.

Assédio sexual — Tipificação legal — Gracejos indecorosos — Dever de indenizar — Decisão tomada por maioria

Ementa: ASSÉDIO SEXUAL. TIPIFICAÇÃO LEGAL. GRACEJOS INDECOROSOS. DEVER DE INDENIZAR. DECISÃO TOMADA POR MAIORIA. Caracteriza-se o assédio sexual primeiro por uma conduta reiterada, permanente, insidiosa, sem tréguas, implacável, em busca do objetivo. Segundo, implica que o empregador utilize seu poder hierárquico, econômico e reverencial para acuar a vítima, esgotar-lhe a resistência e abatê-la, sacrificando-a sem piedade no altar da sua concupiscência. Terceiro, tem como elemento marcante o uso do poder e a coação deliberada para fazer a vítima sucumbir contra sua vontade e também sem que o faça pelas virtudes ou atração sentida pelo coator. Não se tratando, pois, de um ato de vontade, maduro, desejado e consentido, entre adultos livres para decidir, mas de uma maneira criminosa do mais poderoso obter a vantagem carnal ou satisfação de fantasia sensual pelo uso da força e do terror psicológicos. Já os gracejos sensuais ou observações chulas, indecorosas, intermitentes, do patrão para com empregada casada, proferidas no ambiente de trabalho — realmente inadmissíveis numa relação de emprego sem que exista clima favorável e reciprocidade ou aceitação — estão no patamar da conduta socialmente inadequada, mas não no de atos reiterados do uso do poder do agente, sob ameaça, com o fim explícito e definido de obter a satisfação dos instintos apenas em nome da supremacia de patrão. Não prestando, pois, no entendimento do Relator, para lastrear ação de indenização tendo como causa única de pedir o assédio sexual. Definindo a Maioria da Turma que, ainda assim, cabe a indenização pelos desconfortos morais causados à vítima, rearbitrando-a moderamente de cem salários mínimos para R$ 5.000,00. TRT 3ª Reg. — RO 00359-2004-067-03-00-0 — (Ac. 3ª T.) — Rel. Juiz Paulo Araújo. DJMG 6.11.04, p. 05.

Assédio sexual e manobras de conquista

Ementa: DANO MORAL. ASSÉDIO SEXUAL E MANOBRAS DE CONQUISTA. O que caracteriza o assédio sexual são as tentativas de imposição da vontade de uma parte a outra e das quais resultam seqüelas dolorosas. Deve o Julgador, com a necessária neutralidade, discernir o assédio sexual das manobras de conquista, algumas ousadas, entre homem e mulher, e que até agora têm sido aceitas pela sociedade. TRT 12ª Reg. — Proc. RO-V-06.634/00 — (Ac. 2ª T. 04400/01) — Rel. Juiz José Luiz Moreira Cacciari. DJSC 11.5.01.

Assédio sexual e ofensa — Configuração

Ementa: DANO MORAL. CONFIGURAÇÃO. ASSÉDIO SEXUAL E OFENSA. Comete dano moral e sujeita-se à indenização, o empregador que tolera que prepostos seus cometam à pessoa da empregada assédio sexual e ofensa. A autora foi vítima da lascívia de superior hierárquico, que se utilizava de linguagem chula e imprópria. Além disso, sendo a reclamante portadora de leucemia e submetida a julgamento moral negativo sobre a sua personalidade extrovertida, foi associada indevidamente a uma personagem de novela televisiva (prostituta) — atribuindo-se-lhe o apelido de Capitu cancerosa. A omissão do empregador em reprimir esses eventos implica sua responsabilização. TRT 9ª Reg. — RO 07654-2002-015-09-00-4 — (Ac. 3ª T. 02449/05) — Rel. Juiz Célio Horst Waldraff. DJPR 1.2.05, p. 16.

Assédio sexual não configurado — Indenização indevida

Ementa: DANO MORAL. ASSÉDIO SEXUAL NÃO CONFIGURADO. INDENIZAÇÃO INDEVIDA. A respeito da conceituação do assédio sexual, propícios os esclarecimentos da i. jurista *Alice Monteiro de Barros*, em julgado de sua relatoria (RO 7.126-2001— TRT 3ª Região — Fonte: Revista LTr 65-09-1119): "Além do assédio como figura delituosa, a doutrina tem apontado o assédio por intimidação, que, embora não seja crime, autoriza a rescisão indireta e a reparação por dano moral. O 'assédio por intimidação' caracteriza-se por 'incitações sexuais importunas, por uma solicitação sexual ou outras manifestações da mesma índole, verbais ou físicas, com o efeito de prejudicar a atuação laboral de uma pessoa ou criar uma situação ofensiva, hostil, de intimidação ou abuso no trabalho'. O aspecto relevante para a caracterização do assédio sexual é, portanto, o comportamento com conotação sexual, não desejado pela vítima e com reflexos negativos na sua condição de trabalho. A conduta do assediador compreende um comportamento físico ou verbal de natureza sexual, capaz de afetar a dignidade do homem ou da mulher no local de trabalho." Embora o assédio sexual, no âmbito da empresa, seja de difícil comprovação, vez que, normalmente, não é explicitado perante os demais funcionários, não se pode aceitar a sua ocorrência sem a observância de provas irrefutáveis, na medida em que, por se tratar de uma acusação grave, há que ser nitidamente demonstrada. Caso contrário, estar-se-ia correndo o risco de imputar a alguém, através de meras suposições, a prática do assédio sexual, violando, assim, a sua imagem e dignidade. No presente caso, a análise dos elementos probatórios contidos nos autos não aponta para a caracterização do assédio sexual alegado. Com efeito, não restou demonstrado, de forma cabal, que a superiora hierárquica da Autora a tenha importunado, através de manifestações verbais ou físicas. A teor do artigos 186 e 927 do Código Civil, de aplicação supletiva no Direito do Trabalho (art. 8º, parágrafo único, da Consolidação) — o dano moral deve acarretar prejuízo real para justificar a indenização correspondente. Não havendo nos autos prova insofismável da ocorrência do alegado assédio sexual, indevida a indenização postulada. Recurso ordinário da Reclamante a que se nega provimento quanto a este aspecto. TRT 9ª Reg. — Proc. 02976-2001-024-09-00-7 — (Ac. 13.371-2004) — Rel. Juiz Ubirajara Carlos Mendes. DJPR 9.7.04, p. 186.

Assédio sexual não configurado — Indenização indevida

Ementa: DANO MORAL. ASSÉDIO SEXUAL. "O assédio sexual é um ato que, pela sua própria natureza, se pratica secretamente" *(Luiz de Pinho Pedreira da Silva)*. Portanto, a prova direta dificilmente existirá. Por conseguinte, os Tribunais têm levado em conta a conduta similar do agente, como forma de prova indireta. Comprovado que o agente agiu da mesma maneira em relação a outras possíveis vítimas, demonstrando um comportamento desvirtuado da normalidade, o assédio sexual restará admitido. No caso dos autos, entretanto, a conduta reiterada do agente não restou comprovada. Não há nenhum elemento de prova, mesmo a indireta, que corrobore as assertivas da Reclamante, razão pela qual não se pode atribuir ao empregador a responsabilidade que a Autora pretende lhe imputar. Recurso ordinário a que se nega provimento. TRT 3ª Reg. — RO 00150-2004-062-03-00-5 — (Ac. 4ª T.) — Rel. Juiz Luiz Otávio Linhares Renault. DJMG 15.6.04, p. 16.

Assédio sexual no local de trabalho — Responsabilidade do empregador

Ementa: ASSÉDIO SEXUAL NO LOCAL DE TRABALHO. DANO MORAL. RESPONSABILIDADE DO EMPREGADOR. O empregador tem o dever de assegurar ao empregado, no ambiente de trabalho, a tranqüilidade indispensável às suas atividades, prevenindo qualquer possibilidade de importunações ou agressões, principalmente as decorrentes da libido, pelo trauma resultante às vítimas. TRT 12ª Reg. — Proc. RO-V-02125/00 — (Ac. 03.199/01 2ª T.) — Rel. Juiz José Luiz Moreira Cacciari. DJSC 11.4.01.

Assédio sexual por intimidação — Configuração

Ementa: ASSÉDIO SEXUAL POR INTIMIDAÇÃO. O assédio sexual tem apresentado novos problemas para o Direito do Trabalho, principalmente em face das atitudes culturais que se devem sopesar na elaboração desse conceito. O Código Penal Brasileiro, recentemente, no art. 216-A, tipificou como crime o assédio sexual por chantagem, assim considerado o comportamento que visa "constranger alguém com o intuito de obter vantagem ou favorecimento sexual, prevalecendo-se o agente de sua condição de superior hierárquico ou ascendência inerentes ao exercício de emprego, cargo ou função". Ocorre que, além do assédio sexual por chantagem enquadrado como crime, não se pode esquecer que existe também o assédio sexual por intimidação, conhecido, ainda, como assédio ambiental. Este último caracteriza-se, segundo a doutrina, "por incitações sexuais importunas, por uma solicitação sexual ou por outras manifestações da mesma índole, verbais ou físicas, com o efeito de prejudicar a atuação laboral de uma pessoa ou criar uma situação ofensiva, hostil, de intimidação ou abuso no trabalho". Situa-se nesta última hipótese a conduta do empregador que, além de dirigir galanteios e elogios à empregada, sugere-lhe que compareça ao trabalho mais decotada, repetindo por várias vezes que gostava dela e chegando até mesmo a convidá-la para morarem juntos, dizendo-lhe que assumiria sua filha. O comportamento do empregador, sem dúvida, revela assédio sexual por intimidação ou assédio sexual ambiental, acarretando para a empregada constrangimento no trabalho e transtorno em sua vida conjugal. A conseqüência do comportamento do empregador autoriza a rescisão indireta e a compensação por dano moral. TRT 3ª Reg. — RO-7.126/01 — (Ac. 2ª T.) — Relª Juíza Alice Monteiro de Barros. DJMG 18.7.01, p. 22.

Da decisão acima, colhe-se a seguinte fundamentação:

"**RESCISÃO INDIRETA**

A rescisão indireta foi postulada com fundamento em alteração no horário de trabalho e assédio sexual.

A autora pretende obter a rescisão indireta do contrato de trabalho alegando alteração lesiva do contrato, consubstanciada na modificação do horário de trabalho.

Conforme já acentuado acima, a autora cumpria o horário de 10:00 h às 16:00 h no primeiro ano do contrato, passando a trabalhar entre 16:00 h e 22:00 h a partir de junho/00. Nota-se que a alteração nem mesmo importou mudança de turno.

A par desse fato, extrai-se das alegações da própria autora que a modificação no horário acarretou-lhe transtorno pessoal, tumultuando sua vida doméstica. Isso porque a reclamante valia-se de sua mãe para zelar pela filha enquanto trabalhava pela manhã, acerto que não poderia perdurar caso fosse trabalhar ao final da tarde, pois sua genitora tinha emprego noturno.

Ora, ainda que a modificação de horário traga transtornos na vida particular da obreira, o certo é que essa alteração encontra-se no âmbito do *jus variandi* conferido ao empregador, pois foi dentro do mesmo turno. Não se trata, portanto, de alteração lesiva, pois a modificação não trouxe ônus para a trabalhadora, nem impossibilitou o prosseguimento do vínculo.

Improcede, por isso, o pedido de rescisão indireta fundado nesse fato. Necessário verificar se teria ocorrido ou não o assédio sexual, pois a rescisão indireta fundou-se neste aspecto também.

A avaliação do pleito exige estudo sobre a definição de assédio sexual, matéria que tem apresentado novos problemas para o Direito do Trabalho, principalmente em face das várias atitudes culturais que se devem sopesar na elaboração desse conceito o qual se encontra em franco desenvolvimento na legislação dos países.

Esses conceitos destacam o 'assédio sexual por chantagem' e o 'assédio sexual por intimidação'.

Através da Lei n. 10.224, de 15 de maio de 2001, introduziu-se no Código Penal Brasileiro o art. 216-A, tipificando o assédio sexual como crime. O comportamento delituoso consiste em 'constranger alguém com o intuito de obter vantagem ou favorecimento sexual, prevalecendo-se o agente de sua condição de superior hierárquico ou ascendência inerentes ao exercício de emprego, cargo ou função'. A pena é de detenção de um a dois anos.

Além do assédio como figura delituosa, a doutrina tem apontado o assédio por intimidação, que, embora não seja crime, autoriza a rescisão indireta e a reparação por dano moral.

O 'assédio por intimidação' caracteriza-se por 'incitações sexuais importunas, por uma solicitação sexual ou outras manifestações da mesma índole, verbais ou físicas, com o efeito de prejudicar a atuação laboral de uma pessoa ou de criar uma situação ofensiva, hostil, de intimidação ou abuso no trabalho'.

O aspecto relevante para a caracterização do assédio sexual é, portanto, o comportamento com conotação sexual, não desejado pela vítima e com reflexos negativos na sua condição de trabalho. A conduta do assediador compreende um comportamento físico ou verbal de natureza sexual, capaz de afetar a dignidade do homem ou da mulher no local de trabalho. Segundo a reclamante, o reclamado tinha por hábito lançar-lhe galanteios, elogiando-lhe a aparência, na frente de outros empregados e até de clientes. Diz que a conduta criava-lhe constrangimento, mas conseguia barrar-lhe as investidas, sempre de forma educada. Acrescenta que no último dia de trabalho, após manter discussão acalorada com o empregador, a respeito de seu horário de trabalho, teria ele dito que gostava muito dela, reclamante, manifestando-se nos seguintes termos: 'em último caso, você vai para minha casa. Eu assumo você e sua filha'.

Diz a autora ter sido, em seguida, dispensada de trabalhar naquele dia. Acrescenta, ainda, ter contado ao seu marido os fatos narrados acima e que, tendo impedido o esposo de procurar o empregador, teve colocada em dúvida sua fidelidade, gerando conflito conjugal. Finalmente, informa ter comparecido perante a autoridade policial para representação criminal contra o reclamado.

A autora esclareceu, ainda, que no dia da referida discussão, estava munida de um aparelho K7 de bolso, tendo gravado toda a conversa mantida com seu patrão. Ao que tudo indica, a gravação ocorreu sem a ciência do empregador. Considerando, no entanto, que o reclamado deixou encerrar a instrução sem renovar o pedido de perícia, nem se insurgir contra a decisão que indeferiu esse requerimento em primeiro grau de jurisdição, entendo deva ser admitida a prova, cuja transcrição se encontra à fls. 29/43, até porque o reclamado não postulou sua exclusão.

A leitura da transcrição mostra que a autora dirigiu-se em um determinado dia, fora do horário de trabalho, à empresa para conversar com seu empregador sobre horário de trabalho, pedindo para voltar a trabalhar entre 10:00 h e 16:00 h. O reclamado opunha-se a esse retorno, perguntando à autora se não haveria outra alternativa, oferecendo-se, inclusive para tentar uma colocação para a mãe da reclamante durante o dia, a fim de que pudesse ser resolvido o problema relacionado com os cuidados de sua filha (da reclamante). Em alguns trechos, o patrão disse que gostava da reclamante e que com ela queria viver em paz. Mais adiante, há um trecho no qual o patrão realmente disse que a autora poderia ficar na casa dele, quando então a 'assumiria' e a sua filha. Rechaçada essa proposta, o empregador simplesmente disse que ela conversasse em família e tentasse ajeitar seus horários para poder trabalhar à tarde.

Pelo que se depreende da prova documental (fita gravada), o empregador não coagiu a empregada a ceder-lhe favores de natureza sexual, prevalecendo-se de sua condição de superior hierárquico, ficando, pois, afastado o assédio sexual por chantagem.

Entendo, entretanto, ter restado caracterizado o assédio sexual por intimidação, não só por essa prova, como também pelo depoimento da testemunha.

E assim é que a testemunha Giane Gimenes, arrolada pela reclamante (fl. 46), esclareceu que era comum o reclamado convidar suas empregadas para sair, fato ocorrido com ela própria (testemunha). Afirma ter presenciado o reclamado sugerir à reclamante que trabalhasse com roupas mais decotadas. Asseverou, entretanto, nunca ter percebido na atitude do patrão nenhuma ameaça, nem mesmo velada. Constata-se, portanto, que o reclamado era dado a certos excessos, comportando-se, às vezes, de forma vulgar, dirigindo elogios à aparência de suas subordinadas, convidando-as para encontros. No caso dos autos, o reclamado chegou a propor à autora um relacionamento amoroso, ainda que de forma inconseqüente. Ademais, nota-se na conversa transcrita às fls. 28/43 ter repetido diversas vezes o quanto gostava da autora, afirmativa que, embora dúbia, encerra intenção amorosa, a qual manifestou-se claramente ao final da conversa, quando o empregador convidou-a de forma expressa para 'morarem' juntos, demonstrando a intenção de ocupar o lugar de seu esposo. A meu ver, a conduta adotada pelo autor enquadra-se no conceito descrito acima de assédio por intimação, restando evidenciado comportamento de conotação sexual, que não foi desejado pela autora, trazendo-lhe constrangimento e transtornos familiares.

Atitude dessa natureza, obviamente, inviabiliza o prosseguimento do contrato de trabalho, cabendo aplicar à espécie a regra contida no artigo 483, *e*, da CLT.

Logo, procede o pedido de rescisão indireta, sendo devido à autora o pagamento do aviso prévio, 13º salário e férias proporcionais e FGTS acrescido de 40%.

A autora faz jus, ainda, à reparação pelo dano moral, em razão do constrangimento a que foi submetida. Considero, por isso, razoável a quantia de R$ 2.150,00, correspondente a dez meses de salário, período razoável para que a reclamante refaça a vida profissional.

Pelo exposto, dou provimento parcial ao recurso da reclamante para deferir-lhe o pagamento de trinta minutos extras diários, de 1º.6.99 até 31.5.00, com reflexos em férias, 13º, FGTS e repousos, acolhendo, ainda, o pedido de rescisão indireta, deferindo o pagamento do aviso prévio, férias e 13º salário proporcionais e FGTS acrescido de 40%, assim como a indenização por dano moral correspondente a R$ 2.150,00. A condenação fica arbitrada em R$ 6.000,00, incidindo custas de R$ 120,00, pelo reclamado." (www.trt3.gov.com, em 6.8.04)

Injusta e não verificada imputação de fato infamante — Alegação de prática sexual no local e horário de trabalho

Ementa: DANO MORAL. INJUSTA E NÃO VERIFICADA IMPUTAÇÃO DE FATO INFAMANTE. ALEGAÇÃO DE PRÁTICA SEXUAL NO LOCAL E HORÁRIO DE TRABALHO. O empregador despediu o reclamante por justa causa após haver sido informado de que o mesmo teria sido flagrado em ato sexual com colega de empresa terceirizada. A alegação não foi investigada, a despedida foi imediata e incontinenti e não foi comprovada em juízo. O reclamante, pessoa conhecida em seu meio, teve violadas sua honra e boa fama e sua estabilidade familiar com a imputação abusiva e assodada. Indenização imposta em primeiro grau mantida. TRT 9ª Reg. — Proc. 01243-1999-654-09-00-0 — (Ac. 17.017-2003) — Rel. Juiz Célio Horst Waldraff. DJPR 1º.8.03, p. 329.

4. BIBLIOGRAFIA

Alexandre Agra Belmonte, *Danos Morais no Direito do Trabalho — Identificação, Tutela e Reparação dos Danos Morais Trabalhistas*, 2ª ed., 2002, Renovar, Rio; Alice Monteiro de Barros, *Proteção à Intimidade do Empregado*, 1997, LTr, SP; Aloysio Santos, *Assédio Sexual nas Relações Trabalhistas e Estatutárias*, 1999, Forense, Rio; André Boiani e Azevedo, *Assédio Sexual — Aspectos Penais*, 2005, Juruá, Curitiba, PR; Arnaldo Süssekind, Délio Maranhão, Segadas Vianna, Lima Teixeira, *Instituições de Direito do Trabalho*, 22ª ed., março/2005, LTr, SP; Damásio E. de Jesus e Luiz Flavio Gomes, Coordenadores, vários autores, *Assédio Sexual*, 2002, Saraiva, SP; Daniela de Freitas Marques, *Assédio Sexual*, Revista Trabalhista, Direito e Processo, vol. II, 2002, Anamatra, Forense, Rio; Denise Pasello Valente Novais, *Discriminação da Mulher e Direito do Trabalho — Da Proteção à Promoção da Igualdade*, outubro/2005, LTr, SP; Ernesto Lippmann, *Assédio Sexual nas Relações de Trabalho*, 2001, LTr, SP; Gardênia Borges Moraes, *Dano Moral nas Relações de Trabalho*, 2003, LTr, SP; Gisela Sampaio da Cruz, *O Problema do Nexo Causal na Responsabilidade Civil,* 2005, Renovar, Rio; Heráclito Antônio Mossin, *Assédio Sexual e Crimes Contra os Costumes*, 2002, LTr, SP; Hugo Roberto Mansueti, *Assédio Sexual e Dano Moral na América Latina, in Novos Rumos do Direito do Trabalho na América Latina*, Coordenação Domingos Sávio Zainaghi e Yone Frediani, 2003, LTr, SP; José Affonso Dallegrave Neto, *Responsabilidade Civil no Direito do Trabalho,* junho/ 2005, LTr, SP; José Pastore e Luiz Carlos A. Robortella, *Assédio Sexual no Trabalho — O Que Fazer?,* 1998, Makron Books, SP; Luiz Carlos Amorim Robortella, *Assédio Sexual no Trabalho — Repressão Penal e Reparação Civil, in Novos Rumos do Direito do Trabalho na América Latina,* Coordenação Domingos Sávio Zainaghi e Yone Frediani, 2003, LTr, SP; Luiz de Pinho Pedreira da Silva, O *Assédio Sexual em Face do Direito do Trabalho*, *Ensaios de Direito do Trabalho,* 1998, LTr, SP; Manuel Herreira, *Noções Gerais de Assédio Sexual*, *in Novos Rumos do Direito do Trabalho na América Latina*, Coordenação Domingos Sávio Zainaghi e Yone Frediani, 2003, LTr, SP; Márcia Novaes Guedes, *Terror Psicológico no Trabalho*, 2003, LTr, SP; Marcus Vinícius Lobregat, *Dano Moral nas Relações Individuais do Trabalho*, 2001, LTr, SP; Manoel Jorge e Silva Neto, *Constituição e Assédio Sexual*, Revista do Direito do Trabalho, ano 29, n. 111, jul./dez./2003, Revista dos Tribunais, SP; Maria Luíza Pinheiro Coutinho*, Discriminação na Relação de Trabalho* — Uma Afronta ao Princípio da Igualdade, 2003, Aide, Rio; Martha Halfeld F. de Mendonça Schmidt, *Proteção Contra a Discriminação por Motivo de Orientação Sexual*, *in O Que Há de Novo em Direito do Trabalho*, Coordenadores Márcio Túlio Viana e Luiz Otávio Linhares Renault, Homenagem a Ísis de Almeida, Messias Pereira Donato e Paulo Emílio Ribeiro de Vilhena, 1997, LTr, SP; Paulo Eduardo V. Oliveira, *O Dano Pessoal no Direito do Trabalho*, 2002, LTr, SP; Paulo Viana de Albuquerque Jucá, *O Assédio Sexual com Justa Causa Típica*, Revista LTr 61-02/1997, Reginald Felker, *O Dano Moral, o Assédio Moral e o Assédio Sexual nas Relações de Trabalho, Junho/2006, LTr, SP;* Rodolfo Pamplona Filho, O Assédio Sexual na Relação de Emprego, 2001, LTr, SP; Rodolfo Pamplona Filho, *Assédio Sexual — Questões Conceituais*, Decisório Trabalhista, vol. 4, n. 118, Curitiba, PR; Rodolfo Pamplona Filho, *O Dano Moral na Relação de Emprego*, 2002, LTr, SP; Rodolfo Pamplona Filho, *Orientação Sexual e Discriminação no Emprego, Presente e Futuro das Relações de Trabalho*, Estudos em Homenagem a Roberto Araújo de Oliveira, Coordenador Georgenor de Sousa Franco Filho, 2000, LTr, SP; Rubia Mara Oliveira Castro Girão, *Crime de Assédio Sexual, Estudos da Lei n. 10.224, de 15 de maio de 2001,* 2004, Atlas, SP; Sandra Lia Simon, *A Proteção Constitucional da Intimidade e da Vida Privada do Empregado*, 2000, LTr, SP; Valdir Florindo, *Dano Moral e o Direito do Trabalho*, 4ª ed., 2002, LTr, SP.

CAPÍTULO VIII

DANO MORAL — ASSÉDIO PROCESSUAL

1. COMENTÁRIO

A partir do momento em que o Estado assumiu para si a solução dos conflitos existentes na sociedade, o processo passou a ser o veículo pelo qual as partes, mediante as regras impostas pelo ordenamento jurídico, buscam a solução das controvérsias que são inerentes às relações humanas (convívio em sociedade), as quais variam em complexidade, pois são dependentes em muito da educação e cultura de cada país. Por essa razão, o processo como forma de solução de conflitos constitui um direito fundamental, pois sem ele não haveria como se exercitar os direitos assegurados pelo Estado Democrático de Direito, quando violados.

E o processo "nada mais é, pois, que um método de trabalho desenvolvido pelo Estado para permitir a solução dos litígios. Pretende-se seja adequado aos fins a que se propõe. Participam dele o próprio Estado e as pessoas de alguma forma envolvidas na controvérsia. Estes sujeitos passam a se relacionar, praticando atos segundo a ordem e os modelos previamente previstos na lei"[(1)].

A relevância do processo, como afirma *Miguel Calmon Dantas,* está no fato de que ele é visto "como meio não apenas de resolução de litígios do que resulte a expropriação de bens ou o cerceamento da liberdade, mas, em verdade, como meio de realização existencial do direito e, como tal, destaca-se a sua configuração como ambiente de proteção, exercício e satisfação de direitos fundamentais"[(2)].

O processo é cercado, portanto, de garantias para que ele atinja o seu resultado. E mais do que isto, que ele seja justo, célere e eficaz. Nesse sentido, o disposto no inciso LXXVIII do art. 5º da Carta Magna dispõe que "a todos, no âmbito judicial e administrativo, são assegurados a razoável duração do processo e os meios que garantam a celeridade de sua tramitação", cujo inciso foi acrescentado pela Emenda Constitucional n. 45, de 8.12.04 (DOU 31.12.04).

No que se refere ao processo do trabalho, afirmam *Nilton Rangel Barretto Paim* e *Jaime Hillesheim* que "De todos os ramos do Poder Judiciário, a Justiça do Trabalho sempre foi admitida como sendo o mais célere e eficaz. Embora permeada por normas processuais permissivas, como todos os demais ramos do Direito, e contando com um grande número de recursos, o Processo do Trabalho tem como pilares principiológicos a simplicidade e instrumentalidade das formas, a oralidade e a irrecorribilidade de imediato das decisões

---

(1) Bedaque, José Roberto dos Santos. *Efetividade do Processo e Técnica Processual,* junho/2006, Malheiros Editores, SP, p. 36.

(2) Direito Fundamental à Processualização. *In Constituição e Processo.* Coordenação de Fredie Didier Jr., Luiz Rodrigues Wambier e Luiz Manoel Gomes Jr., 2007, Editora JusPodvm, Salvador, BA, p. 3.

interlocutórias (salvo com relação à decisão que nega seguimento a recurso cujo desafio imediato afigura-se através do Agravo de Instrumento)"[(3)].

Há que ser considerado também que o processo, quando demorado, não contribui para a almejada justiça, pois muitas vezes ocorre de o próprio autor da demanda não usufruir dos direitos que buscou com o maior interesse no seu desfecho. Aliás, *Gustavo de Medeiros Melo,* citando *Donaldo Armelin,* afirma que: "Fala-se que o tempo é a dimensão fundamental da vida humana, desempenhando no processo idêntico papel. Sendo o processo uma entidade da vida social, a demora em sua conclusão corre em detrimento da própria eficácia do direito material que visa proteger"[(4)].

E acrescenta *Medeiros Melo* que "a tutela jurisdicional dos direitos e interesses legítimos não é útil senão quando obtida em espaço razoavelmente rápido de tempo, sendo por isso indiscutível que a lentidão do aparelho judiciário provoca o que se tem chamado de fenômeno de *compressão dos direitos fundamentais do cidadão.* O fator tempo sobressai como elemento determinante para garantir e realizar o acesso à justiça"[(5)].

Embora a matéria ligada à duração do processo só tenha sido colocada como norma constitucional pela Emenda Constitucional n. 45/04, com a introdução do inciso LXXVIII no art. 5º da Carta Magna, o certo é que o legislador infraconstitucional sempre se preocupou com o processo ao estabelecer mecanismos que penalizam aqueles que dele se utilizam de forma inadequada ou mesmo visando a prejudicar a parte adversa com alegações infundadas e atitudes procrastinatórias.

Com efeito, o Código de Processo Civil possui um rol de medidas com vistas a fazer com o que o processo cumpra o seu papel e conseqüentemente estabelecendo sanções para aqueles que abusam do direito processual, admitindo *Valter Ferreira Maia* que "é no campo do processo judicial que mais freqüentemente se operam atos de abuso de direito"[(6)]. Nesse sentido, a lição de *Humberto Theodoro Junior* ao afirmar que:

> "Há interesses das partes e interesses do Estado em jogo no processo e todos eles podem ser afetados pelo abuso de direito processual
>
> Por isso o ato abusivo, no âmbito do processo, pode gerar efeitos muito maiores do que no direito privado. Em nosso sistema, com efeito, são possíveis as seguintes sanções aplicáveis ao ato do litigante de má-fé;
>
> a) nulidade: citação, por exemplo, maliciosamente praticada fora das prescrições legais (art. 247);
>
> b) multa: ex. — pena pela citação por edital, sob falsa e dolosa afirmação de pressupostos inexistentes (art. 233); punição para os casos de má-fé do art. 17 (art. 18), etc.;
>
> c) condenação em perdas e danos: ex. — processo cautelar e execução, nas situações dos arts. 574 e 810;

---

(3) O Assédio Processual no Processo do Trabalho. *In Justiça do Trabalho e Dignidade da Pessoa Humana,* Amatra 23, Coordenador João Humberto Cesário, março/2007, LTr, SP, 155.

(4) O Acesso Adequado à Justiça na Perspectiva do Justo Processo. *In Processo e Constituição.* Estudos em Homenagem ao Professor José Carlos Barbosa Moreira, Coordenação de Luiz Fux, Nelson Nery Jr. e Teresa Arruda Alvim Wambier, fev./2006, RT, SP, p. 691.

(5) Ob. cit., p. 691.

(6) *Litigância de má-fé no Código de Processo Civil,* 2002, Forense, Rio, p. 187.

d) responsabilidade criminal: ex. — crime de fraude de execução (CP, art. 179) e todos os delitos do capítulo 'crimes contra a administração da justiça' (CP, arts. 344 e segs.).

As sanções de nulidade e as de multa, compreendidas a imputação e exacerbação de custas processuais, são via de regra aplicadas, principalmente quando incidem em caráter objetivo. As demais são raramente impostas, pelo rigor das penas e pela dificuldade de comprovação exata de seus pressupostos"[7].

O art. 600, e seus incisos, do CPC, que consta da parte destinada às referências legais, estabelece sanção para os atos atentatórios à dignidade da justiça no processo de execução, até porque é na execução que ocorrem atos que procuram postergar o cumprimento da decisão, daí porque cada vez mais se sente a necessidade de criação de um Código de Processo de Trabalho, não só para evitar o conflito de aplicação ou não das regras do processo comum no processo do trabalho (que normalmente contribui para a morosidade do processo), mas também para simplificar as respectivas fases e tornar mais célere a execução.

É certo também que o Juiz pode cometer abusos processuais. Como afirma *Humberto Theodoro Júnior,* "o juiz pode cometer abusos processuais, dentre os quais os mais freqüentes são a omissão e o retardamento de decidir. Para ditos abusos, o art. 133 prevê a responsabilidade civil do magistrado 'por perdas e danos'. No entanto, sendo crônico o excesso de serviços do Judiciário, diante da insuficiência numérica e organizacional, poucos são os juízes considerados individualmente culpados pela morosidade dos processos. A não ser em casos de extrema gravidade, os órgãos disciplinares da magistratura raramente instauram procedimentos de apuração de responsabilidade de juízes em casos da espécie"[8].

No Código Civil de 2002, foi mantido o art. 1.531 do Código anterior, com alteração apenas na sua redação (art. 940, pelo Novo Código), cujo dispositivo é reproduzido na parte destinada às referências legais. Referido dispositivo tem sido invocado pelos empregadores quando o trabalhador, em reclamação trabalhista, postula direitos ou dívidas já pagas, ou então quando o pedido é acima do devido, de forma que, isso acontecendo, estaria o demandante sujeito ao pagamento em dobro daquilo que foi pleiteado indevidamente. Em tese, nesse procedimento ocorre a aplicação subsidiária de uma norma do Direito Civil no Direito do Trabalho com repercussão no Processo do Trabalho, dada a sua natureza instrumental.

É importante assinalar que o art. 940 do Novo Código Civil figura no Título IX, Capítulo I — Da Obrigação de Indenizar, portanto, na parte destinada à responsabilidade civil. É norma de direito material ou substantivo e quanto a isto não há nenhuma controvérsia na doutrina.

Com efeito, *Maria Helena Diniz* diz que "O art. 940 do Código Civil estabelece uma sanção civil de direito material ou substantivo, e não de direito formal ou adjetivo, contra demandantes abusivos, como a dos arts. 16 a 18 do Código de Processo Civil. Trata o art. 940 de responsabilidade civil do demandante por dívida já solvida ou por quantia superior à devida, punindo o ato ilícito da cobrança indébita". Acrescenta a autora que "Essa responsabilidade civil constitui uma sanção civil, por decorrer de norma de direito privado, cujo objetivo é o interesse particular, em sua natureza, é compensatória, por abranger uma reparação de dano, sendo uma forma de liquidação do prejuízo decorrente de cobrança indevida. Por isso tem dupla função: garantir o direito do lesado à segurança, protegendo-o contra

---

(7) Abuso de Direito Processual no Ordenamento Jurídico Brasileiro, *in Abuso dos Direitos Processuais,* vários autores. Coordenador José Carlos Barbosa Moreira, Forense, Rio, p. 117.
(8) *Ibidem,* p. 127.

exigências descabidas, e servir de meio de reparar o dano, exonerando-se o lesado de provar a ocorrência da lesão"[(9)].

No mesmo sentido, a posição de *Carlos Roberto Gonçalves,* ao afirmar que "o artigo citado estabelece uma sanção civil de direito material ou substantivo, e não de direito formal ou adjetivo, contra demandantes abusivos. Trata de responsabilidade civil do demandante por dívida já solvida, punindo o ato ilícito da cobrança excessiva. Essa responsabilidade civil decorre de infração de norma de direito privado e objetiva não só garantir o direito do lesado à segurança, protegendo-o contra exigências descabidas, como também servir de meio a reparação do dano, prefixando o seu montante e exonerando o lesado do ônus de provar a ocorrência da lesão"[(10)].

Por outro lado, os arts. 16 a 18 do CPC aludem à responsabilidade de demandantes, por dolo processual, de forma que, no processo, agem com culpa ou dolo e com isso se afastando do dever de lealdade e de boa-fé que deve imperar entre as partes e intervenientes no litígio posto em juízo. Portanto, tais dispositivos não podem ser confundidos com a norma do art. 940 do Código Civil, pois neste se compreende a existência de uma dívida já paga e o demandante vem a juízo postular novo pagamento, sabendo-se, também, que a citada norma alcança a hipótese de pedido acima do devido.

Como os artigos em destaque visam, em última análise, a punir os litigantes que se afastam do real objetivo do processo judicial que é a solução justa do litígio, há entendimento de que os arts. 16 a 18 do CPC podem ser aplicados juntamente com o art. 940 do CC. Nesse sentido, a lição de *Maria Helena Diniz,* com o argumento de que eles não se excluem, mas se completam[(11)]. No entanto, essa interpretação não é compartilhada por *Ana Lúcia Lucker Meirelles de Oliveira.* Referida autora admite que a regra do art. 1.531 (art. 940 do atual CC) é de natureza processual, pois no artigo subseqüente — 1.532 — trata da não aplicação da pena quando o autor desistir da ação antes de contestada a lide. Admite também que a norma não estaria em desacordo com o disposto no art. 18 do CPC, porque "a cobrança de dívida já paga poderia encartar-se tanto na alteração da verdade dos fatos, como no procedimento temerário do processo, constituindo infrigência ao dever de lealdade e boa-fé, porém, o legislador entendeu por bem, desde a edição do Código Civil, sancionar essa conduta processual, sendo regra especial em relação à norma geral constante dos artigos 17 e 18 do Código de Processo Civil". Assim, conclui que, "quando se estiver frente à ação de cobrança, e for constatado que a parte intentou sabendo que a dívida já estava paga, deverá haver aplicação do artigo 1.531 do Código Civil (hoje, artigo 940 do NCC) e não a aplicação das sanções pela litigância de má-fé previstas no Código de Processo Civil, sendo incabível também a aplicação conjunta, porque aí teríamos dupla pena sem autorização legal, como a constante art. 601 do diploma processual"[(12)].

Por outro lado, na seara do direito processual comum, a aplicação do art. 940 do NCC só é concebível em ação própria, ou então em reconvenção, conforme lição de *Carlos Roberto Gonçalves,* que entende que "as sanções do art. 940 do Código Civil não podem ser pleiteadas nos embargos do devedor mas somente em ação autônoma, de natureza condenatória (ação de

---

(9) *Código Civil Anotado,* 8ª ed., 2002, Saraiva, SP, p. 552.

(10) *Comentários ao Código Civil,* v. 11, 2003, Saraiva, SP, pp. 513/514.

(11) Maria Helena Diniz, na obra citada, afirma que "não há que falar em absorção do art. 940 do Código Civil pelos arts. 16 a 18 do Código de Processo Civil. Há uma relação de complementação entre esses artigos, pois eles não se excluem, mas se completam", p. 552.

(12) *Litigância de Má-fé,* 2000, RT, SP, pp. 47/48.

cobrança) ou em reconvenção, malgrado a questão seja controvertida na jurisprudência (cf. em sentido contrário, acórdão da 6ª Câm. do 1º TACJSP, na Ap. 453.762-0, São José do Rio Preto). É que os embargos de devedor têm natureza constitutiva negativa (ou desconstitutiva) ou declaratória, e jamais condenatória, por visarem à desconstituição da relação jurídica líquida e certa retratada no título"[13]. Há que ser registrado também que a aplicação do mencionado artigo está condicionada à prova cabal da má-fé. Nesse sentido, o entendimento na Súmula n. 159 do Supremo Tribunal Federal, com o seguinte teor: *"Cobrança excessiva, mas de boa-fé, não dá lugar às sanções do artigo 1.531 (art. 940 NCC) do Código Civil".*

Feitas todas essas considerações acerca das hipóteses normativas que cercam o processo, no sentido de que ele seja não só eficaz e célere, mas protegido de todos os atos que desvirtuam a sua finalidade, tem surgido uma nova teoria associada ao dano moral, ligada ao processo e que está sendo intitulada de "assédio processual"[14], havendo inclusive pleito nesse sentido perante a Justiça do Trabalho, conforme se verifica na parte destinada à jurisprudência.

Mas antes de prosseguir na questão ora em análise, é importante assinalar que aqui não estamos tratando de ofensas praticadas em peças processuais, citando, como exemplo, ataques à honra, à intimidade, à personalidade ou atos de discriminação contra o trabalhador em peças processuais, o que se tem verificado na prática, pois, em tais situações, o dano moral é próprio, embora relacionado com o processo. Pode, no entanto, ser considerado como assédio processual quando os ataques acontecem de forma reiterada: exemplo, na defesa, nas manifestações, nas razões finais, etc.

O que se pretende tratar aqui é da hipótese de prolongamento do processo sem motivo que o justifique, principalmente quando está presente a probabilidade de êxito do titular do direito. Em tal situação, acarreta para o detentor do direito dano chamado de "marginal", justamente pela demora da tramitação do feito, causada por atos que estão além da litigância de má-fé, de atos atentatórios à dignidade da justiça, e que repercutem no acervo psicológico daquele que acessa o Poder Judiciário esperando a reparação de um direito. Nesse sentido, assinala *Helena Najjar Abdo* que

> "o processo em si mesmo considerado já é capaz de causar um dano àquele que tem razão no campo do direito material. Isso porque a duração do processo e a conseqüente demora na prestação da tutela jurisdicional já são suficientes para caracterizar o mencionado dano marginal.
>
> Entretanto, como o abuso do processo provoca, no mais das vezes — quer direta, quer indiretamente — a procrastinação do feito, costuma suceder aquilo que aqui se denomina potencialização do dano marginal, o qual deixa de ser fisiológico para assumir o caráter patológico.
>
> Acredita-se, pois, que tenha sido esse o motivo que levou o legislador brasileiro a editar a norma que determina a antecipação de tutela no caso de abuso do direito de defesa (CPC, art. 273, II).

---

(13) Ob. cit., p. 514.

(14) A questão do assédio processual foi objeto do III Encontro Luso-Brasileiro de Direito do Trabalho, realizado em Aracaju (SE), nos dias 2 e 3.8.07, conforme noticias extraídas do *site* do TST, do dia 2.8.08, sob o título "Magistrados brasileiros e portugueses discutem Direito do Trabalho", o que revela o interesse que a matéria vem despertando na atualidade entre os operadores do direito.

Como explica Bedaque, a intenção do legislador, nesse caso, é proteger o autor em face do dano marginal do processo, ou seja, daquele prejuízo inerente ao tempo normal e necessário a toda solução judicial. Todavia, esclarece muito bem o mencionado processualista que medida (antecipação de tutela) somente se justifica quando efetivamente resultar do comportamento do réu *atraso indevido* na prestação da tutela jurisdicional. É esse atraso indevido que aqui se denomina potencialização do dano marginal.

À parte o dano causado pela duração do processo, há outras modalidades de dano decorrentes da prática de abuso, que não têm, necessariamente, caráter patrimonial, mas têm o condão de comprovar que o abuso sempre vem acompanhado da ocorrência de um dano.

Mesmo antes da positivação da indenizabilidade do dano moral, ocorrida com a promulgação da Constituição de 1988, a doutrina já referia a ocorrência de dano moral em casos de abuso do processo civil. Com mais razão, a doutrina atual, agora com base no inc. X do art. 5º da Constituição, também prevê a possibilidade de dano moral em casos de abuso do processo.

Ademais, ainda que não se verifique qualquer das hipóteses mencionadas (ocorrência de dano patrimonial direto, de potencialização do dano marginal ou de dano moral), ainda assim pode-se falar em abuso do processo, sem que, para isso, seja necessário dispensar a figura do dano. Para tanto, basta recordar o quanto dito acerca do prejuízo que o abuso representa à administração da justiça (v. item 16.2, supra). Assim, independentemente da verificação de outros prejuízos, o abuso do processo provoca invariavelmente danos à eficiência da administração da justiça. Esse dado confirmado pela doutrina, que é totalmente concorde nesse ponto.

Conclui-se, pois, que, por qualquer ângulo que se analise a questão, o abuso do processo sempre provoca danos, tanto de caráter patrimonial como moral, quer em relação ao particular ou ao próprio Estado"[(15)].

No mesmo diapasão é a lição de *Celso Hiroshi Iocohama,* para quem, "se é possível constatar perdas materiais com o processo onde há um comportamento desleal, não restam dúvidas de que a dor moral poderá decorrer do mesmo comportamento", e acrescenta que "uma maior reflexão sobre o tema pode mesmo ensejar uma conclusão no sentido de que a dor moral chega a ser presumida pelo incômodo provocado pela conduta desleal, que inevitavelmente causa o inconformismo e a insatisfação com o processo por quem sofre com prolongamento indevido, por exemplo"[(16)].

Quando falamos alhures que o assédio processual tem relação com o assédio moral, é porque os elementos componentes deste último se assemelham àqueles, em virtude da sua ocorrência pelas práticas reiteradas de atos que visam a retardar o desfecho do processo, como a criação de incidentes no curso do processo, reiteração de atos que sabidamente seriam inócuos para mudar a situação do processo e outras hipóteses que indicam a sua ocorrência.

Nilton Rangel Barretto Paim e *Jaime Hillesheim* apresentam os seguintes elementos caracterizadores do assédio processual, a saber: *a dimensão da violência empregada* — a quantidade de incidentes e tentativas de emperrar o processo, argüições de preliminares

---

(15) *Abuso do Processo,* 2007, Revista dos Tribunais, SP, pp. 125/126.

(16) *Litigância de Má-fé e Lealdade Processual,* 2006, Juruá, Curitiba, PR, p. 227.

sabidamente inaplicáveis à causa, utilização de estratégias protelatórias na fase de execução compõem o acervo de medidas que dão dimensão ao Assédio Processual; *a duração dos ataques* — o tempo ganho pela parte com a utilização dos meios próprios do Assédio Processual, a quase 'eternização' do processo por conta das inúmeras investidas para diminuir sua marcha ressaltam o elemento temporal do Assédio Processual; *o objetivo* — no Assédio Processual o desânimo para com a demanda ajuizada faz com que parte e advogado esmoreçam, negligenciem e tropecem diante de ônus processuais que lhes cabem; *potencialidade das agressões* — as várias medidas protelatórias adotadas pelo agressor têm o condão de fazê-lo desistir da ação, desacreditar no Poder Judiciário, duvidar da seriedade do Juízo e até mesmo do seu defensor constituído"[(17)].

Após tais considerações, referidos autores definem o assédio processual como "o conjunto de práticas reprováveis de uma das partes do processo, observadas ao longo do seu desenrolar, que aterrorizando, desgastando, desestimulando e humilhando a parte adversa, visam a tumultuar e protelar o feito. Essas práticas objetivam obter vantagens de ordem processual"[(18)].

Evidentemente que se trata de uma teoria ainda embrionária que poderá vingar ou não, mas é uma realidade que se apresenta na ordem jurídica para ser debatida e merecendo desde já algumas observações, a saber:

— base legal — pode-se dizer que está alicerçada na Constituição Federal, nos artigos que tratam do dano moral (art. 5º, V e X), bem como nos arts. 186, 187 e 927 do CC, cujos textos constam na parte destinada à jurisprudência;

— justiça competente — em sendo os atos praticados na esfera da Justiça do Trabalho, esta será a competente para apreciação do pedido fundado em assédio processual;

— declaração de ofício pelo juiz — *Nilton Rangel Barretto Paim* e *Jaime Hillesheim* entendem que "o Assédio Processual pode ser declarado pelo juiz condutor do feito independentemente do requerimento da parte ofendida, haja vista o manifesto interesse público na moralização do processo judicial", e acrescentam que, "Entendemos que a condenação por Assédio Processual, inclusive, deve ser decretada *ex officio* pelo juiz da causa utilizando-se do mesmo critério utilizado pelos juízes anglo-americanos diante do chamado *contempt of court*, que significa, grosso modo, o comportamento de qualquer sujeito atuante no processo que possa ofender ao juiz ou tribunal na administração da justiça, ou diminuir sua autoridade ou dignidade"[(19)]. Quer nos parecer, no entanto, que a pretensão de indenização com fundamento em assédio processual sempre dependerá da provocação da parte prejudicada, a qual deverá comprovar a prática de atos que se distanciam da litigância de má-fé e dos atos atentatórios à dignidade da justiça, justamente para a configuração do assédio processual e possibilitar também o contraditório e a ampla defesa à parte adversa, já que são direitos assegurados pela Carta Magna (art. 5º, LV);

— fixação do valor — acreditamos que se aplica a mesma regra estipulada para a fixação da indenização por dano moral, qual seja, levando em conta a extensão do dano, a situação do ofensor e o sentido pedagógico. Reportamo-nos ao capítulo XVIII em que tratamos da fixação da indenização por dano moral.

---

(17) Ob. cit., p. 159.
(18) Ob. cit., p. 159.
(19) Ob. cit., p. 165.

Gostaríamos de registrar também que, embora a matéria já venha sendo objeto de questionamento judicial, ainda não se tem notícias de decisão que tenha julgado procedente a respectiva reivindicação, mas não pode ser descartada a sua ocorrência no processo.

Portanto, o debate sobre a questão merece efetivamente uma reflexão pelos operadores do Direito, pois encontramos situações em que a atuação do julgador fica restrita tão-somente ao seu poder diretivo no processo (aplicação das sanções às partes por litigância de má-fé e por ato atentatório à dignidade da justiça), quando, na verdade, o prejuízo maior está na conduta da parte adversa que arrasta o processo por vários anos com práticas reprováveis, criando para o titular do direito uma angústia que pode refletir na sua saúde.

Muitas hipóteses poderiam ser citadas em que o julgador, dentro das suas limitações, aplicou as sanções que estariam ao seu alcance e mesmo assim o processo continuou sendo alvo de investidas da parte devedora com o objetivo de tão-somente procrastinar o feito.

Finalmente, vale lembrar as afirmações de *Nilton Rangel Barretto Paim* e *Jaime Hillesheim*, no sentido de que "resta patente a idéia de que não se deve tolerar o abuso de direito, nem o excesso no seu exercício, em especial quando tais práticas se apóiam na supremacia econômica, *status* social ou qualquer outra forma de opressão em face de outrem no transcurso de relação jurídica processual. A inobservância dos abusos no processo fere o preceito constitucional de uma sociedade livre, justa e solidária, prevista no art. 3º, I, da Carta Magna"[20].

2. *REFERÊNCIAS LEGAIS*

Art. 1º A República Federativa do Brasil, formada pela união indissolúvel dos Estados e Municípios e do Distrito Federal, constitui-se em Estado Democrático de Direito e tem como fundamentos:

....

III — a dignidade da pessoa humana;

IV — os valores sociais do trabalho e da livre iniciativa;

....

Art. 5º Todos são iguais perante a lei, sem distinção de qualquer natureza, garantindo-se aos brasileiros e aos estrangeiros residentes no País a inviolabilidade do direito à vida, à liberdade, à igualdade, à segurança e à propriedade, nos termos seguintes:

....

V — é assegurado o direito de resposta, proporcional ao agravo, além da indenização por dano material, moral ou à imagem;

....

Código Civil de 2002

Art. 186. Aquele que, por ação ou omissão voluntária, negligência ou imprudência, violar direito e causar dano a outrem, ainda que exclusivamente moral, comete ato ilícito.

Art. 187. Também comete ato ilícito o titular de um direito que, ao exercê-lo, excede manifestamente os limites impostos pelo seu fim econômico ou social, pela boa-fé ou pelos bons costumes.

....

Art. 927. Aquele que, por ato ilícito (arts. 186 e 187), causar dano a outrem, fica obrigado a repará-lo.

Parágrafo único. Haverá obrigação de reparar o dano, independentemente de culpa, nos casos especificados em lei, ou quando a atividade normalmente desenvolvida pelo autor do dano implicar, por sua natureza, risco para os direitos de outrem.

....

(20) Ob. cit., p. 169.

Art. 940. Aquele que demandar por dívida já paga, no todo ou em parte, sem ressalvar as quantias recebidas ou pedir mais do que for devido, ficará obrigado a pagar ao devedor, no primeiro caso, o dobro do que houver cobrado e, no segundo, o equivalente do que dele exigir, salvo se houver prescrição.

....

Código de Processo Civil

TÍTULO II

DAS PARTES E DOS PROCURADORES

CAPÍTULO II

DOS DEVERES DAS PARTES E DOS SEUS PROCURADORES

Seção I

Dos Deveres

Art. 14. São deveres das partes e de todos aqueles que de qualquer forma participam do processo: ("Caput" *com redação dada pela Lei n. 10.358, 27.12.01, DOU 28.12.01). Em vigor 3 (três) meses, após a publicação.*

I — expor os fatos em juízo conforme a verdade;

II — proceder com lealdade e boa-fé;

III — não formular pretensões, nem alegar defesa, cientes de que são destituídas de fundamento;

IV — não produzir provas, nem praticar atos inúteis ou desnecessários à declaração ou defesa do direito;

V — cumprir com exatidão os provimentos mandamentais e não criar embaraços à efetivação de provimentos judiciais, de natureza antecipatória ou final. (*acrescentado pela Lei n. 10.358, 27.12.01, DOU 28.12.01). Em vigor 3 (três) meses após a publicação.*

— Vide *artigos 17, 340 e 485 do CPC.*

Parágrafo único. Ressalvados os advogados que se sujeitam exclusivamente aos estatutos da OAB, a violação do disposto no inciso V deste artigo constitui ato atentatório ao exercício da jurisdição, podendo o juiz, sem prejuízo das sanções criminais, civis e processuais cabíveis, aplicar ao responsável multa em montante a ser fixado de acordo com a gravidade da conduta e não superior a 20% (vinte por cento) do valor da causa; não sendo paga no prazo estabelecido, contado do trânsito em julgado da decisão final da causa, a multa será inscrita sempre como dívida ativa da União ou do Estado. *(acrescentado pela Lei n. 10.358, de 27.12.01, DOU 28.12.01). Em vigor 3 (três) meses após a publicação.*

— Vide *ADIn 2.652-6 (DOU 20.05.03).*

Art. 15. É defeso às partes e seus advogados empregar expressões injuriosas nos escritos apresentados no processo, cabendo ao juiz, de ofício ou a requerimento do ofendido, mandar riscá-las.

Parágrafo único. Quando as expressões injuriosas forem proferidas em defesa oral, o juiz advertirá o advogado que não as use, sob pena de lhe ser cassada a palavra.

— Vide *artigo 445 do CPC.*

Seção II

Da Responsabilidade das Partes por Dano Processual

Art. 16. Responde por perdas e danos aquele que pleitear de má-fé como autor, réu ou interveniente.

— Vide *artigos 574, 811 e 881, parágrafo único, do CPC.*

— Vide *artigos 1.059 a 1.061 e 1.531 do CC/1916; e artigos 402 a 404 e 940 do CC/2002.*

Art. 17. Reputa-se litigante de má-fé aquele que: ("Caput" *com redação dada pela Lei n. 6.771, 27.3.80*)

I — deduzir pretensão ou defesa contra texto expresso de lei ou fato incontroverso; (*redação dada pela Lei n. 6.771, 27.3.80)*

II — alterar a verdade dos fatos; (*redação dada Lei n. 6.771, 27.3.80)*

III — *usar* do processo para conseguir objetivo ilegal; (*redação dada pela Lei n. 6.771, 27.3.80*)

IV — opuser resistência injustificada ao andamento do processo; (*redação dada pela Lei n. 6.771, 27.3.80)*

V — proceder de modo temerário em qualquer incidente ou ato do processo; (*redação dada pela Lei n. 6.771, 27.3.80*)

VI — provocar incidentes manifestamente infundados; (*redação dada pela Lei n. 6.771, 27.3.80*)

VII — interpuser recurso com intuito manifestamente protelatório. (*acrescentado pela Lei n. 9.668, 23.6.98*).

— Vide *artigos 14, 31, 129, 599, II, a 601 do CPC.*

Art. 18. O juiz ou tribunal, de ofício ou a requerimento, condenará o litigante de má-fé a pagar multa não excedente a 1% (um por cento) sobre o valor da causa e a indenizar a parte contrária dos prejuízos que esta sofreu, mais os honorários advocatícios e todas as despesas que efetuou. ("Caput" *com redação dada pela Lei n. 9.668, 23.6.98)*

§ 1º Quando forem dois ou mais os litigantes de má-fé, o juiz condenará cada um na proporção do seu respectivo interesse na causa, ou solidariamente aqueles que se coligaram para lesar a parte contrária.

§ 2º O valor da indenização será desde logo fixado pelo juiz, em quantia não superior a 20% (vinte por cento) sobre o valor da causa, ou liquidado por arbitramento. (*redação dada pela Lei n. 8.952, 13.12.94)*

— Vide *artigos 20, § 4º, 69 e 1.069 do CPC.*

— Vide *artigos 904 a 915 do CC/1916; e artigos 275 a 285 do CC/2002..*

Art. 600. *Considera-se atentatório à dignidade da Justiça o ato do executado que:* ("Caput" *com redação dada pela Lei n. 11.382, 6.12.06, DOU 7.12.06)*

I — frauda a execução; *(redação dada pela Lei n. 5.925, de 1º.10.73)*

— Vide *artigo 593 do CPC.*

II — se opõe maliciosamente à execução, empregando ardis e meios artificiosos; *(redação dada pela Lei n. 5.925, de 1º.10.73)*

III — resiste injustificadamente às ordens judiciais; *(redação dada pela Lei n. 5.925, de 1º.10.73)*

IV — intimado, não indica ao juiz, em 5 (cinco) dias, quais são e onde se encontram os bens sujeitos à penhora e seus respectivos valores. *(Redação dada pela Lei n. 11.382, 6.12.06, DOU 7.12.06)*

Art. 601. Nos casos previstos no artigo anterior, o devedor incidirá em multa fixada pelo juiz, em montante não superior a 20% (vinte por cento) do valor atualizado do débito em execução, sem prejuízo de outras sanções de natureza processual ou material, multa essa que reverterá em proveito do credor, exigível na própria execução. ("Caput" *com redação dada pela Lei n. 8.953, 13.12.94)*

Parágrafo único. O juiz relevará a pena, se o devedor se comprometer a não mais praticar qualquer dos atos definidos no artigo antecedente e der fiador idôneo, que responda ao credor pela dívida principal, juros, despesas e honorários advocatícios. (*Parágrafo único com redação dada pela Lei n. 5.925, 1.10.73)*

3. JURISPRUDÊNCIA

....

No processo TRT 2ª Reg. RO 02784200406302004 — (Ac. 20050751918), tendo como Relatora a Juíza Jane Granzoto Torres da Silva, julgado em 12.12.05, foi reformada a decisão primária que teria condenado o reclamado ao pagamento da indenização por dano moral sob o enfoque de assédio processual, cujo voto da Juíza Relatora transcrevemos abaixo:

"DA INDENIZAÇÃO POR DANOS MORAIS

A MM. Vara de Origem condenou a reclamada no pagamento da indenização por danos morais postulada pelo autor, sob o fundamento de que teria a ré cometido *assédio processual* que, segundo seu entendimento, seria a *procrastinação por uma das partes no andamento de processo, em qualquer uma de suas fases, negando-se a cumprir decisões judiciais, amparando-se ou não em norma processual, para interpor recursos, agravos, embargos, requerimentos de provas, petições despropositadas, procedendo de modo temerário e provocando incidentes manifestamente infundados, tudo objetivando obstaculizar a entrega da prestação jurisdicional à parte contrária.* No entanto, em que pesem as brilhantes argumentações de vanguarda contidas na r. decisão originária, não vislumbro a indigitada postura irregular imputada à reclamada.

Com efeito, a farta documentação encartada aos autos pelo reclamante, aponta ter sido entabulado entre as partes acordo em reclamação trabalhista apresentada pelo autor ainda na década de 80, no qual as partes estabeleceram o pagamento de uma importância fixa, mais a obrigatoriedade da ré em proceder à complementação de aposentadoria postulada pelo obreiro. A mesma documentação denuncia ter a reclamada efetuado o pagamento da verba pré-fixada e iniciado a quitação da complementação mensal da aposentadoria do obreiro, segundo critérios que entendeu estarem juridicamente corretos. Assim, fica afastado de plano o argumento utilizado pelo reclamante e equivocadamente acolhido pela MM. Vara de Origem, no sentido de que a reclamada teria provocado o *descumprimento do acordo judicial celebrado.*

Diante da situação processual acima delineada, travou-se a discussão, em sede de execução, quanto à correção dos valores quitados mensalmente pela ré, de modo absolutamente justificável juridicamente, a qual foi dirimida naqueles autos, inclusive com utilização de auxílio técnico contábil para elaboração de cálculos.

Também a alegação do autor, mais uma vez equivocadamente acolhida pela MM. Vara de Origem, no sentido de que a ré teria procrastinado o final da controvérsia, provocando incidentes processuais, não encontra eco nos elementos constantes dos autos. Como já supra enfatizado, a execução do acordo firmado perante a 23ª Vara do Trabalho de São Paulo demanda a consideração de obrigações de caráter continuativo, mês a mês, o que efetivamente justifica a existência dos diversos cálculos elaborados. Cumpre ressaltar que, não foi a reclamada quem isoladamente ocasionou a demora no término daquele litígio, já que os documentos de fls. 367/368 comprovam que os cálculos elaborados pelo reclamante também não estavam corretos, tanto que naquela oportunidade a 23ª Vara do Trabalho de São Paulo homologou as contas ofertadas pela reclamada.

Não bastassem os argumentos já externados, o simples exercício do direito de petição, bem como a utilização de todos os meios recursais e processuais previstos na legislação, nem de longe se apresentam como ato ilícito causador de dano ensejador de reparação, mas ao contrário, encontram respaldo na Constituição Federal.

É certo que a legislação processual recursal clama por modificações. Contudo, não se pode imputar conduta culposa ou dolosa à parte que se utiliza das medidas processuais previstas na legislação ainda em vigor.

Reformo, pois, a r. decisão de origem, para julgar improcedente a ação" (www.trt2.gov.br, 23.7.07)

Dano moral processual — Configuração — Espécies — Competência material e funcional

Ementa: DANO MORAL PROCESSUAL — CONFIGURAÇÃO — ESPÉCIES — COMPETÊNCIA MATERIAL E FUNCIONAL. 1. Diz-se processual o dano que uma das partes causa à outra no curso do processo. II. Não se distingue no processo, entre dano material e moral. Diferentemente do plano material em que todo dano é ressarcível, no plano processual, em respeito aos princípios do contraditório e da ampla defesa, só é indenizável o dano que decorre de conduta subsumível a pelo menos um dos *standards* previstos em lei. III. É competente para processar e julgar pedido de indenização por dano processual — moral ou material — o segmento judiciário (competência material) e, dentro dele, o órgão jurisdicional que processa e julga a lide originária (competência funcional). TRT 1ª Reg. — RO-00625-2005-065-0 1-00-1 — (Ac. 1ª. T., j. 7.11.06) — Rel. Des. Luiz Carlos Teixeira Bomfim.

Extrai-se do voto do Relator o seguinte fundamento:

"I. DA ADMISSIBILIDADE DO RECURSO

I.1. DA RECORRIBILIDADE DA DECISÃO RECORRIDA

Ainda que as partes não tenham armado controvérsia no tocante à sua recorribilidade, merece registro o fato de que o presente recurso é interposto contra decisão interlocutória.

O ato recorrido não extingue o processo, seja com julgamento da lide (CPC, Art.269), seja sem julgá-la (CPC, Art.267). Não se trata, portanto, de sentença (CPC, Art.162, I) mas de simples decisão interlocutória (CPC, Art.162, § 2º) contra a qual não cabe recurso imediato (CLT, Art.893, § 1º) no processo do trabalho. Sucede que tal decisão implica a extinção do processo na Justiça do Trabalho, o que a toma assimilável à sentença terminativa (CPC, Art.267) que, tanto quanto a sentença de mérito (CPC, Art. 269), desafia recurso ordinário (CPC, Art. 895, a), tal como assentado na jurisprudência há várias décadas.

O silêncio das partes dispensaria a sustentação da recorribilidade da decisão impugnada, na medida em que os juízos positivos de admissibilidade dos recursos não carecem de fundamentação. Fica, contudo, o registro.

I.2. DOS PRESSUPOSTOS DO RECURSO

Satisfeitos os pressupostos intrínsecos e extrínsecos do recurso, tais como sucumbência em decisão interlocutória *sui generis*, legitimidade e interesse, tempestividade, adequação, regularidade e preparo, conheço o recurso.

II.2. QUESTÕES PROCESSUAIS *SUB JUDICE*

O recurso suscita duas questões processuais relevantes, embora apenas uma delas seja expressamente veiculada nas razões que o informam: a questão em torno da competência material deste segmento judiciário para processar e julgar dano moral decorrente da conduta da parte no processo, explicitada nas razões do recurso, e aquela relativa à competência funcional, nele necessariamente implícita. Não importa. Tratando-se de questões relativas a pressuposto de formação e desenvolvimento válido e regular da relação processual, ambas devem ser objeto de análise e decisão (CPC, Art.267, §, 3º), desde que o sejam antes da publicação da sentença, independentemente de iniciativa da parte. E o que se intenta nos capítulos que se seguem.

II.3. COMPETÊNCIA *RATIONE MATERIAE* NO DANO PROCESSUAL MORAL

Diz-se processual o dano causado pela conduta de uma das partes à outra no curso do processo. Nas exíguas razões desta motivação, não se cuida das exaustivas definições de dano, das distinções conceituais entre dano moral e dano material, nem da ressarcibilidade de um e de outro porque guardariam duvidosa pertinência à questão do dano moral no processo, que constitui o objeto estritamente processual deste acórdão. Aos fins a aqui colimados basta a definição elementar de dano como o efeito negativo de ato ou omissão ilícitos na esfera jurídica de outrem. O dano é material quando alcança bens de natureza patrimonial suscetíveis de expressão monetária e moral quando alcança bens de natureza extrapatrimonial. Num e noutro caso, é indenizável por força de norma constitucional. O dano que ocorre nas relações quotidianas identifica-se simplesmente como dano (eventual adjetivo ou locução adjetiva que o qualifiquem refere-se a seus atributos no plano de direito ou de fato) e é ressarcido conforme as regras de direito material. Contudo, quando ocorre dentro do processo, diz-se que se trata de dano processual. O dano em geral e o dano processual em especial são indenizáveis, tenham natureza patrimonial ou moral. Conforme a estrutura do Código de Processo Civil, o dano processual lato sensu) é gênero de que são espécies a litigância de má-fé e o ato atentatório à dignidade da Justiça. A primeira espécie se encontra na Seção II, do Capítulo II, do Livro I, que regula o Processo de Conhecimento, e trata da “Responsabilidade das Partes por Dano processual” (CPC, Art.16 usque 18); a segunda é regulada no Capítulo V, do Título I, do Livro II que dispõe sobre o processo de execução e trata dos atos atentatórios à dignidade da justiça (CPC, Art.598/601).

Não se distingue no processo entre dano moral e material, senão conceitualmente, até porque o mesmo ato ou omissão pode dar causa a um, a outro ou a ambos. Contudo, a configuração do dano processual, num e noutro caso, é ainda mais complexa que aquela decorrente da violação a direito material, na medida em que a Constituição inclui os princípios do contraditório e a ampla defesa (C.R.F.B., Art. 5º, LV) entre os direitos e garantias fundamentais. E precisamente por isso que a lei processual estatui *standards* de conduta processualmente ilícita. Daí a distinção essencial entre dano (a direito) material e dano (a direito) processual, além daquela que resulta do fato óbvio de que este ocorre no processo. Enquanto o primeiro tem amplo *tatbstand* constitucional (havendo dano há indenização), o segundo só é ressarcível quando a conduta da parte se subsuma a um dos *standards* de estrita previsão legal (só é indenizável o dano processual que se subsuma a um dos *standards* previstos na lei). É intuitivo, pois, que a competência para processar e julgar pedido de reparação por dano processual é do próprio juízo onde corre o processo em que este se deu. Além de intuitivo, há razões técnicas que assinalam nesse sentido. Em primeiro lugar, porque o Código de Processo Civil dispõe expressamente:

Art. 109. O juiz da causa principal é também competente para a reconvenção, a ação declaratória incidente, as ações de garantia e outras que respeitam ao terceiro interveniente.

É costume conceituar reconvenção como a ação ajuizada pelo réu contra o autor no mesmo processo em que é demandado. Pouco importa que o seja simultaneamente à contestação, depois dessa ou mesmo após a sentença. No primeiro caso (no prazo para contestação) há reconvenção stricto sensu; nos outros dois há reconvenção *lato sensu*. A diferença é de procedimento. A reconvenção propriamente dita (stricto sensu) segue procedimento específico (CPC, Art. 297!), é processada nos mesmos autos e é julgada na mesma sentença (CPC, Art. 318) decorrido o prazo para contestação, a reconvenção em sentido amplo (lato sensu) deve ser ajuizada em separado, distribuída por dependência, autuada e compensada.

Substancialmente, o que importa é que o pedido reconvencional (CPC, Art. 315) seja conexo com a da ação principal ou com o fundamento da defesa. Seja no caso da reconvenção em sentido estrito seja em sentido amplo, a competência funcional para processá-la é do juiz da causa original.

Entenda-se, portanto, que as ações que tenham origem em determinado processo devem ser julgadas pelo juiz competente para o feito originário. Salvo, é claro, se houver o óbice da incompetência absoluta (*verbi gratia,* lide civil e lide penal). Além disso, se o juiz da causa é competente para aplicar, de oficio, as cominações por litigância de má-fé e por ato atentatório à dignidade da Justiça (CPC, Art. 18 com maior razão o será para aplicá-las a requerimento da parte. Se é certo que parte da doutrina (vide José Carlos Barbosa Moreira) relutava em admitir a imposição das cominações por dano processual de ofício, em obsequioso respeito ao princípio dispositivo que subordina toda sanção judicial à iniciativa da parte, é certo também que tal objeção perdeu sustentação a partir da Lei 9.668 de 23 de junho de 1993 que deu a redação atual ao Código de Processo Civil:

"Art. 18. O juiz ou tribunal, de ofício ou a requerimento, condenará o litigante de má-fé a pagar multa não excedente a 1% (um por cento) sobre o valor da causa e a indenizar a parte contrária dos prejuízos que esta sofreu, mais honorários advocatícios e todas as despesas que efetuou"

Se o pedido vem a ser deduzido após o julgamento da lide originária, como ocorre no caso *sub judice*, tal circunstância não interfere na competência material, *ex ratione materiae* do segmento jurisdicional competente para o julgamento da lide original e da lide dela derivada. Dá-se entre elas o fenômeno da conexão por sucessividade, a exemplo do que ocorre entre o processo de conhecimento e o processo execução: o juiz que julga o processo de conhecimento é competente para o processo de execução, para o processo cautelar e para as lides derivadas do primeiro ou deste último. Declaro, pois, a competência deste segmento judiciário para processar e julgar o pedido de dano processual moral derivado da lide trabalhista originária.

II.3 DA COMPETÊNCIA FUNCIONAL PARA JULGAMENTO DÁ LIDE DERIVADA

O pedido veiculado no presente recurso e sustentado nas razões que o informam consiste em que se declare a competência material deste segmento judiciário *ex ratione materiae*. O recorrente não pede que a competência funcional para processar e julgar o feito seja atribuída a uma das varas pelas quais o processo tramitou ou a outra qualquer. Nada importa.Tal como a competência material *ex ratione materiae*, que a pressupõe, a competência funcional é absoluta e por isso mesmo constitui pressuposto de formação e desenvolvimento válido da relação processual. Como tal, pode e deve ser examinada e decidida quando se apresentam questões relevantes, independentemente de iniciativa da parte (CPC, Art. 267, § 3º), desde que a matéria venha à baila antes da sentença. Ora, à semelhança da competência material para o julgamento da lide derivada, que se determina pelo critério da conexão por sucessividade, a competência funcional, uma vez fixada aquela, determina-se pela prevenção. Dispõe a lei processual a propósito:

Art. 106. Correndo em separado ações conexas perante juízes que têm a mesma competência territorial, considera-se prevento aquele que despachou em primeiro lugar.

Ainda que não se cogite aqui de competência funcional em razão do lugar (ex ratione loci) ou em razão do valor (*ex ratione muneris)* — ambas de natureza relativa —, mas de competência funcional absoluta, aplica-se o dispositivo supra-transcrito ao caso *sub judice*. Se os órgãos jurisdicionais percorridos são de idêntica competência material absoluta, *ex ratione materiae*, e de igual competência relativa, *ex ratione loci,* competente é aquele que conheceu a causa originária, em razão da prevenção.

Declaro, pois de ofício, a competência funcional do juízo da causa originária (no caso, a mm. 42ª Vara do Trabalho) para processar e julgar o presente feito."

Litigância de má-fé — Prejuízo processual — Enquadramento do fato como dano moral — Não configuração

Ementa: INDENIZAÇÃO POR DANO MORAL DECORRENTE DE LITIGÂNCIA DE MÁ-FÉ. INCABÍVEL. É indevida indenização por dano moral vinculada a prejuízo processual ocorrido em outra ação da qual participaram as mesmas partes. Sendo processual o prejuízo, a parte fica sujeita à sanção por litigância de má-fé, prevista nos arts. 16 e seguintes e 600 e seguintes, todos do CPC. Incabível o enquadramento do fato como dano moral, sob pena de dupla pena (litigância de má-fé cumulada com dano moral). TRT 15ª Reg. (Campinas/SP) — RO 0239-2006-143-15-00-8 — (Ac. 54113/06-PATR, 1ª C.) — Rel. Juiz Luiz Roberto Nunes. DJSP 24.11.06, p. 17.

Da decisão acima, colhe-se o seguinte fundamento:

"Indenização por dano moral / Prejuízo processual

O reclamante pugna pelo deferimento de indenização por dano moral — à base de R$ 3.000,00 por mês de litígio, desde o ajuizamento da ação trabalhista n. 00893-1996-030-15-00-0 até o trânsito em julgado da última decisão (fls. 11) —, sob o argumento de que a reclamada exerceu abusivamente seu direito de defesa no citado processo, retardando a satisfação de seu crédito.

Não merece provimento sua irresignação.

Para a configuração do dano é necessário o preenchimento de quatro requisitos essenciais: ação ou omissão, culpa ou dolo, dano e nexo de causalidade. O nexo causal refere-se a elementos objetivos, constantes na ação ou omissão do sujeito, atentatório ao direito alheio, que produza dano moral ou material. Nesse passo, a responsabilidade civil emana da obrigação de reparar o prejuízo causado a alguém por outrem em razão de ato ilícito.

No caso em análise, o reclamante postula indenização por dano moral vinculada a **prejuízo processual** ocorrido em ação da qual participaram as mesmas partes (n. 00893-1996-030-15-00-0). Ora, sendo **processual** o prejuízo, resta evidente que poderia a reclamada ter sido enquadrada como litigante de má-fé se tivesse praticado abuso, eis que o ordenamento jurídico vigente prevê meios de coibi-lo mediante sanções (artigos 16 e seguintes, e 600 e seguintes, todos do CPC).

Não obstante isso, como bem aduzido pela origem (item 5 — fls. 455/457), "o reclamante não faz jus a qualquer indenização decorrente do fato de a reclamada, em outro feito, onde contendem as mesmas partes, versando sobre direitos trabalhistas e a responsabilidade por sua quitação, utilizar-se de todas as possibilidades de defesa previstas no ordenamento jurídico-processual, desta forma delongando o andamento do processo. Em verdade, exatamente porque previstos no ordenamento jurídico os remédios processuais de que lançou mão a reclamada, é que esta não comete qualquer ato ilícito. Aliás, ato ilícito é antítese da observância do ordenamento jurídico, é conduta antijurídica, não amparada por qualquer norma legal". E continua: "E se todos os recursos ou incidentes provocados pela reclamada durante a tramitação do processo principal estão previstos em lei, como dizer da conduta antijurídica levada a efeito pela demandada, capaz de lhe ensejar indenização por danos morais?". Ora, "... o fato é que, na hipótese dos autos, todos os recursos e todos os incidentes de que se valeu a reclamada na reclamatória trabalhista mencionada na inicial tiveram por intuito não o prejuízo do autor, pura e simplesmente, *mas o proveito da reclamada, na tentativa de livrar-se da execução que, a certa altura da tramitação processual, voltou-se contra a empresa*". Se adotada a "corrente subjetivista, não se veria demonstrada a intenção de prejudicar, ou mesmo o agir culposo por parte da reclamada, de forma a considerar abusiva ou ilícita a sua atuação nos autos do processo acima referido". "Se adotada a tese objetivista, ... a demandada, ainda que de alguma forma tenha prejudicado o autor, *o fez na defesa de seu interesse e não apenas para prejudicar a parte contrária*".

Ressalto que a litigância de má-fé há que ser apurada no bojo do processo original (n° 00893-1996-030-15-00-0), não podendo de forma alguma ser perquerida em outra ação posterior (n. 00239-2006-143-15-00-8), ajuizada 10 anos após o início do primeiro processo.

Ainda que restasse provada a litigância de má-fé no processo original (n. 00893-1996-030-15-00-0), é incabível o enquadramento deste mesmo e único fato como dano moral, visto que o ordenamento jurídico prevê o apenamento por deslealdade processual (artigos 16 e seguintes, e 600 e seguintes, todos do CPC). E a prevalecer a tese do recorrente, estar-se-ia sancionando em duplicidade (dano moral cumulado com litigância de má-fé — *bis in idem*) um único descumprimento à legislação.

Destaco, aliás, decisões deste E. TRT em igual sentido nos processos n. 09186-2005-143-15-00-0 (Relatora Juíza Erodite Ribeiro dos Santos de Biasi), n. 9254-2005-143-15-00-0 e n. 00302-2006-143-15-00-6 (Relator Juiz Thomas Malm).

Nego provimento.

Do exposto, decido conhecer do recurso ordinário interposto pelo reclamante e negar-lhe provimento, nos termos da fundamentação.

Para fins recursais, ficam mantidos os valores arbitrados pela decisão recorrida."

4. BIBLIOGRAFIA

Ana Lúcia Lucker Meirelles de Oliveira, *Litigância de Má-fé,* 2000, RT, SP; Celso Hiroshi Iocohama, *Litigância de Má-fé e Lealdade Processual*, 2006, Juruá, Curitiba, PR; Gustavo de Medeiros Melo, O Acesso Adequado à Justiça na Perspectiva do Justo Processo. *In Processo e Constituição.* Estudos em Homenagem ao Professor José Carlos Barbosa Moreira, Coordenação de Luiz Fux, Nelson Nery Jr. e Teresa Arruda Alvim Wambier. fev./2006, RT, SP; Helena Najjar Abdo, *Abuso do Processo,* 2007, Revista dos Tribunais, SP; José Roberto dos Santos Bedaque, *Efetividade do Processo e Técnica Processual*, junho/2006, Malheiros Editores, SP; Leonel Maschietto, *A Litigância de Má-fé na Justiça do Trabalho, Princípios, Evolução Histórica, Preceitos Legais e Análise da Responsabilização do Advogado*, Junho 2007, LTr, SP; Miguel Calmon Dantas, Direito Fundamental à Processualização. *In Constituição e Processo.* Coordenação de Luiz Rodrigues Wambier Freddie Jr. e Luiz Manoel Gomes Jr., 2007, Editora JusPodvm, Salvador, BA; Nilton Rangel Barretto Paim e Jaime Hillesheim, O Assédio Processual no Processo do Trabalho. *In Justiça do Trabalho e Dignidade da Pessoa Humana,* Amatra 23, Coordenador João Humberto Cesário, março/2007, LTr, SP; Reginald Felker, *O Dano Moral, o Assédio Moral e o Assédio Sexual nas Relações de Trabalho,* LTr, SP; Valter Ferreira Maia, *Litigância de Má-Fé no Código de Processo Civil,* 2002, Forense, Rio.

CAPÍTULO IX

DANO MORAL E OS DIREITOS DA PERSONALIDADE

1. COMENTÁRIO

A proteção da dignidade da pessoa humana foi uma das maiores conquistas da Constituição de 1988, elegendo-a como um dos princípios fundamentais da República Federativa do Brasil (CF, art. 1º, inc. III).

Ressalta *Luciane Cardoso Barzotto* que "A dignidade humana está intrinsecamente vinculada ao respeito à liberdade e à igualdade do homem. O valor da liberdade manifesta a dignidade humana como um mínimo inviolável de direitos da pessoa, dos quais esta não pode se privar, no exercício de sua autodeterminacão e expressão de sua personalidade. No que diz respeito à igualdade, a noção de dignidade humana se constrói a partir do declínio da sociedade hierárquica, com as revoluções liberais, em substituição à noção de honra. Com o surgimento de uma sociedade formalmente isonômica, desenvolveu-se o conceito de dignidade, num contexto universalista, em que se proclama a igualdade a todos os cidadãos, nos direitos. Reconhecer-se digno é ser identificado como da mesma categoria de outro ser, igualmente humano. A igualdade consiste no igual direito às próprias diferenças que faz, ao mesmo tempo, um ser humano semelhante e diferente dos demais. Em todos os direitos humanos declarados existe um substrato de dignidade da pessoa que contempla direta ou indiretamente valores da liberdade e da igualdade. A dignidade é qualidade inerente do ser humano. E bem indeclinável frente a outros bens aos quais ordena"[1].

E acrescenta ainda a autora que "Como o ser humano faz jus ao respeito e consideração, a distinção que merece supõe ações de promoção do seu desenvolvimento e de prevenção de sua degradação. Numa ordem social, fala-se que a dignidade humana, analiticamente, se expressa em dignidade jurídica, política e econômica. Ela resulta, do ponto de vista jurídico, do fato de que a pessoa é sujeito e fim do direito. O direito protege atributos da personalidade do homem, negando o domínio de uma pessoa sobre a outra. A dignidade humana é pressuposto da determinação do direito, como é também o seu limite, visto que introduz no ordenamento jurídico o respeito recíproco, que restringe a esfera de ação de cada indivíduo. O direito é produzido pelo homem e para o homem"[2].

Com a finalidade de tutelar a dignidade da pessoa humana, a nossa Constituição enumerou diversos direitos e garantias em seu Título II — Dos Direitos e Garantias Fundamentais, isto porque "ao redor do ser humano gira uma série de direitos subjetivos, que nele se titularizam e lhe servem de proteção jurídica. É a esfera defensiva que o envolve e o acompanha onde e para onde ele for. A garantia da inviolabilidade se contrapõe a qualquer violação, ou

(1) *Direitos Humanos e Trabalhadores. Atividade Normativa da Organização Internacional do Trabalho e os Limites do Direito Internacional do Trabalho,* 2007, Livraria do Advogado Editora, Porto Alegre, RS, p. 19.
(2) Ob. cit., pp. 19/20.

ofensa, relativamente a cada um dos direitos integrantes da esfera jurídica protetora. Seria utopia dizer que o fato da existência deste manto protetor garante a inviolabilidade. Não é bem assim, porque não há segurança ou prevenção suficientes para obstar ataques ou ofensas na área do círculo protetor. Aí o princípio da inviolabilidade se transforma em proteção à reparação indenizatória. Repara-se o que foi violado, substituída a ofensa por indenização"[3].

A Constituição Federal, com a valorização da pessoa humana, como já visto, tutela os direitos da personalidade na condição de direitos fundamentais, daí por que assinala com propriedade *Elimar Szaniawski* que "a Constituição brasileira edifica o direito geral de personalidade a partir de determinados princípios fundamentais nela inseridos, provenientes de um princípio matriz que consiste no *princípio da dignidade* da pessoa humana. Os princípios constitucionais, dispostos na Carta Magna, constituem o arcabouço da tutela da pessoa humana em nível constitucional, como um grande sistema de proteção do direito geral de personalidade. Tendo em vista a importância e a extensão do *princípio da dignidade da pessoa humana,* como princípio matriz, do qual irradiam todos os direitos fundamentais do ser humano. Vinculando o poder público como um todo, bem como os particulares, pessoas naturais ou jurídicas e sendo o direito da pós-modernidade um direito que possui por destinatário final a pessoa humana exercendo uma função social, todo o direito posto deve ser lido e interpretado à luz da Constituição, em especial, segundo os postulados do princípio da dignidade da pessoa humana"[4]. Nesse sentido, *Arion Sayão Romita*, citando *Jorge Miranda*, constitucionalista português, afirma que "nas hipóteses em que estiver ameaçada a dignidade da pessoa humana ou que comportem abusos de poder de fato, há consenso em torno da incidência direta e imediata dos direitos fundamentais"[5].

Os direitos subjetivos aludidos estão intimamente ligados ao homem e por essa razão são titulados de direitos da personalidade, os quais, uma vez violados, comportam a devida reparação pelo ofensor.

Com efeito, o inciso X do art. 5º da Carta Magna estabelece que "são invioláveis a intimidade, a vida privada, a honra e a imagem das pessoas, assegurado o direito à indenização pelo dano material ou moral decorrente de sua violação", e, no inciso V, que "é assegurado o direito de resposta, proporcional ao agravo, além da indenização por dano material, moral ou à imagem".

Entende *Dilvanir José da Costa* que "o direito da personalidade é expoente do direito civil e a manifestação superior do instinto da conservação da vida. Os direitos personalíssimos são o princípio e o fim dos direitos civis, assim como o homem é o princípio e o fim do direito e da vida em sociedade: o *omne jus hominum causa*"[6].

Ressalta *Costa* que "a manifestação primeira do instinto da conservação da vida consiste na proteção e defesa da própria vida, da integridade física, psíquica e moral e das liberdades fundamentais, bem como na tutela dos demais atributos que compõem o variado complexo quadro dos bens personalíssimos. Destacam-se, esses bens ou valores, pela íntima e profunda vinculação ao homem, pelo caráter pessoal, moral, extra ou suprapatrimonial e, portanto, inalienável. São os únicos direitos subjetivos em que a pessoa (e atributos) figura como titular e

---

(3) Nascimento, Tupinambá Miguel Castro do. *Comentários à Constituição Federal — Direitos e Garantias Fundamentais — Artigos 5º a 17*, 1997, Livraria do Advogado, Porto Alegre, RS, p. 15.

(4) *Direitos de Personalidade e sua Tutela*, 2ª ed., 2005, RT, SP, p. 121.

(5) *Direitos Fundamentais nas Relações de Trabalho*, julho/2005, LTr, SP, p. 176.

(6) *Sistema de Direito Civil à Luz do Novo Código Civil*, 2003, Forense, Rio, p. 11.

objeto da relação jurídica. Destacam-se, ainda, pelo caráter absoluto, no sentido de que se exercem *erga omnes* ou contra todos os demais membros do convívio social, inclusive contra o Estado, os quais figuram na relação jurídica personalíssima, como devedores da chamada obrigação passiva universal, consistente no dever geral de respeito aos bens ou valores da personalidade de cada cidadão"[7].

Quanto à classificação dos direitos da personalidade, é mister esclarecer que ela varia segundo a posição de cada doutrinador. No entanto, entre as existentes, preferimos a de *Pontes de Miranda,* que assim os classifica:

"a) direito à vida;

b) direito à integridade física;

c) direito à integridade psíquica;

d) direito à liberdade;

e) direito à verdade;

f) direito à honra;

g) direito à própria imagem;

h) direito à igualdade;

i) direito ao nome;

j) direito à intimidade;

k) direito ao sigilo; e

l) direito autoral"[8].

Afirma também *Paulo Roberto Benasse* que "entre as mais conhecidas classificações dos direitos da personalidade, outra das mais aceitas é a de DE CUPIS, que os classifica em:

"I — Direito à vida e à integridade física;

II — Direito sobre as partes destacadas do corpo e o direito sobre o cadáver;

III — Direito à liberdade;

IV — Direito ao resguardo (direito à honra, ao resguardo e ao segredo);

V — Direito à identidade pessoal (direito ao nome, ao título e ao sinal pessoal);

VI — Direito moral do autor"[9].

Tais direitos estão sistematizados no Capítulo II — Dos Direitos da Personalidade, Livro I, do Novo Código Civil (Lei n. 10.406, de 10 de janeiro de 2002), que entrou vigor em 11.1.03, precisamente nos arts. 11 a 21; na parte destinada às referências legais, destacamos os artigos que possuem maior aplicação no campo das relações trabalhistas.

De notar-se que o empregador detém o poder diretivo sobre os empregados em função dos riscos do empreendimento, mas esse poder deve ser exercido com moderação e com respeito aos direitos personalíssimos do empregado. Este deve cumprir as obrigações para as

---

(7) Ob. cit., pp. 11/12.

(8) *Apud* Benasse, Paulo Roberto. *A Personalidade, os Danos Morais e sua Liquidação de Forma Múltipla*, 2003, Forense, Rio, p. 15.

(9) *A Personalidade, os Danos Morais e sua Liquidação de Forma Múltipla*, 2003, Forense, Rio, p. 16.

quais foi contratado, respeitando também a pessoa do seu empregador e a própria empresa, porque, nos termos do art. 52 do NCC, "aplica-se às pessoas jurídicas, no que couber, a proteção dos direitos da personalidade".

Ensina *Magano* que "o exercício regular de um direito não pode gerar obrigação de indenizar. Assim, o empregador que dispense um empregado, pagando-lhe todas as verbas rescisórias, jamais poderá ser responsabilizado por danos morais"(10). O mesmo sucede quando há dispensa por justa causa pelo empregador, nos limites normais permitidos. Aqui, pode acontecer que o empregado tenha cometido uma falta que, na visão do empregador, seja passível de dispensa por justa causa, mas na reclamatória trabalhista o juízo entenda que houve rigor excessivo na punição, revertendo-se para dispensa sem justa causa.

Aliás, nesse sentido é também a lição de *Magano,* quando afirma que "a mera invocação de dispositivos configuradores de justa causa, mesmo quando esta não fique provada, não acarreta a obrigação de ressarcir danos morais. Só ficará por estes responsável o empregador que fizer a invocação de falta grave de modo abusivo, com o desígnio de ferir o código de ética do empregado"(11).

Vale registrar que o art. 932, III, do Novo Código Civil prescreve que "são também responsáveis pela reparação civil: (...) III — empregador ou comitente, por seus empregados, serviçais e prepostos, no exercício do trabalho que lhes competir, ou em razão dele".

Comentando a respeito do art. 932 e do seu inciso III, afirma *Fabrício Zamprogna Mattielo* que "a responsabilidade civil do empregador ou comitente é dos mais preciosos institutos que existem na seara da reparação de danos, pois geralmente impede que os lesados fiquem sem a composição dos prejuízos sofridos, dada a freqüente verificação do estado de insolvência dos causadores diretos do ilícito. Quando os empregados, serviçais ou prepostos estiverem no desempenho do trabalho que lhes competir, ou agirem em virtude da relação mantida com os empregadores ou comitentes, estão na verdade funcionando como uma *longa manus* da pessoa para quem trabalham. Isso acarreta, quanto a estes, insofismável dever de boa escolha e estrita vigilância sobre os atos praticados nessas condições, de maneira que vigora presunção *juris et de jure* de responsabilidade pelos danos provocados a terceiros. Tal dever independe do elemento anímico do empregador ou comitente, bastando que tenha havido atuação culposa de quem estava a serviço ou em razão dele agiu, causando danos. A inexistência de culpa não evita a responsabilização civil, por expressa ordem do artigo subseqüente. Exemplo: quem confia a empregado a direção de veículo de entregas arcará com os encargos relacionados a acidente de trânsito que com culpa causar"(12).

Acrescenta o autor que "a escusa do empregador ou comitente somente poderá embasar-se na demonstração de que os danos não se deram no exercício do trabalho ou em razão dele, como na hipótese de o preposto furtar valores de determinada pessoa quando não estava sob o comando funcional do comitente. Também haverá afastamento da presunção se restar provado, segundo as regras gerais, que a culpa no desencadeamento da ocorrência danosa deveu-se exclusivamente a ato da própria vítima". E, mais, "para que se verifique a responsabilidade do empregado ou comitente, não é necessário que o ato lesivo esteja situado dentro das atribuições do agente. Basta que o empregado, serviçal ou preposto tenha tido facilitada

---

(10) Magano, Octavio Bueno. "Dos Direitos da Personalidade e o Direito do Trabalho", Revista do Direto do Trabalho, Coord. Nelson Mannrich, n. 111, jul./dez. 2003, p. 156.
(11) Ob. cit., p. 157.
(12) *Código Civil Comentado*, agosto/2003, LTr, SP, p. 584.

a sua atuação lesiva por força da relação mantida com a pessoa a que se vincula. Exemplo: enviado para buscar documentos junto ao Banco Fronteira, o empregado da empresa Cenário, tendo acesso à tesouraria em razão da tarefa desempenhada, pratica furto contra a instituição. A responsabilidade é do patrão, eis que o ato danoso foi efetivado pelo agente enquanto estava sob ordens daquele". Arrematando os seus comentários sobre o referido inciso, afirma o autor que,"para fins de apuração da responsabilidade prevista no dispositivo em exame, comitente é a pessoa que encarrega outra da prestação de certa atividade, embora sem vínculo laboral. Empregado é a pessoa física que presta serviços de natureza não eventual a empregador, sob a dependênca deste e mediante salário. Preposto é o indivíduo que dirige um serviço ou negócio por delegação da pessoa competente. Serviçal é quem recebe tarefas para cumprir, mediante contraprestação econômica, ainda que de maneira eventual"(13).

Por derradeiro, para fins de indenização por dano moral pelo empregador, é preciso separar duas circunstâncias.

Imagine uma hipótese em que duas pessoas sejam inimigas, por causa externa e anterior à relação de emprego, mas que, por infortúnio, trabalhem em mesmo ambiente, ainda que somente eventualmente mantenham contato. Se um dia ocorresse uma briga entre elas com violação de direitos de ordem moral de uma ou de ambas, esta seria em razão de força externa à relação de emprego.

Suponha outra situação, em que uma jovem trabalhe em uma loja de um centro de compras (*Shopping Center*), cujo ex-namorado, revoltado com o término do namoro, resolva matá-la. Como as lojas são abertas a todas as pessoas, o ex-namorado aproveita dessa particularidade para cometer o assassinato.

Nessas circunstâncias, o dano moral ocorrido foi, em face do empregador, apenas um caso fortuito extrínseco, já que o dano moral poderia ocorrer em qualquer lugar, considerando sua causa externa ao ambiente do trabalho.

O empregador teria uma excludente de responsabilidade para esses casos, já que a empresa não causou nenhum dano moral ao empregado. Ao contrário, a empresa apenas teria sido o palco escolhido para que uma pessoa efetivasse o dano moral a outra, da mesma forma que poderia ter escolhido outro local.

Um pagamento pelo empregador a título de dano moral para essas hipóteses apenas se justificaria como uma forma de socializar os prejuízos, mas não em decorrência de uma responsabilidade por dano moral.

Diversamente, caso uma pessoa aproveite de sua posição na empresa para violar os direitos morais de seu inimigo, igualmente empregado, ainda que por causa externa e anterior à relação de emprego, como na situação de abusos entre superiores e subalternos, não há justificativa, pois, que isente de pagamento de uma indenização para o dano moral causado ao empregado.

Concluímos, afirmando que os direitos personalíssimos ganharam *status* de direitos fundamentais pela Constituição de 1988, de forma que a existência de ato ilícito que viole tais direitos (a intimidade, a honra, a vida privada e a imagem) proporcionará para o ofendido o direito à reparação por dano moral, cuja indenização será arbitrada pelo judiciário. No reduto das relações trabalhistas, multiplicam-se as causas relacionadas com o dano moral, impondo-se aos empregadores a adoção

---

(13) *Ibidem*.

de medidas que evitem a sua ocorrência no ambiente do trabalho, o qual deve ser o mais sadio possível e nele imperando o respeito mútuo entre as partes envolvidas.

2. REFERÊNCIAS LEGAIS

Constituição Federal

Art. 1º A República Federativa do Brasil, formada pela união indissolúvel dos Estados e Municípios e do Distrito Federal, constitui-se em Estado Democrático de Direito e tem como fundamentos:

....

III — a dignidade da pessoa humana;

IV — os valores sociais do trabalho e da livre iniciativa;

....

Art. 3º Constituem objetivos fundamentais da República Federativa do Brasil:

....

IV — promover o bem de todos, sem preconceitos de origem, raça, sexo, cor, idade e quaisquer outras formas de discriminação;

....

Art. 5º Todos são iguais perante a lei, sem distinção de qualquer natureza, garantindo-se aos brasileiros e aos estrangeiros residentes no País a inviolabilidade do direito à vida, à liberdade, à igualdade, à segurança e à propriedade, nos termos seguintes:

....

V — é assegurado o direito de resposta, proporcional ao agravo, além da indenização por dano material, moral ou à imagem;

....

X — são invioláveis a intimidade, a vida privada, a honra e a imagem das pessoas, assegurado o direito a indenização pelo dano material ou moral decorrente de sua violação;

....

Art. 170. A ordem econômica, fundada na valorização do trabalho humano e na livre iniciativa, tem por fim assegurar a todos existência digna, conforme os ditames da justiça social, observados os seguintes princípios:

....

Declaração Universal dos Direitos do Homem (Assembléia Geral das Nações Unidas — 1948)

Art. 12. Ninguém será objeto de intervenções arbitrárias em sua vida privada, sua família, seu domicílio ou sua correspondência, nem de ataques contra sua honra e reputação. Toda pessoa tem o direito à proteção da lei contra tais intervenções ou ataques.

Pacto Internacional de Direitos Civis e Políticos (Assembléia Geral das Nações Unidas — 1996 — Ratificado pelo Brasil, Decreto n. 592, de 6.7.92).

Art. 17:

1. Ninguém poderá ser objeto de ingerências arbitrárias ou ilegais em sua vida privada, em sua família, em seu domicílio ou em sua correspondência, nem ofensas ilegais às suas honra e reputação.

2. Toda pessoa terá direito à proteção da lei contra essas ingerências ou ofensas.

Consolidação das Leis do Trabalho

Art. 482. Constituem justa causa para rescisão do contrato de trabalho pelo empregador:

....

c) negociação habitual por conta própria ou alheia sem permissão do empregador, e quando constituir ato de concorrência à empresa para a qual trabalha o empregado, ou for prejudicial ao serviço;

....

g) violação de segredo da empresa;

....

j) ato lesivo da honra ou da boa fama praticado no serviço contra qualquer pessoa, ou ofensas físicas, nas mesmas condições, salvo em caso de legítima defesa, própria ou de outrem;

k) ato lesivo da honra ou da boa fama ou ofensas físicas praticadas contra o empregador e superiores hierárquicos, salvo em caso de legítima defesa, própria ou de outrem;

....

Código Civil de 2002

Art. 11. Com exceção dos casos previstos em lei, os direitos da personalidade são intransmissíveis e irrenunciáveis, não podendo o seu exercício sofrer limitação voluntária.

Art. 12. Pode-se exigir que cesse a ameaça, ou a lesão, a direito da personalidade, e reclamar perdas e danos, sem prejuízo de outras sanções previstas em lei.

Parágrafo único. Em se tratando de morto, terá legitimação para requerer a medida prevista neste artigo o cônjuge sobrevivente, ou qualquer parente em linha reta, ou colateral até o quarto grau.

Art. 13. Salvo por exigência médica, é defeso o ato de disposição do próprio corpo, quando importar diminuição permanente da integridade física, ou contrariar os bons costumes.

Parágrafo único. O ato previsto neste artigo será admitido para fins de transplante, na forma estabelecida em lei especial.

Art. 14. É válida, com objetivo científico, ou altruístico, a disposição gratuita do próprio corpo, no todo ou em parte, para depois da morte.

Parágrafo único. O ato de disposição pode ser livremente revogado a qualquer tempo.

Art. 15. Ninguém pode ser constrangido a submeter-se, com risco de vida, a tratamento médico ou a intervenção cirúrgica.

Art. 16. Toda pessoa tem direito ao nome, nele compreendidos o prenome e o sobrenome.

Art. 17. O nome da pessoa não pode ser empregado por outrem em publicações ou representações que a exponham ao desprezo público, ainda quando não haja intenção difamatória.

Art. 18. Sem autorização, não se pode usar o nome alheio em propaganda comercial.

Art. 19. O pseudônimo adotado para atividades lícitas goza da proteção que se dá ao nome.

Art. 20. Salvo se autorizadas, ou se necessárias à administração da justiça ou à manutenção da ordem pública, a divulgação de escritos, a transmissão da palavra, ou a publicação, a exposição ou a utilização da imagem de uma pessoa poderão ser proibidas, a seu requerimento e sem prejuízo da indenização que couber, se lhe atingirem a honra, a boa fama ou a respeitabilidade, ou se se destinarem a fins comerciais.

Parágrafo único. Em se tratando de morto ou de ausente, são partes legítimas para requerer essa proteção o cônjuge, os ascendentes ou os descendentes.

Art. 21. A vida privada da pessoa natural é inviolável, e o juiz, a requerimento do interessado, adotará as providências necessárias para impedir ou fazer cessar ato contrário a esta norma.

....

Art. 186. Aquele que, por ação ou omissão voluntária, negligência ou imprudência, violar direito e causar dano a outrem, ainda que exclusivamente moral, comete ato ilícito.

Art. 187. Também comete ato ilícito o titular de um direito que, ao exercê-lo, excede manifestamente os limites impostos pelo seu fim econômico ou social, pela boa-fé ou pelos bons costumes.

....

Art. 927. Aquele que, por ato ilícito (arts. 186 e 187), causar dano a outrem, fica obrigado a repará-lo.

Parágrafo único. Haverá obrigação de reparar o dano, independentemente de culpa, nos casos especificados em lei, ou quando a atividade normalmente desenvolvida pelo autor do dano implicar, por sua natureza, risco para os direitos de outrem.

....

Art. 932. São também responsáveis pela reparação civil:

....

III — o empregador ou comitente, por seus empregados, serviçais e prepostos, no exercício do trabalho que lhes competir, ou em razão dele;

....

Lei n. 9.029, de 13.4.95

Art. 4º O rompimento da relação de trabalho por ato discriminatório, nos moldes desta lei, faculta ao empregado optar entre:

I — a readmissão com ressarcimento integral de todo o período de afastamento, mediante pagamento das remunerações devidas, corrigidas monetariamente, acrescidas dos juros legais;

II — a percepção, em dobro, da remuneração do período de afastamento, corrigida monetariamente e acrescida dos juros legais.

3. JURISPRUDÊNCIA

Abuso de direito — Descaracterização

Ementa: DANO MORAL. ABUSO DE DIREITO. DESCARACTERIZAÇÃO. Deixando o reclamante de se utilizar dos meios disponíveis para ver resguardado seu interesse, antes de pedir a reparação do prejuízo, fica caracterizado o abuso de direito na postulação direta da indenização, que, uma vez verificado, não produz efeito lícito para a ordem jurídica. Ademais disto, não se identificando prejuízo de ordem moral ao reclamante decorrente do ato empresário, não há falar em indenização por danos morais. TRT 3ª Reg. — RO 01414-2003-081-03-00-5 — (Ac. 1ª T.) — Rel. Juiz José Eduardo de R. Chaves Júnior. DJMG 10.6.04, p. 12.

Abuso de direito — Não configuração — Reparação por dano moral incabível

Ementa: ABUSO DE DIREITO. NÃO CONFIGURAÇÃO. REPARAÇÃO POR DANO MORAL INCABÍVEL. Nos moldes preconizados pelo inciso I, do artigo 160, do Código Civil Brasileiro de 1916, vigente à época dos fatos, atual inciso I, do artigo 188, do Código Civil de 2002, "não constituem atos ilícitos: I — os praticados em legítima defesa ou no exercício regular de um direito reconhecido". O titular de um direito legalmente assegurado pode utilizá-lo de acordo com a sua vontade e nos limites normativos. Contudo, esta afirmativa deve ser vista com certa relatividade, posto que o Direito contém em si extremos de aplicabilidade que, uma vez ultrapassados, consubstanciam o uso irregular do direito, ou, como a doutrina também costumeiramente chama "abuso de direito". Freqüentemente, o abuso de direito tem sido invocado para justificar pretensões de reparação por dano moral. Entretanto, é evidente que o exercício regular de um direito, mesmo quando cause constrangimento ou dor psíquica a outrem, não serve de supedâneo à obrigação de indenizar, conforme dispõe o artigo susomencionado da Lei Substantiva Civil de 1916 em apreço (*Qui iure suo utitur nemiem laedit*). Com efeito, se o empregador, como o ora recorrido, age de forma cautelosa a fim de averiguar irregularidades no setor onde a empregada presta serviços, essa circunstância, por si só, não enseja indenização alguma. *A contrario sensu*, se o Banco Reclamado, sem antes averiguar as circunstâncias, sem estar de posse de um detalhado conhecimento dos fatos e sem dispor de prova sólida, colocasse em dúvida a integridade da autora, restar-se-ia configurado o abuso excessivo de seu direito, o que o Ilustre Ministro Nelson Hungria chama de "atividade antijurídica": "O exercício de um direito degenera em abuso, e torna-se atividade antijurídica, quando invade a órbita de gravitação de direito alheio." TRT 2ª Reg. — RO 01176199703002001 — (Ac. 6ª T. 20050327962) — Rel. Juiz Valdir Florindo. DJSP 10.6.05, p. 479.

Abuso do direito de defesa — Assertivas na contestação no processo trabalhista para atingir a honra do empregado — Configuração

Ementa: ABUSO DO DIREITO DE DEFESA. DANO MORAL. CONFIGURAÇÃO. POSSIBILIDADE. Assertivas lançadas pela empresa quando da apresentação de contestação no processo trabalhista, se extravasam sem os limites da mera defesa processual, para atingir direta e desnecessariamente a honra do empregado autor, dão ensejo à reparação por danos morais. Por exemplo, se ex-empregado requer diferenças salariais, a defesa que o acusa de improbidade é despropositada. Máxime quando desprovida de provas, e sem qualquer esclarecimento quanto à vinculação do alegado na defesa com o que foi postulado. Recurso desprovido. DANO MORAL. INDENIZAÇÃO. O dano moral ocorre quando a conduta de alguém atinge os valores ideais e morais da pessoa. Ou na definição do Juiz Fernando Américo Veiga Damasceno, "o abuso de direito se dá quando seu exercício tem por fim exclusivo causar dano a outrem". TRT 10ª Reg. — RO 00540-2004-002-10-00-3 — (Ac. 1ª T./05) — Rel. Juiz André R. P. V. Damasceno. DJU3 28.1.05, p. 12.

Ação de cobrança — Inquérito administrativo — Constrangimento Flagrante — Configuração

Ementa: INDENIZAÇÃO. DANOS MORAIS. AÇÃO DE COBRANÇA. INQUÉRITO ADMINISTRATIVO. CONSTRANGIMENTO FLAGRANTE. REPERCUSSÕES EXTERIORES E INTERIORES. Se a ex-empregadora promove uma "Apuração Sumária e Tomada de Conta Especial", destinada a apurar atos do ex-empregado, supostamente irregulares, consistentes em concessão de créditos à deriva do regulamento da empresa, visando cobrar, em juízo, do mesmo, os prejuízos advindos desse procedimento, age no exercício de seu direito. Mas essa atuação há de se revestir da devida cautela, onde a empresa procura apurar os fatos, sem, contudo, ultrapassar os limites sagrados do respeito à dignidade da pessoa, seja no seu plano individual, seja no hemisfério de sua vivência social e familiar. Se, além de não alcançar êxito a medida da ex-empregadora, no desiderato de comprovar o desvio funcional do ex-empregado, exercente de elevado cargo de confiança e servidor da empresa por longos anos, posto que julgada improcedente a ação de cobrança que ajuizou contra ele, deixa patenteado nos autos que, no âmbito da apuração do suposto desvio funcional, que submeteu o ex-empregado a situações vexatórias, humilhantes e infamantes, há de responder por esse grave dano moral, já que o procedimento da empresa não só afetou o conceito e a dignidade do ex-empregado, no âmbito da sociedade em que vive, quer no seio de sua família e, principalmente, no seu psiquismo, visto que o dano moral não é só aquele que tem repercussões exteriores, mas também, e tão gravemente, o que se aninha no recôndito sentimento da pessoa. Provejo, em parte. TRT 3ª Reg. — RO 01394-2005-019-03-00-4 — (Ac. 5ª T.) — Rel. Juiz Luiz Philippe V. de Mello Filho. DJMG 21.1.06, p. 11.

Acusação de ingestão de bebida alcoólica durante o horário de trabalho — Não configuração

Ementa: DANO MORAL. ACUSAÇÃO DE INGESTÃO DE BEBIDA ALCOÓLICA DURANTE O HORÁRIO DE TRABALHO. Não age ilicitamente o empregador que busca, através de perguntas dirigidas à empregada e ao trabalhador que a sucedeu, de forma reservada e sem publicidade, descobrir a verdade acerca de comentários sobre a ingestão de bebida alcoólica pelo funcionário durante o horário de trabalho, ainda que posteriormente venha a ser constatado que esse ato foi praticado por pessoa alheia ao quadro funcional da empresa. ÔNUS DA PROVA. INTERVALO INTRAJORNADA. É do empregado o ônus da prova de que não usufruía o intervalo intrajornada quando nos cartões-ponto está registrado o respectivo intervalo. TRT 12ª Reg. — RO-V 00987-2005-024-12-00-0 — (Ac. 1ª T. 16907/06, 17.10.06) — Rel. Juiz Roberto Basilone Leite. DJSC 1.12.06, p. 13.

Ação maliciosa da reclamada, expondo o obreiro a zombaria diante de colegas — Repetição em ações trabalhistas — Majoração da indenização

Ementa: DANO MORAL. REINCIDÊNCIA. MAJORAÇÃO DA CONDENAÇÃO. À luz da Constituição vigente, o dano moral nada mais é do que a violação do direito à dignidade e foi justamente por considerar a inviolabilidade da intimidade, da vida privada, da honra, e da imagem, corolário do direito à dignidade, que a Constituição Federal inseriu, em seu artigo 5º, incisos V e X, plena reparação do dano moral. Na moderna concepção sobre dano moral do STJ, tem prevalecido a responsabilização do agente por força do simples fato da violação, não sendo necessária a produção de prova do prejuízo sofrido, ao contrário do que se dá quanto ao dano material. Comprovada a ação maliciosa da reclamada, expondo o obreiro a zombaria diante dos colegas, e tendo esta conduta maliciosa se repetido em outras ações trabalhistas, o valor indenizatório há que ser majorado, e fixado de acordo com o número de meses trabalhados pelo ex-empregado, multiplicado pela sua maior remuneração, imprimindo assim à indenização, além de pena pecuniária, um caráter pedagógico. TRT 9ª Reg. — RO 07020-2003-009-09-00-0 — (Ac. 1ª T. 18486/05) — Rel. Juiz Roberto Dala Barba. DJPR 22.7.05, p. 319.

Ação proposta pelo espólio — Direito personalíssimo do *de cujus*

Ementa: DANO MORAL. AÇÃO PROPOSTA PELO ESPÓLIO. DIREITO PERSONALÍSSIMO DO *DE CUJUS*. O dano moral é direito personalíssimo, indisponível em tese, intrínseco a determinada pessoa, cujo exercício exclusivamente lhe compete, e tem por objeto a própria pessoa ou é concedido em virtude de alguma de suas específicas condições. Em certos casos, pode ser auto-sacrificado, porque sua proteção tem por escopo a dignidade, o respeito e a consideração da pessoa humana. Por isso a doutrina o diz direito absoluto. Direitos personalíssimos se extinguem com a morte da pessoa natural, quando não exercidos pelo seu único titular, não se transmitem, e não atinem com herança que é resultante da arrecadação de bens corpóreos e de feição economicamente apropriada do *de cujus*. TRT 3ª Reg. — RO 00091-2004-071-03-00-6 — (Ac. 6ª T.) — Relª Juíza Emília Facchini. DJMG 8.7.04, p. 12.

Acerto de contas — Emissão de título — Desconto em banco — Assinatura do autor — Concordância — Não tipificação

Ementa: DANO MORAL. ACERTO DE CONTAS. EMISSÃO DE TÍTULO. DESCONTO EM BANCO. ASSINATURA DO AUTOR. CONCORDÂNCIA. Não se tipifica ato ilícito patronal, nem conduta dolosa ou culposa, embora o inusitado da situação, a empregadora emitir um título em nome do empregado, e descontá-lo em Banco, em vez de simplesmente deduzir o valor no salário, para acerto de contas, quando o próprio empregado firmou a nota consignando a falta. A questão suscitada na impugnação à defesa e reprisada no recurso de que a assinatura no documento não é sua fenece, por igual, quando o Autor dela não fez prova na fase e pelo modo próprio, sendo a assinatura, a olho livre, de não especialista, bem semelhante às demais suas nos autos. Pelo que, apesar de pouco comum o ato, teve a participação ativa do A., que não o questionou no devido tempo, não pagou o débito no vencimento, nem quando levado o título a apontamento e protesto, pelo banco sacado e não pelo empregador, não tendo havido a quitação até a presente data. TRT 3ª Reg. — RO 01149-2004-007-03-00-6 — (Ac. 3ª T.) — Rel. Juiz Paulo Araújo. DJMG 13.8.05, p. 6.

Acidente automobilístico — Empregado motorista — Jornada extenuante — Dano moral devido

Ementa: DANO MORAL DEVIDO. ACIDENTE AUTOMOBILÍSTICO. EMPREGADO MOTORISTA. Contribuiu a reclamada para a ocorrência do evento quando exigiu ou aceitou que o "de cujus" cumprisse jornada extenuante não apenas no dia do acidente, mas porque era comum o trabalho extraordinário. O excesso de trabalho na função de motorista, quando a rotina de trabalho altera o relógio biológico, pode levar aquele que dirige cansado à hipnose da estrada, causadora de acidentes. O dano é evidente. Por não tomar providência capaz de preservar a integridade física e mental do empregado ou permitir que o "de cujus" excedesse a jornada de trabalho em nível além do suportável, agiu a reclamada com culpa. Por estar o empregado no desempenho de sua atividade laboral, em cumprimento das ordens do empregador, resta configurado o nexo causal. Caracterizado o nexo causal entre o acidente do veículo que vitimou o autor e a culpa do empregador ao exigir o cumprimento por parte do empregado de jornada extenuante. Devida a indenização por dano moral. TRT 9ª Reg. — RO 00354-2003-653-09-00-0 — (Ac. 5ª T. 10010/05) — Relª Juíza Eneida Cornel. DJPR 29.4.05, p. 498.

Acusação da prática de ato ímprobo ao empregado, rejeitada em juízo — indenização devida

Ementa: DANO MORAL. HONRA. CONCEITO. A honra caracteriza-se não apenas pelo juízo de valor que as pessoas fazem de alguém, como também pelo sentimento ou consciência da própria dignidade, razão pela qual, mesmo quando não comprovada a ampla divulgação de ato que a macule, pode ser caracterizada a sua violação. ACUSAÇÃO DA PRÁTICA DE ATO ÍMPROBO AO EMPREGADO, REJEITADA EM JUÍZO. INDENIZAÇÃO DEVIDA. Caracteriza-se dano moral quando o empregador atribui ao empregado a prática de ato ímprobo e, em Juízo, a não o comprova, diante da violação à sua honra pessoal, patrimônio imaterial protegido pelo art. 5º, X, da CF/88. TRT 5ª Reg. — RO 00998-2005-611-05-00-0 — (Ac. 2ª. 1.608/06 — Rel. Juiz Cláudio Brandão. DOBA 14.2.06.

Acusação de desonesto — Alvo de desconfiança dos colegas — Configuração

Ementa: INDENIZAÇÃO POR DANO MORAL. A acusação de desonesto constitui ofensa à honra e dignidade do trabalhador, ainda mais quando em razão da ofensa o empregado foi alvo de desconfiança dos colegas, devendo o empregador reparar a dor moral que causou com o ato cometido. TRT 4ª Reg. — RO 01527-2003-401-04-00-0 — (Ac. 4ª T.) — Relª Juíza Beatriz Renck. DJRS 24.11.05.

Acusação de falta grave sem compreender fato praticado pela empregada — Dano moral configurado

Ementa: DANO MORAL. ACUSAÇÃO DE FALTA GRAVE SEM COMPREENDER FATO PRATICADO PELA EMPREGADA. Sindicância encetada sem preservação da imagem da empregada, sendo submetida a interrogatório em tom elevado de voz que podia ser ouvida no ambiente de trabalho por outros empregados. Estado de constrangimento envolvido na exposição da empregada. Dano moral configurado. Indenização arbitrada. TRT 2ª Reg. — RO 37601200390202004 — (Ac. 6ª T. 20030695303) — Rel. Juiz Rafael E. Pugliese Ribeiro. DJSP 16.1.04, p. 170.

Da decisão acima, colhe-se o seguinte fundamento:

"1. Apelos aviados a tempo e modo (fls. 218/25). Conheço-os.

2. Justa causa e dano moral. A defesa diz que ocorreram 274 depósitos na conta corrente da autora (conta-salário), num total de R$ 1.640.672,68, que é incompatível com a condição financeira e salarial dela, auferindo R$ 1.207,28 por mês. Ficou esclarecido nos autos — e até a contestação e o recurso admitem — que esse dinheiro transitou na conta da autora mediante depósitos feitos pelo marido dela, porque a conta, embora sendo *conta-salário*, era conjunta com o marido.

2.1. De forma que o réu pretende configurar como falta grave uma conduta de terceiro e, para isso, aproveita para julgar o terceiro (marido da autora), dando como certo que se trata de dinheiro de origem ilícita. Não se sabe, até hoje, se a origem era ilícita. Pouco importa a existência de uma ação cautelar que requisitou o bloqueio (seqüestro) da importância de R$ 81.991,49 (v. volume em apenso). Primeiro, porque medida cautelar não vale como coisa julgada. Segundo, porque R$ 81.991,49 é pouco diante de R$ 1.640.672,68, representando a insignificância de 4,99%.

2.2. Mas o que de fato importa é que a autora, sendo ela ciente ou insciente desse volume de depósitos, não cometeu falta alguma, porque o dinheiro era proveniente de lançamentos feitos pelo marido. É até bem verossímil que a autora tivesse ciência desses movimentos na conta, mas nem isso muda a circunstância de inexistir ato seu praticado enquanto empregada para estar classificado no art. 482 da CLT. Foi, na verdade, uma grosseria, um atrevimento, querer o réu extorquir da autora o conhecimento dos depósitos, porque isso não interessa ao Banco. A origem pode ser lícita, como, aliás, deve ser presumida até prova em contrário.

E, ainda que fosse de origem ilícita, não responderia a autora pelo ilícito alheio se não concorreu, direta ou indiretamente, com culpa ou intenção, na *persecutio criminis*.

2.3. A autora era empregada com mais de 11 anos no Banco, sem nenhum antecedente disciplinar para ser apontado como falta. O Banco procedeu de modo irresponsável, sob conduta volitiva inadequada, encetando uma apuração sem recatos, permitindo que suas interrogações se transformassem precocemente em exclamações, e com isso expôs a autora a elevadíssimo constrangimento no ambiente de trabalho. A autora chegou a ser afastada para suposta *'apuração de fraudes'* (v. volume em apenso, doc. 328), sem que existisse, contra ela, nenhuma acusação ou motivo de suspeita a justificar tamanho alarde.

2.3.1. A testemunha Cristiane de Oliveira (fl. 183) trabalhava no mezanino e nesse ambiente, conforme testificou, podia ser ouvido o que era dito em voz alta na sala onde a autora estava encerrada para interrogatório da auditoria (sr. Fantini). Disse essa testemunha que o auditor procedia *'num tom muito agressivo, que foi mal-educado com a reclamante, insinuando que a reclamante havia roubado um dinheiro'* (fl. 183). No lado de fora *'o ambiente ficou constrangedor porque podiam ouvir o que era dito e um funcionário olhava para o outro sem saber o que fazer'* (fl. 183). Depois desse procedimento mal amanhado que nada apurou contra a autora, seguiu-se o imediato afastamento dela (dia 17.1.00) e em seguida (20.1.00) a despedida por falta grave (que a defesa não quis classificar), como está dito pela testemunha do réu, sr. José Antônio Alves (fl. 185).

2.3.2. Não foi de menor importância o depoimento da segunda testemunha (que era o *gerente de atendimento*; sr. Rael Domingos dos Santos), que era presencial ao ato do interrogatório, e afirmou que *'o tom do auditor era alto e chegava a ser grito'*, e que ele *'dirigiu as palavras ásperas ao marido da reclamante imputando-lhe a pecha de ladrão'* (fl. 184). Ora essa. Qualquer criatura decente se sentiria seriamente ofendida por ouvir o seu cônjuge sendo qualificado como *ladrão* sem culpa anterior que a explique. A atitude do auditor foi ofensiva ao marido da autora, mas também a ela. Além disso, revelou essa testemunha que o próprio banco DECRETOU o bloqueio da conta da autora logo no dia seguinte, e que a ordem de bloqueio foi cumprida pela testemunha. O banco, notoriamente, quis fazer justiça com as próprias mãos, e procedeu ao exercício arbitrário agravado por ausência de razão.

2.4. Curiosamente, a defesa alega que veio a saber do fato quando recebeu intimação da 38ª Vara Cível, mandando bloquear R$ 81.991,49 (fl. 150). Não é verdade. O documento n. 3, do volume em apenso (que é de 27.10.99), revela que *'no processo de monitoração de contas correntes desta área verificamos movimentação atípica na conta acima. Em análise preliminar constatamos que cheques nominativos à empresa aérea United Airlines são depositados nesta conta através de caixa expresso'.*

2.5. Isso significa muita coisa. Primeiro, que o réu não se peja em promover, por si só, a quebra do sigilo bancário de quem bem entender. Pode-se, inclusive, compreender em qual contexto de vontade cerceada a autora autorizou, em 17.1.00, a inspeção de sua conta pelo banco (doc. 326 do volume apenso). Segundo, que essa quebra de sigilo o banco faz mesmo envolvendo conta conjunta solidária, de pessoa estranha ao seu quadro funcional. Terceiro, que muito tempo decorreu desde 27.10.00 até a data em que o réu resolveu despedir a autora por uma falta grave que ela jamais cometeu, mas que nem por isso foi poupada para haver um tratamento polido pelo auditor que a submeteu a interrogatório em voz alta para constrangimento geral no ambiente de trabalho.

2.6. Reputo gravíssima a invasão à privacidade e a agressão sofrida pela autora, gerando lesão à honra que é protegida pela norma constitucional em vigor (CF/88, 5º, X), dentro de todo esse contexto descrito. A conduta do réu também infringiu o art. 5º, LVII, da CF/88, por considerar a autora e seu marido culpados sem a existência de uma sentença penal condenatória; reencontro aqui a referência injuriosa que o auditor fez sobre ser *ladrão* o marido da autora. Até aos presos condenados é assegurado o respeito à integridade moral (CF/88, 5º, XLIX). Considero agravante para essa agressão o fato de tratar-se de empregada de 11 anos na empresa, sem nenhum antecedente de falta disciplinar apontado pelo réu, que notoriamente repercutiu entre os colegas de trabalho e na vida profissional da empresa. O dano moral é manifesto.

2.7. A indenização pelo dano moral tem de ter uma expressão apta a desestimular o réu a não mais assim proceder contra outros empregados. Ao mesmo tempo, a indenização deve servir para reparar, com alguma significação, o sofrimento da empregada lesada que perdeu um emprego bom e que tinha aptidão para carreira já evidenciada em tantos anos, onde se dedicava com aplicação. Por isso, arbitro o valor de R$ 149.205,00 (fl. 11), na data da resilição." (www.trt2.gov.br, em 15.8.04)

Acusação de furto — Autoria não provada — Dano moral configurado

Ementa: DANO MORAL. CONFIGURAÇÃO. O acolhimento da alegação de sofrimento de dano moral tem se tornado tormentosa. Para que o Juízo não seja induzido a erros, deve analisar atentamente as provas dos autos e sua efetiva configuração, numa época em que os reclamantes nem sempre estão com a razão, muitas vezes buscando, apenas, satisfação de lucro, ao invés de, efetivamente, buscar ressarcimento pelo dano sofrido em sua dignidade. Não é o que ocorre, contudo, no presente caso. As provas dos autos são indubitáveis quanto ao fato de ver-se a autora afetada em sua honra, dignidade e moral, porquanto, laborando como caixa no reclamado, ocorreram diferenças, cuja autoria não foi provada, sendo apresentada pela reclamada investigação policial, para apuração dos fatos, e imputado à autora o cometimento de furto. TRT 3ª Reg. — RO 00168-2003-061-03-00-0 — (Ac. 8ª T.) — Rel. Juiz Heriberto de Castro. DJMG 23.8.03, p. 21.

Acusação de furto desprovida de qualquer comprovação — Dano moral configurado

1. DANO MORAL. CARACTERIZAÇÃO. Hipótese em que o acórdão regional mantém a condenação em indenização por dano moral, destacando, como fundamento, a acusação de furto feita pela reclamada à reclamante, desprovida de qualquer comprovação. A tentativa de instaurar dissenso interpretativo esbarra na inespecificidade dos arestos paradigmas, que não examinam as mesmas premissas fáticas delineadas na decisão recorrida. Óbice no Enunciado n. 296 deste Tribunal. 2. CONTRATO A PRAZO DETERMINADO. MULTA DO ARTIGO 477, § 8º, DA CLT. Não se vislumbra ofensa legal no julgado recorrido que aplica a multa do artigo 477, § 8º, da CLT, por constatar o pagamento extemporâneo das verbas rescisórias. De fato, o argumento defensivo, no sentido de que não caberia essa cominação nos contratos de trabalho a prazo determinado, não encontra amparo no teor do referido preceito celetista. Agravo de instrumento a que se nega provimento. TST — AIRR-110.339/2003-900-04-00.8 — (Ac. 3ª T.) — Relª Juíza Convocada Wilma Nogueira de Araújo Vaz da Silva. DJU 13.8.04, p. 1003.

Acusação de furto injusta — Dano moral configurado

Ementa: INDENIZAÇÃO POR DANOS MORAIS. ACUSAÇÃO DE FURTO. A acusação de improbidade — roubo — é a mais grave que se pode fazer ao trabalhador, a qual não repercute apenas no âmbito profissional do mesmo, mas diante de toda a comunidade em geral. Nessas condições, comprovada a ofensa moral perpetrada pela reclamada, quando injustamente acusada a empregada de furto ocorrido na empresa, a indenização por danos morais é de rigor, como forma de compensação pela dor e sofrimento íntimos causados à empregada. TRT 3ª Reg. — RO 01519-2003-038-03-00-2 — (Ac. 6ª T.) — Relª Juíza Lucilde D'Ajuda L. de Almeida. DJMG 13.8.04, p. 07.

Acusação de furto simples — Indenização por dano moral — Cabimento

Ementa: DANO MORAL. INDENIZAÇÃO. A acusação de furto simples procedida pela Reclamada, através de seus prepostos, em relação ao Autor, sem que ficasse configurada, causou dano à imagem e à honra da pessoa do Reclamante (CF, art. 5º, X), e resultou em lesão ao patrimônio moral deste, porquanto atingiu o seu nome, sua reputação e prestígio. TRT 9ª Reg. — Proc. 11890-2001-006-09-00-3 — (Ac. 17.988/2003) — Rel. Juiz Arnor Lima Neto. DJPR 15.8.03, p. 362.

Acusação de improbidade — Ausência de prova — Configuração

Ementa: DANO MORAL. CONFIGURAÇÃO. O artigo 5º, inciso X, da Constituição da República, dispõe que "são invioláveis a intimidade, a honra e a imagem das pessoas, assegurado o direito a indenização pelo dano material ou moral decorrente de sua violação". A acusação de improbidade feita pelo empregador, sem a existência de qualquer prova das alegações imputadas ao obreiro, por si só, é constrangedora e suficiente para imprimir grande sofrimento àquele que é injustamente acusado, ensejando, assim, o deferimento de indenização por danos morais. TRT 3ª Reg. — RO 01232-2004-035-03-00-4 — (Ac. 1ª T.) — Relª Juíza Camilla Guimarães Pereira Zeidler. DJMG 17.8.05, p. 18.

Acusação de subtração de dinheiro, de comida e material de escritório — Prova frágil — Dano moral não configurado

Ementa: DANO MORAL NÃO CONFIGURADO. Sob os fundamentos de que foi acusado de subtração de dinheiro, de comida e material de escritório, o autor solicita a indenização por dano moral. As acusações são negadas pela defesa. A procedência desse direito exige: a) ato comissivo; b) a ocorrência do nexo causal; c) o dano moral; d) a culpa (intenção ou em sentido restrito — negligência, imprudência, imperícia). Em tese, se houver a prova desses fatos, caracteriza-se o dano moral, já que a imagem do trabalhador estaria violada pela gravidade das acusações. A testemunha do autor narrou que na mesma semana teria visto o gerente acusar o reclamante de subtrair os envelopes e que numerava determinados documentos já que os trabalhadores roubavam os clientes. Essa semana teria ocorrido dois meses antes da saída do depoente, o que varia de 7.05.2002 a 7.07.2002. O boletim de ocorrência foi lavrado em 28.07.2002, sendo que indica o fato como tendo ocorrido no mesmo dia. Por essas datas, pode-se afirmar que a testemunha do reclamante não poderia ter visto a acusação quanto à subtração de dinheiro ou dos envelopes. E, por fim, se não bastassem essas assertivas, a testemunha da reclamada, o Sr. Roberto, nega qualquer acusação ao reclamante. Por tais elementos, não há como se justificar a presença dos requisitos da responsabilidade civil subjetiva. Exclui-se, pois, da condenação à indenização por dano moral. Acolhe-se o apelo patronal. TRT 2ª Reg. — RO 01767200202502001 — (Ac. 4ª T. 20040627521) — Rel. Juiz Francisco Ferreira Jorge Neto. DJSP 26.11.04, p. 42.

Acusação leviana de ato de improbidade — Dano moral configurado

Ementa: DANO MORAL. ACUSAÇÃO LEVIANA DE ATO DE IMPROBIDADE. FURTO. Negativa da acusação em juízo e despedida imotivada. Comprovação segura da existência do fato. Indenização devida. Recurso não provido. A demonstração inequívoca do fato apontado como lesivo à imagem e à honra constitui elemento suficiente para transmudar o prejuízo sofrido pelo obreiro em indenização por dano moral. Trata-se de justa reparação a quem sofre prejuízo sem causa, em função de mácula lançada com repercussão na vida profissional e privada. Configurado, pois, o fato gerador, o resultado é a reparação do dano através de indenização correspondente. TRT 12ª Reg. — RO-V-00912/01 — (Ac. 1ª T. 07.127/01, 26.6.01) — Rel. Juiz Antonio Carlos Facioli Chedid. DJSC 24.7.01, p. 101.

Acusação leviana de roubo imputada à reclamante — Caracterização

Ementa: DANO MORAL. CARACTERIZAÇÃO. A acusação leviana de roubo imputada à reclamante, pelo reclamado, de forma pública, importou em ofensa ao patrimônio moral da mesma, caracterizada pela agressão à sua honra, dignidade e honestidade. Havendo indícios de furto ou cometimento de qualquer outra transgressão, por parte de um empregado, cabe ao empregador denunciar o mesmo perante os órgãos competentes, e, inclusive, demiti-lo, se assim o desejar, mas as suspeitas jamais podem justificar a ofensa do mesmo, perante outras pessoas, ressaltando-se que o poder de direção e fiscalização do empregador não tem o condão de sobrepor-se à dignidade daquele que lhe presta serviços, sendo-lhe defeso submeter o empregado a agressões de qualquer tipo — sejam físicas ou morais —, não se olvidando de que a acusação de improbidade é a mais grave que se pode fazer ao trabalhador, a qual repercute não apenas no âmbito profissional do mesmo, mas diante de toda a comunidade em geral. Nessas condições, a indenização por danos morais é de rigor, como forma de compensação pela dor e sofrimento íntimos causados ao obreiro. TRT 15ª Reg. (Campinas/SP) — RO 01141-2001-004-15-00-2 — (Ac. 3ª T. 5.458/03-PATR) — Relª Ana Paula Pellegrina Lockmann. DJSP 14.3.03, p. 6.

Acusação verbal — Lesão à personalidade — Indenização por danos morais

Ementa: ACUSAÇÃO VERBAL. LESÃO À PERSONALIDADE. INDENIZAÇÃO POR DANOS MORAIS. A acusação indevida ao empregado da prática de atos ilícitos, feita verbalmente no ambiente de trabalho, em voz alta e em público, seguida de despedida, ainda que sem justa causa, configura agressão à esfera ética do empregado. A conduta do empregador violou os direitos subjetivos inerentes à pessoa, tais como a reputação, a honra, a imagem e a dignidade do empregado, acarretando evidente prejuízo no âmbito de suas relações profissionais e sociais, motivo pelo qual é devida a indenização a título de danos morais. TRT 12ª Reg. — RO-V 07560-2005-001-12-00-9 — (Ac. 1ª T. 04042/07, 27.2.07) — Relª. Juíza Viviane Colucci. TRT-SC/DOE 16.4.07.

Admoestação de forma absolutamente desrespeitosa — Dano moral configurado

Ementa: DANO MORAL. INDENIZAÇÃO. Os empregados contratados para prestar serviços são subordinados apenas hierárquicos, no exercício das suas atribuições. Isto vale para qualquer empresa, corporações ou instituições públicas e privadas. Merecem o tratamento respeitoso e próprio da dignidade da pessoa humana, como fundamento constitucional (artigo 1º, inciso III). Restou demonstrado que o gerente admoestava, de forma absolutamente desrespeitosa, e com insistência os seus empregados, especialmente a autora. Tem-se que logrou êxito a autora em demonstrar o dano moral sofrido. Impõe-se, portanto, a reparação do dano, nos moldes do artigo 159, do Código Civil, de aplicação subsidiária. Sentença que se mantém. TRT 9ª Reg. — Proc. 00421-2002-656-09-00-5 (RO-13106-2002) — (Ac. 14.271/2003) — Rel. Juiz Sergio Murilo Rodrigues Lemos. DJPR 20.6.03, p. 303.

Adoção pela empresa de procedimentos incompatíveis com o respeito e dignidade que merece o trabalho humano — Inciso IV, do artigo 1º, do Texto Maior

Ementa: INDENIZAÇÃO POR DANOS MORAIS. ADOÇÃO PELA EMPRESA DE PROCEDIMEN-

TOS INCOMPATÍVEIS COM O RESPEITO E DIGNIDADE QUE MERECE O TRABALHO HUMANO. INCISO IV, DO ARTIGO 1º, DO TEXTO MAIOR. De conformidade com o conjunto probatório, os fatos narrados nos autos não podem ser considerados como graves o bastante para justificar os procedimentos adotados pela Reclamada. O empregado, segundo alega a defesa, como auxiliar de viagens, rasurou uma das passagens, que foi objeto de aferição de um de seus fiscais, que emitiu um relatório de ocorrência. Por esta razão, a Ré ameaçou o Obreiro de dispensa por justa causa, contudo, não a efetivou. Optou por adotar procedimentos reprováveis e injustos, não permitindo que o Obreiro trabalhasse, apesar de obrigá-lo a comparecer à empresa, determinando, ainda, que o mesmo se apresentasse na capital para realização de exames médicos, sem declinar o motivo. Os fatos foram divulgados dentro e fora do ambiente de trabalho, sofrendo o Autor humilhação e dor moral, inclusive, no âmbito familiar, vindo a adoecer, estando, hoje, afastado pelo INSS. As atitudes empresárias afrontam princípios basilares, como o respeito à personalidade, à imagem, ao trabalho e, principalmente, ao do fim social que rege as relações trabalhistas (art. 1º, IV, da CF/88). Neste contexto, é plenamente justificável que a Reclamada seja responsabilizada a ressarcir o empregado-ofendido, cujo valor deve ser fixado nos limites do pedido, porquanto esta é a pretensão do Autor (art. 128/CPC). TRT 3ª Reg. — RO 00302-2003-049-03-00-9 — (Ac. 5ª T.) — Relª Juíza Maria Cristina Diniz Caixeta. DJMG 4.10.03, p. 20.

Advertência declarada nula — Não configuração

Ementa: DANO MORAL. ADVERTÊNCIA DECLARADA NULA. A advertência aplicada ao Reclamante, posteriormente afastada na via judicial, não importa indenização por dano moral, se não provadas repercussões negativas nas relações pessoais do empregado, mormente quando não se evidencia a culpa empresária, ainda que leve, muito menos propagação capciosa da notícia. É dizer que, para a configuração do dano moral, não se pode prescindir da colmatação suficiente dos elementos fáticos da responsabilidade civil do empregador, em que o elemento subjetivo da ilicitude do ato é essencial. TRT 3ª Reg. — RO 01293-2003-050-03-00-3 — (Ac. 6ª T.) — Relª Juíza Emília Facchini. DJMG 8.7.04, p. 14.

Advertência escrita — Aplicação — Dano moral não configurado

Ementa: ADVERTÊNCIA ESCRITA. APLICAÇÃO. DANO MORAL. NÃO-CARACTERIZAÇÃO. Não enseja indenização por danos morais o ato do empregador que consiste em aplicação de advertências escritas ao seu empregado, posto que apenas está exercendo o poder disciplinar de que é titular em função de sua condição de dirigente da relação empregatícia. TRT 24ª Reg. — RO 0927/2001-003-24-00-7 — Rel. Juiz Nicanor de Araújo Lima. DOMS n. 5.835, 12.9.02.

Advertências ao empregado — Dano moral — Inexistência

Ementa: DANOS MORAIS. ADVERTÊNCIAS AO EMPREGADO. INEXISTÊNCIA. O regular exercício do poder disciplinar, através de chamadas de atenção feitas com urbanidade não denigrem a imagem do trabalhador e, portanto, não geram direito a danos morais. TRT 24ª Reg. — RO — 1.113/2000 — (Ac. TP n. 2.942/2000) — Rel. Juiz Amaury Rodrigues Pinto Júnior. DJMS n. 5439, 31.1.01.

Advertências e suspensão — Indenização — Cabimento

Ementa: HORAS EXTRAS. FUNÇÃO DE DIGITAÇÃO PERMANENTE COMPROVADA. Comprovado nos autos que a reclamante se ativava continuamente na digitação de dados, procede o pedido de horas extras pelo intervalo de 10min a cada 90 não concedidos, conforme analogia do artigo 72 da CLT e Súmula nº 346 do C. TST. Dou provimento. DANO MORAL advertências e suspensão. INDENIZAÇÃO. A comunicação ao empregado quanto aos erros cometidos, logo que detectados pela conferência/monitoria, encontram-se dentro do poder de fiscalização e disciplina do empregador na direção do trabalho No entanto, gravíssimo o fato de suspender um dia de trabalho, a cada 3 advertências por erro de digitação, efetuando descontos no salário, pois a reclamada não trouxe aos autos os procedimentos internos da empresa ou seu regulamento. Procedência parcial. RECURSO PARCIALMENTE PROVIDO. TRT 2ª Reg. — RO 00860200304002002 — (Ac. 12ª T. 20060941868) — Relª. Juíza Sonia Maria Prince Franzini. DJSP 1.12.06, p. 19.

Agressão a direito da personalidade — Exposição pública — Nome do empregado — Ato ilícito de natureza culposa — Aplicação dos arts. 17, 186 e 927 do Código Civil

Ementa: DANO PESSOAL. AGRESSÃO A DIREITO DA PERSONALIDADE. EXPOSIÇÃO PÚBLICA DO NOME DO EMPREGADO. ATO ILÍCITO DE NATUREZA CULPOSA. APLICAÇÃO DOS ARTIGOS 17, 186 E 927 DO CÓDIGO CIVIL. INDENIZAÇÃO CABÍVEL. O ato de dar publicidade a nome de empregado, por qualquer meio, imputando-lhe fato que o sujeite a desprezo público, ainda que sem propósito difamatório, constitui agressão ao direito de personalidade do empregado, gerando ao agressor a obrigação de reparar o dano. A agressão ao nome atinge a honra e a dignidade da pessoa, configurando-se como ato ilícito indenizável independentemente de prova de dano material. Não se deve confundir dano material com dano pessoal. TRT 15ª Reg. (Campinas/SP) — RO 00841-2001-101-

15-00-9 — (Ac. 6ª T. 13.563/2004-PATR) — Rel. Juiz Jorge Luiz Souto Maior. DJSP 23.4.04, p. 31.

Agressão em serviço, praticada por um dos clientes da empresa — Ausência de culpabilidade do empregador

Ementa: RECURSO ORDINÁRIO DO RECLAMANTE. DANOS MORAIS. OBREIRO QUE SOFRE AGRESSÃO EM SERVIÇO, PRATICADA POR UM DOS CLIENTES DA EMPRESA. ALEGAÇÃO DA PARTE LABORISTA DE QUE FORA PROIBIDO, PELA EMPREGADORA, DE TOMAR POSTERIORMENTE MEDIDAS CABÍVEIS CONTRA SEU AGRESSOR. AUSÊNCIA DE CULPABILIDADE DO EMPREGADOR. Eventual agressão sofrida pelo laborista quando em serviço, praticada por um dos clientes da empresa, é episódio que, em regra, refoge por completo à possibilidade de medidas preventivas por parte da empregadora. Demais disto, se a prova dos autos revela não ter a empregadora impedido a parte obreira de tomar medidas posteriores que entendesse cabíveis contra o agressor, conclui-se não ter a empregadora contribuído, dolosa ou culposamente, para a violação do patrimônio moral do laborista. Recurso ordinário da ré conhecido e provido em parte. Recurso ordinário do reclamante conhecido e desprovido. TRT 10ª Reg. — RO 00621-2003-011-10-00-3 — (Ac. 3ª T./05) — Rel. Juiz Paulo Henrique Blair. DJU3 8.4.05, p. 49.

Agressão física — Preposto do empregador — Dano moral

Ementa: AGRESSÃO FÍSICA. PREPOSTO DO EMPREGADOR. DANO MORAL. Havendo prova inequívoca de que pessoa considerada como preposto do empregador, de forma desmedida e em uso abusivo das próprias razões, agrediu fisicamente o empregado (desferindo-lhe tapa no rosto), à vista de todos os que se encontravam no estabelecimento comercial (restaurante), incorre com seu comportamento, em ato ofensivo à dignidade do trabalhador, sujeitando-se, com isso, à reparação por danos morais. TRT 3ª Reg. — RO 16.422/02 — (Ac. 5ª T.) — Rel. Juiz Emerson José Alves Lage. DJMG 22.2.03, p. 16.

Agressão física perpetrada pelo empregador — Desferimento de coronhadas no trabalhador — Configuração

Ementa: AGRESSÃO FÍSICA PERPETRADA PELO EMPREGADOR-DESFERIMENTO DE CORONHADAS NO TRABALHADOR-COMPROVAÇÃO-CONFISSÃO FICTA E PROVA DOCUMENTAL-BOLETIM DE OCORRÊNCIA E LAUDO DE LESÕES CORPORAIS ANEXADOS AOS AUTOS-ATENTADO À INTEGRIDADE FÍSICA E MORAL DO AUTOR-DEVIDA A REPARAÇÃO PELOS DANOS MORAIS DECORRENTES DA HUMILHAÇÃO SOFRIDA. A conduta da parte ré em agredir fisicamente o autor com coronhadas de arma de fogo, plenamente comprovada através da confissão ficta e da prova documental colacionada aos autos, extrapola o poder de direção que a lei confere ao empregador e atenta contra o princípio da dignidade humana. A atitude vil, desonrada e indigna da parte ré implica evidente humilhação ao trabalhador, atingindo-o de forma certeira em seus direitos da personalidade, bens imateriais tutelados pelo ordenamento jurídico. Sentença que se reforma para condenar a ré a pagar ao autor indenização por danos morais. TRT-9ª Reg. — RO 00266-2006-872-09-00-6 — (Ac. 4ª T. 12269/07) — Relª. Juíza Sueli Gil El-Rafihi. DJPR 18.5.07, p. 766.

Agressão policial — Inexistência de ação ou omissão da reclamada — Indenização indevida

Ementa: DANOS MORAIS. AGRESSÃO POLICIAL. INEXISTÊNCIA DE AÇÃO OU OMISSÃO DA RECLAMADA. INDENIZAÇÃO INDEVIDA. O reclamante foi agredido por policiais, durante o exercício de sua função de vigia, no horário de trabalho, na frente da reclamada, em decorrência de ter convocado a polícia por estar havendo arruaça nas proximidades, com perigo de dano. No entanto, não tendo havido qualquer ação ou omissão da reclamada, inexiste a obrigação de reparação por danos morais. Se a atitude dos policiais foi arbitrária, cabe ao reclamante postular reparação dos danos sofridos contra os mesmos, na esfera própria. TRT 9ª Reg. — RO 00429-2004-657-09-00-0 — (Ac. 4ª T. 18564/05) — Rel. Juiz Luiz Celso Napp. DJPR 22.7.05, p. 322.

Agressão sofrida e a relação de trabalho — Nexo causal entre os fatos ocorridos e a relação de trabalho — Inexistência

Ementa: DANO MORAL. NEXO CAUSAL ENTRE OS FATOS OCORRIDOS E A RELAÇÃO DE TRABALHO. INEXISTÊNCIA. Constatado nos autos que a agressão sofrida pela empregada nas dependências da empresa decorreu de desavença pessoal entre ela e o agressor, sem que houvesse nexo de causalidade entre os fatos ocorridos e a relação de trabalho, ultrapassando os limites da responsabilidade do empregador, não fica caracterizado o dano moral ensejador de indenização por parte deste. TRT 12ª Reg. — RO-V 00389-2002-021-12-00-9 — (Ac. 3ª T. 14.056/02, 19.11.02) — Relª Juíza Lília Leonor Abreu. DJSC 16.12.02, p. 132.

Agressões verbais ao trabalhador proferidas pelo gerente da empregadora — Revistas ao final do expediente — Configuração

Ementa: DANO MORAL. CONFIGURAÇÃO. Agressões verbais ao trabalhador proferidas pelo gerente da empregadora, bem como, revistas ao final do expediente constituem ilícitos que violam a honra e a intimidade do empregado. Provado o abalo delas resultante e nexo de causalidade entre este e aquele, impõem-se a responsabilização do empregador e a consectária condenação ao pagamento da indenização satisfativa do dano moral. TRT 12ª Reg. — RO-VA 04003-2005-035-12-00-3 — (Ac. 2ª T. 13990/06, 22.8.06) — Relª. Juíza Marta Maria Villalba Fabre. DJSC 19.10.06, p. 49.

Agressões verbais iterativas — Cabimento

Ementa: INDENIZAÇÃO POR DANO MORAL — AGRESSÕES VERBAIS ITERATIVAS — O artigo 186 do Código Civil impõe a presença e a satisfação dos três requisitos da responsabilidade civil: o dano; a culpa do agente; o nexo de causalidade entre o dano e a conduta antijurídica do agente. In casu, o conjunto probatório confirmou que, ao menos em relação a dois empregados da ré, o Sr. Paulo, gerente de produção, proferiu as agressões verbais — safado e burro — e, em relação a um terceiro, o ameaçou de dispensa por justa causa porque, segundo ele, não estaria querendo trabalhar. No caso concreto é inegável a existência de nexo de causalidade entre o contrato de trabalho subordinado e o ato do qual deriva o dano à imagem e à honra do autor, que ocorreu em razão do contrato de trabalho, no local da prestação de serviços e diante de outros empregados. Ou seja, o fato teve origem e fim na relação de emprego e dele tinha ciência a empresa. Tem-se também provado o requisito culpa da reclamada. É obrigação do empregador zelar pela higidez do ambiente de trabalho. Ao permitir, sem punição ou controle a prática de agressão verbal pelo aludido Gerente de produção, deve agora suportar a quitação da indenização postulada na inicial, porque na qualidade de empregadora assume os riscos da atividade econômica (artigo 2o., caput, da CLT). E, a própria empresa admitiu ter ciência de outros casos de agressão, o que demonstra a iteratividade da conduta, a sua ciência, bem como não se tratar de um fato isolado. Finalmente, o dano à imagem e à honra do autor foi praticado por um empregado no exercício do trabalho e em razão dele, devendo a empresa responder pela reparação civil, como corolário da incidência à lide da teoria subjetiva tratada nos artigos 186 e 927, caput, do CCB. Sem falar ainda que, mesmo que assim não o fosse, melhor sorte não teria a recorrente na espécie, porque o artigo 932, inciso III, do CCB, autoriza a sua responsabilização ainda que ausente o elemento culpa, porque é a empregadora responsável pela reparação civil dos atos praticados pelos seus empregados, nessa qualidade. Por último, mas não menos importante, importa acrescentar que no "amistoso" ambiente de trabalho não eram levados em sopeso dois dos princípios primordiais da República Federativa do Brasil, o da dignidade da pessoa humana e o do valor social do trabalho, artigo 1º, incisos III e IV da CF. Recurso ordinário conhecido e desprovido. TRT 3ª Reg. — RO 00837-2006-151-03-00-7 — (Ac. 4ª T.) — Rel. Des. Julio Bernardo do Carmo. DJMG 16.12.06, p. 18.

Agressões verbais por superior hierárquico — Indenização devida

Ementa: DANO MORAL. AGRESSÕES VERBAIS POR SUPERIOR HIERÁRQUICO. INDENIZAÇÃO DEVIDA. Provadas as agressões verbais por superior hierárquico, fica caracterizado atentado à dignidade e integridade moral do empregado, de que resulta a obrigação de indenizar (art. 5º, V e X, CF; 186, 927 e 932, III, c/c 933 do CC/2002). Recurso da reclamada conhecido e desprovido. TRT 9ª Reg. — Proc. 02163-2005-411-09-00-7 — (Ac. 3ª. T. 16268/07) — Rel. Juiz Altino Pedrozo dos Santos. DJPR 26.6.07.

Alegação de desvio de valores — Suspensão do contrato de trabalho até conclusão do inquérito policial — Dano moral configurado

Ementa: DANO MORAL. ALEGAÇÃO DE DESVIO DE VALORES. SUSPENSÃO DO CONTRATO DE TRABALHO ATÉ CONCLUSÃO DO INQUÉRITO POLICIAL. DANO MORAL. CONFIGURAÇÃO. Comete ato ilícito o empregador que, a pretexto de mandar apurar a responsabilidade pelo desvio de valores, suspende o contrato de trabalho, até que inquérito policial aponte quem foi o causador desse desvio, mormente quando o empregador, ao registrar a ocorrência na Polícia, já declara a responsabilidade do reclamante, sobretudo se nos autos não existe um só indício de que o empregado tenha participado do desvio. Caracterização de dano ao patrimônio imaterial do reclamante, sujeito à reparação. TRT 8ª Reg. — RO 00673-2004-117-08-00-8 — (Ac. 1ª T.) — Rel. Juiz Marcus Augusto Losada Maia. DJPA 26.9.05.

Da decisão acima, colhe-se o seguinte fundamento:

"Passo a verificar a procedência do pedido de indenização por danos morais e materiais.

A Carta Magna estabeleceu a possibilidade de ser produzido dano moral na relação de emprego, além de também prever sua reparabilidade nos incisos V e X do art. 5º.

O dano moral é aquele que agride a incolumidade psíquica do lesionado, promovendo-lhe constrangimento e dor moral e sentimental. O dano moral trabalhista é a infração da obrigação de não praticar ato lesivo da honra e da boa fama, por ato das partes opostas da relação de trabalho, quando de sua vigência ou, embora após seu término, quando o ato lesivo fizer correspondência a fatos ocorridos no tempo de seu vigor.

Diversamente do que acontece com o dano material, a ofensa moral não precisa ser efetivamente demonstrada pela vítima, uma vez que diz respeito ao íntimo do ser humano. Para que o dano moral seja ressarcível, basta que a conduta do agente do ilícito seja potencialmente capaz de gerar dor, abalo, sofrimento à vítima, ou de expô-la ao vexame e ao ridículo. E, sem dúvida, os fatos comprovados nos autos assim o são.

Tenho que ocorreu, de fato, dano ao patrimônio moral do reclamante, posto que, além de acusado sem provas, no âmbito da empresa, teve seu nome consignado expressamente na ocorrência policial de fl. 98, como um dos envolvidos na fraude praticada na empresa, fato este que jamais pode ser considerado como inofensivo.

Não se trata de mero relato de fatos, para apuração, mas de uma acusação formal e direta contra o recorrente como autor do delito, do que não fez prova a empresa reclamada. E ainda, como agravante, no mesmo registro policial, a Gerente do estabelecimento, que relatou o ocorrido, informa que os desvios foram feitos com sua senha pessoal — à qual teve acesso o infrator — e menciona que a única pessoa que possuía a senha da gerência era o Sr. Webe Silva Damasceno, gerente de pátio. Ora, como se percebe, a representante da empresa não possuía sequer indícios de que o recorrente poderia ser o autor do desvio de dinheiro, mas ainda assim o acusou diretamente, no que abusou de seu direito.

Portanto, não é o registro da ocorrência policial que por si só provoca a ofensa moral ao recorrente, mas o fato de ter sido consignado na ocorrência policial o nome do mesmo como um dos autores do desvio de dinheiro da empresa.

Entretanto, não provando as imputações feitas ao reclamante, contra sua honestidade e boa-fé, incorre na lesividade moral, que deve ser reparada. Tudo isso só para argumentar, pois despiciendo que o fato tenha se tornado público para ensejar a reparação por danos morais.

Ademais, não fosse suficiente ter sido acusado sem provas pela recorrida, o trabalhador foi afastado de seu labor para que aguardasse em casa o resultado das investigações que estavam sendo feitas pela recorrida, que dessa maneira suspendeu o contrato de trabalho do empregado, o que configurou a despedida indireta reconhecida corretamente pelo Juízo de 1º Grau.

Concluo, pois, pela existência de dano moral indenizável, o qual arbitro em R$ 30.000,00, valor que entendo razoável ante os constrangimentos sofridos pelo reclamante, como o registro de ocorrência policial, onde seu nome foi expressamente consignado, mesmo sem provas cabais de ter sido o mesmo o autor dos citados delitos, além da suspensão de seu contrato de trabalho, fatos estes robustamente provados nos autos."

Alegação de que o funcionário é que mandou assaltar a empresa — Ofensa moral — Configuração

Ementa: DANO MORAL. CARACTERIZÇÃO. Caracteriza-se o dano moral quando a empresa alega que o funcionário é que mandou assaltar a empresa. Houve ofensa à moral do empregado, que deve ser reparada. TRT 2ª Reg. — RO 00776200343302003 — (Ac. 2ª T. 20050508657) — Rel. Juiz Sergio Pinto Martins. DJSP 23.8.05, p. 31.

Ambiente laboral — Identidade do empregador protegida — Normas específicas e uso legítimo do *ius variandi* — Polígrafo — Dano moral não configurado

Ementa: DANO MORAL. AMBIENTE LABORAL. INTIMIDADE DO EMPREGADO PROTEGIDA. FUNÇÃO DE CONTROLE E SEGURANÇA. NORMAS ESPECÍFICAS E USO LEGÍTIMO DO *IUS VARIANDI*. POLÍGRAFO. A relação de emprego, com as peculiaridades do ambiente de trabalho inerentes ao próprio poder diretivo do empregador, não pode amesquinhar intimidade e imagem do empregado. O exame através de polígrafo muito se aproxima do psicotécnico e, na ativação como segurança, era absolutamente necessário. Cuidando a espécie de medida preventiva a amparar a empresa e a comunidade envolvida, justifica-se o procedimento no qual se pautou o empregador. Não se denota, então, abuso do direito na formulação de perguntas, não divulgadas; tampouco o caráter vexatório do teste, causando tribulação ou dor íntima, restando claro o caráter sigiloso e impessoal do teste, sendo mesmo medida de segurança necessária. Dano moral não caracterizado. TRT 3ª Reg. — RO 00316-2003-092-03-00-4 — (Ac. 6ª T.) — Relª Juíza Emília Facchini. DJMG 3.6.04, p. 15.

Da decisão acima, colhe-se a seguinte fundamentação:

"2.1.3. Dano moral

O Autor se sentiu atingido em sua honra por ter sido compelido a prestar informações anuais que o constrangiam. Afirma que, para conseguir o emprego, foi submetido ao polígrafo e, no correr da contratualidade, conforme os documentos vindos com a exordial, fora reiteradamente submetido a questionamentos como: Você reside em casa própria? Esteve hospitalizado nos últimos dez anos? Alguma vez pediu indenização no trabalho? Usa bebidas alcoólicas? Usa narcóticos? Vende ou já vendeu narcóticos? Cometeu crime ou foi preso? Tem antecedentes de desonestidade? Deve para alguém? Quem? Quanto? Cometeu violações de trânsito? Teve acidentes com veículo automotor? Foi suspenso em sua habilitação?

Acresce que havia também os testes trimestrais com as seguintes indagações: Você roubou qualquer propriedade do local onde trabalha? Desde seu último teste, usou quaisquer drogas ilegais? Com seu conhecimento, permitiu contrabando em alguma aeronave? Permitiu que alguém violasse os procedimentos de segurança? Transportou qualquer droga ilegal em um avião? Intencionalmente permitiu que alguém viajasse com documentos falsos?

Esclarece que outros colegas de trabalho foram submetidos aos mesmos exames e alguns deles foram dispensados por não haverem atingido os objetivos esperados. E que não havia alternativa, ou seja, possibilidade de resistência, sendo certo que as indagações descem a baixíssimo jaez:

Você está ligado a qualquer pessoa envolvida em contrabando ou tráfico de drogas ilegais ou narcotráficos? Durante sua entrevista anterior para entrar na American Airlines, você escondeu sua participação em algum ato ilegal? Você já participou de alguma atividade subversiva?

Assevera que sempre trabalhara em área de segurança do aeroporto, das aeronaves e passageiros, mas todo direito tem seus limites.

A integridade moral, bem jurídico atado à personalidade do indivíduo, tem fundamento jurídico na liberdade individual e a submissão a testes psicológicos não é de pronto banida, praticadas que foram e ainda são pesquisas psicológicas no empregado em vias de admissão. Há, como é notável, o resguardo do conteúdo vexatório dos questionamentos, a tentativa de escarnecer ou mesmo especular com a vida pregressa do entrevistando. De lado o condão discriminatório, que é outro vezo no mesmo conteúdo, mas aqui não buscado intensamente, o respeito é linha divisora na atuação empresária, devendo a empresa compelida ao evento abster-se das particularidades um tanto convergentes para o quadro discriminatório, como a origem racial ou a opção política, ou mesmo a convicção religiosa do candidato, mas abster-se de detalhes da vida íntima capazes de gerar constrangimento.

Assomam-se ao método de pesquisa de aptidão profissional outros tipos de exames como o psicotécnico, o médico, a prova da honradez mediante atestado, todas usuais e nem por isso questionadas como afrontosas à honorabilidade e ao psiquismo do envolvido.

O ordenamento Pátrio ainda não conta com norma dispondo acerca da licitude ou não dos métodos aqui usados para seleção de pessoal ou mesmo para a manutenção do vínculo, tramitando ainda um projeto de lei que procura acrescer o artigo 3º da CLT nesse sentido, sob a relatoria do Exmo. Deputado Paulo Paim pelo PT/RS (v. complementarmente a peça de fl. 549).

Entretanto, muito comum o uso de entrevistas e testes grafológicos, respostas a questionários e psicotécnicos. Destacado este último, devo lembrar que o seu envolvimento vai ao conjunto de métodos científicos empregados para a observância das reações psicológicas e psicofisiológicas de determinado indivíduo através de métodos psicológicos para o estudo de problemas sociológicos. Noção indissociável do estudo das funções e do funcionamento normal dos seres vivos nos processos físico-químicos nos domínios da biofisiologia.

Por aí se vê que a prática não é novidadeira, variando métodos de pesquisa e que aqueles testes, mais diretamente os trimestrais, não vieram a emprego em território nacional com ineditismo, não podendo ser tomados como tão desproporcionais assim em linha de princípio.

De qualquer modo, a ética norteia o método adotado e esse será o norte de minha atuação. O limite dela é na avaliação da aptidão do candidato para as funções desempenhadas, já que é indiscutível cuidar a espécie de matéria delicadíssima no ínterim da segurança de vôos e do próprio pessoal em terra no aguardo do embarque/desembarque.

As informações colhidas excepcionalmente poderão tanger a vida privada do entrevistando. Mesmo assim, despontando real relevância para a execução dos misteres. Somente assim se chega sem embaraços às informações importantes sobre o desempenho do empregado, atividade a contento e características psíquicas. Tudo a repercutizar na execução do contrato de trabalho.

Assim, perguntas devem estar relacionadas com a aptidão profissional para a prestação dos serviços com boa-fé.

O detector de mentiras, método hoje pouco explorado, é de validade controvertida. Contudo, houve o uso e por isso prossigo no estudo.

Prevalece, por ainda não contarmos com lei de veto, se não implicar em intromissão na vida privada da pessoa, segundo a jurisprudência, sendo mesmo notório o estado de inferioridade, incômodo mesmo, que se encontram os empregados a ele submetidos.

Investigação prévia deve pautar-se à avaliação da aptidão do candidato ao cargo a ser preenchido. O estudo psicológico para ingresso, segundo a prova adunada, restringiu-se às qualidades pessoais essenciais ao desempenho funcional. Não houve aí violação ao direito à intimidade, já que vem daí a garantia constitucional à liberdade individual com resguardo da imagem e honorabilidade.

A i. Juíza *Alice Monteiro de Barros*, *in* 'Proteção à Intimidade do Empregado', LTr, SP, 1997, p. 67, cita a doutrina italiana, que '... considera ilegítimos os questionamentos estranhos à causa contratual, como situação familiar, diversões preferidas, vida social, modos de passar o tempo livre ou férias, quando não influam na avaliação profissional do candidato e possam levar o empregador a fazer deduções a respeito das tendências do empregado ao absenteísmo, e, em conseqüência, segregá-lo.

Questionamentos dessa ordem nem indiretamente devem ser feitos, a menos que sejam essenciais ao desenvolvimento da atividade, como ocorre com as chamadas 'empresas de tendência', ...'

Há na obra em foco abordagem acerca dos antecedentes criminais, considerada indiscreta, "... a não ser que a conduta delituosa tenha significado contratual, ou seja, guarde coerência com as obrigações que irá assumir'. (ob. cit., p. 68)

Novamente o sinal doutrinário de que há permissão à pesquisa no caso de envolvimento de agente de segurança em área intestina de aeroportos. Não se pode mesmo entregar o galinheiro à guarda de raposas ... .

Há casos, pois, em que a intimidade deve ser pesquisada no entorno da ligação direta com a profissionalidade, por envolver questão de segurança tão absoluta, que deva cumprir-se de modo tão eficaz e sistêmico, por exigir lida diuturna com pessoas muito próximas de possível aliciamento psicológico a ponto de desafiar constante atalaia ou comprometer vidas tantas e patrimônios outros igualmente tutelados. Caso da segurança de vôo ou de empresas bioquímicas, que se deparam com a inexorável situação de fiscalizar a área de produção de medicamentos raros, caríssimos até, por monitoramento através de circuito interno de televisão até mesmo nos sanitários. Não vão longe casos de placebos, anticoncepcionais transvertidos ou de medicamentos controlados que se desvirtuaram justo no processo de fabrico como na área oncológica. As conseqüências não se cingem à área restrita das empresas. Extrapolam sem endereço para a comunidade em geral, que sofre os efeitos reflexos impensados. São casos em que a jurisprudência é levada a reconhecer, concedendo lenitivo, ao uso do *ius variandi* diante das conseqüências desastrosas que poderão decorrer da negligência ou da ausência de rigor fiscalizatório.

É nesse ângulo que se espera de todos os envolvidos, da sociedade, do homem médio, a condução de modo racional do caso trazido a estudo. Destinatários do princípio da razoabilidade não são apenas as partes.

A doutrina francesa tem registrado: 'Todo direito, todo poder legalmente protegido é concedido tendo-se em vista uma certa finalidade: o detentor desse direito tem um poder de apreciação quanto à maneira pela qual ele o exerce. Mas nenhum direito pode ser exercido de um modo não razoável, porque o que não é razoável não é direito.' ('Le Raisonnable e le Déraisonable en Droit', LGDJ, Paris, 1984, p. 19).

Decorre daí a valoração jurídica objetiva da contratualidade compartida pela comunidade, coletividade envolvida no caso. Daí também a necessidade de expedição de normas de segurança de vôo pelo Poder concedente.

No exercício de um poder discricionário, o empregador é levado a usar do *jus variandi*, nos limites da razoabilidade, respeitando a qualificação profissional e sem acarretar humilhação ao seu empregado no cumprimento do contrato de emprego. Isso não pode representar abuso do direito. Jamais podendo diminuir-lhe o prestígio moral. Essa a chave do tamanho.

Implica, portanto, também averiguar o comportamento dos litigantes dentro do que normalmente acontece e aconteceu no real interesse da atividade econômica, visando ao melhor desempenho da empresa.

Compunha o *métier* do Autor, dentre outros misteres (v. complementarmente o rol de fl. 829), prevenir a infiltração de explosivos, narcóticos e armamento ou munições, dando busca sistemática pela área que lhe é afeta (portão onde a aeronave estacionará, escadas de acesso e equipamentos), promovendo entrevista com passageiros, estando muito próximo de possível corruptor.

A lida do Autor tinha sempre íntima relação com o embarque/desembarque de passageiros de posse de bagagem e a realidade histórica sinala que muitos incidentes e outros tantos sinistros ocorrem estando em curso viagens aéreas, sendo aviões muito visados especialmente para o tráfico de drogas ilegais, de armas, de contrabandos etc. As pessoas que se habilitam a prestar serviços em empresas tais não podem sofrer abalos emocionais, sendo resguardadas assim, defendendo sempre o bem maior que é a própria vida e a vida dos usuários do transporte aéreo em primeiro plano. A aptidão deles se cumpria, então, segundo o método eleito, mediante testes que, por sua vez, eram cobrados pelo Departamento de Aviação Civil — DAC (v. complementarmente o contrato social da Prudencial de fls. 295-302; a autorização do Comando da Aeronáutica de fls. 303/05; o contrato de prestação de serviços com a American Airlines de fls. 307/09; o próprio contrato experimental com o Reclamante de fls. 310/12 e 313/14, todos cuidando de rigorosa delimitação de área de atuação *ex radice*). O documento de fl. 329, expedido pelo Superintendente de Segurança Aeroportuária, recomenda a inspeção em calçados de passageiros sem prejuízo das demais operações. Há cláusulas de segurança internacionais constantes de acordos bilaterais de transportes aéreos, como os entre o Brasil e os EUA, com procedimentos de segurança relativos às partidas internacionais, aos quais não podem se esquivar as empresas envolvidas, sendo que tais dimanam de órgãos Nacional e Internacional de controle de vôo, podendo ser consultados, nesse entorno, os documentos de fls. 330/41.

Por questão de segurança interna, a empresa se vê compelida a baixar e cumprir normas rígidas, cujo escopo não era, a todas as luzes, atingir direito personalíssimo do Autor, tampouco violar sua honorabilidade ou intimidade.

Ao reverso, essencialmente se visava à segurança dos usuários e de vôo, sendo, sob essa ótica, razoável a seleção de empregados da melhor estirpe. As razões são indiscutivelmente seriíssimas no entorno da salvaguarda da população que se utiliza dos serviços aéreos.

Bom rever que o agente de segurança promovia a varredura da aeronave e também entrevistava os passageiros momentos antes dos respectivos embarques. Nesse campo de atuação, estava frente ao usuário que seria também submetido a perguntas semelhantes às feitas ao Autor e também seriam conferidos passagem aérea, vistos e passaportes, estando muito exposto a qualquer método de propina ou corrupção nesse exato momento. Visava a Empresa justamente coibir essa prática e salvaguardar a tranqüilidade durante o vôo.

Isenta a inspeção local, descartava-se tranqüilamente possibilidade de tráfico, contrabando, transporte de explosivos ou inflamáveis.

Tudo se resumia à desincumbência em misteres de segurança de vôo em que a submissão ao polígrafo se revela razoável.

Aliás, diante do quanto fundamentado até aqui, polígrafo, no Dicionário Eletrônico Houaiss, conferida a rubrica na área da medicina, vem definido como 'aparelho que serve para registrar simultaneamente várias funções psicológicas e fisiológicas'.

Repito, várias funções psicológicas e fisiológicas, áreas em que se achegam proximamente propostas que podem arrefecer ânimos, ou melhor, a índole natural, a decisão, os valores, o desejo, a vontade, a disposição de espírito.

D. v., divirjo do r. entendimento *a quo* a principiar pelo objeto do polígrafo (melhor conhecido como detector de mentiras).

Portanto, a atividade pedia a fiscalização de perto da conduta do Autor.

Essa se fez imperiosa justo por demandar acesso a áreas restritas de segurança no Aeroporto.

Sempre se retorna à segurança do usuário em geral e às normas de segurança a que se submetiam as Litisconsortes passivas.

Lembra-me novamente que a forma encontrada de fiscalização da atuação de campo do Autor sempre se limitou a critérios puramente objetivos e tudo quanto se indagava restringia-se à ligação com a função desempenhada. As respostas jamais eram divulgadas. Os testes sigilosos envolviam examinando e examinador, geralmente externo ao empreendimento econômico levado a efeito.

Aliada a essa constatação, o exame era realizado por todos os funcionários que lidavam com segurança indistintamente.

Audrey Gosling Luz chegou a ser coordenadora internacional de segurança e foi-lhe exigida a submissão ao teste de polígrafo por duas vezes, apesar de ter sido admitida antes de fazer o teste. Se reprovada nele, seria dispensada. O resultado não é divulgado e o pessoal só tem conhecimento se foi aprovado porque continua trabalhando. O teste, feito nas línguas inglesa ou espanhola, era aplicado pelo pessoal contratado pela American Airlines. Às vezes havia necessidade de intérprete. Sentiu medo porque seu emprego dependia daquele teste. Os testes trimestrais exigiam aproveitamento de 80%; não alcançado, era dada outra oportunidade (v. fls. 827/31).

Afrânio Simões Júnior não discrepa muito das informações passadas anteriormente e submeteu-se três vezes ao polígrafo, tendo sido entre ele e o aplicador, sem uso de intérprete. O resultado não era divulgado (fls. 831/34).

Clessius Marcus dos Santos submeteu-se a três testes de polígrafo no curso da vinculação. Reafirma que não havia divulgação (fls. 834/35).

Doralice Farah Perri submeteu-se ao polígrafo uma vez onde funciona o escritório da Prudencial no Aeroporto de Confins. Tem conhecimento de empregados de empresas aéreas envolvidos com tráfico de drogas. A finalidade do polígrafo é a aferição da sinceridade. A necessidade de segurança e confiança em seus empregados, que lidam com vidas humanas, conduzem a submissão ao polígrafo (fls. 836/37).

Herlichy Júnior Moreira Bastos foi submetido ao polígrafo por duas ou três vezes, todas as vezes em inglês. Confirmando o depoimento de todos: não havia perguntas de ordem pessoal e íntimas (fl. 838).

Conformados os fatos ao caso concreto trazido, a configuração do dano moral se compromete porque não feridas honra e dignidade. O exame através de polígrafo muito se aproxima de psicotécnico e, mesmo assim, na ativação como segurança era absolutamente necessário. Cuidando a espécie de medida profilática preventiva a amparar a empresa e a comunidade envolvida, justifica-se o procedimento por que se pautou o empregador.

A submissão ao aparelho não se revelou danosa à dignidade do Autor, não demarcando a prova colhida abalos concretos ao seu estado emocional sequer consideráveis, sendo certo que sua reputação e honorabilidade sempre foi observada. Fato que pode ser declarado para todos os envolvidos no evento. Não havia divulgação do teor dos questionamentos.

Não houve situação de constrangimento pautado em humilhação e o teste envolvia empregado e examinador que não pertencia ao quadro empresário.

Discriminação também não houve, tendo sido protegida a intimidade do Autor.

A empresa pautou-se no cumprir normas na operação de transporte aéreo, sempre atenta à qualidade dos serviços prestados garantindo a segurança.

A meu juízo, não se configura o dano moral. Sempre sobressai a razoabilidade do uso do instrumento para coibir desvios na segurança aérea (proteção da aviação civil na inspeção de bagagens, varredura de aeronaves, controle de acesso alfandegário e aeroportuário por pessoas especializadas, qualificadas e isentas, devidamente treinadas para a execução dos serviços).

As perguntas não poderiam provocar constrangimentos se a negativa a todas, em nível de sinceridade, não avilta quem não é alcoólatra, viciado em drogas ilícitas, larápio etc., pois a permanência deles após a realização do teste reforça um não ser que não malfere intimidade não agredida ou propalada.

Não se denota aqui abuso de direito na formulação das perguntas, não divulgadas; tampouco o caráter vexatório do teste, causando tribulação ou dor íntima, sendo sempre oportuna a lembrança de que a inserção do empregado no ambiente laborativo não lhe retira os direitos da personalidade, mas, submetendo-se este ao poder diretivo do seu empregador, pode vir a sofrer contingenciamento do seu direito à intimidade, não se admitindo que as vias de atuação no empresário atinjam a dignidade da pessoa humana, configurando o dano moral. Ademais, tenho como inevitável perante o Poder concedente e legítima a providência profilática através de fiscalização mais incisiva; contudo, essencial método de proteger o patrimônio do empregador, atingindo o patrimônio pessoal, vida dos usuários do transporte aéreo com absoluta segurança e, desse modo, preservando o mal circundante no próprio objeto da atividade econômica empreendida, condizendo com a salutar segurança interna empresária.

Mencionando também o teor da Lei n. 9.799/99, publicada no DOU de 27.5.1999, acrescendo o artigo 373-A ao Texto Celetário, aqui invocada por ser a norma mais próxima a ser cotejada por interpretação extensiva apenas para demarcar legalidade, submeter um empregado ao teste do polígrafo somente é interdito ao empregador, embora endereçado à multimencionada segurança de vôo, se emoldurada em discrime, escárnio, no próprio caráter genérico da pesquisa a ponto de expor a individualidade do entrevistando a conhecimento da comunidade profissional interna mais próxima dos trabalhadores, ou mesmo na propagação insultadora das respostas dadas, evidenciando todos ofensa à garantia estatuída no inciso X do artigo 5º da Constituição da República, e nenhum desses relevantes pontos são revelados na prova global colhida.

A relação de emprego, com as peculiaridades do ambiente de trabalho inerentes ao próprio poder diretivo do empregador, não pode amesquinhar intimidade e imagem do empregado. A empregadora não extrapolou os limites de seu poder diretivo ao adotar a prática média de três testes de polígrafo em seus empregados em suas dependências, se se pautou no evitar o constrangimento aos laboristas. Cessam assim as possibilidades de caracterização do dano moral. Evidente que atendeu, antes, normas de segurança editadas pelo DAC adequadas aos interesses, na mesma via, da empresa, sem violar a intimidade e a dignidade do Autor.

De tudo quanto fundamentei, ficou claro o caráter sigiloso e impessoal do teste através de polígrafo, sendo mesmo medida de segurança necessária.

Como a indenização perquirida passa tranqüilamente pela prova da materialidade do ato tido como lesivo, praticado pelo empregador, ou alguém por ele, manifesto prejuízo à intimidade e honorabilidade do empregado envolvido e nexo de causalidade entre o ato e o prejuízo sofrido, toda sorte probatória consultada indica sobejamente que o empregador procedeu de modo a não extrapolar seu poder disciplinar, não evidenciada a submissão a constrangimento ilegal ou violação ao direito constitucional à intimidade, entendo que não é caso de dano moral.

Respeitadas honra e intimidade, provejo ambos os apelos para erradicar a indenização por dano moral.

Prejudicado o pedido eventual de redução do valor indenizatório." (www.trt3.gov.br, em 21.7.04)

Anúncio inverídico de abandono de emprego publicado em jornal de grande circulação — Dano moral configurado

Ementa: DANO MORAL. ANÚNCIO INVERÍDICO DE ABANDONO DE EMPREGO PUBLICADO EM JORNAL DE GRANDE CIRCULAÇÃO. A imputação inverídica de abandono de emprego a trabalhador, por duas publicações sucessivas em jornal de grande circulação no Estado do Rio Grande do Sul, representa ato danoso à imagem do empregado, que teve seu nome ligado a ato faltoso ao qual não deu causa, na realidade. Violação à imagem do empregado caracterizada, passível, portanto, de reparação por dano moral. Recurso do reclamante provido. TRT 4ª Reg. — RO 00433-2005-202-04-00-5 — (Ac. 7ª T.) — Rel. Juiz Flavio Portinho Sirangelo. DJRS 29.7.05.

Da decisão acima, colhe-se a seguinte fundamentação:

"A sentença indeferiu o pleito de pagamento de indenização por dano moral ao argumento de que o autor não logrou provar o abalo à sua honra por ato do empregador. Destaca que o autor, de fato, faltou ao serviço injustificadamente de 07.02.2005 a 17.02.2005, sendo que, apesar de ter se apresentado para trabalhar no dia 18.02.2005, justifica-se a publicação efetuada pela empresa acerca do abandono de emprego, face à exigüidade do tempo para cancelá-la.

Contra tal investe o autor. Refere que comunicou previamente a reclamada que iria se ausentar do trabalho por motivo de doença, conforme atestado juntado aos autos, sendo que a empresa, mesmo assim, publicou anúncio de abandono de emprego em jornal de grande circulação, causando-lhe situação vexatória. Assim, requer a reforma da sentença para que lhe seja deferido o pagamento de indenização por dano moral.

Vejamos.

O autor trabalhou na reclamada de 06.10.2004 a 02.03.2005, na função de soldador.

Conforme a inicial, alega que teve seu nome publicado nos dias 22.02.2005 e 23.02.2005, em jornal de grande circulação (Diário Gaúcho), em anúncio de abandono de emprego, apesar de, em tais datas, estar regularmente trabalhando. Alega que tais publicações o expuseram a situação humilhante perante terceiros, ensejando reparação por dano moral.

Em defesa, a reclamada admite que houve, de fato, duas publicações em dois dias seguidos no Jornal Diário Gaúcho, de abandono de emprego, constando o nome do autor, por equívoco, do rol de empregados constantes do anúncio. Refere que, após o sucedido, o autor permaneceu trabalhando na empresa, não tendo sido humilhado perante terceiros. Destaca que, posteriormente, o autor veio a ser dispensado sem justa causa, por faltas injustificadas ao serviço. Refere, por fim, não haver causa de pagamento de dano moral.

Consta, às fls. 17/18, cópias dos anúncios de abandono de emprego publicados pela reclamada no Jornal Diário Gaúcho, nos dias 22 e 23 de fevereiro de 2005, neles constando o nome do autor e o número de sua CTPS.

Ora, considerando os termos da inicial e da defesa, tem-se por inovatórias as alegações do recurso, no sentido de ter o autor faltado justificadamente ao serviço, em razão de doença, no período anterior às publicações efetuadas no Jornal Diário Gaúcho. Todavia, seja lá qual for a causa das faltas do autor ao serviço, no mês de fevereiro de 2005, tem-se que estas foram abonadas pelo empregador, conforme se verifica do registro de ponto das fls. 69, do que se depreende de que as mesmas foram justificadas pelo empregado, sendo desnecessário perquirir se houve ou não apresentação de atestado médico ou outra justificativa por parte do empregado.

A indenização decorrente de dano moral está prevista na Constituição da República, no seu artigo 5º, incisos V e X, conceituando-se o dano moral como aquele que surte efeitos na órbita interna do ser humano, causando-lhe uma dor, uma tristeza ou qualquer outro sentimento capaz de lhe afetar o lado psicológico, sem qualquer repercussão de caráter econômico. Conforme Sérgio Cavalieri Filho, *in* 'Programa de Responsabilidade Civil', 2ª edição:

Nessa categoria incluem-se também os chamados novos direitos da personalidade: intimidade, imagem, bom nome, privacidade, a integridade da esfera íntima. Tutela-se, aí, o interesse da pessoa humana de guardar só para si, ou para estrito círculo de pessoas, os variadíssimos aspectos da sua vida privada: convicções religiosas, filosóficas, políticas, sentimentos, relações afetivas, aspirações, hábitos, gostos, estado de saúde, situação econômica, financeira, etc.

Como se vê, hoje o dano moral não mais se restringe à dor, tristeza e sofrimento, estendendo a sua tutela a todos os bens personalíssimos — os complexos de ordem ética (...).

(...) o dano moral está ínsito na própria ofensa, decorre da gravidade do ilícito em si. Se a ofensa é grave e de repercussão, por si só justifica a concessão de uma satisfação de ordem pecuniária ao lesado. Em outras palavras, o dano moral existe *in re ipsa*; deriva inexoravelmente do próprio fato ofensivo, de tal modo que, provada a ofensa, *ipso facto* está demonstrado o dano moral à guisa de uma presunção natural, uma presunção *hominis* ou *facti*, que decorre das regras de experiência comum.

Em linhas gerais, dano é o resultado de uma ação ou omissão não estribada em exercício regular de um direito, em que o agente causa prejuízo ou viola direito de outrem. Pressuposto básico do cabimento da reparação do dano moral é a ofensa ou violação a um direito de personalidade, o qual inclui, também, o da imagem da vítima, ou seja, como esta é vista em seu meio social. Ademais, considerando que, conforme o ensinamento de Orlando Gomes, *dano moral é o constrangimento que alguém experimenta em conseqüência de lesão a direito personalíssimo, ilicitamente produzida por outrem*, é devida a reparação por meio da indenização deferida.

No caso, ao contrário do que entendeu o Julgador de origem, há justificativa plausível para a caracterização do dano moral, pois demonstrado ato ilícito da empresa, através de denunciação de um fato inverídico de abandono de emprego, por meio de anúncio em jornal de grande circulação, a demonstrar o dano, não só à imagem do empregado perante à sociedade como à sua personalidade, à honra, etc. Note-se que a situação de abandono de emprego é facilmente refutada através dos registros de ponto do período, onde se constata que o autor estava em plena atividade quando da veiculação dos ditos anúncios e que suas ausências no mês de fevereiro, anteriormente a tais publicações, foram todas abonadas pela empregadora. Ato contínuo, cerca de uma semana após as referidas publicações, a reclamada dispensou o autor sem justa causa, dando ensejo a que as demais pessoas, que leram as ditas publicações, acreditassem no que nelas constava. Nestes termos, independentemente de prova específica acerca do abalo emocional sofrido pelo autor, tem-se por lesada sua imagem profissional através do simples ato da empresa ao tornar públicos anúncios de jornal inverídicos quanto ao pretenso abandono de emprego, a caracterizar a situação desabonatória do empregado perante a opinião pública sem qualquer respaldo fático. Não se questiona, aqui, se houve dolo ou culpa do empregador a levar a termo tais publicações; o que se questiona é se houve ou não dano moral ao empregado, e tal decorre, no caso, do próprio ato. Ressalta-se que a responsabilidade de indenizar em decorrência do dano moral, no caso, visa à preservação da boa fama do empregado no mercado de trabalho.

Matéria semelhante, inclusive, já foi apreciada por este Tribunal, a exemplo do Acórdão n. 00571.009/00-0 RO, da Lavra do Juiz João Ghisleni Filho, publicado em 15.05.2003:

Cabível o abalo moral na hipótese de imputação pelo empregador de prática de ato de indisciplina e insubordinação, além de veiculação em jornal de circulação estadual, de nota de abandono de emprego.

No caso, estando presentes todos os requisitos para a configuração de situação passível de indenização, ou seja, ação do empregador, o dano do empregado à sua honra e dignidade, e a relação de causalidade entre uma e outra, impende condenar a reclamada ao pagamento de indenização por dano moral, cujo valor se arbitra em cinco vezes o salário contratual do autor.

Recurso provido, nestes termos."

Apuração de fato delituoso pela autoridade policial a pedido do empregador — Dano moral não configurado

Ementa: INDENIZAÇÃO POR DANOS MORAIS E MATERIAIS. APURAÇÃO DE FATO DELITUOSO PELA AUTORIDADE POLICIAL A PEDIDO DO EMPREGADOR. Não comete abuso de direito e tampouco incide em erro de conduta o empregador que, em defesa do seu patrimônio, aciona a polícia militar para apurar a prática de crime de furto de que é vítima, estando antes no exercício moderado e regular do seu direito. A indenização por dano moral decorrente do contrato de trabalho pressupõe um ato ilícito ou erro de conduta do empregador ou de preposto seu, um prejuízo suportado pelo ofendido e um nexo de causalidade entre a conduta injurídica do primeiro e o dano experimentado pelo último. Ainda que o empregado seja exposto a constrangimento em decorrência dos procedimentos adotados pela autoridade policial, o que, frise-se, não foi provado e sequer alegado nestes autos, não se pode condenar o empregador a reparar dano moral decorrente de eventual abuso de direito e de ato praticado por terceiro no exercício de sua função. TRT 3ª Reg. — RO 00708-2005-037-03-00-3 — (Ac. 5ª T.) — Rel. Juiz José Roberto Freire Pimenta. DJMG 19.11.05, p. 19.

Apuração de fatos supostamente irregulares no âmbito da atividade profissional de caixa — Ação comedida e sem qualquer alarde da reclamada — Não configuração

Ementa: DANO MORAL. AUSÊNCIA. Para a caracterização do dano moral, como causa da responsabilidade que dá ensejo à compensação pecuniária, é imprescindível a concorrência dos elementos que o conformam, a saber, uma ação ou omissão (dolosa ou culposa), o dano — que no caso se caracteriza pela dor íntima —, e a relação de causalidade entre tais. No caso, revela a prova que o reclamado, ao apurar fatos supostamente irregulares no âmbito da atividade profissional de caixa, atribuídos ao reclamante, agiu comedidamente e sem qualquer alarde, com observância dos parâmetros adequados à situação. De conseqüência, não se reconhece a prática de ato ofensivo à reputação dele, sendo improcedente a reparação pretendida. TRT 3ª Reg. — RO 00349-2004-046-03-00-4 — (Ac. 3ª T.) — Rel. Juiz Lucas Vanucci Lins. DJMG 13.8.05, p. 4.

Assalto — Ausência de medidas preventivas, quanto à ocorrência de assaltos — Cabimento

Ementa: VENDEDOR EXTERNO. CONTROLE DE JORNADA. Considerando que havia roteiro de clientes a serem visitados, podendo ser quantificado o número de visitas realizadas, sendo encontrado o Reclamante através de contato telefônico, bip ou celular e comparecendo na empresa no início e no final da jornada, restou comprovado à saciedade que a atividade do Reclamante não era incompatível com o controle de jornada, não se inserindo nas exceções do art. 62, I, da CLT. Mormente porque comprovado que havia fiscalização da jornada de trabalho pelo empregador, ainda que indireta. **DANOS MORAIS. ASSALTO.** É devida indenização por danos morais decorrentes de ato omissivo do empregador, que não adotou medidas preventivas quanto à ocorrência de assaltos, permitindo que se repetissem durante 28 anos de serviço, sequer prestando a necessária assistência médica e psicológica ao empregado. Ao contrário, impondo que logo após a formalização do Boletim de Ocorrência retornasse ao trabalho, porque não havia gente suficiente para cobrir o roteiro de vendas e entregas. Como agravante, ainda, suprimiu o motorista que acompanhava o empregado, sendo que a partir de então os assaltos se intensificaram e, mesmo assim, não tomou quaisquer providências. TRT 9ª Reg. — Proc. 02152-2002-019-09-00-2

— (Ac. 13.791/2004) — Rel. Juiz Arnor Lima Neto. DJPR 9.7.04, p. 203.

Assalto — Não configuração

Ementa: AGRAVO DE INSTRUMENTO. RECURSO DE REVISTA. NULIDADE POR CERCEAMENTO DE DEFESA E NEGATIVA DE PRESTAÇÃO JURISDICIONAL. Hipóteses não configuradas. INDENIZAÇÃO POR DANOS MORAIS DECORRENTES DE ASSALTO. Após ampla análise das provas já existentes, o julgador da instância primária concluiu ser indevida a condenação ao pagamento de indenização por danos morais, decorrente de assalto, decisão essa que foi confirmada pelo regional, após análise do contexto fático-probatório existente, tendo sido registrado pela instância *a quo* que: a) não há que se falar em culpabilidade do empregador pelo assalto ocorrido no trajeto em que o reclamante estava realizando; b) ainda que se tomem todas as medidas possíveis para se evitar assaltos e roubos nas estradas, é certo que este risco não fica totalmente eliminado; c) não há como se imputar culpa ao reclamado pelo infortúnio ocorrido, ocasião em que a carga transportada foi roubada e o reclamante submetido à situação degradante, inclusive perigo de vida, por estar trabalhando como motorista de escolta, pois todos foram vítimas do banditismo, inclusive a empresa. Referido entendimento revela-se bastante razoável, não sendo possível, diante de tais assertivas, configurar-se ofensa direta e literal a nenhum dos dispositivos dos textos constitucional e legal citados como vulnerados. Agravo não provido. TST — AIRR-185/2002-066-15-40.7 — (Ac. 3ª T.) — 15ª Reg. — Rel. Juiz Convocado José Ronald Cavalcante Soares. DJU 3.2.06, p. 840.

Assalto — Não demonstrado abalo moral do autor e ausência de relação de causa e efeito entre possíveis atos ou omissões da empregadora e o assalto — Dano moral não configurado

Ementa: DANO MORAL. ASSALTO. Não demonstrado o alegado abalo moral do autor, e não se verificando relação de causa e efeito entre possíveis atos ou omissões da empregadora e o assalto do qual foi vítima o reclamante no desempenho das suas funções contratuais, é indevida a postulada indenização por danos morais. Recurso não provido. TRT 4ª Reg. — RO 00464-2004-202-04-00-5 — (Ac. 2ª T., j. 13.7.05) — Relª Juíza Denise Pacheco. DJRS 27.7.05.

Da decisão, colhe-se o seguinte fundamento:

"4. DANO MORAL

A julgadora *'a quo'* indeferiu o pedido de indenização por abalo moral do reclamante, decorrente de assalto ocorrido no posto de abastecimento de veículos da ré, por considerar não demonstrada a existência de responsabilidade da ré pelo ocorrido.

Inconformado, o reclamante reitera sua tese segundo a qual está provada a existência do assalto, no qual dois assaltantes teriam mantido armas apontadas ao reclamante, afetando-o psicologicamente, sendo que o empregador é responsável pela saúde física e mental dos seus empregados. Assim, pretende indenização decorrente por dano moral com valor não inferior a cinqüenta salários do autor.

Analisa-se.

O art. 5º, inc. V, da Constituição Federal, assegura *'o direito de resposta, proporcional ao agravo, além da indenização por dano material, moral ou à imagem'*, daí por que, sem dúvida, entende-se que o ordenamento jurídico pátrio agasalha a possibilidade de indenização por dano moral. Este instituto, por sua vez, encontra múltiplas definições na doutrina.

Wilson de Melo da Silva, em sua obra 'O Dano Moral', define-o como sendo *'lesões sofridas pelo sujeito físico ou pessoa natural de direito e sem patrimônio ideal, entendendo-se, por patrimônio ideal, em contraposição ao material, o conjunto de tudo aquilo que não seja suscetível de valor econômico'*. Orlando Gomes, a seu turno, define-o mais amplamente como *'a lesão a direito personalíssimo produzida ilicitamente por outrem'* (*in* 'Obrigações', Editora Forense, 4ª ed. Rio de Janeiro, 1976).

Resguardadas as peculiaridades, todas as definições encontram em comum a idéia de que o **dano moral se caracteriza no abalo ao sentimento pessoal** e, nessa trilha, não resta a menor dúvida de que a pessoa do trabalhador pode sofrer danos que decorram diretamente da prática de atos provenientes da relação de emprego.

Consideradas tais assertivas doutrinárias, o caso em apreço não traz configurado qualquer dano moral, assim entendido o abalo ao sentimento pessoal do empregado, tendo em vista que não foi demonstrado na prova colhida qualquer alteração no comportamento do reclamante, pois ele trabalhou normalmente no dia seguinte, e sequer buscou atendimento médico (depoimento da testemunha trazida pelo próprio reclamante — fl. 100), carecendo de elementos probatórios nos autos que autorizem concluir pela ocorrência de dano moral.

Além do mais, conforme registrado na sentença, inexiste relação de causa e efeito entre possíveis atos ou omissões da empregadora e o assalto sofrido pelo reclamante no desempenho das suas funções contratuais.

Portanto, inexistindo suporte fático a autorizar o reconhecimento de dano moral causado pela reclamada, mantém-se a sentença de 1º grau, no particular."

Assalto — Negligência em relação a medidas de segurança — Responsabilidade do empregador

Ementa: DANO MORAL. ASSALTO. RESPONSABILIDADE DO EMPREGADOR. Empregado que sofreu diversos assaltos e outras tantas tentativas, no desempenho de suas funções, faz jus à indenização pelo abalo moral que, sem dúvida, experimentou. A negligência da empresa em relação a medidas de segurança para atenuar os riscos de assalto a seus empregados confirma-se no argumento de que se trata de risco inerente à atividade produtiva e que medidas extremas de segurança inviabilizariam economicamente o empreendimento. Merece reprovação, ainda, o absoluto descaso quanto às conseqüências dos atos de violência perpetrados, pois jamais cuidou de assegurar assistência psicológica ou médica aos empregados atingidos. Trata-se de situação em que a reposição ao estado anterior é praticamente impossível, de forma que o abalo moral sofrido só pode ser atenuado pela reparação pecuniária que, de algum modo, proporcione algum alívio pela dor sofrida. O valor fixado para a indenização é compatível com o porte da empresa e guarda proporção com a gravidade do ato danoso. Recurso a que se nega provimento, no particular, para manter a condenação em reparar o dano moral. TRT 9ª Reg. — RO 01318-2003-019-09-00-4 — (Ac. 2ª T. 12057/05) — Relª Juíza Marlene T. Fuverki Suguimatsu. DJPR 20.5.05, p. 543.

Assalto à mão armada — Não configuração

Ementa: DANO MORAL. ASSALTO À MÃO ARMADA. NÃO CONFIGURAÇÃO. Dano Moral é representado pelas atribuições, mágoas, aflição e sofrimento íntimos, em decorrência de atos ofensivos à imagem ou à honra, que ocasionam intensa dor pessoal na vítima. Não se caracteriza ato ilícito passível de indenização por dano moral o fato de o obreiro ter sofrido um assalto, à mão armada, sem que haja prova de que houve efetivo dano aos referidos bens constitucionalmente tutelados. Mero dissabor, desconforto emocional, mágoa, irritação ou sensibilidade exacerbada estão fora da órbita do chamado "dano moral". TRT 3ª Reg. — RO 00199-2005-098-03-00-9 — (Ac. 7ª T.) — Relª Juíza Wilmeia da Costa Benevides. DJMG 18.8.05, p. 17.

Assalto a ônibus — Morte do empregado — Ausência de nexo causal entre a conduta da empregadora, apontada como ilícita, e o dano — Indenização indevida

Ementa: ASSALTO A ÔNIBUS. MORTE DO EMPREGADO. AUSÊNCIA DE NEXO CAUSAL ENTRE A CONDUTA DA EMPREGADORA, APONTADA COMO ILÍCITA, E O DANO. INDENIZAÇÃO INDEVIDA. Para a responsabilização na esfera civil, não basta que se aponte uma conduta ilícita qualquer do agente: é necessário que seja essa conduta a causa efetiva do dano. No caso concreto, não há nenhum parâmetro seguro que permita estabelecer que, se a empresa não adotasse a prática de descontar os valores perdidos em assaltos, o assalto não teria ocorrido; ou que o empregado não teria reagido ao assalto; ou ainda, que a morte do obreiro não aconteceria. O procedimento de descontar valores perdidos em assaltos é, além de ilícito, imoral. A perda da vida de um trabalhador no pleno exercício de suas funções é trágico, lamentável e constitui razão de sofrimentos intensos e indiscutíveis para os familiares. Porém, não há nexo causal entre uma coisa e outra. Recurso ordinário não provido. TRT 10ª Reg. — RO 01028-2005-012-10-00-2 — (Ac. 3ª T./06) — Red. Desig. Juiz Braz Henriques de Oliveira. DJU3 26.5.06, p. 26.

Assaltos a ônibus da reclamada — Motorista — Dano moral não configurado

Ementa: MOTORISTA — ASSALTOS EM ÔNIBUS DA RECLAMADA — DANO MORAL NÃO CONFIGURADO — AUSÊNCIA DA EXISTÊNCIA DO DANO, DE OMISSÃO E CULPA DO EMPREGADOR E DO NEXO CAUSAL ENTRE O ATO E O DANO. As alegações de que, por ocasião dos assaltos, o autor teve armas apontadas para sua cabeça e faca em seu pescoço, além de ter estado próximo quando de disparos de arma de fogo, não foram corroboradas por nenhuma das testemunhas ouvidas. O próprio dano, na forma como colocado na inicial, não foi comprovado. O ato de omissão do empregador, também não teve prova. Ao contrário, as testemunhas ouvidas, a convite da ré, confirmaram o teor da defesa, no sentido de que a reclamada tomou providências práticas a fim de evitar futuros assaltos. Recurso do reclamante a que se nega provimento. TRT 9ª Reg. — RO 11237-2004-003-09-00-8 — (Ac. 4ª T. 07193/06) — Rel. Juiz Arnor Lima Neto. DJPR 14.3.06, p. 208.

Assalto sofrido nas dependências da empresa — Não configuração de responsabilidade do empregador

Ementa: DIREITO DO TRABALHO E DIREITO CIVIL. DANO MORAL. ASSALTO SOFRIDO NAS DEPENDÊNCIAS DA EMPRESA. NÃO CONFIGURAÇÃO DA RESPONSABILIDADE DO EMPREGADOR. Não se questiona que a violência sofrida pelo Reclamante — ao ser rendido durante assalto em curso, dentro das dependências da empresa Reclamada, ao atender chamado para trabalho, quando estava de sobreaviso — deve ter-lhe provocado revolta, dor, medo, desesperança, cujos sentimentos estão cada mais vez na vida dos cidadãos das cidades como o Rio de Janeiro. No entanto, essa violência urbana que permeia a vida de todos é fenômeno social que não pode ser imputado ao empregador. *In casu*, não houve, por parte da Reclamada, qualquer ato comissivo ou omissivo que tivesse acarretado gravame à reputação, à honra, à liberdade, ao decoro ou à dignidade do Reclamante, que lhe gerasse constrangimento íntimo, sofrimento, vergonha, ou qualquer outro sentimento que afetasse sua vida privada ou sua imagem, a ponto de que lhe ser devida indenização a título de dano moral. Recurso ordinário não provido. TRT 1ª Reg. — RO 01376-2003-020-01-00-1 — (Ac. 7ª T.) — Rel. Des. Aloysio Santos. DJRJ 5.5.05, p. 183.

Atitude reprovável do gerente-geral do reclamado — Dano moral configurado

Ementa: DANO MORAL. INDENIZAÇÃO. A maneira do gerente-geral do Reclamado em se reportar com a Autora, efetivamente, era reprovável para qualquer situação de convivência, mormente em ambiente de trabalho onde se espera um mínimo de urbanidade entre os colegas de trabalho e, por certo, causou dano à honra da pessoa da Reclamante (CF, art. 5º, X) — e resultou em lesão ao patrimônio moral desta. TRT 9ª Reg. — Proc. 02937-2001-004-09-00-5 — (Ac. 27.733/2003) — Rel. Juiz Arnor Lima Neto. DJPR 5.12.03, p. 451.

Atitude suspeita do empregado — Abertura de inquérito judicial

Ementa: DANOS MORAIS. ATITUDE SUSPEITA DO EMPREGADO. ABERTURA DE INQUÉRITO POLICIAL. O empregado que se apossa de documentos pertencentes à reclamada, evadindo-se, ato contínuo, da cidade onde reside, em atitude súbita e tresloucada, legitima a atitude do empregador de acionar a polícia sob a suspeita de furto. Não pode, o empregador, ser responsabilizado por danos morais quando atuou em legítima defesa de seu patrimônio, não lhe sendo tampouco atribuível qualquer responsabilidade pelos eventuais excessos cometidos pelas autoridades condutoras do inquérito policial. TRT 3ª Reg. — RO 19.594/99 — (Ac. 4ª T.) — Rel. Juiz Antônio Álvares da Silva. DJMG 7.10.00, p. 12.

Atleta profissional — Configuração

Ementa: DANO MORAL. ATLETA PROFISSIONAL. Comentário desairoso, com desprezo e falta de respeito a atleta que serviu sua equipe com raro talento, tendo inclusive integrado a seleção brasileira, veiculado na imprensa por diretor-presidente da empregadora, constitui dano moral trabalhista. TRT 15ª Reg. — Proc. 24.641/00 — (Ac. 4ª T., 18.550/02) — Rel. Desig. Juiz Flávio Allegretti Campos Cooper. DJSP 13.5.02, p. 65.

Ato de desonestidade, como fato que é levado ao conhecimento do círculo de emprego, atinge moralmente o trabalhador — Dano moral configurado

Ementa: DANO MORAL. REPARABILIDADE. CARACTERIZAÇÃO. Dano moral constitui fato que conceitualmente destrata e distrata, que capta repúdio no círculo que o alcança e que apanha o ator social envolvido, que usualmente afeta, como deformidade, o caráter do indivíduo. É imputação concreta de um procedimento reprovável e socialmente reprovado, sendo indicativo da desqualidade de caráter e da retidão do empregado. Ato de desonestidade, como fato que é levado ao conhecimento do círculo do emprego, atinge moralmente o trabalhador e é passível de reparação indenizatória. TRT 3ª Reg. — RO 00333-2004-035-03-00-8 — (Ac. 6ª T.) — Relª Juíza Emília Facchini. DJMG 24.2.05 (www.trt3.gov.br, 7.5.06)

Da decisão, colhe-se o seguinte fundamento:

"..

Claríssima, portanto, a prova, na indicação de que se colocava em xeque a honestidade do empregado, com a acusação perante os demais funcionários de que, como o outro funcionário tinha negado o furto, só poderia ser o Reclamante o autor do delito.

Isto estabelecido, vai-se à afirmação de que o fato desonroso efetivamente foi atirado contra o Reclamante, sem sequer indício de culpa deste.

Como bem observado pelo r. Juízo sentenciante, '(...) o reclamante sofreu constrangimento quando, chamado pelo gerente da loja para dar explicações, o mesmo, abusando do poder hierárquico que detém em face do cargo que ocupa, acusou o reclamante de fatos aos quais não tinha nenhum início de prova, permanecendo o reclamante em sua sala dando explicações sobre pressão. Configurou-se o assédio moral a partir do momento em que o gerente exorbitou do poder hierárquico disciplinar.'

Assim, dano moral é fato que conceitualmente destrata e distrata, que capta repúdio no círculo que o alcança e que apanha o ator social envolvido, que usualmente afeta, como deformidade, o caráter do indivíduo.

É imputação concreta de um procedimento reprovável e socialmente reprovado, sendo indicativo da desqualidade de caráter e da retidão do empregado.

Ato de desonestidade, como fato que é levado ao conhecimento do círculo do emprego, atinge moralmente o trabalhador.

CAIO MÁRIO DA SILVA PEREIRA ('Responsabilidade Civil', ed. 1990, v. 2, p. 66) tem admirável doutrina:

'é preciso entender que, a par do patrimônio como 'complexo de relações jurídicas de uma pessoa, economicamente apreciáveis' (Clóvis Beviláqua, 'Teoria Geral de Direito Civil', § 29), o indivíduo é titular de direitos integrantes de sua personalidade, o bom conceito de que desfruta na sociedade, os sentimentos que exornam a sua consciência, os valores afetivos, merecedores todos de igual proteção da ordem jurídica.'

Como ensina DE PLÁCIDO E SILVA, abuso 'é termo usado na linguagem jurídica para expressar o excesso de poder ou de direito, ou ainda o mau uso ou má aplicação dele', constituindo abuso de direito o 'exercício anormal ou irregular do direito, isto é, sem que assista a seu autor motivo legítimo ou interesse honesto, justificadores do ato', e este 'que se converte num ato ilícito, dá lugar ao ressarcimento do dano (Cód. Civil, arts. 159 e 160)'.

'O empregador que propaga comentários desairosos e difamantes à conduta pessoal e profissional de ex-empregado deve indenizar os danos morais deles resultantes.' (TJSC, Apelação Cível 46.384, Des. Newton Trisotto, *in* 'Dano Moral', José Raffaelli Santini, Editora de Direito, 1997, p. 290).

'Dano moral puro. Caracterização. Sobrevindo em razão de ato ilícito, perturbação nas relações psíquicas, na tranqüilidade, nos sentimentos e nos afetos de uma pessoa, configura-se o dano moral, passível de indenização.' (STJ, 5ª T., REsp. 8.768 — SP, Min. Barros Monteiro, RSTJ 34/284).

Atenta a isto, fixo-me em que a imputação concreta da desonra do Reclamante, como procedimento reprovável da Reclamada, e levado à circulação do meio de trabalho, configura o dano moral. Assim, resta afastada a pretensão de exclusão da condenação da indenização por dano moral fixada na origem, razoavelmente, em R$ 1.500,00.

Nada a prover."

Ato doloso do empregador — Nexo de causalidade — Prejuízo causado — Dano moral configurado

Ementa: DANO MORAL. INDENIZAÇÃO. Comprovados o ato doloso do empregador, o nexo de causalidade e o prejuízo causado na esfera pessoal do obreiro, necessária se faz a reparação do dano moral sofrido. TRT 12º Reg. — RO-V 00961-2001-019-12-00-2 — (Ac. 3ª T. 05.378/03, 08.04.03) — Relª Juíza Teresa Regina Cotosky. DJSC 6.6.03, p. 178.

Ato ilícito — Nexo causal — Rescisão em cumprimento à determinação judicial — Não configuração

Ementa: DANO MORAL. ATO ILÍCITO. NEXO CAUSAL. RESCISÃO EM CUMPRIMENTO À DETERMINAÇÃO JUDICIAL. Para caracterização de dano moral é necessário que se preencha alguns requisitos, principalmente a prática de um ato ilícito por outrem e que haja nexo de causalidade entre o dano e o ato realizado. Rescisão contratual operada em estrito cumprimento à determinação judicial constante em ação civil pública e seus efeitos não caracterizam ato ilícito a ensejar indenização por dano moral. TRT 9ª Reg. — Proc. 00100-2002-069-09-00-8 (RO-14.194/2002) — (Ac. 14.010/2003) — Rel. Juiz Roberto Dala Barba. DJPR 20.6.03, p. 312.

Ato ilícito do empregador — Prova da redução do patrimônio do empregado — Violação dos deveres contratuais

Ementa: INDENIZAÇÃO POR DANOS MORAIS DECORRENTES DE ATO ILÍCITO DO EMPREGADOR. PROVA DA REDUÇÃO DO PATRIMÔNIO DO EMPREGADO. VIOLAÇÃO DOS DEVERES CONTRATUAIS. Age com culpa o empregador que desrespeita flagrantemente as obrigações contratuais essenciais do pacto laboral, impondo a seu empregado significativa diminuição de seu padrão econômico ao suprimir ilicitamente complementação do auxílio-doença previdenciário, com violação dos artigos 444 e 468 da CLT. Se a conduta desse empregador não teve manifesta e dolosa intenção de lesar seu empregado, demonstrou, a toda evidência, intolerável indiferença em face do previsível sofrimento íntimo impingido ao empregado que teve reduzido seu patrimônio, justo em momento de maior fragilidade pessoal, levando-o à comprovada inadimplência de seus compromissos anteriormente assumidos. A condenação, pelo Poder Judiciário, dessa conduta manifestamente antijurídica pode e deve, além de ressarcir a comprovada ofensa ao patrimônio moral do empregado, prevenir a reiteração de condutas anti-sociais como essa, pela empregadora demandada e em todo o conjunto da sociedade. TRT 3ª Reg. — RO 00634-2003-010-03-00-4 — (Ac. 5ª T.) — Rel. Juiz José Roberto Freire Pimenta. DJMG 22.5.04, p. 14.

Da decisão acima, extraímos a fundamentação:

"DANOS MORAIS

O autor renova seu pleito ao pagamento de indenização por danos morais, indeferido em Primeira Instância, alegando que a suspensão do pagamento da complementação do auxílio-doença pela reclamada lhe teria causado diversos constrangimentos, com o atraso e a inviabilidade de honrar com seus compromissos financeiros.

Assiste-lhe razão.

Como se sabe, todo aquele que por culpa ou dolo violar a honra, a intimidade e a imagem de outrem fica obrigado a reparar-lhe o prejuízo, porquanto são elas, por força do inciso X do artigo 5º da Constituição, direitos fundamentais de qualquer pessoa.

A indenização por dano moral pressupõe, portanto, um ato ilícito ou erro de conduta do agente ofensor, um prejuízo suportado pelo ofendido e um nexo de causalidade entre a conduta injurídica do primeiro e o dano experimentado pelo último.

Nos dizeres do eminente jurista e Juiz deste E. Tribunal Sebastião Geraldo de Oliveira, 'a culpa tem como substrato a violação de uma regra de conduta estabelecida, a não-observância de um dever legal, configurando o ato ilícito'. E, citando *Aguiar Dias*, prossegue: 'a culpa é a falta de diligência na observação da norma de conduta, isto é, o desprezo, por parte do agente, do esforço necessário para observá-la, com resultado, não objetivado, mas previsível, desde que o agente se detivesse na consideração das conseqüências eventuais da sua atitude' (*in* 'Proteção Jurídica à Saúde do Trabalhador', LTr, 4ª ed., p. 244).

No caso vertente, o reclamante teve suspenso o pagamento da complementação salarial paga pela reclamada, o que teria lhe acarretado prejuízos materiais em face de seu inadimplemento com obrigações anteriormente assumidas, conforme narrado às fls. 27/28.

Os documentos de fls. 15/24 e 29/31 demonstram suficientemente os elementos componentes da responsabilidade civil: uma ação ou omissão, culpa imputável ao agente causador do dano, o dano e o nexo de causalidade entre a ação ou omissão e o dano, e, em sendo assim, a reparação é mero corolário, nos moldes preceituados no artigo 186 do Código Civil de 2002.

Com efeito, age com culpa o empregador que desrespeita flagrantemente as obrigações contratuais essenciais do pacto laboral, impondo a seu empregado significativa diminuição de seu padrão econômico ao suprimir ilicitamente complementação do auxílio-doença previdenciário prevista no regulamento interno empresarial, com violação dos artigos 444 e 468 da CLT. Se a conduta desse empregador não teve manifesta e dolosa intenção de lesar seu empregado, demonstrou, a toda evidência, intolerável indiferença em face do previsível sofrimento íntimo impingido ao empregado que teve reduzido seu patrimônio, justo em momento de maior fragilidade pessoal, levando-o à comprovada inadimplência de seus compromissos anteriormente assumidos. A condenação, pelo Poder Judiciário, dessa conduta manifestamente antijurídica pode e deve, além de ressarcir a comprovada ofensa ao patrimônio moral do empregado, prevenir a reiteração de condutas anti-sociais como essa, pela empregadora demandada e em todo o conjunto da sociedade.

Convém ressaltar que o reclamante é pai de família, possuindo três filhos oriundos de seu primeiro casamento, não se lhe podendo exigir que simplesmente abaixasse, de uma hora para a outra, o seu volume de despesas. Nem há que se argumentar, aqui, que uma pessoa normal reduziria os seus gastos de forma proporcional à perda sofrida (*in casu*, da ordem de 45% dos ganhos), uma vez que o reclamante, lamentavelmente e ainda que sem culpa da empresa, se encontra acometido de 'transtornos da personalidade e do comportamento' (laudo pericial, conclusão de fl. 179).

Friso, mais uma vez, que, se a reclamada não teve culpa na doença apresentada pelo obreiro, o teve ao reduzir ilicitamente a sua renda mensal, ao suprimir a complementação do auxílio-doença devida.

Nesse sentido, cai como uma luva o ensinamento do i. autor e Juiz deste Regional, Sebastião Geraldo de Oliveira:

'Onde houver dano ou prejuízo, a responsabilidade civil é chamada para fundamentar a pretensão de ressarcimento por parte daquele que sofreu as conseqüências do infortúnio. É, por isso, instrumento de manutenção da harmonia social, na medida em que socorre o que foi lesado, utilizando o patrimônio do causador do dano para restauração do equilíbrio rompido. Com isso, além de corrigir o desvio de conduta, amparando a vítima do prejuízo, serve para desestimular o violador potencial, o qual pode antever e até mensurar o peso da reposição que seu ato ou omissão poderá acarretar.' (*op. cit.*, p. 233)

O dano moral, entendido como o sofrimento físico e mental, a perda da paz interior, o sentimento de dor, desânimo, angústia, baixa de consideração à pessoa, conquanto não mensurável por critérios objetivos, enseja uma reparação que dê à vítima o conforto e a esperança de ver mitigado o seu sentimento de menos valia, de descrença.

Para esse dano aqui verificado, a reparação ensejará ao reclamante a possibilidade de empreender a quitação dos inúmeros débitos acumulados em razão do ato praticado pela reclamada, reparando, o quanto possível, as marcas do infortúnio que o vitimou.

Tudo isso colocado, e considerando a natureza do mal, a condição socioeconômica do reclamante e do reclamado e o grau de culpa deste último, arbitrada em R$ 15.000,00 a indenização pelos danos sofridos pelo autor.

Provimento nestes termos." (www.trt3.gov.br, em 21.7.04)

Ato ilícito que atinge o patrimônio da pessoa — Dano moral configurado

Ementa: 1. AGRAVO DE INSTRUMENTO. DANO MORAL. AFRONTA DO ARTIGO 11 DA CLT. Verifica-se a violação do artigo 11 da CLT, pois o dano pleiteado ocorreu dentro do prazo prescricional e o Eg. Tribunal reformou a r. sentença, afastando o dano moral, por entender que faltou o requisito da atualidade. Contudo, não se deve considerar nenhum outro fator relativo ao tempo que não seja o período prescricional. Caracterizada a violação do artigo 11 da CLT, o conhecimento do recurso, no tópico, é medida que se impõe. Agravo de instrumento conhecido e provido. 2. RECURSO DE REVISTA. DANO MORAL. O Regional reformou a r. sentença determinando a exclusão da indenização por dano moral, pois entendeu que não estava presente o requisito da atualidade, condição, segundo o Eg., indispensável à caracterização do dano moral, apesar de reconhecer que estavam configurados os requisitos da responsabilidade civil indenizável. Sem razão o Regional. São elementos do dano moral a culpa, o dano e o nexo causal entre ambos, inexistindo o elemento atualidade. O dano moral é o resultante de ato ilícito que atinge o patrimônio da pessoa, ferindo sua honra, decoro, crenças políticas e religiosas, paz interior, bom nome, auto-estima e liberdade, originando sofrimento psíquico, físico ou moral propriamente dito. A sentença de primeiro grau comprovou, de forma nítida, que houve o dano moral, dispondo: 'A prova oral produzida deixou claro que, de fato, o reclamante fora interpelado por fiscal e segurança da reclamada, bem como pelo gerente que determinou que retirasse a fita do seu caixa, fechando-o, para conferência de todo o movimento do caixa operado, sendo posteriormente conduzido ao caixa central da reclamada e, ainda, à sala dos seguranças, durante seu horário de trabalho perante seus colegas e fregueses da reclamada'. No caso em tela, o dano experimentado pelo reclamante é realmente capaz de proporcionar dor, sofrimento, revolta e angústia a ensejar a reparação por dano moral. Quanto ao valor, este não é objeto do recurso, devendo ser mantido aquele arbitrado pelo juízo de primeiro grau. Recurso de revista conhecido e provido. TST — RR-738/2002-007-03-40.0 — (Ac. 3ª T.) — 3ª Reg. — Rel. Juiz Convocado Cláudio Armando Couce de Menezes. DJU 18.6.04, p. 541.

Ato lesivo à honra da empregada praticado por superior hierárquico — Indenização devida

Ementa: DANO MORAL. ATO LESIVO À HONRA DA EMPREGADA PRATICADO POR SUPERIOR HIERÁRQUICO. INDENIZAÇÃO DEVIDA. Demonstrada pela prova oral a prática, por superior hierárquico, de conduta ofensiva e hostil que viole direito imaterial da trabalhadora e gere sofrimento psíquico ou moral, resta caracterizado o dano moral, sendo devida a respectiva indenização. TRT 9ª Reg. — Proc. 13129-2004-009-09-00-8 — (Ac. 5ª T. 08139/07) — Rel. Juiz Dirceu Pinto Junior. DJPR 30.3.07.

Ato ofensivo à moral ou à imagem do reclamante — Dano moral configurado

Ementa: JUSTA CAUSA. DESÍDIA. A justa causa, como máxima pena aplicada ao empregado, deve ser robustamente comprovada e não lastreada apenas em suposições de prejuízos causados à empresa. Recurso do Reclamante provido. DANOS MORAIS. CARACTERIZAÇÃO. Comprovada nos autos a prática, pela Reclamada, de ato ofensivo à moral ou à imagem do Reclamante, há que se manter a condenação em indenização por danos morais. Recurso da Reclamada. TRT 10ª Reg. — RO 00752-2003-002-10-00-0 — (Ac. 2ª T./2004) — Relª Juíza Heloísa Pinto Marques. DJU 20.8.04, p. 42.

Atos que extrapolam os limites da área de trabalho — Alvo de comentários ou conhecimento da comunidade local — Configuração

Ementa: RECURSO ORDINÁRIO. DANO MORAL. A indenização por dano moral não objetiva o pagamento do sofrimento causado pelos injustos atos do empregador, mas pelo fato desses atos extrapolarem os limites da área de trabalho, tornando-se alvo de comentários ou conhecimento da comunidade local. A ofensa à dignidade humana não encontra valor econômico capaz de afastar todos os males causados pela humilhação e maldosos comentários ventilados no meio de convívio social de um indivíduo. Assim, uma vez provado o nexo de causalidade entre o ato do empregador e o dano causado ao empregado, há de se atribuir o pagamento de indenização pertinente com a lesão causada. Recurso que se nega provimento. TRT 1ª Reg. — RO 00600-1999-431-01-00-7 — (Ac. 9ª T.) — Rel. Des. José da Fonseca Martins Júnior. DJRJ 1º.10.04, p. 157.

Atraso habitual no pagamento dos salários — Desnecessidade de imediatidade da reação do empregado — Configuração

Ementa: NÃO APRESENTAÇÃO DE CARTÕES DE PONTO. DESNECESSIDADE DE INTIMAÇÃO. Afirmando-se na defesa que todos os horários de trabalho do autor estão assentados nos controles de ponto e havendo omissão da reclamada quanto à apresentação de alguns desses documentos, desnecessária se faz a intimação na forma do artigo 359, do CPC, para que se tenha como injustificada a falta de apresentação desses. Por conseguinte, adotam-se os horários declinados na peça exordial quanto aos períodos faltantes. Interpretação do disposto no Enunciado n. 338, do c. TST. DANO MORAL. ATRASO HABITUAL NO PAGAMENTO DOS SALÁRIOS. Ocorrendo o pagamento nas mais variadas datas e épocas, é inconteste a incerteza e insegurança vivenciadas pelo trabalhador. A situação angustiante que o reclamante estava obrigado a vivenciar decorria de ato praticado única e exclusivamente pela ré. Daí por que se conclui que o autor sofreu prejuízos de ordem moral por culpa de sua empregadora. A par disso, a habitual inobservância do prazo legal (art. 459-CLT) para o pagamento das verbas trabalhistas devidas ao autor constitui inegável ato ilícito praticado pela empregadora que, valendo-se do trabalho por ele prestado, sonegava-lhe o salário na época em que deveria ser pago. Inegável, pois, a ofensa à honra e à dignidade do trabalhador, incorrendo a ré em prática de dano moral, haja vista a inviolabilidade desses bens maiores do homem, consagrados na Constituição da República (artigos 1º, III e 5º, X). Ao deixar de pagar oportunamente o salário, gratificações natalinas e as férias ao reclamante, foram-lhe subtraídas parcelas de natureza alimentar, postergando-lhe o direito de ter uma vida econômica, familiar e mental equilibradas, submetendo-o aos desgastes e às delongas da ação judicial. A situação em tela gera abalo de ordem psicológica, social e familiar. Não pode o empregador, para fins de furtar-se ao pagamento de haveres trabalhistas, submeter o empregado a situações de *stress* psicológico, sem incorrer em nítida violação a direito da personalidade (CF, art. 5º, X) e sem macular o princípio constitucional da dignidade da pessoa humana, insculpido em nossa Carta Constitucional (art. 1º, III) como um princípio fundamental da República Federativa do Brasil. Recurso a que se nega provimento. DANO MORAL. ATRASO HABITUAL NO PAGAMENTO DE SALÁRIOS. DESNECESSIDADE DE IMEDIATIDADE DA REAÇÃO DO EMPREGADO. Havendo habitual atraso no pagamento dos salários por parte da ré, configurado está o dano moral. O argumento utilizado pela empregadora de que não houve imediatidade da reação por parte do empregado com o requerimento da rescisão indireta de seu contrato de trabalho não afasta a configuração dos danos morais, pois, a meu ver, não se pode exigir que o trabalhador de uma cidade pequena, que tem família para sustentar, opte pela rescisão do pacto laboral e assuma o risco de ficar por muito tempo desempregado. Seria exigir o inexigível! Além do que, é muita audácia da empregadora atribuir à vítima de sua ilicitude o ônus da justificada omissão. TRT 9ª Reg. — RO 00232-2004-669-09-00-0 — (Ac. 3ª T. 07701/05 — Relª Juíza Rosemarie Diedrichs Pimpão. DJPR 5.4.05, p. 196.

Atraso no pagamento de salário — Não configuração

Ementa: ATRASO NO PAGAMENTO DE SALÁRIOS. DANO MORAL NÃO CONFIGURADO. O atraso no pagamento dos salários enseja reparação através das penalidades já previstas na lei, não podendo ser considerado motivo bastante para caracterizar um dano de ordem moral passível de indenização. TRT 3ª Reg. — RO 00580-2004-071-03-00-8 — (Ac. 1ª T.) — Rel. Juiz Márcio Flávio Salem Vidigal. DJMG 18.2.05, p. 04.

Atraso no pagamento de verbas salariais — Indenização — Não cabimento

Ementa: DANO MORAL. ATRASO NO PAGAMENTO DE VERBAS SALARIAIS. INDENIZAÇÃO. NÃO CABIMENTO. Para que se configure o ato ilícito faz-se imprescindível a presença dos seguintes requisitos: fato lesivo voluntário, decorrente de ação ou omissão, por negligência ou imprudência do agente; dano material ou moral experimentado pela vítima; e nexo causal entre o dano sofrido e o comportamento do agente, sem os quais não cabe o pleito indenizatório. O mero atraso no pagamento de verbas salariais não tem a automática repercussão moral, tratando-se de dano distinto daquele de cunho patrimonial. Necessária a demonstração da sujeição do trabalhador a lesão em sua esfera moral, causando-lhe efetivo dano. Com efeito, a prova do dano torna-se imprescindível à obrigação de indenizar, constituindo ônus de prova do reclamante (arts. 818 da CLT e 333, I, do CPC). Recurso Ordinário da Reclamante a que se nega provimento. TRT 9ª Reg. — Proc. 01909-2005-411-09-00-5 — (Ac. 1ª T. 05738/07) — Rel. Juiz Ubirajara Carlos Mendes. DJPR 6.3.07, p. 293.

Atraso no pagamento de verbas rescisórias — Dano moral não configurado

Ementa: DANO MORAL. O atraso quanto ao pagamento das verbas rescisórias não pode ser tido como ato caracterizador de ofensa ao patrimônio ideal do trabalhador. Todo e qualquer inadimplemento sempre acarreta para o credor uma série de dificuldades, contudo, essas não podem ser vistas como ofensa ao patrimônio ideal, possuindo, aliás, a sistemática própria dessa recomposição, através da imposição quanto ao pagamento dos direitos trabalhistas tarifados. Não concordo, pois, com o julgado. Exclui-se da condenação o dano moral. TRT 2ª Reg. — RO 02630200031602006 — (Ac. 4ª T. 20040640862) — Rel. Juiz Francisco Ferreira Jorge Neto. DJSP 26.11.04, p. 52.

Atribuição de prática criminosa sem comprovação — Indenização devida

Ementa: INDENIZAÇÃO POR DANO MORAL. O direito à indenização por dano moral, que encontra amparo no art. 159, do CCB, c/c art. 5º, X, da CF, submete-se à configuração de três pressupostos: erro de conduta do agente, contrário ao direito; ofensa a um bem jurídico; nexo causal entre a antijuridicidade da ação e o dano verificado. Se ao empregado é atribuída a prática de crime na representação dirigida à autoridade policial, o que não vem a ser comprovado no inquérito, isso fere sua honra, imagem e dignidade pessoal, deixando mácula no seu patrimônio moral. O dano moral, em casos como este, independe de qualquer outra prova, encontrando-se implícito no procedimento do empregador. Por imputar crime ao dado empregado, de forma apriorística, sem apuração por meio de sindicância interna, o empregador age com abuso e deve responder pelo ato temerário e ofensivo à dignidade da pessoa acusada. TRT 3ª Reg. — RO 16.810/02 — (Ac. 4ª T.) — Rel. Juiz Fernando Luiz G. Rios Neto. DJMG 22.3.03, p. 13.

Atribuição de prática de crime — Autoridade judicial — Não comprovação — Dano moral configurado

Ementa: INDENIZAÇÃO POR DANO MORAL. O direito à indenização por dano moral, que encontra amparo no art. 159, do CCB, c/c art. 5º, X, da CF, submete-se à configuração de três pressupostos: erro de conduta do agente, contrário ao direito; ofensa a um bem jurídico; nexo causal entre a antijuridicidade da ação e o dano verificado. Se ao empregado é atribuída a prática de crime na representação dirigida à autoridade policial, o que não vem a ser comprovado no inquérito, isso fere sua honra, imagem e dignidade pessoal, deixando mácula no seu patrimônio moral. O dano moral, em casos como este, independe de qualquer outra prova, encontrando-se implícito no procedimento do empregador. Por imputar crime ao dado empregado, de forma apriorística, sem apuração por meio de sindicância interna, o empregador age com abuso e deve responder pelo ato temerário e ofensivo à dignidade da pessoa acusada. TRT 3ª Reg. — RO 00423-2002-083-03-00-0 — (Ac. 4ª T.) — Rel. Juiz Fernando Luiz G. Rios Neto. DJMG 22.3.03.

Auditoria para aferição de irregularidades — Moderação — Não configuração do dano moral

Ementa: AUDITORIA PARA AFERIÇÃO DE IRREGULARIDADES. MODERAÇÃO. NÃO CONFIGURAÇÃO DO DANO MORAL. A realização de procedimento investigatório com escopo de aferir eventuais irregularidades na conduta profissional dos empregados encontra amparo no poder diretivo do empregador nos termos do art. 2º, *caput* da CLT. Exercido com ponderação, constitui mero exercício de direito e não configura violação aos valores subjetivos (honra, imagem, bom nome) do trabalhador. TRT 2ª Reg. — RO 33729200290202008 — (Ac. 4ª T. 20030289380) — Rel. Juiz Paulo Augusto Câmara. DJSP 27.6.03, p. 59.

Ausência de pagamento de verbas rescisórias — Indenização pelo dano moral — Descabimento

Ementa: DESCUMPRIMENTO CONTRATUAL. AUSÊNCIA DE PAGAMENTO DE VERBAS TRABALHISTAS. INDENIZAÇÃO PELO DANO MORAL. Para configurar o direito do autor à indenização pelo dano moral não basta o reconhecimento de que houve o atraso ou inadimplência de parte do pagamento dos salários e verbas trabalhistas. A inadimplência contratual, representada pelo não-pagamento da contraprestação ao esforço do labor despendido pelo autor, será devidamente reparada, com o eventual acolhimento da presente reclamatória, onde se reconheça o direito às verbas salariais e rescisórias, com a devida atualização monetária, restituindo as partes ao *status quo ante*. Sentença que se mantém. TRT 9ª Reg. — Proc. 00479-2003-656-09-00-0 — (Ac. 13.326/2004) — Rel. Juiz Sergio Murilo Rodrigues Lemos. DJPR 9.7.04, p. 221.

Auto-imagem do empregado — Qualidade das relações de trabalho — Cabimento

Ementa: DANO MORAL À AUTO-IMAGEM DO EMPREGADO. QUALIDADE DAS RELAÇÕES DE TRABALHO. Numa cultura onde reina o método de direção autoritário e em que as pessoas, especialmente as mais humildes, dependem, para sua auto-imagem, do conceito que seus superiores e colegas de trabalho fazem de si, ser alvo de agressões verbais, aos berros, e ameaça de agressão física, em público, é extremamente doloroso e ofensivo da honra. Impõe-se, pedagogicamente, que ações deste jaez, reveladoras de desrespeito à dignidade humana, não fiquem impunes, para que tanto superiores hierárquicos, quanto empregadores, passem a cuidar da qualidade das relações entre seus empregados. TRT 3ª Reg. — RO 01541-2003-091-03-00-1 — (Ac. 8ª T.) — Rel. Juiz Paulo Mauricio Ribeiro Pires. DJMG 20.3.04, p. 23.

Avalista — Sócio-presidente de cooperativa — Não configuração

Ementa: DANOS MORAIS E MATERIAIS — AVALISTA — SÓCIO-PRESIDENTE DE COOPERATIVA — Indevida a condenação em danos morais e materiais do Demandante que é executado em virtude de avais prestados em favor da cooperativa, referentes ao período em que era sócio-presidente, pois é imprescindível a ocorrência de conduta culposa por parte do empregador, bem como é necessária a comprovação do dano de ordem moral ou material e o nexo de causalidade. Nesta linha de raciocínio, não configura conduta culposa da empresa, ensejadora do dano moral, o inadimplemento dos créditos assumidos perante instituições financeiras, pois o avalista figura justamente na posição de garantidor e está sujeito a ser executado em virtude dos avais que prestou. Igualmente, com relação ao dano material, os mesmos pressupostos devem ser preenchidos, bem como a efetiva comprovação de dano emergente ou lucro cessante, o que não restou demonstrado no caso dos autos. TRT 9ª Reg. — Proc. 99503-2005-010-09-00-5 — (Ac. 4ª T. 16193/07) — Rel. Juiz Arnor Lima Neto. DJPR 26.6.07.

Benefício previdenciário pago em valor inferior ao devido — Culpa da empregadora — Reparação de danos

Ementa: REPARAÇÃO DE DANOS. BENEFÍCIO PREVIDENCIÁRIO PAGO EM VALOR INFERIOR AO DEVIDO. CULPA DA EMPREGADORA. Havendo prova suficiente de que as contribuições previdenciárias a cargo do empregado foram calculadas e recolhidas pela empregadora com base em salário inferior ao piso da categoria profissional, culminando no pagamento a menor do salário e, conseqüentemente, do benefício previdenciário ao qual ele faria jus, correta a condenação da reclamada ao pagamento da indenização correspondente à diferença entre o valor do benefício devido e o daquele efetivamente recebido, com fundamento nos arts. 186 e 927 do Código Civil. TRT 3ª Reg. — RO 00226-2004-003-03-00-5 — (Ac. 1ª T.) — Rel. Juiz Marcus Moura Ferreira. DJMG 20.8.04, p. 06.

Caracterização — Empregador que prepara flagrante para incriminar e despedir o reclamante sob a acusação de falta grave

Ementa: DANO MORAL. CARACTERIZAÇÃO. Tipifica dano moral, passível de reparação, o fato de o empregador preparar flagrante para incriminar e despedir o reclamante sob a acusação de falta grave. A estima e o respeito que o ser humano usufrui no meio da coletividade estão íntima e diretamente vinculados aos seus mais elevados valores morais e espirituais, virtudes que justificam seu viver e caminhar neste mundo, de forma que a indenização por dano moral, que deverá corresponder à gravidade da lesão, e não ser equivalente, por impossível a equivalência, deve, de um lado, significar uma justa compensação ao ofendido e, de outro lado, uma severa e grave advertência ao ofensor, de forma a inibi-lo ou dissuadi-lo da prática de novo ilícito da mesma natureza. Esse é o sentido pedagógico e punitivo que a indenização representa para o ofensor, enquanto que, para o ofendido, significa a minimização da dor sofrida em seu patrimônio moral. TST — RR-763.443/01.4 — (Ac. 4ª T.) — TRT 17ª Reg. — Rel. Min. Milton de Moura França. DJU 26.4.02, p. 633.

Carta-circular encaminhada aos clientes da reclamada imputando ao reclamante atos de violação ético-profissional — Violação do patrimônio moral

Ementa: DANO MORAL. CONFIGURAÇÃO. Se o empregador, a pretexto de comunicar a seus clientes que o obreiro não mais integra o quadro de seus funcionários, elabora carta-circular, enviada àqueles clientes todos, na qual imputa ao reclamante atos de violação de conduta ético-profissional, e ainda dá a entender que o obreiro teria, deliberadamente, desenvolvido os serviços de manutenção incumbidos a ele de forma tecnicamente incorreta, sem dúvida houve violação do patrimônio moral do laborista. Esta conclusão é ainda mais reforçada pelo fato de que os serviços de manutenção desenvolvidos pelo autor incidem sobre equipamentos que, em tese, podem representar riscos para usuários em caso de defeitos técnicos (elevadores), restando clara a imensa repercussão que tais acusações poderão ter sobre a reputação profissional de que o autor há de gozar em seu ramo de atividade. Recurso ordinário da quinta reclamada conhecido em parte e provido em parte. TRT 10ª Reg. — RO 00937-2003-001-10-00-8 — (Ac. 3ª T./2004) — Rel. Juiz Paulo Henrique Blair. DJU3 16.7.04, p. 32.

Castigo imposto em razão do ajuizamento de reclamatória trabalhista — Cabimento

Ementa: DANO MORAL. CASTIGO IMPOSTO EM RAZÃO DO AJUIZAMENTO DE RECLAMATÓRIA TRABALHISTA. É certo que o empregador detém poderes inerentes a sua atividade, dentre eles o diretivo e disciplinar. Entretanto, não é menos certo que tais poderes encontram limitações. Portanto, está mais do que evidenciada que a conduta da reclamada foi abusiva e extremamente reprovável, uma vez que o ajuizamento de reclamatória trabalhista configura exercício regular de um direito consubstanciado no art. 5º, XXXV, da Constituição da República. TRT 3ª Reg. — RO 00708-2004-047-03-00-0 — (Ac. 3ª T.) — Relª Juíza Maria Cristina Diniz Caixeta. DJMG 5.2.05, p. 07.

Castigo imposto em razão do não-cumprimento de metas de vendas — Situação degradante e vexatória

Ementa: DANO MORAL. CASTIGO IMPOSTO EM RAZÃO DO NÃO-CUMPRIMENTO DE METAS DE VENDAS. SITUAÇÃO DEGRADANTE E VEXATÓRIA. A ordem jurídica tutela de forma contundente a honra e a imagem das pessoas (art. 5º, X, da CR/88), sendo que o Novo Código Civil destinou um capítulo aos direitos da personalidade (arts. 11 a 21), assinalando a tendência moderna de sua preservação e reforçando a obrigação do magistrado acerca das punições que devem advir das violações ocorridas. Além disso, a proteção do meio ambiente do trabalho também tem cunho constitucional (art. 200, VIII), e é obrigação do empregador velar para que ele seja saudável e próprio às atividades desenvolvidas (art. 157/CLT). No caso em exame torna-se irrelevante o fato de as situações descritas (fazer flexões e vestir-se de mulher usando saia e batom) serem ou não determinadas pelos superiores hierárquicos da ré (o que restou afirmado por duas testemunhas), mas o foco da questão é que a empresa permitia que ocorressem, e deu a entender que o fazia porque lhe eram lucrativas, já que estimulavam o cumprimento das metas de vendas. A conduta da reclamada é extremamente reprovável, levando-se em conta que o empregador detém o poder diretivo e disciplinar na relação de emprego, sendo responsável objetivamente pelos atos praticados por seus empregados (art. 932, III, do Código Civil de 2002 e Súmula n. 341 do STF), não podendo sequer permitir que a prática de atos constrangedores ocorresse em suas dependências. Os objetivos da empresa não podem ser atingidos à custa do sofrimento e tratamento degradante de seus empregados, num Estado Democrático de Direito que tem como fundamentos a dignidade da pessoa humana e os valores sociais do trabalho (arts. 1º, III e IV, 6º, 170, *caput*, e 193 da CR/88). Castigar ou permitir que seja castigado o empregado (pois este é o termo utilizado pelas testemunhas: castigo) representa um retrocesso inaceitável no processo de melhoria das relações de trabalho, mais se assemelhando às circunstâncias típicas do trabalho servil ou até mesmo escravo, em que a sujeição do trabalhador não se resume às ordens atinentes à atividade da empresa, mas ultrapassa os limites da objetividade para atingir o íntimo da pessoa, com inevitáveis repercussões de cunho emocional e social. TRT 3ª Reg. — RO 01490-2003-002-03-00-9 — (Ac. 3ª T.) — Relª Juíza Maria Cristina Diniz Caixeta. DJMG 28.2.04, p. 7.

Castigos pelo não-cumprimento de metas de vendas — Configuração

Ementa: AGRAVO DE INSTRUMENTO. RECURSO DE REVISTA. 1. HORAS EXTRAS. O Regional, após expender análise do acervo probatório dos autos, reformou a sentença para acrescer à condenação o pleito de horas extras. Assentou o Regional que o depoimento testemunhal e os esclarecimentos apresentados na defesa confirmavam a jornada declinada na inicial. Não configurada violação aos arts. 62, I, e 818 da CLT e 333, I, do CPC. Agravo não provido. 2. DANO MORAL. CASTIGOS PELO NÃO-CUMPRIMENTO DE METAS DE VENDA. Decisão regional, calcada na prova produzida nos autos, reformou a sentença para incluir na condenação a indenização por dano moral. Concluiu o Regional que era inegável a ilicitude da conduta do gerente da reclamada e o nexo causal entre o fato e o dano moral sofrido pelo reclamante. Decisão em sentido contrário somente com o reexame de fatos e provas, prática vedada em instância extraordinária, a teor do Verbete Sumular 126/TST. Agravo não provido. TST — AIRR-2.680/2002-921-21-00.6 — (Ac. 3ª T.) — 21ª Reg. — Relª Juíza Convocada Dora Maria da Costa. DJU 13.8.04, pp. 984/985.

Coação — Agressão física — Configuração

Ementa: DANO MORAL. COAÇÃO. AGRESSÃO FÍSICA. Configura ofensa à honra e dignidade do empregado, passível de indenização por dano moral, a coação praticada pelo empregador, mediante agressão física e ameaça de rebaixamento salarial, visando obter daquele a assinatura em folha de pagamento sem a devida contraprestação, tendo como pretexto o ressarcimento de prejuízo sofrido pela empresa em decorrência de venda realizada por seus empregados a cliente inadimplente. TRT 17ª Reg — RO 00857.2004.141.17.00.2 — (Ac. 6960/2005) — Rel. Juiz José Luiz Serafini. DJES 13.9.05, p. 6.672.

Coação da empresa para que o empregado renuncie a direitos — Ameaça de demissão — Indenização devida

Ementa: DANO MORAL. COAÇÃO DA EMPRESA PARA QUE O EMPREGADO RENUNCIE A DIREITOS. AMEAÇA DE DEMISSÃO. INDENIZAÇÃO DEVIDA. Provadas as alegações de que a reclamada coagiu a reclamante a renunciar direitos previstos em norma coletiva, sob pena de dispensa, fica caracterizado atentado à dignidade e integridade moral do empregado, de que resulta a obrigação de indenizar (art. 5º, V e X, CF; 186, 927 e 932, III, c/c 933 do CC/2002), mormente quando a prova dos autos evidencia que a reclamante foi dispensada em razão de não ter cedido à pressão da reclamada. Recurso da reclamante conhecido e parcialmente provido. TRT 9ª Reg. — Proc. 18839-2004-002-09-00-0 — (Ac. 3[T. 18064/07) — Rel. Juiz Altino Pedrozo dos Santos. DJPR 10.7.07.

Coletor de lixo — Pedido de dano moral em razão da tomada de refeições "na rua" — Ausência de ilicitude — Indevida reparação moral

Ementa: COLETOR DE LIXO. PEDIDO DE DANO MORAL EM RAZÃO DA TOMADA DE REFEIÇÕES "NA RUA". AUSÊNCIA DE ILICITUDE. INDEVIDA REPARAÇÃO MORAL. Insubsistente o pedido de dano moral, tendo por fundamento a tomada de refeições "na rua". A par de não ter restado suficientemente demonstrada a obrigatoriedade de que o autor se alimentasse "na rua" — tese da defesa é que tinha ampla liberdade para fazê-lo, em lanchonetes, postos de gasolina —, é incontroverso o fornecimento de tíquete-alimentação pela ré, o que, por si só, já vem em favor da parte requerida. E, ainda que provado se considere o fato, não se reveste de ilicitude. Coletor de lixo o autor, a função era externa e itinerante por natureza, daí decorrendo, primeiro, a inexigibilidade do retorno diário ao refeitório da empresa-trajeto tomaria todo, ou boa parte, do tempo intervalar. Segundo, fazer refeições debaixo de árvore não é fator de afronta à dignidade. É condição que requer humildade por parte do empregado, mas não a humildade vexatória, mas aquela própria de quem exerce função tão dignificante quanto essencial. Desconfortável, sacrificante, é verdade, mas não ilícita, porquanto não fere nenhum dispositivo de lei, inexistindo, do mesmo modo, norma convencional dispondo sobre obrigatoriedade da ré propiciar condições diversas para tomada das refeições. TRT 9ª Reg. — Proc. 02383-2002-019-09-00-6 — (Ac. 21.521/2003) — Relª Juíza Sueli Gil El-Rafihi. DJPR 26.9.03, p. 462.

Da decisão acima, colhe-se o seguinte fundamento:

"2.3. DANO MORAL

Renova o autor seu pedido de indenização decorrente de dano moral. Como fundamento, narra que a fruição do intervalo intrajornada ocorria em condições inadequadas para a tomada de refeições, quais sejam, na rua, ao lado do caminhão de lixo, de tal sorte que restava impossibilitada até mesmo a necessária higienização prévia de mãos. Vislumbra em tais circunstâncias, causa de ofensa direta à sua honra e dignidade humana, atribuível à conduta da ré, e que deve, por isso, responder judicialmente.

A matéria — relativamente recente, e gênese, ainda, de considerável celeuma nos meios jurídicos — imprescinde de prévia incursão no conceito do que vem a ser, juridicamente, dano moral. Da mesma forma, imprescindível a identificação dos requisitos legais para que se possa, com precisão, reconhecer sua ocorrência no caso posto *sub judice*.

Os direitos da personalidade, em sua essência, emanam do direito natural. *Arnaldo Süssekind* sustenta que *'o dano moral está correlacionado com os direitos da personalidade, que devem ser considerados inatos, integrantes do universo supra-estatal'*. E pontifica: *'o quotidiano do contrato de trabalho, com o relacionamento pessoal entre empregado e o empregador, ou aqueles a quem este delegou poder de comando, possibilita, sem dúvida, o desrespeito dos direitos de personalidade por parte dos contratantes. De ambas as partes — convém enfatizar —, embora o mais comum seja a violação da intimidade, da vida privada, da honra ou imagem do trabalhador'.*

O fundamento legal da indenização por dano moral encontra-se nos arts. 159 e 160 do Código Civil, à medida que se funda no princípio da responsabilidade civil, combinado com o art. 5º, inc. X, da Carta Magna de 1988, o qual, por seu turno, garante indenização às pessoas, sem excetuar as jurídicas.

A respeito do citado artigo, leciona *Orozimbo Nonato: 'tarefa implexa e per difícil é definir os tipos. Mais difícil ainda é temperá-los com as peculiaridades da relação de trabalho e com a possibilidade de o dano moral se verificar com anterioridade, no curso ou na cessação do contrato de trabalho. Todavia, para determinar se o ato do empregador enseja reparação por dano moral, além do possível dano material, é absolutamente imprescindível determinar o fato, sua ilicitude e enquadrá-lo juridicamente em um dos bens — intimidade, vida privada, honra e imagem — cuja violação propicia a pena pecuniária de natureza satisfatória.* ***Sem se caracterizar a tipicidade****, o dano moral não se configura'.* (destacamos)

Hélio Antônio Bittencourt Santos nos fornece, em breves palavras, uma precisa definição do que seja dano moral: *'um sofrimento humano provocado por ato ilícito de terceiro que perturba bens imateriais e ataca valores íntimos da pessoa, os quais constituem a base sobre a qual sua personalidade é moldada e sua postura nas relações da sociedade é sustentada'.*

Partindo-se, assim, da conceituação geral, extrai-se que o reconhecimento de eventual direito à indenização com gênese em dano de natureza moral exige a presença das seguintes condições: a) destruição efetiva (e não mera possibilidade ou receio de que venha a acontecer), parcial ou total, de um bem jurídico da parte demandante; b) ato ilícito culposo (em sentido lato de culpa ou dolo, sem que coexista causa excludente de responsabilização, como caso fortuito, força maior ou culpa exclusiva da vítima); e c) relação de causa e efeito entre o ato e o prejuízo.

No caso, o fato a que se colima ilicitude reside, basicamente, no usufruto de intervalo intrajornada em local e condições inadequados, e que, segundo o autor, seriam atribuíveis à ré.

A pretensão de ressarcimento, no entanto, ressente-se de insuperável obstáculo de origem: ausência de prova do ato ilícito.

À alegação inicial de que a ré, mesmo detendo refeitório próprio, não propiciava o autor condições apropriadas para tomada de refeições, as quais eram realizadas na rua ao lado do caminhão, contrapôs-se a defesa, sustentando que estes estavam autorizados a realizá-las no local que melhor lhes aprouvessem.

Ou seja, a questão fática manteve-se controvertida, cedendo passo, por decorrência, à valoração das provas existentes quanto às reais circunstâncias em que o autor usufruía seu intervalo alimentar.

Produzida prova oral, assim se manifestou o autor: (fls. 21):

'1) todos os dias o reclamante tinha uma hora de intervalo das 11:00 às 12:00 e parava de trabalhar neste horário; 2) fazia refeição no local onde estivesse no horário das 11:00 h; 3) não havia local predeterminado; 4) era normalmente na rua;'

Declarações do preposto (fls. 21):

'1) o horário de refeição do reclamante era das 11:00 às 12:00 h; 2) ...; 3) tinham liberdade de escolher; 4) pelo roteiro já sabiam em que lugar desejavam fazer as refeições; 5) a própria equipe determinava o local da refeição; 6) não sabe se o reclamante comia na calçada pois não via; 7) não sabe se o reclamante ficava próximo ao caminhão; 8) normalmente fazia refeição perto de uma lanchonete e de uma praça; 9) a empresa tem refeitório interno; 10) o refeitório é interno e se destina ao pessoal interno da empresa;'

Ouvida uma única testemunha, assim se pronunciou (fls. 21):

'1) trabalhou durante um ano no mesmo caminhão que o autor no setor Cafezal — Santa Rita; 2) onde desse o horário de 11:00 h paravam o caminhão e comiam ao lado do mesmo; 3) não tinha como lavar as mãos; 4) comiam na calçada; 5) ficavam a três metros do caminhão, mas poderiam ficar mais longe se quisessem.'

Assim, do conjunto de tais declarações, o que se extrai é que não havia local predeterminado para que o autor fizesse suas refeições (reconhecido pelo próprio recorrente), o que implica em dizer que o autor não estava obrigado a fazer suas refeições na rua, ao lado do caminhão, como alegado.

Tais informações devem ser consideradas em cotejo com a tese da defesa, no sentido da existência de ampla liberdade para usufruto do intervalo no local que melhor aprouvesse ao empregado. Não deve ser olvidada, ainda, a total ausência de fiscalização direta por parte do empregador no momento do intervalo, fato isento de qualquer discussão.

Nesse passo, lícito afirmar-se que ao autor cabia demonstrar a existência de proibição expressa de que as refeições fossem feitas em locais como postos de gasolina, lanchonetes ou similares. Reitero, livres de qualquer fiscalização, a presunção de condições de busca de um local é liberdade é evidente. Não o fez, porém.

A par disto, há nos autos outra informação favorável à ré, ou seja, o fato da empresa fornecer ao empregado auxílio-alimentação, reconhecido já na própria inicial, a qual informa o pagamento de R$ 140,00 mensais sob tal título.

Diante disso, a inferência a que se chega é que não há conduta ilícita atribuível à ré.

Ainda que assim não se entenda, vale dizer, ainda que se conclua que não havia outra possibilidade senão a tomada de refeições ao ar livre, melhor sorte não assiste ao autor em sua pretensão condenatória. E tal ocorre por dois fundamentos.

A um, deve ser levada em consideração a natureza da função exercida pelo autor. Coletor de lixo, sua atividade exercia-se em ambiente tipicamente externo ('nas ruas') e, ainda, de forma itinerante. Logo, a ausência de um ponto fixo ou preestabelecido para a tomada das refeições é decorrência natural da própria atividade.

A dois, é inegável a inviabilidade do retorno diário dos caminhões de coleta de lixo para o refeitório da empresa para tomada das refeições. O percurso certamente tomaria, se não a totalidade do tempo de intervalo, boa parte dele, considerado, aqui, o porte da cidade da prestação de serviços. Nesse passo, tem-se típico quadro de inexigibilidade de conduta diversa por parte da ré.

Pertinentes, aqui, estas mesmas ponderações no que tange à alegação de realização das refeições nas proximidades do caminhão de lixo, e, também, da ausência de higienização prévia.

Quanto à primeira, também os elementos de convicção não avalizam a narrativa inicial no sentido de que o autor devesse, obrigatoriamente, se alimentar em proximidade tal com o caminhão que a contaminação fosse inevitável.

Pelo contrário, a testemunha reconheceu que, apesar de ficarem a uma distância de três metros do caminhão, ***poderiam ficar mais longe acaso quisessem.***

Não se olvide, ainda, a ausência de fiscalização direta da empregadora, como já visto.

Também quanto à higienização, melhor sorte não assiste ao autor.

Não há como se negar a existência, nas cidades, de torneiras públicas, localizadas especialmente em canteiros e praças, acessíveis a toda a população. Ou, também, os postos de gasolina dispõem de locais próprios para lavagem de mãos. Obviamente dificultosa, porém, possível, a realização da higienização prévia. Dificuldade esta, repita-se, justificável e inerente à forma externa e itinerante de exercício da função. Rememore-se, ainda, a adequada ponderação levada a efeito pelo MM. Juízo de origem, relativamente ao costume de vários trabalhadores, como, por ex., jardineiros, motoristas, empregados da construção civil, de trazerem consigo vasilhame com água para tal fim, medida perfeitamente exeqüível também por parte do autor.

Tem-se, assim, por não configurada a prática de ato ilícito por parte da ré. E sem ilicitude, não há que se cogitar de indenização por dano moral. Este, como já visto, pressupõe, em síntese, afronta à dignidade e honra pessoal da pessoa.

No caso, a situação fática posta em julgamento, em síntese, a tomada de refeições ao ar livre, de forma alguma expõe o empregado a condições que possam ser reconhecidas como humilhantes ou degradantes. É certo que requer humildade por parte do empregado. Porém não a humildade dita vexatória, e sim aquela própria de quem exerce função tão dignificante quanto essencial, como é o caso dos coletores de lixo. Desconfortável, sacrificante, é verdade, mas não ilícita, porquanto não fere nenhuma norma legal, inexistindo, do mesmo modo, disposição convencional regulamentando sobre obrigatoriedade da ré propiciar condições diversas para tomada das refeições.

Isto posto, nada a reparar." (www.trt9.gov.br, 22.7.04)

Comentário calunioso feito por exercente de cargo de gerência sobre envolvimento de empregado subalterno — Furto — Sindicância interna, nada apurou — Cabimento

Ementa: RECURSO ORDINÁRIO — DANO MORAL — CARACTERIZAÇÃO. À reclamada deve ser imputada a responsabilidade por comentário calunioso feito por funcionário seu, exercente de cargo de gerência, sobre o envolvimento de empregado subalterno em incidente de furto submetido a sindicância interna na qual nada se apurou contra o caluniado. A conseqüência foi a exposição do empregado ao constrangimento de ser apontado como suspeito, situação à qual a empresa deu mais força despedindo-o, ainda que sem justa causa, em meio à sindicância, sem formação de culpa. Logo, deve a reclamada responder pela indenização devida por dano moral. Recurso a que se dá provimento. TRT 2ª Reg. — RO 01568200405202008 — (Ac. 11ª T. 20060730611) — Relª. Juíza Wilma Nogueira de Araujo Vaz da Silva. DJSP 3.10.06, p. 14.

Comentários entre colegas de trabalho de mesmo nível hierárquico, sem a participação de algum detentor de cargo de chefia ou de direção na estrutura administrativa da reclamada — Não configuração

Ementa: DANO MORAL. IMPROVADO O NEXO CAUSAL ENTRE O FATO APONTADO PELO

AUTOR E O DANO. I — Dano moral corresponde a todo sofrimento humano que resulte de lesões a direitos estranhos à esfera patrimonial do ofendido, encarado este como um complexo de relações jurídicas com valor econômico. II — No caso, não restou provado nexo causal entre algum ato praticado pelo empregador e o dano que o trabalhador alega ter sofrido, capaz de legitimar a pretensão à indenização por danos morais. III — Inviável reconhecer o direito à indenização por danos morais tão-somente por comentários entre colegas de trabalho de mesmo nível hierárquico, sem a participação de algum detentor de cargo de chefia ou de direção na estrutura administrativa da reclamada. TRT 1ª Reg. — RO 01722-2004-003-01-00-7 — (Ac. 7ª T.) — Rel. Juiz Roque Lucarelli Dattoli. DJRJ 2.2.06, p. 183.

Comparecimento perante autoridade policial — Não caracterização

Ementa: DANO MORAL. COMPARECIMENTO PERANTE AUTORIDADE POLICIAL. O depoimento prestado pelo reclamante, por determinação da autoridade policial, para esclarecer fatos ocorridos no ambiente de trabalho, não caracteriza ato ilícito por parte do empregador, nem configura os crimes de calúnia e injúria. A comunicação promovida pelo reclamado à polícia decorre do direito de proteger seu patrimônio, e não há como responsabilizá-lo por eventuais excessos que a autoridade policial tenha cometido durante o processo de investigação. TRT 9ª Reg. — Proc. 21.914-2001-651-09-00-6 — (Ac. 11.298/2004) — Rel. Juiz Ney Fernando Olive Malhadas. DJPR 11.6.04, p. 353.

Competitividade — Exigência do alcance de metas — Dano moral — Indenização — Não cabimento — Ausência de ato ilícito por parte do empregador

Ementa: COMPETITIVIDADE. EXIGÊNCIA DO ALCANCE DE METAS. DANO MORAL. INDENIZAÇÃO. NÃO CABIMENTO. AUSÊNCIA DE ATO ILÍCITO POR PARTE DO EMPREGADOR. O dever de indenizar o dano moral surge da constatação de três pressupostos: o ato ilícito, o dano e o nexo de causalidade. A exigência de cumprimento de metas e as pressões no trabalho, quando ocorrem, são decorrentes da competitividade no mundo moderno, estando presentes em qualquer relação de emprego. Nas relações de trabalho, e não apenas nestas, como também em qualquer relação humana, no mundo moderno, estão presentes o *stress*, a ansiedade e a depressão, o que decorre não só da grande competitividade de mercado, mas de fatores da vida cotidiana. Não pode, pois, ser considerado ato ilícito perpetrado pelo empregador a constante cobrança pela produtividade, mesmo porque não restou comprovado o nexo causal. Nessa linha de raciocínio, o fato de cumprir jornada prorrogada gera, na forma legal, a obrigatoriedade de contraprestação pelo serviço em sobrelabor, através da remuneração das horas extras com os acréscimos legais, se for o caso, mas jamais de suporte para indenização por danos morais. Não restou provada, portanto, a conduta antijurídica da Reclamada que pudesse dar suporte à indenização pretendida. TRT 3ª Reg. — RO 00651-2004-038-03-00-8 — (Ac. 6ª T.) — Red. Juíza Emília Facchini. DJMG 29.9.05, p. 14.

Do voto da Relatora, colhe-se o seguinte fundamento:

"2.1.4. Dano moral

Insurge-se a Reclamada contra a condenação em indenização por danos morais, alegando que não restou demonstrado o nexo causal entre a moléstia que acometeu o Autor e seu ambiente de trabalho.

O dano moral se configura quando há ofensa direta aos direitos da personalidade, seja no tocante à integridade física, moral ou intelectual; é aquele dano que afeta alguém em seus sentimentos, em sua honra, em sua consideração social ou laborativa.

O dever de indenizar o dano moral surge da constatação de três pressupostos: o ato ilícito, o dano e o nexo de causalidade.

Não houve ato ilícito perpetrado pelo Reclamado. A exigência de cumprimento de metas e as pressões no trabalho, quando ocorrem, são decorrentes da competitividade no mundo moderno, estando presentes em qualquer relação de emprego. O sistema capitalista não mais permite que a disputa pelo cliente perca espaço para o concorrente. E a cobrança de resultados vem em cadeia: a diretoria cobra resultados do responsável pela área, que por sua vez cobra dos empregados que nela labutam, num incessante processo de captação de sucesso nas investidas, sem distinção de sexo, idade, etc. Isso torna-se mais acentuado no setor financeiro, no qual estava inserido o Autor.

Nessa linha de raciocínio, o fato de cumprir jornada prorrogada gera, na forma legal, a obrigatoriedade de contraprestação pelo serviço em sobrelabor, através da remuneração das horas extras com os acréscimos legais, se for o caso, mas jamais de suporte para indenização por danos morais, d.v.

Não restou provada, portanto, a conduta antijurídica do Reclamado que pudesse dar suporte à indenização por danos morais.

Nas relações de trabalho, volto a insistir, e não apenas nestas, como também em qualquer relação humana, no mundo moderno, estão presentes o *stress*, a ansiedade e a depressão, o que decorre não só da grande competitividade de mercado, mas de fatores da vida cotidiana. Se o grau desses males do século é elevado, pode culminar com a licença médica para o seu tratamento, como ocorreu com o Reclamante, mas não constitui fato gerador para a busca de indenização por dano moral.

Ademais, é sabido que um estado de *stress* e depressão não se desenvolve a curtíssimo prazo, nem possui causa única, eis que vários fatores podem concorrer para desencadear tal quadro.

Na hipótese dos autos, a perícia técnica designada limitou-se a responder aos quesitos formulados pelas partes e pelo Juízo, sem ter feito uma avaliação criteriosa do ambiente de trabalho do Autor.

Informou o perito, médico psiquiatra, na resposta ao quesito n. 4, de f. 495, que 'os laudos e receituários, constantes das folhas 31, 56 e segmentos, falam de um paciente em tratamento de Hipertensão Arterial e com humor deprimido, atestados por especialistas. Respeitando o parecer dos meus pares, concordo com a necessidade de seu afastamento do trabalho'.

Como se pode apreender, o afastamento do trabalho teve como objetivo o tratamento de hipertensão arterial e humor deprimido, não restando configurada a prova do nexo causal com o trabalho desenvolvido pelo Autor, que pode, quando muito, ter visto agravado o quadro que se instala por longos anos, em razão de causas variadas.

O tratamento necessário está sendo ministrado ao Reclamante. A nulidade da rescisão contratual foi reconhecida e está sendo mantida nesta decisão.

Não há, como se vê, fundamento fático e legal para a indenização por danos morais.

Dou provimento para excluir da condenação a indenização por danos morais."

Comportamento do gerente — Temperamento extrovertido, o que ocorria com relação a todos os trabalhadores — Não configuração

Ementa: RECURSO ORDINÁRIO. DANO MORAL. O comportamento do gerente, decorrente de temperamento extrovertido, o que ocorria com relação a todos os trabalhadores (e não só com a ora recorrente), não encerra gravidade a ameaçar a integridade psíquica da trabalhadora. Eram comentários e piadas sobre os últimos colocados no quadro de vendas. Evidentemente trata-se de comportamento que não é aconselhável, inclusive sob o aspecto da produtividade, cuja análise excede os limites meramente jurídicos do caso. TRT 2ª Reg. — RO 00632200609002001 — (Ac. 11ª T. 20060840840) — Rel. Juiz Carlos Francisco Berardo. DJSP 7.11.06, p. 24.

Comunicação de fato à autoridade policial — Ato lícito — Reparação afastada

Ementa: DANO MORAL. COMUNICAÇÃO DE FATO À AUTORIDADE POLICIAL. ATO LÍCITO. REPARAÇÃO AFASTADA. Não enseja reparação de dano moral a comunicação de fato à autoridade policial para investigação de eventual ilícito, notadamente quando a indicação dos envolvidos está calcada em evidências concretas. A reparação de dano, no nosso ordenamento, pressupõe, sempre, ato ilícito, contexto no qual não se insere, claro, o exercício regular de um direito. TRT 2ª Reg. — RO 1334200205202009 — (Ac. 3ª T. 20050515564) — Rel. Juiz Eduardo de Azevedo Silva. DJSP 23.8.05, p. 3.

Concorrência para o evento danoso — Dano moral não configurado

Ementa: INDENIZAÇÃO. DANO MORAL. Descabe indenização por dano moral quando o empregado livremente concorreu para o evento que posteriormente se revelou danoso para sua imagem. TRT 12ª Reg. — RO-V-09116/01 — (Ac. 1ª T. 05.158/02, 16.4.02) — Rel. Juiz Garibaldi T. P. Ferreira. DJSC 17.5.02, p. 153.

Condições de higiene, alimentação e descanso — Obrigação do empregador

Ementa: DANO MORAL. CONDIÇÕES DE HIGIENE, ALIMENTAÇÃO E DESCANSO. OBRIGAÇÃO DO EMPREGADOR. O Empregador, que detém o poder de dirigir a força de trabalho que lhe é colocada à disposição em face do contrato de trabalho (art. 2º, CLT) — do qual deriva os poderes diretivo, regulamentar e disciplinar —, deve exercê-lo nos limites da lei e sempre preservando o patrimônio moral do empregado. Assim, ao não proporcionar os meios e local adequados para higiene, alimentação e descanso a seu Empregado, privando-o de condições mínimas para a sobrevivência digna e saudável de qualquer ser humano, o Empregador comete dano moral, justificando o direito do Empregado obter a sua reparação, nos termos dos artigos 5º, incisos V e X, da Constituição Federal, 186 e 927 do Código Civil Brasileiro. TRT 9ª Reg. — Proc. 03.889-2002-019-09-00-2 — (Ac. 08.852/2004) — Rel. Juiz Arion Mazurkevic. DJPR 14.5.04, p. 479.

Condições de trabalho exaustivas — Omissão culposa da reclamada — Agravamento do estado de saúde do autor, acometido por doença comum

Ementa: OMISSÃO CULPOSA DA RECLAMADA. INDENIZAÇÃO POR DANOS MORAIS E MATERIAIS. CABIMENTO. Tanto a higidez física, como a mental, inclusive emocional, do ser humano são bens fundamentais de sua vida, privada e pública, de sua intimidade, de sua auto-estima e afirmação social e, nesta medida, também de sua honra. São bens, portanto, inquestionavelmente tutelados, regra geral, pela Constituição (artigo 5º, V e X). Agredidos em face de circunstâncias laborativas, passam a merecer tutela ainda mais forte e específica da Carta Magna, que se agrega à genérica anterior (artigo 7º, XXVIII, da CF/88). A reparação do prejuízo subjetivo tem o escopo de amenizar o sofrimento causado ao empregado, bem como o pedagógico/punitivo ao agente causador do dano. Assim, não tendo sido comprovada a adoção de medidas eficientes para propiciar aos empregados um máximo de conforto, segurança e desempenho eficiente de suas atividades, tem-se que a reclamada agiu com culpa, em face de sua omissão, cabendo-lhe a responsabilidade pela reparação do dano causado ao autor. TRT 3ª Reg. — RO 00672-2004-063-03-00-3 — (Ac. 1ª T.) — Rel. Juiz Mauricio J. Godinho Delgado. DJMG 19.10.05, p. 26.

Da decisão acima, colhe-se o seguinte fundamento:

"3.1.1. DANOS MORAIS E MATERIAIS

O MM. Juízo *a quo* admitiu o fato de a reclamada, por meio de condições de trabalho exaustivas, ter contribuído com parcela de culpa para o agravamento do estado de saúde do autor, acometido por doença comum.

Via de conseqüência, deferiu a indenização por danos morais e materiais daí decorrentes. Insurge-se a reclamada contra tal decisão, sustentando ser contraditória a sentença, pois não reconhecida sequer a existência de acidente de trabalho ou doença profissional. Argumenta inexistir provas de culpa do empregador e de nexo de causalidade entre a doença e as atividades do obreiro, sobretudo considerando que o labor na empresa é essencialmente braçal. Diz que o reclamante prestou-lhe serviços por apenas dois anos e a perícia médica realizada atestou a necessidade de se trabalhar vários anos para surgirem os sintomas por ele apresentados. Afirma que a capacidade laborativa do recorrido foi comprovada mediante exame médico admissional.

Alega ter cumprido todas as obrigações que lhe competiam em relação à saúde do empregado. Pretende, caso provido o recurso, a exclusão da condenação da parcela referente aos honorários periciais.

Assiste-lhe razão, em parte.

O laudo pericial de fl. 367 concluiu ser o reclamante portador de 'Capsulite do ombro direito (condição inflamatória degenerativa que atinge as partes moles ao redor da articulação do ombro, ou seja, cápsula, tendões e ligamentos)', além de 'Espondilartrose difusa (condição degenerativa dos discos intervertebrais relacionada à micro traumas ao longo de toda a vida profissional e com fundo genético associado)' (*sic*).

O perito informou que o autor, laborando na reclamada 'como auxiliar de serviços gerais, sempre trabalhou em serviços rurais.

Cortando cana, empilhando-a, pegando pesos de até 50 kg e com movimentos de flexo extensão da coluna' (fl. 369, quesito 3º). O *expert* esclareceu, ainda, que "o processo doloroso apresentado tem origem multifatorial, incluindo todos os trabalhos executados somados aos aspectos genéticos, desenvolvendo a artrose' (fl. 369, quesito 4º).

Como se vê, restou demonstrada a negligência culposa empresária na piora do dano. Isto porque, a despeito de ter sido acolhida a prescrição do direito de ação quanto aos contratos encerrados antes de 02/06/2002, é incontroverso nos autos que o autor trabalhou para a reclamada, em serviço braçal, nos seguintes períodos: 22/05/2000 a 13/10/2000; 23/05/2001 a 14/11/2001; 25/04/2002 a 29/10/2002 e de 13/01/2003 a 18/11/2003. Saliente-se que os depoimentos de fls. 389/391 comprovaram a exaustiva jornada de trabalho a que estava submetido o reclamante.

A patologia diagnosticada acarreta impossibilidade para o exercício do trabalho que o autor executava anteriormente, com redução da capacidade laborativa em torno de 50%, podendo executar apenas tarefas leves (fl. 368).

Registra-se que tanto a higidez física, como a mental, inclusive emocional, do ser humano são bens fundamentais de sua vida, privada e pública, de sua intimidade, de sua auto-estima e afirmação social e, nesta medida, também de sua honra. São bens, portanto, inquestionavelmente tutelados, regra geral, pela Constituição (artigo 5º, V e X). Agredidos em face de circunstâncias laborativas, passam a merecer tutela ainda mais forte e específica da Carta Magna, que se agrega à genérica anterior (artigo 7º, XXVIII, da CR/88).

A reparação do prejuízo subjetivo tem o escopo de amenizar o sofrimento causado ao empregado, bem como o pedagógico/punitivo ao agente causador do dano.

A responsabilidade civil do empregador pelos danos morais e materiais está prevista no artigo 7º, XXVIII, da Constituição da República, que assegura ao empregado o direito ao seguro contra acidente do trabalho, a cargo do empregador, sem excluir a indenização a que este está obrigado, quando incorrer em dolo ou culpa. Extrai-se daí que o dever de indenizar decorre da responsabilidade subjetiva do agente, seja por dolo, seja por imprudência, negligência ou imperícia. Ressalte-se que o dispositivo constitucional acima referido não distingue grau de culpabilidade do empregador, sendo devida a indenização comum ainda que levíssima a culpa do patrão. Apenas nas hipóteses de o dano ocorrer por culpa exclusiva da vítima, por caso fortuito ou força maior, não cabe reparação civil por parte do empregador, hipóteses não configuradas no presente feito.

Os elementos constantes dos autos permitem inferir que houve falha no sistema de fiscalização, segurança e de treinamento dos empregados, concretizada no efetivo agravamento do estado de saúde do trabalhador. Em face da omissão culposa da reclamada em não adotar medidas eficientes de prevenção, de modo a propiciar aos empregados o máximo de condições adequadas de conforto, segurança e desempenho eficiente de suas atividades, cabe-lhe a responsabilidade pela reparação do dano causado ao autor.

Essa conduta, cujo potencial de risco é evidente, é permitida pela empresa e habitualmente praticada pelos empregados, conforme se observa pela prova oral de fls. 389/391.

Oportuno destacar, a propósito, a lição de Sebastião Geraldo de Oliveira:

'(...) a ausência de fiscalização das condições de trabalho e da implementação das medidas para neutralizar ou eliminar os agentes perigosos ou nocivos caracteriza culpa 'in vigilando', ou seja, o descuido do dever de velar pelo cumprimento da norma, ou mesmo culpa 'in omittendo', diante da omissão ou indiferença patronal' (Oliveira, Sebastião Geraldo de. 'Proteção Jurídica à Saúde do Trabalhador' — 3ª ed. São Paulo: LTr, 2001, p. 236).

No que concerne ao dano material, restou comprovada a redução parcial da capacidade laborativa do obreiro, da ordem de 50%, em decorrência da doença, conforme se depreende da prova técnica (fl. 368).

O autor, portanto, não poderá voltar a exercer as atividades anteriormente desenvolvidas, o que, inegavelmente, reduzirá as possibilidades de engajamento no mercado de trabalho. Tem-se, portanto, que a doença sofrida pelo autor, e agravada pelas condições de trabalho, causou-lhe indiscutível perda patrimonial, já que provocou restrição de sua atividade laborativa, traduzindo a referida perda efetivo dano material.

Sendo inquestionável a perda potencial de capacidade de afirmação do obreiro no mercado de trabalho e considerando que o reclamante nasceu em 07/11/59 (documento de fl. 15), é cabível a indenização por danos materiais (art. 950, *caput* e parágrafo único, do Código Civil).

Registre-se que a doutrina já se pacificou quanto à possibilidade de cumulação de danos materiais e morais, não havendo qualquer impedimento de que um mesmo ato possa gerar efeitos distintos nas esferas moral e patrimonial. Presentes os requisitos da responsabilidade civil ensejadora da reparação legal vindicada, a saber, ocorrência de dano e de negligência culposa empresária no agravamento do dano, além de redução da capacidade laborativa, entende-se deva ser mantida a v. sentença quanto ao deferimento de indenização por dano moral e material.

Frise-se que a indenização constitui meio de compensar razoavelmente os prejuízos ocasionados pelo infortúnio, sem, contudo, propiciar o enriquecimento sem causa do lesionado, servindo, ainda, como advertência contra futura reiteração de negligência.

Destarte, a despeito de não ter sido comprovado o nexo de causalidade entre a doença e as atividades desenvolvidas pelo obreiro, restou evidenciado o fato de a reclamada ter contribuído com parcela de culpa para o agravamento do estado de saúde do autor, acometido por doença comum. Nesta perspectiva, não se há falar em contradição neste entendimento. Pelo mesmo motivo, mantém-se a decisão recorrida ao fixar a responsabilidade proporcional das partes quanto ao pagamento dos honorários periciais.

Quanto ao valor arbitrado pelo d. Juízo de origem às indenizações, entende-se deva ser reduzido, uma vez que a conduta patronal certamente contribuiu para agravar o estado de saúde do obreiro, não tendo, porém, sido o fator preponderante para aquele mal.

Sendo assim, e considerando que a indenização mede-se pela extensão do dano, tendo-se em conta a proporção entre a gravidade da culpa e o dano, reduz-se a R$ 3.000,00, cada, as indenizações por dano moral e material, valor que se reputa justo e razoável, dadas as peculiaridades do caso (artigo 944 do CC/2002).

Provimento parcial conferido."

Condições proporcionadas para fruição do intervalo intrajornada — Não configuração

Ementa: DANO MORAL. CONDIÇÕES PROPORCIONADAS PARA FRUIÇÃO DO INTERVALO INTRAJORNADA. Não se constata comprometimento à boa honra do reclamante quando não caracterizado o abuso do poder de direção por parte do empregador. O fato de haver orientação para que os obreiros se mantivessem próximos ao caminhão, durante o intervalo intrajornada, não é fato suficiente para embasar o pedido de indenização, assim como não se visualiza ofensa aos artigos 7º, 5º, V e X, da CF, porquanto a prova coligida não permite caracterizar o dano moral aduzido. TRT 9ª Reg. — RO 01981-2004-664-09-00-3 — (Ac. 2ª T. 28675/05) — Rel. Juiz Luiz Eduardo Gunther. DJPR 8.11.05, p. 307.

Condições subumanas de transporte — Configuração

Ementa: DANO MORAL. CONDIÇÕES SUBUMANAS DE TRANSPORTE. CONFIGURAÇÃO. O transporte de empregados de maneira irregular, em desrespeito às normas coletivas e legais, é suficiente para causar sofrimento de ordem psíquica, tirando-lhes a tranqüilidade, a paz interior, o que configura dano moral, nos termos do art. 5º, V, da CF/88. Além da insegurança, há de se levar em conta a humilhação de serem transportados em "carroceria típica de condução de gado", em franca violação dos princípios fundamentais da República Federativa do Brasil da dignidade da pessoa humana e da valorização social do trabalho (art. 1º, III e IV da CR/88). TRT 3ª Reg. — RO 471/03 — (Ac. 7ª T.) — Rel. Juiz Manoel Barbosa da Silva. DJMG 18.3.03, p. 11.

Conduta da reclamante exposta em coluna de jornal local, num nítido ânimo de "vendetta" e represália — Dano moral configurado

Ementa: AGRAVO DE INSTRUMENTO. RECURSO DE REVISTA. NEGATIVA DE PRESTAÇÃO JURISDICIONAL. INDENIZAÇÃO. DANO MORAL. Levando em consideração que a conduta da Autora foi exposta em coluna de jornal local, num nítido ânimo de *vendetta* e represália, a Eg. Turma Regional deferiu a indenização por dano moral. Ausência de violação legal. Arestos não específicos para estabelecer confronto de teses. Naquilo que diz respeito à argüição de nulidade do julgado por negativa de prestação jurisdicional, o recurso não medra. As questões essenciais ao deslinde da pendência foram todas enfrentadas pelo acórdão, que adotou tese explícita a respeito, não se visualizando afronta aos artigos 93, IX, da Constituição Federal e 832 da CLT. Quanto aos demais preceptivos, expatriados do elenco inserido na OJ 115 da SBDI-1, deles não se examina. Agravo conhecido e não provido. TST — AIRR-142/2001-721-04-40.7 — (Ac. 3ª T.) — Rel. Juiz Convocado José Ronald Cavalcante Soares. DJU 11.11.05, p. 1.184.

Conduta equiparada a preposto — Atitude de ofensa à integridade e à honra da empregada

Ementa: DANO MORAL. CONDUTA EQUIPARADA A PREPOSTO. Para a configuração do ato ilícito, faz-se imprescindível a presença dos seguintes requisitos: o fato lesivo voluntário, decorrente de ação ou omissão, negligência ou imprudência do agente; o dano material ou moral experimentado pela vítima e o nexo causal entre o dano sofrido e o comportamento do agente, sem os quais não cabe o pleito indenizatório. Para tanto deve restar comprovado qual o dano moral sofrido pela parte, para que se possa aquilatar a situação. Se ausente qualquer indício de que a sócia da Reclamada tivesse impedido ou repreendido ato de proprietário do imóvel, anteriormente sócio da loja, diante da atitude de ofensa à integridade e à honra da empregada apenas a ela subordinada, sem qualquer vinculação, mesmo hierárquica, com este, responsabiliza-se pela indenização por danos morais, pois autorizada a conduta adotada por aquela pessoa, como se fosse real empregador. Indenização por danos morais mantida. TRT 9ª Reg. — RO 04129-2006-892-09-00-5 — (Ac. 1ª T. 11740/07) — Rel. Juiz Ubirajara Carlos Mendes. DJPR 11.5.07, p. 733.

Condutas lesivas praticadas por gerente de loja contra vendedor — Configuração

Ementa: CONDUTAS LESIVAS PRATICADAS POR GERENTE DE LOJA CONTRA VENDEDOR. DANOS MORAIS. CONFIGURAÇÃO. Palavras ameaçadoras e gestos obscenos praticados por superiores hierárquicos contra vendedor subordinado incutem em qualquer pessoa comum sentimentos de vergonha e constrangimento, ainda mais se presenciados por outras pessoas, como no caso em tela. Assim, correta a decisão a quo que entendeu devida a indenização por danos morais, os quais, neste caso, realmente independem de prova por estarem ínsitos na conduta lesiva praticada pelos prepostos da Empresa Reclamada. TRT 23 Reg. — RO 00852.2006.007.23.00-0 — (Sessão 11/06) — Rel. Desembargador Osmair Couto. DJE/TRT 23ª Reg. 108/06, 18.10.06, p. 24.

Confinamento de trabalhador acidentado e seqüelado em sala de vidro apelidada de 'gaiola das loucas' e 'cemitério' — Configuração

Ementa: Dano Moral — confinamento de trabalhador acidentado e seqüelado em sala de vidro apelidada de 'gaiola das loucas' e 'cemitério'. Aguardo, por prazo indefinido, de recolocação em posto de trabalho compatível. Situação vexatória que desencadeou chacotas e zombarias. Rotulação depreciativa dos trabalhadores acidentados, mantidos afastados dos demais, sem qualquer atividade, de 'seqüelados', 'gardenal', 'rivotril', 'vagabundos', 'zero à esquerda', etc. A conduta patronal de manter todos os trabalhadores acidentados, com recomendação médica de readaptação, isolados em sala especial, com proibição de saída e aplicação de punição de suspensão, configura tratamento desumano, humilhante, insultuoso, e portanto, ofensiva à dignidade humana. Inconteste o dano moral e a responsabilidade do empregador. Inteligência dos artigos 1º, III, 5º *caput* e inciso X da CF. TRT 2ª Reg. — RO 02098200446502009 — (Ac. 6ª T. 20060729303) — Relª. Juíza Ivani Contini Bramante. DJSP 6.10.06, p. 21.

Conflitos profissionais com discussões acaloradas entre as pessoas envolvidas — Inocorrência

Ementa: Dano moral. Conflitos profissionais com discussões acaloradas entre as pessoas envolvidas. Exigência quanto à correta execução dos serviços e demonstração de intolerância com os erros. Sentimento individual de ofensa ou chateação com esses atos por serem contrários ao interesse e entendimento de um dos envolvidos. Inexistência de fato juridicamente relevante apto a exigir uma reparação. TRT 2ª Reg. — RO 02473200547202000 — (Ac. 6ª. T. 20060592367) — Rel. Juiz Rafael E. Pugliese Ribeiro. DJSP 25.8.06, p. 120.

Constranger o empregado, rebaixando-o à condição de verdadeiro delinqüente — Configuração

Ementa: DANO MORAL. INDENIZAÇÃO. Constranger o empregado, rebaixando-o à condição de verdadeiro delinqüente, ofende sua reputação, seu amor-próprio e sua tranqüilidade, caracterizando, assim, dano moral. TRT 1ª Reg. — RO 01094-2004-202-01-00-0 — (Ac. 3ª T.) — Rel. Juiz Gustavo Tadeu Alkmim. DJRJ 14.9.05, p. 306.

Constrangimento — Diversos dias consecutivos na Portaria da 2ª Reclamada — Impedido de trabalhar sem qualquer motivo justificado

Ementa: DANOS MORAIS. CARACTERIZAÇÃO. O dano moral sofrido pelo trabalhador na hipótese vertente resta cabalmente configurado, haja vista o desrespeito e o descaso com que foi tratado, e os constrangimentos que as rés o fizeram passar, por diversos dias consecutivos na Portaria da 2ª reclamada, ao ser impedido de trabalhar sem qualquer motivo justificado. Apelos empresariais desprovidos. TRT 17ª Reg. — RO 01093.2004.006.17.00.7 — (Ac. 5245/2005) — Rel. Juiz José Carlos Rizk. DJES 4.7.05, p. 4743.

Consumo de cerveja da marca concorrente — Dispensa sem justa causa — Não configuração e banalização

Ementa: INDENIZAÇÃO POR DANO MORAL. BANALIZAÇÃO. Restou demonstrado nos autos que a ré dispensou o autor por consumir cerveja da marca concorrente. A alegação do autor de que sofreu certo constrangimento, em decorrência das frases que alegou terem sido proferidas pelo preposto da reclamada ("Você estava no bar bebendo Skol, não estava? Então não serve para trabalhar comigo. Está despedido"), não é suficiente para configurar o dano moral. Não há como atribuir responsabilidade ao empregador pelo pagamento da reparação pleiteada, pois, do contrário, estar-se-ia banalizando o instituto do dano moral cuja finalidade é garantir a recomposição do sofrimento humano provocado por ato ilícito de terceiro que molesta bens imateriais e magoa valores íntimos da pessoa. Para que seja concedida uma satisfação de ordem pecuniária ao lesado, a gravidade do dano moral há de ser tal, não o configurando mero dissabor, aborrecimento ou desconforto emocional. TRT 3ª Reg. — RO 01355-2004-114-03-00-2 — (Ac. 8ª T.) — Rel. Juiz Paulo Mauricio Ribeiro Pires. DJMG 9.4.05, p. 25.

Consumo de mercadorias no interior da loja — Divulgação inadequada

Ementa: DANO MORAL. CONSUMO DE MERCADORIAS NO INTERIOR DA LOJA. DIVULGAÇÃO INADEQUADA. Se o empregado adquire regularmente produto para consumo no interior do estabelecimento comercial, consoante comprovante de compra e a empresa divulga diversamente, esta comete ato ilícito, consubstanciado em dano moral. Mesmo se fosse o caso de falta, este ensejaria tão-somente a aplicação de penalidades admitidas pelas leis trabalhistas, tais como advertência e suspensão disciplinar, e não divulgação, através de rádio e e-mail aos demais empregados, e nem escolta por segurança. Atitudes tais autorizam concluir por agressão à honra e à imagem do trabalhador. Em nenhuma hipótese autoriza-se o empregador, no exercício de seu poder diretivo e disciplinar, agredir direitos da personalidade do empregado, humilhando-o perante os demais colegas de trabalho. Semelhante comportamento refoge aos mais comezinhos princípios da boa-fé objetiva na condução do contrato laboral. Caso haja suspeita de apropriação indevida de produtos, deve o empregador investigar o fato com cautela e discrição. Também, se for o caso de se punir, ainda assim, exigível da empresa procedimento adequado ao resguardo da imagem obreira. De maneira alguma admite-se agressão a direitos fundamentais do ser humano, insertos no rol de direitos do art. 5º do Texto Constitucional (incs. V e X), sob o pretexto de imprimir penalização exemplar ao empregado. De igual forma, ignóbil o propósito de utilizar o ocorrido como exemplo intimidatório para os demais, valendo-se, para tanto, do falseamento da verdade dos fatos, omitindo a regular aquisição do produto consumido, em grave agressão à dignidade e moral da trabalhadora. TRT 9ª Reg. — RO 03599-2003-004-09-00-0 — (Ac. 1ª T. 22306/06) — Rel. Juiz Ubirajara Carlos Mendes. DJPR 1.8.06, pp. 250/251.

Contrato de equipe — Indígena — Contratação não efetivada — Retorno à aldeia — Transporte não disponibilizado

Ementa: DANO MORAL. CONTRATO DE EQUIPE. INDÍGENA. CONTRATAÇÃO NÃO EFETIVADA. RETORNO À ALDEIA. TRANSPORTE NÃO DISPONIBILIZADO. A situação dos autos envolve o retorno de trabalhador indígena a pé da reclamada, localizada na zona rural do Município de Brasilândia-MS, para sua aldeia, em Coronel Sapucaia-MS, tendo despendido 18 dias nesse trajeto, em razão de a empresa não lhe ter propiciado transporte para o desiderato após a sua não-contratação; tal quadro fático demonstra de forma inequívoca o descaso da empresa para com o trabalhador em prol apenas de seus interesses porquanto, quando lhe foi conveniente, se empenhou em retirá-lo da aldeia, fornecendo-lhe para tanto a devida condução, sendo que a mesma atitude se impunha quando de sua não admissão na empresa, devendo responder, por conseguinte, pelos danos morais causados. Recurso da reclamada a que se nega provimento. TRT 24ª Reg. — RO 1 00818-2004-036-24-00-3 — Rel. Desig. André Luís Moraes de Oliveira. DJMS n. 6568, 14.9.05, p. 83.

Contrato de trabalho declarado nulo — Dano moral — Possibilidade

Ementa: DANO MORAL. CONTRATO DE TRABALHO DECLARADO NULO. POSSIBILIDADE.

Os fatos provenientes do contrato de trabalho havido entre as partes, ainda que seja declarado nulo, podem acarretar dano moral ao trabalhador. Isto porque, enquanto o reconhecimento de parcelas de cunho patrimonial em favor do empregado depende primordialmente da existência do contrato de trabalho e, essencialmente, da análise acerca da sua validade e eficácia, o dano moral, por sua vez, cuja natureza é civil, prescinde, em seu âmago, apenas da existência da relação de trabalho. Recurso provido parcialmente para determinar o retorno dos autos ao juízo de origem: para julgamento acerca do pedido de dano moral relativo a contrato de trabalho declarado nulo por descumprimento ao art. 37, § 2º, da CF. TRT 9ª Reg. — Proc. 02099-2002-069-09-00-6 — (Ac. 02.340/2004) — Rel. Juiz Roberto Dala Barba. DJPR 6.2.04, p. 742.

Contrato de trabalho nulo — Servidor público — CF, art. 37, II — Dano moral não configurado

Ementa: DANO MORAL. CONTRATO NULO. CF, ART. 37, II. A nulidade do contrato de trabalho, por força do art. 37 da CF, não implica em dano moral ao trabalhador. A título de exemplo, o art. 6º da Lei 8.745/93 responsabiliza ambas as partes — administrador e trabalhador — pelos prejuízos causados ao erário público, quando a contratação é feita sem observância das exigências legais. TRT 2ª Reg. — RO 02499200103102006 — (Ac. 9ª T. 20040629680) — Rel. Juiz Luiz Edgar Ferraz de Oliveira. DJSP 3.12.04, p. 143.

Convocação da polícia — Fatos imputados ao empregado — Exagero diante da realidade fática — Ação patronal — Dano moral configurado

Ementa: INDENIZAÇÃO POR DANOS MORAIS. PROCEDÊNCIA. Se a convocação da polícia para apurar os fatos imputados ao empregado mostrou-se exagerada diante da realidade fática verificada, procede o pedido de indenização por danos morais, tendo em vista que a ação patronal acabou por ocasionar sérios prejuízos à imagem do reclamante perante seus colegas de trabalho. TRT 3ª Reg. — RO 2.312/00 — (Ac. 1ª T.) — Relª Juíza Cleube de Freitas Pereira. DJMG 25.8.00, p. 06.

Crime de bagatela — Notícia crime formulada pela ré — Indenização — Indevida

Ementa: CRIME DE BAGATELA — NOTÍCIA CRIME FORMULADA PELA RÉ — INDENIZAÇÃO POR DANOS MORAIS — INDEVIDA — Ao noticiar à polícia a existência de ato delituoso por parte da autora, não incorre a ré em qualquer ilicitude. Esta somente se configuraria acaso e se constatada a figura da denunciação caluniosa contra a trabalhadora, hipótese que resta afastada diante da conclusão aposta no inquérito policial no sentido de que "identificada a autoria e comprovada a materialidade" do crime de furto por parte da autora. De outra parte, o requerimento, pelo Ministério Público, do arquivamento do Inquérito Policial, em razão da caracterização do crime de bagatela em nada altera tal inferência, porquanto não implica reconhecimento da exclusão da tipicidade-culpabilidade, mas mera ausência de interesse punitivo do Estado relativamente ao crime de menor significância. Ausente, pois, ato ilícito imputável à demandada, correta a rejeição do pedido de indenização por danos morais. TRT 9ª Reg. — RO 18158-2004-652-09-00-7 — (Ac. 4ª T. 03682/07) — Relª Juíza Sueli Gil El-Rafihi. DJPR 13.2.07, p. 236.

Culpa concorrente — Efeitos

Ementa: INDENIZAÇÃO POR DANOS MORAIS E MATERIAIS. CULPA CONCORRENTE. Ainda que a postura imprudente do trabalhador tenha contribuído, juntamente com a omissão da empresa, para a ocorrência do evento danoso, é devida a indenização por danos morais e materiais, mitigando-se a responsabilidade do empregador. TRT 3ª Reg. — RO 01.279-2003-113-03-00-8 — (Ac. 6ª T.) — Rel. Juiz João Bosco Pinto Lara. DJMG 15.7.04, p. 13.

Culpa concorrente — Indenização por metade

Ementa: DANO MORAL. CULPA CONCORRENTE. INDENIZAÇÃO POR METADE. O atraso no pagamento de salários, e o desacerto financeiro da empregada, concorreram adequada e diretamente para o evento. As duas condutas deram causa ao resultado, ou seja, ao dano, ainda que em grau de importância e intensidade diversas, de sorte que, o agente não produziria o resultado sozinho, contou para isso, com o efetivo auxílio da vítima. Assim, havendo culpa concorrente, o valor da indenização deve ser reduzido por metade. TRT 1ª Reg. — RO 4.149/01 — (Ac. 3ª T.) — Relª Juíza Maria das Graças Cabral Viégas Paranhos. DJRJ 26.2.03, p. 201.

Culpa do empregador, manifestada na violação dos deveres contratuais — Efeitos

Ementa: DANO MORAL. CULPA DO EMPREGADOR MANIFESTADA NA VIOLAÇÃO DOS SEUS DEVERES CONTRATUAIS. Age com culpa o empregador que desrespeita as normas cogentes de saúde e segurança do trabalho, deixando de fornecer ao seu empregado condições adequadas para o exercício das respectivas funções laborativas e de implantar medidas de controle de risco operacional. Se a reclamada conhecia os riscos ergonômicos presentes no ambiente de trabalho da reclamante, conforme assim declarado no parecer de seu assistente técnico, e mesmo assim não lhe proporcionou medidas preventivas das moléstias que sabidamente têm origem nos referidos riscos, praticou ato ilícito consubstanciado em omissão. Se a empresa não tem manifesta intenção de lesar o seu empregado, age com intolerável indiferença em face dos previsíveis riscos da atividade laborativa prestada em condições inadequadas que tais. Está aí a demonstração inequívoca da culpa da reclamada, fundada na previsibilidade do resultado danoso, que vai dar lugar à reparação por danos morais nesta Especializada. TRT 3ª Reg. — RO 00067-2003-063-03-00-1 — (Ac. 5ª T.) — Rel. Juiz João Bosco Pinto Lara. DJMG 20.3.04, p. 14.

Culpa do empregador, manifestada na violação dos deveres contratuais — Efeitos

Ementa: DANO MORAL. CULPA DO EMPREGADOR MANIFESTADA NA VIOLAÇÃO DOS DEVERES CONTRATUAIS. Age com culpa o empregador que desrespeita flagrantemente as normas cogentes de saúde e segurança do trabalho, impondo ao seu empregado acidentado a continuidade na execução das obrigações contratuais mesmo diante da sua incapacidade laborativa parcial, com violação das cláusulas mais elementares do contrato laboral, quando, ainda, sonega o direito de amparo previsto na Lei da Infortunística, deixando de inscrevê-lo como segurado obrigatório no órgão previdenciário. Se a conduta desse empregador não tem manifesta intenção de lesar o seu empregado, tem, a toda evidência, a intolerável indiferença em face dos previsíveis riscos da atividade laborativa prestada nas referidas condições. TRT 3ª Reg. — RO 7.744/03 — (Ac. 5ª T.) — Rel. Juiz José Roberto Freire Pimenta. DJMG 19.7.03, p. 15.

Culpa quase-delito — Efeitos

Ementa: DANO MATERIAL. DANO MORAL. CULPA. QUASE-DELITO. No direito, a culpa se caracteriza pela ocorrência de uma transgressão por ato volitivo, mas de resultado involuntário, embora imputável ao agente. Apesar de ser uma transgressão a uma norma de conduta, a causa eficiente do fato delituoso pode ser o não-ato, a ausência de um ato recomendável, necessário ou mesmo obrigatório. A discussão sobre o quase-delito considera-se modernamente pouco importante. "Basta a prova da possibilidade de conhecer as conseqüências prejudiciais de nosso ato, para que nasça a obrigação de indenizar o dano que com ele tenhamos causado ou possamos causar." TRT 1ª Reg. — RO 8.055/01 — (Ac. 2ª T.) — Rel. Juiz Evandro Pereira Valadão Lopes. DJRJ 30.4.03, p. 241.

Dano à alma, ao coração — Tratamento à pessoa com desdém e desleixo — Configuração

Ementa: DANO MORAL. O dano moral não é o que causa dano ao bolso, mas no coração, na alma. São os atos e omissões que atribuem à pessoa a prática de crime, que difamam, caluniam, maltratam porque tratam a pessoa com desdém e desleixo, não mostrando interesse por sua segurança física e emocional, como ocorre, por exemplo, num atropelamento, quando o atropelador se evade do local sem prestar socorro, demonstrando o descaso com a dignidade da pessoa humana. CONCLUSÃO: "... por unanimidade, conhecer de ambos os recursos, rejeitar a preliminar de extinção do processo sem julgamento do mérito; por maioria, dar provimento parcial ao apelo patronal para fixar o valor da indenização por dano moral em R$ 3.000,00 (três mil reais) e para indeferir as horas extras; por maioria, dar provimento parcial ao recurso adesivo obreiro para reconhecer a responsabilidade solidária da segunda reclamada. Prejudicado o exame do recurso obreiro no tocante ao valor da indenização por dano moral. TRT 17ª Reg. — Proc. 1317-2002-8-17-0-1 — (Ac. 7.877/03) — Rel. Juiz Gerson Fernando da Sylveira Novais. DJES 24.10.03.

Da decisão acima, colhe-se o seguinte fundamento:

"2.2.2 — **DO DANO MORAL**

Subleva-se a empresa contra a r. sentença que a condenou ao pagamento de danos morais, em face das declarações do gerente da ré através do sistema de som da empresa.

Alega que a prova oral não comprovou os fatos alegados na exordial e que não pode persistir a condenação pois não comprovado o constrangimento, o abalo emocional ou a lesividade à sua honra.

Improspera, entretanto, a irresignação patronal.

Através da prova oral produzida e também da ata de mediação com a PRT/17ª Região, tem-se que a recorrente dispensou nos dias 15 e 16.4.2002 mais de 30 trabalhadores por justa causa. Caso já não fosse suficiente a penalidade aplicada, não satisfeito com isto, conforme dão conta os depoentes ouvidos em dois processos (*vide* fls. 58 e 61/62), o gerente-geral da empresa, através do sistema interno de som, informou que os trabalhadores que estavam sendo dispensados o foram por agirem de forma ilícita ou com má-fé, chamando tais trabalhadores de mentirosos, desonestos, que tais empregados não tinham moral e nem ética e que esta última vinha de berço, declarando ainda que haviam cometido estes trabalhadores ato de improbidade (exatamente a alínea que caracterizou a justa causa aplicada aos reclamantes — fl. 178).

E como se isto não bastasse, existe ainda as informações prestadas no jornal (documento de fl. 20), onde consta que diversos trabalhadores foram dispensados por justa causa e que o foram por posturas que ferem a ética profissional, entre outras coisas. A ré impugna o documento, sob a alegação de que não atende aos requisitos do art. 830 da CLT, não sendo possível verificar a data da publicação, e que as palavras que constam da publicação se referem às utilizadas pelo editor.

O conjunto dos fatos que constam dos autos permitem concluir que a reportagem é verídica, uma vez que faz expressa menção à dispensa por justa causa de vários empregados e à acusação de falta de ética.

E se o conteúdo do editado pelo repórter não estava em consonância com a entrevista dada pelo gerente, deveria a ré ter tomado as providências necessárias para retificar o que saiu noticiado.

Tal informação lançada em jornal de grande circulação estadual (Notícia Agora) dificultaria, sobremaneira, a recolocação da autora no mercado de trabalho. Os empregadores leriam tal notícia e assim saberiam que grande número de trabalhadores foram dispensados por justa causa, causada 'por posturas que ferem a ética profissional', durante o mês de abril/2002. Apresentando sua CTPS e constando data de dispensa no mês de abril/2002, como um novo empregador concederia uma nova oportunidade de colocação à reclamante no mercado de trabalho de posse das informações lançadas no jornal?? Provavelmente falariam 'essa é uma daquelas que foram dispensadas por justa causa por falta de ética profissional' e não concederia qualquer oportunidade à reclamante.

Restam, assim, caracterizados tanto o constrangimento quanto o abalo/lesão à honra da reclamante perante seus ex-colegas e perante o meio em que vive, especialmente perante o mercado de trabalho.

'A moral individual é apresentada pela honra da pessoa, o seu nome, boa fama, a sua auto-estima e o apreço de que goza perante terceiros.

O dano moral, por sua vez, é o resultante de ato ilícito que atinja o patrimônio da pessoa, ferindo sua honra, decoro, crenças políticas e religiosas, paz interior, bom nome, auto-estima e liberdade, originando sofrimento psíquico, físico ou moral propriamente dito.' (grifei) (*MENEZES, Cláudio Armando Couce de*. '**Assédio moral**, proteção à intimidade do trabalhador, assédio sexual e atos discriminatórios e o dano moral', *in* www.trt17.gov.br).

Dano moral, segundo *Carlos Alberto Bittar*, é aquele que atinge 'os aspectos mais íntimos da personalidade humana (o da intimidade e da consideração pessoal), ou o da própria valoração da pessoa no meio em que vive e atua (o da reputação ou da consideração social)' (*in* 'Reparação Civil por Danos Morais', Ed. Revista dos Tribunais, 3ª ed., p. 45).

'Enquanto o dano material, como atrás assinalado, repercute no patrimônio, o moral, também chamado de dano imaterial, ideal ou extrapatrimonial, atinge os bens da personalidade, tais como a honra, a liberdade, a saúde, a integridade psicológica, causando dor, sofrimento, tristeza, vexame e humilhação à vítima.

Nessa categoria incluem-se também os chamados novos direitos da personalidade: intimidade, imagem, bom nome, privacidade, integridade da esfera íntima.' (*CAVALIERI FILHO, Sérgio*. 'Programa de Responsabilidade Civil', 1ª ed./2ª tiragem, São Paulo: Malheiros, 1997, pp. 73-4)

'A honra, a imagem, o nome e a identidade pessoal constituem, pois, objeto de um direito independente, da personalidade.' (*SILVA, José Afonso da*. 'Curso de Direito Constitucional Positivo', 20ª ed., São Paulo: Malheiros, 2002, p. 208)

Entendo que as atitudes do empregador após a dispensa por justa causa caracterizam situação que ensejou dano extrapatrimonial à autora, na forma do 5º, V e X da CF/88.

Restando caracterizado o dano moral, reputo correta a r. sentença ao julgar procedente o pedido no que se refere às declarações do gerente-geral da ré.

Vale ressaltar que a recorrente somente postula a reforma da r.sentença para julgar-se improcedente o pedido de pagamento de indenização por danos morais, mas não postula a redução do valor fixado.

A douta maioria dos juízes que participam do julgamento, entretanto, entendeu que tal fato não obsta a redução do valor da indenização e, contra meu voto, assim julgou:

'Dá-se provimento ao apelo da reclamada para reduzir o valor arbitrado a título de indenização por danos morais, fixando-o R$ 3.000,00 (três mil reais), uma vez que tal valor guarda melhor relação com o dano sofrido pela autora.'

Por tais fundamentos, foi dado provimento parcial ao recurso, neste particular, para reduzir o valor da indenização por danos morais para R$ 3.000,00 (três mil reais)." (www.trt17.gov.br, em 14.8.04)

Dano moral e dano estético — Cumulação — Possibilidade

Ementa: DANO ORAL E DANO ESTÉTICO. CUMULAÇÃO. Admite-se a cumulação do dano moral e estético, ainda que derivados do mesmo fato, quando possuem fundamentos distintos. o dano moral é compensável pela dor e constrangimento impostos ao autor, e o dano estético, pela anomalia que a vítima passou a ostentar. O dano estético afeta "a integridade pessoal do ser humano, em geral, e em particular a harmonia física, concebidas como materialização de um direito humano garantido no nível constitucional". Ele poderá ser o resultado de uma ferida que gera cicatriz, da amputação de um membro, falange, orelha, nariz, olho ou outro elemento da anatomia humana. Quando se contata que um semelhante possui alguma parte do corpo alterada em relação à imagem que tinha formado o observador, o fato causa impacto a quem a percebe através de seus sentidos. É inegável que esse dano estético provoca também impacto sobre a percepção da própria vítima, afeda com a diminuição da harmonia corporal. O que se visa não é proteger a beleza, valor relativo na vida cotidiana, mas garantie as circunstância de regularidade, habitualidade ou normalidade do aspecto de uma pessoa; busca-se reparar que o ser humano, vítima da cicatriz, veja-se como alguém diferente ou inferior, ante a curiosidade natural dos outros, na sua vida de relação. A reparação não resulta, portanto, do fato de a cicatriz ser repulsiva, embora essa circunstância possa aumentar o *quantum* ressarcitório, tampouco de ser sanada mediante uma cirurgia plástica, fato que poderá atenuar o valor da indenização (GRANDOV, Balldomero e BASCARY, Miguel Carrilo. "Cicatrices. Daño estético y derecho a la integridad física". Rosario: Editorial FAZ, 2000, p. 34 e 40). Aliás, o STJ já se pronunciou nesse sentido por meio de suas turmas nos seguintes acórdãos: 2ª T./AGA 276023/RJ/Relator Min. PAULO GALLOTTI / Fonte: DJ DATA: 28.08.2000 / PG: 00068/RSTJ/ VOL.: 00138 PG: 00172; 3ª T./RESP 254445/PR/Relatora Min. NANCY ANDRIGHI/Fonte: DJ DATA: 23.06.2003 PG: 00351; e 4ª T./ RESP 347978/RJ/Relator Min. Ruy Rosado de Aguiar / Fonte: DJ Data: 10.06.2002 PG: 00217. TRT 3ª Reg. — RO 01856-2003-077-03-00-2 — (Ac. 7ª T.) — Relª Juíza Alice Monteiro de Barros. DJMG 27.1.05.

Dano moral e material — Teoria da responsabilidade subjetiva

Ementa: RESPONSABILIDADE CIVIL SUBJETIVA. INDENIZAÇÃO POR DANOS MORAIS E MATERIAIS. DANO MORAL. TEORIA DA RESPONSABILIDADE SUBJETIVA. A Responsabilidade Civil no Direito Pátrio encontra pilar em dúplice vórtice. De um lado, na esfera contratual, ou seja, quando existente uma relação jurídica obrigacional originária. Neste caso, em havendo inexecução contratual, nasce uma obrigação derivada de indenizar. De outro lado, há a responsabilidade extracontratual ou aquiliana que tem por premissa o preceituado no artigo 186 do Código Civil de 1916. Neste caso a responsabilidade é delitual, decorre da violação de Lei. Trata-se de um direito absoluto. Os elementos da Responsabilidade são: o dano — sem dano não dever de indenizar; o Ato Ilícito (artigo 7º, XXVIII, parte final da CF/88 e artigo 159 do Código Civil de 1916) — que decorre da culpa do agente, ou seja, da imputabilidade da negligência; e o nexo causal, a relação de causalidade entre o dano e a atividade empresarial (ou ato ilícito). Em relação ao dano moral, elementar que a sua configuração não se sustenta somente na impressão subjetiva do empregado acerca de lesão a direito ínsito de sua personalidade. É preciso, ao lado da prova do dano a direito da personalidade, a comprovação da ação ou omissão culposas ou dolosas do empregador, entre os elementos objetivo (dano) e subjetivo (culpa). TRT 9ª Reg. — Proc. 00667-2002-068-09-00-8 — (Ac. 23.241/03) — Relª Juíza Sueli Gil El-Rafihi. DJPR 24.10.03, p. 443.

Dano pessoal — Dano moral — Dano estético — Configuração

Ementa: DANO PESSOAL. DANO MORAL. DANO ESTÉTICO. Considerando o dano ensejador de uma reparação meramente de ordem moral, corre-se o risco de entender que quando o fato não atinge a integridade moral do indivíduo, interferindo na sua relação com outros indivíduos, não se teria uma hipótese típica a reclamar uma indenização. É por este motivo que alguns juristas, como o Dr. Paulo Eduardo Vieira de Oliveira, preferem a denominação dano pessoal, para designar esse fenômeno jurídico, justamente para abranger todas as hipóteses de dano ao indivíduo, seguindo classificação feita por Limongi França, que atingem: a integridade física, no qual se inclui o aspecto puramente estético; a integridade intelectual; a integridade moral; e a integridade social, esta última acrescentada pelo primeiro autor citado ("O Dano Pessoal no Direito do Trabalho", SP, Ed. LTr, 2002, p. 26). A perda de um dedo trata-se de fato indenizável por ser um dano estético relevante, mesmo sem trazer à discussão o fato pertinente à capacidade laboral. TRT 15ª Reg. (Campinas/SP) — RO 00548-2002-054-15-00-0 — (Ac. 6ª T. 29.463/ 2003-PATR) — Rel. Juiz Jorge Luiz Souto Maior. DJSP 26.9.03, p. 33.

Danos susceptíveis de reparação — Dano de natureza moral — Configuração

Ementa: DANO MORAL. CONFIGURAÇÃO. Dentre os danos suscetíveis de reparação, destaca-se o de natureza moral, representado pelas atribulações, mágoas e sofrimentos íntimos, em decorrência de atos ofensivos, que ocasionam intensa dor pessoal na vítima. Podemos afirmar que a dor moral é a que mais intensa repercussão produz na estrutura psíquica do homem, já que todos os valores dos seres humanos assentam-se em princípios de ordem moral e espiritual. O dano moral deixa marcas profundas e, em determinados casos, traz dificuldade de ser detectado, exatamente por não se poder avaliar o sentimento interior do ser humano, o que, todavia, não se traduz em impossibilidade, ainda que subjetiva a lesão, de se verificar o dano, que, patente nos autos, em conjunto aos demais pressupostos legais, impõe a obrigação reparatória. TRT 3ª Reg. — RO 01804-2003-012-03-00-0 — (Ac. 8ª T.) — Rel. Juiz Heriberto de Castro. DJMG 9.10.04, p. 16.

Declaração de nulidade da pena disciplinar — Dano moral não configurado

Ementa: DANO MORAL. DECLARAÇÃO DE NULIDADE DA PENA DISCIPLINAR. INDENIZAÇÃO INDEVIDA. A declaração judicial de nulidade da punição imposta ao empregado, por si só, não tem o condão de assegurar o pagamento da indenização decorrente do dano moral, cujo deferimento não prescinde da prova cabal da violação da honra e da dignidade do trabalhador. TRT 12ª Reg. — RO-V 02061-2002-007-12-00-0 — (Ac. 2ª T. 08.369/03, 29.7.03) — Relª Juíza Lourdes Dreyer. DJSC 3.9.03, p. 179.

Declaração na imprensa — Empregado chamado de sem ética e não confiável — Relação dos dispensados

Ementa: DANOS MORAIS. DECLARAÇÃO NA IMPRENSA. Ao ser chamado de sem ética e não confiável, na medida em que estava entre os dispensados, não há qualquer exagero nos sentimentos do autor. As palavras falam por si mesmas, sendo desnecessárias maiores digressões para justificar o potencial ofensivo dessas expressões, máxime no contexto em que pronunciadas, sendo imperiosa a indenização por danos morais. TRT 17ª Reg. — RO 00859.2002.001.17.00.2 — (Ac. 6.661/2004) — Relª Juíza Wanda Lúcia Costa Leite França Decuzzi. DJES 31.8.04, p. 5.934.

Declarações depreciativas à conduta profissional do empregado — Publicação em jornal — Configuração

Ementa: DANO MORAL. COMPETÊNCIA DA JUSTIÇA DO TRABALHO. SÚMULA 392 DO TST. A Justiça do Trabalho é competente para julgar pedido de indenização por dano moral, resultante de ato do empregador que, nessa qualidade, haja ofendido a honra ou a imagem do empregado, causando-lhe prejuízo de ordem moral, e se esse fato estiver relacionado com o contrato de trabalho. **DANO MORAL. DECLARAÇÕES DEPRECIATIVAS À CONDUTA PROFISSIONAL DO EMPREGADO. PUBLICAÇÃO EM JORNAL.** Tendo o Tribunal Regional do Trabalho asseverado que havia ocorrido divulgação em jornais de grande circulação, de declarações do presidente do banco, reputando negligentes, indisciplinados e de baixo desempenho profissional os funcionários que estavam sendo demitidos, não há falar que a condenação do reclamado ao pagamento de indenização por danos morais resultou em ofensa ao art. 5º, inc. X, da Constituição da República. Ileso o art. 896 da CLT. Recurso de Embargos de que não se conhece. TST — E-ED-RR-636.406/2000.9 — (Ac. SBDI1) — 17ª Reg. — Rel. Min. João Batista Brito Pereira. DJU 15.9.06, pp. 1051/1052

Denúncia — Investigação a respeito de desvio de dinheiro pelo empregador — Ausência de prova de constrangimento ou de difamação — Não configuração

Ementa: Sem que exista prova de constrangimento ou de difamação, o simples fato de o empregador investigar denúncia a respeito de desvio de dinheiro não é suficiente para que se determine o pagamento de indenização por dano moral. TRT 1ª Reg. — RRPS 00833-2004-072-01-00-0 — (Ac. 4ª T.) — Relª Juíza Convocada Lúcia Maria Motta de Oliveira Barros. DJRJ 10.8.05, p. 161.

Denúncia da empresa — Sentença penal que absolve o ex-empregado das imputações delituosas — Configuração

Ementa: DANO MORAL. DENÚNCIA DA EMPRESA. SENTENÇA PENAL QUE ABSOLVE O EX-EMPREGADO DAS IMPUTAÇÕES DELITUOSAS. A comunicação de um crime à autoridade policial é uma faculdade que sujeita o denunciante aos efeitos desse ato na hipótese de insubsistência das acusações. Não se exige a certeza absoluta, pois a busca dos elementos materiais do ilícito é justamente atribuição da polícia judiciária, mas, pelo menos, a existência de indícios seguros de materialidade. A empresa suspeitou do empregado e fez o comunicado à autoridade policial, que deflagrou procedimentos investigatórios, reconhecidamente inconsistentes, conforme sentença penal transitada em julgado. Esses fatos, ainda, foram revelados em jornal de ampla circulação que atribuía certeza à culpabilidade do trabalhador. Absolvido no processo penal, resta a reparação decorrente do dano moral infligido ao autor que, em razão do apontamento do procedimento penal em seus registros de antecedentes, dificilmente conseguirá recolocação profissional, além das evidentes angústias de seu enquadramento como réu e ter o nome divulgado pela imprensa como criminoso por ato exclusivo da empresa. TRT 2ª Reg. — RO 02505200001902000 — (Ac. 8ª T. 20040481519) — Rel. Juiz Rovirso Aparecido Boldo. DJSP 21.9.4, p. 138.

Descabimento — Não submissão a condições vexatórias

Ementa: DANO MORAL. DESCABIMENTO. O contrato de trabalho tem por princípio a confiança e a boa-fé dos contratantes. Se há dúvidas quanto à idoneidade do empregado ou se não mais lhe agrada os serviços prestados, seja por indícios de furto ou por quebra de confiança, cabe ao empregador tomar as medidas que entender convenientes, conquanto que não o submeta a condições vexatórias, situação que não ocorreu no caso dos autos. Recurso a que se nega provimento. TRT 1ª Reg. — RO 03.365/00 — (Ac. 5ª T.) — Rel. Juiz João Mário de Medeiros. DJRJ 11.3.03, p. 221.

Desconto do valor total do salário — Cabimento

Ementa: Danos morais. Desconto do valor total do salário. Caso em que a reclamante foi dispensada grávida e reintegrada após um mês, tendo descontados seis meses de salário após a reintegração, a título de devolução das verbas rescisórias. O desconto do valor total do salário é contrário à razoabilidade e à dignidade da pessoa humana, incorrendo em abuso de direito o empregador que o realiza. A empregada faz jus à indenização por danos morais no importe do valor descontado indevidamente. Aplicação dos artigos 462 da CLT, 187 e 927 do Código Civil e da Orientação Jurisprudencial n. 18 da SDC do C. TST. TRT 15ª Reg. (Campinas/SP) — RO 00049-2005-093-15-00-8 — (Ac. 26970/2006-PATR, 7ª Câmara) — Rel. Juiz Manuel Soares Ferreira Carradita. DJSP 9.6.06, p. 69.

Desconto no salário — Rubrica "extravio de mercadoria" — Indenização — Cabimento

Ementa: DANO MORAL. O empregador que, sem qualquer prova ou indício, desconta do salário quantia referente a furto ocorrido dentro do estabelecimento, fazendo constar do contracheque a rubrica "extravio de mercadoria", causa constrangimento e prejudica a imagem do empregado, mesmo que o prejuízo tenha sido dividido com outros colegas e mesmo que não tenha havido a acusação formal de crime. Além de inteiramente arbitrária e ilegal, a conduta da ré pode criar situação embaraçosa e injusta para o autor perante terceiros, dando margem à indenização por dano moral. TRT 1ª Reg. — RO 00506-2003-481-01-00-1 — (Ac. 3ª T.) — Rel. Juiz Gustavo Tadeu Alkmim. DJRJ 8.4.05, p. 184.

Descontos no salário — Fiscal — Diferença de caixa

Ementa: DANO MORAL. DESCONTOS NO SALÁRIO. FISCAL. DIFERENÇA DE CAIXA. O artigo 186 do Novo Código Civil dispõe que, para configuração da culpa ensejadora da reparação do dano, necessário se faz a presença de três requisitos: o ato apontado como lesivo, o efetivo dano, além do nexo causal entre o ato e o evento danoso. Inexistentes tais requisitos, não há se falar em direito à indenização. Não posso acreditar que descontos de pequenas quantias no salário do autor em razão de diferenças encontradas no fechamento dos caixas ou de cheques emitidos em 1999 possam ser responsáveis pelo desequilíbrio das finanças do autor na amplitude narrada nos autos (débito em instituições financeiras e comerciais em 2002). TRT 3ª Reg. — RO 01.225-2003-035-03-00-1 — (Ac. 3ª T.) — Relª Juíza Taisa Maria Macena de Lima. DJMG 27.3.04, p. 06.

Descrição das supostas ofensas sofridas — Prejuízo efetivo — Necessidade

Ementa: DANO MORAL. PREJUÍZO EFETIVO. DESCRIÇÃO DAS SUPOSTAS OFENSAS SOFRIDAS. NECESSIDADE. A teor do art. 186 do Código Civil, de aplicação supletiva no Direito do Trabalho (art. 8º, parágrafo único, da CLT)- o dano moral deve acarretar prejuízo real para justificar a indenização correspondente. Ademais, o ato lesivo deve ser aferido dentro de um contexto global em que vive o trabalhador, não bastando para tanto o simples sentimento pessoal de agressão à sua integridade moral, sendo necessária a ocorrência de fato que pela sua gravidade resultou em ofensa real ao patrimônio moral do trabalhador. Não se pode aceitar como dano moral o sentimento de ofensa percebido apenas por pessoas de espírito extremamente sensíveis, que nenhuma repercussão social ou no meio de vida e labor do trabalhador tenha resultado. Desta forma, necessária a descrição das ofensas sofridas, não bastando a alegação genérica de humilhações, quando sequer se esclarece em que consistiram os supostos constrangimentos sofridos. Recurso Ordinário da Reclamante a que se nega provimento, nesta parte. TRT 9ª Reg. — RO 16413-2005-029-09-00-1 — (Ac. 1ª T. 00154/07) — Rel. Juiz Ubirajara Carlos Mendes. DJPR 19.1.07, p. 608.

Descumprimento contratual — Ausência de pagamento de verbas trabalhistas — Indenização pelo dano moral

Ementa: DESCUMPRIMENTO CONTRATUAL. AUSÊNCIA DE PAGAMENTO DE VERBAS TRABALHISTAS. INDENIZAÇÃO PELO DANO MORAL. Para configurar o direito do autor à indenização pelo dano moral não basta o reconhecimento de que houve o atraso ou inadimplência de parte do pagamento dos salários e verbas trabalhistas. A inadimplência contratual, representada pelo não-pagamento da contraprestação ao esforço do labor despendido pelo autor, será devidamente reparada, com o eventual acolhimento da presente reclamatória, onde se reconheça o direito às verbas salariais e rescisórias, com a devida atualização monetária, restituindo as partes ao *status quo ante*. Sentença que se mantém. TRT 9ª Reg. — Proc. 00517-2003-656-09-00-4 — (Ac. 13.346/2004) — Rel. Juiz Sergio Murilo Rodrigues Lemos. DJPR 9.7.04, p. 223.

Descumprimento de contrato — Injusta subtração de padrão de vida

Ementa: DANOS MORAIS. DESCUMPRIMENTO DE CONTRATO. INJUSTA SUBTRAÇÃO DE PADRÃO DE VIDA. Caracterizado descumprimento contratual, com a conseqüente frustração representada pela abrupta redução de ganhos mensais, ocasionando evidente desequilíbrio financeiro e perda desarrazoada do padrão de vida anterior, há de deferir-se a indenização por danos morais. TRT 1ª Reg. — RO 1068-2001-043-01-00-8 — (Ac. 5ª T.) — Rel. Des. Agra Belmonte. DJRJ 8.6.05, p. 190.

Descumprimento de obrigação

Ementa: DANO MORAL. DESCUMPRIMENTO DE OBRIGAÇÃO. O não-cumprimento de obrigação contratual, por si só, não enseja reparação por danos morais, notadamente quando o próprio contrato ou o ordenamento já contêm as sanções e as reparações daí decorrentes. A reparação de dano moral não decorre de qualquer aborrecimento, de qualquer adversidade, nem de transtornos, pois a isso estamos todos sujeitos no dia-a-dia. Faz parte da própria condição humana. Não se exclui a possibilidade de danos morais no descumprimento contratual. Mas, nessa hipótese, é mister que se tenha, ao lado da prestação em si mesmo considerada (e não satisfeita), um outro interesse que dessa satisfação decorre e que não é passível de avaliação pecuniária. TRT 2ª Reg. — RO 34991200390202000 — (Ac. 3ª T. 20030624090) — Rel. Juiz Eduardo de Azevedo Silva. DJSP 25.11.03, p. 12.

Descumprimento de normas contidas em instrumento normativo — Riscos à vida do trabalhador — Dignidade da pessoa humana — Cabimento

Ementa: INDENIZAÇÃO POR DANO MORAL. Empregador que descumpre normas específicas contidas em instrumento normativo, não cumprindo as determinações de conceder ao empregado meio de transporte seguro para o local de trabalho situado em lugar distante da residência e desprovido de condução pública regular, utilizando-se de veículos próprios para transporte de animais, põe em risco a vida do trabalhador e fere-lhe a dignidade de pessoa humana. Nessas condições mostra-se jurídica e justa a condenação por danos morais imposta ao empregador negligente. TRT 3ª Reg. — RO 478/03 — (Ac. 1ª T.) — Rel. Juiz Manuel Cândido Rodrigues. DJMG 21.2.03, p. 08.

Descumprimento de ordem judicial pelo empregado — Culpa — Temor referencial — Não configuração de dano moral

Ementa: DANOS MORAIS. DESCUMPRIMENTO DE ORDEM JUDICIAL PELO EMPREGADO. CULPA. Embora o temor reverencial seja uma realidade no contrato de trabalho, não se pode admitir que ela seja justificativa para o cumprimento de ato ilegal e potencialmente danoso para o próprio reclamante. A obediência ao suposto comando do empregador, máxime quando desacompanhada de qualquer ameaça concreta, não justifica a prática de um ato de tamanha seriedade como a desobediência a comando judicial. Tanto é assim que o art. 483, *a*, da CLT autoriza a rescisão do contrato pelo reclamante quando lhe forem exigidos serviços defesos por lei. TRT 3ª Reg. — RO 01099-2003-035-03-00-5 — (Ac. 6ª T.) — Rel. Juiz Ricardo Antonio Mohallem. DJMG 22.7.04, p. 12.

Descumprimento dos deveres do empregador — Reparação prevista no ordenamento jurídico — Não configuração

Ementa: DANO MORAL. BANALIZAÇÃO. Ante o risco da banalização de um instituto que visa indenizar aquele que teve a sua honra violada, e que somente teria à sua disposição esta espécie de reparação, não devemos estender o dano moral àquelas atitudes ensejadoras do dever de reparar o dano, como o são a maioria dos descumprimentos dos deveres do empregador, que já encontram no ordenamento de forma positivada a forma desta reparação. Nego provimento.TRT 17ª Reg. — RO 01721.2003.007.17.00.0 — (Ac. 6059/2005) — Relª Juíza Wanda Lúcia Costa Leite França Decuzzi. DJES 3.8.05, p. 5.678.

Desligamento da eletricidade da casa ocupada pela família de empregado rural — Desocupação antes do prazo fixado pela lei — Dano moral configurado

Ementa: DANO MORAL. O empregador que desliga a eletricidade da casa ocupada pela família de seu empregado rural, com o objetivo confessado de forçá-lo a desocupar o imóvel antes do prazo garantido pelo § 3º do art. 9º da Lei n. 5.889/73, pratica contra ele ato ilícito, criminoso mesmo, por configurar o exercício arbitrário das próprias razões. Deve, em conseqüência, ser responsabilizado pelo pagamento de indenização pelos danos morais acarretados ao empregado, em decorrência do referido ato, que ofendeu a sua honra e dignidade. TRT 3ª Reg. — RO 00761-2003 -070-03-00-7 — (Ac. 4ª T.) — Rel. Juiz Luiz Otávio Linhares Renault. DJMG 29.11.03, p. 12.

Desocupação de imóvel utilizado por zelador de condomínio — Ordem judicial — Ato lícito — Reparação não devida

Ementa: DANO MORAL. DESOCUPAÇÃO DE IMÓVEL UTILIZADO POR ZELADOR DE CONDOMÍNIO. ORDEM JUDICIAL. ATO LÍCITO. REPARAÇÃO NÃO DEVIDA. Cláusula normativa que condiciona a desocupação do imóvel em prazo contado da rescisão do contrato, e não da integral quitação de diferença de multa do FGTS. A rescisão se opera com o término do período do aviso prévio, independentemente do direito a qualquer reparação contratual. Desocupação determinada judicialmente em ação de reintegração de posse. Ato lícito, regularmente praticado, sem ofensa à dignidade do trabalhador. Ocupação cujo prosseguimento resultou em exercício arbitrário das próprias razões. Dano moral ao trabalhador não configurado. Sentença mantida. TRT 2ª Reg. — RO 01204200340102007 — (Ac. 3ª T. 20050515793) — Rel. Juiz Eduardo de Azevedo Silva. DJSP 23.8.05, p. 69.

Despedida motivada pelo ajuizamento de ação trabalhista contra ex-empregador — Dano moral configurado

Ementa: DESPEDIDA MOTIVADA PELO AJUIZAMENTO DE AÇÃO TRABALHISTA CONTRA EX-EMPREGADOR. DANO MORAL. Existe abalo moral indenizável, quando o empregado, dois dias após sua contratação, é surpreendido com a resilição de seu contrato de trabalho sob o motivo (oculto) de que ajuizara reclamação trabalhista contra seu ex-empregador, sendo, portanto, o que o tornaria, no ver da reclamada, um mau empregado. TRT 8ª Reg. — RO 01476-2004-114-08-00-7 — (Ac. 1ª T.) — Rel. Des. Mário Leite Soares. DJPA 21.10.05.

Desrespeito à honra e dignidade do trabalhador — Conduta agressiva — Cabimento

Ementa: DANOS MORAIS. PROCEDÊNCIA. A prova do nexo causal entre a conduta dolosa ou culposa do empregador e o resultado danoso, que justifique a indenização por danos morais, é do empregado, nos termos do art. 818 da CLT c/c art. 333, I, CPC. Comprovado, pela prova dos autos, que a autora sofreu ofensa à sua honra e dignidade, pelas constantes agressões de seu superior hierárquico, fato esse que chegou ao conhecimento de outros empregados, é de se imputar ao empregador a responsabilidade pelo dano causado na esfera moral da Reclamante e o conseqüente ressarcimento pecuniário, nos termos dos arts. 186 e 927 do Código Civil Brasileiro. TRT 3ª Reg. — RO 02189-2003-031-03-00-8 — (Ac. 4ª T.) — Rel. Juiz Luiz Otávio Linhares Renault. DJMG 4.9.04, p. 09.

Desrespeito à intimidade ou à vida privada da autora — Não caracterização

Ementa: DANO MORAL. INDENIZAÇÃO. Para restar caracterizado o dano moral é mister o nexo causal entre o prejuízo sofrido e a relação empregatícia. Importa, por fim, salientar que a indenização por dano moral é caracterizada por elementos objetivos e não por mera consideração subjetiva da parte que se declara atingida. Entendo que, *in casu*, não houve o desrespeito à intimidade ou à vida privada da autora, ou, ainda, abalo que denegrisse a sua imagem de forma que culminasse em grave dano ao conceito social do atingido em questão. Indevida qualquer indenização. Sentença que se mantém. TRT 9ª Reg. — Proc. 00666-2003-652-09-00-8 — (Ac. 23.239-2003) — Rel. Juiz Sergio Murilo Rodrigues Lemos. DJPR 24.10.03, p. 446.

Da decisão, colhe-se a seguinte fundamentação:

"2.1.1. Dano moral — Justa causa

Pugna, a autora, pelo deferimento de indenização por dano moral.

Fundamente, basicamente, o seu pedido no fato de que a justa causa que lhe foi imputada não restou cabalmente comprovada.

Argumenta que: a) a alegada adulteração dos recibos, que motivou a justa despedida, não restou comprovada; b) prestou serviços para a reclamada por considerável espaço de tempo; c) não vieram aos autos os recibos originais a fim de que pudesse ser comprovada a alegada adulteração; d) não houve interesse da ré em dar andamento à Representação Criminal apresentada tão-somente para justificar a justa causa; e) a reclamada teve tempo suficiente para criar uma possível irregularidade no período de suas férias; f) o levantamento dos fatos foi feito unilateralmente pela reclamada, durante seu período de férias; g) o inquérito policial não apurou qualquer irregularidade por falta de atendimento normal; h) todos os funcionários da reclamada podiam emitir os recibos questionados, não havendo motivo para imputar-lhe a falta cometida; i) não existe forte evidência de fraude, não tendo havido nenhum procedimento que pudesse levar à certeza da alegação feita pela reclamada; j) imputa dúvidas à atitude da funcionária Sirlei, que era quem emitia o vale-convênio, que suspeitou da atitude da autora, levando o caso à Diretoria quando do período de férias da mesma; l) coma medida intentada na esfera criminal, o nome da autora passou a figurar nos respectivos registros, o que lhe causou sérios problemas, bem como a sua família; m) em tema de danos morais, a responsabilidade do agente opera-se por força do simples fato da violação, dispensada a prova do prejuízo em concreto.

Finaliza, aduzindo que:

'Lamentavelmente, à Autora, teve grande dificuldade em conseguir testemunhas, com o necessário conhecimento dos fatos, que deveriam, para o caso, ou por serem funcionários, que é impossível, pela relação empregatícia, ou 'taxistas', como foi o caso das testemunhas arroladas, que é sabido, tem interesse na proteção da 'classe', sua fonte de renda, motivo porque, a verdade, dificilmente pode ser apurada.' — fl. 277

Para restar caracterizado o dano moral é mister o nexo causal entre o prejuízo sofrido e a relação empregatícia.

Por óbvio, também é imprescindível que reste indene de dúvidas o dano sofrido pelo empregado.

Importa, por fim, salientar que a indenização por dano moral é caracterizada por elementos objetivos e não por mera consideração subjetiva da parte que se declara atingida.

Entendo que, *in casu*, não houve o desrespeito à intimidade ou à vida privada da autora, ou, ainda, abalo que denegrisse a sua imagem de forma que culminasse em grave dano ao conceito social do atingido em questão.

Há obrigação do empregador ao ressarcimento pelo dano moral somente quando o empregado demonstra os prejuízos causados pelo ato patronal ilícito.

Não se evidencia, contudo, nenhum abalo na imagem da reclamante.

Ademais, a mesma sequer comprova as alegações da inicial de que teve que vender seus bens para manter seu sustento e de sua família.

A alegação de que não conseguia nova colocação no mercado de trabalho em virtude de más informações prestadas pela reclamada, também não restou provada, competindo à autora a comprovação de sua rejeição quando pretendeu obter novo emprego.

Também não menciona a diminuição de seu conceito moral junto a outras pessoas de seu círculo social, limitando-se a afirmar haver passado por dificuldades financeiras.

O procedimento de que se utilizou a reclamada, junto à esfera criminal, não restou concluído, não apurando nenhuma responsabilidade da autora.

Com efeito, nenhum elemento de prova conduz ao convencimento de que a honra e a boa fama da recorrente tivessem restado prejudicadas, na medida em que dos fatos alegados não foi apresentada prova de que tivessem qualquer repercussão danosa entre a classe trabalhadora e/ou na sociedade.

Ressalte-se, ainda, causar estranheza o fato da autora não tentar reverter, em sede de recurso ordinário, o entendimento adotado pela r. sentença de origem, apenas lamentando a impossibilidade de produção de prova.

Também merece destaque o fato de haver ajuizado a presente ação, somente 1 ano e 11 meses depois da demissão, mesmo entendendo-a injusta e mesmo diante do sofrimento por ela causado, conforme sustentou.

Nada constando dos autos capaz de revelar, de forma inequívoca, que a atitude da reclamada tenha afetado o lado social e humano da trabalhadora de forma a impedir-lhe o convívio normal em sociedade, indevida a indenização por dano moral.

Mantenho." (www.trt9.gov.br, 21.7.04)

Desrespeito aos valores da eminente dignidade humana — Dano moral configurado

Ementa: DESRESPEITO AOS VALORES DA EMINENTE DIGNIDADE HUMANA. DANO MORAL CONFIGURADO. É salutar que, na vida em sociedade, e na relação de emprego, a questão não é diferente, estamos sujeitos a sofrer ou causar danos, sejam eles de ordem moral ou material, e nem por isso estamos imunes à devida reparação, hoje elevada à estatura constitucional. Por seu turno, o trabalho e o lucro são preocupações de todos. Contudo, deve haver a prioridade da pessoa humana sobre o capital, sob pena de se desestimular a promoção humana de todos os que trabalharam e colaboraram para a eficiência do sucesso empresarial. Ora, a dignidade humana é um bem juridicamente tutelado, que deve ser preservado e que deve prevalecer em detrimento dos interesses de maus empregadores. O que é preciso o empregador conciliar é seu legítimo interesse em defesa do patrimônio, ao lado do indispensável respeito à dignidade do trabalhador. Não se discute que o empregado, ao ser submetido ao poder diretivo do empregador, sofre algumas limitações em seu direito à intimidade. O que é inadmissível, contudo, é que a ação do empregador se amplie de maneira a ferir a dignidade da pessoa humana. Foi exatamente o que ocorreu nos autos em epígrafe, onde a recorrente passou a submeter a empregada a situações de constrangimento e evidente discriminação, praticando ilícitos que atingem sua dignidade, e também sua integridade física, já que a autora encontrava-se grávida. As atitudes descritas nos autos revelam notória ofensa à personalidade da reclamante, seus sentimentos, sua honra, enfim, bens que integram a estrutura da personalidade do homem. E, por tais razões, há que ser mantida a condenação imposta pela sentença ora guerreada. TRT 2ª Reg. — RO 01818200303802002 — (Ac. 6ª T. 20050360919) — Rel. Juiz Valdir Florindo. DJSP 24.6.05, p. 266.

Destituição do cargo de confiança e posterior dispensa sem justa causa, após discussão entre autor e colega de trabalho — Não-configuração

Ementa: DANO MORAL. DESTITUIÇÃO DO CARGO DE CONFIANÇA E POSTERIOR DISPENSA SEM JUSTA CAUSA, APÓS DISCUSSÃO ENTRE AUTOR E COLEGA DE TRABALHO. NÃO-CONFIGURAÇÃO. A circunstância de ter sido o autor, que se envolveu em discussão com colega de trabalho, destituído após o incidente de seu cargo de confiança e, posteriormente, dispensado sem justa causa, não tem o condão, de "per si", de configurar dano moral pela conduta do empregador, que a seu favor conta com a prerrogativa de destituir "ad nutum" qualquer ocupante de cargo de confiança, bem como de dispensá-lo sem justa causa, o que, por corolário lógico, também afasta o nexo de causalidade alegado. TRT 12ª Reg. — RO-V 00867-2004-009-12-00-9 — (Ac. 3ª T. 11223/05, 16.08.05) — Rel. Juiz Gerson Paulo Taboada Conrado. DJSC 13.9.05, p. 243.

Diferenças de caixa — Apuração — Afastamento do responsável — Inocorrência

Ementa: DANO MORAL. DIFERENÇAS DE CAIXA. APURAÇÃO. AFASTAMENTO DO RESPONSÁVEL. INOCORRÊNCIA. A intranqüilidade que paira no ambiente de trabalho, quando se está apurando diferenças no caixa de uma empresa, é mera decorrência da situação de anormalidade que se instaurou. O afastamento do responsável pelo caixa nesse período também é normal e não se constitui em ofensa à honra, mormente quando a prova coligida demonstra que o empregador não extrapolou seu poder disciplinar. TRT 9ª Reg. — Proc. 00013-2003-018-09-00-9 — (Ac. 03.297/2004) — Relª Juíza Márcia Domingues. DJPR 27.2.04, p. 292.

Dificuldades financeiras e aflições suportadas pelo empregado dispensado — Não configuração

Ementa: "DANO MORAL. Dificuldades financeiras e aflições suportadas pelo empregado dispensado. A rescisão do contrato por iniciativa da empresa encontra previsão no ordenamento jurídico e não pode ser preconcebida como ato ilegal, salvo se demonstrado excesso ou abuso capaz de configurar ilicitude. Pedido de indenização rejeitado." TRT 2ª Reg. — RO 01397200403302009 — (Ac. 5ª T. 20060984079) — Rel. Juiz José Ruffolo. DJSP 15.12.06, p. 2.

Direito à saúde — Dano moral configurado

Ementa: DANO MORAL. DIREITO À SAÚDE. A Constituição Brasileira de 1988 estabeleceu, em seu art. 196, que a saúde é direito de todos e dever do Estado. O direito à saúde compreende a participação do organismo público e, também, dos demais segmentos sociais, dentre os quais, os empregadores. A tendência mundial é a de garantia de um ambiente de trabalho favorável. Lembra *Sebastião Geraldo* de *Oliveira*, em sua obra "Proteção Jurídica à Saúde do Trabalhador" (Ed. LTr, 1996, p. 76): "E não é só o ambiente físico, mas todo o complexo de relações humanas na empresa, a forma de organização do trabalho, sua duração, os ritmos, os turnos, os critérios de remuneração, as possibilidades de progresso, a satisfação dos trabalhadores, etc." TRT 3ª Reg. — RO 21.312/99 — (Ac. 4ª T.) — Rel. Juiz Luiz Otávio Linhares Renault. DJMG 23.9.00, p. 17.

Direito de imagem — Anuência tácita — Trabalho fotográfico desprovido de caráter depreciativo — Não configuração

Ementa: INDENIZAÇÃO. DIREITO DE IMAGEM. ANUÊNCIA TÁCITA. TRABALHO FOTOGRÁFICO DESPROVIDO DE CARÁTER DEPRECIATIVO. Em que pese configurar-se, a princípio, dano moral a divulgação pelo empregador da imagem de seu empregado sem prévia autorização deste (artigos 5º, X, CF, e 18 e 20, CC), a falta de prova da proibição da exibição de fotografia inserida em material comercial da empresa presume anuência tácita do obreiro, sendo descabida a quitação indenizatória correspondente, notadamente se o trabalho fotográfico se insere em contexto desprovido de objetivo exploratório da imagem pessoal, sem qualquer caráter depreciativo de sua reputação. TRT 15ª Reg. (Campinas/SP) — RO 00662-2004-039-15-00-9 RO — (Ac. 27656/2005-PATR, 11ª Câmara) — Relª Juíza Maria Cecília Fernandes Álvares Leite. DJSP 17.6.05, p. 44.

Da decisão, colhe-se o seguinte fundamento:

"Pleiteia ainda a recorrente a indenização pelo uso indevido de sua imagem em material divulgado pelo recorrido em seu sítio na 'internet'.

Em que pese configurar-se, a princípio, dano moral a divulgação pelo empregador de imagem de seu empregado sem prévia autorização deste, consoante os termos dos artigos 5º, X, da Constituição Federal, 18 e 20, estes do Código Civil, tem-se no caso presente não provada a proibição da exibição das fotografias inseridas no material comercial (fls. 124/128), presumindo-se a anuência tácita da recorrente quanto à exposição das fotos para as quais posou sem qualquer contragosto, conclusão que se agiganta ante o testemunho colhido nos autos.

Esclareceu a única testemunha ouvida no feito, 'a reclamante não manifestou contrariedade à inserção de sua fotografia e de seu nome no material de divulgação', e nem solicitou sua exclusão do produto — fl. 136.

Ademais, o discreto trabalho fotográfico se insere em contexto desprovido de objetivo exploratório da imagem da recorrente, tendo como finalidade única a apresentação do corpo docente do estabelecimento de ensino, sem qualquer caráter depreciativo da reputação daquela, motivo pelo qual nenhuma censura comporta, no particular, a decisão de origem."

Direito de imagem — Conceito — Configuração — Violação — Quando não ocorre

Ementa: DIREITO DE IMAGEM — CONCEITO — CONFIGURAÇÃO — VIOLAÇÃO — QUANDO NÃO OCORRE. 1. O direito de imagem resguarda a figura da pessoa humana contra o achincalhe e a comercialização não autorizada. A proteção contra atos depreciativos se estende a todos os seres humanos; a proteção contra a exploração comercial, contudo, só tem pertinência àqueles cuja notoriedade agrega valor à veiculação artística ou publicitária. II. O fato do empregado, em seu local de serviço, usar uniforme com imagens de outras empresas, não caracteriza ofensa, desprestígio, demérito ou qualquer outra forma de depredação de sua imagem, a ensejar indenização por dano moral. TRT 1ª Reg. — RO 1082-2004-037-01-00-2 — (Ac. 1ª T.) — Rel. Desembargador Luiz Carlos Teixeira Bomfim. DJRJ 13.9.06, p. 247.

Direito de imagem — Uso indevido para fins comerciais sem autorização da fotografada

Ementa: DIREITO DE IMAGEM. USO INDEVIDO PARA FINS COMERCIAIS SEM AUTORIZAÇÃO DA FOTOGRAFADA. Ainda que o uso da imagem não traga danificação à personalidade e à integridade moral da pessoa, a inviolabilidade da intimidade da vida privada, representada pela publicação de fotografia com fins comerciais, sem autorização do fotografado, caracteriza-se como locupletamente ilícito à custa de outrem, o que importa em indenização por reparação ao dano causado. Inteligência dos artigos 5º, inciso X da Constituição Federal da República, c/c os artigos 18, 20 e 186 do Novo Código Civil Brasileiro. Recurso improvido. TRT 15ª Reg. (Campinas/SP) — RO 01674-2002-094-15-01-3 — (Ac. 3ª T. 13966/2005-PATR) — Rel. Juiz Lorival Ferreira dos Santos. DJSP 8.4.05, p. 29.

Direito personalíssimo — Impossibilidade de transmissão aos herdeiros

Ementa: DANO MORAL. DIREITO PERSONALÍSSIMO. IMPOSSIBILIDADE DE TRANSMISSÃO AOS HERDEIROS. Direito personalíssimo, indisponível em tese, é aquele intrínseco à própria e determinada pessoa, cujo exercício exclusivamente lhe compete, e tem por objeto a própria pessoa ou é concedido em virtude de alguma de suas específicas condições, tendo por escopo a dignidade, o respeito e a consideração da pessoa humana. Por isso a doutrina o diz direito absoluto. Direitos personalíssimos se extinguem com a morte da pessoa natural, quando não exercidos pelo seu único titular, não se transmitindo, não guardando pertinência com herança, que é resultante da arrecadação de bens corpóreos e de feição economicamente apropriada do *de cujus*. Ao falecimento da pessoa natural corresponde o esvaírem-se seus direitos personalíssimos (intrínsecos) e bens morais, quando não exercidos pelo seu único titular, não se transmitindo, pois não caracterizam patrimonialização. O que se quer dizer é que a natureza do dano moral, na acepção que a lei e a doutrina consagram como passíveis de indenização, é personalíssima, atingindo o âmago do ofendido, e, não, daqueles que o cercam. Assim, impossível sua transposição para outrem. Pode-se dizer que é o sentimento de amargura, pesar, indignidade pela honra e princípios pessoais violados. E tal sofrimento não mais pode atingir aquele que seria o detentor da lesão, pelo que, não cabe, mesmo, a indenização por dano moral aos herdeiros. O sentimento de dor pela perda de um ente querido não é aquele que o legislador quis amparar através da compensação pela indenização. Tal sentimento, sofrido pelos Autores, tem uma outra conotação, profunda, dolorida, saudosa, mas não se confunde com a amargura sentida por alguém que foi ferido em sua honra, seus brios, sua honestidade ou coisa que o valha. A perda sofrida pela esposa e filhos é irreparável. Quanto à mesma, o Direito não tem como indenizá-los. TRT 3ª Reg. — RO 01119-2005-099-03-00-9 — (Ac. 6ª T.) Red. Juíza Emília Facchini. DJMG 14.10.05, p. 7.

Da decisão, colhe-se o seguinte fundamento:

"2. Mérito

Magna Aparecida Silva, Sabrina Silva Pereira e Jéferson Silva Vieira ajuizaram ação ordinária de indenização perante a Justiça Comum, contra a Fábrica de Papel Santa Therezinha S/A, em razão de acidente de trabalho, seguido de morte, ocorrido com seu marido e pai, José Gilson Pereira Vieira. O falecido era empregado da Reclamada, exercendo ali a função de Operador de Refinaria.

Segundo o que consta da ata da CIPA (fls. 73 e seguintes), o acidente foi causado quando, tendo tomado ciência, pelo contra mestre, que o braço de alimentação da estanga da enroladeira não estava funcionando normalmente, José Gilson concluiu que não haveria necessidade de se chamar o plantonista-eletricista, uma vez que a máquina, apesar do problema, funcionaria até a chegada do pessoal da manutenção. Mesmo com o problema, foi retirado o 2º jumbo da máquina, quando outro empregado, de nome Antônio Carlos da Silva, fez a análise de qualidade do jumbo retirado e montou o tubete na estanga. Logo em seguida, passou os resultados para José Gilson — Condutor da Máquina VI, que, neste momento, estava atrás da mesa de comando, tentando, sem necessidade, solucionar o problema. Após algumas manobras, o papel quebrou, sendo que Antônio Carlos providenciou a troca da raspa. Ao trocá-la, com o ruído, José Gilson, que estava abaixado, levantou-se, olhando para a frente da máquina. Nesse momento, Antônio Carlos pegou a raspa que tinha sido retirada e colocou no suporte. Ao virar para a frente da máquina percebeu que havia acontecido algo diferente. Foi até a mesa de comando e viu José Gilson deitado de bruços, apoiado na barra da mesa, e, ao tocá-lo, sentiu um pequeno choque. Saiu imediatamente em busca de socorro.

A mesma ata conclui que as causas apuradas do acidente foram: proximidade da cabeça molhada com a rede elétrica; vestes molhadas e não qualificação do acidentado, nem autorização para executar trabalho em painéis de comando elétrico pneumático. Existem plantonistas mecânicos e eletricistas, que devem ser acionados em caso de necessidade. O empregado usou de excesso de confiança. Conclusão: ato inseguro.

Este, em síntese, o relato do acontecido, sendo que o empregado acidentado foi socorrido e veio a falecer no hospital.

O laudo de n. 576/96, emitido pela Secretaria da Segurança Pública de Minas Gerais — Instituto de Criminalística (fls. 28-30), concluiu que o evento se verificou por imprudência da vítima, com sua inobservância em dar manutenção no aparelho (painel) em que trabalhava, onde não era sua especialidade.

A inicial alega que a morte ocorreu em virtude de descarga elétrica, sendo que a empresa não cuidou para que o empregado estivesse bem aparelhado e habilitado para trabalhar com energia elétrica. Entendem os Autores que são direitos seus a complementação da renda familiar na ordem de R$ 318,84 mensais, desde o evento e até que a vítima completasse a idade de 65 anos, mais danos morais estimados em R$ 100.000,00.

A sentença proferida às fls. 286 e seguintes, após analisar a prova, entendeu que a responsabilidade da empresa é inquestionável, seja por não ter fornecido os equipamentos de segurança, seja por ter sido relapsa nas normas de conduta de seus empregados, seja por não manter estrutura eficiente de primeiros socorros. Em vista disso, reconhecendo a existência do nexo de causalidade e a inexistência de causa de exclusão de responsabilidade, condenou a empresa a pagar indenização por dano moral no importe de R$ 72.000,00, que corresponde ao equivalente a 300 salários mínimos (100 salários para cada um dos Reclamantes).

Indeferiu a pretensão quanto aos danos materiais, pelo fato de que os autores são beneficiários de pensão acidentária de valor razoável (R$ 781,16, à época da concessão), não tendo ocorrido a redução da renda, sendo que a viúva permitiu-se deixar o emprego de caixa em supermercado, para dedicar-se, exclusivamente, à família. Além disso, entendeu aquele Juízo que ¼ dos rendimentos seria destinado às despesas pessoais da vítima, se vivo fosse.

Algumas considerações são necessárias:

1 — Os Autores receberam, através do UNIBANCO Seguros, respectivamente, R$ 14.703,83 (Sabrina);

R$ 14.703,83 (Jéferson) e R$ 29.302,35 (Magna), conforme consta dos recibos de fls. 69-70-71, perfazendo o total de R$ 58.710,01.

2 — A rescisão contratual está à fls. 88, apurando-se valor líquido de R$ 1.426,13, uma vez que a empresa já adiantara valores à viúva, conforme recibos de fls. 80-87. Há rescisão complementar à fl. 89, no valor de R$ 192,60.

3 — Além disso, houve ajuizamento de ação trabalhista, proposta perante a Vara do Trabalho de Governador Valadares — Processo 0458/97, a qual resultou em acordo (quatro parcelas de R$ 3.000,00), segundo informação que consta de fls. 234-235, na oportunidade do depoimento pessoal da Sra. Magna. Registre-se que a cópia do acordo não veio aos autos, apenas constando cópia da sentença (fls. 13-26).

Assim, considerando os valores recebidos e acima mencionados, realmente torna-se incabível qualquer indenização por dano material, conforme bem decidido pela d. sentença de 1º Grau.

Quanto à indenização por dano moral, *d.v.*, não comungo da fundamentação exarada e da conclusão a que chegou o d. Juízo *a quo*.

A priori, não vislumbro culpa do empregador no trágico evento de que foi vítima o Autor. Infelizmente, toda prova contida nos autos caminha no sentido de que a culpa foi exclusiva do empregado, que deixou de observar as regras de segurança e invadiu área de competência que não era sua.

A prova oral, com registro dos depoimentos dos colegas de trabalho do *de cujus*, não destoa no sentido de que a empresa mantinha técnico plantonista para situações como a enfrentada.

José Calazans Martins Silva, ao prestar seu depoimento, afirmou '...que a manutenção dessas máquinas é feita pelos técnicos em eletricidade ou mecânica ou instrumentistas...; que o pessoal da manutenção trabalha até as 17:00 horas; que quando há algum problema eles são chamados em casa;...'

José Mendes asseverou '...que a empresa tinha e ainda tem os instrumentistas encarregados da manutenção das máquinas...; que a manutenção é feita pelos técnicos com equipamentos especiais e com as máquinas paradas; que a manutenção da máquina é feita por um técnico; que quando vai fazer a manutenção nas máquinas o painel é deslocado para facilitar o acesso; que o defeito apresentado pela máquina não comprometia a função; que José Gilson trabalhava naquela função por 06 ou 07 anos...; que a vítima não tinha o hábito de fazer reparos no pneumático...'.

Evaldo Godoi da Silva informou '...que mesmo nos pequenos reparos era necessária a comunicação com a chefia do setor; que se fosse necessário convocava-se um mecânico ou em eletricista...'.

Adelson Luiz Bento da Silva declarou "...que a empresa mantém eletricista para cuidar da parte elétrica dessas máquinas; que nesse dia e hora o eletricista não estava na empresa; que salvo melhor juízo o eletricista ia chegar às 08 horas da manhã; que ao tentar consertar a máquina, estando o finado abaixado, ao levantar-se, tocou com a cabeça numa parte defeituosa da máquina e foi eletrocutado; que normalmente a manutenção dessas máquinas é feita pelos técnicos e não pelos operadores, a não ser para trocar os filtros e as telas...'.

O que pode ser extraído do que foi à unanimidade declarado é que o procedimento correto seria o de chamar o encarregado, que, por sua vez, avaliada a necessidade, acionaria os técnicos, mas José Gilson, afoitamente, adiantou-se e tentou consertar a máquina. O ex-empregado, no afã de buscar uma solução imediata, numa demonstração de interesse pelo trabalho, descuidou-se do mais importante, ou seja, da sua própria segurança. E isso, dolorosamente, custou-lhe a vida.

Apesar da situação chocante e comovente, não se pode imputar culpa à empresa pelo evento danoso. E sem culpa, não cabe reparação.

E assim é porque, no direito positivo brasileiro, o dano decorre de um ato ilícito, que provoca, contra quem o praticou, a obrigação de repará-lo, fundando-se o princípio geral da responsabilidade civil no artigo 159 do Código Civil de 1916, com dispositivo correspondente no Novo Código Civil (artigo 186), nos seguintes termos: 'Aquele que, por ação ou omissão voluntária, negligência ou imprudência, violar direito e causar dano a outrem, ainda que exclusivamente moral, comete ato ilícito', dispondo o artigo 927, *caput*, do Novo Diploma Legal que: 'Aquele que, por ato ilícito (arts. 186 e 187), causar dano a outrem, fica obrigado a repará-lo'.

A reparação ao dano moral encontra previsão também na Constituição da República, artigo 5º, inciso X, submetendo-se a configuração dos pressupostos gerais necessários ao exame do direito à indenização por ato ilícito. E como ensina a doutrina de Caio Mário, o primeiro fundamento da reparação está no erro de conduta do agente, contrário ao direito; o segundo, é a ofensa a um bem jurídico, que tanto pode ser patrimonial, como de cunho não patrimonial, e o terceiro, está em estabelecer uma relação de causalidade entre a antijuridicidade da ação e o dano causado (PEREIRA, Caio Mário da Silva. 'Instituições de Direito Civil', 12ª ed., vol. II, Editora Forense, 1993, pp. 236/237).

Para a reparação de dano é necessária a existência de abuso de direito, ou seja, imoderação no exercício de direitos por parte do empregador e da relação com o fato causador para a responsabilização do agente, o que não restou provado.

Presente o fato, ver-se-á sua qualidade e abrangência nos elementos da definição legal para, então, cuidar-se de estar diante da configuração do dano moral de aptidão pronunciativa da Justiça do Trabalho.

Para a caracterização do direito à reparação pelo dano há que se comprovar a responsabilidade do empregador, e esta prova não existe nos autos.

Na lição de João de Lima Teixeira Filho, dano 'é o resultado de uma ação ou omissão, não estribada em exercício regular de um direito, em que o agente causa prejuízo ou viola direito de outrem, por dolo ou culpa.

Tal é o comando do art. 159 do Código Civil, que, em conseqüência, sanciona a conduta lesionante imputando ao seu autor a obrigação de repará-la, seja qual for a modalidade do dano. Assim, tanto os danos patrimoniais como os morais não refogem da incidência desse comando genérico.' ('Instituições de Direito do Trabalho — Dano Moral', v. I, p. 620).

A mera possibilidade de reparação do dano moral, nesse quadrante, não pode se converter em panacéia, utilizável em toda e qualquer situação em que ocorra conflito de interesses nesse nível.

Cumpre ressaltar o magistério de Maria Helena Diniz, *in verbis:*

'Grande é a importância da responsabilidade civil, nos tempos atuais, por se dirigir à restauração de um equilíbrio moral e patrimonial desfeito e à redistribuição da riqueza de conformidade com os ditames da justiça, tutelando a pertinência de um bem, com todas as suas utilidades, presentes e futuras, a um sujeito determinado, pois, como pondera José Antônio Nogueira, o problema da responsabilidade é o próprio problema do direito, visto que todo direito assenta na idéia da ação, seguida da reação, de restabelecimento de uma harmonia quebrada.

Assim sendo, se houver prejuízo a um indivíduo, à coletividade, ou a ambos, turbando a ordem social, a sociedade reagirá contra esses fatos, obrigando o lesante a recompor o 'statu quo ante', a pagar uma indenização ou a cumprir pena, com o intuito de impedir que ele volte a acarretar o desequilíbrio social e de evitar que outras pessoas o imitem.' ('Curso de Direito Civil Brasileiro', Saraiva, 7ª ed., 7º vol., páginas 03 e 14).

Apreende-se, mais uma vez, que para a caracterização do dano são necessários os seguintes elementos: existência do ato, omissivo ou comissivo, violador do direito de outrem; o resultado danoso para a vítima e o nexo causal entre o ato ou omissão e o resultado.

No caso, não há prova do dano alegado pelos Reclamantes, nem tampouco de qualquer procedimento ilícito da Reclamada, de forma a autorizar o deferimento de indenização por danos morais.

Vem-me, ademais, quanto ao tema, a questão do direito personalíssimo do *de cujus* e a possibilidade de o Judiciário, na ação proposta pelo espólio, reconhecê-lo habilitado ao exercício do direito de agir em face daquele.

Direito personalíssimo '... é aquele intrínseco à própria e determinada pessoa, de tal forma que, a não ser em casos excepcionais, compete a ela exclusivamente o respectivo exercício. Em virtude deste caráter é dito também direito absoluto, i.e., desprovido da faculdade de transmissão, pelo próprio titular (...)

O direito personalíssimo, sendo indisponível, em tese, pode em certos casos ser auto-sacrificado. Sua proteção tem por escopo a dignidade, o respeito e a consideração da pessoa humana (...)

O direito personalíssimo é originário, tem por objeto a própria pessoa, ou é concedido em virtude de alguma de suas específicas condições' ('Enciclopédia Saraiva de Direito').

Como o direito personalíssimo é aquele exercitável exclusivamente pelo seu titular, logo advém sua distinção com direito pessoal porque este, como ensina MENDONÇA LIMA, 'é o baseado em direito obrigacional. Enquanto o direito real é *erga omnes*, o pessoal se vincula a determinada pessoa, que se torna responsável por uma obrigação, quer diretamente ou por via de sucessor por causa entre vivos, se possível, ou por causa de morte'.

Ainda segundo o magistério desse i. doutrinador citado, espólio, sinônimo de herança, é 'o conjunto de bens, que formam o patrimônio deixado pelo falecido e que deve ser partilhado entre os interessados'; bem, 'vocábulo usado igualmente no plural, tem seu conceito no direito material, nos diplomas respectivos (em regra o CC), ora aparecendo como sinônimo de 'coisas', ora apenas pelo adjetivo que os qualifica: 'móveis'; 'imóveis'; 'semoventes'. Em acepção ampla, também é o 'dinheiro', como valor, intrinsecamente, assim como ações, etc.

Assim, já se percebe que espólio é apropriação do Direito que bem delineia, em seus lindes, a estrita transmudação, partilhada, do patrimônio material (bens corpóreos) do falecido.

Como se vê, ao falecimento da pessoa natural corresponde o esvaírem-se seus direitos personalíssimos (intrínsecos) e bens morais que também são chamados, conquanto sem exaustão, incorpóreos (cessão de crédito é alinhada como incorpórea, mas pelo seu conteúdo patrimonial não se inclui na excludente alinhada). Nesta orla é que se situa a apreciação; os direitos personalíssimos, que se extinguem com a morte da pessoa natural quando não exercidos pelo seu único titular, não se transmitem, não sendo eles patrimonialização.

Herança é o resultante da arrecadação dos bens corpóreos e de feição economicamente apropriada do *de cujus*. Ela não atine com direito personalíssimo do extinto.

Isto sendo visto, inclusive por ser questão legal, propicia que se perceba que a ação potencial no escopo indenizatório do dano moral é direito personalíssimo. Apenas em vida o então empregado podia exercitá-la, e, não o fazendo, não legou ao espólio ou para que os sucessores pudessem fazê-lo.

Desse modo, a extinção daquele contrato encerra a relação havida, sendo apropriado como tese secundária da minha declaração de voto: direito personalíssimo, indisponível em tese, é aquele intrínseco à própria e determinada pessoa, cujo exercício exclusivamente lhe compete, e tem por objeto a própria pessoa ou é concedido em virtude de alguma de suas específicas condições, podendo, em certos casos, ser auto-sacrificado, porque sua proteção tem por escopo a dignidade, o respeito e a consideração da pessoa humana. Por isso a doutrina o diz direito absoluto. Direitos personalíssimos se extinguem com a morte da pessoa natural, quando não exercidos pelo seu único titular, não se transmitem, e não atinem com herança que é resultante da arrecadação de bens corpóreos e de feição economicamente apropriada do *de cujus*.

Logo, ao espólio do empregado nada mesmo seria devido a título de indenização por dano moral, que não se transfere para os herdeiros.

O que se quer dizer é que a natureza do dano moral, na acepção que a lei e a doutrina consagram como passíveis de indenização, é personalíssima, atingindo o âmago do ofendido, e, não, daqueles que o cercam. Assim, impossível sua transposição para outrem. Pode-se dizer que é o sentimento de amargura, pesar, indignidade pela honra e princípios pessoais violados. E tal sofrimento não mais pode atingir aquele que seria o detentor da lesão, pelo que, não cabe, mesmo, a indenização por dano moral.

Não se olvide, ainda, que o sentimento de dor pela perda de um ente querido não é aquele que o legislador quis amparar através da compensação pela indenização. Tal sentimento, sofrido pela esposa, pelos filhos e demais parentes, tem uma outra conotação, profunda, dolorida, saudosa, mas não se confunde com a amargura sentida por alguém que foi ferido em sua honra, seus brios, sua honestidade ou coisa que o valha. A perda sofrida pela Sra. Magna, seus filhos Sabrina e Jéferson é irreparável. Quanto à mesma, o Direito não tem como indenizá-los.

Por todo exposto, dou provimento ao apelo, para absolver a Reclamada da condenação imposta na origem, invertidos os ônus da sucumbência, isentos os Autores, em atendimento ao requerimento de fl. 12." (*Site* do TRT, 22.10.05)

Direito potestativo *versus* dignidade da pessoa humana (art. 1º, III da CF/88) — Dispensa de empregado portador de doença grave — Desvio de direito

Ementa: DIREITO POTESTATIVO *VERSUS* DIGNIDADE DA PESSOA HUMANA (ART. 1º, III DA CF/88). DISPENSA DE EMPREGADO PORTADOR DE DOENÇA GRAVE. DESVIO DE DIREITO. Não há dúvidas de que remanesce no ordenamento jurídico trabalhista o direito potestativo de o empregador rescindir unilateralmente o contrato de trabalho. Todavia, também é verdade que o exercício desse direito não é absoluto, haja vista a existência de parâmetros éticos e sociais a serem observados em prol da dignidade da pessoa humana. Destarte, conclui-se que a dispensa de trabalhador acometido de grave doença constitui desvio de poder, o qual, na visão luminosa de *Josserand* "é o direito exercido em descompasso com sua missão social". TRT 9ª Reg. — Proc. 01195-2002-007-09-00-0 — (Ac. 17.497/2004) — Relª Rosalie Michaele Bacila Batista. DJPR 20.8.04, p. 430.

Direitos personalíssimos — Art. 5º, inc. XXVII, da CF e art. 11, do Novo CCB

Ementa: DIREITOS PERSONALÍSSIMOS. ART. 5º, INC. XXVII, DA CF E ART. 11, DO NOVO CCB. A elaboração de apostilas por parte do professor, mesmo que atividade decorrente do contrato de trabalho, inclui-se dentre os direitos personalíssimos, que estão previstos no art. 5º, inc. XXVII, da Constituição Federal, bem como no art. 11, do Novo Código Civil Brasileiro, o que implica na irrenunciabilidade dos direitos morais sobre a obra intelectual criada pelo autor, bem como na inalienabilidade do direito de reivindicar sua paternidade, nos termos da Lei n. 5.988/73 (Lei Nova n. 9.610/98) — havendo que ser considerada inválida qualquer cláusula contratual que estabeleça em sentido contrário. TRT 9ª Reg. — Proc. 23263-2001-011-09-00-0 —(Ac. 12.462/2004) — Relª Juíza Ana Carolina Zaina. DJPR 25.6.04, p. 387.

Dispensa coletiva — Divulgação depreciativa — Dispensa sem justa causa

Ementa: DANO MORAL. INDENIZAÇÃO. DISPENSA COLETIVA. DIVULGAÇÃO DEPRECIATIVA. DISPENSA SEM JUSTA CAUSA. 1. Pedido de indenização por danos morais formulado por empregada, em razão de declaração depreciativa, em meio de comunicação de massa, contra grupo de 143 empregados dispensados pela empresa, sob a pecha de negligência, altos índices de falta ao emprego e não atendimento dos compromissos por eles assumidos. 2. A divulgação ampla de informações desabonadoras à conduta de um grupo do qual a ex-empregada toma parte constitui ofensa à sua reputação e à sua imagem no meio social em que vive, criando ainda empecilhos à sua recolocação no mercado de trabalho. 3. A caracterização do dano moral ganha ainda maior vulto se considerado o fato de a ex-empregada haver sido dispensada sem justa causa. Tal circunstância bem denota quão infundadas as informações desairosas à sua conduta. 4. A ausência de divulgação de rol nominativo dos empregados é irrelevante à configuração do dano moral, ante a fácil identificação dos integrantes do referido grupo dispensado em uma determinada época pela empresa, sob a acusação de "negligência". 5. Embargos da Reclamada não conhecidos. TST — E-RR-579.775/1999.6 — (Ac. SBDI1) — 4ª Reg. — Rel. Min. João Oreste Dalazen. DJU 12.8.05, p. 690.

Da decisão, colhe-se a seguinte fundamentação:

"1. INDENIZAÇÃO POR DANO MORAL

O Eg. 4º Regional manteve a r. sentença que condenou a Reclamada ao pagamento de indenização por dano moral, sob a seguinte fundamentação (fls. 105/107):

'Discute-se a existência de dano moral em face de ofensa à honra da empregada. Esta sustenta, na inicial, ter laborado para a reclamada durante 17 anos, sem nunca ter sofrido qualquer espécie de punição, tendo, em 08.03.95, sido despedida sem justa causa, juntamente com outros 143 empregados. Fundamenta que o Presidente da CRT, com o intuito de moralizar e mostrar serviço ao seu governador, fez manchetes em jornais e televisão, argumentando que estava despedindo 143 maus funcionários.

O jornal Zero Hora, em 09.05.95, publicou a seguinte manchete: Governo do Estado — CRT dispensa 143 funcionários por faltas. Os demitidos eram negligentes ao trabalho. O mesmo jornal, em 10.05.95, publicou o título:

Ataque à negligência.

A reclamante considera-se ofendida pela acusação falsa e maldosa de que era negligente e irresponsável, sentindo-se envergonhada diante de sua família, amigos e filhos, os quais lhe perguntam o que fez de errado para ser despedida com outros 142 funcionários acusados de negligentes.

Salienta que tal situação causou-lhe mágoa e sofrimento, tendo perdido noites de sono pelo abalo que tal acontecimento lhe causou.

A cópia da notícia publicada em 09.05.95, referida pela autora (fl. 44), revela que as informações que lhe serviram de base foram prestadas pelo então Presidente da CRT. Nesta é informada a resilição dos contratos de 143 funcionários com altos índices de faltas ao emprego, que os demitidos não vinham atendendo com qualidade os compromissos assumidos pela empresa junto aos seus usuários e à sociedade, e que a medida mostrou-se imperiosa diante dos abusos. Já a nota exibida em 10.05.95 não revela a autoria da opinião, onde os empregados são chamados de negligentes e relapsos.

À fl. 46 e 48, são acostados recortes de publicações relativas à coluna Página 10, de autoria do jornalista José Barrionuevo, no qual é atribuído, aos empregados despedidos, o adjetivo relapsos.

Primeiramente, cabe destacar que as opiniões contidas na Coluna Página 10 e no informe de 10.05.95 não se caracterizam em ofensa originária da reclamada, mas tão-somente da Editora Jornalística Zero Hora e seus jornalistas, signatários de tais notícias, e só a eles deve ser imputada a autoria destas.

Contudo, a publicação de fl. 44 é originária das informações prestadas pelo Presidente da Companhia Riograndense de Telecomunicações, na qual contém várias afirmativas que atentam contra o profissionalismo e honra dos empregados despedidos. Sinale-se tratar-se de fato incontroverso que a autora pertencia ao grupo dos despedidos. Reitera-se os termos dos argumentos levantados pelo Presidente da CRT, à fl. 44: altos índices de faltas ao emprego, que os demitidos não vinham atendendo com qualidade os compromissos assumidos pela empresa junto aos seus usuários e à sociedade, e que a medida mostrou-se imperiosa diante dos abusos.

Ainda que o nome da autora não tenha sido diretamente publicado nas citadas notas de jornal, obviamente que a comunidade onde ela convive, seus amigos e sua família têm conhecimento de que esta integrava o grupo despedido pela prática de abusos, conforme termos declarados do então Presidente da CRT. É evidente que a inserção da reclamante em categoria de *personas non gratas* para a sociedade lhe causa abalo e sofrimento diante das pessoas com as quais convive.

O que causa estranheza e indica o insulto é que a autora e seus colegas, embora se tratassem de empregados que impediam a oxigenação da empresa e praticassem abusos, consoante palavras do Presidente da CRT, não foram despedidos por justo motivo, mas sem justa causa.

Observam-se presentes a diminuição de um bem jurídico moral pertencente à autora, a efetividade do dano, bem como o nexo de causalidade entre o dano e a ação que o produziu.

Assim, caracterizado o dano moral, devida a indenização respectiva, na forma determinada na decisão de origem.'

A Eg. Segunda Turma do Tribunal Superior do Trabalho, por sua vez, não conheceu do recurso de revista interposto pela Reclamada, mantendo o v.

acórdão regional que a condenou ao pagamento de indenização por dano moral.

Fê-lo por ausência de prequestionamento da alegada ofensa aos arts. 1.518, 1.537 e 1.553 do Código Civil de 1916, bem como da não-configuração de violação ao art. 159, do mesmo diploma legal, porquanto 'o Regional demonstrou que as circunstâncias noticiadas acerca da demissão da Reclamada não deixam dúvidas sobre a moral da ofendida, de modo que inegável a caracterização do dano' (fl. 178).

Os presentes embargos vêm fundados em violação aos arts. 159, 1.518, 1.537 e 1.553 do Código Civil de 1916.

Para tanto, alega a Reclamada que, 'da informação genérica de rescisões contratuais de quase uma centena e meia de trabalhadores não identificados, vedado é extrair comprovação de ato ilícito e dano moral'.

Contudo, razão alguma assiste à ora Embargante.

Primeiramente, constata-se a ausência de fundamentação dos presentes embargos no que concerne à apontada violação aos arts. 1.518, 1.537 e 1.553, do Código Civil de 1916, porquanto a parte não buscou infirmar o fundamento utilizado pela Eg. Turma para não conhecer do recurso de revista, relativo à incidência da Súmula 297 do TST na espécie.

De outro lado, no tocante à apontada ofensa ao art. 159 do Código Civil de 1916, reputo inequívoca a configuração de dano à moral da Reclamante.

A doutrina é assente quanto à tese de que a dispensa do empregado constitui direito potestativo do empregador, desde que não o faça de maneira abusiva, sob pena de caracterização de dano moral passível de indenização, tal como ocorre na hipótese de justa causa ofensiva da honra do empregado levianamente imputada, se se confere publicidade ao ato.

Na hipótese vertente, resulta nítida a configuração de ofensa à honra e à imagem da Reclamante.

Como visto, o Eg. Regional, soberano na análise do contexto fático-probatório, foi claro ao demonstrar ter havido uma depreciação generalizada, em meio de comunicação de massa, de 143 ex-empregados da Reclamada, dentre os quais se inclui a Reclamante, todos dispensados por serem considerados negligentes, emrazão de 'altos índices de falta ao emprego' e não atendimento dos compromissos por eles assumidos na empresa.

Ora, não há a menor dúvida de que tal fato efetivamente arranhou a reputação e a imagem da Reclamante no meio social em que vive, ante os inevitáveis questionamentos acerca dos motivos de sua dispensa, após dezessete anos de prestação de serviços à empresa Reclamada.

Ademais, insta ressaltar que constrangimento dessa gravidade certamente se estende para o futuro, na medida em que a taxação dos empregados tidos por 'negligentes', segundo notícia veiculada em jornal de grande circulação, representa incontestável empecilho para a reafirmação de tais trabalhadores no meio profissional.

Na verdade, a meu juízo, a divulgação na imprensa dessas informações prestadas pela empresa Reclamada equipara-se à formulação de verdadeira 'lista negra', uma vez que serão visíveis os prejuízos sofridos por estes empregados, que encontrarão sérias dificuldades de recolocação no mercado de trabalho.

Nesse ponto, é importante frisar que o fato de não haverem sido nominados na imprensa os cento e quarenta e três empregados é irrelevante à configuração do dano moral, ao contrário do que sustenta a Reclamada.

De fato, como reflexo da ampla divulgação da notícia, entendo que são facilmente identificados pela sociedade os integrantes do referido grupo que foram dispensados daquela determinada empresa, naquela determinada época, em virtude da acusação de 'negligência' e 'altos índices de falta ao emprego'.

Assim, resulta claro que a atitude da Reclamada é ilícita, porquanto seguramente dificultou a recolocação profissional dos empregados, violando o direito social ao trabalho assegurado no art. 6º, *caput*, da Constituição Federal, gerando também um injustificado dano moral, consistente no sentimento de improdutividade e incapacidade, além da própria lesão à sua imagem, sem se cogitar no potencial dano material, ocasionado pelo impedimento ou demora de acesso ao emprego, cuja remuneração sustentará sua família.

No caso dos autos, ainda há um outro fator que torna mais veemente a configuração do dano moral: a dispensa da ora Reclamante foi sem justa causa, tal como bem salienta o Eg. Regional.

Nessa hipótese, inexistindo justa causa a fundamentar a dispensa da Reclamante, nenhuma razão havia para que sua atuação fosse posta em dúvida fora do âmbito empresarial, atingindo-a intimamente e constrangendo-a no seu círculo familiar e social.

Incontestável, pois, que a empresa, ao abusar do seu direito de despedir, prestou declarações desabonadoras à imagem da empregada, dispensada na mesma época em que outros 143 empregados tidos por negligentes, sem que houvesse qualquer comprovação de sua suposta conduta faltosa.

Em conseqüência, a Reclamante faz jus a uma reparação decorrente da configuração de dano moral, tendo em vista a patente configuração de ofensa à sua integridade moral, ao seu bom nome, à sua idoneidade e à qualidade de seus serviços.

Não diviso ofensa ao art. 159 do Código Civil de 1916, mas a sua correta aplicação pela Eg. Turma, ao não conhecer do recurso de revista, no particular.

Ante o exposto, não conheço dos embargos".

(*Site* do TST, 12.10.05)

Dispensa do empregado que depõe como testemunha contra a empresa — Configuração

Ementa: DANO MORAL. DISPENSA DO EMPREGADO QUE DEPÕE COMO TESTEMUNHA CONTRA A EMPRESA. A dispensa é direito potestativo do empregador, mas não se admite que sirva de instrumento de coação, como seria para o propósito de coibir os empregados para que não depusessem contra a empresa, o que adentra o terreno do exercício abusivo do direito. A conduta gera dano moral e exige reparação. TRT 3ª Reg. — RO 04014-2004-091-03-00-0 — (Ac. 8ª T.) — Relª Juíza Denise Alves Horta. DJMG 25.6.05, p. 22.

Divulgação de fotografia de pessoas na Internet ou em outros veículos de divulgação — Dano à imagem — Não configuração

Ementa: Dano à imagem. Divulgação de fotografia de pessoas na Internet ou em outros veículos de divulgação. Exige-se prova do dano à imagem da pessoa. A divulgação de fotografia de pessoas pelos órgãos de imprensa — Internet, jornais, revistas, televisão, etc — é ato que se insere no espírito da atividade jornalística de informação. Não representa por si só dano à imagem da pessoa retratada, salvo se a foto foi lançada num contexto danoso à imagem da pessoa ou se vier acompanhado texto maledicente, ou de mau gosto, carregado de pilhéria ou de maldade em razão do que se vê na foto, com intenção de denegrir a imagem da pessoa, ou ainda com intenção de tirar lucro ou qualquer resultado da imagem veiculada. A simples veiculação de foto do trabalhador em seu ambiente de trabalho não é suficiente para gerar dano à sua imagem. TRT 2ª Reg. — RO 02796200304102000 — (Ac. 9ª T. 20050883148) — Rel. Juiz Luiz Edgar Ferraz de Oliveira. DJSP 20.1.06, p. 205.

Divulgação de furto não provado — *E-mail* — Cabimento

Ementa: Dano moral. Divulgação de furto não provado. Foi divulgado o nome do autor em *e-mail,* informando que teria furtado a empresa e isso foi de conhecimento dos funcionários nas lojas, denegrindo sua imagem. No documento contido nos autos consta que "parabéns à equipe envolvida, e que sirva de exemplo para os gtes de loja, temos que eliminar os ELEMENTOS TÓXICOS de nosso meio". Nos referidos documentos há referência ao fato de que o autor furtou produtos da empresa. Foi ainda chamado pelo gerente da empresa de elemento tóxico. Logo, evidente que houve o dano moral. Há comprovação, inclusive, que o e-mail foi colocado no mural da loja para ciência de todos os funcionários. Logo, houve propagação do ato de furto, mas não houve prova de que o autor tenha praticado tal ato. O ato ilícito foi a divulgação pela empresa do nome do autor em relação ao furto, o que lhe trouxe prejuízo à sua imagem e à sua moral. Isso foi feito por funcionários da ré e por e-mail. Indenização mantida. TRT 2ª Reg. — RO 01034200333202000 — (Ac. 1ª T. 20060035808) — Rel. Juiz Sérgio Pinto Martins. DJSP 14.2.06, p. 141.

Divulgação de imagem — Art. 5º, X, da CF — Configuração

Ementa: INDENIZAÇÃO POR DANOS MORAIS. DIVULGAÇÃO DE IMAGEM. ARTIGO 5º, X, DA CRF. O fornecimento à empresa de telecomunicação de imagens gravadas em circuito interno de televisão de rede de supermercados, sem autorização dos empregados que nelas apareciam, representa violação ao direito de imagem dos obreiros, inserido no rol dos direitos da personalidade protegidos pela Constituição, conforme a redação do seu artigo 5º, X, no sentido de que "são invioláveis a intimidade, a vida privada, a honra e a imagem das pessoas, assegurado o direito a indenização pelo dano material ou moral decorrente de sua violação". No caso examinado, a conduta praticada causou impacto negativo junto à comunidade freqüentada pelos autores (ex-empregados do supermercado), culminando com as suas dispensas da nova empresa na qual estavam prestando serviços, o que ficou sobejamente comprovado. Justificou-se, portanto, a condenação do ex-empregador ao pagamento de indenização por danos morais e materiais. Por outro lado, não se pode responsabilizar a empresa de comunicação que utilizou o material fornecido em programa de caráter meramente informativo. Exerceu esta, apenas, as suas atividades de meio difusor de informações úteis à sociedade, sendo certo que, nesta condição, sua conduta está protegida pelo artigo 220 da Constituição da República. É verdade que o referido dispositivo não pode ser tomado como regra absoluta, de forma a autorizar práticas que violem a intimidade de qualquer pessoa, sob pena de vulneração a um dos fundamentos da República, consistente na dignidade da pessoa humana (artigo 1º da CRF). Não havendo, por outro lado, qualquer intuito depreciativo da empresa de telejornalismo, ao veicular as imagens nas quais apareciam os autores, deve-se afastar qualquer responsabilidade que lhe tenha sido imputada. Recurso a que se dá provimento, com declaração de improcedência dos pedidos formulados em face da 2ª reclamada, conhecida empresa de telecomunicação. TRT 3ª Reg. — RO 00383-2005-021-03-00-3 — (Ac. 3ª T.) — Rel. Juiz Bolivar Viegas Peixoto. DJMG 22.10.05, p. 5.

Da decisão, colhe-se o seguinte fundamento:

"JUÍZO DE MÉRITO

RECURSO ORDINÁRIO DA 2ª RECLAMADA

DAS INDENIZAÇÕES POR DANOS MORAIS E MATERIAIS

A 2ª reclamada não se conforma com a condenação que lhe foi imposta em 1ª instância.

Argumenta que não praticou qualquer ato ilícito, 'porque sua obrigação institucional, como veículo de informação, é divulgar notícias e informações' (fl. 346, 6º parágrafo) e que haveria interesse seu em divulgar as imagens fornecidas pela 1ª ré, com o intuito de conscientizar 'o povo de um modo geral sobre os riscos a que todos estamos expostos' (fl. 346, último parágrafo).

Prossegue, afirmando que a própria identificação dos autores nas fitas de vídeo é precária e que a divulgação de cenas de atos praticados no exercício de suas funções não tem feição depreciativa, devendo qualquer dano decorrente da dispensa efetivada ser resolvido frente à C&A.

Aduz, por fim, que 'os autores apenas alegaram ocorrência de danos materiais, sem cuidarem de fazer qualquer prova, havendo, ao contrário (...), prova de que obtiveram novos empregos' (*sic*, fl. 349, 5º parágrafo).

Tem razão em parte.

Examinando todos os elementos que dos autos constam e tendo assistido às cenas registradas em fita de vídeo, convencemo-nos acerca da ocorrência do dano moral mencionado na inicial.

Restou incontroverso, na verdade, que a 1ª reclamada (DMA Distribuidora S.A.), ex-empregadora dos reclamantes, em nenhum momento obteve autorização destes para a divulgação das imagens registradas em circuito interno de televisão e que vieram a ser fornecidas à 2ª reclamada (Sociedade Rádio e Televisão Alterosa Ltda.).

E a conduta representa, inegavelmente, violação ao direito de imagem dos autores, inserido no rol dos direitos da personalidade protegidos constitucionalmente, conforme a redação do artigo 5º, X, no sentido de que 'são invioláveis a intimidade, a vida privada, a honra e a imagem das pessoas, assegurado o direito a indenização pelo dano material ou moral decorrente de sua violação'.

Tudo isto, independentemente dos efeitos decorrentes da referida divulgação de imagens por meio de programa televisivo, já que os registros feitos no circuito interno de televisão da 1ª reclamada e nos quais se pode identificar claramente quem são os autores não são passíveis de livre cessão.

In casu, a conduta é ainda mais reprovável, em vista de ter causado impacto negativo junto à comunidade freqüentada pelos autores, culminando com as suas dispensas da empresa na qual estavam prestando serviços (C&A Modas). E este fato — é bom que se ressalte — ficou sobejamente comprovado, conforme deflui do depoimento do Sr. Márcio Tenório (fls. 181/182), colega dos autores na referida empresa.

Afirmou ele que 'a demissão dos autores da C&A Modas deu-se por causa da divulgação das imagens constantes das fitas em anexo' e que '(...) a referida divulgação causou um constrangimento muito grande para os autores, em face do modo truculento mostrado, havendo, inclusive, comentários a respeito por parte dos funcionários, que passaram a vê-los de outra forma' (fl. 181).

Esclareceu, ainda, que 'a dispensa dos autores não foi feita publicamente, mas, pelo que foi exibido, todos os demais funcionários já sabiam que o desfecho seria a demissão dos autores, em face do próprio Regulamento Interno da Loja C&A' (fl. 182).

Ora, diante deste panorama, é inegável a configuração dos requisitos necessários ao deferimento do pedido de pagamento de indenização por danos morais, sendo estes o ato ilícito, que cause dano a outrem, estando estes dois elementos ligados por relação de nexo causal. Tudo, em conformidade com os artigos 186 e 927 do Código Civil brasileiro.

Também resta patente, em vista das dispensas mencionadas, a ocorrência de dano de índole material, consistindo este na ausência de pagamento de salários durante o tempo em que os autores ficaram desempregados, fato que restou demonstrado pela prova documental de fl. 22 e 25.

Entendemos, em resumo, que está correta a r. sentença que condenou a 1ª reclamada a ressarcir os reclamantes pelos danos mencionados na inicial.

Por outro lado — e é isto o que importa na presente análise —, não vislumbramos possibilidade de responsabilização da 2ª reclamada, ora recorrente, pela condenação que foi imposta à 1ª reclamada.

De fato, embora seja possível falar em responsabilização, de forma solidária, de co-autores de conduta lesiva a outrem (artigo 942 do Código Civil), é certo que sua participação deve assumir traços de ilicitude, entendida esta como 'ação ou omissão voluntária, negligência ou imprudência', em conformidade com o já mencionado artigo 186 do Código Civil.

In casu, não se vislumbra que a ora recorrente tenha incidido em qualquer das condutas mencionadas. Exerceu esta, ao revés, as suas atividades de meio difusor de informações úteis à sociedade, sendo certo que, nesta condição, sua conduta está protegida pelo artigo 220 da Constituição da República, que estipula que: 'a manifestação do pensamento, a criação, a expressão e a informação, sob qualquer forma, processo ou veículo, não sofrerão restrição, observado o disposto nesta Constituição'.

Obviamente, o referido dispositivo não pode ser tomado como regra absoluta, de forma a autorizar práticas que violem a intimidade de qualquer pessoa, sob pena de vulneração a um dos fundamentos da República, consistente na dignidade da pessoa humana (artigo 1º da CRF).

Ocorre que, no caso vertente, como já se afirmou, não transparece qualquer intuito depreciativo da ora recorrente ao veicular as imagens nas quais apareciam os autores.

Na verdade, as fitas de vídeo apresentadas como prova demonstram que a série de programas 'Furtos em Supermercados', que veio a ser reprisada em virtude dos altos níveis de audiência alcançados, teve, sobretudo, caráter informativo frente à população em geral, demonstrando a realidade vivenciada no meio e as formas de combate a condutas violadoras do patrimônio alheio.

Em nenhum momento — é bom que isso fique claro — houve menção pessoal aos reclamantes e tampouco narração, por parte do apresentador, no sentido de que tal ou qual conduta merecesse censura ou reprovação.

Tudo transcorreu, em suma, em um contexto de divulgação de informações ao público em geral, como sói ocorrer no meio do telejornalismo.

Isto nos leva à conclusão de que, embora sejam inegáveis os danos ocasionados aos autores — como ficou claro na explanação feita há pouco —, estes são imputáveis apenas ao seu ex-empregador (1ª reclamada), que foi quem forneceu as imagens que viriam a integrar a série de reportagens a que se fez menção, sem colher qualquer autorização dos obreiros.

Tendo tudo isto em vista, são improcedentes os pedidos formulados em face da 2ª reclamada, ora recorrente, devendo esta ser absolvida da condenação que lhe foi imposta em 1ª instância.

Dou provimento, nestes termos." (*Site* do TRT 3ª Reg. 26.10.05)

Divulgação de suposta gravidez — Violação à intimidade e à privacidade da empregada

Ementa: DANO MORAL. DIVULGAÇÃO DE SUPOSTA GRAVIDEZ. VIOLAÇÃO À INTIMIDADE E À PRIVACIDADE DA EMPREGADA. Caracteriza violação à intimidade e à privacidade da empregada, merecendo reparação por dano moral, a divulgação inadvertida e açodada de suposta gravidez, por conta de exame realizado por ocasião da dispensa; depois desmentido. A comunicação do resultado de exame laboratorial de gravidez deve ser feita direta e pessoalmente à mulher, cabendo-lhe escolher o melhor momento e a conveniência de divulgar a notícia ao companheiro, familiares, amigos etc. Afinal é ela que concebe, gera e pari. O empregador há de ser cuidadoso no trato da questão. Dano moral configurado. Sentença mantida. TRT 15ª Reg. (Campinas/SP) — RO 02165-2004-055-15-00-4 — (Ac. 26663/2006-PATR, 12ª Câmara) — Rel. Juiz Edison dos Santos Pelegrini. DJSP 5.6.06, p. 18

Divulgação de suspeita de furto — Dispensa sem justa causa — Dano moral configurado

Ementa: DANO MORAL. DIVULGAÇÃO DE SUSPEITA DE FURTO. Restando comprovado nos autos que a empresa permitiu a divulgação da notícia de que o reclamante teria sido dispensado em razão da suspeita de furto, o que gerou possíveis boatos de cunho vexatório, mas o dispensou sem justa causa, resta configurado o direito à reparação pelo dano moral sofrido, acarretando mácula na vida profissional e pessoal do empregado, ao submetê-lo à situação constrangedora. TRT 3ª Reg. — RO 00532-2003-113-03-00-6 — (Ac. 5ª T.) — Relª Juíza Maria Cristina Diniz Caixeta. DJMG 4.10.03, p. 23.

Divulgação indevida do nome do professor no site da faculdade — Propaganda do curso — Direito da personalidade violado

Ementa: DANO MORAL. CONFIGURADO. DIVULGAÇÃO INDEVIDA DO NOME DO PROFESSOR NO SITE DA FACULDADE. PROPAGANDA DO CURSO. DIREITO DA PERSONALIDADE VIOLADO. Configura dano moral a manutenção descuidada do nome do professor no site da faculdade, depois do desligamento do docente. Porquanto, não se pode usar o nome alheio em propaganda comercial, sem autorização da pessoa. A reclamada, na divulgação virtual dos cursos oferecidos, usou indevidamente o nome do reclamante para fins comerciais. Na medida em que, um dos componentes da propaganda do ensino, indubitavelmente, é a titulação do corpo docente. Ademais, lesão a direito da personalidade independe da comprovação de prejuízo, dada a natureza personalíssima do direito protegido: o nome da pessoa.Sentença mantida. TRT 15ª Reg. (Campinas/SP) — RO 01547-2003-011-15-00-5 — (Ac. 1725/2006-PATR, 11ª Câmara) — Rel. Juiz Edison dos Santos Pelegrini. DJSP 20.1.06, p. 41.

Divulgação pelo empregador, em página aberta na "internet", do valor de salários mensais pagos ao obreiro — Violação da intimidade protegida constitucionalmente

Ementa: DANOS MORAIS. DIVULGAÇÃO PELO EMPREGADOR, EM PÁGINA ABERTA NA "INTERNET", DO VALOR DE SALÁRIOS MENSAIS PAGOS AO OBREIRO. VIOLAÇÃO DA INTIMIDADE PROTEGIDA CONSTITUCIONALMENTE. A divulgação pelo empregador privado do valor de salários mensais pagos ao obreiro, em página na "internet" aberta ao público em geral, com efeito viola a intimidade que é protegida constitucionalmente, e sujeita o violador ao pagamento de indenização (CF, art. 5º, XI), ainda que tal informação não tenha sido utilizada por terceiro para a prática de qualquer ato ilícito ou mesmo reproduzida novamente por outros meios. Há que se adequar esta indenização, contudo, não apenas a um propósito de dissuasão da prática de ilícitos semelhantes no futuro, ou mesmo à capacidade econômica do empregador, mas principalmente à extensão em si do dano causado, mesmo quando se cuida de danos imateriais. Do contrário, uma clara desproporção entre a extensão do dano e a indenização fixada fará da indenização fonte de injustiça, negando a sua própria razão de ser no ordenamento jurídico. Recurso ordinário do réu conhecido e provido em parte. Recurso ordinário do autor julgado prejudicado. TRT 10ª Reg. — RO 01014-2005-014-10-00-1 — (Ac. 3ª T./06) — Rel. Juiz Paulo Henrique Blair. DJU3 10.11.06.

Documento falsificado pelo empregador, apresentado em juízo contra o empregado — Configuração

Ementa: DOCUMENTO FALSIFICADO PELO EMPREGADOR, APRESENTADO EM JUÍZO CONTRA O EMPREGADO, CARACTERIZA DANO MORAL. A falsificação de pedido de demissão, elaborada pelo empregador, confirmada por perícia grafotécnica, transcende a mera deslealdade processual, ocasionando lesão de ordem moral, que não se resolve pelo simples pagamento das verbas rescisórias artificiosamente sonegadas, ainda que acrescidas de indenização por litigância de má-fé. A assinatura insere-se na esfera dos chamados direitos da personalidade, pois é a marca, desenho ou modelo próprio de alguém, capaz de identificá-lo na vida social. Ao se apoderar desse sinal de identificação personalíssimo do empregado, para usá-lo contra o próprio trabalhador, negando-lhe em conseqüência as verbas rescisórias e apresentando-o como "prova", em ato público, que é a audiência de instrução e julgamento, a empresa agrediu moralmente o reclamante, expondo-o a situação degradande e humilhante. Como o empregador fez uso de atributo da personalidade do empregado, valendo-se de farsa, que só foi desmoralizada por meio de perícia técnica, incorreu na prática delituosa de ofensa a integridade moral do empregado, cuja única reparação possível é a pecuniária. TRT 2ª Reg. — AI 00791200302402008 — (Ac. 4ª T. 20050441340) — Rel. Juiz Paulo Augusto Câmara. DJSP 15.10.05, p. 154.

Eleição do empregado tartaruga — Constrangimento — Dano moral configurado

Ementa: "ELEIÇÃO" DO "EMPREGADO TARTARUGA". ATO PATRONAL CONSTRANGEDOR E OFENSIVO À DIGNIDADE DA PESSOA HUMANA. EXPOSIÇÃO DO EMPREGADO A RIDÍCULO E A VEXAME. REPARAÇÃO POR DANO MORAL. VIABILIDADE. Afronta a dignidade da pessoa humana a instituição, pela empresa, de "eleição" mensal de "empregado tartaruga", para assim designar pejorativamente aquele trabalhador que cometeu atrasos no horário de entrada nos serviços, expondo o empregado "eleito" ao ridículo, além de colocá-lo em situação vexatória perante os demais colegas de trabalho. Louvável seria o empregador instituir mecanismos para estimular ou incentivar os seus empregados à assiduidade e à maior produtividade, sem causar-lhes constrangimentos no ambiente de trabalho. Pedido de reparação por dano moral que se acolhe. TRT 15ª Reg. (Campinas/SP) — Proc. 29.389/01 — (Ac. 5ª T. 11.704/02) — Rel. Desig. José Antonio Pancotti. DJSP 8.4.02, p. 3.

Empregada chamada de "gordinha", com sentido pejorativo — Dano moral configurado

Ementa: DANO MORAL. CARACTERIZAÇÃO. Verifica-se dos depoimentos das testemunhas da reclamante que era atribuído à autora, por seu chefe, tratamento que ofendia sua dignidade. A autora era chamada de "gordinha". Evidentemente que a autora não gostou do adjetivo que lhe era atribuído, porém não podia reclamar na vigência do contrato de trabalho, sob pena de ser dispensada. Todas as pessoas têm nome, que fica incorporado ao seu patrimônio moral. Tendo nome a autora, não poderia ser chamada de "gordinha" com sentido pejorativo. Indenização por dano moral mantida. TRT 2ª Reg. — RO 01836200202902002 — (Ac. 2ª T. 20050580870) — Rel. Juiz Sergio Pinto Martins. DJSP 6.9.05, p. 228.

Empregada de salão de beleza — Teste de determinado produto — Danificação do cabelo — Configuração

Ementa: DANOS MORAIS. INDENIZAÇÃO. Quando o empregador, um salão de beleza, testa um determinado produto que acaba danificando o cabelo da empregada, e não a ampara, vez que a trabalhadora mostra-se abalada psicologicamente, e nem mesmo fornece a CAT, deve responder por danos morais. TRT 1ª Reg. — RO 00562-2002-033-01-00-9 — (Ac. 8ª T.) — Rel. Juiz Gustavo Tadeu Alkmim. DJRJ 8.5.04, p. 341.

Empregada que disse ter sido chamada de ladra no ato da resilição do contrato de trabalho perante membros do respectivo sindicato — Não caracterização

Ementa: DANO MORAL. EMPREGADA QUE DISSE TER SIDO CHAMADA DE LADRA NO ATO DA RESILIÇÃO DO CONTRATO DE TRABALHO PERANTE MEMBROS DO RESPECTIVO SINDICATO. Em relação à empregada que admite ter se apropriado, na sede da empresa, de valores que entendia ser a complementação das verbas resilitórias referentes ao alegado salário pago "por fora", não há calúnia ou ilícito imputável à empregadora, que formulou essa alegação, dizendo tratar-se do dinheiro para o pagamento das parcelas oficialmente devidas. Ocorrida realmente a apropriação, sem sua divulgação fora da sala do sindicato incumbido da assistência nem ofensa à imagem da trabalhadora ou a algum bem incorpóreo seu, e não havendo prova do emprego de expressão vexatória, não há abalo moral passível de indenização. TRT 12ª Reg. — RO-VA 01055-1999-019-12-00-0 — (Ac. 3ª T. 12.443/02, 17.9.02) — Relª Juíza Marta Maria Villalba Fabre. DJSC 6.11.02, p. 158.

Empregado atingido, de raspão, por arma de fogo — Ausência de danos morais

Ementa: 1. ENQUADRAMENTO SINDICAL. ATIVIDADE PREPONDERANTE DA EMPRESA. Não há como confundir o trabalho dos empregados das empresas de distribuição de gás e derivados de petróleo, cuja atividade é a venda dos produtos às empresas transportadoras e revendedoras, com aquele desenvolvido pelos empregados dessas últimas, destinado à comercialização, no varejo, do gás liquefeito de petróleo e dos derivados dessa matéria-prima. Trabalhando o autor em uma empresa transportadora e revendedora de GLP e de derivados de petróleo, será a Convenção Coletiva firmada com o SINDIVAREJISTA que lhe será aplicável, e não aqueloutra, de que participaram as empresas meramente distribuidoras de GLP, dada a distinção das atividades de cada um desses dois tipos de empresas. 2. EMPREGADO ATINGIDO, DE RASPÃO, POR ARMA DE FOGO. AUSÊNCIA DE DANOS MORAIS. O empregado que, embora atingido por uma arma de fogo, não demonstra que o ferimento o tenha impedido de exercer normalmente suas funções, mas que, ao contrário, volta a fazê-lo uma semana depois do ocorrido, sem nem mesmo trazer aos autos atestado médico que comprove sua incapacidade temporária e, pois, a necessidade de afastamento de suas funções, não fará jus à indenização por danos morais pelo fato de a empresa não ter emitido o CAT, pois que dita indenização somente seria devida caso a gravidade do fato fosse de tal monta que obrigasse o empregador a emitir o documento competente para as providências previdenciárias cabíveis. 3. Recurso ordinário da reclamada parcialmente provido. TRT 10ª Reg. — RO 00986-2003-004-10-00-0 — (Ac. 3ª T./2004) — Relª Juíza Marli Lopes da Costa de Góes Nogueira. DJU3 20.8.04, p. 60.

Empregado submetido a tratamento humilhante — Excesso de direito

Ementa: DANO MORAL. EMPREGADO SUBMETIDO A TRATAMENTO HUMILHANTE. EXCESSO DE DIREITO. Advertências por parte do empregador, quando observados os limites da urbanidade, caracteriza-se simples exercício regular de direito já que esta possibilidade é agasalhada pelo poder diretivo e disciplinar. Todavia, quando as punições são marcadas pelo traço da humilhação pessoal do obreiro, com o uso de adjetivos pejorativos, especialmente quando a prova aponta no sentido de que o trabalhador sofria abalo pessoal, porque presentes ato comissivo, dano, nexo causal e culpa lata na modalidade dolo, é imperativa a condenação empregador em reparação de danos morais. Inteligência dos arts. 162 e 159 do CCB de 1916 (lesão anterior ao advento do Novo CCB) c/c o art. 5º, inc. V e X da CF/88. TRT 9ª Reg. — Proc. 11527-2001-016-09-00-5 (RO-12.603/2002) — (Ac. 08.329/2003) — Relª Juíza Sueli Gil El-Rafihi. DJPR 25.4.03, p. 477.

Empregado vítima de ameaça de demissão, para não comparecer à audiência trabalhista em ação movida contra o ex-empregador — Viabilidade

Ementa: INDENIZAÇÃO POR DANOS MORAIS — EMPREGADO VÍTIMA DE AMEAÇA DE DEMISSÃO, PARA NÃO COMPARECER À AUDIÊNCIA TRABALHISTA EM AÇÃO MOVIDA CONTRA O EX-EMPREGADOR — VIABILIDADE. A tutela jurídico-constitucional do direito de provocar os órgãos do Poder Judiciário para a defesa de interesses que se supõe amparados juridicamente é garantia do cidadão que se insere no espectro da tutela constitucional dos Direitos Fundamentais das liberdades, conforme o art. 5º, XXXV. A garantia constitucional não se dirige exclusivamente ao Poder Judiciário, mas obriga com igual potencialidade a comunidade. De sorte que o ato do particular que tolher, dificultar ou impedir o exercício deste Direito Fundamental não pode ser tolerado, mas reprimido pelo direito. As liberdades pessoais e políticas são derivações da garantia da dignidade da pessoa humana, imperativo axiológico de toda ordem jurídica, no Estado Democrático do Direito (CF/88, art. 1º, III). Logo, a conduta patronal que impediu o reclamante de comparecer à audiência, na Justiça do Trabalho, resultou em afronta à sua liberdade, ofendendo a sua dignidade como pessoa humana, passível de reparação, com fundamento no art. 5º, IX da CF/88. O cidadão trabalhador tem direito de receber tratamento digno, por parte do empregador. Recurso ordinário desprovido. INTERVALO INTRAJORNADA. REDUÇÃO — NORMA COLETIVA — FRACIONAMENTO — INVALIDADE. O artigo 7º, XXVI, da Constituição da República conferiu plena eficácia aos instrumentos coletivos de trabalho legitimamente firmados pelas correspondentes representações sindicais, distinguindo a negociação coletiva como meio de prevenir, solucionar e prestigiar a autocomposição das partes, para prevenir e solucionar litígios. Entretanto, a negociação coletiva encontra limite nas garantias mínimas e nos direitos e princípios sociais fundamentais assegurados pela

Constituição que são intangíveis à autonomia coletiva, destacando-se as normas de proteção e de segurança do trabalhador, que tutelam a sua vida e a sua saúde. Neste contexto, a norma coletiva que reduz ou fraciona o intervalo intrajornada extrapola os limites da autonomia da vontade coletiva frente às normas de ordem pública, de observação imperativa e cogente, não podendo ser convalidada pelo Judiciário (Orientação Jurisprudencial n. 342 da SDI-I do C. TST). Ressalte-se que neste caso, sequer houve autorização do Ministério do Trabalho (CLT, § 3º do art. 71 da CLT). A redução ou fracionamento da pausa, ainda que respaldada por acordo coletivo, sem autorização da autoridade competente leva o empregador a pagar o período faltante, no caso 45 minutos, e com o acréscimo de, no mínimo, 50% sobre o valor da remuneração da hora normal de trabalho (artigo 71 da CLT). Recurso provido. TRT 15ª Reg. (Campinas/SP) — RO 00704-2004-080-15-00-0 — (Ac. 29340/2006-PATR, 10ª Câmara) — Rel. Juiz José Antonio Pancotti. DJSP 23.6.06, p. 79.

Empregador que em comunicação informa ao trabalhador que sua presença no local de trabalho deverá se resumir na assinatura do ponto no início e no final da jornada — Ofensa à honra — Dano moral configurado

Ementa: DANO MORAL. Comete dano moral o empregador que em comunicação informa, ao trabalhador, que a sua presença no local de trabalho deverá se resumir na assinatura do ponto no início e no final da jornada, se reportando à norma interna onde afirma que o empregado deve ser afastado quando "a permanência do empregado no local de trabalho ponha em risco a segurança dos serviços, a integridade física de pessoas ou do patrimônio da empresa, ou prejudique de algum modo as apurações", pois, além de causar dor, sofrimento, angústia e vergonha, ofende a honra, a intimidade e a imagem do trabalhador. Recurso provido. TRT 15ª Reg. (Campinas/SP) — RO 00866-2002-079-15-00-7 — (Ac. 3ª T. 41.647/2003-PATR) — Rel. Juiz Lorival Ferreira dos Santos. DJSP 19.12.03, p. 67.

Empresa que mantém em ociosidade o seu empregado, recebendo salários — Dano moral configurado

Ementa: RECURSO ORDINÁRIO. DANO MORAL: INDENIZAÇÃO. Dentre os principais deveres do empregador está o de "dar trabalho", ao qual corresponde a contraprestação salarial do obreiro. Assim, o ato da empresa que mantém em ociosidade o seu empregado, recebendo salários, atenta contra a dignidade da pessoa humana, pois é vexatória ao trabalhador a situação de receber sem que para isso tenha cumprido labor. A fixação da indenização a este título é questão tormentosa na doutrina e jurisprudência uma vez que se trata de arbitrar, mais que uma parcela trabalhista — dívida de dinheiro. TRT 1ª Reg. — RO 00996-2003-035-01-00-2 — (Ac. 8ª T.) — Relª Juíza Maria Helena Motta. DJRJ 19.11.04, p. 126.

Empréstimo bancário — Desconto em folha — Rescisão do contrato de trabalho — Restrição de crédito — Efeitos

Ementa: DANOS MORAIS. EMPRÉSTIMO BANCÁRIO. DESCONTO EM FOLHA. RESCISÃO DO CONTRATO DE TRABALHO. RESTRIÇÃO DE CRÉDITO. CULPA. CONCORRÊNCIA. Segundo o disposto no artigo 1º, § 1º, da Lei nº 10.820/2003, o empregador se obriga a descontar até o limite de 30% sobre o valor das verbas rescisórias, para cobertura de parcelas do empréstimo feito pelo empregado junto à instituição financeira, providenciando o seu oportuno repasse ao banco consignatário. Na forma do convênio firmado entre a instituição financeira e o empregador, este se obriga não só a efetuar o aludido repasse, mas também a comunicar ao banco o desligamento do empregado, notificando, igualmente, a este, no sentido de negociar com o credor a forma de quitação do restante do empréstimo, quando a retenção feita pelo empregador, no ato da rescisão, não bastar para liquidar o saldo devedor junto à instituição financeira. Se o empregador efetua a retenção, mas não dá, formalmente, ciência ao banco, nem efetua o repasse, oportunamente, ensejando que se configure a mora do empregado e seu nome seja inscrito no cadastro dos inadimplentes, causando a total restrição de seu crédito na praça, a omissão acarreta inequívoco dano ao trabalhador, dando suporte à reparação pecuniária, fundada em danos material e moral. Se o empregado, ciente de que o empregador não fez a comunicação formal ao banco de sua dispensa, nem o repasse da quantia descontada nos valores de sua rescisão contratual, não diligencia no sentido de suprir essa omissão, contribui para que o dano se concretize, configurando concorrência culposa, o que atenua o rigor indenizatório. A responsabilidade do banco só exsurge quando ele, formalmente comunicado acerca da rescisão do contrato de trabalho e da retenção feita pelo empregador, ainda assim provoca a inclusão do nome do devedor no cadastro de inadimplentes, ante a vedação prevista no artigo 5º, §, 2º, da Lei nº 10.820/2003. TRT 3ª Reg. — RO 00180-2006-043-03-00-5 — (Ac. 3ª T.) — Rel. Juiz Cesar P. S. Machado Jr. DJMG 12.10.06, p. 9.

Empréstimo bancário — Serasa — Configuração

Ementa: DANO MORAL. INDENIZAÇÃO. EMPRÉSTIMO BANCÁRIO. SERASA. Plenamente cabível a condenação da reclamada no pagamento de uma indenização por dano moral, em razão de ter esta determinado que seus empregados contratassem um empréstimo bancário em nome próprio, para recebimento dos valores a título de salários por ela devidos e, como se não bastasse isso, ter deixado de quitá-los junto à instituição financeira na data do vencimento, gerando uma série de contratempos ao reclamante, inclusive a inserção do seu nome no SERASA. Tal prática deve ser coibida, sob pena de se permitir que a empregadora passe a transferir para seus trabalhadores os ônus do seu negócio, e ainda prejudique aqueles que empreenderam suas forças de trabalho para que ela alcançasse seus objetivos comerciais. TRT 15ª Reg. (Campinas/SP) — RO 1612-2004-075-15-00-2 — (Ac. 43756/05-PATR, 10ª Câmara) — Relª Juíza Elency Pereira Neves. DJSP 9.9.05, p. 59.

Envio ao Ministério Público de *notitia criminis* (artigo 172 do Código Penal Brasileiro), extraída de Auditoria — Não configuração

Ementa: DANOS MORAIS. INDENIZAÇÃO. PRÁTICA DE CRIME. O simples envio ao Ministério Público, pela reclamada, Fundação, de *notitia criminis* (artigo 172 do Código Penal Brasileiro), extraída de Auditoria, não caracteriza ato ilícito, uma vez que, tratando-se de crime de Ação Penal Pública incondicionada, coube ao *Parquet* — verificada a presença de indício — oferecer a denúncia, ainda que o reclamante tenha sido absolvido. Entende-se que a reclamada, cumprindo sua obrigação, agiu no exercício regular de um direito reconhecido (artigo 188, inciso I, do Código Civil Brasileiro). TRT 3ª Reg. — RO 00369-2005-074-03-00-5 — (Ac. 1ª T.) — Rel. Juiz Manuel Cândido Rodrigues. DJMG 19.10.05, p. 25.

Da decisão acima, colhe-se o seguinte fundamento:

"2.1. INDENIZAÇÃO POR DANOS MORAIS

Aduz o reclamante que a reclamada lhe imputou a prática do crime de emissão de duplicatas simuladas, tipificado no artigo 172 do Código Penal Brasileiro, do qual foi absolvido pelo MM. Juiz de Direito da Comarca de Viçosa, por ausência de prova suficiente (fls. 170/177); que, com isso, sua honra foi violada.

Pleiteia a reforma da r. sentença, que indeferiu seu pedido de indenização por danos morais.

Falece-lhe razão, *data venia.*

É que a reclamada tomou conhecimento, através de Auditoria, que vários empregados seus expediram duplicatas — algumas contra a Universidade Federal de Viçosa — sem a correspondente venda efetiva de bens.

Diante disso, o Magnífico Reitor da Universidade Federal de Viçosa e Presidente do Conselho de Administração da reclamada, Fundação Arthur Bernardes — FUNARBE, encaminhou ao Promotor de Justiça da Comarca de Viçosa — que, por sinal, vela pelas Fundações — a *notitia criminis* (fls. 36/40), para as providências que achassem cabíveis, lembrando-se de que o crime do artigo 172 do Código Penal é de ação penal pública incondicionada, promovida — tão-somente — pelo Ministério Público (artigo 100, § 1º do Código Penal).

Após recebê-la, o Ministério Público Estadual, convencido da presença de indícios, ofereceu denúncia (fls. 28/350).

Apesar do reclamante ter sido absolvido, por ausência de prova suficiente, a reclamada, levando ao conhecimento do *Parquet* o fato, não lhe imputou o cometimento de crime. Cumpriu, apenas, seu dever. Aliás, ressalte-se que a r. sentença criminal não concluiu pela sua inocência.

Conseguintemente, por se tratar de ação penal pública incondicionada, repete-se, coube ao Ministério Público apresentar a denúncia. Se o fez, foi porque verificou, como se disse, a presença de indício. Tanto isso é verdade que os outros três ex-empregados foram condenados (fls. 170/177). Ainda: numa primeira sentença proferida, que foi anulada pelo Egrégio Tribunal de Justiça do Estado de Minas Gerais, o reclamante foi condenado (fls. 147/168).

Corrobora, também, o aqui aduzido a circunstância da reclamada ter dispensado o reclamante do emprego sem justa causa (fl. 248) — o que demonstra prudência e cautela. Ademais, usou do direito potestativo de romper o pacto laboral.

Assinale-se que, ao contrário do afirmado pelo obreiro, teve acesso à Auditoria, como fazem prova os documentos de fls. 254/258.

Por fim, à semelhança da r. sentença, entende-se que a intimidade, a vida privada, a honra e a imagem do reclamante não foram violadas pela reclamada. Aliás, ela, como se acentuou acima, cumpriu sua obrigação, denunciando o fato ao Ministério Público, que zela pelas Fundações, ou agiu no exercício regular de um direito reconhecido (artigo 188, inciso I do Código Civil Brasileiro). Via de conseqüência, não existiram o nexo causal, o ato ilícito e a culpa da reclamada.

Em corolário, não é devido o pedido de indenização por danos morais.

Nega-se provimento.

Isto posto, determina-se que se retifiquem a autuação e os registros pertinentes a este Egrégio Tribunal, excluindo-se o nome da Universidade Federal de Viçosa, como recorrida, uma vez que o processo, quanto a ela, foi extinto sem exame do mérito (fls. 428/434), conhece-se do recurso e, no mérito, nega-se-lhe provimento." (*Site* do TRT 3ª Reg., 27.10.05)"

Esvaziamento de funções — Configuração

Ementa: DANO MORAL. ESVAZIAMENTO DE FUNÇÕES. CONFIGURAÇÃO. O artigo 468 do Texto

Consolidado prescreve que nos contratos individuais de trabalho só é lícita a alteração das respectivas condições por mútuo consentimento, trazendo com isso a regra da imutabilidade contratual. Contudo, é consabido de todos que o Direito do Trabalho conferiu ao empregador certo *jus variandi*, que tem sido utilizado com excesso, sobretudo na busca de perseguir alguns trabalhadores, resultando em transferências injustificáveis, as quais trazem nítidos prejuízos. Invariavelmente, alguns procedimentos de direção e disciplinamento adotados pelo empregador extrapolam os limites de respeito que deve presidir as relações de trabalho e com isso atingem a dignidade do ser humano trabalhador, como no caso dos autos. TRT 2ª Reg. — RO 02664200202902004 — (Ac. 6ª T. 20050191360) — Rel. Juiz Valdir Florindo. DJSP 29.4.05, p. 189.

Existência de prova do ato ilícito e do uso de vestimenta inadequada — Indenização devida

Ementa: DANO MORAL. EXISTÊNCIA DE PROVA DO ATO ILÍCITO E DO USO DE VESTIMENTA INADEQUADA. INDENIZAÇÃO DEVIDA. À caracterização da responsabilidade civil faz-se imprescindível a presença dos seguintes requisitos: fato lesivo voluntário, decorrente de ação ou omissão, negligência ou imprudência do agente; existência de dano experimentado pela vítima e nexo de causalidade entre o dano e o comportamento do agente (exegese dos artigos 186 e 927 do Código Civil em vigor). A conclusão do perito (com base em histórico associado ao exame dos documentos e relatórios médicos) consignando que por ocasião do exame médico demissional a autora não reunia condições plenas de saúde para o trabalho devido à tuberculose pulmonar em atividade e a prova testemunhal no sentido de que, no período em que trabalhavam na sala estéril, as empregadas usavam macacão transparente sobre suas roupas íntimas e que podiam ser observadas do lado de fora através do vidro, autoriza a manutenção da sentença que deferiu a indenização. TRT 3ª Reg. — RO 00433-2003-101-03-00-4 — (Ac. 3ª T.) — Relª Juíza Taisa Maria Macena de Lima. DJMG 15.5.04, p. 05.

Existência de reclamação trabalhista — Ciência dada aos condôminos — Descabimento

Ementa: DANO MORAL. INDENIZAÇÃO. EXISTÊNCIA DE RECLAMAÇÃO TRABALHISTA. CIÊNCIA DADA AOS CONDÔMINOS. Os condôminos são todos responsáveis pelo pagamento das despesas do condomínio, inclusive aquelas decorrentes de eventual condenação judicial. Portanto, não se vislumbra conduta ilícita no proceder do síndico que, no dever de informar os condôminos, afixou no mural situado na entrada do edifício cópia da reclamação trabalhista ajuizada pela Reclamante. TRT 9ª Reg. — Proc. 51743-2004-018-09-00-9 — (Ac. 20503-2004) — Rel. Juiz Arnor Lima Neto. DJPR 17.9.04, p. 625.

Exposição da situação financeira do autor aos colegas — Configuração

Ementa: DANO MORAL. EXPOSIÇÃO DA SITUAÇÃO FINANCEIRA DO AUTOR AOS COLEGAS. A prova testemunhal demonstrou que o reclamante foi exposto a situação humilhante, no sentido de que o gerente apresentou o reclamante aos demais funcionários dizendo que passava por dificuldades financeiras, que lhe foram reveladas, por falta de pagamento de comissões, mas, mesmo assim, continua fazendo as vendas. Assim, era um campeão. O procedimento do gerente expôs o reclamante ao ridículo perante os demais colegas. A situação passada pelo autor foi negativa, pois nenhum campeão de vendas passa por dificuldades financeiras. Trata-se de afirmação contraditória e pejorativa, em razão de que não é possível ser campeão e, ao mesmo tempo, passar por dificuldades financeiras. O gerente não poderia divulgar a situação financeira do reclamante aos demais colegas, inclusive sem a autorização do autor. TRT 2ª Reg. — RO 00844200347102000 — (Ac. 2ª T. 20050296188) — Rel. Juiz Sergio Pinto Martins. DJSP 24.5.05, p. 51.

Da decisão acima, colhe-se o seguinte fundamento:

"1. Dano moral

Poderia o dano moral ser conceituado pela negativa, no sentido de que seria o dano não patrimonial ou extrapatrimonial. Consiste o dano moral na lesão sofrida pela pessoa no tocante à sua personalidade. Envolve, portanto, o dano moral um aspecto não econômico, não patrimonial, mas que atinge a pessoa no seu âmago.

Afirma Aguiar Dias que o dano moral 'consiste na penosa sensação da ofensa e humilhação perante terceiros, na dor sofrida, enfim, nos efeitos puramente psíquicos sensoriais experimentados pela vítima do dano, em conseqüência deste, seja provado pela recordação do defeito ou da lesão, quando tenha deixado resíduo mais correto, seja pela atitude de repugnância da reação ao ridículo tomada pelas pessoas que o defrontam'.

Dispõe o inciso V, do artigo 5º da Constituição o direito de resposta, proporcional ao agravo, além de indenização por dano material, moral ou à imagem. O inciso X do mesmo artigo declara que são invioláveis a intimidade, a vida privada, a honra e a imagem das pessoas, assegurado o direito a indenização pelo dano material ou moral decorrente de sua violação. A própria Lei Maior, portanto, determina a indenização por dano moral e por dano material, que são distintas.

A dificuldade em avaliar o dano moral e a sua subjetividade não podem, porém, ser consideradas como fatores impeditivos para o pagamento de indenização por dano moral, pois, na verdade, se o dano existe, deve ser reparado.

Dispõe o artigo 186 do Código Civil de 2002 que aquele que, por ação ou omissão voluntária, negligência ou imprudência, violar direito e causar dano a outrem, ainda que exclusivamente moral, comete ato ilícito. O referido dispositivo passa a prever especificamente a possibilidade de uma pessoa causar exclusivamente dano moral a outra, o que não era previsto anteriormente.

Previa o inciso III do artigo 1.521 do Código Civil de 1916 a responsabilidade do patrão, amo ou comitente, por seus empregados, serviçais e prepostos no exercício do trabalho que lhes competir, ou por ocasião dele. Essa responsabilidade abrangia as pessoas jurídicas que exercessem exploração industrial. Verifica-se do Código Civil que a palavra patrão se refere, na linguagem mais moderna, a empregador, e amo diz respeito ao empregador doméstico, tanto que o referido código usa a palavra serviçais, que significa o empregado doméstico da época. Assim, há a responsabilidade civil do empregador pelos atos de seus empregados.

O inciso III do artigo 932 do Código Civil de 2002 reza que são também responsáveis pela reparação civil o empregador ou comitente, por seus empregados, serviçais e prepostos, no exercício do trabalho que lhes competir, ou em razão dele. É ainda empregada a palavra serviçais.

O reclamante alega que era obrigado todos os dias, no início do expediente, a 'pagar o mico', isto é, a dançar e rebolar na frente dos colegas, por ser intolerável qualquer manifestação de insatisfação e desânimo em relação às vendas.

O autor confessou em depoimento pessoal que não foi constrangido ou humilhado com o procedimento da empresa, razão pela qual não lhe foi deferido o dano moral por esse motivo.

A prova testemunhal demonstrou que o reclamante foi exposto a situação humilhante, no sentido de que o gerente apresentou o reclamante aos demais funcionários dizendo que passava por dificuldades financeiras, que lhe foram reveladas, por falta de pagamento de comissões, mas, mesmo assim, continua fazendo as vendas. Assim, era um campeão.

O procedimento do gerente expôs o reclamante ao ridículo perante os demais colegas.

A situação passada pelo autor foi negativa, pois nenhum campeão de vendas passa por dificuldades financeiras. Trata-se de afirmação contraditória, pejorativa e diminutiva, em razão de que não é possível ser campeão e, ao mesmo tempo, passar por dificuldades financeiras.

O gerente não poderia divulgar a situação financeira do reclamante aos demais colegas, inclusive sem a autorização do autor, de forma a fazer o autor passar por situação ridícula.

Na verdade, o reclamante pretendia receber as comissões atrasadas e, em razão disso, expôs ao gerente sua situação financeira precária.

Houve intenção da empresa em ofender o autor.

Previa o artigo 1.553 do Código Civil de 1916 que a forma de fixação da indenização por dano moral era por arbitramento, como foi feito pelo juízo.

A decisão precisa ser mantida, de forma a servir de lição à empresa para coibir procedimentos semelhantes visando a menosprezar e humilhar seus funcionários.

O valor não é exorbitante, mas, ao contrário, razoável e proporcional ao prejuízo moral sofrido pelo autor com a atitude do preposto da empresa. Assim, fica condenada a pagar a indenização fixada na sentença."

Exposição do empregado ao ridículo perante seus colegas de trabalho, por meio de ato patronal ofensivo da honra subjetiva e da imagem do empregado — Configuração

Ementa: DANOS MORAIS. I — Adotar a prática de identificar com a camiseta do "mico", em reuniões de trabalho, o empregado vendedor colocado em último lugar ou o supervisor da equipe que menos produziu implica prática de ato constrangedor, que ofende a dignidade da pessoa humana do trabalhador. II — A exposição do empregado ao ridículo perante seus colegas de trabalho, por meio de ato patronal ofensivo da honra subjetiva e da imagem do empregado, constitui dano moral passível de reparação pecuniária. III — A existência de dano moral pressupõe a existência de lesão a um bem juridicamente tutelado que não pode ser exprimido em valores econômicos, porque se refere aos aspectos mais íntimos da personalidade humana, tais como a honra e a imagem. Recurso ordinário a que se dá parcial provimento apenas para reduzir o valor devido à título de indenização por danos morais para cerca de 25 (vinte e cinco) vezes a maior remuneração indicada. TRT 15ª Reg. (Campinas/SP) — RO 01231-2003-004-15-00-5 — (Ac. 5ª T. 16879/2005-PATR) — Rel. Juiz João Alberto Alves Machado. DJSP 29.4.05, p. 78.

Falsa imputação de furto — Indenização indevida — Fragilidade da prova da lesão praticada pelo empregador

Ementa: DANO MORAL. FALSA IMPUTAÇÃO DE FURTO. INDENIZAÇÃO INDEVIDA. FRAGILIDADE DA PROVA DA LESÃO PRATICADA PELO EMPREGADOR. Indevida a indenização por dano moral sem a produção de prova efetiva da lesão praticada pela parte adversa, especialmente quando fundada na alegação de ter a empregadora imputado à obreira a prática de furto para a dispensa, sendo a prova produzida extremamente frágil e inconsistente, eis que a prova testemunhal restou dividida, tendo a Reclamada negado a imputação caluniosa de furto e pago os haveres rescisórios devidos por ocasião da despedida, a qual foi sem justa causa. Recurso obreiro a que se nega provimento. TRT 9ª Reg. — RO 08597/02 — (Ac. 01.520/03) — Rel. Juiz Ubirajara Carlos Mendes. DJPR 24.1.03, p. 217.

Falta de fornecimento de carta de apresentação — Descabimento

Ementa: DANO MORAL. FALTA DE FORNECIMENTO DE CARTA DE APRESENTAÇÃO. Não se verifica que a reclamante teve dor ou sofrimento para fazer jus à indenização por dano moral por falta de fornecimento de carta de apresentação. TRT 2ª Reg. — RO 07139200390202000 — (Ac. 3ª T. 20040000 499) — Rel. Juiz Sergio Pinto Martins. DJSP 10.1.04, p. 99.

Falta de imediatidade — Indeferimento

Ementa: INDENIZAÇÃO POR DANO MORAL. FALTA DE IMEDIATIDADE. INDEFERIMENTO. Na análise de alegado dano moral é perfeitamente invocável o princípio da imediatidade, pois se há uma dor, um sofrimento ou um abalo emocional, mas estes não chegam a inibir a continuidade da relação entre as partes, não se cogita de dano moral. Transcorrido considerável lapso de tempo desde a ocorrência do apontado ato danoso, isto demonstra, no mínimo, ou uma escassa emoção de quem depois se diz ofendido, ou, então, o demérito que o fato tem sob sua ótica, inviabilizando, assim, reparação indenizatória. TRT 9ª Reg. — RO 01220-2004-071-09-00-0 — (Ac. 1ª T. 29155/05) — Rel. Juiz Ubirajara Carlos Mendes. DJPR 11.11.05, p. 524.

Falta de pagamento de salários — Indenização — Não configuração

Ementa: TRABALHADOR EXTERNO. MOTORISTA CARRETEIRO. HORAS EXTRAS. Não restando caracterizado o efetivo controle de horário por parte da reclamada, indevidas as horas extras e seus reflexos. Não obstante, havendo expressa previsão em acordo coletivo da não submissão do autor à fiscalização de jornada, impõe-se o enquadramento na exceção prevista pelo artigo 62, I da CLT. DANO MORAL. FALTA DE PAGAMENTO DE SALÁRIOS. INDENIZAÇÃO. Para que se configure o dano moral, em ato decorrente do contrato de trabalho, não basta a mera consideração subjetiva da parte que o atraso no pagamento dos salários atingiu a sua honra e dignidade. Impõe-se que a parte ofendida comprove a ocorrência efetiva do dano sofrido, o nexo causal, bem como a publicidade prejudicial ao evento, realizada pelo empregador de forma direta ou indireta. Não restando comprovado, nos termos dos artigos 818, da CLT, e 333, I, do CPC, de aplicação subsidiária, inviável é o reconhecimento do dano extrapatrimonial. Sentença que se reforma para excluir da condenação o adicional de horas extras, reflexos, bem como a indenização pelo dano moral. TRT 9ª Reg. — Proc. 05995-2002-001-09-00-2 — (Ac. 02.926/2004) — Rel. Juiz Sergio Murilo Rodrigues Lemos. DJPR 6.2.04, p. 748.

Falta de pagamento de verbas rescisórias — Dano moral — Não configuração

Ementa: INADIMPLEMENTO DE VERBAS RESCISÓRIAS. DANO MORAL. NÃO CONFIGURAÇÃO. O dano moral é a lesão imaterial que fere a personalidade, o bom nome do ofendido ou o sentimento de estima da pessoa provocado por fato de outrem. A exposição do ofendido a vexames ou constrangimentos juridicamente relevantes é que dá nota ao dano moral. O inadimplemento das verbas rescisórias é lesão patrimonial que tem critérios de indenização expressamente definidos pela lei. Nesse sentido, a demora do pagamento dos haveres trabalhistas ou o reconhecimento dos débitos em juízo não geram danos morais. TRT 2ª Reg. — RO 01692200244102000 — (Ac. 8ª T. 20040228970) — Rel. Juiz Rovirso Aparecido Boldo. DJSP 25.5.04, p. 34.

Falta grave — Fato que não ocorreu — Configuração

Ementa: DANO MORAL. Se a falta grave imputada ao empregado concerne a fato ocorrido, pouco importa que esse fato venha a ser validado como justa causa ou não — em nenhuma hipótese é causa de dano moral. Mas se a falta grave imputada ao empregado concerne a fato que não ocorreu, ou que, embora tendo ocorrido, foi exageradamente utilizado para expor a imagem do empregado num âmbito que excede o limitado tratamento jurídico que o fato provoca, em ambas as hipóteses há ocasião para a reparação por dano moral. TRT 2ª Reg. — RO 31010200390202003 — (Ac. 6ª T. 20030592121) — Rel. Juiz Rafael E. Pugliese Ribeiro. DJSP 14.11.03, p. 78.

Fato típico penal imputado ao empregado (furto) — Alegação desprovida de qualquer prova — Dano moral configurado

Ementa: DANO MORAL. FATO TÍPICO PENAL IMPUTADO AO EMPREGADO (FURTO). ALEGAÇÃO DESPROVIDA DE QUALQUER PROVA. DANO MORAL CONFIGURADO. Alegação de dispensa por justa causa, em razão de furto, lançada nos autos sem qualquer prova ou mesmo indício, não é exercício regular de direito, mas abuso de direito, a encerrar clara agressão moral. A dignidade da pessoa não admite alegações levianas desse gênero. Dano moral configurado. TRT 2ª Reg. — RO 00778200306702007

— (Ac. 3ª T. 20050587131) — Rel. Juiz Eduardo de Azevedo Silva. DJSP 13.9.05, p. 43.

Ferimento direto da dignidade humana do trabalhador — Indenização compensatória deferida

Ementa: DANO MORAL RECONHECIDO. INDENIZAÇÃO COMPENSATÓRIA DEFERIDA. FERIMENTO DIRETO DA DIGNIDADE HUMANA DO TRABALHADOR. A dignidade humana do trabalhador deve ser respeitada pelo empregador. A alimentação do obreiro deve ser realizada em local digno de sua humanidade, o fato de o obreiro almoçar nas ruas, nas calçadas, fere sua dignidade. O horário de almoço é importantíssimo para que o obreiro, além de recarregar suas energias, possa mensurar e sentir a sua qualidade de ser social, portador de dignidade, de honra, de inteligência. O Direito, como forma de controle social, deve servir de instrumento de concretização dos mais elevados princípios que visam à supremacia da dignidade humana sobre qualquer outro fenômeno. TRT 9ª Reg. — Proc. 01895-2002-664-09-00-9 — (RO-11.883-2002) — (Ac. 15.985/2003) — Relª Juíza Ana Carolina Zaina. DJPR 18.7.03, p. 65.

Fraude comprovada em ação rescisória — Desrespeito da reclamada em relação ao empregado e à própria Justiça — Cabimento

Ementa: DANO MORAL. FRAUDE COMPROVADA EM AÇÃO RESCISÓRIA. A decisão proferida em ação rescisória demonstra a atitude de desrespeito da reclamada em relação ao empregado e à própria Justiça ao tentar forjar situação de quitação do contrato de trabalho sem que o próprio empregado tivesse conhecimento. O procedimento abusivo que sujeita o empregado a constrangimento é passível de indenização por dano moral. TRT 9ª Reg. — Proc. 20700-2001-004-09-00-6 — (Ac. 13.144/2004) — Rel. Juiz Dirceu Pinto Júnior. DJPR 25.6.04, p. 387.

Fraude contratual — Ofensa a atributos morais — Conseqüências fático-jurídicas

Ementa: FRAUDE CONTRATUAL. OFENSA A ATRIBUTOS MORAIS. CONSEQÜÊNCIAS FÁTICO-JURÍDICAS. Exsurge do ato da contratação a má-fé do empregador, quando qualifica o empregado indevidamente como sócio. A prática, de infeliz reiteração nos meios empresariais, é forma sub-reptícia utilizada para fraudar a legislação trabalhista; em um primeiro momento, é o empregado lesado diretamente, pois, além de não receber os valores decorrentes da ruptura do contrato, tem negada a sua condição de segurado obrigatório da Previdência; da mesma forma, a sociedade é obliquamente prejudicada, pois a injurídica negativa da existência de uma relação de emprego afasta do Estado a percepção dos tributos correlatos. É muito fácil amealhar riquezas quando se vilipendia a mão-de-obra alheia. A remuneração indigna pelo trabalho prestado; o desrespeito aos direitos mínimos do empregado; e a sonegação dos tributos derivados da contratualidade, geram numerário excedente que enche a burra do mau empregador. Presume-se o abalo moral em tais casos. O trabalhador, solapado em seus direitos mínimos, é vítima de uma política invasiva que gera conseqüências na intimidade, na honra e na sua vida privada. O respeito às obrigações contratuais e legais por parte do empregador faz surgir uma rede de segurança para o trabalhador, haja vista a garantia de acesso ao mercado consumidor em geral e aos benefícios previdenciários mantidos pela Sociedade (CF, art. 195, "caput"). O minguado salário pago, ou "pro labore", nas palavras dos gananciosos empresários, desacompanhado do pagamento das horas extras, dos recolhimentos do FGTS e do 13º salário, dentre outros, exterioriza o dolo, atinge a dignidade da pessoa humana e afronta os valores sociais do trabalho (CF, art. 1º, incisos III e IV). TRT 2ª Reg. — RO 02899200102302007 — (Ac. 8ª T. 20050409624) — Rel. Juiz Rovirso Aparecido Boldo. DJSP 5.7.05, p. 131.

Gerente da empresa — Veemente, mas não humilha ou ofende outros funcionários, ainda que eleve seu tom de voz — Não configuração

Ementa: DANO MORAL. CARACTERIZAÇÃO. Não se caracteriza o dano moral se o gerente da empresa é veemente, mas não humilha ou ofende outros funcionários, ainda que eleve seu tom de voz. A testemunha do reclamante declarou que foi chamado de "cabeção", mas isso não ocorreu com o autor. Dano moral indevido. TRT 2ª Reg. — RO 00868200204702002 — (Ac. 2ª T. 20050318 092) — Rel. Juiz Sergio Pinto Martins. DJSP 7.6.05, p. 87.

Gerente grosseiro — Ofensas verbais — Configuração

Ementa: DANO MORAL. CONFIGURAÇÃO. GERENTE GROSSEIRO. OFENSAS VERBAIS. Configura dano moral tratamento grosseiro e desrespeitoso de gerente para com subordinado, mormente o mau hábito de proferir palavras de cunho pejorativo e ofensivo, humilhando as empregadas, faltando com o respeito, decoro e a sensatez mínima necessária para comandar o pessoal com afeto e urbanidade. As expressões chulas assacadas atingem a imagem e ofende qualquer empregado, mormente a reclamante mulher casada que trabalha honestamente para o sustento da família. O tratamento no ambiente de trabalho deve ser cordial, saudável, respeitoso etc. , aquele que desrespeita regras de urbanidade deve ser punido, seja empregado, chefe ou empregador, afinal de contas já estamos vivendo no terceiro milênio da Era Cristã. TRT 15ª Reg. (Campinas/SP) — 0696-2005-095-15-00-2 — (Ac. 48993/06-PATR, 11ª Câmara) — Rel. Juiz Edison dos Santos Pelegrini. DJSP 20.10.06, p. 86.

Gestante — Parto — Plano de saúde — Elemento surpresa — Litigância de má-fé

Ementa: DANO MORAL E DANO MATERIAL. GESTANTE. PARTO. AÇÃO CAUTELAR. LITIGÂNCIA DE MÁ-FÉ DA RECLAMANTE. O conjunto probatório evidencia que, ciente de que o plano de saúde oferecido pela empregadora não cobriria as despesas do parto, em função do prazo de carência ao qual não atendia, a reclamante preparou, previamente, a ação cautelar a ser proposta no dia de sua internação. Não bastasse, evidencia-se ainda mais a atitude de má-fé da reclamante ao se observar os documentos referentes ao contrato que ela assinou com a Casa de Saúde e Maternidade (primeiro plano de saúde havido), pois, ao tempo de sua adesão (outubro de 2001), a autora mentiu: embora já grávida, com cerca de quatro meses, respondeu negativamente sobre atrasos na menstruação e existência de gravidez atual. Assim, quando deu à luz, tinha apenas cinco meses de carência, o que não ultrapassava os dez meses exigidos. Percebe-se assim que, mesmo se o plano não tivesse mudado de pessoa jurídica para pessoa física, de qualquer forma, para cirurgia de parto, haveria a necessidade do cumprimento da carência de 10 meses, que a autora não atendia. Assim, desde o início ela sabia que não ultrapassaria a carência estabelecida. E, desde o início, tentou enganar o plano. Não o conseguindo, voltou-se contra a empregadora, que de tudo fizera para que sua empregada pudesse ser bem atendida em seu parto. DANO MORAL E DANO MATERIAL. GESTANTE. PARTO. PLANO DE SAÚDE. NÃO CARACTERIZAÇÃO. A concessão de indenização por danos morais e materiais demanda prova segura no sentido de que o empregador praticou ato lesivo à honra e à dignidade do trabalhador, no exercício de seu poder de comando, o que não ocorreu no caso em apreço, no qual restou robustamente comprovado que a autora tinha ciência prévia da alteração ocorrida em seu convênio médico, assim como da impossibilidade de realizar seu parto por meio deste, uma vez que não cumprira o prazo de carência indispensável para tanto. DANO MORAL. GESTANTE. PARTO. ELEMENTO SURPRESA. NÃO CARACTERIZAÇÃO. A prova dos autos elide totalmente o elemento surpresa alegado como fator principal do dano moral que a reclamante pretende ver ressarcido: documentos comprovam que, dois meses antes do parto, a autora participou de reunião na qual foi informado o cancelamento do convênio pessoa jurídica mantido entre a empresa tomadora de seus serviços e o estabelecimento hospitalar (Casa de Saúde e Maternidade), assentindo expressamente com sua permuta por uma cesta básica (consoante permissivo convencional), já que continuava, gratuitamente, a gozar de assistência da UNIMED. Ou seja: dois meses antes do parto a obreira já estava ciente de que, com o cancelamento do plano pessoa jurídica, a manutenção do plano na modalidade pessoa física obstaria a realização da cirurgia obstétrica por meio daquele convênio e do médico que a acompanhava. Não bastasse, esteve ciente de toda a negociação entabulada entre sua empregadora e a Casa de Saúde e Maternidade, que objetivava a manutenção integral do plano apenas com relação a ela. TRT 15ª Reg. (Campinas) — RO 00548-2002-106-15-00-4 — (Ac. 6ª T. 18.166/2004-PATR) — Relª Juíza Olga Aida Joaquim Gomieri. DJSP 21.5.04, p. 49.

Gestão por injúria — Ambiente de trabalho — Castigos — Humilhações — Configuração

Ementa: GESTÃO POR INJÚRIA — INDENIZAÇÃO POR DANOS MORAIS — AMBIENTE DE TRABALHO — CASTIGOS — HUMILHAÇÕES — O ambiente de trabalho deve ser construído por todos os colaboradores e, independentemente da sua organização em níveis hierárquicos, deve pautar-se pelo respeito mútuo, do qual ninguém pode se despojar nas relações sociais, e, com muito mais razão, nas relações trabalhistas. A empregadora, por intermédio de seus proprietários, de seus prepostos e todos os demais empregados têm de guardar entre si um padrão mínimo de respeito, sem prejuízo da estrutura hierárquica, indispensável ao bom funcionamento dos serviços, vez que a empresa é, de uma forma ou de outra, uma autêntica extensão do lar, onde, em geral, o trabalhador passa a maior parte do dia para prestar serviços subordinadamente, mas sem qualquer violação à ética profissional. Estar subordinado não é estar em posição moral inferior. No caso dos autos, comprovada a conduta reprovável da empregadora, empresa de grande porte, que exigiu de seus vendedores, entre eles o Reclamante, que se submetessem a castigos humilhantes, como, por exemplo, xingamentos, uso de roupas femininas, perucas, devida é a indenização por danos morais ao empregado vítima de tais atos, que não traduzem a implantação de um clima de descontração favorável à produção, mas, sim, em verdadeiro constrangimento. Aplicam-se, *in casu*, o art. 159 do antigo CCB, bem como os arts. 186, 187 e 927 do atual Código Civil Brasileiro, devendo a Reclamada arcar com as conseqüências compensatórias decorrentes da ofensa à honra, eis que estabelecido o nexo causal entre a conduta da empresa e o resultado danoso ao Reclamante, que experimentou, inegavelmente, sensível prejuízo na esfera moral, ressaltando-se, ainda, o caráter pedagógico da condenação, cujos contornos atuarão, outrossim, na esfera da tutela inibitória, meta importante a ser perseguida pela moderna processualística. TRT 3ª Reg. — RO 00177-2007-105-03-00-4 — (Ac. 4ª T.) — Rel. Des. Luiz Otavio Linhares Renault. DJMG 12.6.07, p. 19.

Gravação de conversa telefônica. Depoimento em juízo não convincente. Intenção de obtenção de prova. Provocação e induzimento. Inadmissão

Ementa: DANO MORAL. PROVA. GRAVAÇÃO DE CONVERSA TELEFÔNICA. DEPOIMENTO EM

JUÍZO NÃO INCONVINCENTE. INTENÇÃO PREMEDITADA DE OBTENÇÃO DE PROVA. PROVOCAÇÃO E INDUZIMENTO. INADMISSÃO. Não tem serventia legal e moral a gravação de conversa telefônica produzida por pessoa que demonstra manifesta falta de isenção no depoimento judicial e cuja conversação revela que houve manifesta provocação e induzimento para que o ex-empregador declarasse irregularidades possíveis produzidas pela demandante, sua ex-empregada que, de qualquer forma, apenas registra "mágoa pessoal" em relação ao comportamento da ex-servidora que teria exercido nos três anos de contrato até a função gerencial. Ademais, em empreendimento de pequeno porte não resta crível que o proprietário tenha o hábito de gravar as conversas telefônicas, mormente porque tem o costume de gravar para poder dar motivo de dar ou não emprego... Recurso provido para julgar improcedente a ação. TRT 12ª Reg. — RO-V-05.502/01 — (Ac. 1ª T. 00212/02, 20.11.01) — Rel. Juiz Antonio Carlos Facioli Chedid. DJSC 14.1.02, p. 55.

Habitual labor em jornada extraordinária — Ambiente insalubre — Não configuração

Ementa: HABITUAL LABOR EM JORNADA EXTRAORDINÁRIA. AMBIENTE INSALUBRE. DANO MORAL. NÃO CONFIGURAÇÃO. É certo que a exigência de habitual labor em jornada extraordinária, em ambiente insalubre, é passível de provocar dano à saúde do trabalhador, sobretudo em razão do desgaste físico decorrente do trabalho prestado em tais condições. Em virtude disso, a ordem jurídica confere ao obreiro o direito a um acréscimo remuneratório, por este encontrar-se, no plano do exercício contratual, em circunstâncias mais gravosas. A conduta empresária, embora condenável, do ponto de vista jurídico-social, não se mostra, por si só, ofensiva à integridade moral do obreiro e, por essa razão, não configura um dano de ordem moral, passível de ser reparado pela via indenizatória. A par disso, o deferimento de tal indenização demandaria a demonstração da ocorrência de um prejuízo efetivamente diverso daquele cujo mencionado acréscimo salarial visa reparar, o que, no entretanto, não foi objeto de prova nos autos. TRT 3ª Reg. — RO 01479-2004-037-03-00-3 — (Ac. 1ª T.) — Rel. Juiz Mauricio J. Godinho Delgado. DJMG 1º.7.05, p. 5.

Homicídio cometido no ambiente de trabalho — Ausência de culpa

Ementa: DANOS FÍSICOS E MORAIS. HOMICÍDIO COMETIDO NO AMBIENTE DE TRABALHO. AUSÊNCIA DE CULPA. Constatado que o homicídio foi cometido por interno de asilo que se mostrava uma pessoa calma, tranqüila, que tratava a todos com seriedade e respeito, sofrendo apenas de epilepsia, distúrbio incapaz de representar qualquer perigo para outra pessoa, além dele próprio, não se pode querer responsabilizar o reclamado pela falta de adoção de medidas de segurança, ante a inexistência de risco potencial no ambiente de trabalho, além daquele já presente na vida comum. Tal entendimento se reforça ainda mais quando as circunstâncias demonstram que foi justamente a permissão da empregada, de que seu futuro algoz se infiltrasse em sua vida privada, em extrapolação à normal relação entre empregado e interno, que acabou sendo desencadeadora da infeliz tragédia. TRT 3ª Reg. — RO 01.449-2003-077-03-00-5 — (Ac. 6ª T.) — Rel. Juiz João Bosco Pinto Lara. DJMG 5.8.04, p. 11.

Humilhação do empregado como forma de incremento de produção — Dano moral configurado

Ementa: DANOS MORAIS. HUMILHAÇÃO DO EMPREGADO COMO FORMA DE INCREMENTO DA PRODUÇÃO. AFRONTA À DIGNIDADE HUMANA. Humilhar, ridicularizar e envergonhar publicamente o empregado vendedor é meio ilícito de incentivo às vendas, uma clara, absurda e intolerável agressão à dignidade humana, a ensejar, claro, reparação de dano moral. Expediente tolerado — senão incentivado — pelo empregador, revelando a banalização do ser humano como instrumento de produção. Indenização não só mantida como ampliada. TRT 2ª Reg. — RO 02124200143302001— (Ac. 3ª T. 20050401623) — Rel. Juiz Eduardo de Azevedo Silva. DJSP 5.7.05, p. 9.

Humilhação do empregado perante seus colegas — Cabimento

Ementa: RECURSO ORDINÁRIO. DANO MORAL. A humilhação do empregado perante seus colegas de trabalho extrapola o poder diretivo do empregador, que possui meios legais para punir aqueles que contrariem as normas ou a rotina da empresa. A indenização visa amenizar o sofrimento imposto por situações constrangedoras, não podendo, entretanto, deixar de se considerar a proporção e a extensão dos fatos apurados, para que seja razoável e justo o valor fixado. TRT 1ª Reg. — RO 01857-2000-001-01-00-6 — (Ac. 9ª T.) — Rel. Juiz José da Fonseca Martins Júnior. DJRJ 9.3.04, p. 164.

Humilhação e constrangimento suportados por professor em decorrência de atitudes de alunos — Ausência de adoção de medidas punitivas — Responsabilidade civil da instituição de ensino

Ementa: INDENIZAÇÃO POR DANO MORAL. HUMILHAÇÃO E CONSTRANGIMENTO SUPORTADOS POR PROFESSOR EM DECORRÊNCIA DE ATITUDES DE ALUNOS. AUSÊNCIA DE ADOÇÃO DE MEDIDAS PUNITIVAS. RESPONSABILIDADE CIVIL DA INSTITUIÇÃO DE ENSINO. Nos termos da normatividade emanada do art. 932, inciso IV, do Código Civil, a responsabilidade pela reparação civil, em decorrência dos danos causados pelos educandos, é atribuída aos donos de estabelecimentos de ensino. O bom relacionamento entre professores e alunos encontra-se alicerçado na existência de respeito mútuo; constitui o solo fértil a ser plantada a semente do conhecimento; impõe-se como condição angular para a implementação da atividade acadêmica. Por isso, a exacerbação dos ânimos deve ser diuturnamente supervisionada pelo setor pedagógico, com adoção de medidas propícias a coibir eventuais atitudes de descortesia no relacionamento entre as pessoas envolvidas na atividade de aprendizado. Nesse sentido, até mesmo a conduta omissiva da direção institucional já é suficiente a configurar o dano que pode ocorrer, também, em sentido inverso, ou seja, por ato de desrespeito do(s) professor(es) para com o(s) aluno(s). Na hipótese em apreço, restou evidenciado o dano moral, pois não bastassem as humilhações suportadas pelo professor na presença de seus pares e de alunos, constatou-se a desmoralização sofrida, em face da desautorização da decisão do Conselho Disciplinar, materializada no ato de anistia aos alunos envolvidos no evento, pelo Diretor da universidade. Preliminares rejeitadas. Recursos conhecidos, sendo não provido o patronal e parcialmente provido o apelo do reclamante. TRT 10ª Reg. — RO 00091-2005-007-10-00-6 — (Ac. 3ª T./05) — Rel. Juiz José Ribamar O. Lima Júnior. DJU3 28.10.05, p. 32.

Humilhação e marginalização — Não configuração

Ementa: DANO MORAL. O reclamante, como suporte fático e jurídico para o pedido de dano moral, alegando humilhação e marginalização, declina o argumento de que foi impedido de adentrar ao local de trabalho, após a sua dispensa, solicitando uma indenização equivalente a 12 meses de trabalho. A reclamada, em sua defesa, nega a retaliação e informa que ninguém pode adentrar as dependências da empresa, sem autorização ou crachá, por motivos de segurança. Como o reclamante não apresentou nenhuma autorização, foi impedida a sua entrada (fls. 43). O MM. Juízo *a quo* entendeu que não há nenhum dano moral caracterizado. O relato do Sr. Lucas, testemunha do reclamante, faz alusão a uma lista, contudo, não foi ele quem não deixou o autor adentrar as dependências da reclamada. O empregador tem todo o direito de dispor das pessoas autorizadas ou não a adentrar em suas dependências físicas. Para tanto, é necessário que se dê listas aos seus empregados, os quais exercem as funções de segurança. O fato da lista, em hipótese alguma, configura o dano moral. Por outro lado, o reclamante poderia ter diligenciado no sentido de obter uma autorização. Portanto, sob qualquer enfoque, não há os requisitos da responsabilidade civil subjetiva (art. 159, CC de 1916; atual 186, CC 2002). Rejeito o apelo. TRT 2ª Reg. — RO 03833200390202009 — (Ac. 4ª T. 20030523286) — Rel. Juiz Francisco Ferreira Jorge Neto. DJSP 10.10.03, p. 84.

Ilícito civil — Atos desleais do empregador — Excesso de jornada — Descabimento

Ementa: DANOS MORAIS. ILÍCITO CIVIL. ATOS DESLEAIS DO EMPREGADOR. EXCESSO DE JORNADA. Não se concede indenização por danos morais decorrentes da prática de ilícito civil ou de atos desleais pelo empregador, quando não demonstrado que o excesso de jornada contribuiu para o acidente que culminou com o falecimento do empregado. TRT 15ª Reg. (Campinas/SP) — RO 01.621-2002-001-15-00-0 — (Ac. 1ª T. 15.020/04-PATR) — Rel. Juiz Eduardo Benedito de Oliveira Zanella. DJSP 7.5.04, p. 10.

Imagem do trabalhador — Qualidade das relações de trabalho — Dano moral configurado

Ementa: INDENIZAÇÃO POR DANO MORAL À IMAGEM DO EMPREGADO. QUALIDADE DAS RELAÇÕES DE TRABALHO. Numa cultura onde reina o método de direção autoritário e em que as pessoas, especialmente, as mais humildes, dependem, para sua auto-imagem, do conceito que seus superiores e colegas de trabalho fazem de si, ser alvo de críticas e censuras, aos berros e, em público, é extremamente doloroso e ofensivo da honra. Todavia, impõe-se a prova não só do dano sofrido, como também da culpa do ofensor e do nexo de causalidade. TRT 3ª Reg. — RO 01681-2003-073-03-00-8 — (Ac. 8ª T.) — Rel. Juiz José Miguel de Campos. DJMG 8.5.04, p. 23.

Imagem profissional — Boletim de ocorrência policial — Trabalho para outrem — Aviso prévio

Ementa: DANO MORAL. IMAGEM PROFISSIONAL. BOLETIM DE OCORRÊNCIA POLICIAL. TRABALHO PARA OUTREM. AVISO PRÉVIO. Denigre a imagem profissional o registro de Boletim de Ocorrência Policial, ensejando a divulgação de notícia por programa de rádio chamado de "Ronda Policial", propagando que o reclamante teria agido de forma inadequada no trabalho. Afinal, o trabalho é o bem maior do lavrador. É de suas mãos calejadas que tira o sustento da família. O trabalho em atividade lícita não pode ser tratado como caso de polícia, pois não comete ilícito algum o rurícola que, depois de ser dispensado, vai trabalhar em outras terras, mesmo que no curso do aviso prévio. Porquanto, o abandono de emprego no período do aviso prévio a ser trabalho não é motivo de justa causa (Súmula 73 do C. TST). Dano moral caracterizado. Sentença mantida. TRT 15ª Reg. (Campinas/SP) — RO 0181-2005-107-15-00-8 — (Ac. 38964/06-PATR, 11ª Câmara) — Rel. Juiz Edison dos Santos Pelegrini. DJSP 25.8.06, p. 82.

Imposto de renda — Indenização por danos — Art. 186 do Novo Código Civil — Indevida

Ementa: IMPOSTO DE RENDA. INDENIZAÇÃO POR DANOS. ART. 186 DO NOVO CÓDIGO CIVIL (CORRESPONDENTE AO ART. 159 DO CC/1916). INDEVIDA. Constitui ônus do empregador o desconto de imposto de renda incidente sobre os rendimentos pagos em cumprimento de sentença judicial, a teor do que dispõe o artigo 46 da Lei n. 8.541/92. O desconto é efetuado quando o valor estiver disponível ao credor e incide sobre o crédito trabalhista, na forma legal, não havendo que se falar em responsabilidade da empresa pelo pagamento do imposto de renda, porquanto o sujeito passivo deste tributo é o empregado e não o empregador, que apenas efetua o desconto e recolhe o valor aos cofres públicos, não havendo suporte legal para a pretensão. Também, não há que se falar em pagamento de indenização, na forma do artigo 159 do Código Civil, porquanto o empregado fará sua declaração de imposto de renda e poderá pleitear a restituição dos valores descontados. Não restando provada a existência do dano, não pode o empregador ser condenado ao pagamento da referida indenização. TRT 3ª Reg. — RO 00788-2003-080-03-00-7 — (Ac. 3ª T.) — Relª Juíza Maria Lúcia Cardoso Magalhães. DJMG 8.5.04, p. 04.

Imposto de renda incidente sobre rendimento pago em cumprimento de sentença — Dano moral advindo da necessidade de ajuizar ação para recebimento de direitos trabalhistas — Não configuração

Ementa: IMPOSTO DE RENDA INCIDENTE SOBRE RENDIMENTO PAGO EM CUMPRIMENTO DE SENTENÇA. DANO MORAL ADVINDO DA NECESSIDADE DE AJUIZAR AÇÃO PARA RECEBIMENTO DE DIREITOS TRABALHISTAS. A Lei n. 8.541/92 determina o recolhimento do imposto de renda sobre os rendimentos deferidos por sentença judicial quando estes se tornam disponíveis ao trabalhador (artigo 46). Logo, a retenção dessa contribuição fiscal é obrigatória e a sua realização não acarreta dano material passível de ressarcimento. Da mesma forma, não traduz dano moral a circunstância de o empregador ter deixado de cumprir alguns dos direitos trabalhistas no curso do pacto laboral, obrigando o autor a reivindicá-los em juízo. O dano moral evidencia-se quando há ofensa direta aos direitos da personalidade, seja no tocante à integridade física, moral ou intelectual. TRT 3ª Reg. — RO 01811-2003-110-03-00-8 — (Ac. 2ª T.) — Relª Juíza Alice Monteiro de Barros. DJMG 7.7.04, p. 09.

Da decisão, colhe-se o seguinte fundamento:

"MÉRITO

Toda a discussão no presente recurso gira em torno dos prejuízos que o reclamante alega ter sofrido em decorrência do ajuizamento de reclamação trabalhista contra o BANCO MERCANTIL DO BRASIL S/A com o fim de ter reconhecido o direito a diversas parcelas salariais.

Aduz que, ao ser apurado o total devido pelo reclamado, o imposto de renda atingiu importância muito superior àquela que seria paga caso o empregador tivesse cumprido as obrigações trabalhistas na época própria.

O pleito versa, portanto, sobre indenização por dano material e moral decorrente do contrato de trabalho. Nessa condição, não resta dúvida quanto à competência desta Justiça Especializada para apreciação dos pedidos formulados pelo autor (art. 114 da Constituição Federal).

Quanto ao dano material, o autor sustenta que o prejuízo advém do fato de ter sido recolhido imposto de renda em alíquota superior à devida.

Em princípio, fica esclarecido que o dano passível de ressarcimento surge quando evidenciada a ocorrência de um ato ilícito, ou seja, aquele ato que, não sendo fundado em Direito, cause dano a outrem, com intenção criminosa (dolo), ou culposa (negligência ou imprudência), nos termos do art. 159 do Código Civil.

Na hipótese dos autos, não ocorreu o alegado dano, pois a determinação alusiva à retenção do imposto de renda teve como amparo a Lei n. 8.541/92, que estabelece o recolhimento do imposto de renda sobre os rendimentos deferidos por sentença judicial, quando estes se tornam disponíveis ao trabalhador (art. 46). A retenção do Imposto de Renda sobre rendimentos pagos em cumprimento de decisão judicial é, portanto, obrigatória.

Como se trata de rendimentos provenientes do trabalho assalariado (salários), recebidos acumuladamente, o imposto de renda incide sobre o montante bruto, aplicando-se a alíquota correspondente à soma dos valores quitados no mês do pagamento (incluindo-se correção monetária e juros e excluindo-se as parcelas isentas e não tributáveis), momento em que o crédito se torna disponível para o beneficiário (cf. artigos 3º e 7º da Lei n. 7.713/88 e 46 da Lei n. 8.541/92).

Dessa forma, ao efetuar a incidência tributária sobre o montante bruto do crédito, o reclamado apenas acatou os ditames das leis que disciplinam a matéria.

Não há, por isso, dano a ser reparado, razão pela qual tornam-se inaplicáveis as disposições contidas no art. 159 do Código Civil, carecendo de amparo legal o pedido do reclamante, ora recorrente.

Confira-se, a seguir, o entendimento do C. TST:

Ementa: HORAS DE SOBREAVISO. USO DE BIP. A Orientação Jurisprudencial n. 49 deste Tribunal pacificou o entendimento acerca da questão, ao preconizar que o uso do BIP não caracteriza o regime de sobreaviso.

DESCONTOS RELATIVOS AO IMPOSTO DE RENDA. FORMA DE RETENÇÃO. CUMPRIMENTO DE DECISÃO JUDICIAL. ORIENTAÇÃO JURISPRUDENCIAL N. 228 DA SBDI-1 DO TST. Os descontos fiscais devem ser efetuados com base no valor total da condenação, no momento em que o crédito se tornar disponível para o reclamante. Nesse sentido, esta Corte, ao editar a Orientação Jurisprudencial n. 228, no âmbito da SBDI-1, pacificou a discussão sobre a forma de incidência do Imposto de Renda nas parcelas trabalhistas concedidas judicialmente. Os descontos previdenciários e fiscais, ainda que não recolhidos na época própria, devem ser suportados pelo empregador e pelo empregado, respeitadas as cotas-partes. De fato, não há na legislação previdenciária nem na legislação tributária qualquer norma que determine que, em caso de mora, o responsável por ela deva arcar com o pagamento integral dos valores relativos aos descontos devidos à Previdência Social e à Receita Federal. Recurso de revista de que se conhece e a que se dá provimento. (TRIBUNAL: TST — DECISÃO: 13.8.2003 — PROC.: RR — NÚM: 592.265 — ANO: 1999 — REGIÃO: 04 — RECURSO DE REVISTA — TURMA: 05 — ÓRGÃO JULGADOR: QUINTA TURMA — FONTE: DJ — DATA: 29.8.2003 — RELATOR: MINISTRO JOÃO BATISTA BRITO PEREIRA). (grifou-se).

O reclamante pretende, ainda, obter indenização por dano moral e invoca, como fundamento desse pedido, a mágoa provocada pelo fato de o empregador ter deixado de cumprir alguns dos direitos trabalhistas no curso do pacto laboral, obrigando-o a reivindicá-los em juízo, além de ter que esperar longo período para a quitação do seu crédito. Ora, o dano moral evidencia-se quando há ofensa direta aos direitos da personalidade, ou seja, quando o indivíduo tem maculadas, pela ação ou omissão de outrem, sua reputação, honra, decoro ou dignidade pessoal.

No caso em tela, a sonegação de direitos trabalhistas representa, é certo, prejuízo material ao autor. Não se pode considerar, porém, que a conduta do reclamado tenha violado quaisquer dos direitos da personalidade. Não vislumbro, por isso, dano moral a reparar. Lembre-se que a indenização por danos morais pressupõe um dano efetivo, sendo que o simples melindre de um espírito mais delicado não acarreta agravo moral indenizável.

Nada a prover.

Pelo exposto, nego provimento ao recurso ordinário." (www.trt3.gov.br, em 21.7.04)

Imprudência patronal — Dano moral configurado

Ementa: DANO MORAL. INDENIZAÇÃO. IMPRUDÊNCIA PATRONAL CARACTERIZADA PELA DETERMINAÇÃO AO EMPREGADO PARA QUE REMOVESSE A CAIXA DE CÂMBIO DO CAMINHÃO SEM FERRAMENTA APROPRIADA. Lesão física sofrida por reação fagulhenta que feriu gravemente a coxa do empregado, inclusive sem possibilidade de remoção da fagulha por determinação médica. Transtornos típicos para a indenização moral. Indenização arbitrada em 60 salários mínimos. TRT 2ª Reg. — RO 00169200246202008 — (Ac. 6ª T. 20050092132) — Rel. Juiz Rafael E. Pugliese Ribeiro. DJSP 11.3.05, p. 232.

Imputação de delito ao empregado — Dano moral — Configuração

Ementa: INDENIZAÇÃO DECORRENTE DE DANOS MORAIS. FATORES DE ARBITRAMENTO: VALOR SOCIAL DO CONTRATO DE TRABALHO E GRAVIDADE DO DANO. A longevidade do contrato de trabalho é indicativo de que elementos subjetivos como a fidúcia se consolidaram ao longo do tempo, formando pacto de qualidade distinta e de elevado valor social. A imputação de delito ao empregado situa-se dentre as piores e mais contundentes agressões ao plexo moral do indivíduo, atingindo-o contundentemente em sua dignidade perante terceiros e em sua própria auto-estima. A qualidade do contrato segundo o seu valor social e a gravidade da agressão constituem fatores de observância necessária no arbitramento da indenização por danos morais. TRT 2ª Reg. — RO 00852200305502005 — (Ac. 7ª T. 20050698405) — Rel. Juiz Luiz Antonio M. Vidigal. DJSP 14.10.05, p. 170.

Da decisão, colhe-se o seguinte fundamento:

"1. DOS DANOS MORAIS

A pretensão de recebimento de indenização por dano de natureza moral exige a presença de pelo menos três requisitos fundamentais, quais sejam: a efetiva existência de um dano a ser reparado, a conduta injurídica do causador do dano, omissiva ou comissiva, e a existência de nexo de causalidade entre tal conduta e o prejuízo suportado pelo postulante. Ausente qualquer destes pressupostos, a pretensão estará certamente fadada ao insucesso. As recorrentes sustentam que, ao contrário do quanto entendeu o D. Juízo de origem, o autor não faz jus ao recebimento da indenização deferida, vez que regularmente exercido o direito de requerer às autoridades competentes a investigação sobre fatos ocorridos na vigência do contrato, sem que tal possa ser visualizado como abuso de direito ou ato ofensivo à dignidade do ex-empregado. A tese, contudo, não prospera. Exame dos autos faz ver que, em outra reclamatória antes proposta pelo recorrido, restou afastada a tese de justa causa para dispensa, porquanto não comprovadas as alegações da empresa em torno de supostas irregularidades praticadas por este envolvendo programas de computador. Ainda que referidos elementos não se constituam em causa de pedir da indenização por danos morais, sua existência é fator indicativo do ânimo persecutório das investidas da ex-empregadora. Na queixa-crime de fls. 36/38 as demandadas postularam a instauração de procedimento investigatório para apurar responsabilidade imputada ao recorrido e qualificada como estelionato, em suposta irregularidade envolvendo o pagamento de maquinário de informática que jamais veio a integrar o seu ativo fixo, muito embora a existência de documento comprobatório de sua entrada na empresa. No termo de arquivamento de fls. 46/49, o D. Membro do Ministério Público deixou clara a absoluta inexistência de qualquer fundamento que autorizasse a propositura de ação penal, visto que a queixa revelou-se desprovida de sustentação. A imputação de delito situa-se evidentemente dentre as piores e mais contundentes agressões ao plexo moral do indivíduo, atingindo-o em sua dignidade perante terceiros e em sua auto-estima, gerando inequívoco flagelo da alma, digno de reparação. A articulação dos fatos conforme expostos na inicial, e a ausência de impugnação específica ou de elemento que fizesse elidir aquelas assertivas, leva a concluir pela efetiva existência de um dano moral a ser reparado, decorrente de atitudes injurídicas do ex-empregador. A indenização fixada em R$ 165.000,00 assenta-se em patamares absolutamente razoáveis e condizentes com a ofensa perpetrada, não havendo que se falar em sua redução. Mantenho."

Imputação de improbidade com repercussão negativa no meio social e profissional — Doméstica — Não comprovação

Ementa: DOMÉSTICA. DANOS MORAIS. INDENIZAÇÃO. IMPUTAÇÃO DE IMPROBIDADE COM REPERCUSSÃO NEGATIVA NO MEIO SOCIAL E PROFISSIONAL. NÃO COMPROVAÇÃO (ART. 333, I/CPC). RECURSO IMPROVIDO. Se a reclamante não produziu prova testemunhal em juízo (art. 333, I/CPC), fica afastada a alegação de que a reclamada tenha lhe imputado ato de improbidade e que tal fato tenha repercutido negativamente em seu ambiente profissional ou social. TRT 3ª Reg. — RO 00015-2004-047-03-00-7 — (Ac. 5ª T.) — Rel. Juiz Antônio Álvares da Silva. DJMG 24.7.04, p. 08.

Imputação de responsabilidade ao empregado por ato causado em decorrência de negligência do empregador — Incabível

Ementa: DANO MORAL. IMPUTAÇÃO DE RESPONSABILIDADE AO EMPREGADO POR ATO CAUSADO EM DECORRÊNCIA DE NEGLIGÊNCIA DO EMPREGADOR. INCABÍVEL. Se negligência houve, foi por parte da própria reclamada, que não forneceu condições dignas de segurança para que o autor pudesse executar seu mister sem riscos. Entretanto, ao invés de assumir a falha, preferiu o empregador, comodamente, responsabilizar o empregado pela ocorrência e constrangê-lo a ressarcir-lhe o prejuízo mediante imposição de empréstimo de empresa do mesmo grupo. A hipótese, no mínimo, configura abuso de direito por parte do empregador. TRT 2ª Reg. — RO 53876200290202004 — (Ac. 10ª T. 20030371028) — Relª Juíza Lilian Gonçalves. DJSP 17.8.03, p. 207.

Inadimplemento da indenização por desligamento incentivado — Mágoa — Não configuração

Ementa: DANO MORAL. INADIMPLEMENTO DA INDENIZAÇÃO POR DESLIGAMENTO INCENTIVADO. MÁGOA. Havendo a possibilidade da composição do dano mediante forma específica, o veredicto que constrange a obrigada a solver a *obligatio* resolve a pendência pela via judicial. Tal solução, além de compor-se clara, específica e comodamente com o veio laborista através da prefixação de fato-dano material causado, também ancora-se com a principiologia: "ninguém pode ser constrangido a fazer alguma coisa, submetendo-se ao simples querer do credor da obrigação, eis que a reparação do dano pode dar-se mediante o pagamento de perdas representadas por soma prefixa de dinheiro equivalente ao valor da prestação descumprida ou aos prejuízos sofridos com o inadimplemento." O reverso oportuniza duplo apenamento com mesma causa jurídica. TRT 3ª Reg. — RO 6.762/00 — (Ac. 5ª T.) — Relª Juíza Emília Facchini. DJMG 11.11.00, p. 24.

Inclusão do nome do reclamante no serviço de proteção ao crédito — Dano moral configurado

Ementa: DANO MORAL. INCLUSÃO DO NOME DO RECLAMANTE NO SERVIÇO DE PROTEÇÃO AO CRÉDITO. O r. acórdão regional manteve a condenação por dano moral, sob o fundamento de que a inclusão do nome do acionante no Serviço de Proteção ao Crédito implica na ocorrência de dano moral para o recorrido. O Regional não analisou a matéria sob o enfoque do ônus da prova, mas com base nas provas, o que afasta as alegações de violações aos artigos 818 da CLT e 333 do CPC. Improsperável a admissibilidade do recurso, consoante o disposto nos Enunciados 126 e 297/TST. Agravo não provido. TST — AIRR-491/1999-023-01-40.5 — (Ac. 3ª T.) — 1ª Reg. — Relª Juíza Convocada Dora Maria da Costa. DJU 18.6.04, p. 490.

Indenização pleiteada sob o fundamento de que houve violação de direitos inerentes à personalidade — Determinação geral para não-uso de barba — Não ocorrência

Ementa: DANO MORAL. INDENIZAÇÃO PLEITEADA SOB O FUNDAMENTO DE QUE HOUVE VIOLAÇÃO DE DIREITOS INERENTES À PERSONALIDADE. NÃO-OCORRÊNCIA. Não constitui ato abusivo e ofensivo à honra e à dignidade do trabalhador a determinação geral para o não-uso de barba, cujo objetivo era adequar o quadro de pessoal às novas necessidades e perspectivas da empresa no mercado. Como corolário do poder diretivo (*jus variandi)*, o empregador tem o direito (juridicamente limitado) de ajustar, adequar e de alterar as circunstâncias e critérios da prestação laboral. O empregado, por sua vez, tem a prerrogativa de opor-se às ordens ilícitas (*jus resistentiae*). A determinação da empresa, porém, não era ilícita, ainda que se considere que por ocasião da admissão o autor já usava barba. À evidência, não há prova nos autos de que a ré tenha agido de forma abusiva na auto-regulação da prestação laboral de seus empregados e que em decorrência disso tenha sido imposto ao autor situação vexatória. Não se pode olvidar, outrossim, que a atividade econômica é extremamente dinâmica, exigindo que as empresas estejam freqüentemente ajustando-a, assim como a sua força de trabalho. Portanto, o dinamismo com que as relações sociais e econômicas se desenvolvem exige comportamentos que anteriormente não se cogitavam. TRT 12ª Reg. — RO-V 00720-2003-032-12-00-5 — (Ac. 3ª T. 00964/2005, 17.12.04) — Relª Juíza Lília Leonar Abreu. DJSC 26.1.05, p. 92

Indenização por dano patrimonial físico e moral — Não configuração

Ementa: 1) PRELIMINAR DE NULIDADE DO ACÓRDÃO RECORRIDO POR NEGATIVA DE PRESTAÇÃO JURISDICIONAL. De acordo com o entendimento cristalizado na Orientação Jurisdicional n. 115 da SBDI-1 do TST, somente pode ser argüida a nulidade por negativa da prestação jurisdicional quando violados os requisitos dos artigos 832 da CLT, 458 do CPC ou artigo 93, IX da Constituição Federal de 1988. 2) INDENIZAÇÃO POR DANO PATRIMONIAL, FÍSICO E MORAL. A afronta a preceito constitucional a autorizar o conhecimento do recurso de revista deve ser direta e literal, conforme disposição do artigo 896, alínea *c* da CLT. Confrontando a decisão recorrida com os termos dos artigos 5º, incisos II e V, e 7º, XXVIII, da atual Constituição Federal, 159 do Código Civil, 332 e 334, III, do Código de Processo Civil, não se visualiza a possibilidade de se atender à pretensão da Recorrente. O fundamento adotado pelo Tribunal Regional, para manter a presença pela qual se indeferiu o pedido de indenização por danos morais, está calcado no fato de a Reclamante não ter comprovado a ocorrência de danos patrimoniais, físicos e morais, em face de atos praticados pelo Reclamado a justificar o deferimento do pedido de indenização. Assim, não há falar em danos patrimoniais, físicos e morais. Inadmissível, portanto, o processamento do recurso, porque não configurada violação direta dos artigos 5º, incisos II e V, e 7º, inciso XXVIII, da Constituição Federal de 1988, bem como afronta aos artigos 159 do Código Civil, 332 e 334, III, do Código de Processo Civil. 3) Agravo de instrumento desprovido. TST — AIRR-765.672/2001.8 — (Ac. 1ª T.) — 3ª Reg. — Rel. Min. Emmanoel Pereira. DJU 27.2.04, p. 579.

Indevida inclusão no *status* jurídico de cooperado e mora salarial — Indenização

Ementa: DANO MORAL. INDEVIDA INCLUSÃO NO *STATUS* JURÍDICO DE COOPERADO E MORA SALARIAL. INDENIZAÇÃO. Alçado pela cooperativa à condição jurídica de cooperado e não de empregado, o que se mostra incontroverso nos autos, não se pode extrair dessa atitude menoscabo à intimidade, à vida privada, à honra ou à imagem do reclamante (CF, art. 5º, X), não havendo, pois, como reconhecer nessa ocorrência dano extrapatrimonial indenizável, uma vez que gozam ambas as formas de prestação de trabalho de prestígio constitucional, respeitadas, obviamente, suas peculiaridades. Quanto às rescisórias, incluindo trezenos do ano da extinção contratual, porque tido como cooperado só poderia mesmo almejá-las via judicial; relativamente ao ganho mensal, limitada a uma única oportunidade no mês da extinção, dezembro/00, adviria dano se afetado seu lado social e humano, impedindo-o de convivência normal e harmoniosa em sociedade. E não é essa a hipótese, pois sequer aponta o apelante, e muito menos traz qualquer indício comprobatório de ter sofrido algum dano em sua integridade moral; sustenta, apenas, ofensa à sua auto-estima, o que, enfim, deriva de sua maior sensibilidade, esta não mensurável individualmente para fins indenizatórios. TRT 15ª Reg. (Campinas/SP) — REO 01401-2002-120-15-00-8 — (Ac. 5ª T. 11.575/2004-PATR) — Rel. Juiz Valdevir Roberto Zanardi. DJSP 16.4.04, p. 89.

Indicação indevida de terceira pessoa (empregador) para compor o pólo passivo da demanda (Homônimo) — Não configuração

Ementa: INDENIZAÇÃO DANOS MORAIS. NÃO CARACTERIZAÇÃO. A culpa do agente, traduzida como ato de vontade, omissão, negligência ou imprudência é elemento indispensável à caracterização do dever de indenizar àquele se diz prejudicado, material, ou moralmente, pelo ato do agente. Não enseja o dever de pagar indenização por danos morais o fato de ter determinado trabalhador, por equívoco, afastada a culpa, indicado, para compor o pólo passivo da relação processual, terceiro, homônimo de seu empregador. O constrangimento assim levado a efeito, conquanto indesejável, mas inevitável, é inerente à dinâmica da vida em sociedade. TRT 3ª Reg. — RO 01033-1997-093-03-00-7 — (Ac. 8ª T.) — Rel. Juiz José Marlon de Freitas. DJMG 10.9.05, p. 17.

"JUÍZO DE MÉRITO

Pretende o recorrente seja o autor condenado ao pagamento de indenização por danos morais e multa por litigação de má-fé, ao argumento de que sofreu enorme constrangimento por receber um oficial de justiça em sua casa cobrando uma dívida que não era sua.

Sem razão.

Compulsando os autos, verifico que o reclamante indicou na inicial o ora recorrente como reclamado, o qual, por sua vez, era parte ilegítima para a causa, por se tratar apenas de um homônimo do empregador do autor (fl. 77). Dessa forma, o MM. Juízo *a quo* acolheu a preliminar de ilegitimidade passiva *ad causam* e a exceção de pré-executividade, para declarar inadmissível a execução contra o Sr. Ângelo da Silva Xavier, ora recorrente, desconstituindo a sentença condenatória e colocando fim ao processo executivo (decisão, fl. 115/117).

O fato de o reclamante ter indicado erroneamente o nome do recorrente não configura, por si só, culpa capaz de ensejar dano moral ou litigação de má-fé. Não houve prova de que ele tenha agido com dolo ou culpa, de forma a buscar prejudicar o reclamado. Aliás, o próprio reclamante reconheceu, à fl. 114, o engano cometido, argumentando que realmente inexistiram provas suficientes de que o Sr. Ângelo da Silva Xavier tenha sido seu verdadeiro empregador (fl. 114).

Compartilho do entendimento do Juízo de primeira instância (fls. 134/135) no sentido de que a Constituição da República assegura o todos o direito de ação e de resposta. O autor utilizou-se do direito de promover ação contra quem entendia ser seu empregador, enquanto o réu, entendendo-se parte ilegítima para figurar no processo, utilizou-se dos meios legais para fazer prova de suas alegações — acolhidas, por sinal.

Nego provimento."

Inexistência — Não comprovação de que houve acusação formal de que a reclamante seria a culpada pelo ocorrido

Ementa: DANO MORAL. INEXISTÊNCIA, NA HIPÓTESE. O que houve, *in casu*, foi a apuração do desvio de gêneros alimentícios, mediante uma sindicância interna, com uma ocorrência policial, onde surgiu o nome do reclamante, como de outros empregados da empresa, que estavam encarregados do transporte dessa mercadoria, do almoxarifado para a cozinha do clube reclamado, o que não significa que este estivesse fazendo uma acusação formal de que seria o requerente o culpado por tal desvio, com a colocação dos referidos gêneros alimentícios no lixo, onde foram encontrados pelo Supervisor. O dano moral, segundo lapidar definição do insigne Juiz Walmir Oliveira da Costa, "é a lesão que alguém sofre em seus bens imateriais pela ação de outrem que lhe causa abalos a direitos personalíssimos" e isso não ocorreu, na hipótese. TRT 8ª Reg. — RO 476/01 — (Ac. 3ª T.) — Relª Juíza Lygia Simão Luiz Oliveira. Rev. do TRT 8ª Reg., vol. 34, n. 67, jul./dez./2001, p. 379.

Informação desabonadora — Não ocorrência

Ementa: INDENIZAÇÃO POR DANOS MORAIS E MATERIAIS. INFORMAÇÃO DESABONADORA. NÃO OCORRÊNCIA. Não comprovada a alegação de que a empregadora prestou informações desabonadoras sobre o empregado, não há como deferir indenização por dano material ou moral. Recurso conhecido e desprovido. TRT 10ª Reg. RO 00162-2005-005-10-00-8 — (Ac. 1ª T./05) — Relª Juíza Cilene Ferreira Amaro Santos. DJU3 5.8.05, p. 5.

Informação prestada por antigo empregador — Trabalhador apontado como impróprio para o emprego por ter ajuizado reclamação trabalhista — Configuração

Ementa: INFORMAÇÃO PRESTADA POR ANTIGO EMPREGADOR. TRABALHADOR APONTADO COMO IMPRÓPRIO PARA O EMPREGO POR TER AJUIZADO RECLAMAÇÃO TRABALHISTA. DANO MORAL DECORRENTE. A informação prestada por antigo empregador, no sentido de que determinada pessoa é imprópria para o trabalho em razão de contra ele ter movido ação trabalhista, eqüivale à "lista negra", prática assaz repudiada no âmbito desta Justiça Especializada. Ao sugerir fama de questionador e incapaz de prestar serviços àquele que busca judicialmente o reconhecimento de direitos que lhe foram sonegados, a par de constituir evidente tentativa de obstar a continuidade de sua existência de forma digna, atinge-se o trabalhador em algo básico para o exercício da cidadania: o direito ao livre acesso ao Poder Judiciário. Dá-se, por essa via, uma destinação à liberdade de informação contrária ao Estado Democrático de Direito. Inequívoco dano à imagem advindo de conduta claramente discriminatória, que atenta contra a dignidade da pessoa humana, situação suficiente para atrair a incidência do disposto no inciso X do artigo 5º da Constituição Federal não elidida pela posterior obtenção de nova relação empregatícia. TRT 12ª Reg. — RO-V 01009-2003-011-12-00-7 — (Ac. 3ª T. 03988/06, 07.03.06) — Rel. Juiz Gerson Paulo Taboada Conrado. DJSC 31.3.06, p. 320.

Informações desabonadoras — Indenização devida

Ementa: DANO MORAL. INFORMAÇÕES DESABONADORAS. Informações desabonadoras contra ex-empregado acerca de sua conduta funcional e de pai omisso quanto filho deficiente, prestadas por subgerente a terceiros, constituem atos ilícitos que violam os direitos à pessoa, tais como a reputação, a liberdade, a vida privada, a imagem, a dignidade, acarretando-lhe prejuízo no âmbito de suas relações sociais. Condenação ao pagamento de indenização por dano moral que se mantém. TRT 12ª Reg. — RO-V-06100/01 — (Ac. 1ª T. 03.046/02, 15.1.02) — Rel. Juiz C. A. Godoy Ilha. DJSC 9.4.02, p. 157.

Informações desabonadoras fornecidas pela ré, por telefone, a prováveis novos empregadores — Empregada doméstica — Publicidade — Atração da norma legal

Ementa: DANOS MORAIS. INDENIZAÇÃO. EMPREGADA DOMÉSTICA. INFORMAÇÕES DESABONADORAS FORNECIDAS PELA RÉ, POR TELEFONE, A PROVÁVEIS NOVOS EMPREGADORES. PUBLICIDADE. FATO JURÍDICO CONCRETO. ATRAÇÃO DA NORMA LEGAL. O fornecimento de informações sobre pessoas, em especial ex-empregados, constitui hoje um campo extremamente nevrálgico, tormentoso e perigoso, tenha ou não o informante previamente se assegurado do sigilo, uma vez que envolve, a um só tempo, o direito de informar com fidelidade e exatidão; a obrigação de fazê-lo até sob possível risco de futura responsabilidade (a omissão de dados importantes pode redundar em reivindicações dos prejudicados) e o dever de não ultrapassar a linha, indefinida e sutil, entre o cumprimento da obrigação, o expendimento de opiniões próprias e a agressão sem causa à personalidade do outro. Sendo uma coisa fornecerem-se informações objetivas, exatas, precisas, comprovadas ou comprováveis sobre alguém, dando ao novo empregador os dados concretos existentes sobre a conduta de uma pessoa a fim de que tome decisões, e outra é transmitir a terceiros impressões subjetivas, dúvidas e desconfianças pessoais que a própria informante jamais buscou apurar devidamente ou se o fez guardou exclusivamente para si e nem mesmo preocupou-se em punir a empregada ou rescindir o contrato. Ou seja, se guardou para si as dúvidas, suspeitas ou certezas, mantendo tudo no seu íntimo, sem as medidas próprias para pôr cobro aos fatos ou trazê-los ao conhecimento das autoridades competentes, agindo como lhe era lícito fazer, pois cada um sabe como gerir e administrar os conflitos internos no seu lar, não pode mais utilizar disso para alertar terceiros ou lançar dúvida pública depois sobre o comportamento da ex-empregada. Enquanto o fato permaneceu no íntimo da Ré, dele não se ocupa o Direito, eis que território infenso à invasão por ele. Mas a partir do instante em que lhe deu publicidade e circulação, provocou fato jurídico concreto, hábil para atrair a norma legal e gerar direitos e obrigações. Deferindo-se à Autora, empregada doméstica, diante da prova produzida, a reparação do dano moral em razão de meras suspeitas desabonadoras, de eventuais pequenos furtos, nunca apurados, nem jamais antes sequer mencionadas à empregada, mas fornecidas a prováveis novos empregadores, impedindo que obtivesse os empregos. Indenização devida que é arbitrada em um ano de salário da prejudicada, incluída a gratificação de Natal. TRT 3ª Reg. — RO 00290-2003-043-03-00-4 — (Ac. 3ª T.) — Rel. Juiz Paulo de Araújo. DJMG 13.7.04, p. 17. (Escola Judicial — Departamento da Revista)

Informações desabonadoras, inclusive dando conhecimento de ajuizamento de reclamatória trabalhista — Configuração

Ementa: DANO MORAL. CARACTERIZAÇÃO. INFORMAÇÕES DESABONADORAS. Restando comprovado que o ex-empregador prestou informações desabonadoras quanto à conduta profissional e pessoal do reclamante, igualmente mencionado o fato dele ter ingressado com reclamatória trabalhista contra o mesmo, irreparável a decisão que condenou ao pagamento de indenização, por caracterizado o dano moral. Sentença mantida. TRT 9ª Reg. — RO 07557-2003-008-09-00-4 — (Ac. 4ª T. 10028/05) — Rel. Juiz Luiz Celso Napp. DJPR 29.4.05, p. 501.

Informações desabonadoras sobre o reclamante — Ausência de comprovação — Descabimento

Ementa: INDENIZAÇÃO POR DANO MORAL E MATERIAL. AUSÊNCIA DE COMPROVAÇÃO. O fato de a empresa ter assinado o termo de ajustamento de conduta não significa reconhecimento de que prestou informações desabonadoras sobre o reclamante, mesmo porque o documento assinado é genérico. O compromisso firmado perante o Ministério Público do Trabalho no sentido de não fornecer informações desabonadoras de empregados e não recusar emprego àqueles que porventura tenham promovido ações trabalhistas não exime o reclamante de comprovar que sofreu o alegado dano, ônus do qual não se desincumbiu. Note-se que o próprio Ministério Público do Trabalho informou ao juízo *a quo* que a empresa não admitiu o fato denunciado, inferindo-se, portanto, que a autuação do *parquet* foi preventiva, inibindo a futura prática do ilícito. TRT 3ª Reg. — RO 00376-2004-028-03-00-5 — (Ac. 7ª T.) — Rel. Juiz Luiz Ronan Neves Koury. DJMG 7.12.04, p. 14.

Infrações contratuais — Não configuração

Ementa: DANO MORAL. INFRAÇÕES CONTRATUAIS. A rescisão contratual, devido à nulidade do ato administrativo da contratação, por si só, não caracteriza dano moral, posto que insuficiente para caracterizar ofensa à honra ou à dignidade do trabalhador. Da mesma forma, infrações trabalhistas, caso existentes, não induzem à idéia de ofensa moral pelo empregador ao empregado, pois aquelas podem ser reparadas materialmente pela Justiça do Trabalho, sem ofensa à honra ou à dignidade do trabalhador. TRT 9ª Reg. — RO 00284-2004-668-09-00-0 — (Ac. 4ª T. 18204/05) — Rel. Juiz Arnor Lima Neto. DJPR 19.7.05, p. 208.

Ingerência na vida privada do trabalhador — Configuração

Ementa: IDENTIDADE FÍSICA DO JUIZ. INTERPRETAÇÃO. RAZOABILIDADE. Aplicada com rigor radical, a regra da identidade física do juiz, integrante do conjunto de idéias conhecido como processo oral, pode constituir entrave para a boa fluência dos serviços judiciários. Mesmo com a vinculação apenas do juiz que conclui a instrução (a partir da reforma do CPC, em 1994) — há que se mitigar a aplicação da regra, de forma a acabar com, pelo menos, um dos fatores que retardam a prestação jurisdicional. De toda sorte, no processo do trabalho, a regra sempre teve aplicação limitada, em face dos princípios peculiares que regem o direito do trabalho e terminam por se irradiar para o processo trabalhista. Predomina a interpretação do artigo 132 do CPC como regra desvinculadora (ou redutora dos casos de vinculação). Conquanto seja aconselhável que o juiz que colheu a prova oral seja, também, o prolator da sentença, o que não se deve perder de foco é que as partes não têm direito adquirido ao julgamento por dado juiz — nesse aspecto, podem influir, apenas, na escolha do juiz que não pode julgar porque impedido ou suspeito de imparcialidade. Preliminar que se rejeita. DANO MORAL. INGERÊNCIA NA VIDA PRIVADA DO TRABALHADOR. IRRELEVÂNCIA DO FATO PARA O CONTRATO DE TRABALHO. O contrato de trabalho é bilateral e exige das partes o respeito a um padrão mínimo de moral e ética, no que respeita às condições contratuais. Não cabe ao empregador emitir juízo de valor acerca de conduta do empregado e submetê-la à discussão em reuniões na empresa. Comprovado que o fato supostamente reprovável atribuído à autora não teve qualquer influência no cumprimento dos deveres inerentes ao contrato de trabalho, a exposição da trabalhadora aos colegas e, em conseqüência, a toda a comunidade, causou inegável constrangimento. O abalo moral sofrido justifica a condenação. Recurso a que se nega provimento para manter a sentença, inclusive quanto ao valor da indenização. TRT 9ª Reg. — Proc. 00389-2002-669-09-00-4 — (Ac. 00548/2004) — Relª Juíza Marlene T. Fuverki Suguimatsu. DJPR 23.1.04, p. 189.

Injúria e difamação no ambiente de trabalho — Independência de jurisdições — Abalo moral incontroverso — *Quantum*

Ementa: INJÚRIA E DIFAMAÇÃO NO AMBIENTE DE TRABALHO. INDEPENDÊNCIA DE JURISDIÇÕES. ABALO MORAL INCONTROVERSO. *QUANTUM*. Hipótese em que o obreiro foi, por ocasião de sua dispensa imotivada, chamado de "*burro, incompetente, conferente de merda*". Nos termos da Súmula n. 8 do C. TST, a juntada de documentos na fase recursal só se justifica quando provado o justo impedimento para sua oportuna apresentação ou se referir a fato posterior à sentença, hipóteses não verificadas na lide. De qualquer sorte, as jurisdições trabalhista e criminal são perfeitamente independentes, sendo que o só fato do trabalhador não ter levado adiante a incontroversa conduta injuriosa/difamatória do sócio da ré não significa que a sua honra não tenha sido abalada. Tem-se, contudo, como excessiva a indenização de R$ 10.000,00 fixada pelo Juízo de origem, cabendo a minoração do valor reparatório arbitrado. No entendimento deste Juiz-Relator, considera-se que o valor de R$ 5.000,00 corresponde a uma quantia indenizatória total bem razoável e adequada ao caso concreto. TRT 4ª Reg. — RO 00202-2005-026-04-00-5 — (AC. 2ª T.) — Rel. Juiz João Ghisleni Filho. DJRS 23.11.05. (wwwtrt4.gov.br, 1º.12.05).

Injusta punição disciplinar — Nexo causal entre a conduta patronal lesiva e o sofrimento causado à trabalhadora provados — Indenização devida

Ementa: DANO MORAL. NEXO CAUSAL ENTRE A CONDUTA PATRONAL LESIVA E O SOFRIMENTO CAUSADO À TRABALHADORA PROVADOS. INDENIZAÇÃO DEVIDA. A conduta patronal, de negligência no fornecimento de troco para o regular funcionamento da venda de bilhetes, expôs a reclamante, enquanto bilheteira, à fúria e aos insultos do usuário agressivo e à situação publicamente vexatória, para a qual a mesma não contribuiu. Soma-se a este lamentável episódio, a injusta punição disciplinar aplicada à trabalhadora, que, além das ofensas, sofreu também o impacto financeiro resultante da suspensão disciplinar e do desconto dos dias de inatividade. A lesão extrapatrimonial é indiscutível, caracterizando-se o dano moral e impondo-se, por corolário lógico, a respectiva indenização, pela aplicação do art. 159 do Código Civil, com a redação vigente à época dos fatos. TRT 2ª Reg. — RO 00995200204002007 — (Ac. 4ª T.) — Rel. Paulo Augusto Câmara. DJSP 13.5.05, p. 62.

Inquérito administrativo — Insuficiência para caracterizar dano moral

Ementa: DANO MORAL. INQUÉRITO ADMINISTRATIVO. INSUFICIÊNCIA PARA CARACTERIZAR DANO MORAL. A condenação ao pagamento de indenização decorrente de dano moral só se justifica nos casos em que o ato imputado como causador seja ilícito e de tal monta lesivo que venha a atingir a intimidade, a vida privada, a honra e a imagem da pessoa. Assim, a instauração de inquérito administrativo contra o trabalhador, cuja conclusão imputa-lhe a prática de atos considerados irregulares, não caracteriza o dano moral a justificar o pagamento da indenização correspondente, mormente pelo fato de que esse procedimento encontra previsão no ordenamento jurídico e não pode, por esse motivo, ser caracterizado como ilegal. TRT 12ª Reg. — RO-VA 00587-2000-002-12-00-2 — (Ac. 3ª T. 03.304/03, 11.3.03) — Relª Juíza Marta Maria Villalba Fabre. DJSC 7.4.03, p. 163.

Instalação de câmara de vídeo na recepção do estabelecimento reclamado — Local de trabalho — Dano moral configurado

Ementa: INDENIZAÇÃO POR DANO MORAL. EFETIVIDADE DO CONSTRANGIMENTO. A existência do constrangimento deve ser robustamente comprovada, para que se reconheça o direito à indenização por dano moral. Fato corriqueiro e comum, como a instalação de câmara de vídeo na recepção do estabelecimento reclamado local de trabalho da empregada — não tem a gravidade necessária a provocar um efetivo constrangimento, mormente quando o que se busca é a segurança não só do estabelecimento, mas também dos clientes e dos próprios empregados, não servindo, por isso, como supedâneo para justificar pleito de indenização. TRT 3ª Reg. — RO 00704-2003-044-03-00-1 — (Ac. 1ª T.) — Relª Juíza Adriana Goulart de Sena. DJMG 10.10.03.

Instauração de inquérito para apuração de falta grave — Empregado sindicalista — Ausência de prova — Dano moral configurado

Ementa: DANOS MORAIS. INDENIZAÇÃO. A instauração de inquérito para apuração de falta grave contra empregado sindicalista, com acusações sem respaldo satisfatório em provas, bem como o afastamento deste do emprego e suspensão do pagamento de verbas de natureza alimentar que o levaram à situação de extrema penúria, caracterizam lesão ao patrimônio moral, hábil a atrair a reparação pecuniária vindicada. TRT 3ª Reg. — RO 00725 2003-036-03-00-2 — (Ac. 5ª T.) — Rel. Juiz Eduardo Augusto Lobato. DJMG 24.4.04, p. 20.

Instauração de sindicância — Dano moral não configurado

Ementa: "DANO MORAL. INSTAURAÇÃO DE SINDICÂNCIA. Haveria dano moral se o empregado fosse repreendido pelo ato, sendo apurada "a posteriori" sua inocência. A sindicância não implica no reconhecimento da culpabilidade do empregado, mas, ao contrário, propõe protegê-lo de uma punição injusta. Recurso que não se provê." TRT 2ª Reg. — RO 02054200207002000 — (Ac. 1ª T. 20050771064) — Rel. Juiz Plinio Bolivar de Almeida. DJSP 22.11.05, p. 82.

Insultos praticados por superior hierárquico no ambiente de trabalho — Direito à indenização

Ementa: DANO MORAL. INSULTOS PRATICADOS POR SUPERIOR HIERÁRQUICO NO AMBIENTE DE TRABALHO. DIREITO À INDENIZAÇÃO.Ainda que não configure assédio moral,porquanto ausente a situação de cerco, o caráter continuado das agressões verbais à secretária, praticadas por diretor, caracteriza método de gestão por injúria que importa indenização por dano moral(art. 5º, V e X, CF; 186 e 927 do NCC). *In casu*, irrelevante que os insultos freqüentemente chegassem à reclamante via rádio, já que tais ultrajes podiam ser ouvidos por todos, no ambiente de trabalho, através do sistema "viva voz". O tratamento despótico dirigido à empregada caracteriza tirania patronal incompatível com a dignidade da pessoa humana, com a valorização do trabalho e a função social da propriedade, asseguradas pela Constituição Federal (art. 1º, III e IV, art.5º, XIII, art. 170, caput e III). TRT 2ª Reg. — RO 00335200305802005 — (Ac. 4ª T. 20060275930) — Rel. Juiz Ricardo Artur Costa e Trigueiros. DJSP 9.5.06, p. 10.

Interceptação de ligações telefônicas — Grampo telefônico — Dano moral não configurado

Ementa: DANO MORAL. INTERCEPTAÇÃO DE LIGAÇÕES TELEFÔNICAS. GRAMPO TELEFÔNICO. A interceptação das ligações telefônicas residenciais do empregado, o chamado grampo, determinada pelo empregador, não dá ensejo, *per se*, ao pagamento de danos morais, mesmo que tenha havido a divulgação de tal fato na imprensa. Somente é cabível tal indenização quando configurado efetivo prejuízo à honra do obreiro, aspecto descaracterizado pela ausência de qualquer imputação desabonadora a ele atribuída, pelo fato de as conversas degravadas não saírem do âmbito da empresa e pela comprovação de que o empregado tinha conhecimento do grampo. TRT 17ª Reg. — RO 01116.1999.131.17.00.3 — (Ac. 9194/2004) — Rel. Juiz José Luiz Serafini. DJES 25.11.04, p. 8.091.

Interpelação ao empregado a respeito do desaparecimento de objetos no local de trabalho — Empregador doméstico — Não configuração

Ementa: DANO MORAL. NÃO CONFIGURAÇÃO. A interpelação que o empregador faz ao empregado a respeito do desaparecimento de objetos no local de trabalho não pode ser considerada ofensiva à honra do obreiro, ainda que, em razão da suspeita, seja rompido pelo empregador o pacto laboral. É natural que o empregado interpelado se sinta ofendido. Ninguém gosta de se ver na condição de acusado de falta que não cometeu. Entretanto, não é razoável que o empregador doméstico mantenha em sua residência pessoa que não mais desfruta de sua confiança. Para que se configure o dano moral ao empregado, é preciso prova cabal de que o empregador, sem qualquer prova, acusou efetivamente o trabalhador da falta grave. A simples suspeita não gera direito à indenização por dano moral. TRT 1ª Reg. — Proc. 01217-2003-030-01-00-4 — (Ac. 5ª T.) — Rel. Des. Antonio Carlos Areal. DJRJ 26.4.05, p. 153.

Investigação realizada dentro da empresa sem publicidade e nos limites da razoabilidade — Dano moral não configurado

Ementa: DANO MORAL. NÃO-CARACTERIZAÇÃO. INVESTIGAÇÃO REALIZADA DENTRO DA EMPRESA. A investigação realizada dentro da empresa sem publicidade e nos limites da razoabilidade, a fim de apurar a autoria de furto praticado no estabelecimento, insere-se no poder-dever do empregador, já que lhe compete oferecer aos seus empregados um local de trabalho sadio e seguro. Não se pode, pois, no caso, atribuir ao empregador a autoria de dano moral em virtude de o empregado se sentir constrangido com o ato. TRT 12ª Reg. — RO-V 02488-2002-002-12-00-7 — (Ac. 3ª T. 07.493/03, 24.6.03) — Relª Juíza Lília Leonor Abreu. DJSC 7.8.03, p. 174.

Labor em ambiente recém-dedetizado — Configuração

Ementa: DANO MORAL. LABOR EM AMBIENTE RECÉM-DEDETIZADO. Conquanto não se tenha provado o nexo causal entre a paralisia facial que acometera o autor com o trabalho em ambiente dedetizado, reputo configurado o dano moral por encontrar-se ele obrigado a trabalhar em local que expunha sua saúde a diversos males, situação degradante e humilhante a qualquer ser humano. A exposição do autor a elementos químicos utilizados em dedetizações nefastos a sua saúde, tal como restou explicado na perícia, decorreu de sua prestação de serviços a ré. Porque o possuidor do capital se sobrepõe ao detentor da força de trabalho, por conta disso, o aplicador do Direito Laboral não deve desviar o foco de atenção do princípio protetivo que visa a minimizar as desigualdades inerentes à relação havida entre eles. Insere-se na função social da empresa (art. 170 da Carta da República) a proteção à saúde do trabalhador e a outros direitos que visem à melhoria de sua condição social, com a redução dos riscos inerentes ao trabalho, por meio de normas de saúde, higiene e segurança (art. 7º, XXII da CF). A busca da dignidade da pessoa humana, vale recordar, constitui fundamento do Estado Democrático de Direito (art. 1º da CF). Poderia a empresa, *v.g.*, programar as dedetizações de forma a evitar riscos maiores a seus trabalhadores. Não o fazendo, obrigou o empregado a laborar em ambiente impregnado de agentes químicos em prejuízo de sua saúde, pelo que deve a ré arcar com a indenização correspondente por danos morais. TRT 9ª Reg. — RO 08603-2002-014-09-00-3 — (Ac. 3ª T. 07700/05) — Relª Juíza Rosemarie Diedrichs Pimpão. DJPR 5.4.05, p. 188.

Latrocínio — Empregado responsável pela guarda do estabelecimento comercial — Nexo de causalidade entre a omissão culposa do empregador e o evento lesivo — Responsabilidade civil configurada — Obrigação de indenizar a cônjuge supérstite e as filhas menores

Ementa: LATROCÍNIO. EMPREGADO RESPONSÁVEL PELA GUARDA DO ESTABELECIMENTO COMERCIAL. NEXO DE CAUSALIDADE ENTRE A OMISSÃO CULPOSA DO EMPREGADOR E O EVENTO LESIVO. RESPONSABILIDADE CIVIL CONFIGURADA. OBRIGAÇÃO DE INDENIZAR A CÔNJUGE SUPÉRSTITE E AS FILHAS MENORES. PENSÃO MENSAL DE NATUREZA CIVIL, DESVINCULADA DO BENEFÍCIO PREVIDENCIÁRIO. IMPOSSIBILIDADE DE COMPENSAÇÃO. RENDIMENTO COM CARÁTER ALIMENTAR. CONSTITUIÇÃO DE CAPITAL PELO DEVEDOR. OBRIGATORIEDADE. 1 — Comprovada a omissão culposa do empregador, que deixou de adotar as medidas necessárias a garantir a integridade física do seu empregado, vítima de latrocínio ocorrido no local de trabalho, exsurge a sua responsabilidade civil de indenizar a viúva e as filhas menores. 2 — A pensão devida pelo empregador detém natureza civil e, por este motivo, não pode ser compensada com o benefício previdenciário percebido pelo INSS. 3 — Revestindo-se a pensão de inquestionável caráter alimentar, a constituição de capital por parte do devedor como forma de assegurar o cumprimento da obrigação é medida que se impõe. Previsão contida no art. 602 do CPC. TRT 12ª Reg. — RO-V 00151-2005-012-12-00-5 — (Ac. 3ª T. 11847/05, 30.08.05) — Relª Juíza Gisele Pereira Alexandrino. DJSC 27.9.05, p. 234.

Lesão à integridade física da pessoa humana — Dano moral configurado

Ementa: DANO MORAL. GERAL. Não cabe perquirir a conotação utilizada, tampouco a intenção do emissor da palavra, mas sim a efetiva lesão à integridade da pessoa humana, em sua intimidade, em sua imagem. Não pode o superior hierárquico, a pretexto de brincadeira, expor o empregado à situação vexatória, indigna e atentatória à moral. A violação a direitos personalíssimos tutelados pela ordem jurídica deve ser objeto de reparação (art. 5º, V e X da Constituição Federal). TRT 2ª Reg. — RO 44176200290202009 — (Ac. 10ª T. 20030219110) — Relª Juíza Lilian Gonçalves. DJSP 27.5.03, p. 37.

Lista cadastral de ex-empregados de empresas prestadoras de serviços — Prejuízo não provado — Indeferimento

Ementa: INDENIZAÇÃO POR DANO MORAL. LISTA CADASTRAL DE EX-EMPREGADOS DE EMPRESAS PRESTADORAS DE SERVIÇOS. PREJUÍZO NÃO PROVADO. INDEFERIMENTO. Para a configuração do dano moral que enseja o direito à indenização, ainda que no ambiente de trabalho ou em conseqüência do vínculo laboral havido entre as partes, mister a demonstração da presença de dois pressupostos básicos: o nexo de causalidade entre os fatos que lhe deram origem e o dano causado e a projeção do dano (moral) — que resulta em uma mácula ao trabalhador lesado possível de ser convertida em pecúnia. Na hipótese de, mesmo averiguando-se a existência de cadastro com nomes de ex-empregados a serem vetados para futura recontratação, sem se adentrar ao mérito da lisura ou não desta prática, se o próprio postulante cuida de afastar a ocorrência de prejuízo à sua pessoa, na medida em que diz sequer saber da ação ou de seu conteúdo, este fato afigura-se impeditivo do reconhecimento de dano moral com repercussão no campo financeiro, nos termos dos arts. 186 e 927 do novo Código

Civil. TRT 9ª Reg. — RO 00533-2003-091—09-00-5 — (Ac. 1ª T. 23626/05) — Rel. Juiz Ubirajara Carlos Mendes. DJPR 20.9.05, p. 240.

Lista negra — Ausência de prova — Não configuração

Ementa: INDENIZAÇÃO POR DANOS MORAIS E MATERIAIS DECORRENTES DA NÃO CONTRATAÇÃO DO CANDIDATO AO EMPREGO FUNDADA NA ALEGAÇÃO DE TER RECLAMAÇÃO TRABALHISTA CONTRA OUTRA EMPRESA DO MESMO RAMO EMPRESARIAL. DA EXISTÊNCIA DE "LISTA NEGRA" ENTRE AS EMPRESAS RECLAMADAS. Não basta a parte alegar que não obteve o emprego porque as empresas adotam a famigerada prática da "lista negra", consistente na troca de informações acerca de terem ex-empregados as acionadas em Juízo e, com isto, os alijarem do processo seletivo de contratação para o trabalho. Reclamação trabalhista desse jaez exige prova inconcussa das alegações trazidas a juízo, ônus exclusivo do postulante, do qual não se desincumbindo, a contento, não pode sair vitorioso. RECURSO DO RECLAMANTE DESPROVIDO. PEDIDO CERTO E DETERMINADO. LIMITAÇÃO DA ATUAÇÃO JURISDICIONAL. Quando se faz pedido certo e determinado não pode o Juiz dele se afastar, estando restrita a atuação jurisdicional aos seus limites. Se o pedido inicial tem por fundamento de fato a não contratação do empregado, não cabe outro pronunciamento judicial que não a este tema específico, não se permitido que se proceda a condenação do réu arrimando-se na anotação e imediato cancelamento do contrato em sua Carteira de Trabalho. Decisão além dos termos em que proposta a ação encerra pronunciamento judicial ultra petita, cujo reparo se impõe. Recurso da Reclamada provido. Ação julgada improcedente. TRT 3ª Reg. — RO 00837-2005-033-03-00-6 — (Ac. 6ª T.) — Rel. Juiz Hegel de Brito Bóson. DJMG 16.2.06, p. 13.

Lista negra — Elaboração e divulgação — Caracterização — Desnecessidade de demonstração da sua ocorrência

Ementa: ELABORAÇÃO E DIVULGAÇÃO DE LISTA NEGRA. DANO MORAL. CARACTERIZAÇÃO. DESNECESSIDADE DE DEMONSTRAÇÃO DA SUA OCORRÊNCIA. I — O dano moral prescinde de prova da sua ocorrência, em virtude de consistir em ofensa a valores humanos, os quais se identificam por sua imaterialidade, sendo imprescindível apenas a demonstração do ato ilícito do qual ele tenha sido o resultado. II — Tendo restado comprovado, pelo contexto fático-probatório, por sinal insuscetível de reexame nesta Corte, a teor da súmula 126, que o nome do autor constara de "lista negra" elaborada e divulgada pela empresa, acha-se caracterizado o ilícito patronal e por conseqüência materializado o dano moral, em função do qual é incontrastável o direito à indenização compensatória. III — Vale registrar não ter sido reiterado nas contra-razões do recurso de revista a impugnação veiculada, no recurso ordinário, ao valor arbitrado pelo Juízo de primeiro grau, de sorte que não há lugar para pronunciamento do TST. IV — De qualquer modo, ainda que inusual em sede de cognição extraordinária, defronta-se com a razoabilidade do valor lá arbitrado de R$ 10.000,00, tendo em conta a estatura econômico-financeira da empresa e a gravidade da ofensa, não se divisando no arbitramento desrespeito ao princípio que veda o enriquecimento sem causa. Recurso provido. TST — RR-249/2005-091-09-00.0 — (Ac. 4ª T.) — REL. Min. Antônio José de Barros Levenhagen. DJU 24.11.06, p. 985.

Lista negra — Elaboração e divulgação — Prova do prejuízo — Desnecessidade

Ementa: DANO MORAL. LISTA NEGRA. ELABORAÇÃO E DIVULGAÇÃO. PROVA DO PREJUÍZO. DESNECESSIDADE. 1. A elaboração e divulgação de "lista negra" relacionando trabalhadores que ajuizaram ação trabalhista e recomendando a não contratação dos mesmos é conduta gravíssima, que atenta contra a ordem constitucional, afronta o Poder Judiciário e desconsidera a dignidade humana. 2. Os trabalhadores relacionados na referida lista fazem jus à indenização por dano moral, ainda que tenham conseguido colocação no mercado de trabalho e não tenham provado prejuízo material. 3. "Na concepção moderna do ressarcimento por dano moral, prevalece a responsabilização do agente por força do simples fato da violação, de modo a tornar-se desnecessária a prova do prejuízo em concreto, ao contrário do que se dá quanto ao dano material." (STJ, 4ª Turma, RE 2003/0101743-2 — Rel. Ministro Cesar Asfor Rocha). 4. Decisão por maioria. TRT 24ª Reg. — Red. Desig. Juiz Amaury Rodrigues Pinto Júnior. DJMS n. 6.258, 2.6.04, p. 42.

Da decisão acima, colhe-se o seguinte fundamento:

"2. MÉRITO

2.1. DANOS MORAIS — 'LISTA NEGRA'

O autor informou na peça de ingresso que, após ser dispensado sem justa causa pela ré, ajuizou ação trabalhista vindicando o pagamento das parcelas rescisórias e passou a procurar emprego '[...] em todas as empresas desta cidade, na qual possui amplo conhecimento pessoal e profissional, sempre sendo muito bem recepcionado, porém, após deixar *curriculum vitae* ou mesmo prestar informações do serviço anterior, ao retornar para firmar contrato de trabalho, na maioria das vezes praticamente ajustado com os empregadores, simplesmente tem o emprego negado' (fl. 03).

Alegou, ainda, que recentemente tomou ciência da existência de uma lista com os nomes de vários trabalhadores que prestaram serviços à ré e posteriormente ingressaram com ação na Justiça do Trabalho, a qual foi remetida a várias empresas locais com a sugestão de não-contratação.

Aduziu, por fim, que a atitude da empresa provocoulhe dano moral, pois, não conseguindo obter novo posto de trabalho, passou por situação humilhante e deprimente, o que ofendeu seu brio e sua honra perante ele próprio e seus familiares.

O juiz de primeiro grau indeferiu o pedido por entender ausente prova de prejuízo, mormente em razão do autor estar trabalhando atualmente.

O acionante insurge-se pretendendo a reforma da decisão, sob a alegação de que não há necessidade de comprovar o sofrimento a que foi submetido por atitude ilícita da acionada e que a divulgação foi ampla, contrariamente ao que se considerou na origem.

O recurso merece acolhida.

A existência da 'lista negra' ventilada na inicial e suas sucessivas atualizações restou comprovada através dos documentos de fls. 10/18, na qual consta expressamente sugestão para 'não contratação dos mesmos, em hipótese alguma, inclusive como prestadores de serviços' (fls. 10 e 13).

Aliás, a confecção da lista foi confirmada pela própria acionada em sua defesa, quando tentou justificar que não houve autorização dos seus diretores para essa conduta (fl. 78).

Igualmente restou admitido pela ré a publicação da relação dos ex-empregados, embora tenha defendido que essa se deu de maneira restrita, pois apenas as empresas que lhe prestavam serviço é que receberam a correspondência.

Além de remeter a lista às suas prestadoras de serviço, a demandada exercia efetiva pressão para que fosse cumprida sua 'sugestão', ameaçando, inclusive, de rompimento contratual, como relatou a testemunha Rinaldo José Gonçalves, inquirida no Processo n. 452/2002, que tramitou perante a 1ª Vara do Trabalho de Campo Grande (fl. 24).

Não há dúvida, portanto, acerca da ação dolosa praticada pela ré, pelo que vislumbro, sem nenhuma dificuldade, a presença do primeiro elemento necessário à responsabilização extracontratual.

Por outro lado, a simples inclusão do nome do autor numa lista de empregados que moveram ação trabalhista contra seu ex-empregador, com recomendação para sua não contratação, é fato suficiente para caracterizar o dano moral, pois tal publicidade tem o nítido objetivo de prejudicar as pessoas relacionadas, impedindo-as de conseguir nova colocação no mercado de trabalho.

Não podemos esquecer que o fato de o empregado já haver ou não movido ação trabalhista tem sido utilizado por muitas empresas como critério admissional decisivo, tanto que a Presidência deste Eg. Regional, após denúncias de formação de 'listas negras', decidiu 'determinar o bloqueio da consulta de processos, pelo nome das partes, da página na *Internet* e nos terminais de extrato dos órgãos da Justiça do Trabalho da 24ª Região' (Ato GP n. 310/2001, art. 1º).

A conduta empresarial é gravíssima na medida em que atenta, indubitavelmente, contra a ordem constitucional, pois coloca em risco a realização dos objetivos fundamentais da República Federativa do Brasil (CF, art. 3º), além de afrontar o Poder Judiciário, um dos pilares do Estado Democrático de Direito, já que a intenção indisfarçável é perseguir os empregados que buscaram a tutela jurisdicional não para efeito de mera vingança, mas para que sirva de exemplo e, assim, os demais empregados, mesmo tolhidos de seus direitos, aceitarão inerte a violação de seus direitos, pois, do contrário, serão banidos do mercado de trabalho, como se tivessem cometido o mais cruel dos crimes.

A 'cruzada' empreendida pela ré contra seus ex-empregados afronta, também, a dignidade da pessoa humana, pois retira dos trabalhadores a possibilidade de obterem seu sustento com seu próprio trabalho, submetendo-lhe a perversa humilhação de depender de familiares e amigos para sobreviver, quando não da mendicância.

O fato do trabalhador relacionado na 'lista negra' já ter conseguido nova colocação no mercado de trabalho não afasta o seu direito à indenização por dano moral, o qual se concretiza pela simples ação ilícita do agente, sendo de se destacar que a jurisprudência, inclusive do STJ, vem se consolidando no sentido de que apenas a indenização do dano material exige a prova do prejuízo.

Veja-se as seguintes ementas:

DIREITO CIVIL. DANO MORAL. REGISTRO INDEVIDO EM CADASTRO DE INADIMPLENTES. A jurisprudência desta Corte está consolidada no sentido de que, na concepção moderna do ressarcimento por dano moral, prevalece a responsabilização do agente por força do simples fato da violação, de modo a tornar-se desnecessária a prova do prejuízo em concreto, ao contrário do que se dá quanto ao dano material. O valor arbitrado a título de danos morais, contudo, revela-se exagerado e desproporcional às peculiaridades da espécie. Recurso parcialmente conhecido e, nessa parte, provido. (BRASIL. Superior Tribunal de Justiça. 4ª Turma. Ementa. Recurso Especial n. 2003/0101743-2. Relator: Ministro Cesar Asfor Rocha. DJU, 15.dezembro.2003)

CIVIL E PROCESSUAL. AÇÃO DE INDENIZAÇÃO. DANO MORAL. CONTA CANCELADA PELO CORRENTISTA. CHEQUES EMITIDOS POSTERIORMENTE POR TERCEIRO. INSCRI-

ÇÃO NO SERASA. PROVA DO PREJUÍZO. DESNECESSIDADE. CC, ART. 159. ENRIQUECIMENTO SEM CAUSA. COMPATIBILIDADE DO VALOR DA INDENIZAÇÃO À LESÃO. I. A indevida inscrição no SPC gera direito à indenização por dano moral, independentemente da prova objetiva do abalo à honra e à reputação sofrido pelo autor, que se permite, na hipótese, presumir, gerando direito a ressarcimento, que deve, de outro lado, ser fixado sem excessos, evitando-se enriquecimento sem causa da parte atingida pelo ato ilícito. II. Recurso especial conhecido em parte e parcialmente provido. (BRASIL. Superior Tribunal de Justiça. 4ª Turma. Ementa. Recurso Especial n. 2002/0117898-0. Relator: Ministro Aldir Passarinho Júnior. DJU, 31.março.2003)

É importante destacar, por fim, existirem precedentes desta Casa no mesmo sentido (RO 559-2003-003-24-09, Relator Ricardo Geraldo Monteiro Zandona; RO 0452-2002-001-24-07, Relatora Dalma Diamante Gouveia).

Dessarte, arbitro em R$ 7.000,00 o valor da indenização, sopesadas as circunstâncias seguintes: a) conduta dolosa do agente, pois teve ele indisfarçável propósito de causar prejuízo, impedindo que o autor conseguisse novo posto de trabalho; b) o dano de elevada gravidade, pois colocou-se em risco a subsistência do trabalhador; c) repercussão permanente da lesão, pois aqueles que tiveram acesso à lista provavelmente negarão emprego ao autor, além da possibilidade de repasse da informação; d) caráter pedagógico-repressor da medida.

Provejo o recurso."

Lista negra — Manutenção e divulgação — Indenização — Cabimento

Ementa: DANO MORAL. INCLUSÃO DE NOME EM LISTA "NEGRA" DE TRABALHADORES. A manutenção e divulgação (mesmo que restrita a um grupo seleto de empresas) de listagens contendo dados tidos como "desabonadores" de empregados, que podem incidir em meio de inviabilização de colocação no mercado formal de trabalho, fere a dignidade e a imagem do trabalhador, expressamente asseguradas no artigo 1º, inciso III, e artigo 5º, inciso X, da Constituição Federal de 1988. A simples inclusão do obreiro nestas listagens gera direito ao recebimento de indenização por danos morais. TRT 9ª Reg. — RO 00590-2003-091-09-00-4 — (Ac. 5ª T. 14580/05) — Relª Juíza Nair Maria Ramos Gubert. DJPR 17.6.05, p. 606.

Local visualmente desagradável — Situação transitória — Adequação da empresa a uma nova realidade pós-privatização — Dano moral não configurado

Ementa: DANO MORAL. JUSTIÇA DO TRABALHO. COMPETÊNCIA. Uma vez constatado que o dano moral pretensamente sofrido pelo empregado decorreu de ato praticado pelo seu empregador, na constância do contrato de trabalho, a Justiça do Trabalho é a competente para conhecer e julgar o pedido de reparação, a teor do disposto pelo artigo 114, CF. DANO MORAL. NÃO CONFIGURAÇÃO. Conquanto a permanência do empregado, em local visualmente desagradável e sem atividade produtiva, não possa ser considerada satisfatória, ela também não pode ser tachada de humilhante ou vexatória diante da realidade que a motivou. A situação enfrentada pelo reclamante não teve cunho pessoal ou punitivo, tratando-se apenas de uma fase transitória, enquanto a empresa se adequava a uma nova realidade, pós-privatização. Se a reclamada não agiu com dolo ou culpa, defeso o deferimento de indenização por dano moral. TRT 15ª Reg. (Campinas/SP) — RO 00784-2002-032-15-00-9 (Ac. 2ª T. 35.506/2003-PATR) — Rel. Juiz Paulo de Tarso Salomão. DJSP 14.11.03, p. 49.

Más referências — Impedimento da obtenção de novo emprego — Indenização por dano moral — Cabimento

Ementa: DANOS MORAIS. PROCEDÊNCIA. A prova do nexo causal entre a conduta dolosa ou culposa do empregador e o resultado danoso, que justifique a indenização por danos morais, é do empregado, nos termos do artigo 818 da CLT c/c art. 333, I, CPC. Comprovado, pela prova dos autos, que a Autora sofreu ofensa à sua honra e dignidade, pela injusta conduta da Ré de impedi-la de obter novo emprego, por más referências, é de se imputar ao empregador a responsabilidade pelo dano causado na esfera moral da Reclamante e o conseqüente ressarcimento pecuniário, nos termos dos artigos 159 do antigo CCB e 186 e 927 do atual Código Civil Brasileiro. TRT 3ª Reg. — RO 01.784-2003-112-03-00-6 — (Ac. 4ª T.) — Rel. Juiz Luiz Otávio Linhares Renault. DJMG 22.7.04, p. 09.

Membro da CIPA — Atitude do empregador retirando as funções do empregado e expondo o trabalhador ao ridículo perante os demais colegas de trabalho — Indenização por dano moral

Ementa: TRABALHADOR MEMBRO DA CIPA. ATITUDE DO EMPREGADOR RETIRANDO AS FUNÇÕES DO EMPREGADO E EXPONDO O TRABALHADOR AO RIDÍCULO PERANTE OS DEMAIS COLEGAS DE TRABALHO. INDENIZAÇÃO POR DANO MORAL. Se o empregador resolve diminuir o trabalhador aos olhos dos colegas de trabalho, segregando-o, retirando-lhe as funções e expondo-o ao ridículo, e estando tais atitudes ligadas às atividades do autor como membro da CIPA, restam atingidos os valores essenciais da personalidade jurídica desse trabalhador e caracterizado o nexo de causalidade entre a conduta da empresa e a condição do autor de membro da CIPA, ensejando o pagamento de indenização por danos morais. TRT 17ª Reg. — RO 00072.2003.006.17.00.3 — (Ac. 9188/2005) — Rel. Juiz Jailson Pereira da Silva. DJES 5.12.05, p. 9.014.

Menor — Trabalho à noite — Configuração

Ementa: RECURSO ORDINÁRIO. DANO MORAL. A proteção à infância e adolescência visa consagrar e defender os direitos à educação, lazer, cultura, dignidade e respeito aos menores como preceitua o art. 227 da Carta Magna. O preâmbulo do Diploma Legal, artigo 1º, III e IV, declara que a República Federativa do Brasil têm como fundamentos: "a dignidade da pessoa humana e os valores sociais do trabalho". Irrelevante na questão, o fato de o empregado ter aceitado trabalhado à noite; incumbia ao empregador — ciente da faixa do recorrido quando da sua contratação — determinar um horário de trabalho compatível às necessidades do adolescente possibilitando o amplo acesso ao estudo. Não se pode deixar de lado, nos dias de hoje, a função social da empresa e dos encargos daí decorrentes. TRT 1ª Reg. — RO 00696-2002-014-01-0O-1 — (Ac. 8ª T.) — Relª Desembargadora Maria José Aguiar Teixeira. Oliveira. DJRJ 4.10.06, p. 185.

Mera insatisfação diante do desrespeito à legislação trabalhista — Não configuração

Ementa: DANO MORAL. A mera insatisfação diante do desrespeito à legislação trabalhista não implica dano à moral subjetiva do laborista, à sua reputação pessoal e profissional, à sua dignidade. TRT 1ª Reg. — RO 00643-2002-005-01-00-0 — (Ac. 5ª T.) — Rel. Des. Flávio Ernesto Rodrigues Silva. DJRJ 29.9.04, p. 228.

Mera recusa de atestados médicos particulares — Norma coletiva — Não configuração

Ementa: DANO MORAL. Não se vislumbrando nos autos qualquer situação caracterizadora de danos morais, já que não provados os constrangimentos ou perseguições alegados, improcede o pedido de indenização por danos morais. A mera recusa aos atestados médicos particulares, em conformidade com o previsto na norma coletiva, não caracteriza perseguição ou constrangimento, de modo a ensejar a procedência do pedido de indenização por danos morais. TRT 17ª Reg. — RO 02000.2003.006.17.00.0 — (Ac. 6098/2005) — Rel. Juiz Jailson Pereira da Silva. DJGO 4.8.05, p. 5.705.

Mero cumprimento de ditames da ordem constitucional — Não configuração

Ementa: DANOS MORAL E MATERIAL. INEXISTÊNCIA. Não vinga a tese dos propalados danos moral e material, vez que o mero cumprimento dos ditames da ordem constitucional é providência inafastável, na medida em que, ao atrelar a investidura em cargos e empregos públicos efetivos à prévia aprovação via concurso público, o legislador constituinte vislumbrou resguardar, sobretudo, o interesse público, resultando na efetividade dos princípios a que aludem os arts. 5º, *caput*, e 37, *caput*, da Lei Maior, recepcionando, inclusive, a exceção inserta no art. 8º da CLT. Impossível, pois, fazer letra morta do Texto Constitucional, não havendo que se falar na caracterização de danos moral e material sofridos pelo reclamante. Recurso conhecido e desprovido. TRT 10ª Reg. — RO 01188-2003-014-10-00-2 — (Ac. 3ª T./2004) — Relª Juíza Marli Lopes da Costa de Góes Nogueira. DJU3 2.7.04, p. 31.

Ministro de confissão religiosa — Pensionamento — Impossibilidade

Ementa: MINISTRO DE CONFISSÃO RELIGIOSA. PRETENSÃO INDENIZATÓRIA DE DANOS MORAIS E MATERIAIS CONTRA ORDEM RELIGIOSA. IMPOSSIBILIDADE. AUSÊNCIA DE NEXO DE CAUSALIDADE. INEXISTÊNCIA DE OBRIGAÇÃO LEGAL OU CONTRATUAL DE PROVER PENSIONAMENTO A PASTORES NA INATIVIDADE. 1. O Código Civil brasileiro filiou-se à teoria subjetiva, que tem residência no art. 186 (art. 159 da Lei Civil anterior): "aquele que, por ação ou omissão voluntária, negligência ou imprudência, violar direito e causar dano a outrem, ainda que exclusivamente moral, comete ato ilícito". O ato ilícito pressupõe, portanto, uma infração ao dever legal de não lesar a outrem (Código Civil, art. 927). Excluído o nexo de causalidade, diante da conduta exclusiva da vítima para o evento danoso, não haverá infração. Indevida a reparação de danos morais e materiais. 2. Hipótese em que a pretensão indenizatória vem amparada tão-somente no dever moral de prover pensionamento a pastor em inatividade, situação que, não decorrente de ato ilícito e ausente de previsão legal ou contratual, refoge ao âmbito de incidência do direito positivado. Recurso a que se nega provimento. TRT 10ª Reg. — RO 00250-2006-103-10-00-6 — (Ac. 1ª T./06) — Rel. Juiz Oswaldo Florêncio Neme Junior. DJU3 17.11.06, p. 25.

Mora salarial — Endividamento do trabalhador — Direito à indenização

Ementa: DANO MORAL. MORA SALARIAL. ENDIVIDAMENTO DO TRABALHADOR. DIREITO À INDENIZAÇÃO. Não se conforta em nosso ordenamento jurídico o entendimento de que a mora salarial não enseja dano moral por constituir risco do próprio empregado, decorrente do fato de que a prestação de serviços precede o pagamento de salários. Tal posicionamento transfere ao trabalhador, indevidamente, os riscos da atividade econômica, ao arrepio do art. 2º da CLT. O empregado vende a sua força de trabalho e permite a direção da prestação de seus serviços pelo empregador em troca de salário. Ele não é o empreendedor, e se não ganha mais quando houve incremento dos lucros, não deve ganhar menos — ou nada ganhar — porque o negócio vai mal. Em suma, empregado não corre riscos na relação contratual. O próprio conceito de subordinação jurídica, por si só, já afasta essa possibilidade. Não há, pois, que se cogitar de "risco do empregado", e assim, provada a mora salarial reiterada e os infortúnios aos quais foi submetido o autor, que inclusive teve diversos cheques devolvidos por insuficiência de fundos e viu-se obrigado a contrair empréstimos para saldar dívidas vencidas, é devida a reparação (CF, artigo 5º,V e X). Descabida a compensação pretendida porquanto as multas deferidas constituem penalidade pelo descumprimento do acordado e destinam-se a preservar a eficácia do instrumento normativo, não se confundindo com a reparação dos danos causados ao trabalhador, ainda que originárias do mesmo fato. TRT 2ª Reg. — RO 02257200204502006 — (Ac. 4ª T. 20050593999) — Rel. Juiz Ricardo Artur Costa e Trigueiros. DJSP 13.9.05, p. 189.

Motorista infrator — Culpa da empresa que não zelou pela conservação do veículo utilizado em serviço — Configuração

Ementa: MOTORISTA INFRATOR. CULPA DA EMPRESA QUE NÃO ZELOU PELA CONSERVAÇÃO DO VEÍCULO UTILIZADO EM SERVIÇO. INDENIZAÇÃO POR DANOS MORAIS DEVIDA. Parece-me intuitivo que não é nada confortável a qualquer cidadão ver-se compelido a se submeter a aulas específicas e a novos exames destinados à reabilitação de carteira de motorista — CNH. Os sentimentos de vergonha e, na hipótese, o prejuízo do trabalhador que desenvolve a função de motorista profissionalmente, são patentes. Apurada que foi a culpa da empregadora, que não conservou adequadamente o veículo que era dirigido pelo autor em razão do contrato de emprego, reconhece-se a sua responsabilidade pelo ressarcimento do prejuízo de ordem moral, sendo devida a indenização correlata. TRT 15ª Reg. (Campinas/SP) — RO 2119-2004-016-15-00-2 — (Ac. 38198/06-PATR, 1ª Câmara) — Relª. Juíza Adriene Sidnei de Moura David Diamantino. — DJSP 25.8.06, p. 33.

Não concessão do prêmio correspondente a uma viagem à Itália — Frustração — Dano moral não configurado

Ementa: INDENIZAÇÃO POR DANOS MORAIS. NÃO CONFIGURAÇÃO. À míngua de prova da presença dos requisitos autorizadores do deferimento da indenização por danos morais, dá-se provimento ao recurso, para excluir a parcela da condenação. *In casu*, o reclamante alega que a não-concessão do prêmio correspondente a uma viagem à Itália causou-lhe prejuízo, vez que, a partir da conquista deste prêmio, ele e sua esposa passaram a "sonhar" com a viagem, sendo, posteriormente, frustrado o sonho, ao tomarem conhecimento de que não fariam parte desse evento. Não estando patente dano material, moral ou à imagem do empregado, decorrente de ato do empregador, não há que se cogitar na respectiva indenização. Note-se que o autor não logrou comprovar que sua dispensa se deu com a finalidade de obstar o recebimento do prêmio, nem que a reclamada tenha deixado de lhe conceder o mesmo com intuito de prejudicá-lo ou causar-lhe constrangimento (art. 333, I, CPC c/c art. 769/CLT). Os fatos narrados nos autos não são suficientes para macular ou caracterizar ofensa íntima ao autor, não tendo sido afrontados direitos de sua personalidade. O sentimento de frustração, no caso, não induz ao entendimento de que tenha se originado de ato ilícito ou de conduta indevida do empregador, elemento imprescindível para a configuração do dano moral. TRT 3ª Reg. — RO 01039-2003-105-03-00-9 — (Ac. 5ª T.) — Relª Juíza Maria Cristina Diniz Caixeta. DJMG 6.12.03, p. 13.

Não dar trabalho a empregado em gozo de estabilidade temporária — Dano moral — Caracterização

Ementa: DANO MORAL. Não dar trabalho a empregado em gozo de estabilidade temporária no emprego caracteriza dano moral, passível de reparação, por tratar-se de ato discriminatório que atenta contra os princípios fundamentais da dignidade da pessoa humana e valores sociais do trabalho (art. 1º, III e IV CF). Vale lembrar, a ordem econômica, fundada na valorização do trabalho humano e na livre iniciativa, tem como objetivo assegurar a todos existência digna, observado, entre outros, o princípio da busca do pleno emprego (art. 170, *caput* e inciso VIII, CF). Assim, o empregador, além de pagar salário, é obrigado a possibilitar ao trabalhador o exercício de sua profissão, de forma digna. TRT 4ª Reg. — RO 00532-2003-015-04-00-5 — (Ac. 7ª T.) — Relª Juíza Maria Inês Cunha Dornelles. DJPR 21.6.04 (www.trt4.gov.br, em 24.8.04)

Da decisão acima, colhe-se o seguinte fundamento:

"2. DANO MORAL

A versão do reclamante é de que a partir de junho/02 a reclamada não mais lhe repassou trabalho, ficando ocioso, situação constrangedora perante os demais empregados.

A prova testemunhal corrobora a tese da inicial.

A primeira testemunha disse *'que, em dezembro/2001 ou janeiro/2002, a gerência tentou despedir o A., sendo frustrada porque ele era ligado ao Sindicato; que a partir de meados de 2002, e por cerca de seis meses a gerência deixou de passar serviços ao A. e este ficou fazendo 'quase nada'; que o A. passou a trabalhar no arquivo tão-somente, atividade que não fazia anteriormente; que o A. realizava registros contábeis;'* (fl. 382).

A segunda testemunha, a seu turno, afirmou *'que o A. sentava ao lado da depoente e que a partir de 2002 deixaram de passar serviço ao A. e a outra colega; que o gerente disse que não era para passar serviço para eles; que o A. ficou muitas vezes o dia inteiro sem fazer nada e que de vez em quando participava do mutirão para colocar o arquivo em dia; que essa situação permaneceu até a despedida do A.; (...) que todos costumavam ajudar-se na execução dos trabalhos, mas a partir de 2002 o Sr. Alfredo ou o Sr. Álvaro informou à depoente que não era para solicitar ajuda para o A.'* (fl. 383).

Não se acolhe o alegado no recurso, de que a empresa pagava o salário integralmente, sendo direito potestativo do empregador entregar ao empregado os serviços a serem prestados, de acordo com as necessidades.

No caso concreto, é inegável que o autor foi impedido de realizar as suas atividades rotineiras em decorrência de procedimento discriminatório.

Resta evidenciado que a empresa, não podendo despedir o trabalhador em gozo de estabilidade temporária no emprego, agiu de forma a tornar insuportável o ambiente de trabalho, talvez até objetivando que o obreiro acabasse por tomar a iniciativa do rompimento do contrato. Tal procedimento, ao contrário do que apregoa a reclamada, é ilícito, pois fere princípios fundamentais da República, notadamente os da dignidade humana e dos valores sociais do trabalho, expressamente previstos no artigo 1º, incisos III e IV, da Carta Magna.

A respeito, recorre-se aos ensinamentos de *Alexandre de Moraes*, que define dignidade da pessoa humana como *'valor espiritual e moral inerente à pessoa, que se manifesta singularmente na autodeterminação consciente e responsável da própria vida e que traz consigo a pretensão ao respeito por parte das demais pessoas, constituindo-se um mínimo invulnerável que todo estatuto jurídico deve assegurar; de modo que, somente excepcionalmente, possam ser feitas limitações ao exercício dos direitos fundamentais, mas sem menosprezar a necessária estima que merecem todas as pessoas enquanto seres humanos'* ('Direito Constitucional', 14ª ed., Atlas, 2003, p. 50).

Vale lembrar que a ordem econômica é fundada na valorização do trabalho humano e na livre iniciativa, tendo por finalidade assegurar a todos a existência digna e tem como princípio, dentre outros, a busca do pleno emprego, consoante artigo 170, *caput*, e inciso VIII, da Constituição Federal. Por evidente que o pleno emprego não se resume em pagamento de salário, mas também no efetivo exercício da profissão, de forma digna, a proporcionar ao trabalhador a possibilidade de sentir bem-estar por participar do processo produtivo, sob pena de violar a ordem social. De resto, o artigo 193 da Constituição Federal expressamente estabelece que *'a ordem social tem como base o primado do trabalho, e como objetivo o bem-estar e a justiça sociais'*. Veja-se, o exercício da profissão e o trabalho são garantidos, ainda, no artigo 5º, inciso XIII, e artigo 6º, ambos da Constituição Federal.

É oportuno enfatizar que o empregador, além da obrigação principal de pagar salário, tem obrigações acessórias, entre as quais o dever de dar trabalho. Como bem refere a Profª *Carmen Camino*, *'a negação do trabalho, mesmo sem prejuízo do salário, também pode configurar uma insidiosa forma de punição, a colocar o empregado em situações de constrangimento, numa verdadeira* capitis diminutio' ('Direito Individual do Trabalho', 3ª ed., Síntese, 2003, p. 374).

De outra parte, é inegável que o ato discriminatório da reclamada, que contrariou o fundamento da República da dignidade humana, por si só, gerou dano à honra deste trabalhador, passível de reparação, como expresso no artigo 5º, inciso X, da Constituição Federal.

Não há falar, pois, em falta de prova do prejuízo experimentado pelo obreiro.

E, diante do exposto, não há como negar a existência de dolo por parte da ré, incidindo, assim, o artigo 159 do antigo Código Civil, vigente à época, reproduzido no artigo 186 do novo Código.

Neste contexto, é irrepreensível a sentença no tocante à condenação da ré ao pagamento de indenização pelo dano moral sofrido pelo autor, equivalente a R$ 120.000,00, valor que não é objeto do recurso ora examinado.

Nega-se, portanto, provimento ao recurso." (www.trt4.gov.br, em 24.8.04)

Não fornecimento de *login* e senha a empregado de empresa terceirizada para acesso à rede de informática da tomadora de serviços — Ausência de dano moral

Ementa: NÃO FORNECIMENTO DE *LOGIN* E SENHA A EMPREGADO DE EMPRESA TERCEIRIZADA PARA ACESSO À REDE DE INFORMÁTICA DA TOMADORA DE SERVIÇOS. AUSÊNCIA DE DANO MORAL. Compete a cada empresa a definição da política de segurança de sua rede informatizada de dados, pelo que não se reputa ensejador da configuração de dano moral comportamento empresarial que nega concessão a senha e login a empregados de prestadoras de serviço. TRT 8ª Reg. 1ª T. — RO 00502-2005-007-08-00-4 — (Ac. 1ª T., j. 18.10.05) — Rel. Juiz Mário Leite Soares. DJPA 21.10.05.

Nome do reclamante lançado no cadastro do SPC — Não configuração

Ementa: INDENIZAÇÃO POR DANO MORAL. NOME DO RECLAMANTE LANÇADO NO CA-

DASTRO DO SPC. Não comprovado na vertente hipótese a ocorrência de dano moral, mormente o nexo de causalidade entre este e o ato da empresa que posteriormente também ensejou o registro do nome do reclamante no cadastro do SPC, não há que se falar em pagamento de indenização por dano moral, muito menos de responsabilizar a reclamada pelo pagamento da mesma. TRT 3ª Reg. — RO 00076-2005-071-03-00-9 — (Ac. 3ª T.) — Rel. Juiz Paulo Roberto Sifuentes Costa. DJMG 17.9.05.

Normas legais — Transgressão — Não configuração

Ementa: RECURSO ORDINÁRIO. DANO MORAL. A indenização por dano moral visa não só abrandar o sofrimento, que decorre do questionamento da honra e dignidade do empregado, mas também penalizar aquele que de modo humilhante direciona o trabalho de seus empregados, estando a fixação de seu valor fundamentada em dois aspectos: a reparação do dano causado e a prevenção acerca da reincidência patronal. *In casu*, a transgressão da empregadora às normas legais não configurou ação lesiva à honra e boa fama do empregado, capaz de atingir sua dignidade como pessoa. Tal procedimento enseja tão-somente reparação material, devidamente reconhecida pela sentença impugnada. TRT 1ª Reg. — RO 00371-2002-281-01-00-7 — (Ac. 9ª T.) — Rel. Juiz José da Fonseca Martins Júnior. DJRJ 16.1.04, p. 325.

Nota falsa em jornal sobre abandono de emprego — Possibilidade

Ementa: DANO MORAL. NOTA FALSA EM JORNAL SOBRE ABANDONO DE EMPREGO. POSSIBILIDADE. Empregador que inadvertidamente faz publicar em jornal da cidade nota falsa alegando que determinado funcionário seu abandonou o emprego, só para depois utilizá-la como justificativa legal para dar-lhe a "justa causa", comete ofensas à honra e à imagem do trabalhador, isso em função das normas previstas no inciso V do artigo 5º da CF/1988, e 927 do (atual) CC. TRT 15ª Reg. (Campinas/SP) — RO 1036-2002-059-15-00-2 — (Ac. 25519/05-PATR, 9ª Câmara) — Rel. Juiz Gerson Lacerda Pistori. DJSP 10.6.05, p. 46.

Notícia jornalística — Menção genérica à gestão anterior — Troca de administração — Dano moral não configurado

Ementa: INDENIZAÇÃO POR DANO MORAL. NOTÍCIA JORNALÍSTICA. O texto jornalístico não apontou o nome do Reclamante, mas apenas fez menção genérica à gestão anterior da segunda Ré. Tratou-se de comentários comuns que habitualmente ocorrem nas trocas de administração das empresas. Somente os mais familiarizados às atividades da segunda Ré e bastante próximos ao Reclamante com conhecimento de sua atuação profissional é que, em lendo a matéria, poderiam fazer alguma associação com o Reclamante. Mas de forma alguma considero atingidas a honra e imagem do Autor, pois que é habitual o ataque entre gestões em qualquer reestruturação de empresas. TRT 9ª Reg. — RO 02332-2004-664-09-00-0 — (Ac. 4ª T. 18879/05) — Rel. Juiz Arnor Lima Neto. DJSP 26.7.05, p. 203.

Obrigações pós-contratuais — Dever de boa-fé — Dano moral configurado

Ementa: DISPENSA SEM JUSTA CAUSA. DIREITO POTESTATIVO. ABUSO DE DIREITO. O direito potestativo de rescindir o contrato de trabalho — que, na verdade, existe para as duas partes — não deve ser compreendido como direito absoluto, que se exerça sem quaisquer limites. Com a nova ordem constitucional, o valor social do trabalho, os princípios da dignidade humana e da valorização do trabalho humano não permitem que, a pretexto de exercitar a liberdade de iniciativa, o empregador aja com abuso de direito. Não se trata de afirmar que o art. 7º, I da Carta de 88 tenha criado mais uma hipótese de estabilidade no emprego. A ruptura unilateral do contrato de trabalho é permitida, desde que se faça em moldes capazes de acomodar todas as normas e princípios constitucionalmente conformadores. Se não há motivo real e sério para a dispensa, conclui-se que ela ocorreu em abuso de direito. Recurso provido para declarar a nulidade da dispensa, por abuso de direito. OBRIGAÇÕES PÓS-CONTRATUAIS. DEVER DE BOA-FÉ. DANO MORAL. Todo contrato é uma complexidade de obrigações e deveres pautados na idéia de que a relação deve se desenvolver numa ordem de cooperação. Mesmo depois de encerrado o contrato de trabalho, remanescem deveres autônomos em relação à obrigação principal e que se explicam no dever de boa-fé. Isso significa exigir a omissão de qualquer conduta que despoje ou reduza as vantagens que a outra parte possa auferir do contrato findo. A divulgação de matéria jornalística em que o empregador atribui a dispensa de centenas de empregados a mau desempenho caracteriza infringência a esse dever. Esse fato, capaz de dificultar a obtenção de novo emprego, tem efeito direto sobre os sentimentos íntimos do indivíduo, já que, sem justificativa, desabona sua conduta profissional. Recurso provido para reconhecer o dano moral e condenar a ré a indenizá-lo. TRT 9ª Reg. — Proc. 05154-2002-003-09-00-8 — (Ac. 11.311/2004) — Relª Juíza Marlene T. Fuverki Suguimatsu. DJPR 11.6.04, p. 376.

Ocasionado pela desídia da Reclamada em honrar com seus débitos para com os hotéis em que se hospedaram seus clientes (turistas) e a reclamante — Permanência em país estrangeiro como garantia de pagamento das dívidas — Configuração

Ementa: "Danos morais. Danos morais ocasionados pela desídia da Reclamada em honrar com seus débitos para com os hotéis em que se hospedaram seus clientes (turistas) e a Reclamante, impondo-se a esta a permanência em país estrangeiro como garantia de pagamento das dívidas com aqueles assumidas. Indiferença da Reclamada em quitar os débitos e fornecer meios para a Reclamante retornar ao Brasil. Valor de indenização que se reduz para 20 (vinte) salários da Reclamante. Recurso parcialmente provido. TRT 2ª Reg. — RO 01114200307002008 — (Ac. 1ª T. 20060081010) — Rel. Juiz Plinio Bolivar de Almeida. DJSP 14.3.06, p. 21.

Ocorrência policial — Indenização — Não configuração

Ementa: INDENIZAÇÃO POR DANO MORAL. O fato de ter sido intimada para comparecer como declarante, perante a autoridade policial, não a classifica, *a priori*, como autora de nenhum delito. Incontroverso que houve o desaparecimento de chaves da residência do reclamado. Perfeitamente natural, portanto, que use da faculdade conferida ao cidadão de relatar a ocorrência e que a autoridade policial tenha notificado a autora para prestar declaração, pois esta possuía aos seus cuidados as chaves extraviadas, o que, ressalto, também restou incontroverso. Em que pese o incômodo causado de comparecer à autoridade policial, entendo que não restou caracterizado o dano moral na conduta do réu, pelo que entendo indevida qualquer indenização. Sentença que se mantém. TRT 9ª Reg. — RO-08.791-2002 — (Ac. 00005/03) — Rel. Juiz Sergio Murilo Rodrigues Lemos. DJPR 24.1.03, p. 218.

Ofensa a empregados — Configuração

Ementa: DANO MORAL. COMPETÊNCIA DA JUSTIÇA DO TRABALHO. OFENSA A EMPREGADOS. A competência da Justiça do Trabalho é definida pelo art. 114/CR, estando nela inserido o julgamento de todos os dissídios individuais, entre trabalhadores e empregadores, que tenham origem na relação de trabalho. Não se pode pretender seja a Justiça comum competente para julgar dissídios entre empregado e empregador que tenham origem em alegadas ofensas desferidas contra o empregado, como é o caso dos autos, sendo a competência da Justiça do Trabalho. O pedido de indenização por dano moral, formulado com base em agressão verbal, é dirigido diretamente contra o empregador, não tendo qualquer efeito reflexo contra terceiros, estando fundado no disposto pelo art. 5º, X, CR/88. Portanto, é desta Justiça especializada a competência *rationae materiae* para apreciá-lo. TRT 3ª Reg. — RO 00702-2003-110-03-00-3 — (Ac. 8ª T.) — Rel. Juiz Paulo Mauricio Ribeiro Pires. DJMG 13.12.03, p. 25.

Do Processo acima, colhe-se o seguinte fundamento:

"DANO MORAL

Para afastar a condenação, os recorrentes usam os seguintes argumentos: que os autores não foram ofendidos no momento da dispensa, que não há causa de pedir e que não houve dano moral.

O reexame da prova (depoimentos emprestados, fls. 196/200 e Termo de fls. 201/206) provocou-me convencimento na mesma direção do juízo de primeiro grau.

Não há dúvida de que palavras de baixo calão fazem parte do vocabulário do ofensor, e que este as utiliza quando está "nervoso", é o que está confessado em seu depoimento (fl. 199). Inútil tentar fazer o debate sobre o momento da ofensa, se antes ou no momento da dispensa, pois, de qualquer modo, permanece o fato de que os autores foram alvo dela e que a dispensa se seguiu ao fato.

Negar a existência do dano moral no caso é empreitada fadada ao fracasso. Como diz o brocardo popular: 'pimenta nos olhos do outro é refresco'.

Numa cultura onde reina o método de direção autoritário e em que as pessoas, especialmente as mais humildes, cultural e economicamente, dependem, e muito, para sua auto-imagem, do conceito que seus superiores e colegas de trabalho fazem delas, ser alvo de críticas e censura aos berros e, em público, é extremamente doloroso.

Impõe-se, pedagogicamente, que ações deste jaez, reveladoras de desrespeito à dignidade da pessoa humana, não fiquem impunes, para que tanto superiores hierárquicos, quanto empregadores, passem a cuidar da qualidade das relações entre seus empregados. É o que se chama, modernamente, de ecologia humana, quociente emocional.

Ainda que a ofensa em questão não tivesse ocorrido em público, ou tivesse extrapolado os muros da instituição, permaneceria seu efeito danoso sobre o indivíduo que a sofre. Este se sente diminuído em seu valor diante de si mesmo. Cabe lembrar que a imagem que temos de nós mesmos é construída com a resposta que recebemos do meio onde estamos inseridos.

A decisão merece ser preservada. Nego provimento." (www.trt3.gov.br., em 20.7.04)

Ofensa à dignidade da pessoa humana — Viabilidade

Ementa: ESTABILIDADE PROVISÓRIA. ACIDENTE DO TRABALHO POR EQUIPARAÇÃO. COMPROVAÇÃO DE DOENÇA PROFISSIONAL CONTRAÍDA NO EXERCÍCIO DA FUNÇÃO. PERTINÊNCIA DO ITEM II DA SÚMULA N. 378 DO TST. Consignando o laudo pericial que a reclamante está acometida de "Espondilo-disco-osteoartrose e consequentes dores vertebrais de que padece o autor *(sic)*, conforme estudo de ERGONOMIA, realizado no local de trabalho, indica que existe nexo de causa e efeito concausal entre a moléstia e o trabalho da ré", ainda que a constação de tal fato se dê após a extinção, ficou demonstrado o nexo de causalidade entre as atividades que desenvolvia na empresa e a doença adquirida, pela reclamante, no período em que lá trabalhou. A jurisprudência do C. TST evoluiu no sentido de reconhecer o direito à estabilidade acidentária prevista no art. 118 da Lei n. 8.213/91, nestas hipóteses, ainda que não tenha havido afastamento do trabalho superior a quinze dias. Veja a este respeito a parte final do item II da Súmula n. 378: "São pressupostos para a concessão da estabilidade o afastamento superior a 15 dias e a conseqüente percepção do auxílio doença acidentário, salvo se constatada, após a despedida, doença profissional que guarde relação de causalidade com a execução do contrato de emprego." Recurso ordinário a que se nega provimento. **INDENIZAÇÃO POR DANOS MORAIS. OFENSA À DIGNIDADE DA PESSOA HUMANA. VIABILIDADE.** O dano moral encontra fundamento legal no art. 5º, V e X, da CF, sendo considerado aquele proveniente da lesão aos direitos da personalidade humana do cidadão trabalhador, relativamente à sua dignidade, intimidade, privacidade, honra e imagem. O art. 186 do Código Civil, em correspondência ao art. 159 do Código Civil de 1916, consagra a regra, segundo a qual, todo aquele que por ação ou omissão causar danos têm a obrigação de indenizar. A hermenêutica do dispositivo, em consonância com reparabilidade do danos patrimonial, elenca quatro pressupostos da responsabilidade civil: ação ou omissão, culpa ou dolo, relação de causalidade e o dano experimentado pela vítima. Entende-se por ato ilícito toda ação ou omissão voluntária, negligência ou imprudência, que viole direito alheio ou cause prejuízo a outrem, por dolo ou culpa. O direito ao ressarcimento evoluiu para a reparação extrapatrimonial. Assim, comprovado que executava serviços incompatíveis com seu estado clínico, por longo período, por determinação da reclamada, circunstância que revela, no mínimo culpa, senão dolo, que caracteriza ofensa à dignidade da reclamante. Recurso não provido. TRT 15ª Reg. (Campinas/SP) — Proc. 1487-2003-099-15 — (Ac. 32930/06-PATR, 10ª Câmara) — Rel. Juiz José Antonio Pancotti. DJSP 14.7.06, p. 31.

Ofensa à honra da reclamante por acusação lançada na contestação de reclamação trabalhista

Ementa: RECURSO ORDINÁRIO. DANO MORAL. OFENSA À HONRA DA RECLAMANTE POR ACUSAÇÃO LANÇADA NA CONTESTAÇÃO DE RECLAMAÇÃO TRABALHISTA. A acusação sem provas formulada pela reclamada na contestação de que o trabalhador tenha subtraído documentos do seu estabelecimento configura grave dano à honra do mesmo. A parte que assim procede comete não só um ilícito civil, mas também um ilícito penal (calúnia — art. 138 do Código Penal). A gravidade do ato e a dor moral experimentada pelo trabalhador justificam a indenização imposta à empresa (art. 953 do Código Civil). TRT 2ª Reg. — RO 0022820054020 2007 — (Ac. 12ª T. 20070056891) — Rel. Juiz Marcelo Freire Gonçalves. DJSP 23.02.07, p. 89.

Ofensa à honra do empregado praticada por superior hierárquico — Responsabilidade objetiva do empregador

Ementa: DANO MORAL. OFENSA À HONRA DO EMPREGADO PRATICADA POR SUPERIOR HIERÁRQUICO. RESPONSABILIDADE OBJETIVA DO EMPREGADOR. Faz jus ao pagamento de indenização por danos morais o empregado que sofre ofensa à sua honra e dignidade pessoal ao ser exposto publicamente a situação humilhante por seu superior hierárquico. A responsabilidade do empregador, nesse caso, é objetiva, descabendo cogitar a respeito da culpa da empresa por atos praticados por seus prepostos, no exercício do trabalho que lhes competir, ou em razão dele (artigos 932 e 933 do Código Civil). Constitui obrigação do empregador zelar pela integridade moral dos seus empregados, não devendo permitir que, em suas dependências, o empregado sofra humilhações e maus-tratos. TRT 3ª Reg. — RO 00547-2005-025-03-00-8 — (Ac. 6ª T.) — Rel. Juiz João Bosco de Barcelos Coura. DJMG 27.10.05, p. 16.

Ofensa à honra do reclamante mediante palavras irrogadas em contestação — Cabimento

Ementa: DANO MORAL. INDENIZAÇÃO. OFENSA À HONRA DO RECLAMANTE MEDIANTE PALAVRAS IRROGADAS EM CONTESTAÇÃO. 1. A inviolabilidade do advogado, por seus atos e manifestações no exercício da profissão, a teor do artigo 133 da Constituição Federal e do art. 7º, § 2º, da Lei nº 8.906/94, consubstancia-se em relativa imunidade penal nos crimes contra a honra. No plano civil, todavia, não exime o constituinte de responder por indenização em virtude de destemperança verbal do advogado em juízo, sob a forma de grave ofensa moral assacada contra a parte contrária. 2. A bela e espinhosa profissão de advogado não constitui para ele um "bill of indemnity", tampouco sinal verde para o seu cliente, sob o manto diáfano da imunidade do causídico mandatário, forrar-se à responsabilidade pelo ultraje à honra do antagonista perpetrado em seu nome. 3. Empresa demandada cujo advogado, em contestação referente a processo trabalhista anterior, utiliza expressões altamente ofensivas à honra do Reclamante, extrapolando os limites da normalidade na defesa dos interesses de seu constituinte, suporta responsabilidade civil pelo pagamento de indenização compensatória decorrente do dano moral a que deu causa. 4. Recurso de revista de que não se conhece. TST — RR-719.570/2000.7 — (Ac. 1ª T.) — 8ª Reg. — Rel. Min. João Oreste Dalazen. DJU 24.2.06, p. 838.

Ofensa à honra e à imagem do empregado — Cabimento

Ementa: INDENIZAÇÃO POR DANO MORAL. ACUSAÇÃO NÃO COMPROVADA. OFENSA À HONRA E À IMAGEM DO EMPREGADO. Conforme garante o inciso X, do artigo 5º, da Carta Magna, a honra e a imagem da pessoa são invioláveis, dispositivo que assume ainda maior importância, no âmbito da relação de emprego, onde o empregado é parte hipossuficiente, que depende de sua própria força de trabalho para sobreviver. Imputando a reclamada acusação de ato de improbidade ao reclamante, em contexto de conluio e farsa entre o preposto da empresa e outra empregada, motivador de instauração de indiciamento policial e da dispensa por justa causa do autor, sem lograr êxito em provar, cabalmente, a falta cometida, tem-se como evidenciada a violação à sua honra e imagem, ensejando o pagamento de indenização compatível com o dano moral oriundo da pecha infamante. TRT 3ª Reg. — RO 1.372/99 — (Ac. 4ª T.) — Rel. Juiz Julio Bernardo do Carmo. DJMG 23.10.99, p. 14.

Ofensa à honra e dignidade — Agressões de seu superior hierárquico — Indenização por dano moral — Cabimento

Ementa: DANOS MORAIS. PROCEDÊNCIA. A prova do nexo causal entre a conduta dolosa ou culposa do empregador e o resultado danoso, que justifique a indenização por danos morais, é do empregado, nos termos do artigo 818 da CLT c/c art. 333, I, CPC. Comprovado, pela prova dos autos, que o Autor sofreu ofensa à sua honra e dignidade, pelas constantes agressões de seu superior hierárquico, fato esse que veio a conhecimento de outros empregados, é de se imputar ao empregador a responsabilidade pelo dano causado na esfera moral do Reclamante e o conseqüente ressarcimento pecuniário, nos termos dos artigos 159 do antigo CCB e 186 e 927 do atual Código Civil Brasileiro. TRT 3ª Reg. — RO 01.719-2003-005-03-00-4 — (Ac. 4ª T.) — Rel. Juiz Luiz Otávio Linhares Renault. DJMG 24.7.04, p. 09.

Ofensa ao empregado na presença dos demais empregados — Entrega pelo superior de instrumentos de trabalho com expressões de baixo calão — Configuração

Ementa: DANO MORAL. REQUISITOS PROVADOS. A teor dos artigos 186 e 927 do Código Civil, de aplicação supletiva no Direito do Trabalho (art. 8º, parágrafo único, da Consolidação), o dano moral deve acarretar prejuízo real para justificar a indenização correspondente. Insta observar que, para que se configure o ato ilícito, faz-se imprescindível a presença dos seguintes requisitos: o fato lesivo voluntário, decorrente de ação ou omissão, negligência ou imprudência do agente; o dano material ou moral experimentado pela vítima e o nexo causal entre o dano sofrido e o comportamento do agente, sem os quais não cabe o pleito indenizatório. Estes requisitos estão presentes no presente feito, pois a Reclamada praticou, conscientemente, ato lesivo que causou dano moral ao Reclamante, vez que a prova colhida em audiência (fls. 80-83) não deixa dúvidas de que os princípios fundamentais da pessoa humana, previstos na Constituição da República, tais como a honra, a imagem, e a dignidade (art. 5º, III, X, CF), foram desrespeitados pela Reclamada, ao ofender o obreiro na presença dos demais funcionários, bem como o fato de o superior do obreiro entregar instrumentos de trabalho com expressões de baixo calão. Recurso da Reclamada a que se nega provimento. TRT 9ª Reg. — RO 09939-2003-009-09-00-9 — (Ac. 1ª T. 04213/05) — Rel. Juiz Ubirajara Carlos Mendes. DJPR 22.2.05, p. 241.

Ofensa ao patrimônio ideal do trabalhador — Configuração

Ementa: DANO MORAL. Dano moral é toda e qualquer ofensa ao patrimônio ideal do trabalhador, tais como a imagem, honra, liberdade, personalidade etc. O julgado, em linhas resumidas, articulou: "Inexiste nos autos qualquer tipo de dano devidamente comprovado ao empregado além dos amparados pela Justiça do Trabalho, os quais serão analisados e, se procederem, as penalidades legais já estão devidamente definidas em lei. *Non bis in idem.*" Não concordo em hipótese alguma com essas assertivas. O dano moral não possui nenhuma forma tarifada no Direito Material Trabalhista. Não se pode invocar a recomposição de outras lesões para fins de compensação de qualquer ofensa ao patrimônio ideal do trabalhador. Quanto à ofensa ao patrimônio ideal do trabalhador, a prova oral é por demais enriquecida de aspectos negativos em relação à dignidade do autor, como empregado da reclamada. Basta destacarmos: a) a agressão física perpetrada contra o reclamante após a sua saída (relato das duas testemunhas do reclamante; b) palavras agressivas ao reclamante (relato das duas testemunhas do reclamante). A simples leitura desses relatos (fls. 237/238), não elididos pelo restante da prova, os quais não transcrevo pela simples literalidade da leitura (reitere-se), denotam o dano moral, inclusive, com a presença de todos os requisitos da responsabilidade civil subjetiva direta (ato e agressão; nexo causal; a intenção do sócio da reclamada, art. 159, Código Civil de 1916 e art. 186, Código Civil de 2002). A fixação da indenização há de ser acoplada por alguns aspectos, tais como o fator de indenização e o de sanção, considerando-se, ainda, a intensidade da agressão e a capacidade econômica do ofensor. Por tais aspectos, fixo o valor em R$ 20.000,00, o qual será atualizado a partir da data da dispensa. TRT 2ª Reg. — RO

02606200104002007 — (Ac. 4ª T. 200500096 34) — Rel. Juiz Francisco Ferreira Jorge Neto. DJSP 1º.2.05, p. 212.

Ofensa ao princípio do valor humano — Caracterização

Ementa: DANO MORAL. CARACTERIZAÇÃO. OFENSA AO PRINCÍPIO DO VALOR HUMANO. É certo que o empregador detém o poder diretivo e, na organização dos fatores produtivos de lucro, pode utilizar variadas formas de administração. Todavia, seus procedimentos devem ser pautados por medidas legítimas, devendo abster-se de condutas constrangedoras ou vexatórias, causadoras de desnecessário sofrimento ao seu empregado, pois o respeito à dignidade humana (princípio do valor humano) é o limite da ação. Comprovado o dano moral, consubstanciado em negligência no encaminhamento de requerimento de benefício previdenciário, o qual foi inicialmente indeferido pelo descaso patronal e agravado por proposta de "acordo amigável" para ruptura contratual, quando a reclamante estava afastada para tratamento de moléstia gravíssima (câncer), impõe-se o devido reparo. EMENTA: DANO MORAL. DIMENSIONAMENTO DA INDENIZAÇÃO. É certo que a subjetividade que envolve a questão do dano moral dificulta a dimensão dos prejuízos oriundos da lesão sofrida. Todavia, não é permitido perder de vista a intensidade da dor, a necessidade do ofendido, a capacidade patrimonial do ofensor e o princípio da razoabilidade. A indenização deve configurar impedimento à perpetuação de comportamentos irresponsáveis de empregadores que extrapolam os limites do razoável, sem nenhum respeito às garantias fundamentais. A reparação pecuniária tem por escopo a compensação pela dor da vítima, a busca da justa reparação e o resgate da dignidade do empregado ofendido. TRT 2ª Reg. — RO 00962200407302000 — (Ac. 4ª T. 20050608759) — Rel. Juiz Paulo Augusto Câmara. DJSP 16.9.05, p. 202.

Ofensa moral — Configuração

Ementa: DANO MORAL. CONFIGURAÇÃO. Configura-se o dano moral quando a prova demonstra que a autora foi ofendida moralmente, pois a empresa determinava que a obreira colocasse sobre sua mesa de trabalho tartaruga de brinquedo a fim de identificar o descumprimento de metas fixadas. Isso era recebido com constrangimento pelos demais colegas. O gerente chamava a reclamante de Magda, em alusão à personagem vivida por Marisa Orth no programa da TV Globo, que era considerada burra e também que a reclamante deveria "parar de comer bananas". Evidente o dano moral, que deve ser reparado pela empresa. TRT 2ª Reg. — RO 00981200305102008 — (Ac. 2ª T. 20050370507) — Rel. Juiz Sergio Pinto Martins. DJSP 28.6.05, p. 63.

Ofensa psicológica — Configuração

Ementa: DANO MORAL. OFENSA PSICOLÓGICA. CONFIGURAÇÃO. Fere o princípio da dignidade da pessoa humana a imputação do estereótipo "negra" à mulher trabalhadora que tem nome (artigo 16 do Código Civil Brasileiro), residência fixa, e goza dos direitos civis na sua plenitude. O direito da personalidade insculpido nos artigos 11 *usque* 21 do Código Civil Brasileiro ratifica a Constituição Federal e a Declaração Universal dos Direitos Humanos, e é a malha de proteção da dignidade da pessoa humana, cujo complexo normativo veda qualquer piada, sarro, ou situação vexatória a qualquer ser humano que com tais atos não compartilhe. Nega-se provimento ao recurso. TRT 2ª Reg. — RO 01218200220102003 — (Ac. 3ª T. 20040120354) — Rel. Juiz Paulo Sérgio Spósito. DJSP 6.4.04, p. 142.

Ofensas à honra — Ausência de prova — Não configurado

Ementa: DANO MORAL. NÃO CONFIGURADO. Para que ocorra o dever de indenizar por dano moral é mister que concorram três elementos, quais sejam: o dano, a conduta culposa e o nexo causal entre estes. Ocorre que, no caso dos autos, a Autora não comprovou de forma contundente as alegadas ofensas à sua honra e que teriam sido praticadas pelo diretor da empresa. As declarações da única testemunha ouvida a convite da Autora são carregadas de vacilações e incoerências e restaram contraditas pela testemunha de indicação da Ré. TRT 9ª Reg. — Proc. 00615-2001-654-09-00-7 — (Ac. 16.919 / 2003) — Relª Juíza Lisiane Sanson Pasetti Bordin. DJPR 1º.8.03, p. 347.

Ofensas verbais — Caracterização

Ementa: DANO MORAL. CARACTERIZAÇÃO. OFENSA VERBAL. O art. 2º da CLT atribui ao empregador o poder diretivo, de molde a lhe assegurar a fiscalização e a direção da prestação de serviços, com poderes para, inclusive, criticar a atuação de seus empregados, buscando o seu aprimoramento. O exercício desse poder não é amplo a ponto de ser permitido ao empregador ferir a dignidade da pessoa humana. O uso de palavras ofensivas e termos de baixo calão afronta a dignidade do empregado, circunstância que atrai para o empregador a obrigação de compensar o dano moral. TRT 3ª Reg. — RO 01487-2005-105-03-00-4 — (Ac. 7ª T.) — Relª. Juíza Alice Monteiro de Barros. DJMG 23.2.06, p. 11.

Ofensas verbais à família do empregado — viabilidade

Ementa: INDENIZAÇÃO POR DANOS MORAIS — OFENSAS VERBAIS À FAMÍLIA DO EMPREGADO — VIABILIDADE. O deferimento de indenização por danos morais pressupõe a ocorrência de uma conduta ilícita por parte do empregador, da existência de dano e do nexo causal entre uma e outro. Comprovadas, nos autos, as ofensas verbais dirigidas pelo empregador a membro da família do empregado, viável a condenação, visto que a CR/88, ao estabelecer a inviolabilidade da intimidade e da vida privada, abrange a esfera familiar da pessoa ofendida. TRT 3ª Reg. — RO 01609-2005-129-03-00-2 — (Ac. 1ª T.) — Rel. Des. Mauricio J. Godinho Delgado. DJMG 2.2.07, p. 6.

Ofensas verbais praticadas pelo empregador contra o empregado — Indenização — Cabimento

Ementa: DANOS MORAIS. INDENIZAÇÃO. OFENSAS VERBAIS PRATICADAS PELO EMPREGADOR CONTRA O EMPREGADO. Ofensas verbais injustamente proferidas pelo empregador contra o empregado, em público, diante dos demais colegas, caracterizam a comoção íntima própria do dano moral reparável, sendo, assim, passíveis de indenização. TRT 15ª Reg. (Campinas/SP) — RO 00099-2001-097-15-00-7 — (Ac. 5ª T. 020071/2003-PATR) — Rel. Juiz Ricardo Regis Laraia. DJSP 18.7.03, p. 69.

Operador de radar — Exposição ao escárnio e descrédito público — Não configuração

Ementa: DANOS MORAIS. OPERADOR DE RADAR. Faz parte da história da humanidade, não apenas a antiga, mas até hoje, um sem-número de ocupações que expõem seus exercentes ao escárnio e descrédito público, como registram os anais. Caso, em tempos outros, de carrascos, feitores de escravos, cobradores de impostos, limpadores de latrines e chaminés. Hoje, árbitro ou técnico de futebol. O fato da atividade do Autor, operador de radar, ser execrada pelos maus motoristas, tornando inconveniente a função e impopulares os seus exercentes, sujeitos aos constrangimentos demonstrados e até a riscos de agressões pelos mais exaltados e coléricos, configurando um emprego desagradável, não implica, só por isso, em direito à indenização por alegados danos morais, eis que se trata de uma função lícita, reconhecida e protegida por lei, cujos inconvenientes decorrem da própria natureza humana, irrefreável e indômita, sendo do conhecimento de todos quantos a procuram e exercem. Indenização por danos morais excluída da condenação. TRT 3ª Reg. — 00727-2004-023-03-00-6 — (Ac. 3ª T.) — Rel. Juiz Paulo Araújo. DJMG 13.8.05, p. 5.

Pagamento de despesas da empresa com cheques do empregado — Provisão de fundos não cumprida — Inserção do nome do trabalhador em órgãos de controle financeiro (Banco Central, Serasa, SPC) — Dano moral e material configurados

Ementa: PAGAMENTO DE DESPESAS DA EMPRESA COM CHEQUES DO EMPREGADO. PROMESSA DE PROVISÃO DE FUNDOS NÃO CUMPRIDA. INSERÇÃO DO NOME DO TRABALHADOR EM ÓRGÃOS DE CONTROLE FINANCEIRO (BANCO CENTRAL, SERASA, SPC). DANO MORAL E MATERIAL CONFIGURADOS. A constatação de que despesas correntes da empresa eram pagas com cheques solicitados dos empregados, sob a falsa promessa de posterior provisionamento de fundos, sujeitando o trabalhador a constantes cobranças de credores no local de trabalho, bem como a inserção no cadastro de inadimplentes, importa lesão de dupla natureza, tanto moral como material. A compra a crédito constitui realidade do trabalhador assalariado, e a inserção do seu nome em órgãos de controle financeiro traduz medida que restringe, inclusive, a aquisição de bens de primeira necessidade, tais como os alimentícios. O aspecto imaterial da lesão se constata pela repercussão desses fatos na auto-estima do trabalhador, tanto no meio social em que vive, como em razão da boa reputação que tenta manter à custa de seu trabalho. TRT 2ª Reg. — RO 02048200303602002 — (Ac. 8ª T. 20050879000) — Rel. Juiz Rovirso Aparecido Boldo. DJSP 13.12.05, p. 39.

Pagamento de mercadorias faltantes em estoque — Danos morais e materiais — Não configuração

Ementa: PAGAMENTO DE MERCADORIAS FALTANTES EM ESTOQUE. DANOS MORAIS E MATERIAIS. NÃO CONFIGURAÇÃO. Não obstante reste provado pelo acervo probatório que os vendedores da loja rateavam com o gerente o pagamento de mercadorias sumidas, não logrou êxito o reclamante em provar que esse pagamento acontecia mediante coação, constrangimento ilegal ou grave ameaça, pois a testemunha que indicou disse apenas que o gerente falava que seriam mandados embora aqueles que não pagassem, enquanto a testemunha da reclamada foi firme ao declarar que tal pagamento ocorria de forma consensual entre os envolvidos, estando livres do pagamento aqueles que com ele não concordassem, apesar de todos assentirem. Impende ressaltar que o só fato do reclamante pagar em rateio com outros colegas e o gerente mercadorias sumidas da loja não redunda no dano moral e material alegado, cumprindo dizer que, o direito à indenização por dano moral e material pressupõe a comprovação da conduta culposa do empregador, do dano ao empregado e do nexo causal entre o ato do empregador e o prejuízo sofrido. Destarte, cabia ao reclamante provar o ato danoso, a culpa ou dolo do empregador bem como o nexo de causalidade entre ambos, como estatuído nos arts. 186 c/c 927 do Código Civil de 2002, no que não logrou êxito, atraindo a máxima jurídica que consigna 'allegatio et non probatio quasi non allegatio'. TRT 23ª Reg. — RO 02156.2005.051.23.00-5 — (Sessão 14/06) — Rel. Desembargador Roberto Benatar. DJE/TRT 23ª Reg. n. 120/06, 7.11.06, p. 14.

Palavra inapropriada deduzida em sede de defesa — Não configuração

Ementa: DANO MORAL. PALAVRA INAPROPRIADA DEDUZIDA EM SEDE DE DEFESA. Não é suscetível de acarretar abalo moral expressão — extorsão — utilizada inapropriadamente, no calor da produção de defesa, quando foi deduzida em contexto que a aparta de seu sentido técnico de delito, apenas havendo a parte procurado traduzir a compulsão do empregado em investir judicialmente contra sua ex-empregadora. TRT 8ª Reg. — RO 00434-2005-115-08-00-6 — (Ac. 1ª T., j. 4.10.05) — Rel. Juiz Mário Leite Soares. DJPA 7.10.05.

Da decisão acima, extrai-se o seguinte fundamento:

MÉRITO

"A situação narrada nestes autos é a mais autêntica tradução do verdadeiro estrago que a utilização atécnica de uma expressão, no bojo de defesa, pode ocasionar à parte, submetendo o advogado — que, na qualidade de profissional do Direito, deve primar pelo rigor na utilização das palavras em seu sentido exato — seu constituinte ao risco do pagamento de elevada indenização à parte contrária.

Foi, exatamente, isso que se sucedeu no bojo da contestação de fls. 23/29 e 30/36, com a utilização do verbo 'extorquir' e do substantivo 'extorsão'. Sabe bem as causídicas signatárias da peça de defesa que extorsão é outra coisa muito diferente do exercício do direito de ação. E para que esse direito exista, não necessariamente deve o autor possuir o direito material invocado, já que aquele direito é público, subjetivo e absolutamente autônomo.

É verdade que há nos autos evidências de que o autor está abusando do direito de ação: de início, sua esposa ajuizou uma contra a reclamada, na qual foi celebrado acordo por mera liberalidade (fls. 74/78); depois foi o reclamante quem interpôs uma primeira reclamação, buscando, basicamente, o pagamento de verbas rescisórias (fls. 83/87), na qual outro acordo foi pactuado (fl. 88), sendo que, por não ter entregue as guias de seguro-desemprego ao autor oportunamente, a reclamada, além do valor ajustado no termo de fl. 88, ainda foi compelida ao pagamento de indenização substitutiva (fls. 93 e 98/110); veio, então, uma segunda reclamação — na qual foi atribuída a prática de 'extorsão' ao reclamante, em que o autor buscava o pagamento de horas extras, integração de salário *in natura* (moradia), participação no produto de colheita e honorários advocatícios —, havendo sido esta julgada totalmente improcedente (fls. 38/41); agora, há uma terceira reclamação, ajuizada pelo reclamante, em que este busca o pagamento de indenização por dano moral e, mais uma vez, honorários advocatícios; isso sem falar dos fatos narrados no boletim de ocorrência policial de fl. 55 e do procedimento instaurado pelo reclamante perante a Defensoria Pública do Estado do Pará, com vistas a obter participação na colheita que haveria plantado em parceria com a reclamada no sítio desta (fl. 53). Contudo, nenhum desses procedimentos traduzem 'extorsão', vez que 'extorquir' é algo bem diferente do que buscar em Juízo direitos que se pensa possuir, embora não necessariamente esse pensamento corresponda à realidade. Não traduz coação o exercício de um direito, notadamente quanto este possui assento constitucional, como é o caso do direito de ação.

Todavia, não obstante o emprego desnecessário e atécnico das expressões acima referidas, as quais, diga-se de passagem, foram riscadas, a pedido da parte, pelo Órgão Julgador, por ocasião da prolação da sentença, não vejo configurada a prática de ato ilícito ensejador de pagamento de indenização por danos morais.

Nos termos do art. 186 do Código Civil, para que reste configurado o ato ilícito indenizável, é necessário que a conduta, simultaneamente, viole a lei e cause prejuízo a outrem. É certo que, em se cuidando de dano moral, não há necessidade da efetiva demonstração de prejuízo, bastando que o ato, em tese, seja suscetível de gerar ao ofendido abalo moral, angústia, dor, sofrimento ou outros sentimentos negativos.

No caso dos autos, pelo próprio contexto da defesa em que as palavras 'extorsão' e 'extorquir' foram, inapropriadamente, utilizadas, restou claro que o uso de tais expressões devia-se ao fato do reclamante, mais uma vez, estar acionando o Poder Judiciário, em busca de direitos que pensava possuir, o que, como dito, está muito longe de configurar o tipo penal da 'extorsão'. Logo, as expressões referidas apenas retiraram o brilho da defesa promovida, sem, contudo, se mostrarem suscetíveis de arranhar a reputação do autor ou mesmo de incutir-lhe os sentimentos acima mencionados. Logo, a conduta da reclamada — que, em verdade, não foi sua, mas de suas advogadas — pode até ter violado a lei e até o dever de urbanidade que a lei impõe àqueles que atuam em Juízo, mas esteve longe de, ainda que potencialmente, gerar abalo moral ao reclamante."

Palavras de baixo calão — Atitude lesiva à dignidade do trabalhador — Dano moral configurado

Ementa: RECURSO ORDINÁRIO DA RECLAMADA. SALÁRIO PAGO "POR FORA". Prova testemunhal emprestada demonstrando que a reclamante recebeu salários "por fora" durante toda contratualidade. Sentença mantida, restando deferida a parcela conforme a média dos valores afirmados pelas testemunhas inquiridas. Aplicação do princípio da razoabilidade. DANO MORAL. PALAVRAS DE BAIXO CALÃO. ATITUDE LESIVA À DIGNIDADE DO TRABALHADOR. Configura dano moral à dignidade do trabalhador a utilização de expressões chulas e agressivas, as quais extrapolam o poder diretivo do empregador, ainda mais quando expressas por funcionário graduado (supervisor geral) e representante efetivo da reclamada. Dano moral caracterizado. TRT 9ª Reg. — Proc. 01249-2002-071-09-00-0 (RO-02362-2003) — (Ac. 16.025/2003) — Rel. Juiz Luiz Celso Napp. DJPR 18.7.03, p. 88.

Palavras obscenas e outras agressões verbais. Pessoas humildes, de parcos recursos financeiros e sem instrução formal. Configuração

Ementa: DANO MORAL. CONFIGURAÇÃO. O fato de os trabalhadores da construção civil serem, em regra, pessoas humildes, de parcos recursos financeiros e sem instrução formal, não os exclui da possibilidade de terem sua dignidade ofendida por meio de xingamentos, palavras obscenas e outras agressões verbais, advindas de preposto da reclamada. TRT 18ª Reg. — RO 01207-2006-006-18-00-5 — (Ac. 2ª T.) — Rel. Des. Gentil Pio de Oliveira. DJE n. 14.920, 16.1.07, p. 53.

Participação em processo seletivo — Exame admissional — Reprovação em uma das fases da seleção — Inocorrência

Ementa: AGRAVO DE INSTRUMENTO. CUSTAS. DECLARAÇÃO DE MISERABILIDADE JURÍDICA DO RECLAMANTE. A dispensa do pagamento das custas, desde que atendidos os requisitos legais, deixa de ser uma faculdade do juiz para se tornar um imperativo legal, podendo ser requerida a qualquer tempo, no curso do processo. **RECURSO ORDINÁRIO. INDENIZAÇÃO POR DANO MORAL.** A participação da autora em processo seletivo, bem como a realização de exame admissional não gera direito ao emprego. A ausência de contratação decorrente da reprovação da reclamante em uma de suas fases da seleção não enseja o pagamento de indenização por danos morais e materiais. TRT 18ª Reg. — RO(AI) — 00165-2006-004-18-00-2 — Rel. Juiz Gentil Pio de Oliveira. DJGO n. 14.832, 1.9.06, p. 69.

Pedido de indenização por dano moral com base em acusação de falsificação de atestado médico — Alteração da causa de pedir — Descabimento

Ementa: JUSTA CAUSA. DESÍDIA. TRATAMENTO RIGOROSO E DISCRIMINATÓRIO. O reclamante recebeu uma advertência e duas suspensões, culminando com sua dispensa por justa causa, por comportamento desidioso decorrente de conversas com colegas, atrasando a produção. Contudo, os demais colegas envolvidos em tais conversas não receberam o mesmo tratamento do reclamante, configurando-se uma conduta rigorosa e discriminatória do reclamado apenas quanto ao reclamante, donde correta se mostra a anulação das penalidades aplicadas. DANO MORAL. VINCULAÇÃO À CAUSA DE PEDIR. Não pode o reclamante pretender alterar a causa de pedir referentemente ao dano moral, sob pena de afronta aos limites objetivos da lide e malferimento do direito ao contraditório. Pedida a indenização com base em acusação de falsificação de atestado médico e, provada esta, não pode o reclamante pretender a indenização com base na conversão da dispensa por justa causa por desídia em dispensa imotivada. TRT 3ª Reg. — RO 00154-2004-074-03-00-3 — (Ac. 5ª T.) — Rel. Juiz Emerson José Alves Lage. DJMG 21.8.04, p. 14.

Pedido indenizatório fulcrado na improcedência das verbas pleiteadas em ação anterior, em razão da declaração da nulidade do contrato de trabalho (CF, art. 37, II) — Indeferimento — Inexistência de prejuízo

Ementa: DANOS MORAIS E MATERIAIS. PEDIDO INDENIZATÓRIO FULCRADO NA IMPROCEDÊNCIA DAS VERBAS PLEITEADAS EM AÇÃO ANTERIOR, EM RAZÃO DA DECLARAÇÃO DA NULIDADE DO CONTRATO DE TRABALHO (CF, ART. 37, II). INDEFERIMENTO. INEXISTÊNCIA DE PREJUÍZO. O contrato de trabalho é fundamentalmente um acordo de vontades, de onde resulta seu caráter sinalagmático (CLT, art. 442). Por esse raciocínio, não há como entender que o contrato de trabalho mantido entre o trabalhador e o ente público, declarado judicialmente nulo por ausência de prévia submissão a concurso público (CF, art. 37, § 2º), tenha sido um ato unilateral da administração pública, de forma a imputar-se eventual responsabilidade da contratação (e de sua nulidade) apenas a esta última. Ambas as partes pactuaram um contrato em desatenção ao mandamento constitucional (art. 37, II) e não há como concluir que o ente público tenha que indenizar o trabalhador, se este também participou da ilicitude e ainda se beneficiou em detrimento dos demais cidadãos, em razão da inexistência de concorrência legal e justa. Portanto, a declaração de improcedência dos pedidos trabalhistas formulados em ação anterior não resulta prejuízo, e, por conseqüência, não origina direito de indenização por danos morais e materiais. Recurso improvido por unanimidade. TRT 24ª Reg. — RO 1.053/2001 — Rel. Juiz João de Deus Gomes de Souza. DOMS n. 5.724, 4.4.02.

Pena de suspensão — Dirigente sindical — Injusta — Configuração

Ementa: AGRAVO DE INSTRUMENTO — PENA DE SUSPENSÃO — DIRIGENTE SINDICAL — DANOS MORAIS. Do quadro fático delimitado pelo regional, verifica-se que não houve demonstração de excesso no comportamento do Autor, porquanto a passeata se dera de forma pacífica e ausente qualquer coação para forçar a adesão ao movimento, tendo sido registrado, ainda, que a proposta da caminhada fora aprovada pela assembléia. Tais aspectos fáticos restam incontroversos, sendo inviável seu revolvimento nesta instância extraordinária ante o óbice da Súmula 126 desta corte. Por outro lado, considerando que, *in casu*, a punição injusta configurou ato atentatório ao exercício da representação sindical, à liberdade de expressão e à dignidade do trabalhador, incólume o art. 5º, IX, da Constituição Federal. Agravo de Instrumento não provido TST — AIRR-525/2002-255-02-40.3 — (Ac. 2ª T.) — 2ª Reg. — Rel. Min. José Simpliciano Fontes de F. Fernandes. DJU 2.2.07, pp. 1.070/71.

Perda de chance — Cabimento

Ementa: PERDA DE CHANCE. DANOS MORAIS. INDENIZAÇÃO. No campo da responsabilidade civil existe uma construção doutrinária segundo a qual a lesão ao patrimônio jurídico de alguém pode consistir na perda de uma oportunidade, de uma chance de se beneficiar de uma situação favorável ou de evitar um acontecimento desfavorável. Há, aí, um prejuízo específico, desvinculado do resultado final. Como se trata de uma chance, existe, ao lado do prognóstico negativo, também a previsão da ocorrência de um resultado positivo, embora a conduta do agente obste que se conheça o desfecho do caso. Não se podendo garantir o resultado favorável, tampouco se pode vaticinar a obtenção do resultado desfavorável. O dano se evidencia pela perda da chance, sendo tanto mais grave quanto maiores forem as probabilidades em relação a um certo resultado. Exemplos típicos são o do estudante que não consegue fazer uma prova; o da pessoa de carreira promissora, que vem a ser vítima de um acidente; o do cliente cujo advogado não ajuíza uma determinada ação, etc. Nesse caso, não há propriamente dano material, pois se trata de uma hipótese. Se, porém, a conduta do agente lesa os direitos da parte, privando-a da oportunidade de obter os benefícios de uma dada situação, ou de evitar os malefícios de uma outra, essa perda da chance dá lugar a uma compensação, proporcional ao valor da chance perdida. TRT 3ª Reg. — RO 01518-2003-029-03-00-7 — (Ac. 3ª T.) — Rel. Juiz Sebastião Geraldo de Oliveira. DJMG 6.12.03, p. 06.

Perda de vaga no mercado de trabalho — Mensagem de correio eletrônico — Prova frágil

Ementa: DANO MORAL. PERDA DE VAGA NO MERCADO DE TRABALHO. MENSAGEM DE CORREIO ELETRÔNICO. PROVA FRÁGIL. O serviço de correio eletrônico, conhecido como *e-mail*, não constitui meio de prova fidedigno. A falta de assinaturas, a possibilidade de alteração, no "percurso" entre o remetente e o destinatário, bem como a facilidade de cadastramento de dados pessoais sem comprovação desaconselham a adoção irrestrita dessa espécie de prova. Apenas a assinatura eletrônica, procedimento complexo que depende de regulamentação legal, no país, poderia conferir algum grau de certeza quanto à autenticidade do documento. Dessa forma, a simples apresentação de mensagem impressa em que se comunica a perda de vaga pela demora na apresentação de documentos representa apenas indício, e não prova de que o atraso na devolução da CTPS tenha provocado abalo moral a merecer reparação. Recurso a que se nega provimento, no particular, para manter a rejeição ao pedido de danos morais. TRT 9ª Reg. — RO 00990-2004-660-09-00-1 — (Ac. 2ª T. 28662/05) — Relª Juíza Marlene T. Fuverki Suguimatsu. DJPR 8.11.05, p. 306.

Perseguição contra o trabalhador, após ter denunciado suas superioras hierárquicas pelo comércio irregular de material da instituição — Indenização — Cabimento

Ementa: DANO MORAL. INDENIZAÇÃO. O constrangimento causado pela perseguição contra o trabalhador, após este ter denunciado suas superioras hierárquicas pelo comércio irregular de material da instituição, causa inequívoco dano moral e impõe a reparação da vítima. A conduta do empregador que desborda dos limites da dignidade e pratica, pessoalmente ou por seus prepostos, atos abusivos e injustos, consubstanciados em perseguições e represálias, configura procedimento vexatório e humilhante que impõe a indenização por danos morais ao trabalhador (art. 5º, inc. V, CFR/88), pois são invioláveis a intimidade, a vida privada, a honra e a imagem das pessoas, direitos estes assegurados por norma de *status* constitucional (art. 5º, inc. X da Constituição Federal de 1988). TRT 2ª Reg. — RO 00304200007702000 — (Ac. 4ª T. 20050584256) — Rel. Juiz Paulo Augusto Câmara. DJSP 13.9.05, p. 17.

Poder de direção — Uso de aparelhos audiovisuais em sanitários — Invasão da intimidade do empregado

Ementa: PODER DE DIREÇÃO. USO DE APARELHOS AUDIOVISUAIS EM SANITÁRIOS. INVASÃO DA INTIMIDADE DO EMPREGADO. A legislação brasileira permite que o poder de fiscalização conferido ao empregador, em determinadas circunstâncias, se verifique, por meio de aparelhos audiovisuais, como decorrência do avanço tecnológico, desde que o empregado deles tenha ciência. Inadmissível é entender que o conjunto de locais do estabelecimento esteja sob total controle do empregador e autorizar a introdução desses aparelhos, indistintamente, como no banheiro, lugar que é privado por natureza. A utilização de câmera de vídeo nos sanitários gera compensação por dano moral, em face da flagrante violação ao direito à intimidade do empregado, assegurado por preceito constitucional (art. 5º, X) e conceituado como a faculdade concedida às pessoas de se verem protegidas "contra o sentido dos outros, principalmente dos olhos e dos ouvidos". A vigilância eletrônica poderá ter um futuro promissor, desde que usada de forma humana, combatendo-se os abusos na sua utilização. Instalação de aparelho audiovisual no banheiro caracteriza o que a OIT denomina "química da intrusão", comportamento repudiado pelo ordenamento jurídico nacional e internacional. TRT 3ª Reg. — RO 00117-2004-044-03-00-3 — (Ac. 2ª T.) — Relª Juíza Alice Monteiro de Barros. DJMG 25.8.04, p. 11.

Prática de ato lesivo e violador da dignidade do trabalhador — Configuração

Ementa: INDENIZAÇÃO POR DANOS MORAIS. PRÁTICA DE ATO LESIVO E VIOLADOR DA DIGNIDADE DO TRABALHADOR. A permissão de atos vexatórios dentro de suas instalações pela reclamada é inaceitável, já que o empregador, porque detém o poder diretivo e disciplinar na relação empregatícia, é responsável pelos atos praticados por seus empregados (art. 932, III do CC e Súmula 341/STF). Por tais motivos, pode-se afirmar que a prática de tais atos repercute negativamente na esfera emocional do empregado, o que sem dúvida alguma lhe causa dor e sofrimento com inegável reflexo em direito personalíssimo, o que autoriza a reparação por dano moral nos termos do art. 5º, inciso X da CF. TRT 3ª Reg. — RO 00842-2004-022-03-00-4 — (Ac. 7ª T.) — Rel. Juiz Luiz Ronan Neves Koury. DJMG 20.1.05, p. 16.

Prática de ato lesivo e violador da dignidade do trabalhador — Configuração

Ementa: INDENIZAÇÃO POR DANOS MORAIS. PRÁTICA DE ATO LESIVO E VIOLADOR DA DIGNIDADE DO TRABALHADOR. A permissão de atos vexatórios dentro das dependências da empresa é inaceitável porquanto deve o empregador zelar para que o ambiente de trabalho seja salutar, de modo que os empregados sejam tratados com urbanidade e respeito. TRT 3ª Reg. — RO 01567-2004-011-03-00-2 — (Ac. 7ª T.) — Rel. Juiz Ricardo Marcelo Silva. DJMG 6.10.05, p. 17.

Da decisão acima, colhe-se o seguinte fundamento:

"DANOS MORAIS

Pugna a ré pela exclusão da condenação ao pagamento da indenização por dano moral alegando a ausência dos requisitos essenciais para configuração do dano. Sustenta que o autor não se desincumbiu de demonstrar que tenha sofrido qualquer prejuízo, humilhação ou constrangimento, nos moldes do art. 186/CC. Acrescenta não ter ainda restada evidenciada a existência de nexo causal entre os fatos narrados pela inicial e a relação empregatícia das partes. *Ad argumentandum*, requer a redução do valor arbitrado à condenação.

Restou cabalmente comprovado pela prova testemunhal que era prática usual do superior hierárquico de nome 'Glauco' de tratamento vexatório e humilhante aos vendedores que não atingiam suas metas, inclusive ao reclamante. A primeira testemunha arrolada pelo autor revelou: 'o Glauco dirigia palavrões a alguns de seus subordinados, inclusive para o reclamante; esses palavrões consistiam por exemplo em 'burro', 'vai tomar...', 'você é incapaz', 'vai para a... que pariu'; o Glauco dizia isto quando o vendedor deixava de alcançar determinada meta do dia'; 'acontecia de o Glauco ameaçar seus vendedores quando estes não cumpriam suas metas, dizendo-lhes que não serviam para trabalhar na equipe dele, tendo o depoente presenciado essa situação com diversos colegas, inclusive com o reclamante, tendo ocorrido o mesmo com o próprio depoente' (fl. 817).

No mesmo sentido o depoimento da segunda testemunha do autor: 'Glauco mandava os vendedores de sua equipe tomar no..., chamava os vendedores de filho da..., chamava os vendedores de imbecis, ignorantes, dizia que eles não mereciam o cargo que tinham na empresa e ameaçava bastante de mandá-los embora' (fl. 819).

A reclamada, por seu turno, nenhuma prova produziu.

Diante do exposto, não há dúvida de que os vendedores, inclusive o reclamante, sofriam constrangimentos e humilhações decorrentes da relação empregatícia.

A prática de atos vexatórios dentro das instalações da reclamada é inaceitável, já que o empregador, por deter o poder diretivo e disciplinar da relação empregatícia, é responsável objetivamente pelos atos praticados por seus empregados (art. 932, III do CC e Súmula 341/STF).

Não há dúvidas de que a prática de tais atos repercute negativamente na esfera emocional e social do empregado, causando-lhe dor e sofrimento, com inegável reflexo em direito personalíssimo, pelo que é devida a reparação em virtude de dano moral, nos termos do art. 5º, inciso X da CF.

Embora de difícil aferição aritmética, o valor da indenização deve ser fixado levando em consideração a extensão do dano, grau de culpa da empresa e a situação financeira de ambas as partes, sem perder de vista o caráter pedagógico para que tais fatos não ocorram novamente, sem, contudo, propiciar o enriquecimento sem causa do trabalhador.

Tendo em vista o valor da remuneração bruta do autor, em média de R$ 1.000,00 mensais (fl. 475), entendo que a fixação da indenização em R$ 7.000,00 encontra-se em total consonância com os parâmetros de que falei acima.

Nego provimento."

Prática de danças populares com vestimentas femininas, imitações de bichos, utilização de chapéu de burro e nariz de palhaço — Configuração

Ementa: AGRAVO DE INSTRUMENTO. INDENIZAÇÃO POR DANO MORAL. MAJORAÇÃO DE VALOR. VIOLAÇÃO DOS ARTIGOS 5º, X, DA CONSTITUIÇÃO FEDERAL C/C 186 DO CÓDIGO CIVIL. Há que ser processado o presente agravo de instrumento quando este reúne elementos que comprovam, à saciedade, a ofensa moral do trabalhador por meio de atos, ações e omissões praticados pela empresa empregadora, violando, de forma flagrante, a fixação equivocada do quantum reparatório aos artigos 5º, X, da Constituição Federal e 186 do Código Civil. Agravo de instrumento a que se dá provimento. **RECURSO DE REVISTA. INDENIZAÇÃO POR DANO MORAL. MAJORAÇÃO DE VALOR. VIOLAÇÃO DOS ARTIGOS 5º, X, DA CONSTITUIÇÃO FEDERAL C/C 186 DO CÓDIGO CIVIL. CONHECIMENTO E PROVIMENTO.** O que se espera em nossos dias é que o trabalhador seja um profissional receptivo, honesto, leal, atento, sincero, humanitário, correto e desejoso de que as coisas sejam bem feitas. Em contrapartida, o que se esperar do empregador senão todas essas qualidades morais acrescida do dever de retribuir com justiça o seu prestador de serviço pagando-lhe salário em dia, oferecendo-lhe um ambiente de trabalho confortável e humanizado e reconhecendo-lhe o merecimento de crescer na empresa sem protecionismo ou interesses escusos. O trabalho passa a ser, desta forma, não só um direito, um dever e um sinal de honra, mas uma função individual e um instrumento de inserção na sociedade humana. O trabalhador não é uma mercadoria, algo descartável, um artigo de comércio, pois o seu esforço físico e mental produto de sua vontade consciente materializa-se em fatos e obras visíveis; é a atividade criadora e impulsora do progresso e crescimento das organizações empresariais e o desenvolvimento da civilização, como o é da cultura dos povos. O mundo e suas constantes benfeitorias constituem uma prova irrefutável do valor do trabalho do homem aliado ao empreendimento do capital focado na constante preocupação com a dignidade das pessoas! O trabalho é anterior à empresa. Esta surgiu, muito tempo depois, com o aproveitamento das atividades que o homem teve que realizar para satisfazer suas necessidades primárias e as de sua família. A empresa nasceu como fruto desse trabalho já organizado e técnico. Não pode ser considerado um colaborador do desenvolvimento e um construtor do seu país quem acha que pagando em dia seus empregados e colaboradores, quites com os tributos devidos e prestigiado no mundo exterior ao da sua empresa, trata mal os que o ajudam a obter o lucro nos negócios, quebrando-lhes, de forma violenta e odiosa, a auto-estima, expondo-lhes ao ridículo perante a comunidade de companheiros e ferindo a sua dignidade da maneira mais cruel possível. Não há bilateralidade em contrato algum que consinta nessa prática que deve ser definitivamente varrida da vida empresarial. *In casu*, é patente o dano moral causado ao trabalhador quando a empresa, valendo-se de sua superioridade econômica, expõe o trabalhador ao ridículo, humilhando-o publicamente e ferindo seus sentimentos mais profundos de amor próprio e de dignidade, abalando a sua imagem-atributo, obrigando-o à prática de danças populares com vestimentas femininas, imitações de bichos, utilização de chapéu de burro e nariz de palhaço, castigos como ficar em pé voltado para a parede, fazer uso de bebidas com data de validade ultrapassada, além de xingamentos de baixo calão. Recurso de Revista a que se dá provimento. TST — RR-18.457/2003-003-09-40.6 — (Ac. 1ª T.) — 9ª Reg. — Rel. Juiz Convocado Guilherme Augusto Caputo Bastos. DJU 9.2.07, p. 668.

Prática motivacional de caráter ofensivo — Configuração

Ementa: DANO MORAL. PRÁTICA MOTIVACIONAL DE CARÁTER OFENSIVO. CONFIGURAÇÃO. São brincadeiras aviltantes (situações de ridicularização), que repugnam à sensibilidade comum, como já reconheceu esta Corte em vários casos semelhantes. Agiram os reclamados com culpa, porque podiam ter optado por forma motivacional socialmente aceitável. Verifica-se, pois, a violação dos bens protegidos pelo art. 5º, X, da Constituição Federal. TRT 18ª Reg. — RO-01761-2004-009-18-00-0 — Rel. Juiz Daniel Viana Júnior. DJGO 2.8.05, p. 51.

Práticas incompatíveis com a subordinação típica do contrato de trabalho — Configuração

Ementa: AGRAVO DE INSTRUMENTO EM RECURSO DE REVISTA. INDENIZAÇÃO POR DANOS MORAIS. A temática dos danos morais abarca um contexto de alta subjetividade, inibindo confrontação de teses, além de envolver aspectos inusitados que enlaçam a conduta humana, a personalidade dos indivíduos, enfim, toda uma gama de situações e circunstâncias que devem ser enfrentadas caso a caso, pois é difícil a repetição das hipóteses. No presente caso, adotando práticas incompatíveis com a subordinação típica do contrato de trabalho, festas à fantasia submetendo os empregados a situações vexatórias, além de "macabro ritual de dispensa, em que o empregado despedido era obrigado a desfilar por todo o setor até a porta da rua", enfim, "todas as dinâmicas e ritualizações utilizadas pela 1ª reclamada", cuja finalidade é obter controle sobre o psique do empregado, sem se importar quanto as conseqüências do abuso. Nego provimento. HORAS EXTRAS. Analisando o conjunto probatório, a Corte regional chegou à conclusão de que o trabalho extrajornada atingia quatro horas semanais, sendo vinte minutos diários antes da jornada e vinte minutos após a jornada.

Incidência da Súmula 126. Agravo conhecido e não provido. TST — AIRR-1.185/2003-007-17-40.7 — (Ac. 6ª T.) — 17ª Reg. — Rel. Juiz Convocado José Ronald Cavalcante Soares. DJU 5.5.06, p. 1083.

Práticas motivacionais — Não configuração

Ementa: DANOS MORAIS. PRÁTICAS MOTIVACIONAIS. Numa economia extremamente competitiva e tributada, é natural que as empresas, buscando lucros, adotem estratégias motivacionais para o seu pessoal, as quais se sujeitam ao controle da licitude pela Justiça do Trabalho. Submeter o obreiro a ter que se explicar em reuniões e pagar pizzas para os colegas (isto sem prova de coação), quando não atingidas suas metas, não gera dano moral indenizável. Recurso provido neste ponto. TRT 18ª Reg. — RO 00815-2006-010-18-00-1 — (Ac. 2ª T.) — Rel. Des. Saulo Emídio dos Santos. DJGO n. 14.893, 6.12.06, p. 96.

Prejuízo à imagem do indivíduo — Dano estético — Dano moral — Indenização — Cabimento

Ementa: DANO MORAL. PREJUÍZO ESTÉTICO. INDENIZAÇÃO. O dano estético constitui dano moral indenizável uma vez que se traduz em prejuízo à imagem do indivíduo perante o meio social em que está inserido. Inteligência do inciso V do artigo 5º da CF TRT 15ª Reg. (Campinas/SP) — RO 01.196-2001-052-15-00-6 — (Ac. 5ª T. 30.845/2003-PATR) — Rel. Juiz Nildemar da Silva Ramos. DJSP 10.10.03, p. 29.

Premiação do empregado mais "Rabugento" e "Chato do setor" — Configuração

Ementa: DANO MORAL. RESPONSABILIDADE CIVIL. PREMIAÇÃO DO EMPREGADO MAIS "RABUGENTO" e "CHATO" DO SETOR. A empresa é responsável por indenizar os danos morais decorrentes de premiação do funcionário dito mais "rabugento" e "chato" do setor, escolhido mediante eleição no local de trabalho. O fato de o prêmio ter sido entregue em festa de confraternização de final de ano organizada por gerentes e demais empregados da empresa não afasta a responsabilidade civil da empregadora. De acordo com o art. 932, III, do Código Civil, o empregador responde pelos atos de seus empregados. A gravidade da conduta impõe a fixação do "quantum" indenizatório em valor apto a compensar a lesão sofrida pela vítima e desestimular o ofensor quanto à reiteração da conduta lesiva, mediante efeito preventivo-pedagógico. Recurso Ordinário da Reclamada a que se nega provimento, nesta parte. TRT 9ª Reg. — Proc. 17146-2004-001-09-00-3 — (Ac. 1ª T. 11685/07) — Rel. Juiz Ubirajara Carlos Mendes. DJPR 11.5.07, p. 719.

Presunção de ofensas — Improcedência do pedido

Ementa: DANO MORAL. PRESUNÇÃO DE OFENSAS. IMPROCEDÊNCIA DO PEDIDO. Sentimento de baixa estima não justifica a postulação. Para que haja dano moral é necessário que o empregador, ou um preposto seu, atinja, com palavras ou gestos, a honra, a imagem e a boa fama do trabalhador, não sendo suficiente a suspeita de que o empregador vem dispensando ou dispensou tratamento desigual em razão de cor, sexo, estado civil ou outro atributo da pessoa. O dano não pode ser presumido, mas evidente, ainda que não sentido de forma imediata. Só assim se justifica a condenação com base no art. 5º, inciso V, da CF. TRT 2ª Reg. — RO 29245200290202004 — (Ac. 9ª T. 20030286500) — Rel. Juiz Luiz Edgar Ferraz de Oliveira. DJSP 27.6.03, p. 67.

Pressupostos — Risco de banalização

Ementa: DANO MORAL. PRESSUPOSTOS. RISCO DE BANALIZAÇÃO. O direito à indenização por danos morais requer a presença simultânea do ato ilícito, do implemento do dano, do nexo causal e da culpa do réu. Sem a comprovação da ocorrência desses pressupostos, não pode prosperar a pretensão. Se, por um enfoque, o reconhecimento do dano moral e sua reparação pecuniária representam progresso extraordinário da ciência jurídica, para melhorar a convivência respeitosa e valorizar a dignidade humana, por outro lado, não se pode levar a extremo sua aplicação, com o risco de banalizar a conquista ou levá-la ao descrédito. Não cabe o deferimento de dano moral pelas ocorrências rotineiras das atividades profissionais, pelo simples melindre, contrariedades ou pequenas mágoas. Como assevera o Desembargador Sérgio Cavalieri Filho, da 2ª Câmara Cível do TJRJ, no julgamento da Ap. 7.928/95, "mero dissabor, aborrecimento, mágoa, irritação ou sensibilidade exacerbada estão fora da órbita do dano moral, porquanto, além de fazerem parte da normalidade do nosso dia-a-dia, no trabalho, no trânsito, entre os amigos e até no ambiente familiar, tais situações não são intensas e duradouras, a ponto de romper o equilíbrio psicológico do indivíduo. Se assim não se entender, acabaremos por banalizar o dano moral, ensejando ações judiciais em busca de indenizações pelos mais triviais aborrecimentos". TRT 3ª Reg. — RO 9.727/00 — (Ac. 2ª T.) — Rel. Juiz Sebastião Geraldo de Oliveira. DJMG 29.11.00, p. 20.

Prisão de empregado por porte ilegal de arma no exercício da função de segurança pessoal de diretor da empresa empregadora — Dano — Indenização

Ementa: PRISÃO DE EMPREGADO POR PORTE ILEGAL DE ARMA NO EXERCÍCIO DA FUNÇÃO DE SEGURANÇA PESSOAL DE DIRETOR DA EMPRESA EMPREGADORA. DANO. INDENIZAÇÃO. Quando o empregador deixa de cumprir as normas legais reguladoras do serviço de segurança pessoal, resta caracterizada a sua culpa pelo dano sofrido pelo empregado em face da prisão por porte ilegal de arma, decorrente do exercício da aludida função, mesmo tendo também o trabalhador uma parcela de culpa por laborar ciente das irregularidades, já que o risco do negócio é do empregador, agindo o empregado movido pela necessidade do emprego e da sobrevivência, inclusive sob o conhecido temor reverencial do patrão. Provado, também, o nexo causal do dano com o trabalho, tem-se como preenchidos os pressupostos para indenização dos danos morais sofridos e do ressarcimento das despesas que o empregado vier a ter com sua defesa na ação criminal que pesa sobre seus ombros. TRT 3ª Reg. — 01123-2002-043-03-00-0 — (Ac. 3ª T.) — Rel. Juiz Sebastião Geraldo de Oliveira. DJMG 15.3.03.

Problema de saúde — Dispensa sem justa causa — Não-configuração

Ementa: INDENIZAÇÃO POR DANO MORAL. PROBLEMA DE SAÚDE. DISPENSA SEM JUSTA CAUSA. Para se confirmar o nexo causal entre o problema de saúde e o trabalho desenvolvido pela Reclamante, requer-se a realização de perícia, indispensável para a prova de que eventuais lesões sofridas resultaram de suas atividades, e que houve eventual redução da capacidade para o trabalho na função que vinha exercendo. Recurso da Reclamante que se nega provimento, no particular. TRT 9ª Reg. — Proc. 52844-2002-008-09-00-8 (ROPS-00224-2003) — (Ac. 09.969/2003) — Rel. Juiz Arnor Lima Neto. DJPR 9.5.03, p. 569.

Professor — Majoração constante de carga horária — Não configuração

Ementa: DANO MORAL. MAJORAÇÃO CONSTANTE DE CARGA HORÁRIA DE PROFESSOR. DIREITO CIVIL. DIREITO DO TRABALHO. Mudanças constantes na carga de trabalho de professores, com majoração da carga horária, não representam uma discriminação localizada, com o intuito de prejudicar ou perseguir a Autora, se constatado que os demais professores estavam igualmente sobrecarregados e, devido a problemas internos de organização da instituição, os horários eram constantemente modificados, de forma generalizada, mesmo que, por vezes, a notícia de mudança tenha sido dada com um dia de antecedência. Não sendo atribuídas a um fato isolado, tais mudanças não configuram dano moral, por discriminação, inexistindo ato ilícito. Recurso improvido. TRT 15ª Reg. (Campinas/SP) — RO 0445-2005-045-15-00-1 — (Ac. 20023/07-PATR, 3ª C.) — Relª. Juíza Luciane Storel da Silva. DJSP 11.5.07, p. 11

Proibição de estudar — Configuração

Ementa: RECURSO ORDINÁRIO, DANO MORAL. PROIBIÇÃO DE ESTUDAR. PROCEDÊNCIA. Evidente a existência de conduta ilícita hábil gerar a reparação, na medida em que o acesso à educação é direito constitucionalmente garantido. De todo inaceitável que qualquer ente venha a constranger, impedir ou dificultar o seu acesso, devendo-se, por óbvio, imputar à ré, a responsabilidade pelo evento danoso. Registre-se, ainda, que tal conduta é contrária ao que prevê a ordem jurídica, alcançando direito de terceiro, ferindo valores básicos da coletividade, devendo o causador do dano arcar com as conseqüências de seu ato. TRT 1ª Reg. — RO 2555-2004-262-01-00-5 — (Ac. 8ª T.) — Relª. Desembarqadora Maria José Aguiar Teixeira Oliveira. DJRJ 11.10.06, p. 245.

Promessa de novo emprego — Conteúdo indeterminado da proposta — Força vinculante não configurada — Reparação descabida

Ementa: DANO MORAL. PROMESSA DE NOVO EMPREGO. CONTEÚDO INDETERMINADO DA PROPOSTA. FORÇA VINCULANTE NÃO CONFIGURADA. REPARAÇÃO DESCABIDA. Em que pesem os esclarecimentos da única testemunha ouvida no feito apontarem para certa inquietação espiritual de quem se vê premido pela hipótese do desemprego, as promessas vagas e desprovidas de objetividade traduzem não mais que mera expectativa na celebração de novo contrato, sem provar, contudo, que a proposta contenha os elementos e requisitos indispensáveis ao correspondente negócio jurídico. Para que crie força vinculante, a proposta deve revelar em seu conteúdo seriedade e certeza, apresentando todas as cláusulas essenciais do contrato, a fim de que a aceitação do oblato implique sua formação. TRT 15ª Reg. (Campinas/SP) — RO 2234-2004-038-15-00-4 — (Ac. 51592/06-PATR, 11ª Câmara) — Relª. Juíza Maria Cecília Fernandes Alvares Leite. DJSP 1.11.06, p. 95.

Prova da conduta potencialmente lesiva e o nexo de causalidade

Ementa: INDENIZAÇÃO POR DANO MORAL. PERTINÊNCIA. Nas relações de trabalho qualquer agressão à dignidade da pessoa humana lesiona a sua honra, ferindo valores, dentre outros, como a honestidade e a probidade, que formam a realidade axiológica a que se está sujeito. Ofensa a tais valores exige compensação indenizatória. Em questões que tais, para o juiz se convencer da existência do dano moral, basta a prova da conduta potencialmente lesiva e o nexo de causalidade, desde que o autor indique os indícios que possibilitem a configuração da presunção de que se trata de algo que ordinariamente acontece. Trata-se de lesão personalíssima da pessoa, não sob o prisma da presunção absoluta, mas de elementos que permitam levar à presunção *hominis*, acerca dos efeitos da conduta do agente causador do dano. Agravo de instrumento não provido. TST — AIRR-37.515/2002-900-08-00.5 — (Ac. 4ª T.) —

8ª Reg. — Rel. Juiz Convocado José Antônio Pancotti. DJU 22.10.04, p. 690.

Publicação de anúncio convocando para retorno ao emprego — Inexistência

Ementa: DANO MORAL. PUBLICAÇÃO DE ANÚNCIO CONVOCANDO PARA RETORNO AO EMPREGO. INEXISTÊNCIA. A prova documental mostra que o anúncio foi veiculado, com o intuito de convocar o autor para retornar às suas atividades normais, não havendo nenhuma ilegalidade na atitude da empresa. Assim, a atitude da reclamada não pode ser interpretada como causadora de dano moral ao autor, pois, como dito, não houve repercussão negativa do anúncio na vida profissional do reclamante. TRT 9ª Reg. — RO 02845-2003-021-09-00-2 — (Ac. 1ª T. 13092/05) — Rel. Juiz Benedito Xavier da Silva. DJPR 31.5.05, p. 255.

Publicação de edital de abandono de emprego em jornal — Não configuração

Ementa: DANO MORAL. PUBLICAÇÃO DE EDITAL DE ABANDONO DE EMPREGO EM JORNAL. NÃO CONFIGURAÇÃO. A simples publicação do edital de abandono de emprego não se mostra ofensiva à honra profissional do reclamante. Ainda que não provado o ato faltoso do trabalhador, como ficou demonstrado no caso, o que revela a imprudência da reclamada, não surgiu o dano subjetivo capaz de justificar a reparação nos termos do art. 5º, X, da Constituição Federal. A publicação em questão advertia o trabalhador da possibilidade de dispensa caso não comparecesse ao trabalho no prazo de 3 dias (fl. 30). A jurisprudência trabalhista não tem reconhecido o dano em tal circunstância, por ser esse tipo de convocação comum. A propósito, um precedente da SBDI2/TST: "l. DANO MORAL. INDENIZAÇÃO. VIOLAÇÃO DO ARTIGO 159 DO CÓDIGO CIVIL. l. Não ofende o art. 159 do Código Civil o fato de o julgador não considerar a publicação de abandono de emprego, por si só, como ato lesivo à moral do empregado. Para ter direito à indenização preconizada no citado dispositivo legal, faz-se necessária a comprovação ampla do dano sofrido (ROAR 488.310/1998, Rel. Min. Francisco Fausto Paula de Medeiros)." TRT 18ª Reg. — RO 00516-2003-008-18-00-8 — Rel. Juiz Aldon do Vale Alves Taglialegna. DJGO 27.1.04.

Publicação em jornal de grande circulação — Não comparecimento ao trabalho desde 19.3.03 — Matéria veiculada somente em 13.11.03 — Retorno ao emprego sob a caracterização de abandono de emprego — Ultraje à boa-fé objetiva

Ementa: PUBLICAÇÃO EM JORNAL DE GRANDE CIRCULAÇÃO AFIRMANDO QUE O EMPREGADO NÃO ESTÁ TRABALHANDO DESDE 19-03-2003. MATÉRIA VEICULADA SOMENTE EM 13-11-2003. LISTA CONTENDO 94 EMPREGADOS EM IDÊNTICA SITUAÇÃO. CONVOCAÇÃO PARA RETORNAR AO TRABALHO, SOB PENA DE CARACTERIZAÇÃO DE ABANDONO DE EMPREGO. DANO MORAL CONFIGURADO. VIOLAÇÃO AOS DEVERES ANEXOS AO CONTRATO DE TRABALHO. ULTRAJE À BOA-FÉ OBJETIVA. Ofende a personalidade e a honra do empregado, matéria jornalística listando nomes de empregados com a alegação de que não estão trabalhando. Agrava-se a situação, na medida em que os empregados estavam trabalhando no período posterior a 19-03-2003. Tentativa da reclamada em simular abandono de emprego coletivo dos empregados. Conduta lesiva à dignidade da pessoa humana (art. 1º, III, da Carta Magna), caracterizando ofensa ao nome do empregado (art. 17 do Código Civil e art. 5º, X, da Constituição da República). TRT 9ª Reg. — RO 02624-2003-024-09-00-3 — (Ac. 3ª T. 24738/05) — Rel. Juiz Celio Horst Waldraff. DJPR 30.9.05, p. 420.

Publicação nos quadros de aviso da empresa — Representante sindical — Informações que repercutiram negativamente na imagem do obreiro — Configuração

Ementa: INCOMPETÊNCIA DA JUSTIÇA DO TRABALHO EM RAZÃO DA MATÉRIA. Os fatos narrados na inicial, que seriam ofensivos à honra do autor, aconteceram no âmbito da reclamada. A circunstância de se encontrar o autor cumprindo mandato sindical não lhe retira a condição de empregado da reclamada. Trata-se a hipótese dos autos de típico conflito entre empregado e empregador, atraindo a competência da Justiça do Trabalho para dirimi-lo, nos termos do artigo 114 da Constituição Federal. Recurso desprovido. NULIDADE DO PROCESSO. CERCEAMENTO DE DEFESA. A contradita de testemunha deve ser comprovada no ato em que apresentada, *ex vi* do disposto no §1º do artigo 414 do CPC, sendo incabível tal prova quando já encerrada a instrução. Ao contraditar a testemunha, o procurador da reclamada disse que não tinha como comprovar suas alegações. Dessa forma, não há falar em cerceamento de defesa, inexistindo nulidade alguma a ser decretada. Recurso não provido. **INDENIZAÇÃO POR DANO MORAL**. Evidencia-se o dano moral a partir da publicação, nos quadros de aviso da empresa, de nota a respeito do motivo pelo qual o reclamante se encontra afastado de suas atribuições, deixando implícito simplesmente que ele não trabalha desde longa data, sem esclarecer, no entanto, que se trata de licença remunerada para o exercício de mandato sindical. O questionamento "a quem falta conduta moral?", inserido na mesma comunicação, ao ser lido pelos demais empregados, repercutiu negativamente na imagem do obreiro. A conduta da reclamada fere não apenas a imagem pessoal do reclamante, como também atenta contra o direito constitucional dos trabalhadores à representação sindical. Caracterizados o abalo da imagem, a dor pessoal e o sofrimento íntimo do reclamante, este faz jus à indenização por danos morais, no valor fixado na sentença. Apelo não provido. **HONORÁRIOS DE ASSISTÊNCIA JUDICIÁRIA.** Adota-se, no caso, a Súmula 20 deste Tribunal, mantendo-se a condenação ao pagamento dos honorários assistenciais. TRT 4ª Reg. — RO 00764-2003-331-04-00-7 — (Ac. 8ª T.) — Relª Juíza Maria Helena Mallmann. DJRS 12.1.05.

Punição disciplinar ou pecuniária justa — Ausência de ato faltoso pelo empregador — Indenização indevida

Ementa: DANO MORAL. AUSÊNCIA DE ATO FALTOSO PELO EMPREGADOR. INDENIZAÇÃO INDEVIDA. O direito à indenização decorrente de dano moral é possível quando o dano decorra da relação de trabalho, tendo o empregador lesado o empregado em sua intimidade, honra e imagem. Entretanto, se a punição disciplinar ou pecuniária for justa e não importou na imputação inverídica de conduta desonrosa, nem tampouco feriu a imagem do empregado, não é possível indenizá-lo na esfera trabalhista, uma vez não comprovado o caráter danoso do ato patronal. TRT 24ª Reg. — RO 0697/2001-041-24-00-2 — Rel. Juiz Nicanor de Araújo Lima. DOMS n. 5.835, 12.9.02.

Puro — Configuração

Ementa: ASSISTÊNCIA JUDICIÁRIA. O direito à assistência judiciária é constitucionalmente garantido a todo aquele que não pode arcar com as despesas processuais sem prejuízo do sustento próprio ou de sua família e, como dispõe a Lei n. 7.115/83, a declaração destinada a fazer prova de pobreza, quando firmada pelo próprio interessado ou por procurador com poderes bastantes, presume-se verdadeira e basta ela, nos termos do art. 4º da Lei n. 1.060/50, para autorizar a concessão do benefício. Destrancado o recurso ordinário, deve o mesmo ser julgado de imediato. DANO MORAL PURO. DEFERIMENTO. A frase escrita no banheiro da empresa é altamente injuriosa e ofende gravemente a honra e a dignidade da Empregada. Se escrita no banheiro masculino da empresa, cumpria ao empregador apurar quem a escreveu e mandar apagá-la para que uma instalação sua não continuasse servindo para divulgar a injúria e a difamação de que foi vítima sua empregada. Sendo a empresa negligente ao permitir a permanência do que foi escrito, sua imprudência ao fotografar e divulgar a frase inju- riosa se aproxima do dolo, principalmente tendo-se em conta que a preposta que praticou o ato é uma psicóloga e trabalhava com autonomia no setor de relações humanas da empresa. Tinha, portanto, perfeitas condições de conhecer as conseqüências de seu ato, especialmente o dano moral que acarretaria à Empregada. Mas, mesmo assim, imprudentemente, colocou a foto em local destinado à sua divulgação entre os demais empregados. Neste contexto, a empregada foi injuriada e difamada, sendo evidente a configuração do dano moral puro, que deve ser indenizado mesmo que ela não tenha sofrido danos de ordem material ou patrimonial. Basta, no caso, que sua honra tenha sido violada. Não importa que a afixação da foto tenha objetivado, como sustenta a Recorrida, conscientizar os empregados quanto à necessidade de manter limpos os locais comuns, especialmente os banheiros. A sujeira poderia ser exibida sem que dela constasse o nome da Recorrente que, no caso, deveria ser apagado. É irrelevante, ainda, o fato de que outras empregadas, embora também moralmente agredidas com a publicação da referida foto, não tenham reagido como a Recorrente. Está sendo apreciada a situação da Recorrente, cuja reação é legítima. A exposição da foto pode não ter tido o objetivo único e exclusivo de macular a Recorrente, como declarou a sentença. Mas, sem dúvida, prestou-se para divulgar a infâmia e a injúria, agravando ainda mais a agressão moral sofrida pela Recorrente, uma vez que, como reconheceu a sentença com base na prova oral produzida, "os dizeres constantes da foto foram alvo de brincadeiras jocosas dentro da empresa, piadas, palavras de baixo calão a ela dirigidas dentro das dependências da empresa ou no ônibus por ela utilizado". TRT 3ª Reg. — AI/0219/02 — (Ac. 4ª T.) — Rel. Juiz Luiz Otávio Linhares Renault. DJMG 7.6.02, p. 12.

Questão de inadimplemento — Configuração

Ementa: RECURSO ORDINÁRIO. DANO MORAL. O inadimplemento não impede a realização da matrícula para o ano letivo seguinte, uma vez que, até mesmo por questões de ordem emocional, as crianças precisam ter a segurança que ao início do próximo ano estarão em contato com o meio escolar, com seus amigos, etc. A questão do inadimplemento pode ser resolvida por métodos outros que não o constrangimento ao qual foram submetidos os menores. TRT 1ª Reg. — RO 1.355/02 — (Ac. 3ª T.) — Relª Juíza Maria José Aguiar Teixeira Oliveira. DJRJ 22.1.03, p. 182.

Readaptação de função — Atestados — Castigo e retaliação inocorrentes — Situação vexatória não configurada

Ementa: DANOS MORAIS — READAPTAÇÃO DE FUNÇÃO — ATESTADOS — CASTIGO E RETALIAÇÃO INOCORRENTES — SITUAÇÃO VEXATÓRIA NÃO CONFIGURADA — O simples comentário da superior hierárquica sobre o número excessivo de atestados médicos não configura atentado ao patrimônio moral da Reclamante, visto que a validade dos mesmos não foi recusada pela empregadora. Além do que, agiu a Reclamada no exercício regular do poder diretivo ao designar a trabalhadora para outra função que fosse mais adequada à sua condição frente à autarquia municipal. O fato de a Autora entender que a nova função era inútil, não torna a readaptação ao novo cargo um castigo, na medida em que não houve conduta dolosa ou culposa por parte da Reclamada, que gerasse o nexo causal imprescindível para ofender a integridade moral da Reclamante. A necessidade da função para a qual foi designada era inexorável, independentemente da opinião da Autora, pois visava a eficácia e agilidade no atendimento aos usuários, que se enquadra como uma das finalidades do poder público. Recurso provido para excluir a indenização por danos morais. TRT 9ª Reg. — RIND 99564-2005-024-09-00-5 (Ac. 4ª T. 28676/06) — Rel. Juiz Arnor Lima Neto. DJPR 6.10.06, p. 623.

Rebaixamento de função e redução de salário. Gravidez. Perturbação a sua dignidade moral. Configuração

Ementa: DANO MORAL. OCORRÊNCIA. DEVER DE INDENIZAR. O dano moral ocorre na esfera da subjetividade, traduzindo-se em sentimento de pesar íntimo do ofendido, capaz de gerar prejuízo ao aspecto afetivo ou social do seu patrimônio moral. Para o deferimento da indenização, deve ficar provado o nexo de causalidade entre o dano e a conduta do ofensor, ou seja, que esta gerou aquele, bem como a existência do ato tido como ilícito. Nesse contexto, o empregador que rebaixa a função e reduz salário de empregada que lhe comunica o seu estado gravídico, certamente para persuadi-la a pedir demissão do emprego, submete tal funcionária a dor psicológica e provoca a perturbação da sua dignidade moral, configurando, assim, o nexo de causalidade entre dano e a conduta do ofensor, tornando-se presente o dever de indenizar. TRT 10ª Reg. — RO 01360-2006-102-10-00-9 — (Ac. 1ª T./07) — Rel. Juiz Pedro Luis Vicentin Foltran. DJU3 20.4.07, p. 13.

Rebaixamento salarial como retaliação em vista de depoimento desfavorável ao empregador em ação trabalhista — Configuração

Ementa: DANO MORAL. REBAIXAMENTO SALARIAL COMO RETALIAÇÃO EM VISTA DE DEPOIMENTO DESFAVORÁVEL AO EMPREGADOR EM AÇÃO TRABALHISTA. Comete dano moral o empregador que, como retaliação, rebaixa de função e reduz o salário de empregado que, ostentando passado funcional ilibado e irreprovável, presta depoimento verídico, porém desfavorável a seu empregador. Além do dano moral ao empregado, a violação espraia-se na direção da Administração da Justiça. A sanção, via indenização, procura debelar o dano em toda a sua extensão. TRT 9ª Reg. — Proc. 00193-2003-072-09-00-4 — (Ac. 24720-2004) — Rel. Juiz Marco Antonio Vianna Mansur. DJPR 5.11.04, p. 313.

Reconhecimento da nulidade do contrato de trabalho — Não configuração

Ementa: DANO MORAL. POSSIBILIDADE DE SUA OCORRÊNCIA, EM TESE, MESMO QUANDO É RECONHECIDA A NULIDADE DO CONTRATO DE TRABALHO. AUSÊNCIA, CONTUDO, DAS CONDIÇÕES FÁTICAS QUE, NO CASO, PERMITIRIAM O ACOLHIMENTO DA TESE OBREIRA QUANTO A TER HAVIDO EFETIVAMENTE ESTE DANO MORAL. A nulidade do contrato de trabalho não vem representar, "ipso facto", a inexistência da possibilidade de violação do patrimônio moral do reclamante pelos atos e fatos que tenham ocorrido no curso do labor efetivamente prestado. Todavia, a simples imputação administrativa interna ao obreiro da ausência de maturidade emocional e de disciplina funcional como razões pelas quais fora desligado dos quadros da empresa não é suficiente a que conclua pela ocorrência de danos morais passíveis de indenização. Ainda mais se a demissão fora efetuada de modo juridicamente imotivado e se o próprio reclamante revela, em depoimento pessoal, "... que não sabe de comentários de outros funcionários acerca do motivo de sua demissão...", restando afastada a alegação, trazida na peça de ingresso, de que o autor teria sofrido chacotas ou sido ridicularizado por outros colegas de trabalho em decorrência das razões de sua demissão. Recurso ordinário do demandante conhecido e desprovido. TRT 10ª Reg. — RO 00379-2005-006-10-00-4 — (Ac. 3ª T./05) — Rel. Juiz Paulo Henrique Blair. DJU3 19.8.05, p. 61.

Recusa do empregador em emitir a CAT — Inexistência

Ementa: RECUSA DO EMPREGADOR EM EMITIR A CAT. INEXISTÊNCIA DE DANO MORAL. Para a configuração do direito à indenização é necessário que concorram os elementos clássicos da responsabilidade civil subjetiva adotada como regra no ordenamento jurídico pátrio — dano, nexo causal e culpa ou dolo (art. 186 do CC/02). No caso do dano moral, há que estar configurada uma lesão de cunho não-patrimonial de forma a afetar a proteção à dignidade da pessoa humana protegida constitucionalmente. Na espécie, o só fato de o empregador se negar a emitir o documento relativo à comunicação do acidente do trabalho não causou qualquer constrangimento dessa ordem no reclamante. Tanto é assim que não sofreu qualquer prejuízo advindo desta ocorrência, pois tomou todas as providências a que tinha direito, procurando o Ministério do Trabalho e o seu Sindicato, este que veio a emitir o documento na forma do disposto no art. 22, § 2º, da Lei n. 8.213/91, culminando com o ajuizamento da presente ação, em que teve reconhecido o direito à indenização pela estabilidade provisória. Infere-se, assim, que, muito embora presentes o nexo causal entre a atividade culposa do empregador e o fato, este não configurou qualquer dano de natureza moral ao empregado, ensejando o indeferimento do pedido. TRT 3ª Reg. — RO 00634-2002-035-03-00-0 — (Ac. 3ª T.) — Rel. Juiz Paulo Roberto Sifuentes Costa. DJMG 8.5.04, p. 04.

Registro de ocorrência policial indevida — Abusividade — Dano moral configurado

Ementa: DANO MORAL. PREJUÍZO SUBJETIVO COMPROVADO. INDENIZAÇÃO DEVIDA. Se há prova inequívoca no sentido de que os motoristas poderiam fazer retiradas de parte da féria para uso próprio, mediante assinatura de "vale" para desconto futuro, está demonstrada a tolerância ou permissão tácita da empresa. Assim, a punição e o registro de ocorrência policial denunciando apropriação indébita, quando o empregado limitou-se a fazer um adiantamento, nos moldes anterior e rotineiramente praticados, revela-se abusiva. Considerando que o empregador detém o poder diretivo, pode adotar medidas de gerenciamento, com escopo de melhor organizar os fatores de produção de lucro. Entretanto, deverá abster-se de condutas vexaminosas, pois o respeito à dignidade humana é o limite da ação. A indenização do trabalhador é medida que se impõe. TRT 2ª Reg. — RO 02980200202802000 — (Ac. 4ª T. 20050561639) — Rel. Juiz Paulo Augusto Câmara. DJSP 2.9.05, p. 119.

Reintegração judicial frustrada — Dano moral configurado

Ementa: DANOS MORAL E MATERIAL. REINTEGRAÇÃO JUDICIAL FRUSTRADA. O empregado que teve judicialmente determinada a sua reintegração e que foi dispensado no dia imediato faz jus ao pagamento de indenização por danos materiais, correspondente às despesas com a mudança de sua família para reassumir o emprego, bem como por danos morais pelo procedimento da empresa que violou os direitos subjetivos inerentes à pessoa, tais como a reputação, a honra, a imagem e a dignidade, causando-lhe evidente prejuízo no âmbito de suas relações sociais. TRT 12ª Reg. — RO-V-04937/01 — (Ac. 1ª T. 12.809/01, 2.10.01) — Rel. Juiz C. A. Godoy Ilha. DJSC 12.12.01, p. 226.

Reintegração no emprego — Decisão judicial — Empregado sem serviço cumprindo apenas expediente — Constrangimento e humilhação — Cabimento

Ementa: O fato do empregador não cumprir plenamente a decisão judicial de reintegrar o empregado, deixando de lhe dar trabalho, obrigando-o a ficar fechado em uma sala, ali sentado cumprindo expediente, causa constrangimento e humilhação, e autoriza a condenação em dano moral. TRT 1ª Reg. — RO 01029-2002-481-01-00 — (Ac. 3ª T.) — Rel. Juiz Gustavo Tadeu Alkmim. DJRJ 22.3.04, p. 254.

Reintegração no emprego — Responsabilidade pela lesão — Configuração do dano moral

Ementa: I) DANO MORAL. REINTEGRAÇÃO AO EMPREGO. RESPONSABILIDADE PELA LESÃO. A reintegração ao emprego após o reconhecimento da irregularidade na dispensa não afasta a realidade do dano moral causado por ato do empregador. É irrelevante o afastamento dos administradores que provocaram a lesão, pois a responsabilidade recai sobre a pessoa jurídica que o agente agressor representava. Recurso provido. II) INDENIZAÇÃO. FIXAÇÃO DA INDENIZAÇÃO POR DANO MORAL COM PAGAMENTO DESDOBRADO EM PRESTAÇÕES MENSAIS. Hipótese em que, projetando-se no tempo o cumprimento da obrigação, asseguram-se meios módicos de cumprimento da obrigação, dando sentido reparatório para a vítima e sentido repressivo para o agressor. TRT 2ª Reg. — RO 02044200340102003 — (Ac. 6ª T. 20050761883) — Rel. Juiz Rafael E. Pugliese Ribeiro. DJSP 11.11.05, p. 253.

Reparação — Pedido de desculpas em particular face à acusação de improbidade lançada em reunião no ambiente do trabalho — Desproporcionalidade

Ementa: DANO MORAL. REPARAÇÃO. PEDIDO DE DESCULPAS EM PARTICULAR FACE À ACUSAÇÃO DE IMPROBIDADE LANÇADA EM REUNIÃO NO AMBIENTE DO TRABALHO. DESPROPORCIONALIDADE. "Certo homem, após difamar um companheiro, dirigiu-se ao Vizir, pedindo perdão pelo que fizera. O Vizir levou o até a janela de uma alta torre e abriu um travesseiro de penas, dizendo-lhe que estaria perdoado após retornar com todas ..." (Folclore árabe, citado pelo Magistrado Renato F. Janon). Não se descura possa a reparação do dano moral ocorrer de forma *in natura*; porém, também não se pode olvidar, no reverso, não reconstituir o integral patrimônio imaterial violada essa possibilidade, embora isso fosse o ideal, considerada a citação antes sublinhada. Contentam-se legislação, doutrina e jurisprudência pátrias com a reparação proporcional o mais possível ao agravo, considerados juízos de valores sociais da mesma época. No caso de difamação, deve a retratação ser, pois, proporcional. E não se vislumbra proporcionalidade quando em reunião com todos os empregados, entre 30 e 50 deles, acusa o empregador determinado empregado de improbidade e, posteriormente, reconhecendo a inconsistência dessa imputação, pede-lhe desculpas em particular, ainda que presente um ou outro empregado partícipe daquele primitivo agrupamento. TRT 15ª Reg. (Campinas/SP) — RO 01.494-2001-113-15-00-1 — (Ac. 5ª T. 5.770/2004-PATR) — Rel. Juiz Valdevir Roberto Zanardi. DJSP 12.3.04, p. 81.

Repercussão na vida profissional e social — Indenização indevida

Ementa: DANO MORAL. REPERCUSSÃO NA VIDA PROFISSIONAL E SOCIAL. INDENIZAÇÃO INDEVIDA. A demonstração clara do fato apontado como lesivo à imagem e à honra constitui elemento indispensável para transformar o prejuízo sofrido pelo obreiro em indenização por dano moral, na forma preconizada pelo artigo 186 do CC brasileiro. A indenização trata-se de uma justa reparação a quem sofre prejuízos sem causa, em função de mácula lançada com repercussão na vida profissional e privada. Não configurado o fato gerador, não há que se falar em reparação do dano através de indenização. TRT 3ª Reg. — RO 00692-2003-027-03-00-0 — (Ac. 7ª T.) — Rel. Juiz Paulo Roberto de Castro. DJMG 15.7.04, p. 15.

Representação comercial fracassada — Indenização indevida

Ementa: DANOS MORAIS. REPRESENTAÇÃO COMERCIAL FRACASSADA. INDENIZAÇÃO INDEVIDA. Não obstante possa o trabalhador ter sofrido eventual prejuízo moral com a representação comercial mal sucedida, não pode ser imputada à reclamada a responsabilidade pelos danos decorrentes de seu fracasso profissional, se a empresa não praticou nenhum ato que contribuísse para tanto. Reparação de danos morais indevida. Recurso ordinário não provido. TRT 15ª Reg. (Campinas/SP) — RO 01724-2002-084-15-00-2 — (Ac. 3ª T. 3.988/2004-PATR) — Rel. Juiz Lorival Ferreira dos Santos. DJSP 20.2.04, p. 27.

Representação criminal — Não configuração

Ementa: REPRESENTAÇÃO CRIMINAL. DANO MORAL. NÃO CONFIGURAÇÃO. Para a configuração do dano moral não basta a simples representação à autoridade policial. Mais que isso, é necessário que se demonstre a ocorrência de excessos e desvios cometidos pelo ex-empregador, seja na divulgação desnecessária e exagerada do fato, com a exposição intolerável do obreiro a situações vexatórias e humilhantes, seja na comprovação inequívoca do ânimo doloso de lesionar o patrimônio moral do hipossuficiente. No caso dos autos, argumenta o reclamante que o dano moral tem sua essência no fato do reclamado tê-lo acusado do crime de apropriação indébita, formalizando a acusação perante a autoridade policial. Ora, o fato de ter sido o reclamante chamado para depor perante a Delegacia de Polícia, em nada lhe aproveita, posto que, além de tal procedimento inserir-se como um dos trâmites do inquérito policial, o dano moral deve emergir de prova robusta do prejuízo experimentado pela suposta vítima, com reflexos no meio profissional e social em que vive, o que não é a hipótese dos autos. Agindo o ex-empregador dentro dos limites ditados pela ordem jurídica e pela necessidade de respeito à dignidade da pessoa do trabalhador, não há que se falar em dano moral. Recurso a que se nega provimento, por unanimidade. TRT 24ª Reg. — RO 100118/2004-066-24-00.0 — Rel. Juiz Abdalla Jallad. DJMS n. 6372, 24.11.04, p. 31.

Reprimendas humilhantes — Direito à indenização

Ementa: DANO MORAL. REPRIMENDAS HUMILHANTES. DIREITO À INDENIZAÇÃO. Ainda que não configure assédio moral, porquanto ausente a situação de cerco, o caráter continuado das agressões praticadas pela empresa, através de preposto, caracteriza método de gestão por injúria, que também importa indenização por dano moral. O fato de o tratamento despótico ser dirigido a muitos empregados, e especialmente às mulheres, "por serem mais dóceis", caracteriza tirania patronal incompatível com a dignidade da pessoa humana, com a valorização do trabalho e a função social da propriedade, asseguradas pela Constituição Federal (art. 1º, III e IV, art. 5º, XIII, art. 170, *caput* e III). O trabalhador é sujeito e não objeto da relação contratual, e tem direito a preservar sua integridade física, intelectual e moral, em face do poder diretivo do empregador. A subordinação no contrato de trabalho não compreende a pessoa do empregado, mas tão-somente a sua atividade laborativa, esta sim submetida de forma limitada, e sob ressalvas, ao "jus variandi". Comprovado que a reclamada submetia a empregada e suas colegas, de modo vertical e descendente, a reprimendas injuriosas e humilhantes, dirigindo-lhes palavrões e xingamentos, chamando-as publicamente de "incompetentes", "idiotas", além de outros epítetos ofensivos, resta configurado grave atentado à dignidade da trabalhadora, ensejador da indenização por dano moral (art. 5º, V e X, CF; 186 e 927 do NCC), cujo valor merece ser incrementado de modo a imprimir feição suasória e pedagógica à condenação, e levando em conta a capacidade econômica da empresa. TRT 2ª Reg. — RO 00920200131402003 — (Ac. 4ª T. 20050636116) — Rel. Juiz Ricardo Artur Costa e Trigueiros. DJSP 23.9.05, p. 60.

Requisitos — Ação dolosa e premeditada da reclamada — Dificuldade de recolocação do reclamante no mercado de trabalho — Configuração

Ementa: DANO MORAL. Restou evidenciada, pelo conjunto probatório nos autos, a presença de todos os requisitos para o deferimento da indenização por danos morais, bem como a ação dolosa e premeditada da reclamada, através de seu preposto e gerente regional, no sentido de dificultar a recolocação do reclamante no mercado de trabalho, configurando tanto a lesão moral, ao lançar nos representantes das empresas em que o autor poderia conseguir recolocação mais facilmente pela afinidade de atividades desenvolvidas, dúvidas sobre sua conduta. DAS HORAS EXTRAS. Somente às sextas-feiras o autor perfazia horas extras. Recurso provido parcialmente. TRT 17ª Reg. — Proc. 1309.2001.4.17.0.9 — (Ac. 1.487/04) — Rel. Juiz Marcello Maciel Mancilha. DJES 20.2.04.

Da decisão acima, colhe-se o seguinte fundamento:

"DANOS MORAIS

Insurge-se o reclamado contra a condenação a título de danos morais, em face do comportamento do preposto da reclamada que em reunião com distribuidores e revendedores sugeriu a não-contratação do reclamante por estas empresas.

Dano moral, segundo *Carlos Alberto Bittar*, é aquele que atinge 'os aspectos mais íntimos da personalidade humana (o da intimidade e da consideração pessoal), ou o da própria valoração da pessoa no meio em que vive e atua (o da reputação ou da consideração social)' (*in* 'Reparação Civil por Danos Morais', Ed. Revista dos Tribunais, 3ª ed., p. 45).

'Enquanto o dano material, como atrás assinalado, repercute no patrimônio, o moral, também chamado de dano imaterial, ideal ou extrapatrimonial, atinge os bens da personalidade, tais como a honra, a liberdade, a saúde, a integridade psicológica, causando dor, sofrimento, tristeza, vexame e humilhação à vítima.

Nessa categoria incluem-se também os chamados novos direitos da personalidade: intimidade, imagem, bom nome, privacidade, integridade da esfera íntima.' (*CAVALIERI FILHO, Sérgio*. 'Programa de Responsabilidade Civil', 1ª ed./2ª tiragem, São Paulo: Malheiros, 1997, pp. 73/4)

'A moral individual é apresentada pela honra da pessoa, o seu nome, boa fama, a sua auto-estima e o apreço de que goza perante terceiros.

O dano moral, por sua vez, é o resultante de ato ilícito que atinja o patrimônio da pessoa, ferindo sua honra, decoro, crenças políticas e religiosas, paz interior, bom nome, auto-estima e liberdade, originando sofrimento psíquico, físico ou moral propriamente dito.' (grifei) (*MENEZES, Cláudio Armando Couce de*. 'Assédio moral, proteção à intimidade do trabalhador, assédio sexual e atos discriminatórios e o dano moral', *in* www.trt17.gov.br).

O reclamante afirma que, após sua demissão, o gerente regional Marcelo convocou uma reunião com a rede de empresas credenciadas, comunicando-lhes que, sob pena de descredenciamento, estavam elas proibidas de contratar o reclamante como funcionário ou como prestador de serviços, confirmando tal fato em depoimento pessoal.

A testemunha ouvida informou que, após a dispensa do reclamante, entre março e abril de 2001, participou de uma reunião no escritório de um representante da ré, com a presença do gerente regional Marcelo Dias de Lima, e que esse gerente, na ocasião, na presença de todos os distribuidores/revendedores capixabas da reclamada disse que não gostaria de ver o reclamante prestando serviços ou contratado por nenhum deles.

Os fatos acima narrados demonstram a presença de todos os requisitos para o deferimento da indenização por danos morais, bem como a ação dolosa e premeditada da reclamada, através de seu preposto e gerente regional, no sentido de dificultar a recolocação do reclamante no mercado de trabalho, configurando tanto a lesão moral, ao lançar nos representantes das empresas em que o autor poderia conseguir recolocação mais facilmente pela afinidade de atividades desenvolvidas, dúvidas sobre sua conduta.

Logo, nego provimento." (www.trt17.gov.br, em 14.8.04)

Rescisão contratual decorrente da adesão do reclamante ao PDVI — Danos morais inocorrentes

Ementa: DA RESCISÃO CONTRATUAL DECORRENTE DA ADESÃO DO RECLAMANTE AO PDVI. DANOS MORAIS. Entende a jurisprudência que é devida indenização apenas em face de prejuízos que uma parte da relação empregatícia cause à outra em sua honra e dignidade, capaz de abalar, ainda que subjetivamente, sua reputação. Necessário, para tanto, o nexo causa-efeito entre a conduta dolosa e arbitrária e o dano moral efetivamente sofrido. Verificada que a rescisão, na hipótese vertente, não se enquadra nesse contexto, primeiro porque operada em função da adesão, legítima, do reclamante a programa de demissão incentivada, segundo porque tampouco restou demonstrada nos autos qualquer circunstância vivenciada pelo obreiro que pudesse abalar sua honra, quer subjetiva ou objetiva, indevida a indenização pleiteada. TRT 10ª Reg. — RO 00278-2004-019-10-00-9 — (Ac. 2ª T./2004) — Rel. Juiz Mário Macedo Fernandes Caron. DJU3 20.8.04, p. 41.

Responsabilidade civil do empregador — Assaltantes que invadiram o prédio residencial onde o reclamante prestava serviço — Dano moral não configurado

Ementa: DANO MORAL. RESPONSABILIDADE CIVIL DO EMPREGADOR. NÃO CARACTERIZAÇÃO. Improcede o pleito de indenização por dano moral, uma vez não caracterizada a responsabilidade civil do empregador, ou seja, a ação ou omissão culposa ou dolosa do mesmo, nem o nexo de causalidade, que dependeria da existência do primeiro pressuposto. É inviável atribuir responsabilidade civil pela ocorrência de um ato absolutamente imprevisto, para o qual o empregador não concorreu, praticado por assaltantes que invadiram o prédio residencial onde o reclamante prestava serviços, até porque não estavam, os assaltantes, investidos no poder de representação do empregador ou praticando atos sob sua direção e autoridade. TRT 8ª Reg. — RO 00619-2005-008-08-00-4 — (Ac. 4ª T.) — Relª Juíza Alda Maria de Pinho Couto. DJPA 6.10.05.

Responsabilidade civil dos advogados perante seus constituintes — Ausência de interposição de recurso cabível — Indenização por danos morais e materiais

Ementa: RESPONSABILIDADE CIVIL DOS ADVOGADOS PERANTE SEUS CONSTITUINTES — AUSÊNCIA DE INTERPOSIÇÃO DE RECURSO CABÍVEL — INDENIZAÇÃO POR DANOS MORAIS E MATERIAIS — Controvertem, doutrina e jurisprudência, sobre se a ausência de interposição de recurso cabível enseja a responsabilidade civil dos advogados perante seus constituintes, merecendo atenta análise cada caso concreto. Na hipótese em que um sindicato, atuando como substituto processual, omite-se em recorrer de decisão desfavorável aos substituídos, em época na qual vigora jurisprudência favorável à tese por ele defendida, parece clara a obrigatoriedade de interposição do recurso, porquanto é dever do sindicato, na figura de seu advogado, esgotar todos os graus de jurisdição para atingir o êxito da ação por ele interposta, salvo se o contrato firmado entre o advogado e o cliente/associado possuir limitação expressa quanto à sua atuação. Ausente essa limitação e omitindo-se o advogado em recorrer, o dano ao sindicalizado é evidente, responsabilizando-se o sindicato por seus atos, por caracterizada a culpa *in eligendo*. Não obstante ser a obrigação do advogado de meio, e não de fim, essa circunstância não o exime do dever de agir com a maior cautela, prudência e diligência no curso do processo, maximizando seus esforços no sentido de obter um resultado favorável ao cliente. Todavia, a responsabilidade civil decorrente da omissão só enseja a reparação por danos morais, por frustrar a expectativa dos substituídos em ver seu processo solucionado de forma favorável. Os danos materiais não se caracterizam, porquanto a interposição do recurso criaria somente uma expectativa de êxito, e não a certeza do êxito, não se podendo, na hipótese, cogitar de dano material passível de reparação pecuniária. TRT 3ª Reg. — RO 00258-2006-016-03-00-9 — (Ac. 1ª T.) — Relª. Juíza Adriana Goulart de Sena. DJMG 17.11.06, p. 7.

Responsabilidade da empresa por ato de seu contador — Indenização

Ementa: INDENIZAÇÃO POR DANO MORAL. RESPONSABILIDADE DA EMPRESA POR ATO DE SEU CONTADOR EM ENTREVISTA À IMPRENSA. É da empregadora a responsabilidade pela reparação civil decorrente de declarações prestadas por seu contador, em entrevista à Imprensa. TRT 15ª Reg. (Campinas/SP) — RO 00232-2004-033-15-00-9 — (Ac. 26585/2005-PATR, 2ª Câmara) — Relª Juíza Thelma Helena Monteiro de Toledo Vieira. DJSP 17.6.05, p. 8.

Responsabilidade pelos assaltos e ameaças sofridos pelo empregado durante a prestação de serviços — Segurança pública — Incumbência do Estado — Não imputação ao empregador

Ementa: DANO MORAL. REQUISITOS. A aferição da ocorrência de dano moral passa, necessariamente, pela existência de conduta ilícita do empregador, não se descuidando, ainda, na hipótese de provada aquela, do nexo causal entre o dano e o ato praticado pelo empregador. Não provados estes requisitos, de dano moral não há falar-se, pois não há como retirar da faticidade ato antijurídico perpetrado pela empregadora, não se olvidando que a segurança pública é incumbência do Estado, não se podendo imputar ao empregador responsabilidade pelos assaltos e ameaças sofridos pelo seu empregado durante a prestação de serviços. Presunção inadmissível. Falta do pressuposto básico da reparação do dano. Indenização não devida. TRT 3ª Reg. — RO 01094-2003-005-03-00-0 — (Ac. 6ª T.) — Relª Juíza Emília Facchini. DJMG 5.8.04, p. 09.

Restrições acerca do ex-empregado em face do contrato então firmado

Ementa: DANO MORAL. INEXISTÊNCIA. Não se defere o pagamento de indenização por dano moral sem prova robusta da existência de ilícito praticado pelo empregador ou a seu mando, bem assim do nexo de causalidade entre a conduta do agente e a conseqüência lesiva ao trabalhador. Se um empregador tem restrições acerca de ex-empregado e disso dê ciência, quando solicitado, não deverá sua atitude ser entendida como forma de manchar a dignidade ou boa fama, em ofensa ao nome ou moral daquele empregado. Ao revés, agiu de forma coerente e inteiramente razoável à medida que apenas explanou haver "restrições" acerca daquela pessoa em face do contrato então firmado. Logicamente, se a experiência profissional entre ambos não foi boa ou construtiva, não se poderia esperar que o empregador faltasse com a verdade ou prestasse esclarecimentos não condizentes com a extinta realidade contratual. TRT 3ª Reg.— RO 00919-2003-104-03-00-1 — (Ac. 2ª T.) — Rel. Juiz Fernando Antonio de M. Lopes. DJMG 10.12.03, p. 18.

Retaliação após o retorno da licença-maternidade — Configuração

Ementa: DANO MORAL. RETALIAÇÃO APÓS O RETORNO DA LICENÇA-MATERNIDADE. O empregador não pode, no controle de sua atividade empresarial, invadir a privacidade da empregada, impondo-lhe restrições às suas escolhas particulares, máxime em se tratando do direito, sagrado, de gerar vidas. Não lhe é lícito, pois, à guisa de comprometimento do trabalho, exigir que suas empregadas abram mão do direito de engravidar e usufruir da licença-maternidade. A retaliação na época do retorno da licença em questão, com alteração substancial das funções, atingindo diretamente o status da empregada, revela ofensa à sua honra e dignidade, causando-lhe substancial desgosto, vergonha social, abalo psicológico, e comprometimento da imagem ou da vida privada. TRT 18ª Reg. — RO-00991-2006-010-18-00-3 — Relª. Juíza Kathia Maria Bomtempo de Albuquerque. DJGO n.14.868, 30.10.06, p. 85.

Retenção de documentos de entrega obrigatória — Caracterização

Ementa: DANO MORAL. RETENÇÃO DE DOCUMENTOS DE ENTREGA OBRIGATÓRIA. CARACTERIZAÇÃO. A ausência de entrega de documento necessário à obtenção de benefício previdenciário, mormente após o trabalhador e seu sindicato de classe diligenciarem, de todas as formas, para que a entrega fosse realizada, caracteriza dano moral passível de ser ressarcido. É patente o sofrimento que decorre da busca de direito líquido e certo que o empregador insiste em não cumprir e que deve ser reparado, não só para restabelecimento do *status quo ante*, mas, também, como medida punitiva e como meio de evitar repetição da inadequada omissão. TRT 15ª Reg. (Campinas/SP) — RO 00645-2001-032-15-00-4 — (Ac. 1ª T. 19052/2005-PATR) — Relª Juíza Maria Inês Correa de Cerqueira César Targa. DJSP 6.5.05, p. 17.

Reuniões — Atraso — Pagamento de "prendas" (imitar um frango ou rebolar sobre uma cadeira) — Dano moral configurado

Ementa: INDENIZAÇÃO POR DANO MORAL. APELO PROVIDO. A indenização por dano moral deve ser prestigiada como uma das maiores conquistas do direito moderno, por isso mesmo não se pode constituir em meio a amparar pretensões que ultrapassam o limite da razoabilidade e da seriedade. No caso presente, porém, as "brincadeiras" impingidas, na ocorrência de atraso nas reuniões de supervisores e gerentes de vendas, conhecidas na empresa como pagamento de "prendas" (como, por exemplo: imitar um frango ou rebolar sobre uma cadeira — v. defesa e prova testemunhal, respectivamente), causavam grande constrangimento e grave situação vexatória para a empregada, conjugando, assim, os três elementos essenciais que caracterizam o dano moral: ocorrência de dano; culpa do agente (dolo ou culpa levíssima) e nexo causal entre o dano e o ato lesivo da ofensa. TRT 2ª Reg. — RO 14636200390202005 — (Ac. 2ª T. 20030469222) — Relª Juíza Rosa Maria Zuccaro. DJSP 23.9.03, p. 65.

Reuniões festivas e eventos ligados a atividades físicas — Não configuração

Ementa: DANO MORAL. REUNIÕES FESTIVAS E EVENTOS LIGADOS A ATIVIDADES FÍSICAS. Não se pode considerar que a postura da empregadora em promover a integração de seus empregados, em datas comemorativas para a Pátria, ou em organizar eventos ligados a atividades físicas, de comparecimento não obrigatório, seja agressivo, ilícito, antijurídico, a ponto de gerar o direito à reparação moral. TRT 3ª Reg. — RO 01484-2004-036-03-00-0 — (Ac. 5ª T.) — Rel. Juiz Danilo Siqueira de Castro Faria. DJMG 22.10.05, p. 18.

Da decisão acima, colhe-se o seguinte fundamento:

"INDENIZAÇÃO POR DANOS MORAIS

Pretende a recorrente o acolhimento do seu pleito de indenização por danos morais impostos pela obrigatoriedade de se vestir como 'índio' nas reuniões de motivação, e pela obrigatoriedade de comparecimento ao evento denominado 'Selva 21', no meio da mata, onde esteve exposta aos riscos naturais produzidos por animais ou topografia, e pela indesejada agressão à sua saúde. Diz que os que não participavam eram tachados de não motivados, conforme comprova o depoimento da sua testemunha. Tece considerações acerca da existência do dano moral.

Sem razão.

Conforme cediço, no nosso Direito Positivo, o dano decorre de um ato ilícito que provoca contra quem o praticou a obrigação de repará-lo, fundando-se o princípio geral da responsabilidade civil, no direito brasileiro, no art. 186 do Novo Código Civil, ou seja, 'aquele que, por ação ou omissão voluntária, negligência ou imprudência, violar direito, ou causar dano a outrem, ainda que exclusivamente moral, comete ato ilícito'.

A obrigação de reparar o dano moral encontra-se prevista no art. 5º, X, da CR/88.

Na etiologia da responsabilidade civil estão presentes três elementos, ditos essenciais pela doutrina: a ofensa a uma norma preexistente ou erro de conduta; um dano; e o nexo de causalidade entre uma e outro.

Assim, não basta que o agente tenha cometido um erro de conduta.

Não basta que a vítima sofra um dano, que é o elemento objetivo do dever de indenizar, pois se não houver um prejuízo a conduta antijurídica não gera a obrigação de reparar. É imprescindível que se estabeleça uma relação de causalidade entre a injuridicidade da ação e o mal causado.

No caso dos autos, não se vislumbra nenhum dos três elementos. A prova oral cuidou de demonstrar, sem sombra de dúvidas, que não havia obrigatoriedade na utilização das roupas de 'índio', que, aliás, em nada denigrem ou ridicularizam quem as veste, ou na participação do evento 'Selva 21', ou mesmo que houvesse discriminação nas promoções em razão de ser ou não 'motivado ou participativo'.

'Em uma festa do dia do índio a depoente usou um cocar de índio, e sentiu-se constrangida, embora a empresa houvesse esclarecido que não havia obrigatoriedade de participação, mas a depoente sentia-se obrigada de modo velado; a depoente sentiu-se também constrangida e com esgotamento físico quando do evento da Selva 21, quando teve que ir à reserva de Poço Dantas e ficar de 07 horas da manhã até à noite praticando exercícios físicos típicos de naturismo.' (depoimento da autora — fl. 513).

'O depoente participava das festividades porque, se não participasse, seria tido como uma pessoa não motivada e não participativa; a recte. também comentava que não gostava daquelas festividades do modo como eram realizadas.' (Paulo Roberto de Araújo Rocha — testemunha da autora — fl. 514).

'A depoente não participava das festividades como a do dia do índio, porque não gostava; nunca foi chamada a atenção; já participou de algumas, mas muito poucas; mesmo não participando, a depoente foi promovida na empresa.' (Gilcimar Bernardo Barggiona — testemunha da reclamada — fl. 517).

Não há prova, também, de que a obreira tenha se exposto a risco acentuado causado por animais. E atividade física não é agressiva à saúde, sendo certo que a reclamante não informou nenhuma limitação física a participação do evento.

Ainda que se possa cogitar em certo constrangimento em recusar-se a vestir as mencionadas roupas ou participar do evento, não se pode dizer que tais fatos abalem a honra ou a imagem de alguém a ponto de obrigar o empregador a pagar indenização por danos morais.

Da mesma forma, não se pode considerar que a postura da empregadora em promover a integração de seus empregados, em datas comemorativas para a Pátria, ou em organizar eventos ligados a atividades físicas, de comparecimento não obrigatório, seja agressivo, ilícito, antijurídico, a ponto de gerar o direito à reparação moral.

Nego, pois, provimento." (www.trt3.gov.br, 29.10.05)

Revistas e assaltos reiterados — Devida indenização

Ementa: DANO PESSOAL. REVISTAS E ASSALTOS REITERADOS. DEVIDA INDENIZAÇÃO. Restou comprovada a lesão à intimidade e privacidade da empregada pelos elementos dos autos, potencializada com os danos psicológicos de ter presenciado no mínimo a dois assaltos nas dependências da ré. Destaque-se, com a devida veemência, que se torna imperioso que o empregador concilie o seu legítimo interesse em defesa do patrimônio, ao lado do indispensável respeito à dignidade humana do trabalhador, mormente quando resta plenamente demonstrado que a revista em questão era realizada por pessoa do sexo oposto. De outro lado, entendo que, com relação aos danos psicológicos sofridos pela trabalhadora vinculados aos assaltos, resta caracterizada a responsabilidade civil com a configuração do dano, nexo de imputação e nexo de causalidade. Esclareça-se, que não é apenas a atividade anormal do empregador que geraria o direito à reparação do dano pessoal, o qual engloba o direito à integridade física, intelectual e moral. Como já fartamente fundamentado, a orientação do Novo Código Civil, no art. 927, parágrafo único, impõe que "haverá obrigação de reparar o dano, independentemente de culpa, nos casos especificados em lei, ou quando a atividade normalmente desenvolvida pelo autor do dano implicar, por sua natureza, risco para os direitos de outrem" (grifo nosso). TRT 9ª Reg. — Proc. 20561-2002-003-09-00-5 — (Ac. 26362-2004) — Rel. Juiz Luiz Celso Napp. DJPR 19.11.04, p. 508.

Roubo de carga — Inocorrência

Ementa: DANO MORAL. ROUBO DE CARGA. INOCORRÊNCIA. O dano moral passível de indenização pelo empregador é o que decorre de ato ilícito deste (por ação ou omissão) — o que não é a hipótese dos autos. Torna-se cada vez mais comum, infelizmente, a ocorrência de roubos, principalmente nas vias públicas. Roubam-se cargas, os próprios veículos, e até os pertences de seus condutores. Contudo, não se pode atribuir ao empregador, via de regra, a culpa pelos roubos das cargas transportadas pelos seus empregados, ou por qualquer outro que viesse a ser contratado para realizar as entregas. Como exposto em sentença, "a empresa não é responsável pela segurança pública dos seus empregados, uma vez que é obrigação do Estado garantir aos seus cidadãos a paz social e proteção contra as mais diversas formas e violência, mediante a prestação de segurança (art. 5º, *caput*, da Constituição Federal)". Na hipótese em questão, o destinatário da norma invocada pelo reclamante (art. 159 do Código Civil) é o Estado. TRT 9ª Reg. — Proc. 01400-2003-069-09-00-5 — (Ac. 12.464/2004) — Rel. Juiz Ney Fernando Olive Malhadas. DJPR 25.6.04, p. 414.

Situação de humilhação — Agressão verbal na frente dos demais colegas — Chamada de "burra" e mandada "calar a boca" — Dano moral configurado

Ementa: DANOS MORAIS. CARACTERIZAÇÃO. Demonstrando a prova que a reclamante era humilhada e agredida verbalmente na frente dos demais colegas, sendo chamada de "burra" e mandada "calar a boca", é devida a indenização pelos danos morais daí decorrentes. Não há dúvida de que tais impropérios, partidos de pessoa hierarquicamente superior, são suficientes para ofender a honra e a dignidade da reclamante pela submissão a uma situação vexatória e degradante. Tal tratamento é inadmissível em um ambiente de trabalho, e deve ser amplamente rechaçado, dando ensejo à reparação respectiva. TRT 3ª Reg. — RO 00402-2004-019-03-00-4 — (Ac. 6ª T.) — Rel. Juiz João Bosco Pinto Lara. DJMG 5.8.04, p. 10.

Simples convocação do obreiro para prestar esclarecimento, na sala da segurança da empresa, sobre fato ocorrido durante a jornada de trabalho, envolvendo o trabalhador — Não configuração

Ementa: 1. DANO MORAL. CONFIGURAÇÃO. Para a configuração de dano moral passível de reparação, há de haver a comprovação cabal da existência de nexo de causalidade entre a ação atribuída ao empregador e o prejuízo ao patrimônio imaterial do trabalhador, bem como a propagação da conduta desabonadora endereçada ao empregado no âmbito do ambiente de trabalho. Tendo a empregadora preservado a honra e imagem do empregado, a simples convocação do obreiro para prestar esclarecimento, na sala da segurança da empresa, sobre fato ocorrido durante a jornada de trabalho, envolvendo o trabalhador, não enseja a caracterização de dano moral. 2. EXTINÇÃO DO CONTRATO DE TRABALHO. Extraindo- se do depoimento da autora elementos suficientes para se concluir que o rompimento da relação de emprego deu-se por desinteresse da empregada na manutenção do vínculo, na medida em que ela não mais compareceu à reclamada, tenho por caracterizado o abandono de emprego. 3. Recurso ordinário parcialmente conhecido e provido. TRT 10ª Reg. — RO 00538-2006-021-10-00-4 — (Ac. 2ª T./06) — Rel. Juiz Brasilino Santos Ramos. DJU3 24.11.06, p. 42.

Situação humilhante e constrangedora — Dano moral configurado

Ementa: DANO MORAL. CONFIGURAÇÃO. A dor d'alma de que trata o dano moral restou sobejamente demonstrada com a prova de que a autora ficou exposta à situação humilhante e constrangedora, durante a sua jornada de trabalho e no exercício de suas funções, em razão das atitudes grosseiras do gerente do reclamado. O fato de ele ser o representante máximo do poder hierárquico, no estabelecimento onde ela prestava serviço, não autoriza o vilipêndio das regras mínimas de respeito à dignidade humana. Além de sua conduta ter ocasionado a desestabilização, por completo, da relação da vítima com o ambiente de trabalho e a organização, acarretou-lhe prejuízos práticos e emocionais, pelo que se impõe a manutenção do pagamento de indenizações por dano moral. TRT 3ª Reg. — RO 00044-2004-086-03-00-1 — (Ac. 8ª T.) — Rel. Juiz Jose Miguel de Campos. DJMG 10.7.04, p. 20.

Situação vexatória — Configuração

Ementa: DANO MORAL. CONFIGURAÇÃO. O constrangimento moral não ocorre somente quando há ampla repercussão do fato ofensivo imputado à vítima. A honra é o conjunto de qualidades que, socialmente consideradas, caracterizam a reputação de uma pessoa, daí por que, sempre que o empregador age de forma a diminuir o empregado ou colocá-lo em situação vexatória, humilha o trabalhador em sua dignidade e atenta contra a sua reputação, contra a consideração social que dele é feita, o bom nome do trabalhador. TRT 1ª Reg. — RO 02237-2001-242-01-00-7 — (Ac. 5ª T.) — Rel. Des. Agra Belmonte. DJRJ 1º.12.04, p. 148.

Situação vexatória — Configuração

Ementa: DANO MORAL. CONFIGURAÇÃO. Constatada a submissão a tratamento vexatório, afetando o empregado em sua honra, sentimentos, em sua consideração social ou laboral, resultando em ofensa a bens jurídicos de natureza não econômica, é devida a indenização por danos morais. TRT 1ª Reg. — RO 01023-2001-521-01-00-7 — (Ac. 1ª T.) — Rel. Des. Luiz Carlos Teixeira Bomfim. DJRJ 11.8.04, p. 236.

Situação vexatória — Vendedor que não atingia as metas que lhe eram impostas — Dano moral configurado

Ementa: DANO MORAL. CONFIGURAÇÃO. VALOR DA CONDENAÇÃO. O acolhimento da alegação de sofrimento de dano moral tem se tornado tormentosa. Para que o Juízo não seja induzido a erros, deve analisar atentamente as provas dos autos e sua efetiva configuração, numa época em que os reclamantes nem sempre estão com a razão, muitas vezes buscando, apenas, satisfação de lucro, ao invés de, efetivamente, buscar ressarcimento pelo dano sofrido em sua dignidade. Não é o que ocorre, contudo, no presente caso. As provas dos autos são indubitáveis quanto à situação vexatória a que foi submetido o autor como vendedor na reclamada, por não atingir as metas que lhe eram impostas. Em virtude da necessidade da reparação do dano de caráter moral (lesão da dignidade do autor) e a necessidade de impor uma sanção ao lesante pela sua conduta inadequada, o valor já arbitrado pela r. sentença recorrida atende a este objetivo, não merecendo qualquer modificação. TRT 3ª Reg. — RO 00203-2003-001-03-00-7 — (Ac. 8ª T.) — Rel. Juiz Heriberto de Castro. DJMG 27.9.03, p. 23.

Situação vexatória e humilhante não configurada — Indenização por dano moral indevida

Ementa: DANO MORAL. NÃO-CONFIGURAÇÃO. A situação revelada nos autos, acerca da manifestação verbal enfática da superiora hierárquica, não é suficiente para a configuração do dano moral indenizável, pois a reclamante concorreu culposamente para o acontecido, ao simplesmente ignorar a ordem de compartilhar com seu colega o registro do sistema de informática. Se entendesse inadequada a ordem, deveria ter-se valido do *jus resistentiae* e, incontinênti, ajuizado ação para pleitear a rescisão indireta do contrato de trabalho. Assim não agindo, e esperando ser dispensada sem justa causa para vir alegar a ocorrência de dano moral, a pretensão torna-se frágil, na medida em que é difícil crer que, se a situação fosse tão vexatória ou humilhante como argumenta, seria possível permanecer com o vínculo empregatício. O dano moral é situação objetiva que se deve configurar, e não apenas o sofrimento particular das pessoas. Conforme bem pontuado pela MMª Juíza monocrática, "a vida em sociedade obriga o indivíduo a inevitáveis aborrecimentos como conseqüências naturais do modo de vida estabelecido pela comunidade. O dano moral indenizável, por isso mesmo, não pode derivar do simples sentimento individual de insatisfação ou indisposição diante de pequenas decepções e frustrações do cotidiano social". TRT 3ª Reg. — RO 00405-2004-011-03-00-7 — (Ac. 3ª T.) — Rel. Juiz Paulo Roberto Sifuentes Costa. DJMG 26.6.04, p. 05.

Situação vexatória não comprovada

Ementa: DANOS MORAIS. INDENIZAÇÃO. SITUAÇÃO VEXATÓRIA NÃO COMPROVADA. Não se insere no poder diretivo do empregador a possibilidade de submeter o empregado a situações vexatórias cujo constrangimento viola a dignidade e a intimidade da pessoa humana. Todavia, o deferimento de indenização por dano moral exige demonstração incontroversa do ataque à dignidade do suposto ofendido. Assim sendo, para que haja obrigação de indenizar, não basta que o autor do fato danoso tenha procedido ilicitamente, violando um direito (subjetivo) de outrem ou infringido uma norma jurídica tuteladora de interesses particulares. A obrigação de indenizar não existe, em regra, só porque o agente do dano procedeu objetivamente mal. É essencial que ele tenha agido com culpa: por ação ou omissão voluntária, por negligência ou imprudência, como expressamente se exige no artigo 186 do CCb (artigo 159, do CCb de 1916). Agir com culpa significa atuar o agente em termos de, pessoalmente, merecer a censura ou reprovação do direito. E o agente só pode ser pessoalmente censurado ou reprovado na sua conduta, quando, em face das circunstâncias concretas da situação, caiba afirmar que ele podia e devia ter agido de outro modo, fato que não ocorreu na hipótese em exame. Além do mais, percebe-se a intenção da reclamada em fiscalizar o conhecimento de seus empregados quanto a temas afeitos às suas tarefas, cuja apreensão é obrigatória por parte dos trabalhadores. Querer que o garçon saiba quais são os pratos servidos pelo restaurante significa exigir a diligência no desempenho de suas atividades e conceder ao empregado mais dedicado a melhor localidade implica conferir ao melhor cliente um atendimento mais apurado. Premiar um não significa depreciar o outro. Alia-se a isto o fato de que a fiscalização das atividades dos empregados é direito do empregador que nasce com o contrato de trabalho. TRT 3ª Reg. — RO 00719-2005-103-03-00-4 — (Ac. 3ª T.) — Rel. Juiz Bolivar Viegas Peixoto. DJMG 8.10.05, p. 4.

Da decisão acima, colhe-se o seguinte fundamento:

"INDENIZAÇÃO POR DANO MORAL

O pedido de indenização por danos morais tem como fundamento supostas situações vexatórias a que foi submetido o autor ao ter de realizar uma prova escrita, toda semana, que deveria ser respondida por todos os garçons, contendo perguntas sobre o cardápio, códigos e preços. O empregado que atingisse maior nota ficava com a melhor praça de venda. Aduz que na segunda prova não atingiu uma boa nota, não realizando muitas vendas; então, seu salário sofreu redução, passando por diversas dificuldades, além de sofrer pressões por parte de seu superior hierárquico.

É despiciendo dizer que não se insere no poder diretivo do empregador a possibilidade de submeter o empregado a situações vexatórias cujo constrangimento viola a dignidade e a intimidade da pessoa humana.

Todavia, o deferimento de indenização por dano moral exige demonstração incontroversa do ataque à dignidade do suposto ofendido.

Assim sendo, para que haja obrigação de indenizar, não basta que o autor do fato danoso tenha procedido ilicitamente, violando um direito (subjetivo) de outrem ou infringido uma norma jurídica tuteladora de interesses particulares. A obrigação de indenizar não existe, em regra, só porque o agente do dano procedeu objetivamente mal. É essencial que ele tenha agido com culpa: por ação ou omissão voluntária, por negligência ou imprudência, como expressamente se exige no artigo 186 do CCb (artigo 159, do CCb de 1916). Agir com culpa significa atuar o agente em termos de, pessoalmente, merecer a censura ou reprovação do direito. E o agente só pode ser pessoalmente censurado ou reprovado na sua conduta, quando, em face das circunstâncias concretas da situação, caiba afirmar que ele podia e devia ter agido de outro modo, fato que não ocorreu na hipótese em exame.

São impertinentes e deselegantes os argumentos do autor sobre os procedimentos adotados pelo recorrido, porquanto os transtornos e descontentamentos não restaram provados, descuidando-se o reclamante do ônus que lhe competia, quanto ao fato constitutivo de seu direito.

Além do mais, percebe-se a intenção da reclamada em fiscalizar o conhecimento de seus empregados quanto a temas afeitos às suas tarefas, cuja apreensão é obrigatória por parte dos trabalhadores. Querer que o garçon saiba quais são os pratos servidos pelo restaurante significa exigir a diligência no desempenho de suas atividades e conceder ao empregado mais dedicado a melhor localidade implica conferir ao melhor cliente um atendimento mais apurado. Premiar um não significa depreciar o outro. Alia-se a isto o fato de que a fiscalização das atividades dos empregados é direito do empregador que nasce com o contrato de trabalho.

Nego provimento."

Situações vexatórias e humilhantes a que estavam submetidos empregados que não atingiam as metas de vendas

Ementa: DANO MORAL. SITUAÇÕES VEXATÓRIAS E HUMILHANTES A QUE ESTAVAM SUBMETIDOS EMPREGADOS QUE NÃO ATINGIAM AS METAS DE VENDAS. A prova produzida narra situações vexatórias e humilhantes a que estavam submetidos os empregados da Reclamada quando não atingiam suas metas de vendas, tais como, desfilar com adereços femininos, apresentar revistas homossexuais, ser amarrado com fita crepe no pilar da sala, colocar nariz de palhaço e ser ofendido com palavras de baixo calão. Sendo certo que isto ocorreu também com o Reclamante. As atitudes da Reclamada geravam constrangimentos e humilhações, demonstrando absoluta falta de respeito à dignidade dos empregados, sendo cabível o pagamento da indenização pelo dano moral decorrente dessa violação. VALOR DA INDENIZAÇÃO. A fixação do "quantum" está afeta às circunstâncias em que ocorreu o fato danoso, à gravidade do mesmo, à intensidade do sofrimento e às condições econômicas do ofensor e do ofendido. Recurso a que se dá provimento para fixar o valor da indenização por danos morais em R$ 100.616,60. TRT 9ª Reg. — RO 16234-2003-013-09-00-7 — (Ac. 4ª T. 17898/05) — Rel. Juiz Arnor Lima Neto. DJPR 15.7.05, p. 465.

Substituição de gerente afastado por motivo de saúde — Retorno ao cargo anterior — Ofensa à dignidade do trabalhador inexistente

Ementa: DANOS MORAIS. SUBSTITUIÇÃO DE GERENTE AFASTADO POR MOTIVO DE SAÚDE. RETORNO AO CARGO ANTERIOR. OFENSA À DIGNIDADE DO TRABALHADOR INEXISTENTE. A substituição de um gerente durante período de afastamento por motivo de saúde não constitui promoção definitiva do empregado substituto ao cargo de gerência. Não se vislumbra legítima expectativa do trabalhador quanto à sua manutenção no cargo de gerente considerando o caráter provisório da substituição. O retorno do empregado ao cargo anterior quando chamado a ocupar cargo diverso em substituição temporária constitui um direito reconhecido no art. 450 da CLT, cujo exercício não afronta a dignidade do trabalhador. Recurso Ordinário da Reclamante a que se nega provimento, nesta parte. TRT 9ª Reg. — RO 00086-2006-459-09-00-1 — (Ac. 1ª T. 11766/07) — Rel. Juiz Ubirajara Carlos Mendes. DJPR 11.5.07, p. 728.

Substituição de professor em atividade complementar da escola — Inexistência de causa e efeito

Ementa: DANO MORAL. SUBSTITUIÇÃO DE PROFESSOR EM ATIVIDADE COMPLEMENTAR DA ESCOLA. INEXISTÊNCIA DE CAUSA E EFEITO. Limitando-se o empregador a exercer seu direito potestativo de substituir a reclamante em uma atividade da empresa, em legítimo ato de gestão absolutamente previsível, não emerge do fato qualquer relação de causa e efeito entre essa substituição e qualquer dano subjetivo da autora (sofrimento). Como é curial, havendo ato ilícito é que o art. 932, inc. III, do Cód. Civil (assim como era o art. 1.521 do Código Civil Brasileiro de 1916) cuida de presunção de culpa do empregador em vista do risco assumido pela empresa. A questão da incidência da regra jurídica, portanto, se alicerça na responsabilização pelo risco inerente à atividade empresarial, não se podendo impô-lo se, como neste caso, não há ilicitude indigitada ao ato. TRT 10ª Reg. — RO 00330-2004-007-10-00-7 — (Ac. 3ª T./05) — Rel. Juiz Bertholdo Satyro. DJU3 4.3.05, p. 26.

Suposto crime — Competente procedimento policial investigatório — Boletim de ocorrência — Não configuração

Ementa: A apuração de suposto crime através do competente procedimento policial investigatório, iniciado com o boletim de ocorrência, não constitui, por si só, dano moral passível de indenização. Dano moral é aquele que atinge a moralidade e a afetividade da pessoa, causando-lhe constrangimentos, vexames, dores, que, entretanto, dada sua subjetividade, necessitam ser cabalmente comprovados por quem o invoca. Recurso improvido. Honorários advocatícios indevidos. TRT 2ª Reg. — RO 01602200544602006 — (Ac. 12ª T. 20060849244) — Relª. Juíza Sonia Maria Prince Franzini. DJSP 10.11.06, p. 39.

Suspeita de apropriação indébita — Abalo da reputação do empregado — Prova — Reparação devida

Ementa: DANO MORAL. SUSPEITA DE APROPRIAÇÃO INDÉBITA. ABALO DA REPUTAÇÃO DO EMPREGADO. PROVA. REPARAÇÃO DEVIDA. Quando se trata de dano moral, não faz sentido exigir prova robusta do 'dano na esfera psíquica da vítima, por quem tenha autoridade para avaliá-lo', tampouco de comprovação da repercussão negativa do acontecimento na esfera íntima do empregado. A tese parece sugerir que sofrem dano moral e, portanto, merecem reparação, apenas os indivíduos que chegam a ter a saúde mental abalada pela agressão a seus sentimentos íntimos, em função de ato ilícito praticado por terceiro. Na verdade, a prova do dano moral sequer depende de atividade probatória semelhante à utilizada em casos de dano material ou patrimonial. Bastam as presunções simples, formadas na consciência do juiz, quanto às conseqüências que qualquer homem criterioso, em face do que ordinariamente acontece, extrairia dos fatos da causa. Por esse aspecto, há que se ponderar que a suspeita sobre a honestidade só não atingiria indivíduo cuja escala de valores morais fosse diversa da que cultua grande parte da humanidade. A honestidade é, ainda hoje, o atributo mais encarecido pelo homem médio, salvo, é claro, na existência de sérias deturpações de caráter, de forma que a todos interessa não apenas ser honesto, mas parecer honesto, pois, por menos que se deseje, todos dependem, inexoravelmente, da imagem mantida perante o grupo social. Recurso provido para reconhecer a ocorrência de abalo moral e impor condenação às rés. TRT 9ª Reg. — RO 21757-2003-010-09-00-6 — (Ac. 2ª T. 03099/06) — Relª. Juíza Marlene T. Fuverki Suguimatsu. DJPR 3.2.06, p. 541.

Suspeita sobre a conduta da empregada — Feito aos gritos — Conhecimento dos demais empregados — Cabimento

Ementa: DANO MORAL. Segundo a doutrina, tem-se que dano moral é a dor resultante da violação de um bem juridicamente tutelado, sem repercussão patrimonial. Dentre estes bens encontram-se positivados na Constituição, a intimidade, a vida privada, a honra e a imagem das pessoas. No caso, obviamente que a recorrente foi atingida em sua honra, na medida em que foi levantada suspeita sobre a sua conduta, o que foi feito aos gritos, fato que passou a ser do conhecimento dos empregados da farmácia da recorrida, situada no mesmo prédio de sua residência. Além do mais, a dor íntima — que varia de pessoa para pessoa, com elevada carga de subjetivismo — pôde ser comprovada pela imediata comunicação do fato à polícia pela empregada. TRT 3ª Reg. — RO 8.180/00 — (Ac. 2ª T.) — Rel. Juiz Luiz Ronan Neves Koury. DJMG 15.11.00, p. 05.

Terceirização — Não pagamento de salários ou verbas rescisórias — Não configuração

Ementa: DANO MORAL — TERCEIRIZAÇÃO — NÃO PAGAMENTO DE SALÁRIOS OU VERBAS RESCISÓRIAS — NÃO CONFIGURAÇÃO. O dano moral exige a prova cabal e robusta da violação à imagem, à honra, à liberdade, ao nome etc., ou seja, ao patrimônio imaterial do trabalhador. A caracterização da responsabilidade civil pelo dano moral exige: a) ato comissivo ou omissivo; b) nexo causal; c) o dano moral; d) a culpa por parte do empregador. O inadimplemento do empregador, quanto aos salários ou os títulos rescisórios, não pode ser visto como um fator de culpa quanto aos eventuais transtornos pessoais do empregado quanto às suas obrigações pessoais. O mesmo se diga quanto ao exercício regular de direito, qual seja, a contratação de empresa prestadora de serviços lícitos (Súmula 331 do C. TST). Assim, não se vislumbra nos transtornos pessoais enfrentados pelo reclamante, como o inadimplemento de suas obrigações pessoais ou a contratação de prestadora de serviços (terceirização), possam gerar para o empregador uma indenização por dano moral, já que não se pode falar em dano moral. Por fim, não há provas cabais de humilhações e constrangimentos mencionados pelo autor em sua inicial, não se vislumbrando, pois, danos extrapatrimoniais. Recurso provido. JUROS DE MORA — TAXA SELIC — JUSTIÇA DO TRABALHO. IMPOSSIBILIDADE. LEGISLAÇÃO ESPECÍFICA. Merece reforma o r. julgado que condenou a reclamada no pagamento dos créditos trabalhistas acrescidos dos juros calculados pela taxa Selic (Taxa referencial do sistema especial de Custódia), uma vez que no processo trabalhista há regra própria especial para a aplicação dos juros de mora, qual seja, art. 883 da CLT c/c § 1º do art. 39 da Lei 8.177/91. Recurso provido. TRT 15ª Reg. (Campinas/SP) — RO 00215-2005-106-15-00-8 (Ac. 29188/2006-PATR, 10ª Câmara) — Rel. Juiz José Antonio Pancotti. DJSP 23.6.06, p. 74.

Trabalhador rural — Condições de trabalho inadequadas — Cabimento

Ementa: INDENIZAÇÃO POR DANO MORAL. CONDIÇÕES DE TRABALHO INADEQUADAS. O trabalhador rural que presta serviço a céu aberto sem observância às normas de higiene do trabalho, isto é, sem instalações apropriadas para refeições e descanso e também sem qualquer tipo de instalação sanitária, fica exposto a situação ultrajante, que afronta a sua dignidade e desrespeita a sua intimidade. Consubstanciado o dano moral, é devida a indenização daí decorrente. TRT 9ª Reg. — RO 00050-2006-093-09-00-6 — (Ac. 5ª T. 03373/07) — Rel. Juiz Dirceu Pinto Junior. DJPR 9.2.07, p. 673.

Trabalho em situação degradante — Configuração

Ementa: RESPONSABILIDADE SOLIDÁRIA/SUBSIDIÁRIA. O fato de a 2ª Reclamada ser a única adquirente da produção da 1ª Reclamada não caracteriza a sociedade invocada pelo Reclamante, a ponto de responsabilizá-la solidariamente pelos créditos trabalhistas. Também não restou caracterizada a hipótese de terceirização como requer o Reclamante, razão pela qual não há responsabilidade subsidiária a ser declarada. Recurso a que se nega provimento.

DANO MORAL. TRABALHO EM SITUAÇÃO DEGRADANTE. Restou caracterizado nos autos que a Reclamada deixou de propiciar condições dignas de acomodação a seus empregados, tendo exposto o Reclamante a condição degradante, afrontando-o ao forçá-lo a consumir água imprópria para o consumo humano e satisfazer suas necessidades entremeio à vegetação. A dignidade do ser humano está elevada a direito fundamental pela nossa Constituição. E esta, de acordo com os autos, fora frontalmente desrespeitada pela Reclamada. Ao meu sentir, no presente caso mais que em outros, a condenação deve funcionar como um inibidor de investidas em ações semelhantes, não só pela Reclamada, como também por qualquer pessoa com o mesmo intuito. Isso porque o trabalho prestado nas condições a qual estava o Reclamante submetido agride não só a ele, mas também toda a sociedade a sua volta e a imagem do Brasil, enquanto país, perante a comunidade mundial. Recurso a que se dá provimento para deferir indenização por danos morais no valor de R$ 3.000,00. TRT 23ª Reg. — RO 00409.2005.066.23.00-5 (Sessão: 0008/06) — Rel. Desembargadora Leila Calvo. DJE/TRT 23ª Reg. n. 104/06, 11.10.06, p. 11.

Trabalho escravo e em condições degradantes. Inviabilidade quanto à configuração

Ementa: INDENIZAÇÃO POR DANOS MORAIS. TRABALHO ESCRAVO E EM CONDIÇÕES DEGRADANTES. INVIABILIDADE QUANTO À CONFIGURAÇÃO. O trabalho escravo ou degradante, enquanto formas de violação da própria dignidade humana, depende da demonstração de fatores indispensáveis à demonstração do constrangimento físico ou moral. Inviável a caracterização do trabalho escravo ou em regime degradante, quando o acervo fático probatório constante dos autos, apesar de comprovar a existência de algumas irregularidades trabalhistas, não evidencia, por outro lado, a 'contratação de salário aviltante'; a 'limitação à liberdade de ir e vir'; a 'retenção de salários'; a 'imposição de jornada extenuante'; o 'regime de servidão por dívida'; ou a existência de 'qualquer ameaça ou constrangimento ilegal'. TRT 23ª Reg. — RO 00514.2006.021.23.00-4 (Sessão 20/06) — Rel. Des. Tarcísio Valente. DJE/23ª Reg. N. 149/07, 9.1.07, p. 31.

Transferência para o exterior sem visto de trabalho — Dano moral configurado

Ementa: DANO MORAL. TRANSFERÊNCIA PARA O EXTERIOR SEM VISTO DE TRABALHO. O trabalho a serviço da empresa em país estrangeiro sem visto de permanência gera desconforto, sentimento de perseguição, discriminação e instabilidade pessoal e profissional. Caracterização de dano moral. TRT 2ª Reg. — RO 01537200206702004 — (Ac. 6ª T. 20050349400) — Rel. Juiz Rafael E. Pugliese Ribeiro. DJSP 17.6.05, p. 155.

Da decisão acima, colhe-se o seguinte fundamento:

"3. Dano moral. Dano moral é lesão à personalidade, ferindo o bom nome, a moralidade ou o sentimento de estima da pessoa, provocadas por fato relevante de outrem, ainda que em contexto circunstancial, criando para o ofendido vexames ou constrangimentos juridicamente expressivos. A autora não tinha visto de trabalho no exterior, embora tenha sido transferida na condição de empregada da ré. A regularização da documentação era providência que incumbia à ré e não o fez. A burocracia não justifica a falta de visto, porque a autora não poderia ter sido transferida sem ele. Estando a serviço da empresa em país estrangeiro e sem autorização para ali trabalhar, é evidente o desconforto e o sentimento de perseguição e discriminação, gerando instabilidade pessoal e profissional, principalmente no EUA que a fiscalização é rigorosa em relação aos brasileiros (CPC, 335). Houve dano moral.

3.1. A quantificação da indenização por dano moral tem sido normalmente resolvida por arbitramento judicial, porque o nosso sistema, salvo o disposto na Lei de Imprensa, Lei das Telecomunicações e Lei de Direitos Autorais, não é tarifado. Esse arbitramento há de ser feito de modo a satisfazer, a um só tempo, o interesse de compensação ao lesado, de um lado, e a repressão à conduta do agressor, de outro. O arbitramento deve conferir um sentido de expressão equilibrada a esses dois pólos. Uma indenização insignificante significaria um agravamento ao ofendido e sentido de impunidade ao ofensor. Uma indenização escorchante representaria uma desproporcional punição ao ofensor, com vantagem imoderada ao ofendido.

3.2. Então, o arbitramento precisa considerar, na situação dos autos, que a ré é uma empresa cujas sócias têm sede nas ilhas Cayman e capital social, em dezembro/02, de R$ 15.610.433,00 (fls. 59/64). Já a autora vive de sua profissão ('comunicóloga'), sendo este seu único credenciamento profissional.

3.3. Avaliadas, então, a condição pessoal do agressor, especialmente quanto a sua capacidade financeira, e a condição social da empregada lesada, bem assim as circunstâncias que determinarão a repercussão do fato na esfera social e profissional da ofendida, fixo uma indenização de R$ 96.923,04, equivalente a doze vezes o maior salário pago à reclamante."

Transporte inadequado — Ausência de ofensa à dignidade humana

Ementa: DANOS MORAIS. TRANSPORTE INADEQUADO. AUSÊNCIA DE OFENSA À DIGNIDADE HUMANA. Poder-se-ia questionar no âmbito administrativo uma mera infração das normas de trânsito do Código de Trânsito Brasileiro quanto a transporte inadequado de passageiros em carroceria de veículo de transporte de cargas, o que não é da competência da Justiça do Trabalho. Mas se o veículo é seguro para o transporte de gado também o é para o transporte do ser humano, não constando do relato bíblico que Noé tenha rebaixado a sua dignidade como pessoa humana e como emissário de Deus para salvar as espécies animais, com elas coabitando a sua Arca em meio semelhante ou pior do que o descrito na petição inicial (em meio a fezes de suínos e de bovinos). TRT 3ª Reg. — Proc. 01023-2002-081-03-00-0 RO — (Ac. 7ª T.) — Rel. Juiz Milton V. Thibau de Almeida. DJMG 25.3.03, p. 15.

Tratamento com incivilidade — Dano moral configurado

Ementa: DANO MORAL. INDENIZAÇÃO. É dever do empregador preservar e zelar pela dignidade do trabalhador. O poder hierárquico e disciplinar que detém em relação ao empregado não lhe dá o direito de tratá-lo com incivilidade. Nesses casos, o Direito do Trabalho prevê a possibilidade de reparações por dano moral, pois o artigo 8º da CLT autoriza o intérprete a socorrer-se das normas de direito comum de forma subsidiária, o que torna pacífica a aplicabilidade de conceitos como abuso de direito, responsabilidade civil e reparação de danos. TRT 12ª Reg. — RO-V-A-09152/01 — (Ac. 1ª T. 04.661/02, 2.4.02) — Rel. Juiz Garibaldi T. P. Ferreira. DJSC 9.5.02, p. 84.

Tratamento degradante — Direito à indenização

Ementa: DANO MORAL. TRATAMENTO DEGRADANTE. DIREITO À INDENIZAÇÃO. Moral, porquanto ausentes o cerco e a discriminação, o caráter continuado das agressões praticadas pela empresa, através de preposto, caracteriza a gestão por injúria, que também importa indenização por dano moral. O fato de o tratamento despótico ser dirigido a todos os empregados, sem qualquer distinção, não legitima a tirania patronal, incompatível com a dignidade da pessoa humana, com a valorização do trabalho e a função social da propriedade, asseguradas pela Constituição Federal (art. 1º, III e IV, art. 5º, XIII, art. 170, *caput* e III). O trabalhador é sujeito e não objeto da relação contratual, e tem direito a preservar sua integridade física, intelectual e moral, em face do poder diretivo do empregador. A subordinação no contrato de trabalho não compreende, portanto, a pessoa do empregado, mas tão-somente a sua atividade laborativa, esta sim submetida de forma limitada, e sob ressalvas, ao *jus variandi.* Comprovado que o encarregado submetia o reclamante e seus colegas a tratamento injurioso e degradante, chamando-os publicamente de "burros", "animais", dirigindo-lhes gestos agressivos, peitando-os, ameaçando-os fisicamente e trasladando-os de forma cruel para os locais de trabalho, comprimidos como gado no espaço exíguo de um veículo de carga de pequeno porte, resta configurado gravíssimo atentado à dignidade dos trabalhadores, ensejador da indenização por dano moral (arts. 5º, V e X, CF; 186 e 927 do NCC). TRT 2ª Reg. — RO 01925200246502005 — (Ac. 4ª T. 20040719205) — Rel. Juiz Ricardo Artur Costa e Trigueiros. DJSP 14.1.5, p. 62. (Obs.: Ementa como está publicada no DJSP)

Tratamento humilhante do superior hierárquico — Prova do dano — Cabimento

Ementa: DANO MORAL. TRATAMENTO HUMILHANTE DO SUPERIOR HIERÁRQUICO. PROVA DO DANO. CABIMENTO. Ainda que o reclamante tenha provado, através de recados respondidos por seu superior hierárquico, que este se portava de maneira grosseira ao responder os questionamentos formulados, não se tem prova nos autos que tal comportamento tenha tido repercussão no seu ambiente de trabalho ou familiar, não se podendo concluir, por presunção, que o conteúdo dos bilhetes tivesse sido divulgado na empresa. Não se tem notícia que as grosserias do gerente tinham conteúdo discriminatório à pessoa do reclamante, com intuito persecutório, ou se consubstanciavam em mau hábito social, atingindo a todos os seus subordinados. Também não se evidencia nos autos que tais achaques provocaram dor moral no reclamante, abalo em seu psiquismo ou comprometimento de seu bem-estar socioprofissional-familiar, donde não se pode afirmar que o reclamante sofreu dano moral. TRT 3ª Reg. — RO 01447-2004-087-03-00-4 — (Ac. 5ª T.) — Rel. Juiz Luiz Philippe V. de Mello Filho. DJMG 19.11.05, p. 21.

Tratamento reiterado de forma grosseira — Aplicabilidade

Ementa: DANO MORAL. TRATAMENTO REITERADO DE FORMA GROSSEIRA. APLICABILIDADE. O tratamento grosseiro constante sofrido pelo empregado, e a adjetivação insultosa por parte do empregador, consubstancia-se em dano moral, ensejando a reparação pecuniária em valor que não se constitua em sanção irrisória ao causador do dano e nem implique em enriquecimento sem causa para a vítima. TRT 9ª Reg. — RO 02061-2003-007-09-00-8 — (Ac. 1ª T. 24321/05) — Rel. Juiz Ubirajara Carlos Mendes. DJPR 27.9.05, p. 210.

Tratamento vexatório — Configuração

Ementa: DANO MORAL. TRATAMENTO VEXATÓRIO. Extrapola os limites do razoável a conduta do empregador que, em razão de simples suspeita de envolvimento do empregado em ato faltoso, o conduz escoltado por seguranças, para fora do local de trabalho, durante o expediente, deixando seus objetos pessoais na porta da sede da empresa. Houve ofensa concreta à imagem e à honra do trabalhador, exposto a constrangimentos e humilhações diante de seus colegas de trabalho, sem que houvesse prova de conduta funcional e pessoal desabonadora, tanto que resilido o contrato laboral sem justa causa. Cabível a indenização por dano moral. TRT 18ª Reg. — RO 01431-2004-005-18-00-9 — Rel. Juiz Gentil Pio de Oliveira. DJGO 31.5.05, p. 69.

Triviais aborrecimentos — Não configuração

Ementa: DANO MORAL. NÃO CONFIGURAÇÃO. Só deve ser reputado como dano moral a dor, vexame, humilhação, que, fugindo da normalidade, interfira no comportamento psicológico do indivíduo, causando-lhe aflição, angústia e desequilíbrio em seu bem-estar, sob pena de se banalizar o dano moral, ensejando ações judiciais em busca de indenizações pelos mais triviais aborrecimentos. Recurso improvido no particular, por unanimidade. TRT 24ª Reg. — RO 439/2001 — (Ac. TP n. 2.766/01) — Rel. Juiz João de Deus Gomes de Souza. DJMS n. 5.621, 26.10.01.

Uso da imagem — Do empregado pelo empregador — Autorização tácita — Ausência de dano — Indenização incabível

Ementa: USO DA IMAGEM. DO EMPREGADO PELO EMPREGADOR. AUTORIZAÇÃO TÁCITA. AUSÊNCIA DE DANO. INDENIZAÇÃO INCABÍVEL. O art. 18 do CC não prevê necessidade de autorização formal para uso da imagem, sendo que o art. 5º, incisos V, X e XXVIII da CF estabelecem, como premissa para o cabimento da indenização, a existência de dano. Por ter sido provada a autorização tácita do empregado e por não configurado qualquer dano à sua imagem, resta indevida a indenização perseguida. TRT 15ª Reg. (Campinas/SP) — RO 0426-2005-012-15-00-4 — (Ac. 22256/07-PATR, 1ª C.) — Rel. Juiz Luiz Roberto Nunes. DJSP 25.5.07, p. 25.

Uso indevido da imagem do empregado — Cabimento

Ementa: DANO MORAL. USO INDEVIDO DA IMAGEM DO EMPREGADO. Reconhecida que a imagem do obreiro foi utilizada sem seu consentimento, traduzindo-se numa indesejável exposição pública do empregado, decorre daí o desrespeito a sua imagem e ao seu direito à privacidade e intimidade, patrimônio pessoal amparado Constitucionalmente. Esta ação dolosa do empregador enseja o dano moral sofrido pelo empregado, sendo passível de indenização. TRT 2ª Reg. — RO 00362200301302007 — (Ac. 10ª T. 20040018215) — Relª Juíza Vera Marta Publio Dias. DJSP 10.2.04, p. 145.

Uso indevido da imagem do empregado — Desnecessidade de comprovação do dano material — Violação do artigo 5º, X, da Constituição Federal — Configuração

Ementa: DANO MORAL. DIREITO PERSONALÍSSIMO. USO INDEVIDO DA IMAGEM. DESNECESSIDADE DE COMPROVAÇÃO DO DANO MATERIAL. VIOLAÇÃO DO ARTIGO 5º, X, DA CONSTITUIÇÃO FEDERAL. CONFIGURAÇÃO. O direito de indenizar, pela utilização indevida de um direito personalíssimo, como no caso o da imagem, não necessita de comprovação do dano material, bastando, para sua configuração, tão-somente, a sua veiculação de forma indevida. O Regional é expresso ao consignar que: "A ausência de recusa expressa do empregado à determinação da ré para fotografias promocionais, na ambiência da relação empregatícia, não pode ser interpretada como concordância tácita e sequer tem o condão de afastar o ônus do empregador de indenizar, porque a empregadora visa a obter vantagens mediante o uso da imagem de seus empregados (não se pode considerar que o trabalho de propaganda é distinto da atividade-fim da empresa e que o contrato de trabalho não inclui o uso de imagem do trabalhador)." E conclui que: "O dano moral prescinde de ofensa à reputação ou à constatação de prejuízo ao empregado, porque vincula-se a um sentimento do homem, sendo a imagem um dos direitos da personalidade (CF, art. 5º, X)." Nesse sentido já se manifestou o Supremo Tribunal Federal, em acórdão de lavra do eminente Ministro Carlos Velloso que: "De regra, a publicação de fotografia de alguém, com intuito comercial ou não, causa desconforto, aborrecimento ou constrangimento ao fotografado, não importando o tamanho desse desconforto, desse aborrecimento ou desse constrangimento, desde que ele exista, há o dano moral, que deve ser reparado, como manda a Constituição (art. 5º, X) (RE 215.984-RJ — Informativo STF n. 273)." Recurso de revista não conhecido. TST — RR 19.976/1998-010-09-00.7 — (Ac. 4ª T.) — 9ª Reg. — Rel. Min. Milton de Moura França. DJU 20.8.04, p. 867.

Da decisão acima, colhe-se o seguinte fundamento:

"I.6 — INDENIZAÇÃO PELO USO DA IMAGEM

O Regional acresceu à condenação o direito à indenização no valor de R$ 10.000,00 (dez mil reais) pelo uso, com intuito promocional, no 'Jornal da Unimed Curitiba', de maio/junho de 1995 e de novembro/dezembro de 1996, de fotografias com a imagem do reclamante, sem nenhuma autorização deste, sob o fundamento de que:

'O autor tinha conhecimento da realização e publicação de fotos das quais participava, porém afirmou em interrogatório que 'não se recusava porque a ré determinava que se fosse fazer as fotos' (fl. 458).

Considerando a especial relação de subordinação que imanta ao contrato de trabalho, plausível admitir a sujeição do empregado às ordens do empregador, ante o temor de sofrer represália ou risco de perder o emprego, circunstâncias que poderiam comprometer a subsistência própria ou da família. A ausência de recusa expressa do empregado à determinação da ré para fotografias promocionais, na ambiência da relação empregatícia, não pode ser interpretada como concordância tácita e sequer tem o condão de afastar o ônus do empregador de indenizar, porque a empregadora visa a obter vantagens mediante o uso da imagem de seus empregados (não se pode considerar que o trabalho de propaganda é distinto da atividade-fim da empresa e que o contrato de trabalho não inclui o uso de imagem do trabalhador).

O dever de indenizar decorre da indevida utilização de um direito personalíssimo, o da imagem. E o dano moral prescinde de ofensa à reputação ou à constatação de prejuízo ao empregado, porque vincula-se a um sentimento do homem, sendo a imagem um dos direitos da personalidade (CF, art. 5º, X).

(...)

Considerando o duplo objetivo da indenização (de compensar o constrangimento moral sofrido pelo lesado e de penalizar o ofensor de forma a dissuadir a recidiva da conduta), concedo indenização, no importe de R$ 10.000,00 (dez mil reais), montante a ser atualizado monetariamente até a data do efetivo pagamento.' (destacou-se) (fls. 592/594).

Nas razões de fls. 642/645, sustenta a UNIMED que as publicações das fotos do reclamante ocorreram em maio/junho de 1995 e novembro/dezembro de 1996, ou seja, após cinco anos, sendo que 'no mínimo, aludida indenização, se não decadente, já estaria fulminada pela prescrição bienal e até qüinqüenal argüida alhures' (fl. 643). Ressalta que a decisão fere o contido no artigo 56 da Lei n. 5.250/67, da imprensa.

Afirma que o acórdão não aponta especificadamente qual foi o prejuízo sofrido pelo reclamante em decorrência da divulgação de sua fotografia e que o valor fixado de R$ 10.000,00 (dez mil reais) é absurdo, considerando-se que o reclamante recebia salário mensal de R$ 550,00 (quinhentos e cinqüenta reais).

Sem razão.

Em relação à argüição da prescrição ou decadência da ação e da alegada violação do artigo 56 da Lei n. 5.250/67, da imprensa, como o Regional foi silente em relação a esses pontos, a sua apreciação, em sede de recurso extraordinário, encontra óbice no Enunciado n. 297 do TST.

Quanto à indicação dos prejuízos sofridos, a decisão recorrida é explícita, ao consignar que o direito de indenizar é decorrente da utilização indevida de um direito personalíssimo, como, no caso, o da imagem, que, por certo, não necessita da comprovação do dano material, bastando, para sua configuração, tão-somente, a sua veiculação de forma indevida.

É expresso o Regional ao consignar que: 'A ausência de recusa expressa do empregado à determinação da ré para fotografias promocionais, na ambiência da relação empregatícia, não pode ser interpretada como concordância tácita e sequer tem o condão de afastar o ônus do empregador de indenizar, porque a empregadora visa a obter vantagens mediante o uso da imagem de seus empregados (não se pode considerar que o trabalho de propaganda é distinto da atividade-fim da empresa e que o contrato de trabalho não inclui o uso de imagem do trabalhador).'

E conclui que: 'O dano moral prescinde de ofensa à reputação ou à constatação de prejuízo ao empregado, porque vincula-se a um sentimento do homem, sendo a imagem um dos direitos da personalidade (CF, art. 5º, X).'

Nesse sentido já se manifestou o Supremo Tribunal Federal, em acórdão de lavra do eminente Ministro Carlos Velloso: 'De regra, a publicação de fotografia de alguém, com intuito comercial ou não, causa desconforto, aborrecimento ou constrangimento ao fotografado, não importando o tamanho desse desconforto, desse aborrecimento ou desse constrangimento, desde que ele exista, há o dano moral, que deve ser reparado, como manda a Constituição (art. 5º, X) (RE-215.984/RJ — Informativo STF n. 273).'

Por derradeiro, para se analisar se o valor da condenação fixado em R$ 10.000,00 (dez mil reais) é ou não o correto, o Regional não fornece dados necessários à sua verificação, o que veda a sua reapreciação por esta Corte.

Não conheço." (www.tst.gov.br, em 26.8.04)

Utilização de apelidos no local de trabalho — Responsabilidade da empregadora

Ementa: DANO MORAL — UTILIZAÇÃO DE APELIDOS NO LOCAL DE TRABALHO — RESPONSABILIDADE DA EMPREGADORA. A empresa que zela pelo bom ambiente de trabalho estabelece diretrizes básicas de comportamento entre os empregados, inclusive, com proibições de utilização de "apelidos" dentro do estabelecimento, seja entre empregados, seja pelos supervisores de trabalho. Isso porque o fato de algumas pessoas agradarem de serem tratadas por apelidos até mesmo discriminatórios como "macaca" e "pretume", por exemplo, não implica dizer que todos os empregados devam se sujeitar a serem tratados dessa forma. Cabe à empregadora coibir brincadeiras e atitudes de seus superiores hierárquicos que possam representar "ato discriminatório" dentro das dependências da empresa. Sendo omissa a empregadora, é cabível a condenação da mesma ao pagamento de indenização ao empregado que se sentir desrespeitado. TRT 3ª Reg. — RO 00701-2006-016-03-00-1 — (Ac. 8ª T.) — Relª. Juíza Cleube de Freitas Pereira. DJMG 6.2.07, p. 27.

Utilização pelo empregador de cheques fornecidos de boa-fé pelo empregado para efetuar compras em benefício do empreendimento — Devolução dos cheques — Caracterização

Ementa: DANOS MORAIS. CARACTERIZAÇÃO. Enseja indenização por danos morais a circunstância de o empregador utilizar cheques fornecidos de boa-fé pelo empregado para efetuar compras em benefício do empreendimento, e deixar de lhe prover fundos, causando a devolução dos documentos, protestos extrajudiciais, inscrição do trabalhador no Cadastro de Emitentes de Cheques sem Fundos — CCF, apontamentos negativos no Serviço de Proteção ao Crédito — SPC e no SERASA, e ações judiciais. DANOS MORAIS. RESPONSABILIDADE. SUCESSÃO TRABALHISTA. Conforme os artigos 1.145, 1.146, 1.792 e 1.821 do Código Civil de 2002 e 1.792 do Código Civil de 1916, o artigo 568, inciso II do Código de Processo Civil, e o artigo 448 da Consolidação das Leis do Trabalho, a responsabilidade pelas obrigações do sucedido transmitem-se ao sucessor objetivamente, independentemente de culpa, incluindo-se nestas as indenizações por danos morais. TRT 15ª Reg. (Campinas/SP) — RO 00182-2002-029-15-00-9 — (Ac. 5ª T. 4.786/2004-PATR) — Rel. Juiz Ricardo Regis Laraia. DJSP 27.2.04, p. 95.

Utilização pelo empregador do nome do reclamante para movimentação de conta bancária "laranja" — Ausência de conivência e culpa concorrente

Ementa: DANO MORAL. UTILIZAÇAO PELO EMPREGADOR DO NOME DO RECLAMANTE PARA MOVIMENTAÇÃO DE CONTA BANCÁRIA "LARANJA". AUSÊNCIA DE CONIVÊNCIA E CULPA CONCORRENTE. Quando o empregador, na qualidade de diretor de instituição financeira, valendo-se do seu poder diretivo, prestígio e influência, obriga seu empregado a emprestar seu nome para abertura e movimentação de conta bancária, na condição de "laranja", resta configurado o dano moral. Com efeito, ainda que o desfecho, no caso específico, "rombo em contas bancárias", seja afeto a outros ramos do direito, não se pode olvidar que a causa que levou o ex-empregado a agir de acordo com os ditames do seu ex-patrão foi inegavelmente o contrato de trabalho. O fato de o reclamante permitir a abertura de contas em seu nome não pode obstar a indenização vindicada, vez que o temor reverencial e manutenção do emprego, fonte de sobrevivência do empregado e de sua família, sobrepõem à singela alegação de conivência e culpa concorrente, revelando-se a ação patronal como meio de usurpação da confiança do trabalhador, em face da subordinação jurídica advinda da relação empregatícia. Indenização mantida. Recurso desprovido. TRT 3ª Reg. — RO 00998-2002-080-03-00-4 — (Ac. 3ª T.) — Relª Juíza Maria Cristina Diniz Caixeta. DJMG 30.8.03, p. 07.

Valorização do trabalho humano — Violação — Dano moral configurado

Ementa: INDENIZAÇÃO POR DANOS MORAIS. VALORIZAÇÃO DO TRABALHO HUMANO. A Constituição Federal de 1988 alçou o trabalho humano, à categoria de princípio, ao afirmar que a República Federativa tem como um dos fundamentos os valores sociais do trabalho, segundo dispõe o inciso IV, do art. 1º, da Carta Magna. Também a ordem econômica encontra-se fundada na valorização do trabalho, observada a busca do pleno emprego, nos termos do *caput* e inciso VIII, do art. 170 da CF. Isto sem falar no art. 5º, inciso XIII, e no art. 7º e seus numerosos incisos. Na hipótese vertente, a Reclamada violou o direito do trabalhador à dignidade no emprego, contribuindo culposamente para o quadro de dor moral apto a ensejar a reparação prevista no art. 5º, X, da CF. TRT 3ª Reg. — RO 01343-2004-038-03-00-0 — (Ac. 4ª T.) — Rel. Juiz Luiz Otávio Linhares Renault. DJMG 8.10.05, p. 9.

Do voto do Relator, colhe-se o seguinte fundamento:

"DANOS MORAIS

Para melhor compreensão do julgado, impõe-se esclarecer os fatos ocorridos com o Autor.

Por força de decisão proferida nos autos do processo n. 252/97, a 3ª Vara de Trabalho de Juiz de Fora determinou a reintegração do Obreiro, tendo em vista que a dispensa ocorreu no momento em que ele estava acometido de doença profissional (perda auditiva). Saliente-se que não lhe foi assegurada nenhuma espécie de estabilidade provisória no citado feito, tendo sido determinado tão-somente sua reintegração.

Neste ínterim o Autor ajuizou, então, outra ação trabalhista que tramitou perante a 1ª Vara de Trabalho de Juiz de Fora, processo n. 00172-2004-035-03-00-2 (fls. 160/169), requerendo pagamento de indenização por danos morais.

Conforme se depreende da v. sentença proferida no referido processo (fls. 160/169), o douto Juízo da 1ª Vara de Trabalho de Juiz de Fora entendeu estar prescrito o direito, quanto ao pedido de danos morais (decorrente da dispensa injusta ocorrida em 02.12.1996), mas reconheceu-lhe ser devido uma indenização (R$ 9.735,70 — fl. 167), decorrente da existência do nexo causal entre a doença adquirida (perda auditiva) e a culpa da Reclamada, que não adotou medidas necessárias à proteção da saúde do trabalhador. Releva salientar que não se tem notícia no presente feito se a r. decisão proferida no processo n. 00172-2004-035-03-00-2 transitou em julgado.

Restou incontroverso nos autos que a Reclamada acatou o comando sentencial, reintegrando o Autor no dia 05.12.2003 e, usando do poder potestativo, dispensou-o novamente em 23.12.2003.

Pois bem, na hipótese vertente, o Autor alegou que a Reclamada supostamente o reintegrou no emprego, em 05.12.03, mas não lhe possibilitou a execução de suas tarefas, o que lhe acarretou sério abalo emocional, tendo sido dispensado em 23.12.2003. Pediu indenização por dano moral e lucros cessantes, conforme inicial, à fl. 06.

A Exma. Juíza *a quo* entendeu que, quanto à questão pertinente à suposta simulação da reintegração, deveria o Autor se dirigir ao Juízo onde lhe foi assegurada a reintegração, processo n. 00172-2004-035-03-00-2, que tramitou ou tramita perante a 1ª Vara de Trabalho de Juiz de Fora.

Quanto ao dano moral sofrido pelos constrangimentos e humilhações sofridas no período de 05.12.03 a 23.12.03, entendeu a Exma. Juíza que o Autor não se desvencilhou do ônus da prova que lhe competia, indeferindo o pleito do Obreiro.

O obreiro renova no recurso seus argumentos de que houve uma reintegração simulada, porquanto foi reintegrado no emprego no dia 05.12.2003, mas dispensado 18 dias depois, em 23.12.2003, sem ter lhe sido possibilitado assumir suas atividades na Reclamada, o que lhe causou graves danos morais.

Com efeito, no que tange à reintegração simulada, comungo do entendimento adotado pela Exma. Juíza de origem, devendo a questão ser argüida perante o Juízo competente, ou seja, no processo n. 00172-2004-035-03-00-2, julgado pela 1ª Vara de Trabalho de Juiz de Fora.

Quanto ao constrangimento e humilhação que passou o Obreiro no período de 05.12.03 a 23.12.03, entendo que a v. sentença recorrida merece reforma, *data venia*, porquanto a segunda testemunha do Reclamante comprovou, através de depoimento firme e convincente, o dano moral sofrido pelo Autor.

Declarou a testemunha DÉBORA ALVES DOS REIS, às fls. 340/341, *in verbis*, que:

'... ficou sabendo que em janeiro de 2004 o Reclamante foi parar no Hospital Regional Leste depois de ter sido reintegrado e dispensado do emprego...'.

Ora, ao contrário do decidido, constato que o Recorrente desincumbiu-se do ônus da prova que lhe competia, restando comprovado, pelas declarações da testemunha por ele arrolada, o abalo emocional sofrido pelo Autor que teve que ser internado, por não ter lhe sido possível reassumir suas atividades na Reclamada, culminando com sua dispensa.

Não se pode olvidar que o preposto, no seu depoimento pessoal, à fl. 340, reconheceu que o Obreiro não chegou a assumir as suas funções, *in verbis*:

'...trabalho no departamento de pessoal da ré, e ao receber um mandado de reintegração do Autor, cumpriu o mesmo; no período de 05 a 23.12.03, o Reclamante ficou por conta do posto médico para realização de exames médicos; (...); nesse período o Reclamante não chegou efetivamente a trabalhar; o Reclamante foi considerado apto através de seus exames médicos; a Reclamada determinou ao depoente que o Reclamante exercesse a mesma função antes exercida, que era de motorista; (...) que o Reclamante foi dispensado sem justa causa em 03.12.03.

Desta forma, a meu ver, a Reclamada, ao não possibilitar que o Autor assumisse suas atividades, violou o seu direito à dignidade ao emprego, contribuindo culposamente para o quadro de dor moral sofrido pelo Obreiro, capaz de ensejar a reparação prevista no art. 5º, X, da CF. Assim, a empregadora deve ser responsabilizada pelo pagamento de indenização, visto que comprovada sua culpa pela seqüela moral ocasionada ao Reclamante e a relação de causalidade entre o ato e o efeito.

Note-se que a empresa tinha pleno conhecimento da seqüela adquirida pelo Obreiro em decorrência das atividades exercidas antes da segunda dispensa, em 18.12.2003, porquanto preencheu, através de seu departamento pessoal, os formulários do INSS (fls. 33/41), nos quais se infere que a atividade era desenvolvida em ambiente insalubre de forma constante e habitual (ruído). Também a inaptidão para a mesma função foi apurada através do laudo pericial produzido no processo n. 00172-2004-035-03-00-2 (fl. 84).

Portanto, o que se constata no presente feito é a atitude reprovável da empresa, que utilizou da mão-de-obra do trabalhador enquanto lhe era conveniente e, depois da doença adquirida, se negou a lhe garantir a dignidade ao trabalho.

Neste sentido, insta salientar que a Constituição Federal de 1988 alçou o trabalho humano à categoria de princípio, ao afirmar que a República Federativa tem como um dos fundamentos os valores sociais do trabalho, segundo dispõe o inciso IV, do art. 1º, da Carta Magna. Também a ordem econômica, encontra-se fundada na valorização do trabalho, observada a busca do pleno emprego, nos termos do *caput* e inciso VIII, do art. 170 da CF. Isto sem falar no art. 5º, inciso XIII, e no art. 7º e seus numerosos incisos.

De outra face, a fixação do valor devido a título de danos morais deve levar em conta a extensão do dano sofrido, lastreada pelo critério socioeconômico e cultural da partes.

Contudo, a fixação do valor deve obedecer a duas finalidades básicas, quais sejam, compensar a dor, o constrangimento ou sofrimento da vítima e punir o infrator.

Com efeito, o valor deve ser arbitrado com prudência, fugindo dos valores irrisórios ou dos montantes exagerados, que podem colocar em descrédito tanto o instituto quanto o Poder Judiciário.

Levando em consideração os critérios acima mencionados e o caso dos autos, fixo a indenização por danos morais em R$ 10.000,00.

No que tange aos lucros cessantes, observa-se que a seqüela sofrida pelo Obreiro não é irreversível, como alegado, não estando ele totalmente incapacitado para o trabalho. Ao contrário do que afirma o Recorrente, a Reclamada apresentou contestação específica quanto a este aspecto (lucro cessante) não sendo o caso de se aplicar o disposto no art. 302 do CPC.

Destarte, provejo em parte o apelo para condenar a Reclamada ao pagamento de indenização por danos morais, no importe de R$ 10.000,00, ressalvadas as atualizações."

Veiculação de imagem do empregado com fins de divulgação da empresa — Reflexos no campo religioso — Indenização — Ofensa aos arts. 1º, inc. III e 5º, inc. X, da CF — Violação dos arts. 11 e 21 do C.C.B. — Inocorrência

Ementa: AGRAVO DE INSTRUMENTO. RECURSO DE REVISTA. DANOS MORAIS. CONTRATO DE TRABALHO. VEICULAÇÃO DE IMAGEM DO EMPREGADO COM FINS DE DIVULGAÇÃO DA EMPRESA. REFLEXOS NO CAMPO RELIGIOSO. INDENIZAÇÃO. OFENSA AOS ARTIGOS 1º, INCISO III E 5º, INCISO X, DA CONSTITUIÇÃO FEDERAL. VIOLAÇÃO DOS ARTIGOS 11 E 21 DO CÓDIGO CIVIL BRASILEIRO. A argüição de violação aos artigos 11 e 21 do Código Civil Brasileiro e artigo 1º, inciso III, da Constituição Federal, é matéria inovadora, porquanto não fez parte das razões da revista, o que impede o seu exame, neste momento processual, em face da preclusão. O Regional é categórico em afirmar que a imagem veiculada nos jornais não expôs o Agravante em situação degradante ou vexatória. A inviolabilidade da intimidade, da vida privada e da imagem, está atrelada a existência ou não de autorização, para veiculação da imagem da pessoa em jornais ou qualquer outro meio de comunicação. Circunstância fática que o acórdão não registrou, e tampouco o agravante instou o Regional, via embargos declaratórios com objetivo de tais esclarecimentos, e que é essencial à caracterização do dano moral. O Agravante ao pactuar o contrato de trabalho para exercer suas funções em estabelecimento com objetivo social de "boite" assumiu em contrapartida os riscos inerentes que este trabalho poderia acarretar a sua vida religiosa, as quais são estabelecidas em dogmas que não podem ser superados. Para chegar a conclusão diversa daquela a que chegou o acórdão recorrido, seria necessário reexaminar as provas dos autos, o que é vedado nesta instância extraordinária, a teor da Súmula n. 126 do TST. Agravo de Instrumento conhecido e não provido. TST — AIRR-1.241/2003-002-17-40.1 — (Ac. 4ª T.) — 17ª Reg. — Rel. Juiz Convocado Luiz Antonio Lazarim. DJU 10.2.06, p. 1000.

Vendedor — Dança da música tema da novela Escrava Isaura — Não-cumprimento das metas de venda — Violação dos bens protegidos pelo art. 5º, X, da CF

Ementa: DANOS MORAIS. VENDEDOR. DANÇA DA MÚSICA TEMA DA NOVELA ESCRAVA ISAURA. PELO NÃO-CUMPRIMENTO DAS METAS DE VENDA. VIOLAÇÃO DOS BENS PROTEGIDOS PELO ARTIGO 5º, X, DA CONSTITUIÇÃO FEDERAL. Perpetra atentado contra a honra do empregado o empregador que o faz dançar a música tema da novela Escrava Isaura, em cima de uma mesa colocada no centro da loja, na presença dos demais funcionários, caso não atingidas as metas de venda, pois tal conduta expõe o indivíduo ao ridículo, atingindo-lhe o amor-próprio e a boa reputação. Violação dos bens protegidos pelo artigo 5º, X, da Constituição Federal. Indenização por dano moral que se mantém, pois fixada em valor pleiteado pelo próprio empregado (R$ 6.000,00). TRT 2ª Reg. — RO 02738200226102007 — (Ac. 3ª T. 20050627036) — Relª Juíza Mercia Tomazinho. DJSP 27.9.05, p. 17.

Vendedor — Desfile com vestimenta de presidiário e feminina — Violação aos direitos da personalidade

Ementa: DANOS MORAIS. VENDEDOR. DESFILE COM VESTIMENTA DE PRESIDIÁRIO E FEMININA. VIOLAÇÃO AOS DIREITOS DA PERSONALIDADE. A ordem jurídica vigente assegura, amplamente, os direitos da personalidade, contendo o Código Civil de 2002 um capítulo específico sobre o tema (artigos 11 a 21). Mesmo antes da vigência dessa nova codificação civil, o direito da personalidade já era tutelado, por meio do princípio da dignidade da pessoa humana, arrolado pela Constituição Federal dentre os fundamentos da República Federativa do Brasil (art. 1º, III). Nesse contexto, toda e qualquer violação a esses direitos há de ser repudiada, mormente no âmbito da relação de trabalho, onde as partes devem pautar-se pelo respeito mútuo. Assim, faz jus o laborista à indenização pelos danos morais sofridos, em razão da aquiescência da empregadora com a adoção de situações vexatórias, expondo o reclamante ao ridículo, através de desfiles com vestimenta de presidiário e feminina, perante os demais colegas de trabalho e, inclusive, visitantes, por não ter atingido as metas de vendas, em evidente infração à sua dignidade, ao seu respeito próprio e, conseqüentemente, à sua integridade psíquica e emocional. TRT 3ª Reg. — RO 00835-2004-019-03-00-0 — (AC. 8ª T.) — Rel. Juiz Paulo Mauricio Ribeiro Pires. DJMG 2.10.04, p. 21.

Vendedor — Inadimplemento da obrigação por parte do empregador — Inexistência

Ementa: VENDEDOR. DANOS MORAIS. INADIMPLEMENTO DA OBRIGAÇÃO POR PARTE DO EMPREGADOR. INEXISTÊNCIA. O empregador que deixa de entregar mercadorias e cobra pelas mesmas está denegrindo a própria imagem. Neste passo, não se pode cogitar de dano moral a empregado-vendedor que efetua a venda, uma vez que a confiabilidade que deixa de existir é em relação à empresa e não a seu empregado. TRT 17ª Reg. — RO 01013.2004.003.17.00.4 — (Ac. 5259/2005) — Rel. Juiz José Luiz Serafini. DJES 4.7.05, p. 4.744.

Vendedor — Metas de vendas — Submissão a situações constrangedoras e humilhantes perante colegas e superiores — Configuração

Ementa: VENDEDOR QUE NÃO CUMPRE METAS DE VENDAS — SUBMISSÃO A SITUAÇÕES CONSTRANGEDORAS E HUMILHANTES PERANTE COLEGAS E SUPERIORES — DANO MORAL INDENIZÁVEL — O empregador tem o dever de zelar pela integridade da personalidade moral do empregado, que coloca o seu esforço pessoal em prol do sucesso do empreendimento econômico. Constitui abuso do poder diretivo e ato ilícito, por ofensa a direitos da personalidade, expor o empregado que não cumpre as metas de vendas estipuladas pela empresa a situações constrangedoras e humilhantes perante os colegas e superiores, tais como: fazer flexões de braços, fantasiar os homens de mulher ou de presidiário, fazê-los usar máscaras com chifres e ofendê-los com palavras de baixo calão. É estreiteza de pensamento pretender que práticas dessa natureza caracterizem formas lícitas e inócuas de estimular o trabalho e de criar um ambiente descontraído e amigável. Não deve o empregador permitir que em suas dependências, pelo menos, o empregado sofra lesão à honra, tanto subjetiva quanto perante o grupo em que convive, pois isso lhe fere a auto-estima, causando efeitos danosos ao seu equilíbrio emocional. A matriz filosófica do contrato de trabalho assenta-se no respeito e na confiança mútua das partes contratantes. Atitudes como as descritas acima não podem ser toleradas porque excedem os limites profissionais, ofendendo a dignidade da pessoa humana e menosprezando o valor social do trabalho, fundamentos da nossa República. Recurso a que se nega provimento. TRT 3ª Reg. — RO 01763-2005-024-03-00-4 — (Ac. 3ª T.) — Relª. Juíza Maria Lucia Cardoso Magalhães. DJMG 3.6.06, p. 9.

Vendedor que não atinge metas — Submissão a atos de vexame, constrangimento e humilhação — Indenização — Cabimento

Ementa: REPARAÇÃO POR DANO MORAL — VENDEDOR QUE NÃO ATINGE METAS — SUBMISSÃO A ATOS DE VEXAME, CONSTRANGIMENTO E HUMILHAÇÃO. CARACTERIZAÇÃO. Face ao risco inerente da atividade econômica, não se desconhece o direito do empregador em estabelecer metas de vendas, haja vista que este direito se insere dentro do seu "jus variandi", no entanto, este poder diretivo não é absoluto, encontrando limites na lei, sobretudo na dignidade da pessoa humana, cuja proteção foi alçada a nível constitucional, não admitindo violação à intimidade, à honra e à imagem das pessoas. Como assinala Yussef Said Cahali, dano moral é "tudo aquilo que molesta gravemente a alma humana, ferindo-lhe gravemente os valores fundamentais inerentes à sua personalidade ou reconhecidos pela sociedade em que está integrado" (Dano moral, 2ª ed., São Paulo, Revista dos Tribunais, 1998, p. 20). De sorte que, demonstrando a prova dos autos que o empregado — vendedor — quando não atingia as metas de vendas impostas, era obrigado a enfrentar "desafios" constrangedores, vexatórios e humilhantes como, "passar carbono no rosto", como o desafio do "babaca", consistente em fazer as turmas desfilarem de "top" ou minissaia com conotação punitiva, deve o empregador reparar o dano causado, não havendo que se cogitar da prova do prejuízo, se presentes o nexo de causalidade e culpa, pressupostos legais da responsabilidade civil. Louvável seria o empregador instituir mecanismos que pudesse estimular e incentivar o alcance das metas de vendas, jamais o constrangimento do trabalhador no seu local de trabalho. Recurso ordinário do empregador a que se nega provimento. TRT 15ª Reg. (Campinas/SP) — RO 00549-2004-083-15-00-1 — (Ac. 021137/2006-PATR, 5ª Câmara) — Rel. Juiz Lorival Ferreira dos Santos. DJSP 5.5.06, p. 43.

Vendedora que realiza trabalho de modelo — Pedido de indenização por danos morais — Ausência do direito

Ementa: VENDEDORA QUE REALIZA TRABALHO DE MODELO. PEDIDO DE INDENIZAÇÃO POR DANOS MORAIS. AUSÊNCIA DO DIREITO. Não constitui dano à honra, à moral ou à imagem da empregada a publicação de fotografias em que posou como modelo, para divulgação dos produtos da empresa, quando foi a própria obreira quem solicitou a participação nos trabalhos. Ciente a empregada de que as fotografias seriam expostas, não pode posteriormente alegar utilização indevida da imagem, com sérios danos à sua auto-estima e à sua vida particular, mormente quando se trata de trabalho recatado e de bom gosto, que em nada pode abalar a sua reputação. Recurso ordinário a que se nega provimento. TRT 3ª Reg. — RO 800/03 — (Ac. 4ª T.) — Rel. Juiz Danilo Siqueira de Castro Faria. DJMG 1º.3.03, p. 18.

Vigilante — Porte ilegal de armas — Culpa do empregador — Dano moral configurado

Ementa: DANO MORAL. VIGILANTE. PORTE ILEGAL DE ARMAS. CULPA DO EMPREGADOR. CA-

RACTERIZAÇÃO. Incorre em obrigação de reparação por dano moral, a empresa de segurança que exige de seus empregados o porte de arma sem a devida regularização do seu uso, nos termos preconizados pela Lei n. 7.102/83 e Portaria DPF n. 891/99. TRT 15ª Reg. (Campinas/SP) — Proc. 19.378/02 (RO 8.877/03 — PATR) — (Ac. 1ª T.) — Rel. Juiz Claudinei Sapata Marques. DJSP 11.4.03.

Violação do intervalo intrajornada. Dano moral não comprovado. Indenização indevida

Ementa: VIOLAÇÃO DO INTERVALO INTRAJORNADA. DANO MORAL NÃO COMPROVADO. INDENIZAÇÃO INDEVIDA. Para a configuração do ato ilícito, faz-se imprescindível a presença dos seguintes requisitos: o fato lesivo voluntário, decorrente de ação ou omissão, negligência ou imprudência do agente; o dano material ou moral experimentado pela vítima e o nexo causal entre o dano sofrido e o comportamento do agente, sem os quais não cabe o pleito indenizatório. Para tanto deve restar comprovado qual o dano moral sofrido pela parte, para que se possa aquilatar a situação. Tão-somente a violação do intervalo intrajornada não gera o direito ao recebimento de indenização por danos morais, mormente quando o Reclamante não comprova satisfatoriamente o alegado prejuízo moral sofrido. As testemunhas apenas comprovaram a violação do intervalo intrajornada, que já foi objeto de condenação no tópico próprio, não demonstrando o efetivo abalo psíquico do Reclamante. Portanto, não havendo provas concretas de que a Reclamada tenha causado qualquer gravame moral ao Autor, não se cogita de constrangimento que comporte reparação pecuniária. TRT 9ª Reg. — Proc. 01262-2006-019-09-00-0 — (Ac. 1ª T. 16402/07) — Rel. Juiz Ubirajara Carlos Mendes. DJPR 26.6.07.

Violação à intimidade e privacidade — Caracterização

Ementa: DANO MORAL. VIOLAÇÃO À INTIMIDADE E PRIVACIDADE. CARACTERIZAÇÃO. A indenização por dano moral encontra fundamento legal nas disposições contidas no art. 5º, incisos V e X, da CF/88, de cuja leitura chega-se à conclusão de que o dever de reparar decorre da violação dos direitos individuais de cada cidadão relativamente à sua intimidade, privacidade, honra e imagem. Ora, admitido como fato incontroverso nos autos a existência de câmera instalada no banheiro feminino do estabelecimento, direcionada ao local onde se encontra o vaso sanitário e captando imagens que eram exibidas na sala do sócio-proprietário da empresa, a alegação de desconhecimento da existência do referido equipamento, evidentemente, não encontra qualquer sustentação no conjunto probatório. Assim, flagrante o desrespeito por parte do empregador à intimidade da trabalhadora, restando configurado o dano moral, em face da violação aos direitos protegidos pelos dispositivos constitucionais supra mencionados. TRT 15ª Reg. (Campinas/SP) — RO 01090-2005-032-15-00-1 — (Ac. 5796/07-PATR, 10ªC) — Rel. Juiz Fernando da Silva Borges. DJSP 9.2.07, p. 80.

Violação ao patrimônio moral do empregado — Reconhecimento com base em meras alegações — Indenização — Descabimento

Ementa: DANO MORAL. CONFIGURAÇÃO. O dano moral somente se configura quando for demonstrada efetiva violação ao patrimônio moral do empregado, gerado pelo ato patronal. Esta violação, entretanto, não pode ser presumida, nem reconhecida com base em meras alegações. O dano moral se caracteriza por elementos objetivos, que devem ser demonstrados, não por meras considerações subjetivas da parte que se declara atingida. Recurso da reclamada a que se dá provimento. TRT 9ª Reg. — RO 14242-2003-008-09-00-3 — (Ac. 4ª T. 14913/05) — Rel. Juiz Arnor Lima Neto. DJPR 17.6.05, p. 609.

Violação de direitos inerentes à personalidade — Não ocorrência

Ementa: DANO MORAL. VIOLAÇÃO DE DIREITOS INERENTES À PERSONALIDADE. NÃO-OCORRÊNCIA. Para que haja condenação ao pagamento de indenização por dano moral, que tem como substrato a responsabilização subjetiva contemplada no art. 186 do Código Civil (art. 159 do Código revogado), é imperativa a violação de algum dos direitos inerentes à personalidade. As espécies que o configuram são o dano estético, o dano à intimidade, o dano biológico (vida), o dano psíquico e o dano à vida de relação (honra, dignidade, honestidade, imagem, nome e liberdade). Inexistindo prova nos autos de que a despedida por justa causa, descaracterizada em juízo, repercutiu negativamente na honra, na dignidade, na imagem ou no nome do reclamante, o apelo não pode ser provido. TRT 12ª Reg. — Proc. RO-V 05447-2002-030-12-00-1 — (Ac. 3ª T. 00623/04, 4.11.03) — Relª Juíza Lília Leonor Abreu. DJSC 21.1.04, p. 82.

Da decisão acima, colhe-se o seguinte fundamento:

"2. Dano moral

O MM. Juízo sentenciante indeferiu o pedido de indenização por danos morais sob o fundamento de que 'não provada qualquer ilicitude na conduta da ré e na impossibilidade de se presumir tal dano, indefiro o pedido de indenização por danos morais'. Disse, ainda, que 'deveria ele provar, de forma robusta e incontestável, a lesão à moral, à dignidade ou a qualquer outro valor subjetivo, bem como o nexo causal entre o dano alegado e o fato que lhe deu causa, o que não fez'.

O autor, em suas razões recursais, sustenta que 'o dano moral intrínseco é puro, não exigindo prova para sua caracterização' (fl. 76). E mais, afirma que 'o dano moral representado pelos efeitos externos à moral do trabalhador, este embora não tenha sido produzido prova, é plenamente presumível' (fls. 76/77).

O dano moral que alega ter sofrido o recorrente está consubstanciado no fato da desconstituição, pelo juízo da 4ª Vara do Trabalho de Joinville, da despedida por justa causa aplicada a ele. No seu entender o ato rescisório causou severos reflexos morais, tanto de ordem interna, representados pelo sofrimento de angústia e vergonha, como também externa, representado pela exteriorização do cometimento de ilícito profissional.

Em que pesem os argumentos expendidos pelo recorrente, não há, entretanto, como dar guarida ao seu apelo.

Com efeito, o dano moral, quando decorrente da relação de trabalho, ocorre no momento em que há agravo ou constrangimento moral do empregado, ou do empregador, pela violação de direitos relativos à personalidade.

Não é possível imputar a qualquer empregador uma responsabilidade por ato seu sem que estejam claramente presentes os quatro pressupostos básicos da responsabilidade civil subjetiva, a saber:

a) ação ou omissão;

b) dano;

c) elo de causalidade entre ação/omissão e dano;

d) dolo ou culpa do agente.

No caso em tela, não vislumbro pela leitura dos autos a ocorrência de lesão que tenha repercutido quer seja na sua honra, na boa fama, ou até mesmo na auto-estima do autor, em relação à vida profissional ou mesmo familiar.

Com efeito, o autor não produziu prova a justificar uma condenação por dano moral, porquanto, consoante destacou a Juíza sentenciante, 'em que pese desconstituída a causa apontada para o desligamento motivado (fls. 13/22), pelo contexto que envolveram os fatos examinados, não agiu a ré de forma abusiva ou submetendo a maiores constrangimentos o empregado' (fl. 69).

A jurisprudência deste Regional conforta o entendimento supratranscrito:

DANO MORAL. JUSTA CAUSA. O eventual sofrimento ocasionado pela despedida do empregado por justa causa, ainda que posteriormente descaracterizada em juízo, não enseja indenização por dano moral quando se constata que o empregador agiu com discrição de forma a não atingir direitos da personalidade do empregado, como a honra e a imagem. (Proc. RO-V-00758-2002-024-12-00-2 — Ac. 1ª T. 4.461/03 — Rel. Juiz Garibaldi Tadeu Pereira Ferreira — DJSC 15.5.03)

DANO MORAL. JUSTA CAUSA. Afastada a alegação de justa causa e não comprovado motivo que denegrisse a imagem do obreiro junto à comunidade ou dificultasse a obtenção de novo emprego decorrente de ato do empregador, não enseja a indenização por dano moral. (Proc. RO-V-00177-2001-023-12-00-3 — Ac. 3ª T. 2.183/03 — Relª Juíza Maria de Lourdes Leiria — DJSC 5.3.03)

DANO MORAL. JUSTA CAUSA AFASTADA JUDICIALMENTE. O fato de a justa causa aplicada ter sido afastada judicialmente não gera, por si só, o direito à indenização por dano moral, devendo restar demonstrado o dano extrapatrimonial. O ilícito trabalhista consistente na aplicação da justa causa, embora ocorrente, não atingiu a esfera ética do reclamante, tendo gerado apenas danos de origem patrimonial, já recompostos, ainda que tardiamente, através da prestação jurisdicional. (Proc. RO-V-1044-2002-028-12-00-7 — Ac. 3ª T. 133.872 — Relª Juíza Gisele P. Alexandrino — DJSC 28.11.02)

Assim, nego provimento e mantenho a sentença no particular." (www.trt12.gov.br, em 26.8.04)

Vulneração de direitos da personalidade — Ato praticado por autoridade policial

Ementa: DANO MORAL. VULNERAÇÃO DE DIREITOS DA PERSONALIDADE. ATO PRATICADO POR AUTORIDADE POLICIAL. A indenização por dano moral decorrente do contrato de trabalho pressupõe um ato ilícito ou erro de conduta do empregador ou de preposto seu, um prejuízo suportado pelo ofendido, e um nexo de causalidade entre a conduta injurídica do primeiro e o dano experimentado pelo último. Se a reclamante sentiu-se atingida em sua honra ao ser conduzida algemada em viatura policial para delegacia de polícia a fim de prestar depoimento acerca de notícia de furto ocorrido no local de trabalho, em virtude de procedimentos adotados por autoridade policial, sobre os quais o seu empregador não podia interferir, malogrará obter deste a reparação pretendida, ainda que contra ela nada se tenha apurado, dado que o empregador, em defesa do seu patrimônio, não comete erro de conduta ou abuso de direito quando aciona a polícia militar para apurar a prática de crime de furto de que é vítima, estando, antes, no exercício regular de direito seu. Ainda que o empregado seja exposto a constrangimento em decorrência dos procedimentos adotados pela autoridade policial, não se pode condenar o empregador a reparar dano moral decorrente de eventual abuso de direito e de ato praticado por terceiro no exercício de sua função. TRT 3ª Reg. — RO 00254-2003-045-03-00-3 — (Ac. 5ª T.) — Rel. Juiz João Bosco Pinto Lara. DJMG 6.12.03, p. 11.

Vulneração de direitos da personalidade — Ato praticado por autoridade policial — Não configuração

Ementa: DANO MORAL. VULNERAÇÃO DE DIREITOS DA PERSONALIDADE. ATO PRATICADO POR AUTORIDADE POLICIAL. A indenização por dano moral decorrente do contrato de trabalho pressupõe um ato ilícito ou erro de conduta do empregador ou de preposto seu, um prejuízo suportado pelo ofendido e um nexo de causalidade entre a conduta injurídica do primeiro e o dano experimentado pelo último. Se a reclamante se sentiu atingida em sua honra quando da busca realizada por policiais militares em sua residência, aliás por ela autorizada, que lá foram com o fim de apurar fatos narrados em notícia de furto ocorrido no seu local de trabalho, não pode responsabilizar seu empregador do constrangimento sofrido, ainda que contra ela nada se tenha apurado na esfera policial, dado que este, em defesa do seu patrimônio, não comete erro de conduta ou abuso de direito quando se limita a acionar a polícia militar para apurar autoria de crime de furto de que é vítima, estando antes no exercício regular de direito seu. TRT 3ª Reg. — RO 02016-2003-099-03-00-4 — (Ac. 5ª T.) — Rel. Juiz José Roberto Freire Pimenta.

4. BIBLIOGRAFIA

Alexandre Agra Belmonte, *Danos Morais no Direito do Trabalho — Identificação, Tutela e Reparação dos Danos Morais Trabalhistas*, 2ª ed., 2002, Renovar, Rio e *O Monitoramento da Correspondência Eletrônica nas Relações de Trabalho*, 2004, LTr, SP; Alexandre dos Santos Cunha, *A Normatividade da Pessoa Humana — O Estatuto Jurídico da Personalidade e o Código Civil de 2002*, 2005, Forense, Rio; Alice Monteiro de Barros, *Proteção à Intimidade do Empregado*, 1997, LTr, SP; André Gustavo Corrêa de Andrade, *Dano Moral e Indenização Punitiva*, 2006, Forense, Rio; Antonio Lindbergh C. Montenegro, *Ressarcimento de Danos*, 2005, Lumen Juris, Rio; Arion Sayão Romita, *Direitos Fundamentais nas Relações de Trabalho*, julho/2005, LTr, SP; Arnaldo Süssekind, Délio Maranhão, Segadas Viana, Lima Teixeira, *Instituições de Direito do Trabalho*, 22ª ed., março/2005, LTr, SP; Beatriz Della Giustina, *A Reparação do Dano Moral Decorrente da Relação de Emprego*, Gênesis, Revista de Direito do Trabalho, n. 34, out. 1995, Ed. Gênesis, Curitiba, PR; Bruno Lewichi, *A Privacidade da Pessoa Humana no Ambiente do Trabalho*, 2003, Renovar, Rio; Caio Mário da Silva Pereira, *Responsabilidade Civil*, 8ª ed., Forense, Rio; Carlos Alberto Bittar e Carlos Alberto Bittar Filho, *Direito Civil Constitucional*, 3ª ed., 2003, Revista dos Tribunais, SP; Carlos Eduardo Oliveira Dias, *Dano Moral e Direito do Trabalho*, Revista da Amatra XV, n. 1, 1997, Leditathi, MG; Carlos Roberto Gonçalves, *Comentários ao Código Civil, Arts. 927 a 965*, vol. 11, Coordenador Antônio Junqueira de Azevedo, Saraiva, SP; Christiani Marques, *O Contrato de Trabalho e a Discriminação Estética*, 2002, LTr, SP; Daniel Itokazu Gonçalves, *Aspectos Relevantes do Dano Moral Trabalhista*, *in* Síntese Trabalhista, n. 168, junho/2004; Dilvanir José da Costa, *Sistema de Direito Civil à Luz do Novo Código Civil*, 2003, Forense, Rio; Dinaura Godinho Pimentel Gomes, *Direito do Trabalho e Dignidade da Pessoa Humana, no Contexto da Globalização Econômica — Problemas e Perspectivas*, setembro/2005, LTr, SP; Eduardo Henrique Raymundo von Adamovich, *O Novo Código Civil e o Direito do Trabalho*, LTr 68-03/270; Elimar Szaniawski, *Direitos de Personalidade e sua Tutela*, 2ª ed., 2005, RT, SP; Enoque Ribeiro dos Santos, *O Dano Moral na Dispensa do Empregado*, 2002, LTr, SP; Estêvão Mallet, *O Novo Código Civil e o Direito do Trabalho, in O Impacto do Novo Código Civil no Direito do Trabalho*, Coordenadores José Affonso Dallegrave Neto e Luiz Eduardo Gunther, 2003, LTr, SP; Fabrício Zamprogna Mattielo, *Código Civil Comentado*, agosto/2003, LTr, SP; Fernando Sogdu Martins, *Vedação de Práticas Discriminatórias. Privacidade do Trabalhador. Dano Moral*, Livro em homenagem ao Prof. Arion Sayão Romita, Coordenador Gustavo Adolpho Vogel Neto, 2000, Forense, Rio; Gardênia Borges Moraes, *Dano Moral nas Relações Trabalhistas*, 2003, LTr, SP; Gilberto Ronald Lopes Florêncio, *Direitos da Personalidade no Novo Código Civil*, 2005, LED Editora de Direito, Leme, SP; Gislene A. Sanches, *Dano Moral e suas Implicações no Direito do Trabalho*, 1997, LTr, SP; Guilherme Augusto Caputo Bastos, *O Dano Moral no Direito do Trabalho*, 2003, LTr, SP; Hádassa Dolores Bonilha Ferreira, *Assédio Moral nas Relações de Trabalho*, 2004, Ed. Russell, Campinas, SP; Helder Martinez Dal Col, *Responsabilidade Civil do Empregador — Acidentes do Trabalho*, 2005, Forense, Rio; Helena Elias, *O Dano Moral na Jurisprudência do STJ*, 2004, Lumen Juris, Rio; José Affonso Dallegrave Neto, *Responsabilidade Civil no Direito do Trabalho*, junho/2005, LTr, SP; José Cláudio Monteiro de Brito Filho, *Discriminação no Trabalho*, 2002, LTr, SP; José Jairo Gomes, *A Responsabilidade Civil e Eticidade*, 2005, Del Rey, Belo Horizonte, MG; José Roberto Dantas Oliva, *Tutela da Moral na Esfera Trabalhista: Tendências e Perspectivas*, *in Grandes Temas da Atualidade*, vários autores, Coordenação: Eduardo de Oliveira Leite, 2002, Forense, Rio; Luciane Cardoso Barzotto, *Direitos Humanos e Trabalhadores. Atividade normativa da Organização Internacional do Trabalho e os Limites do Direito Internacional do Trabalho*, 2007, Livraria do Advogado Editora, Porto Alegre, RS; Luiz de Pinho Pedreira da Silva, *A Reparação do Dano Moral no Direito do Trabalho*, 2004, LTr; Márcia Novaes Guedes, *Terror Psicológico no Trabalho*, 2003, LTr, SP; Marcos Antônio Scheuer de Souza, *O Dano Moral nas Relações entre Empresas e Empregadores*, 1998, Edelbra, Erechim, RS; Marcus Vinícius Lobregat, *Dano Moral nas Relações Individuais do Trabalho*, 2001, LTr, SP; Margareth de Freitas Bacellar, *O Direito do Trabalho na Era Virtual*, 2003, Renovar, Rio; Maria Aparecida Alkimin, *Assédio Moral na Relação de Emprego*, Juruá, Curitiba, PR; Maria Celina Bodin de Moraes, *Danos à Pessoa Humana — Uma Leitura Civil-Constitucional dos Danos Morais*, 2003, Renovar, Rio; Maria Cláudia Cachapuz, *Intimidade e Vida Privada no Novo Código Civil Brasileiro — Uma Leitura Orientada no Discurso Jurídico*, Sergio Antonio Fabris Editor, 2006 Porto Alegre, RS; Maria Francisca dos Santos Lacerda, *Novo Código Civil e o Direito do Trabalho*, Síntese Trabalhista, n. 176, fevereiro 2004, RS; Maria Inês M. S. Alves da Cunha, *Os Direitos da Personalidade e o Contrato Individual de Trabalho*, Revista do Tribunal Superior do Trabalho, vol. 70, n. 1, jan./jun. 2004, Síntese, Porto Alegre, RS; Maria Luíza Pinheiro Coutinho, *Discriminação na Relação de Trabalho — Uma Afronta ao Princípio da Igualdade*, 2003, Aide, Rio; Mário Gonçalves Júnior, *A Intimidade dos Trabalhadores e o Poder de Comando dos Patrões,* Gênesis, Revista do Direito do Trabalho, vol. 133, jan./2004; Nehemias Domingos de Melo, *Dano Moral — Problemática: Do Cabimento à Fixação do* Quantum, 2004, Juarez de Oliveira, SP; Nereida Veloso Silva, *Dano Estético*, 2004, LTr, SP; Octavio Bueno Magano, *Dos Direitos da Personalidade e o Direito do Trabalho*, Revista do Direito do Trabalho, Coordenação de Nelson Mannrich, n. 111, jul./dez. 2003; Orlando Teixeira da Costa, *Da Ação Trabalhista sobre Dano Moral*, *in* Revista do Tribunal Regional do Trabalho da 15ª Região, n. 8/1996; Pablo Stolze Gagliano e Rodolfo Pamplona Filho, *Novo Curso de Direito Civil, Responsabilidade Civil,* vol. III, 2003, Saraiva, SP; Patrícia Ribeiro Serra Vieira, *A Responsabilidade Civil Objetiva no Direito de Danos*, 2004, Forense, Rio; Paulo Eduardo V. Oliveira, *O Dano Pessoal no Direito do Trabalho*, 2002, LTr, SP; R. Limongi França, *Reparação do Dano Moral — Estudos de Direito do Trabalho*, Livro em homenagem ao Prof. Washington Luiz da Trindade, vários autores, Coordenadores Antonio Carlos de Oliveira e Rodolfo Pamplona Filho, 1998, LTr, SP; Renato Mehanna Khamis, *O Dano Moral — Dispensa Imotivada de Portador do Vírus HIV*, 2002, LTr, SP; Rodolfo Capón Filas, *Daño Moral y Derecho del Trabajo*, *in Direito do Trabalho*, Livro em Homenagem ao Prof. Luiz de Pinho Pedreira da Silva, vários autores, Coordenadores Lélia Guimarães Carvalho Ribeiro e Rodolfo Pamplona Filho, 1998, LTr, SP; Rodolfo Pamplona Filho, *Dano Moral e Justiça do Trabalho*, *in Grandes Temas da Atualidade*, vários autores, Coordenação: Eduardo de Oliveira Leite, 2002, Forense, Rio; Rodolfo Pamplona Filho, *O Dano Moral na Relação de Emprego*, 3ª ed., 2002, SP; Roxana Cardoso Brasileiro Borges, *Disponibilidade dos Direitos de Personalidade e Autonomia Privada*, 2005, Saraiva, SP; Sandra Lia Simon, *A Proteção Constitucional da Intimidade e da Vida Privada do Empregado*, 2000, LTr, SP; Sebastião Geraldo de Oliveira, *Proteção Jurídica à Saúde do Trabalhador*, 2ª ed., 1998, LTr, SP; Tupinambá Miguel Castro do Nascimento, *Comentários à Constituição Federal — Direitos e Garantias Fundamentais — Artigos 5º a 17*, 1997, Liv. do Advogado, Porto Alegre, RS; Valdir Florindo, *Dano Moral e o Direito do Trabalho*, 4ª ed., 2002, LTr, SP; Vera Lúcia Carlos, *Discriminação nas Relações de Trabalho*, 2004, Editora Método, SP; Walmir Oliveira da Costa, *Dano Moral nas Relações Laborais — Competência e Mensuração,* 1999, Juruá, Curitiba, PR.

Vide também a bibliografia dos Capítulos I, X e XI, que tratam sobre "Dano Moral — Conceito e sua aplicação no Direito do Trabalho"; "Dano Moral e os Direitos da Personalidade" e o "Dano Moral — Decorrente de acidente do trabalho ou a ele equiparado (doença ocupacional ou profissional)".

CAPÍTULO X

DANO MORAL POR ATOS DISCRIMINATÓRIOS

1. COMENTÁRIO

Quando se fala em conduta humana, a expressão discriminação está sempre a indicar um estado em que coloca a pessoa à margem de algum direito ou de algum benefício, justamente porque a ela estará se dando um tratamento diferenciado, um ato distinto que não se conforma com o Estado Democrático de Direito que prega a igualdade de tratamento entre os homens.

O conceito de discriminação nos é apresentado por *Paulo Jakutis,* para quem "discriminação é a distinção, intencional ou não, entre pessoas ou grupos em situações semelhantes, sem uma justificativa aceita pela sociedade, que redunda no prejuízo, de qualquer ordem, imposto a determinada pessoa ou grupo, ou no favorecimento indevido de outros"(1).

Após fazer várias considerações sobre as vertentes da discriminação, notadamente dos seus princípios, *Firmino Alves Lima* deduz que "um ato discriminatório é uma distinção desfavorável fundada em um determinado motivo, de cunho antijurídico e desprovida de razoabilidade e racionalidade"(2).

Alfredo J. Ruprecht, ao estudar o princípio da não-discriminação, sustenta que "o respeito pela pessoa humana tem tido diversas expressões. Pode ser citada, nesse sentido, a Declaração da Filadélfia (1944) que consagra o direito dos seres humanos ao bem-estar material e ao desenvolvimento espiritual, sem distinção de raça, credo ou sexo".

Cita, ainda, a Carta das Nações Unidas (1945), a Carta das Organizações dos Estados Americanos (1948), a Declaração Universal dos Direitos do Homem (1948), esclarecendo que, no âmbito laboral, esse princípio apareceu pela primeira vez no Tratado de Paz de Versalhes, 1919.

A seguir, trata o mesmo autor do princípio da dignidade da pessoa humana, citando o Papa João Paulo II, na encíclica "Laborem Exercem" (1981), quando afirma que "o fundamento para determinar o valor do trabalho humano não é, em primeiro lugar, o tipo de trabalho que se realiza, mas o direito de quem o executa".

Recentemente, foi dado conhecimento sobre o Segundo Relatório Global da Organização Internacional do Trabalho — OIT sobre discriminação no trabalho, intitulado "Igualdade no Trabalho: Enfrentando os Desafios" e Referido Relatório foi apresentado no Tribunal Superior do Trabalho no dia 10.5.07, pela diretora do escritório da OIT no Brasil, *Laís Abramo,* sendo objeto de notícias no *site* do TST do mesmo dia (www.tst.gov.br, 9.5.07).

Segundo a diretora *Laís Abramo,* "o quadro revelado é de luzes e sombras".

---

(1) *Manual de Estudo da Discriminação no Trabalho,* outubro/2006, LTr, SP, p. 41.

(2) *Mecanismos Antidiscriminatórios nas Relações de Trabalho,* novembro 2006, LTr, SP, p. 133.

Em sua exposição, *Laís Abramo* lembrou que a distinção por gênero é a forma mais universal de discriminação, já que ocorre "em todas as sociedades e atinge o maior número de pessoas — praticamente a metade da população mundial". Além das formas históricas e tradicionais — por raça, cor, sexo, religião, opinião política, ascendência nacional e origem social, como define a Convenção 111 da OIT —, há também modalidades só recentemente reconhecidas, como a distinção por idade, orientação sexual, deficiência e de portadores de HIV. Há, ainda, as formas chamadas "emergentes" de discriminação, que atingem pessoas com predisposição genética para desenvolver doenças ou com estilos de vida considerados pouco saudáveis (obesidade e tabagismo, entre outros).

"Os efeitos da discriminação, ressalta o relatório, são abrangentes. Além de ser um atentado aos direitos humanos, representa custos para a empresa e a sociedade, e um desperdício de talentos, recursos e potenciais humanos", afirmou *Laís Abramo.* Mais ainda, constata-se que as desigualdades derivadas da discriminação estão intimamente relacionadas com a matriz da pobreza e da desigualdade social de cada país, fazendo com que um enorme contingente de pessoas se torne vítima em potencial de trabalho forçado, escravo ou infantil. "A discriminação debilita a coesão social e a democracia", observou a diretora da OIT.

O estudo chama a atenção para a chamada discriminação múltipla. "Apesar de existirem tipos diferentes de discriminação, com processos, origens e mecanismos diferentes, muito freqüentemente as pessoas podem estar sofrendo variadas formas de discriminação ao mesmo tempo, que não apenas se somam, mas se entrecruzam e se potencializam", disse *Laís Abramo.* O exemplo mais importante, no Brasil e na América Latina, é a combinação de discriminação de gênero com a racial.

"As recomendações do relatório para diminuir a discriminação são várias. Uma delas é o esforço para aperfeiçoar a legislação e aplicá-la corretamente. Evidentemente, a Justiça do Trabalho tem papel central", observou *Laís Abramo,* "o papel de supervisionar e zelar pelo cumprimento da legislação antidiscriminação". O relatório afirma que a jurisprudência definida pelas instâncias mais altas em matéria de igualdade de tratamento tem contribuído para reforçar e aperfeiçoar a legislação. "Os procedimentos judiciais permitem que se restabeleça a justiça para as vítimas mediante a obtenção das reparações previstas em lei, como o fim da discriminação e a indenização dos danos e prejuízos pelos danos sofridos", diz o texto (www.tst.gov.br, 9.5.07).

Isso tudo revela que há uma preocupação mundial com o tema, daí porque, com propriedade, *Firmino Alves Lima,* em obra que trata dos "Mecanismos Antidiscriminatórios nas Relações de Trabalho", nas suas conclusões, afirma que "o tema fascina porque diz respeito ao direito mais importante após o direito à vida: o de ser tratado em condições de igualdade com todas as demais criaturas humanas, porque todos são iguais em dignidade e direitos.

O estudo da discriminação e dos mecanismos que pretendem combatê-la revela a importância do trato igual para todos, sem distinção, sem que qualquer condição pessoal de nascença ou por opção venha a desencadear um trato diferenciado e prejudicial de seus direitos. Sobretudo nas relações do trabalho, nas quais as pessoas buscam os meios econômicos para a sua sobrevivência e a de seus dependentes, o trato diferenciado prejudicial é muito doloroso para a vítima, que possui poucos elementos para reagir. Ainda mais em um mundo onde o desemprego é alto, onde as oportunidades sociais são cada dia mais difíceis, onde cresce o número dos abrangidos pela exclusão social, essa igualdade merece ser respeitada.

"Existem vários instrumentos para a obtenção do respeito efetivo à pessoa humana. Basta que a própria humanidade deseje acioná-los. E não é preciso nenhuma ruptura com a forma de sociedade existente, ou mesmo uma revolução para que isso ocorra. Bastará reconhecer e garantir que cada um tem dignidade igual a de todos os seres humanos e não pode, sob qualquer circunstância, ser privado dela. O princípio da não discriminação visa a preservar essa dignidade, cada dia mais ameaçada"[(3)].

Como não poderia deixar de ser, o nosso Texto Constitucional, logo no seu art. 5º, trata do princípio da igualdade ao dispor que "todos são iguais perante a lei, sem distinção de qualquer natureza...".

A propósito desse princípio, assinala *Alvacir Alfredo Nicz* que ele "não se resume apenas ao aspecto formal, isto é, que vede qualquer criação de tratamento diferenciado ou privilégios dirigidos a determinados grupos que se encontrem em condições muitas vezes indignas. Tal princípio tem em si incorporada a concepção da igualdade material, visando, esta, o acolhimento da adoção de medidas de discriminação positiva dirigidas a tornar a igualdade fática e real, de modo a que sejam plenamente alcançados os objetivos consignados no art. 3º da Constituição Federal. Visa, ainda, primordialmente, cumprir com o valor supremo da dignidade da pessoa humana, um dos fundamentos do Estado brasileiro, senão o primeiro e mais importante dentre aqueles consignados expressamente nos incisos do art. 1º da nossa Lei Fundamental"[(4)].

No tocante ao Direito do Trabalho, o art. 7º da *Lex Magnum*, nos incisos XVIII, XIX, XX, XXX, XXXI, XXXII e XXXIV, traça as diversas hipóteses em que a isonomia se faz presente para a devida aplicação aos trabalhadores urbanos e rurais.

Contudo, é no inciso XXX que reside o grande princípio da isonomia no trato do trabalho, ao enfatizar que é direito dos trabalhadores a "proibição de diferença de salários, de exercício de funções e de critério de admissão por motivo de sexo, idade ou estado civil".

É praticamente nesse inciso que se encontra a garantia dos trabalhadores de não haver diferença de salário entre homens e mulheres em situações idênticas de trabalho e, sobretudo, quanto a critérios de admissão ao emprego, em razão de cor, de sexo, de idade ou estado civil, relevando notar que constituem também atos discriminatórios aqueles que, pelos mencionados motivos, impedem a ascensão do empregado na hierarquia da empresa.

Tais direitos encontram no art. 5º, XLI, da Carta Magna a garantia maior de que a lei punirá qualquer discriminação atentatória a tais direitos e/ou liberdades fundamentais, prescrevendo, no inciso XLII, que "a prática do racismo constitui crime inafiançável e imprescritível, sujeito à pena de reclusão, nos termos da lei".

Claro está que a Lei Constitucional obriga sempre, especificamente em se tratando de discriminação, não só o legislador infraconstitucional, como o Executivo a aplicar o princípio fundamental, e, também, as pessoas físicas e jurídicas não-governamentais, no trato dos seus empregados.

Ainda, no contexto constitucional, não se pode esquecer que o art. 3º, ao mencionar os objetivos fundamentais da República Federativa do Brasil, no seu inciso IV, destacou o de "promover o bem de todos, sem preconceitos de origem, raça, sexo, cor, idade e quaisquer outras formas de discriminação".

---

(3) Ob. cit. p. 317.

(4) "A Igualdade como Instrumento Regulador das Relações Sociais". In *Estado & Atividade Econômica. O Direito Laboral em Perspectiva,* vários autores. Coordenação de Marco Antônio Villatore e Roland Hasson, 2007, Juruá, Curitiba, PR, pp. 19/20.

De notar-se, pois, que na amplitude da expressão "quaisquer outras formas de discriminação" é pertinente apontar como as de exigência de exames psicotécnicos, grafológicos, psíquicos, como critérios de admissão pelos empregadores, os quais se tornam proibitivos se invadirem a privacidade ou a intimidade do candidato.

A exigência de tais exames, como critério de promoção, pode vir a constituir atos discriminatórios com afronta aos direitos da personalidade.

Dentre tais direitos de personalidade, que são muitos, como destacamos no Capítulo IX, releva notar os seguintes: direito à vida, direito à integridade física, direito à integridade psíquica, direito à honra, direito à própria imagem e direito à intimidade.

Torna-se evidente, portanto, que todo e qualquer ato que venha a violar ou macular aqueles direitos fundamentais será discriminatório na medida em que seja praticado em detrimento do empregado em confronto com outro e/ou com relação à determinação dos empregadores no desempenho de suas atividades, por parte dos seus prepostos.

Conforme assinala *Paulo Jakutis,* "no que tange à discriminação no trabalho, são várias as espécies de discriminação conhecidas. São exemplos de espécies de discriminação a de raça, de cor, de sexo, de orientação sexual, de origem nacional, genética, de origem regional, de religião, de classe social, idade, de opção filosófica, de estilo de vida (fumante, não-fumante, por exemplo), estética (obesidade, *v. g.*), contra o portador de limitações físicas, contra o doente, etc"[5].

As mais comumente que, ocorrem são atos arbitrários do empregador nas dispensas por motivo de doença ou acidente do trabalho, conforme demonstra a jurisprudência específica.

Na verdade, como bem salienta a Juíza *Elaine Machado Vasconcelos*[6], do E. TRT da 10ª Região, "práticas discriminatórias persistem em muitas circunstâncias na vida dos trabalhadores brasileiros. Poder-se-iam enumerar infindáveis condutas discriminatórias na atividade laborativa brasileira, dentre as quais, podem-se citar as seguintes situações:

a) Os negros, homossexuais e portadores do vírus HIV têm acesso dificultado e muitas vezes negado nas seleções para vagas de determinados empregos;

b) Os negros, as mulheres e os homossexuais são preteridos nas ascensões funcionais;

c) As mulheres sofrem assédio sexual como instrumento de pressão de trabalho;

d) Sob a alegada 'responsabilidade familiar' especial da mulher, esta sofre discriminação no acesso a postos de trabalho;

e) Mulheres são demitidas ou não admitidas por motivos de gravidez;

f) O pretexto da 'boa aparência' tem permeado a seleção de 'trabalhadores bonitos', para determinados cargos, configurando a discriminação estética no trabalho;

g) A 'boa aparência' também tem servido de pretexto para a exclusão de obesos, pessoas de baixa estatura, pessoas tatuadas, adornadas por *piercing*, pessoas com cicatrizes, quelóides, queimaduras, feridas ou manchas, homens que usam cabelos e barbas longos, caracterizando também casos de discriminação estética;

---

(5) Ob. cit., p. 41.

(6) "A Discriminação nas Relações de Trabalho: A Possibilidade de Inversão do Ônus da Prova como Meio Eficaz de Atingimento dos Princípios Constitucionais". *In Revista do TST,* vol. 71, n. 2, maio/ago. 2005, Síntese, RS, p. 100/101.

h) Os portadores de deficiência física ou mental, ou ainda os portadores de certas doenças (como o diabetes), não têm o tratamento especial que lhes assegure o ingresso no mercado de trabalho;

i) A utilização do direito de ação por trabalhadores, mediante o ajuizamento de reclamatórias trabalhistas contra seus ex-empregadores, tem significado óbice à obtenção de novas colocações no mercado laboral;

j) Os idosos são praticamente excluídos do mercado de trabalho e compelidos, conseqüentemente, a destinarem-se ao mercado informal de trabalho;

k) Certas enfermidades, mesmo assim consideradas pela medicina, não são aceitas como tais por muitos empregadores, que insistem em classificá-las como 'desvio de caráter', a exemplo do alcoolismo, ensejando a demissão motivada em preterição das recomendações de suspensão do contrato de trabalho para tratamento de saúde do empregado."

Acrescenta mais a autora que, "ao lado do elenco das práticas derivadas de discriminação direta por parte dos empregadores, é preciso lembrar ainda a discriminação de empregados em relação a colegas, no que se refere a aspectos concernentes à opção sexual, raça, gênero etc., que importam na responsabilização concorrente do empregador. Exsurge nestas hipóteses a discriminação indireta do empregador, quando o seu dever é de zelar para que o ambiente de trabalho seja seguro e disciplinado", sendo "imperioso ressaltar neste trabalho a ocorrência de discriminação, também, do Poder Público. Por exemplo, o acesso a determinadas funções públicas administrativamente dificultado a mulheres, negros, homossexuais, como ocorre nas Forças Armadas"[(7)].

Sobre os atos discriminatórios, grassam na doutrina brasileira entendimentos no sentido de que deve haver a inversão do ônus da prova em virtude das situações encontradas nas práticas discriminatórias e as dificuldades do ofendido em produzir a respectiva prova nos autos do processo trabalhista.

Neste contexto, sustenta *Elaine Machado Vasconcelos* a "urgente necessidade de se dar uma postura judicante direcionada a uma interpretação criativa do art. 818 da CLT para fins de tornar recomendável a inversão do ônus da prova, nos casos de práticas discriminatórias por parte do empregador ou seus prepostos, na relação emprego. Assim, por meio de interpretação judicial, o encargo de provar a inexistência da conduta discriminatória ficaria com os acusados de praticarem a discriminação no âmbito do contrato de trabalho, quando o reclamante (empregado) tiver apresentado elementos de presunção acerca da veracidade dos fatos narrados na petição inicial. Em outras palavras, concluo por uma proposta de uma postura judicante diferenciada nas hipóteses de alegação de prática discriminatória por parte do empregador (reclamado) ou seus prepostos, no âmbito do contrato de trabalho, em havendo indícios suficientes a autorizar a presunção em favor do empregado (reclamante). Assim, entendo que deverá o juiz aplicar o art. 818 da CLT conjugado com o princípio protetivo, como derivação do princípio constitucional da isonomia. Por conseguinte, determinará o julgador a inversão do *onus probandi,* revertendo ao empregador a obrigação processual de provar a inexistência da conduta discriminatória"[(8)].

---

(7) Ob. cit., pp. 10/105.
(8) Ob. cit., p. 104.

Ressalta também a autora que "a improcedência do contra-argumento à presente proposta, segundo o qual a possibilidade de inversão do ônus probatório nas hipóteses de questionamento de condutas discriminatórias no contrato de trabalho estaria partindo do pressuposto da culpabilidade, e não da inocência, o que feriria princípio basilar do direito. Aqui não se está presumindo efetividade da conduta aleatoriamente: para além disso, propõe-se a atribuição de provar a inexistência do ato discriminatório quando o julgador identificar os elementos condutores da presunção daquela prática. Justifico: o empregador e seus representantes podem tomar eficazes providências para coibir a prática discriminatória no âmbito do trabalho, como também de se precaver contra possíveis acusações desfundamentadas, pois é dele o poder diretivo"[(9)].

Após analisar a realidade brasileira acerca da inserção de trabalhadores negros no mercado de trabalho, a necessidade de combate à discriminação racial (discriminação velada), a dificuldade do ofendido em produzir prova de tal ocorrência e registrando que as pesquisas atuais demonstram que há discriminação tanto na contratação de trabalhadores negros e pardos como também na forma da remuneração, sustenta *André Cremonesi* que a "inversão do ônus da prova deve ficar a cargo do empregador e a contraprova a cargo do trabalhador". Tal procedimento ocorreria tanto nas ações trabalhistas individuais quanto nas coletivas, estas últimas propostas pelo Ministério Público do Trabalho, tendo por objeto mencionados atos discriminatórios, "sob pena de invialibizar por completo a caracterização de postura tão reprovável por parte do empregador que, não raro, imagina que por ser o proprietário do empreendimento pode cometer injustiças perante a comunidade trabalhadora negra ou parda"[(10)].

Acreditamos, no entanto, que a conduta discriminatória para dar ensejo à indenização por dano moral há de ser devidamente comprovada, principalmente no que toca ao ato lesivo alegado, como tudo, aliás, em processo judicial, pois, caso contrário, bastaria o trabalhador alegar que houve um ato discriminatório praticado pelo empregador ou pelo seu preposto contra a sua pessoa, o que seria suficiente para dar ensejo ao ônus da prova. De outra parte, não se pode subestimar a capacidade instrutória do Julgador, o qual possui não só o poder diretivo do processo, como também o seu livre convencimento na análise das provas produzidas.

Quanto a esse tema, importante revelar a existência da Lei n. 9.029, de 13.4.95, que proíbe a prática discriminatória na relação jurídica de trabalho, com evidência no preconceito de cor.

A Jurisprudência dos Tribunais é farta no tocante a esse tema, tanto no que diz respeito à cor como no respeitante à idade e à beleza física.

Casos conhecidos, porque revelados pela mídia, são os anúncios utilizados para admissão de empregadas que sejam jovens e bonitas, para serem contratadas para o departamento de vendas de determinadas empresas.

A discriminação, aqui, evidencia-se não só pela idade, como também pelo aspecto físico das eventuais candidatas.

Outra questão muito debatida nos Tribunais é a da dispensa de portadores de HIV, como ato discriminatório.

Nesse caso, o que há a ressaltar é que a prova deve ser concludente e decisiva no sentido de que a rescisão de contrato se deu por aquele fato, se positiva a prova, caberá indenização material e moral, dada a violação à intimidade e à imagem do empregado.

---

(9) Ob. cit., p. 112.
(10) Revista LTr 69-09/1.084/87.

Ressalte-se que, nessa área de discriminação, o mais comum é o fato de o empregado ser de raça negra, sendo a agressão moral causadora de reparação, a humilhação impingida por racismo.

São muito comuns frases ditas ao empregado negro, como: "negro safado", "acelera negrão", "se voltasse à escravidão, eu iria te colocar no tronco".

Por conta de tais atitudes do empregador, de seus prepostos, ou superiores hierárquicos, é que tem havido reclamações trabalhistas postulando indenizações por dano moral.

2. REFERÊNCIAS LEGAIS

Constituição Federal

Art. 1º A República Federativa do Brasil, formada pela união indissolúvel dos Estados e Municípios e do Distrito Federal, constitui-se em Estado Democrático de Direito e tem como fundamentos:

....

III — a dignidade da pessoa humana;

IV — os valores sociais do trabalho e da livre iniciativa;

....

Art. 3º Constituem objetivos fundamentais da República Federativa do Brasil:

....

IV — promover o bem de todos, sem preconceitos de origem, raça, sexo, cor, idade e quaisquer outras formas de discriminação.

....

Art. 5º Todos são iguais perante a lei, sem distinção de qualquer natureza, garantindo-se aos brasileiros e aos estrangeiros residentes no País a inviolabilidade do direito à vida, à liberdade, à igualdade, à segurança e à propriedade, nos termos seguintes:

....

V — é assegurado o direito de resposta, proporcional ao agravo, além da indenização por dano material, moral ou à imagem;

....

X — são invioláveis a intimidade, a vida privada, a honra e a imagem das pessoas, assegurado o direito a indenização pelo dano material ou moral decorrente de sua violação;

....

Art. 7º São direitos dos trabalhadores urbanos e rurais, além de outros que visem à melhoria de sua condição social:

....

XXX — proibição de diferença de salários, de exercício de funções e de critério de admissão por motivo de sexo, idade, cor ou estado civil;

XXXI — proibição de qualquer discriminação no tocante a salário e critérios de admissão do trabalhador portador de deficiência;

XXXII — proibição de distinção entre trabalho manual, técnico e intelectual ou entre os profissionais respectivos;

....

Consolidação das Leis do Trabalho

Art. 373-A. Ressalvadas as disposições legais destinadas a corrigir as distorções que afetam o acesso da mulher ao mercado de trabalho e certas especificidades estabelecidas nos acordos trabalhistas, é vedado:

I — publicar ou fazer publicar anúncio de emprego no qual haja referência ao sexo, à idade, à cor ou situação familiar, salvo quando a natureza da atividade a ser exercida, pública e notoriamente, assim o exigir;

II — recusar emprego, promoção ou motivar a dispensa do trabalho em razão de sexo, idade, cor, situação familiar ou estado de gravidez, salvo quando a natureza da atividade seja notória e publicamente incompatível;

III — considerar o sexo, a idade, a cor ou situação familiar como variável determinante para fins de remuneração, formação profissional e oportunidades de ascensão profissional;

IV — exigir atestado ou exame, de qualquer natureza, para comprovação de esterilidade ou gravidez, na admissão ou permanência no emprego;

V — impedir o acesso ou adotar critérios subjetivos para deferimento de inscrição ou aprovação em concursos, em empresas privadas, em razão de sexo, idade, cor, situação familiar ou estado de gravidez;

VI — proceder o empregador ou preposto a revistas íntimas nas empregadas ou funcionárias.

Parágrafo único. O disposto neste artigo não obsta a adoção de medidas temporárias que visem ao estabelecimento das políticas de igualdade entre homens e mulheres, em particular as que se destinam a corrigir as distorções que afetam a formação profissional, o acesso ao emprego e as condições gerais de trabalho da mulher. *(Artigo acrescentado pela Lei n. 9.799, de 26.5.99, DOU 27.5.99)*

Lei n. 9.029, de 13.4.95

Art. 1º Fica proibida a adoção de qualquer prática discriminatória e limitativa para efeito de acesso à relação de emprego, ou sua manutenção, por motivo de sexo, origem, raça, cor, estado civil, situação familiar ou idade, ressalvadas, neste caso, as hipóteses de proteção ao menor previstas no inciso XXXIII do art. 7º da Constituição Federal.

Art. 2º Constituem crime as seguintes práticas discriminatórias:

I — a exigência de teste, exame, perícia, laudo, atestado, declaração ou qualquer outro procedimento relativo à esterilização ou a estado de gravidez;

II — a adoção de quaisquer medidas, de iniciativa do empregador, que configurem;

a) indução ou instigamento à esterilização genética;

b) promoção do controle de natalidade, assim não considerado o oferecimento de serviços e de aconselhamento ou planejamento familiar, realizados através de instituições públicas ou privadas, submetidas às normas do Sistema Único de Saúde — SUS:

Pena — detenção de um a dois anos e multa.

Parágrafo único. São sujeitos ativos dos crimes a que se refere este artigo:

I — a pessoa física empregadora;

II — o representante legal do empregador, como definido na legislação trabalhista;

III — o dirigente, direto ou por delegação, de órgãos públicos e entidades das administrações públicas direta, indireta e fundacional de qualquer dos Poderes da União, dos Estados, do Distrito Federal e dos Municípios.

Art. 3º Sem prejuízo do prescrito no artigo anterior, as infrações do disposto nesta lei são passíveis das seguintes cominações:

I — multa administrativa de dez vezes o valor do maior salário pago pelo empregador, elevado em 50% (cinqüenta por cento) em caso de reincidência;

II — proibição de obter empréstimo ou financiamento junto a instituições financeiras oficiais.

Art. 4º O rompimento da relação de trabalho por ato discriminatório, nos moldes desta lei, faculta ao empregado optar entre:

I — a readmissão com ressarcimento integral de todo o período de afastamento, mediante pagamento das remunerações devidas, corrigidas monetariamente, acrescidas dos juros legais;

II — a percepção, em dobro, da remuneração do período de afastamento, corrigida monetariamente e acrescida dos juros legais.

3. *JURISPRUDÊNCIA*

Ação Civil Pública — Discriminação — Não configuração por tratar-se de um caso isolado de discriminação, sem refletir na filosofia da empresa

Ementa: AÇÃO CIVIL PÚBLICA. DISCRIMINAÇÃO. Discriminação sofrida por empregado, em decorrência de sua orientação sexual, praticada pelo seu superior imediato. Condenação da ré em reclamatória trabalhista por ele movida, de indenização por danos morais, dada a culpa *in eligendo*. Ação civil pública, em que o Ministério Público do Trabalho pretende a adoção de medidas preventivas e de caráter educativo, como promoção de cursos em todos os estabelecimentos da empresa no país, além do custeio de campanha publicitária, de âmbito nacional, a ser veiculada em duas redes de televisão, com o propósito de prevenir e inibir condutas discriminatórias, julgada improcedente. Sentença que se mantém, tendo em vista que o conteúdo dos autos demonstra tratar-se de um caso isolado de discriminação, praticada pelo chefe imediato do empregado, não refletindo a filosofia da empresa, o que se entende insuficiente para a condenação pretendida. Acresce-se a isso, o fato de não haver comprovação de a ré ter sido indiferente ou até mesmo conivente com a atitude de seu preposto, de discriminar subordinado. Recurso do Ministério Público do Trabalho não provido. TRT 4ª Reg. — RO 01817-2001-231-04-00-7 — (Ac. 7ª T., julgado 17.3.04) — Relª Juíza Maria Inês Cunha Dornelles. DJRS 26.3.04.

Da decisão acima, colhe-se o seguinte fundamento:

"CARÊNCIA DE AÇÃO

As alegações do recorrido, no item, são pertinentes ao mérito da ação e, como tal, serão apreciadas.

RECURSO DO AUTOR, MINISTÉRIO PÚBLICO DO TRABALHO. DISCRIMINAÇÃO

Em reclamatória movida por Gilberto Biesek contra General Motors do Brasil Ltda., foi proferida sentença condenando esta a pagar ao reclamante indenização por danos morais, em razão de discriminação por orientação sexual praticada contra o autor por preposto da empresa (fls. 243/249). Concluiu o juízo, naquela oportunidade: *'As testemunhas do reclamante, a seu turno, corroboraram a versão da inicial de que havia discriminação por parte de Benhur em razão da sua condição de homossexual, tendo passado a ser pressionado 'através de piadas' e comentários jocosos a respeito de sua sexualidade. Mencionaram ainda as duas testemunhas do autor ter o supervisor Benhur deixado bem claro que não aceitava a presença de homossexual no local de trabalho. O convencimento a que se chega diante da prova produzida, em especial os depoimentos colhidos na audiência, retratada pela ata das fls. 158/167, na qual exaustivamente interrogadas partes e testemunhas, é de que* ***o reclamante, efetivamente, foi perseguido, sobrecarregado de serviço e discriminado em razão de sua homossexualidade. Não há como ser entendido, todavia, que tal posicionamento por parte de seu superior imediato, Chefe do Departamento de Qualidade, refletisse a filosofia da empresa reclamada de não admitir homossexualidade em seu quadro de empregados'*** (grifou-se). O recurso ordinário da reclamada a essa sentença não foi conhecido e ao do autor foi negado provimento (fls. 537/542).

Como já salientado em primeiro grau, e tal qual entendeu o juízo na sentença proferida na reclamatória movida por Gilberto Biesek contra a ré, acima transcrita parcialmente, trata-se de um caso isolado, em que houve discriminação de empregado decorrente de sua orientação sexual pelo seu superior hierárquico. Inexiste, no conjunto probatório daqueles autos, bem como na prova desta ação, indicativo de que houvesse conduta patronal nesse sentido.

Depois de analisar o depoimento das testemunhas do autor, os quais estão retratados às fls. 217/226, menciona o juízo naquela reclamatória, ainda:

'Resta claro que a manifestação de tal chefe foi somente quanto ao departamento específico, expressando, na verdade, somente seu posicionamento. Resta claro, ainda, que o demandante somente veio a assumir sua homossexualidade por ocasião da despedida, não adotando, no local de trabalho, qualquer postura que revelasse sua condição. Tendo sua chefia tirado conclusão nesse sentido, passou a adotar conduta reveladora de perseguição em flagrante pressão psicológica. ... ***É de ser frisado, mais uma vez, que a discriminação transparece de forma isolada, não se vislumbrando, em momento algum, adoção de política discriminatória por parte da empresa*** *... Feitas tais considerações, não há, todavia, como ser eximido o empregador do pagamento de indenização por dano moral ao reclamante.* ***O dano nos autos é manifesto e decorreu de conduta adotada por preposto da empresa, no caso, a chefia imediata do reclamante, restando configurada, na hipótese, a culpa 'in eligendo'.*** *A responsabilidade pelo comportamento do chefe do demandante há que ser atribuída, ainda que de forma indireta, ao empregador, configurada a hipótese de falha na escolha de seu representante junto ao departamento ao qual vinculado o empregado alvo de discriminação por sua conduta homossexual'* (grifos nossos).

De fato. Os depoimentos colhidos no inquérito civil instaurado pelo Ministério Público, fls. 49/56, bem como aqueles tomados na reclamatória trabalhista antes citada, fls. 217/226, não revelam adoção de política discriminatória pela empresa. A discriminação verificada, sofrida pelo então empregado Gilberto Biesek, foi praticada pelo seu superior imediato, chefe do departamento, chamado Benhur. Denota uma postura particular, de não tolerar homossexuais e de discriminá-los por isso, mas não reflete a filosofia da empresa. Ressalta-se, mais uma vez, tratar-se de um caso isolado, não havendo notícia de outro semelhante, ocorrido na ré.

A testemunha Valter, ouvida no inquérito mencionado, fls. 52/53, diz que 'no começo, havia muita expectativa dos colegas em relação ao desempenho do dr. Gilberto em razão de seu currículo, mas depois alguns colegas iniciaram um processo de discriminação em apoio ao Sr. Benhur'. Relata essa testemunha, ainda, que Benhur era autoritário, com poder de comando e persuasão, induzindo os demais companheiros ao mesmo comportamento (fl. 53).

Embora testemunhas do autor, nos autos da reclamatória individual, indiquem discriminação e piadinhas por parte de outros colegas do setor do reclamante, as da reclamada não a confirmam (ver fls. 217/226). Além disso, como antes mencionado, a testemunha Valter (no inquérito) justifica esse comportamento por influência e persuasão de Benhur, o chefe do setor. Assim, no máximo poder-se-ia extrair que as testemunhas ouvidas revelam atitudes discriminatórias também por outros colegas do setor. Mas ainda assim, a discriminação ficou restrita ao setor de trabalho, não havendo indicativo de que refletisse a filosofia da empresa. Soma-se a isso o fato de não haver comprovação de que a demandada tenha sido indiferente ou até mesmo conivente com a atitude de seu preposto, Benhur.

O conteúdo dos autos, por conseguinte, não justifica a condenação da ré à adoção das medidas preventivas e de caráter educativo postuladas pelo Ministério Público. Não se impede, com isso, sua ação preventiva. Apenas se entende insuficiente o (único) caso de discriminação relatado nestes autos, para justificar a condenação pretendida, o qual foi praticado por preposto da ré, não refletindo prática usual na empresa.

Com tais fundamentos, nega-se provimento ao recurso, sem que se verifique afronta aos artigos 127 e 129 da Constituição Federal, ao artigo 1º, inciso III, 3º, inciso IV e 5º, *caput* e inciso X, também da Carta Magna, ao artigo 1º da Lei n. 9.029/95, ao artigo 483, alínea *e*, da CLT, ao artigo 1.521, inciso III, do CC, em sua redação antiga (atual inciso III dos artigos 932 e 933 do CC), e à Convenção 111 da OIT." www.trt4.gov.br, em 6.8.04.

Aidético — Dispensa não discriminatória — Não-comprovação de ciência do empregador — Reintegração e indenização por dano moral indevidas

Ementa: AIDÉTICO. DISPENSA NÃO DISCRIMINATÓRIA. NÃO-COMPROVAÇÃO DE CIÊNCIA DO EMPREGADOR. REINTEGRAÇÃO E INDENIZAÇÃO POR DANO MORAL INDEVIDAS. 1. Em que pese a SBDI-1 do TST ter precedentes no sentido de presumir discriminatória a dispensa do empregado aidético, criando, na prática, verdadeira estabilidade sem base legal, em detrimento de portadores de outras doenças igualmente graves, o fato é que tal jurisprudência não se amolda à hipótese fática dos presentes autos. Isso porque parte do pressuposto de que a simples ciência da doença, pelo empregador, com a conseqüente dispensa do empregado, sinalizaria para a existência de nexo causal entre os dois fatos. Ora, "in casu", essa premissa fática é expressamente afastada pelo Regional, com base na prova dos autos, referindo que o Reclamante comunicou ser soropositivo ao "gerente geral da agência" na qual laborava e este não deu ciência do fato aos seus superiores hierárquicos, que procederam à dispensa. Ademais, a inicial asseverava que a ciência da doença, por parte do empregador, deu-se em 30/04/98, enquanto que a dispensa somente se procedeu em 29/06/01, mais de três anos depois, o que descaracterizaria o nexo causal. 2. Não demonstrada a discriminação argüida pelo Reclamante como fundamento da indenização por dano moral, cai por terra a motivação de uma eventual condenação à reintegração e à indenização. Recurso de revista não conhecido. TST — RR-244/2002-013-10-00.4 — (Ac. 4ª T.) — 10ª Reg. — Red. Desig. Min. Ives Gandra Martins Filho. DJU 19.8.05, p. 794.

AIDS — Discriminação — Dano moral

Ementa: AIDS. DISCRIMINAÇÃO. DANO MORAL. Confirmada que a natureza da rescisão contratual foi discriminatória, já que ocorreu logo após a ciência de que o empregado era portador do vírus HIV, embora não tivesse desenvolvido a moléstia, se reconhece o dano moral. TRT 12ª Reg. — RO-V-01.643/01 — (Ac. 1ª T. 06.715/01, 15.5.01) — Rel. Juiz C. A. Godoy Ilha. DJSC 16.7.01, p. 117.

AIDS — Discriminação — Indenização — Descabimento

Ementa: DANOS MORAIS. TRABALHADOR PORTADOR DE AIDS. DISCRIMINAÇÃO. INDENIZAÇÃO. O receio dos colegas de trabalho de estar em contato com a reclamante, portadora de AIDS, denota que estava sendo evitada por eles, mas isso não se presta para imputar responsabilidade por conduta discriminatória à empregadora, porque aí poder-se-ia, no máximo, ver configurada uma discriminação social, jamais uma discriminação em decorrência do contrato de trabalho, ainda mais que a reclamante expressamente reconhece nunca ter sido pessoalmente desacatada no ambiente de trabalho. Recurso ordinário improvido por unanimidade, no particular. TRT 24ª Reg. — RO.1 0862/2004-003-24-00-2 — Rel. Juiz João de Deus Gomes de Souza. DJMS n. 6552, 19.8.05, p. 30.

AIDS — Dispensa arbitrária e discriminatória — Indenização devida

Ementa: DANO MORAL. PORTADOR DA SÍNDROME DA IMUNODEFICIÊNCIA ADQUIRIDA (AIDS). INDENIZAÇÃO. Desde que seja do conhecimento da empresa que o empregado estava acometido pelo vírus HIV e que inexista comprovação de motivo de ordem disciplinar, econômica ou financeira para a despedida, bem como atitude patronal de colocar o emprego à disposição do soropositivo, posto que ciente do estado infecto-contagioso gravíssimo do trabalhador, tem-se por arbitrária e discriminatória a sua dispensa, cuja indenização se circunscreve àquela preceituada no inc. II do art. 4º da Lei n. 9.029/95. TRT 12ª Reg. — RO-V 03957-2002-036-12-00-2 — (Ac. 2ª T. 10.877/03, 14.10.03) — Rel. Juiz Dilnei Ângelo Biléssimo. DJSC 11.11.03, p. 173.

AIDS — Empregado portador do vírus — Ausência de discriminação

Ementa: EMPREGADO PORTADOR DO VÍRUS DA AIDS. AUSÊNCIA DE DISCRIMINAÇÃO. A contaminação pelo vírus HIV e a doença AIDS dela decorrente, como é sabido, tem causado grande impacto na humanidade, e os portadores desta enfermidade sofrem, sem dúvida, discriminação e dificuldades muitas vezes até para sobreviver. Entretanto, quando o empregado alega discriminação pelo seu estado de saúde por parte do empregador, deve fazer a competente prova. TRT 9ª Reg. — Proc. 01282-2003-664-09-00-2 — (Ac. 19127/2004) — Rel. Juiz Arnor Lima Neto. DJPR 3.9.04, p. 460.

AIDS — Empregado portador do vírus HIV — Discriminação caracterizada — Nulidade da dispensa — Dano moral configurado

Ementa: EMPREGADO PORTADOR DO VÍRUS HIV. DISCRIMINAÇÃO CARACTERIZADA. NULIDADE DA DISPENSA. Restou demonstrado nos autos que o Reclamante é portador da Síndrome da Imunodeficiência Adquirida (SIDA-AIDS) e se encontra em constante tratamento médico, e também que o Reclamado tinha conhecimento do fato e que dispensou o reclamante em decorrência dele. Ainda, há prova de que o reclamante era discriminado não só por seus colegas como pelos próprios chefes que o tratavam por apelido jocoso, em decorrência de sua condição de homossexual, sem que a reclamada tomasse providências para evitar a prática discriminatória. Embora não haja no nosso ordenamento jurídico preceito legal que assegure a estabilidade no emprego para portador do vírus HIV ou da doença já manifestada da Síndrome da Imunodeficiência Adquirida (SIDA-AIDS), compete ao julgador decidir valendo-se dos princípios gerais do direito, da analogia, dos costumes (inteligência do art. 8º da CLT). No caso em exame, restou caracterizado o comportamento discriminatório pela Ré em relação ao Reclamante tanto pelo tratamento dispensado ao obreiro como pela dispensa em razão da doença. Comportamento esse capaz de impedir que o Autor possa obter sua aposentadoria por invalidez, conforme lhe permite a legislação (art. 26, II e 151 da Lei n. 8.213-1991 c/c o art. 1º da Lei n. 7.670-1988). E somente a manutenção do contrato de trabalho poderá assegurar a proteção da saúde do Autor, proporcionando-lhe o acesso aos benefícios previdenciários instituídos para referido fim. Impõe-se, pois, declarar a nulidade da dispensa do autor também pelo motivo de ser soropositivo, garantindo-se-lhe, assim o posto de trabalho, na forma do pedido inicial, além de condenar a reclamada a pagar ao autor, indenização por dano moral. TRT 9ª Reg. — RO 00460-2003-322-09-00-1 — (Ac. 4ª T. 20343/05) — Rel. Juiz Arnor Lima Neto. DJPR 12.8.05, p. 489.

AIDS — Empregado portador do vírus HIV — Dispensa — Discriminação — CF e Convenção n. 111 da OIT

Ementa: AIDS. EMPREGADO PORTADOR DO VÍRUS HIV. DISPENSA. DISCRIMINAÇÃO. CONSTITUIÇÃO FEDERAL E CONVENÇÃO N. 111 DA OIT. PROVA INDICIÁRIA. REINTEGRAÇÃO. O contrato individual de trabalho caracteriza-se como importante instrumento de inclusão social apto a amalgamar princípios e direitos fundamentais, de que são exemplos os incisos II, III e IV do art. 1º, o *caput* e incisos X e XLI do art. 5º, o art. 6º, o *caput* do art. 170 e 193, da Constituição Federal. O nosso ordenamento jurídico, salvo raríssimas exceções expressamente previstas, refuta a estabilidade no emprego, apesar da trilha apontada, desde 1988, pelo art. 7º, inciso I, da Constituição. Dessa forma, o empregador enfeixa em suas mãos o poder de resilição contratual, por intermédio do qual pode dispensar o empregado sem justa causa. Não lhe é, contudo, outorgado o direito de abusar deste poder, desviando-o de sua finalidade. Uma coisa é despedir o empregado sem justa causa; outra é preencher este vazio — falta de justa causa — com um motivo subjacente lastreado em ato discriminatório. O princípio da igualdade, talhado ao longo dos séculos pelo homem e para o homem, é um autêntico direito fundamental delineador da personalidade humana e dirige-se tanto em face do Estado, quanto do particular, que não podem pautar-se por condutas discriminatórias, preconceituosas ou racistas. Não se desnatura o princípio da igualdade pela circunstância de a conduta ser proveniente de empregador, empresa privada, eis que, neste aspecto, adquire as características de um direito social, exercitável pela via da ação judicial, ainda que infiltrada no âmbito das relações privadas. A síndrome de imunodeficiência adquirida (SIDA ou AIDS) que, segundo Pedrotti, é "o conjunto de alterações provocadas pela perda de imunidade mediada por células, a partir da ação de um agente viral, provavelmente o HTLV 3 ou LAVE e que se manifestam pelo aparecimento de infecções oportunistas e/ou neoplasias, particularmente o sarcoma de kaposi" (Pedrotti, Irineu Antônio, "Da AIDS e do Direito", Revista dos Tribunais, 1982, abril de 1993, vol. 690, p. 295), nem sempre acarreta a impossibilidade da prestação de serviços, por parte dos infectados, permitindo-lhes, sem risco para os companheiros de trabalho e para a sociedade, a ocupação de um posto de trabalho. Muito embora o empregador não tenha manifestado expressamente que a dispensa tivesse por fundamento o fato de o empregado ser portador do vírus HIV, a prova indiciária apontou para a prática de ato discriminatório, não podendo o julgador esperar que em casos desta natureza a prova seja exuberante. A prova indiciária, que a cada dia ganha maior importância, compreende todo e qualquer rastro, vestígio ou circunstância relacionada com um fato devidamente comprovado, suscetível de levar, por inferência, ao conhecimento de outro fato até então obscuro. A inferência indiciária é um raciocínio lógico-formal, apoiado em operação mental, que, em elos, nos permite encontrar vínculo, semelhança, diferença, causalidade, sucessão ou coexistência entre os fatos que circundam a lide. Se a dispensa sem justa causa está oxigenada pela discriminação, o empregado tem direito à reintegração, com base no princípio constitucional da igualdade. Na sociedade moderna, por essência livre, democrática e pluralista, predomina a interpretação transtextual ou metatextual, que permitem uma visão atual e completa da realidade, que inúmeras vezes não se acomoda bem em textos genéricos, abstratos e concisos de dispositivos legais. A questão do aidético é um problema que precisa ser também enfrentado pelas empresas, que têm importantíssima função social. No plano interno, o estado brasileiro tem tradicionalmente tomado medidas efetivas de inclusão social do aidético, seja através de programas educativos, de distribuição de medicamentos ou até mesmo mediante a possibilidade de movimentação da conta vinculada do trabalhador no FGTS, conforme art. 20, inciso XIII, da Lei n. 8.036/90, regra esta desveladora da intenção do legislador quanto à manutenção do contrato de trabalho. No plano internacional, o Brasil ratificou a Convenção n. 111 da OIT, que trata da discriminação em matéria de emprego e ocupação, e que tem como principais preocupações a afirmação dos valores constantes da Declaração de Filadélfia, dentre os quais se inscrevem a igualdade de oportunidades, a dignidade e o progresso material, assim como a conscientização de que a discriminação constitui violação aos direitos enunciados na Declaração Universal dos Direitos do Homem. Assim, existe base jurídica para coibir-se a dispensa do empregado portador do vírus HIV, quando a distinção provoca a exclusão que tem por efeito destruir ou alterar a igualdade de oportunidades ou tratamento em matéria de preservação do emprego. DANO MORAL. REQUISITOS. CONFIGURAÇÃO. Fere a honra e a dignidade do empregado, o despedimento discriminatório em doença, e que atenta contra os direitos e liberdades fundamentais, inviabilizando a continuação de uma vida digna e inclusiva. Ocorrência dos seguintes requisitos: a) ato ilícito; b) nexo causal; c) culpa; d) dano. Indenização que se arbitra, quantificando-a em valores, que visam à minoração do sofrimento da vítima e à coibição de outras práticas, levando-se em consideração a natureza do ato ilícito e a capacidade econômica da empresa. TRT 3ª Reg. — RO 00350-2004-048-03-00-1 — (Ac. 4ª T.) — Rel. Juiz Luiz Otávio Linhares Renault. DJMG 22.7.04, p. 08.

Da decisão, colhe-se a seguinte fundamentação:

"JUÍZO DE MÉRITO

REINTEGRAÇÃO NO EMPREGO/DISPENSA ARBITRÁRIA

O Reclamante pugna seja deferida a reintegração no emprego, com a concessão dos direitos devidos desde a despedida arbitrária, ocorrida em 7.1.04.

Conquanto respeitável o posicionamento adotado em primeiro grau, ouso do mesmo divergir.

A petição inicial de fls. 03/11 nos dá notícia de que o Autor, admitido pela Ré em 1.11.00, para trabalhar como servente no Fórum de Perdizes/MG, afastou-se do emprego em 4.7.01, pela incapacidade laboral adquirida pelo vírus HIV, permanecendo de licença até 5.1.04, quando o INSS o considerou apto para retornar às suas atividades. O documento de fl. 14 retrata a dispensa imotivada do Obreiro dois dias após o término da licença concedida pelo órgão público.

A Reclamada se defende aduzindo o desconhecimento da moléstia e o direito potestativo de dispensar o Reclamante, sem justa causa, máxime quando atestada, pelo INSS, a capacidade laboral.

Foi produzida apenas prova documental.

A r. sentença recorrida, estribada na tese de inexistência de amparo legal à pretensão obreira, julgou improcedente o pedido de reintegração no emprego e de indenização por danos morais, sustentando ser dever do Estado proteger a saúde de seus cidadãos.

Pois bem.

A meu ver, fortes indícios há da ciência da empregadora da doença contraída pelo Obreiro.

Não convence a tese empresária de falta de comunicação da moléstia, pelo empregado, porquanto nos parece pouco crível que um empregado permaneça quase quatro anos afastado do trabalho sem que sua empregadora procure perquirir as razões da licença.

Mais robustece este entendimento o fato de o Reclamante ser servente de um local extremamente público (fórum local) e, frise-se, situado em uma cidade bastante pequena.

E, a meu ver, os documentos de fls. 21/2 parecem comunicar à Reclamada sobre o laudo de fl. 18, elaborado pelo Hospital Escola da Faculdade de Medicina do Triângulo Mineiro.

A despeito da presunção acima, este Relator abraça a doutrina e jurisprudências que acolhem a teoria de impossibilidade de dispensa aos casos como o presente.

A hipótese merece uma breve explanação.

Cultora do belo, a sociedade, embora repleta de defeitos, é intolerante, principalmente com os desesperançados, isto é, com aqueles que, um dia disse *Cecília Meireles*, já não moram em nada.

Freqüentemente, tudo o que não está dentro de um preconcebido padrão contemporâneo de beleza sofre discriminação: assim se passa com a pessoa gorda, com a pessoa muito alta ou muito baixa, com o manco, com o surdo-mudo e com o cego, etc.

Sabe-se que, quando se trata de doença incurável, o grau de discriminação aumenta.

O que dizer, então, da AIDS, doença do século, que tanto mata e ameaça continuar sendo uma das principais causas de óbitos em nosso país e no mundo?

Ninguém desconhece que o portador do vírus HIV e o aidético, em geral, sofrem discriminação pelo indivíduo, pelo grupo, pela sociedade e pela empresa. Pensar o contrário é ignorar a realidade.

Não se pode esquecer que, no passado, os leprosos e os mutilados pelas máquinas da primeira revolução industrial foram também discriminados e jogados à própria sorte, por uma sociedade aparentemente liberal, porém intolerante, insensível, e acima de tudo discriminadora. Será que o erro está se repetindo? Parece que sim. Basta que se olhe para o que está acontecendo no mundo atual, sem que se queira medir antecipadamente as conseqüências futuras dos problemas jurídicos associados com a AIDS, que continuam a crescer como a própria epidemia.

De todas as discriminações, talvez as de maior grau de dificuldade de superação sejam as de que, como a AIDS, acarretam a perda do emprego: sem emprego, não há salário: sem salário, não há como enfrentar-se com dignidade a doença terminal. E o círculo vicioso não pára aí. Na crise atual, obter novo emprego é tarefa praticamente impossível para quem é portador do vírus da AIDS ou aidético.

Será que o Direito do Trabalho, também em crise numa sociedade em crise generalizada, tem conseguido ou conseguirá dar uma resposta satisfatória a esta situação adversa pela qual o ser humano vem passando?

Procuraremos responder a esta pergunta por etapas.

No período em que o trabalho do homem era regido pelo Direito Civil, as doenças e as mutilações eram causas dissolutivas ou suspensivas do contrato de locação de serviços: ou o contrato era rescindido, ou o trabalhador ficava sem receber a contraprestação necessária ao seu sustento (sem trabalho não havia salário), tudo de acordo com a vontade prevalente do locatário da mão-de-obra.

Com o surgimento do Direito do Trabalho, houve uma mudança de rota, deixando a enfermidade de constituir-se forma de descumprimento de obrigação.

Alteraram-se as posturas, mudaram-se os valores: este novo ramo do Direito buscou, acima de tudo, garantir o emprego e o salário. Na mesma proporção em que se restringia a necessidade da efetiva prestação de serviços para o pagamento do salário (adquirindo significativa expansão o conceito de salário social/previdenciário), as legislações evoluíam no sentido da continuidade da relação de emprego.

O instituto da suspensão do contrato de trabalho, com o alastramento das hipóteses de interrupção, ganhou relevo. Com isto passou-se a admitir, cada vez mais, a percepção do salário, sem que o empregado trabalhasse.

O tempo atual, já se disse e se repete, é de retração do mercado de trabalho subordinado. Escasseiam-se os empregos; alastram-se as falsas cooperativas e outras formas de terceirização ilícita da mão-de-obra; aumentam as discriminações, dentre as quais ganham destaque as relacionadas com a AIDS, doença que desde o seu surgimento está sem controle, o que torna mais difícil ainda a existência de um espaço no mercado de trabalho, por menor que seja, para os portadores do vírus HIV e para os aidéticos.

Parafraseando *Camus*, indaga-se: a solução seria então declarar-se o estado de peste e fechar a empresa para os portadores do vírus HIV e para os aidéticos?

Acreditamos que não.

A síndrome de imunodeficiência adquirida (SIDA ou AIDS) que, segundo Pedrotti, é 'o conjunto de alterações provocadas pela perda de imunidade mediada por células, a partir da ação de um agente viral, provavelmente o HTLV 3 ou LAVE e que se manifestam pelo aparecimento de infecções oportunistas e/ou neoplasias, particularmente o sarcoma de kaposi' (*Pedrotti, Irineu Antônio*, 'Da AIDS e do Direito', Revista dos Tribunais, 1982, abril de 1993, vol. 690, p. 295), nem sempre acarreta a impossibilidade da prestação de serviços, por parte dos doentes, permitindo-lhes, sem risco para os companheiros de trabalho e para a sociedade, a ocupação de um posto de trabalho.

É óbvio que algumas atividades poderiam ser preservadas, não como áreas proibidas ou intocáveis, porém sujeitas a um maior cuidado médico-científico, no momento da contratação. Poderia ser o caso, por exemplo, do cozinheiro de um colégio, de um restaurante de qualquer empresa, que fornece refeição para os seus empregados ou para terceiros; de um enfermeiro, de um padeiro, etc.

Contudo, mesmo que algumas atividades possam, em princípio e apenas por cautela, ficar sem acesso ao doente, o que não se pode negar é que existe uma gama enorme de atividades, cujo exercício é plenamente compatível com os infectados e os aidéticos.

Nesta perspectiva, o desemprego pode deixar de ser para essas pessoas a terra do exílio. A partir do momento em que se conseguir diminuir o preconceito em torno da doença, na admissão — já que é dificílimo provar a discriminação — e quando forem instituídas normas atribuindo estabilidade aos infectados com o HIV/AIDS, estar-se-á começando a lançar em evidência o verdadeiro propósito de tratar com gravidade assunto tão grave quanto o trabalho para os infectados e os aidéticos.

É importante lembrar que a AIDS pode ser contraída sem que a ela se associe a prática de qualquer ato inerente aos denominados grupos de risco.

A lei da probabilidade não estabelece nenhuma imunidade a quem quer que seja: o forte ou o fraco; o rico ou o pobre; o branco ou o preto; o homem ou a mulher.

Assim, pouco importa a forma pela qual a doença foi contraída. Esta é, aliás, a primeira premissa desarticuladora da discriminação.

Ora bem, *Aurélio Buarque de Holanda Ferreira* ensina que o verbo discriminar, do latim *discriminare*, tem o significado de 'diferençar, distinguir, discernir, estabelecer diferenças', ao passo que o vocábulo preconceito vem do latim *praeconcetu* e tem o sentido de conceito ou opinião formados antecipadamente, sem se levar em conta o fato que os conteste, e de intolerância, ódio irracional ou aversão a outras raças, credos, religiões, etc. (*Ferreira, Aurélio Buarque de Holanda*, 'Novo Dicionário da Língua Portuguesa', 2ª ed., 31ª impressão, Rio de Janeiro, Editora Nova Fronteira, 1986).

A discriminação pode não ser hoje tão ostensiva quanto no passado: os índios e os negros foram açoitados na sua dignidade por séculos e séculos e só recentemente isto foi abertamente admitido pelas elites.

O preconceito em torno da AIDS, na maioria das vezes assentado na falta de informações médicas seguras sobre a doença, leva à discriminação ao mais alto grau de intolerância individual e coletiva, conduzindo o aidético a uma situação de desprezo, desrespeito e desespero incompatível com o direito à vida, conforme previsto no art. 5º, inciso LXI, da Constituição da República.

E o pior é que tudo, na esmagadora maioria das vezes, se passa de maneira silenciosa, oculta, rasteira e sorrateira. Embora o açoite físico tenha sido abolido, a linguagem social moderna continua a mesma: a semântica não sofreu alteração e o homem discrimina calado, em profundo silêncio, sem voz; discrimina no olhar, no gesto, na ação e na omissão; discrimina, em suma, no desprezo ao seu semelhante. Quando se está diante de doença grave como a AIDS, há pouquíssima solidariedade e quase nenhuma compaixão.

Na esfera trabalhista, não existe norma jurídica que de maneira expressa garanta a estabilidade ao soropositivo ou à pessoa que já desenvolveu a doença.

Observa *Márcio Túlio Viana*, em estudo em torno da Lei n. 9.029, de 13 de abril de 1995, que proíbe discriminações para efeito de acesso à relação de emprego, ou sua manutenção, por motivo de sexo, origem, raça, cor, estado civil, situação familiar ou idade, que o legislador já deixara 'de fora outras hipóteses, previstas expressamente na Constituição, como as práticas discriminatórias decorrentes de deficiência (art. 7º, inciso XXXI)' (*Viana, Márcio Túlio*, 'Proteção contra atos discriminatórios', *in* 'O que há de novo em Direito do Trabalho', Coordenadores *Márcio Túlio Viana* e *Luiz Otávio Linhares Renault*, São Paulo: LTr, 1997, p. 97).

Destaca, ainda, *Viana*, que a Lei n. 9.029 aumenta a eficácia da norma constitucional básica a respeito da igualdade, nas hipóteses em que especifica — posto que as criminaliza, além de prever casos de responsabilidade pré-contratual e contratual. E acentua: 'não se pode, naturalmente, aplicá-las às hipóteses não previstas, pois o direito penal não admite analogia'.

Por razão desconhecida, a verdade é que, no imaginário vértice da legislação trabalhista, continua, portanto, a AIDS, sem proteção normativa — a Lei n. 9.029/95 não lhe fez qualquer referência.

A discriminação no acesso ao emprego ou a estabilidade ao portador do vírus HIV e ao doente de AIDS não foi objeto de tratamento na Lei n. 9.029/95, ou em qualquer outra lei, apesar da existência de intensas e numerosas práticas discriminatórias decorrentes da deficiência oriunda desta doença.

Não significa isto que os juízes não estejam buscando uma solução equânime para esta questão atual e tormentosa. A jurisprudência, como fonte formal de direito, vem de algum tempo para cá, fornecendo subsídios preciosos para o intérprete.

Na primeira instância, onde nascem os debates acerca das controvérsias individuais entre empregado/empregador e onde o juiz fica frente a frente com as partes envolvidas no litígio, as suas decisões são, em temas polêmicos, marcadas pelo pioneirismo.

São vários os casos de sentenças proferidas pelas Varas do Trabalho, determinando a reintegração imediata de empregado infectado pelo vírus da AIDS e de empregado aidético, independentemente da ocorrência de trânsito em julgado, por entender que a dispensa sem justa causa constitui ato discriminatório.

No âmbito do Tribunal Regional do Trabalho da 3ª Região, uma das primeiras decisões neste sentido foi prolatada em ação movida por empregado em face de empresa de transporte interestadual, e que tramitou na 11ª Vara do Trabalho de Belo Horizonte. Contra a ordem de reintegração antes da coisa julgada, a empresa impetrou, com sucesso, mandado de segurança, suspenso o retorno do empregado até a solução final do processo (TRT da 3ª Região, Mandado de Segurança n. 282/94).

Também perante a Segunda Instância Trabalhista, já são encontrados alguns julgados, coibindo a prática discriminatória contra o aidético, merecendo destaque os seguintes arestos:

'Discriminação — Toda discriminação é sempre odiosa, tanto que o artigo 5º, da Constituição Federal de 1988 a proíbe. A saúde, também por força constitucional, é direito de todos. Assim, a dispensa imotivada do aidético, que em pouco mais de quatro meses implementaria o prazo de garantia de emprego, objeto de norma negociada, constitui triste exemplo de discriminação. A despedida implicaria, em última análise, na sua própria morte. A reintegração, *in casu*, podia ser feita por meio de cautelar inominada.' (TRT 3ª Reg., MS n. 76/93 — Rel. Juiz Dárcio Guimarães de Andrade).

'Servidor Público — Aplicação da Lei n. 7.670/88 — Reintegração — Aidético — Dispensa anti-social ou arbitrária obstativa ao seguro-doença discriminatória — Nulidade do ato patronal. O empregado portador do vírus HIV não é beneficiário de estabilidade (Lei n. 7.670/88), por não ostentar a condição de servidor público. A reintegração, *in casu*, decorre do ato patronal eivado de nulidades, configurando-se a despedida anti-social ou arbitrária, obstativa ao seguro-doença, além de discriminatória (inteligência e aplicação do art. 5º da CF/88, art. 5º da LICC, art. 476 da CLT e princípios protetores do Direto do Trabalho).' (TRT, 3ª Reg. 6.763/94 — Rel. Juiz Álfio Amaury dos Santos)

'Portador de vírus HIV — Despedimento injusto — Presunção de discriminação — Reintegração. O despedimento injusto de empregado portador do vírus HIV, ainda que assintomático, presume-se discriminatório e, como tal, não é tolerado pela ordem jurídica pátria, impondo-se, via de conseqüência, sua reintegração.' (TRT, 3ª Reg. RO n. 16.691/94 — Rel. Juiz Levi Fernandes Pinto)

Na jurisprudência do Tribunal Superior do Trabalho, encontram-se acórdãos no mesmo sentido, conforme se vê da ementa abaixo transcrita, da lavra do Ministro Valdir Righetto:

'Reintegração — Empregado portador do vírus da AIDS — Caracterização de despedida arbitrária. Muito embora não haja preceito legal que garanta a estabilidade ao empregado portador da síndrome da imunodeficiência adquirida, ao magistrado incumbe a tarefa de valer-se dos princípios gerais do direito, da analogia e dos costumes para solucionar os conflitos ou lides a eles submetidos. A simples e mera alegação de que o ordenamento jurídico nacional não assegura ao aidético o direito de permanecer no emprego não é suficiente a amparar uma atitude altamente discriminatória e arbitrária que, sem sombra de dúvida, lesiona de maneira frontal o princípio da isonomia insculpido na Constituição da República Federativa do Brasil.' (TST, RR 217.791/95.3 — Ac. 2ª T. 3.473/97, 14.5.97, Rel. Min. Valdir Righetto).

Em determinado trecho de seu voto, assim se expressou o Ministro Relator:

'Impossível se faz compreender que, nos dias de hoje, uma Empresa multinacional, de tamanho porte, venha a praticar atos desumanos, arbitrários e que ferem de morte a vida daquele que, com a venda de sua força de trabalho, contribuiu durante o tempo em que saudável esteve, para que a ilustre empregadora atingisse o seu fim primordial, qual seja, o lucro.

A simples e mera alegação de que não há preceito legal que garanta o direito do aidético de permanecer no emprego não é suficiente a amparar uma atitude altamente discriminatória e que lesiona de maneira categórica o princípio da isonomia, insculpido no artigo 5º, *caput*, da Constituição da República Federativa do Brasil.'

E, *data venia*, não mais se sustenta a tese de que a empresa visa somente ao lucro, após a edição do Novo Código Civil Brasileiro de 2002, que definitivamente cambiou as relações havidas entre as partes, ampliando para o campo privado a noção de justiça social, preconizada no Estado Democrático de Direito, através de suas normas eminentemente públicas.

Perde força a autonomia da vontade, elevando em mais alto grau a preocupação do legislador com o desnível que rege as relações privadas, através do prestígio das normas de caráter público e da proteção à parte mais fraca.

Indubitavelmente, o Novo Código Civil Brasileiro traz uma feição publicista às relações privadas.

Entre as suas novidades, destacam-se a função social do contrato e, também, a função social da empresa, que deixa de ser apenas instrumento do lucro para assumir importante papel no desenvolvimento do País, andando lado a lado com o Estado, na busca da propalada justiça social.

Conquanto transite na zona *gris* entre o direito público e privado, o direito do trabalho não faz ouvidos moucos à nova legislação civil e, tampouco, aos objetivos sociais por esta almejados.

A Exma. Juíza Taísa Maria Macena de Lima, através do compêndio 'O Contrato no Código Civil de 2002: Função Social e Principiologia', publicado na Revista n. 67 deste Egr. Tribunal, pp. 51/63, traz um prestigioso relato das mudanças das relações privadas, as quais podem ser perfeitamente aplicadas a este ramo do direito, em face da repercussão inolvidável nas relações do capital e trabalho.

Peço vênia para citar suas lições:

'O Código Civil de 2002, fundado entre outros no princípio da socialidade, entra em vigor, quando 'vozes liberais' estão a clamar por mudanças no Direito do Trabalho, os ares de socialidade determinam um novo modelo de contratualidade.

Com efeito, o modelo de contrato que exsurge das múltiplas fontes do Direito Privado (Constituição da República, macrossistema representado pelo Código Civil e microssistemas, representados pelos estatutos) revela a aproximação do Direito Civil com o Direito do Trabalho. Mas não se verifica uma civilização do direito do trabalho; ao contrário é o Direito Civil que assimilou conceitos e princípios que, por muito tempo, pareciam confinados ao âmbito juslaboral.

Claro que muitos institutos e teorias do Direito Civil permanecem inaplicáveis ao Direito do Trabalho. Todavia, naquilo em que o Direito Civil pode ser invocado para solver conflitos decorrentes do contrato de trabalho, uma mais intensa harmonia e coesão das fontes jurídicas viabiliza a justiça social que o novo Direito Civil propõe.'

Portanto, em consonância com as normas constantes do Novo CCB, ao direito do trabalho também se consagra a função social da empresa, de modo que esta não é mais voltada apenas para o lucro, pois as relações entre as partes não estão mais dissociadas do olhar do Estado. Empresa e Estado se agregam para promover o bem-estar social e melhoria das condições de seus empregados e das comunidades a ela associadas.

Por tudo exposto, a dispensa sem justa causa de empregado aidético presume-se discriminatória, restando clara, nos autos, a ausência de prova em contrário.

Deveria a empresa, ao invés de promover a dispensa imotivada, lamentavelmente homologada pelo Sindicato, zelar pela saúde de seu empregado que, após tanto tempo afastado, tinha a esperança de retomar, à medida do possível, suas atividades e, assim, lutar contra a doença, sentindo-se útil à comunidade.

Consoante os fundamentos já exaustivamente expostos, a melhor doutrina e jurisprudência reputam desnecessária a comunicação à empresa da moléstia do empregado.

Na verdade, este bom entendimento já trilha no Congresso Nacional próspero caminho, através do Projeto de Lei n. 41, de 1999, do Deputado Paulo Rocha, que reapresenta projeto da Deputada Marta Suplicy, dispondo sobre os direitos básicos dos portadores do vírus da AIDS e dando outras providências.

Entre os seus benefícios, está exatamente a polêmica aqui envolvida, consagrando o Projeto de Lei norma específica a respeito do caráter estritamente confidencial da doença e reputando desnecessário o conhecimento, pelo empregador, sobre a doença (art. 1º, inciso V, c/c art. 5º). Consolidar-se-ia, em nível infraconstitucional, que o fato gerador da proteção é objetivo.

A prevalecer entendimento diverso, estar-se-ia contribuindo para o triste fim do Reclamante que dificilmente lograria obter novo emprego, mormente considerando que reside em pequena cidade do interior, onde as condições de busca de outro labor são, sem dúvida, menores.

Por derradeiro, mais reforça o argumento de discriminação velada a atitude da empresa que, embora alegue o conhecimento da doença apenas através da peça de ingresso, ainda assim não coloca o emprego à disposição do obreiro.

Concedo a reintegração no emprego, a partir da publicação desta decisão, com o deferimento dos itens 5.1.1.1, 5.1.1.2, 5.1.1.3 e 5.1.1.4, de fl. 10 da inicial.

Observe-se a compensação dos direitos pagos pela Reclamada, referentes ao mês de janeiro de 2004, e do aviso prévio, a fim de evitar o enriquecimento ilícito do Reclamante.

Provejo.

INDENIZAÇÃO POR DANOS MORAIS

Guardando coerência com toda a fundamentação expendida no item anterior, entendo inquestionável o prejuízo na esfera moral do Reclamante, pois a dispensa discriminatória certamente lhe causou incomensurável sofrimento psicológico, afetando diretamente a auto-estima, já tão abalada com a presença da moléstia incurável.

Triste é constatar que, quando mais precisou do emprego, a fim de restabelecer a sua honra, produtividade e, até mesmo, levar adiante o tratamento, que é eterno, o Autor teve que se deparar com a frustração de ser obstada a possibilidade de seguir em frente na sua luta contra os mais danosos dos efeitos da AIDS no paciente, que são o preconceito e a sensação de inutilidade.

Se a sua empregadora, que deveria servir de exemplo e pilar para a peleja diária contra a doença e o preconceito social decorrente, o desampara no momento mais inadequado, que era o retorno à 'vida útil', a quem mais poderia recorrer o Obreiro?

Lamentável, repise.

Aqui, oportuno salientar que nem mesmo a reintegração no emprego poderá apagar as manchas indeléveis da angústia e da sensação de improdutividade experimentadas pelo Autor, restando claramente delineado o dano moral que, na definição de *Jorge Pinheiro Castelo* (...) 'é aquele que surte efeitos na órbita interna do ser humano, causando-lhe dor, uma tristeza, ou qualquer outro sentimento capaz de lhe afetar o lado psicológico, sem qualquer repercussão de caráter econômico'.

Sobre o mesmo tema leciona *Caio Mário da Silva Pereira*, sustentando que (...) 'o fundamento da reparabilidade do dano moral está em que, a par do patrimônio, em sentido técnico, o indivíduo é titular de direitos integrantes de sua personalidade, não podendo conformar-se a ordem jurídica em que sejam simplesmente atingidos. O conteúdo do ressarcimento, nesta hipótese, está fulcrado em um caráter punitivo, como castigo ao ofensor, e em um caráter compensatório que visa proporcionar à vítima prazeres que compensem o mal perpetrado'.

Desta forma, deve a empresa arcar com a indenização pelo dano moral, a qual visa compensar e minorar o sofrimento do Autor, bem como atender a uma finalidade pedagógica, servindo de exemplo para que casos semelhantes não mais ocorram.

Aplicam-se, *in casu*, o art. 159 do antigo CCB e 186 e 927 do atual Código Civil Brasileiro.

São sempre lembradas as palavras de *Sebastião Geraldo de Oliveira*, em sua obra 'Proteção Jurídica à Saúde do Trabalhador' (Ed. LTr, 1996): '*Aguiar Dias* citando *Minozzi* adverte que o dano moral 'não é o dinheiro nem coisa comercialmente reduzida a dinheiro, mas a dor, o espanto, a emoção, a vergonha, a injúria física ou moral, em geral uma dolorosa sensação experimentada pela pessoa, atribuída à palavra dor o mais largo significado' (fl. 191).

Não resta dúvida de que a atitude discriminatória da Reclamada repercutiu na esfera íntima do Obreiro e, quiçá, alcançou repercussão social, tendo em vista se tratar de cidade pequena do interior.

Para a fixação da penalidade, observa-se a aplicação analógica do art. 53 da Lei n. 5.250/67, que regula a liberdade de manifestação de pensamento e de informações, na ausência de diploma legal específico. Na mesma se estabelece um critério, a ser observado pelo julgador, que leva em consideração o grau da culpa, o dano em si, as condições econômicas e sociais da vítima e do ofensor.

Considerando o prejuízo sofrido pelo Reclamante e o porte da Reclamada, entendo razoável fixar em R$ 15.000,00 a indenização por danos morais.

Provejo."

Alegação de preconceito sexual — Ato de demissão — Falta de nexo

Ementa: PROVA DESNECESSÁRIA: INDEFERIMENTO: INEXISTÊNCIA DE CERCEAMENTO DE PROVA. A produção de prova, apenas para satisfazer a parte, encontra-se em grau próximo do esdrúxulo, porque o processo não é uma via de investigação pessoal, em que as partes produzem segredos ou revelam histórias, mas um meio de instrumentalização do Estado para a busca da verdade real, a partir dos elementos que efetivamente interessam à solução da controvérsia submetida ao Judiciário: se a prova se mostra desnecessária ante outros elementos já contidos nos autos, e se nada mais se poderia acrescer, sobretudo pelas revelações da própria parte, como confissão, pode e deve o Juiz inibir a prova dispendiosa, a fim de não conduzir o processo à seara do alto custo apenas para indicar uma suposta realização de todos os meios de prova admitidos em Direito, que não se confunde com a produção de todos os meios de prova necessários. Exegese dos arts. 130 e 131 do CPC. Preliminar de nulidade rejeitada. PROVA ORAL CONFLITANTE: ACAREAÇÃO: FALTA: EFEITOS. No sistema processual brasileiro, não cabe a acareação entre as partes, porque estas não depõem sob juramento. Ademais, como indica o art. 418, II, do CPC, o Juiz "pode" ordenar, de ofício ou a requerimento da parte, a acareação, não sendo, pois, comando vinculativo, eis que a aplicação do instituto decorre de restar o Juiz convencido de que há ponto intransponível da prova oral que não se pode resolver doutro modo que não a acareação — ou seja, no sistema de convencimento judicial, não está o Juiz adstrito a uma única prova, podendo firmar seu entendimento a partir do conjunto razoável dos elementos que lhe foram submetidos. Por isso, a não-acareação não envolve nulidade da instrução processual, dado o campo de mera faculdade concedido ao Juiz instrutor da causa. Preliminar de nulidade rejeitada. EMBARGOS DECLARATÓRIOS NITIDAMENTE INFRINGENTES: EXAME JUDICIAL SUMÁRIO. Não se há que exigir que o Juiz, provocado a declarar o julgado, reexprima a decisão: a parte deve indicar a existência de vício técnico (omissão, contradição ou erro material) e não pretender o rejulgamento da causa questionando o exame das provas e a aplicação do direito à espécie. Nesses casos, pode o Juiz rejeitar os embargos de declaração opostos sem que deva discutir cada um dos argumentos inoportunos, eis que próprios como conteúdo de recurso de natureza infringente. Preliminar de nulidade rejeitada. PROVA: GRAVAÇÃO DE CONVERSA: REALIZAÇÃO POR UM

DOS INTERLOCUTORES OU MEDIANTE SUA AUTORIZAÇÃO: LICITUDE: INEXISTÊNCIA DE OFENSA AO SIGILO DE COMUNICAÇÃO. A jurisprudência do STF e do TST é pacífica quanto à licitude da prova consistente na gravação de conversa por um dos interlocutores, ou com sua autorização, ainda que desconhecida a gravação pelo outro interlocutor, porque a garantia constitucional de sigilo de comunicação se dirige a preservar os interlocutores em relação ao conhecimento da informação por terceiro e não à quebra do segredo por quaisquer dos envolvidos na conversa; apenas para a gravação de conversa alheia é que se exige, sob pena de ilicitude, a autorização judicial para validar a prova assim colhida. Prova considerada lícita. INDENIZAÇÃO POR DANO MORAL: ALEGAÇÃO DE PRECONCEITO SEXUAL: ATO DE DEMISSÃO: FALTA DE NEXO: CONFISSÃO OBREIRA: DESCONHECIMENTO DA OPÇÃO SEXUAL DA AUTORA (HOMOSSEXUALISMO) POR PARTE DA EMPRESA OU DE SEUS DIRIGENTES: INEXISTÊNCIA DE OFENSA AO ÍNTIMO DA EMPREGADA: DANO NÃO CONFIGURADO. Não havendo nexo causal entre a orientação sexual da Autora e o ato demissório, inclusive porque, conforme confessara, não era sua condição de homossexual então conhecida da empresa nem de seus agentes, nem tendo sido demonstrado fato jungido à rescisão contratual que indicasse uso indevido da informação para colocar a obreira em situação vexatória, nota-se que toda a suposta discriminação sexual resulta apenas dos limites de pensamento da própria Reclamante, que jamais sofreu ato ofensivo a tal condição por parte da Reclamada. Por isso, não tendo sido configurada a ofensa moral invocada (e inclusive descaracteriza pela confissão posterior da própria Autora), nem ainda sido demonstrada a dor íntima que ensejaria a indenização moral (sequer indicada na exordial onde supostamente residiria), inexistente o dano, não há que se falar em indenização. Precedentes. Recurso obreiro conhecido, preliminares de nulidade rejeitadas e desprovido no mérito: sentença mantida. TRT 10ª Reg. — RO 00458-2004-013-10-00-2 — (Ac. 3ª T./2005) — Rel. Juiz Alexandre Nery de Oliveira. DJU3 28.1.05, p. 42.

Alteração contratual — Designação para a execução de trabalhos externos — Ausência de demonstração de ato discriminatório — Inexistência de conduta lesiva e do evento danoso

Ementa: DANO MORAL — ALTERAÇÃO CONTRATUAL — DESIGNAÇÃO PARA A EXECUÇÃO DE TRABALHOS EXTERNOS — AUSÊNCIA DE DEMONSTRAÇÃO DE ATO DISCRIMINATÓRIO — INEXISTÊNCIA DE CONDUTA LESIVA E DO EVENTO DANOSO. A mera designação para a execução de serviços externos, sem nenhum escopo de submeter o trabalhador a constrangimentos públicos, embora possa traduzir algum desconforto pela alteração unilateral das condições contratuais, não afeta a honorabilidade do empregado e em nada afeta a sua imagem e reputação. Isso ofusca a possibilidade de se enxergar a intenção do empregador, deliberada ou dissimulada, de expor o trabalhador a situações vexatórias ou humilhantes, voltada a atingir, subjacentemente, o seu conceito social. Problemas dessa natureza, que têm foco em conflitos nas relações de trabalho, não podem servir como fonte aceitável para irrigar e fazer florescer o pleito de indenização por dano moral, até porque traduz o legítimo exercício do poder diretivo na organização da atividade produtiva. Recurso provido, em parte. TRT 10ª Reg. — RO 00515-2005-010-10-00-5 — (Ac. 3ª T./06) — Rel. Juiz João Luis Rocha Sampaio. DJU3 28.04.06, p. 39.

Ato discriminatório — Boate — Entrada de empregado em dia de folga — Proibição — Configuração

Ementa: INDENIZAÇÃO POR DANO MORAL. BOATE. ENTRADA DE EMPREGADO EM DIA DE FOLGA. PROIBIÇÃO. Se os empregados não eram proibidos de freqüentar o estabelecimento comercial em dia de folga, a tentativa de impedir a entrada de um deles na casa noturna nesse dia, sem razoável justificativa, caracteriza ato discriminatório capaz de resultar em danos morais. TRT 18ª Reg. — RO 01154-2006-010-18-00-1 — (Ac. 2ª T.) — Rel. Des. Gentil Pio de Oliveira. DJE n. 14.920, 16.1.07, p. 53.

Ato discriminatório — Dispensa — Abuso de direito — Nulidade — Reintegração

Ementa: INDENIZAÇÃO POR DANO MORAL COLETIVO. ILEGITIMIDADE ATIVA DO CONSIGNADO. O consignado não tem legitimidade para pleitear indenização por dano moral coletivo (dispensa perpetrada com a intenção de desmoralizar o movimento sindical, impondo à categoria profissional prejuízo de ordem moral e com isso inibir a atuação sindical em futuras negociações coletivas). No particular, processo extinto sem julgamento do mérito por carência de ação. DISPENSA. ATO DISCRIMINATÓRIO. ABUSO DE DIREITO. NULIDADE. REINTEGRAÇÃO. O banco, que não tem por prática habitual dispensar funcionários sem justa causa, demitiu o consignado, bem como outros colegas em ato contínuo ao desfecho vitorioso de movimento paredista do qual participaram, sob o argumento de que o procedimento era necessário em face da redução de despesas, mas contratou número três vezes maior de funcionários pouco tempo depois, ainda durante a implementação de outras medidas para baixar os custos da folha de pagamento. Houve abuso de direito com a adoção de prática discriminatória na medida em que, sob a justificativa de necessidade por motivo econômico, escondia o verdadeiro intuito: desmobilizar a organização da categoria econômica e desestimular a adesão dos empregados a movimentos paredistas. Em razão do interesse público em questão, a conseqüência jurídica, sempre tendo como norte a proteção do artigo 7º, I, da Constituição Federal, bem como a regra do artigo 9º da CLT, é a declaração de nulidade do procedimento, devendo o estado jurídico do contrato ser restaurado. Nas palavras do Juiz PAULO HENRIQUE BLAIR, a se permitir que o administrador público proceda a demissão de obreiros, sob o pálio de redução de custos (flagrantemente inverídica), quando, em verdade, busca punir parte dos laboristas que aderiram ao movimento paredista, estar-se-ia na insustentável posição de admitir que a máquina administrativa servisse de instrumento à restrição ao exercício de um direito fundamental. Recurso conhecido e parcialmente provido para determinar a reintegração do empregado, inclusive concedendo-se a antecipação da tutela nos termos do artigo 273 do CPC. TRT 10ª Reg. — RO 01299-2003-020-10-00-0 — (Ac. 2ª T./05) — Rel. Juiz Mário Macedo Fernandes Caron. DJU3 9.9.05, p. 43.

Ato discriminatório — Responsabilidade pré-contratual

Ementa: DANO MORAL. ATO DISCRIMINATÓRIO. RESPONSABILIDADE PRÉ-CONTRATUAL. A empresa que colhe de candidata a emprego oferecido por ela informações acerca de sua saúde física e mental não pratica ato discriminatório na fase jurídica da pré-contratação se demonstra que a declaração não era exigida como requisito para admissão, mas sim para efeito de adesão a plano de saúde oferecido como benesse no contrato de trabalho dos seus empregados. Do mesmo modo, não há como imputar à mesma empresa a prática de abuso da liberdade de não contratar em razão de não se consumar a admissão de candidata que se declara portadora de diabetes, se a empresa prova que admitiu em seu quadro funcional empregados já portadores de doenças físicas, que se submetem a tratamento permanente, desincumbindo-se do encargo processual que lhe é atribuído. TRT 3ª Reg. — RO 00258-2005-107-03-00-5 — (Ac. 5ª T.) — Rel. Juiz José Roberto Freire Pimenta. DJMG 25.6.05, p. 15.

Conduta discriminatória — Indenização — Não demonstrada

Ementa: DANO MORAL. CONDUTA DISCRIMINATÓRIA. INDENIZAÇÃO. NÃO DEMONSTRADA. Não há como se acolher o pleito, de condenação da reclamada na indenização pelos danos morais, quando não veio aos autos qualquer evidência probatória de que o motivo determinante para a dispensa do autor tenha sido discriminatória. A mera juntada de documentação, ainda que indique que o autor fosse portador do vírus HIV, não permite deduzir, por si só, que a dispensa ocorreu por este motivo ou por qualquer outro, ressalte-se. Da prova documental, apenas é possível extrair que a dispensa se deu sem justa causa, dentro do exercício do poder diretivo da empregadora. A prova oral nada acrescentou. Sentença que se mantém. TRT 9ª Reg. — Proc. 01329-2001-069-09-00-9 — (Ac. 06.641/2003) — Rel. Juiz Sergio Murilo Rodrigues Lemos. DJPR 4.4.03, p. 429.

Conduta discriminatória e arbitrária — Empregado portador de tríplice garantia de emprego — Dano moral configurado

Ementa: Quando discriminatória e arbitrária a dispensa de empregado portador de tríplice garantia de emprego, com o objetivo de impedir movimentos dos trabalhadores em busca de suas reivindicações, e divulgando ostensivamente a foto do reclamante em aeroportos com notícia de demissão motivada e proibição de ingresso em suas dependências, a reparação do dano enseja, também, a condenação do empregador na indenização por dano moral, independentemente da reintegração ao emprego. TRT 1ª Reg. — RO 00298-2002-055-01-00-0 — (Ac. 4ª T.) — Red. Desig. Desembargador Luiz Alfredo Mafra Lino. DJRJ 4.4.06, p. 239.

Constrangimento e humilhação suportados por empregada em razão do sexo advindas do superior hierárquico — Responsabilidade civil do empregador

Ementa: DESVIO DE FUNÇÃO. CARACTERIZAÇÃO. O desvio de função consubstancia-se quando há modificação das funções contratuais do empregado com a realização de atividade mais qualificada, sem a correspondente majoração da remuneração. In casu, demonstrado, pela prova testemunhal, que a reclamante esteve desempenhando função outra que a prevista em seu contrato de trabalho, e não recebendo a remuneração correspondente à nova função, restou caracterizado o desvio funcional, sendo-lhe devidas as diferenças salariais decorrentes. INDENIZAÇÃO POR DANO MORAL. CONSTRANGIMENTO E HUMILHAÇÃO SUPORTADOS POR EMPREGADA EM RAZÃO DO SEXO ADVINDAS DO SUPERIOR HIERÁRQUICO. RESPONSABILIDADE CIVIL DO EMPREGADOR. Nos termos da normatividade emanada do art. 932, inciso III, do Código Civil, a responsabilidade pela reparação civil, em decorrência dos danos causados pelos empregados, no exercício do trabalho que lhes competir, é do empregador. O bom relacionamento entre as pessoas envolvidas na atividade produtiva, quer desempenhando funções de chefia, quer exercendo o mais simples dos ofícios, encontra-se alicerçado na existência de respeito mútuo e impõe-se como condição angular para a viabilidade do vínculo. Por isso, a condução do relacionamento, atitudes e palavras devem ser sopesados, com adoção de medidas propícias a coibir eventuais atitudes de descortesia no relacionamento entre as pessoas, a fim de preservar-lhes o sentimento de dignidade. É inconcebível que no limiar do terceiro milênio ainda se nutram sentimentos de depreciação à pessoa humana em decorrência de sexo, credo, raça, cor, estado civil, posição social ou por ostentar qualquer outro traço distintivo dentro de um grupo. O respeito à pessoa humana, independente de tais aspectos, como também a inviolabilidade à sua honra e imagem são garantias constitucionais jungidas a um dos fundamentos do próprio Estado Democrático de Direito, qual seja, a dignidade (art.1º, III, da Constituição Federal). No presente caso, restou evidenciado o dano moral, em decorrência das atitudes de desprezo ao trabalho feminino por parte do superior hierárquico, o que resultou em constrangimentos e humilhações suportados pela empregada na presença de colegas. Recursos conhecidos, e parcialmente providos. TRT 10ª Reg. — RO 00560-2005-013-10-00-9 — (Ac. 3ª T./06) — Relª. Juíza Márcia Mazoni Cúrcio Ribeiro. DJU3 3.3.06, p. 34.

Discriminação — Ausência de relação entre a cessação do contrato e a moléstia

Ementa: DISCRIMINAÇÃO. PROVA. Indevido o pagamento da compensação do dano moral, postulada com base na alegada dispensa discriminatória do empregado infectado pelo vírus HIV, quando a prova dos autos revela a inteira ausência de relação entre a cessação do contrato e a moléstia, a qual fora diagnosticada no empregado dois anos antes da ruptura do pacto, e era de conhecimento geral na pequena comunidade onde se desenvolvia a prestação de serviços. TRT 3ª Reg. — RO 01320-2005-065-03-00-9 — (Ac. 7ª T.) — Rel. Juiz Jesse Cláudio Franco de Alencar. DJMG 13.7.06, p. 18.

Discriminação — Dano moral e rescisão indireta do contrato de trabalho

Ementa: DISCRIMINAÇÃO — INDENIZAÇÃO DE DANO MORAL — RESCISÃO INDIRETA DO CONTRATO DE TRABALHO. Reconhecida a prática de atos discriminatórios do proprietário da empresa contra o Reclamante, perante os colegas de trabalho, tem-se por configurado ilícito apto a autorizar o deferimento de indenização por dano moral e a rescisão indireta do contrato de trabalho. TRT 18ª Reg. — RO-02379-2006-081-18-00-2 — (Ac. 1ª T.) — Rel. Juiz Marcelo Nogueira Pedra. DJE, Ano I, n.70, 21.5.07, pp. 7/8.

Discriminação — Direito potestativo do empregador — Dano moral não configurado

Ementa: DISCRIMINAÇÃO. DISPENSA IMOTIVADA. DIREITO POTESTATIVO DO EMPREGADOR. DANO MORAL NÃO CONFIGURADO. Não é discriminatória a dispensa de empregada portadora de doença estigmatizante, se ao tempo da prestação laboral e do rompimento, o empregador desconhecia o fato. Dano moral não caracterizado. TRT 24ª Reg. — RO 617/2001 — (Ac. TP n. 2.331/2001) — Rel. Juiz Ricardo Geraldo M. Zandona. DJMS n. 5.593, 14.9.01.

Discriminação — Dispensa em razão da idade — Prova pericial — Perfil do mercado de trabalho e perfil empresarial

Ementa: DISCRIMINAÇÃO — DISPENSA EM RAZÃO DA IDADE — PROVA PERICIAL — PERFIL DO MERCADO DE TRABALHO E PERFIL EMPRESARIAL — Discriminação, de acordo com a Convenção n. 111, de 1958, editada pela Organização Internacional do Trabalho, é toda e qualquer distinção, separação, exclusão ou preferência estabelecida sobre a raça, a cor, a nacionalidade, a convicção filosófica ou política, a crença religiosa, o sexo, a idade, o estado civil, a necessidade especial, a opinião, a origem e a classe social, que têm por finalidade explícita, direta e imediata, eliminar ou alterar a igualdade de oportunidades ou de tratamento relacionado com o trabalho ou a profissão, quer quanto à admissão ou permanência. Desse raio de incidência, afasta-se a denominada discriminação positiva, que se caracteriza pela fixação de uma diferença em benefício de determinadas pessoas, como as acima enumeradas, exemplificativamente, com o fito de estabelecer uma igualdade socialmente rompida, seja qual for o motivo. Se a intenção é a correção da desigualdade, a discriminação é tolerada e muitas vezes até incentivada pela via legislativa. Com atos desta natureza, procura-se fixar um tratamento diferenciado entre os desiguais, na medida da desigualdade existente entre eles, proporcionando certo equilíbrio social. A Declaração de Filadélfia estatui que todos os seres humanos, seja qual for a raça, credo ou sexo, têm direito ao progresso material e ao desenvolvimento espiritual em liberdade e dignidade, em segurança econômica e com oportunidades iguais, constituindo a discriminação, nesta mesma diretiva, grave violação aos direitos previstos na Declaração Universal dos Direitos do Homem, pelo que deve ser combatida por toda a sociedade para o seu próprio bem-estar. A Constituição Federal formadora do Estado democrático de direito, fundado, dentre outros princípios, na dignidade da pessoa humana, nos valores sociais do trabalho e no pluralismo, prescreve, em seu artigo 5º, inciso XLI, que a lei punirá qualquer discriminação atentatória dos direitos e liberdades fundamentais. Obviamente, que o mencionado dispositivo legal não se limita à persecução e respectiva punição na esfera penal. Isso é importantíssimo, mas não é tudo. No âmbito do Direito do Trabalho, eventual resilição contratual baseada na discriminação enseja pelo menos duas sanções: a) reintegração, com direito a parcelas vencidas amplamente atualizadas; b) indenização por dano moral. Na sociedade pós-moderna, info-info (baseada na informática e na informação), perante a qual o trabalho do homem vem sofrendo enormes transformações, estatísticas têm mostrado a prática de certas discriminações no mercado de trabalho relacionadas com a cor, o sexo e a idade, sendo certo que, quanto a este último aspecto, o mercado está praticamente fechado para o ingresso de jovens entre dezoito e vinte e seis anos e adultos com mais de quarenta anos. Não obstante esse quadro assustador, tais pesquisas refletem uma macro-visão do mercado de trabalho, cujos resultados não podem ser aplicados automaticamente às dispensas sem justa causa. Se a prova pericial, meio hábil para desvelar o perfil das resilições de determinada empresa, evidencia um percentual extremamente equilibrado, no que tange à idade dos empregados despedidos, sem qualquer tendência a um comportamento discriminatório, inclusive com variações e intercessões na curva minimamente ascendente por provável adesão a PDV — plano de demissão voluntária — não há como se entender configurada a dispensa discriminatória. TRT 3ª Reg. — RO 00159-2006-135-03-00-3 — (Ac. 4ª T.) — Rel. Des. Luiz Otavio Linhares Renault. DJMG 27.1.07, p. 9.

Discriminação — Isenção de um trabalhador do desconto relativo à refeição a título de prêmio pelo seu desempenho — Não configuração

Ementa: DISCRIMINAÇÃO NÃO CONFIGURADA. INDEVIDA A INDENIZAÇÃO POR DANO MORAL. Não há evidência nos autos, seja mediante prova documental, seja mediante prova testemunhal, de que o reclamante tenha sido discriminado dentre os demais empregados; aliás, não se pode afirmar, pelo que dos autos consta se, de fato, seus colegas de setor foram realmente premiados com um aumento salarial espontâneo, conforme alegado na peça de ingresso. Com efeito, não configura discriminação com os demais empregados o fato do empregador isentar um trabalhador do desconto relativo à refeição a título de prêmio pelo desempenho voluntário de função além das suas habituais, como é o caso de alguns dos empregados da reclamada que se alistam como "brigadistas", participando de cursos e treinamento sem ônus para a empresa, ao revés, a empresa se beneficia com o trabalho gratuito do empregado. Desta forma, nada mais justo do que o empregador custear a alimentação desses empregados que se dispõem ao trabalho voluntário de "brigadistas". TRT 15ª Reg. (Campinas/SP) — RO 00139-2006-086-15-00-1 — (Ac. 48002/2006-PATR, 6ª Câmara) — Rel. Juiz Luiz Carlos de Araújo. DJSP 11.10.06, p. 25.

Discriminação nas relações de trabalho — Raça negra

Ementa: DISCRIMINAÇÃO NAS RELAÇÕES DE TRABALHO. RAÇA NEGRA. Por direito e lei, é firmemente repudiado em nosso país, qualquer ato de discriminação em função de cor, raça, sexo, idade, religião ou condições especiais e individuais que diferencie a pessoa. Nas relações de trabalho, especialmente, não se pode tolerar atos discriminatórios e humilhantes impingidos ao empregado de raça negra, com ofensas verbais assacadas contra sua pessoa em função exclusiva da cor de sua pele. Fatos como tais devem ser denunciados, sempre, a fim de que não se torne comum e usual a violação de um direito garantido constitucionalmente, reforçando preconceito e prática discriminatória inaceitável. RO a que se dá provimento para fixar indenização por danos morais, em função da violação da honra e do sentimento de dignidade própria do empregado, que, como qualquer outra pessoa, merece apreço e respeito de seus superiores hierárquicos, não podendo aceitar ou resignar-se com frases como "negro safado", "crioulo", ou "se voltasse a escravidão eu iria te colocar no tronco". O dano moral, íntimo, é irreparável, mas o ato discriminatório pode e deve ser estancado por esta Justiça. TRT 3ª — Reg. RO 5.207/99 — (Ac. 1ª T.) — Rel. Juiz Washington Maia Fernandes. DJMG 4.10.00, p. 38.

Da decisão acima, colhe-se o seguinte fundamento:

"ATO DISCRIMINATÓRIO DA RAÇA NEGRA

Diz o reclamante que durante a vigência do pacto laboral, o encarregado da reclamada, o ofendia e humilhava com as seguintes palavras:

'Negro safado'; 'se voltasse a escravidão eu iria te colocar no tronco'; 'acelera negrão'; etc. Diz que, juntamente com outros empregados, foi ao gerente para reclamar da situação, o que nada adiantou, pelo contrário, piorou. Aduz violado seu direito à honra e dignidade devida a todo homem, requerendo reconhecimento de dano moral, com a conseqüente punição, em forma de indenização, ao seu empregador, responsável pelos atos de seu preposto. Invoca para tanto, os artigos 159 e 1.521 do Código Civil, além do 5º, inciso X, da Constituição Federal.

Tem toda razão. Aliás, louvável sua atitude em denunciar caso como tal, uma vez que o que se verifica em tais circunstâncias é a resignação do ofendido, o que leva as pessoas, que tomam conhecimento do fato, a achá-lo normal e não abusivo, considerando até que tais ofensas não são capazes de provocar quaisquer danos de ordem moral, psicológica ou qualquer trauma, e que tal fato é facilmente relevado, não podendo ser considerado como aviltante à dignidade da pessoa.

A resignação a ser combatida, entretanto, não desautoriza, por si só, o direito de denúncia e reparo do dano moral que só pode ser mensurado por quem o sofreu.

A lei pátria garante o bem de todos, sem preconceito de origem, raça, sexo, cor, idade e quaisquer outras formas de discriminação (CF, artigo 3º, inciso IV), com repúdio ao racismo (artigo 4º, inciso VIII), prevê também punição para qualquer discriminação atentatória aos direitos e liberdades fundamentais (CF, artigo 5º, inciso XLI).

Neste passo, Lei específica, considera crime a discriminação ou preconceito de raça, cor, etnia, religião ou procedência nacional.

O dano moral, óbvio, é ato conseqüente na vítima do preconceito, sendo também tutelado na Constituição Federal (artigo 5º, inciso X):

'São invioláveis a intimidade, a vida privada, a honra e a imagem das pessoas, assegurado o direito à indenização pelo dano material ou moral decorrente de sua violação.'

In casu, as violações apontadas na inicial restaram patentes, já que o preposto nada soube informar quanto às 'ofensas dirigidas pelo encarregado da empresa ao reclamante', mas confirmou que foi procurado pelos empregados que vieram reclamar acerca do referido 'encarregado' (fls. 100). Logo, o reconhecimento da situação transcrita na inicial é inafastável, e como tal, passível de reparação, por força da própria norma legal que rege a matéria, já referida abundantemente. A respeito do dano moral por racismo, na Justiça do Trabalho, a questão é nova e pouco julgada. Em sábio julgamento o E. Tribunal da 12ª Região, através do Relator Exmo. Juiz *Carlos Alberto Pereira Oliveira, assim* se pronunciou:

'A Constituição Federal proíbe preconceito de raça e condena a discriminação. A Carta Magna repudia a barbárie que vitima diariamente milhares de pessoas e consagra a condenação do povo negro à miséria e marginalidade. O fato de a Constituição Federal tratar de tão delicado assunto e de o legislador ordinário ter proibido a prática discriminatória na relação jurídica de trabalho através da Lei n. 9.029, de 13.4.95, bem demonstra que o preconceito não está ausente das relações sociais. Ao contrário, infelizmente ele está presente, diariamente, causando sofrimento e dor em milhares de pessoas. Disfarçadamente, às vezes até ostensivamente, as pessoas de cor negra sofrem discriminação. Seria até mesmo hipocrisia negar a existência do racismo em nosso meio, embora condenável em quaisquer de suas manifestações.

Tolos os que buscam na cor clara de suas peles fundamentos para afirmar a sua superioridade. Este Relator, e com certeza a totalidade dos nobres Juízes que compõem esta Corte, não compartilham e repudiam a discriminação.' (TRT/SC/RO — 4.988/97, julgado em 4.11.97)

A doutrina não destoa, caminhando no mesmo sentido:

'Falar sobre discriminação nas relações de trabalho implica antes identificar a Declaração Universal dos Direitos Humanos que em seus trinta artigos propõe como ideal comum e como objetivo a ser atingido por todos os povos e todas as nações que cada indivíduo e cada órgão da sociedade se esforce, através do ensino e da educação, para promover o respeito aos direitos e liberdades. Entre eles o direito de ir e vir sem ser molestado; o direito de ser acusado dentro do devido processo legal e legítimo; o direito de exigir o cumprimento da lei; o direito de trabalhar e viver sem ser alvo de humilhações, violência, agressões, desrespeito, perseguições e discriminação. Direitos de mulheres, negros, índios, homossexuais, portadores de deficiência física e mental, portadores de HIV, crianças e adolescentes, idosos, policiais e presos, pobres e ricos, devem ser respeitados no dia-a-dia. Aprender, conviver e ser tolerante com a diversidade é o caminho para o respeito aos direitos humanos.' ('Discriminação nas Relações de Trabalho', *Maria Aparecida Gugel,* Revista Gênesis, julho/99, p. 70)

Discorrendo sobre o mesmo assunto preleciona o Exmo. Juiz deste Regional Júlio Bernardo do Carmo: 'É preciso impor um basta à impunidade e penalizar a má-fé e a falta de seriedade e ética nas relações laborais (...) Uma das finalidades fundamentais do Direito do Trabalho é a de assegurar o respeito da dignidade do trabalhador, pelo que a lesão que em tal sentido se lhe inflija exige uma reparação, quer entendida esta expressão em sentido lato ou no de pena (...). Se no exercício de seu poder de comando, o empregador extrapola os lindes da juridicidade e causa dano a seu empregado, fica conseqüentemente jungido à obrigação de repará-lo (...). O trabalhador mais do que outra qualquer pessoa pode sofrer danos morais em decorrência de seu emprego, até de forma mais contundente, uma vez que seu trabalho é exercido mediante subordinação' ('O Dano Moral e sua reparação no âmbito do Direito Civil e do Trabalho', Revista n. 54, TRT— 3ª Região). Ora, tendo como definição da honra, o 'sentimento de nossa dignidade própria (honra interna), o apreço e o respeito de que somos merecedores perante os nossos concidadãos (honra externa), conforme ensina *Nelson Hungria*, restou patentemente atingida a honra do reclamante, seu sentimento de dignidade própria, através dos atos humilhantes e discriminatórios que lhe foram impingidos pelo 'encarregado' da reclamada, perante os demais colegas, em função de sua cor. Dessarte, na forma da melhor doutrina, enseja reparação por danos morais, o tratamento desrespeitoso do empregador ou seu preposto, ao empregado, porquanto a conduta ilícita, vedada inclusive por lei, torna o responsável obrigado à indenização, com fundamento no artigo 159 do Código Civil, que dispõe: 'aquele que, por ação ou omissão voluntária, negligência, ou imperícia, violar direito, ou causar prejuízo a outrem, fica obrigado a reparar o dano'. Com fincas nos artigos 8º da CLT; 159 e 1.521 do Código Civil; 5º, inciso X da CF e Súmula n. 341 do STF, dou provimento ao recurso para fixar a indenização por danos morais na base de um salário recebido pelo reclamante por cada mês de trabalho prestado ao empregador, critério que entendo justo, cobrindo efetivamente o tempo em que foi verificado o constrangimento."

Discriminação no ato da admissão — Configuração

Ementa: INDENIZAÇÃO POR DANOS MORAIS — DISCRIMINAÇÃO NO ATO DA ADMISSÃO — O princípio da igualdade, talhado ao longo dos séculos pelo homem e para o homem, é um autêntico direito fundamental delineador da personalidade humana e dirige-se tanto em face do Estado, quanto do particular, que não podem pautar-se por condutas discriminatórias, preconceituosas ou racistas. No caso em tela, a prova oral e documental revelam que a 2ª Reclamada teria prometido aos empregados da 1ª Reclamada a manutenção do emprego, com a sucessão trabalhista operada, a não ser quanto àqueles que "tivessem levado a Prosegur na Justiça". No plano internacional, o Brasil ratificou a Convenção n. 111 da OIT, que trata da discriminação em matéria de emprego e ocupação, e que tem como principais preocupações a afirmação dos valores constantes da Declaração de Filadélfia, dentre os quais se inscrevem a igualdade de oportunidades, a dignidade e o progresso material, assim como a conscientização de que a discriminação constitui violação aos direitos enunciados na Declaração Universal dos Direitos do Homem. Observa Márcio Túlio Viana, em estudo em torno da Lei n. 9.029, de 13 de abril de 1995, que proíbe discriminações para efeito de acesso à relação de emprego, ou sua manutenção, por motivos "numerus clausus", de sexo, origem, raça, cor, estado civil, situação familiar ou idade, que o legislador já deixara "de fora outras hipóteses, previstas expressamente na Constituição, como as práticas discriminatórias decorrentes de deficiência (art. 7º, inciso XXXI)" (Viana, Márcio Túlio, "Proteção contra atos discriminatórios", In: "O que há de novo em Direito do Trabalho", Coordenadores. Márcio Túlio Viana e Luiz Otávio Linhares Renault, São Paulo: LTr, 1997, pág. 97). Não significa isto que os juízes não estejam buscando uma solução eqüânime para as demais formas de discriminação. A jurisprudência, como fonte formal de direito, vem de algum tempo para cá, fornecendo subsídios preciosos para o intérprete. E é este o caso dos autos, em que nos deparamos com a discriminação por força de fator não incluído no rol da lei supracitada, mas igualmente odiosa, evoluindo a jurisprudência no sentido de ceifar, na raiz, as chamadas "listas negras". Lembre-se de que o direito de ação é constitucionalmente assegurado (art. 5º, XXXV) e as chamadas "listas negras" são de há muito repudiadas pelo ordenamento jurídico, por impedir, injustamente, a admissão de trabalhadores que exerceram direito legitimamente assegurado. Assim, demonstrado que a atitude da Reclamada foi lesiva à honra e à intimidade do Reclamante, causando-lhe frustração pela oportunidade perdida injustamente, indubitável o dano moral ocasionado e a relação de causalidade entre o ato e o efeito, pelo que deve ser deferida a indenização específica, ressaltando ainda o caráter pedagógico da pena, que visa a coibir a prática discriminatória, pela Reclamada. TRT 3ª Reg. — RO 00951-2005-015-03-00-4 — (Ac. 4ª T.) — Rel. Juiz Fernando Luiz G. Rios Neto. DJMG 15.7.06, p. 13.

Discriminação pela idade e pelo padrão físico de beleza — Indenização devida

Ementa: DANO MORAL. DISCRIMINAÇÃO PELA IDADE E PELO PADRÃO FÍSICO DE BELEZA. INDENIZAÇÃO DEVIDA. Restou demonstrado pela prova que a empresa discriminou, em razão da idade, as vendedoras (assessora de vendas). Evidencia-se que não só havia seleção e preferência na contratação de empregados jovens, como também a predisposição de dispensar, paulatinamente, as vendedoras que não mais atendiam ao perfil de jovialidade incorporado pela reclamada. A prova oral evidencia a atitude discriminatória da reclamada, que expôs a reclamante a situações vexatórias, de humilhação, quando submetida às avaliações periódicas, nas quais a empresa dava ênfase a critérios fúteis de aparência física, ao invés de ater-se a critérios objetivos de produtividade e qualidade dos serviços prestados. A reclamada feriu a auto-estima e a dignidade da reclamante, ao imputar-lhe o atributo de inutilidade, apenas em razão do envelhecimento natural e pela não correspondência ao padrão de beleza física e estética estabelecidos dentro da empresa. TRT 9ª Reg. — Proc. 17129-2000-009-09-00-3 (RO-10.900/2002) — (Ac. 14.237/03) — Rel. Juiz Sergio Murilo Rodrigues Lemos. DJPR 20.6.03, p. 291.

Discriminação por idade — Não configuração

Ementa: DANO MORAL. INDENIZAÇÃO. REVISTAS. DISCRIMINAÇÃO POR IDADE. INDEFERIMENTO. I. É lícito o procedimento do Empregador de efetuar revistas nas bolsas de seus empregados, desde que não lhes atinjam a intimidade, a dignidade e a auto-estima. Procedimento este, que decorre de zelo ao patrimônio e do próprio direito de fiscalizar. II. A alegação de prática discriminatória consistente na demissão de empregado fora do perfil etário desejado pela Reclamada deve ser robustamente comprovada, pois ao empregador é permitido de forma lícita, utilizar-se da prerrogativa legal de dispensar o empregado sem justa causa ou por justa causa, quando deseja interromper o contrato de trabalho. Recurso ordinário da Reclamante a que se nega provimento. TRT 9ª Reg. — RO 1708-2001-007-09-00-9 — (Ac. 1ª T. 24819/05) — Rel. Juiz Ubirajara Carlos Mendes. DJPR 30.9.05, p. 416.

Discriminação racial — Configuração

Ementa: DANO MORAL. DISCRIMINAÇÃO RACIAL. A discriminação é extremamente perversa e deve ser coibida. O fato de ignorarmos a discriminação racial, sabendo que ela existe, é inadmissível. O direito, aliás, tem mesmo este papel de corrigir as nossas deficiências, coagindo-nos a atuar de modo diverso, no sentido do ideal, e o ideal neste tema é respeitar a condição humana ou, em outras palavras, não discriminar. O artigo 3º da Constituição Federal, em seu inciso IV, estabelece como um dos objetivos fundamentais da República: "promover o bem de todos, sem preconceitos de origem, raça, sexo, cor, idade e quaisquer outras formas de discriminação." Portanto, a prática de referir-se aos empregados utilizando-se de termos, tais como, "negrinho", "pretinho", evidenciam a discriminação racial, sendo devida a reparação por danos morais. TRT 9ª Reg. — RO 00804-2004-019-09-00-6 — (Ac. 4ª T. 17365/05) — Rel. Juiz Arnor Lima Neto. DJPR 12.7.05.

Da decisão acima colhe-se o seguinte fundamento:

"III — INDENIZAÇÃO POR DANOS MORAIS

Sustenta a Reclamada que não restou comprovado nos autos a ocorrência de dano moral; que a expressão utilizada 'negrinho', não possuía caráter discriminatório, conforme relato das testemunhas. Transcreve os depoimentos.

A testemunha indicada pelo Autor, Ivair Meirelis da Silva, presenciou o gerente Luciano falando para o Reclamante Valdecir (prova emprestada, fl. 59), que o gerente de Foz do Iguaçu, Sr. Geraldo, havia falado para *'mandar os negrinhos embora'*; ... *'os negrinhos referidos eram o Reclamante e o irmão'*.

O Reclamante Valdecir (prova emprestada), ao ser inquirido, afirmou que: *'foi vítima de racismo porque o Sr. Luciano, gerente setorial, não gostava do depoente nem do irmão do depoente; o gerente regional disse para o Luciano quando você chegar lá mande os pretinhos embora; chegou a fazer brincadeiras do tipo 'todo preto é engenheiro porque veio do engenho'; fica registrado que neste* ***momento o Reclamante chora;'*** (fl. 58).

Vale destacar, que a discriminação é extremamente perversa e deve ser coibida. O fato de ignorarmos a discriminação racial, sabendo que ela existe, é inadmissível.

O direito, aliás, tem mesmo este papel de corrigir as nossas deficiências, coagindo-nos a atuar de modo diverso, no sentido do ideal, e o ideal neste tema é respeitar a condição humana ou, em outras palavras, não discriminar.

O artigo 3º da Constituição Federal, em seu inciso IV, estabelece como um dos objetivos fundamentais da República: *'promover o bem de todos, sem preconceitos de origem, raça, sexo, cor, idade e quaisquer outras formas de discriminação.'*

Portanto, a prática de referir-se aos empregados utilizando-se de termos, tais como, 'negrinho', 'pretinho', evidenciam a discriminação racial, sendo devida a reparação por danos morais.

A propósito do assunto, a ementa que transcrevo:

'RECURSO DA RECLAMADA — DANOS MORAIS DECORRENTES DE DISCRIMINAÇÃO RACIAL — As recentes mudanças no mundo do trabalho, as novas formas de organização e reestruturação produtiva colocam novos desafios para os gestores de pessoas, principalmente no que diz respeito à intensificação de processos de exclusão de grupos que foram discriminados ao longo da história. Por pressão dos movimentos negro e de mulheres, nas últimas duas décadas crescem no interior dos sindicatos e das centrais o número de setores com o objetivo de abordar especificamente a problemática das desigualdades de gênero e raça, e esses órgãos pressionam o Estado e as empresas a buscarem soluções. A exclusão econômica e social, um dos mais dramáticos e irredutíveis retratos do processo de mudanças que afligem o mundo do trabalho, não impacta uniformemente os diferentes seguimentos sociais. Os atributos da pessoa, a exemplo da idade, gênero, porte de deficiências, orientação sexual e, destacada e especialmente, a raça, são associados a fatores econômicos, agravando ainda mais as condições de trabalho e de vida dos grupos socialmente estigmatizados. Ainda que o autor admitisse que os colegas o chamassem por apelidos, por não gostar de seu nome, certo é, conforme enfatizado pelo juízo de primeiro grau, que há alguns epítetos utilizados pelos superiores hierárquicos do obreiro, como, por exemplo, 'macaco', que são inadmissíveis em uma relação de desigualdade de forças como ocorre na de empregado e patrão. E até mesmo por uma questão de lógica, ou seja, por ser o autor da cor negra, já vai junto ao apelido uma carga incontestável de prática de racismo. Apelo desprovido. Recurso adesivo do reclamante. Valor da indenização por danos morais. Conforme observa João de Lima Teixeira Filho, 'não há negar que a compensação pecuniária domina nas condenações judiciais, seja por influxos do cenário econômico, antes instável e agora em fase de estabilização, seja pela maior liberdade do juiz em fixar o *quantum debeatur*. Deve fazê-lo embanhado em prudência e norteado por algumas premissas, tais como: a extensão do fato inquinado (número de pessoas atingidas, de assistentes ou de conhecedoras por efeito de repercussão); permanência temporal (o sofrimento é efêmero, pode ser atenuado ou tende a se prolongar no tempo por razão plausível); intensidade (o ato ilícito foi venial ou grave, doloso ou culposo); antecedentes do agente (a reincidência do infrator deve agravar a reparação a ser prestada ao ofendido); situação econômica do ofensor e razoabilidade do valor.' Dentro desse contexto, tem-se que o valor atribuído à indenização é bastante razoável, tendo em vista o tempo de trabalho do autor na reclamada, bem como o salário que percebia. Apelo, neste particular, desprovido. (TRT 17ª Reg. — RO 00296.2002.005.17.00.8 — Rel. Juiz José Carlos Rizk — J. 07.05.2003).'

Quanto ao pedido sucessivo, de diminuição do valor da indenização, igualmente não prospera.

Certo é que a violação dos direitos da personalidade não pode ser plenamente reparada. Dessa maneira, o mínimo que se pode impor ao empregador, para que seja minimizada a dor sofrida pelo empregado em decorrência de dano moral, é a reparação do dano causado por meio de indenização pecuniária, que deve ser arbitrada considerando-se a gravidade da ofensa.

A doutrina costuma dizer que aquele que causa o dano moral deve sofrer no 'bolso' dor igual a que fez sofrer moralmente outra pessoa. Seguindo tal raciocínio, a indenização por dano moral tem sido aplicada em quantias vultosas visando à inibição de atentados contra a personalidade alheia.

Toda a matéria referente à configuração do dano moral e a conseqüente fixação da indenização foi devidamente analisada na r. sentença *a quo,* levando-se em conta os princípios da proporcionalidade e da razoabilidade, não merecendo reparo, pois a fixação da indenização em 10 (dez) salários do Autor atende a estes princípios, tendo em conta que o mesmo auferia R$ 715,00 por mês (TRCT, fl. 37).

NADA A MODIFICAR."

Discriminação racial — Não configuração

Ementa: DANO MORAL. INDENIZAÇÃO. DISCRIMINAÇÃO RACIAL. Para que seja possível a condenação da ré na indenização por dano moral, é fundamental a comprovação robusta de que esta, por meio de algum representante, participou ativa ou passivamente, da prática discriminatória. A mera juntada de documentos relativos a inquérito policial movido contra um seu gerente não basta, por si só, para caracterizar a conduta típica pois não conclusivo a culpabilidade do indiciado. Tampouco existem provas testemunhais a respeito. Sentença que se mantém. TRT 9ª Reg. — Proc. 00456-2002-096-09-00-4 — (Ac. 06.640-2003) — Rel. Juiz Sergio Murilo Rodrigues Lemos. DJPR 4.4.03, p. 429.

Discriminação racial — Não configuração

Ementa: DANO MORAL. DISCRIMINAÇÃO RACIAL. NÃO CARACTERIZAÇÃO. Para a caracterização do direito à reparação do dano moral, há que verificar, no plano fático, o impulso do agente, o resultado lesivo e o nexo causal entre ambos. Tais elementos constituem-se nos pressupostos da responsabilidade civil prevista no art. 186 do Código Civil. Deve existir, pois, relação de causalidade entre o dano experimentado e a ação ou omissão alheia. Desta forma, cumpre haver ação (comportamento positivo) ou omissão (comportamento negativo) de outrem que, de acordo com as circunstâncias fáticas, venha alcançar e ferir, de modo injusto, componente referente à esfera da moralidade do lesado. Todavia, tais hipóteses não restaram configuradas, na medida em que os atos de discriminação racial alegados pelo autor na verdade constituiram "brincadeiras", que de fato não possuiam caráter discriminatório, muito menos intenção ofensiva, mas apenas em maneira não convencional de se relacionar com os demais companheiros de trabalho. Recurso provido por unanimidade. TRT 24ª Reg. — RO.1 333/2006-6-24-0-0 — (Ac. 2ª T.) — Rel. Des. João de Deus Gomes de Souza. DOC. n. 37382. DOE 25.5.07.

Discriminação racial — Sofrimento e humilhação — Configuração

Ementa: DANO MORAL. INDENIZAÇÃO. Comprovado que o autor sofreu odiosa discriminação racial por parte do empregador, razoável a fixação do valor de R$ 48.200,00, que compensará, ainda que parcialmente, a dor, o sofrimento e a humilhação a ele impingidos. TRT 2ª Reg. — RO 01415200300102007 — (Ac. 3ª T. 20040568606) — Relª Juíza Silvia Regina Pondé Galvão Devonald. DJSP 9.11.04, p. 136.

Da decisão acima, colhe-se a seguinte fundamentação:

"Do dano moral

Irresignada, a recorrente manifesta seu inconformismo com a r. sentença de primeiro grau que a condenou ao pagamento da importância de R$ 48.200,00 (quarenta e oito mil e duzentos reais), a título de dano moral. Pretendendo sua reforma, sustenta que não há prova cabal das alegações constantes da peça primígena.

O apelo não merece prosperar.

Na exordial, o autor declara que foi admitido pela reclamada em 04 de agosto de 2000, para exercer as funções de mecânico. Esclarece que trabalhou até meados de 2002, cumprindo sua rotina sem que houvesse incidente algum que merecesse ser mencionado. Porém, a partir de referida ocasião, com a reformulação interna na reclamada, quando o sr. Jacyr Martins Costa Júnior (conhecido por Ciso), filho do proprietário, passou a coordenar a área operacional da reclamada, juntamente com o novo supervisor sr. Abílio, começou a sofrer uma série de humilhações por parte do sr. Ciso, que a ele se dirigia de forma ultrajante, denegrindo-o perante os colegas de serviço em razão de sua aparência física, de seu nível social e por pertencer à raça negra.

Em defesa (fls. 18/22), a reclamada argumenta que o sr. Ciso nunca deixava a matriz para visitar as lojas e, na eventualidade de lá ter comparecido, caso detectasse algo que o desagradasse, comunicaria ao supervisor de lojas para que tomasse as providências necessárias. Afirma, também, que inverídicas as alegações do reclamante, uma vez que o sr. Ciso não conhece pessoalmente nenhum mecânico da empresa e que tais atitudes não se coadunam com sua formação cultural e familiar.

Em razões de recurso, a recorrente tenta destituir de fidedignidade os depoimentos prestados pelas testemunhas do autor, argumentando que o sr. Rodrigo Dallacqua (primeira testemunha do reclamante — fls. 14) mentiu perante o Juízo, com a intenção de se vingar da reclamada, porque, tendo interposto reclamação trabalhista contra ela, não obteve a procedência e foi condenado ao pagamento das custas processuais. Afirma, também, que as testemunhas mentiram, existindo contradições entre as declarações por elas prestadas.

Note-se que, além de o MM. Juízo 'a quo' ter alertado as testemunhas a respeito das conseqüências do falso testemunho, a recorrente debate tardiamente a suspeição das testemunhas, uma vez que por ocasião da audiência (fls. 14), deixou de argüir a contradita, não se apresentando o recurso ordinário o momento apropriado para fazê-lo. Ademais, cumpre ressaltar que, nos termos do Enunciado n. 357, do C. TST, *'não torna suspeita a testemunha o simples fato de estar litigando ou de ter litigado contra o mesmo empregador'.*

Outrossim, inócuo o argumento utilizado pela recorrente de que empregava várias pessoas negras ou mestiças, na tentativa de demonstrar que não fazia restrição alguma a cor da pele de seus empregados, pois o debate em tela diz respeito ao caso específico do autor, ao tratamento única e exclusivamente a ele dispensado enquanto seu empregado.

De mais a mais, faz-se mister salientar, por oportuno, que não cabe a este Juízo detectar ou discorrer sobre os motivos que desencadearam a série de ofensas proferidas pelo acusado ao autor, ou cogitar a respeito da sanidade mental do ofensor, pois tais considerações fogem ao âmbito desta Justiça Especializada.

Assim sendo, da análise da prova oral, produzida às fls. 13/15, depreende-se que o autor logrou comprovar os fatos narrados na prefacial. Frise-se que, conforme ressaltou o MM. Julgador de origem, as testemunhas trazidas a Juízo pela reclamada contradisseram a tese defensiva, restando inquestionável que o sr. Jacyr visitava as lojas e conhecia o reclamante. Ao contrário das testemunhas do reclamante, que corroboraram os acontecimentos descritos na inicial, sendo que a primeira delas declarou ainda que *'a presença do reclamante 'incomodava' o sr. Ciso'* (fls. 14), demonstrando de forma cabal que as ofensas eram dirigidas exclusivamente ao reclamante, como ser humano, sem motivo plausível, mesmo porque a própria reclamada confirma, em razões de recurso (fls. 50, item 05), que o demandante nunca foi advertido ou suspenso e sua dispensa se deu sem justa causa.

Desta forma, suficientemente provado o dano moral sofrido pelo autor, pois, conforme define Savatier, o dano moral consiste em *'qualquer sofrimento humano que não é causado por uma perda pecuniária', e abrange todo atentado à reputação da vítima, à sua autoridade legítima, ao seu pudor, à sua segurança e tranqüilidade, ao seu amor-próprio estético, à integridade de sua inteligência, a suas afeições etc.* ('Traité de la responsabilité civile', vol. II, n. 525). Nesse sentido, temos que a reparabilidade pelo dano moral decorre da ofensa aos direitos integrantes da personalidade do indivíduo, que não podem ser atingidos impunemente.

'O ser humano tem uma esfera de valores próprios que são postos em sua conduta não apenas em relação ao Estado, mas, também, na convivência com os seus semelhantes. Respeitam-se, por isso mesmo, não apenas aqueles direitos que repercutem no seu patrimônio material, mas aqueles direitos relativos aos seus valores pessoais, que repercutem nos seus sentimentos...' (TJRJ 1ª C. — Ap. — Rel. Carlos Alberto Menezes Direito — j. 19.11.91 — RDP 185/198).

Quanto ao valor, Brebbia destaca alguns elementos que devem ser considerados para a sua fixação: *'a gravidade objetiva do dano, a personalidade da vítima (situação familiar e social, reputação), a gravidade da falta (conquanto não se trate de pena, a gravidade e mesmo a culpa da ação implica na gravidade da lesão), a personalidade (as condições) do autor do ilícito'* ('El Daño Moral', p. 19).

De tal sorte, temos que considerar que o autor teve lesada sua honra na condição de empregado, por seu empregador, ou melhor, pelo filho de seu empregador que, na condição de diretor, subjugou-o ao poder do qual era detentor, decidindo ao seu alvedrio se deveria mantê-lo ou não no emprego, meio de subsistência de uma pessoa humilde, com pouca escolaridade, que se encontra à mercê do escasso mercado de trabalho que assola nosso país. Aí a explicação do porquê o reclamante se conservou tanto tempo, quase um ano, sem reagir aos impropérios dos quais foi vítima.

Por conseguinte, o demandante deve receber uma soma que lhe compense a dor ou o sofrimento, apresentando-se razoável o valor de R$ 48.200,00 (quarenta e oito mil e duzentos reais) arbitrado pelo MM. Juízo 'a quo', uma vez que atende às circunstâncias do caso em tela, não representando fonte de enriquecimento do autor, como argumenta a reclamada.

Mantenho, portanto, o r. *decisum* de primeiro grau, sob este aspecto."

Indenização — Desavença pessoal entre colegas — Rescisão sem justa causa — Ato discriminatório — Inexistente

Ementa: INDENIZAÇÃO POR DANO MORAL. DESAVENÇA PESSOAL ENTRE COLEGAS. RESCISÃO SEM JUSTA CAUSA. ATO DISCRIMINATÓRIO. INEXISTENTE. A teor do artigo 159, do Código Civil, de aplicação supletiva no Direito do Trabalho (art. 8º, parágrafo único, da CLT), o dano moral deve acarretar prejuízo real para justificar a indenização correspondente, sendo imprescindível a presença do fato lesivo voluntário, decorrente de ação ou omissão, negligência ou imprudência do agente, dano material ou moral experimentado pela vítima e nexo causal entre o dano sofrido e o comportamento do agente. Conforme assente nos autos a rescisão do contrato de trabalho sem justa causa, mesmo que 1 (um) dia após a desavença havida entre a Reclamante e sua colega, não teve origem neste fato, não se constituindo em ato discriminatório, mas sim de pleno exercício do direito potestativo do Empregador, bem como não restou provado o nexo causal entre o desentendimento e a rescisão, logo não houve dano. A assertiva de que os fatos tenham influenciado a decisão patronal de demitir sem justa causa não gera a presunção de ato lesivo voluntário, apenas firmou o convencimento patronal, tanto que demitiu sem justa causa, vez que indene de dúvidas de que a desavença teve como causa questões pessoais e não profissionais tanto que transcendeu o ambiente de trabalho. TRT 9ª Reg. — RO-08627-2002 — (Ac. 01.518/03) — Rel. Juiz Ubirajara Carlos Mendes. DJPR 24.1.03, p. 217.

Ofensas verbais — Discriminação racial — Dano moral configurado

Ementa: OFENSAS VERBAIS. DISCRIMINAÇÃO RACIAL. DANO MORAL CARACTERIZADO. As ofensas verbais dirigidas ao empregado, pelo empregador, reveladoras de preconceito racial, constituem prática de ato ilícito tipificado como crime e classificado como hediondo pelo nosso ordenamento legal. Os atos discriminatórios, por causarem lesão à honra, à imagem e à dignidade da pessoa devem ser, de pronto, repudiados por esta Justiça, e ensejam reparação por danos morais. TRT 3ª Reg. — RO 00186-2005-076-03-00-2 — (Ac. 8ª T.) — Rel. Juiz José Marlon de Freitas. DJMG 3.9.05, p. 23.

Opção sexual — Alegação de prática discriminatória — Indenização — Ônus da prova

Ementa: DISPENSA SEM JUSTA CAUSA. ALEGAÇÃO DE PRÁTICA DISCRIMINATÓRIA. INDENIZAÇÃO. ÔNUS DA PROVA. O ordenamento jurídico brasileiro reconhece o direito potestativo do empregador de extinguir o contrato de trabalho, sem justa causa, por ato unilateral. Cessado o vínculo de trabalho por esta via, é despiciendo que o empregador prove, em juízo, as razões que o levaram a extinguir a relação empregatícia com a obreira. Por outro lado, alegado pela Reclamante que a dispensa teve por pano de fundo a existência de prática discriminatória da empresa, em virtude de sua opção sexual, incumbe à obreira o ônus da prova do fato constitutivo de seu direito. Assim, é irrelevante para o deslinde do feito se o empregador não logrou demonstrar em juízo as razões deduzidas na defesa para justificar a demissão, eis que a mesma se deu sem justa causa. "A contrario sensu", recaindo o ônus da prova sobre a Autora, incumbia a ela a prova da existência de prática discriminatória no estabelecimento. Ausente, contudo, qualquer elemento probatório que permita esta conclusão, carece de fundamento fático a pretensão indenizatória. Recurso ordinário da Reclamada a que se dá provimento. TRT 9ª Reg. — Proc. 00213-2003-093-09-00-8 — (Ac. 21657/04) — Rel. Juiz Ubirajara Carlos Mendes. DJPR 1º.10.04, p. 599.

Opção sexual — Demissão — Dano moral configurado

Ementa: OPÇÃO SEXUAL. DEMISSÃO. DANO MORAL CONFIGURADO. *In casu*, não restam dúvidas de que a ré lesou a honra do recorrido, pois ainda que a dispensa tenha se dado sob o manto de imotivada, em verdade, não passou de uma atitude totalmente arbitrária. O preconceito sexual de seus prepostos violou o disposto no inciso IV, do artigo 3º da Carta Magna, a merecer indenização por dano moral. Com efeito, não se pode negar que a dispensa de um trabalhador constitui em direito subjetivo do empregador que, a qualquer momento, e pagando-lhe os direitos correlatos, pode pôr fim ao liame empregatício mantido entre as partes. Contudo, não pode valer-se de seu poder potestativo para praticar atos discriminatórios como os descritos nos autos em epígrafe, causando gravame ao empregado, em seus direitos personalíssimos. Discriminar o que se convenciona fora dos "padrões normais" é comum em nossa sociedade (aliás, afirmar o contrário seria hipocrisia!), não obstante nos dias de hoje, as atitudes não sejam tão ostensivas como no passado. Contudo, não há como o Poder Judiciário tolerar abusos dessa ordem e o legislador não pode mais manter-se insensível à necessidade de regulamentação da matéria em comento. O homossexual não pode ser marginalizado pelo simples fato de direcionar sua atenção para outra pessoa do mesmo sexo, já que sequer pode-se precisar o que define a opção sexual do ser humano: se fatores biológicos, psicológicos ou até mesmo ambos. De todo acerto e procedência é a decisão de primeiro grau, que censurou a atitude da recorrente. Não há razão alguma ou argumento que possa retirar a condenação. TRT 2ª Reg. — RO 00742200201902009 — (Ac. 6ª T. 20050694159) — Rel. Juiz Valdir Florindo. DJSP 14.10.05, p. 134.

Da decisão acima, colhe-se o seguinte fundamento:

"3. Do dano moral:

O reclamante noticiou em sua prefacial, que foi dispensado segundo determinações da dra. Kátia, chefe da área de bioquímica, que sustentou não permitir que homossexuais laborassem em seu setor. Disse, ainda, que a notícia de sua demissão *percorreu a empregadora como um rastilho de pólvora,* violando, por conseguinte, sua intimidade, imagem e vida privada.

Ao oferecer defesa, a ré disse ser sabedora de sua condição de homossexual desde a sua admissão, não havendo por parte de seus superiores imediatos qualquer prática discriminatória. Aduziu que se fossem verdadeiras as alegações exordiais, por certo o autor não teria laborado na empresa durante três anos. Salientou, também, que o recorrido foi imotivadamente dispensado *pois não estava mais correspondendo às expectativas da empresa.*

Visando constatar a veracidade ou não dos fatos narrados na peça preambular, foram ouvidas cinco testemunhas, sendo duas a convite do autor e três a cargo da ré. E dos depoimentos transcritos às fls. 114/118, infere-se que, de fato, a dispensa do reclamante se deu de forma discriminatória.

Assim é que a primeira testemunha do recorrido e quem o dispensou, asseverou que *foi a superiora hierárquica da depte. quem pediu para demitir o reclamante, Dra. Kátia Cristina Mugnol...; que a depte. argumentou com a dra. Kátia sobre o fato de o reclamante ser um bom funcionário, mas mesmo assim a dra. Kátia insistiu na dispensa; que como ocorreram boatos na reclamada a respeito do reclamante inclusive dizendo que dada a opção sexual do reclamante, este 'cantava' os pacientes, a depte. acredita que a dispensa do reclamante decorreu desse fato; a depte. chegou a essa conclusão porque alguns meses antes da dispensa do reclamante ingressou no setor de uma biomédica de nome Margarete, que não se dava bem com o reclamante, e que dizia que não queria trabalhar ao lado do reclamante por causa da opção do reclamante; que a sra. Margarete falava isso para quem quisesse ouvir no setor, por puro preconceito; que a sra. Margarete era subordinada da dra. Kátia; que a depte. acredita que a sra. Margarete teve influência na decisão da dra. Kátia quanto à dispensa do reclamante...; trabalhava diariamente ao lado do reclamante e o comportamento deste sempre foi correto; que antes do ingresso da sra. Margarete o comportamento da dra. Kátia para com o reclamante era amigável, depois a dra. Kátia parou até de falar com o reclamante* (fl. 115).

Da mesma forma, disse a segunda testemunha do recorrido que *um dia ao bater o cartão ouviu uma pessoa que trabalhava nessa mesma sala com o reclamante, sra. Margarete, gritando com o reclamante e falando palavras de baixo calão, inclusive dizendo que o reclamante era garoto de programa e que se dependesse dela, Margarete, o reclamante não permaneceria na reclamada; que a sra. Margarete dizia ao reclamante além das palavras de baixo calão coisas a respeito de sua opção sexual, mas não com palavras elegantes...; que acredita que esses fatos se deram no dia em que o reclamante foi dispensado; que a sra. Margarete nesse dia chegou quase a agredir fisicamente o reclamante; que a depte. já estava tentando acalmar a sra. Margarete, mas quando a agressão chegou quase as vias de fato e o reclamante já estava chorando, a depte. pediu que este saísse fora da sala* (fls. 115/116).

Já a Dra. Kátia, citada nos depoimentos supratranscritos, asseverou que o recorrido foi dispensado por não cumprir as metas impostas pelas rés.

Contudo, os empregados Márcio e Marta, exercentes dos mesmos misteres que o autor, também foram ouvidos em juízo e asseveraram que *não havia meta a cumprir no setor* (fls. 117/118). Aliás, a funcionária Marta também presenciou a discussão que precedeu a dispensa do recorrido.

Portanto, conforme já asseverado pelo MM. Juízo de origem à fl. 120 do processado, mendaz *o argumento de que o reclamante foi dispensado pelo seu desempenho profissional insatisfatório.* E, partindo-se da premissa de que o recorrido não foi dispensado por desatender as expectativas esperadas pela ré, não há outra conclusão a se chegar senão a de que foi dispensado em decorrência de sua opção sexual.

Pois bem.

Liberdade sexual, nas palavras da **Professora Maria Helena Diniz**, em seu 'Dicionário jurídico', *'pode ser entendida como: Direito de disposição do próprio co ou de não ser forçado a praticar ato sexual'.*

Já **Aurélio Buarque de Holanda Ferreira**, em seu 'Novo Dicionário da Língua Portuguesa', define o verbo discriminar, do latim 'discriminare', como 'diferenciar, distinguir, discernir', sendo o preconceito, do latim 'praeconcetu' conceituado como 'opinião formada antecipadamente, sem se levar em conta o fato que a conteste'.

In casu, não restam dúvidas de que a ré lesou a honra do recorrido, pois ainda que a dispensa tenha se dado sob o manto de imotivada, em verdade, não passou de uma atitude totalmente arbitrária. O preconceito sexual de seus prepostos violou o disposto no inciso IV, do artigo 3º da Carta Magna, a merecer indenização por dano moral.

Citando entendimento similar de **Enoque Ribeiro dos Santos**: *'Inúmeras vezes ocorre a perpetração do ato ilícito contra o trabalhador, ou vice-versa,* *no exato momento da dispensa do empregado. Ora, é justamente neste momento que geralmente os ânimos estão mais exaltados, seja por parte do obreiro, ou do empregador, desencadeando o cometimento do ato ilícito, através de frases, gestos, palavras ou ações, de forma direta, ou perante terceiros. Em não havendo ponderação e equilíbrio de uma das partes contratantes, ou existindo algo mal resolvido entre elas no passado, que não raro acontece, este momento mais acalorado poderá ser palco de troca de insultos, acusações infundadas e inverídicas, calúnias, difamação, etc., produtoras do Dano Moral Trabalhista.'*

A proteção da dignidade humana, da honra e da imagem do homem, está universalmente reconhecida, prevista e garantida na 'Declaração Universal dos Direitos do Homem', proclamada por Resolução de n. 217, de 10 de dezembro de 1948, pela Assembléia Geral das Nações Unidas (ONU), estando o Brasil entre os países signatários. Vejamos o que dispõe seu artigo XII, 'in verbis':

'Art. XII — Ninguém será sujeito à interferência na sua vida privada, na sua família, no seu lar ou na sua correspondência, nem a ataques à sua honra e reputação. Todo homem tem direito à proteção da lei contra tais interferências ou ataques.'

No mesmo diapasão, válido citar uma vez mais o posicionamento da doutrina, nas palavras de **Maria Aparecida Gugel**: *'Falar sobre discriminação nas relações de trabalho implica antes identificar a Declaração Universal dos Direitos Humanos que em seus trinta artigos propõe como ideal comum e como objetivo a ser atingido por todos os povos e todas as nações que cada indivíduo e cada órgão da sociedade se esforce, através do ensino e da educação, para promover o respeito aos direitos e liberdades. Entre eles o direito de ir e vir sem ser molestado; o direito de ser acusado dentro do devido processo legal e legítimo; o direito de exigir o cumprimento da lei; o direito de trabalhar e viver sem ser alvo de humilhações, violência, agressões, desrespeito, perseguições e discriminação. Direitos de mulheres, negros, índios, homossexuais, portadores de deficiência física e mental, portadores de HIV, crianças e adolescentes, idosos, policiais e presos, pobres e ricos, devem ser respeitados no dia-a-dia. Aprender, conviver e ser tolerante com a diversidade é o caminho para o respeito aos direitos humanos.'*

Com efeito, o Brasil ratificou, ainda, a **Convenção n. 111 da OIT**, vetando toda discriminação de raça, cor, sexo, religião, opinião política, ascendência nacional ou origem social para ingresso e permanência no emprego, valendo-se dos valores dispostos na Declaração de Filadélfia.

Por outro lado, não se pode negar que a dispensa de um trabalhador constitui em direito subjetivo do empregador que, a qualquer momento, e pagando-lhe os direitos correlatos, pode pôr fim ao liame empregatício mantido entre as partes. Contudo, não pode valer-se de seu poder potestativo para praticar atos discriminatórios como os descritos nos autos em epígrafe, causando gravame ao empregado, em seus direitos personalíssimos.

Discriminar o que se convenciona fora dos 'padrões normais' é comum em nossa sociedade (aliás, afirmar o contrário seria hipocrisia!), não obstante nos dias de hoje, as atitudes não sejam tão ostensivas como no passado. Contudo, não há como o Poder Judiciário tolerar abusos dessa ordem e o legislador não pode mais manter-se insensível à necessidade de regulamentação da matéria em comento.

O homossexual não pode ser marginalizado pelo simples fato de direcionar sua atenção para outra pessoa do mesmo sexo, já que sequer pode-se precisar o que define a opção sexual do ser humano: se fatores biológicos, psicológicos ou até mesmo ambos.

Eis o que fala o Ilustre **Celso Antônio Bandeira de Mello**: *'As discriminações são recebidas como* ***compatíveis com a cláusula igualitária apenas e tão-somente quando existe um vínculo de correlação lógica*** *entre a peculiaridade diferencial acolhida por residente no objeto e a desigualdade de tratamento em função dela conferida,* ***desde que tal correlação não seja incompatível com interesses prestigiados na Constituição****.'*

Já nas palavras de **Rodolfo M. V. Pamplona Filho,** em 'Orientação Sexual e Discriminação no Emprego', *se é certo que a liberdade é algo inerente à capacidade volitiva do homem, escolhendo a prática deste ou daquele tipo de ação, muito mais evidente é que haverá certos tipos de atos que serão reprimidos pela Ordem Jurídica, como verdadeiras limitações ao exercício absoluto da liberdade. Tais limites, do ponto de vista da teoria geral do Direito, nada mais são do que o estabelecimento de sanções a determinados tipos de conduta que podem ser praticadas pelos indivíduos, no exercício de sua liberdade. Em outros termos, podemos afirmar que um preceito proibitivo não impede, de forma alguma, que a pessoa, no exercício de sua liberdade individual, pratique a conduta vedada pelo Direito, mas sim estabelece, em verdade, que a opção por aquela conduta implicará, deontologicamente, na aplicação de uma determinada sanção pela violação da ordem jurídica. Os limites, portanto, ao exercício absoluto da liberdade do ser humano nada mais são do que a proteção que o ordenamento jurídico empresta a determinados bens jurídicos como a vida, a propriedade e a própria liberdade.*

Não se pode olvidar, outrossim, que nos moldes preconizados pelo ***caput* do artigo 5º Constitucional**, são invioláveis **o direito à vida e à igualdade, sendo assegurado o direito de resposta, proporcional ao agravo,** bem como o direito à indenização por dano moral, material ou à imagem. Outrossim, **o inciso I, do artigo 7º, também da Carta Magna vigente,** veda a dispensa arbitrária. Da mesma forma, **o artigo 1º, da Lei n. 9.029, de 13 de abril de 1995,** proíbe a adoção de qualquer prática discriminatória por motivo de sexo, origem, raça, cor, estado civil, situação familiar ou idade, aplicando-se ao caso em tela, ainda que por analogia.

E, conforme bem preleciona a Ilustre **Alice Monteiro de Barros,** *in 'Revista de Direito do Trabalho 1998'*, p. 138, a Convenção 158 da OIT não autoriza a ruptura da relação empregatícia, sem que haja uma 'causa justificada', relacionada com sua capacidade ou conduta.

Na realidade, configura-se a discriminação por sexo quando o empregado é despedido por fazer parte das chamadas 'minorias sexuais', como escreve o **Professor Luiz de Pinho Pedreira da Silva**: *'Ao ver de Antônio Jeová as reprovações ao homossexualismo, inclusive de ordem religiosa e de ordem médica, podem levar os homossexuais à marginalização social. 'Daí as constantes discriminações que conduzem à prática danosa do agravo moral.'*

De todo acerto e procedência é a decisão de primeiro grau, que censurou a atitude da recorrente. Não há razão alguma ou argumento que possa retirar a condenação.

E quanto ao valor arbitrado à indenização, também não prosperam as irresignações recursais, já que muito embora represente uma compensação à vítima, a reparação do dano moral deve, sobretudo, constituir uma pena, ou seja, uma sanção ao ofensor, especialmente num País capitalista em que vivemos, onde cintilam interesses econômicos. Logo, razoável o valor de 50 (cinqüenta) salários mínimos arbitrado pelo MM. Juízo de origem.

Nada a reformar."

Opção sexual — Suposta — Discriminação — Dispensa indireta — Ato lesivo da honra e boa fama — Cabimento

Ementa: DANO MORAL. SUPOSTA OPÇÃO SEXUAL. DISCRIMINAÇÃO. DISPENSA INDIRETA. ATO LESIVO DA HONRA E BOA FAMA. CABIMENTO. Enseja indenização por dano moral, de responsabilidade da empresa, atos reiterados de chefe que, no ambiente de trabalho, ridiculariza subordinado, chamando pejorativamente de "gay" e "veado", por suposta opção sexual. Aliás, é odiosa a discriminação por orientação sexual, mormente no local de labor. O tratamento dispensado com requintes de discriminação, humilhação e desprezo a pessoa do reclamante, afeta a sua imagem, o íntimo, o moral, dá azo à reparação por dano moral, além de configurar a dispensa indireta por ato lesivo da honra e boa fama do trabalhador, eis que esses valores estão ao abrigo da legislação constitucional e trabalhista (arts. 3º, IV, e 5º, X, da CF; art. 483, "e", da CLT). TRT 15ª Reg. (Campinas/SP) — ROPS 0872-2005-015-15-00-8 — (Ac. 16097/06-PATR, 12ª Câmara) — Rel. Juiz Edison dos Santos Pelegrini. DJSP 7.4.06, p. 57.

Prática discriminatória — Empregado portador de hepatite "b" e "c" — Não configuração

Ementa: DANO MORAL. PRÁTICA DISCRIMINATÓRIA. EMPREGADO PORTADOR DE HEPATITE "B" E "C". Não se pode presumir prática de ato discriminatório pela reclamada, pelo simples fato de ter sido constatado que o reclamante é portador de hepatite "B" e "C", se não evidenciado que ele fora discriminado por tal fato ou exposto à situação vexatória, humilhante ou de confinamento dos demais empregados da empresa. TRT 3ª Reg. — RO 00015-2004-023-03-00-7 — (Ac. 5ª T.) — Rel. Juiz Emerson José Alves Lage. DJMG 19.6.4, p. 12.

Preconceito religioso — Configuração

Ementa: PRECONCEITO RELIGIOSO. DANO MORAL. INDENIZAÇÃO. A condenação ao pagamento de indenização por dano moral está condicionada à coexistência de ação ilícita por parte do empregador, de dano sofrido pelo empregado e de nexo de causalidade entre ambos. Discriminações de raça, credo e religião são odiosas e merecem reprimenda que não apenas busque a reparação do dano, mas que também desincentive a conduta ilícita. É danosa, ilícita e imoral a conduta do empregador que passa a praticar e a incentivar a marginalização de empregado que se recusa a participar de orações evangélicas, afirmando que teria "pacto com o diabo". TRT 12ª Reg. — RO-V 02061-2004-037-12-00-4 — (Ac. 2ª T. 12413/05, 13.09.05) — Rel. Juiz José Ernesto Manzi. DJSC 7.10.05, p. 302.

Da decisão acima colhe-se o seguinte fundamento:

"2. INDENIZAÇÃO DECORRENTE DE DANO MORAL POR PRÁTICA DISCRIMINATÓRIA. REDUÇÃO DO VALOR FIXADO

No que se refere à indenização por dano moral decorrente de discriminação religiosa, o autor alegou fatos na petição inicial que restaram provados.

A ré praticou ato ilícito ao discriminar o recorrido por ele não professar as regras da religião evangélica, conforme demonstrado pelo depoimento da sua testemunha, que declarou (fl. 131) haver *orações evangélicas por ocasião das reuniões; que o gerente da filial pregava o evangelho aos trabalhadores que não eram evangélicos,* que sugeriu ao colega do recorrido que esse não devesse *andar com quem não fosse evangélico*, caso do autor, *que não era boa companhia porque este jogava RPG, uma* ***coisa do demônio****,* que era pessoa que tinha ***pacto com o diabo,*** conversa repetida em torno de 8 (oito) vezes.

A liberdade de culto impede tanto que o empregado seja assediado para professar a crença do empregador como para não exercitar a sua. Essa liberdade seria falaciosa em se permitindo tratamento discriminatório por parte do empregador, ofensas gratuitas ou mesmo incentivo à marginalização do empregado 'infiel' pelos demais empregados. No caso dos autos, resta presente esta última figura, bem como, ainda, as ofensas gratuitas.

Em uma visão teológica dualista, em que o bem e o mal combateriam até o fim dos tempos, com igualdade de forças, estando o último representado pelo demônio, resta evidente que afirmar-se que uma pessoa teria pacto com o demônio é referir que ela é **dada a praticar o mal** e **com ele se identifica**, o que a torna, igualmente**, carente de virtudes** (que são as inclinações para o bem).

Traz ínsita, ainda, uma tentativa de se fazer proselitismo religioso, ao impor ao empregado, de forma indireta, adesão à seita evangélica a que pertencem seus empregadores, mesmo contra sua vontade, mesmo professando fé diversa, ou, mesmo, como lhe garante a lei, nenhuma fé.

Na realidade, as principais filosofias religiosas do mundo ocidental, dentre elas as baseadas no Evangelho, pregam a excelência da caridade (1Cor 13, 1), o não fazer acepção de pessoas (Tg 2, 1-13 e Mt 22; 16), o amar o próximo como a si mesmo; entretanto, há ainda os que buscam converter a ferro e fogo novos adeptos. A religião não pode amparar esta prática, muito menos o direito que se destina à convivência pacífica dos homens.

Dessa forma, restou provado que o recorrido sofreu discriminação e, por conseqüência, dano que atingiu o seu patrimônio moral (intimidade, vida privada, honra ou imagem, nos termos do inciso X do art. 5º da CR).

Configurado o ato ilícito, a violação dos direitos da personalidade (dano) e o nexo causal entre eles, compete à pessoa que cometeu o ato ilícito a obrigação de indenizá-lo.

Entretanto, reconheço que a fixação de valor equivalente ao dobro da remuneração do autor pelo período que vai da ruptura do contrato até o trânsito em julgado da sentença pode resultar em valor inadequado e exagerado, porquanto onera por demais o acesso ao duplo grau de jurisdição.

Isso posto, dou provimento parcial ao apelo para limitar a condenação relativa ao dano moral ao valor equivalente a 30 vezes a maior remuneração do demandante." (www.trt12.gov.br, 31.10.05)

Professor — Majoração constante de carga horária — Não configuração

Ementa: DANO MORAL. MAJORAÇÃO CONSTANTE DE CARGA HORÁRIA DE PROFESSOR. DIREITO CIVIL. DIREITO DO TRABALHO. Mudanças constantes na carga de trabalho de professores, com majoração da carga horária, não representam uma discriminação localizada, com o intuito de prejudicar ou perseguir a Autora, se constatado que os demais professores estavam igualmente sobrecarregados e, devido a problemas internos de organização da instituição, os horários eram constantemente modificados, de forma generalizada, mesmo que, por vezes, a notícia de mudança tenha sido dada com um dia de antecedência. Não sendo atribuídas a um fato isolado, tais mudanças não configuram dano moral, por discriminação, inexistindo ato ilícito. Recurso improvido. TRT 15ª Reg. (Campinas/SP) — RO 0445-2005-045-15-00-1 — (Ac. 20023/07-PATR, 3ª C.) — Relª. Juíza Luciane Storel da Silva. DJSP 11.5.07, p. 11.

Racismo — Configuração

Ementa: DANO MORAL. RACISMO. CONFIGURAÇÃO. A Constituição Federal veda, expressamente, qualquer prática discriminatória relativa à origem, etnia, credo ou sexo, encontrando-se tal vedação assentada em diversos dispositivos e figurando, inclusive, como um dos objetivos fundamentais da República Federativa do Brasil, consoante se depreende do artigo 3º, inciso IV. Em mesmo sentido, o princípio da isonomia previsto no artigo 5º, "caput", da Carta Magna robustece a proibição de discriminação, ao dispor que "todos são iguais perante a lei, sem distinção de qualquer natureza (...)", princípio este que se dirige não só ao legislador e ao intérprete da lei, mas também ao próprio particular, a quem também é vedado adotar condutas discriminatórias, preconceituosas ou racistas. De outro norte, assim como ocorre com a higiene e a segurança do local de trabalho, ao empregador incumbe zelar pela respeitabilidade, civilidade e decoro no ambiente de trabalho, obrigações que também guardam conexão com o contrato de emprego. Abdicando ou mostrando-se displicente deste poder-dever, nasce para o trabalhador o direito de exigir a reparação dos danos advindos do desrespeito moral perpetrado no ambiente de trabalho, mormente como no caso dos autos em que a prática discriminatória racista partia, inclusive, dos próprios prepostos da reclamada. TRT 12ª Reg. — RO-VA 00295-2006-015-12-00-1 — (Ac. 3ª T. 05080/07, 20.3.07) — Rel. Juiz Gerson Paulo Taboada Conrado. TRT-SC/DOE em 26.04.07.

Reparação — Ausência de prova robusta da adoção de procedimentos discriminatórios por parte da reclamada

Ementa: DANO MORAL. REPARAÇÃO. AUSÊNCIA DE PROVA ROBUSTA DA ADOÇÃO DE PROCEDIMENTOS DISCRIMINATÓRIOS POR PARTE DA RECLAMADA. A condenação ao pagamento de indenização decorrente de dano moral carece de prova robusta da prática de ato ilícito por parte do empregador, que cause ao trabalhador abalo em seu patrimônio moral e lhe afete a vida privada, a imagem e a honra (nexo causal). Mera proibição de ligações telefônicas particulares e sem caráter de urgência, além de não configurar ato ilícito, não se revela capaz de feri-lo em sua moral. Caso em que também não ficaram demonstradas outras supostas atitudes discriminatórias tomadas pela empresa em virtude do estado gravídico da obreira. Recurso ordinário conhecido e desprovido. TRT 9ª Reg. — Proc. 21052-2002-016-09-00-6 — (Ac. 03.703/2004) — Rel. Juiz Altino Pedrozo dos Santos. DJPR 27.2.04, p. 289.

Trabalhador vítima de ato discriminatório — Configuração

Ementa: DANO MORAL. TRABALHADOR VÍTIMA DE ATO DISCRIMINATÓRIO. Dano moral é lesão imaterial. Fere a personalidade, o bom nome, a moralidade ou o sentimento de estima da pessoa, provocado por fato de outrem. Expõe o ofendido a vexames ou constrangimentos juridicamente expressivos, sendo indiferente a intencionalidade na geração do dano ou a veracidade da imputação. Ao dar ciência a determinada empresa, mediante carta de referência, de que o trabalhador em busca de nova colocação no mercado de trabalho houvera acionado judicialmente a ex-empregadora, esta incidiu inegavelmente em nefasta prática discriminatória, atingindo inexoravelmente o trabalhador em relação ao livre exercício de suas atividades profissionais (art. 5º, XIII, da CF/88). Para o trabalhador, esse fato gera inúmeras lesões materiais e imateriais. Estas, em particular, resultam evidenciadas pelo constrangimento e humilhações sofridas em face da impossibilidade de ser admitido para ativar-se nas funções que sempre exerceu. Indenização mantida. TRT 2ª Reg. — RO 00245200106202001 — (Ac. 8ª T. 20040397291) — Rel. Juiz Rovirso Aparecido Boldo. DJSP 17.8.04, p. 38.

4. BIBLIOGRAFIA

Alcir Sperandio, *Proteção Contra a Discriminação do Trabalhador Brasileiro, Direito dos Trabalhadores & Direitos Fundamentais,* Coordenador Roland Hasson, vários autores, 2003, Juruá, SP; Alexandre Augusto Gualazzi, *"AIDS" e o Direito do Trabalho*, novembro/2005, LTr, SP; Alice Monteiro de Barros, *Discriminação no Emprego por Motivo de Sexo, in Discriminação,* vários autores, Coordenadores Márcio Túlio Viana e Luiz Otávio Linhares Renault, 2000, LTr, SP; Alvacir Alfredo Nicz, "A Igualdade como Instrumento Regulador das Relações Sociais". In *Estado & Atividade Econômica. O Direito Laboral em Perspectiva,* vários autores. Coordenação de Marco Antônio Villatore e Roland Hasson, 2007, Juruá, Curitiba, PR; Ana Emília Andrade Albuquerque da Silva, *Discriminação Racial no Trabalho*, outubro/2005, LTr, SP; Daniele Lucy Lopes de Sehli, *A Ruptura do Contrato de Trabalho e as Práticas Discriminatórias: O Limite do Direito Potestativo de Dispensar e Abuso de Direito sob o Enfoque da Lei n. 9.029/95, in Transformações do Direito do Trabalho*, Estudos em Homenagem ao Prof. Doutor João Regis Fassbender Teixeira, Coordenadores Aldacy Rachid Coutinho e José Affonso Dallegrave Neto, 2000, Juruá, Curitiba, PR; Denise Pasello Valente Novais, *Discriminação da Mulher e Direito do Trabalho — Da Proteção à Promoção da Igualdade*, outubro/2005, LTr, SP; Elaine Machado Vasconcelos, *A Discriminação nas Relações de Trabalho: A Possibilidade de Inversão do Ônus da Prova como Meio Eficaz de Atingimento dos Princípios Constitucionais, in* Revista do TST, vol. 71, n. 2, maio/ago. 2005, Síntese, RS; Elidia Tridapalli, *AIDS e seus Impactos nas Relações de Trabalho,* ABC/SC Editora, 2003, SC; Elimar Szaniawski, *Direitos de Personalidade e sua Tutela*, 2ª ed. revista, atualizada e ampliada, 2005, Revista dos Tribunais; SP; Emmanuel Teófilo Furtado, *Preconceito no Trabalho e a Discriminação por Idade*, 2004, LTr, SP; Fernando Sogdu Martins, *Vedação de Práticas Discriminatórias. Privacidade do Trabalhador. Dano Moral*, Livro em homenagem ao Prof. Arion Sayão Romita, Coordenador Gustavo Adolpho Vogel Neto, 2000, Forense, Rio; Firmino Alves Lima, *Mecanismos Antidiscriminatórios nas Relações de Trabalho,* novembro 2006, LTr, SP; Gardênia Borges Moraes, *Dano Moral nas Relações de Trabalho*, 2003, LTr, SP; Guilherme Augusto Caputo

Bastos, *O Dano Moral no Direito do Trabalho*, 2003, LTr, SP; Jorge Luiz Souto Maior, *Anúncios de Empregos: Discriminação e Responsabilidades,* Revista do Tribunal Regional do Trabalho, n. 24, jan./jun./2004, LTr, SP; José Cláudio Monteiro de Brito Filho, *Discriminação no Trabalho*, 2002, LTr, SP; Luiz Otávio Linhares Renault, *Proteção ao Portador do Vírus HIV e ao Aidético: Enfoque Trabalhista a um Projeto de Lei, in Discriminação*, vários autores, Coordenadores Márcio Túlio Viana e Luiz Otávio Linhares Renault, 2000, LTr, SP; Manoel Jorge e Silva Neto, *A Proteção Constitucional à Liberdade Religiosa do Empregado*, Gênesis, Revista de Direito do Trabalho, n. 119, nov./2002, Gênesis, Curitiba, PR; Marcelo Alessi, *Discriminação do Direito do Trabalho — Aspectos Legais e Jurisprudenciais, in Transformações do Direito do Trabalho*, Estudos em Homenagem ao Prof. Doutor João Regis Fassbender Teixeira, Coordenadores Aldacy Rachid Coutinho e José Affonso Dallegrave Neto, 2000, Juruá, Curitiba, PR; Márcia Novaes Guedes, *Terror Psicológico no Trabalho*, 2003, LTr, SP; Márcio Túlio Viana, *1) Os Dois Modos de Discriminar e o Futuro do Direito do Trabalho e 2) Proteção Trabalhista Contra os Atos Discriminatórios (Análise da Lei n. 9.029*); Maria Elizabeth Antunes Lima, *A Discriminação no Contexto de Trabalho — O Caso dos Portadores de Lesões por Esforços Repetitivos, in Discriminação*, vários autores, Coordenadores Márcio Túlio Viana e Luiz Otávio Linhares Renault, 2000, LTr, SP; Maria Luíza Pinheiro Coutinho, *Discriminação na Relação de Trabalho*, 2003, Aide, Rio; Martha Halfeld F. de Mendonça Schmidt, *Proteção Contra a Discriminação por Motivo de Orientação Sexual, in O Que há de Novo em Direito do Trabalho*, Coordenadores Márcio Túlio Viana e Luiz Otávio Linhares Renault, Homenagem a Ísis de Almeida, Messias Pereira Donato e Paulo Emílio Ribeiro de Vilhena, 1997, LTr, SP; Mauricio Godinho Delgado, *Proteção Contra Discriminação na Relação de Emprego, in Discriminação*, vários autores, Coordenadores Márcio Túlio Viana e Luiz Otávio Linhares Renault, 2000, LTr, SP; Paulo Eduardo V. Oliveira, *O Dano Pessoal no Direito do Trabalho*, 2002, LTr, SP; Paulo Jakutis, *Manual de Estudo da Discriminação no Trabalho,* Estudos sobre Discriminação, Assédio Sexual, Assédio Moral e Ações Afirmativas, por meio de comparações entre o Direito do Brasil e dos Estados Unidos, outubro de 2006, LTr, SP; Rodolfo Pamplona Filho, *Orientação Sexual e Discriminação no Emprego, in Presente e Futuro das Relações de Trabalho*, Estudos em Homenagem a Roberto Araújo de Oliveira, Coordenador Georgenor de Sousa Franco Filho, 2000, LTr; Sandra Lia Simon, *A Proteção Constitucional da Intimidade e da Vida Privada do Trabalhador*, 2000, LTr, SP, Sebastião Geraldo de Oliveira, *Proteção Jurídica ao Trabalho dos Portadores de Deficiência, in Discriminação*, vários autores, Coordenadores Márcio Túlio Viana e Luiz Otávio Linhares Renault, 2000, LTr, SP; Vera Lúcia Carlos, *Discriminação nas Relações de Trabalho*, 2004, Editora Método, SP.

CAPÍTULO XI

DANO MORAL — DECORRENTE DE ACIDENTE DO TRABALHO OU A ELE EQUIPARADO (DOENÇA OCUPACIONAL OU PROFISSIONAL)

(*Vide* Capítulo que trata da competência da Justiça do Trabalho para apreciação e julgamento de pedido de indenização fundada em dano moral decorrente de acidente do trabalho ou a ele equiparado)

1. COMENTÁRIO

1.1. Acidente do trabalho e doença profissional

Segundo o autor português *Luís Manuel Teles de Menezes Leitão*, "o conceito jurídico de acidente de trabalho surge pela primeira vez com o advento da sociedade industrial. Efectivamente, é o desenvolvimento das indústrias em escala e a concorrência desenfreada entre as empresas que vai obrigar cada vez mais à utilização de máquinas complexas, muitas vezes em fase ainda experimental, de manejo difícil e com riscos de utilização imprevisíveis que, por sua vez, desencadeiam um aumento substancial do número de acidentes relacionado com a prestação de trabalho"[(1)].

As estatísticas sobre acidentes do trabalho e doença ocupacional no Brasil têm demonstrado que a questão é de extrema gravidade tanto para os empregados como para os empregadores. Os custos sociais (despesas com os benefícios concedidos aos acidentados) que acarretam para o País são significantes, além do prejuízo maior que causa às vítimas que vai da invalidez, incapacidade até a morte.

A realidade mostra que "o acidente do trabalho é algo tão corriqueiro em nosso país que já foi inclusive instituído o dia 27 de julho como Dia Nacional de Prevenção de Acidentes do Trabalho, na tentativa de conscientizar as pessoas (patrões e empregados) para a necessidade de prevenir os riscos decorrentes de tais infortúnios"[(2)].

De uns tempos para cá, os acidentes do trabalho têm sido motivo de preocupação para a sociedade brasileira e com isso surgiram mecanismos para combatê-los, citando, como exemplo, a criação de Comissão Interna de Acidentes do Trabalho, no âmbito das empresas, conforme previsão nos arts. 163 a 165 da CLT, e regulamentada pela Portaria n. 3.214/78, especificamente na NR-5, objetivando a prevenção de acidentes e doenças decorrentes do trabalho, de modo que se possa proporcionar uma situação de compatibilida-

---

(1) *Temas Laborais, Estudos e Pareceres,* março/2006, Almedina, Portugal, p. 9.

(2) Dutra, Maria Zuíla Lima, "Acidente do Trabalho", Jurisprudência trabalhista, vol. 57, Juruá, Curitiba, PR, p. 55.

de entre o trabalho, a preservação da vida e a promoção da saúde do trabalhador. E, para o pleno funcionamento dessas comissões, o legislador concedeu estabilidade aos representantes dos empregados eleitos pelos seus pares, justamente para não sofrerem represálias do seu empregador e assim possibilitar uma maior autonomia no exercício do seu mister.

O legislador instituiu também uma estabilidade de doze meses ao trabalhador acidentado ou acometido de doença profissional, segundo a regra do art. 118 da Lei n. 8.213/91. Essa estabilidade visa, em última análise, à proteção do emprego daquele empregado que venha a sofrer acidente do trabalho ou acometido de doença profissional, pois, se houvesse a livre dispensa, não haveria dúvida de que os empregadores insensíveis ao fato optariam pela ruptura do contrato de trabalho, principalmente quando ocorresse a diminuição da incapacidade laborativa do trabalhador.

As leis que existem no ordenamento jurídico não são suficientes para solucionar os inúmeros casos em que os trabalhadores sofrem acidentes do trabalho ou são acometidos por doenças ligadas ao trabalho.

Acreditamos que a solução está nos empregadores e nos empregados, cabendo a maior parte aos primeiros, que detêm o poder diretivo e econômico. Assim, os empregadores precisam conscientizar-se de que o trabalhador é uma peça importante para o desenvolvimento do seu empreendimento e, por isso, o seu local de trabalho deve apresentar as melhores condições, não só para o cumprimento das obrigações decorrentes do contrato de trabalho, mas também para a sua saúde, higiene e segurança.

O empregado deve cumprir as suas obrigações contratuais e, também, as normas legais e aquelas estabelecidas pelo empregador ou seus órgãos de apoio que visam a coibir acidente do trabalho ou ao surgimento de doença profissional. A utilização dos equipamentos de proteção individual, quando a atividade assim exigir, é uma obrigação da qual o empregado não pode abdicar, sob pena de dispensa por justa causa (art. 158 da CLT).

Em se tratando do aspecto previdenciário, a fonte de custeio para os benefícios acidentários é de responsabilidade exclusiva dos empregadores, por força do art. 7º, XXVIII, da Constituição Federal, o qual estabelece como direitos dos trabalhadores o "seguro contra acidentes de trabalho, a cargo do empregador, sem excluir a indenização a que este está obrigado, quando incorrer em dolo ou culpa", e, para tanto, contribuem com uma determinada porcentagem que varia de 1% a 3%, segundo o risco da atividade do empregador. A norma disciplinadora sobre a referida contribuição está na Lei n. 8.212, de 24 de julho de 1991, especificamente no inciso II, alíneas *a*, *b* e *c*, do art. 22.

Vale registrar que a contribuição mencionada, destinada para o financiamento do Seguro de Acidentes do Trabalho — SAT, fica reduzida em 50% quando o trabalhador é contratado por prazo determinado na forma da Lei n. 9.601, de 21 de janeiro de 1998 (DOU 22.1.98).

Extrai-se do art. 19 da Lei n. 8.213/91 o conceito de acidente do trabalho, como sendo aquele "que ocorre pelo exercício do trabalho a serviço da empresa ou pelo exercício do trabalho dos segurados definidos em lei (art. 11), provocando lesão corporal ou perturbação funcional que cause a morte ou a perda ou redução, permanente ou temporária, da capacidade para o trabalho".

Ficou estabelecido, no art. 20 da mencionada Lei, que se consideram também acidente do trabalho a "doença profissional, assim entendida a produzida ou desencadeada pelo exercício do trabalho peculiar a determinada atividade e constante da respectiva relação elaborada pelo Ministério do Trabalho e da Previdência Social" e a "doença do trabalho, assim entendida a adquirida ou desencadeada em função de condições especiais em que o trabalho é realizado e com ele se relacione diretamente, constante da relação mencionada no inciso I" (incisos I e II).

Não serão consideradas como doenças do trabalho: a doença degenerativa, a inerente a grupo etário e a que não produza incapacidade laborativa. Em caso excepcional, constatando-se que a doença não incluída na relação prevista nos incisos I e II do art. 20 da Lei n. 8.213/91 resultou das condições especiais em que o trabalho é executado e com ele se relaciona diretamente, a Previdência Social deve considerá-la acidente do trabalho.

Estão relacionadas também no art. 21 da referida Lei as hipóteses que são equiparadas a acidente do trabalho, as quais não mencionamos aqui, para não se tornar repetitivo o que consta da parte de referências legais.

A proteção previdenciária conferida ao trabalhador independe da conduta comissiva ou omissiva, dolosa ou culposa do empregador, pois visa, em última análise, ao estado físico do obreiro.

Além da proteção previdenciária, o trabalhador poderá ter direito a uma indenização de natureza civil, que pode resultar de ato ou omissão ilícita (art. 186 do CC). Assim, "a responsabilidade civil nasce em favor do empregado e contra o empregador, quando aquele demonstrar cumpridamente um ato ilícito praticado por este, do qual, por erro grave ou dolo, resultara direta e imediatamente num dano extracontratual"[(3)].

Explicam *Carlos Alberto Pereira de Castro* e *João Batista Lazzari* que, "para a caracterização da necessidade de responsabilizar-se o empregador, há que se ter em conta os seguintes aspectos: a) o acidente é fato humano; b) causa prejuízo, ou dano; c) configura-se como violação a um direito da vítima; d) caracteriza-se com a noção de culpa (*lato sensu*) do empregador — conforme Mario de La Cueva"[(4)].

Não se cogitará de indenização de natureza civil se a causa do evento danoso se der por culpa do trabalhador, por força maior, ou quando ocasionado por terceiros sem qualquer relação com a atividade laborativa.

Explica *Sebastião Geraldo de Oliveira* que "ocorre a culpa exclusiva da vítima quando a causa única do acidente do trabalho tiver sido a sua conduta, sem qualquer ligação com o descumprimento das normas legais, contratuais, convencionais, regulamentares, técnicas ou do dever geral de cautela por parte do empregador. Se o empregado, por exemplo, numa atitude inconseqüente, desliga o sensor de segurança automática de um equipamento perigoso e posteriormente sofre acidente por essa conduta, não há como atribuir culpa em qualquer grau ao empregador, pelo que não se pode falar em indenização. O 'causador' do acidente foi o próprio acidentado, daí falar-se em rompimento do nexo causal ou do nexo de imputação do fato ao empregador"[(5)].

Observa também o autor que, "se um empregado não habilitado e sem permissão do empregador ou de seus prepostos assume a direção de um veículo no interior da fábrica e provoca colisão e capotamento ao cruzar com outro automóvel vindo a sofrer dano estético nos dedos da mão, não terá direito a qualquer indenização em face do empregador. O acidente

---

(3) Santos, Telmo Aristides dos, "A Responsabilidade Civil do Empregador por Acidente do Trabalho", Jurisprudência Trabalhista Brasileira, vol. 57, 2003, Juruá, Curitiba, PR.

(4) *Manual de Direito Previdenciário*, 5ª ed., 2004, LTr, SP, pp. 494/495.

(5) *Indenizações por Acidentes do Trabalho ou Doença Ocupacional*, junho/2005, LTr, SP, p. 146.

ocorreu por culpa exclusiva da vítima, não havendo liame causal direto do evento com o exercício do trabalho a serviço da empresa. Caberão ao acidentado tão-somente os benefícios da infortunística, cuja cobertura abrange até os acidentes ocorridos por culpa da vítima ou que tenham causalidade remota com o serviço".

Assim, para a configuração de ato ilícito que atraia a responsabilidade do empregador, "é indispensável uma atuação grosseiramente errônea, contrária ao ordenamento jurídico, para gerar obrigação indenizatória; de forma que, se a atuação do empregador encontrar-se dentro do permissivo legal, sendo escusável frente à inarredável falibilidade humana, não há que falar em indenização de sua parte em razão do acidente do trabalho. É por isso que se criou o seguro obrigatório"[(6)].

Com a Constituição de 1988, que consagrou os valores sociais do trabalho e a dignidade da pessoa humana, tanto que os incluiu entre os direitos fundamentais, houve o incentivo para o surgimento de ações de empregado postulando indenização por dano moral decorrente de acidente de trabalho ou a ele equiparado, de forma que na atualidade já existe um número expressivo de processos neste sentido.

Tais ações constituem um novo encargo para os empregadores, muitas vezes não previsível em seus custos operacionais, até porque os seus valores são arbitrados pelos juízes mediante a utilização de certos parâmetros, conforme será visto no capítulo que trata da fixação da indenização decorrente de pedido de dano moral.

Evidentemente que a procedência das ações está relacionada com a comprovação do nexo causal entre o acidente do trabalho e a lesão sofrida pelo empregado e, por último, a culpa do empregador.

Sobre o papel do nexo causal na responsabilidade civil, afirma *Gisela Sampaio da Cruz* que é "elemento indispensável em todas as espécies de responsabilidade civil e cumpre uma dupla função: por um lado, permite determinar a quem se deve atribuir um resultado danoso, por outro, é indispensável na verificação da extensão do dano a se indenizar, pois serve como medida da indenização"[(7)]. Diz também que, "nos últimos tempos, acompanhando as transformações da responsabilidade civil, o conceito de nexo causal foi flexibilizado, com vistas a permitir a efetivação do princípio da reparação integral. Não é mais possível em alguns casos, à luz dos princípios constitucionais, exigir da vítima a prova cabal e absoluta da relação de causalidade. Dessa forma, apesar de o nexo causal ser, tal qual o dano, um dos elementos da responsabilidade civil, exige-se, com fundamento na nova ordem constitucional, que a prova da relação de causalidade seja flexibilizada em certas situações"[(8)].

Também assinala *Sérgio Cavalieri Filho* que "o conceito de nexo causal não é jurídico; decorre das leis naturais. É o vínculo, a ligação ou relação de causa e efeito entre a conduta e o resultado. É até possível determinar a reparação de dano sem a constatação de culpa, em algumas hipóteses expressamente previstas (culpa objetiva), mas é inviável condenar, em qualquer hipótese, em que não se vislumbra o nexo causal. Para obter os direitos acidentários cobertos pelo seguro da Previdência Social, por exemplo, basta que se comprove o nexo causal do acidente com o trabalho do segurado. No entanto, para conseguir a reparação do direito comum (responsabilidade civil), é imprescindível que se comprove, além do nexo causal, a culpa ou dolo do empregador. A exigência de estabelecer o nexo causal funda-se no fato de que ninguém pode responder por dano a que não tenha dado causa".

---

(6) Ob. cit., p. 73.

(7) *O Problema do Nexo Causal na Responsabilidade Civil*, 2005, Renovar, Rio, p. 347.

(8) Ob. cit., p. 347.

Portanto, havendo o nexo da causalidade entre a doença adquirida pelo trabalhador e sua atividade na empresa, o empregador pode ser acionado judicialmente com pedido de reparação por dano moral em razão de acidente do trabalho ou em caso de doença ocupacional ou profissional. Na hipótese de doença profissional, equiparada a acidente do trabalho (art. 20, II, da Lei n. 8.213/91), é necessário que seja comprovada que ela foi adquirida ou desencadeada em função das condições em que trabalho era realizado e com ele se relacione diretamente. Necessário também que haja um nexo de causalidade entre as atividades praticadas pelo trabalhador e a patologia por ele apresentada, como também a culpa do empregador, a qual pode ocorrer por ato omissivo ou comissivo, na forma do art. 186 do Código Civil.

É importante assinalar que o nexo causal difere do nexo técnico. Nesse sentido, a lição de *Paulo Gonzaga* ao afirmar que:

> "o *nexo causal* é a relação existente entre os sinais e sintomas clínicos de uma doença e sua relação com o diagnóstico decorrente. O *nexo técnico* é o reconhecimento técnico do nexo causal. Assim, o art. 337 do Decreto n. 3.048/99 diz que: o acidente de que trata o artigo anterior será caracterizado tecnicamente pela perícia médica do INSS, que fará o reconhecimento técnico do nexo causal entre: I — acidente e lesão; II — a doença e o trabalho; e III — a *causa mortis* e o acidente. Assim, o nexo causal é um exercício de raciocínio lógico desenvolvido pelo médico assistente, pelo médico do trabalho da empresa, enquanto o nexo técnico é atribuição somente dos médicos-peritos do INSS, por força de legislação, nexo este que relaciona um diagnóstico com um determinado risco existente num posto de trabalho"[9].

Por outro lado, os casos de pedido de indenização fundado em acidentes de trabalho apresentam-se sob várias formas, porque normalmente decorrem de causas ligadas à integridade física ou corporal do trabalhador e, sobretudo, da lesão por ele sofrida com repercussões na sua esfera privada.

Assim, temos casos em que empregador não tomou as providências necessárias no sentido de evitar a ocorrência danosa, citando, como exemplo, o trabalhador que sofreu acidente de trabalho, ocasionado pela troca de uma hélice de um ventilador industrial, atividade laboral determinada pela reclamada sem o necessário treinamento e fornecimento de equipamento individual de proteção, havendo, portanto, nexo de causalidade entre o acidente e a prestação de serviços, bem como a culpa da empresa. Neste caso, o trabalhador teve o seu maxilar afetado e deformado, influenciando na estética de seu rosto, cuja fratura lhe conferiu vários apelidos, como "ET da Comit", "Boca Torta" e "Boquinha". Caracterizou-se, assim, o direito à reparação por dano moral. Entretanto, se a doença do trabalhador for originada de processo degenerativo e sem qualquer ligação com a prestação de serviço, portanto, sem haver nexo de causalidade entre a doença e a atividade laborativa, não será devida a indenização por dano moral, pois, nesse caso, não se pode cogitar dos pressupostos contidos no art. 186 do Código Civil.

1.2. Doença ocupacional e prova pericial

Algumas considerações merecem ser feitas sobre a perícia técnica para averiguação da doença ocupacional ou profissional, porquanto se trata de um problema sério que até hoje não foi enfrentado como deveria. Ocorre que é pela perícia médica que se constata o infortúnio

---

(9) *Perícia Médica da Previdência Social*, 2000, LTr, SP, pp. 97/98.

laboral e o juízo se vale dela para o seu julgamento, já que não possui conhecimento técnico para tanto. Daí porque alguns autores entendem que a prova pericial é "o calcanhar de Aquiles" do procedimento acidentário.

Entre os que pensam assim está *Hertz Jacinto Costa,* para quem "existem problemas relacionados ao quadro de peritos e ao rol de laboratórios e clínicas que se prestam à feitura dos exames requisitados no curso da ação, não obstante a fiscalização que também é devida pelo autor. Ao Judiciário, entretanto, igualmente compete administrar com extremo cuidado essa problemática, que tem reflexos inevitáveis na solução justa e equitativa dos feitos infortunísticos". Acrescenta ainda o referido autor que "os profissionais escolhidos para tal mister devem ter formação especializada na Medicina Ocupacional, que cuida de um complexo de regras a serem seguidas dentro das empresas, desde o exame admissional do empregado, passando pelos exames clínicos periódicos, avaliações clínicas das repercussões do trabalho na saúde dos empregados, medidas sanitárias de prevenções, afastamento dos acidentados para gozo de benefícios previdenciários, exames demissionais etc."[(10)].

Não podemos deixar de consignar os nossos comentários ao art. 169 da CLT, na obra "CLT, Doutrina — Jurisprudência Predominante e Procedimentos Administrativos", Fascículo 3[(11)], sobre a questão da perícia, como segue: "Com a Emenda Constitucional n. 45/04, a Justiça do Trabalho passou a ser competente para apreciação das demandas com pedido de indenização por dano moral decorrente de acidente de trabalho ou a ele equiparado. Como se sabe, a doença profissional ou ocupacional é equiparada ao acidente do trabalho (art. 20, I, da Lei n. 8.213/91).

"A mudança de competência tem acarretado uma quebra na cadeia de comunicação, uma vez que na prática grande parte das ações reivindicando indenização por dano moral com base em doença profissional ou ocupacional são postuladas diretamente na Justiça do Trabalho, cuja perícia médica tem sido determinada pelo Juiz do Trabalho sem que a questão passe pelo INSS, que é o órgão tecnicamente competente para averiguação da existência ou não de doença profissional ou ocupacional (art. 337 do Decreto n. 3.048/99) e pela necessidade do devido acompanhamento médico. Esse acompanhamento médico deve ocorrer não só porque eventualmente o trabalhador pode receber benefício previdenciário em caso da perda parcial da sua capacidade ou então vir a ser aposentado por invalidez, se presentes os requisitos para tal.

"A rigor, a perícia médica relacionada com a doença profissional ou ocupacional só seria possível pela Justiça do Trabalho em caso de trabalhador que não teve o seu registro como empregado. Fora disso deveria ser atestado pelo INSS, até porque é questão de segurança jurídica, conforme está explicitado pelo Relator no corpo do acórdão da seguinte decisão do TST[(12)]:

> "Ementa: Dissídio coletivo de natureza econômica e revisional. Garantia de emprego. Portador de doença profissional ou ocupacional. 1. Justa e razoável a manutenção de garantia de emprego ao portador de doença profissional ou ocupacional até a aposentadoria, com base em cláusula prevista em convenção coletiva celebrada anteriormente pelas mesmas partes. 2. O meio ambiente do trabalho seguro e saudável é direito humano fundamental do empregado, reconhecido na Constituição da República, bem como em normas internacionais de direito do trabalho que integram o ordenamento jurídico brasileiro (arts. 6º e 200, *caput* e inciso VIII, da Constituição Federal; Pacto Internacional

(10) Manual de Acidente do Trabalho. 2ª ed., 2007, Juruá Editora, Curitiba, PR, pp. 239/40.

(11) LTr, SP, pp. 58/59/60.

(12) Diz o Ministro João Oreste Dalazen que, "Apenas para aumentar a segurança jurídica, **reformo** parcialmente tão-somente para incluir na cláusula a exigência de que a doença profissional ou ocupacional seja comprovada, exclusivamente, por atestado médico do INSS que demonstre o nexo de causalidade e a incapacitação do empregado para o exercício da função que ocupava, mas não para outra atividade que seja compatível com o seu estado físico ou psíquico".

sobre Direitos Econômicos, Sociais e Culturais das Nações Unidas, promulgado pelo Decreto n. 592/92, art. 12; e Convenção n. 155 da OIT, promulgada pelo Decreto n. 1.524/94). 3. A tônica da Constituição da República quanto à tutela da higidez física e mental do trabalhador reside na adoção de medidas preventivas, eliminando-se fatores de risco para acidentes e agentes causais de enfermidades (art. 7º, inciso XXII, da Constituição Federal). 4. Nesse sentido, recai sobre o empregador a responsabilidade primordial pelas medidas de higiene e segurança que obstem a ocorrência de doenças profissionais e acidentes no trabalho (art. 16 da Convenção n. 155 da OIT e art. 19, caput e parágrafos da Lei n. 8.213/91). 5. A cláusula social consolidada ao longo de vinte anos de negociação coletiva ostenta enorme relevância social ao prorrogar a estabilidade do acidentado até a aposentadoria, caindo como uma luva neste sistema jurídico de tutela da vida e da saúde do empregado. 6. Recurso Ordinário interposto pelos Sindicatos patronais Suscitados a que se dá parcial provimento, apenas para incluir na cláusula a exigência de que a doença profissional seja comprovada, exclusivamente, por atestado médico do INSS que demonstre o nexo de causalidade e a incapacitação do empregado para o exercício da função que ocupava, mas não para outra atividade compatível com o seu estado físico ou psíquico. TST — RODC-20.027/2004-000-02-00.0 — (Ac. SDC) — 2ª Reg. — Rel. Min. João Oreste Dalazen. DJU 18.8.06, p. 1.130.

"Referida decisão demonstra que o argumento de que a perícia médica feita por determinação da Justiça do Trabalho e aquela realizada pelo INSS têm o mesmo valor não pode ser encarada como uma verdade absoluta, até porque a primeira é objeto de prova para fins de apreciação judicial, e a outra decorre de lei (art. 337, do Decreto n. 3.048/99), em virtude dos vários efeitos que ela produz na órbita jurídica previdenciária (benefício previdenciário ou não, acompanhamento pela Previdência Social e eventualmente aposentadoria por invalidez), o que jamais seria alcançada pela primeira, porque quase sempre fica restrita à decisão judicial. A existência de decisões que consideram prevalente a perícia médica do INSS quando existente nos autos do processo trabalhista ou decisão judicial em ação indenizatória perante a Justiça Comum é a demonstração inequívoca da correção desse entendimento."

A isso tudo é importante assinalar que a Lei n. 11.430/06, ao acrescentar o art. 21-A na Lei n. 8.213/91, trouxe uma nova concepção para o Nexo Técnico Previdenciário, isso porque, como bem esclarece *Juliana de Oliveira Xavier Ribeiro,* "acrescentou-se a este, além de outros fatores, estudos epidemiológicos que permitiram estabelecer uma relação direta entre acidente ou doença ocupacional".

E ainda acrescenta a autora que:

"Os estudos científicos e empíricos realizados para se chegar a essa nova sistemática permitiram determinar que agora não mais o trabalhador é causa da ocorrência patológica, mas sim a empresa que expõe seus trabalhadores ao risco ambiental.

A visão da perícia passa a não ser mais individualista e sim coletivista. De acordo com a atividade econômica exercida pela empresa, os trabalhadores expostos a determinados agentes serão automaticamente enquadrados e passíveis do recebimento de benefício acidentário, cabendo à empresa realizar a prova em contrário.

Quando falamos que a concessão do benefício acidentário será de forma automática, queremos dizer que, para uma determinada empresa, através do seu CNPJ, e do número identificador de sua atividade (CNAE), haverá um cruzamento de dados com o Número Identificador do Trabalhador (NIT) e a Patologia Diagnóstica neste (CID-10). Com isso teremos o chamado Nexo Técnico Epidemiológico Previdenciário.

O NTEP, através do Fator Acidentário Previdenciário, irá obrigar as empresas a investirem em Segurança e Medicina do Trabalho, haja vista que, como veremos no item 7, a quantidade de empregados debilitados (acidentados, doentes, ou que têm direito à aposentadoria especial) constituirá fator preponderante para a majoração da tributação em até 100%, e, por outro lado, a empresa que menos ocorrências tiver, será beneficiada com a redução do tributo em até 50%.

Além do mais, com a implantação do NTEP, o trabalhador passa a ser visto como um patrimônio que precisa de cuidados. Assim, a empresa deverá elaborar o que denominamos Balanço Hominal, ou seja, declarar formalmente em determinado lapso temporal os sistemas de prevenção de acidentes e doenças ocupacionais que implantou, a quantidade de trabalhadores lesionados, que medidas está tomando para reverter este quadro negativo. Enfim, deverá elucidar que sendo uma boa empresa, através de investimento em meio ambiente do trabalho, é merecedora de redução tributária.

Diante disso, as boas empresas serão bem vistas frente ao mercado econômico e obviamente a margem de lucro poderá aumentar"(13).

De notar-se também que, por essa modificação trazida pela Lei n. 11.430/06, pode-se dizer que, mesmo que a empresa ou empregador não tenha emitido o CAT, a perícia técnica do órgão previdenciário poderá estabelecer o referido Nexo Técnico Epidemiológico Previdenciário, destacando mais uma vez a importância da perícia médica realizada pelo órgão previdenciário, até porque haveria necessidade de um controle que passaria necessariamente pelo INSS. Nesse sentido, obrigatoriamente o Juiz do Trabalho deverá noticiar o INSS em se verificando a ocorrência de doença ocupacional ou profissional sem que a perícia tenha passado pelo citado órgão.

Adverte também *Guilherme Guimarães Feliciano* sobre a falsa perícia e o aspecto criminal (art. 342 do CP) ao assinalar que, "falsa perícia dá-se quando o perito judicial louvado — não o assistente técnico faz afirmação dolosamente falsa, nega ou cala a verdade em processo judicial, administrativo, inquérito policial ou em juízo arbitral. Sua incidência estatística é bem menor que a do falso testemunho, mas nem por isso é desprezível. A rigor, a falsa perícia é potencialmente mais danosa para o exercício da jurisdição que o falso testemunho, porque o magistrado naturalmente deposita no perito louvado um grau de confiança que decerto não dispensa às testemunhas (em geral, pessoas estranhas ao seu convívio). Esse expediente de indução a erro é especialmente pernicioso no processo do trabalho, porque nele existem hipóteses de prova pericial compulsória, como quando se reclamam em juízo adicionais de insalubridade ou periculosidade (ut art. 195, § 2º da CLT). O seu regime jurídico é o mesmo do falso testemunho, inclusive quanto à possibilidade legal de retratação"(14).

E consideramos mais grave a situação em que a condenação à indenização por dano moral se alicerce em doença ocupacional ou profissional que se baseia em falsa perícia, principalmente quando a perícia não passa pelo INSS, já que o trabalhador, nesse caso, estará mais preocupado em receber uma indenização do que com sua doença. São exceções, mas acontecem, tanto que *Wladimir Novaes Martinez*, no seu livro "Dano Moral no Direito Previdenciário" tratou em um capítulo o "Falso Dano Moral", sendo judiciosas as suas observações a respeito ao afirmar que: "Além das várias excludentes da legitimidade da ação (exemplificativamente, como a ausência de culpa ou a inexistência de nexo causal entre o procedimento e o resultado) e tanto quanto a variedades de reclamações procedentes, subsistem fatos subjetivos do ofendido que poderiam afetar a decantação da hipótese do dano moral. Ou seja, indicadores pessoais que eventualmente elidiriam a responsabilidade pela compensação

---

(13) "O Nexo Técnico Epidemiológico e a Responsabilidade pelo Meio Ambiente do Trabalho", *in Responsabilidade Social nas Relações Laborais,* vários autores, Homenagem ao Professor Amauri Mascaro Nascimento, Coordenação de Mara Vidigal Darcanchy, junho de 2007, LTr, SP.

(14) *Tópicos Avançados de Direito Material do Trabalho, Abordagens Multidisciplinares,* Vol. 2, 2006, Editora Damásio de Jesus, SP, pp. 49/50.

jurídica, quase todos eles de difícil apreensão por quem tem de fazer justiça. Somente o tempo adiante, a experiência diuturna e a jurisprudência caudalosa serão capazes de indicar os caminhos para se separar o real dano moral do falso dano moral"[(15)].

Por fim, enfatizamos mais uma vez que a prova do nexo causal entre a doença adquirida e o trabalho exercido pelo trabalhador é de suma importância para a caracterização do acidente do trabalho ou da doença ocupacional, bem como a responsabilidade ou não do empregador. O segundo signatário desta obra lembra de alguns casos que apreciou como magistrado em que o acidente do trabalho ou a doença do trabalho não tiveram a participação do empregador.

Num dos casos, o trabalhador, após o seu desligamento da empresa (dispensa sem justa causa), requereu o auxílio-acidente sob o fundamento de que teria sofrido acidente de trabalho ao subir numa escada em outro departamento da empresa onde se realizou uma reunião para a qual foi convocado. Foi feita a comunicação por meio do CAT ao INSS sem a participação do empregador, o que é permitido em face do disposto no § 2º do art. 22 da Lei n. 8.213/91. A perícia médica do INSS considerou a ocorrência como acidente do trabalho e, com isso, o trabalhador passou a receber o auxílio-acidente. O trabalhador, depois de receber o auxílio-acidente por vários meses e obtido a alta médica, postulou em ação trabalhista o direito à estabilidade provisória de doze meses, com base no art. 118 da Lei n. 8.213/91.

Na prova produzida nos autos do processo trabalhista, o médico foi ouvido como testemunha do Juízo e, pelo que ficou constatado, o trabalhador machucou-se jogando futebol. Além desse fato, ficou confirmado que a testemunha indicada no CAT trabalhava em local distante do acidente e, no dia do acidente, assinalou o seu cartão de ponto no mesmo local que laborava, portanto, não poderia ter presenciado o suposto acidente. O pedido do trabalhador foi julgado improcedente e encaminhados os devidos ofícios ao INSS e demais autoridades competentes para as providências cabíveis.

Em outro caso, a reclamante alegou que adquiriu a LER (lesões por esforços repetitivos) em função do seu trabalho, mas ficou provado nos autos que a doença não foi adquirida na empresa, mas em decorrência de trabalho de digitação prestado a outras pessoas fora da sua jornada de trabalho.

Na parte destinada à jurisprudência, destacamos algumas decisões que tratam de tão importante matéria e que demonstram a necessidade de uma análise acurada e bem sopesada do Julgador, a fim de que não seja banalizado o instituto do dano moral nem haja motivação para a criação da indústria da indenização por acidente de trabalho.

Outra questão que merece algumas considerações é sobre a perícia médica e o reconhecimento da doença ocupacional ou profissional, a qual estaria afeta à Previdência Social, por força das normas previdenciárias. É que, no caso, haverá a necessidade do acompanhamento do trabalhador acidentado ou com doença profissional em função do aspecto social que encerra o evento danoso. Não se pode, de maneira nenhuma, descartar a possibilidade de a doença ocupacional ou profissional desencadear-se em aposentadoria por invalidez, o que não acontecerá se a doença for detectada tão-somente por perícia médica designada pela Justiça do Trabalho, sem qualquer vinculação com o INSS.

Referida matéria foi analisada no Capítulo II, em que tratamos da competência da Justiça do Trabalho para apreciar questões relacionadas com o dano moral nas relações do trabalho, inclusive as derivadas de acidente do trabalho ou doença profissional, e a ele nos reportamos.

---

(15) Novembro/2005, LTr, SP, p. 33.

Finalmente, na parte destinada à jurisprudência, são retratadas várias hipóteses relacionadas com pedido de indenização fundado em dano moral decorrente de acidente do trabalho ou a ele equiparado, algumas causas sendo julgadas procedentes e outras não.

2. *REFERÊNCIAS LEGAIS*

Constituição Federal

Art. 5º Todos são iguais perante a lei, sem distinção de qualquer natureza, garantindo-se aos brasileiros e aos estrangeiros residentes no País a inviolabilidade do direito à vida, à liberdade, à igualdade, à segurança e à propriedade, nos termos seguintes:

....

V — é assegurado o direito de resposta, proporcional ao agravo, além da indenização por dano material, moral ou à imagem;

....

X — são invioláveis a intimidade, a vida privada, a honra e a imagem das pessoas, assegurado o direito a indenização pelo dano material ou moral decorrente de sua violação;

....

Consolidação das Leis do Trabalho

Art. 8º As autoridades administrativas e a Justiça do Trabalho, na falta de disposições legais ou contratuais, decidirão, conforme o caso, pela jurisprudência, por analogia, por eqüidade e outros princípios e normas gerais de direito, principalmente do direito do trabalho, e, ainda, de acordo com os usos e costumes, o direito comparado, mas sempre de maneira que nenhum interesse de classe ou particular prevaleça sobre o interesse público.

Parágrafo único. O direito comum será fonte subsidiária do direito do trabalho, naquilo em que não for incompatível com os princípios fundamentais deste.

....

Art. 158. Cabe aos empregados:

I — observar as normas de segurança e medicina do trabalho, inclusive as instruções de que trata o item II do artigo anterior;

II — colaborar com a empresa na aplicação dos dispositivos deste Capítulo.

Parágrafo único. Constitui ato faltoso do empregado a recusa injustificada:

a) à observância das instruções expedidas pelo empregador na forma do item II do artigo anterior;

b) ao uso dos equipamentos de proteção individual fornecidos pela empresa. *(artigo com redação dada pela Lei n. 6.514, de 1977.)*

Código Civil de 2002

Art. 186. Aquele que, por ação ou omissão voluntária, negligência ou imprudência, violar direito e causar dano a outrem, ainda que exclusivamente moral, comete ato ilícito.

Art. 187. Também comete ato ilícito o titular de um direito que, ao exercê-lo, excede manifestamente os limites impostos pelo seu fim econômico ou social, pela boa-fé ou pelos bons costumes.

....

Art. 927. Aquele que, por ato ilícito (arts. 186 e 187), causar dano a outrem, fica obrigado a repará-lo.

Parágrafo único. Haverá obrigação de reparar o dano, independentemente de culpa, nos casos especificados em lei, ou quando a atividade normalmente desenvolvida pelo autor do dano implicar, por sua natureza, risco para os direitos de outrem.

Lei n. 8.212, de 24.7.91

Previdência Social

Art. 22. A contribuição a cargo da empresa, destinada à Seguridade Social, além do disposto no art. 23, é de: (*) **Nota**: A Lei n. 9.317, de 5.12.96, dispôs sobre o tratamento diferenciado às microempresas e empresas de pequeno porte — SIMPLES.

I — 20% (vinte por cento) sobre o total das remunerações pagas, devidas ou creditadas a qualquer título, durante o mês, aos segurados empregados e trabalhadores avulsos que lhe prestem serviços, destinadas a retribuir o trabalho, qualquer que seja a sua forma, inclusive as gorjetas, os ganhos habituais sob a forma de utilidades e os adiantamentos decorrentes de reajuste salarial, quer pelos serviços efetivamente prestados, quer pelo tempo à disposição do empregador ou tomador de serviços, nos termos da lei ou do contrato ou, ainda, de convenção ou acordo coletivo de trabalho ou sentença normativa. *(Redação dada pela Lei n. 9.876, de 26.11.99.)*

II — para o financiamento do benefício previsto nos arts. 57 e 58 da Lei n. 8.213, de 24 de julho de 1991, e daqueles concedidos em razão do grau de incidência de incapacidade laborativa decorrente dos riscos ambientais do trabalho, sobre o total das remunerações pagas ou creditadas, no decorrer do mês, aos segurados empregados e trabalhadores avulsos: *(Redação dada pela Lei n. 9.732, de 11.12.98.)*

a) 1% (um por cento) para as empresas em cuja atividade preponderante o risco de acidentes do trabalho seja considerado leve;

b) 2% (dois por cento) para as empresas em cuja atividade preponderante esse risco seja considerado médio;

c) 3% (três por cento) para as empresas em cuja atividade preponderante esse risco seja considerado grave.

....

Lei n. 8.213, de 24.7.91

Previdência Social

Art. 19. Acidente do trabalho é o que ocorre pelo exercício do trabalho a serviço da empresa ou pelo exercício do trabalho dos segurados referidos no inciso VII do art. 11 desta Lei, provocando lesão corporal ou perturbação funcional que cause a morte ou a perda ou redução, permanente ou temporária, da capacidade para o trabalho.

§ 1º A empresa é responsável pela adoção e uso das medidas coletivas e individuais de proteção e segurança do trabalhador.

§ 2º Constitui contravenção penal, punível com multa, deixar a empresa de cumprir as normas de segurança e higiene do trabalho.

§ 3º É dever da empresa prestar informações pormenorizadas sobre os riscos da operação a executar e do produto a manipular.

§ 4º O Ministério do Trabalho e da Previdência Social fiscalizará e os sindicatos e entidades representativas de classe acompanharão o fiel cumprimento do disposto nos parágrafos anteriores, conforme dispuser o Regulamento.

Art. 20. Consideram-se acidente do trabalho, nos termos do artigo anterior, as seguintes entidades mórbidas:

I — doença profissional, assim entendida a produzida ou desencadeada pelo exercício do trabalho peculiar a determinada atividade e constante da respectiva relação elaborada pelo Ministério do Trabalho e da Previdência Social;

II — doença do trabalho, assim entendida a adquirida ou desencadeada em função de condições especiais em que o trabalho é realizado e com ele se relacione diretamente, constante da relação mencionada no inciso I.

§ 1º Não são consideradas como doença do trabalho:

a) a doença degenerativa;

b) a inerente a grupo etário;

c) a que não produza incapacidade laborativa;

d) a doença endêmica adquirida por segurado habitante de região em que ela se desenvolva, salvo comprovação de que é resultante de exposição ou contato direto determinado pela natureza do trabalho.

§ 2º Em caso excepcional, constatando-se que a doença não incluída na relação prevista nos incisos I e II deste artigo resultou das condições especiais em que o trabalho é executado e com ele se relaciona diretamente, a Previdência Social deve considerá-la acidente do trabalho.

Art. 21. Equiparam-se também ao acidente do trabalho, para efeitos desta Lei:

I — o acidente ligado ao trabalho que, embora não tenha sido a causa única, haja contribuído diretamente para a morte do segurado, para redução ou perda da sua capacidade para o trabalho, ou produzido lesão que exija atenção médica para a sua recuperação;

II — o acidente sofrido pelo segurado no local e no horário do trabalho, em conseqüência de:

a) ato de agressão, sabotagem ou terrorismo praticado por terceiro ou companheiro de trabalho;

b) ofensa física intencional, inclusive de terceiro, por motivo de disputa relacionada com o trabalho;

c) ato de imprudência, de negligência ou de imperícia de terceiro ou de companheiro de trabalho;

d) ato de pessoa privada do uso da razão;

e) desabamento, inundação, incêndio e outros casos fortuitos ou decorrentes de força maior;

III — a doença proveniente de contaminação acidental do empregado no exercício de sua atividade;

IV — o acidente sofrido pelo segurado, ainda que fora do local e horário de trabalho:

a) na execução de ordem ou na realização de serviço sob a autoridade da empresa;

b) na prestação espontânea de qualquer serviço à empresa para lhe evitar prejuízo ou proporcionar proveito;

c) em viagem a serviço da empresa, inclusive para estudo quando financiada por esta dentro de seus planos para melhor capacitação da mão-de-obra, independentemente de meio de locomoção utilizado, inclusive veículo de propriedade do segurado;

d) no percurso da residência para o local de trabalho ou deste para aquela, qualquer que seja o meio de locomoção, inclusive veículo de propriedade do segurado.

§ 1º Nos períodos destinados a refeição ou descanso, ou por ocasião da satisfação de outras necessidades fisiológicas, no local do trabalho ou durante este, o empregado é considerado no exercício do trabalho.

§ 2º Não é considerada agravação ou complicação de acidente do trabalho a lesão que, resultante de acidente de outra origem, se associe ou se superponha às conseqüências do anterior.

Art. 21-A. A perícia médica do INSS considerará caracterizada a natureza acidentária da incapacidade quando constatar ocorrência de nexo técnico epidemiológico entre o trabalho e o agravo, decorrente da relação entre a atividade da empresa e a entidade mórbida motivadora da incapacidade elencada na Classificação Internacional de Doenças — CID, em conformidade com o que dispuser o regulamento.

§ 1º A perícia médica do INSS deixará de aplicar o disposto neste artigo quando demonstrada a inexistência do nexo de que trata o caput deste artigo.

§ 2º A empresa poderá requerer a não aplicação do nexo técnico epidemiológico, de cuja decisão caberá recurso com efeito suspensivo, da empresa ou do segurado, ao Conselho de Recursos da Previdência Social. *(Artigo e parágrafos acrescentados pela Lei n. 11.430, de 26.12.06, DOU 27.12.06)*

Art. 22. A empresa deverá comunicar o acidente do trabalho à Previdência Social até o 1º (primeiro) dia útil seguinte ao da ocorrência e, em caso de morte, de imediato, à autoridade competente, sob pena de multa variável entre o limite mínimo e o limite máximo do salário-de-contribuição, sucessivamente aumentada nas reincidências, aplicada e cobrada pela Previdência Social.

§ 1º Da comunicação a que se refere este artigo receberão cópia fiel o acidentado ou seus dependentes, bem como o sindicato a que corresponda a sua categoria.

§ 2º Na falta de comunicação por parte da empresa, podem formalizá-la o próprio acidentado, seus dependentes, a entidade sindical competente, o médico que o assistiu ou qualquer autoridade pública, não prevalecendo nestes casos o prazo previsto neste artigo.

§ 3º. A comunicação a que se refere o § 2º não exime a empresa de responsabilidade pela falta do cumprimento do disposto neste artigo.

§ 4º Os sindicatos e entidades representativas de classe poderão acompanhar a cobrança, pela Previdência Social, das multas previstas neste artigo.

§ 5º A multa de que trata este artigo não se aplica na hipótese do *caput* do art. 21-A. *(Acrescentado pela Lei n. 11.430, de 26.12.06, DOU 27.12.06.)*

Art. 23. Considera-se como dia do acidente, no caso de doença profissional ou do trabalho, a data do início da incapacidade laborativa para o exercício da atividade habitual, ou o dia da segregação compulsória, ou o dia em que for realizado o diagnóstico, valendo para este efeito o que ocorrer primeiro.

....

Art. 59. O auxílio-doença será devido ao segurado que, havendo cumprido, quando for o caso, o período de carência exigido nesta Lei, ficar incapacitado para o seu trabalho ou para a sua atividade habitual por mais de 15 (quinze) dias consecutivos.

Parágrafo único. Não será devido auxílio-doença ao segurado que se filiar ao Regime Geral de Previdência Social já portador da doença ou da lesão invocada como causa para o benefício, salvo quando a incapacidade sobrevier por motivo de progressão ou agravamento dessa doença ou lesão.

....

Art. 118. O segurado que sofreu acidente do trabalho tem garantida, pelo prazo mínimo de doze meses, a manutenção do seu contrato de trabalho na empresa, após a cessação do auxílio-doença acidentário, independentemente de percepção de auxílio-acidente.

Parágrafo único. *(Revogado pela Lei n. 9.032, de 1995.)*

Decreto n. 3.048, de 6.5.99

Art. 336. Para fins estatísticos e epidemiológicos, a empresa deverá comunicar à previdência social o acidente de que tratam os arts. 19, 20, 21 e 23 da Lei n. 8.213, de 1991, ocorrido com o segurado empregado, exceto o doméstico, e o trabalhador avulso, até o primeiro dia útil seguinte ao da ocorrência e, em caso de morte, de imediato, à autoridade competente, sob pena da multa aplicada e cobrada na forma do art. 286. (*Redação dada pelo Decreto n. 4.032, de 2001*)

§ 1º Da comunicação a que se refere este artigo receberão cópia fiel o acidentado ou seus dependentes, bem como o sindicato a que corresponda a sua categoria.

§ 2º Na falta do cumprimento do disposto no *caput,* caberá ao setor de benefícios do Instituto Nacional do Seguro Social comunicar a ocorrência ao setor de fiscalização, para a aplicação e cobrança da multa devida.

§ 3º Na falta de comunicação por parte da empresa, ou quando se tratar de segurado especial, podem formalizá-la o próprio acidentado, seus dependentes, a entidade sindical competente, o médico que o assistiu ou qualquer autoridade pública, não prevalecendo nestes casos o prazo previsto neste artigo. (*Redação dada pelo Decreto n. 4.032, de 2001*)

§ 4º A comunicação a que se refere o § 3º não exime a empresa de responsabilidade pela falta do cumprimento do disposto neste artigo.

§ 5º (*Revogado pelo Decreto n. 3.265, de 1999*)

§ 6º Os sindicatos e entidades representativas de classe poderão acompanhar a cobrança, pela previdência social, das multas previstas neste artigo.

Art. 337. O acidente do trabalho será caracterizado tecnicamente pela perícia médica do INSS, mediante a identificação do nexo entre o trabalho e o agravo.

** Caput com redação determinada pelo Dec. 6.042/2007 (DOU 13.02.2007), em vigor na data de sua publicação, produzindo efeitos a partir do primeiro dia do mês de abril de 2007 (v. art. 5º, I, do referido Decreto).*

§ 1º O setor de benefícios do Instituto Nacional do Seguro Social reconhecerá o direito do segurado à habilitação do benefício acidentário.

§ 2º Será considerado agravamento do acidente aquele sofrido pelo acidentado quando estiver sob a responsabilidade de reabilitação profissional.

§ 3º Considera-se estabelecido o nexo entre o trabalho e o agravo quando se verificar nexo técnico epidemiológico entre a atividade da empresa e a entidade mórbida motivadora da incapacidade, elencada na Classificação Internacional de Doenças (CID) em conformidade com o disposto na Lista B do Anexo II deste Regulamento.

§ 4º Para os fins deste artigo, considera-se agravo a lesão, doença, transtorno de saúde, distúrbio, disfunção ou síndrome de evolução aguda, subaguda ou crônica, de natureza clínica ou subclínica, inclusive morte, independentemente do tempo de latência.

§ 5º Reconhecidos pela perícia médica do INSS a incapacidade para o trabalho e o nexo entre o trabalho e o agravo, na forma do § 3º, serão devidas as prestações acidentárias a que o beneficiário tenha direito.

§ 6º A perícia médica do INSS deixará de aplicar o disposto no § 3º quando demonstrada a inexistência de nexo causal entre o trabalho e o agravo, sem prejuízo do disposto nos §§ 7º e 12.

§ 7º A empresa poderá requerer ao INSS a não aplicação do nexo técnico epidemiológico ao caso concreto mediante a demonstração de inexistência de correpondente nexo causal entre o trabalho e o agravo.

§ 8º O requerimento de que trata o § 7º poderá ser apresentado no prazo de 15 (quinze) dias da data para a entrega, na forma do inciso IV do art. 225, da GFIP que registre a movimentação do trabalhador, sob pena de não conhecimento da alegação em instância administrativa.

§ **9º** Caracterizada a impossibilidade de atendimento ao disposto no § 8º, motivada pelo não conhecimento tempestivo do diagnóstico do agravo, o requerimento de que trata o § 7º poderá ser apresentado no prazo de 15 (quinze) dias da data em que a empresa tomar ciência da decisão da perícia médica do INSS referida no § 5º.

§ **10** Juntamente com o requerimento de que tratam os §§ 8º e 9º, a empresa formulará as alegações que entender necessárias e apresentará as provas que possuir demonstrando a inexistênca de nexo causal entre o trabalho e o agravo.

§ **11** A documentação probatória poderá trazer, entre outros meios de prova, evidências técnicas circunstanciadas e tempestivas à exposição do segurado, podendo ser produzidas no âmbito de programas de gestão de risco, a cargo da empresa, que possuam responsável técnico legalmente habilitado.

§ **12** O INSS informará ao segurado sobre a contestação da empresa, para, querendo, impugná-la, obedecendo quanto à produção de provas o disposto no § 10, sempre que a instrução do pedido evidenciar a possibilidade de reconhecimento de inexistência do nexo causal entre o trabalho e o agravo.

§ **13** Da decisão do requerimento de que trata o § 7º cabe recurso, com efeito suspensivo, por parte da empresa ou, conforme o caso, do segurado ao Conselho de Recursos da Previdência Social, nos termos dos arts. 305 a 310.

**§§ 3º a 13 acrescentados pelo Dec. 6.042/2007 (DOU 13.02.2007), em vigor na data de sua publicação, produzindo efeitos a partir do primeiro dia do mês de abril de 2007 (v. art. 5º, I, do referido Decreto).*

Art. 338. A empresa é responsável pela adoção e uso de medidas coletivas e individuais de proteção à segurança e saúde do trabalhador sujeito aos riscos ocupacionais por ela gerados. (*Redação dada pelo Decreto n. 4.032, de 2001*)

§ **1º** É dever da empresa prestar informações pormenorizadas sobre os riscos da operação a executar e do produto a manipular. (*Incluído pelo Decreto n. 4.032, de 2001*)

§ **2º** Os médicos peritos da previdência social terão acesso aos ambientes de trabalho e a outros locais onde se encontrem os documentos referentes ao controle médico de saúde ocupacional, e aqueles que digam respeito ao programa de prevenção de riscos ocupacionais, para verificar a eficácia das medidas adotadas pela empresa para a prevenção e controle das doenças ocupacionais. (*Incluído pelo Decreto n. 4.032, de 2001*)

§ **3º** O INSS auditará a regularidade e a conformidade das demonstrações ambientais, incluindo-se as de monitoramento biológico, e dos controles internos da empresa relativos ao gerenciamento dos riscos ocupacionais, de modo a assegurar a veracidade das informações prestadas pela empresa e constantes do CNIS, bem como o cumprimento das obrigações relativas ao acidente de trabalho. (*Incluído pelo Decreto n. 4.882, de 2003*)

§ **4º** Os médicos peritos da previdência social deverão, sempre que constatarem o descumprimento do disposto neste artigo, comunicar formalmente aos demais órgãos interessados na providência, inclusive para aplicação e cobrança da multa devida. (*Incluído pelo Decreto n. 5.545, de 2005*)

3. JURISPRUDÊNCIA

Acidente de trânsito — Trajeto para o trabalho — Transporte por conta do empregador — Princípio do risco por substituição da atividade — Responsabilidade objetiva

Ementa: ACIDENTE DE TRÂNSITO. TRAJETO PARA O TRABALHO. TRANSPORTE POR CONTA DO EMPREGADOR. PRINCÍPIO DO RISCO POR SUBSTITUIÇÃO DA ATIVIDADE. RESPONSABILIDADE OBJETIVA QUE NÃO É ELIDIDA (suprimida) POR CULPA DE TERCEIRO (ARTIGOS 730 E SEGUINTES DO CÓDIGO CIVIL E SÚMULA 187/STF). In casu, o falecido/empregado era transportado por conta e risco da empresa que, pela necessidade de mão-de-obra, passou a utilizar de ônibus contratado para essa finalidade, razão pela qual tipificou-se um contrato de adesão para proveito próprio, o que acarreta a equiparação do empregador à própria figura do transportador (Princípio do risco por substituição da atividade). Assim, onerando-se a empresa com a responsabilidade de transportar os trabalhadores para as frentes de trabalho, impõe-se a aplicação dos arts. 730 e seguintes da Lei Substantiva Civil, sendo assente a doutrina e jurisprudência no sentido de que a responsabilidade é objetiva por eventual dano a ser reparado. Com efeito, o entendimento consubstanciado na Súmula 187, do Colendo STF, assegura que "A responsabilidade contratual do transportador, pelo acidente com o passageiro, não é elidida por culpa de terceiro, contra o qual tem ação regressiva". TRT 18ª Reg. — RO-00525-2006-102-18-00-1 — (Ac. 1ª T.) — Rel. Juiz Aldon do Vale Alves Taglialegna. DJE n. 14.930, 30.1.07, p. 80.

Acidente de trabalho — Abalo moral advindo da perda da mão e do antebraço — Dano presumível

Ementa: ACIDENTE DE TRABALHO. ABALO MORAL ADVINDO DA PERDA DA MÃO E DO ANTEBRAÇO. DANO PRESUMÍVEL. É totalmente presumível o abalo moral gerado pela perda de um membro (dano in re ipsa)- o qual, aliado ao dano estético, gera perturbação de ordem puramente moral e psicológica, culminando, ainda, na redução da capacidade laborativa. Como se não bastasse, saliento que o Autor, na época do acidente, contava com 20 anos de idade. A perda de um membro por um jovem, que está em fase de construir sua vida, tanto sob o ponto de vista emocional, quanto financeiro, acarreta também a perda de expectativas e esperanças, rendendo ensejo, indubitavelmente, a um forte dano de origem moral. TRT 9ª Reg. — RIND 78006-2005-668-09-00-0 (Ac. 4ª T. 05363/07) — Rel. Luiz Celso Napp. DJPR 2.3.07, p. 677.

Acidente do trabalho — Acidente de trajeto — Descumprimento de normas de segurança — Culpa contra a legalidade — Configuração

Ementa: INDENIZAÇÃO POR DANOS MORAIS DECORRENTE DE ACIDENTE DO TRABALHO. ACIDENTE DE TRAJETO. DESCUMPRIMENTO DE NORMAS DE SEGURANÇA. CULPA CONTRA A LEGALIDADE — Ao assumir o risco de transportar trabalhadores para o local da prestação de serviços, em lugar de difícil acesso não servido por transporte público regular (Súmula 90 do TST), o empregador arca com a obrigação de proporcionar segurança aos seus empregados, por meio da adoção medidas relativas à adequada manutenção do veículo de transporte. Assim, se o transporte de trabalhadores é realizado em um veículo em péssimo estado de conservação e sem autorização do poder público, encontra-se caracterizada a culpa patronal contra a legalidade, por violação ao artigo 230, inciso II, do Código de Trânsito Brasileiro, que veda o transporte de passageiros em compartimento de carga, e ao artigo 132, parágrafo único, do Código Penal, no qual se encontra tipificado o crime de perigo para a vida ou a saúde de outrem. TRT 3ª Reg. — RO 01292-2005-081-03-00-9 — (Ac. 2ª T.) — Rel. Juiz Sebastião Geraldo de Oliveira. DJMG 5.7.06, p. 10.

Acidente do Trabalho — Acidente de trânsito — Carona — Indenização — Descabimento

Ementa: ACIDENTE DE TRÂNSITO. ACIDENTE DE TRABALHO. INDENIZAÇÃO. Ainda que incontroverso o acidente de trânsito e este esteja equiparado a acidente de trabalho, não há se falar em indenização da empresa por danos materiais e morais ante a ausência de culpa, quando sobejamente provado que para o sinistro ela não tenha contribuído. No dia do acidente o reclamante utilizou-se de "carona" e o acidente de trânsito foi motivado por culpa de terceiros. Assim, não configurada culpa da reclamada no evento, por falta de nexo de causalidade, não há se falar em responsabilidade civil a ensejar pagamento de indenização quer por dano moral ou material. Recurso a que se nega provimento. TRT 18ª Reg. — RO-01392-2005-008-18-00-0 — Relª. Juíza Kathia Maria Bomtempo de Albuquerque: DJGO 14.775, 9.6.06, p. 60.

Acidente do trabalho — Acidente de trânsito de percurso — Culpa do empregado motorista — Não configuração

Ementa: ACIDENTE DE TRÂNSITO DE PERCURSO. DANOS MORAIS E MATERIAIS. CULPA DO EMPREGADO MOTORISTA. Quando a culpa pelo acidente de trânsito é do próprio empregado, não tem ele direito à indenização por danos morais e materiais. Constitui pressuposto elementar da técnica de direção automobilística defensiva que o motorista que vai empreender a ultrapassagem tenha perícia e prudência suficientes para fazê-lo com segurança para si e para os demais veículos. Pressupõe-se, assim, a culpa do empregado. TRT 12ª Reg. — RO-V 02637-2005-049-12-00-4 — (Ac. 3ª T. 07037/07, 17.4.07) — Rel. Juiz Roberto Basilone Leite. TRT-SC/DOE 28.5.07.

Acidente do trabalho — Art. 7º, XXVIII, da CF — Dolo ou culpa patronal — Nexo causal — Não configuração

Ementa: ACIDENTE DE TRABALHO — DANO MATERIAL, DANO MORAL E DANO ESTÉTICO — IMPUTAÇÃO DE RESPONSABILIDADE PATRONAL — NATUREZA SUBJETIVA — EXIGÊNCIA DO ELEMENTO CULPA, NA VERTENTE DOLOSA OU CULPOSA *STRICTU SENSU* — NEXO CAUSAL. O art. 7º, XXVIII, parte final da Constituição assevera que a indenização de responsabilidade do empregador em favor do empregado, quando ocorrido acidente de trabalho, apenas é devida no caso de dolo ou culpa patronal. No caso, não se afigura a culpa empresarial, pois não se evidenciam elementos aptos a demonstrar culpa da empresa para a ocorrência do evento, à falta de prova de que o obreiro extrapolava suas funções ou então de que o empregador se omitia no fornecimento dos equipamentos de segurança. Assim, inexiste nexo de causalidade entre o fato danoso e qualquer conduta que possa ser atribuída à empresa. Acidente de trabalho configurado (Lei 8.213/1991, art. 19 c/c 21), sem responsabilidade patronal por falta de culpa lato sensu para o evento (CF, art. 7º, XXVIII, parte final). TRT 10ª Reg. — RO 00953-2005-011-10-00-0 — (Ac. 2ª T./06) — Rel. Juiz Alexandre Nery de Oliveira. DJU3 14.7.06, p. 19.

Acidente do trabalho — Assalto — Vigia — Responsabilidade da empresa — Danos morais e físicos

Ementa: ACIDENTE DO TRABALHO. ASSALTO. VIGIA. RESPONSABILIDADE DA EMPRESA. DA-

NOS MORAIS E FÍSICOS. A despeito de ter sido contratado o reclamante como mero vigia, atividade que não pressupõe a formação por meio de curso específico, não envolvendo a complexidade exigida daqueles que são contratados como vigilantes, o não atendimento às normas básicas de segurança demonstra a negligência da reclamada. Ou seja, ainda que a legislação não obrigue a empresa a oferecer aos vigias equipamentos de proteção, como, por exemplo, colete a prova de balas, não se pode olvidar que é obrigação do empregador proporcionar a seus empregados a segurança mínima necessária e adequada para evitar a exposição dos mesmos a perigos de vida, tal como ocorreu na hipótese. Se é certo que a violência nos dias atuais está disseminada em toda a sociedade, não menos correto é que este argumento não pode servir de amparo para o procedimento da reclamada; ao revés, deve indicar o aumento da segurança e dos cuidados necessários para se atenuar o risco. Neste raciocínio, comprovado o fato lesivo, a negligência da reclamada e sendo indiscutível o nexo de causalidade, resta devida a indenização vindicada. TRT 3ª Reg. — RO 000594-2002-077-03-00-8 — (Ac. 6ª T.) — Relª Juíza Lucilde D'Ajuda L. de Almeida. DJMG 13.11.03, p. 15.

Acidente do trabalho — Ausência — Reparação de danos — Impossibilidade

Ementa: REPARAÇÃO DE DANOS. AUSÊNCIA DE ACIDENTE DO TRABALHO. IMPOSSIBILIDADE. O dano decorre de um ato ilícito que provoca contra quem o praticou a obrigação de repará-lo, fundando-se o princípio geral da responsabilidade civil, no direito brasileiro, no art. 159 do velho Código Civil, ou seja, "aquele que, por ação ou omissão voluntária, negligência ou imprudência, violar direito, ou causar prejuízo a outrem, fica obrigado a reparar o dano", ou, no atual Código Civil, pelo seu art. 186: "Aquele que, por ação ou omissão voluntária, negligência ou imprudência, violar direito e causar dano a outrem, ainda que exclusivamente moral, comete ato ilícito." A obrigação de reparar o dano moral encontra-se prevista no art. 5º, X, da CR/88. Na etiologia da responsabilidade civil, estão presentes três elementos, ditos essenciais na doutrina: a ofensa a uma norma preexistente ou erro de conduta; um dano; e o nexo de causalidade entre uma e outro. Não restando apurado, através da prova pericial produzida que as atividades exercidas pela autora desencadearam a doença profissional e, nem mesmo a existência de nexo de causalidade entre sua moléstia e o desenvolvimento de suas atividades na demandada, não há danos a serem reparados. TRT 3ª Reg. — RO 00262-2003-071-03-00-6 — (Ac. 5ª T.) — Rel. Juiz Eduardo Augusto Lobato. DJMG 29.11.03, p. 15.

Acidente de trabalho — Ausência de fiscalização e treinamento — Configuração

Ementa: ACIDENTE DE TRABALHO. AUSÊNCIA DE FISCALIZAÇÃO E TREINAMENTO. INDENIZAÇÃO. Nas hipóteses de acidente de trabalho, a culpa do empregador resta caracterizada quando não forem observadas as normas legais, convencionais, contratuais ou técnicas de segurança, higiene e saúde no trabalho. É dever legal da empresa, por seus proprietários, gerentes e prepostos, orientar o empregado quanto ao equipamento utilizado na prestação laboral e aos riscos da operação, informando-o a respeito das precauções a tomar, no sentido de evitar acidentes. Trata-se de garantia constitucional de proteção ao trabalhador (art. 7º, XXII). Quando o empregador permite o uso de máquina guilhotina por trabalhador não habilitado para operá-la, deixa de cumprir o seu poder-dever de fiscalização e, omissivamente, pratica ato lesivo ao Autor, devendo, portanto, indenizá-lo dos danos morais sofridos em decorrência do acidente de trabalho ocorrido. TRT 9ª Reg. — RIND 99509-2005-658-09-00-1 — (Ac. 1ª T. 21908/06) — Rel. Juiz Ubirajara Carlos Mendes. DJPR 28.7.06, p. 693.

Acidente do trabalho — Ausência de medidas preventivas por parte do empregador — Danos morais e estéticos — Culpa — Dever de indenizar

Ementa: ACIDENTE DO TRABALHO. INDENIZAÇÃO. INDENIZAÇÃO POR DANOS MORAIS E ESTÉTICOS. AUSÊNCIA DE MEDIDAS PREVENTIVAS POR PARTE DO EMPREGADOR. CULPA. DEVER DE INDENIZAR. Em matéria de saúde e segurança do trabalho, age com culpa a empresa que deixa de orientar e alertar, de forma contínua, o empregado quanto aos riscos de acidente do trabalho. A conduta que se exige do empregador é a de tomar todas as medidas possíveis para tornar o ambiente de trabalho seguro e saudável, com a adoção de medidas preventivas efetivas para afastar os riscos inerentes ao trabalho. Como bem ensina Oswaldo Michel: "O empregador tem uma série de obrigações com relação à segurança e medicina do trabalho, sendo que as principais são as seguintes: a) o empregador fica obrigado a cumprir e fazer cumprir as normas de segurança e medicina do trabalho. Isto significa que não basta que ele cumpra as referidas normas, mas deve, também, exigir que seus empregados as cumpram. É possível concluir- se que o empregador poderá ser autuado pela fiscalização, caso fique constatado estar seu empregado desrespeitando uma norma de segurança do trabalho, pois nesse caso ele, empregador, não estava vigilante àquela sua obrigação legal de fazer cumpri-la; b) o empregador fica obrigado a instruir os empregados, através de ordens de serviço, quanto às precauções a tomar no sentido de evitar acidentes do trabalho ou doenças ocupacionais: é conveniente que a instrução aos empregados se faça através de ordens de serviço por escrito, para evitar, no futuro, discussões acerca da existência ou inexistência de uma orientação específica sobre a medida que deveria ter sido tomada para evitar o acidente do trabalho ou a doença ocupacional; (...) (In Acidentes do trabalho e doenças ocupacionais. São Paulo: LTr, 2001, 2ª. ed. p. 111). TRT 3ª Reg. — RO 00749-2006-094-03-00-5 — (Ac. 4ª T.) — Rel. Des. Julio Bernardo do Carmo. DJMG 12.6.07, p. 21.

Acidente de trabalho — Caso de ofensa física sofrida pelo empregado em decorrência de violência praticada por preposto da empregadora — Súmula 341/STF — Responsabilidade patronal — Excludente inexistente

Ementa: ACIDENTE DE TRABALHO URBANO — DEFINIÇÃO — LEI N. 6.367/1976, ARTIGO 2º, E LEI Nº 8.213/1991, ARTIGO 21 — CASO DE OFENSA FÍSICA SOFRIDA PELO EMPREGADO EM DECORRÊNCIA DE VIOLÊNCIA PRATICADA POR PREPOSTO DA EMPREGADORA — SÚMULA 341/STF — RESPONSABILIDADE PATRONAL — EXCLUDENTE INEXISTENTE. O conceito de acidente de trabalho urbano decorre do contido nos arts. 2º da Lei n. 6.367/1976 e 21 da Lei n. 8.213/1991, ainda quando pertinente à responsabilização do empregador pelo empregado. No caso, ocorrendo ofensa física de caráter intencional praticada por preposto da empresa, já que encarregado ao qual o obreiro era subordinado, no âmbito interno, a discussão de responsabilidade se resolve pela incidência da Súmula 341/STF, que expressamente comina que "é presumida a culpa do patrão ou comitente pelo ato culposo do empregado ou preposto". Nesse particular aspecto, a r. sentença é irrepreensível, porque denota que a agressão física sofrida pelo Autor, ainda que possa ter iniciado a discussão com o encarregado da empresa, foi de modo desproporcional, com extrema violência, em caráter injustificável como resposta a qualquer recusa a ordem supostamente emanada do preposto, restando configurado o nexo causal que estabelece a responsabilidade da empresa pelo dano sofrido pelo obreiro, a partir do ato agressor de seu preposto, por inequivocamente capitulável o fato como acidente de trabalho a teor dos arts. 2º, III, "b", da Lei n. 6.367/1976, e 21, II, "a", da Lei n. 8.213/1991, c/c a Súmula 341/STF. ACIDENTE DE TRABALHO — INDENIZAÇÃO E PENSIONAMENTO. O art. 7º, XXVIII, da CF, estabelece ser devida pelo empregador ao empregado indenização em caso de culpa ou dolo na ocorrência de acidente de trabalho que venha vitimar, em algum grau, o trabalhador. A indenização pode operar-se mediante pensionamento mensal ou por indenização antecipada, ou pela conjugação de ambos, mediante valores que, somados, denotem equilíbrio no arbitramento da reparação — ou seja, pode haver condenação em indenização total e em pensionamento mensal, quando a conjugação dos valores denote que a correlação de ambos signifique um adiantamento ao obreiro pelos danos sofridos e uma verba perene condizente a reparar o dano perceptível ao longo da vida. Recursos empresarial e obreiro conhecidos em parte e ambos desprovidos. TRT 10ª Reg. — RO 01033-2005-001-10-00-1 — (Ac. 2ª T./06) — Rel. Juiz Alexandre Nery de Oliveira. DJU3 9.2.07, p. 65.

Acidente do trabalho — Colisão de veículos. Trajeto de retorno de treinamento patrocinado pela empregadora — Ausência de culpa patronal

Ementa: ACIDENTE DO TRABALHO. COLISÃO DE VEÍCULOS. TRAJETO DE RETORNO DE TREINAMENTO PATROCINADO PELA EMPREGADORA. AUSÊNCIA DE CULPA PATRONAL. É incontroversamente enquadrado como vinculado ao trabalho o acidente de trânsito — colisão de veículo de terceiro com aquele de propriedade da empregada — acontecido no trajeto de retorno de seminário ou treinamento patrocinado pelo empregador. No entanto, este não pode ser responsabilizado por danos morais e materiais, se não teve culpa na ocorrência, gerada por imprudência de terceiro. TRT 18ª Reg. — RO 00441-2006-053-18-00-2 — (Ac. 2ª T.) — Rel. Desembargador Gentil Pio de Oliveira. DJGO n. 14.880, 17.11.06, p. 38.

Acidente do trabalho — Condições de trabalho ergonomicamente inadequados — Nexo causal configurado

Ementa: CONDIÇÕES DE TRABALHO ERGONOMICAMENTE INADEQUADOS — NEXO CAUSAL CONFIGURADO. A inaptidão temporária como indicada no laudo pericial enseja também o ressarcimento, pois, no caso em apreço, a causa ou concausa teve origem no desempenho de atividades laborais, frise-se, executadas em ambiente de trabalho ergonomicamente inadequado. Olvidou a empresa-Ré o dever de zelar pela higidez de seus empregados reduzindo-lhes os riscos à saúde (art. 7º, XXII, da CF/88), restando provado o ato lesivo voluntário da empregadora contra a empregada, que lhe causou prejuízo. Recurso da Reclamada a que se nega provimento. TRT 9ª Reg. — Proc. 00166-2005-092-09-00-8 — (Ac. 1ª T. 11713/07) — Rel. Juiz Ubirajara Carlos Mendes. DJPR 11.5.07, p. 720.

Acidente de trabalho — Culpa concorrente — Autora que agiu com imprudência — Ré que agiu com negligência — Devido o pagamento de danos morais

Ementa: ACIDENTE DE TRABALHO — CULPA CONCORRENTE — AUTORA QUE AGIU COM IMPRUDÊNCIA — RÉ QUE AGIU COM NEGLIGÊNCIA — DEVIDO O PAGAMENTO DE DANOS MORAIS — IRRESIGNAÇÃO DAS PARTES QUANTO AO QUANTUM ARBITRADO PELA SENTENÇA — Tendo em vista que o acidente de trabalho havido com a autora decorreu de culpa concorrente, inclusive consoante prova pericial produzida, uma vez que a autora agiu de forma imprudente, e a ré, de forma negligente, incidindo em culpa, ainda que em grau leve, correta a responsabilização da ré pela reparação dos danos sofridos. Porém, para a determinação do quantum devido a título de indenização por danos morais, diversos fatores devem ser levados em consideração pelo julgador, como a posição social e econômica das partes, o grau de culpa de cada uma delas, a repercussão do dano, a repercussão da ofensa, dentre outros, porém, sempre pautado pelo princípio da razoabilidade, uma vez que o dano moral em si é incomensurável. TRT 9ª Reg. — Proc. 99531-2006-001-09-00-2 — (Ac. 4ª T. 11051/07) — Rel. Juiz Luiz Celso Napp. DJPR 4.5.07, p. 598.

Acidente do trabalho — Culpa concorrente — Configuração

Ementa: INDENIZAÇÃO. DANO MORAL. CULPA CONCORRENTE. ACIDENTE DE TRABALHO. Cabe indenização por dano moral decorrente de acidente de trabalho ocorrido por culpa concorrente, na medida em que ambos, empregador e empregado, concorreram culposamente para o infortúnio causador da perda de parte do dedo anular esquerdo do operário. O empregado deve operar o maquinário com o dispositivo de segurança ativado; o empregador deve fiscalizar e exigir que o trabalho seja executado dentro das regras de segurança. Quando o acidente de trabalho acontece por imprudência do operário que trava o sistema de segurança da desempenadeira, cujo procedimento é de conhecimento da chefia, que negligentemente tolera tal conduta, ambos acabam concorrendo culposamente para o evento danoso. A culpa concorrente não exime a empresa de responsabilidade, conquanto dose o valor da indenização devida, eqüitativamente, a teor do art. 945 do CC/02. Recurso do reclamante provido parcialmente. TRT 15ª Reg. (Campinas/SP) — RO 595-2005-027-15-00-3 — (Ac.21455/07-PATR, 12ªC.) — Rel. Juiz Edison dos Santos Pelegrini. DJSP 18.5.07, p. 55.

Acidente do trabalho — Culpa da empregadora — Art. 157 da CLT — Inobservância. Dever de indenizar

Ementa: ACIDENTE DO TRABALHO. CULPA DA EMPREGADORA. ART. 157 DA CLT. INOBSERVÂNCIA. DEVER DE INDENIZAR — A lei incumbe a empregadora de zelar pela integridade física dos seus empregados; nesse passo, a empregadora deve orientá-los e treiná-los quanto a medidas de prevenção de acidentes no trabalho, conscientizando-os e explicando os procedimentos operacionais seguros, especialmente quando utilizem equipamentos que ofereçam risco. O trabalhador tem direito à informação sobre os riscos a que está exposto, às formas de prevenção e ao treinamento adequado para o desempenho de suas tarefas. Nesse sentido, o art. 157 da CLT determina às empresas: "I — cumprir e fazer cumprir as normas de segurança e medicina do trabalho; II — instruir os empregados, através de ordens de serviço, quanto às precauções a tomar no sentido de evitar acidentes do trabalho ou doenças ocupacionais; III — adotar as medidas que lhes sejam determinadas pelo órgão regional competente; (...)" Assim também dispõe o § 1º. do art. 19 da Lei n. 8.213/91, depois de definir o acidente do trabalho: "A Empresa é responsável pela adoção e uso das medidas coletivas e individuais de proteção e segurança da saúde do trabalhador". O risco do negócio é sempre da empregadora; assim sendo, quanto mais perigosa a operação, quanto mais exposto a risco estiver o empregado, tanto mais cuidado se exige daquela quanto à prevenção de acidentes. Comprovado que a empregadora negligenciou seu dever legal, contribuindo com culpa para a ocorrência de acidente fatal, deve prevalecer a sentença judicial, que deferiu a indenização por danos morais. TRT 3ª Reg. — RO 00839-2005-094-03-00-5 — (Ac. 2ª T.) — Rel. Des. Sebastião Geraldo de Oliveira. DJMG 7.2.07, p. 11.

Acidente do trabalho — Culpa da primeira reclamada — Indenizações pelos danos moral, estético e material

Ementa: COMPETÊNCIA DA JUSTIÇA DO TRABALHO. INDENIZAÇÃO POR DANOS MATERIAIS E MORAIS. ACIDENTE DO TRABALHO. Segundo o mais recente pronunciamento do Supremo Tribunal Federal, compete à Justiça do Trabalho julgar ações contendo pedido de indenização por dano moral e/ou material proveniente de acidente do trabalho, estando este dano vinculado a uma relação de trabalho, como no presente caso. ACIDENTE DO TRABALHO. CULPA DA PRIMEIRA RECLAMADA. INDENIZAÇÕES PELOS DANOS MORAL, ESTÉTICO E MATERIAL. Irrepreensível a decisão de 1º Grau, que fundamentada na inspeção judicial realizada junto à empregadora, no laudo pericial, e no relatório de fiscalização realizado pelo Ministério do Trabalho e do Emprego, declarou ter sido a primeira reclamada, por omissão e negligência, e ainda por imprudência de empregado seu, culpada pelo acidente de trabalho sofrido pelo reclamante, que provocou sua incapacidade total para exercer sua atividade de mecânico e incapacidade parcial para o trabalho, do ponto de vista geral, da ordem de 27%. O *quantum* fixado para indenizar os danos morais, estéticos e materiais estão de acordo com o bom sopesamento do grau de culpa do agente responsável pelo dano, da extensão do dano e das condições econômicas das partes. Nada havendo a ser reformado na decisão hostilizada, que bem analisou os fatos e os adequou à norma jurídica, fica esta mantida integralmente. TRT 3ª Reg. — RO 01061-2004-099-03-00-2 — (Ac. 5ª T.) — Rel. Juiz Luiz Philippe V. de Mello Filho. DJMG 19.11.05, p. 20.

Acidente do trabalho — Culpa do empregador — Dano moral configurado

Ementa: DANO MORAL. INDENIZAÇÃO. É dever do empregador preservar e zelar pela dignidade do trabalhador. Nos casos em que, diante da constatação de que a reclamada contribuiu, culposamente, com o acidente de trabalho, não fornecendo um local de trabalho seguro, causando a perda irreversível da visão em um olho, atingindo profundamente o trabalhador e ocasionando lesão também de cunho moral, que vem prejudicar a sua imagem, implicando em sofrimento, tristeza e comprometendo a sua capacidade laborativa, resta ao Judiciário aplicar a indenização por dano moral. TRT 12ª Reg. — RO-V 00671-2002-011-12-00-9 — (Ac. 1ª T. 06.392/03, 10.6.03) — Rel. Juiz Garibaldi T. P. Ferreira. DJSC 7.7.03, p. 161.

Acidente do trabalho — Culpa do empregador — Dever geral de cautela

Ementa: ACIDENTE DO TRABALHO. CULPA DO EMPREGADOR. DEVER GERAL DE CAUTELA. Ocorre acidente do trabalho por violação do empregador ao dever geral de cautela quando ele deixa de identificar situações que venham a trazer riscos para a saúde e segurança dos seus trabalhadores, não prevenindo ou diagnosticando precocemente eventuais irregularidades no ambiente de trabalho. TRT 3ª Reg. — Proc. 00921-2004-027-03-00-7 — (Ac. 4ª T.) — Rel. Juiz Antônio Álvares da Silva. DJMG 26.11.05, p. 11.

Acidente do trabalho — Culpa do empregador — Requisitos legais

Ementa: DANO MORAL. ACIDENTE DO TRABALHO. CULPA DO EMPREGADOR. REQUISITOS LEGAIS. Consoante previsão do art. 186 do Código Civil, "Aquele que, por ação ou omissão voluntária, negligência ou imprudência, violar direito, e causar dano a outrem, ainda que exclusivamente moral, comete ato ilícito". Na hipótese dos autos, configurada a presença dos requisitos legais, ou seja, a conduta antijurídica, o dano e o nexo de causalidade, é de ser confirmada a r. sentença de 1º que, de forma acertada, acolheu o pedido de indenização formulado pelo autor. TRT 3ª Reg. — RO 00581-2005-056-03-00-0 — (Ac. 4ª T.) — Rel. Juiz Caio L. de A. Vieira de Mello. DJMG 25.2.06, p. 11.

Do voto do Juiz Relator destaca-se:

DOENÇA OCUPACIONAL. AUSÊNCIA DE DANO, NEXO DE CAUSALIDADE E CULPA

Insurge a Recorrente contra a condenação no pagamento de indenização por danos morais, por entender que a suposta redução da capacidade laborativa do Reclamante não foi causada por ato culposo por ela praticado. Ressalta que deu pronto atendimento médico ao acidente ocasionado por absoluta causalidade, que implicou na explosão do forno por falha do próprio equipamento, cuja previsão não era possível. Aduz que restou comprovado que sua atuação é no sentido de promover a segurança do local de trabalho e que, após o acidente, o Reclamante retornou ao trabalho, atuando por muitos anos sem qualquer restrição, sendo que do laudo pericial constata-se sua boa compleição física, praticando pescaria e detentor de Carteira Nacional de Habilitação, categoria D, emitida em 25.11.2004.

Sem razão a recorrente em sua irresignação.

O laudo pericial de f. 294/309 confirma a ocorrência do acidente no dia 10.6.1991, relativo à explosão do forno quando o Reclamante se encontrava de costas, causando-lhe queimaduras que demandaram dois meses de internação e encaminhado ao CRP do INSS, por mais ou menos dois anos. Consta expressamente da prova técnica que o Reclamante foi encaminhado para cirurgias plásticas no total de seis, cuja conseqüência foi uma trombose venosa profunda na área de doação de pele.

Concluiu o "expert" (f. 301), pela existência de "nexo de causalidade entre as seqüelas de queimaduras e o quadro de trombose venosa profunda, em membro inferior esquerdo, apresentadas pelo reclamante, e o acidente de trabalho sofrido durante o pacto laboral".

Em resposta ao quesito de n.2, do Reclamante, o Perito concluiu que a explosão do forno se deu por falha do equipamento. Na hipótese, em face da ausência de relatório, não há como prevalecer a alegação da Recorrente no sentido de que não agiu com culpa ou dolo. Nesse sentido concluiu o perito: "Não foram apresentados relatórios e análises do acidente, ocorrido em 1991 (f. 295/296)". Grifei.

Da mesma forma, em resposta aos demais quesitos o Perito confirmou que as moléstias descritas na CAT de 2003 decorrem das seqüelas sofridas no acidente proveniente da explosão do forno.

A própria Recorrente confessa, em seu depoimento pessoal de f. 338, "que logo após o acidente ocorrido com o reclamante, não sabendo precisar a data, a reclamada desativou o sistema até então utilizado; o setor de segurança do trabalho da reclamada informou que não havia qualquer laudo arquivado acerca do acidente ocorrido; não sabe informar se a reclamada apurou a causa da explosão; a desativação do sistema até então utilizado ocorreu porque tratava-se de um processo de risco e não havia previsão de automação do sistema utilizado;" grifei

A testemunha José Alves Moreira confirmou, f. 338/339 que à época era membro da CIPA, "sendo que esta recomendou a realização de perícia para apuração da causa da explosão, não sendo do conhecimento do depoente a realização da perícia, ocorrendo, no entanto, a desativação do sistema;" (grifos acrescidos)

De se manter, portanto, a r. sentença no aspecto.

DA INDENIZAÇÃO POR DANO MORAL

Afirma a Recorrente que não restou configurada qualquer anormalidade de ordem emocional ou psíquica por parte do Reclamante, não havendo violação de nenhum dos institutos, não sendo a doença de origem ocupacional. Entende que não restou provado o dano moral sofrido.

Sem razão.

Para que se caracterize o dano faz-se necessária a presença dos seguintes elementos: ato omissivo ou comissivo que viole o direito de outrem, norma preexistente ou erro de conduta; resultado danoso para a vítima; nexo causal entre o ato ou omissão e o resultado.

"Esse comportamento deve ser imputável à consciência do agente por dolo (intenção) ou por culpa (negligência, imprudência ou imperícia), contrariando, seja um dever geral do ordenamento jurídico (delito civil), seja uma obrigação em concreto (inexecução da obrigação ou de contrato)" (Rui Stoco, Responsabilidade Civil, 2ª edição, Revista dos Tribunais).

A reparação indenizatória normatizada no artigo 7º, XXVIII, da Constituição da República, por danos morais e materiais que resultem de condições de trabalho adversas, não prescinde de prova de responsabilidade objetiva do empregador, por dolo ou culpa.

Restou incontroverso nos autos que, após o acidente sofrido pela explosão do forno, o Reclamante teve que passar por seis cirurgias, o que culminou com o desenvolvimento de uma trombose venosa profunda na área de doação de pele, na forma explicitada no tópico acima.

A CAT de f. 29, emitida pela Reclamada em 7.4.03, traz a descrição e natureza da lesão 'seqüela de queimaduras em tronco e MMSS', consignando como situação geradora do acidente a 'explosão de forno móvel de liga mãe'.

Os danos estéticos sofridos pelo Reclamante restam evidentes e incontroversos (ver fotos de f. 298/299), assim como a patologia e as seqüelas decorrentes de conduta antijurídica da Reclamada como provado nos autos, deixando de atender as normas legais relativas à proteção à saúde e à integridade física do empregado, que ficou parcialmente incapacitado.

Ao contrário do que afirma a Recorrente, o desequilíbrio psicológico e a angústia decorrem da impossibilidade do Reclamante exercer as funções para as quais era habilitado, transformando toda a sua rotina, além da deformação estética, atestada pelo perito de f. 301, item IX, nesses termos: 'Apresenta um prejuízo estético pelas seqüelas de queimaduras e uma incapacidade laborativa parcial decorrente do quadro de TVP em MIE'.

Nada a prover, portanto.

DO VALOR DA INDENIZAÇÃO. Entende a Reclamada ser exacerbado o valor arbitrado a título de indenização por dano moral, já que a prova é no sentido de que o Reclamante padece de pequena limitação física. Entendo não lhe assistir razão, uma vez que o valor fixado levou em conta a incapacidade parcial, a idade do Reclamante na data do acidente, a finalidade pedagógica da pena e a reparação pelo dano sofrido. Nada a prover.

....

RECURSO DO RECLAMANTE VALOR DA CONDENAÇÃO. INDENIZAÇÃO POR DANOS MORAIS

Não se conforma o Reclamante com o valor da indenização fixado em 1º grau, por entender não ser o suficiente para compensar o sofrimento decorrente de acidente sofrido quando tinha 24 anos de idade. Entende que o valor também restou desprovido de caráter pedagógico, sendo que a prova dos autos é no sentido de que a reclamada agiu com culpa grave, sendo responsável pelo acidente, cujos danos são incalculáveis, ficando com sua capacidade laborativa reduzida, inegáveis danos estéticos, além de dores suportadas por transtornos decorrentes dos tratamentos a que foi submetido. Aduz que considerada sua expectativa de vida de 70 anos o valor arbitrado deve ser majorado.

A Reclamada também recorre no aspecto por entender exacerbado o valor arbitrado, já que a prova é no sentido de que o Reclamante padece de pequena limitação física.

A r. sentença recorrida levou em conta, para o arbitramento do valor, a idade do Reclamante na data do acidente, 24 anos, 7 meses e 12 dias, que implicará em redução da capacidade para o trabalho pelo prazo de 40 anos, 4 meses e 18 dias até completar 65 anos de idade (expectativa de vida do brasileiro), multiplicando 50% do salário mínimo legal por 484 meses e 18 dias.

De fato são inegáveis os danos sofridos pelo Reclamante a justificar a indenização por danos morais que deve ser majorada. Discordando da forma como estabelecida a fixação (f. 369), tomando como parâmetro meio salário mínimo, quando a remuneração do Reclamante corresponde a R$ 1.160,00.

Desta feita, acolho o pedido do Autor deferindo o pedido inicial para fixar a condenação e cem vezes a última remuneração.

Provejo." (www.trt3.gov.br, 4.5.06)

Acidente de trabalho — Culpa patronal configurada — Exercício de atividade não inerente à função para que foi contratado o autor

Ementa: ACIDENTE DE TRABALHO. CULPA PATRONAL CONFIGURADA. EXERCÍCIO DE ATIVIDADE NÃO INERENTE À FUNÇÃO PARA QUE FOI CONTRATADO O AUTOR. Entendo que a função desempenhada pelo Autor, qual seja, de garçom, abrange os serviços de limpeza e higiene do local de trabalho, incluindo, por certo, a limpeza dos vidros do estabelecimento. Nada obstante, da forma como tinha de ser realizado, não há como se entender que a atribuição de limpar vidros se enquadre como incumbência do Reclamante, haja vista que o vidro deveria ser retirado, desencaixado do local, mediante a utilização de uma escada, para então ser lavado e, posteriormente, recolocado e parafusado no lugar. Portanto, agiu com negligência a Ré e não respeitou as normas de segurança do trabalho ao atribuir a função de limpar vidros dessa forma ao Autor, de sorte que a culpa pelo evento danoso a ela deve ser imputada. Por conseguinte, mister seja responsabilizada civilmente pelos danos advindos de sua conduta, que resultou em lesão à integridade física e psíquica do obreiro. TRT 9ª Reg. — RIND 99555-2006-068-09-00-0 (Ac. 4ª T. 11092/07) — Rel. Juiz Luiz Celso Napp. DJPR 4.5.07, p. 598.

Acidente de trabalho — Dano moral — Juros de mora — Marco inicial

Ementa: RESPONSABILIDADE CIVIL POR ATO ILÍCITO — ACIDENTE DE TRABALHO — DANO MORAL — JUROS DE MORA — MARCO INICIAL. O dano moral decorrente de acidente de trabalho no qual se reconheceu a responsabilidade civil de empregador por ato ilícito tem nítida natureza jurídica civil e não trabalhista. A obrigação de indenizar é extracontratual pois não decorre da mera execução cotidiana do contrato de trabalho mas sim da inobservância do dever geral de cautela previsto legalmente, importando na culpa do empregador. Portanto, os juros de mora devem ter como marco inicial a data do sinistro e não a da fixação do quantum nem a do ajuizamento da ação, nos termos do artigo 398 do CC e Súmula 54 do C. STJ. Porém, tendo o Agravante postulado que os juros de mora fossem fixados a partir do ajuizamento da ação, a atuação do órgão julgador fica adstrita ao pleito recursal. Agravo de petição do Exeqüente conhecido e provido. TRT 9ª Reg. — Proc. 99511-2005-029-09-00-6 — (Ac. TP 17262/07) — Rel. Juiz Luiz Celso Napp. DJPR 3.7.07.

Acidente do trabalho — Danos dele decorrentes — Imprescindibilidade de prova da culpa do empregador

Ementa: ACIDENTE DO TRABALHO. DANOS DELE DECORRENTES. IMPRESCINDIBILIDADE DE PROVA DA CULPA DO EMPREGADOR. A reparação de danos morais e materiais decorrentes do contrato de trabalho pressupõe um ato ilícito ou erro de conduta do empregador ou de preposto seu, além do prejuízo suportado pelo trabalhador e do nexo de causalidade entre a conduta injurídica do primeiro e o dano experimentado pelo último, regendo-se pela responsabilidade *aquiliana*, conforme está impresso no rol de obrigações contratuais do empregador, no artigo 7º, inciso XXVIII, da Constituição da República. Se, à luz da prova produzida no processo, a reclamada não subverteu ilicitamente os valores subjetivos ou a integridade física do reclamante; se não há no conjunto probatório nem um indício sequer de que a reclamada tenha agido com culpa, mesmo que levíssima, na ocorrência do acidente, não se pode atribuir a ela a responsabilidade pela reparação de danos decorrentes de acidente do trabalho, ainda que seja este incontroverso, assim como os próprios danos. TRT 3ª Reg. — RO 00997-2005-028-03-00-0 — (Ac. 5ª T.) — Rel. Juiz José Roberto Freire Pimenta. DJMG 27.10.05, p. 9.

Da decisão acima, colhe-se o seguinte fundamento:

"REPARAÇÃO DE DANOS MORAIS DECORRENTES DE ACIDENTE DO TRABALHO

A reparação de danos morais e materiais decorrentes do contrato de trabalho pressupõe um ato ilícito ou erro de conduta do empregador ou de preposto seu, além do prejuízo suportado pelo trabalhador e do nexo de causalidade entre a conduta injurídica do primeiro e o dano experimentado pelo último, regendo-se pela responsabilidade aquiliana, conforme está impresso no rol de obrigações contratuais do empregador, no artigo 7º, inciso XXVIII, da Constituição da República.

Disse o autor que, em decorrência de conduta culposa da ré, sofreu acidente do trabalho que resultou na amputação de parte de três dedos da sua mão direita.

É incontroverso que o autor sofreu acidente do trabalho em 19.11.1990, que resultou na perda anatômica total da falange distal do primeiro dedo e da falange média e distal dos segundo e terceiro dedos, todos da mão direita, durante a execução normal das suas atividades contratuais, na operação de máquina recuperadora de material plástico, conforme está fartamente provado nos documentos do processo e no circunstanciado laudo pericial de f. 143/151. Não há dúvida, pois, de que as lesões sofridas pelo reclamante tiveram como causa direta o acidente do trabalho.

Mas o autor não provou nestes autos, conforme era de seu exclusivo ônus processual, que o acidente decorreu de culpa da reclamada.

O recorrente afirmou em seu depoimento pessoal que era encarregado de operar máquina recuperadora de material plástico da ré e que no dia do acidente estava em teste o uso de um material diferente do que era usualmente utilizado, sendo um material de PVC 'que exalava muitos gases' e, em razão disso, 'a máquina começou a incendiar e havia muita fumaça'. Apesar do sinal de incêndio, o reclamante afirmou que continuou a operar a máquina, justificando que teria que cumprir meta de recuperar seiscentos quilos de matéria-prima/dia. Em seguida, declarou que o material utilizado no dia do acidente não era específico para passar na máquina e houve assim necessidade de fazer alteração na rotação do equipamento, o que foi feito por ele próprio. Atribuiu o acidente 'ao acúmulo de água no caixote junto com a matéria-prima', dizendo que, quando foi retirar essa matéria-prima com a concha que utilizava na operação regular da máquina, 'as facas pegaram a concha e puxaram os seus dedos' (ata, f. 173).

A prova técnica limitou-se a apurar a existência da lesão do autor, tendo o i. perito colhido do próprio reclamante as informações acerca do acidente, que são as mesmas contidas no depoimento pessoal, acima citadas.

A prova oral não elucidou as questões alegadas pelo reclamante. Nenhuma das três testemunhas ouvidas em Juízo a seu rogo presenciou o acidente; nenhuma delas soube sequer informar se havia alguma diferença do material processado na máquina operada pelo autor, limitando-se todas a dizer que se tratava de material plástico; nenhuma delas pôde informar se o reclamante realizava teste no dia do acidente, por ordem da reclamada e desacompanhado de instrução técnica, se havia metas a cumprir. Mas todas disseram que a reclamada fornecia programas de prevenção a acidentes.

O próprio reclamante, aliás, afirmou o seguinte: 'o depoente recebeu orientação para desligar a máquina caso ocorresse algum problema com ela, esclarecendo que essa era uma orientação normal, ou seja, seria uma norma de procedimento; (...) esclarece o depoente que quando se colocava o material normal na máquina ela não era desligada para evitar prejuízos para a empresa, mas se ocorresse algum problema, deveria ser desligada; quando se deu o acidente a máquina estava ligada, ocorrendo os problemas de fumaça e acúmulo de material' (ata, f. 174).

Ou seja, à luz das declarações do próprio autor, a reclamada não concorreu com culpa para o sinistro, não tendo tampouco se omitido quanto ao socorro do autor, à emissão de CAT e a sua reinserção nos quadros da empresa após o autor ter-se submetido a programa de reabilitação, tanto que este continuou a trabalhar na reclamada por mais de dez anos depois do evento danoso.

E, à ausência de um dos supostos da reparação pretendida, que é a culpa da ré, manifestada num ato ilícito praticado por ela ou por preposto seu, não se pode cogitar de reparação de danos morais com fundamento jurídico na culpa aquiliana. Se, à luz da prova produzida no processo, a reclamada não subverteu ilicitamente os valores subjetivos ou a integridade física do reclamante; se não há no conjunto probatório nem um indício sequer de que a reclamada tenha agido com culpa, mesmo que levíssima, na ocorrência do acidente, não se pode atribuir a ela a responsabilidade pela reparação dos danos morais decorrentes do lamentável acidente que vitimou o reclamante.

A par da necessidade de se demonstrar a prática de ato ilícito com ensejo à reparação civil, colhe-se em doutrina o ensinamento do eminente juiz SEBASTIÃO GERALDO DE OLIVEIRA, em sua obra 'Proteção Jurídica à Saúde do Trabalhador':

'Como leciona o Desembargador Sérgio Cavalieri Filho, 'o conceito de nexo causal não é jurídico; decorre das leis naturais. É o vínculo, a ligação ou relação de causa e efeito entre a conduta e o resultado'. É até possível determinar a reparação de dano sem a constatação de culpa, em algumas hipóteses expressamente previstas (culpa objetiva), mas é inviável condenar, em qualquer hipótese, em que não se vislumbra o nexo causal. Para obter os direitos acidentários cobertos pelo seguro da Previdência Social, por exemplo, basta que se comprove o nexo causal do acidente com o trabalho do segurado. No entanto, para conseguir a reparação do direito comum (responsabilidade civil) é imprescindível que se comprove, além do nexo causal, a culpa ou dolo do empregador. A exigência de estabelecer o nexo causal funda-se no fato de que ninguém pode responder por dano a que não tenha dado causa.' (obra citada, LTr, 4ª ed., p. 239).

Como se vê, não há razão jurídica que justifique a reforma da r. decisão de primeiro grau que julgou improcedentes os pedidos deduzidos pelo autor sob o título de reparação de danos morais e materiais decorrentes de acidente do trabalho.

Nego provimento." (www.trt3.gov.br, 31.10.05)

Acidente do trabalho — Danos morais e materiais — Prova

Ementa: ACIDENTE DO TRABALHO. DANOS MORAIS E MATERIAIS. PROVA. Qualquer lesão que comprometa a integridade física do indivíduo afigura-se como fato gerador de indenização por parte de quem, por ação ou omissão, contribui para o evento. O sofrimento moral e o prejuízo material, na espécie, são indubitáveis e dispensam a produção de prova, tendo em vista a incapacidade física do empregado e o conseqüente comprometimento do seu desempenho laboral, fazendo-o sentir-se improdutivo e inútil, situação humilhante perante a sua família e a sociedade, com abalo inquestionável em sua auto-estima. TRT 3ª Reg. — Proc. 01274-2005-075-03-00-5 — (Ac. 8ª T.) — Relª Juíza Denise Alves Horta. DJMG 26.11.05, p. 19.

Acidente do trabalho — Descumprimento da NR-15 da Portaria n. 3.214/78 — Ausência de fornecimento de EPIs

Ementa: INDENIZAÇÃO POR DANOS MORAIS. ACIDENTE DE TRABALHO. DESCUMPRIMENTO DA NR-15 DA PORTARIA N. 3.214/78. AUSÊNCIA DE FORNECIMENTO DE EPIS. De conformidade com a Norma Regulamentar do MTb, NR-6, a empresa é obrigada a fornecer aos empregados, gratuitamente, EPIs adequados ao risco e em perfeito estado de conservação e funcionamento. Em relação à proteção para a cabeça, dispõe a norma a necessidade de: protetores faciais destinados à proteção dos olhos e da face contra lesões ocasionadas por partículas, respingos, vapores de produtos químicos e radiações luminosas intensas; óculos de segurança, contra respingos, para trabalhos que possam causar irritação nos olhos e outras lesões decorrentes da ação de líquidos agressivos e metais em fusão. No caso dos autos, a perícia comprovou que a lesão ocorrida nos olhos da reclamante foi provocada pelo respingo do produto químico paraformaldeído, consoante se vê à fl. 271. O Quadro n. 1, do Anexo 11, da NR-15, da Portaria n. 3.214/78 classifica o formaldeído como produto químico, cujo grau de insalubridade a ser considerado é o máximo, no caso de sua caracterização. A teor das normas regulamentares acima referidas, a reclamada estava obrigada a fornecer à reclamante os referidos equipamentos de proteção, porquanto a obreira, no desempenho de suas funções, estava sujeita aos agentes insalubres, ainda que os produtos químicos estivessem diluídos em água e acondicionados em locais apropriados. Não cabe à empresa apenas recomendar o uso dos aparelhos, mas o efetivo fornecimento e sua fiscalização (Enunciado n. 289/TST). Estando presente o nexo de causalidade entre a lesão e as atividades obreiras, fica caracterizado o acidente de trabalho, tendo a reclamada participado de forma culposa, por negligência, porquanto não comprovou o fornecimento dos equipamentos de proteção. Nos termos do artigo 7º, XXVIII, da CR/88 e artigo 186 do CCB de 2002 c/c artigo 769 da CLT, a reclamada deverá ressarcir a obreira pelos danos decorrentes da lesão, cujo valor deve ser arbitrado, levando-se em conta a capacidade econômica das partes, lesividade do ato, caráter pedagógico e afastamento do enriquecimento sem causa. Recurso provido. TRT 3ª Reg. — RO 01855-2001-104-03-00-4 — (Ac. 5ª T.) — Relª Juíza Maria Cristina Diniz Caixeta. DJMG 18.10.03, p. 19.

Acidente do trabalho — Dever de indenizar — Ausência de culpa ou dolo

Ementa: ACIDENTE DE TRABALHO. DEVER DE INDENIZAR. AUSÊNCIA DE CULPA OU DOLO. A responsabilidade civil do empregador por acidente de trabalho é prevista no art. 7º, XXVIII, da Constituição Federal, que faz menção expressa à obrigação de indenizar nos casos em que o empregador "incorrer em dolo ou culpa". A única inferência lógica possível é a de que tal responsabilidade não é propriamente objetiva, estando vinculada ao elemento subjetivo do empregador, que somente deverá indenizar nas hipóteses previstas pela Carta Magna. Assim, o simples fato de o autor estar em veículo da reclamada no momento do acidente não a torna automaticamente responsável pelos danos daí decorrentes. É preciso que ela tenha concorrido, dolosa ou culposamente, para o ocorrido. TRT 3ª Reg. — RO 00349-2003-063-03-00-9 — (Ac. 6ª T.) — Rel. Juiz João Bosco Pinto Lara. DJMG 22.7.04, p. 12.

Acidente do trabalho — Doença ocupacional — Aposentadoria por invalidez — Indenização por dano moral — Inocorrência

Ementa: ACIDENTE DO TRABALHO. DOENÇA OCUPACIONAL. APOSENTADORIA POR INVALIDEZ. INDENIZAÇÃO POR DANO MORAL. Ainda que comprovado o acidente do trabalho (doença ocupacional), culminando com a aposentadoria por invalidez do empregado, não se há que falar em pagamento de indenização por dano moral pelo empregador quando o conjunto probatório dos autos, à saciedade, não evidenciou a culpa ou dolo do empregador e, sequer, demonstrou qualquer inércia patronal no sentido de tomada das providências cabíveis no intuito de impedir fosse o empregado acometido de doença ocupacional ou que a doença já previsível pelas próprias funções desempenhadas por ele, empregado, viesse a se concretizar ou agravar. TRT 3ª Reg. — RO 01689-2002-022-03-00-0 — (Ac. 7ª T.) — Rel. Juiz Rodrigo Ribeiro Bueno. DJMG 18.11.03, p. 16.

Acidente de trabalho — Doença ocupacional — Direito fundado na responsabilidade civil subjetiva do empregador

Ementa: AÇÃO DE INDENIZAÇÃO POR DANO MATERIAL E MORAL EM DECORRÊNCIA DE ACIDENTE DE TRABALHO. DOENÇA OCUPACIONAL. DIREITO FUNDADO NA RESPONSABILIDADE CIVIL SUBJETIVA DO EMPREGADOR. O acidente de trabalho e a doença ocupacional são eventos determinantes da indenização por danos materiais e morais, que se escora na responsabilidade subjetiva daquele que infringe dano a outrem, art. 186 do Código Civil. Certo é que o acidente de trabalho, para ser reconhecido, necessita que o empregado atingido prove não apenas a existência do mal, mas, sobretudo, o grau incapacitante da doença e o nexo causal entre o trabalho realizado em favor do réu e o aparecimento da enfermidade. Comprovado, nos autos, que a doença de que padece a empregada — DORT/LER — desenvolveu-se a partir do trabalho executado no Banco reclamado, inclusive, em mobiliário ergonomicamente incompatível para o seu desempenho e, também, sem que usufruísse dos intervalos prescritos pela legislação aplicável à função por ela exercida, tenho por bem definida a culpabilidade patronal no surgimento da enfermidade que acomete a empregada, a acarretar incapacidade absoluta para o trabalho. Devida, pois, indenização que recompense a reclamante pelos prejuízos materiais e morais resultantes da doença ocupacional contraída em função do labor desenvolvido para o reclamado e por culpa direta deste. Recurso conhecido e provido. TRT 10ª Reg. — RO 00855-2005-012-10-00-9 — (Ac. 3ª T./06) — Red. Desig. Juiz Gilberto Augusto Leitão Martins. DJU3 3.3.06, p. 36.

Acidente do trabalho — Doença profissional — Configuração

Ementa: ACIDENTE DO TRABALHO. DOENÇA PROFISSIONAL. CONFIGURAÇÃO. NEXO CAUSAL. CULPA DO EMPREGADOR. Conforme se extrai do disposto no art. 20, II, da Lei de Benefícios, a doença do trabalho é equiparada ao acidente do trabalho, sendo considerada aquela adquirida ou desencadeada em função de condições especiais em que o trabalho é realizado e com ele se relacione diretamente. Configurado o nexo causal entre as atividades desenvolvidas pelo obreiro e a patologia por ele apresentada, bem como a culpa da empresa, mister se faz aplicar as disposições contidas em referido dispositivo legal, assim como deferir ao reclamante o pagamento de indenização por dano material e moral. Saliente-se que tanto a norma constitucional insculpida no artigo 7º, XXVIII, como o disposto no artigo 159 do CCb, consagraram a teoria da responsabilidade subjetiva, dispondo, ainda, este último, que aquele que causar prejuízo a outrem, fica obrigado a reparar o dano. TRT 3ª Reg. — RO 10.315/02 — (Ac. 7ª T.) — Rel. Juiz Milton V. Thibau de Almeida. DJMG 5.12.02, p. 15.

Acidente do trabalho — Doença profissional — LER-DORT — Danos materiais — Pensão mensal — Direito reconhecido

Ementa: ACIDENTE DO TRABALHO. DANO MORAL. DOENÇA PROFISSIONAL. LER-DORT. Devida é a indenização por dano moral quando toda a prova converge para a existência da responsabilidade do empregador diante da presença dos seguintes pressupostos: omissão do agente; a culpa, decorrente da negligência, imprudência ou imperícia; relação de causalidade entre a omissão e o dano experimentado pela vítima e, por fim, o dano ou prejuízo. Emerge dos autos a culpa do empregador na medida em que ele, tendo o dever jurídico de agir, ou seja, de não se omitir em relação à saúde do empregado, assim não o faz, descumprindo as Normas Regulamentadoras NR-17 c/c NR-4 e NR-5, todas aprovadas pela Portaria n. 3.214, de 08.06.1978, e ainda as normas relativas à Segurança e Medicina do Trabalho nas Empresas previstas na CLT (arts. 157 e 162 a 166) e, por fim, o art. 19, § 1º, da Lei 8.213/91. DANOS MATERIAIS. PENSÃO MENSAL. DIREITO RECONHECIDO. O novo Código Civil no artigo 950 estabelece que quando o dano resultar em defeito que impeça o exercício da profissão a indenização abrangerá: — as despesas do tratamento; — os lucros cessantes até o fim da convalescênça e — pensão correspondente à importância do trabalho para que se inabilitou, ou da depreciação que sofreu. A reclamante vive sob tratamento médico até os dias atuais e, em conseqüência da doença profissional, deixou de receber vários benefícios provenientes do pacto laboral, inclusive eventuais promoções dentro da sua escala profissional. Questões que levam ao reconhecimento do direito à pensão, nos termos do Código Civil. TRT 10ª Reg. — RO 00262-2003-018-10-00-9 — (Ac. 2ª T./05) — Relª Juíza Maria Piedade Bueno Teixeira. DJU3 26.8.05, p. 27.

Acidente do trabalho — Equipamento de proteção coletiva — Responsabilidade civil do empregador — Não configuração

Ementa: 1. ....

2. ACIDENTE DO TRABALHO. INDENIZAÇÃO. EQUIPAMENTO DE PROTEÇÃO COLETIVA. RESPONSABILIDADE CIVIL DO EMPREGADOR. NÃO CONFIGURAÇÃO. O Código Civil de 2002 trouxe inovações no campo da responsabilidade civil ao excluir, no artigo 186, a menção expressa à culpa, tal como anteriormente prescrevia o artigo 159 do Código Civil de 1916. Parte significativa da doutrina conclui que houve mitigação da idéia da culpa, como pressuposto essencial da responsabilidade civil. Isto não significa desprezar a relevância da conduta culposa, pois implicaria ignorar a distinção entre lícito e ilícito, entre boa e má-conduta, quando o dever de reparar alcança tanto aquele que procede na conformidade da lei quanto aquele que age ao seu arrepio. Demonstrado que o empregador utilizou no local do acidente equipamento de proteção coletiva (escada com piso antiderrapante) e que o acidente ocorreu associado à condições congênitas da empregada, não se verifica o necessário nexo de causalidade hábil a responsabilizá-lo pelo acidente, inexistindo suporte fático-jurídico a legitimar eventual condenação. TRT 10ª Reg. — RO 00960-2005-008-10-00-9 — (Ac. 1ª T./07) — Relª. Juíza Elaine Machado Vasconcelos. DJU3 23.2.07, p. 19.

Acidente do trabalho — Erro de conduta do agente e ofensa a um bem jurídico — Indenização — Configuração

Ementa: INDENIZAÇÃO POR DANO DECORRENTE DE ACIDENTE DO TRABALHO. Evidenciados nos autos os pressupostos para deferimento da indenização requerida — erro de conduta do agente, ofensa a um bem jurídico e nexo de causalidade entre a conduta ilícita e o dano sofrido pela vítima —, impõe-se o arbitramento da parcela, levando-se em conta o caráter punitivo em relação ao empregador e compensatório em relação ao empregado, evitando-se que o valor fixado propicie o enriquecimento ilícito do trabalhador, mas também que seja inexpressivo a ponto de nada representar para a empresa, considerando sua capacidade de pagamento. TRT 3ª Reg. — RO 01122-2004-060-03-00-2 — (Ac. 1ª T.) — Relª Juíza Maria Laura F. Lima de Faria. DJMG 11.11.05, p. 6.

Acidente do trabalho — Explosão gerada por curto circuito na caldeira — Dano estético — Queimaduras em 20% do corpo do empregado — Indenização devida

Ementa: DANO ESTÉTICO — ACIDENTE DO TRABALHO — EXPLOSÃO GERADA POR CURTO CIRCUITO NA CALDEIRA — QUEIMADURAS EM 20% DO CORPO DO EMPREGADO — INDENIZAÇÃO DEVIDA — PROVA DA CULPA DESNECESSÁRIA — EXISTÊNCIA DE CALDEIRA E EXPLOSÃO POR FAÍSCA ELÉTRICA DENOTAM ATIVIDADE DE RISCO, ATRAINDO A RESPONSABILIZAÇÃO OBJETIVA DO EMPREGADOR — CLT, ART. 2º; NCC, ART. 927; LEI 6939/81, art. 14, par. 1º; CF-88, ART. 7º, *CAPUT* e INC. XXVIII, e art. 200, VIII. A presença de caldeira e de explosão por faísca elétrica mostram que a atividade gerava para o empregado um risco anormal à sua integridade física, ou seja, o meio ambiente do trabalho era perigoso, a atrair a responsabilidade objetiva do empregador. É que os empregados nunca assumem o risco da atividade econômica (art. 2º, CLT), não bastasse, o conceito de meio ambiente integra o do trabalho (CF-88, art. 200, VIII), no qual vigora o princípio do poluidor pagador, com responsabilidade deste independente de culpa (art. 14, par. 1º, Lei 6.398/81). Neste sentido, ainda, o art. 927 do novo Código Civil. Esclareça-se que o art. 7º, XXVIII, quando prevê a responsabilidade subjetiva do empregador, não estabelece regra absoluta, mas preceito de proteção mínima do empregado, pelo que, mostra-se acolhedor de hipóteses específicas de responsabilização objetiva, como os danos de atividade de risco anormal ou por ambiente do trabalho degradado. TRT 2ª Reg. — RO 02647200507902006 — (Ac. 6ª T. 20070275968) — Relª. Juíza Ivani Contini Bramante. DJSP 27.4.07, pp. 69/70.

Acidente de trabalho — Fiscalização do uso de equipamentos de proteção individual — Responsabilidade do empregador

Ementa: DANO MORAL. ACIDENTE DE TRABALHO. FISCALIZAÇÃO DO USO DE EQUIPAMENTOS DE PROTEÇÃO INDIVIDUAL. RESPONSABILIDADE DO EMPREGADOR. A Constituição Federal de 1988, ao tutelar o meio ambiente (*caput* do art. 225), teve como finalidade a proteção da vida humana, como valor fundamental, de sorte que, ao considerar incluído o local de trabalho no conceito de meio ambiente, constata-se que a proteção constitucional se volta à prevenção dos riscos ambientais para resguardar a saúde físico-psíquica do trabalhador enquanto cidadão. Portanto, em nome da proteção jurídica da vida, da saúde e da integridade do trabalhador, não há como se isentar a empresa de reparar os danos sofridos por empregado em acidente de trabalho, mesmo quando ocasionado pela não utilização de equipamento de proteção individual devidamente fornecido pelo empregador. Isso porque incumbe à empresa, em face de seu poder diretivo, treinar e orientar o empregado para melhor desempenhar suas atribuições. Ou seja, não basta somente fornecer equipamento de segurança, é necessário sobretudo que haja fiscalização de seu efetivo uso pelos empregados. Recurso a que se nega provimento. TRT 15ª Reg. (Campinas/SP) — RO 01765-2002-003-15-00-4 — (Ac. 17431/07-PATR, 5ª C.) — Rel. Juiz Lorival Ferreira dos Santos. DJSP 20.4.07, p. 32.

Acidente do trabalho — Fornecimento de equipamentos de segurança ineficazes — Reconhecimento do direito à indenização

Ementa: DANO MORAL. FORNECIMENTO DE EQUIPAMENTOS DE SEGURANÇA INEFICAZES. RECONHECIMENTO DO DIREITO À INDENIZAÇÃO. O fornecimento de equipamentos de segurança ineficazes para afastar o evento fatídico, não elide a obrigação do empregador de indenizar os danos decorrentes do acidente do trabalho. TRT 12ª Reg. — RO-V 03763-2005-016-12-00-5 — (Ac. 1ª T. 04146/06, 14.03.06) — Rel. Juiz Marcus Pina Mugnaini. DJSC 5.4.06, p. 283.

Acidente do trabalho — Grau de culpa exigido à conduta do empregador e sua responsabilidade

Ementa: INDENIZAÇÃO DE NATUREZA CIVIL. DANO MORAL. GRAU DE CULPA EXIGIDO À CONDUTA DO EMPREGADOR E SUA RESPONSABILIDADE. Conforme Humberto Theodoro Júnior, "a exigência, enfim, de culpa grave ou dolo, até então exigida pela jurisprudência para condicionar a responsabilidade civil paralela à indenização acidentária, foi inteiramente abolida nos termos da inovação trazida pelo art. 7º, XXVIII, da nova Constituição. Qualquer falta cometida pelo empregador, na ocasião de evento lesivo ao empregado, acarretar-lhe-á o dever indenizatório do art. 159 do Código Civil mesmo as levíssimas, porque *in ligi aquilia et levissima culpa venit*". Revista AMAGIS, vol. XX, julho/91, p. 449. TRT 3ª Reg. — RO 00152-2005-020-03-00-3 — (Ac. 4ª T.) — Rel. Juiz Antônio Álvares da Silva. DJMG 19.11.05, p. 11.

Acidente do trabalho — Hipoacusia leve bilateral — Indenização

Ementa: ACIDENTE DO TRABALHO. HIPOACUSIA LEVE BILATERAL. A hipoacusia de que padece o reclamante, diagnosticada em prova pericial e exames audiométricos, acarreta-lhe diminuição irreversível do sentido da audição e foi produzida pelo ruído contínuo presente no seu ambiente de trabalho. O que resultou dessa lesão foi a redução funcional, parcial e permanente correspondente a 10% do que seria estimado para uma incapacidade total e permanente, segundo apurado. Não há dúvida portanto que se trata de uma lesão à integridade física do trabalhador, sendo esse um bem tutelado juridicamente, ficando rechaçadas quaisquer alegações em sentido contrário. Ou seja, o reclamante, previamente hígido, após ter-se exposto a níveis de pressão sonora elevados, sem a proteção adequada na totalidade do pacto, sofreu perda auditiva que lhe causa evidentes prejuízos, devendo a reclamada responder pela reparação, em virtude da culpa com que incorreu para o evento danoso examinado. TRT 3ª Reg. — RO 00601-2004-026-03-00-0 — (Ac. 5ª T.) — Relª Juíza Adriana Goulart de Sena. DJMG 13.8.05, p. 10.

Acidente do trabalho — Imprudência no manuseio de equipamento de trabalho — Não configuração

Ementa: ACIDENTE DO TRABALHO. DANO MORAL E MATERIAL. CULPA DO EMPREGADOR. NÃO CONFIGURAÇÃO. Restando evidenciado que o reclamante acidentou-se devido à sua própria imprudência no manuseio de equipamento de trabalho, não há como se imputar ao empregador a responsabilidade pela reparação de quaisquer danos, até porque evidenciado que a empresa fornecia equipamento de segurança e era o próprio demandante quem orientava os outros funcionários na sua utilização. Recurso improvido por unanimidade. TRT 24ª Reg. — RO 00545/2001-046-24-00 — Rel. Juiz João de Deus Gomes de Souza. DOMS n. 5787, 5.7.02.

Acidente do trabalho — *In itinere* — Comprovação

Ementa: Acidente de trabalho in itinere. O artigo 21, inciso IV, letra "d", da Lei 8.231/91 equipara ao acidente de trabalho aquele sofrido pelo segurado "no percurso da residência para o local de trabalho ou deste para aquela, qualquer que seja o meio de locomoção, inclusive veículo de propriedade do segurado." Para tanto, é necessário demonstrar que o reclamante estava no caminho usual para chegar à residência ou ao trabalho e nele permaneceu durante o lapso temporal normalmente gasto para tal destinação. Devem estar presentes, portanto, os nexos de causalidade cronológico (tempo gasto no percurso) e topográfico (rota adotada no percurso), ambos temperados pelo princípio da razoabilidade. TRT 2ª Reg. — RO 03605200120102003 — (Ac. 5ª T. 20060984591) — Rel. Juiz José Ruffolo. DJSP 15.12.06, p. 9.

Acidente do trabalho — Incúria e negligência — Responsabilidade civil — Caracterização

Ementa: 1. ACIDENTE DO TRABALHO. RESPONSABILIDADE CIVIL. INCÚRIA E NEGLIGÊNCIA. CARACTERIZAÇÃO. INDENIZAÇÃO PELO PREJUÍZO MATERIAL. A reclamada é uma empresa que atua no ramo da construção civil e, como é cediço, freqüentemente, os trabalhadores são forçados a transportar pesos em quantidade excessiva, em posições nitidamente desconfortáveis, estando, portanto, sujeitos a lesões e traumas. Dentro dessa perspectiva, tem o dever de cuidar diligentemente da saúde e segurança de seus empregados, mediante cumprimento das obrigações previstas nas normas de segurança e medicina do trabalho, sob pena de arcar com indenização decorrente de sua culpa. Restando evidenciada a omissão da empregadora na adoção de medidas de prevenção de acidentes, na exigência de transporte de excesso de peso pelo reclamante e na falta de realização de exames médicos obrigatórios, deve ser responsabilizada pelos prejuízos causados ao obreiro, que, ao desempenhar sua função, teve desencadeada ou agravada doença preexistente. 2. Recurso ordinário parcialmente conhecido e desprovido. TRT 10ª Reg. — RO 00234-2005-021-10-00-6 — (Ac. 2ª T./06) — Rel. Juiz Brasilino Santos Ramos. DJU3 24.11.06, p. 39.

Acidente do trabalho — Indenização

Ementa: DANO MORAL. ACIDENTE DE TRABALHO. INDENIZAÇÃO. Integra o conceito de dano moral a lesão à integridade corporal. Desenvolver o trabalho em condições justas, seguras e favoráveis, que preservem a integridade física, enquadra-se nos direitos humanos previstos pela Declaração Universal dos Direitos do Homem. Se o empregador assim não procede, sendo o trabalhador vítima de acidente de trabalho que lhe acarrete lesão à integridade corporal, à medida em que é responsável por sua própria subsistência, inarredável a indenização pelo dano moral provocado. TRT 15ª Reg. (Campinas/SP) — Proc. 34.011/01 — (Ac. 3ª T. 19.884/02) — Relª Desig. Luciane Storel da Silva. DJSP 19.9.02, p. 53.

Acidente do trabalho — Indenização por dano físico — Cabimento

Ementa: ACIDENTE DE TRABALHO. INDENIZAÇÃO POR DANO FÍSICO. Comprovado o labor contínuo, sem que no decorrer do contrato tivesse a reclamada buscado preservar a saúde da empregada com a adoção de normas de segurança e medicina do trabalho (artigo 157 e incisos, da CLT), restou caracterizado o evento lesivo aos direitos personalíssimos da obreira. Restando demonstrado o nexo causal entre as atividades realizadas e a doença desenvolvida, a ofensa repercute na esfera subjetiva da autora, em face das dores físicas e morais decorrentes de lesão e justifica a imposição da indenização por dano moral. A dispensa sem justa causa de empregado portador de doença profissional comprovada, do que tinha ciência o empregador, no momento da despedida, sem a emissão do comunicado de acidente de trabalho, acarreta dano à dignidade e à integridade física do trabalhador, pelo qual deve o empregador suportar indenização compensatória. TRT 9ª Reg. — Proc. 23574-1999-007-09-00-5 (RO-10.264/2002) — (Ac. 05.787/03) — Rel. Juiz Sergio Murilo Rodrigues Lemos. DJPR 21.3.03, p. 439.

Acidente do trabalho — Indenização por danos materiais e morais — Majoração dos valores arbitrados — Critérios

Ementa: ACIDENTE DO TRABALHO. INDENIZAÇÃO POR DANOS MATERIAIS E MORAIS. MAJORAÇÃO DOS VALORES ARBITRADOS. CRITÉRIOS. Demonstrada a lesão permanente à integridade física do trabalhador por ação ou omissão da empresa na adoção das normas de saúde e segurança, é possível o aumento dos valores das indenizações arbitradas a título de danos materiais e morais. As indenizações, de acordo com as peculiaridades de cada caso concreto, devem ser fixadas levando em conta o seguinte: a extensão do dano e a repercussão em relação ao ofendido e ao seu meio social; o dolo ou o grau de culpa daquele que causou o dano; as condições pessoais e econômicas das partes envolvidas; a finalidade pedagógica para que a prática do ato ilícito não se repita; o bom-senso para que o valor não seja extremamente gravoso a ponto de gerar enriquecimento sem causa ao ofendido, nem irrisório que não chegue a propiciar uma compensação para minimizar os efeitos da violação ao bem jurídico tutelado. TRT 12ª Reg. — RO-V 00833-2005-012-12-00-8 — (Ac. 1ª T. 08082/07, 8.5.7) — Relª. Juíza Viviane Colucci. TRT-SC/DOE, 18.6.07.

Acidente do trabalho — Indenização por danos morais — Não caracterização

Ementa: ACIDENTE DE TRABALHO. INDENIZAÇÃO POR DANOS MORAIS. NÃO CARACTERIZAÇÃO. Constatando-se que o reclamante, ao ser admitido, foi submetido a exame médico admissional, sendo considerado apto para exercer as atividades para as quais foi contratado, como empacotador, atividade esta que não exige esforço físico excessivo; que não há prova, ônus do reclamante, a teor do artigo 333, I, do CPC c/c artigo 769 da CLT, de que lhe eram exigidos outros serviços, cuja execução pudesse acometer a referida moléstia "varicocele e varizes", mal que já o afligia, mesmo antes de ser contratado; que o fato de a atividade de empacotador ter contribuído para o agravamento evolutivo da doença, não significando que o empregador tenha agido culposa ou dolosamente, e que não há prova da existência de nexo de causalidade entre a doença e as atividades obreiras ou mesmo que se trate de doença profissional, requisitos indispensáveis à configuração do acidente de trabalho decorrente de ato omissivo ou comissivo do reclamado, não há como ser deferida a pretensão exordial à indenização por danos morais ou estéticos. Recurso provido. TRT 3ª Reg. — RO 00317-2003-053-03-00-6 — (Ac. 5ª T.) — Relª Juíza Maria Cristina Diniz Caixeta. DJMG 15.11.03, p. 16.

Acidente do trabalho — Lesão a trabalhador — Doença ocupacional — Concausa — Indenização por dano moral

Ementa: ACIDENTE DO TRABALHO. LESÃO A TRABALHADOR. DOENÇA OCUPACIONAL. CONCAUSA. INDENIZAÇÃO DECORRENTE DE DANOS. NR-17 ERGONOMIA. Nos quesitos suplementares, inclusive os do juízo, o Sr. Perito apontou com segurança que a recorrida não atentou para as normas de segurança do trabalho quanto à ergonomia, ilustrando suas afirmações com fotos, afirmando que as atividades desempenhadas pelo recorrente contrariam frontalmente a NR-17. Resulta, portanto, dessa análise que não está evidente o acidente citado na inicial, todavia, o trabalho desempenhado pelo recorrente se não serviu de causa principal para o surgimento da patologia por ele experimentada, evidenciou-se como concausa, ou seja, uma causa paralela ou concomitante que serviu para agravar-lhe a doença. A concausa é também considerada na responsabilização por danos do mesmo modo que a causa principal. A responsabilidade civil do empregador não se limita às hipóteses de acidente do trabalho ou doença ocupacional, mas abarca as lesões que porventura o trabalho em condições adversas lhes cause, sejam elas à margem das prescrições normativas à saúde e segurança do trabalho, sejam pela contrariedade de prescrições médicas capazes de avaliar periodicamente o trabalhador em seu ambiente de trabalho. Verificada a lesão, busca-se saber se ela foi causada pelo trabalho ou se a hipótese é de concausa, fazendo-se a análise do nexo causal e da culpa. TRT 3ª Reg. — RO 00619-2003-086-03-00-5 — (Ac. 4ª T.) — Rel. Juiz Mauro César Silva. DJMG 7.8.04, p. 09.

Acidente do trabalho — Lesão por esforço repetitivo (LER) — Responsabilidade civil — Indenização a título de danos materiais e morais

Ementa: RESPONSABILIDADE CIVIL. INDENIZAÇÃO A TÍTULO DE DANOS MATERIAIS E MORAIS. LESÃO POR ESFORÇO REPETITIVO (LER). Demonstrado nos autos que a autora foi acometida de lesões por esforços repetitivos por culpa do empregador ao não adotar normas de saúde e segurança do trabalho, especialmente as relacionadas à ergonomia (CLT, art. 157), restam presentes os elementos caracterizadores da responsabilidade civil. O dano moral decorre da lesão à integridade física da trabalhadora, não se cogitando da análise do traço subjetivo do lesante ou da prova do prejuízo moral que se evidencia do próprio fato "ipso facto". O valor da indenização deve levar em consideração a extensão do dano — repercussão em relação ao ofendido e ao seu meio social —, o grau de dolo e de culpa do lesante, as condições econômicas deste e a duração da ofensa. A condenação tem função satisfatória, devendo propiciar sensação de satisfação ao lesado, mas também caráter de desestímulo ao lesante a fim de evitar que esses fatos ocorram novamente. TRT 12ª Reg. — RO-V 01430-2005-048-12-00-6 — (Ac. 1ª T. 14095/06, 5.9.06) — Red. Desig. Juíza Viviane Colucci. DJSC 20.10.06, p. 59.

Acidente de trabalho — Máquina insegura — Mutilação — Indenização devida

Ementa: ACIDENTE DE TRABALHO. MÁQUINA INSEGURA. MUTILAÇÃO. DANOS MORAIS. INDENIZAÇÃO DEVIDA. O fato de o Reclamante ter tido o dedo polegar esquerdo prensado entre a máquina e os ferros com os quais trabalhava, que ocasionou, posteriormente, a amputação de parte deste dedo, demonstra a falta de segurança do equipamento e revela a culpa das empregadoras que não ofereceram maquinários seguros aos seus empregados. O comportamento omissivo das Reclamadas em deixar de observar as normas de saúde e segurança do trabalho configura culpa *in omittendo* e gera o dever de indenizar os danos causados ao Reclamante, vítima de acidente laboral. TRT 18ª Reg. — RO-00689-2005-251-18-00-6 — Rel. Juiz Elvecio Moura dos Santos. DJGO N. 14.767, 30.5.06, p. 127.

Acidente do trabalho — Menor empregado em atividade perigosa — Presença dos elementos configuradores do dano moral e estético

Ementa: ACIDENTE DE TRABALHO. MENOR EMPREGADO EM ATIVIDADE PERIGOSA. PRE-

SENÇA DOS ELEMENTOS CONFIGURADORES DO DANO MORAL E ESTÉTICO. Para a caracterização do dano moral/estético e conseqüente responsabilização, faz-se mister a conjugação de três requisitos: a ocorrência do dano; a culpa ou o dolo do agente; e o nexo de causalidade entre o dano e o ato lesivo praticado pelo ofensor. O acidente de trabalho havido com o empregado menor de idade (14 anos), contratado pela Reclamada, a despeito da proibição constitucional (art. 7º, inciso XXXIII) e infraconstitucional (art. 405, inciso I, da CLT), para atividade nitidamente perigosa, qual seja, operar guilhotina no corte de madeira, sem qualquer medida de proteção, e que resulta na amputação parcial dos cinco dedos da mão direita, em plena adolescência, com redução de capacidade laborativa, reúne, irrefutavelmente, todos os elementos fático-jurídicos configuradores do dano que atinge a honra, a imagem e a dignidade do trabalhador, causador de evidente prejuízo ao empregado, sob o ponto de vista moral e estético, que deve ser reparado pela empregadora. TRT 23ª Reg. — RO 00484.2003.041.23.00-8 — Rel. Juiz Tarcísio Valente. DJMT n. 7064, 28.1.05, p. 50.

Acidente do trabalho — Morte — Homicídio consumado por terceiro durante a jornada de trabalho — Responsabilidade do empregador — Danos morais e materiais configurados

Ementa: DANOS PROVENIENTES DE ACIDENTE DO TRABALHO. ART. 7º, XXVIII/CF. MORTE. HOMICÍDIO CONSUMADO POR TERCEIRO DURANTE A JORNADA LABORAL. RESPONSABILIDADE CONTRATUAL E LEGAL DO EMPREGADOR PERANTE O INFORTÚNIO. INDENIZAÇÃO POR DANOS MORAIS E MATERIAIS. Incorre em culpa o empregador que altera o contrato de trabalho de empregado (desvio de função) para deslocá-lo para exercer a função de vigia em canteiro de obras, sem observar a exigência de prévia qualificação para o exercício desta atividade. Sobrevindo a morte do empregado (homicídio) no exercício da função, deve o empregador indenizá-lo, nos termos do art. 7º, XXVIII/CF. Apelo provido para condenar o recorrido a pagar à recorrente danos morais e materiais, tudo sem prejuízo da constituição de um capital, que deve ser depositado em conta judicial com correção monetária e à disposição do juízo, para garantir o pagamento da pensão mensal alimentícia decretada neste juízo, na eventualidade de inadimplência. TRT 3ª Reg. — RO 6.106/00 — (Ac. 4ª T.) — Rel. Juiz Antônio Álvares da Silva. DJMG 7.10.00, p. 14.

Acidente do trabalho — Morte — Pai de família — Presunção *jure et de jure*

Ementa:..

ACIDENTE DO TRABALHO COM MORTE — PAI DE FAMÍLIA — DANO MORAL-PRESUNÇÃO JURE ET DE JURE — O dano moral decorrente do falecimento do empregado pai de família deriva de presunção jure et de jure. Não há como ser diferente. A ninguém é permitido negar a dor espiritual da esposa que perde seu cônjuge, bem como o sofrimento dos filhos que perdem um dos genitores ainda quando em idade impúbere. Observemos que no caso, o *de cujus* possuía à época do acidente 05 (cinco) filhos menores. O solapar da vida, causada pelo infortúnio ceifou-lhes a oportunidade de convivência com o genitor nos períodos da vida nas quais mais necessitaram do conforto paterno .Inegavelmente, este trecho dramático das suas vidas jamais será apagado. Assim como o sulco que a água pretérita e diuturna deixa nas rochas, a marca indelével em sua consciência, da perda do genitor, é causa de frustração duradoura e permanente no espírito maculado dos filhos e também da esposa, que no decorrer dos anos posteriores carregou pesadíssimo fardo, pois acumulou a responsabilidade da educação e da manutenção de cinco filhos. O que dizer da ausência paterna nos momentos da infância, nos momentos de descoberta da vida, de suas curiosidades, de suas dúvidas e da própria formação educacional, moral e espiritual dos filhos? De fato, imaginemos que não foi fácil para a genitora levar estes pesados anos, de maneira desacompanhada do pai dos autores. Assim, nesta quadra, assumimos integralmente a conclusão posta na r. sentença recorrida, porque de fato, há no caso dano moral, dor espiritual que não será apaziguada com o pagamento de indenização, senão de forma diáfana compensada. Considerando-se o porte econômico da ré, as conseqüências gravíssimas do acidente resta majorado o valor da indenização. TRT 9ª Reg. — RIND 99528-2006-002-09-00-5 (Ac. 2ª T. 04252/07) — Relª. Juíza Ana Carolina Zaina. DJPR 23.2.07, p. 535.

Acidente do trabalho — Morte do empregado — Reparação — Cabimento

Ementa: DANO MORAL. ACIDENTE DO TRABALHO. MORTE DO EMPREGADO. Procede o pedido de compensação por danos morais quando comprovada a culpa do empregador pelo acidente que ensejou a morte do empregado. A responsabilidade decorre, no caso, da circunstância de o autor prestar serviços em local que oferecia risco acentuado, sem contar com as medidas de segurança indispensável, que poderiam evitar o sinistro. Além da obrigação referente à compensação do dano moral, impõe-se o pagamento da reparação do dano material sofrido pelos familiares do *de cujus*, esta última devida por força do artigo 948 do Código Civil. Nesse caso, deve ser instituída pensão alimentar, com o fim de restaurar a situação financeira dos autores anteriormente ao óbito e, por isso, ela deverá representar com fidelidade os ganhos que o falecido entregava à sua família. O deferimento da indenização em quantia equivalente ao total dos rendimentos auferidos pelo trabalhador, no entanto, consubstancia reparação superior ao real prejuízo, pois deve ser considerado o percentual que a vítima despendia com seu próprio sustento e despesas pessoais. A jurisprudência, seguindo orientação do Excelso STF (RE 85.417, 1ª Turma, Rel. Ministro Cunha Peixoto, julgado em 31/08/1976), fixou em 1/3 a parcela destinada aos gastos pessoais do falecido, presumindo-se que essa importância destinava-se exclusivamente à subsistência do mesmo. TRT 3ª Reg. — RO 00527-2005-050-03-00-7 — (Ac. 7ª T.) — Relª. Juíza Alice Monteiro de Barros. DJMG 24.1.06, p. 10.

Acidente do trabalho — Morte do obreiro — Indenização — Minoração do valor fixado pela sentença

Ementa: DANO MORAL. ACIDENTE DO TRABALHO. MORTE DO OBREIRO. INDENIZAÇÃO. MINORAÇÃO DO VALOR FIXADO PELA SENTENÇA. Ainda que seja incontestável o dano moral sofrido e que a capacidade econômica de uma das empresas envolvidas seja de grande expressão, a condenação deve ser razoável, sob pena de gerar ilícito enriquecimento dos autores, fugindo, destarte, ao seu propósito maior. Quantia fixada em descompasso com os precedentes jurisprudenciais e desta Turma, mostrando-se devida sua diminuição. Recurso em ação de indenização da primeira ré conhecido e parcialmente provido. TRT 9ª Reg. — Proc. 99509-2005-026-09-00-8 — (Ac. 3ª T. 08954/07) — Rel. Juiz Altino Pedrozo dos Santos. DJPR 13.4.07.

Acidente do Trabalho — Morte do trabalhador — Culpa concorrente — Direito de indenização ao ascendente — Limitações

Ementa: ACIDENTE DE TRABALHO — MORTE DO TRABALHADOR — CULPA CONCORRENTE — DIREITO DE INDENIZAÇÃO AO ASCENDENTE — LIMITAÇÕES. Havendo culpa concorrente em acidente que culminou com a morte do empregado, a mensuração da indenização fixada levará em conta a extensão de cada uma das culpas, a despeito de o descarregamento ser realizado em lugar de potencial risco, porquanto próximo à rede energizada de alta potência, daí a necessidade de redobrar a observância de normas técnicas, consoante o teor do art. 157, I e II, da CLT, o qual prevê procedimentos atinentes à segurança e medicina do trabalho, de forma a irradiar providências a serem observadas pelos empregadores para resguardar a incolumidade física dos seus empregados, a vítima procedeu com imperícia ao elevar o alimentador do silo para além da altura necessária. Não se olvide que o dever de prestar alimentos é cânone constitucional, porquanto a assistência recíproca entre pais e filhos está prevista no art. 299 da CRFB. Porém, além do dever moral decorrente dos laços familiares, a prestação de alimentos está calcada no binômio necessidade do alimentado e possibilidade do alimentante, tudo a depender de prova robusta, a qual não encontra assento no caso presente, não se havendo falar em deferimento de indenização material, representada por pensionamento ao ascendente (art. 1.537 do CC/1916), ainda que solteiro o empregado fatalmente vitimado, acaso não demonstrada a relação de dependência econômica ou de atos que importem em auxílio deste em prover o sustento daqueles. TRT 23ª Reg. — RO 00500.2006.071.23.00-7 — (Sessão 0013/07) — Rel. Juiz Paulo Brescovici. DJE/TRT 23ª Reg. n. 224/07, 2.5.07, p. 19.

Acidente do trabalho — Morte do trabalhador — Culpa grave do empregador — Pretensão ajuizada pelo pai do falecido empregado — Controvérsia

Ementa: ACIDENTE DO TRABALHO DE QUE RESULTOU A MORTE DE UM TRABALHADOR — CULPA GRAVE DO EMPREGADOR — DANOS MORAIS — PRETENSÃO AJUIZADA PELO PAI DO FALECIDO EMPREGADO — PROBLEMAS NO RELACIONAMENTO DO AUTOR COM OS FILHOS E PERTINENTE CONTROVÉRSIA SOBRE A PATERNIDADE AFETIVA — COMPLEXIDADE DA QUESTÃO ACERCA DA DOR MORAL — PROCEDÊNCIA DO PEDIDO DE REPARAÇÃO DO DANO — PECULIARIDADES DO CASO QUE SE DEVEM TOMAR EM CONTA PARA QUE A REPARAÇÃO DO DANO MORAL ATENDA AO PRINCÍPIO DE EQÜIDADE E À FUNÇÃO SOCIAL DA JURISDIÇÃO E DO PROCESSO. 1) Tratando-se, sem dúvida, de um *hard case*, de um caso difícil, para usar a expressão consagrada por Ronald Dworkin, a aplicação mecânica da lei pode acobertar pretensões abusivas que se deduzem através do uso do Direito contra o próprio Direito. Daí porque o intérprete/aplicador deve estar atento às especificidades que conferem unicidade ao caso, de sorte a identificar, na pluralidade do ordenamento jurídico, os princípios e regras que possibilitem uma prestação jurisdicional adequada e, a rigor, justa. 2) No caso, é irrecusável a tarefa judicial de problematizar a conduta do autor como pai, à vista de uma relação parental conflituosa e marcada pelo alcoolismo e pela omissão, inserida num contexto de pobreza material e atraso ainda muito presente na realidade social brasileira. 3) Encarnando embora uma tal paternidade, em razão da qual tem intervindo o Conselho Tutelar, que não lhe promoveu até aqui medida de que adviesse a suspensão ou a perda do pátrio poder (que ele exerce sozinho desde que a mãe deixou o lar), o autor não praticou ato ignominioso em que se pudesse consistentemente firmar o juízo de que não sentira qualquer dor moral pela perda do filho acidentado no trabalho; ao contrário, a presunção que se estabelece razoavelmente é que a dor moral resulte para ele como expressão básica do seu psiquismo, pois é da humana condição que a perda do filho seja vivida como um flagelo. 4) O acidente deu-se em razão do contrato de trabalho e decorreu de manifesta culpa do empregador, que transportava os trabalhadores, por meio de terceiro, em caminhão aberto e em condições incompatíveis com as normas de segurança. Como demonstrado no laudo pericial elaborado pela Polícia Civil, a causa do acidente foi a inoperância do sistema de freios pelo vazamento nas borrachas de rodas traseiras (burrinhos). 5) A reparação do dano moral se impõe, mas é preciso considerar as peculiaridades do caso para que a solução seja equânime e socialmente útil. Se assomam circunstâncias, fatos e valores que fazem deste um caso difícil, não se deve recorrer ao puro silogismo e suas soluções unívocas e moduladas, sob pena de a decisão não conseguir equacionar a presente controvérsia num desejável contexto ético-jurídico. Assim, uma paternidade tal qual o autor a exerce, faltante ao filho falecido como aos dois menores sob sua guarda, constituindo aspecto relevante da lide e por isso bastante discutido, profundamente implicado que está com a pretensão mesma, deve ser e é considerada para o efeito de atribuir-se à compensação financeira do dano moral uma função inerente à responsabilidade social que emerge da relação parental, qual seja a de propiciar o bem-estar dos filhos, na medida, é certo, das condições materiais existentes (CF, art. 227; CC, art. 1634; ECA, art. 22, entre outras muitas disposições). 6) Por conseguinte, em parte significativa, a importância correspondente à reparação permanecerá em juízo depositada, para atender precipuamente àquela função, segundo as condições complementares que o Juiz da execução fixar. TRT 3ª Reg. — RO 00638-2006-070-03-00-9 — (Ac. 1ª T.) — Red. Des. Marcus Moura Ferreira. DJMG 9.2.07, p. 6.

Acidente de trabalho — Morte do trabalhador com 23 anos de idade — Choque elétrico — Equipamento energizado — Culpa contratual da empresa — Indenização a título de danos morais e pensionamento mensal aos ascendentes

Ementa: ACIDENTE DE TRABALHO. MINEIRO. MORTE DO TRABALHADOR COM 23 ANOS DE IDADE. CHOQUE ELÉTRICO. EQUIPAMENTO ENERGIZADO. CULPA CONTRATUAL DA EMPRESA. INDENIZAÇÃO A TÍTULO DE DANOS MORAIS E PENSIONAMENTO MENSAL AOS ASCENDENTES. Demonstrado que o trabalhador veio a falecer em razão da energização da máquina que operava, restam presentes os elementos ensejadores da responsabilidade civil, a saber, o dano, o nexo de causalidade e a culpa. A indenização a título de danos morais em razão da morte do filho deve ser arbitrada em 300 salários mínimos, considerando-se que "a dor da perda dum filho é diferente daquela sentida pela morte do pai e do cônjuge. A inversão da ordem natural das coisas é sentida com maior intensidade e justifica a diferença do dano moral" (STJ EREsp, 435.157). A pensão mensal é devida no valor da remuneração do ex-empregado, a partir do falecimento até o dia em que completaria 25 anos de idade, e depois reduzido pela metade, porquanto "pela ordem natural dos fatos da vida (...) se casaria aos vinte e cinco anos, momento a partir do qual já não mais teria a mesma disponibilidade para ajudar materialmente seus pais, pois (...) passaria a suportar novos encargos, que da constituição de uma nova família são decorrentes" (STJ, EREsp n. 106.327). TRT 12ª Reg. — RO-V 00130-2006-053-12-00-6 — (Ac. 1ª T. 05101/07, 27.2.07) — Rel. Juíza Viviane Colucci. TRT-SC/DOE em 25.04.07.

Acidente do trabalho — Motorista — Emprego de uma força muscular acima do que normalmente é exercida — Configuração

Ementa: DANOS MORAIS. INDENIZAÇÃO. Para o deferimento de indenização por dano moral, mister a reunião dos três pressupostos: o dano, a ação ou omissão do lesionante e a relação de causalidade entre a ação ou omissão e o dano. Comprovada nos autos a existência de tais requisitos, há que ser mantida a indenização deferida. TRT 3ª Reg. — RO 00182-2005-099-03-00-8 — (Ac. 8ª T.) — Rel. Juiz Heriberto de Castro. DJMG 10.9.05, p. 15.

Do voto do relator, extrai-se o seguinte fundamento:

"DANO MORAL — INDENIZAÇÃO — *QUANTUM*

O MM. Juízo de primeiro grau condenou a reclamada ao pagamento de indenização por danos morais no valor de R$ 20.000,00.

Discorda a recorrente, aduzindo que o obreiro recebeu treinamento para proceder à troca de pneus e se tivesse observado o treinamento ministrado o acidente não teria ocorrido. Afirma não haver culpa da empregadora que, além de promover treinamento, concedia todos os equipamentos necessários à troca de pneus. Pede a absolvição da condenação ou, caso seja outro o entendimento, a reduçao do valor fixado à indenização.

Incontroverso nos autos que o reclamante exercia a função de motorista e ao proceder a troca do pneu do ônibus que conduzia, sofreu ruptura do músculo bíceps branquial esquerdo.

O perito afirma que não houve ato inseguro por parte do reclamante, procedendo o mesmo de forma rotineira e como foi treinado pela empregadora. Elucida ainda o técnico que 'apesar da empresa disponibilizar em seus veículos todos os equipamentos necessários para a troca de pneus, existe uma condição insegura que é decorrente do próprio tamanho e conformação dos veículos, obrigando o motorista assumir posições viciosas para colocação e acionamento do macaco hidráulico na fase de elevação do veículo. Tal fato foi o gerador do acidente', concluindo que o reclamante está incapacitado para a atividade de motorista, pois 'em algum momento, pode requerer o emprego de uma força muscular acima do que normalmente é exercida, e está contra-indicado o emprego de força pelo membro superior esquerdo do reclamante; arbitramos a incapacidade do membro superior esquerdo em grau mínimo, ou seja, 25%, em consonância com o médico que o acompanhou (*vide* fl. 14, verso) com a contra-indicação de emprego de força muscular com o bíceps branquial esquerdo acima do necessário para uma vida normal' (fls. 208/209).

Para que se possa falar em reparação por dano moral ou material, deverão estar presentes os requisitos essenciais dessa forma de obrigação, previstos no ordenamento jurídico brasileiro, quais sejam: o erro de conduta do agente, revelado por um comportamento contrário ao direito, a ofensa a um bem jurídico específico do postulante e, por fim, a relação de causalidade entre a conduta antijurídica e o dano causado. Sem eles, ou sem a demonstração de qualquer um deles, não se pode falar em obrigação correspondente a essa pretendida reparação.

Por conseguinte, a obrigação de ressarcir o dano provém da prática de ato doloso ou culposo do agente, porquanto, inexistindo dolo ou culpa, direta ou indireta, a responsabilidade se esvai (art. 186 do novo Código Civil e art. 7º, XXVIII, da CF/88).

E na hipótese, por tudo o que consta dos autos, restou bem delineada a culpa da reclamada, conforme analisado pelo d. Juízo de primeiro grau, devendo a empresa reparar os danos sofridos pelo reclamante, ainda mais quando quer a ré imputar ao autor a responsabilidade única pelo acidente.

Dentre os danos suscetíveis de reparação, destaca-se o de natureza moral, representado pelas atribulações, mágoas e sofrimentos íntimos, em decorrência de atos ofensivos ao trabalhador, que ocasionam intensa dor pessoal na vítima. Podemos afirmar que a dor moral é a que mais intensa repercussão produz na estrutura psíquica do homem, já que todos os valores dos seres humanos assentam-se em princípios de ordem moral e espiritual.

Se assim não fosse, não haveria motivos para prever-se em lei ordinária a reparação por dano moral, eis que a prova dos prejuízos seria mesmo difícil. O prejuízo pode não ser tão-somente material, mas traduzir-se em dor íntima, que não seja passível de avaliação por outro que não a esteja sentindo.

Assim, configurado o dano moral sofrido pelo autor, mister a reparação.

No que concerne ao *quantum* fixado pelo d. Juízo de origem, considerando o princípio da razoabilidade, a natureza e a gravidade do dano, entendo que o valor arbitrado a título de indenização por danos morais em R$ 20.000,00, não merece redução. Isto porque não há notícia nos autos de que detenha o reclamante qualquer formação que o habilite a exercer outra atividade diversa daquela para a qual contratado. E como motorista rodoviário, está patente nos autos, que não encontrará ocupação, dada a especificidade das seqüelas advindas do acidente. E como percebia o autor o valor de R$ 864,86, na última remuneração (TRCT, fl. 56), a importância fixada representa aproximadamente vinte vezes aquele importe, condizente, portanto, com o dano, considerando-se, ainda, a necessidade de buscar o reclamante habilitação para outro emprego.

Nada a prover."

Acidente do trabalho — Necessidade de remanejamento — Dispensa abusiva — Dano à honra subjetiva e objetiva

Ementa: DANO MORAL. EMPREGADO ACIDENTADO. NECESSIDADE DE REMANEJAMENTO. DISPENSA ABUSIVA. DANO À HONRA SUBJETIVA E OBJETIVA. O tratamento devido ao empregado que se recupera de acidente do trabalho deve conciliar, além de aspectos técnicos, o respeito aos valores morais do indivíduo. A dispensa levada a efeito sem qualquer tentativa de readaptação do trabalhador em função compatível com sua condição física configura abuso, especialmente porque não há prova de que as seqüelas incapacitassem-no empregado para função diversa da que exercia antes do acidente. A empresa tem importante papel social e jurídico a desempenhar no processo de readaptação do empregado acidentado, o que torna inadmissível que, em lugar de ajudá-lo na reinclusão, o empregador promova a dispensa que, portanto, se considera discriminatória e causadora de humilhação e constrangimento. A indenização é devida, em face dos evidentes danos à honra do empregado. Recurso a que se nega provimento para manter a condenação, inclusive quanto ao valor a indenizar. TRT 9ª Reg. — RO 17536-2003-011-09-00-0 — (Ac. 2ª T. 28674/05) — Relª Juíza Marlene T. Fuverki Suguimatsu. DJPR 8.11.05, p. 303.

Acidente do trabalho — Nexo causal — Indenização devida

Ementa: DANO MORAL. NEXO CAUSAL. EXISTÊNCIA DE ACIDENTE DE TRABALHO. INDENIZAÇÃO. O direito à indenização por dano moral, que encontra amparo no art. 159 do CCB c/c art. 5º, X, da Constituição, submete-se à configuração de três pressupostos: erro de conduta do agente, contrário ao direito; ofensa a um bem jurídico; nexo causal entre a antijuridicidade da ação e o dano causado. Desta forma, comprovada a existência do acidente de trabalho, posto ter sido emitida CAT e tendo sido afastado o autor do emprego, e comprovada, ainda, a culpa da reclamada por ausência de fiscalização nas suas dependências, no que diz respeito ao uso de EPI's, será dever da mesma reparar o dano causado ao autor (amputação traumática de parte do terceiro dedo da mão direita, ao retirar o macaco que prendia uma virola). TRT 3ª Reg. — RO 00187-2005-068-03-00-2 — (Ac. 3ª T.) — Rel. Juiz Paulo Roberto Sifuentes Costa. DJMG 16.7.05, p. 4.

Da decisão acima, colhe-se o seguinte fundamento:

"Mérito

Dano Moral — Condenação — Valor Arbitrado

O direito à indenização por dano moral, que encontra amparo no art. 159 do CCB c/c art. 5º, X, da

Constituição, submete-se à configuração de três pressupostos: erro de conduta do agente, contrário ao direito; ofensa a um bem jurídico; nexo causal entre a antijuridicidade da ação e o dano causado. Ou seja, ação ou omissão do empregador; a existência de um dano, isto é, de uma lesão sob forma de diminuição ou destruição de bem pessoal ou de interesse próprio do empregado, de natureza não-patrimonial, tutelado pela ordem jurídica; e, finalmente, que haja uma conexão entre esse resultado danoso e a ação ou omissão do empregador.

Nesse sentido:

EMENTA: INDENIZAÇÕES POR DANOS MORAIS E MATERIAIS. ARTIGO 159 DO CÓDIGO CIVIL. As indenizações por danos morais e materiais exigem a violação de um direito que acarrete sério prejuízo a outrem, bem como a existência de nexo causal entre o ato ou a omissão voluntária, negligência ou imprudência praticados pelo agente e o dano causado (art. 159 do Código Civil). (TRT 3ª Reg. — 4ª T. — RO/18503/00 — Rel. Juiz Antônio Álvares da Silva — DJMG 27/01/2001, p. 15).

A ordem jurídica tutela de forma contundente a honra e a imagem das pessoas (art. 5º, X, da CR/88), sendo que o Novo Código Civil destinou um capítulo aos direitos da personalidade (arts. 11 a 21), assinalando a tendência moderna de sua preservação e reforçando a obrigação do magistrado acerca das punições que devem advir das violações ocorridas.

Além disso, a proteção do meio ambiente do trabalho também tem cunho constitucional (art. 200, VIII), e é obrigação do empregador velar para que ele seja saudável e próprio às atividades desenvolvidas (art. 157/CLT).

Dessa forma, comprovada a existência do acidente de trabalho, posto ter sido emitida CAT e tendo sido afastado o autor do emprego, e comprovada, ainda, a culpa da reclamada por ausência de fiscalização nas suas dependências, no que diz respeito ao uso de EPI's, será dever da mesma reparar o dano causado ao autor (amputação traumática de parte do terceiro dedo da mão direita, ao retirar o macaco que prendia uma virola).

O valor arbitrado, por sua vez, R$ 20.000,00, revela-se satisfatório, na opinião deste Relator, vez que a conduta da reclamada é extremamente reprovável, levando-se em conta que o empregador detém o poder fiscalizador na relação de emprego, sendo responsável objetivamente pela não utilização de EPI's, bem como pelo cumprimento das normas de segurança, tomando os cuidados necessários (como, por exemplo, treinamento do pessoal) para evitar o evento danoso.

Nada, portanto, a reparar."

Acidente do trabalho — Nexo de causalidade — Indenização por dano moral — Culpa do empregado — Descabimento

Ementa: INDENIZAÇÃO POR DANO MORAL. "São tratados como danos morais ofensas ao nome, à honra, à fama, à imagem, à intimidade, à credibilidade, à respeitabilidade, à liberdade de ação, à auto-estima e ao respeito próprio." (Juiz Carlos Humberto Viana). O Reclamado, considerado empregador na acepção do *caput* do art. 2º, da CLT, está inserido no contexto do capitalismo como um ente destinado à obtenção do lucro, por isso que, no âmbito do Direito do Trabalho, ele se arroga do poder diretivo, assumindo amplamente os riscos sociais de sua atividade econômica, e se investe da obrigação de garantir a segurança, bem como a integridade física e psíquica dos seus empregados, durante a prestação de serviços. Ao explorar determinado ramo de atividade econômica, o empregador é responsável pelos danos físicos sofridos pelo empregado no exercício de suas atividades laborativas, desde que presentes o nexo de causalidade e a culpa. TRT 3ª Reg. — RO 00608-2005-042-03-00-2 — (Ac. 4ª T.) — Rel. Juiz Luiz Otávio Linhares Renault. DJMG 8.10.05, p. 8.

Da decisão, colhe-se o seguinte fundamento:

"DANOS MORAIS

Os Reclamados pretendem a reforma da r. decisão originária, ao fundamento de que não restou demonstrado nos autos o nexo de causalidade entre o dano e a culpa, tendo o acidente ocorrido por culpa exclusiva do empregado, que agiu com descuido e falta de atenção no manuseio da máquina.

Este relator entendia que razão não lhes assistia, porque considerava que havia restado inconcusso nos autos que o Autor sofreu acidente, enquanto trabalhava em uma máquina de misturar rações, tendo sofrido lesão permanente no dedo indicador direito, que, conforme consta da CAT emitida, às fls. 16 e 17, sofreu corte, laceração e fratura exposta.

E mais, que o Obreiro havia sofrido, como se infere, danos físicos e estéticos, com conseqüente dor moral, a par dos transtornos por que passou e que vem passando, em virtude da diminuição de sua capacidade laborativa.

Como se sabe, o que configura o dano moral é aquela alteração no bem-estar psicofísico do indivíduo, na normalidade da vida, resultando alteração desfavorável e causando alteração no estado de ânimo da pessoa, dor, medo, angústia.

A definição de Ramón Daniel Pizarro, citado por Paulo Eduardo V. Oliveira, *in* 'O Dano Moral no Direito do Trabalho', São Paulo: LTr, 2002, p. 33, enfoca bem a questão:

'El daño moral importa, pues, una minoración en la subjetividad de la persona, derivada de la lesión a un interés no patrimonial. Con mayor precisión, una modificación disavaliosa del espíritu, en el desenvolvimiento de su capacidad de entender, querer o sentir, consecuencia de una lesión a un interés no patrimonial, que abrá de traduzirse en un modo de estar diferente de aquel al que se hallaba antes del hecho, como consecuencia de éste y animicamente perjudicial.'

No caso, este relator também entendia, em coro com a brilhante sentença, que o dano causado ao Reclamante acarretou conseqüências em sua esfera íntima, repercutindo no meio social que o circunda, eis que, como já dito, a sua capacidade para trabalhar foi reduzida, por culpa concorrente.

O mal sofrido pela pessoa em sua subjetividade, em sua intimidade psíquica, sujeitando-a à dor ou ao sofrimento intransferíveis porque ligados a valores de seu ser subjetivo, que o ato ilícito veio penosamente subverter, exige inequívoca reparação.

Continuava entendendo que essa reparação é de responsabilidade dos Reclamados, visto que os empregadores tinham o dever de vigilância e de proteção para com o Reclamante, que foi negligenciado na espécie já que, como bem fundamentou o d. Juízo *a quo,* o empregado trabalhava sem equipamentos de proteção individual, incorrendo também na culpa *in omitendo*, diante da ausência de treinamento para manuseio da máquina.

A Constituição da República, no artigo 7º, inciso XXII, assegurou como direito dos empregados 'a redução dos riscos inerentes ao trabalho, por meio de normas de saúde, higiene e segurança', sendo que esta última tem por escopo a preservação da integridade física do trabalhador.

Assim, cabendo ao empregador dar as condições seguras para que o trabalho contratado fosse executado em normalidade, incumbia aos Recorrentes criar as condições ideais para se evitar, prevenir, ou ao menos minimizar, a possibilidade de ocorrência do acidente sofrido pelo Reclamante, como bem salientou a r. sentença de 1ª instância.

Sob a ótica deste relator, não se vislumbrava nos autos que as medidas de segurança tivessem sido tomadas pelo Reclamado, ainda que o Reclamante houvesse concorrido para o evento.

O empregador deve promover a segurança dos seus empregados em face do eminente risco a que são expostos, diga-se de passagem, em benefício do próprio empreendimento.

Ora, os riscos da atividade, que não subsumem apenas ao econômico, são do empregador, como previsto no *caput*, do artigo 2º, da CLT.

Não se pode perder de vista que o fato ocorreu durante a prestação de serviços, não havendo como retirar a culpa pela negligência ou omissão do Reclamado quanto ao dever de promover condições de trabalho seguras.

A propósito, assevera o magistrado e doutrinador FRANCISCO ANTÔNIO DE OLIVEIRA que 'compete ao empregador prover para que o empregado desenvolva o seu mister em ambiente sadio (material e moralmente) e bem assim que tenha toda segurança possível e necessária para que o trabalho se resolva em ambiente tranqüilo, em clima de mútua camaradagem e de confiança'. E acrescenta, citando DOMENICO PERETTI GRIVA ('Sobre la garantía de incolumidad del trabajador en el ambiente de trabajo') que 'o empregador tem obrigação de promover quanto dele dependa, a higiene do ambiente de trabalho, no decorrer da execução do contrato, eliminando ou prevenindo as causas que possam determinar uma situação de maior periculosidade para o trabalhador, sob pena de ter que responder, a título de inadimplência contratual, pelas conseqüências lesivas que possam resultar para o subordinado', *in* 'Direito do Trabalho — em sintonia com a nova Constituição — Doutrina, Jurisprudência, Direito Sumular e Direito Comparado'/Francisco Antônio de Oliveira. São Paulo: 1993, RT, p. 223/224.

Mesmo que assim não fosse, o presente caso atrairia a aplicação da responsabilidade, sem culpa aparente, ou 'culpa presumida', prevista no parágrafo único, do art. 927, do Código Civil, ainda que mitigada pela culpa recíproca, já que o reclamante, em certa medida, teria também sido imprudente, consoante substanciosa fundamentação do douto juízo de origem.

O Código Civil de 2002 adota a teoria do risco, obrigando a reparação do dano, independentemente de culpa, quando a atividade desenvolvida pelo agente (empregador) implicar, por sua natureza, grande risco para os direitos de outrem (empregado), o que demonstra o acerto da doutrina que, há muito, pugnava por mudanças.

Como ensina Tércio Sampaio Ferraz Júnior, *in* 'Introdução ao Estudo do Direito', 2ª ed., São Paulo, Atlas, 1994, p. 163:

'É a responsabilidade objetiva, caso em que a prestação se exige não porque pela sua ação o sujeito se compromete ou porque dela resultou um dano, mas porque há um risco potencial na situação. Assim, o empregador, por exemplo, tem a responsabilidade objetiva por acidentes ocorridos no trabalho ainda que por sua própria ação não provoque nenhum dano ao empregado. É o risco da própria atividade empresarial que dá origem à responsabilidade. Esse risco deve ser assumido pelo empregador ao empreender, ao realizar sua atividade empresarial. Não é a sua atividade empresarial que provoca o dano. É o trabalhador que se fere. A responsabilidade tem por base o risco que é um dado objetivo (nem o trabalhador quer ferir-se, nem o empregador quer feri-lo).'

No entanto, a d. maioria, em virtude da divergência suscitada pelo Exmo. Juiz Caio Luiz de Almeida Vieira de Mello trilhou caminho diametralmente oposto e considerou, com base na prova, que o reclamante, e não os reclamados, foi o único responsável pelo acidente, eis que agiu com velada imprudência.

Segundo a d. maioria, a foto reproduzida às fls. 32 evidencia o dever de vigilância dos reclamados, que nada fizeram para a ocorrência do acidente, que somente aconteceu por culpa do reclamante.

De acordo ainda com a d. maioria, o comportamento do reclamante se assemelhou ao do condutor de um veículo, que o acelera além do limite permitido. Foi ele imprudente.

Deu-se-lhe provimento." (*Site* do TRT 3ª Reg., 12.10.05)

Acidente do trabalho — Normas de prevenção de doenças laborativas e segurança do trabalho — Indenização — Cabimento

Ementa: ACIDENTE DO TRABALHO. INDENIZAÇÃO POR DANOS MORAL E MATERIAL. Na ocorrência de acidente de trabalho ou doença profissional desenvolvida dentro das dependências da empresa, esta não pode eximir-se de parte da culpa por ter o dever de diligenciar no sentido de que estão sendo cumpridas as normas de prevenção de doenças laborativas e segurança do trabalho. E, sofrendo a empregada danos materiais e também morais em razão do trabalho que culminaram em seqüelas permanentes, faz jus à indenização respectiva. TRT 3ª Reg. — RO 01006-2002-035-03-00-1 — (Ac. 8ª T.) — Rel. Juiz Paulo Mauricio Ribeiro Pires. DJMG 17.4.04, p. 17.

Acidente do trabalho — Normas de segurança — Máquina de corte e solda — Inexistência de treinamento adequado

Ementa: ACIDENTE DE TRABALHO. NORMAS DE SEGURANÇA. MÁQUINA DE CORTE E SOLDA. INEXISTÊNCIA DE TREINAMENTO ADEQUADO. O empregador deve certificar-se de que os empregados designados para atividades de risco, como aquelas em contato com máquina de corte e solda, sejam submetidos a efetivo treinamento, com repasse das orientações de segurança necessárias ao resguardo de sua integridade corporal. Para tanto não basta o repasse aleatório de informações por outros empregados, quando sequer se pode precisar seu conteúdo e alcance. Não se pode admitir tamanha informalidade em relação à prestação de informações essenciais para a preservação da integridade física dos empregados, exigindo-se da empresa, no mínimo, um controle do conteúdo programático a ser ministrado no treinamento relativo às normas de segurança para atividades em contato com máquina de risco. Recurso em Ação de Indenização da Ré a que se nega provimento. TRT 9ª Reg. — RIND 99519-2006-654-09-00-2 — (Ac. 1ª T. 01505/07) — Rel. Juiz Ubirajara Carlos Mendes. DJPR 26.1.07, p. 565.

Acidente do trabalho — Ocorrido no percurso, entre a residência e o local do trabalho — Ausência de dolo ou culpa do empregador — Reparação de danos improcedente

Ementa: ACIDENTE DO TRABALHO OCORRIDO NO PERCURSO, ENTRE A RESIDÊNCIA E O LOCAL DO TRABALHO. AUSÊNCIA DE DOLO OU CULPA DO EMPREGADOR. REPARAÇÃO DE DANOS IMPROCEDENTE. A lei previdenciária considera acidente do trabalho o sinistro que acomete o empregado, no trajeto, entre a sua residência e o local de trabalho, e vice-versa, conferindo ao trabalhador o mesmo benefício conferido ao vitimado, pelo acidente do trabalho ocorrido, no exercício de suas atividades. Entretanto, há uma enorme distinção acerca das conseqüências jurídicas daí advindas — já que, para efeito de indenização, necessária se faz a demonstração da existência de culpa ou dolo. Não havendo demonstração da existência de culpa ou dolo do empregador, no acidente que vitimou o Recorrente, não se verifica a ocorrência de ato ilícito, capaz de ensejar a reparação de danos morais ou patrimoniais. TRT 3ª Reg. — RO 00704-2005-135-03-00-0 — (Ac. 1ª T.) — Rel. Juiz Manuel Cândido Rodrigues. DJMG 11.11.05, p. 5.

Acidente do trabalho — Omissão culposa da reclamada — Indenização — Cabimento

Ementa: ACIDENTE DO TRABALHO. OMISSÃO CULPOSA DA RECLAMADA. INDENIZAÇÃO POR DANOS MORAIS E MATERIAIS. CABIMENTO. Não comprovada a eficiência dos equipamentos de proteção utilizados pelo reclamante, conclui-se que a reclamada agiu com culpa, em face de sua omissão em adotar medidas eficientes de prevenção contra acidentes do trabalho, de modo a propiciar aos empregados condições adequadas de conforto, segurança e desempenho eficiente de suas atividades. Verificada a omissão culposa da ré, cabe-lhe a responsabilidade pela reparação do dano causado ao autor. TRT 3ª Reg. — RO 00118-2003-064-03-00-1 — (Ac. 1ª T.) — Rel. Juiz Mauricio Godinho Delgado. DJMG 21.11.03, p. 04.

Acidente do trabalho — Omissão do empregador — Aplicação da recomendação n. 97 da OIT — Indenização devida

Ementa: ACIDENTE DO TRABALHO — OMISSÃO DO EMPREGADOR — APLICAÇÃO DA RECOMENDAÇÃO N. 97 DA OIT — DANO MORAL — INDENIZAÇÃO DEVIDA. A Organização Internacional do Trabalho — OIT, há muito se preocupa com a saúde e segurança dos trabalhadores, no âmbito das relações profissionais, sendo que várias convenções e recomendações fazem referência a essa questão fundamental do direito do trabalho. Exemplificativamente, merece destaque a Recomendação n. 97 que dispõe que ao empregador cabe o ônus de adotar "todas as medidas apropriadas para que as condições gerais que regem os locais de trabalho permitam assegurar uma proteção suficiente da saúde dos trabalhadores". Essa recomendação somada à de número 164 sugere medidas apropriadas que devem ser tomadas a fim de prevenir, reduzir ou eliminar os riscos "na origem". Com efeito, o reclamante, trabalhador rural, laborando sem se utilizar dos equipamentos de proteção necessários à preservação de sua integridade física (notadamente óculos de proteção), foi vítima de acidente de trabalho, com lesão na córnea por material vegetal, que evoluiu com infecção fúngica, apresentando perda da visão do olho direito. Patente o acidente, a lesão, a culpa e o nexo causal, impõem-se o reconhecimento do dano moral, por omissão do empregador e a condenação da respectiva indenização, que resta mantida. TRT 3ª Reg. — RO 00129-2006-096-03-00-9 — (Ac. 2ª T.) — Rel. Juiz Convocado Paulo Mauricio R. Pires. DJMG 7.3.07, p. 8.

Acidente do trabalho — Omissão do empregador — Não fornecimento de EPI's — Aplicação da Recomendação n. 97 da OIT — Dano moral — Indenização devida

Ementa: ACIDENTE DO TRABALHO. OMISSÃO DO EMPREGADOR. NÃO FORNECIMENTO DE EPI'S. APLICAÇÃO DA RECOMENDAÇÃO N. 97 DA OIT. DANO MORAL. INDENIZAÇÃO DEVIDA. A Organização Internacional do Trabalho — OIT há muito se preocupa com a saúde e segurança dos trabalhadores, no âmbito das relações profissionais, inclusive de autônomos, sendo que várias convenções e recomendações fazem referência a essa questão fundamental do direito do trabalho. Exemplificativamente, merece destaque a Recomendação n. 97 que dispõe que ao empregador cabe o ônus de adotar "todas as medidas apropriadas para que as condições gerais que regem os locais de trabalho permitam assegurar uma proteção suficiente da saúde dos trabalhadores". Essa recomendação somada à de n. 164 sugerem medidas apropriadas que devem ser tomadas a fim de prevenir, reduzir ou eliminar os riscos 'na origem' e se amoldam como uma luva ao caso concreto. Com efeito, o reclamante, trabalhador rural, laborando no plantio e corte de cana, sem se utilizar dos equipamentos de proteção necessários à preservação de sua integridade física (notadamente óculos de proteção), foi vítima de acidente de trabalho, com lesão na córnea por material vegetal, que evoluiu com infecção fúngica, apresentando perda de 90% da visão do olho direito, quadro irreversível e definitivo para um jovem de 25 anos de idade. Patente, o acidente, a lesão e a culpa e o nexo causal, impondo-se o reconhecimento do dano moral, por omissão do empregador no fornecimento do EPI e a condenação da respectiva indenização, que resta mantida. TRT 3ª Reg. — RO 00188-2003-063-03-00-3 (Ac. 3ª T.) — Relª Juíza Maria Cristina Diniz Caixeta. DJMG 24.4.04, p. 07.

Acidente do trabalho — Omissão do empregador com as regras de segurança do trabalho — Conseqüências

Ementa: ACIDENTE DE TRABALHO. OMISSÃO DO EMPREGADOR COM AS REGRAS DE SEGURANÇA DO TRABALHO. CONSEQÜÊNCIAS — A principal obrigação do empregador, o qual assume os riscos de sua atividade econômica (art. 2º da CLT), é oferecer segurança à integridade física de seus empregados. Quando ocorre conduta omissiva do empregador, negligenciando sobre as regras de segurança no local de trabalho, sobre a manutenção de seus equipamentos, capacitação e treinamento de seus empregados para o desempenho das tarefas que lhe são ordenadas, não se admitindo o desvio de função para tarefas alheias ao contrato de trabalho nem superiores à força ou ao conhecimento dos empregados, bem como não se admite o desrespeito às normas de prevenção de acidentes no local de trabalho. Tergiversando essas regras de conduta, fica evidente a culpa do empregador pelos acidentes de trabalho que ocorrem no local de trabalho e vitimam seus empregados, devendo arcar com as suas conseqüências, nos termos dos arts.186 e 927 e seu parágrafo único, ambos do Código Civil Brasileiro de 2002 (art. 159 do CCB de 1916). TRT 9ª Reg. — RIND 99506-2006-089-09-00-8 — (Ac. 1ª T. 00281/07) — Rel. Juiz Edmilson Antonio de Lima. DJPR 19.1.07, p. 615.

Acidente do trabalho — Patologia laboral — INSS — Análise de benefício — Prevalência da prova técnica judiciária

Ementa: PATOLOGIA LABORAL. INSS. ANÁLISE DE BENEFÍCIO. PREVALÊNCIA DA PROVA TÉCNICA JUDICIÁRIA. As regras de experiência comum, subministradas pela observação do que ordinariamente acontece, indicam claramente que a entidade previdenciária tem sido negligente na análise de moléstia profissional e respectiva concessão de benefícios. É mais do que sabido que o INSS não dispõe de meios e de pessoal adequado e em número suficiente para atender as demandas de benefícios requeridos a título de moléstia profissional e mesmo que dispusesse de tais recursos não pode, sob pena de infundado desprestígio, o Magistrado no 1º grau dar prevalência às conclusões precipitadas e superficiais do dito instituto em detrimento da prova técnica laboriosamente desenvolvida pelo Vistor eleito como elemento de fidúcia no Juízo. Recurso ordinário a que se dá provimento para, com base na prova técnica desenvolvida na dilação probatória, reconhecer a incapacitação para o exercício de função laborativa que exija esforço repetitivo do braço direito, implicando em dano permanente à pessoa da obreira, cuja reparação se faz exigível no plano da responsabilidade civil, sem prejuízo das demais verbas tipicamente trabalhistas. TRT 15ª Reg. (Campinas/SP) — RO 1600-2004-017-15-00-7 — (Ac. 48948/06-PATR, 11ª Câmara) — Rel. Juiz Luiz Felipe Paim da Luz Bruno Lobo. DJSP 20.10.06, p. 84.

Acidente de trabalho — Pedido de indenização por danos morais, físicos e estéticos — Presença dos requisitos — Culpa da empresa

Ementa: ACIDENTE DE TRABALHO. PEDIDO DE INDENIZAÇÃO POR DANOS MORAIS, FÍSICOS E ESTÉTICOS. PRESENÇA DOS REQUISITOS. CULPA DA EMPRESA. NEXO DE CAUSALIDADE ENTRE O ACIDENTE E AS ATIVIDADES LABORAIS OBREIRAS E DANO, AUTORIZADORES DO DEFERIMENTO DA PRETENSÃO EXORDIAL. Dá-se provimento ao recurso obreiro, quanto à sua pretensão de indenização por danos morais, físicos e estéticos, em razão de acidente de trabalho por ele sofrido, estando comprovado, pelo acervo probatório, notadamente pela perícia médica oficial, a presença dos requisitos necessários ao deferimento do pleito. *In casu*, é incontroverso que o autor sofreu acidente de trabalho, ocasionado pela troca de uma hélice de um ventilador industrial, atividade laboral determinada pela reclamada, sem o necessário treinamento e fornecimento de equipamento individual de proteção, havendo, portanto, nexo de causalidade entre o acidente e a prestação de serviços, bem como a culpa da empresa. O dano moral físico e estético resulta da fratura, grave, de sua mandíbula ficando o autor impossibilitado de trabalhar por mais de 30 dias, quando teve toda a cabeça engessada, fato esse que lhe ocasionou vergonha e humilhação no ambiente de trabalho e fora dele. Do acidente, resultou, ainda, seqüela, porquanto teve o maxilar afetado e deformado, influenciando na estética de seu rosto, ressaltando que o autor declarou que a fratura lhe conferiu vários apelidos, como "ET da Comit", "Boca Torta" e "Boquinha". Diante do forte conjunto probatório, *data venia*, ao entendimento da r. sentença originária, é o caso de ser acolhida a pretensão indenizatória, em valores razoáveis e condizentes com os critérios que devem nortear o julgador, examinando-se os efeitos danosos ocasionados por culpa da ré, seu potencial econômico e os aspectos individuais do reclamante, vítima do lamentável acidente de trabalho. Recurso provido, no particular. TRT 3ª Reg. — RO 00092-2003-089-00-8 — (Ac. 3ª T.) — Relª Desig. Juíza Maria Cristina Diniz Caixeta. DJMG 3.4.04, p. 04.

Da decisão, colhe-se o seguinte fundamento:

"INDENIZAÇÃO POR DANOS MORAIS, MATERIAIS E ESTÉTICOS

O MM. Juízo *a quo* indeferiu a pretensão de indenização por danos morais e materiais ao fundamento de que:

'Não há, repita-se, prova de que a enfermidade do obreiro seja decorrente do acidente de trabalho, afastando-se o Juízo das conclusões periciais (CPC, artigo 436).

Já no que diz respeito à conduta patronal, inexiste comprovação de sua negligência ou desídia, nem tampouco do descumprimento de normas legais relativas à segurança e medicina do trabalho.

Não configurado o ato ilícito empresarial, nem tampouco os alegados danos ao obreiro...'

Data *maxima venia*, divirjo do entendimento acima.

O acidente de trabalho ocorreu; a reclamada agiu com culpa; há nexo de causalidade entre o evento e as atividades laborais do autor, estando presentes os requisitos para o deferimento da pretensão indenizatória.

Segundo narra a inicial, a reclamada determinou que o autor trocasse a hélice de um ventilador industrial localizado na área de Aciaria da empresa Acesita, apesar de nunca ter ministrado qualquer treinamento para a execução deste serviço. Na troca da peça, esta atingiu o obreiro, fraturando, gravemente, a sua mandíbula, ficando impossibilitado de trabalhar por mais de 30 dias, com gesso em torno da mandíbula e da cabeça.

Diz o autor que em razão do acidente ficou perturbado psicologicamente, sentindo-se envergonhado com a seqüela causada pelo acidente, principalmente em relação às mulheres, porquanto seu maxilar ficou torto, deformado, influenciando na estética de seu rosto. A fratura lhe conferiu vários apelidos, como 'ET da Comit', 'Boca Torta' e 'Boquinha'.

O CAT, fl. 142, descreve o acidente: o autor auxiliava na desmontagem de um ventilador, quando a hélice do mesmo quebrou, deslocando do eixo, provocando o desequilíbrio do empregado e a conseqüente batida do rosto na peça.

O perito assistente, ao relatar acerca do nexo de causalidade, concluiu que não existe relação com o evento e as seqüelas atuais e que as lesões são preexistentes. Concluiu, contudo, que o autor sofreu acidente de trabalho, apresentando contusão com ferida corto-contusa na região mandibular, porém, sem fratura.

O perito oficial, ao relatar a história da moléstia atual, apurou que o reclamante, quando entrou para a empresa, não tinha problemas de maxilar; no dia 6 de novembro de 2000, ao trocar a hélice do ventilador (pela primeira vez), a mesma bateu em seu queixo, lado direito acarretando corte no local, em seguida no joelho; foi levado para a enfermaria e em seguida para o hospital, onde foi suturada a lesão e constatado que ocorreu fratura do maxilar (mandíbula) do lado direito; foi feita imobilização com colocação de aparelho gessado, tipo capacete (cabeça inteira), permanecendo com o mesmo durante dois meses. Após a retirada do gesso, foi até o Comitê no dia seguinte e foi demitido.

Atualmente continua com desvio de mandíbula e dor. Queixa de 'estalo' à direita quando mastiga. Dificuldade para mastigar alimentos de consistência dura.

Concluiu o perito pela existência do nexo de causalidade e pela relação entre as seqüelas atuais e o referido acidente, sofrendo o autor lesão em sua face, não tendo recuperado plenamente sua saúde e condição física, permanecendo seqüela permanente, acarretando incapacidade funcional e dano estético.

O perito oficial, após verificar as fotografias do autor, quando pequeno, reafirmou, com toda a certeza, de que após a data em que foi obtida a fotografia aposta na ficha de registro de empregados, houve um acentuado desvio da mandíbula do autor para a esquerda.

O autor, em depoimento pessoal na ata de fl. 260, declarou que teve toda cabeça engessada ficando de fora os olhos, nariz e boca; que ficou engessado por um, dois meses; que antes do acidente, não tinha qualquer desvio de maxilar.

A meu sentir, o acervo probatório não deixa dúvidas acerca da culpa da empresa e o nexo de causalidade. No que toca ao elemento dano, este está fortemente comprovado. O fato, por si só, *data venia*, já diz tudo. O autor foi atingido por uma hélice de ventilador industrial (foto do equipamento à fl. 221) no rosto, fraturando sua mandíbula, cortando sua face. O autor teve a cabeça inteiramente engessada e assim permaneceu por um, dois meses. Após a alta, ficou a seqüela permanente.

A alegação de que, possivelmente, já havia uma deformação em seu rosto, quando, aos dez anos de idade, foi atropelado, além de se encontrar no campo de presunção, foi contestada. E ainda assim o fosse, o certo que o acidente de trabalho, para o qual a reclamada contribuiu, de modo negligente e, portanto, culposo, provocou no autor dano físico, estético e moral, vez que o ferimento em sua face alterou sua fisionomia, não havendo que se imputar ao autor prova nesse sentido, porquanto a dor moral é subjetiva, ao contrário do dano material que é objetivo.

Lado outro, o fato de o reclamante não ter apresentado fotografias tiradas antes do acidente não tem a relevância e importância conferida na r. decisão, vez que, como já dito, é incontestável a ocorrência do acidente de trabalho, o nexo de causalidade e a culpa da empresa e, em relação ao dano físico e estético, a perícia oficial é conclusiva neste sentido.

Por fim, reporto-me aos esclarecimentos periciais de fl. 254, no sentido de que o reclamante se submeteu ao exame admissional, não havendo registro no referido exame de qualquer alteração de articulação da mandíbula do reclamante quando foi admitido na empresa.

FIXAÇÃO DA INDENIZAÇÃO POR DANOS MORAIS

Em face dos fundamentos acima, resta a fixação da reparação por danos morais.

O reclamante vindica o valor de R$ 30.000,00 (item y, do rol de pedidos, fl. 19).

A meu ver, de modo excessivo.

Considerando-se os critérios para a fixação da indenização, dentre eles, o da razoabilidade, arbitro à indenização por danos morais a importância de R$ 5.000,00." (www.trt3.gov.br, em 15.8.04)

Acidente do trabalho — Pedidos reparatórios — Direitos inconfundíveis, mas compatíveis

Ementa: INDENIZAÇÃO. ACIDENTE DO TRABALHO. PEDIDOS REPARATÓRIOS. DIREITOS INCONFUNDÍVEIS, MAS COMPATÍVEIS. A caracterização do acidente do trabalho, bem como o questionamento sobre a regularidade no recolhimento das contribuições previdenciárias decorrentes de contrato de trabalho dizem respeito à conduta do Reclamante e do Reclamado na execução do contrato de trabalho. Por exemplo, se o empregador age de forma ilegal com o empregado, criando obstáculos para satisfação dos direitos no caso de acidente do trabalho, o trabalhador faz jus à reposição de todos os direitos que lhe foram usurpados nessa situação, cuja competência para conhecer e julgar a matéria é inegavelmente da Justiça do Trabalho, na forma do art. 114 da Constituição Federal. Se o empregador age conforme a lei, ele não obstrui os direitos assegurados ao empregado acidentado e a não concessão do benefício pode ser só em função de ato ilícito do INSS. Contudo, essa pretensão reparatória, se deferida em relação ao empregador que age de forma irregular, não implica em reconhecimento de direito às reparações indenizatórias relativas ao dano moral, estético e material decorrentes do acidente do trabalho. Um direito não se confunde com o outro, embora sejam compatíveis. No primeiro caso, o pleito reparatório tem sede na responsabilidade objetiva do empregador e, no segundo caso, a reparação decorre da responsabilidade subjetiva daquele. TRT 3ª Reg. — RO 00303-2004-085-03-00-8 — (Ac. 2ª T.) — Rel. Juiz Hegel de Brito Bóson. DJMG 29.7.05, p. 6.

Acidente do Trabalho — Pensão vitalícia — Art. 1.539 do antigo Código Civil (art. 950 do atual) — Requisitos para a sua concessão

Ementa: PENSÃO VITALÍCIA. ART. 1.539 DO ANTIGO CÓDIGO CIVIL (ART. 950 DO ATUAL). REQUISITOS PARA A SUA CONCESSÃO. A concessão do pensionamento vitalício de que trata o art. 1.539 do antigo Código Civil, vigente à época do acidente do trabalho, está adstrita à comprovação não só do dano causado, da culpabilidade do empregador e do nexo de causalidade, como também da perda ou da redução da capacidade laborativa do empregado de forma permanente. Comprovado que não houve redução da capacidade laborativa, não há como responsabilizar o empregador pelo pagamento de pensão vitalícia. TRT 12ª Reg. — RO-V 01380-2005-024-12-00-7 — Ac. 3ª T. 10906/06, 27.6.6 — Relª. Juíza Lília Leonor Abreu. DJSC 4.8.06, p. 51.

Acidente do trabalho — Presunção de culpa do empregador

Ementa: ACIDENTE DO TRABALHO. INDENIZAÇÃO POR DANOS MORAIS. PROVA — Faz jus à indenização reparatória de dano moral o empregado que, para desempenhar, por ordem do empregador, outra tarefa não afeta àquela para a qual foi contratado, é vitimado por acidente de trabalho, para o qual a imprevisibilidade do momento em que subitamente deverá interromper suas atividades normais (mecânico) para o exercício da atividade estranha ao objeto do contrato de trabalho (telefonista) concorreu como elemento perturbador de sua atenção e concentração no exercício das primeiras, expondo-o à situação de risco e a perigos adicionais. *In casu,* presume-se a culpa (*in contrahendo* e *in vigilando*) do empregador, sobretudo quando o exercício das tarefas concernentes ao objeto do contrato de trabalho importa em labor em condições de perigo e risco específicos, como no caso do mecânico que labora em valas para acesso à parte inferior do veículo em manutenção. Ao acometer ao empregado função que lhe retira a atenção e a concentração necessárias ao exercício de tarefas, o empregador de causa à instalação de situação agravante da situação de risco a que normalmente estava exposto, ensejando o direito ao pagamento de indenização reparatória pelo infortúnio do qual resultou "perda auditiva neurosensorial severa em ouvido direito, irreversível" em seqüência a "traumatismo (do) crânio incefálico". TRT 3ª Reg. — RO 00317-2005-038-03-00-5 — (Ac. 3ª T.) — Rel. Juiz Antonio Gomes de Vasconcelos. DJMG 7.9.06, p. 7.

Acidente de trabalho — Reparação por danos materiais e morais — Responsabilização do empregador por atos de seus prepostos

Ementa: ACIDENTE DE TRABALHO. REPARAÇÃO POR DANOS MATERIAIS E MORAIS. RESPONSABILIZAÇÃO DO EMPREGADOR POR ATOS DE SEUS PREPOSTOS. A Convenção n. 119 da OIT, de 25.6.63, sobre "Proteção das Máquinas", que foi inserida no ordenamento jurídico brasileiro através do Decreto n. 1.255, de 29.9.94, estabelece, no art. X, que: "1. O empregador deverá tomar as medidas para pôr os trabalhadores ao corrente da legislação nacional relativa à proteção das máquinas e deverá informá-los, de maneira apropriada, dos perigos provenientes da utilização das máquinas, assim como das precauções a serem tomadas". O empregador, ao contratar um menor para serviços gerais, inclusive com o manuseio indevido de máquinas, deixando de fiscalizar as atividades, incide em negligência, sendo responsável por acidente de trabalho ocorrido em suas dependências, ainda que se admita que a autorização para utilização da máquina tenha sido concedida pelo pai do reclamante, também empregado da reclamada. Isto porque, ante os termos do art. 1.521, III, do antigo Código Civil, o empregador é responsável pela reparação civil, por seus empregados, serviçais e prepostos, no exercício do trabalho que lhes competir, ou por ocasião dele. Ademais, a Súmula n. 341 do STF, dispõe que "é presumida a culpa do patrão ou comitente pelo ato culposo do empregado ou preposto". Recurso ordinário a que se dá provimento parcial por maioria. TRT 24ª Reg. — RO 20865/2001-001-24-00-0 — Relª Juíza Dalma Diamante Gouveia. DJMS 6102, 14.10.03.

Acidente do Trabalho — Responsabilidade civil do condomínio equiparado a empregador — Agressão praticada por condômino caracteriza acidente de trabalho

Ementa: DIREITO CIVIL. DANO MORAL. RESPONSABILIDADE CIVIL DO CONDOMÍNIO EQUIPARADO A EMPREGADOR. AGRESSÃO PRATICADA POR CONDÔMINO CARACTERIZA ACIDENTE DE TRABALHO. Equiparado a empregador face à relação de emprego (art. 2º., CLT), responde o Condomínio pela higidez física e moral de seus empregados em ambiente de trabalho. Ao agredir física e verbalmente o empregado, o condômino-agressor encontra-se na posição de empregador, na qualidade de usuário e fruidor dos espaços e serviços do condomínio, em evidente abuso da subordinação jurídica decorrente da relação de emprego(art. 1315 e 1319, ambos do Código Civil). Caracteriza-se, portanto, acidente de trabalho com culpa do empregador, ensejando a indenização por dano moral e responsabilidade direta do Condomínio, sem prejuízo a eventual direito de regresso contra o condômino-agressor(art. 1336, C.Civil). Recurso do empregado provido. TRT 15ª Reg. (Campinas/SP) — RO 00675-2000-043-15-87-1 — (Ac. 10330/2006-PATR, 5ª Câmara) — Relª. Juíza Luciane Storel da Silva. DJSP 3.3.06, p. 38.

Do voto da Juíza Relatora colhe-se o seguinte fundamento:

"V O T O

Conheço o recurso interposto, visto que cumpridas as exigências legais.

Primeiramente, faço uma digressão dos autos, para aquilatar-se o calvário pelo qual as partes passaram, e refiro-me a partes porque são aqueles que estão esperando uma solução do Judiciário há cinco anos.

Esta Relatora está julgando este processo por prevenção pela quarta oportunidade.

Foi proferida a R. Sentença de fls. 40, que julgou extinta a ação, sem apreciação do mérito, pelo reconhecimento da incompetência do Juízo para conhecer a lide. Desta Sentença, o Reclamante interpôs Recurso Ordinário, que foi provido, para afastar a incompetência absoluta declarada e determinar a baixa dos autos à origem, a fim de que fosse reaberta a instrução processual e proferida Sentença de mérito (fls. 93/94).

Baixados os autos, contudo, nova Sentença foi prolatada, rejeitando a preliminar de ilegitimidade "*ad causam*", mas agora extinguindo o feito sem apreciação do mérito, por inépcia (fls. 109/112), visto que o Autor não indicou o valor da indenização requerida. Novamente, da R.Sentença recorreu o Reclamante, obtendo êxito, consoante V. Acórdão de fls. 152/153, que afastou a inépcia decretada de ofício, **determinando a devolução dos autos ao MM. Juízo "*a quo*", para que outra Sentença fosse prolatada.**

Assim, foi proferida uma terceira Sentença em primeiro grau, **que, por sua vez, extinguiu o processo sem julgamento do mérito, sob o fundamento de ilegitimidade de parte do Reclamado**. As Decisões de piso haviam rejeitado a ilegitimidade de parte alegada na defesa, tendo aquela de fls. 109/112 expressamente afastado tal argüição, contra o que o Reclamado não recorreu, repito, quanto à propalada ilegitimidade "*ad causam*".

Proferida a quarta Sentença em primeiro grau, o MM. Juízo houve por bem julgar improcedente o pedido, por entender que a agressão sofrida pelo Reclamante durante o expediente de trabalho por um condômino alcoolizado está dissociado da relação de emprego, sendo responsabilidade exclusiva do condômino reparar o dano.

Inequívoca a ocorrência dos fatos, portanto, cabendo ao Juízo a apreciação sobre a agressão realizada individualmente por um dos condôminos obrigar ou gerar a responsabilização de todo o condomínio.

Segundo Caio Mario da Silva Pereira, em Instituições de Direito Civil, "*ter-se-á condomínio 'quando a mesma coisa pertence a mais de uma pessoa, cabendo a cada uma delas igual direito, idealmente, sobre o todo e cada uma das partes"*.

Outrossim, o art. 1315, C.Civil, dispõe sobre a responsabilidade solidária entre os condôminos, sendo que o art. 1319 dispõe, ainda, sobre a responsabilidade do condômino que causa dano à coisa comum em relação aos demais condôminos.

Ora, como é cediço, o condomínio equipara-se a empregador, conforme art. 2º., CLT, de maneira que responde pela higidez física e moral de seus empregados, enquanto em ambiente de trabalho, caso dos autos.

Incontroverso que o empregado do condomínio sofreu dano físico e moral durante a jornada de trabalho, quando estava, pois, sob a tutela de seu empregador, devendo este responder pelo dano causado, ainda que por um único condômino.

Poderá o condomínio ser ressarcido pelo condômino anti-social, se assim o desejar, mas como empregador deverá responder pelos danos causados a seu empregado, repito.

Destaco que o próprio Código Civil prevê procedimentos a serem aplicados pelos condomínios a seus condôminos anti-sociais, como se vê do art. 1336.

Ao agredir física e verbalmente o Reclamante, o condômino-agressor se encontra na posição de empregador, sim, por encontrar-se na qualidade de usuário e fruidor dos espaços e serviços do condomínio, abusando verdadeiramente da subordinação jurídica decorrente da relação de emprego.

Pode-se falar em acidente de trabalho ocorrido com culpa do empregador, ensejando a responsabilidade de indenização pelo dano moral pleiteado, inclusive em face do disposto no art.7º, inciso XXVIII, *in fine*, CF.

Destarte, merece reparos o julgado, para julgar procedente o pedido de indenização por dano moral, arbitrado em R$ 10.000,00, considerando o tempo de serviço, a função e a possibilidade de pagamento pelo devedor, já que se trata de um condomínio residencial."

Acidente do trabalho — Responsabilidade civil do empregador — Teoria do risco — Dano decorrente do meio ambiente do trabalho — Dever de indenizar, independente de dolo ou culpa

Ementa: ACIDENTE DO TRABALHO. RESPONSABILIDADE CIVIL DO EMPREGADOR. TEORIA DO RISCO. DANO DECORRENTE DO MEIO AMBIENTE DO TRABALHO. DEVER DE INDENIZAR, INDEPENDENTE DE DOLO OU CULPA. RECONHECIMENTO. INTELIGÊNCIA DOS ARTS. 225, § 3º, CF E 927, PARÁGRAFO ÚNICO, CC. A dignidade da pessoa humana é princípio fundamental da República Federativa Brasileira (art. 1º, CF). Traduz-se, em essência, na necessidade de respeito aos direitos fundamentais do indivíduo, sobretudo quando trabalhador, destinatário de maior interesse público. Dentre os direitos fundamentais de dignidade do trabalhador insere-se, indiscutivelmente, o de um ambiente de trabalho seguro e adequado, capaz de salvaguardar, de forma eficaz, sua saúde e segurança. Esse é um dever do Estado e de toda sociedade, mas sobretudo do empregador, a quem compete proteger e preservar o meio ambiente de trabalho, com a implementação de adequadas condições de saúde, higiene e segurança que possam, concretamente, assegurar ao empregado sua dignidade plena, em consonância com o desiderato constitucional. Ao dever de preservação do meio ambiente (art. 225, CF) — assim entendido, também, o meio ambiente do trabalho — se contrapõe a obrigação de reparação de danos, quando decorrentes da responsabilidade civil. A evolução na dogmática, após alongados debates e à vista do art. 927 do CC, trouxe para o tema a teoria do risco, segundo a qual nos casos em que a atividade da empresa implique naturalmente risco aos trabalhadores, é objetiva a responsabilidade do empregador pelos danos causados, vez que oriundos do meio ambiente do trabalho, dispensando, por isso mesmo, comprovação de dolo ou culpa patronal. Assim sendo, verificado que o acidente laboral insere-se nas hipóteses naturais do risco da atividade empresária, é do empregador o dever de indenizar, em face da sua responsabilidade objetiva no evento. ACIDENTE DO TRABALHO. INDENIZAÇÃO. CUMULAÇÃO COM BENEFÍCIOS PREVIDENCIÁRIOS. POSSIBILIDADE. Os benefícios previdenciários decorrentes de acidente do trabalho objetivam substituir a remuneração mensal do segurado, garantindo-lhe condições mínimas de sobrevivência, por meio de prestações periódicas, de cunho alimentar. Contudo, não asseguram a reparação dos danos sofridos, não atendendo ao princípio da "restitutio in integrum", pois inaptos a restabelecer a situação existente antes do dano. Por este motivo, a Constituição de 1988 manteve ao empregador a responsabilidade pela indenização dos danos causados ao empregado, independentemente do pagamento do seguro acidentário a que está obrigado (art. 7º, inciso XXVIII, CF). Dessa feita, a indenização por responsabilidade civil decorrente de acidente do trabalho pode ser recebida cumulativamente com os benefícios acidentários recebidos pela Previdência Social. TRT 15ª Reg. (Campinas/SP) — RO 00075-2006-076-15-00-1 — (Ac. 17711/07-PATR, 1ª C.) — Rel. Juiz Luís Carlos Cândido Martins Sotero da Silva. DJSP 27.4.07, p. 86.

Acidente do trabalho — Responsabilidade civil do empregador — Ausência de nexo de causalidade entre a moléstia constatada e sua atividade profissional — Efeitos

Ementa: ACIDENTE DO TRABALHO. RESPONSABILIDADE CIVIL DO EMPREGADOR. Consoante o artigo 7º, XXVIII, da Constituição da República, cabe ao empregador reparar dano advindo de acidente do trabalho ou doença profissional na hipótese de agir com dolo ou culpa. No mesmo sentido é o artigo 121 da Lei n. 8.213/91, bem como o artigo 186 do Código Civil atualmente em vigor. O pedido de indenização exige a avaliação de três elementos, a saber, ocorrência de dano; relação de causalidade entre o dano e o trabalho desenvolvido pelo obreiro; culpa do empregador. No caso em tela, a autora, embora usufruísse de auxílio-doença, não conseguiu demonstrar o nexo de causalidade entre a moléstia constatada e sua atividade profissional, de molde a demonstrar a culpa da reclamada pelo seu estado físico atual. Em conseqüência, o pleito indenizatório há de ser rejeitado. TRT 3ª Reg. — RO 01124-2003-099-03-00-00 — (Ac. 2ª T.) — Relª Juíza Cristiana M. Valadares Fenelon. DJMG 6.4.04, p. 16.

Acidente do trabalho — Responsabilidade do empregador pelos atos dos seus empregados e prepostos — Indenização

Ementa: ACIDENTE DE TRABALHO. INDENIZAÇÃO. RESPONSABILIDADE DO EMPREGADOR PELOS ATOS DOS SEUS EMPREGADOS E PREPOSTOS. O patrão é o responsável pela reparação civil em relação aos atos comissivos ou omissivos dos seus empregados, exsurgindo uma presunção quanto à culpa do empregador, a culpa *in eligendo* e a culpa *in vigilando* (art. 1521, III, CC/1916). No que respeita ao empregador, a culpa pode se configurar em ambos os casos. Na hipótese de responsabilidade do empregador por atos de seus empregados, a interpretação jurisprudencial orienta-se no sentido de presumir a culpa do patrão ou comitente pelo ato culposo do empregado ou preposto (Súmula 341/STF). E no tocante à culpa *in vigilando* nas hipótese de negligência patronal em exigir, verificar e acompanhar se os equipamentos de segurança estão sendo efetivamente utilizados pelos empregados. Diante de tal presunção de culpa, incumbia à Reclamada o ônus de provar qualquer uma das excludentes do dever de reparar o dano, quais sejam, culpa exclusiva da vítima ou força maior (art. 333, inc. II, do CPC). A prova quanto ao uso adequado dos equipamentos de segurança pelo Reclamante na hora do acidente, com o fito de imputar ao Reclamante a inteira responsabilidade pelo acidente, portanto, era encargo da Reclamada, do qual não se desincumbiu a contento. Mantém, pois, incólume a r. sentença de origem, ainda que por outros fundamentos, a fim de declarar a responsabilidade da Reclamada para indenizar o prejuízos causados em decorrência do acidente de trabalho que vitimou o Reclamante. Recurso ao qual se nega provimento, no particular. TRT 23ª Reg. — RO 00893.2005.051.23.00-3 — (Sessão 13/06) — Rel. Juiz Bruno Weiler.DJE/TRT 23ª Reg. n. 116/06, 30.10.06, pp. 32/33.

Acidente de Trabalho — Responsabilidade objetiva — Indenização — Culpa concorrente

Ementa: Indenização. Danos morais. Acidente de Trabalho. Responsabilidade objetiva. Culpa concorrente. A constituição enumera os direitos mínimos do trabalhador. Não exclui, portanto, outras condições mais favoráveis asseguradas na legislação ordinária. Responsabilidade objetiva prevista no direito comum (Código Civil, 927, p. único) que também se estende à relação de trabalho. Interpretação da Constituição segundo os seus próprios princípios e valores. Atividade que, por sua natureza, no caso, não implicava risco. Ato de imprudência do empregado. Hipótese previsível na operação de equipamento (prensa). Negligência do empregador em relação aos dispositivos de segurança. Culpa concorrente. Indenização que se reduz à metade. Recurso do réu em parte provido. TRT 2ª Reg. — RO 01344200346302001 — (Ac. 11ª T. 20060680843) — Rel. Juiz Eduardo de Azevedo Silva. DJSP 12.9.06, p. 85.

Acidente do trabalho — Seguido de morte — Indenização

Ementa: ACIDENTE DO TRABALHO SEGUIDO DE MORTE. INDENIZAÇÃO. Age com culpa grave o empregador que atribui a um simples ajudante, a operação e a manutenção de máquina autopropulsionada (draga), tarefas para as quais esse empregado não está qualificado e não foi tecnicamente treinado. Se, pelo exercício do labor em tais condições, o empregado vem a sofrer acidente fatal, fica o empregador obrigado a indenizar pelo dano moral causado à mulher e aos filhos do trabalhador, deixados repentinamente ao desamparo. Nessas circunstâncias, a dor moral se presume do próprio acontecimento funesto, não exigindo maior demonstração: basta que se prove o acidente e o nexo de causalidade com a conduta gravemente culposa do patrão. TRT 3ª Reg. — RO 00356-2005-089-03-00-5 — (Ac. 6ª T.) — Rel. Juiz João Bosco de Barcelos Coura. DJMG 21.7.05, p. 10.

Da decisão, colhe-se o seguinte fundamento:

"4.1. Indenização por danos morais — Honorários advocatícios

A condenação foi proferida nos seguintes termos:

'Condeno a ré a pagar à autora a importância de um salário mínimo por dia [retificado para 'um salário mínimo por mês' — cf. fl. 81] a partir da data do fato, ou seja, 20/05/1996, até a data em que a vítima completaria 65 (sessenta e cinco) anos, março de 2031, vida média de brasileiro. As importâncias vencidas até a presente data serão pagas de uma única vez e as vincendas serão pagas mensalmente devendo a ré constituir capital que suporte, rendendo meio por cento ao mês, o pagamento de um salário mínimo. Condeno, ainda ao pagamento de danos morais que arbitro em quarenta salários mínimos para cada filho e quarenta salários mínimos para a companheira. As importâncias dos filhos serão depositadas em poupança até que os mesmos fiquem maiores. Condeno, ainda, a ré a pagar honorários em vinte por cento a ser calculado no total da indenização considerando as parcelas vencidas e vincendas. Deverá, ainda, a ré suportar as custas e despesas processuais' (fl. 72).

Insurge-se a reclamada, argumentando que houve culpa exclusiva da vítima; que houve comprovação de que o empregado não era simples ajudante; que ele havia sido treinado para execução do serviço e dele tinha pleno conhecimento; que o dano moral não pode ser presumido; que houve julgamento *extra petita* quando se fixou valor indenizatório para cada um dos reclamantes; que o valor arbitrado é excessivo; que os honorários advocatícios não encontram amparo no § 3º do art. 20 do CPC.

Razão, contudo, não lhe assiste.

Restou incontroverso que houve o acidente (a draga para extração de areia estava sendo reparada pelo falecido, Sr. Mauro Luiz Santiago; colocada em movimento, uma peça foi projetada para fora e lançada contra ele, esmagando-lhe o peito), segundo documentado em Boletim de Ocorrência (fls. 23-24) e admitido pela reclamada, não sendo questionada a existência de dano efetivo: a morte de um companheiro e pai.

Examinando a prova documental e testemunhal, não tenho dúvidas quanto à culpa da reclamada na ocorrência do acidente, mostrando-se totalmente inaceitável a alegação de culpa exclusiva da vítima.

A reclamada busca forte amparo na descrição contida no Boletim de Ocorrência, segundo a qual o Sr. Mauro teria resistido ao conselho dos colegas para se afastar do local antes da aceleração da máquina (fls. 35-36). Essa particularidade, contudo, mostra-se insuficiente para orientar o rumo da decisão, em vista dos demais elementos probatórios.

Observa-se, pela anotação na CTPS (fl. 11), que o Sr. Mauro fora contratado como ajudante, três meses antes do acidente, recebendo um salário mínimo por mês. Embora o proprietário da reclamada, em depoimento pessoal, tenha afirmado que o reclamante apresentara-se como operador de draga ('draguista'), a afirmação não merece crédito porque nesse caso não se justificaria a admissão em função distinta e menos especializada, e tampouco o menor salário (o reclamante recebia um salário mínimo por mês, sendo que o proprietário da reclamada aduziu que o salário de um operador de draga equivalia a um salário mínimo e meio — fl. 73).

Ademais, a testemunha Sr. Edson Cirilo Martins, empregado da reclamada, asseverou que os operadores de draga são assim qualificados na CTPS (fl. 78).

Outra alegação defensiva que caiu por terra foi a de que o Sr. Mauro fora devidamente treinado por outro empregado, porque o proprietário da reclamada asseverou que pela sua empresa o falecido não recebera qualquer treinamento.

As fotos de fls. 42-49 demonstram a precariedade da máquina da reclamada; houve prova testemunhal de que ela costumava apresentar defeito, de que não havia manutenção preventiva e de que fora posta em movimento por um terceiro, que sequer era empregado da reclamada (fls. 77-78). Além disso, o proprietário da reclamada também afirmou que nunca fizera estudo de análise de risco e que sua empresa continua atuando da mesma forma que antes, com a máquina sendo operada por ajudante (fl. 73). Constata-se, portanto, que a reclamada não atentou para o disposto nos artigos 184 a 186 da CLT e na Norma Regulamentadora (NR) 12, do Ministério do Trabalho e Emprego. O conjunto probatório evidencia o seu completo descaso quanto à observância de regras básicas de segurança no trabalho, como necessária à preservação da integridade física daqueles que empregam o seu esforço pessoal para lhe trazer lucros.

Havendo o dano, a grave culpa da reclamada e o nexo de causalidade entre um e outra, não há dúvida de que a reparação é devida (artigos 186 e 927 do Código Civil).

Por essas razões, não prospera a pretensão recursal de total absolvição. Registro, por oportuno, que a reclamada não se insurge contra as outras determinações judiciais relativas às perdas e danos, nada havendo a ser examinado nesse particular aspecto da condenação.

No que tange à existência do dano moral, o caso não exige maior prova: basta o fato danoso. É indubitável que a perda do companheiro de vinte anos, em circunstâncias tão dramáticas e ainda quando se encontrava grávida, por si só gerou para a mãe e para os seus seis filhos grande dor e aflição. Aliás, pela prova testemunhal verifica-se que a viúva passou por grandes dificuldades com a morte do companheiro, tendo que contar com a ajuda da comunidade para sobreviver. A condenação em danos morais deve ser mantida.

Quanto ao alegado julgamento *extra petita* nesse ponto da condenação, não existe. O fato de ter sido fixado o valor do dano moral em quantias individualizadas, e não em um valor único para atender a todos os lesados, está em consonância com a pluralidade de reclamantes. Aliás, uma leitura mais atenta do pedido, formulado no segundo parágrafo de fl. 8, demonstra que houve queixa de danos morais pela perda do 'companheiro' e 'pai'. A condenação fez-se nos limites do pedido.

A reclamada sustenta, também, que a se considerar a sua pequena capacidade econômica, mostra-se excessivo o valor de quarenta salários mínimos para cada filho e quarenta salários mínimos para a companheira, e pede redução. Não diz, porém, qual montante consideraria justo.

Quarenta salários mínimos para cada um dos oito reclamantes totalizam 320 salários mínimos. Tendo em conta a extensão do dano moral, a condição pessoal dos lesados, a gravidade da culpa da reclamada, o seu porte (a reclamada terá uns oito empregados e também presta serviços para a Prefeitura de Timóteo, conforme prova testemunhal — fls. 77-78), a natureza do empreendimento (extração e comercialização de areia), além do caráter compensatório e punitivo do pagamento, e ainda, com supedâneo em decisões recentes/contemporâneas do C. STJ (REsp 248.764, REsp 214.053, REsp. 305.566), entendo que a condenação fez-se em montante razoável, que não merece ser reduzido.

Na linha da ponderação contida no parecer ministerial (fl. 108), ressalto o entendimento do Excelso STF, no sentido de que a quantificação da indenização em número de salários mínimos ofende o art. 7º, inciso IV, da Constituição Federal (RE-225.488/PR — DJ 16-6-2000); por conseguinte e de ofício, considerando que à época da condenação (18.11.03) o salário mínimo estava fixado em R$ 240,00, arbitro a condenação, para cada um dos reclamantes, em R$ 9.600,00, totalizando R$ 76.800,00."

Acidente do trabalho — Tipo de atividade — Teoria do risco

Ementa: INDENIZAÇÃO POR ACIDENTE DO TRABALHO. TIPO DE ATIVIDADE. TEORIA DO RISCO. A indenização de que trata o art. 7º, inciso XXVIII, da CF é de caráter material, para a qual basta, no máximo, a culpa, não precisa haver dolo. Age com culpa o empregador que submete o motorista de cargas a viagens excessivas, sem intervalos regulares, sem folgas compensatórias. O empregador responde pelo ilícito praticado, constituindo-se em ação ou omissão atribuível ao agente (patrão), danosa para o lesado (obreiro) e que fere o ordenamento jurídico. Neste sentido, pode ser indispensável a prova da imprudência, imperícia ou negligência em torno da conduta do empregador, tanto para que se possa atribuir-lhe a culpabilidade de que trata o art. 927 do Código Civil, como também o art. 7º, inciso XXVIII, da CF. Mas, falo em culpa "no máximo", porque a responsabilidade, no mínimo, pode já estar garantida pelo tipo de atividade exercida, como no caso dos motoristas de cargas, em que o risco é constante, iminente, falando se até mesmo em responsabilidade objetiva do empregador, com base na teoria do risco. É que a empresa, considerada empregadora na acepção (art. 2º, da CLT), está inserida no contexto do capitalismo como um ente destinado à obtenção do lucro, por isso que, no âmbito do Direito do Trabalho, ela se arroga do poder diretivo, assumindo amplamente os riscos sociais de sua atividade econômica, e se investe da obrigação de garantir a segurança, bem como a integridade física e psíquica dos seus empregados, durante a prestação de serviços. TRT 3ª Reg. — RO 01324-2005-050-03-00-8 — (Ac. 2ª T.) — Rel. Juiz Hegel de Brito Bóson. DJMG 11.11.05, p. 9.

Acidente de trabalho decorrente de acidente automobilístico — Falta de freios — Fato imprevisível e inevitável — Caso fortuito — Excludente de ilicitude

Ementa: RESPONSABILIDADE CIVIL — ACIDENTE DE TRABALHO DECORRENTE DE ACIDENTE AUTOMOBILÍSTICO — FALTA DE

FREIOS — FATO IMPREVISÍVEL E INEVITÁVEL — CASO FORTUITO — EXCLUDENTE DE ILICITUDE — Tem-se que certas falhas mecânicas dos veículos, como a quebra da barra de direção ou o rompimento do "burrinho" do freio, são totalmente imprevisíveis, vez que podem ser decorrentes de uma série de fatores. Apenas se essas falhas mecânicas forem decorrentes de precária manutenção do veículo ou de sua inadequada utilização, há que se falar em culpa ou dolo do empregador. Se a regra que informa a condenação do empregador no ressarcimento de danos causados por acidente de trabalho é a da responsabilidade subjetiva, não se pode aplicar a teoria objetiva do "risco da atividade", para sinalizar que aquele que assume o risco de uso do veículo deve ser responsabilizado por eventos decorrentes de seus imprevisíveis defeitos mecânicos. TRT 3ª Reg. — RO 01664-2005-153-03-00-6 — (Ac. 6ª T.) — Rel. Juiz Antonio Fernando Guimarães. DJMG 3.3.06, p. 20.

Acidente de trabalho *latu sensu* — Cortador de cana — Direito Civil — Direito do Trabalho — Dano material e moral — Configuração

Ementa: DIREITO CIVIL. DIREITO DO TRABALHO. DANO MATERIAL E MORAL. ACIDENTE DE TRABALHO *LATU SENSU*. CORTADOR DE CANA. Quando se analisa a responsabilidade civil, faz-se mister apurar a existência de conduta dolosa ou culposa do agente causador do dano, bem como o nexo causal, o que, por conseguinte, vai determinar a reparação, ou não, do dano (art. 186, CC). No que concerne ao dano decorrente de acidente de trabalho, a responsabilidade do empregador encontra respaldo na Carta Maior, nos termos do art. 7º, XXVIII. Portanto, impõe-se considerar da aplicação, ou não, do art. 927, CC, dada a atividade desenvolvida, se de risco. A conjugação da NRR3, com a NR 5 e NRR4, leva à conclusão de enquadramento da empregadora no Grau de risco 3. Conseqüentemente, a atividade da Reclamada está enquadrada como atividade de risco, cuja responsabilidade é objetiva, nos termos do art. 927, par. Único, CC, bem como arts. 12 e 18, CDC, por aplicação subsidiária. O fornecimento unicamente de luvas para o desempenho da função de cortador de cana não exime a Reclamada da culpa objetiva. Recurso provido no particular. TRT 15ª Reg. (Campinas/SP) — RO 01123-2005-103-15-00-6 — (Ac. 47343/2006-PATR, 3ª Câmara) — Relª. Juíza Luciane Storel da Silva. DJSP 6.10.06, p. 34.

Acidente do trabalho por si só não dá causa à indenização por dano moral

Ementa: INDENIZAÇÃO POR DANO MORAL. ACIDENTE DO TRABALHO. O sofrimento decorrente de acidente do trabalho não é passível de indenização por dano moral, pois não se enquadra entre os bens que visa a proteger o art. 5º, inc. X, da Constituição da República. TRT 12ª Reg. — RO-V 00607-2003-025-12-00-1 — (Ac. 2ª T. 00900/2005,18.1.05) — Relª Juíza Lourdes Dreyer. DJSP 26.1.05, p. 89.

Da decisão acima, colhe-se o seguinte fundamento:

"INDENIZAÇÃO POR DANOS MATERIAIS E MORAIS

Insurge-se a reclamada contra a condenação ao pagamento da indenização por danos materiais e morais decorrentes de acidente do trabalho.

A controvérsia instaurada se resume ao instituto da culpa. Em face de acidente do trabalho, sofreu o reclamante lesões na mão esquerda ('atingida por ar comprimido' e 'impregnada por partículas de ferro'). Ficou afastado por 14 dias e a foto de fl. 13 não prova nenhum defeito ou incapacidade. Doutra quadra, o laudo pericial (fl. 126) contém o seguinte trecho: 'apresenta lesão hipercrônica de dorso de mão esquerda, próxima ao polegar, sem solução de continuidade, não aderida a planos profundos, estando livres os movimentos dos tendões e músculos da região correspondente'. Mais adiante, expressa o laudo que 'podemos concluir que a seqüela do acidente de trabalho não gera incapacidade laborativa no autor'.

A reclamada assevera que o acidente não ocorreu por culpa da empresa e que a lesão não reduziu a capacidade laboral do reclamante.

Com efeito, assiste razão à reclamada.

A indenização por dano moral é devida quando o trabalhador sofre, por parte do empregador, tratamento humilhante capaz de gerar seqüelas na sua vida profissional, visto que a honra e a imagem de qualquer pessoa são invioláveis, nos termos do art. 5º, inc. X, da CF/88.

No entanto, entendo que o sofrimento decorrente de acidente do trabalho não é passível de indenização por dano moral, pois não se enquadra entre os que visam a proteger o citado dispositivo constitucional.

Cumpre ainda relevar que o referido instituto, derivado do abrangente conceito de responsabilidade civil, pressupõe necessariamente três elementos, quais sejam, uma ação ilícita, um dano e um nexo de causalidade entre ambos.

No caso específico não se configurou a ocorrência de conduta ilícita por parte do empregador. O nexo de causalidade também não restou concretizado.

Nesse mesmo sentido tem decidido esta Turma:

ACIDENTE DE TRABALHO. INDENIZAÇÃO POR DANO MORAL INDEVIDA. O sofrimento do trabalhador decorrente de acidente de trabalho, comum a todos os que passam por esse infortúnio, não se encontra entre os bens juridicamente protegidos pelo inc. X do art. 5º da CR. Todo acidente de trabalho gera um dano, e esse dano é coberto pela Previdência Social (Ac. n. 4096/2003. Rel. J. L. Moreira Cacciari, publ. no DJ/SC em 06-05-2003).

Desse modo, dou provimento ao recurso da reclamada para excluir da condenação o pagamento das indenizações por danos moral e material."

Alegação de lesão decorrente de acidente de trabalho — Necessidade de prova técnica conclusiva — Artigos 130 e 131 do CPC

Ementa: INDENIZAÇÃO POR DANOS MORAIS E MATERIAIS. ALEGAÇÃO DE LESÃO DECORRENTE DE ACIDENTE DE TRABALHO. NECESSIDADE DE PROVA TÉCNICA CONCLUSIVA. ARTIGOS 130 E 131 DO CPC. Não contendo os autos elementos suficientes à convicção do julgador acerca da existência de lesão decorrente de acidente de trabalho, que segundo a inicial, foi adquirida no desenvolvimento de suas atividades na empresa-reclamada, vez que o laudo pericial não permite concluir acerca destas questões, não tendo sido colacionados aos autos documentos pertinentes e necessários, como o prontuário da autora junto ao INSS, declara-se a nulidade da r. decisão de origem, reabrindo-se a instrução processual para produção de provas a fim de ser elucidada a matéria, proferindo-se nova decisão com segurança, como entender o d. juízo a *quo*. TRT 3ª Reg. — RO 00249-2003-111-03-00-1 — (Ac. 3ª T.) — Relª Juíza Maria Cristina Diniz Caixeta. DJMG 11.10.03, p. 04.

Aposentadoria por invalidez — Indenização devida

Ementa: APOSENTADORIA POR INVALIDEZ — DANO MORAL — INDENIZAÇÃO DEVIDA: Aposentadoria por invalidez que tem seu nexo causal devidamente vinculado ao trabalho prestado em prol da empresa é gênese de efetivo dever de indenização por danos morais. Tal situação, à evidência, causa sólido sofrimento moral, facilmente imaginável — dentre outras várias vertentes — pela incerteza quanto à efetiva aquisição de novo emprego (leia-se: fonte de subsistência do autor e sua família) — bem assim pela insegurança quanto à sua real capacidade para desempenho de uma nova atividade ao qual não está habituado. Inegavelmente, em tal contexto, será posta a prova a capacidade de adaptação do trabalhador à nova-e desfavorável-situação, gerada pelo acidente do trabalho. Como se negar, em tal circunstância, a ocorrência de sofrimento íntimo? Tal espécie de dor não necessita de prova. O direito ao trabalho e a dignidade que este confere ao ser humano é bem tão-ou mais-valioso que a própria remuneração. A inconteste restrição de sua capacidade laborativa (excludente do exercício de sua função) — senão a completa incapacitação-, é fato de evidente prejuízo profissional e pessoal, ainda que concedida pela previdência social a devida aposentadoria por invalidez. TRT 9ª Reg. — Proc. 01964-2003-006-09-00-5 — (Ac. 4ª T. 09157/07) — Relª. Juíza Sueli Gil El-Rafihi. DJPR 13.4.07.

Auxílio-doença — Fornecimento de documentação reclamada pelo INSS — Responsabilidade do empregado

Ementa: DANO MORAL. AUXÍLIO-DOENÇA. FORNECIMENTO DE DOCUMENTAÇÃO RECLAMADA PELO INSS. RESPONSABILIDADE DO EMPREGADO. O dano moral constitui sofrimento originado de lesão a direitos não patrimoniais, de mensuração pecuniária complicada, custosa mesmo. Por outro lado, o aludido dano não decorre exclusivamente da faculdade de exercício de determinado direito, como exemplo, a dispensa de empregado, ainda que por justa causa, porquanto a concretização do dano moral está intimamente jungido ao excesso praticado, ao abuso desmedido e desnecessário, ao tratamento degradante a que o empregado esteve sujeito quando da vigência do pacto laboral. Dano moral pode ser conceituado como sendo lesão imaterial sofrida por alguém decorrente de ato de outrem em ordem a proporcionar perturbação a direitos personalíssimos juridicamente tutelados. Logo, mercê da interdependência jurídica imanente ao pacto laboral, qualquer excesso cometido decorrente do vínculo existente entre empregado e empregador, restará ao agressor a obrigação de reparar o dano manejado. Ora, no caso vertente, não há como acolher a pretensão obreira na medida em que inexiste nos autos qualquer prova no sentido de que o recorrente tenha solicitado junto à recorrida os documentos reclamados pelo INSS ou ainda que a empresa tenha agido de forma abusiva e degradante sonegando ao recorrente documentos em ordem a lhe infligir humilhação ou prejuízos financeiros. De fato, a indenização vindicada somente se fará presente na hipótese de restar demonstrado, de forma inequívoca, que a empresa se louvou dos artifícios acima citados com escopo exclusivo de produzir humilhação ou prejuízos financeiros ao reclamante. Demais, não se pode conferir ao empregador a responsabilidade pela apresentação de documentos reclamados pelo INSS que propiciariam ao segurado fazer frente ao recebimento do auxílio-doença, porquanto tal mister compete ao favorecido do benefício previdenciário, qual seja, o empregado. Recurso conhecido porém desprovido. TRT 10ª Reg. — RO 00061-2003-020-10-00-8 — (Ac. 2ª T./03) — Rel. Juiz Luiz Henrique Marques da Rocha. DJU 5.9.03, p. 18.

Caso fortuito — Empregado picado por uma cobra — Não configuração

Ementa: DANOS MATERIAL E MORAL. INDENIZAÇÃO. CASO FORTUITO. Ainda que incontroverso o acidente de trabalho sofrido, o dever de indenizar só nasce com a presença concomitante de todos os pressupostos hábeis para tanto, notadamente a ação ou omissão do lesionante, o que não se verifica no presente caso, em que, no exercício do mister de serviços gerais de lavoura, foi o trabalhador picado por cobra. Com mais razão se constatado que o empregador não foi sequer negligente na adoção de medidas que propiciassem boas condições de trabalho, assemelhando-se a hipótese ao caso fortuito, fato jurídico extraordinário, imprevisto e imprevisível, em que o acidente que gera o dano advém de causa completamente alheia à vontade do empregador e para realização do qual não concorreu, direta ou indiretamente. Pleito reparatório desprovido. TRT 3ª Reg. — RO 01883-2003-043-03-00-8 — (Ac. 8ª T.) — Relª Juíza Maria Cecília Alves Pinto. DJMG 17.4.04, p. 18.

Da decisão acima, colhe-se a seguinte fundamentação:

"ACIDENTE DO TRABALHO — DANO MORAL E MATERIAL

Pretende o autor a reforma da r. sentença onde foram julgados improcedentes os pedidos de indenização por danos morais e materiais decorrentes de acidente do trabalho, pois foi o mesmo picado por cobra durante o trabalho para o reclamado, resultando na redução de sua capacidade laborativa, conforme argumenta. Analisadas todas as manifestações, provas e documentos, concluiu o MM. Juízo *a quo* pela improcedência do pedido, em virtude da falta de prova de todos os requisitos necessários para tanto.

Não há dúvidas de que o dano ocorreu, quando picado o demandante por cobra, no exercício do mister para o qual contratado (serviços gerais de lavoura). Inegável, também, a presença do nexo de causalidade entre as funções desenvolvidas e o fato.

Contudo, impossível concluir-se aqui pela existência de ação ou omissão do empregador, na ocorrência do evento danoso, que plenamente se assemelha às hipóteses de caso fortuito, fato jurídico extraordinário, imprevisto e imprevisível (CLT, art. 501).

Impossível afastar a conclusão de que o acidente que gerou o dano adveio, na hipótese, de causa completamente alheia à vontade do empregador e para realização do qual não concorreu, direta ou indiretamente.

Mais a mais, não há como olvidar que a reclamada, logo no primeiro dia do contrato laboral, forneceu ao demandante equipamento necessário às boas condições de trabalho ('botas que iam até o meio das canelas'), como reconhecido pelo próprio reclamante em depoimento pessoal, fl. 55.

Considerando, no mais, que a indenização por dano moral e patrimonial tem como requisito principal a demonstração da culpa do agente, sem que a reclamada tenha sido sequer negligente na adoção das medidas de segurança necessárias ao labor exercido, não há margem para acolhimento do inconformismo manifestado.

Parafraseando *João de Lima Teixeira Filho*, 'dano é o resultado de uma ação ou omissão, não estribada em exercício regular de um direito, em que o agente causa prejuízo ou viola direito de outrem, por dolo ou culpa. Tal é o comando do art. 159 do Código Civil, que, em conseqüência, sanciona a conduta lesionante imputando ao seu autor a obrigação de repará-la, seja qual for a modalidade do dano.

Assim, tanto os danos patrimoniais como os morais não refogem da incidência desse comando genérico' (autor citado, em 'Instituições de Direito do Trabalho', LTr, vol. 1, 17ª ed.).

Portanto, ainda que incontroverso o acidente de trabalho sofrido, o dever de indenizar só nasce com a presença concomitante de todos os pressupostos hábeis para tanto, notadamente a ação ou omissão do lesionante, o que não se verifica no presente caso." (www.trt3.gov.br, em 20.7.04)

Danos morais e estéticos — Indenização única para contemplar ambas as lesões, consideradas estas de forma individualizada

Ementa: DANOS MORAIS E ESTÉTICOS. INDENIZAÇÃO ÚNICA PARA CONTEMPLAR AMBAS AS LESÕES, CONSIDERADAS ESTAS DE FORMA INDIVIDUALIZADA — Em se tratando o dano estético da espécie cujo gênero é o dano moral, a indenização a este pertinente deverá ser apenas uma. O valor correspondente, contudo, deverá contemplar o valor relativo à lesão estética sofrida pelo agredido, na hipótese em que tal fato integrar a controvérsia e ficar suficientemente comprovado nos autos. Desse modo, ante os princípios da eqüidade e da razoabilidade, bem assim do ideal de Justiça que conduz o exercício da judicatura, a reparação em pecúnia voltada a minimizar os prejuízos sofridos pelo agredido, quando for o caso, deve contemplar a dor e o sofrimento decorrentes especificamente das lesões estéticas sofridas pelo trabalhador, as quais caracterizam dano moral. Nesse sentido, não há impossibilidade de cumulação indenizatória. TRT 9ª Reg. — Proc. 99555-2005-094-09-00-5 — (Ac. 2ª T. 12066/07) — Relª. Juíza Rosemarie Diedrichs Pimpão. DJPR 15.5.07, p. 296.

Diminuição da capacidade auditiva — Estabilização — Exercício das atividades normais — Dano moral — Arbitramento moderado

Ementa: DANO MORAL. Toda diminuição de capacidade física leva a uma apreensão e angústia do espírito, em menor ou maior grau, conforme a natureza e extensão do dano e a sensibilidade emocional do lesado, aliado a outros fatores, como idade, condição social e econômica, imagem pública da pessoa construída ao longo dos anos etc. Até mesmo a degenerescência geral, própria da idade e inevitável, que precede ao finamento, é vista como angustiante perda e diminuição da vitalidade e qualidade de vida, em vez de encarada com estoicismo e serenidade. Há todo um trabalho multidisciplinar e ramo da medicina especializado em preparar e capacitar a pessoa para os efeitos da idade e das agressões do ambiente à sua plena higidez que a rigor só existe em utopia. O desafio aos magistrados está em identificar e quantificar com lucidez e cautela as dores e seus graus, entre aquilo que cada ser humano, finito, limitado e imperfeito, é obrigado a suportar e conviver, consistindo em sua carga cármica ou da fatalidade de ser vivo e o que é um acréscimo delas empilhado pela conduta ilícita ou imputável objetivamente do empregador. No caso presente, a diminuição da capacidade auditiva, já estabilizada, não progressiva, não impede o exercício das atividades normais do Autor, com restrições apenas a trabalho em lugares com barulho excessivo (o que, de resto, deveria ser regra geral, pois o barulho é um agente agressor anômalo e desagradável). Nem as suas atividades sociais, ressalvadas as pequenas inconveniências de eventualmente não ouvir tão bem. Não tendo sido fixada na instrução processual qualquer elemento objetivo para se intuir uma angústia mais elevada. Na própria petição inicial, a indenização é pedida apenas de forma técnica e como um direito do trabalhador lesado e não por fatos, fatores ou evidências concretas e objetivas. O arbitramento deve ser moderado, diante disso. A parte didática e suasória da pena já vem sendo sentida pelas grandes e pequenas empresas no aumento geométrico de ações a que respondem, passando a constar de seus custos e estratégias as defesas judiciais e seus ônus econômicos, além dos estudos e medidas para livrarem-se de novas ocorrências. TRT 3ª Reg. — RO 00107-2003-102-03-00-3 — (Ac. 3ª T.) — Rel. Juiz Paulo Araújo. DJMG 17.4.04, p. 03.

Doença — Nexo causal — Ausência de prova — Indenização indevida

Ementa: DANO MORAL E DANO MATERIAL. DOENÇA. NEXO CAUSAL. AUSÊNCIA DE PROVA. INDENIZAÇÃO INDEVIDA. Para que o empregador seja responsabilizado pelo pagamento de indenização por danos materiais e morais decorrentes de doença que acomete o empregado, levando-o à incapacidade parcial para o trabalho, é imperioso, além da prova efetiva da existência da doença e da incapacidade, que fique evidenciada a sua culpa e o nexo causal entre a situação física do empregado e o labor desempenhado. Recurso em ação de indenização conhecido e desprovido. TRT 9ª Reg. — Proc. 99516-2005-658-09-00-3 — (Ac. 3ª T. 208973/07) — Rel. Juiz Altino Pedrozo Dos Santos. DJPR 13.4.07.

Doença degenerativa adquirida fora do ambiente de trabalho — Inexistência de direito à indenização

Ementa: DANO MORAL. DOENÇA DEGENERATIVA ADQUIRIDA FORA DO AMBIENTE DE TRABALHO. INEXISTÊNCIA DE DIREITO À INDENIZAÇÃO. Sendo bens protegidos pela Constituição Federal contra o dano moral apenas a honra, a imagem e a intimidade da pessoa (CF, art. 5º, X), não há como se ampliar o seu rol, para abarcar natural sofrimento psicológico decorrente da contração de doença degenerativa fora do ambiente de trabalho somado ao provocado pela dispensa sem justa causa. Se, por um lado, a situação por que passa a obreira (câncer de mama) é digna de consideração e solidariedade, por outro, a simples dispensa sem justa causa não pode ser reputada como atitude patronal de ofensa à honra, à imagem e à boa fama da empregada, pois, do contrário, o simples ato de despedir, que naturalmente causa sofrimento psicológico ao trabalhador, passaria a ser, por essa circunstância, contemplado com indenização suplementar carente de base legal, a título de consolo. Recurso de revista parcialmente conhecido e provido. TST — RR-691267/00.0 — (Ac. 4ª T.) — 3ª Reg. — Rel. Min. Ives Gandra Martins Filho. DJU 13.6.03, p. 680.

Da decisão, colhe-se o seguinte fundamento:

"b) DANO MORAL — DISPENSA IMOTIVADA

Conforme ressaltado pela Presidência do TRT mineiro, o paradigma de fls. 152/153, oriundo do 12º Regional, é divergente e específico ao consignar que:

DANO MORAL — CONFIGURAÇÃO. A despedida imotivada do empregado, não obstante protegido por estabilidade ou com o contrato de trabalho suspenso, não constitui, por si só, lesão à moral, à dignidade ou a qualquer outro valor subjetivo, tratando-se de prejuízo e de dano de ordem patrimonial, ressarcíveis na forma da legislação trabalhista. Logo, CONHEÇO da revista, por divergência jurisprudencial.

II) MÉRITO

Discute-se o direito à indenização por dano moral na hipótese em que a Empresa rescinde o contrato de trabalho, valendo-se do seu poder potestativo.

Antes de ingressar no mérito propriamente dito, convém esclarecer que:

a) a então JCJ de Uberlândia julgou improcedente o pedido indenizatório, porque a Empresa valeu-se do poder potestativo de dispensa, sendo que a Reclamada desconhecia a doença degenerativa (câncer) que acometeu a Reclamante;

b) o Regional, julgando o recurso ordinário da Reclamante, deferiu o direito à indenização por dano moral, porque a Reclamada dispensou a Obreira no momento em que ela mais precisaria utilizar a assistência médica mantida pela Empresa; e

c) a Reclamada rescindiu o contrato da Reclamante quando esse encontrava-se suspenso, por motivo de doença degenerativa (câncer de mama), ainda que essa doença não seja resultante de acidente de trabalho.

Inegável que, do ponto de vista jurídico, o Empregador desfruta do seu poder potestativo de dispensa, somente não podendo exercê-lo nas hipóteses em que o trabalhador desfrute de algum tipo de estabilidade (contratual, legal ou normativa).

No caso em exame, a Reclamante não era detentora de estabilidade no emprego, tanto que o seu pedido de reintegração foi indeferido pela então JCJ. A orientação desta Corte quanto à estabilidade não difere da decisão indeferitória da reintegração, *verbis:*

EMPREGADO PORTADOR DO VÍRUS DA AIDS — DISPENSA ANTERIOR À CONSTATAÇÃO DA DOENÇA — AUSÊNCIA DE DISCRIMINAÇÃO. Não obstante careça o aidético de estabilidade no emprego, por falta de previsão legal, esta Corte tem admitido excepcionalmente o direito à reintegração, quando constatada a dispensa discriminatória, em função do mal contraído. *In casu*, no entanto, verificada a queda de produtividade do Empregado, foi submetido a exames médicos, que não acusaram a existência da doença, o que só foi descoberto em novos exames realizados 60 dias após a dispensa sem justa causa. Diante de tal quadro, não há que se falar em despedida discriminatória, já que a enfermidade não era conhecida do Empregador. E quanto à imposição do ônus da reintegração como decorrência da adoção da tese da responsabilidade objetiva do empregador pelo evento infausto do empregado, o direito pátrio não alberga essa teoria, sendo que o estado do Empregado, naturalmente ensejador da sensibilidade humana, não tem, no entanto, o condão de gerar o direito postulado, uma vez que outras doenças de igual gravidade, como o câncer, não receberam tratamento legal e jurisprudencial privilegiado. Recurso conhecido e provido (TST — RR-638464/00, 4ª Turma, Rel. Min. Ives Gandra Martins Filho, *in* DJ de 19.12.02).

Por outro lado, o art. 5º, X, da Constituição Federal somente assegura a indenização por danos morais quando houver prejuízo à reputação, à boa honra, ao decoro e à dignidade pessoal do trabalhador, não sendo essa a hipótese dos autos, porquanto a Reclamante não sofreu prejuízo ao seu direito de personalidade pelo fato de haver sido acometida por câncer de mama ou haver sido dispensada sem justa causa.

O inciso X do mencionado preceito constitucional protege a intimidade, a vida privada, a honra e a imagem das pessoas, assegurando, no caso de inviolabilidade, indenização pelo dano material ou moral decorrente de sua violação.

O fato de a Empregada haver contraído doença dissociada do seu labor diário, não seria motivo suficiente para assegurar-lhe indenização por dano moral, uma vez que a enfermidade não é motivo para expor o indivíduo à situação vexatória em seu ambiente de trabalho, ou mesmo fora dele.

Pelo contrário, os colegas de trabalho passam a se solidarizar com o achaque alheio, envidando esforços para minimizar o infortúnio que se abateu sobre o seu colega, mormente porque a doença não escolhe o ser humano que irá invalidar ou minimizar em sua capacidade laboral. Nesse sentido, somente os bens protegidos pela Constituição Federal contra o dano moral — (a honra, a imagem e a intimidade da pessoa — CF, art. 5º, X) — assegurariam a indenização respectiva, não podendo ser ampliados os bens juridicamente protegidos, para abarcar o sofrimento psicológico decorrente da contração de doença degenerativa adquirida fora do ambiente de trabalho e, portanto, extracontratual.

Embora a hipótese que se trará à baila diga respeito à doença profissional, no caso a LER, o precedente citado encaixa-se como uma luva à presente situação:

DANO MORAL — DOENÇA PROFISSIONAL ADQUIRIDA NO AMBIENTE DE TRABALHO — LER — INEXISTÊNCIA DE DIREITO À INDENIZAÇÃO. Sendo bens protegidos pela Constituição Federal contra o dano moral apenas a honra, a imagem e a intimidade da pessoa (CF, art. 5º, X), viola o preceito constitucional a ampliação dos bens juridicamente protegidos, para abarcar eventual sofrimento psicológico decorrente da contração de doença profissional. Recurso do Banco provido para excluir a indenização por dano moral (TST — RR-483.206/98, 4ª Turma, Rel. Min. Ives Gandra Martins Filho, *in* DJ de 1º.12.00).

Se, por um lado, a situação por que passa a obreira (câncer de mama) é digna de consideração e solidariedade, por outro a simples dispensa sem justa causa não pode ser reputada como atitude patronal de ofensa à honra, à imagem e à boa fama da empregada, pois, do contrário, o simples ato de despedir, que naturalmente causa sofrimento psicológico ao trabalhador, passaria a ser, por essa circunstância, contemplado com indenização suplementar carente de base legal, a título de consolo.

A jurisprudência desta Corte segue no sentido de que, em hipótese mais grave, de dispensa com justa causa, a mera não-comprovação do motivo da dispensa não dá azo à indenização por dano moral, *verbis:* JUSTA CAUSA — DESCARACTERIZAÇÃO — INDENIZAÇÃO — DANO MORAL — DIREITO. O fato de o Empregador não conseguir comprovar, perante o Judiciário, a justa causa imputada a seu Empregado, não significa dizer que aquele fique obrigado a indenizar seu Empregado por dano moral, eis que a lei coloca à disposição dos Empregadores a possibilidade de considerarem rescindido o contrato de trabalho, quando o trabalhador tiver procedimento enquadrável nas alíneas do art. 482 da CLT. Eventual dificuldade de se obter o perfeito enquadramento da conduta obreira no elenco do art. 482 consolidado, em face da rigidez da descrição das hipóteses de justa causa, não pode dar azo, por si só, à imputação de violação da honra do Obreiro, ensejadora da indenização por dano moral. Revista patronal conhecida e provida (TST — RR-570.845/99, 4ª Turma, Rel. Min. Ives Gandra Martins Filho, *in* DJ de 14.12.01).

Pelo exposto, DOU PROVIMENTO ao recurso de revista para, reformando o acórdão regional, restabelecer a sentença, no particular." (www.tst.gov.br, em 15.8.04)

Doença degenerativa inerente à faixa etária — Acidente do trabalho — Inexistência

Ementa: DOENÇA DEGENERATIVA INERENTE À FAIXA ETÁRIA. ACIDENTE DO TRABALHO INEXISTENTE. Concluindo o laudo médico-pericial que as lesões que acometem o reclamante são discretas, têm natureza degenerativa, são inerentes à sua faixa etária e não produziram a sua incapacidade para o trabalho, não há que se falar em acidente do trabalho, conforme artigo 20, § 1º, da Lei n. 8.213/91, e, por conseqüência, em indenização por danos morais e materiais. TRT 3ª Reg. — RO 00441-2003-033-03-00-7 — (Ac. 8ª T.) — Relª Juíza Denise Alves Horta. DJMG 24.7.04, p. 15.

Doença não ocupacional — Reconhecimento pelo INSS — Prevalência

Ementa: INDENIZAÇÃO POR DANOS MORAIS E MATERIAIS — DOENÇA NÃO OCUPACIONAL — RECONHECIMENTO PELO INSS. A hérnia discal que acomete o trabalhador não pode ser considerada doença profissional para efeito de indenização por danos morais e materiais, porquanto a aposentadoria por invalidez reconhecida pelo INSS se deu por causa comum, sob o código 32. O laudo pericial realizado por perito do Juízo não tem o condão de alterar a conclusão do INSS, que detém a competência para dizer se a doença é equiparada ou não a acidente de trabalho. TRT 3ª Reg. — RO 00433-2006-060-03-00-6 — (Ac. 6ª T.) — Relª.Des. Emilia Facchini. DJMG 8.2.07, p. 18.

Do voto da Juíza Relatora extrai-se a seguinte fundamentação:

2. Mérito

2.1. Indenização por danos morais e materiais

A pretensão inicial de indenização por danos morais e materiais veio sob a alegação de que, em razão das condições inadequadas de trabalho (carregamento de peso excessivo e posturas inadequadas), o Autor foi acometido de doença profissional (lesão na coluna).

O laudo pericial concluiu pela existência de hérnia discal lombar e que a atividade exercida pode ser considerada concausa no aparecimento da patologia que acomete o Reclamante.

O d. juízo acatou as conclusões periciais, concluindo pela culpa da Ré e impondo-lhe o dever de reparar o mal, consubstanciado no pagamento de indenização por danos morais (R$20.000,00) e patrimoniais (indenização arbitrada em 6,25% do valor do último salário x 12 meses x 33 anos, como se apurar em liquidação de sentença).

Contra este entendimento insurge-se a Reclamada, alegando, basicamente, que não restou provado o nexo causal e a culpa da empresa no surgimento da moléstia que acomete o Reclamante, não tendo praticado nenhum ato ilícito a autorizar reparação por danos morais e materiais.

Acrescenta que o Reclamante lhe prestou serviços efetivamente por apenas 2 anos, sendo que nos 20 anos anteriores trabalhou para várias outras empresas.

Pugna, alternativamente, pela redução das indenizações deferidas e pagamento mensal em relação à indenização por danos materiais.

A indenização por danos morais tem por finalidade a reparação, de forma sensata, dos danos efetivamente ocasionados pela conduta inconseqüente.

Para a caracterização do dano são necessários os seguintes elementos: existência do ato ou omissão violadores do direito de outrem, o resultado danoso para a vítima e o nexo causal entre o ato ou omissão e o resultado.

O dano moral a ser indenizado há de decorrer de um ato ilícito, que deverá estar provado e correlacionado com o lesionamento íntimo, independentemente de repercussões patrimoniais.

No direito positivo brasileiro, o dano decorre de um ato ilícito, que provoca, contra quem o praticou, a obrigação de repará-lo, fundando-se o princípio geral da responsabilidade civil, no artigo 186 do Código Civil, ou seja, "aquele que por ação ou omissão voluntária, negligência ou imprudência, violar direito, ou causar prejuízo a outrem, ainda que exclusivamente moral, comete ato ilícito".

O recurso empresário se apega à ausência da responsabilidade para a ocorrência do evento, alegando, também, prestação de serviços a outras empresas, anteriormente ao contrato em questão.

O Reclamante foi admitido pela Reclamada em 10/02/1998, no cargo de "ajudante de eletricista", com cessação da prestação de serviços em 17/11/2000, em virtude dos vários afastamentos por problemas de saúde, que culminaram com sua aposentadoria por invalidez pelo INSS em 25/09/2002 (f. 17).

Segundo relato pericial, o Reclamante, com 37 anos completados no ano de 2006, anteriormente à sua admissão na empresa Recorrente, prestou serviços exercendo as seguintes funções (f. 112):

"— ajudante de eletricista: 01/11/1988 a 04/02/1989;

— servente: 17/08/1989 a 12/09/1989;

— ajudante de eletricista: 01/11/1989 a 13/02/1990;

— guarda de segurança: 20/03/1990 a 30/01/1991;

— ajudante eletricista: 01/08/1991 a 30/12/1991;

— operário: 03/05/1993 a 29/10/1993;

— ajudante: 25/10/1994 a 27/01/1997."

Houve confirmação do diagnóstico do Autor, qual seja, hérnia discal lombar, explicitando o Perito que a moléstia não apresenta "sinais radiológicos de patologia degenerativa, que culminou com aposentadoria por invalidez pelo INSS.

Informa o exercício de atividades com necessidade de elevação de pesos e posturas inadequadas.

Não relata evento súbito, ou acidente de trabalho típico que possa ser considerado causador da patologia.

Considerando o tipo de trabalho realizado, a idade do reclamante quando do diagnóstico da patologia e a falta de exames médicos periódicos durante o pacto laboral, pode-se considerar o trabalho como concausa no aparecimento da patologia.

(...)

O periciado apresenta, em virtude da patologia apresentada, uma incapacidade parcial e permanente para o trabalho, considerando que não poderá exercer as atividades anteriores com a mesma desenvoltura com repercussões na produtividade, reduzindo as possibilidades de inserção no mercado de trabalho.

(...)

X — CONCLUSÃO

Periciado jovem, portador de lombalgia, por hérnia discal lombar, apresenta incapacidade laborativa parcial e permanente avaliada em 12,5% de acordo com a Tabela da SUSEP.

O trabalho realizado para a reclamada pode ser considerado concausa no aparecimento da patologia do reclamante."

Em resposta ao quesito 6, formulado pela Reclamada (f. 119), afirmou o Perito que "Não é possível afirmar que o trabalho tenha sido a causa da patologia do reclamante, mas é possível considerar o trabalho como concausa no aparecimento da patologia do autor."

Entretanto, o dever de reparar o dano exige prova cabal da relação entre a prestação de serviços e o prejuízo causado.

Para que se imponha a obrigação de indenizar pressupõem-se o concurso de ação ou omissão dolosa ou culposa por parte do agente, o efetivo prejuízo para a vítima, a relação de causalidade entre a lesão e a conduta.

No que se refere ao nexo de causalidade, a prova testemunhal não foi suficiente para comprová-lo. Com efeito, embora a testemunha Jair Rodrigues (única ouvida) tenha informado que equipes de trabalhadores carregavam postes e transformadores para as áreas rurais inacessíveis aos caminhões da empresa, não especificou com qual freqüência o Reclamante participou destes carregamentos com sua equipe de trabalho, sequer sabendo informar por quanto tempo trabalhou com o Autor.

Tal circunstância, aliada ao fato de que o próprio INSS, ao conceder aposentadoria por invalidez ao Autor, não reconheceu o nexo técnico com o trabalho, já que o benefício foi concedido sob o código 32 (f. 17), inviabiliza qualquer condenação a título de danos morais e materiais, não se olvidando, ainda, que o Reclamante prestou serviços braçais para outros empregadores por cerca de 10 anos antes de ser admitido na Ré, bem assim, o baixo percentual da incapacidade reconhecido pelo Perito (12,5%).

Lembre-se que o juízo não está adstrito ao laudo pericial, podendo formar sua convicção com outros elementos existentes nos autos (art. 436 do CPC).

Sendo assim, concluo que a hérnia discal que acomete o trabalhador não pode ser considerada doença profissional para efeito de indenização por danos morais e materiais, porquanto a aposentadoria por invalidez reconhecida pelo INSS se deu por causa comum, sob o código 32. O laudo pericial realizado por perito do Juízo não tem o condão de alterar a conclusão do INSS, que detém a competência para dizer se a doença é equiparada ou não a acidente de trabalho. Provejo o apelo, para excluir da condenação as indenizações por danos morais e materiais deferidas na origem."

Doença ocupacional — Causada pelas atividades desenvolvidas pelo empregado — Omissão do empregador — Cabimento

Ementa: DANO MORAL. O dano à pessoa deve caminhar de forma harmoniosa com os direitos da personalidade, cujo fundamento é o reconhecimento de que a pessoa tem um valor em si mesma e, como tal, deve-lhe ser assegurada certa dignidade. A pessoa humana é corpo, alma e espírito. Logo, a dor, a angústia e a tristeza são formas através das quais o dano moral se exterioriza. Procede o dano moral, quando comprovado pela perícia que o reclamante padece de sofrimento advindo da perda parcial de sua capacidade para o trabalho, em virtude de doença ocupacional causada pelas atividades por ele desenvolvidas na empresa, a qual se omitiu, nada fazendo para minimizar o risco a que estava exposto o obreiro. TRT 3ª Reg. — RO 16.538/00 — (Ac. 2ª T.) — Relª Juíza Alice Monteiro de Barros. DJMG 8.11.00, p. 15.

Doença ocupacional — Constatação por laudo pericial judicial — Estabilidade normativa — Viabilidade — Dano moral configurado

Ementa: ESTABILIDADE NORMATIVA. DOENÇA OCUPACIONAL. CONSTATAÇÃO POR LAUDO PERICIAL JUDICIAL. VIABILIDADE. DANO

MORAL CONFIGURADO. Para fins de estabilidade normativa, a doença ocupacional também pode ser constatada por meio de laudo pericial judicial, sobretudo quando a empresa não emite oportunamente a CAT. É a omissão do empregador que impossibilita a imediata perícia pelo INSS, e a satisfação do requisito normativo; não se pode favorecer o negligente. Judicialmente, cabe ao juiz deliberar acerca dos meios probatórios para aferição da doença ocupacional, podendo se valer dos serviços periciais do INSS (o que nem sempre é possível, dada a escassez de recursos humanos na área), ou determinar a realização de perícia específica por profissional de sua confiança, o que tem sido mais usual no cotidiano jurisdicional. O importante é que o nexo causal fique sobejamente definido. Dentro desse contexto, não se afigura plausível a pura e simples invocação da OJ n. 154 da C. SDI-1-TST, que, neste caso, é inaplicável, por não ter sido emitida a CAT tempestivamente. Ademais, o INSS concedeu o benefício do auxílio-doença ao reclamante, diante da incapacidade laborativa, decorrente de doença ocupacional comunicada pela CAT emitida pelo sindicato, cuja moléstia restou confirmada pelo perito do juízo. Enfim, os requisitos da estabilidade normativa restaram plenamente satisfeitos. No caso vertente, o dano moral emerge patente, haja vista o constrangimento do reclamante por se sentir inútil, não podendo mais exercer o ofício que aprendeu, mormente sendo um chefe de família. TRT 15ª Reg. (Campinas/SP) — RO 2229-2001-003-15-00-5 — (Ac. 50701/06-PATR, 12ª Câmara) — Rel. Juiz Edison dos Santos Pelegrini. DJSP 27.10.06, p. 62.

Doença ocupacional — Dano moral configurado

Ementa: DANO MORAL. A doença ocupacional, por si só, acarreta dano moral ao empregado que, aposentado por invalidez e incapaz de voltar a exercer a antiga profissão, sente-se uma pessoa inútil, passando a sofrer de permanente e dolorosa sensação, atribuindo-se à palavra dor o seu mais amplo significado. Esse dano deve ser reparado pelo empregador se comprovado haver contribuído culposamente para sua ocorrência. TRT 3ª Reg. — RO 7.286/00 — (Ac. 4ª T.) — Rel. Juiz Luiz Otávio Linhares Renault. DJMG 21.10.00, p. 14.

Doença ocupacional — Epicondilite — Prova

Ementa: DOENÇA OCUPACIONAL. EPICONDILITE. PROVA. A epicondilite se caracteriza por uma dor no canto lateral do cotovelo, que se irradia para o antebraço. O problema pode surgir após esforço físico intenso imediato ou esforços contínuos, de forma cumulativa e não é uma inflamação comum. Na verdade, ocorre a morte do tecido muscular por alteração da vascularização local e a conseqüente ruptura local dos músculos extensores. Normalmente tratada com imobilização, medicação e fisioterapia, a epicondilite pode tornar-se crônica, apesar do tratamento conservador instituído. No entanto são raros os casos em que o médico indicará uma cirurgia (www.cassel.med.br). Não demonstrando o laudo pericial a existência da moléstia pela qual o autor foi afastado, ou seja, epicondilite, não há como deferir-lhe os pedidos de indenização por dano moral/material, pensão vitalícia e pagamento de tratamento médico. TRT 3ª Reg. — RO 01446-2003-027-03-00-5 — (Ac. 3ª T.) — Rel. Juiz Paulo Roberto Sifuentes Costa. DJMG 17.4.04, p. 07.

Doença ocupacional — Não configuração

Ementa: DANO MORAL. DOENÇA OCUPACIONAL. Havendo a Reclamante se aposentado por invalidez decorrente de doença não relacionada às atividades por ela exercidas na empresa e inexistindo prova convincente da existência do nexo causal entre a referida doença e as mencionadas atividades, bem como da prática de ato culposo do empregador, que teria contribuído para o aparecimento ou agravamento da doença, impossível a declaração de sua responsabilidade, com o conseqüente deferimento da indenização por dano moral. TRT 3ª Reg. — RO 00712-2002-062-03-00-9 — (Ac. 4ª T.) — Rel. Juiz Luiz Otávio Linhares Renault. DJMG 7.6.03, p. 13.

Doença ocupacional — PAIR (perda auditiva induzida por ruído) — Nexo de causalidade — Concausa

Ementa: INDENIZAÇÃO POR DANO MORAL. DOENÇA OCUPACIONAL. PAIR (PERDA AUDITIVA INDUZIDA POR RUÍDO). NEXO DE CAUSALIDADE. CONCAUSA. (...) apesar do Autor ter trabalhado em outras empresas anteriormente, na mesma atividade de latoeiro, a continuidade na atividade poderia agravar o quadro de PAIR, especialmente se ausente uso do equipamento adequado. E neste particular a prova oral corrobora a não concessão e fiscalização, o que na esteira do artigo 157 da CLT caracteriza ato ilícito (...) Tendo o Autor comprovado o nexo causal entre a doença que o acometeu e a atividade desenvolvida na empresa, ônus que lhe incumbia, nos termos do art. 818 da CLT, faz jus à indenização. TRT 9ª Reg. — Proc. 99517-2005-007-09-00-6 — (Ac. 4ª T. 16806/07) — Relª. Juíza Marcia Domingues. DJPR 29.6.07.

Doença ocupacional — Reparação indevida

Ementa: DOENÇA OCUPACIONAL. REPARAÇÃO INDEVIDA. Não se há falar em indenização, quando o contexto fático-probatório dos autos não revela a existência conjunta dos pressupostos exigidos para tanto, quais sejam: o erro de conduta do agente, contrário ao direito; a ofensa a um bem jurídico, patrimonial ou não patrimonial e o nexo de causalidade entre a antijuridicidade da ação e o dano causado. *In casu*, a reparação não é devida, em face da inexistência de prova, concreta e inconcussa, de que a enfermidade adquirida pelo reclamante tenha decorrido de suas condições laborativas na reclamada, incidindo, na espécie, a disposição contida no artigo 436 do CPC, no sentido de que o Julgador "não está adstrito ao laudo pericial, podendo formar a sua convicção com outros elementos ou fatos provados nos autos". TRT 3ª Reg. — RO 02316-2003-042-03-00-2 — (Ac. 8ª T.) — Rel. Juiz Paulo Maurício Ribeiro Pires. DJMG 14.8.04, p. 20.

Doença profissional — Audição — Normas legais — Observância — Improcedência

Ementa: DANO MORAL E MATERIAL. AUDIÇÃO. NORMAS LEGAIS. OBSERVÂNCIA. AÇÃO IMPROCEDENTE. Para fins de apuração de incapacidade para o trabalho, a avaliação da capacidade auditiva deve ser feita com observância do Anexo III do Quadro 2, dos Decretos ns. 2.172/97 e 3.048/99, ou daquele vigente na data da dispensa do empregado. Ficando evidenciada redução não superior a 25 decibéis, não há como se reconhecer a configuração de doença profissional, notadamente quando o empregador fornece equipamentos de proteção individual, não foi reconhecida a existência de insalubridade e as avaliações não apontam diferenças significativas na capacidade auditiva ao longo do contrato de trabalho. TRT 15ª Reg. (Campinas/SP) — RO 00150-2006-021-15-00-6 — (Ac. 27477/2006-PATR, 4ª Câmara) — Rel. Juiz Paulo de Tarso Salomão. DJSP 9.6.06.

Doença profissional — Caracterização da culpa do empregador

Ementa: DANO MORAL. DOENÇA PROFISSIONAL. Caracterização da culpa do empregador pela negligência na adoção de medidas preventivas, pela exigência de cumprimento de jornada de 12 horas em função que demanda movimentos repetitivos e pela imprudência no ato de readaptar o empregado somente após seis anos da constatação da doença. Ferimento de um bem jurídico da maior importância para a pessoa humana, causando uma perturbação emocional que não cessará facilmente. Inegável a lesão moral que afeta a vida profissional e pessoal do trabalhador. Indenização devida pelo fato objetivo das seqüelas. TRT 2ª Reg. — RO 00270200307502003 — (Ac. 6ª T. 20050842972) — Rel. Juiz Rafael E. Pugliese Ribeiro. DJSP 13.12.05, p. 193.

Doença profissional — Empregador que exige trabalho extraordinário exagerado — Indenização — Cabimento

Ementa: DANO MORAL. Empregador que exige trabalho extraordinário exagerado, próximo ou coincidente com a jornada normal do empregado, em função do que este contrai doença profissional deletéria que leva à precoce aposentadoria por invalidez por acidente de trabalho, age com culpa grave e responde pelos danos morais decorrentes. TRT 3ª Reg. — RO 21.314/99 — (Ac. 2ª T.) — Red. Juiz Antonio Fernando Guimarães. DJMG 8.11.00, p. 13.

Doença profissional — Existência — Dano moral — Requisitos para sua configuração

Ementa: DANO MORAL. DOENÇA PROFISSIONAL. EXISTÊNCIA. A doença profissional contraída pelo trabalhador não justifica, por si só, a indenização por dano moral. Todavia, esta é devida quando demonstrada a culpa do empregador pelo fato de o trabalhador haver contraído a doença, ou seja, no caso de comportamento patronal negligente quanto ao cumprimento das normas relativas à segurança e higidez no trabalho, cuja adoção é necessária à prevenção da moléstia. TRT 12ª Reg. — RO-V 01629-2001-035-12-00-4 — (Ac. 2ª T. 07.433/03, 15.7.03) — Rel. Juiz Dilnei Ângelo Biléssimo. DJSC 6.8.03, p. 180.

Doença profissional — Incapacidade parcial — Dano moral configurado

Ementa: INDENIZAÇÃO POR DANO MORAL. INCAPACIDADE PARCIAL PARA O TRABALHO. Comprovado o nexo de causalidade entre as atividades exercidas pela autora e a doença que gerou a sua incapacitação parcial, mantém-se a condenação ao pagamento de indenização por danos morais. TRT 3ª Reg. — RO 01795-2005-079-03-00-8 — (Ac. 7ª T.) — Rel. Juiz Ricardo Marcelo Silva. DJMG 29.9.05, p. 17.

Da decisão acima, colhe-se o seguinte fundamento:

"INDENIZAÇÃO POR DANOS MORAIS

Argumenta a recorrente que o perito não visitou o local de trabalho da reclamante e nem determinou a realização de exames complementares no sentido de firmar o nexo de causalidade e o diagnóstico, mas que, mesmo assim, afirmou que ela é portadora de tenossinovite crônica.

Afirma que a reclamante foi afastada de suas atividades em fevereiro de 1998, teve alta médica em agosto de 1999, quando retornou às suas atividades, em função diferente da anterior. Trabalhou por mais oito meses e se demitiu em abril de 2000, absolutamente apta. Cinco meses depois, o INSS concedeu-lhe auxílio-doença, em setembro de 2000 tendo a perícia médica sido realizada em outubro de 2000 (f. 178), onde foi constatada doença degenerativa. Sustenta que a reclamante não poderia ter desenvolvido nenhuma doença relacionada à sua atividade, pois encontrava-se desligada da empresa há mais de cinco meses. Alega que o relatório médico emitido pelo seu assistente técnico foi ignorado durante a argumentação da sentença. Aduz que as provas não foram analisadas como deveriam, pois os exames especializados mostram-se negativos em relação à existência de doença ocupacional e que tratando-se de responsabilidade civil, mister estejam presentes os requisitos ensejadores da obrigação de indenizar.

Argumenta que devem ser observados os controles de jornada da autora, vez que refletem a real jornada de trabalho, sendo hábeis para provar que eventuais horas extras realizadas ocorreram dentro dos padrões estabelecidos pela legislação trabalhista.

Alega que não há provas de que houve qualquer prejuízo, tendo em vista que não há liame de causalidade entre ação e resultado. Não há que se falar também em lucros cessantes, tendo em vista que a reclamante se demitiu para tratar de assuntos particulares.

Insurge-se contra o valor arbitrado para a indenização por danos morais, requerendo a sua redução.

Requer a improcedência total da ação e a condenação da reclamante ao pagamento das custas, honorários advocatícios e periciais.

Por cautela, mantida a condenação, requer seja afastada a condenação quanto aos lucros cessantes, despesas de tratamento e ainda a redução da indenização por danos morais, compensando-se entre as partes os honorários advocatícios e as custas processuais.

O dano, como elemento indispensável à configuração da responsabilidade, resulta de violação de norma jurídica, com conseqüência lesiva a bem jurídico de direito, ocasionando o ilícito. Dano moral é representado pelo sofrimento íntimo e subjetivo que atinge a alma de um ser humano, em decorrência de atos ofensivos à imagem ou à honra, que ocasionam intensa dor moral ou física na vítima, estando incluídos os danos psíquicos e estéticos.

A responsabilização civil do empregador, o que resultará na obrigação de indenizar, decorre da violação da norma jurídica, acarretando resultado lesivo a bem jurídico de direito, caracterizando o ilícito. Ou seja, a obrigação de ressarcir o dano provém de prática de ato doloso ou culposo do agente, eis que, inexistindo culpa, direta ou indireta, a responsabilidade civil se esvai.

Há também que ser observada a relação de causalidade entre a antijuridicidade da ação e o dano causado. Sob o prisma do Direito do Trabalho, interessa-nos o dano e sua incidência na relação contratual trabalhista.

A reclamante foi admitida em agosto de 1996 para trabalhar no setor de acabamento, conhecido como 'Ballotini', setor responsável pela produção da borracha de vedação do vidro traseiro do FIAT Pálio, sendo que 100% do serviço era realizado manualmente com o uso de uma tesoura. No mês de fevereiro de 1998 apresentou dores nas mãos e antebraço, quando a empresa fez a comunicação do acidente do trabalho e a reclamante ficou afastada até agosto de 1999 por ter sido acometida pela doença denominada tenossinovite (CID 72702 — f. 24). Ao retornar foi considerada apta para o trabalho e trabalhou em outra função até a sua saída da empresa.

Naquela ocasião, o MTb se recusou a dar assistência à rescisão, tendo em vista que a reclamante estava em período de estabilidade devido à doença profissional (f. 32, v).

A demissão se deu em abril de 2000 e em setembro do mesmo ano, a reclamante passou novamente a ter direito ao benefício previdenciário, por se encontrar incapacitada para o trabalho (f. 40/41 e 61).

Segundo consta nos documentos de f. 132, 136 e 170, a reclamante foi acometida de Tenossinovite nos membros superiores e Cervicobraquialgia.

No laudo pericial de f. 200/211, o perito afirmou que a reclamante é portadora de 'Tenossinovite Crônica' (processo inflamatório crônico que acomete tendões e suas bainhas), sentindo dores nos punhos, com diminuição discreta da força muscular, acometendo o polegar e processo estilóide do rádio. Esclareceu que a reclamante apresenta condições para atividades que não utilizem o punho e a mão esquerda para movimentos repetitivos e extenuantes. Disse que há possibilidade de nexo de causalidade entre a doença e as atividades que a autora exercia na empresa, esclarecendo que não visitou as dependências da empresa, pois as condições de trabalho e o maquinário não são mais os mesmos da época em que a reclamante prestou serviços no local.

Nos esclarecimentos de f. 245/248, o *expert* afirmou que visitou as dependências da empresa e que realmente o maquinário já não era mais o mesmo. Disse que realizou exame físico detalhado na reclamante, utilizando manobras especiais, sendo dispensáveis os citados exames complementares.

No que se refere ao quadro clínico apresentado pela autora à época de seu afastamento, salientou que a reclamante, depois do afastamento passou à fase de acalmia e que foi essa a razão de os exames complementares terem dado resultado negativo (f. 256/260). Disse que os resultados negativos já eram esperados e ratificou a sua conclusão de que a hipótese diagnóstica é a doença "De Quervain bilateral".

O laudo apresentado pelo assistente técnico da empresa foi examinado com reservas, tendo em vista que afirmou que a reclamante não é portadora de LER/DORT, mas, ao final, disse que para concordar ou contestar é necessário que a autora seja submetida a exames especializados.

A prova testemunhal vem reforçar a existência do nexo de causalidade, considerando que a reclamante, ao ser admitida na empresa, não apresentava qualquer doença, segundo consta no exame admissional. As testemunhas ouvidas por indicação da reclamante foram uníssonas ao afirmar que de 1996 a

1997 a empresa exigia esforços tremendos dos empregados para aumentar a produção, com a prestação de horas extras e trabalho em alguns domingos e feriados. Noticiaram também que naquela época começaram a surgir vários casos de LER na empresa (f. 281/286).

Diante dos fatos expostos acima, conclui-se que houve o nexo de causalidade entre a doença que acometeu a reclamante e os serviços realizados. O trabalho que realizava era manual, trabalhando com tesoura, com esforços repetitivos por longos períodos, conforme informaram as testemunhas. Não importa se a reclamante saiu da empresa e depois de cinco meses foi afastada pelo INSS, tendo em vista que o perito oficial informou que a doença da reclamante é crônica, ou seja, passa por períodos agudos e períodos de acalmia. Saliente-se que a reclamante saiu da empresa no período da sua estabilidade provisória, ou seja, nesse período ainda poderiam acontecer recaídas quanto à doença que ocasionou o afastamento da autora. Não se pode esquecer também que a reclamante está parcialmente incapacitada para o trabalho, pois não apresenta condições para atividades que utilizem o punho e a mão esquerda para movimentos repetitivos e extenuantes.

Comprovado o nexo de causalidade, faz jus a reclamante à indenização por danos morais e materiais.

Para que se condene alguém a indenizar outrem por danos morais não é necessária a prova efetiva da dor e de sua extensão, eis que trata-se de fato subjetivo.

Segundo MARIA HELENA DINIZ, citada por Américo Luís Martins da Silva, *in* 'O Dano Moral e a sua Reparação Civil', São Paulo, RT, 1999: "é da competência jurisdicional o estabelecimento do modo como o lesante deve reparar o dano moral, baseado em critérios subjetivos (posição social ou política do ofendido, intensidade do ânimo de ofender: culpa ou dolo) ou em critérios objetivos (situação econômica do ofensor, risco criado, gravidade e repercussão da ofensa). Na avaliação do dano moral, o órgão judicante deverá estabelecer uma reparação eqüitativa, baseada na culpa do agente, na extensão do prejuízo causado e na capacidade econômica do responsável.' (p. 61)

No caso dos autos, deve-se considerar a gravidade da lesão ocorrida, a situação econômica do ofensor e do ofendido, e ainda, o caráter pedagógico da condenação.

Dentro destes parâmetros, tenho que a sentença está correta ao fixar indenização por danos morais em R$ 30.200,00, com correção monetária e juros moratórios desde a demissão."

Doença profissional — Inexistência

Ementa: DANO MORAL. DOENÇA PROFISSIONAL. INEXISTÊNCIA. A doença profissional contraída pelo trabalhador não justifica, por si só, a indenização por dano moral, a qual é cabível quando há culpa direta do empregador pelo fato de o empregado haver contraído a doença, ou seja, no caso de comportamento negligente quanto ao cumprimento das normas relativas à segurança e medicina do trabalho, cuja adoção é necessária à prevenção da moléstia. TRT 12ª Reg. — RO-VA 00610-2002-035-12-00-1 — (Ac. 2ª T. 05.142/03, 6.5.03) — Rel. Juiz Dilnei Ângelo Biléssimo. DJSC 2.6.03, p. 178.

Doença profissional — INSS — Inexistência.

Ementa: DOENÇA PROFISSIONAL. DANO MORAL. INEXISTÊNCIA. Havendo o INSS reconhecido a inexistência de doença profissional ou acidente de trabalho em perícia médica, embora esta conclusão possa ser contestada, tanto judicialmente, em ação promovida contra a autarquia, ou *incidenter tantum*, havendo a autora consentido no encerramento da instrução (declaração com eficácia preclusiva) e ainda, oferecido razões finais remissivas, deve ser rejeitado o pedido. TRT 12ª Reg. — RO-V 03984-2005-037-12-00-4 — (Ac. 2ª T. 13918/06, 29.8.06) — Rel. Juiz José Ernesto Manzi. DJSC 18.10.06, p. 55.

Doença profissional — Invalidez do empregado, ainda que parcial — Indenização devida

Ementa: DANO MORAL DECORRENTE DE DOENÇA PROFISSIONAL. Independe de prova a existência do dano moral decorrente de acidente do trabalho ou de doença profissional que acarreta a invalidez do empregado, ainda que parcial. Quanto à verificação da existência do nexo entre a doença e a atividade exercida pelo empregado na empresa, a perícia médica realizada pelo INSS deve prevalecer sobre aquela realizada por perito nomeado pelo Juiz. Provando-se ato culposo praticado pelo empregador que contribuiu, efetivamente, para que o empregado viesse a ser acometido pela doença ocupacional, deve responder pelo pagamento da indenização pelo dano moral verificado. TRT 3ª Reg. — RO 01524-2002-107-03-00-4 — (Ac. 4ª T.) — Rel. Juiz Luiz Otávio Linhares Renault. DJMG 22.11.03, p. 13.

Doença profissional — Negligência do empregador na adoção de medidas preventivas — Configuração

Ementa: Doença profissional. Danos materiais e morais. Caracterização da culpa do empregador pela negligência na adoção de medidas preventivas, deixando de fornecer equipamentos de proteção aos seus empregados durante cerca de 10 anos. Ferimento de um bem jurídico da maior importância para a pessoa humana, causando uma perturbação emocional que não cessará facilmente. Inegável a lesão moral que afeta a vida profissional e pessoal do trabalhador. Indenização devida pelo fato objetivo das seqüelas. TRT 2ª Reg. — RO 02424200506302003 — (Ac. 6ª T. 20060257037) — Rel. Juiz Rafael E. Pugliese Ribeiro. DJSP 5.5.06, p. 27.

Doença profissional — Nexo causal — Configuração

Ementa: DANO MORAL E MATERIAL. DOENÇA PROFISSIONAL. NEXO CAUSAL

Inegável a existência de nexo causal entre as atividades exercidas pelo obreiro e a perda auditiva parcial por ele sofrida, esta definitiva, por se encontrar exposto ao agente insalubre (ruído), acima dos limites de tolerância, durante os vinte e seis anos de prestação de serviços, sem proteção auricular. Nessa trilha, a impossibilidade de o perito afirmar de forma precisa a etiologia da perda parcial auditiva não afasta, de imediato, o nexo causal com a atividade laboral, se não excluído pela perícia de forma expressa. Sublinhe-se, mesmo que não fosse a principal causa do estado atual do Reclamante, não se olvide ter sido agravado, pois sequer foram fornecidos EPI's regularmente, mas de forma esporádica, sem qualquer fiscalização de sua efetiva utilização ou adoção de medidas a reduzir os efeitos à saúde do trabalhador. Se das assertivas do perito em face às indagações das partes e do Juízo, denota a patologia como conseqüência da exposição do trabalhador ao ambiente insalubre, não está atrelado o magistrado ao laudo pericial, cuja conclusão mostra-se diametralmente oposta ao exame das provas colhidas. Comprovado o nexo causal entre a atividade laboral e a moléstia ocupacional, devida a indenização por danos morais e materiais. Recurso do Reclamante a que se dá provimento. TRT 9ª Reg. — Proc. 99545-2005-024-09-00-9 — (Ac. 1ª T. 14779/07) — Rel. Juiz Ubirajara Carlos Mendes. DJPR 12.6.07.

Doença profissional — Nexo causal — Culpa

Ementa: DANO MORAL. DOENÇA PROFISSIONAL. NEXO CAUSAL. CULPA. A própria doença profissional em si, pelas fortes dores e pela extensão das limitações causadas à empregada, em razão do esforço repetitivo por longos anos, mostra-se suficiente a caracterizar dano moral passível de indenização. Assim sendo, somente uma indenização de valor razoável poderá vir a atenuar, ainda que parcialmente, as conseqüências materiais e morais suportadas pela obreira, bem como desestimular o ato repreensível perpetrado pelo empregador, derivado da culpa, uma vez que a atitude displicente da reclamada em não proporcionar aos empregados condições adequadas de trabalho e instrução quanto à prevenção de lesões, contribuiu para o sofrimento físico, psíquico e moral da obreira. Ainda que a reclamante venha a ser considerada apta ao trabalho em outra função ou atividade, o que é pouco provável, o desempenho de seu mister com maior dificuldade em razão das seqüelas deverá ser compensado pelo pagamento de pensão vitalícia, independentemente de ter ou não havido perda financeira concretamente aferida. TRT 10ª Reg. — RO 00219-2004-801-10-00-8 — (Ac. 2ª T./05) — Relª Juíza Maria Piedade Bueno Teixeira. DJU3 9.9.05, p. 37.

Doença profissional — Nexo de causalidade — Culpa concorrente — Efeitos

Ementa: DANO MORAL DECORRENTE DA RELAÇÃO DE EMPREGO. DOENÇA PROFISSIONAL. O prejuízo sofrido pela obreira durante a prestação laboral (tendinite do supra-espinho) — no conceito de lesões acidentárias, não decorreu unicamente da conduta da empregadora, mas também teve Origem até mesmo nas atividades diárias extra-laborais e, possivelmente, das atividades de corte de cana exercidas anteriormente ao vínculo empregatício com a Reclamada. O que equivale dizer que o nexo de causalidade não se limita à conduta da empregadora, mas há culpa concorrente. De outra parte, o laudo pericial aponta que a lesão à saúde da Reclamante, não a inviabilizou em suas atividades laborativas, a não ser em relação às atividades que eram desempenhadas na Reclamada. Recurso da Reclamada que se acolhe parcialmente para reduzir o valor da indenização. ADICIONAL DE INSALUBRIDADE. BASE DE CÁLCULO. A base de cálculo do adicional de insalubridade é o salário mínimo, exceto nas hipóteses previstas na Súmula n. 17 do C. TST, restaurada pela Resolução n. 121-2003. TRT 9ª Reg. — RO 02002-2001-017-09-00-5 — (Ac. 4ª T. 22281/05) — Rel. Juiz Arnor Lima Neto. DJPR em 13.9.05, p. 388.

Doença profissional — Nexo de causalidade — Rede telefônica com fones de ouvido e utilização de terminal de computadores — Moléstias desenvolvidas ao longo da contratualidade — Configuração

Ementa: DANOS MORAIS E MATERIAIS. INDENIZAÇÃO. A inequívoca comprovação do nexo de causalidade entre as atividades exercidas pelo reclamante, consistentes na realização de teste de rede telefônica com fones de ouvido e na utilização de um terminal de computação para fazer despachos e cancelar contratos, e as moléstias por ele desenvolvidas ao longo da contratualidade, perda neurossensorial de audição e LER/DORT, torna necessária a reparação pelos danos morais e materiais por ele sofridos. TRT 12ª Reg. — RO-VA 07149-1999-037-12-00-4 — (Ac. 2ª T. 06.978/03, 1º.7.03) — Rel. Juiz Jorge Luiz Volpato. DJSC 21.7.03, p. 154.

Doença profissional — Por danos patrimoniais, físicos, biológicos e morais — Configuração

Ementa: AGRAVO DE INSTRUMENTO. DOENÇA PROFISSIONAL. INDENIZAÇÃO POR DANOS PATRIMONIAIS, FÍSICOS, BIOLÓGICOS E MORAIS. APLICAÇÃO DO ENUNCIADO N. 126 DESTE C.

TST. A fundamentação adotada pela eg. Corte Regional baseou-se no perfil fático dos autos para concluir pela perda de parte da capacidade laborativa da Autora, assim como pela indenização por danos patrimoniais, físicos, biológicos e morais, de forma que novo exame da matéria só será possível mediante o revolvimento de fatos e provas dos autos, providência inadmissível em grau de Agravo de Instrumento em Recurso de Revista, pelo óbice do Enunciado n. 126. TST — AIRR-147/2002-046-03-40.5 — (Ac. 1ª T.) — 3ª Reg. — Relª Juíza Convocada Maria de Assis Calsing. DJU 18.6.04, p. 411.

Doença profissional — Prova do fato ilícito gerador — Inocorrência

Ementa: DANO MORAL. PROVA DO FATO ILÍCITO GERADOR. Não tendo o Instituto Nacional do Seguro Social caracterizado as moléstias apresentadas pelo recorrente como decorrentes do trabalho, não há prova da prática de ato ilícito pela recorrida, como determinante das doenças sofridas, portanto, não há como deferir o dano moral e material objetivado. Recurso parcialmente conhecido e, no mérito, não provido. TRT 10ª Reg. — RO 01216-2004-018-10-00-8 — (Ac. 1ª T./05) — Relª Juíza Cilene Ferreira Amaro Santos. DJU3 18.11.05, p. 23.

Doença profissional — Quadro clínico da época do afastamento era reversível, não tendo deixado seqüelas — Não cabimento

Ementa: COMPENSAÇÃO POR DANO MORAL E PATRIMONIAL. A indenização por dano moral e patrimonial tem como requisito principal a demonstração da culpa do agente. Eventual possibilidade do trabalho realizado ter contribuído para o desenvolvimento da doença profissional não é suficiente para caracterizar o dano moral daí advindo, quando constatado que a reclamada não foi negligente na adoção de medidas ergonômicas que propiciassem boas condições de trabalho, tampouco deixou de dispensar prontos cuidados médicos à obreira. Este raciocínio se fortalece quando constatado pela perícia que o quadro clínico da época do afastamento era reversível, não tendo deixado seqüelas. À falta de nexo com quadro sintomatológico atual da autora, a qual se encontra apta para todas as atividades da vida diária, nega-se o dano moral. TRT 3ª Reg. — RO 19.646/00 — (Ac. 2ª T.) — Relª Juíza Alice Monteiro de Barros. DJMG 19.12.00, p. 14.

Doença profissional — Responsabilidade objetiva e subjetiva

Ementa: DOENÇA PROFISSIONAL. INDENIZAÇÃO POR DANOS MATERIAIS E MORAIS. Requisitos: prática de ato ilícito (por ação ou omissão, decorrente de dolo ou culpa), verificação de prejuízo e nexo causal entre ação e dano — Trata-se de responsabilidade subjetiva do empregador, dependente de aferição de culpa ou dolo — A responsabilidade objetiva restringe-se ao órgão previdenciário, cuja obrigação nasce da mera constatação do infortúnio. TRT 2ª Reg. — RO 01187200204802008 — (Ac. 7ª T. 20050595177) — Relª Juíza Catia Lungov. DJSP 9.9.05, p. 16.

Doença profissional — Saúde do trabalhador — Responsabilidade do empregador

Ementa: DANO MORAL. SAÚDE DO TRABALHADOR. RESPONSABILIDADE DO EMPREGADOR. De há tempos e, por evidente, de exigir-se mais ainda nos dias que correm, do dador de serviço, que detém o poder de fiscalizar, exigir de seu empregado que trabalhe guardando os cuidados necessários, os quais deve dar-lhe a conhecer, que responda por acidente do trabalho e/ou qualquer dano à sua saúde, relacionado com os seus afazeres e experimentado pelo obreiro, quando o trabalho for executado de maneira incorreta, entendido este vocábulo em sentido amplo, mesmo porque, bem se sabe que o empregado, se não receber as instruções adequadas, não possui, via de regra, conhecimento para discutir se corretas e/ou apropriadas as condições em que desenvolve seus misteres e, ainda que possua tal ciência, não tem como opor-se, na prática, aos métodos que lhe determinem deva seguir; conclusão essa que corresponde ao "quod plerumque accidit". INDENIZAÇÃO. VALOR. FIXAÇÃO. Para fixação do valor da indenização, útil o ponderar que, não-raro, para se entender o que algo significa para alguém, de mister colocar-se na, passe a pobreza do vocábulo, "pele" desse alguém, para que, com os olhos e demais sentidos, imaginando-se na situação dessa pessoa, avaliar da sua dor, do seu sofrimento e das suas angústias, o que, acredita-se, possibilitará, já agora com maiores tranqüilidade e segurança, estabelecer a indenização devida. TRT 15ª Reg. (Campinas/SP) — RO 01739-2004-084-15-00-2 — (Ac. 26091/2006-PATR, 5ª Câmara). Rel. Juiz Francisco Alberto da Motta Peixoto Giordani. DJSP 2.6.06, p. 51.

Doença profissional — Silicose — Dano moral e material configurado

Ementa: INDENIZAÇÃO POR DANOS MORAIS E MATERIAIS. SILICOSE. A prova do nexo causal entre a conduta dolosa ou culposa da Ré e o resultado danoso, que justifique a indenização por danos morais, é do Autor. Comprovado, nos autos, por relatório médico não impugnado especificamente pela Ré, que o Autor padece de doença pulmonar, silicose, ressaltando, ainda, o longo tempo de trabalho para a empresa, a inexistência de prestação de serviços para outra empregadora, que o expusesse à ação do agente insalubre, e a prova documental da própria Ré que atesta a gravidade da doença e a possibilidade, vã, de se evitá-la, pela adoção de medidas de segurança, restou configurado o nexo causal entre a culpa da empregadora e o dano sofrido pelo empregado, seja no campo moral, seja na esfera material, devendo indenizá-lo (art. 159 do antigo CCB, aplicável à época dos fatos narrados na exordial). Trata-se, de um dos ex-empregados da Mineração Morro Velho, cuja realidade degradante e ofensiva aos direitos básicos da saúde e da dignidade humana (artigos 1º, III, e 6º, da CF/88), foi amplamente divulgada pela mídia, culminando, inclusive, com CPI na Assembléia Legislativa de Minas Gerais. Cabe ao Poder Judiciário Trabalhista, como expressão máxima da busca da minoração dos efeitos da desigual balança da relação de emprego, atuar efetivamente e com rapidez, limitando o poder desenfreado do capital sobre o trabalho, através de punições pedagógicas, como as que se estabelecem na presente ação. Não pode se permitir, por outro lado, que se compensem os trágicos efeitos da silicose com os institutos da indenização acidentária e do adicional de insalubridade, pena de se prestigiar a negociação da vida, direito consagrado pela Carta Magna de 1988, em seu art. 5º, "caput". Os riscos da atividade econômica são do empregador, nos termos do art. 2º da CLT, não podendo ser repassados aos empregados, pela simples transação de adicionais, aposentadorias especiais, etc., existindo tais direitos apenas como "plus" e, não, como substitutos do direito à saúde, supracitado. De mais a mais, o art. 7º, XXVIII, da CF/88, é claro quanto à coexistência da indenização acidentária com a civil, demonstrando que o constituinte não fez ouvidos moucos aos brados da corrente em favor da dignidade humana. Destarte, se o Autor inalou pó de sílica durante longos anos de trabalho, tal se deu por única e exclusiva culpa da Ré, que certamente não diligenciou para evitar o infortúnio, ignorando a obrigação legal de zelar pelo bom cumprimento das normas de segurança do trabalho (art. 157 da CLT), constante das inúmeras NRs expedidas pelo MTb, pelo que deverá, ao menos, ressarcir pecuniariamente o prejuízo causado ao Obreiro. TRT 3ª Reg. — Proc. 02943-2005-091-03-00-5 — (Ac. 4ª T.) — Rel. Juiz Luiz Otávio Linhares Renault. DJMG 12.11.05, p. 12.

Doença profissional adquirida e agravada no curso da relação empregatícia — Configuração

Ementa: DANO MORAL. OCORRÊNCIA. INDENIZAÇÃO DEVIDA. O dano moral é indenizável, consoante dicção dos incisos V e X, do art. 5º da Constituição Federal. Presente a ilicitude patronal, indicada pela obreira como ensejadora do dano, impõe-se o deferimento da indenização pertinente. TRT 12ª Reg. — RO-V 01552-2003-001-12-00-7 — (Ac. 3ª T. 05.950/04, 18.5.04) — Relª Juíza Ligia Maria Teixeira Gouvêa. DJSC 9.6.04, p. 214.

Da decisão acima, colhe-se o seguinte fundamento:

"MÉRITO

1. INDENIZAÇÃO POR DANO MORAL

Pugna a reclamada pela exclusão da condenação do pagamento da indenização por dano moral, sustentando não ter deflagrado ato algum que possa ser caracterizado como de conduta ilícita e em potencial a causar dano à reclamante. Diz que restou evidenciado nos autos, através dos documentos juntados, o integral cumprimento das obrigações da empresa no tocante às normas de segurança e medicina do trabalho.

Não prospera a pretensão recursal.

Meras alegações não têm o condão de afastar a responsabilidade da recorrente, no que tange à sua culpabilidade em relação ao dano ocorrido. Concorrendo a empregadora, por omissão, para o agravamento de doença ocupacional adquirida no curso da relação de emprego, estabelece-se o nexo causal necessário capaz de garantir o direito de indenização. Ressalte-se que nada do que foi alegado restou provado pela reclamada, especialmente no que tange ao efetivo monitoramento de programas de prevenção, por ela dito instituídos, que, ao que parece, mostraram-se ineficazes em relação à autora, que teve sua produtividade reduzida.

A respeito do tema ora enfocado, o art. 5º, inc. X, da Carta Magna assegura a indenização por danos morais quando houver prejuízo à reputação, à boa honra, ao decoro e à dignidade pessoal do empregado.

As hipóteses de doença profissional, assim considerada a adquirida pela empregada em função de condições especiais em que o trabalho é realizado e com ele se relacione diretamente, envolvem situações que, realmente, podem vir a comprometer a honra e imagem do trabalhador, concretizando o dano moral que implica o dever de indenização.

Configurado, pois, o nexo causal entre as atividades desenvolvidas pela empregada e a patologia por ela apresentada, bem como a culpa da empresa, mister se faz aplicar as disposições contidas em referido dispositivo legal, com o conseqüente pagamento de indenização por dano moral. Saliente-se que tanto a norma constitucional insculpida no artigo 7º, XXVIII, como o disposto nos arts. 186, 187 e 927 do Código Civil consagraram a teoria da responsabilidade subjetiva, dispondo ainda este último que aquele que causar prejuízo a outrem fica obrigado a reparar o dano.

Nesse passo, deve o empregador zelar pela incolumidade de seus empregados, não só buscando a criação de um ambiente de trabalho livre de riscos, como também na hipótese em que o perigo se concretize, prestando a assistência devida para que as conseqüências do dano sejam as menores possíveis.

Se não foi a reclamada suficientemente hábil e diligente no que concerne à prevenção da doença profissional de que é portadora a reclamante, ao menos deveria ter cuidado para que o seu atendimento fosse eficiente e, principalmente, imediato.

Entretanto, tal não ocorreu, mostrando-se a reclamada omissa no que tange à emissão do Comunicado de Acidente de Trabalho, que chegou a ser expedido pelo sindicato da categoria da reclamante (fl. 42), em razão de os exames realizados constatarem a existência de tendinite (extensores do punho D e flexores do punho E), relacionada a esforços repetitivos que demandavam déficit na atividade laborativa da reclamante.

O empregador, vale reiterar, ao celebrar com seus empregados um pacto laboral, obriga-se a lhes proporcionar condições plenas de trabalho, observando para tanto a questão da segurança, da salubridade, bem como da higiene e do conforto mínimo, sob pena de responsabilizar-se pelas lesões que a atividade exercida possa lhes causar. Nesse passo, revelando a prova coligida aos autos que deixou de observar essas obrigações e que sua omissão ocasionou prejuízos, a teor dos dispositivos legais acima mencionados.

Consoante bem observado pelo Juízo de origem, 'a reclamada deveria ter desenvolvido programa de prevenção à LER/DORT adequado, tendo em vista ser notório que o trabalho desenvolvido em determinados setores, inclusive da autora, é causa de surgimento de moléstia profissional, em decorrência dos movimentos repetitivos envolvendo digitação; a própria segunda testemunha indicada pela autora está afastada do trabalho em função de LER'.

Diz o douto Magistrado que 'ressalta-se que o laudo pericial de fls. 135/153 concluiu pela existência do nexo de causalidade entre as atividades da autora na empresa ré e a tenossinovite a que está acometida'. Nessa esteira, trata-se de prova cabal e inequívoca do nexo etiológico amparador da pretensão.

Diante destas considerações, mantenho inalterada a decisão primeira que deliberou pela condenação da reclamada ao pagamento da indenização por danos morais."

DORT — Doença profissional — Configuração

Ementa: DANOS MORAIS. DOENÇA PROFISSIONAL. DORT. Revelando a prova pericial que a reclamante padece da doença denominada DORT, decorrente de suas condições laborais, não havendo dúvidas, ainda, do prejuízo e sofrimento moral da laborista, em razão do comprometimento da capacidade para o trabalho e da sua limitação física, deve o empregador responder pelos danos morais a ela ocasionados. TRT 3ª Reg. — RO 00312-2003-083-03-00-5 — (Ac. 8ª T.) — Rel. Juiz Paulo Mauricio Ribeiro Pires. DJMG 14.8.04, p. 18.

Empregado acidentado — Necessidade de remanejamento — Dispensa abusiva — Dano à honra subjetiva e objetiva

Ementa: DANO MORAL. EMPREGADO ACIDENTADO. NECESSIDADE DE REMANEJAMENTO. DISPENSA ABUSIVA. DANO À HONRA SUBJETIVA E OBJETIVA. O tratamento devido ao empregado que se recupera de acidente do trabalho deve conciliar, além de aspectos técnicos, o respeito aos valores morais do indivíduo. A dispensa levada a efeito sem qualquer tentativa de readaptação do trabalhador em função compatível com sua condição física configura abuso, especialmente porque não há prova de que as seqüelas incapacitassem-no empregado para função diversa da que exercia antes do acidente. A empresa tem importante papel social e jurídico a desempenhar no processo de readaptação do empregado acidentado, o que torna inadmissível que, em lugar de ajudá-lo na reinclusão, o empregador promova a dispensa que, portanto, se considera discriminatória e causadora de humilhação e constrangimento. A indenização é devida, em face dos evidentes danos à honra do empregado. Recurso a que se nega provimento para manter a condenação, inclusive quanto ao valor a indenizar. TRT 9ª Reg. — RO 17536-2003-011-09-00-0 — (Ac. 2ª T. 28674/05) — Relª Juíza Marlene T. Fuverki Suguimatsu. DJPR 8.11.05, p. 303.

Enfermidade — Provas concretas que ela ocorreu de suas atividades laborais

Ementa: INDENIZAÇÃO. DANOS MORAIS E MATERIAIS. ENFERMIDADE. A incapacidade para o trabalho até pode levar ao deferimento de indenização por danos morais e/ou materiais, sendo necessárias, contudo, provas concretas de que a enfermidade enfrentada pelo empregado efetivamente decorreu de suas atividades laborais. Meras possibilidades não bastam. Para os infortúnios da vida existe a Seguridade Social que é a responsável pelo amparo ao trabalhador acometido de doenças que o impedem de laborar. TRT 9ª Reg. — RO 00517-2002-654-09-00-0 — (Ac. 1ª T. 22871/05) — Rel. Juiz Ubirajara Carlos Mendes. DJPR 16.9.05, p. 440.

Indenização por danos morais — Nexo causal entre as doenças adquiridas e o trabalho desenvolvido — Culpa do empregador

Ementa: INDENIZAÇÃO POR DANOS MORAIS. NEXO CAUSAL ENTRE AS DOENÇAS ADQUIRIDAS E O TRABALHO DESENVOLVIDO. CULPA DO EMPREGADOR. Competirá ao empregador o pagamento de indenização por danos morais decorrentes de patologias adquiridas pela trabalhadora, quando comprovado pela empregada o nexo causal entre as doenças adquiridas, que lhe reduziram parcial e permanentemente a capacidade laborativa, impedindo-lhe o exercício de atividades desempenhadas anteriormente à época de início da patologia e, as atividades profissionais por ela desenvolvida, bem como, a culpa do empregador na ocorrência do dano, nos termos do art. 159, CCB c/c art. 5º, X, da CR. Comprovado por prova pericial a ocorrência do dano, o nexo causal e a culpa do empregador, mostra-se procedente o pedido de indenização por danos morais. TRT 3ª Reg. — RO 18.818/00 — (Ac. 4ª T.) — Rel. Juiz Julio Bernardo do Carmo. DJMG 16.12.00, p. 25.

Indenização por danos morais e materiais — Coisa julgada — Inexistente — Recibo referente à indenização paga por terceiros

Ementa: INDENIZAÇÃO POR DANOS MORAIS E MATERIAIS. COISA JULGADA. INEXISTENTE. RECIBO REFERENTE À INDENIZAÇÃO PAGA POR TERCEIROS. A indenização paga pela seguradora tem como causa o contrato de seguro firmado anteriormente ao sinistro, por isso não se confunde com a indenização que quita o dano moral, material e físico sofrido pelo empregado, já que este tem origem nas normas civilistas e constitucionais. Portanto, embora ambas as indenizações tenham o sinistro como fato comum, a obrigação de indenizar é distinta e tem como responsáveis, no primeiro caso, a seguradora, e, no segundo, o empregador. Por isso, o recibo passado à empresa seguradora não exime o empregador da obrigação de indenizar o dano moral e material sofrido pelo empregado. TRT 3ª Reg. — RO 00784-2004-062-03-00-8 — (Ac. 3ª T.) — Rel. Juiz Paulo Roberto Sifuentes Costa. DJMG 16.7.05, p. 6.

Inexistência de precauções por parte da reclamada — Uso de equipamento de proteção individual — Indenização por dano moral devida

Ementa: ACIDENTE DO TRABALHO. DANO MORAL. INDENIZAÇÃO DEVIDA. Sobre a responsabilidade civil, a propósito do art. 159 do Código Civil, diz Sebastião Geraldo de Oliveira que existem pilares fundamentais a respeito, quais sejam, ato ilícito, culpa, dano, prejuízo, necessidade de reparação, responsável pela reparação. Tendo sido caracterizados os elementos da responsabilidade civil ensejadora da reparação legal pretendida, quais sejam, o dano, o nexo causal e a negligência do empregador, impõe-se deferir a indenização por danos morais. A inexistência de precauções por parte da reclamada no sentido de fiscalizar o efetivo uso dos equipamentos de proteção individual importa em culpa, dando azo à configuração do ato ilícito. Recurso ordinário a que se nega provimento. TRT 3ª Reg. — RO 18.227/00 — (Ac. 1ª T.) — Relª Juíza Maria Lúcia Cardoso Magalhães. DJMG 1º.12.00, p. 11.

Laudo pericial — Incapacidade para o trabalho — Seqüela do acidente sofrido — Indenização por dano moral — Cabimento

Ementa: INDENIZAÇÃO POR DANOS FÍSICOS. O direito à indenização por dano físico (art. 159, do CCB, de 1916 c/c art. 5º, X, da CF), submete-se à configuração de três pressupostos: ocorrência efetiva do dano, culpa do agente e nexo causal entre o dano sofrido e a culpa do agente. No caso em tela, o laudo pericial apurou que o reclamante está incapacitado para o trabalho, em virtude de seqüela do acidente sofrido, estando, pois, comprovada a existência do dano, comprovado, ainda, o nexo de causalidade entre o dano sofrido e a culpa (negligência) da reclamada, devendo ser mantida a decisão recorrida de modo a demonstrar a prática do ato ilícito em desfavor do autor que autoriza a reparação através de indenização. Recurso ordinário desprovido. TRT 3ª Reg. — RO 00356-2002-090-03-00-2 — (Ac. 3ª T.) — Relª Juíza Maria Cristina Diniz Caixeta. DJMG 2.8.03, p. 06.

Lesão por esforço repetitivo (LER) — Existência de condições laborais não ergonômicas

Ementa: DANOS MORAIS. LESÕES POR ESFORÇOS REPETITIVOS. EXISTÊNCIA DE CONDIÇÕES LABORAIS NÃO ERGONÔMICAS. A incapacidade para o labor e para a realização de simples atividades domésticas em função das lesões por esforços repetitivos surgidas pelo desempenho das atribuições profissionais de bancária sem observância das condições ergonômicas, sem mobiliário adequado e sem pausas regulares durante a jornada para a realização de exercícios de alongamento e/ou de relaxamento, tudo por incúria da empregadora, impõe pesaroso sofrimento moral à trabalhadora, ensejador, por conseguinte, de reparação pecuniária consentânea com a dimensão do dano. TRT 12ª Reg. — RO-V 02661-2001-014-12-00-6 — (Ac. 2ª T. 05.543/03, 20.5.03) — Rel Juiz Dilnei Ângelo Biléssimo. DJSC 11.6.03, p. 219.

Lesão por esforço repetitivo (LER) — Existência de nexo causal — Dano moral — Indenização — Pagamento devido

Ementa: DANO MORAL. INDENIZAÇÃO. LESÃO POR ESFORÇO REPETITIVO. EXISTÊNCIA DE NEXO CAUSAL. PAGAMENTO DEVIDO. Para que haja condenação ao pagamento de indenização por dano moral, que tem como substrato a responsabilização subjetiva contemplada no art. 186 do Código Civil (art. 159 do Código revogado), imperativa se torna a existência de ação ou omissão do agente ou de terceiro (responsabilidade *in eligendo*), dolo ou culpa dessas pessoas, nexo causal e a lesão extrapatrimonial. Demonstrado nos autos que o autor está acometido de doença equiparada a acidente do trabalho (LER), o nexo causal entre ela e as funções desempenhadas na empresa, a negligência dela em face da não-observância das normas de ergonomia, bem como a rescisão contratual imotivada de empregado fisicamente debilitado, torna-se inconteste a existência do dano moral, na medida em que toda essa situação fez com que o autor se sentisse humilhado e desprezado e, portanto, ofendido em sua honra. TRT 12ª Reg. — RO-V 04321-2002-035-12-00-1 — (Ac. 3ª T. 12.407/03, 7.10.03) — Relª Juíza Lília Leonor Abreu. DJSC 10.12.03, p. 335.

Lesão por esforço repetitivo (LER) — Indenização por dano moral — Cabimento

Ementa: INDENIZAÇÃO POR DANOS MORAIS. DOENÇA PROFISSIONAL. LER. Comprovado que a síndrome desenvolvida pela reclamante decorreu das suas condições de trabalho, nas dependências empresariais, havendo nítida relação de causalidade entre o dano e o trabalho por ela desenvolvido, evidencia-se a culpa da reclamada, uma vez que a doença decorreu de sua negligência no que diz respeito ao fornecimento de materiais e equipamentos adequados para a execução do trabalho, à orientação e à fiscalização das atividades desenvolvidas em seu estabelecimento comercial, a fim de reduzir os riscos de acidente, propiciando a realização do labor em condições seguras para seus empregados. TRT 3ª Reg. — RO 02077-2001-042-03-00 — (Ac. 8ª T.) — Relª Juíza Denise Alves Horta. DJMG 15.5.04, p. 17.

Lesão por esforço repetitivo (LER) — Presunção de culpa do empregador

Ementa: DANO MORAL. LER. PRESUNÇÃO DE CULPA DO EMPREGADOR. No caso do acidente de trabalho, há culpa do empregador quando não foram observadas as normas jurídicas (sentido amplo), inclusive quanto à instrução e fiscalização dos empregados em relação às precauções sobre os riscos da atividade laboral. A culpa do empregador é presumida quando, durante a vigência do vínculo de emprego, o empregado contrai doença equivalente ao acidente do trabalho, sem que a empresa tomasse as devidas precauções para minimizar os riscos inerentes às atividades exercidas pelos seus empregados. TRT 3ª Reg. — RO 00425-2003-019-03-00-8 — (Ac. 1ª T.) — Relª Juíza Adriana Goulart de Sena. DJMG 20.8.04, p. 07.

Lucros cessantes — Pensionamento — Constituição de capital

Ementa: LUCROS CESSANTES. PENSIONAMENTO. CONSTITUIÇÃO DE CAPITAL. À exegese do artigo 475-Q, do Código de Processo Civil, conclui-se que a substituição da constituição do capital pela inclusão do pensionamento em folha de pagamento não é impositiva, mas constitui apenas uma faculdade da qual pode lançar mão o julgador quando se encontrar convencido de que tal alteração procedimental não implicará na futura frustração do pagamento da indenização. Na hipótese dos autos, há que se ponderar que o Reclamante conta atualmente apenas com 25 (vinte e cinco) anos de idade e receberá a pensão decorrente da diminuição da sua capacidade laborativa até que complete a idade de 65 (sessenta e cinco) anos, o que implica que o pensionamento deverá perdurar pelos próximos 40 (quarenta) anos, lapso de tempo sobremodo elastecido, não podendo o crédito de natureza alimentícia ficar a mercê das não raras alterações econômicas que podem levar a empresa à insolvência, pois, ainda que, atualmente, não se tenha notícia de sua insolvabilidade, a constituição do capital é medida que se impõe, posto que é o procedimento mais benéfico ao hipossuficiente, estando, portanto, em conformidade com os princípios protetivos que informam o Processo do Trabalho. Recurso a que se nega provimento, no particular. TRT 23ª Reg. — RO 01330.2006.006.23.00-9 — (Ac. SESSÃO 1/07) — Rel. Juiz Bruno Weiler. DJE/TRT 23ª Reg., 165/07, 31.1.07, p. 20.

Negligenciamento de treino ou oferta de preparo ergonômico para a lida — Responsabilidade do empregador

Ementa: DANO MORAL. RESPONSABILIDADE DO EMPREGADOR. A reparação indenizatória que o sistema jurídico normatiza por danos morais acometidos ao empregado, resultantes de condições laborais adversas, é dependente da responsabilidade do empregador, que está embutida no negligenciamento de treino ou oferta de preparo ergonômico para a lida, dormitando na culpa *in vigilando* (ante a insuficiência de vigilância) e *in instruendo* (por não munir seus empregados de instrumentos adequados para a oferta laborativa). A conduta é reprovável se o agente pode agir de acordo com a norma e não o faz, traduzindo o procedimento em autêntico ato antijurídico, capaz de gerar a reparação correspondente. TRT 3ª Reg. — RO 00241-2005-026-03-00-8 — (Ac. 6ª T.) — Relª Juíza Emília Facchini. DJMG 6.10.05, p.11.

Do voto da Relatora, extraímos a seguinte fundamentação:

"2.1.1. Indenização por danos morais e estéticos

Alegou a Reclamante na petição inicial que prestou serviços para a Reclamada de 01/11/1996 a 28/04/2004, quando foi dispensada. Em 24/10/2002 sofreu acidente no local de trabalho, com lesão no seu dedo mínimo da mão esquerda, trazendo seqüelas (deformidade e perda parcial dos seus movimentos), o que lhe causou 'alterações de ordem psicológicas'. O acidente ocorreu em virtude da ausência de uso de equipamentos de proteção individual, bem assim pelo labor em equipamento obsoleto, que não era revisado periodicamente, fazendo jus à indenização por danos estéticos, físicos e morais.

A Reclamada, em defesa, sustentou que não teve culpa alguma no infortúnio ocorrido, sendo que a Reclamante, após a alta médica, continuou a prestar serviços normalmente, não tendo ocorrido redução da capacidade laborativa, sendo certo que a possibilidade de acidente decorre também da imprudência dos operadores.

O r. Juízo sentenciante deferiu à Reclamante indenização por danos morais e estéticos, fixada no importe de R$ 6.000,00, ensejando o inconformismo empresário, manifestado através do recurso ora em análise.

A reparação do dano moral encontra previsão legal específica na ordem Constitucional vigente, artigo 5º, inciso X, e artigos 186 e 927 do Código Civil, submetendo-se à configuração dos pressupostos gerais necessários ao exame do direito à indenização por ato ilícito. Como ensina a doutrina de Caio Mário, o primeiro fundamento da reparação está no erro de conduta do agente, contrário ao direito; o segundo é a ofensa a um bem jurídico, que tanto pode ser patrimonial como de cunho não patrimonial, e o terceiro está a estabelecer uma relação de causalidade entre a antijuridicidade da ação e o dano causado (PEREIRA, Caio Mário da Silva. 'Instituições de Direito Civil', 12ª ed., vol. II, Editora Forense, 1993, pp. 236/237).

A culpa está encapsulada na negligência e pode ser enfocada por dois lumes: a) não adoção de medidas preventivas; b) ausência de orientação acerca do risco; c) ausência da própria equipe de manutenção no acompanhamento do funcionário; d) ausência de prova do treino do empregado para situações que tais, podendo ele mesmo acionar o equipamento para evitar acidentes como o aqui revelado, efetivamente exercendo seu poder fiscalizatório em contingenciar a atividade que tal, se não assistida pela equipe prestante, se desacudida de cuidados a realmente evitar a atuação perniciosa, pois, ao reverso, a atuação do empregado dentro do ambiente de trabalho, no afã de prestar manutenção em maquinaria da pertença empresarial, denota ordem efetiva de ativação, expondo-se a perigo, comprometendo a sua integridade física. Outra não pode ser a conclusão. É que o empregador, por força do contrato de trabalho vinculativo, obriga-se a oferecer-lhe condições plenas de trabalho, no que pertine à segurança, salubridade e condições mínimas de higiene e conforto.

Não houve perícia médica no caso, tendo entendido o r. Julgador a *quo* que os elementos constantes dos autos eram suficientes para esclarecimento da questão.

Realmente, a prova documental já produzida, torna prescindível a prova técnica normalmente necessária nestes casos.

A Reclamante, operadora de produção, incontroversamente sofreu acidente do trabalho no dia 24.10.02, 'quando a prensa disparou', machucando o seu dedo mínimo (*vide* CAT f. 06 e fotos da lesão f. 147), ficando afastada do trabalho até 31/12/02, tendo retomado suas atividades normais, o que perdurou até 28/04/04, quando foi dispensada.

O dano é evidente, o nexo causal também, restando aferir se houve culpa empresária no infortúnio ocorrido.

A circunstância de a prensa ter disparado, como noticiado na Comunicação de Acidente do Trabalho (f. 06), sem qualquer evidência de imprudência, negligência ou imperícia da Reclamante, evidencia sem sombra de dúvida a culpa empresária. Como bem observou o r. Juízo sentenciante, 'o fato da prensa ter 'disparado' conduz a duas conclusões possíveis: tal máquina não possuía o dispositivo de segurança, este não se encontrava funcionando ou estava com defeito no momento do acidente.

Em qualquer um dos casos, fica patente a culpa da empresa.'

A lesão encontra respaldo na prova produzida e comporta os pedidos indenizatórios por danos morais e estéticos. Não há como negar o dano (lesão e atrofia no dedo mínimo da mão esquerda), como pretende a Reclamada em seu recurso, e para tanto é só verificar as fotografias juntadas à f. 147, sendo que o fato de após o afastamento a Reclamante ter sido considerada apta para o trabalho, não exclui a possibilidade de reparação do dano moral e estético sofrido, se eles realmente ocorreram, como é o caso. É que os danos sofridos pela Autora não decorrem da ausência de dano material ou falta de incapacidade para o trabalho. Ela é de foro íntimo e, por certo, qualquer pessoa que sofre acidente de trabalho, restando, como conseqüência um membro lesado e atrofiado, por certo tem atingida sua auto-estima, fazendo jus ao recebimento de indenização por dano moral, que, mesmo não tendo a capacidade de remir a dor suportada, ameniza o sofrimento, sem falar na medida pedagógica, que estimula o empregador a providências que visem redobrar cuidados com a segurança dos seus empregados, no intuito de que acidentes não se repitam.

O dano que sofreu a Reclamante é indiscutível, bem como sua origem em acidente do trabalho.

A reparação indenizatória que o sistema jurídico normatiza por danos morais acometidos ao empregado, resultantes de condições laborais adversas, é dependente da responsabilidade do empregador, que está embutida no negligenciamento de treino ou oferta de preparo ergonômico para a lida, dormitando na culpa *in vigilando* (ante a insuficiência de vigilância) e *in instruendo* (por não munir seus empregados de instrumentos adequados para a oferta laborativa).

A conduta é reprovável se o agente pode agir de acordo com a norma e não o faz, traduzindo o procedimento em autêntico ato antijurídico, capaz de gerar a reparação correspondente.

O dano moral tem amparo nos fatos provados e a importância arbitrada (R$ 6.000,00) foi razoável, ficando assim mantida a indenização.

Convenço-me, assim, da viabilidade do pleito indenizatório quanto aos danos moral e estético, porquanto houve dano físico resultante na lesão à integridade física e estética da empregada.

Nada a prover."

Omissão da empregadora quanto ao preenchimento da CAT — Dano moral não configurado

Ementa: DANO MORAL. OMISSÃO DA EMPREGADORA QUANTO AO PREENCHIMENTO DA

CAT. Não provoca dano moral a empregadora que deixa de preencher a comunicação de acidente de trabalho (CAT) em caso de doença cuja causa não está ligada ao trabalho e cujo quadro clínico teve melhora de modo a não revelar redução ou perda da capacidade laborativa. TRT 12ª Reg. — RO-V 00612-2001-043-12-00-4 — (Ac. 3ª T. 00439/03, 19.11.02) — Relª Juíza Marta Maria Villalba Fabre. DJSC 17.1.03, p. 92.

Pedido de indenização decorrente de acidente do trabalho — Solução da lide analisada à luz dos arts. 7º, inciso XXVIII da CF e 159 do Código Civil

Ementa: DANO MORAL. PEDIDO DE INDENIZAÇÃO DECORRENTE DE ACIDENTE DO TRABALHO. SOLUÇÃO DA LIDE ANALISADA À LUZ DOS ARTS. 7º, INCISO XXVIII DA CF E 159 DO CÓDIGO CIVIL. O pedido do autor relativo à indenização por dano moral decorreu de acidente de trabalho, razão pela qual a solução da lide deve ser analisada e julgada com fundamento nos arts. 7º, inciso XXVIII da CF e 159 do Código Civil Brasileiro. Com efeito, a jurisprudência pátria vem se inclinando no sentido de que cabe à vítima do acidente de trabalho o ônus de provar, na ação de indenização com fulcro no art. 159 do CC, a existência de dolo ou culpa do empregador. *In casu*, o autor não demonstrou a ação ou omissão da empresa na ocorrência do fato danoso. Ao contrário, admitiu que o infortúnio aconteceu por acidente, donde se conclui que a empresa não agiu com dolo ou culpa. Recurso ordinário a que se nega provimento. TRT 12ª Reg. — RO-V 00640-2002-005-12-00-6 — (Ac. 3ª T. 01.510/03, 26.11.02) — Relª Juíza Lília Leonor Abreu. DJSC 10.2.03, p. 121.

Perda auditiva — Conduta ilícita — Inocorrência

Ementa: DANOS MORAIS. PERDA AUDITIVA. CONDUTA ILÍCITA. INOCORRÊNCIA. Provado que durante o vínculo de emprego não houve negligência do empregador quanto ao cumprimento das normas de segurança e medicina do trabalho e estando diagnosticado, por perícia médica elaborada no curso da instrução processual, que a perda auditiva denunciada pelo reclamante não tem relação exclusiva com as atividades laborais, não há lugar para a indenização por danos morais, tendo em vista a ausência de preenchimento de todos os pressupostos caracterizadores da responsabilidade civil por ato ilícito de que tratava o artigo 159, do Código Civil de 1916, e o atual artigo 186, do Código Civil Brasileiro de 2002. TRT 3ª Reg. — RO 00242-2003-071-03-00-5 — (Ac. 6ª T.) — Rel. Juiz Hegel de Brito Boson. DJMG 16.10.03, p. 16.

Perda auditiva — Indenização — Cabimento

Ementa: INDENIZAÇÃO POR DANO MORAL. PERDA AUDITIVA. A reclamada deve responder pelo pagamento de indenização por dano moral quando comprovado que a redução da capacidade auditiva do empregado decorreu das condições insalubres a que ficava exposto, no exercício do seu mister, sem que a empresa adotasse procedimentos eficazes à minimização do dano. O sofrimento advindo do comprometimento físico é indiscutível, não havendo dúvidas de que a perda auditiva dificulta as relações sociais do indivíduo. TRT 3ª Reg. — RO 18.195/00 — (Ac. 2ª T.) — Relª Juíza Alice Monteiro de Barros. DJMG 6.12.00, p. 20.

Perda auditiva — Prova

Ementa: DANO MORAL. PERDA AUDITIVA. PROVA. Não se pode exigir, para provar danos de foro íntimo, a mesma atividade probatória utilizada para provar danos materiais, haja vista a dificuldade de se materializar um prejuízo psíquico, de maneira que nos resta atentar para o inciso IV, do art. 212 do Novo Código Civil, que nos apresenta, como meio de prova, a presunção, a qual permite ao juiz deduzir, de um fato conhecido, outro desconhecido. DANO. Em se tratando de perda auditiva progressiva, há que se considerar algumas vicissitudes acerca do prejuízo, a fim de se constatar o efetivo direito à indenização por danos causados à personalidade do empregado. A perda auditiva é moléstia que acomete todo ser humano em graus variados, determinada por fatores biológicos e sociais, sendo que estes não se limitam apenas ao ambiente de trabalho. Assim, para a análise do dano devemos nos ater apenas à perda proporcionalmente causada pelo trabalho, excluindo as outras causas, bem como verificar se esta ocasionou um desequilíbrio no convívio social do autor, o que não se observa no presente caso, uma vez que empregado toca violão, o que pressupõe alguma sensibilidade auditiva e um gosto maior por música, sendo que essa peculiaridade também pode dar azo a um maior aborrecimento, em face de alguma perda auditiva, o que certamente ocorreria em menor grau em pessoa que não se afeiçoa tanto aos prazeres da música. Não se evidenciou também a suposta dificuldade de comunicação, considerando que a melhor oportunidade para percebê-la foi, sem dúvida, na audiência de instrução, o que torna muito valiosa a experiência do juiz originário, o qual se convenceu pela inexistência de danos morais. TRT 15ª Reg. (Campinas/SP) — RO 00279-2000-018-15-00-6 — (Ac. 5ª T. 29.461/2004-PATR) — Rel. Juiz Flávio Nunes Campos. DJSP 6.8.04, p. 68.

Da decisão acima, colhe-se o seguinte fundamento:

"DO RECURSO DO RECLAMANTE DOS DANOS MORAIS

Inconforma-se o reclamante com o indeferimento do pedido de indenização por danos morais, sustentando que, comprovada a sua surdez, não há negar a dor moral que dela, necessariamente, advirá.

Aduz que a moléstia trouxe dificuldades para se comunicar com outras pessoas, para distrair-se com TV, rádio e também para conseguir novo emprego, de maneira que não há como não se sentir humilhado ao enfrentar tais situações.

Saliente-se que o dano moral consiste no gravame subjetivo ocasionado ao empregado, afetando diretamente os aspectos psicológicos de sua personalidade, decorrente de uma ação ou omissão voluntária do empregador.

Segundo *Jorge Pinheiro Castelo, o dano moral é aquele que surte efeitos na órbita interna do ser humano, causando-lhe uma dor, uma tristeza ou qualquer outro sentimento capaz de lhe afetar o lado psicológico, sem qualquer repercussão de caráter econômico* (*in* Revista LTr 59-04/488).

Assim, pode-se concluir, desde logo, que dano moral não se confunde com dano material, pois, enquanto este representa sempre privação de gozo de bens materiais, ou diminuição do patrimônio econômico, aquele se consubstancia em dor da alma, angústia, desgosto, humilhação e sofrimento íntimo. Outra diferença decorre do fato do dano patrimonial poder ser restituído, restabelecendo-se o *status quo ante,* o que é verdadeiramente impossível em se tratando de dano moral, podendo este apenas ser compensado com o pagamento de uma soma pecuniária.

Feitas essas considerações, cumpre-nos afastar o argumento relativo à dificuldade para arranjar novo emprego, primeiro por não se tratar de dano moral, e segundo porque o prejuízo decorrente de tal dificuldade já foi reparado, uma vez que foi mantida a condenação que determinou sua reintegração ao trabalho em função compatível com sua doença.

Em contrapartida, resta-nos analisar se as outras causas de pedir repercutiram em efetivo dano de foro íntimo.

Irretocável o argumento do MM. Juízo de primeiro grau o qual aponta para a ausência de provas nos autos quanto aos prejuízos à personalidade do autor, haja vista que sua pretensão se funda apenas em alegações, ou seja, rigorosamente, em palavras e não em documentos ou testemunhas.

Porém, tal fundamento não é suficiente para sustentar uma negativa de danos morais, pois, é extrema a dificuldade de se materializar um prejuízo psíquico, de modo que não se pode exigir, para provar danos de foro íntimo, a mesma atividade probatória utilizada para provar danos materiais, qual seja a prova direta.

Assim, considerando a dificuldade para se produzir prova direta de dano moral, resta-nos uma atenção especial para o inciso IV, do art. 212 do novo Código Civil, que nos apresenta, como meio de prova, a presunção, a qual consiste no mecanismo lógico em que o juiz deduz, de um fato conhecido, outro desconhecido.

Em assim sendo, não há grandes dificuldades para se presumir a ocorrência de um dano moral decorrente da morte de um ente querido ou ainda da mutilação de um membro. Porém, tratando-se de perda parcial da audição, a dedução não se faz de forma tão simples, obrigando este Juízo a buscar indícios e suposições, sempre em consonância com as regras da experiência, a fim de criar sua convicção.

Dessa forma, não obstante a certeza quanto à perda auditiva e a sua relação de causa com o trabalho exercido na reclamada, não há qualquer indício de que a moléstia tenha causado dano à personalidade do autor que possa ensejar o pagamento de uma indenização.

Passemos a algumas considerações.

Inicialmente, lembremos que todo o ser humano está sujeito a uma perda auditiva natural com o passar dos anos. Esta perda está diretamente ligada a dois principais fatores: o biológico (o que possibilita perdas variadas entre pessoas, ainda que sejam elas submetidas a um mesmo nível de ruído), e o social (implica em perdas variadas conforme o ambiente).

Nesse sentido, imperioso concluir que uma porcentagem da perda auditiva foi em decorrência de fatores biológicos, os quais pertencem à individualidade do obreiro, e de fatores sociais, sendo que estes não se restringem apenas ao ambiente de trabalho, haja vista a poluição sonora própria da vida urbana, na qual estamos todos expostos.

Na verdade, a dor íntima necessária à configuração do dano moral implica em ofensa da honra subjetiva e objetiva, na medida em que a primeira relaciona-se com o sentimento que cada pessoa tem a respeito de si própria, e a segunda com o conceito que cada pessoa é tida na sociedade. Percebe-se, portanto, a necessidade do indivíduo de se identificar com seu grupo, o que alguns sociólogos chamam de *espelho social.*

Cabe lembrar também o fato de existirem, na sociedade, acordos tácitos de tolerância e aceitação, os quais pretendem evitar inibições e desconfortos, a fim de propiciar um convívio equilibrado entre as pessoas.

Porquanto, *in casu,* não se verifica um desequilíbrio na convivência social do autor, mas sim apenas um aborrecimento que possivelmente seria tolerado, se não fosse o fato de fazer ele jus a direitos de ordem patrimonial decorrentes de um mesmo infortúnio.

Convém atentarmos também para o fato de se tratar de uma patologia que se instala progressivamente, dependendo da exposição, de modo que a conclusão pela culpa única do empregador é por demais ingênua ou precipitada.

Quanto à alegação de dificuldade para se distrair com TV ou rádio, depreende-se do laudo pericial (fl. 521) a informação de que o reclamante toca violão, atividade esta que pressupõe alguma sensibilidade auditiva e um gosto maior por música, sendo que essa peculiaridade também pode dar azo a um maior aborrecimento, em face de alguma perda auditiva, o que certamente ocorreria em menor grau em pessoa que não se afeiçoa tanto aos prazeres da música.

No tocante à suposta dificuldade de comunicação, esta não se evidenciou em momento algum, sendo que a melhor oportunidade para percebê-la foi, sem dúvida, na audiência de instrução, o que torna valiosa a experiência do juiz originário ao tomar o depoimento do autor e, conseqüentemente, a convicção que dela resultou.

Assim, considerando os fatos e as alegações aduzidas, somadas às informações e provas contidas nos autos, entende-se pela manutenção do julgado *a quo*." (www.trt15.gov.br, em 15.8.04)

Perda auditiva decorrente do trabalho — Indenização por danos materiais e morais — Nexo causal e responsabilidade subjetiva da reclamada pericialmente demonstrados

Ementa: PERDA AUDITIVA DECORRENTE DO TRABALHO. INDENIZAÇÃO POR DANOS MATERIAIS E MORAIS. NEXO CAUSAL E RESPONSABILIDADE SUBJETIVA DA RECLAMADA PERICIALMENTE DEMONSTRADOS. Havendo a prova pericial produzida comprovado cabalmente ter o reclamante sofrido perda auditiva parcial e irreversível em decorrência de seu trabalho na reclamada e a responsabilidade subjetiva desta pelo evento, correta sua condenação ao pagamento de indenizações pelos danos materiais e morais a ele causados. É o que resulta da combinação do disposto no artigo 114 da Constituição da República com o que estabelece o artigo 159 do Código Civil (subsidiariamente aplicável na esfera trabalhista por força do parágrafo único do artigo 8º da CLT). TRT 3ª Reg. — RO 3.065/03 — (Ac. 5ª T.) — Rel. Juiz José Roberto Freire Pimenta. DJMG 26.4.03, p. 17.

Perda da visão em acidente ocorrido nas dependências da empresa — Responsabilidade por fato de outrem — Natureza objetiva

Ementa: DANO MORAL. RESPONSABILIDADE POR FATO DE OUTREM. NATUREZA OBJETIVA. Ao lado da responsabilidade por fato próprio, a responsabilidade por fato de outrem e pelo fato das coisas atende às necessidades impostas pela complexidade da vida social moderna. Não se trata de responsabilidade sem culpa, mas de responsabilidade por fato de outrem, porém por culpa própria, porque as pessoas que respondem a esse título terão sempre contribuído para o fato danoso, a exemplo do empregador, nos termos do art. 1521 do Código Civil de 1916, com redação apenas atualizada no Novo CCB. Não há porque insistir em colocar a responsabilidade do patrão sob os auspícios da culpa *in eligendo* ou *in vigilando*, pois, na verdade, o fundamento dessa responsabilidade é o simples fato da relação que mantêm empregado e empregador. O abalo moral causado pela perda da visão em acidente ocorrido nas dependências da empresa, enquanto o empregado cumpria seus deveres contratuais, deve ser indenizado pelo empregador, sem que se exija do ofendido a prova de culpa que se presume existir desde o ato original que deu impulso à empresa. TRT 9ª Reg. — RO 03198-2003-661-09-00-4 — (Ac. 2ª T. 23310/05) — Relª Juíza Marlene T. Fuverki Suguimatsu. DJPR 20.9.05, p. 241.

Perda de órgão vital — Responsabilidade civil — Dano moral e Dano material

Ementa: RESPONSABILIDADE CIVIL. DANO MORAL E DANO MATERIAL. A perda de um órgão vital como um olho e o comprometimento parcial do outro traduz infortúnio que abrange a indenização material, quando comprovada a culpa do empregador. O sofrimento e a angústia que o acontecimento impõe à "psique", com redução da auto-estima do acidentado, são causas desatreladoras da indenização por dano moral. Embora o dano moral também se resolva em pecúnia, tem fato gerador distinto do dano material. Este se impõe pela perda e pelo dano causado imediatamente e pelos reflexos dos danos futuros. TRT 2ª Reg. — RO 49043200290202009 — (Ac. 6ª T. 20030256180) — Rel. Juiz Francisco Antonio de Oliveira. DJSP 13.6.03, p. 08.

Perdas da mão e parte do antebraço — Negligência de socorro do empregador — Configuração de dano moral e material

Ementa: RECURSO DA PRIMEIRA RECLAMADA. REPARAÇÃO POR DANO MORAL/MATERIAL. No presente caso, restou evidenciado o dano, não apenas moral, mas também material, posto que, ao perder a mão e parte do antebraço esquerdo, o empregado além de passar a ser visto pela sociedade de uma forma diferenciada, restou impossibilitado de seguir em suas atividades que, anteriormente, garantiam o sustento de sua família, tendo sido aposentado por invalidez. A perda da mão prejudicou sobremaneira o autor, pois tal mutilação é, indene de dúvida, de extrema gravidade. Assim, como bem entendeu o Juízo de primeiro grau, inafastável o dever de ressarcimento ante a existência do dano moral e material, sobretudo em face da negligência no socorro prestado ao obreiro quando do acidente de trabalho. RECURSO DO RECLAMANTE. DANOS MORAIS E MATERIAIS. MAJORAÇÃO DO *QUANTUM*. Na falta de previsão legal e por eqüidade, tendo em conta a capacidade econômica das partes, a reincidência da reclamada, o salário percebido pelo obreiro e o período que ainda deveria cumprir para conquistar o direito à aposentadoria integral, é adequada a fixação do dano moral/material no caso, em R$ 300.000,00, mormente em face da invalidez decorrente da lesão sofrida. Ressalte-se que o dano moral não pode ser recomposto e é imensurável. A indenização a ser concedida, em relação ao desafortunado, é apenas uma justa e necessária reparação em pecúnia, como forma de atenuar o padecimento sofrido. Deve o julgador, diante do caso concreto, utilizar-se daquele que melhor possa representar os princípios de eqüidade e de Justiça, levando-se em conta as condições *lato sensu* do autor e do réu, como também a potencialidade da ofensa, a sua permanência e seus reflexos no presente e no futuro. Recurso patronal desprovido e recurso operário parcialmente provido. TRT 10ª Reg. — RO 00205-2002-802-10-85-9 — (Ac. 3ª T./05) — Relª Juíza Márcia Mazoni Cúrcio Ribeiro. DJU3 6.5.05, p. 30.

Redução da capacidade laborativa — Negligência da ré — Dano moral configurado

Ementa: DANOS MORAIS. PROCEDÊNCIA. A prova do nexo causal entre a conduta dolosa ou culposa do empregador e o resultado danoso, que justifica a indenização por danos morais, é do empregado, nos termos do artigo 818 da CLT c/c. art. 333, I, CPC. Comprovado que o Autor padeceu de doença profissional por negligência da Ré, ocasionando grande redução da capacidade laborativa, é de se imputar à empregadora a responsabilidade pelo dano causado na esfera moral do obreiro, que experimentou a dor íntima e a sensação de inferioridade. TRT 3ª Reg. — RO 00632-2002-061-03-00-7 — (Ac. 4ª T.) — Rel. Luiz Otávio Linhares Renault. DJMG 8.5.04, p.11.

Redução da capacidade laborativa por ato culposo do empregador — Cabimento

Ementa: INDENIZAÇÃO POR DANO MATERIAL E MORAL DECORRENTE DE ACIDENTE DO TRABALHO. Não obstante aguda discussão doutrinária e jurisprudencial acerca da possibilidade de se indenizar o dano extrapatrimonial sofrido pelo empregado, decorrente da redução da capacidade laborativa por ato culposo do empregador, tem-se consolidado, com maior margem de certezas, aquelas posições favoravelmente a ela, desde que se apresentem comprovados os requisitos mínimos para assim o fazer: o dano, a culpa do empregador e o nexo de causalidade para com o trabalho e/ou condições de trabalho desenvolvidas. O empregado, atingido em sua plena capacidade laboral, por acidente de trabalho que restringe ou limita sua atividade, por certo sente, em seu âmago, intranqüilidade, insatisfação, desânimo, descrença, insegurança e toda sorte de incômodos e desequilíbrios psíquicos, afetando-lhe no mais íntimo de seu ser. TRT 3ª Reg. — RO 00417-2005-036-03-00-9 — (Ac. 5ª T.) — Rel. Juiz Emerson José Alves Lage. DJMG 13.8.05, p. 9.

Responsabilidade civil — Doença profissional — Prova

Ementa: RESPONSABILIDADE CIVIL. DOENÇA PROFISSIONAL. PROVA. Havendo a realização de perícia médica que analisou o nexo de causa e efeito entre o trabalho e a doença, capaz de caracterizar a doença ocupacional e a incapacitação para o trabalho e, tendo essa prova concluído que a reclamante é portadora de patologia incapacitante que não tem origem ocupacional, a artrite reumatóide, deve ser mantida a r. sentença que indeferiu os pleitos de dano material e moral. Ademais, a controvérsia entre peritos sobre o nexo causal da incapacitação aponta dúvidas quanto a este fator determinante na geração do direito à indenização, sendo que, na responsabilidade civil, a dúvida não se resolve *pro misero* e, no tocante à teoria do risco, a mesma é inaplicável, pois o Código Civil adotou a teoria subjetiva que exige o dolo e a culpa como fundamento para a obrigação indenizatória, conforme Acórdão do Segundo Tribunal de Alçada do Estado de S. Paulo, da lavra do eminente Juiz Peçanha de Moraes, Apel. 558.075-00/9, 2ª C., julgado em 25.10.1999. TRT 8ª Reg. — RO 753/02 — (Ac. 2ª T., julg. 17.4.02) — Relª Juíza Elizabeth Fátima Martins Newman. Rev. do TRT 8ª Reg., v. 35, n. 69, jul./dez./02.

Responsabilidade civil do empregador — Indenização por dano moral — Cabimento

Ementa: DOENÇA PROFISSIONAL. RESPONSABILIDADE CIVIL DO EMPREGADOR. Consoante dispõe o artigo 7º, item XXVIII, da Constituição da República, cabe ao empregador reparar dano advindo do acidente do trabalho ou doença profissional na hipótese de agir com dolo ou culpa. No mesmo sentido é o art. 121 da Lei n. 8.213/91, cabendo aplicar, ainda, a regra contida no artigo 159 do Código Civil. O pedido de indenização exige a avaliação de três elementos, a saber: ocorrência de dano; relação de causalidade entre o dano e o trabalho desenvolvido pelo obreiro; culpa do empregador. Mantém-se a condenação ao pagamento de indenização por dano moral, quando a prova dos autos revela que o autor sofreu acidente quando tentava mover carga com peso excessivo, por ordem da reclamada, que também não procurou resguardar sua segurança, deixando de treiná-lo adequadamente para esse tipo de operação. Evidencia-se, no caso, não só o sofrimento ensejado pela doença profissional, mas também a negligência da empregadora em zelar pela integridade física de seus empregados. TRT 3ª Reg. — RO 12.380/02 — (Ac. 2ª T.) — Red. Juíza Alice Monteiro de Barros. DJMG 5.12.02, p. 12.

Tarefas que exigiam o emprego de força muscular excessiva — Hérnia inguinal — Doença profissional — Configuração

Ementa: DANO MORAL. ACIDENTE DO TRABALHO. Comprovado o fato de o autor executar tarefas que exigiam o emprego de força muscular excessiva, assim como a lesão sofrida no curso da prestação de serviços (hérnia inguinal), em conseqüência do esforço realizado no levantamento de um poste de iluminação, sem o auxílio de máquinas e cordas, impõe-se ao empregador a obrigação de compensar o dano moral resultante da ofensa à integridade física do trabalhador. A responsabilidade, no caso, decorre da negligência da empresa, que adotou condição insegura para execução de tarefa considerada perigosa. TRT 3ª Reg. — RO 00544-2004-037-03-00-3 — (Ac. 7ª T.) — Rel. Juiz Jesse Claudio Franco de Alencar. DJMG 18.8.05, p. 19.

Da decisão acima, colhe-se a seguinte fundamentação:

"DANO MORAL

O Juízo de origem deferiu ao reclamante compensação de dano moral resultante da doença profissional, no importe de R$ 10.000,00.

A reclamada não se conforma com a decisão e alega inexistir prova de culpa ou dolo pelo sinistro.

Também nesse aspecto não lhe assiste razão.

O perito oficial deixa claro que a forma de execução de algumas atividades era irregular e apresentava risco para os trabalhadores. E assim é que, exatamente nas tarefas de levantamento dos postes, era necessário o uso de equipamentos de sustentação que dispensasse o emprego de força muscular excessiva pelos trabalhadores. O autor não contava com esse tipo de suporte e a prova técnica demonstrou a conseqüência dessa omissão, consubstanciada na moléstia profissional. Constata-se, então, que a prova dos autos evidencia não só o nexo de causalidade entre a doença profissional e a atividade desenvolvida pelo autor, como também a negligência da reclamada, que adotou condição insegura para execução de tarefa que era até mesmo perigosa.

A reclamada pretendia, ainda, a redução da quantia deferida. Deve-se ter em vista que a compensação do dano nesse caso tem o fim de propiciar ao ofendido um lenitivo e, ao mesmo tempo, coibir a repetição desse tipo de procedimento, emergindo, nessa segunda hipótese o caráter pedagógico da compensação.

Pesa contra a reclamada, não só a circunstância de colocar em risco a integridade física de vários trabalhadores, mas também a omissão da CAT, circunstância que revela a inteira ausência de amparo ao reclamante. Além disso, deve ser levado em conta que a lesão sofrida pelo autor obrigou-o a permanecer em repouso desde março de 2002 (f. 482) até 20/09/2003, ou seja, a moléstia exigiu tratamento ao longo de 18 meses, o que sugere lesão relativamente extensa, que, ainda, trouxe seqüelas irreversíveis, pois o reclamante não deverá executar atividade que exija esforço físico, consoante recomendação do *expert* (f. 461). Confrontando todos esses aspectos, considero razoável a quantia deferida.

Nada a prover."

Teoria da responsabilidade subjetiva — Dano moral — Requisitos

Ementa: I — DOENÇA PROFISSIONAL. AUXÍLIO-DOENÇA ACIDENTÁRIO. GARANTIA DE EMPREGO. OJ N. 230 DA SBDI-1 DO C. TST. Infere-se da dicção do artigo 118 da Lei n. 8.213/1991 que são pressupostos para o deferimento da garantia de emprego, decorrente de acidente de trabalho, o afastamento do empregado das funções laborais por mais de quinze dias e a percepção de auxílio-doença acidentário. Nesse sentido o entendimento consagrado no TST pela Orientação Jurisprudencial n. 230 da SDI. II — DANO MORAL. TEORIA DA RESPONSABILIDADE SUBJETIVA. Legalmente o fundamento da indenização por dano moral se encontra no regramento dos artigos 159 e 160 do Código Civil de 1916, e, com maior propriedade, nos artigos 186 a 188 do Novo Código Civil — Título III, Dos Atos Ilícitos (Lei n. 10.406/02, em vigor a partir de 11.1.03). Tais preceitos se coadunam ao princípio da responsabilidade civil, atualmente consagrada em regramento próprio no Título IX do Livro I da Parte Especial do Novo Código Civil (arts. 927 a 954), anteriormente vislumbrada nos artigos 1.518 a 1.553 do Código de 1916. Ainda, não se pode olvidar o princípio maior inscrito no artigo 5º, inciso X da Carta Magna de 1988. Elementar, ainda, que a configuração do dano moral não se sustenta somente na impressão subjetiva do empregado acerca de lesão a direito ínsito de sua personalidade. É preciso, inequivocamente, a prova de três circunstâncias: a) o elemento objetivo, consistente na ocorrência efetiva de uma ação ou omissão; b) o elemento subjetivo, consistente nos efeitos produzidos por tais atos ou omissão; c) o nexo causal, de tal forma que se possa dizer estreme de dúvida que houve ação ou omissão culposas ou dolosas do empregador, entre os elementos objetivo e subjetivo. TRT 9ª Reg. — Proc. 13740-2001-015-09-00-5 (RO-14399-2002) — (Ac. 10.937-2003) — Relª Juíza Sueli Gil El-Rafihi. DJPR 23.5.03, p. 443.

4. BIBLIOGRAFIA

Antônio Álvares da Silva, *Pequeno Tratado da Nova Competência Trabalhista*, outubro/2005, LTr, SP; Antonio Carlos Monteiro e Roberto Fleury de Souza Bertagni, *Acidentes do Trabalho e Doenças Ocupacionais*, 1998, Saraiva, SP; Antonio Lindbergh C. Montenegro, *Ressarcimento de Danos*, 2005, Lumen Juris, Rio; Carlos Alberto Pereira de Castro e João Batista Lazzari, *Manual de Direito Previdenciário*, 5ª ed., 2004, LTr, SP; Cleber Lúcio de Almeida, *Responsabilidade Civil do Empregador e Acidente de Trabalho*, 2003, Del Rey, MG; Gisela Sampaio da Cruz, *O Problema do Nexo Causal na Responsabilidade Civil*, 2005, Renovar, Rio; Guilherme Guimarães Feliciano, *Tópicos Avançados de Direito Material do Trabalho, Abordagens Multidisciplinares, vol. 2, 2006, editora Damásio de Jesus, SP;* Hertz J. Costa, *Acidentes do Trabalho na Atualidade*, 2003, Ed. Síntese, Porto Alegre, RS; João José Sady, *Responsabilidade Civil do Empregador em Caso de Acidente do Trabalho*, *in A Previdência Social Hoje*, homenagem a Anníbal Fernandes, Coordenador Sérgio Pardal Freudenthal, 2004, LTr, SP; José Salem Neto, *Acidentes do Trabalho na Teoria e na Prática*, 2ª ed., 2001, LTr, SP; Juliana de Oliveira Xavier Ribeiro, "O Nexo Técnico Epidemiológico e a Responsabilidade pelo Meio Ambiente do Trabalho", in *Responsabilidade Social nas Relações Laborais,* vários autores, Homenagem ao Professor Amauri Mascaro Nascimento, Coord. Mara Vidigal Darcanchy, junho de 2007, LTr, SP; Luiz Carlos Amorim Robortella, *Responsabilidade Civil do Empregador Perante o Novo Código Civil*, Revista do Tribunal Superior do Trabalho da 15ª Região, vol. 22, jan./jun./2003, LTr, SP; Luís Manuel Teles de Menezes Leitão, *Temas Laborais, Estudos e Pareceres,* março/2006, Almedina, Portugal; Marco Fridolin Sommer Santos, *Acidente do Trabalho entre a Seguridade Social e a Responsabilidade Civil — Elementos para uma Teoria do Bem-Estar e da Justiça Social*, setembro/2005, LTr, SP; Maria Zuíla Lima Dutra, "Acidente do Trabalho", Jurisprudência Brasileira Trabalhista, Acidente do Trabalho, vol. 57, 2003, Juruá, Curitiba, PR; Oswaldo Michel, *Acidentes do Trabalho e Doenças Ocupacionais*, 2000, LTr, SP; Paulo Eduardo V. Oliveira, *O Dano Pessoal no Direito do Trabalho*, 2002, LTr, SP; Paulo Gonzaga, *Perícia Médica da Previdência Social,* 2000, LTr, SP; Rodolfo Andrade de Gouveia Vilela, *Desafios da Vigilância e da Prevenção de Acidentes do Trabalho*, 2003, LTr, SP; Rodolfo Pamplona Filho, *O Dano Moral na Relação de Emprego*, 3ª ed., julho/2002, LTr, SP; Sebastião Geraldo de Oliveira, *Indenizações por Acidente do Trabalho ou Doença Ocupacional,* junho/2005, LTr, SP; Sebastião Geraldo de Oliveira, *Proteção Jurídica à Saúde do Trabalhador*, 2ª ed., 1998, LTr, SP; Telmo Aristides dos Santos, *A Responsabilidade Civil do Empregador por Acidente do Trabalho*, Jurisprudência Brasileira Trabalhista, Acidente do Trabalho, vol. 57, 2003, Juruá, Curitiba, PR; Vicente José Malheiros da Fonseca, *Acidente do Trabalho e suas Repercussoes no Processo Trabalhista*, Jurisprudência Brasileira Trabalhista, Acidente do Trabalho, vol. 57, 2003, Juruá, Curitiba, PR; Wladimir Novaes Martinez, *Dano Moral no Direito Previdenciário*, novembro/2005, LTr, SP.

Vide também a bibliografia dos Capítulos I e IX, que tratam sobre "Dano Moral — Conceito e sua aplicação no Direito do Trabalho" e "Dano Moral e os Direitos da Personalidade".

CAPÍTULO XII

DANO MORAL E OS INTERESSES DIFUSOS E COLETIVOS (DANO MORAL COLETIVO)

1. COMENTÁRIO

1.1. Direito positivo e sua interpretação

A Constituição Federal estabeleceu um manto protetor sobre os valores sociais do trabalho e a dignidade da pessoa humana, tanto que os colocou entre os princípios fundamentais de um Estado Democrático de Direito (art. 1º, III, IV, da CF).

Nos incisos V e X do art. 5º da Carta Magna, foram garantidos os direitos ligados à pessoa e aos seus bens mais preciosos, além da vida, que são a honra, a intimidade, a vida privada e a imagem. No inciso V, foi assegurado o "direito de resposta, proporcional ao agravo, além da indenização por dano material, moral ou à imagem", e no X, está disposto que "são invioláveis a intimidade, a vida privada, a honra e a imagem das pessoas, assegurado o direito a indenização pelo dano material ou moral decorrente de sua violação".

Na legislação civil, foi sistematizada a forma de garantia de tais direitos, ao estabelecer nos arts. 11 a 21 os "Direitos da Personalidade", os quais figuram no Capítulo II do atual Código Civil (Lei n. 10.406, de 10 de janeiro de 2002), nos arts. 186 e 187, a normatização dos atos ilícitos e nos arts. 927 a 954, do mesmo Código, a obrigação de indenizar, sendo que, no caso de dano moral, a respectiva indenização não é tarifada e, por essa razão, fica ao arbítrio com alguns parâmetros aceitos pela doutrina e jurisprudência.

A violação de um direito tido por fundamental pode acontecer em relação a uma pessoa, mas pode também alcançar uma coletividade e, nesse sentido, a definição de *R. Limonge França,* para quem "dano moral é aquele que, direta ou indiretamente, a pessoa física ou jurídica, bem assim a coletividade, sofre no aspecto não econômico dos seus bens jurídicos"[(1)], e acrescenta mais adiante, "parece que poderíamos mesmo afirmar a possibilidade de existir dano moral à coletividade, como sucederia na hipótese de se destruir algum elemento do seu patrimônio histórico ou cultural, sem que se deva excluir, de outra parte, o referente ao seu patrimônio ecológico"[(2)].

Citando *Carlos Alberto Bittar Filho*, *Pinho Pedreira* assinala que "O direito brasileiro reconhece o dano moral coletivo tanto no inciso VI do art. 6º do Código de Defesa do Consumidor como, em um âmbito maior, no art. 1º, *caput* e inciso IV da Lei n. 7.347, de 24 de julho de 1985, sobre ação civil pública". Para *Carlos Alberto Bittar Filho,* se *"o indivíduo pode ser vítima de*

---

(1) "Reparação do Dano Moral". *In Estudo de Direito*, vários autores, Livro em Homenagem ao Prof. Washington Luiz da Trindade, Coordenação de Antonio Carlos de Oliveira e Rodolfo Pamplona Filho, 1998, LTr, SP, p. 130.

(2) Ob. cit., p. 130.

dano moral não há porque não o possa ser da coletividade. Assim, pode-se afirmar que o dano moral coletivo é a injusta lesão da esfera moral de uma dada comunidade, ou seja, é a violação antijurídica de um determinado círculo de valores coletivos. Quando se fala em dano moral coletivo, está-se fazendo menção ao fato de que o patrimônio valorativo de uma certa comunidade (maior ou menor), idealmente considerado, foi agredido de maneira absolutamente injustificável do ponto de vista jurídico; quer isso dizer, em última instância, que se feriu a própria cultura, em seu aspecto *material*"[(3)].

José Jairo Gomes afirma que "o *dano coletivo* que dá margem à reparação é o que atinge direito e interesse coletivos em sentido amplo", e complementa: "Tomemos o meio ambiente como exemplo de dano coletivo. O art. 225 da Constituição Federal, após prever que todos têm direito ao ambiente ecologicamente equilibrado, dispõe que as condutas e atividades consideradas lesivas ao meio ambiente sujeitarão os infratores, pessoas físicas ou jurídicas, a sanções penais e administrativas, independentemente da obrigação de reparar os danos causados (§ 3º). Assim, o meio ambiente é um direito-interesse difuso, pois, sob o aspecto subjetivo, seus titulares são indetermináveis; sob o objetivo, trata-se de um direito transindividual, não se circunscrevendo à esfera de uma só pessoa; enfim, todos os indetermináveis titulares encontram-se entre si ligados por uma circunstância fática, não jurídica, que é a realidade do meio ambiente"[(4)].

Daí porque assevera *Arion Sayão Romita* que se pode "entender por dano moral coletivo aquele que decorre da violação de direitos de certa coletividade ou a ofensa a valores próprios dessa mesma coletividade, como sucede, por exemplo, com a crença religiosa, o sentimento de solidariedade que vincula os respectivos membros, a repulsa a atos de discriminação contra membros da coletividade ou do próprio grupo, como tal"[(5)].

Hoje, pode-se afirmar sem medo de errar que a existência do dano moral coletivo é uma realidade inafastável e ele pode acontecer no campo das relações de consumo, da publicidade enganosa, nos segmentos da sociedade ligados à cultura ou ecologia e na seara trabalhista. Nessa esfera, por certo encontrará campo fértil para a sua incidência em virtude da existência de várias hipóteses que são encontradiças na doutrina e também nas decisões judiciais reconhecendo a sua ocorrência.

Com efeito, *Xisto Tiago de Medeiros Neto*, em obra de inestimável valor sobre o dano moral coletivo, afirma que, "em sede trabalhista, colhem-se, primeiramente, os exemplos ofertados por João Carlos Teixeira, que aponta para configuração de danos morais coletivos as hipóteses de lesão ao meio ambiente do trabalho, decorrente da violação das normas de proteção à saúde e à segurança dos trabalhadores; submissão dos trabalhadores à condição análoga à de escravo, com privação dos direitos básicos inerentes à dignidade da pessoa humana; e exploração de trabalho de criança ou de adolescente"[(6)].

Dissecando sobre a responsabilidade civil por dano moral difuso e coletivo na Justiça do Trabalho, *Manoel Jorge e Silva Neto* diz que são várias as hipóteses de transgressão a interesse difuso do trabalhador, indicando algumas delas, como segue: i) desatendimento à proporcionalidade para contratação de empregados portadores de deficiência, nos termos do art. 93 da Lei n. 8.213/91, posto que inviável delimitar, no universo do mercado de trabalho, os trabalhadores sob tais condições a serem contratados pela empresa; ii) contratação de empre-

---

(3) Pedreira da Silva, Luiz de Pinho. *A Reparação do Dano Moral no Direito do Trabalho*, 2004, LTr, SP, p. 133.

(4) *A Responsabilidade Civil e Eticidade*, 2005, Del Rey, Belo Horizonte, MG, p. 279.

(5) Dano Moral Coletivo, In Revista IOB Trabalhista e Previdenciária, n. 216, junho/07, p. 37.

(6) *Dano Moral Coletivo*, 2004, LTr, SP, p. 159.

gados públicos por sociedades de economia mista ou empresas públicas à revelia do comando expresso no art. 37 da Constituição, garantidor do interesse difuso trabalhista à ampla acessibilidade à função pública"(7).

Quanto às de transgressão a interesse coletivo, *Silva Neto* afirma que são bem mais numerosas e as menciona: "i) determinação empresarial no sentido de que os empregados do estabelecimento se filiem a uma determinada agremiação sindical, por ser, presumivelmente, mais dócil aos interesses do empregador; ii) ofensa à normativa referente ao meio ambiente do trabalho; iii) divulgação não autorizada da imagem dos trabalhadores da empresa; iv) ilegítima imposição da obrigatoriedade quanto ao porte do bipe, telefones celulares ou qualquer outra parafernália eletrônica restritiva da garantia fundamental à vida privada (art. 5º, X, da Constituição); v) revistas pessoais excessivamente invasivas e constrangedoras, com inegável ofensa à intimidade dos trabalhadores (art. 5º, X, da Constituição); vi) prática de assédio sexual na empresa"(8).

As hipóteses evidenciadas e outras que fatalmente surgirão no mundo do trabalho e relacionadas com a lesão do interesse coletivo só poderão ser atacadas, em determinadas situações, se existirem mecanismos processuais que possibilitem a um só tempo alcançarem pessoas que foram lesadas, as que estão sendo lesadas e evitar que outras fiquem na mesma situação.

1.2. Legitimidade para propositura da ação por dano moral coletivo

Ao se referir aos interesses difusos e coletivos sob o aspecto processual, deve-se ter em mente que o art. 6º, VI, da Lei n. 8.078/90 (Código de Defesa do Consumidor) estabelece a possibilidade da "efetiva prevenção e reparação de danos patrimoniais e morais, individuais, coletivos e difusos". A ação civil pública é o meio pelo qual é exercitado o direito de ação para reparação dos citados direitos, sendo certo que foi a Lei n. 7.347, de 24.7.85, que ampliou seu campo de ação.

Por outro lado, entende-se por direitos difusos cujos titulares não se pode determinar. São aqueles "que têm a indeterminabilidade de seus titulares interligados por mera circunstância fática, encontrando-se seu objeto disperso pela comunidade e o que caracteriza os Direitos e Interesses Coletivos é justamente a possibilidade de sua determinação, pois os mencionados titulares estão ligados entre si ou com a parte contrária por uma relação jurídica base e não mera circunstância factual"(9).

Tais definições têm seu ponto de apoio no art. 81 do Código de Defesa do Consumidor, que está assim disposto:

> "Art. 81. A defesa dos interesses e direitos dos consumidores e das vítimas poderá ser exercida em juízo individualmente, ou a título coletivo.
>
> Parágrafo único. A defesa coletiva será exercida quando se tratar de:
>
> I — interesses ou direitos difusos, assim entendidos, para efeitos deste Código, os transindividuais, de natureza indivisível, de que sejam titulares pessoas indeterminadas e ligadas por circunstâncias de fato;

---

(7) "A Responsabilidade Civil por Dano Moral Difuso e Coletivo na Justiça do Trabalho", Revista de Direito do Trabalho, Coordenação de Nelson Mannrich, vol. 103, jul./dez./2003, p. 111.

(8) Ob. cit., p. 111/112.

(9) Amarildo Carlos de Lima, *A Ação Civil Pública e sua Aplicação no Processo do Trabalho*, abril/2002, LTr, SP, p. 40.

II — interesses ou direitos coletivos, assim entendidos, para efeitos deste Código, os transindividuais, de natureza indivisível, de que seja titular grupo, categoria ou classe de pessoas ligadas entre si ou com a parte contrária por uma relação jurídica base;

III — interesses ou direitos individuais homogêneos, assim entendidos os decorrentes de origem comum."

Quando nos referimos acima a mecanismos processuais que atendam o maior número de pessoas lesadas, deduzimos logo que os sindicatos profissionais têm legitimidade para propor ações coletivas objetivando a reparação de danos sofridos pelos integrantes da categoria, conforme previsão no art. 8º, III, da Carta Magna, até porque não teria sentido nem lógica a sua inércia diante de uma situação em que se clama a sua atuação para defesa de direitos de primeira grandeza, como o são aqueles inerentes aos "valores sociais do trabalho" e à "dignidade da pessoa humana" (art. 1º). Entende, no entanto, *Manoel Jorge e Silva Neto*, "que os sindicatos profissionais não têm legitimidade para postular a reparação por dano moral difuso na Justiça do Trabalho, mas apenas os de caráter coletivo, notadamente à conta do comando do art. 5º, XXI, e art. 8º, III, da Constituição"[(10)].

No que se refere aos direitos individuais homogêneos, é preciso esclarecer que se trata de pretensão de interesses em que os seus titulares são identificáveis, o objeto pode ser partilhado e têm a origem comum. Em relação a esses interesses, tanto o Ministério Público do Trabalho como os Sindicatos estão legitimados a representar os trabalhadores, só que em relação ao primeiro, a jurisprudência tem deixado antever pela sua legitimidade tão-somente quando está em jogo não só a amplitude da lesão, mas, sobretudo, o interesse da coletividade como um todo. Destaque-se, também, que a legitimidade do "Parquet" para tais situações reside no fato de que o Ministério Público do Trabalho possui a prerrogativa da instauração do inquérito civil no qual são obtidas as provas necessárias que possibilitam não só a formalização do termo de ajustamento de conduta ou então o ajuizamento da ação civil pública.

Existem também hipóteses em que está presente a legitimidade concorrente (art. 82 do CDC), ou seja, a ação tanto poderá ser ajuizada pelo Ministério Público do Trabalho como pelo Sindicato, havendo apenas distinção sobre o enfoque da atuação de cada um. É que o Ministério Público do Trabalho visa à defesa da ordem jurídica protetiva do trabalhador, enquanto os Sindicatos defendem os trabalhadores como destinatários da ordem jurídico-laboral. Assim, têm legitimidade para propor a Ação Civil Pública, na Justiça do Trabalho, tanto o Ministério Público do Trabalho, nos termos do disposto no art. 129, III, da Carta Magna, quanto os Sindicatos, consoante dispõem os arts. 8º, III e 129, I também da Constituição da República, sendo que a Lei n. 7.347/85, no art. 5º, também confere essa legitimidade aos entes públicos.

Sob tal enfoque, não podemos deixar de consignar a lição de *Xisto Tiago de Medeiros Neto*, para quem "a lesão a interesses de feição extrapatrimonial coletiva representa, no mais das vezes, um dano à própria sociedade, a exigir a imposição de sanção exemplar, o que se concretiza por meio de uma obrigação pecuniária. Não é por outro motivo que se tem emprestado a esse tipo de lesão, além da expressão de 'dano moral coletivo', a designação de 'dano social', 'dano genérico', ou simplesmente 'dano difuso' ou 'dano coletivo'"[(11)] e, que, "no tempo presente, o reconhecimento e a efetiva reparação dos danos morais coletivos — na medida em que sanciona o ofensor (desestimulando novas lesões) e compensa os efeitos

(10) Ob. cit., p. 124.
(11) Ob. cit., p. 165.

negativos decorrentes do desrespeito aos bens mais elevados do agrupamento social — constituem uma das formas de alicerçar o Estado Democrático de Direito"[12].

1.3. Litispendência entre a ação coletiva e a ação individual

Quando se fala em litispendência, significa dizer a existência de uma ação instaurada anteriormente e tida por idêntica, daí porque o réu, ao oferecer a defesa, deverá alegar o fato como preliminar. Ocorre que a litispendência, como está bem claro no art. 301, V, do CPC, deve ser alegada porque visa, em última análise, a impedir a instauração de causa idêntica perante outro juiz, evitando duas sentenças distintas e prejuízo para a segurança jurídica.

Entretanto, o art. 104 do CDC, aplicável subsidiariamente à Lei da Ação Civil Pública, dispõe:

> "Art. 104. As ações coletivas, previstas nos incisos I e II e do parágrafo único do art. 81, não induzem litispendência para as ações individuais, mas os efeitos da coisa julgada *erga omnes ou ultra partes* a que aludem os incisos II e III do artigo anterior não beneficiarão os autores das ações individuais, se não for requerida sua suspensão no prazo de 30 (trinta) dias, a contar da ciência nos autos do ajuizamento da ação coletiva."

A jurisprudência acompanha tal posicionamento, conforme a ementa abaixo:

> Ementa: LEGITIMIDADE. EMPREGADOR NO PÓLO PASSIVO DA AÇÃO TRABALHISTA. PEDIDO DE DIFERENÇAS DE COMPLEMENTAÇÃO DE APOSENTADORIA. RECONHECIMENTO. Evidenciado nos autos que a empresa responsável pelo pagamento da complementação de aposentadoria do obreiro está diretamente vinculada à empresa reclamada, esta é parte legítima para figurar no pólo passivo da ação trabalhista. Ou seja, presença de uma relação jurídica, em tese, vinculando o réu à pretensão deduzida pelo autor. LITISPENDÊNCIA. EXISTÊNCIA DE AÇÃO CIVIL PÚBLICA TENDO COMO PEDIDO E CAUSA DE PEDIR OS MESMOS DEDUZIDOS NA RECLAMATÓRIA TRABALHISTA. NÃO CONFIGURAÇÃO. INTELIGÊNCIA DOS ARTS. 81, PARÁGRAFO ÚNICO, III, 103, §§ 1º, 2º E 3º, E 104, TODOS DO CDC. O exercício das ações coletivas, seja a fim de tutelar interesses difusos, coletivos ou individuais homogêneos, não impedem que os co-titulares dos interesses exerçam ações individuais para a defesa dos interesses individuais divisíveis que tenham em comum fundamentos de fato e de direito. É o que se vislumbra dos arts. 103, §§ 1º, 2º e 3º, e 104, todos do CDC. A ressalva expressa nesses artigos era até desnecessária, pois os interesses individuais não se confundem com os meta-individuais, são de outra dimensão e, por isso, serão outras as ações, não havendo porque se cogitar de litispendência ou eventual ofensa à coisa julgada. TRT 15ª Reg. (Campinas/SP) — RO 2084-2005-028-15-00-2 — (Ac. 19788/07-PATR, 4ª C.) — Rel. Juiz Luís Carlos Cândido Martins Sotero da Silva. DJSP 11.5.07, p. 16.

É bem verdade que os direitos subjetivos individuais são distintos e de outra dimensão e não se confundem com os metaindividuais, notadamente porque nas ações individuais busca-se o direito pessoal, diverso, portanto, das ações coletivas em que os bens almejados são indivisivelmente considerados, ou quando não, em obrigação de fazer ou não fazer, mas os efeitos da coisa julgada trazem conseqüências na ordem jurídica, como bem está esclarecido na ressalva constante da parte final do art. 301 do CDC.

E sobre esta parte final explica *Ada Pellegrini Grinover* que o "Código oferece duas opções ao demandante a título individual:

---

(12) Ob. cit., p. 278.

"a) pretendendo o autor prosseguir em sua ação individual, ficará excluído da extensão subjetiva do julgado prevista para a sentença que vier a ser proferida na ação coletiva. Mesmo sendo ela favorável e projetando-se seus efeitos *erga omnes* ou *ultra partes* (nos termos dos incs. I a III do art. 103, e seus § 1º e 2º), o autor que já pôs em juízo sua ação individual e que pretenda vê-la prosseguir em seu curso não será beneficiado pela coisa julgada que poderá eventualmente formar-se na ação coletiva. A ação individual pode continuar o seu curso, por inexistir litispendência, mas o autor assume os riscos do resultado desfavorável (excepcionando expressamente o Código ao princípio geral da extensão subjetiva do julgado, *in utilibus*);

"b) se o autor preferir, poderá requerer a suspensão do processo individual, no prazo de 30 dias a contar da ciência, nos autos, do ajuizamento da ação coletiva. Nesse caso, será ele beneficiado pela coisa julgada favorável que se formar na ação coletiva. Sendo improcedente a ação coletiva, o processo individual retomará seu curso, podendo ainda o autor ver acolhida sua demanda individual. Tudo coerentemente com os critérios da extensão subjetiva do julgado *secundum eventum litis* adotados pelo Código.

"A suspensão do processo individual, no caso da alínea *b, supra,* não tem limites temporais, perdurando pelo tempo necessário ao trânsito em julgado da sentença coletiva"[13].

O sistema adotado pelo CDC tem razão de ser, na forma posta, pois não teria sentido e nem lógica que a parte ficasse na expectativa de duas decisões em ações diferentes, uma de caráter coletivo e outra individual (no plano processual, é possível acontecer), que têm em comum o mesmo objeto (pedido e causa de pedir). Em outras palavras, poderíamos ter na ação individual a procedência do pedido e na coletiva, a improcedência, ou vice-versa. Isso a ordem jurídica não poderia dar guarida, daí porque assinala *Ada Pellegrini Grinover* que "os próprios princípios sobre a coisa julgada impedirão que o demandante se sujeite a comandos praticamente contraditórios. Fica evidente, portanto, que, se não se tiver pedido a suspensão do processo individual, que acabou resultando em sua derrota, não poderá ser favorecido pela coisa julgada que se formou na ação coletiva"[14].

1.4. Prescrição

O instituto da prescrição surgiu como um interesse jurídico-social, a fim de se evitar a perpetuação dos conflitos nas relações jurídicas, visando, em última análise, a estabelecer regras de ordem pública que levam ao estabelecimento da harmonia, da paz e da segurança jurídica. Nesse sentido, a lição de *Câmara Leal,* quando afirma que: "Toda instituição legislativa deve assentar-se sobre um motivo de ordem jurídico-social, porque, mesmo quando a lei tem por fim prover a um interesse privado, ela age precipuamente no interesse público, visto como essa é a função da influência que o equilíbrio das relações privadas exerce sobre a ordem pública. Colocada a questão nestes termos, devemos reconhecer que o único fundamento aceitável da prescrição é o interesse jurídico-social. Tendo por fim extinguir as ações ela foi criada como medida de ordem pública, para que a instabilidade do direito não viesse a perpetuar-se com sacrifício da harmonia social, que é a base fundamental do equilíbrio sobre que se assenta a ordem pública"[15].

---

(13) *Código Brasileiro de Defesa do Consumidor,* 8ª ed., 2004, Forense Universitária, Rio, p. 942.
(14) Ob. cit., p. 946.
(15) Câmara Leal, Antônio Luis da, *Da Prescrição e da Decadência,* 4ª ed., 1982, Forense, Rio, p. 15.

Entretanto, em sede de ação civil pública, a questão do prazo prescricional comporta algumas considerações.

É que há entendimento de que não há prescrição e decadência quando o interesse é difuso e conseqüentemente indisponível, de forma que o titular do direito fica sempre na dependência da atuação dos órgãos legitimados para o ajuizamento da respectiva ação. Nesse sentido, afirma *Adriano Sant'Ana Pedra* que, "se é necessário que haja inércia do titular bem como decurso do tempo para que haja prescrição e decadência, no que concerne aos interesses e direitos difusos e coletivos, o titular do direito não age porque é indolente, mas sim porque não é possível que ele tome alguma providência. Assim, se a falta de exercício do direito não pode ser atribuída à inércia do titular, não se pode falar nestes institutos"(16).

Sob a mesma ótica, a lição de *Eduardo Henrique Raymundo Von Adamovich* ao assinalar que "as indenizações ao fundo de que trata o art. 13, da Lei n. 7.347/85, igualmente, não se podem sujeitar a prazos prescricionais, uma vez que indisponíveis os direitos difusos e coletivos quando impossíveis de ser individualizados. Admitir-se o contrário seria permitir-se a disposição pelos agentes legalmente legitimados dos direitos metaindividuais pela via da inércia conducente à prescrição. Apenas aqueles direitos patrimoniais possíveis de ser individualizados, conquanto protegidos por ações coletivas e inscritos na linha de autonomia negocial coletiva assegurada constitucionalmente aos sindicatos (Constituição, art. 7º, inc. XXVI), como é geralmente o caso dos direitos individuais homogêneos, podem ser ditos prescritíveis, uma vez que aí poderia entender-se que foi a inércia coletiva dos trabalhadores em provocar a atuação de seus sindicatos pelos mecanismos internos de participação que teria levado à prescrição"(17).

Não há dúvida de que, em relação aos direitos individuais homogêneos aplica-se o prazo prescricional, no caso, o do art. 7º, XXIX, da Carta Magna, já que, se os próprios trabalhadores não se organizaram para o ajuizamento da ação coletiva ou mesmo de demanda individual, a inércia leva à incidência da prescrição como medida de segurança jurídica.

1.5. Competência para julgamento da ação civil pública

1.5.1. Competência em razão da matéria

Pela Emenda Constitucional n. 45, de 31.12.04, a competência em razão da matéria para apreciação de pedido de indenização por dano moral coletivo é da Justiça do Trabalho, na forma do art. 114 da CF.

1.5.2. Competência funcional

A jurisprudência já se consagrou no sentido de que a competência funcional é o juízo de primeiro grau, por várias razões.

A primeira delas está no fato de que não há nenhuma previsão no Texto Constitucional que trata especificamente da competência no que diz respeito à ação civil pública, de forma que o órgão competente para sua apreciação só pode ser a Vara do Trabalho (art. 116 da CF).

---

(16) A Incidência da Prescrição e da Decadência na Tutela dos Direitos Metaindividuais. In *Direitos Metaindividuais*, Coordenação de Carlos Henrique Bezerra Leite, janeiro/2005, LTr, SP, p. 137.
(17) *Sistema da Ação Civil Pública no Processo do Trabalho*, maio/2005, LTr, SP, p. 399.

Em segundo lugar, não teria sentido o deslocamento da competência para Regional, porque normalmente as ações civis públicas exigem instrução que podem comportar provas documentais, testemunhais, periciais e, quando não, vistoria no próprio local de trabalho.

Em terceiro lugar, o próprio disposto no art. 93 do CDC, cujo texto se encontra na parte de referências legais, dá amparo a este entendimento, dado inclusive a maior proximidade dos órgãos de primeiro grau com os atores sociais em conflitos e tendo-se presente a realidade dos fatos e a probabilidade de solução negociada, o que tem acontecido na prática quando o litígio resulta em termo de ajustamento de conduta nos próprios autos da ação civil pública.

1.5.3. Competência territorial

No que concerne à competência territorial para a apreciação da ação civil pública, depois de muita controvérsia, a Seção de Dissídios Individuais-2, do Tribunal Superior do Trabalho, veio a editar a Orientação Jurisprudencial n. 130, assim disposta:

> **"AÇÃO CIVIL PÚBLICA. COMPETÊNCIA TERRITORIAL. EXTENSÃO DO DANO CAUSADO OU A SER REPARADO. APLICAÇÃO ANALÓGICA DO ART. 93 DO CÓDIGO DE DEFESA DO CONSUMIDOR. DJ 04.05.2004.** Para a fixação da competência territorial em sede de ação civil pública, cumpre tomar em conta a extensão do dano causado ou a ser reparado, pautando-se pela incidência analógica do art. 93 do Código de Defesa do Consumidor. Assim, se a extensão do dano a ser reparado limitar-se ao âmbito regional, a competência é de uma das Varas do Trabalho da Capital do Estado; se for de âmbito supra-regional ou nacional, o foro é o do Distrito Federal".

Referida Orientação, como visto pela sua própria redação, tem como suporte o disposto inciso II do art. 93 da Lei n. 8.078/90, que preconiza:

> "Art. 93. Ressalvada a competência da Justiça Federal, é competente para a causa a justiça local:
>
> I — no foro do lugar onde ocorreu ou deva ocorrer o dano, quando de âmbito local;
>
> II — no foro da Capital do Estado ou no do Distrito Federal, para os danos de âmbito nacional ou regional, aplicando-se as regras do Código de Processo Civil aos casos de competência concorrente."

Há, no entanto, muita resistência notadamente por membros do Ministério Público do Trabalho a essa referida Orientação, por entenderem que ela possibilita que o foro competente seja o local mais distante do dano, quando, na verdade, como bem afirma o Procurador do Trabalho da 2ª Região, *Ronaldo Lima dos Santos,* "a definição do local do dano como o foro competente para a apreciação das ações civis públicas, entre outros fundamentos, objetou conferir competência ao juízo mais próximo do local dos fatos, de sorte a privilegiar a investigação do ato praticado das suas conseqüências e das responsabilidades, além de facilitar a produção de provas, com agilização do procedimento, ao evitar-se a burocratização judiciária com o envio de precatórias"[(18)].

E acrescenta o Procurador que "esse fundamento que norteou a escolha do local do dano como o critério de determinação do foro competente, também deve balizar a interpretação do inciso II do artigo 93 do CDC; nesse ponto, a interpretação conferida pela OJ 130 fere esses fundamentos ao eleger como foros competentes para os diversos danos e suas dimensões,

---

(18) Análise da Orientação Jurisprudencial n. 130 da SDI-II do TST — A Competência Territorial das Ações Coletivas Trabalhistas. In. Juris Plenum Trabalhista e Previdenciária, Ano III, n. 11, abril/07, Ed. Plenum, Caxias do Sul, p. 113.

sempre o foro mais distante do local do dano. Assim, por exemplo, em danos que se estendem por duas ou mais comarcas, o fundamento das ações coletivas exige que privilegie uma das comarcas abrangidas pelo dano, e não a capital do Estado, como entendeu o Tribunal Superior do Trabalho. Por outro lado, na hipótese de danos interestaduais ou nacionais, o deslocamento da competência para o foro do Distrito Federal desprivilegia todo o sistema de produção de provas e o acesso à justiça dos sujeitos processuais, que deverão deslocar-se a foro distante do local dos fatos e em se tratando de lides referentes às relações de trabalho, do domicílio ou sede dos litigantes"(19).

Também o disposto no art. 2º da Lei n. 7.347/85 tem dado guarida à tese contrária à citada Orientação, ao estabelecer que:

> "Art. 2º As ações previstas nesta Lei serão propostas no foro do local onde ocorrer dano, cujo juízo terá competência funcional para processar e julgar causa.
>
> Parágrafo único. A propositura da ação coletiva prevenirá a jurisdição do juízo para todas as ações posteriormente intentadas que possuam a mesma causa de pedir ou o mesmo objeto".

A controvérsia por certo continuará até que se tenha uma posição definitiva sobre a questão.

1.5.4. Competência em razão do valor

Em relação ao processo do trabalho, não há o estabelecimento do valor da causa para efeito de competência, tal como acontece nos Juizados Especiais Cíveis (Lei n. 9.099/95, art. 3º, I), mas apenas "regras de diferenciação do rito processual em razão desse mesmo valor (Leis n. 5.584, de 26 de junho de 1970, e 9.957, de 12 de janeiro de 2000)"(20).

2. REFERÊNCIAS LEGAIS

Constituição Federal

Art. 1º A República Federativa do Brasil, formada pela união indissolúvel dos Estados e Municípios e do Distrito Federal, constitui-se em Estado Democrático de Direito e tem como fundamentos:

....

III — a dignidade da pessoa humana;

IV — os valores sociais do trabalho e da livre iniciativa;

....

Art. 5º Todos são iguais perante a lei, sem distinção de qualquer natureza, garantindo-se aos brasileiros e aos estrangeiros residentes no País a inviolabilidade do direito à vida, à liberdade, à igualdade, à segurança e à propriedade, nos termos seguintes:

....

V — é assegurado o direito de resposta, proporcional ao agravo, além da indenização por dano material, moral ou à imagem;

....

X — são invioláveis a intimidade, a vida privada, a honra e a imagem das pessoas, assegurado o direito a indenização pelo dano material ou moral decorrente de sua violação;

....

(19) Ob. cit., p. 113.
(20) Raymundo Von Adamovich, Eduardo Henrique, ob. cit., p. 207.

Art. 8º É livre a associação profissional ou sindical, observado o seguinte:

....

III — ao sindicato cabe a defesa dos direitos e interesses coletivos ou individuais da categoria, inclusive em questões judiciais ou administrativas;

....

Art. 129. São funções institucionais do Ministério Público:

....

III — promover o inquérito civil e a ação civil pública, para a proteção do patrimônio público e social, do meio ambiente e de outros interesses difusos e coletivos;

....

Lei Complementar n. 75, de 20.5.93

Art. 83. Compete ao Ministério Público do Trabalho o exercício das seguintes atribuições junto aos órgãos da Justiça do Trabalho:

....

III — promover a ação civil pública no âmbito da Justiça do Trabalho, para defesa de interesses coletivos, quando desrespeitados os direitos sociais constitucionalmente garantidos;

....

Código de Defesa do Consumidor — CDC

Art. 81. A defesa dos interesses e direitos dos consumidores e das vítimas poderá ser exercida em juízo individualmente, ou a título coletivo.

Parágrafo único. A defesa coletiva será exercida quando se tratar de:

I — interesses ou direitos difusos, assim entendidos, para efeitos deste código, os transindividuais, de natureza indivisível, de que sejam titulares pessoas indeterminadas e ligadas por circunstâncias de fato;

II — interesses ou direitos coletivos, assim entendidos, para efeitos deste código, os transindividuais, de natureza indivisível de que seja titular grupo, categoria ou classe de pessoas ligadas entre si ou com a parte contrária por uma relação jurídica base;

III — interesses ou direitos individuais homogêneos, assim entendidos os decorrentes de origem comum."

....

Art. 93. Ressalvada a competência da justiça federal, é competente para a causa a justiça local:

I — no foro do lugar onde ocorreu ou deva ocorrer o dano, quando de âmbito local;

II — no foro da Capital do Estado ou no Distrito Federal, para os danos de âmbito nacional ou regional, aplicando-se as regras do Código de Processo Civil aos casos de competência concorrente."

Lei n. 7.347, de 24.7.85

Art. 1º Regem-se pelas disposições desta Lei, sem prejuízo da ação popular, as ações de responsabilidadepor danos morais e patrimoniais causados: *(Redação dada pela Lei n. 8.884, de 11.6.94)*

....

V — a qualquer outro interesse difuso ou coletivo. *(Redação dada pela Lei n. 8.078, de 11.9.1990)* (Inciso renumerado pela Lei n. 10.257, de 10.7.01)

3. JURISPRUDÊNCIA

TST, Orientação Jurisprudencial da SDI-II N. 130:

N. 130 AÇÃO CIVIL PÚBLICA. COMPETÊNCIA TERRITORIAL. EXTENSÃO DO DANO CAUSADO OU A SER REPARADO. APLICAÇÃO ANALÓGICA DO ART. 93 DO CÓDIGO DE DEFESA DO CONSUMIDOR. DJ 04.05.2004. Para a fixação da competência territorial em sede de ação civil pública, cumpre tomar em conta a extensão do dano causado ou a ser reparado, pautando-se pela incidência analógica do art. 93 do Código de Defesa do Consumidor. Assim, se a extensão do dano a ser reparado limitar-se ao âmbito regional, a competência é de uma das Varas do Trabalho da Capital do Estado; se for de âmbito supraregional ou nacional, o foro é o do Distrito Federal.

Ação civil pública — Abuso do poder diretivo, na coação, no constrangimento e na intenção de lesar trabalhadores — Condenação ao pagamento de dano moral coletivo — Possibilidade

Ementa: AÇÃO CIVIL PÚBLICA. COMPROVAÇÃO DA ILICITUDE DOS ATOS PRATICADOS PELA RÉ, CONSISTENTES NO ABUSO DO PODER DIRETIVO, NA COAÇÃO, NO CONSTRANGIMENTO E NA INTENÇÃO DE LESAR TRABALHADORES. CONDENAÇÃO AO PAGAMENTO DE DANO MORAL COLETIVO. POSSIBILIDADE. Demonstrado que a ré praticou atos consistentes no abuso do poder diretivo, na coação, no constrangimento e na intenção de lesar trabalhadores, além da obrigação de não-fazer que lhe foi imposta, cujo descumprimento acarreta a aplicação de multa diária, a ser revertida ao Fundo de Amparo ao Trabalhador — FAT (art. 13 da Lei n. 7.347/85), cabe a condenação da demandada ao pagamento da indenização por dano moral coletivo (art. 1º, inc. IV, da Lei n. 7.347/85), dado o reconhecimento de que a lesão repercutiu coletivamente entre os empregados e ex-empregados envolvidos na mesma situação jurídica-base. TRT 12ª Reg. — RO-V 01192-2005-029-12-00-0 — (Ac. 3ª T. 11039/06, 06.06.06) — Relª. Juíza Lília Leonor Abreu. DJSC 16.8.06, p. 51.

Ação civil pública — Dano moral coletivo

Ementa: AÇÃO CIVIL PÚBLICA TRABALHISTA. DANOS MORAIS COLETIVOS. A prática adotada pela Reclamada de discriminar parentes de ex-empregados que ingressam com reclamação trabalhista, bem como de fornecer informações desabonadoras de ex-empregados, dificultando-lhes a obtenção de nova colocação no mercado de trabalho, constituem ilícitos vedados pelo ordenamento jurídico. Tais condutas violam o direito à cidadania, à dignidade da pessoa humana, ao valor social do trabalho, à igualdade, à não-discriminação, à inafastabilidade da tutela jurisdicional, à proteção ao emprego, dentre outros direitos constitucionalmente assegurados. Os danos decorrentes extrapolam a esfera individual dos sujeitos lesados, atentando também contra direitos difusos e coletivos, os quais são definidos no CDC (art. 81, parágrafo único, incisos I e II), como os transindividuais, de natureza indivisível. A evolução do instituto do dano moral no nosso sistema jurídico permite, atualmente, com base na Constituição Federal e nas Leis que regulamentam a tutela coletiva, a condenação da lesante à reparação dos danos morais coletivos. Busca-se com esta indenização oferecer à coletividade de trabalhadores uma compensação pelo dano sofrido, atenuando, em parte, as conseqüências da lesão, como também visa aplicar uma sanção pelo ilícito praticado. A indenização a título de danos morais coletivos deve ser revertida ao Fundo de Amparo do Trabalhador (art. 13 da Lei n. 7.347/85), em razão deste ser destinado ao custeio de programas assistenciais dos trabalhadores. TRT 3ª Reg. — RO 01107-2003-103-03-00-7 — (Ac. 4ª T.) — Rel. Juiz Luiz Otávio Linhares Renault. DJMG 24.7.09, p. 09.

Da decisão acima, colhe-se o seguinte fundamento:

"DANOS MORAIS COLETIVOS

Rebela-se a Recorrente contra a condenação ao pagamento de indenização a título de danos morais coletivos. Alega que não violou direitos transindividuais, que não causou prejuízos à sociedade, que a empresa não discrimina seus funcionários, que mantém em seu quadro funcional diversos empregados que já ingressaram na Justiça do Trabalho. Afirma que a discriminação, abstratamente considerada, envolve direitos individuais e não da coletividade. Aduz, por cautela, que a tutela inibitória já seria suficiente. Requer a redução do *quantum* fixado.

Razão não lhe assiste.

A discriminação perpetrada pela Recorrente (dispensa de empregados ou seus parentes em virtude do ajuizamento de reclamações trabalhistas), bem como o fornecimento de informações desabonadoras de ex-empregados a outras empresas, foram sobejamente comprovados nestes autos, conforme se verifica nos dois últimos tópicos desta decisão, aos quais remeto a Recorrente.

Tais condutas ilícitas violaram o direito à cidadania, à dignidade da pessoa humana, ao valor social do trabalho, à igualdade, à não-discriminação, à inafastabilidade da tutela jurisdicional, à proteção ao emprego, os quais encontram-se constitucionalmente assegurados nos arts. 1º, incisos II, III e IV; 5º, *caput* e incisos XIII, XXXV, XLI; 7º, incisos I, XXX, XXXI e art. 170, inciso VIII da CF/88.

Em face da relevância desses bens e da amplitude coletiva das práticas ilícitas restou configurado induvidosamente lesão aos interesses transindividuais, isto é, aqueles que pertencem a toda a sociedade, que ultrapassam a esfera de interesses meramente individual da pessoa lesada.

Sobre a configuração da lesão aos direitos transindividuais, merecem transcrição os excelentes fundamentos da v. sentença (fl. 2.182), os quais adoto: 'Sua atitude, jogando ao desemprego de forma discriminatória vários empregados, privando-lhes de direito básico inerente à própria dignidade (direito ao trabalho) — quando os dispensa e também quando dificulta nova colocação no mercado, ao prestar informações desabonadoras — viola os bons costumes, a moral e extrapola os direitos particulares dos diretamente atingidos, lesando interesses sociais e causando repercussão negativa na coletividade. Não se pode perder de vista, ainda, os sentimentos de angústia e intranqüilidade da coletividade de empregados que ainda prestam serviços à requerida e que assistem às práticas ali adotadas (neste feito houve prova de que os fatos reconhecidos são de conhecimento da comunidade de empregados), sem saberem se poderão ser os próximos a serem atingidos. Não reparar o dano moral importaria em um estado de indignação, descrédito e desalento da coletividade, que atentaria não só contra a sua tranqüilidade, como também jogaria por terra o tão almejado conceito de cidadania.'

Ao contrário do que sustenta a Reclamada, havendo lesão a interesses transindividuais, mostra-se pertinente a reparação do dano moral coletivo, independentemente do ressarcimento do dano moral individual.

Nesse sentido, assinala *João Carlos Teixeira* ('Dano moral coletivo na relação de emprego'. *In* 'Temas polêmicos de direito e processo do trabalho', São Paulo: LTr, 2000, p. 129) que 'repara-se o dano moral coletivo puro, independentemente de caracterização efetiva, em nível individual, de dano material ou moral. O conceito de valor coletivo, da moral coletiva é independente, autônomo, e, portanto, se desatrela da moral individual'.

Atualmente, o nosso ordenamento jurídico, após um longo período de maturação, admite a indenização por danos morais para a reparação de lesão extrapatrimonial causada às pessoas físicas e jurídicas, assim como à coletividade genericamente considerada.

Veja-se que a Constituição Federal, em seu art. 5º, V, 'assegurou o direito de resposta, proporcional ao agravo, além da indenização por dano moral ou à imagem' e no inciso X do mesmo artigo garantiu que 'são invioláveis a intimidade, a vida privada, a honra e a imagem das pessoas, assegurado o direito à indenização por dano material ou moral decorrente de sua violação'. O art. 186 do Novo Código Civil estabeleceu que 'aquele que, por ação ou omissão voluntária, negligência ou imprudência, violar direito e causar dano a outrem, ainda que exclusivamente moral, comete ato ilícito'.

Os danos morais coletivos encontram amparo em diversas Leis que tratam da tutela de interesses metaindividuais. Podem ser citadas a Lei de Ação Popular (arts. 1º e 11 — Lei n. 4.717/65), que é considerada a primeira lei brasileira a tratar, de forma mais ampla, dos interesses difusos, concebendo legitimidade ao cidadão para a proteção do patrimônio público; a Lei da Política Nacional do Meio Ambiente (Lei n. 6.938/81); a Lei de Abuso do Poder Econômico (Lei n. 8.881/94); o Código de Defesa do Consumidor (Lei n. 8.078/90) e a Lei da Ação Civil Pública (Lei n. 7.347/85), dentre outras.

A reparação genérica à coletividade pelos danos causados, conforme bem salienta o Recorrido à fl. 27, origina-se de uma visão mais socializante do Direito, sustentada pelos juristas modernos, onde se busca ressaltar o caráter transindividual de determinados valores fundamentais para a organização social e o bem comum. A reparação é devida, não só pela dificuldade de se reconstituir o mal já causado à coletividade, mas também, por já ter ocorrido a transgressão ao ordenamento jurídico vigente. Tal proteção a ser dispensada à coletividade está diretamente ligada ao sentimento de desapreço e de perda de valores essenciais que a afetam negativamente (fl. 2.247).

João Carlos Teixeira ('Dano moral coletivo na relação de emprego'. *In* 'Temas polêmicos de direito e processo do trabalho', São Paulo: LTr, 2000, p. 129) define o dano moral coletivo em face das relações de emprego como sendo 'a injusta lesão a interesses metaindividuais socialmente relevantes para a coletividade (maior ou menor), e assim tutelados juridicamente, cuja ofensa atinge a esfera moral de determinado grupo, classe ou comunidade de pessoas ou até mesmo de toda a sociedade, causando-lhes sentimento de repúdio, desagrado, insatisfação, vergonha, angústia ou outro sentimento psico-físico'.

Também não se há falar na suficiência da tutela inibitória no caso em comento. Isto porque a indenização por danos morais coletivos tem por objetivo oferecer à coletividade dos trabalhadores uma compensação pelo dano já sofrido, atenuando, em parte, as conseqüências da lesão e, ainda, visa aplicar à lesante uma sanção pelo ilícito praticado, pois, de modo contrário seria a sua premiação.

Relativamente ao valor da indenização pecuniária, registre-se que não há, no nosso ordenamento jurídico, uma predeterminação do montante, cabendo ao juiz, em cada caso concreto, a fixação do valor devido. Algumas diretrizes são estabelecidas na lei, tal como a do art. 944, que estabelece que 'a indenização mede-se pela extensão do dano'.

Sobre os critérios que devem embasar a fixação do valor dos danos morais, *João de Lima Teixeira Filho* ('O dano moral no direito do trabalho'. Revista LTr 60-91/1.171, set. 1996) observa, com percuciência, que se 'deve fazê-lo embanhado em prudência e norteado por algumas premissas, tais como a extensão do fato inquinado (número de pessoas atingidas, de assistentes ou de conhecedoras por efeito de repercussão); permanência temporal (o sofrimento é efêmero, pode ser atenuado ou tende a se prolongar no tempo por razão plausível); intensidade (o ato ilícito foi venial ou grave, doloso ou culposo); antecedentes do agente (a reincidência do infrator deve agravar a reparação a ser prestada ao ofendido); situação econômica do ofensor e razoabilidade do valor'.

No caso dos autos, a d. Juíza sopesando a gravidade dos ilícitos praticados, o porte econômico da Recorrida, a repercussão social, dentre outros fatores fixou o valor da indenização em R$ 80.000,00 — o que se revela bastante razoável. Não é o caso, como sustenta a Recorrente, de desproporção entre a gravidade da culpa e o dano (parágrafo único do art. 944 do Novo Código Civil). Tampouco representará o caos financeiro da empresa, principalmente considerando que a mesma transporta quase dois milhões de passageiros por mês, segundo as suas próprias informações (cada passagem custa R$ 1,50, donde se chega à conclusão de que o faturamento mensal da empresa é de R$ 3.000.000,00 por mês).

Provimento negado."

Ação civil pública — Dano moral coletivo — Cabimento

Ementa: NULIDADE DE SENTENÇA. Quando o equívoco praticado pelo Juízo primário não invalida toda a sentença proferida, pode ser perfeitamente sanado, eliminando-se o excesso vicioso. AÇÃO CIVIL PÚBLICA. DANO MORAL COLETIVO. Constatado que o proceder empresarial violou interesses e direitos juridicamente relevantes para toda a sociedade, restou configurado o dano moral coletivo, "com repercussão não só sobre os trabalhadores diretamente envolvidos, como sobre toda a sociedade, aviltada em valores sociais, cabendo, então, falar-se em lesão a interesses metaindividuais, em todas as suas modalidades: difusos, coletivos ou individuais homogêneos". Assim devida é reparação a qual, no âmbito da ação coletiva, tem função preventivo-pedagógica. Recurso conhecido e provido. TRT 10ª Reg. — RO 00252-2003-801-10-00-7 — (Ac. 2ª T.) — Rel. Juiz Mário Macedo Fernandes Caron. DJU3 30.4.04.

Da decisão acima, colhe-se o seguinte fundamento:

"3. Mérito — O magistrado prolator da sentença primária julgou improcedente o pedido de dano moral coletivo, sob o fundamento de que o autor não comprovou as irregularidades que o fundamentaram.

Pugna o recorrente pela reversão desse julgado, sustentando, em síntese, que restaram provadas as irregularidades apontadas praticadas pela ré relativas à obtenção de assinaturas de seus empregados em documentos em branco, existência de 'listas negras', contratação de trabalhadores sem registro na CTPS e o trabalho infantil, conforme depoimentos de seus ex-empregados e documentos carreados aos autos. Assim, reitera o pedido de pagamento de indenização por dano moral coletivo com supedâneo no inciso IV, art. 1º, Lei n. 7.347/85; incisos V e X, art. 5º, CF e incisos VI e VII, art. 6º, Lei n. 8.078/90 (Código de Proteção e Defesa do Consumidor), a qual 'deverá ter efeito punitivo de forma a inibir a prática de condutas do jaez declinado nesta ação'.

Inicialmente, há de se frisar, que da leitura da peça exordial, denota-se que o autor, tão-somente após narrar os fatos supramencionados, vem requerer o pagamento de indenização por dano moral coletivo, sob o argumento de ter 'demonstrado o comportamento ilícito adotado pela Ré, ao descumprir vários dispositivos legais, quer seja de índole constitucional e infraconstitucional', consoante item 3 (fls. 15). Logo, os fatos que justificaram o pedido *(causa petendi)* estão registrados nos itens '2.1 — DOS DOCUMENTOS EM BRANCO', '2.2 — DA LISTA NEGRA', '2.3 — DA UTILIZAÇÃO DE MÃO-DE-OBRA INFANTIL' e '2.4 — DOS CHAMADOS 'TRABALHADORES CLANDESTINOS'.

Assim, passo a analisar se as irregularidades apontadas pelo Autor restaram comprovadas nos autos.

No tocante à assinatura pelos trabalhadores de 'documentos não preenchidos, total ou parcialmente, na celebração, durante a vigência ou quando da extinção do pacto laboral' (fls. 09), vejamos os depoimentos prestados perante o Ministério Público do Trabalho, em Procedimento Investigatório.

O Sr. Leonardo de Oliveira Costa Filho (fls. 42) declarou: QUE foi contratado pela empreiteira UNIÃO LTDA., (...); QUE no mesmo dia da assinatura do contrato (9.11.02) assinou papel em branco sem qualquer preenchimento; QUE o depoente, depois de argüido pelo Procurador sobre quantos documentos na época da contratação assinou, este novamente afirmou que assinou contrato de experiência e logo após, no mesmo momento assinou outro documento em branco, sendo que neste documento nada havia sido preenchido.

O Sr. Joaquim Ferreira de Melo elucidou (fls. 44): QUE no dia 5.12.02 o depoente assinou um contrato de experiência como primeira folha e mais 4 (quatro) papéis, sendo que 1 (um) o depoente tem certeza de que colocou a sua assinatura, mas que o mesmo não tinha qualquer preenchimento.

O Sr. Cícero Arraiz dos Santos afirmou (fls. 45): QUE foi contratado assinando contrato de experiência, bem como mais 4 (quatro) outros papéis, sendo que 1 deles estava totalmente em branco e sem qualquer preenchimento; QUE o depoente tem certeza que assinou o documento em branco e sem preenchimento.

Os trabalhadores Manoel Pereira Castro e Hosania Prechede Gomes, respectivamente às fls. 47 e 52, também confirmaram a assinatura de documentos totalmente em branco, no início da prestação laboral.

Acresça-se que os documentos colacionados aos autos às fls. 69, 72 e 76, intitulados 'Termo de Prorrogação do Período de Experiência', apreendidos pela Delegacia Regional do Trabalho e Emprego no Estado do Tocantis (DRTE-TO), corroboram a assertiva de assinatura de documentos sem preenchimento pelos empregados da requerida.

As provas produzidas nos presentes autos, tanto a testemunhal quanto a documental, confirmam que a prática da ré de obter dos trabalhadores, suas assinaturas em documentos totalmente em branco ou não preenchidos. A situação revela, por si só, procedimento irregular por parte da empresa, restando evidenciada a má-fé com os trabalhadores, pois, os aludidos documentos, logicamente, seriam utilizados posteriormente.

Outrossim, a alegação do Ministério Público do Trabalho no sentido de que a requerida formulava 'lista negra' a fim de impedir que ex-empregados reclamassem seus direitos perante aos poderes públicos, restou comprovada precipuamente pelos depoimentos colhidos de Leonardo de Oliveira Costa e Hosania Prechedes Gomes, José Francisco Martins de Sousa e Cleidineto Costa Rodrigues no Procedimento Investigatório.

O primeiro asseverou que (fls. 42): ... o depoente compareceu ao canteiro de obras para assinar os papéis de ciência do seu desligamento, sendo que os Srs. Ceará e Edilson. Os pedreiros empregados da empresa UNIÃO afirmaram ao depoente que não era para tomar nenhuma providência em relação aos acontecimentos relativos à sua contratação porque o nome do depoente passaria à conta de 'lista negra', sendo que não mais conseguiria colocação em qualquer outra empresa do ramo da construção civil no Estado do Tocantins'.

Por sua vez, declarou o segundo (fls. 52): ... o depoente foi informado pelo Sr. Ceará, pedreiro da Empresa UNIÃO, que já estava no canteiro de obras da construção populares de Taquari I, quando o depoente chegou para começar a trabalhar, afirmou ao depoente, que se esses tomassem alguma providência junto ao Ministério do Trabalho e Sindicato dos Trabalhadores não iriam trabalhar ou ser contratados por empresa do ramo da construção civil no Estado do Tocantins.

O terceiro depoente aduziu (fls. 55): ... QUE o depoente sabe por informações de colegas de trabalho, que se algum empregado da Empresa denunciá-lo no Ministério do Trabalho ou no Sindicato não conseguirá mais ser contratado para prestar serviços em Empresas do ramo da construção civil no Estado do Tocantins, sendo que tal informação foi prestada pelos senhores Ceará e Edilson.

O Sr. Cleudineto Costa Rodrigues, ainda, esclareceu: QUE no dia 3.2.03, a partir das 11 horas, Dr. Guilherme, engenheiro da Empresa União, realizou reunião com os trabalhadores solicitando que os mesmos não tomassem providência de denúncias no Ministério do Trabalho e/ou Sindicato, porque se assim o fizessem, a Empresa fecharia as portas para a contração do trabalhador.

A atitude da ré é abusiva e discriminatória, com efeito intimidatório em relação aos seus empregados, a fim de impedi-los de exercitar o constitucional direito de ação.

Outrossim, como aduzido nas razões recursais tenho que ficou demonstrado nos autos, mediante os depoimentos dos ex-empregados da ré, que esta utilizara mão-de-obra infantil ilegalmente na construção de casas populares no Setor Taquari I de Palmas/TO.

Observa-se que o Sr. Leonardo de Oliveira declarou (fls. 42): QUE o depoente trabalhou, na construção das casas populares do Setor Taquari I em Palmas/TO, com 1 (um) trabalhador com idade de 13 anos, que trabalhava em conjunto com os maiores na função de servente (construção de fossas sépticas).

Os senhores Manoel Pereira Castro e Marcelo Rodrigues Pinto afirmaram em uníssono que laboraram com 'um outro trabalhador com idade entre 13 e 14 anos', cuja função consistia em cavar buracos das fossas sépticas das casas construídas (fls. 51 e 53).

O trabalho do menor de 16 anos é proibido, salvo na condição de aprendiz, conforme preceitua o art. 7º, inciso XXXIII da Carta Magna. Essa diretriz constitucional está inserida no Estatuto da Criança e do Adolescente (Lei n. 8.069, de 13.7.90).

Logo, houve violação a dispositivo constitucional e infraconstitucional, com a exploração do menor no trabalho.

Por sua vez, o documento de fls. 61, relativo à inspeção fiscal procedida pela DRTE TO, no dia 3.2.03, corrobora a assertiva do autor de que a ré possuía empregados sem a devida anotação na CTPS. Constatou-se, naquela ocasião, que a demandada mantinha 53 (cinqüenta e três) empregados sem o devido registro na obra de construção das residências do Conjunto Residencial Jardim Taquari I, sendo esclarecido, ainda, que alguns trabalhadores, embora tivessem seus contratos de trabalho rescindidos, permaneciam trabalhando, porém, sem registro.

Assim, como bem pontuou o MPT a demanda com tal procedimento, descumpriu as normas legais atinentes às anotações na CTPS (arts. 13 e 29 consolidados), o que teve 'como conseqüência imediata a subtração fraudulenta dos mais elementares direitos dos trabalhadores, os quais, em conseqüência, deixam de usufruir os benefícios previstos na legislação trabalhista e previdenciária' (fls. 14).

Destarte, conforme registrado *supra*, as irregularidades apontadas ficaram comprovadas nos autos.

Nesse passo, as atitudes praticadas pela requerida ensejam a indenização por dano moral coletivo, porquanto houve a violação de interesses coletivos e difusos tutelados juridicamente a qual, como bem assinalou o autor, no âmbito da ação coletiva, tem função preventivo-pedagógica.

Carlos Alberto Bittar Filho leciona que "quando se fala em dano moral coletivo, está-se fazendo menção ao fato de que o patrimônio valorativo de uma certa comunidade (maior ou menor) idealmente considerado, foi agredido de maneira absolutamente injustificável do ponto de vista jurídico' ('Do dano moral coletivo no atual contexto jurídico brasileiro', Revista de Direito do Consumidor, São Paulo, Revista dos Tribunais, vol. 12).

Por sua vez, tendo em vista os bem lançados fundamentos do voto convergente, proferido pelo Juiz Revisor Brasilino Santos Ramos, adoto-os, também, como razão de decidir.

Configurado, desse modo, o dano moral alegado pelo requerente, e reconhecido o dever de indenização pela reclamada, cumpre fixar o montante da indenização.

Valendo-me da preciosa lição de *Júlio Bernardo do Carmo*, tomo como parâmetros para tal fixação '(...) a análise do grau de culpa do lesante (...); a situação patrimonial e pessoal das partes envolvidas e a proporcionalidade ao proveito obtido com o ilícito' (*in* 'Curso de Direito do Trabalho — Estudos em memória de Célio Goyatá', Coordenação de Alice Monteiro de Barros, 2º vol., 3ª ed., São Paulo: LTr, p. 596).

Tenho, ainda, que o mesmo não deve ser excessivo, de forma a não significar um enriquecimento ilícito e nem deixar de penalizar a empresa causadora do dano, não devendo se olvidar, neste último aspecto, que o *quantum* indenizatório deve ter um caráter pedagógico, ou seja, servir, no mínimo de inibição a futuras ofensas. Assim, considerando-se tais parâmetros, mormente o proveito obtido pela requerida, em especial com a ausência de anotações e recolhimentos legais, condeno a ré ao pagamento de indenização revertida ao FAT, no importe de R$ 200.000,00 (trezentos mil reais), na forma do inciso V, art. 1º e arts. 3º e 13 da Lei n. 7.347/85." (www.trt10.gov.br, em 19.8.04)

Ação civil pública — Interesses coletivos — Não configurado

Ementa: AÇÃO CIVIL PÚBLICA. COMPETÊNCIA. Não se aplica a exceção prevista na Lei n. 8.078/90, art. 93, inciso II, na hipótese do dano não extravasar os limites de localidade sujeita à jurisdição do Juízo recorrido. DISCRIMINAÇÃO CONTRA EMPREGADO DEFICIENTE FÍSICO. Merece confirmação a sentença que julga improcedente Ação Civil Pública quando o dano alegado — e não provado — teria sido perpetrado unicamente contra um determinado empregado, inexistindo qualquer ofensa a interesses coletivos. Recurso conhecido e não provido. TRT 10ª Reg. — RO 00217-2002-802-10-00-3 — (Ac. 2ª T.) — Rel. Juiz Mário Macedo Fernandes Caron. DJU3 14.5.04.

Ação civil pública — Legitimidade ativa *ad causam* do Ministério Público do Trabalho — Dano moral coletivo — Pedido acessório

Ementa: AÇÃO CIVIL PÚBLICA. LEGITIMIDADE ATIVA *AD CAUSAM* DO MINISTÉRIO PÚBLICO DO TRABALHO. DANO MORAL COLETIVO. PEDIDO ACESSÓRIO. I — Embora o Tribunal local tenha reconhecido a legitimidade para o pedido principal, curiosamente não o reconheceu em relação ao pedido acessório de dano moral coletivo. De acordo com a regra segundo a qual o acessório segue a sorte do principal, caberia ao Regional, reconhecendo a legitimidade do Ministério Público para ajuizar Ação Civil Pública visando obrigação de não fazer, relativa à abstenção de recolhimento de assinaturas em branco, reconhecê-la também quanto ao pedido acessório e examinar o mérito da pretensão a fim de esclarecer se ficou caracterizado ou não o dano moral coletivo. II — Dessa forma, avulta-se a ocorrência de violação aos artigos 129, III, da Constituição Federal e 83, III, da Lei Complementar n. 75/93, que cuidam da legitimidade do Ministério Público para o ajuizamento da ação civil pública. IV — Recurso provido. TST — RR-146.070/2004-900-01-00.7 — (Ac. 4ª T.) — 1ª Reg. — Rel. Min. Antônio José de Barros Levenhagen. DJU 23.2.07, p. 902.

Ação civil pública — Revista íntima

Ementa: REVISTA ÍNTIMA. AÇÃO CIVIL PÚBLICA. A dignidade humana não pode ser suprimida sob pretexto de mera desconfiança generalizada de ameaça ao patrimônio do empregador. Sendo a vida o principal bem do ser humano, a honra lhe segue imediatamente em importância, situando-se acima do patrimônio na escala dos valores. Daí, não poder o empresário, sob pretexto hipotético de ter o seu patrimônio sob ameaça, agredir a honra e a intimidade de seus empregados. A lesão genérica à coletividade de trabalhadores impõe reparo e a ação civil pública é o instrumento adequado a sua correção. TRT 1ª Reg. — RO 20.492/01 — (Ac. 7ª T., julgado em 2.10.02) — Rel. Juiz Guilbert Vieira Peixoto. *In* Revista do Ministério Público do Trabalho, n. 25, Março 2003.

Ação civil pública — Trabalho rural em condições análogas à de escravo — Dano moral coletivo — Interesses difusos e coletivos

Ementa: AÇÃO CIVIL PÚBLICA. TRABALHO RURAL EM CONDIÇÕES ANÁLOGAS À DE ESCRAVO. DANO MORAL COLETIVO. INTERESSES DIFUSOS E COLETIVOS. O pedido de indenização por dano moral coletivo não se confunde com o pleito de reparação dos danos individualmente sofridos pelo trabalhador. A indenização por dano moral coletivo tem a mesma natureza pedagógica-preventiva, mas também visa reparar a ordem jurídica violada e os interesses difusos e coletivos da sociedade, indignada pela transgressão dos direitos mais comezinhos do cidadão-trabalhador, retirando-lhe a garantia constitucional do respeito e dignidade da pessoa humana. TRT 8ª Reg. — 3ª T./RO 00682-2003-114-08-00-9 — (Ac. 3ª T., j. 13.4.05) — Rel. Juiz Convocado Antonio Oldemar Coêlho dos Santos. DJP 15.4.05.

Dano moral coletivo — Configuração

Ementa: RECURSO ORDINÁRIO DO MINISTÉRIO PÚBLICO DO TRABALHO. DANO MORAL COLETIVO. A lesão a interesses coletivos e socialmente relevantes para a sociedade, também pode atingir a esfera moral de determinado grupo de pessoas ou até mesmo toda a sociedade de modo a causar uma insatisfação generalizada e que, por isso, deve ser indenizada. A finalidade da indenização também é punitiva (*punitive damage*), a fim de evitar a repetição do ato. Diante da natureza e indeterminação das vítimas, a indenização deve ser revertida ao Fundo de Amparo ao Trabalhador — FAT. TRT 1ª Reg. — Proc. 00374-2004-037-01-00-8 — (Ac. 6ª T.) — Rel. Juiz Marcelo Augusto Souto de Oliveira. DJRJ 5.9.05, p. 315.

Dano moral coletivo — Meio ambiente de trabalho — Leucopenia — Destinação da importância referente ao dano moral coletivo — FAT e Instituição de saúde (Lei n. 7.347/85, Art. 13):

Ementa: DANO MORAL COLETIVO. MEIO AMBIENTE DE TRABALHO. LEUCOPENIA. DESTINAÇÃO DA IMPORTÂNCIA REFERENTE AO DANO MORAL COLETIVO — FAT E INSTITUIÇÃO DE SAÚDE (LEI N. 7.347/85, ART. 13): O número de trabalhadores que adquiriu leucopenia no desenvolvimento de suas atividades na recorrida, em contato com benzeno é assustador. O local de trabalho envolve diretamente manipulação de produtos químicos contendo componente potencialmente tóxico como benzeno, que afetam precisamente a medula óssea e as células do sangue, e, por conseguinte, desenvolvem referida enfermidade (leucopenia), já reconhecida como doença profissional, incapacitando para o trabalho. Para levar a questão mais adiante, é consabido também que as empresas não aceitam mais empregados que carregam seqüelas de doenças como a leucopenia. Na realidade, esses infaustos acontecimentos transcendem o direito individual e atingem em cheio uma série de interesses, cujos titulares não podemos identificar a todos desde logo, contudo inegavelmente revela a preocupação que temos que ter com o bem-estar coletivo, e o dano no sentido mais abrangente que nele resulta chama imediatamente a atenção do Estado e dos setores organizados da sociedade de que o trabalhador tem direito a uma vida saudável e produtiva. Todas as irregularidades detectadas pela segura fiscalização federal do Ministério do Trabalho apontam flagrante desrespeito às leis de proteção ao trabalhador, colocando suas vidas e saúde em iminente risco, prejudicando seriamente o ambiente de trabalho. Partindo desse cuidado com a vida e a saúde dos trabalhadores, a multireferida Constituição Federal garantiu com solidez a proteção ao meio ambiente do trabalho, ao assegurar que (art. 200) "Ao sistema único de saúde compete, além de outras atribuições, nos termos da lei: VII — colaborar na proteção do meio ambiente, nele compreendido o do trabalho". Essa preocupação segue a tendência do ainda novo direito do trabalho fundado na moderna ética de Direito de que as questões concernentes ao seu meio ambiente ultrapassam a questão de saúde dos próprios trabalhadores, extrapolando para toda a sociedade. Assim, levando-se em conta a gravidade dos danos, pretéritos e atuais, causados ao meio ambiente do trabalho em toda a sua latitude, com suas repercussões negativas e já conhecidas à qualidade de vida e saúde dos trabalhadores e seus familiares, é de se reconhecer devida a indenização pleiteada pelo órgão ministerial, no importe de R$ 4.000.000,00 (quatro milhões de reais), com correção monetária e juros de mora, ambos a partir da propositura da ação. Nem se alegue que referido valor representaria um risco ao bom e normal funcionamento da empresa, posto que corresponde apenas a 0,16% do lucro líquido havido em 2.006, no importe de R$ 2,5 bilhões e Ebitda de R$ 4,4 bilhões, conforme informações extraídas do site oficial da própria Cosipa na internet. A atenção desta Justiça, indiscutivelmente, no presente caso, volta-se para o meio ambiente de trabalho, e referido valor arbitrado ao ofensor, busca indenizar/reparar/restaurar e assegurar o meio ambiente sadio e equilibrado. Aliás, a Usiminas, após adquirir a Cosipa, passou por um processo de reestruturação e, no ano passado, o Grupo "Usiminas-Cosipa" apresentou uma produção correspondente a 28,4% da produção total de aço bruto. Deve, por conseguinte, dada sua extrema importância no setor siderúrgico, assumir uma postura mais digna frente ao meio ambiente, bem como perante os trabalhadores que tornaram indigitado sucesso possível. Com efeito, deve haver a prioridade da pessoa humana sobre o capital, sob pena de se desestimular a promoção humana de todos os que trabalharam e colaboraram para a eficiência do sucesso empresarial. Considerando a condenação em dinheiro, bem como o disposto no artigo 13 da Lei da Ação Civil Pública (7.347/85), que dispõe que "Havendo condenação em dinheiro, a indenização pelo dano causado reverterá a um fundo gerido por um Conselho Federal ou por Conselhos Estaduais de que participarão necessariamente o Ministério Público e representantes da comunidade, sendo seus recursos destinados à reconstituição dos bens lesados" (grifei), torna-se necessário estabelecer a destinação da importância, tendo presente, primordialmente, que a finalidade social da indenização é a reconstituição dos bens lesados. Determino o envio da importância de R$ 500.000,00 (quinhentos mil reais), 12,5%, ao FAT (Fundo de Amparo ao Trabalhador), instituído pela Lei n. 7.998/90 e destinado ao custeio do programa de seguro desemprego, ao pagamento do abono salarial (PIS) e ao financiamento de programas de desenvolvimento econômico) e R$ 3.500.000,00 (três milhões e quinhentos mil reais), 87,5%, à 'Irmandade da Santa Casa de Misericórdia de Santos', objetivamente para a aquisição de equipamentos e/ou medicamentos destinados ao tratamento de pessoas portadoras de leucopenia, e, tendo presente também aqueles trabalhadores da reclamada (Companhia Siderúrgica Paulista — Cosipa), portadores da doença e seus familiares. TRT 2ª Reg. — RO 01042199925502005 — (Ac. 6ª. T. 20070504380) — Rel. Juiz Valdir Florindo. DOE/ TRT 2ª Reg., 6.7.07, p. 431.

Dano moral coletivo — Não configuração

Ementa: DANO MORAL COLETIVO. A reparação do dano moral é assegurada por nosso ordenamento jurídico, estando esse direito expressamente arrolado na Constituição Federal dentre o rol os "Direitos e Garantias Fundamentais" (artigo 5º, V e X, CF/88). Assim como ocorre a infração aos direitos da personalidade, intrínsecos ao ser humano, individualmente considerado, também, é possível a violação à moral social, já que a sociedade, do mesmo modo que o indivíduo, possui um "patrimônio" moral, que deve ser respeitado. Contudo, se a atitude fraudulenta das rés, não obstante deva ser repudiada, não ocasiona um sentimento coletivo de indignação, de desapreço e de desconformidade a ponto de ferir a moral social, estando o dano adstrito aos trabalhadores diretamente relacionados com o fato, inexiste o dano moral coletivo, não havendo que se falar na indenização de que trata o artigo 13, da Lei n. 7.347/85. TRT 3ª Reg. — RO 00447-2003-069-03-00-4 — (Ac. 8ª T.) — Rel. Juiz Paulo Mauricio Ribeiro Pires. DJMG 31.7.04, p. 18.

Da decisão acima, colhe-se o seguinte fundamento:

"INDENIZAÇÃO POR DANO DE NATUREZA COLETIVA

Sustenta o recorrente que é devida a indenização por dano de natureza coletiva pleiteada na inicial. Aduz que o artigo 13 da Lei n. 7.347/85 não exige o completo dimensionamento do prejuízo para o deferimento do pedido; que é justamente pela impossibilidade de identificação precisa dos lesados que há de se reconhecer o dano social; que a indenização tem caráter pedagógico; que a atividade ilícita constatada configura lesão à lei, a qual, por sua vez, importa em proteção a um bem da vida ou bem social e que a conduta adotada pelas recorridas causou danos aos interesses difusos de toda a coletividade de trabalhadores.

A reparação do dano moral é assegurada por nosso ordenamento jurídico, estando esse direito expressamente arrolado na Constituição Federal dentre o rol dos 'Direitos e Garantias Fundamentais' (artigo 5º, V e X, CF/88).

Assim como ocorre a infração aos direitos da personalidade, intrínsecos ao ser humano, individualmente considerados, também, é possível a violação à moral social, já que a sociedade, do mesmo modo que o indivíduo, possui um patrimônio moral, que deve ser respeitado.

A infração a esse patrimônio moral ocorre quando o dano fere interesse de toda a coletividade, abalando seu sentimento de dignidade e apreço, pelo desrespeito a normas e princípios de ordem pública, em especial aqueles inerentes à própria dignidade da pessoa humana.

A indenização correspondente, neste caso, reverterá em favor do FAT, conforme artigo 13 da Lei n. 7.347/85.

Nesse contexto, mostra-se extremamente relevante a atuação do Ministério Público, haja vista sua função institucional de proteção dos direitos difusos e coletivos (artigo 129, III, CF/88), que, uma vez desrespeitados, podem ensejar a violação aos direitos do ser coletivo.

No entanto, ainda que se trate de discussão acerca de interesses difusos ou coletivos, há de se examinar as particularidades de cada caso, a fim de se aferir a existência efetiva de vilipêndio à moral da coletividade.

No presente caso, os pedidos formulados na ação civil pública, visando impedir a prática de intermediação de mão-de-obra, através de cooperativa de trabalho, foram julgados procedentes, tendo a decisão, neste aspecto, transitado em julgado. A MMª Juíza *a quo* apurou que a primeira ré, COOMULTRA, atuava como uma empresa de intermediação de mão-de-obra, sendo que a maioria de seus associados laborava para a COOPEOURO, sob ordens diretas de funcionários desta cooperativa. Concluiu, que a atividade da primeira ré, COOMULTRA, consistia no 'fornecimento de mão-de-obra, sem permissão legal, posto que ausente autorização do Ministério do Trabalho para o seu funcionamento (art. 5º, Lei n. 6.019/74), não se podendo ter por legítima a prestação desse tipo de serviço pela Cooperativa aos associados'. Assim, condenou a primeira ré, COOMULTRA, a 'abster-se de intermediar mão-de-obra de trabalhadores, associados ou não, a terceiros contratantes, quer na atividade-fim, quer na atividade-meio dos últimos' e a segunda ré, COOPEOURO, 'a abster-se de contratar mão-de-obra por intermédio de cooperativa de trabalho; (...) utilizar-se somente de mão-de-obra de trabalhadores devidamente registrados para a prestação de serviços habituais, pessoais e subordinados, na forma dos artigos 2º e 3º da CLT'.

Não obstante a louvável atuação do Ministério Público do Trabalho, que resultou no reconhecimento da fraude e da infração ao ordenamento jurídico, não se vislumbra, na hipótese em voga, a existência de dano moral coletivo.

O interesse infringido restringe-se aos cooperados, inexistindo provas de que outros trabalhadores tiveram seus direitos lesionados pela irregularidade da forma de contratação daqueles. Além disso, não se pode olvidar que os associados, também, são trabalhadores e, do mesmo modo que os demais, necessitavam de uma colocação no mercado de trabalho, o que foi obtido através das cooperativas, ainda que de modo irregular. Essa irregularidade, contudo, já foi reconhecida, estando a COOMULTRA impedida de intermediar mão-de-obra e a COOPEOURO de contratar mão-de-obra por meio de cooperativa de trabalho, bem como obrigada a utilizar-se somente de trabalhadores devidamente registrados.

A atitude fraudulenta das rés, portanto, não obstante deva ser repudiada, não ocasiona um sentimento coletivo de indignação, de desapreço e de desconformidade a ponto de ferir a moral social. O dano está adstrito aos cooperados e pode ser ressarcido individualmente, a critério de cada um deles.

Com efeito, inexistindo o dano coletivo, não há que se falar em indenização em favor do FAT (art. 13, da Lei n. 7.347/85).

Nego provimento." (www.trt3.gov.br, em 31.8.04)

Dano moral coletivo — Não configuração

Ementa: AÇÃO CIVIL PÚBLICA. DANO MORAL COLETIVO. NÃO CONFIGURAÇÃO. Embora constatada a deficiência na observação, pela empresa, de normas de medicina, segurança e higiene do trabalho, não se pode extrair daí a existência de um sentimento coletivo de indignação, de desagrado e de vergonha capaz de ferir a "moral" da coletividade inserida nesse contexto, para efeito de indenização por dano moral coletivo. Para esse fim, o ilícito e seus efeitos devem ser de tal monta que a repulsa social seja imediata e extrapole aquela relativa ao descumprimento pelo agente transgressor de determinadas normas de conduta trabalhista. TRT 3ª Reg. — RO 00710-2004-087-03-00-8 — (Ac. 8ª T.) — Relª Juíza Denise Alves Horta. DJMG 26.11.05, p. 18.

Da decisão, colhe-se o seguinte fundamento:

"DA INDENIZAÇÃO, POR DANO MORAL COLETIVO

Pugna a recorrente pelo indeferimento da indenização por dano moral coletivo, arbitrada em R$ 200.000,00, ou, na eventualidade, pela sua redução.

Segundo a doutrina, 'a idéia e o reconhecimento do dano moral coletivo (*lato sensu*), bem como a necessidade de sua reparação, constituem mais uma evolução nos contínuos desdobramentos do sistema da responsabilidade civil, significando a ampliação do dano extrapatrimonial para um conceito não restrito ao mero sofrimento ou à dor pessoal, porém extensivo a toda modificação desvaliosa do espírito coletivo, ou seja, a qualquer ofensa aos valores fundamentais compartilhados pela coletividade, e que refletem o alcance da dignidade dos seus membros' (Medeiros Neto, Xisto Tiago de, 'Dano Moral Coletivo', LTr, 2004, p. 136).

Da obra citada, extrai-se a definição de João Carlos Teixeira ao dano moral coletivo como 'a injusta lesão a interesses metaindividuais socialmente relevantes para a coletividade (maior ou menor), e assim tutelados juridicamente, cuja ofensa atinge a esfera moral de determinado grupo, classe ou comunidade de pessoas ou até mesmo de toda a sociedade, causando-lhes sentimento de repúdio, desagrado, insatisfação, vergonha, angústia ou outro sofrimento psico-físico' (f. 140/141).

Nessa linha de pensamento, a doutrina não tem resistido ao reconhecimento do dano moral coletivo, consolidando-se a idéia da possibilidade de violação ao patrimônio moral da sociedade que, do mesmo modo que o do indivíduo, deve ser respeitado. Porém, para a aferição respectiva, devem ser examinadas as particularidades de cada caso.

Na hipótese em apreço, embora constatada a deficiência na observação, pela empresa, de normas de medicina, segurança e higiene do trabalho, não se pode extrair daí a existência de um sentimento coletivo de indignação, de desagrado e de vergonha capaz de ferir a 'moral' da coletividade inserida nesse contexto.

Para a configuração do dano moral coletivo, o ilícito e seus efeitos devem ser de tal monta que a repulsa social seja imediata e extrapole aquela relativa ao descumprimento pelo agente de determinadas normas de conduta trabalhista.

Assim sendo, dou provimento, no aspecto, para absolver a reclamada da condenação correlata." (www.trt3.gov.br, 3.12.05)

Dano moral coletivo — Não configuração

Ementa: DANO MORAL COLETIVO — DIREITO E INTERESSE INDIVIDUAL HOMOGÊNEO — INDENIZAÇÃO — NÃO-CABIMENTO. A ofensa a direitos e interesses individuais homogêneos não gera violação de direito difuso ou coletivo *lato sensu*. Diante da identificação dos ofendidos, a reparação civil somente pode ser individualizada, mesmo que pleiteada em ação coletiva, tornando incabível a indenização por dano moral coletivo. Recurso ordinário não provido, por unanimidade. TRT 24ª Reg. — RO 100124/2006-061-24-00-00-8 — (Ac. 2ª T.) — Rel. Des. Nicanor de Araújo Lima. DO/MS n. 144 de 4.9.07.

Da decisão acima, colhe-se o seguinte fundamento:

2. MÉRITO

2.1. AÇÃO CIVIL PÚBLICA — DIREITOS E INTERESSES DIFUSOS, COLETIVOS E INDIVIDUAIS HOMOGÊNEOS — LEGITIMIDADE ATIVA. Insurge-se o Ministério Público do Trabalho em face da sentença que lhe declarou carente da ação, porquanto ausente a legitimidade processual.

Alega que, embora o órgão ministerial esteja legitimado a agir nos casos de defesa de direitos individuais homogêneos, este não é o caso dos autos, pois "o interesse defendido nos autos é coletivo (trabalhadores que se ligam por relação jurídica base — emprego — com a ré) e difuso (a sociedade civil e todos aqueles que aspiram a uma vaga na empresa-ré)".

Razão lhe assiste.

O arcabouço legislativo que confere a legitimidade ao Ministério Público para a propositura da ação civil pública esta prevista na Constituição Federal (art. 129, III), Lei Complementar n. 75/1993 (arts. 6º, inciso VII, alínea "d" e 83, inciso III), Lei n. 7.347/1985 (art. 5º) e Lei n. 8.078/1990 (art. 81, incisos I, II e III e art. 82, inciso I).

As inovações doutrinárias e legislativas, mormente após a edição do Código de Defesa do Consumidor (Lei n. 8.078/1990), fortaleceram a legitimidade do órgão ministerial, em concorrência com outros legitimados, a intentar as ações em defesa dos direitos e interesses difusos, coletivos e individuais homogêneos, dando eficácia ao sistema de tutela coletiva hodiernamente reconhecido pela arquitetura legislativa.

Na esteira da evolução doutrinária e legal, seguiu reconhecimento jurisprudencial desse importante instrumento processual de tutela dos conflitos de massa, não havendo mais espaço para dúvidas acerca do cabimento da ação civil pública para defesa dos interesses individuais homogêneos, conforme julgado do Excelso STF em julgamento da matéria, assim ementada:

RECURSO EXTRAORDINÁRIO. CONSTITUCIONAL. LEGITIMIDADE DO MINISTÉRIO PÚBLICO PARA PROMOVER AÇÃO CIVIL PÚBLICA EM DEFESA DOS INTERESSES DIFUSOS, COLETIVOS E HOMOGÊNEOS. MENSALIDADES ESCOLARES. CAPACIDADE POSTULATÓRIA DO *PARQUET* PARA DISCUTI-LAS EM JUÍZO. ... 4. Direitos ou interesses homogêneos são os que têm a mesma origem comum (art. 81, III, da Lei n. 8.078, de 11 de setembro de 1990), constituindo-se subespécie de direitos coletivos. 4.1. Quer se afirme interesses coletivos ou particularmente interesses homogêneos, *stricto sensu*, ambos estão cingidos a uma mesma base jurídica, sendo coletivos, explicitamente dizendo, porque são relativos a grupos, categorias ou classes de pessoas, que conquanto digam respeito às pessoas isoladamente, não se classificam como direitos individuais para o fim de ser vedada a sua defesa em ação civil pública, porque sua concepção finalística destina-se à proteção desses grupos, categorias ou classe de pessoas. (STF/RE 0163.231-3 — Rel. Min. Maurício Corrêa — DJ 29.06.01)

Assim, os interesses individuais homogêneos, em face de seu alcance social, integram os direitos coletivos e, como tais, podem ser pleiteados mediante o ajuizamento da ação civil pública pelo MPT, uma vez que "podem ser defendidos numa única demanda, pelo substituto processual de seus titulares. Pode-se afirmar que a demanda será sempre coletiva, ou seja, não será individual, com uma pluralidade de partes no pólo ativo. Será coletiva, como se o interesse fosse essencialmente coletivo, naquela perspectiva de José Carlos Barbosa Moreira" (Tutela Jurisdicional Coletiva, Atlas, 3ª ed., p. 79).

Não é de se olvidar ainda que o Parquet formulou nestes autos pedidos de obrigação de não fazer e dano moral coletivo, decorrente de violação de direitos difusos e coletivos.

Destarte, sob qualquer ângulo que se olhe a presente demanda, possui o Ministério Público do Trabalho legitimidade ativa para atuar, pelo que não há de se falar em carência de ação.

Assim, dou provimento ao recurso, neste particular, para declarar a legitimidade do autor para a causa nos termos do art. 515 do CPC, tendo em vista que a matéria é fática e o processo está em absoluta condição para julgamento, passo a analisar o mérito.

....

2.3 — DANO MORAL COLETIVO

Em decorrência da apresentação de lides simuladas, com o escopo de homologar rescisões contratuais mediante acordo judicial, o autor pleiteia a condenação da ré em dano moral coletivo.

Sem razão o autor.

Sem embargo do reconhecimento nesta decisão da fraude perpetrada à legislação trabalhista, a qual, repise-se, se materializou pela inobservância dos órgãos competentes elencados nos §§ 1º e 3º do art. 477 da CLT para homologar rescisões contratuais, não há como reputá-lo ofensivo à moral da coletividade.

Registre-se que a possibilidade jurídica do pedido de indenização por dano moral coletivo decorre de expresso dispositivo legal: "Regem-se pelas disposições desta Lei, sem prejuízo da ação popular, as ações de responsabilidade por danos morais e patrimoniais causados (...) a qualquer outro interesse difuso e coletivo" (Lei n. 7.347/85, art. 1º).

Segundo Carlos Alberto Bittar Filho:

(...) o dano moral coletivo é a injusta lesão da esfera moral de uma dada comunidade, ou seja, é a violação antijurídica de um determinado círculo de valores coletivos. Quando se fala em dano moral coletivo, está-se fazendo menção ao fato de que o patrimônio valorativo de uma certa comunidade (maior ou menor), idealmente considerado, foi agredido de maneira absolutamente injustificável do ponto de vista jurídico: quer isso dizer, em última instância, que se feriu a própria cultura, em seu aspecto imaterial (Do dano moral coletivo no atual contexto jurídico brasileiro, Revista de Direito do Consumidor, v. 12, p. 55, citado em www.conjurestadao.com.br).

O dano moral coletivo, então, somente se caracteriza quando a ofensa causar repercussão na coletividade como um todo, fazendo exsurgir uma repulsa geral da sociedade diante do ato antijurídico. No caso *sub judice*, o ilícito foi perpetrado contra trabalhadores (cinco no total) plenamente identificados e que podem buscar os meios legais disponíveis para satisfação individualmente.

Esse é entendimento desta Corte Regional, conforme se depreende do aresto a seguir, com voto de minha lavra:

DANO MORAL COLETIVO — FALTA DE DEPÓSITO DE FGTS — INDENIZAÇÃO — NÃO CABIMENTO. O não-recolhimento do FGTS por parte da empresa-ré não caracteriza violação de direito difuso, pois a lesão decorrente da falta desses depósitos atinge diretamente apenas seus trabalhadores que, sendo particularmente identificáveis, devem buscar a reparação de forma individual, tornando incabível a identificação por dano moral coletivo. Recurso ordinário provido por unanimidade (TRT 24ª Reg. — RO 00805/2006-001 — Rel. Des. Nicanor de Araújo Lima — DO/MS 28.06.2007)

Nesse sentido, mesmo que a atitude antijurídica da ré possa dar ensejo à imposição de obrigação de não fazer, os efeitos da irregularidade não atingem a sociedade de forma a justificar a condenação em dano moral coletivo. Nego provimento. (www.trt24gov.br, 3.10.07.)

Intermediação de mão-de-obra — Dano não é social, mas individual — Inexistência de dano moral coletivo

Ementa: DANO MORAL COLETIVO. Não há dúvida quanto à possibilidade de violação ao patrimônio moral da sociedade que, do mesmo modo que o do indivíduo, deve ser respeitado. Todavia, embora a atitude fraudulenta da reclamada, no que tange à intermediação ilícita de mão-de-obra, cause repúdio, o dano a ser reparado não é social, mas, sim, restrito aos empregados terceirizados, e pode ser objeto de indenização individual, ao arbítrio de cada um deles, inexistindo, assim, dano moral coletivo a ser reparado. TRT 3ª Reg. — RO 00155-2004-082-03-00-2 — (Ac. 8ª T.) — Relª Juíza Denise Alves Horta. DJMG 30.4.05, p. 19.

Da decisão acima, colhe-se o seguinte fundamento:

"DA INDENIZAÇÃO, POR DANO COLETIVO

Pugna o recorrente pelo deferimento da indenização pelos danos causados à coletividade, 'em relação ao tempo em que as Recorrida (*sic*) utilizaram-se — e ainda utilizam — da intermediação fraudulenta de mão-de-obra, deixando de conceder aos sub-contratados, terceirizados, uma gama de benefícios somente destinada a seus empregados efetivos, com graves prejuízos no meio ambiente laboral, tudo fartamente documentado nestes autos.' Assevera que 'a responsabilidade decorrente da prática de ato ilícito implica uma condenação em dinheiro (art. 3º da Lei n. 7.347/85), cujo valor deve levar em conta a natureza do ato ilícito, a gravidade da lesão e o comprometimento do bem jurídico violado'.

No nosso direito positivo, o dano decorre de um ato ilícito, que provoca contra quem o praticou, a obrigação de repará-lo, nos termos dos artigos 186 e 927 do atual Código Civil e artigo 159, do Código Civil de 1916.

A reparação do dano moral encontra previsão legal específica na Ordem Constitucional vigente, artigo 5º, inciso X e, também nos aludidos artigos 186 e 927, do atual Código Civil.

E, como leciona o doutrinador Carlos Alberto Bittar Filho:

'... o Direito vem passando por profundas transformações, que podem ser sintetizadas pela palavra 'socialização'. Efetivamente, o Direito como um todo — e o Direito Civil não tem sido uma exceção — está sofrendo, ao longo do presente século, profundas e paulatinas mudanças, sob o impacto da evolução da tecnologia em geral e das alterações constantes havidas no tecido social. Todas essas mutações têm direção e sentido certos: conduzem o Direito ao primado claro e insofismável do coletivo sobre o individual. Como não poderia deixar de ser, os reflexos desse panorama de mudança estão fazendo-se sentir na teoria do dano moral, dando origem à novel figura do dano moral coletivo, objeto específico do presente estudo. Ora, se o indivíduo pode ser vítima de dano moral, porque a coletividade não poderia sê-lo? (...) Consiste o dano moral coletivo na injusta lesão da esfera moral de uma dada comunidade, ou seja, na violação antijurídica de um determinado círculo de valores coletivos. Quando se fala em dano moral coletivo, está-se fazendo menção ao fato de que o patrimônio valorativo de uma certa comunidade (maior ou menor), idealmente considerado, foi agredido de maneira absolutamente injustificável do ponto de vista jurídico. Tal como se dá na seara do dano moral individual, aqui também não há que se cogitar de prova da culpa, devendo-se responsabilizar o agente pelo simples fato da violação (*damnum in re ipsa*). (...) Ocorrido o dano moral coletivo, que tem um caráter extrapatrimonial por definição, surge automaticamente uma relação jurídica obrigacional que pode ser assim destrinchada:

(...) a) sujeito ativo: a coletividade lesada (detentora do direito à reparação); b) sujeito passivo: o causador do dano (pessoa física, ou jurídica, ou então coletividade outra, que tem o dever de reparação); c) objeto: a reparação — que pode ser tanto pecuniária quanto não-pecuniária. ...' (*In* 'Sujeito ativo. Coletividade também pode ser vítima de dano moral.' Revista Consultor Jurídico, 25.2.2004. site: http://conjur.uol.com.br/).

'In casu', não há dúvida quanto à possibilidade de violação ao patrimônio 'moral' da sociedade que, do mesmo modo que o do indivíduo, deve ser respeitado.

Tal circunstância configura-se quando a ofensa ao bem jurídico atinge o interesse de toda a coletividade, em face do desrespeito a normas e princípios de ordem pública, em destaque, aqueles atinentes à dignidade da pessoa humana.

No caso, constatada a existência do dano de natureza coletiva, a indenização correspondente reverterá em favor do FAT, a teor da disposição contida no artigo 13 da Lei 7.347/85.

Todavia, em se tratando de discussão relativa aos interesses difusos ou coletivos, há de se examinar as particularidades de cada caso, a fim de se aferir a efetividade do dano à 'moral' da coletividade.

No presente caso, o pedido formulado na ação civil pública, no sentido de coibir a prática da intermediação de mão-de-obra, para a realização de atividade-fim do empreendimento, foi julgado procedente, tendo a decisão, no aspecto, transitado em julgado.

Registre-se, ainda, a improcedência das postulações atinentes às condições precárias do ambiente de trabalho (matéria decidida em item anterior).

Não obstante a atuação do Ministério Público que, no cumprimento de sua função institucional de proteção aos direitos difusos e coletivos (artigo 129, III da CF/88), viabilizou o reconhecimento da fraude e da infração ao ordenamento jurídico, entendo que não se afigura, na hipótese em apreço, a existência do dano moral coletivo.

Isto porque, o dano a ser reparado é restrito aos empregados terceirizados, inexistindo, nos autos, comprovação de que os outros trabalhadores de toda a sociedade também tenham tido os seus direitos vilipendiados, em face da irregularidade na forma de contratação adotada pela REPLASA.

É necessário observar, ainda, que nada há, nos autos, a comprovar a veracidade da alegação do recorrente de que as recorridas 'continuam a agir com o intento de fraudar a legislação laboral mediante simulação de contratos de empreitada' (artigo 818 da CLT).

Ressalve-se que a atitude fraudulenta da recorrida, embora cause repúdio, não configura um sentimento coletivo de indignação, de desapreço e de desconformidade capaz de ferir a 'moral' da sociedade. E, como bem asseverou o Juízo primevo, o dano está adstrito aos trabalhadores ilicitamente terceirizados e pode ser objeto de reparação individual, ao arbítrio de cada um deles, em nada alterando o decidido, as razões recursais embasadas no baixo índice de escolaridade desses empregados e na incapacidade de eles próprios pleitearem, individualmente, a indenização pela ofensa porventura sofrida. Desprovejo."

Dispensa sem justa causa — Represália ao exercício regular de um direito de cidadania — Caracterização

Ementa: DANO MORAL COLETIVO — DISPENSA SEM JUSTA CAUSA — REPRESÁLIA AO EXERCÍCIO REGULAR DE UM DIREITO DE CIDADANIA — CARACTERIZAÇÃO. 1. A lesão moral coletiva decorre não somente da violação de direito difuso ou coletivo, mas de toda violação legal cuja gravidade faça transbordar efeitos para além das fronteiras do individualismo, causando indignação social. 2. O não cumprimento de direitos trabalhistas, ainda que de forma contumaz, afeta especificamente a esfera dos trabalhadores atingidos pela inadimplência, cabendo a eles próprios buscar reparação. 3. Porém, quando o empregador, além de descumprir direitos trabalhistas básicos, assume um comportamento agressivo e vingativo em relação aos trabalhadores prejudicados que buscaram a tutela dos órgãos públicos competentes, acaba ultrapassando os limites da moralidade coletiva e causando um sentimento de indignação social; afinal, não é aceitável que o cidadão ofendido em seus direitos busque a proteção estatal e, exatamente por isso, fique exposto à ira do ofensor. 4. Embora o direito de petição seja de índole individual, a atitude da ré, em punir os empregados que denunciaram ao Ministério Público do Trabalho as irregularidades empresariais, não ofende apenas direito pessoal dos trabalhadores, pois coloca em risco a própria credibilidade do MPT — instituição de imensurável importância no regime constitucional brasileiro —, ofendendo de forma direta o Estado Democrático de Direito e impedindo o exercício da cidadania. 5. Recurso provido para condenar a ré em indenização por danos morais coletivos. TRT 24ª Reg. — RO 0596/2005-002-24-00-2 — Rel. Juiz Amaury Rodrigues Pinto Junior. DJMS n. 6.825, 6.10.06.

Ministério Público do Trabalho. Legitimidade ativa. Ação Civil Pública. Direitos coletivos e direitos individuais homogêneos indisponíveis

Ementa: MINISTÉRIO PÚBLICO DO TRABALHO. LEGITIMIDADE ATIVA. AÇÃO CIVIL PÚBLICA. DIREITOS COLETIVOS E DIREITOS INDIVIDUAIS HOMOGÊNEOS INDISPONÍVEIS. Tem legitimidade o Ministério Público do Trabalho para propor ação civil pública, visando a tutelar direitos coletivos. Tal é a hipótese sob exame, em que o *Parquet* Trabalhista persegue a imposição de obrigação de não fazer, com efeitos projetados para o futuro, mediante provimento jurisdicional de caráter cominatório, consistente em "não repassar para os salários eventuais prejuízos decorrentes da atividade empresarial, inclusive decorrente de operação com bomba de combustível na venda de produto ao público e de cheques de clientes sem provisão de fundos, observada, no entanto, a exceção contida no § 1º do art. 462, da CLT". Inteligência dos artigos 83, III da Lei Complementar n. 75/93 e 129 da Constituição Federal. Tal legitimidade alcança, ainda, os direitos individuais homogêneos, que, na dicção da jurisprudência corrente do exc. Supremo Tribunal Federal, nada mais são senão direitos coletivos em sentido lato, uma vez que todas as formas de direitos metaindividuais (difusos, coletivos e individuais homogêneos), passíveis de tutela mediante ação civil pública, são coletivos. Imperioso observar, apenas, em razão do disposto no artigo 127 da Constituição Federal, que o direito individual homogêneo a ser tutelado deve revestir-se do caráter de indisponibilidade. Recurso de Embargos conhecido e provido. TST — E-RR-636.470/2000.9 — (Ac. SBDI-1) — 5ª Reg. — Red. Desig. Min. Lelio Bentes Corrêa. DJU 20.8.04, p. 647.

Não-recolhimento do FGTS — Inexistência de ofensa à moral coletiva

Ementa: DANO MORAL COLETIVO. NÃO-RECOLHIMENTO DO FGTS. INEXISTÊNCIA DE OFENSA À MORAL COLETIVA. Para a configuração do dano moral coletivo, o ilícito e seus efeitos devem ser de tal monta que a repulsa social seja imediata e extrapole aquela relativa ao descumprimento pelo agente de determinadas normas de conduta trabalhista. Na hipótese em apreço, embora constatado o não-recolhimento do FGTS pela empresa em alguns meses e em relação a alguns empregados, o qual já foi devidamente regularizado, não se pode extrair daí a existência de um sentimento coletivo de indignação, de desagrado e de vergonha capaz de ferir a "moral" da coletividade inserida neste contexto. Não há nenhuma violação antijurídica absolutamente injustificável que implique na sensação de repulsa coletiva a fato intolerável. Portanto, não se afigura, na hipótese em apreço, a existência de dano moral coletivo. Recurso provido. TRT 24ª Reg. — RO 1 0801/2006-001-24-00-4 — (Ac. 1ª T., j. 20.3.07) — Rel. Juiz Convocado Ademar de Souza Freitas.

Da ementa acima, colhe-se o seguinte fundamento do Juiz Relator:

"3 — MÉRITO

3.1 — RECURSO DA RÉ

3.1.1 — DANO MORAL COLETIVO

O MM. Juiz de primeiro grau deferiu o pleito de indenização por dano moral coletivo decorrente do não-recolhimento do FGTS pela empresa, contra o que se insurge a ré alegando que não se evidencia nenhum prejuízo de ordem moral imposto à coletividade passível de reparação, já que está sendo feita a regularização dos depósitos fundiários junto à Caixa Econômica Federal.

Assiste-lhe razão.

Data venia dos fundamentos adotados pelo MM. Juiz de primeiro grau, entendo não haver a empresa ré praticado nenhum ato ilícito que tenha acarretado infração ao patrimônio moral da coletividade.

Segundo a moderna doutrina, "a idéia e o reconhecimento do dano moral coletivo (*lato sensu*), bem como a necessidade de sua reparação, constituem mais uma evolução nos contínuos desdobramentos do sistema da responsabilidade civil, significando a ampliação do dano extrapatrimonial para um conceito não restrito ao mero sofrimento ou à dor pessoal, porém extensivo a toda modificação desvaliosa do espírito coletivo, ou seja, a qualquer ofensa aos valores fundamentais compartilhados pela coletividade, e que refletem o alcance da dignidade dos seus membros." (Medeiros Neto, Xisto Tiago de, *in* Dano Moral Coletivo, LTr, 2004, pág. 136).

Nesta linha de pensamento, a doutrina não tem resistido ao reconhecimento do dano moral coletivo, consolidando-se a idéia da possibilidade de violação ao patrimônio moral da sociedade que, do mesmo modo que o do indivíduo, deve ser respeitado. Contudo, para a aferição respectiva, devem ser examinadas as particularidades de cada caso.

Marco Antonio Marcondes Pereira, Promotor de Justiça do Estado de São Paulo, especialista em Interesses Difusos e Coletivos pela Escola Paulista do Ministério PúMarco Antonio Marcondes Pereira, Promotor de Justiça do Estado de São Paulo, especialista em Interesses Difusos e Coletivos pela Escola Paulista do Ministério Público de São Paulo, em artigo intitulado "Dano moral contra a coletividade: ocorrências na ordem urbanística", *in* Informa Jurídico, Edição 40, volume III, Base: Doutrinas, Registro 772/1928, conceitua dano moral coletivo como sendo "...o resultado de toda ação ou omissão lesiva significante, praticada por qualquer pessoa contra o patrimônio da coletividade, considerada esta as gerações presentes e futuras, que suportam um sentimento de repulsa por um fato danoso irreversível, de difícil reparação, ou de conseqüências históricas."

Ainda, segundo referido autor, na análise do dano moral contra a coletividade, mister o exame dos elementos caracterizadores que compõem o conceito sugerido anteriormente, que são os seguintes:

a) Agressão de conteúdo significante: o fato que agride o patrimônio coletivo deve ser de tal extensão que implique na sensação de repulsa coletiva a fato intolerável, como aponta a mais atual doutrina, porque o fato danoso que tem pequena repercussão na coletividade ficará excluído pelo princípio da insignificância;

b) Sentimento de repulsa pela coletividade: o fato intolerável deve implicar o sentimento de indignação, ou opressão, da coletividade que tem um interesse metaindividual assegurado na ordem legal violado;

c) Fato danoso irreversível ou de difícil reparação: a ofensa à coletividade pode acarretar a impossibilidade de desfazimento do ato danoso, de tal sorte que o resultado padecido pela coletividade tenha de ser carregado com um dardo para as gerações presentes e futuras, como também pode implicar difícil reparação, que afete o direito imediato de uso e gozo do patrimônio coletivo;

d) Conseqüências históricas para a coletividade (ou comunidade): a agressão à coletividade pode implicar o rompimento do seu equilíbrio social, cultural e patrimonial, afetando a qualidade de vida futura.

Nessa linha de raciocínio, para a configuração do dano moral coletivo deve haver uma agressão significante, ou seja, uma violação antijurídica absolutamente injustificável, de interesses metaindividuais socialmente relevantes para a coletividade e assim tutelados juridicamente, de tal modo, que implique na sensação de repulsa coletiva a fato intolerável, deflagrando sentimento de indignação, repúdio, desagrado, insatisfação, vergonha, angústia ou outro sentimento psico-físico da coletividade. Em última análise, quer dizer que se feriu a própria cultura coletiva, posto que a pequena repercussão na coletividade ficará excluída pelo princípio da insignificância.

As hipóteses mais comuns na jurisprudência de dano moral coletivo, nas quais estão presentes obrigatoriamente as situações acima indicadas são:

— Lesão ao meio ambiente do trabalho;

— Trabalho escravo; — Exploração do trabalho da criança e do adolescente;

— Prática de assédio sexual e/ou assédio moral.

Na hipótese em apreço, embora constatado o não-recolhimento do FGTS pela empresa em alguns meses e em relação a alguns empregados, o qual já foi devidamente regularizado, não se pode extrair daí a existência de um sentimento coletivo de indignação, de desagrado e de vergonha capaz de ferir a "moral" da coletividade inserida neste contexto. Não há nenhuma violação antijurídica absolutamente injustificável que implique na sensação de repulsa coletiva a fato intolerável.

Ora, não se afigura, na hipótese em apreço, a existência de dano moral coletivo.

Repita-se, para a configuração do dano moral coletivo, o ilícito e seus efeitos devem ser de tal monta que a repulsa social seja imediata e extrapole aquela relativa ao descumprimento pelo agente de determinadas normas de conduta trabalhista.

Cumpre registrar, por oportuno, decisões de outros regionais acerca da matéria ora analisada, conforme ementas a seguir transcritas:

DANO MORAL COLETIVO. A reparação do dano moral é assegurada por nosso ordenamento jurídico, estando esse direito expressamente arrolado na Constituição Federal dentre o rol os "Direitos e Garantias Fundamentais" (artigo 5º, V e X, CF/88). Assim como ocorre a infração aos direitos da personalidade, intrínsecos ao ser humano, individualmente considerado, também, é possível a violação à moral social, já que a sociedade, do mesmo modo que o indivíduo, possui um "patrimônio" moral, que deve ser respeitado. Contudo, se a atitude fraudulenta das rés, não obstante deva ser repudiada, não ocasiona um sentimento coletivo de indignação, de desapreço e de desconformidade a ponto de ferir a moral social, estando o dano adstrito aos trabalhadores diretamente relacionados com o fato, inexiste o dano moral coletivo, não havendo que se falar na indenização de que trata o artigo 13, da Lei 7.347/85. (ACÓRDÃO TRIBUNAL: 3ª Região; Decisão: 14/07/2004; RO — 00447-2003-069-03-00-4; 8ª Turma; DJMG

Data: 31-07-2004, pg: 18; Relator: Juiz Paulo Maurício Ribeiro Pires)

DANO MORAL COLETIVO. Não há dúvida quanto à possibilidade de violação ao patrimônio moral da sociedade que, do mesmo modo que o do indivíduo, deve ser respeitado. Todavia, embora a atitude fraudulenta da reclamada, no que tange à intermediação ilícita de mão-de-obra, cause repúdio, o dano a ser reparado não é social, mas, sim, restrito aos empregados terceirizados, e pode ser objeto de indenização individual, ao arbítrio de cada um deles, inexistindo, assim, dano moral coletivo a ser reparado. (ACÓRDÃO TRIBUNAL: 3ª Região. Decisão: 20/04/2005; RO — 00155-2004-082-03-00-2; 8ª Turma; Fonte DJMG Data: 30-04-2005, pg: 19; Relator: Juíza Denise Alves Horta).

Saliento, ainda, que não há prova de que a conduta do empregador tenha adquirido caráter transindividual, atingindo a coletividade dos empregados, de modo a autorizar a autuação do Ministério Público em sede de ação civil pública, nos termos do artigo 129, III, da Constituição Federal e artigo 1º, IV, da Lei n. 7.347/85 (Lei da Ação Civil Pública).

Dentro desse cenário, a possibilidade de reparação do dano moral coletivo não pode se transformar em verdadeira panacéia, fomentadora de abusos e suscitável em todas e quaisquer situações em que se verifiquem conflitos de interesses entre patrões e empregados, devendo os juízes, como adverte João de Lima Teixeira Filho, "...agir com extremo comedimento para que o Judiciário não se transforme, como nos Estados Unidos, num desaguadouro de aventuras judiciais à busca de uma sorte grande fabricada por meio dos chamados *punitive demages* e suas exacerbadas indenizações"(*in* Instituições de Direito do Trabalho, LTr, 17ª ed., vol. 1, págs. 634 e 635).

Pelo exposto, não demonstrada a presença dos pressupostos exigidos para a indenização por dano moral coletivo, dou provimento ao recurso da ré para excluir tal condenação." (www.trt24.gov.br, 14.6.07)

Obrigação do empregador de contratar pessoas portadoras de deficiências — Competência material da Justiça do Trabalho — Legitimidade do Ministério Público do Trabalho

Ementa: INDENIZAÇÃO POR DANOS MORAIS COLETIVOS — OBRIGAÇÃO DO EMPREGADOR DE CONTRATAR PESSOAS PORTADORAS DE DEFICIÊNCIAS — COMPETÊNCIA MATERIAL DA JUSTIÇA DO TRABALHO — LEGITIMIDADE DO MINISTÉRIO PÚBLICO DO TRABALHO. A Justiça do Trabalho é competente para processar e julgar Ação Civil Pública ajuizada em defesa dos direitos difusos dos portadores de deficiência, visando a instrumentalizar a acessibilidade deles ao mercado de trabalho, interferindo, direta e efetivamente, na liberdade empresarial, quanto à seleção de seus empregados, obrigando à celebração de contratos de trabalho com pessoas de tal condição, observados os requisitos previstos na legislação específica, a exemplo do que dispõe o artigo 93, incisos e parágrafos, da Lei n. 8.213, de 24.07.1991 — que, não obstante direcionada para questões previdenciárias, dispõe acerca das obrigações trabalhistas e a contratação de empregados portadores de deficiência por empresas privadas —, bem assim, na esfera regulamentar, a Instrução Normativa SIT n. 20, de 26.01.2001 — dispondo sobre os procedimentos a ser adotados pela Fiscalização do Trabalho nesse contexto — e a Portaria MTE n. 1.199, de 28.10.2003 — normatizando a imposição de multas administrativas a esse respeito. Entendimento em contrário, levaria a negar-se vigência ao comando expresso da ordem constitucional e infraconstitucional — artigos 114, inciso IX, 129, inciso III, ambos da Constituição da República; artigo 83, inciso III, da Lei Complementar n. 75/93; artigo 82, inciso I, do CPC; artigos 1º, inciso I, e 3º da Lei n. 7.347/85; artigo 7º da Lei 7.853/89; artigo 93, incisos e parágrafos, da Lei n. 8.213/91, conferindo relevo ao Ministério Público, como instituição permanente, essencial à função jurisdicional do Estado, incumbindo-lhe a defesa da ordem jurídica, do regime democrático e dos interesses individuais indisponíveis, sociais, homogêneos, difusos e coletivos —, fazendo prevalecer o desrespeito a essa mesma ordem jurídica, com autorização para que todo e qualquer segmento produtivo da sociedade, que utiliza mão-de-obra subordinada, descumpra a lei, pois livre de ação do Órgão legitimado, pode agir impunemente, na certeza de que mesmo vivendo num Estado democrático de direito, não está sujeito ao comando geral e cogente da lei, o que — há de se convir — é inadmissível . TRT 3ª Reg. — RO 00067-2006-076-03-00-0 — (Ac. 3ª T.) — Rel. Juiz Irapuan de Oliveira Teixeira Lyra. DJMG 7.10.06, p. 3.

Trabalho em condições análogas à de escravo — Dano moral — Configuração

Ementa: DANO MORAL. TRABALHO EM CONDIÇÕES ANÁLOGAS À DE ESCRAVO. Além de justa a reparação do dano moral requerida, bem como da procedência das verbas rescisórias trabalhistas reivindicadas em conseqüência do aludido dano, também justificador da extinção das relações empregatícias, torna-se impostergável um indispensável e inadiável "Basta!" à intolerável e nefasta ofensa social e retorno urgente à decência das relações humanas de trabalho. Torna-se, portanto, urgente a extirpação desse cancro do trabalho forçado análogo à de escravo que infeccionou as relações normais de trabalho, sob condições repulsivas da prestação de serviços tão ofensivas à reputação do cidadão brasileiro com negativa imagem do país, perante o mundo civilizado. TRT 10ª Reg. — RO 00073-2002-811-10-00-6 — (Ac. 2ª T.) — Rel. Juiz José Ribamar O. Lima Júnior. DJU 30.5.03.

Trabalho em condições subumanas — Dano moral coletivo provado. Indenização devida

Ementa: TRABALHO EM CONDIÇÕES SUBUMANAS. DANO MORAL COLETIVO PROVADO. INDENIZAÇÃO DEVIDA. Uma vez provadas as irregularidades constatadas pela Delegacia Regional do Trabalho e consubstanciadas em Autos de Infração aos quais é atribuída fé pública (art. 364 do CPC), como também pelo próprio depoimento da testemunha do recorrente, é devida indenização por dano moral coletivo, vez que a só notícia da existência de trabalho escravo ou em condições subumanas no Estado do Pará e no Brasil faz com que todos os cidadãos se envergonhem e sofram abalo moral, que deve ser reparado, com o principal objetivo de inibir condutas semelhantes. Recurso improvido. TRT 8ª Reg. — Proc. 00218-2002-114-08-00-1 (1ª T./RO 4.453/2003, julg. 30.9.03) — Relª Juíza Suzy Elizabeth Cavalcante Koury.

Da decisão acima, colhe-se o seguinte fundamento:

"2.2. MÉRITO

2.2.1. DA INEXISTÊNCIA DE PROVA DE TRABALHO ESCRAVO

Esclareço, inicialmente, que o recorrente não questiona agora e nem questionou quando de sua contestação, a legitimidade do *Parquet* trabalhista, a qual encontra amparo nos artigos 127 e 129 da CF/88, bem como no artigo 6º, inciso VII, alínea *d* da Lei Complementar n. 75/93.

O recorrente também não se insurge contra a possibilidade de condenação ao pagamento de indenização em decorrência de dano moral coletivo, consubstanciado no fato de que o trabalho escravo no século XXI avilta toda a coletividade, pois ignora toda a evolução da humanidade, sendo vedado pela Constituição Federal de 1988 em seu artigo 5º, inciso III.

De fato, a só notícia da existência de trabalho escravo no Estado do Pará e no Brasil faz com que todos os cidadãos se envergonhem e sofram abalo moral, que deve ser reparado, com o principal objetivo de inibir condutas semelhantes.

Feitas essas considerações preambulares, destaco que o recorrente insurge-se contra a decisão *a quo* ao argumento de que não teria restado comprovado o trabalho escravo, e sim meras irregularidades, razão pela qual passo a examinar a prova dos autos.

A ação civil pública foi instruída com os autos de infração de fls. 21 a 28, nos quais se constatam as seguintes infrações:

1ª) limitar por qualquer forma a liberdade do empregado de dispor de seu salário (art. 462, § 4º da CLT), pois o recorrente mantinha armazém para fornecimento de gêneros alimentícios e de vestuário, permitindo o endividamento superior ao salário, o que mantinha certos trabalhadores endividados, impossibilitados de pedir demissão (fl. 21) — 24.1.01;

2ª) manter empregados trabalhando sob condições contrárias às disposições de proteção ao trabalho (art. 462, § 4º da CLT), tendo sido constatada: a) ameaça à vida do empregado José Antônio Arnauld, que havia sofrido acidente e não podia trabalhar, pelo capataz Reinaldo de Freitas Oliveira, que andava armado; b) falta de assistência médica a empregados acidentados; c) exposição da vida e da saúde dos trabalhadores por falta de treinamento; d) falta de banheiros e sanitários nos alojamentos (fl. 22) — 24.1.01;

3ª) inexistência de recolhimentos de FGTS (art. 23, da Lei n. 8.036/90) (fl. 24) — 24.1.01;

4ª) venda de equipamentos de proteção individual ao invés de seu fornecimento (art. 157, incisos I e II da CLT c/c NRR-4, item 4.2, alíneas *a* e *c*) (fl. 25) — 24.1.01;

5ª) manter trabalhador sem registro (art. 41, *caput* da CLT) (fl. 26) — 24.1.01;

6ª) deixar de cumprir e de fazer cumprir as Normas Regulamentadoras Rurais pertinentes à segurança e higiene do trabalho, pois foram encontrados trabalhadores em condições precárias de alojamento em diversos locais da Fazenda, sem instalações sanitárias, sem água potável, com cobertura em lona preta e de palha (art. 157, incisos I e II da CLT c/c item 1.7, alínea *a* da NRR-1) (fl. 28) — 24.1.01.

O recorrente diz que, apesar de reconhecer que as instalações da Fazenda não estavam totalmente adequadas às normas regulamentadoras de higiene, saúde e segurança, houve atenuantes não consideradas no laudo, mormente as manifestações favoráveis de empregados que funcionaram como testemunhas.

Quanto à arma apreendida, alega que não teria sido comprovada a propriedade da mesma, bem como que não teria sido comprovado que estivesse sendo usada para ameaçar e manter prisioneiros os empregados da Fazenda.

Diz, ainda, o recorrente que, se ameaça houve, foi de cunho pessoal e não decorrente da condição de empregado de qualquer dos trabalhadores.

Em relação aos descontos na cantina existente na Fazenda, alega que eram realizados de forma coerente e parcimoniosa, pedindo que seja considerado como prova emprestada o depoimento prestado pelos ex-empregados Zacarias de Oliveira Silva e Sônia Maria Lima Silva.

Vejamos.

A única testemunha da recorrente, Sr. Francisco Oliveira, afirmou:

'que o depoente trabalha na fazenda São Luiz como tratorista; que trabalha aproximadamente desde 1997; que desde o início da contratação o depoente possui CTPS assinada; (*omissis*) que a fazenda não costuma contratar pessoas através de 'gatos'; que não sabe se há empregados sem CTPS assinada. (*omissis*) que nunca viu utilização de arma na fazenda por parte dos trabalhadores; que os empregados podem fazer compras fora da fazenda; que o responsável pela cantina era o Sr. Neuzimar; que o depoente comprava na cantina; que não sabe de casos em que o empregado ficou endividado sem poder sair da fazenda; que na cantina eram vendidos gêneros alimentícios; que o preço cobrado era equivalente ao do comércio local; (*omissis*) que não sabe precisar a área mas a fazenda é grande; que apenas os funcionários regulares davam conta do serviço a ser realizado na fazenda; que na época da colheita de pimenta são contratados funcionários para essa finalidade; que a colheita de pimenta dura em média 2 meses, mas atualmente o pimental está em fase de desativação e não comporta mais o mesmo número de trabalhadores do passado; que para a colheita do pimental, são contratados em média 15 trabalhadores e posteriormente, após o período de 2 meses, ficavam apenas 2 para manutenção; que quando as pessoas eram contratadas dormiam em seu próprio alojamento; que os próprios trabalhadores faziam o acampamento; que os acampamentos eram feitos de lona; que quando havia a colheita de pimenta os trabalhadores ficavam em um local distante da sede da fazenda; que a água e alimentação eram levadas pelos próprios trabalhadores; que não sabe informar se era dado algum tipo de equipamento de proteção para os trabalhadores no pimental; que os funcionários do pimental trabalhavam de 7 às 11 e de 13 às 17 horas, de segunda-feira a sábado; que não **sabe se o pessoal que colhia pimenta tinha CTPS assinada; que os grupos de trabalho do pimental eram autônomos, não havendo nenhum chefe; apenas o serviço era orientado pelo encarregado da fazenda; (*omissis*) que nos acampamentos do pimental a instalação sanitária era apenas uma fossa cavada no chão com um quadrado de proteção também feito em lona.' (*sic*, fls. 426 a 428)** (negrito)

Percebe-se, claramente, que havia 2 (dois) tipos de empregados na Fazenda, os regulares, que trabalhavam o ano todo, como a testemunha e os contratados apenas quando da colheita da pimenta, sendo certo que em relação a estes últimos a própria testemunha revelou que as condições eram distintas, tendo inclusive reconhecido que eles montavam os próprios alojamentos, com cobertura de lona, que não havia instalações sanitárias e que tinham que arranjar a água que bebiam.

São precisamente estes os trabalhadores em relação aos quais foram constatadas as irregularidades, de tal forma que o depoimento da testemunha, ao contrário do que pretende fazer crer o recorrente, lhe foi desfavorável, vez que ela confirmou as condições relatadas pela Fiscalização do Trabalho.

A testemunha Claúdio Secchin, ouvida por precatória, afirmou, *verbis*:

'Participou de uma inspeção na fazenda demandada. Nesta inspeção verificou-se que não havia ambiente propício para a atividade laboral, tais como: sistema de barracão para abrigo dos trabalhadores, ausência de anotação na CTPS e presença de armamento, é o que se recorda. Não se recorda se havia fornecimento ou não de água potável para os empregados.' (*sic*, fl. 528)

A alegação de que deveria ser validada prova emprestada consubstanciada em depoimentos prestados em processos que tramitaram perante a MMª Vara do Trabalho de Parauapebas, movidos pelos reclamantes Sônia Maria Lima Silva e Zacarias de Oliveira Silva, a qual, no entender do recorrente, comprovaria que os trabalhadores eram livres para procurar a Justiça do Trabalho em nada modifica o conjunto probatório.

Ao contrário, constatam-se no depoimento da Sra. Sônia a existência de trabalhadores sem carteira assinada e de intermediação ilícita de mão-de-obra, precisamente o que se verificou também nestes autos, nos seguintes trechos:

'que os trabalhadores para quem a depoente cozinhava laboravam apenas no pimental; que o período da colheita geralmente é do final de julho até agosto; que houve uma fiscalização da DRT na fazenda e depois disso o reclamado prometeu que iria assinar as carteiras dos trabalhadores pois lá ninguém trabalhava com CTPS anotada;' (fl. 282)

'que o esposo da reclamante era o encarregado do pimental; que o serviço no pimental era feito por empreitada; que ocasionalmente, eram contratados diaristas para trabalharem no pimental; que quem contratava esses diaristas era o esposo da reclamante; que o reclamado pagava as diárias para o esposo da reclamante e o mesmo pagava os trabalhadores;' (fl. 283)

No depoimento do Sr. Zacarias, restou constatado 'que no período em que o depoente trabalhou todos os dias havia trabalhador diarista trabalhando no pimental; que o número de trabalhadores diaristas variava de 8 às 15 horas; que o maior número de trabalhadores ocorria na colheita no período de 25 de maio até agosto; (*omissis*) que os diaristas eram contratados para executarem serviços de limpeza, eram contratados para aguar o pimental, bem como eram contratados na época da colheita; que a própria colheita era executada por empreiteiros;' (fls. 309 e 310)

Assim, resta evidente que a consideração dos depoimentos como prova emprestada, que entendo possível porque sobre eles o *Parquet* trabalhista produziu manifestação (fls. 363 a 373), milita contra o recorrente.

De igual modo, a juntada dos documentos de fls. 381 a 425, fotografias dos alojamentos e vales encontrados na cantina da Fazenda, sob protestos do recorrente (fl. 428), não importou em cerceio de defesa, pois o recorrente se manifestou sobre seu conteúdo (fl. 430), tendo sido assim observado o artigo 5º, incisos LIV e LV, da CF/88.

Entendo, assim, que restaram comprovadas as irregularidades constatadas pela Delegacia Regional do Trabalho e consubstanciadas nos Autos de Infração acima analisados, não só porque lhes é conferida fé pública (art. 364 do CPC), como também porque a própria testemunha do recorrente confirmou tais fatos, o mesmo tendo acontecido com a testemunha arrolada pelo autor, de tal forma que restaram observados os artigos 818 da CLT e 333 do CPC.

Assim, mantenho a decisão *a quo* que impôs ao recorrente as obrigações de fazer e não fazer descritas na inicial, sob pena de pagamento de multa.

2.2.2. DA REDUÇÃO DO VALOR DA INDENIZAÇÃO

A indenização por dano moral coletivo foi fixada em R$ 50.000,00 (cinqüenta mil reais), contra ela insurgindo-se o recorrente.

O pedido de redução é embasado no cumprimento de todas as obrigações de fazer deferidas na liminar de fls. 579 a 582 dos autos, bem como na desproporcionalidade entre a multa e as pretensas infrações.

Constou da r. sentença que, após o ajuizamento da ação, as condições de trabalho estão diferentes, tendo melhorado consideravelmente as instalações da fazenda e os equipamentos de proteção individual (fl. 664).

Destaco que o fato de o recorrente ter cumprido as obrigações de fazer e não-fazer, constatado na r. sentença, não afasta a indenização pelo dano moral coletivo não só porque não o fez espontaneamente, mas sim após o deferimento da liminar e em virtude da ação da DRT, como também porque não faz com que sejam esquecidas as péssimas condições de trabalho e de alojamento a que eram submetidos os trabalhadores.

Esclareço que o recolhimento das multas pelas infrações cometidas não se confunde com a indenização aqui fixada, razão pela qual não se pode levar em conta os pagamentos a este título para diminuir a condenação nestes autos, pois os fatos geradores são distintos.

Aqui o que se busca é reparar o dano causado à coletividade pelo fato de o recorrente, em pleno Século XXI, manter trabalhadores em condições subumanas, enquanto que as multas administrativas cominadas encontram previsão legal e são devidas em razão do descumprimento de disposições não só da CLT, como também das Normas Regulamentares Rurais de Saúde, Higiene e Segurança, restando incólume o artigo 5º, inciso II, da CF/88, que fica desde logo prequestionado.

Assim é que, mantenho a condenação do recorrente ao pagamento da indenização de R$ 50.000,00 (cinqüenta mil reais) a ser revertida ao FAT, que considero como razoável para indenizar o dano moral constatado nestes autos." (www.trt8.gov.br, em 22.8.04)

Trabalho forçado — Configuração

Ementa: I — TRABALHO FORÇADO. DANO MORAL COLETIVO. A prática do trabalho forçado viola um dos mais importantes fundamentos da República Federativa do Brasil, qual o da *dignidade da pessoa humana* (art. 1º, III, da Constituição). A sociedade deve combatê-lo. O Estado deve reprimi-lo. O Poder Judiciário, então, deve agir, quando provocado, no sentido de restabelecer o cumprimento dessa norma. Logo, caracterizado o trabalho forçado, é evidente o dano moral coletivamente considerado, que vulnera o respeito indispensável a que todo o ser humano tem direito. II — VALOR DA INDENIZAÇÃO. PRINCÍPIO DO ENRIQUECIMENTO OU EMPOBRECIMENTO SEM CAUSA. Levando-se em conta a condição financeira da recorrida, provada nos autos e admitida em contra-razões, bem como a grave, degradante e humilhante condição a que eram submetidos os trabalhadores e, ainda, o senso comum e o princípio do enriquecimento ou empobrecimento sem causa, deve ser elevado o valor da indenização por dano moral coletivo, para ajustá-lo à realidade que emana dos autos. TRT 8ª Reg. — RO 01327-2003-112-8-00-4 (Ac. 1ª T.) — Rel. Juiz Georgenor de Sousa Franco Filho. DJPA 10.10.05.

Da decisão acima, colhe-se o seguinte fundamento:

"A apreciação da matéria trazida à colação requer cautela, por se tratar de questão complexa.

Ficou provado nos autos que a reclamada sujeitou os trabalhadores à condições precaríssimas de trabalho e de vida.

Com a inicial, o recorrente juntou diversos documentos, constantes do Relatório de Fiscalização da Fazenda Lago Azul de fls. 39/1.049. Demonstram, à saciedade, a realidade dos fatos apresentados na inicial; a degradação humana a que a reclamada submeteu os trabalhadores; o desprezo e o pouco caso do reclamado para com os empregados, como se animais fossem, ou até pior que isso, porque até aos próprios animais são dispensados tratamentos mais dignos.

Dentre esses documentos, estão as Declarações Anuais de Ajuste de fls. 1.316/1.338, de 2002 e 2003, onde, à fl. 1.334, está a relação de Bens e Direitos da reclamada, ultrapassando a casa dos R$ 3.000.000,00 (três milhões de reais).

Em defesa às fls. 1.058/1.076, a reclamada alega que os locais onde foram encontrados os trabalhadores são áreas de pastagens novas e que os fiscais deveriam observar o critério da dupla visita, nos termos do art. 627, *b*, da CLT. Invocou, também, o disposto no art. 23 do Decreto n. 4.552, de 27.12.02, que fala do dever de orientação dos auditores do trabalho, que podem proceder à autuação dependendo de segunda visita, o que não teria ocorrido, e, de igual modo, o previsto na NR-28 da Portaria n. 3.214/78, subitem 28.1.3, que recomenda a visita dupla.

Sustentou, por outro lado, que os trabalhadores encontrados na Fazenda não eram de responsabilidade da reclamada, porque contratados por terceiras pessoas (Juarez Feitosa Gomes e Francisco Sousa Santos) para realizar os serviços, cabendo a eles toda a responsabilidade trabalhista, fiscal e previdenciária, porque eram os empreiteiros dos serviços temporários na reclamada, praxe naquela região. Buscou demonstrar que os trabalhadores não estavam submetidos à condição análoga à de escravo, nos termos que preceitua o art. 149, § 1º, I e II, do Código Penal.

Em contra-razões, às fls. 1.660/1.692, a reclamada refuta todas as alegações do recorrente, ressaltando que, muito embora detentora de um grande patrimônio, possui custos de manutenção dos animais e outras dívidas, o que reduz drasticamente o valor exposto pelo Ministério Público do Trabalho.

Em depoimento, às fls. 1.197/1.199, a reclamada não soube dizer quantos trabalhadores tinham na Fazenda, contratados pelos empreiteiros, que, a seu ver, era de 40 a 50. Em defesa, disse que contratou dois empreiteiros, um chamado Fogoió (Juarez Feitosa Gomes) e outro chamado Có (Francisco Sousa Santos) — fl. 1.062, no entanto, em depoimento, não soube dizer quem eram os empreiteiros. Confirmou que os alojamentos ficavam distantes da Fazenda.

Muito embora tenha afirmado, em defesa, que não era responsável pelos trabalhadores encontrados, cuja responsabilidade pelos encargos trabalhistas, fiscais e previdenciários atribuiu aos empreiteiros, disse que pagou os direitos da cozinheira que preparava a alimentação dos trabalhadores. Soube dizer de onde provinha a água que saciava a sede dos empregados e sobre suas vestimentas, mas não soube dizer se, dentre eles, haviam acidentados ou doentes. Confirmou que a água fornecida era de fontes nascentes de minas da localidade e que a água fornecida aos animais vinha de represas da Fazenda; não soube dizer, porém, se os empreiteiros submetiam os trabalhadores a exame médico admissional.

Ora, do depoimento da reclamada, nota-se que havia várias irregularidades nos trabalhos prestados pelos empregados, que não tinham água potável, não eram submetidos a exame admissional e não tinham assistência médica, enfim.

A testemunha apresentada pelo autor disse, à fl. 1.199/1.200, que não havia atendimento médico no local dos serviços, que ficava dentro da mata, distante da Fazenda; que os equipamentos e vestimentas eram de propriedade dos empregados, que compravam na cantina da reclamada e que era descontado dos salários; que a cantina também fornecia e cobrava gêneros alimentícios; que os empreiteiros eram os responsáveis pelas cantinas; que no local havia acidentados e portadores de doenças como leximaniose e feridas purulentas, todas infecto-contagiosas; ...; que as entrevistas foram feitas com os empregados dos empreiteiros, particularmente, sem a presença destes.

Pelo depoimento dessa testemunha, verifica-se que haviam trabalhadores doentes, aliás, o que é comprovado pelas fotos de fl. 47 verso; que os trabalhadores eram tratados sem qualquer condição de higiene ou respeito à pessoa humana.

O descaso era patente. Mesmo que os responsáveis diretos pelos empregados fossem os empreiteiros contratados pela reclamada, esta não poderia se eximir da responsabilidade para com os trabalhadores porque sabia, sim, das condições a que estavam sujeitos.

Única justificativa para que se acredite na versão da reclamada, de que não sabia das condições a que os empreiteiros sujeitavam os trabalhadores, é a 'cegueira' em decorrência da ganância por mais fortuna. Não é possível que, debaixo de seus olhos, centenas de trabalhadores sendo maltratados e 'escravizados' pelas dívidas, não fossem percebidos. Dizer que a responsabilidade por eles era dos empreiteiros, *data venia*, é subestimar a mais vil inteligência humana.

Os trabalhadores foram ouvidos pelos Auditores do Trabalho, pela Polícia Federal e pelo Procurador da República, como afirmado pela 2ª testemunha do recorrente à fl. 1.201, e para eles foi relatado o tratamento desrespeitoso que lhes eram dispensados.

No córrego de onde tiravam água para beber, também vinha a água para os alimentos, a higiene pessoal e, quiçá, para saciar também os animais que viviam pelos arredores (foto de fl. 48).

No local, que ficava longe da Fazenda, não havia qualquer medicamento ou material de primeiros socorros, como disse a 2ª testemunha do recorrente à fl. 1202. Também confirmou que haviam trabalhadores doentes e machucados no local de trabalho.

Foi identificado que praticamente todos os empregados tinham débitos com os empreiteiros decorrentes da aquisição de alimento e instrumento de trabalho.

Muito embora não houvesse abertamente correntes prendendo os empregados, ou capangas à vigia, ou cercas impedindo fugas, como alega a reclamada, resta claro nos autos que as artimanhas utilizadas pelos empreiteiros para a 'escravidão' eram outras, quais sejam, dívidas, exploração financeira, afora a própria dificuldade de acesso ao local de trabalho. Com isso, jamais poderiam se afastar ou parar de trabalhar enquanto não acabassem o serviço ou pagassem as dívidas. É o chamado *aviamento*, figura típica do que se poderia chamar de *Direito amazônico do Trabalho*. Alguma coisa semelhante à servidão, condenada pela Declaração Universal dos Direitos do Homem, adotada, em 1948, pela Organização das Nações Unidas.

No particular, aliás, observo que tem existido grande confusão entre duas figuras jurídicas absolutamente distintas: escravidão e servidão. Esta é a prática verificada na Amazônia, e não só na Brasileira, mas também na Colômbia e no Peru, conforme apontei no livro *Relações de trabalho na Pan-Amazônia: a circulação de trabalhadores* (São Paulo, LTr, 1996). Cria-se um vínculo de dependência econômica, e o trabalhador, que compra no barracão (aviamento fixo) ou no regatão (aviamento itinerante), jamais paga a dívida e transforma-se numa espécie de *servo*. Aquela, a escravidão, foi eliminada do direito brasileiro com a Lei n. 3.383, de 13 de maio de 1888, que continua a viger. Logo, a meu ver, é incorreto chamar-se de *escravidão* para essa prática odiosa e de *escravos* para suas vítimas. O *nomen juris* é trabalho forçado, como inclusive utiliza a Organização Internacional do Trabalho.

O art. 5º da Constituição da República e o art. 3º da Declaração Universal dos Direitos Humanos estabelecem que toda pessoa tem direito à vida, à liberdade e à segurança pessoal.

O Pacto Internacional dos Direitos Civis e Políticos, ratificado pelo Brasil, em seu art. 6º, item 1, estabelece: *O direito à vida é inerente à pessoa humana. Este direito deverá ser protegido por lei. Ninguém poderá ser arbitrariamente privado de sua vida.* É direito de primeira geração, na escala dos direitos humanos classificados por gerações, ou dimensões, ou gestações, conforme a preferência dos doutrinadores do tema.

Apenas *ad argumentandum*, situações semelhantes ocorrem em garimpos em algumas regiões do Pará e da região amazônica, onde literalmente existem trabalhadores forçados, que são massacrados e até dissipados da face da terra.

Pude presenciar de perto um fato real. Foi o drama de um desses trabalhadores que esteve neste Tribunal, nos meados de 2004, na Secretaria da Presidência, no último período de minha Administração. Tratava-se de um homem bastante humilde e sofrido. Estava maltrapilho e aparentava mais de 60 anos de idade, mas na verdade tinha 45 anos. Relatou que havia fugido de um garimpo, onde vivia literalmente preso e vigiado por capatazes, assim como seus colegas de trabalho. Estava jurado de morte por seu patrão garimpeiro, por ter indagado sobre seus direitos trabalhistas e de seus colegas. Relatou, com muita sinceridade, a falta de respeito e de temor por parte de alguns garimpeiros, que falavam sem nenhum receio que as autoridades é que tinham que respeitá-los. O pobre homem estava com fome, sem dinheiro, sujo e morava no interior do Maranhão. Foi orientado e encaminhado ao Ministério Público do Trabalho para fazer a denúncia que pretendia. Alguns servidores, compadecidos de sua situação, coletaram algum dinheiro para alimento e retorno à sua terra natal, já que após a denúncia ao Ministério Público, não tinha para onde ir e ainda iria fazer 'bico' para angariar alguns trocados e assim voltar à sua família. Situação lamentável e drástica.

Relato esse fato para demonstrar a quantas anda o mundo dos mais últimos, talvez dos mais pobres, daqueles que vivem na *pobreza crítica* de que fala o Protocolo de Washington, que emendou a Carta da Organização dos Estados Americanos.

É público e notório as ações *contrario legis* ocorridas no Sul do Pará e em todo o território nacional, como vemos nos noticiários diários.

Como dito antes, a questão trazida a lume é grave e algo precisa ser feito por quem tem autoridade para tal. Não se pode fechar os olhos para essa realidade. Não podemos ser egoístas, levando em conta o nosso bem-estar e esquecer de trabalhadores que precisam de justiça. Se o Poder Judiciário brasileiro é provocado, deve agir. É sua missão. Se a Justiça do Trabalho é a competente, que exerça seu papel. Discretamente, sem buscar holofotes ou simplesmente projeção pessoal, para ganhar individualmente aplausos. Eficientemente, de modo a coibir práticas dessa natureza, fazendo com que suas decisões sejam cumpridas e que seja respeitado, o que reputo o mais importante mandamento constitucional, aquele que consagra o *respeito à dignidade da pessoa humana* como um dos princípios da República Federativa do Brasil (art. 4º, II).

Ficou claro nos autos a humilhação a que eram submetidos os trabalhadores. Provados ficaram os requisitos essenciais que justificam o pagamento de indenização por danos morais coletivos.

Agora, relativamente ao *quantum*, é preciso estabelecer alguns parâmetros, como, por exemplo, a intensidade do dolo, a culpa, a omissão, a negligência ou imprudência, a condição financeira do ofensor, situação da vítima, etc.

Maurício Godinho Delgado, comentando sobre o valor da indenização por danos morais, ensina que: *Hoje o novo Código dispõe que 'a indenização mede-se pela extensão do dano' (art. 944, CCB/2002), o que, evidentemente, não afasta o justo e o equilibrado arbitramento judicial em situações como as inerentes ao dano moral, por exemplo. .... Deve-se atentar ainda para o seguinte: que o montante arbitrado não produza enriquecimento ou empobrecimento sem causa das recíprocas partes; que não perca esse montante a harmonia com a noção de proporcionalidade, seja por deixar de compensar adequadamente o mal sofrido, seja por agregar ganhos financeiros superiores a uma compensação razoável pertinente* (*in Curso de Direito do Trabalho.* 4ª ed., São Paulo, LTr, 2005, p. 623).

É bem verdade, como ressaltado pela r. sentença de fls. 1445/1449, que não se pode arbitrar a indenização pela riqueza do ofensor. Também é verdade que os requisitos acima referidos devem ser sopesados, porque a indenização tem natureza de punição, de castigo, e não apenas simbólico; deve desestimular o ofensor e outros que tendem à mesma prática.

O patrimônio da recorrida apontado pelo recorrente é real, tanto que admite em sua contestação, mas diz que deve ser levado em conta as despesas com a manutenção dos animais e suas dívidas, mas não apontou quais.

No caso dos autos, a agressão é grave; se nada for feito pelas autoridades competentes para tolher de uma vez por todas práticas nocivas à sociedade, ninguém o fará. O quadro dramático em que vive o trabalhador do campo tenderá a se agravar ante o sentimento de impunidade. Na mesma proporção crescerá a violência, já que o drama vivido pelos trabalhadores levam a isso.

Dessa forma, levando-se em conta que o fato de o proprietário da reclamada ser afortunado não justifica, por si só, a indenização pretendida; a condição financeira da recorrida, provada nos autos e admitida em contra-razões, muito embora com a ressalva de que possui várias dívidas e despesas com os animais; a grave situação a que eram submetidos os trabalhadores; e, finalmente, o bom senso e o princípio do enriquecimento ou empobrecimento sem causa, entendo que a multa deve ser elevada para R$ 1.000.000,00 (hum milhão de reais), considerando, primeiro o tratamento desumano a que seres humanos (não se trata de pleonasmo, mas de alerta à realidade) eram submetidos; a imperiosa necessidade de demonstrar o escárnio da sociedade com práticas que ofendem a dignidade da pessoa humana; e, por fim, demonstrar à comunidade internacional que o Judiciário deste país não compactua com atitudes imorais como a que estes autos revelam.

Indefiro o pedido para que a decisão tenha efeito *erga omnes*. Primeiro, porque a sentença de fls. 1.445/1.449 não cuidou da questão, logo, o pedido está precluso. Segundo, a decisão diz respeito tão-somente aos fatos constatados no presente feito. Outros e em outras ocasiões exigirão nova apreciação das provas e a garantia do contraditório e da ampla defesa, enfim do devido processo legal. Terceiro, a segurança jurídica deve ser preservada.

Indefiro, também, o pedido para que conste no v. acórdão a relação das propriedades rurais da reclamada. Primeiro, não vejo necessidade para tal, já que a relação está à fl. 1.516 e em outros documentos nos autos. Segundo, as propriedades descritas à fl. 1.516 foram auferidas a partir da Declaração Anual de Imposto sobre a Renda da reclamada, sendo que, à fl. 1.339, há uma determinação para que o processo corra em segredo de Justiça decorrente da juntada de tais documentos que se encontram às fls. 1.315/1.338. O conhecimento das informações cabem aos legalmente constituídos nos autos ou aqueles que, por ofício, tenham acesso a eles.

ANTE O EXPOSTO, conheço do recurso e dou-lhe parcial provimento para, reformando a r. sentença recorrida, majorar o valor da indenização por dano moral coletivo para R$ 1.000.000,00 (hum milhão de reais), nos termos da fundamentação. Custas, pela reclamada, no valor de R$ 18.000,00, calculadas sobre o valor acrescido de R$ 900.000,00." (www.trt8.gov.br, 30.10.05)

4. BIBLIOGRAFIA

Ada Pellegrini Grinover, *Código Brasileiro de Defesa do Consumidor,* 8ª ed., 2004, Forense Universitária, Rio; A Incidência da Prescrição e da Decadência na Tutela dos Direitos Metaindividuais. In *Direitos Metaindividuais,* Coordenação de Carlos Henrique Bezerra Leite, janeiro/2005, LTr, SP; Amarildo Carlos de Lima, *A Ação Civil Pública e sua Aplicação no Processo do Trabalho,* abril/2002, LTr, SP; André Gustavo Corrêa de Andrade, *Dano Moral e Indenização Punitiva*, 2006, Forense, Rio; Antônio Luis da Câmara Leal, *Da prescrição e da Decadência,* 4ª ed., 1982, Forense, Rio; Arion Sayão Romita, Dano Moral Coletivo, In Revista IOB Trabalhista e Previdenciária, n. 216, junho/2007; *Sistema da Ação Civil Pública no Processo do Trabalho,* maio/2005, LTr, SP; Gislene A. Sanches, *Dano Moral e suas Implicações no Direito do Trabalho*, 1997, LTr, SP; João Carlos Teixeira, *Dano Moral Coletivo na Relação de Emprego*, *Temas Polêmicos de Direito e Processo do Trabalho*, 2000, LTr, SP; José Jairo Gomes, *A Responsabilidade Civil e Eticidade*, 2005, Del Rey, Belo Horizonte, MG; Manoel Jorge e Silva Neto, *A Responsabilidade Civil por Dano Moral Difuso e Coletivo na Justiça do Trabalho, in* Revista de Direito do Trabalho, Coordenação de Nelson Mannrich, vol. 103, jul./set./2003, Revista dos Tribunais, SP; Paulo Eduardo V. Oliveira, *O Dano Pessoal no Direito do Trabalho*, 2002, LTr, SP; R. Limongi França, *Reparação do Dano Moral, in Estudos de Direito*, vários autores, Livro em homenagem ao Prof. Washington Luiz da Trindade, Coordenação de Antonio Carlos de Oliveira e Rodolfo Pamplona Filho, 1998, LTr, SP; Thereza Cristina Gosdal, *Dano Moral Coletivo Trabalhista e o Novo Código Civil, in O Impacto do Novo Código Civil no Direito do Trabalho*, Coordenadores José Affonso Dallegrave Neto e Luiz Eduardo Gunther, 2003, LTr, SP; Vera Lúcia Carlos, *Discriminação nas Relações de Trabalho*, 2004, Ed. Método, SP; Xisto Tiago de Medeiros Neto, *Dano Moral Coletivo*, 2004, LTr, SP.

CAPÍTULO XIII

DANO MORAL E OS ATOS DE FISCALIZAÇÃO, DE MONITORAMENTO ELETRÔNICO E DE REVISTAS DE EMPREGADO POR PARTE DE EMPREGADOR

1. COMENTÁRIO

O processo produtivo em qualquer atividade econômica não pode prescindir do controle sobre o trabalho realizado pelos trabalhadores ou dos serviços relacionados com o empreendimento. Isso acontece porque quanto maior for a produtividade maior será a lucratividade do empreendimento.

Em relação a este processo de controle, assinala *Bruno Lewicki* que, "em um primeiro momento, em que a produção era basicamente individual — como no caso do artesão —, este controle significava tão-somente uma questão de disciplina pessoal óbvia: quanto mais e com maior afinco se trabalhasse, maior seria a produção. Para o pequeno produtor a quem se dirigia o provérbio do medievo, este empenho traduzia também uma atenção ininterrupta aos problemas que poderiam afligir a safra: só quem vigia e conhece intimamente sua plantação é capaz, por exemplo, de perceber o ataque de uma praga que ameaça destruir o esforço de meses de trabalho"(1).

A evolução da economia e dos meios de produção, ainda que de forma incipiente, motivou o surgimento de mudanças nas relações de mercado e de trabalho e com isso o controle do comportamento das pessoas envolvidas no processo de produção, que então era feito mais direto e de um modo horizontal, passou a ser vertical, porque o número de trabalhadores aumentou, assim como os espaços em que eram executados os trabalhos. Nesse contexto, "como os olhos do dono do negócio já não podiam alcançar todos os trabalhadores e nem tampouco todos os recantos do local de trabalho, ele passou a lançar dos olhos de outras pessoas: outros trabalhadores, cuja missão consistia em vigiar seus colegas e reportar tudo que acontecia ao seu superior"(2).

Na atualidade, em se considerando o processo evolutivo mais vertiginoso da atividade econômica e do mercado de trabalho, nova realidade se tem, pois as pessoas envolvidas no processo produtivo contam agora com os avanços da tecnologia, da informatização, da comunicação e de outros mecanismos de apoio cada vez mais sofisticados e que, dependendo das circunstâncias em que são utilizados, podem voltar-se contra as próprias pessoas envolvidas, na forma de controle, de fiscalização ou de monitoramento de suas atividades no trabalho.

Também a globalização da economia contribuiu para o surgimento de concorrência entre as empresas nacionais, multinacionais e transacionais, com reflexos nos meios de produção e

---

(1) *A Privacidade de Pessoa Humana no Ambiente de Trabalho*, 2003, Renovar, Rio, p. 93.
(2) Ob. cit., p. 93.

no mercado de trabalho, e com isso fazendo com que o trabalhador tenha um envolvimento participativo nessa realidade, com a necessidade de estar sempre atualizado e eficiente na consecução dos serviços ligados ao empreendimento do seu empregador, sob pena de ficar ultrapassado em sua atividade ou fora do mercado de trabalho.

Paralelamente a essa situação, foram também criadas várias formas de controle sobre a atividade do trabalhador, principalmente pelas empresas cujas atividades envolvem transportes de valores, manuseio de numerário em espécie, jóias, drogas medicamentosas e outros bens de consumos que são considerados valiosos e passíveis de furtos.

Tais formas de controle ganham evidências no meio empresarial à medida que se evoluem as relações de trabalho e de consumo, tanto que a Ilustre Magistrada do Eg. TRT da 3ª Região, *Alice Monteiro de Barros*, em obra pioneira sobre a matéria, cita vários exemplos de controle, quais sejam: "revistas pessoais, revistas em objetos do empregado, veículos ou em espaços a ele reservados, instrumentos visuais, instrumentos auditivos, controle dos erros do empregado, limites estabelecidos para ir ao *toilette* ou para chamadas telefônicas, imposição a exames médicos e tratamento, controle de objetos, fotos, enfeites que se colocam no escritório, ao redor do empregado e controle de ausências em razão de enfermidade ou acidente do trabalho"(3).

A verdade é que existe todo um aparato eletrônico à disposição do empregador para o controle das atividades do trabalhador. Aliás, com propriedade, afirma *Bruno Lewicki* que, "além dos circuitos de televisão, outras formas ainda mais modernas de vigilância podem ser utilizadas para controlar os passos da pessoa no ambiente de trabalho. Algumas têm difusão incipiente, por conta do alto custo de sua implementação: é ainda, o caso dos prédios 'inteligentes', versão *higt tech* dos relógios de ponto, capazes de tomar conta de toda movimentação dos funcionários em suas dependências. Outras são cada vez mais usadas, como o monitoramento dos computadores, feita por diversos programas que podem desde simplesmente indicar quais as páginas da Internet foram visitadas até mesmo registrar cada tecla que foi pressionada pelo trabalhador, o que possibilita, inclusive, uma vigilância completa dos seus erros e acertos no decorrer da jornada"(4).

Diante desse quadro, acabou surgindo uma colisão de direitos entre o poder diretivo do empregador e os direitos da personalidade do trabalhador, hoje disciplinados nos arts. 11 a 21 do Novo Código Civil, mas com suporte no inciso X do art. 5º da Constituição Federal, que dispõe:

> "São invioláveis a intimidade, a vida privada, a honra e a imagem das pessoas, assegurado o direito a indenização pelo dano material ou moral decorrente de sua violação."

É certo também que no inciso V está preceituado que "é assegurado o direito de resposta, proporcional ao agravo, além da indenização por dano material, moral ou à imagem". Assim, qualquer lesão aos direitos ligados à personalidade do indivíduo pode ser objeto de reparação por dano moral na forma dos arts. 185 e 186 do Código Civil, os quais estão relacionados na parte destinada às referências legais.

A respeito, no art. 21 do Novo Código Civil está estatuído que "a vida privada da pessoa natural é inviolável, e o juiz, a requerimento do interessado, adotará as providências necessá-

---

(3) *A Proteção à Intimidade do Empregado*, 1977, LTr, SP, pp. 72 a 105.
(4) Ob. cit., pp. 145 e 146.

rias para impedir ou fazer cessar ato contrário a esta norma", compreendendo neste dispositivo que há um manto protetor sobre a vida privada da pessoa, nela abrangendo a intimidade, a imagem e a honra.

Observa-se, também, que na Consolidação das Leis do Trabalho, no Capítulo III, que trata da Proteção do Trabalho da Mulher, especificamente no art. 373-A, está estabelecida a proibição do empregador ou dos seus prepostos em proceder à revista íntima em empregadas ou funcionárias.

Em relação à fiscalização do trabalhador ou de trabalhadoras sob a forma de revistas e vistorias, pode-se dizer que já existe um número de demandas judiciais significativas, se considerarmos que a matéria só ganhou destaque com a Constituição de 1988, com a tutela dos direitos da personalidade e da possibilidade de reparação, quando forem violados estes, mediante o pagamento de indenização arbitrado judicialmente.

De tudo isso resulta que a preocupação sobre a questão está relacionada com os limites do poder diretivo do empregador em relação aos atos de fiscalização, de controle e de outros mecanismos que possibilitam acompanhar a atuação e o comportamento dos trabalhadores no seu ambiente de trabalho.

Arnaldo Süssekind e *Luiz Inácio B. Carvalho*(5) afirmam que esse tema foi objeto de estudo no III Congresso Regional Americano de Direito do Trabalho e da Seguridade Social, realizado no Canadá em 1995, no qual, segundo o relato de um dos seus insignes participantes — *Américo Plá Rodriguez* —, chegou-se à conclusão de que:

> "Em geral, são considerados lícitos os controles visuais, partindo da premissa de que não há maiores limitações legais para observar diretamente, através de supervisores, a atuação funcional e o comportamento dos trabalhadores. O limite é a dignidade e a intimidade do trabalhador, que devem ser preservadas. A aparição em tela ou circuitos fechados de televisão é resultado da incorporação de meios técnicos que antes não existiam." ("Anais do Congresso", Quebec, Canadá, Ed. Yvon Blais, 1995, p. 43.)

Registram, no entanto, os mencionados autores que, no referido conclave, ficou assentado o seguinte alerta:

> "Esse controle visual não pode ser usado em banheiros, vestiários, e áreas de acesso reservado, sob pena de o empregador exorbitar o exercício regular do poder diretivo que a lei lhe assegura."

Em obra recente, em que trata do "Monitoramento da Correspondência Eletrônica nas Relações de Trabalho", o Ilustre Magistrado do Eg. Tribunal Regional do Trabalho da 1ª Região, *Alexandre Agra Belmonte*, afirma que "um dos limites ao exercício do poder diretivo do empregador é o do respeito à dignidade da pessoa humana do trabalhador, em que estão incluídos os direitos à intimidade e à inviolabilidade de sua correspondência pessoal. Desde que justificável para efeito de segurança do patrimônio, dos demais empregados ou necessário ao serviço, é possível — com o respeito à dignidade da pessoa do trabalhador — o exercício do controle sobre a pessoa do empregado, sobre a sua conduta ou sobre objetos. Já o controle efetuado para evitar abusos ou verificar erros deve ser visto com reservas e, quando absolutamente necessário e justificável, com observância dos procedimentos que o autorizem

---

(5) *Direito do Trabalho e Previdência Social, Pareceres*, vol. X, 2002, LTr, SP, p. 218.

e de forma não discriminatória; por exemplo, a limitação para todos, de número de telefonemas diários ou a revista que não seja íntima em empregados ou empregadas, por pessoas do mesmo sexo, para evitar furtos"[(6)].

No que diz respeito ao uso da *Internet* pelos empregados, *Marcelo Oliveira Rocha* afirma que:

> "Existem vários problemas gerados pelo uso indevido dos computadores. O primeiro deles é a sobrecarga da memória e da rede. Em segundo lugar, há o tempo subtraído do trabalho que é usado para preparar e enviar mensagens ou 'surfar' na *internet.* Em terceiro lugar, o tempo gasto por todos os empregados que têm de ler enormes quantidades de mensagens. Tudo isso reduz a produtividade do trabalho.
>
> Certamente o problema não é geral. Os trabalhadores que funcionam em um terminal ligado à Bolsa de Valores, por exemplo, não possuem tempo para esse tipo de atividade. Além disso, existem empregados responsáveis que usam a ferramenta com bom senso, sem afetar a produção.
>
> Entretanto, onde o problema surge, os empregadores se sentem no direito de defender seus legítimos interesses. Afinal, os computadores são de sua propriedade e estão ali para serem usados no trabalho. Da mesma forma, o tempo é por eles remunerado para ser trabalhado e não desperdiçado.
>
> Por seu turno, defendem-se os empregados, argumentando que o problema não é novo, eis que as empresas sempre conviveram com funcionários que, sem causar prejuízo, usaram o fax, o telefone, o xerox e, para recuar mais no tempo, o mimeógrafo, as cópias carbônicas e os bilhetinhos de papel.
>
> Na realidade, o que se evidencia nos tempos hodiernos é que as empresas não querem a perda do valiosíssimo tempo, e se preparam para controlar o uso da comunicação eletrônica. Saliente-se que o uso da *internet* pelos empregados, em seu benefício, ocorre de maneira muito menos visível do que o manuseio de um fax, telefone ou mimeógrafo, pois, o 'infrator', fica sentado em seu posto de trabalho, aparentemente, trabalhando para a empresa.
>
> Com o intuito de frear essa atividade, grande número de empresas já definiu normas proibindo o uso do computador para toda e qualquer atividade que saia da rotina de trabalho. Algumas colocam um aviso na primeira tela de forma que, todos os dias, ao abrir o computador, o empregado é lembrado da proibição. Outras vão mais longe e informam que as operações dos usuários são diariamente monitoradas com aquele fim. E as mais avançadas já instalaram *softwares* complexos que fazem isso automaticamente, emitindo, inclusive, as punições aos infratores, a exemplo do que fazem os radares do trânsito com os motoristas imprudentes"[(7)].

Ressalte-se, no entanto, que os empregadores também devem ter todo o cuidado com o acesso dos *e-mails* do empregado, pois como assinala o autor português *Amadeu Guerra,* a "intromissão da entidade empregadora sempre poderá colocar em risco aspectos da vida privada do trabalhador e da sua família (cf. artigo 16 do CT). A consulta de *sites* visitados poderá permitir, nalguns casos, a constituição de perfis do trabalhador, bem como o conhecimento de gostos, *hobbies,* consulta sistemática de documentação relativa a determinada doença, a

---

(6) *O Monitoramento da Correspondência Eletrônica nas Relações de Trabalho*, 2004, LTr, SP, p. 61.
(7) *Direito do Trabalho e Internet*, 2005, Leud, SP, p. 170.

compra de determinados produtos, a preparação de uma viagem ou o gozo de férias, enfim, a procura de um novo emprego. Daí que o legislador tenha sido cauteloso e prudente, assegurando que a entidade empregadora não poderia — por essa via — estabelecer 'perfis de consulta' ou vir a tomar conhecimento de aspectos da vida privada do trabalhador e que nada têm a ver com a actividade da empresa"(8).

Lembra também *Estêvão Mallet* que "a utilização de meio de comunicação, que de antemão se sabe não ser reservado e estar sujeito a fiscalização, impede que se invoque a proteção conferida à intimidade. Há consentimento à quebra da intimidade, que atua como pré-excludente de ilicitude, independentemente de prévia autorização judicial. Assim, não se afigura ilegal a gravação de conversa telefônica que o empregado entabula no aparelho cedido pela empresa, para uso durante o serviço e em atividade ligada ao objeto do contrato de trabalho, sempre que previamente divulgado o procedimento de fiscalização. A prática tem especial importância — e não tem como ser questionada — quando há necessidade de comprovação da conversa, tal como se dá em casos de operações bancárias ou de compras realizadas por meio de telefone. O mesmo vale para o exame de mensagens eletrônicas e para o rastreamento de páginas consultadas na rede mundial *(Internet)*"(9).

No Código do Trabalho Português de 2002(10) já está regulada a questão da confiabilidade de mensagens e de acesso à informação, o que demonstra um certo avanço legislativo da matéria, o que não ocorreu ainda em nosso país. Com efeito, no n. "1" do artigo 21 do referido Código está disposto que "O trabalhador goza do direito de reserva e confidencialidade relativamente ao conteúdo das mensagens de natureza pessoal e acesso a informação de carácter não profissional que envie, receba ou consulte, nomeadamente através do correio electrónico". O n. 2 do mesmo artigo faz uma ressalva, ao prescrever que "O disposto no número anterior não prejudica o poder de o empregador estabelecer regras de utilização dos meios de comunicação na empresa, nomeadamente do correio electrónico".

A matéria, no entanto, não é pacífica naquele país, conforme se verifica pelos comentários do autor português *Amadeu Guerra,* ao afirmar que "O artigo 21º n. 1 consagrou, quer em relação à mensagem expedida quer recebida, o 'direito de reserva e confidencialidade relativamente ao conteúdo das mensagens de natureza pessoal', adiantando que essa reserva é extensiva ao 'acesso a informação de carácter não profissional'. Do preceito resulta claro que a entidade empregadora só pode aceder ao conteúdo das mensagens de natureza profissional. Isto é, sempre que o trabalhador, por qualquer meio (*v. g.* por anotação na respectiva mensagem ou por inclusão numa pasta de 'correspondência privada'), consigne que determinada mensagem tem natureza 'privada' — ainda que a entidade empregadora tenha proibido a utilização dos equipamentos para fins privados — fica o empregador impedido de aceder ao seu conteúdo, sob pena de violação do artigo 21º n. 1 do CT.

"O n. 2 do mesmo preceito confere à entidade empregadora a faculdade de 'estabelecer regras de utilização dos meios de comunicação na empresa', em particular em relação ao correio electrónico. Este preceito vem, afinal, confirmar tudo quanto foi referido em relação aos poderes da entidade empregadora. Porém, a insuficiência regulamentadora desta disposição mantém algumas das dúvidas que já se levantavam anteriormente.

---

(8) A Privacidade no Local de Trabalho. As Novas Tecnologias e o Controlo dos Trabalhadores Através de Sistemas Automatizados. Uma Abordagem ao Código do Trabalho, maio, 2004, Almedina, Portugal, p. 400.
(9) *Direito, Trabalho e Processo em Transformação.* 2005, LTr, SP, p. 26.
(10) *Código do Trabalho,* 4ª ed., 2003, Gonçalves, Fernandes e Alves, Manuel João, Almedina, Portugal, p. 52.

"Continua a ser problemática a questão de saber se a entidade patronal pode — e em que circunstâncias — ter acesso ao conteúdo do *e-mail*. Não ignoramos que o conteúdo de um *e-mail* pode ser decisivo em relação à escolha da sanção disciplinar a aplicar a um trabalhador, nomeadamente quando a entidade patronal verifica que o número de e-mails expedidos são pouco significativos em relação ao "grau de tolerância" permitido.

"Embora não estejamos perante matéria que se enquadre, em bom rigor, no âmbito do regime relativo à protecção de dados e da competência da CNPD[11], devemos assinalar que

---

(11) A Comissão Nacional de Protecção de Dados (CNPD), de Portugal, em Sessão Plenária de 29.10.02, estabeleceu princípios específicos em relação à utilização do *e-mail* e da *internet* no ambiente do trabalho, como seguem:

"3. 1. Princípios específicos em relação ao e-mail

1. O facto de a entidade empregadora proibir a utilização do e-mail para fins privados não lhe dá o direito de abrir, automaticamente, o e-mail dirigido ao trabalhador.
2. A entidade empregadora – enquanto responsável pelo tratamento (cf. art. 3.º al. d) da Lei 67/98) – tem legitimidade para tratar os dados, na sua vertente de 'registo, organização e armazenamento', com fundamento no disposto no artigo 6.º al. a) da Lei 67/98.
3. As condições de legitimidade do tratamento — na vertente de 'acesso' — devem obedecer à previsão do artigo 6º al. e) da Lei 67/98, a qual aponta para a necessidade de ser feita uma ponderação entre os 'interesses legítimos do responsável' e os 'interesses ou os direitos liberdades e garantias do titular dos dados'.
4. Os poderes de controlo da entidade empregadora — que não podem ser postos em causa – devem ser compatibilizados com os direitos dos trabalhadores, assegurando-se que devem ser evitadas intrusões. A entidade empregadora deve, por isso, escolher metodologias de controlo não intrusivas, que estejam de acordo com os princípios previamente definidos e que sejam do conhecimento dos trabalhadores.
5. A entidade empregadora não deve fazer um controlo permanente e sistemático do e-mail dos trabalhadores. O controlo deve ser pontual e direccionado para as áreas e actividades que apresentem um maior 'risco' para a empresa.
6. O grau de autonomia do trabalhador e a natureza da actividade desenvolvida, bem como as razões que levaram à atribuição de um e-mail ao trabalhador devem ser tomadas em conta, decisivamente, em relação à forma como vão ser exercidos os poderes de controlo. O segredo profissional específico que impende sobre o empregado (vg. sigilo médico ou segredo das fontes) deve ser preservado.
7. As razões determinantes da entrada na caixa postal dos empregados, com fundamento em ausência prolongada (férias, doença), devem ser claramente explicitadas e do seu conhecimento prévio.
8. Deve ser claramente diferenciado o grau de exigência e de rigor em relação ao controlo dos e-mails expedidos e recebidos, sendo facultados ao trabalhador meios expeditos e eficazes para assegurar a eliminação imediata dos e-mails recebidos e cuja entrada na sua caixa de correio ele não pode controlar.
9. O controlo dos e-mails – a realizar de forma aleatória e não persecutória – deve ter em vista, essencialmente, garantir a segurança do sistema e a sua performance.
10. Para assegurar estes objectivos a entidade empregadora pode adoptar os procedimentos necessários para – sempre com o conhecimento dos trabalhadores – fazer uma 'filtragem' de certos ficheiros que, pela natureza da actividade desenvolvida pelo trabalhador podem indiciar, claramente, não se tratar de e-mails de serviço (vg. ficheiros '.exe', .mp3 ou de imagens).
11. A necessidade de detecção de vírus não justifica, só por si, a leitura dos e-mails recebidos.
12. À constatação da utilização desproporcionada deste meio de comunicação – que será comparada com a natureza e tipo de actividade desenvolvida – deve seguir-se um aviso do trabalhador e, se possível, o controlo através de outros meios alternativos e menos intrusivos.
13. Eventuais controlos fundamentados na prevenção ou detecção da divulgação de segredos comerciais deve ser direccionado, exclusivamente, para as pessoas que têm acesso a esses segredos e apenas quando existam fundadas suspeitas.
14. Os prazos de conservação dos dados de tráfego devem ser limitados em função de razões relacionadas com a organização da actividade e gestão da correspondência e nunca em razão de quaisquer objectivos de controlo ou organização de perfis comportamentais dos trabalhadores.
15. O acesso ao e-mail deverá ser o último recurso a utilizar pela entidade empregadora, sendo desejável que esse acesso seja feito na presença do trabalhador visado e, de preferência, na presença de um representante

esta é uma questão fulcral e que se coloca com frequência"[12]. O Conselho Nacional de Protecção de Dados — CNPD, de Portugal, em 29.10.02, numa sessão plenária também estabeleceu procedimentos a serem adotados pelas entidades empregadoras, dentre eles destacamos:

1. O grau de utilização dos meios da empresa para fins privados, a delimitação das condições de tratamento e a especificação das formas de controlo adoptadas devem constar de Regulamento Interno o qual, nos termos legais, deverá ser submetido a parecer da Comissão de Trabalhadores e aprovado pelo IDICT.

2. A entidade empregadora deve publicitar o conteúdo dos regulamentos internos, designadamente afixando-os na sua sede e nos locais de trabalho, de modo que os trabalhadores possam deles tomar conhecimento. (<htt://www.cnpd>. Acesso em 20.7.07)

Enfatize-se que a divulgação prévia do procedimento de fiscalização a ser utilizado pelo empregador, o que pode ocorrer por meio de normas regulamentares ou de comunicados, é de vital importância não só como manifestação do seu poder diretivo e fiscalizatório, mas também para se evitar qualquer interpretação de que a permissão era tácita, dada a inexistência de qualquer norma restritiva, como bem se observa pela seguinte decisão:

"Quando o empregador não fixa regra clara de que a conduta individual do empregado, de correio eletrônico de uso profissional na empresa, é para uso exclusivo no

---

da comissão de trabalhadores. O acesso deve limitar-se à visualização dos endereços dos destinatários, o assunto, a data e hora do envio, podendo o trabalhador – se for o caso – especificar a existência de alguns e-mails de natureza privada e que não pretende que sejam lidos pela entidade empregadora.

16. Perante tal situação a entidade empregadora deve abster-se de consultar o conteúdo do e-mail, em face da oposição do trabalhador.

3. 2. Princípios relativos à Internet

1. A entidade empregadora deve assegurar-se que os trabalhadores estão claramente informados e que estão conscientes dos limites estabelecidos em relação à utilização de Internet para fins privados e que conhecem as formas de controlo que podem ser adoptadas.

2. Deve ser admitido um certo grau de tolerância em relação ao acesso para fins privados, nomeadamente se este decorrer fora do horário de trabalho.

3. Qualquer decisão sobre a realização de controlo deve ser criteriosa, evitando-se que os benefícios que a entidade empregadora pretende obter sejam desproporcionados em relação ao grau de lesão que vai ser causada à privacidade e à autonomia dos empregados.

4. Devem ser consideradas as vantagens – quer para a empresa quer para os trabalhadores – que o acesso à Internet traz para o desenvolvimento da capacidade de investigação, autonomia e iniciativa do trabalhador, aspectos que podem ser capitalizados em benefício da empresa.

5. A entidade empregadora não deve fazer um controlo permanente e sistemático do acesso à Internet. O controlo dos acessos à Internet – a ser decidido – deve ser feito de forma não individualizada, e global, em relação a todos os acessos na empresa, com referência ao tempo de conexão na empresa.

6. A realização de estudos estatísticos pode ser suficiente para a entidade empregadora se poder aperceber do grau de utilização da Internet no local de trabalho e em que medida o acesso compromete a dedicação às tarefas profissionais ou a produtividade. Admite-se que seja feito um tratamento dos sítios mais consultados na empresa, sem identificação dos postos de trabalho.

7. Se estiverem em causa razões de custos ou de produtividade, o controlo do trabalhador deve ser feito, num primeiro momento, através da contabilização do tempo médio de conexão, independentemente dos sítios consultados. Perante a verificação de acessos excessivos e desproporcionados deste meio de comunicação deve seguir-se um aviso do trabalhador em relação ao grau de utilização.

8. O controlo em relação ao tempo de acesso diário e aos sítios consultados por cada trabalhador só deverá ser realizado em circunstâncias excepcionais, nomeadamente quando, no contexto da sua advertência, o trabalhador duvidar das indicações da empresa e quiser conferir a realização de tais acessos.

9. Em particular, poderá ser necessário verificar as horas de conexão (início e fim) para comprovar que o acesso para fins privados ocorreu fora do horário de trabalho." (<htt://www.cnpd>. Acesso em 20.7.07)

(12) Ob. cit. pp. 390/91.

interesse do serviço, advertindo que poderá ser fiscalizada pela empresa, sendo admitido, expressa ou tacitamente, seja também utilizada para fins particulares do empregado, mantém-se caráter de correspondência protegida pelo direito fundamental de inviolabilidade do sigilo de correspondência e das comunicações de dados e telefônicas assegurado no art. 5º, XII. Neste caso, é vedada a violação do sigilo, pelo empregador, ainda que para fins fiscalizatórios ou por interesse da empresa, ficando sujeito à indenização por dano moral decorrente de violação da privacidade, nos termos do art. 5º, X, da CF"(13).

Aliás, acrescenta *Marcelo Oliveira Rocha* que "é importante que o empregador deixe claro que a utilização das ferramentas de comunicação está limitada ao trabalho, informando que a utilização da *internet* e do correio eletrônico está restrita ao exercício das funções do empregado na empresa. Para que a diretiva neste sentido não seja extremamente rígida, recomenda-se que o empregador deixe consignado que ele admite (ou tolera), 'a título de privilégio', a utilização ocasional da *internet* e do correio para fins pessoais na medida em que esta utilização não cause nenhum prejuízo ao empregador e no limite do razoável. A finalidade das diretivas é a de enumerar da forma mais clara e completa possível o que o empregado não deve fazer, como, por exemplo, consultar ou distribuir material ofensivo ou que possa causar danos ao sistema de informática, acessar material ou informações que não estejam diretamente ligados ao seu trabalho ou pertençam a outros colegas, acessar, divulgar; ou de qualquer forma disponibilizar dados confidenciais de clientes, ou da própria empresa, copiar, imprimir dados confidenciais ou segredos profissionais tornando-os vulneráveis ao acesso de terceiros. Além disso, é fundamental que a política da empresa deixe claro que cada empregado que use o sistema de informática da empresa é responsável pela proteção do segredo profissional. Também as diretivas devem prever as sanções em caso de violação das políticas da empresa para a *internet*, que poderão ir da advertência e suspensão à demissão por justa causa"(14).

Importante assinalar que o Tribunal Superior do Trabalho considerou correto o procedimento do empregador que dispensou por justa causa empregado que se utilizava de *e-mail* corporativo para divulgação de material pornográfico. A ementa é elucidativa a respeito:

> Ementa: PROVA ILÍCITA. "E-MAIL" CORPORATIVO. JUSTA CAUSA. DIVULGAÇÃO DE MATERIAL PORNOGRÁFICO. 1. Os sacrossantos direitos do cidadão à privacidade e ao sigilo de correspondência, constitucionalmente assegurados, concernem à comunicação estritamente pessoal, ainda que virtual ("e-mail" particular). Assim, apenas o "e-mail" pessoal ou particular do empregado, socorrendo-se de provedor próprio, desfruta da proteção constitucional e legal de inviolabilidade. 2. Solução diversa impõe-se em se tratando do chamado "e-mail" corporativo, instrumento de comunicação virtual mediante o qual o empregado louva-se de terminal de computador e de provedor da empresa, bem assim do próprio endereço eletrônico que lhe é disponibilizado igualmente pela empresa. Destina-se este a que nele trafeguem mensagens de cunho estritamente profissional. Em princípio, é de uso corporativo, salvo consentimento do empregador. Ostenta, pois, natureza jurídica equivalente à de uma ferramenta de trabalho proporcionada pelo empregador ao empregado para a consecução do serviço. 3. A estreita e cada vez mais intensa vinculação que passou a existir, de uns tempos a esta parte, entre *Internet* e/ou correspondência eletrônica e justa causa e/ou crime exige muita parcimônia dos órgãos jurisdicionais na qualificação da ilicitude da prova referente ao desvio de finalidade na utilização dessa tecnologia, tomando-se em conta, inclusive, o princípio da proporcionalida-

---

(13) Processo n. 18954/01, Sentença da 1ª Vara do Trabalho de Curitiba, Juiz Leonardo Vieira Wandelli, julgada e publicada em audiência, em 22.3.02, *apud* José Antônio Peres Gediel, "A Irrenunciabilidade a Direitos da Personalidade pelo Trabalhador", *in Constituição, Direitos Fundamentais e Direito Privado*, 2003, Organizador Ingo Wolfgang Sarlet, Livraria do Advogado, Porto Alegre, RS, p. 162.

(14) *Do Monitoramento dos E'Mails no Ambiente de Trabalho*, 2004, Paulistana Jur, SP, p. 175.

de e, pois, os diversos valores jurídicos tutelados pela lei e pela Constituição Federal. A experiência subministrada ao magistrado pela observação do que ordinariamente acontece revela que, notadamente o "e-mail" corporativo, não raro sofre acentuado desvio de finalidade, mediante a utilização abusiva ou ilegal, de que é exemplo o envio de fotos pornográficas. Constitui, assim, em última análise, expediente pelo qual o empregado pode provocar expressivo prejuízo ao empregador. 4. Se se cuida de "e-mail" corporativo, declaradamente destinado somente para assuntos e matérias afetas ao serviço, o que está em jogo, antes de tudo, é o exercício do direito de propriedade do empregador sobre o computador capaz de acessar à INTERNET e sobre o próprio provedor. Insta ter presente também a responsabilidade do empregador, perante terceiros, pelos atos de seus empregados em serviço (Código Civil, art. 932, inc. III), bem como que está em xeque o direito à imagem do empregador, igualmente merecedor de tutela constitucional. Sobretudo, imperativo considerar que o empregado, ao receber uma caixa de "e-mail" de seu empregador para uso corporativo, mediante ciência prévia de que nele somente podem transitar mensagens profissionais, não tem razoável expectativa de privacidade quanto a esta, como se vem entendendo no Direito Comparado (EUA e Reino Unido). 5. Pode o empregador monitorar e rastrear a atividade do empregado no ambiente de trabalho, em "e-mail" corporativo, isto é, checar suas mensagens, tanto do ponto de vista formal quanto sob o ângulo material ou de conteúdo. Não é ilícita a prova assim obtida, visando a demonstrar justa causa para a despedida decorrente do envio de material pornográfico a colega de trabalho. Inexistência de afronta ao art. 5º, incisos X, XII e LVI, da Constituição Federal. 6. Agravo de Instrumento do Reclamante a que se nega provimento. TST — RR-613/2000-013-10-00.7 — (Ac. 1ª T.) — 10ª Reg. — Rel. Min. João Oreste Dalazen. DJU 10.6.05, pág. 901.

Destaque-se, também, decisão que admite a responsabilidade do empregador nos casos de mensagens eletrônicas de cunho discriminatório quando ficar provado que partiu da sua iniciativa a irregularidade ou então que teve ciência e não tomou nenhuma atitude no sentido de coibi-la. A respectiva decisão consta na parte de jurisprudência com o título de "mensagens eletrônicas discriminatórias — responsabilidade".

Verifica-se, portanto, que o poder diretivo do empregador não é absoluto, encontrando restrições quando vier a colidir com os direitos da personalidade da pessoa do trabalhador, direitos esses consagrados no Texto Constitucional e no Código Civil em vigor, e, mais ainda, associados aos valores sociais do trabalho e da livre iniciativa que constituem também fundamentos da República (art. 1º, IV). Os empregados também devem respeitar as normas estabelecidas pelo seu empregador dentro de um respeito mútuo, não desvirtuando das atribuições do seu cargo e contribuindo para a formação de um ambiente sadio e produtivo que leva à integração de dois institutos decantados pelo novo Código Civil e ligados à função social do contrato e à função social da empresa.

Assim, tanto o trabalho humano como os direitos da personalidade devem ser analisados com os princípios que regem a dignidade da pessoa humana, pouco importando a sua qualificação ou posição social. E, quanto ao exercício do poder diretivo pelo empregador, impõe-se a observância dos mencionados limites que se transmudam em garantia para os trabalhadores e também para os empregadores, pois tais direitos, numa acepção ampla, se convergem para o sucesso do empreendimento.

2. REFERÊNCIAS LEGAIS

Constituição Federal

Art. 1º A República Federativa do Brasil, formada pela união indissolúvel dos Estados e Municípios e do Distrito Federal, constitui-se em Estado Democrático de Direito e tem como fundamentos:

....

III — a dignidade da pessoa humana;

IV — os valores sociais do trabalho e da livre iniciativa;

....

Art. 5º Todos são iguais perante a lei, sem distinção de qualquer natureza, garantindo-se aos brasileiros e aos estrangeiros residentes no País a inviolabilidade do direito à vida, à liberdade, à igualdade, à segurança e à propriedade, nos termos seguintes:

....

V — é assegurado o direito de resposta, proporcional ao agravo, além da indenização por dano material, moral ou à imagem;

....

X — são invioláveis a intimidade, a vida privada, a honra e a imagem das pessoas, assegurado o direito a indenização pelo dano material ou moral decorrente de sua violação;

....

Art. 170. A ordem econômica, fundada na valorização do trabalho humano e na livre iniciativa, tem por fim assegurar a todos existência digna, conforme os ditames da justiça social, observados os seguintes princípios:

....

Declaração Universal dos Direitos do Homem (Assembléia Geral das Nações Unidas — 1948)

Art. 12. Ninguém será objeto de intervenções arbitrárias em sua vida privada, sua família, seu domicílio ou sua correspondência, nem de ataques contra sua honra e reputação. Toda pessoa tem o direito à proteção da lei contra tais intervenções ou ataques.

Pacto Internacional de Direitos Civis e Políticos (Assembléia Geral das Nações Unidas — 1996 — Ratificado pelo Brasil, Decreto n. 592, de 6.7.92)

Art. 17:

1. Ninguém poderá ser objeto de ingerências arbitrárias ou ilegais em sua vida privada, em sua família, em seu domicílio ou em sua correspondência, nem ofensas ilegais às suas honra e reputação.

2. Toda pessoa terá direito à proteção da lei contra essas ingerências ou ofensas.

Consolidação das Leis do Trabalho

Art. 373-A. Ressalvadas as disposições legais destinadas a corrigir as distorções que afetam o acesso da mulher ao mercado de trabalho e certas especificidades estabelecidas nos acordos trabalhistas, é vedado:

I — publicar ou fazer publicar anúncio de emprego no qual haja referência ao sexo, à idade, à cor ou situação familiar, salvo quando a natureza da atividade a ser exercida, pública e notoriamente, assim o exigir;

II — recusar emprego, promoção ou motivar a dispensa do trabalho em razão de sexo, idade, cor, situação familiar ou estado de gravidez, salvo quando a natureza da atividade seja notória e publicamente incompatível;

III — considerar o sexo, a idade, a cor ou situação familiar como variável determinante para fins de remuneração, formação profissional e oportunidades de ascensão profissional;

IV — exigir atestado ou exame, de qualquer natureza, para comprovação de esterilidade ou gravidez, na admissão ou permanência no emprego;

V — impedir o acesso ou adotar critérios subjetivos para deferimento de inscrição ou aprovação em concursos, em empresas privadas, em razão de sexo, idade, cor, situação familiar ou estado de gravidez;

VI — proceder o empregador ou preposto a revistas íntimas nas empregadas ou funcionárias.

Parágrafo único. O disposto neste artigo não obsta a adoção de medidas temporárias que visem ao estabelecimento das políticas de igualdade entre homens e mulheres, em particular as que se destinam a corrigir as distorções que afetam a formação profissional, o acesso ao emprego e as condições gerais de trabalho da mulher. *(Artigo acrescentado pela Lei n. 9.799, de 26.5.99, DOU 27.05.99.)*

....

Art. 482. Constituem justa causa para rescisão do contrato de trabalho pelo empregador:

....

g) violação de segredo da empresa;

....

j) ato lesivo da honra ou da boa fama praticado no serviço contra qualquer pessoa, ou ofensas físicas, nas mesmas condições, salvo em caso de legítima defesa, própria ou de outrem;

k) ato lesivo da honra ou da boa fama ou ofensas físicas praticadas contra o empregador e superiores hierárquicos, salvo em caso de legítima defesa, própria ou de outrem;

....

Código Civil de 2002

Art. 11. Com exceção dos casos previstos em lei, os direitos da personalidade são intransmissíveis e irrenunciáveis, não podendo o seu exercício sofrer limitação voluntária.

....

Art. 20. Salvo se autorizadas, ou se necessárias à administração da justiça ou à manutenção da ordem pública, a divulgação de escritos, a transmissão da palavra, ou a publicação, a exposição ou a utilização da imagem de uma pessoa poderão ser proibidas, a seu requerimento e sem prejuízo da indenização que couber, se lhe atingirem a honra, a boa fama ou a respeitabilidade, ou se se destinarem a fins comerciais.

Parágrafo único. Em se tratando de morto ou de ausente, são partes legítimas para requerer essa proteção o cônjuge, os ascendentes ou os descendentes.

Art. 21. A vida privada da pessoa natural é inviolável, e o juiz, a requerimento do interessado, adotará as providências necessárias para impedir ou fazer cessar ato contrário a esta norma.

....

Art. 186. Aquele que, por ação ou omissão voluntária, negligência ou imprudência, violar direito e causar dano a outrem, ainda que exclusivamente moral, comete ato ilícito.

Art. 187. Também comete ato ilícito o titular de um direito que, ao exercê-lo, excede manifestamente os limites impostos pelo seu fim econômico ou social, pela boa-fé ou pelos bons costumes.

....

Art. 927. Aquele que, por ato ilícito (arts. 186 e 187), causar dano a outrem, fica obrigado a repará-lo.

Parágrafo único. Haverá obrigação de reparar o dano, independentemente de culpa, nos casos especificados em lei, ou quando a atividade normalmente desenvolvida pelo autor do dano implicar, por sua natureza, risco para os direitos de outrem.

....

Art. 932. São também responsáveis pela reparação civil:

....

III — o empregador ou comitente, por seus empregados, serviçais e prepostos, no exercício do trabalho que lhes competir, ou em razão dele;

....

Lei n. 9.029, de 13.4.95

Art. 4º O rompimento da relação de trabalho por ato discriminatório, nos moldes desta lei, faculta ao empregado optar entre:

I — a readmissão com ressarcimento integral de todo o período de afastamento, mediante pagamento das remunerações devidas, corrigidas monetariamente, acrescidas dos juros legais;

II — a percepção, em dobro, da remuneração do período de afastamento, corrigida monetariamente e acrescida dos juros legais.

3. JURISPRUDÊNCIA

Câmeras de filmagem nos banheiros — Caracterização

Ementa: DANO MORAL. CÂMERAS DE FILMAGEM NOS BANHEIROS. CARACTERIZAÇÃO. É dever do empregador zelar pela segurança, conforto e integridade de seus empregados, oferecendo um ambiente de trabalho seguro e digno. A presença de câmera de filmagem no banheiro feminino, ainda que não instalada pelo empregador, viola a segurança, a privacidade e a dignidade dos empregados, fato que caracteriza a ofensa moral denunciada pela autora. Recurso ordinário não provido. TRT 10ª Reg. — RO 01079-2005-101-10-00-9 — (Ac. 1ª T./06) — Rel. Juiz Oswaldo Florêncio Neme Junior. DJU3 28.4.06, p. 22.

Câmera de vídeo em banheiro feminino — Responsabilidade do empregador

Ementa: DANOS MORAIS. INSTALAÇÃO DE CÂMERA DE VÍDEO EM BANHEIRO FEMININO. RESPONSABILIDADE DO EMPREGADOR. Constitui fundamento do Estado brasileiro o respeito à dignidade da pessoa humana, que informa todas as relações sociais e alcança a relação contratual trabalhista; o ato praticado pelo preposto, no local de trabalho e no exercício das suas funções, em razão das quais, a pretexto de proteção ao patrimônio do empregador, determina a instalação de câmera de vídeo em banheiro e vestiário feminino, acarreta a responsabilidade objetiva do empregador. Não configuradas violação ao art. 932, III, do Código Civil e divergência jurisprudencial (art. 896, 'a' da CLT). INDENIZAÇÃO POR DANOS MORAIS. FIXAÇÃO DO VALOR. A fixação do valor da indenização dos danos morais, mediante a análise das circunstâncias determinantes do reconhecimento da existência do dano moral e das circunstâncias relativas ao procedimento das partes observa o disposto no art. 944, parágrafo único do Código Civil, com expressa referência à atuação por equidade. Indemonstrado dissenso jurisprudencial, considerados o disposto no art. 896, 'a' da CLT e a Súmula 337, II, 'b', TST. Agravo de instrumento ao qual se nega provimento. TST — AIRR-730/2005-002-04-40.9 — (Ac. 1ª T.) — 4ª Reg. — Relª. Juíza Convocada Maria do Perpétuo Socorro Wanderley de Castro. DJU 4.5.07, p. 1212.

Correspondência eletrônica — Divulgação de conteúdo de cunho particular

Ementa: DANO MORAL — CORRESPONDÊNCIA ELETRÔNICA — DIVULGAÇÂO DE CONTEÚDO DE CUNHO PARTICULAR. Não obstante aponte a jurisprudência atual para a legalidade do acesso à correspondência eletrônica oriunda de sistema destinado à comunicação profissional, mormente quando o trabalhador utiliza-se da ferramenta eletrônica de trabalho para fins estranhos à prestação laboral, a divulgação do conteúdo, de cunho particular, que exponha o trabalhador a situações vexatórias por evidenciar fatos de sua vida privada, encontra óbice no que preceitua o artigo 5º, X, da Carta Magna. A condenação mais se justifica quando se constata que a empresa teve oportunidade de sustar a divulgação, pela ascendência do preposto (art. 923 do Código Civil), preferiu omitir-se, perdurando a violação aos valores íntimos, como menoscabo ao arcabouço constitucional (direito a intimidade e privacidade). Art. 5º, X, da CF-88. Condenação por dano moral que se mantém. TRT 9ª Reg. — RO 09575-2003-006-09-00-8 — (Ac. 2ª T. 5478/07) — Relª. Juíza Rosemarie Diedrichs Pimpão. DJPR 19.6.07, p. 250.

Correspondência eletrônica — Mera reprodução de conclusão de relatório de inquérito policial em contexto alheio ao empregado — Inexistência de conduta lesiva e do evento danoso

Ementa: DANO MORAL — CORRESPONDÊNCIA ELETRÔNICA — MERA REPRODUÇÃO DE CONCLUSÃO DE RELATORIO DE INQUÉRITO POLICIAL EM CONTEXTO ALHEIO AO EMPREGADO — INEXISTÊNCIA DE CONDUTA LESIVA E DO EVENTO DANOSO. A mera reprodução objetiva, em correspondência eletrônica destinada a algumas unidades da empresa, da conclusão externada por autoridade policial nos autos de inquérito instaurado para a apuração de furto de equipamentos da empresa, em contexto alheio e estranho ao trabalhador, não revela o escopo de submetê-lo a constrangimentos públicos, daí a inaptidão do fato para afetar a sua honorabilidade, imagem e reputação. Isto ofusca a possibilidade de se enxergar a intenção do empregador, deliberada, dissimulada ou imprudente, de expor o operário a situação vexatória ou humilhante, voltada a atingir, subjacentemente, o seu conceito social. Problemas dessa natureza, que têm foco em conflitos nas relações de trabalho, não podem servir como fonte aceitável para irrigar e fazer florescer o pleito de indenização por dano moral, até porque traduz o legítimo exercício, em marcos razoáveis, do direito de manifestação. Recurso obreiro desprovido. 2... TRT 10ª Reg. — RO 00198-2006-103-10-00-8 — (Ac. 3ª T./06) — Rel. Juiz João Luis Rocha Sampaio. DJU3 6.10.06, p. 23.

Direito à intimidade — Revista íntima nas dependências do banheiro — Dano moral configurado

Ementa: DANO MORAL. DIREITO À INTIMIDADE. A realização de revista íntima nas dependências do banheiro da empresa, sujeitando o obreiro à nudez perante seus colegas e a comentários e gracejos, subverte ilicitamente o direito à intimidade do empregado, dando lugar para a reparação do dano moral decorrente desse ato ilícito, sendo irrelevante o fato de tal revista ter sido requerida pelos próprios trabalhadores. Mesmo que a reclamada tivesse produzido prova efetiva disso nos autos, a realização da revista, com o objetivo declarado de buscar numerário desaparecido do caixa da empresa e devidamente autorizada pela gerência, configura igual e repreensível abuso de direito. Irrelevante ainda o fato de o reclamante não ter postulado a rescisão indireta do seu contrato de trabalho, preferindo demitir-se aproximadamente um mês após a lesão perpetrada; isso não retira a ilicitude do ato, sendo a rescisão indireta simples faculdade do empregado, da qual, contudo, decidiu abrir mão. TRT 3ª Reg. — RO 00749-2003-112-03-00-0 — (Ac. 5ª T.) — Rel. Juiz José Roberto Freire Pimenta. DJMG 1º.5.04, p. 11.

Divulgação de foto na *Internet* — Autorização — Não configuração

Ementa: DANO MORAL. DIVULGAÇÃO DE FOTO NA INTERNET. O reclamante autorizou a cessão de sua imagem para divulgação na *Internet*. Até mesmo recebeu numerário para esse fim. O fato de o reclamante trabalhar em local destinado a homossexuais não quer dizer que também o seja. Se trabalhava no local como *barman*, assumiu o risco de o confundirem com homossexual. A caracterização da pessoa ser homossexual é revelada pelas suas atitudes, pelo modo de se portar e não em razão de trabalhar em certo lugar. Dessa forma, não se pode falar em dano moral, pois autorizou a divulgação de sua imagem na *Internet*, não existindo agressão à sua imagem, intimidade, honra e vida privada. TRT 2ª Reg. — RO 02460200001602005 — (Ac. 3ª T. 20030671447) — Rel. Juiz Sergio Pinto Martins. DJSP 9.1.04, p. 273.

Empregado submetido à revista pressagiada em contrato de trabalho — Cabimento

Ementa: DANO MORAL: I — ART. 114 DA CF/88. COMPETÊNCIA DA JUSTIÇA DO TRABALHO. Não obstante regido pelo direito comum, o pedido de indenização por dano moral decorrente de relação de trabalho obreiro-patronal, como dissídio individual típico obreiro-patronal, é da competência material da Justiça do Trabalho, ramo especializado na subsunção dos fatos derivados da relação de emprego à norma jurídica pertinente. Como precedente, aponta-se o aresto proferido no Processo n. RE 238.737 — SP, publicada no DJ de 5.2.99. II — DANO MORAL. EMPREGADO SUBMETIDO À REVISTA PRESSAGIADA EM CONTRATO DE TRABALHO. A revista pessoal do trabalhador, quando prevista em cláusula obrigacional, levada a efeito pelo empregador com práticas não abusivas à sua intimidade ou dignidade, por pessoas do mesmo sexo e em ambiente privativo, especialmente quando sua seleção é feita mediante sorteio em igualdade de condições dos demais obreiros, revela exercício regular de direito empregador e encontra assento em seu "poder de mando e direção". Inversamente, quando evidenciada qualquer forma de discriminação, exposição vexatória injustificável ou ofensa à privacidade do trabalhador, caracteriza-se dano moral, na medida em que o direito empregador de preservar seu patrimônio esbarra no direito pessoal indisponível de seus empregados de manterem sua intimidade inviolada. Inteligência dos arts. 162 e 159 do CCB c/c o art. 5º, inc. V e X da CF/88. TRT 9ª Reg. — Proc. 03707-2001-661-09-00-7 (RO-12.523/2002) — (Ac. 12.874/2002) — Rclª Juíza Sueli Gil El-Rafihi. DJPR 6.6.03, p. 475.

Da decisão acima, colhe-se o seguinte fundamento:

"Danos morais — Revistas pessoais

A Reclamada pugna pela reforma do julgado quanto à sua condenação ao pagamento de indenização por dano moral que teria sofrido a Reclamante diante de sua submissão a revistas pessoais e em seus pertences. Pondera, através de números estatísticos que dão conta de que 60% dos furtos havidos em mercados, hodiernamente, são praticados pelos próprios empregados, que a prática de revista adotada por ela é imperativa e lícita, além de não causar qualquer violência à intimidade obreira.

Ressalta que as revistas realizadas em seu contingente de 22.000 empregados não são vexatórias, pois são efetuadas sem qualquer contato físico, de forma exclusivamente visual e mediante simples amostragem e na presença de uma testemunha.

Sucessivamente, impugna o valor arbitrado pelo MM. Juízo *a quo*, assinalando que o montante não guarda qualquer proporcionalidade com o dano que alega ter sofrido a titular do pólo ativo da relação processual. Apresenta, de forma subsidiária, critério diverso e que, segundo seu entender, é mais justo ao deslinde da causa.

De forma sumária, em contra-razões, a Reclamante assevera que os atos praticados pela empresa extrapolavam seus poderes diretivo e fiscalizador, pois as vistorias pessoais eram praticadas de forma acintosa, sobrelevando que, sorteado o trabalhador, era compelido a levantar a camisa até a altura do peito, revirar os bolsos, levantar a bainha da calça. Além disto, se portasse camisa de manga comprida ou blusa, era exigida sua retirada ou que a manga fosse arregaçada.

Quanto a seus pertences, esclarece que eram abertas bolsas e sacolas, bem como seu armário pessoal, a fim de que fossem revirados seus pertences.

Data venia, não está a sentença a merecer qualquer reforma.

Conforme a teoria da responsabilidade subjetiva abraçada pelo nosso Código Civil, a reparabilidade do dano causado à moral condiciona-se diretamente à concorrência de um ou mais atos (comissivos ou omissivos), um dano, um nexo causal e a culpa do causador (em qualquer de suas modalidades). A ausência que qualquer destes elementos, por inteligência do art. 159 do CC de 1916 e do art. 5º, incs. V e X da CF/88, afasta a obrigação de reparação.

Na situação presente, de conformidade com a vestibular, a Ré procedia revistas pessoais no Reclamante e vistorias em seus pertences. Segundo descreve, estas eram efetuadas apenas em empregados menos graduados hierarquicamente, mediante sorteio, e em sala separada com a presença de uma testemunha. No tocante a seus pertences, estes eram retirados de suas bolsas ou mochilas na presença de estranhos e seu armário era revistado, em média, três vezes por mês.

Em sua defesa, o empregador negou o caráter pessoal das vistorias, registrando que estas obedeciam o princípio da aleatoriedade via sorteio, sem contato físico ou exposição do trabalhador à situação constrangedora.

As partes pactuaram adotar prova emprestada quanto aos danos morais, reconhecendo a Ré a identidade de situações entre um caso e outro e *'que havia circuito interno de TV em toda a loja e (...) que os empregados não levavam bolsas, sacolas ou mochilas até seu local de trabalho'* (fl. 412).

De acordo com a prova emprestada, cuja juntada ocorreu à fls. 416, *'as partes esclarecem que, ao deixar o trabalho, ao final do expediente, o autor acionava dispositivo que, aleatoriamente, poderia implicar na emissão de sinal sonoro, sendo este procedimento determinado por norma interna. Quando referido sinal era emitido pelo sistema, o empregado vinha a ser submetido à revista. Não havendo o sinal sonoro, o empregado era dispensado; 2) o reclamante reconhece que não havia o contato físico entre o revistador e o revistado. O empregado tinha que virar os bolsos do avesso, suspender a camisa até a altura do tórax e também erguer a barra das calças até praticamente a altura dos joelhos; 3) a reclamada admite que havia a revista nos armários dos empregados, sendo que a presença ou não do interessado é matéria controvertida que será esclarecida através da prova testemunhal; 4) ao ingressar nas instalações da ré, no início da jornada, todos os pertences pessoais do empregado eram identificados com um selo, de modo a não serem confundidos com aqueles comercializados pela empresa; 5) reconhece a ré que todo empregado, quando trazia consigo bolsa ou sacola, era submetido à revista ao deixar a empresa, exibindo o conteúdo de tais acessórios. Admite a ré, ainda, que os pertences encontrados sem o selo de identificação referido item anterior eram retidos, sendo que o empregado então tratava diretamente com um encarregado o esclarecimento dos fatos; 6) o reclamante reconhece que o revistado e o revistador eram do mesmo sexo, à exceção da revista da bolsa ou sacola que, no caso do autor, também era feita por mulher*'.

A primeira testemunha a ser inquirida (fl. 418) afirmou que '*o armário de uso pessoal do depoente era revistado sem a sua presença; que faz tal afirmativa porque notava que seus pertences às vezes não se encontravam com a mesma disposição que deixava; que a administração da ré possuía uma cópia de cada chave de armário; (...) que chefes de seção e gerentes não estavam sujeitos a passar pelo aparelho que podia acionar a campainha de revista; (...) que havia duas saídas, sendo que uma delas era de uso exclusivo da administração e pessoa de chefia e gerência; que o depoente se sentia constrangido ao submeter-se à revista*'.

A segunda testemunha afirma o oposto da primeira, confirmando, todavia, que a administração mantém uma cópia das chaves dos armários.

Destarte, colhidos e apontados os elementos de convicção, pode-se asseverar que os trabalhadores, em geral, eram submetidos a revistas pessoais e em seus pertences. Sendo assim, havia uma série de sucessão de atos comissivos por parte do empregador. Resta analisar, agora, se estas práticas denotam ofensa ao patrimônio imaterial, à honra e à auto-estima do trabalhador, ou seja, se eram praticados nos estritos limites legais, ou se geravam danos morais passíveis de reparação, a existência de nexo causal e a modalidade de culpa.

Ao ver deste Colegiado, a revista pessoal do trabalhador, quando feita com práticas não abusivas à sua intimidade ou dignidade, por pessoas do mesmo sexo e em ambiente com privacidade, revela exercício regular de direito por parte do empregador (art. 162 do CC de 1916), além de encontrar assento em seu 'poder de mando e direção'.

Inversamente, quando evidenciada qualquer forma de discriminação, exposição vexatória injustificável ou ofensa à privacidade do trabalhador, caracteriza-se dano moral, na medida em que o direito do empregador de preservar seu patrimônio por certo esbarra no direito pessoal indisponível de seus empregados de manterem sua intimidade inviolada, direito este estabelecido no art. 5º, incisos III e X da Constituição Federal. Nesta situação, far-se-iam presentes uma série de atos, um dano, nexo causal entre ambos e a culpa empregadora na modalidade de dolo.

Como precedentes jurisprudenciais aponto os seguintes julgados:

'DANO MORAL — REVISTA. Quando a revista do empregado, após o encerramento do expediente, faz-se em pequenos grupos, apenas visualmente e de forma respeitosa pelos encarregados, sendo este procedimento justificável pela natureza do empreendimento, não se tem como configurado o dano moral.' (TRT 3ª R., RO 2.427/97, 4ª T., Rel. Juiz Márcio Flávio Salem Vidigal, DJMG 5.9.98, p. 7)

'REVISTA PESSOAL — INDENIZAÇÃO POR DANO MORAL — INDEFERIMENTO. Considerando que a inspeção pessoal é admitida pela jurisprudência pátria como um direito do empregador a salvaguardar seu patrimônio, compete ao reclamante provar que a revista a qual se submete envolve circunstâncias que afrontem sua dignidade, a teor dos artigos 818 da CLT c/c 333, I, do CPC, sob pena de ser rechaçado qualquer pleito de indenização por dano moral.' (TRT 9ª R. — RO 10.999/97 — 4ª T. — Ac. 2.203/98 — Relª Juíza Rosemarie Diedrichs Pimpão — DJPR 30.1.98)

'DANO MORAL — EMPREGADA SUBMETIDA À SITUAÇÃO VEXATÓRIA E HUMILHANTE — CABIMENTO. Restando comprovado nos autos que a revista imposta pela reclamada a seus empregados, submetia-os à situação constrangedora e humilhante — pois exigia que desabotoassem a calça, levantassem a blusa e tirassem os sapatos, para em seguida serem apalpados —, configurada resta a hipótese de dano moral, agasalhada pelos incisos V e X do artigo 5º da Constituição, pois com tal procedimento a empregadora desrespeitou a individualidade e a dignidade dos mesmos. Recurso da reclamante provido para deferir-lhe o direito à indenização por dano moral.' (TRT 9ª R. — RO 4.166/97 — 5ª T. — Ac. 5.691/98 — Rel. Juiz Antônio Lucio Zarantonello — DJPR 20.3.98)

No caso, deflui-se da conciliação e da prova emprestada que estas revistas eram efetuadas após sorteio aleatório através de um sistema de campainha eletrônica, dentro de cabinas fechadas e por pessoas de mesmo sexo. Além disto, os revistandos eram convidados à cabina e não eram tocadas pelos revistantes.

Contudo, a prova indica no sentido de que havia o caráter discriminatório nas revistas, tanto que os chefes e superiores não eram submetidos a igual tratamento.

Ademais, a revista, já que existente sistema de vídeo monitoramento nas dependências da loja, revela-se prática abusiva de direito, motivo pelo qual deve ser reconhecida a prática de ato ilícito. O dano, por sua vez, é manifesto, já que importa em exposição vexatória da trabalhadora. O nexo causal e o dolo também são inegáveis. Assim, este Colegiado, em sua posição majoritária, vencida a relatora quanto ao tema, perfilho do entendimento de que há dano moral a exigir reparação.

Todavia, o valor fixado para a indenização (R$ 10.000,00) não guarda relação com o dano sofrido. Nota-se que a Reclamante laborou menos de 7 anos para a Ré, sendo seu derradeiro salário R$ 900,00. Assim, multiplicado este valor por aquele lapso de tempo — critério que se revela razoável para a fixação da indenização — resulta um valor equivalente a R$ 6.300,00.

Isto posto, reduz-se a indenização a R$ 6.300,00, mantendo o mais." (www.trt9.gov.br, 21.7.04)

Empregados enfileirados apenas com roupas íntimas — Empresa que distribui medicamentos — Obrigação de vigilância e os limites da revista pessoal

Ementa: DANO MORAL. EMPREGADOS ENFILEIRADOS APENAS COM ROUPAS ÍNTIMAS. EMPRESA QUE DISTRIBUI MEDICAMENTOS. OBRIGAÇÃO DE VIGILÂNCIA E OS LIMITES DA REVISTA PESSOAL. Comete dano moral a empresa que por distribuir medicamentos, a pretexto de seu dever de vigilância, enfileira seus empregados apenas com roupas íntimas para revista visual. É ônus da empresa desenvolver métodos de vigilância que não violem a dignidade do trabalhador. Recurso provido para impor indenização por dano moral. TRT 9ª Reg. — Proc. 19063-2002-013-09-00-7 — (Ac. 09.132-2004) — Rel. Juiz Celio Horst Waldraff. DJPR 14.5.04, p. 485.

Instalação de câmeras de vídeo dentro do banheiro — Violação à intimidade dos empregados — Configuração

Ementa: INDENIZAÇÃO POR DANO MORAL. Conforme inciso X do artigo 5º da Constituição Federal de 1988, são invioláveis a intimidade, a vida privada, a honra e a imagem das pessoas, o que assume maior relevância no âmbito da relação de emprego, onde o empregado é a parte hipossuficiente, que depende de sua própria força de trabalho para sobreviver. Comprovada a instalação de câmeras de vídeo dentro do banheiro, pouco importa se o dispositivo estava ou não filmando os usuários ou se a instalação decorreu de má-fé ou negligência da reclamada. Configurada a violação à intimidade dos empregados, enseja o pagamento de indenização que deve ser compatível com o dano causado. TRT 3ª Reg. RO 01660-2003-044-03-00-7 — (Ac. 8ª T.) — Rel. Juiz Heriberto de Castro. DJMG 29.5.04, p. 19.

Instalação de câmeras em local indevido — Configuração

Ementa: DANO MORAL. CÂMARA INSTALADA EM LOCAL INDEVIDO. CONFIGURAÇÃO. Empregador que, a pretexto de evitar procedimento indevido dos seus empregados, instala, em banheiro, câmara de vídeo, pratica ato atentatório à dignidade da pessoa humana e transgride a garantia constitucional de inviolabilidade da intimidade. Ao assim agir, o empregador fica sujeito à obrigação de reparar o dano moral daí emergente, do qual não se desvencilha imputando a terceiro prestador de serviço a culpa pela instalação indevida do equipamento eletrônico, porquanto, nos seus domínios, exerce poder de mando e é o responsável pelo que ocorre no seu âmbito. TRT 3ª Reg. — RO 01262-2003-043-03-00-4 — (Ac. 8ª T.) — Rel. Juiz José Marlon de Freitas. DJMG 15.5.04, p. 17.

Instalação de câmeras no interior de banheiros — Dano moral configurado

Ementa: DANO MORAL. CULPA PELO FATO LESIVO. INSTALAÇÃO DE CÂMERAS NO INTERIOR DE BANHEIROS. Comprovada, *quantum satis*, a existência de culpa da reclamada pelo fato lesivo, ou seja, a instalação de câmeras no interior de banheiros, torna-se devida a indenização por dano moral. TRT 3ª Reg. — RO 01727-2003-103-03-00-6 — (Ac. 1ª T.) — Rel. Juiz Manuel Cândido Rodrigues. DJMG 14.5.04, p. 04.

Invasão de privacidade — Constrangimento humilhante

Ementa: DANO MORAL. INVASÃO DE PRIVACIDADE. CONSTRANGIMENTO HUMILHANTE. Ultrapassa o poder de comando e de direção do empregador a adoção de mecanismos que invadem a privacidade dos seus empregados, colocando-os em uma situação constrangedora e humilhante, não condizente com os princípios basilares de preservação da dignidade da pessoa humana. TRT 3ª Reg. — RO 01937-2003-043-03-00-5 — (Ac. 4ª T.) — Rel. Juiz Tarcisio Alberto Giboski. DJMG 22.5.04, p. 12.

Da decisão acima, colhe-se o seguinte fundamento:

"MÉRITO

Pouco há que se acrescentar aos bens lançados fundamentos da r. sentença recorrida.

De início, é de se ressaltar que a questão da competência material desta Justiça Especializada não foi questionada no recurso e está pacificada nesta Eg. Turma de conformidade com os fundamentos do juízo *a quo*.

Quanto ao episódio que gerou a condenação da Reclamada tudo ficou muito bem esclarecido na instrução processual.

Incontroverso que as câmeras de vídeo foram instaladas no interior dos banheiros masculinos, expondo de forma humilhante a intimidade dos empregados.

A Reclamada não tem como se eximir da culpabilidade, seja na sua forma *in eligendo*, seja no sentido *in vigilando*.

Se o instalador das câmeras executou o serviço fora do acordado era responsabilidade exclusiva e indeclinável da Recorrente fiscalizar esse trabalho para que nada saísse errado. Se não vigiou, a culpa nasceu daí, quer pela má escolha do agente, quer pela sua desídia na vigilância.

O nexo de causalidade entre o ato ilícito e o dano está patente.

Da instalação das câmeras resultou a quebra da garantia constitucional da intimidade pessoal dos empregados, expostos a uma situação absolutamente degradante.

Por último, se verdadeiras ou se falsas, o detalhe não afasta o sofrimento psicológico sofrido pelos trabalhadores, nem que fosse até o momento de se certificarem da real situação vivida.

De qualquer forma, a prova dos autos não é convincente no sentido de que as referidas câmeras não fossem verdadeiras.

Por fim, também não merece modificação o valor arbitrado à indenização.

Ponderadas as circunstâncias de que as câmeras foram retiradas no espaço de uma semana pela intervenção do sindicato da categoria profissional, o valor que a sentença fixou está moderado, ou seja, o equivalente a dez salários mínimos.

Não fosse a intempestividade do recurso obreiro, atraindo o *princípio do non reformatio in pejus*, a gravidade do dano poderia ensejar até reparação maior.

Nego provimento." (www.trt3.gov.br, em 15.8.04)

Mensagem de correio eletrônico dirigida ao trabalhador com conteúdo ofensivo — Prova

Ementa: DANO MORAL. MENSAGEM DE CORREIO ELETRÔNICO DIRIGIDA AO TRABALHADOR COM CONTEÚDO OFENSIVO. PROVA. O serviço de correio eletrônico, conhecido como e-mail, isoladamente, não constitui meio de prova fidedigno. A falta de assinaturas, a possibilidade de alteração no 'percurso' entre o remetente e o destinatário, bem como a facilidade de cadastramento de dados pessoais sem comprovação, desaconselham a adoção irrestrita dessa espécie de prova. Faz-se necessário a demonstração, por outros meios, da autenticidade do documento, como, por exemplo, pela prova oral. Confirmadas a veracidade e a autoria da mensagem, a prova do dano na esfera psíquica do trabalhador, em função de ato ilícito praticado pelo supervisor da empresa, não depende de atividade probatória semelhante à utilizada em casos de dano material ou patrimonial. Bastam as presunções simples, formadas na consciência do juiz, quanto às conseqüências que qualquer homem criterioso, em face do que ordinariamente acontece, extrairia dos fatos da causa. A dignidade da pessoa humana e o valor social do trabalho são fundamentos da República Federativa do Brasil, nos termos do art. 1º, III e IV, da Constituição Federal, e a garantia de reparação de dano moral integra a categoria dos direitos e garantias fundamentais relacionados no art. 5º , V e X, da Carta. Recurso provido para reconhecer a ocorrência de abalo moral e impor condenação aos réus. TRT 9ª Reg. — Proc. 21883-2004-010-09-00-1 — (Ac. 2ª T. 17744/07) — Rel. Marlene T. Fuverki Suguimatsu. DJPR 6.7.07.

Mensagens eletrônicas discriminatórias — Responsabilidade

Ementa: INDENIZAÇÃO POR DANO MORAL. MENSAGENS ELETRÔNICAS DISCRIMINATÓRIAS. RESPONSABILIDADE. A circulação de mensagens eletrônicas de cunho discriminatório dentro de uma empresa, através dos correios eletrônicos particulares de seus empregados, só pode implicar responsabilidade desta se provado que sua teria sido a iniciativa ou, não sendo esta a hipótese, que teve ciência e não tomou nenhuma atitude no sentido de coibi-la. Do contrário, a Justiça do Trabalho estaria servindo a enriquecimento sem causa, dando azo, ainda, a grave precedente para a "indústria" de inconseqüentes ações por dano moral. TRT 9ª Reg. — RO 20024-2003-001-09-00-3 — (Ac. 1ª T. 13180/05) — Rel. Juiz Ubirajara Carlos Mendes. DJPR 31.5.05, p. 257.

Monitoramento externo por seu superior imediato — Operadora de terminal telefônico — Vida privada da obreira — Comentários — Configuração

Ementa: I. RECURSO ORDINÁRIO DA RECLAMANTE. 1. INTEGRAÇÃO DO AUXÍLIO-ALIMENTAÇÃO NA BASE DE CÁLCULO DE PARCELAS OUTRAS. "AJUDA-ALIMENTAÇÃO. PAT. LEI N. 6.321/76. NÃO INTEGRAÇÃO AO SALÁRIO. A ajuda-alimentação fornecida por empresa participante do programa de alimentação ao trabalhador, instituído pela Lei n. 6.321/76, não tem caráter salarial. Portanto, não integra o salário para nenhum efeito legal" (OJ n. 133, da Eg. SDI I, do C. TST). 2. DANO MORAL. OBREIRA QUE, OPERANDO TERMINAL TELEFÔNICO, ERA SABEDORA DE QUE AS LIGAÇÕES ALI REALIZADAS ESTAVAM SUJEITAS AO MONITORAMENTO EXTERNO POR SEU SUPERIOR IMEDIATO. COMENTÁRIOS FEITOS, PELO SUPERIOR DA LABORISTA, NO AMBIENTE DE TRABALHO, QUANTO A FATO DA VIDA PRIVADA DA OBREIRA, DA QUAL AQUELE SUPERIOR TOMOU CONHECIMENTO AO EXERCER O MONITORAMENTO REFERIDO. O monitoramento externo das ligações realizadas pela obreira que era telefonista atuando no serviço de cobranças é procedimento que pode bem ser justificado como medida de aferição da eficiência dos serviços prestados e de proteção da empresa contra a eventual atuação imprópria dos que realizavam, em nome da empresa demandada, tarefa tão sensível quanto a cobrança extrajudicial. Estando a obreira previamente avisada de que tal monitoramento era realizado (ainda que de modo randômico), a escuta feita de modo algum pode ser reputada como clandestina. Logo, mesmo que a obreira não tenha sido expressamente proibida de utilizar o sistema telefônico para ligações de interesse pessoal, fazia-o sabedora de que os canais de comunicação utilizados por ela não eram fechados, mas sim abertos. Neste quadro fático, ainda que o superior imediato da obreira tenha tomado conhecimento, por tal monitoramento, de dificuldades financeiras atravessadas, e ainda que tenha comentado tal assunto junto a terceiros (ato reprovável, sob um prisma ético estrito), não se pode deste fato necessariamente extrair tenha a autora sofrido difamação ou graves abalos em sua reputação. II. RECURSO ORDINÁRIO DO RECLAMADO. EQUIPARAÇÃO SALARIAL. EXEGESE A SER DADA À EXPRESSÃO "TEMPO DE SERVIÇO" CONTIDA NO § 1º, DO ART. 461, DA CLT. A diferença de tempo de serviço a que se refere o art. 461, § 1º, da CLT é atinente ao tempo de serviço na função e não o tempo total laborado na empresa demandada. Isto porque a equiparação de salários é sempre aferida tendo em vista a função exercida pelos equiparandos. Recurso ordinário da reclamante conhecido e desprovido. Recurso ordinário do reclamado conhecido e desprovido. TRT 10ª Reg. — RO 01024-2003-006-10-00-0 — (Ac. 3ª T./2004) — Rel. Juiz Paulo Henrique Blair. DJU3 16.4.04, p. 28.

Revista — Ausência de dano moral

Ementa: "REVISTA DE EMPREGADO. AUSÊNCIA DE DANO MORAL. Os procedimentos de revista a empregados e a seus pertences, desde que realizados com ponderação e respeito à dignidade dos trabalhadores, não configuram, por si só, conduta capaz de ensejar o deferimento de indenização por danos morais, porquanto sua prática decorre do poder diretivo do empregador, inclusive com o fito de resguardar seu patrimônio. Evidenciado dos autos que tal prática decorria de norma interna da empresa, de que os empregados tinham prévia ciência e a que todos estavam submetidos, inclusive o gerente, sem que restasse configurada qualquer prática discriminatória ou ofensa à dignidade do empregado e a direitos inerentes à personalidade, como à intimidade, à honra e à imagem, não há cogitar-se em dano moral, capaz de ensejar o deferimento da indenização respectiva. Recurso do trabalhador a que se nega provimento". TRT 15ª Reg.(Campinas/SP) — RO 01116-2004-063-15-00-9 — (Ac. 15536/06-PATR, 8ª Câmara) — Relª. Juíza Vera Teresa Martins Crespo. DJSP 7.4.06, p. 50.

Revista — Avaliação da prova — Existência de prova material de ofensa

Ementa: DANO MORAL. REVISTA NA EMPREGADA. AVALIAÇÃO DA PROVA. Nos termos do v. acórdão do Tribunal Regional, a par da confissão feita na defesa, existe prova material da ofensa perpetrada ao patrimônio imaterial (moral) da Reclamante, submetida pela Reclamada a constrangimentos diuturnos em decorrência das revistas completas, incluindo seus pertences, com a finalidade de verificar, sem as cautelas exigidas nesse tipo de revista, se a empregada não estava subtraindo valores da empresa. Tal conduta caracteriza a prática de dano moral ressarcível, em face da violação do dever de confiança recíproca que alicerça o contrato de trabalho e do princípio constitucional do respeito à dignidade da pessoa humana do trabalhador. Incidência do Enunciado n. 126 deste Tribunal Superior. Recurso de Revista não conhecido. TST — RR-426.712/1998.7 — (Ac. 5ª T.) — 9ª Reg. — Rel. Min. Walmir Oliveira da Costa. DJU 25.10.02, p. 592.

Revista — Constrangimento — Configuração

Ementa: DANO MORAL. INDENIZAÇÃO. REVISTA ÍNTIMA. CONSTRANGIMENTO ILEGAL. A revista feita com o intuito de desencorajar eventuais furtos não pode, em nenhuma hipótese, submeter o empregado a constrangimento ilegal. Extrapola o poder de direção do empregador, ainda que seja para justificar a defesa de seu patrimônio, atitudes que violem a intimidade do trabalhador. Trata-se de direito fundamental do indivíduo garantido constitucionalmente (art. 5º, X, CF/88). TRT 1ª Reg. — RO 00938-2002-063-01-00-7 — (Ac. 4ª T.) — Rel. Juiz Gustavo Tadeu Alkmim. DJRJ 4.8.04, p. 187.

Revista — Constrangimento — Configuração

Ementa: REVISTA. DIREITO À INDENIZAÇÃO POR DANO MORAL. Caracteriza nítido constrangimento ao empregado a imposição de revista, pois parte do princípio de que todos os empregados são culpados. Cabe à empresa implantar, se necessário, sistemas de proteção de seu patrimônio que não ofendam a dignidade dos empregados nem violem o princípio geral de presunção de inocência. TRT 9ª Reg. — Proc. 04920-2002-663-09-00-0 — (Ac. 13.133-2004) — Rel. Juiz Dirceu Pinto Júnior. DJPR 25.6.04, p. 398.

Revista — Exorbitância do poder fiscalizatório — Cabimento

Ementa: INDENIZAÇÃO POR DANO MORAL. "REVISTA" EXORBITÂNCIA DO PODER FISCALIZATÓRIO. CABIMENTO: O poder empregatício engloba o fiscalizatório (ou poder de controle), entendido este como o conjunto de prerrogativas dirigidas a propiciar o acompanhamento contínuo da prestação de trabalho e a própria vigilância efetivada ao longo do espaço empresarial interno (controle de portaria, revistas, circuito interno de televisão, controle de horário/freqüência, dentre outros). Há limites, todavia, ao poder fiscalizatório empresarial, sendo inquestionável que a Carta Constitucional de 1988 rejeitou condutas fiscalizatórias que agridam a liberdade e a dignidade básicas da pessoa física do trabalhador, que se chocam, frontalmente, com os princípios constitucionais tendentes a assegurar um Estado Democrático de Direito (preâmbulo da CF/88) e outras regras impositivas inseridas na Constituição, tais como a da "inviolabilidade do direito à vida, à liberdade, à igualdade, à segurança e à propriedade" (art. 5º, *caput)*, a de que "ninguém será submetido (...) a tratamento desumano e degradante" (art. 5º, III) e a regra geral que declara "invioláveis a intimidade, a vida privada, a honra e a imagem das pessoas, assegurado o direito a indenização pelo dano material ou moral decorrente de sua violação" (art. 5º, X, CF/88). Todas essas regras criam uma fronteira inegável ao exercício das funções fiscalizatórias no contexto empregatício, colocando na franca ilegalidade medidas que venham cercear a liberdade e a dignidade do trabalhador. A revista realizada de forma vexatória e humilhante traduz uma exorbitância do poder de controle e enseja reparação do prejuízo sofrido, nos termos dos art. 186 e 927 do Código Civil. TRT 3ª Reg. — RO 00736-2006-140-03-00-2 — (Ac. 1ª T.) — Rel. Juiz Mauricio J. Godinho Delgado. DJMG 14.7.06, p. 10.

Revista — Fábrica de lingerie — Não configuração

Ementa: DANO MORAL. FÁBRICA DE LINGERIE. REVISTA. A revista levada a efeito sem constrangimento e sem qualquer objetivo desmerecedor, *v.g.*, com discriminação de certos empregados, traduz atos contidos no poder de comando do empregador em defesa do patrimônio. Em sendo o material produzido de fácil portabilidade, dada a sua leveza e pequenez, não pode a empresa correr riscos. A revista, em tais casos, é uma exigência que em nada desmerece a funcionária. Inexiste aí, qualquer constrangimento a dar suporte ao dano moral. O instituto é por demais importante para que seja transformado em espécie de panacéia. TRT 2ª T. — RO 00379200136102000 — (Ac. 6ª T. 20040034091) — Rel. Juiz Francisco Antonio de Oliveira. DJSP 13.2.04, p. 50.

Revista — Submissão a revista coletiva de até 50% dos empregados escolhidos por sorteio ao final do expediente — Caracterização

Ementa: ... INDENIZAÇÃO POR DANO MORAL. SUBMISSÃO A REVISTA COLETIVA DE ATÉ 50% DOS EMPREGADOS ESCOLHIDOS POR SORTEIO AO FINAL DO EXPEDIENTE. CARACTERIZAÇÃO. INTELIGÊNCIA DO ARTIGO 5º, X, DA CONSTITUIÇÃO. I — Sabe-se que o dano moral constitui lesão a direitos da personalidade, como a honra e a imagem da pessoa, achando-se subjacente à norma do artigo 5º, inciso X, da Constituição, garantia constitucional de preservação da dignidade do ser humano. O dano moral, por sua vez, prescinde de demonstração por ser decorrência natural do ato que o tenha gerado. II — O acórdão recorrido é emblemático no registro de que o reclamante, assim como os demais empregados, eram revistados por seguranças ao final do expediente, que tal revista consistia em levantar o jaleco ou a barra das calças e apalpamento de bolsos da roupa, mas "quando havia suspeita de determinado empregado é que este era obrigado a baixar as calças". III — Tal situação denuncia incontrastável extrapolação do exercício do poder diretivo do empregador, com a exposição do empregado a situações vexatórias perante funcionários da empresa, com comprometimento da sua dignidade como indivíduo, motivo pelo qual se revela juridicamente irrespondível a configuração do dano moral, em condições de atrair a devida reparação financeira. IV — As circunstâncias de o reclamante só ter sido revistado quando era sorteado, tanto no período em que a reclamada adotou o sistema de bolinhas azuis e vermelhas, quanto no período do sorteio eletrônico, bem como de o procedimento de revista ser coletivo entre homens não se prestam como escusativa do dever patronal de zelar pela qualidade moral do ambiente de trabalho, nos termos dos artigos 932, III, e 933 do CC/2002. V — A indenização por dano moral deve observar o critério estimativo, diferentemente daquela por dano material, cujo cálculo deve observar o critério aritmético. Por isso mesmo é que na fixação da indenização do dano moral deve o juiz se nortear por dois vetores: a reparação do dano causado e a prevenção da reincidência patronal, isto é, além de estimar o valor indenizatório, tendo em conta a situação econômica do ofensor, esse deve servir como inibidor de futuras ações lesivas à honra e boa fama dos empregados, razão por que se revela condizente e razoável a fixação da importância de R$ 5.000,00 (cinco mil reais). VI — Recurso provido. TST — RR-625/2004-032-03-00.1 — (AC. 4ª T.) — 3ª Reg. — Rel. Min. Antônio José de Barros Levenhagen. DJU 2.6.06, p. 639.

Revista — Submissão de empregado a revista sem peças íntimas, com divulgação à comunidade trabalhadora — Cabimento

Ementa: DANO MORAL — A submissão de empregado a revista sem peças íntimas, com divulgação à comunidade trabalhadora a gerar comentários e gracejos, configura injustificada transgressão a direito a intimidade, viola a honra e imagem, tratando-se de ilícito que gera prejuízo que merece reparação, através de indenização fixada de modo a cumprir atividade pedagógica e inibidora de futuras transgressões — Artigos 5º CR, 2º CLT, 186 e 927 CC. TRT 2ª Reg. — RO 00774200406202008 — (Ac. 7ª T. 20060277089) — Relª. Juíza Catia Lungov. DJSP 5.5.06, p. 46.

Revista abusiva e vexatória — Nudez do empregado — Configuração

Ementa: DANO MORAL CONFIGURADO. REVISTA ABUSIVA E VEXATÓRIA. NUDEZ DO EMPREGADO. É certo que o empregador detém o poder diretivo, que lhe permite traçar as diretrizes para atingimento de suas metas. Todavia, esta prerrogativa não se sobrepõe jamais ao princípio da dignidade humana (valor humano). Os cuidados patronais pela preservação de seu patrimônio encontram limite intransponível nos direitos personalíssimos. A revista do empregado não pode resultar em injustificada invasão de privacidade, pois são invioláveis a intimidade, a vida privada, a honra e a imagem das pessoas, direitos estes assegurados por norma de *status* constitucional (art. 5º, inc. X da Constituição Federal de 1988). A conduta do empregador que desborda dos limites da dignidade do homem configura procedimento vexatório e humilhante que impõe a indenização por danos morais ao trabalhador (art. 5º, inc. V, CFR/88). TRT 2ª Reg. — RO 01100200405402006 — (Ac. 4ª T. 20050286654) — Rel. Juiz Paulo Augusto Câmara. DJSP 20.5.05, p. 25.

Revista aleatória — Constrangimento — Ausência de justificativa — Indenização — Razoabilidade

Ementa: DANO MORAL. REVISTA ALEATÓRIA. CONSTRANGIMENTO. AUSÊNCIA DE JUSTIFICATIVA. INDENIZAÇÃO. AVALIAÇÃO. RAZOABILIDADE. Ainda que não exista vedação, no ordenamento jurídico, à revista pessoal, há que se considerar que, mesmo quando ocorrem sem contato físico e de forma aleatória (ao soar de uma campainha), provocam profundo constrangimento. No ambiente de trabalho, isso se reveste de maior gravidade, pois além de denotar desconfiança pelo empregador, constrange mais seriamente o empregado, que não dispõe de meios de recusa no ambiente onde prepondera o poder do empregador. Essa submissão não se justifica sequer pela preocupação em proteger o patrimônio, já que se faz ao arrepio de qualquer consideração por sentimentos e valores do trabalhador. Não se cogita de que o caráter aleatório configure imparcialidade ou afaste a discriminação, até porque os chefes e gerentes não eram revistados. Indenização que, com base no princípio da razoabilidade, fixa-se em cem vezes o maior salário do autor. Recurso provido. TRT 9ª Reg. — Proc. 02388-2000-662-09-00-8 (RO-11.009/2002) — (Ac. 12.292/2003) — Relª Juíza Marlene T. Fuverki Suguimatsu. DJPR 6.6.03, p. 465.

Revista aos empregados — Exercício abusivo do poder diretivo — Fiscalizatório

Ementa: DANO MORAL. REVISTA AOS EMPREGADOS. EXERCÍCIO ABUSIVO DO PODER DIRETIVO. FISCALIZATÓRIO. Os poderes diretivo e fiscalizatório do empregador não podem ser exercidos a despeito dos direitos individuais assegurados constitucionalmente, sobretudo quando a Magna Carta erigiu a dignidade humana como um dos fundamentos do Estado Democrático de Direito (artigos 1º, III, e 5º, X, da Constituição da República). Restando provado nos autos que os empregados eram, diariamente, submetidos a revistas íntimas em grupo de três a quatro empregados, nas quais já tiveram de permanecer até mesmo completamente despidos, patente a violação à intimidade, autorizando a reparação por danos morais. TRT 3ª Reg. — RO 4.947/00 — (Ac. 4ª T.) — Relª Juíza Rosemary de Oliveira Pires. DJMG 7.10.00, p. 12.

Revista constrangedora — Indenização

Ementa: DANO MORAL. REVISTA CONSTRANGEDORA. INDENIZAÇÃO. Comprovado nos autos que a reclamada obrigava os empregados a se despirem para revista ao final do expediente, o que era presenciado pelos demais empregados da empresa, abusiva e ilegal é a sua atitude, o que gera para o empregado o direito ao recebimento de indenização por dano moral, mormente porque a empresa já se utilizava de outros meios de proteção de seu patrimônio. TRT 3ª Reg. — RO 16.718/99 — (Ac. 5ª T.) — Rel. Juiz Sebastião G. Oliveira. DJMG 9.9.00, p. 17.

Revista das roupas do empregado — Situação constrangedora

Ementa: AGRAVO DE INSTRUMENTO EM RECURSO DE REVISTA. DANO MORAL. REVISTA DAS ROUPAS DO EMPREGADO. SITUAÇÃO

CONSTRANGEDORA. INCIDÊNCIA DA SÚMULA 126, DO C. TST. Inocorre as violações aos artigos 2º, 8º, 818, da CLT, 333, inciso I, do CPC, 5º, inciso II, da Lei Maior, 2º, da Lei 10.409/2002, posto que o E. TRT, ante análise do contexto probatório e socorrendo-se do princípio da persuasão racional ou livre convencimento motivado, erigido no artigo 131, do CPC, entende que a revista efetuada pela Empresa, embora fosse nas roupas de seus Empregados, sem contato físico, era abusiva, porque os expunha a situação constrangedora e humilhante, devido ao fato de terem que ficar apenas de cuecas e meias, em frente ao supervisor e demais Empregados. Desta forma, alteração do decidido importaria em uma reanálise de fatos e provas, que é vedada, nesta instância extraordinária, a teor da Súmula 126, do C. TST. Agravo de Instrumento a que se nega provimento. TST — AIRR-1.708/2002-005-09-40.5 — (Ac. 2ª T.) — 9ª Reg. — Rel. Juiz Convocado Josenildo dos Santos Carvalho. DJU 20.4.06, pp. 855/856.

Revista de bolsa — Indenização — Cabimento

Ementa: DANO MORAL. REVISTA EM BOLSA. As revistas em bolsas de funcionárias, realizadas em local inapropriado, na presença de clientes, importam afronta ao direito de intimidade e o dano moral decorrente é passível de indenização, nos termos do disposto no art. 5º, inciso X, da CF/88. TRT 9ª Reg. — 12405-2000-652-09-00-8 (RO-01.057/02) — (Ac. 08.166/03) — Relª Juíza Fátima Teresinha Loro Ledra Machado. DJPR 25.4.03, p. 453.

Revista de bolsas — Limites

Ementa: DANO MORAL. INDENIZAÇÃO. REVISTAS. DISCRIMINAÇÃO POR IDADE. INDEFERIMENTO. I. É lícito o procedimento do Empregador de efetuar revistas nas bolsas de seus empregados, desde que não lhes atinjam a intimidade, a dignidade e a auto-estima. Procedimento este, que decorre de zelo ao patrimônio e do próprio direito de fiscalizar. II. A alegação de prática discriminatória consistente na demissão de empregado fora do perfil etário desejado pela Reclamada deve ser robustamente comprovada, pois ao empregador é permitido de forma lícita, utilizar-se da prerrogativa legal de dispensar o empregado sem justa causa ou por justa causa, quando deseja interromper o contrato de trabalho. Recurso ordinário da Reclamante a que se nega provimento. TRT 9ª Reg. — RO 1708-2001-007-09-00-9 — (Ac. 1ª T. 24819/05) — Rel. Juiz Ubirajara Carlos Mendes. DJPR 30.9.05, p. 416.

Revista de bolsas — Moderação — Inocorrência

Ementa: 1....2. DANO MORAL — INCOMPETÊNCIA DA JUSTIÇA DO TRABALHO. DECISÃO MOLDADA À JURISPRUDÊNCIA UNIFORMIZADA DO TST. Estando a decisão regional moldada à diretriz da Súmula 392 desta Corte, impossível o conhecimento da revista, com alicerce em violações legais e constitucional e em dissenso pretoriano (CLT, art. 896, § 4º; Súmula 333/TST). Recurso de revista não conhecido. 3. **DANO MORAL. REVISTA EM BOLSAS. INOCORRÊNCIA**. 3.1. Encontrando lastro no art. 159 do Código Civil de 1916, à época dos fatos, a obrigação de reparar o dano moral (Constituição Federal, art. 5º, "caput" e incisos V e X), pressupõe ação ou omissão ilícitas, assim não se caracterizando o exercício regular de direito (Código Civil de 1916, art. 160). 3.2. O exercício do poder diretivo não constituirá abuso de direito, quando não evidenciados excessos, praticados pelo empregador ou seus prepostos. 3.3. A tipificação do dano, em tal caso, exigirá a adoção, por parte da empresa, de procedimentos que levem o trabalhador a sofrimentos superiores aos que a situação posta em exame, sob condições razoáveis, provocaria. 3.4. A moderada revista em bolsas e sacolas ou pastas, quando não acompanhada de atitudes que exponham a intimidade do empregado ou que venham a ofender publicamente o seu direito à privacidade, não induz à caracterização de dano moral — sobretudo quando o prejuízo íntimo sequer é alegado. Dano moral não configurado. Recurso de revista provido. 4. INDENIZAÇÃO POR DANO MORAL. REDUÇÃO DO VALOR ARBITRADO. REVISTA PREJUDICADA. Diante da exclusão da indenização por dano moral, resta prejudicada a análise da revista, no particular. Recurso de revista prejudicado. 5.....TST — RR-615.854/1999.8 — (Ac. 3ª T.) — 9ª Reg. — Rel. Min. Alberto Luiz Bresciani de Fontan Pereira. DJU 10.11.06, p. 1.076.

Revista de bolsas e mochilas dos empregados — Não configurado

Ementa: DANO MORAL. REVISTAS EM BOLSAS E MOCHILAS DOS EMPREGADOS. NÃO CONFIGURADO. É lícito o procedimento da reclamada de realizar revistas em bolsas e mochilas dos seus empregados. À reclamada cumpre zelar pelo seu patrimônio podendo usar, para tanto, do seu direito de fiscalização, neste incluído o direito de proceder revistas em seus funcionários, desde que estas não atinjam a intimidade, dignidade e auto-estima dos mesmos. Não se trata de imputar qualquer pecha aos empregados ou de expô-los à situação vexatória, mas uma regra interna de procedimento, que visa justamente resguardar o patrimônio e a "saúde" financeira da empresa, o que é de interesse inclusive dos empregados que dependem financeiramente da empregadora. Nunca houve lesão à intimidade ou à dignidade dos empregados, já que a revista limitava-se à averiguação do conteúdo de bolsas e mochilas. O reclamante nunca foi obrigado a tirar a roupa, sapatos, tampouco, foi tocado por outro funcionário. Neste escopo, o procedimento de revistar bolsas e mochilas dos funcionários não se traduz numa prática abusiva ou discriminatória que tenha atingido o reclamante em seu íntimo. Tanto é assim, que o procedimento atingia indistintamente todos os funcionários. TRT 9ª Reg. — Proc. 01425-2002-661-09-00-6 — (Ac. 22.566/2003) — Rel. Juiz Sergio Murilo Rodrigues Lemos. DJPR 10.10.03, p. 495.

Revista de bolsa e sacolas— Lícita — Indenização indevida

Ementa: DANO MORAL — REVISTA — INDENIZAÇÃO INDEVIDA. A Reclamada reconheceu que realizava revistas em sacolas ou bolsas transportados pelos empregados, quando estes deixavam o local de trabalho. Entretanto, tal conduta não pode ser considerada como ilícita, pois as revistas eram direcionadas a todos os empregados e eram procedidas de forma superficial, sem qualquer abuso. Ademais, não restou comprovado qualquer prejuízo à integridade moral do Reclamante, de forma que é indevida a indenização postulada. TRT 9ª Reg. — RO 03752-2005-872-09-00-5 — (Ac. 4ª T. 16194/07) — Rel. Juiz Arnor Lima Neto. DJPR 26.6.07, p. 270.

Revista de bolsas e sacolas — Zelo ao patrimônio e no próprio direito de fiscalizar — Licitude

Ementa: DANO MORAL. COMPETÊNCIA. INDENIZAÇÃO. REVISTAS. INDEFERIMENTO. I. A Emenda Constitucional n. 45-2004, que modificou a redação do art. 114, VI, da CF-88, consagra definitivamente a competência desta Especializada para dirimir litígios vinculados a dano moral ou patrimonial decorrentes da relação de trabalho. II. É lícito o procedimento da Reclamada de efetuar revistas em bolsas e sacolas dos seus empregados, desde que não lhes atinjam a intimidade, a dignidade e a auto-estima. Procedimento este, que decorre de zelo ao patrimônio e no próprio direito de fiscalizar. TRT 9ª Reg. — RO 02844-2003-002-09-00-0 — (Ac. 1ª T. 22884/05) — Rel. Juiz Ubirajara Carlos Mendes. DJPR 16.9.05, p. 448.

Revista de bolsas e sacolas ao término do expediente — Não configuração

Ementa: DANO MORAL. INDENIZAÇÃO. REVISTA EM BOLSAS E SACOLAS AO TÉRMINO DO EXPEDIENTE. A revista de bolsas e sacolas dos empregados como procedimento interno e geral da empresa, em que o próprio empregado abre sua bolsa, não configura prática excessiva de fiscalização, capaz de atinar contra a dignidade e o bem-estar de seus empregados. Essa prática não atenta contra o princípio da presunção de boa-fé ínsito das relações interpessoais, visto que a potencialidade de ofensa das revistas é mínima e passível de ser suportada pelo senso comum. Recurso de Revista de que se conhece e a que se dá provimento. TST — RR-301/2003-009-04-00.0 — (Ac. 5ª T.) — 4ª Reg. — Rel. Min. João Batista Brito Pereira. DJU 19.8.05, p. 820.

Revista de bolsas na presença de colegas, clientes do estabelecimento e transeuntes — Configuração

Ementa: DANO MORAL. CONFIGURAÇÃO. Caracterizada situação vexatória e constrangedora imposta à empregada submetida a revista de sua bolsa na presença de colegas de trabalho, clientes do estabelecimento e transeuntes, acolhe-se o pleito de indenização por dano moral. TRT 1ª Reg. — RO 00982-2001-021-01-00-4 — (Ac. 1ª T.) — Rel. Des. Luiz Carlos Teixeira Bonfim. DJRJ 6.12.04, p. 164.

Revista de empregado — Direito do empregador de zelar pelo seu patrimônio

Ementa: DANO MORAL. REVISTA DE EMPREGADO. DIREITO DO EMPREGADOR DE ZELAR PELO SEU PATRIMÔNIO. Não procede o pagamento de indenização por danos morais, quando demonstrado que a conduta adotada pela recorrente, empresa do ramo de distribuição de produtos alimentícios, limpeza, perfumaria, enlatados etc., de revistar, por sorteio, seus empregados, no final do expediente, tinha por objetivo preservar o seu patrimônio que consistia em produtos de fácil subtração ou ocultação, sem, contudo, agir de forma ilícita e discriminatória. TRT 3ª Reg. — RO 00625-2004-032-03-00-1 — (Ac. 7ª T.) — Rel. Juiz Rodrigo Ribeiro Bueno. DJMG 12.4.05, p. 15.

Da decisão acima, colhe-se o seguinte fundamento:

"DO DANO MORAL

Alega a recorrente, que não procede o pagamento de indenização por danos morais, pois a finalidade da revista era inibir a conduta dos empregados que se apropriavam indevidamente de mercadorias. Além do mais, o recorrido não era revistado todos os dias, já que havia sorteio.

Com razão.

A conduta adotada pela recorrente, empresa do ramo de distribuição de produtos alimentícios, limpeza, perfumaria, enlatados etc., de revistar seus empregados no final do expediente tinha por objetivo preservar o seu patrimônio e não de ofender a honra e imagem do recorrido, expondo-o à situação vexatória.

Com efeito, a prova testemunhal emprestada de fls. 202/206, demonstrou que o procedimento de revistar os empregados da recorrente ocorria sem maiores constrangimentos, visto que era feita de forma reservada. A revista era feita por seguranças do mesmo sexo que o autor, sendo este quem levantava o jaleco ou a barra das calças e quem apalpava os bolsos da roupa que usava. Também ficou esclarecido que somente quando havia suspeita de determinado empregado é que este era obrigado a baixar as calças (*vide* depoimento da testemunha Carlos Alberto dos Reis, trazida pelo reclamante, fl. 205).

Também deve ser dito que a revista era aleatória, ou seja, o autor não era revistado todos os dias, mas somente quando era sorteado, tanto no período em que a reclamada adotou o sistema de bolinhas azuis e vermelhas, quanto no período do sorteio eletrônico. Considerando que a reclamada tinha 120 empregados no turno diurno e 130 no noturno e que o sorteio era programado para atingir de 20% a 30%, podendo chegar até 50%, como alega à fl. 257 do recurso, a probabilidade de autor ser sorteado todos os dias era pequena.

Da mesma forma, não se pode dizer que o autor sofria constrangimento pelo fato de, algumas vezes, o procedimento de revista ser coletivo, já que tal situação ocorria somente entre homens e os seguranças não tocavam no reclamante, situação essa que durava 2 minutos, segundo prova testemunhal. Ademais, as duas testemunhas arroladas pelo autor afirmaram que os seguranças responsáveis pela revista não faziam qualquer comentário ou chacota a respeito.

Por fim, deve ser dito que não ficou provado que a revista era feita em local visível pelos transeuntes, já que a 2ª testemunha afirmou que era feita na sala dos seguranças e que apenas por cinco meses foi feita na portaria. Não restou provado, no entanto, que as pessoas que passavam na rua poderiam perceber o que ocorria na portaria, mesmo porque o movimento na rua, no horário de saída dos empregados era escasso (*vide* fl. 205).

Assim, entendo que não restou provada a existência de ofensa à honra e imagem do autor, pois a reclamada se valeu de medidas para proteger o seu patrimônio, sem, contudo, agir de forma ilícita e discriminatória, pelo que fica a reclamada desobrigada de indenizá-lo.

Inclusive, este é o entendimento deste Regional a respeito da revista de empregados, em casos semelhantes ao dos autos:

EMENTA: INDENIZAÇÃO POR DANOS MORAIS. Na qualidade de dono e gestor do empreendimento econômico, o empregador não só pode, como deve proteger seu patrimônio, especialmente quando exerce atividade-fim ligada à comercialização de produtos de valor considerável, de fácil subtração e/ou ocultação. Desde que o exercício do poder diretivo seja regular, impessoal, genérico e não atente contra o pudor do homem médio, tem a faculdade, inclusive, de realizar revistas que não ofendam a intimidade do empregado e não o exponham a situações vexatórias e humilhantes. (TRT/RO 14596/01 — 2ª Turma — Rel. Juiz Ricardo Marcelo da Silva — 04.12.01).

Nesses termos, dou provimento ao recurso da reclamada para excluir da condenação o pagamento de indenização por danos morais."

Revista de empregados — Forma humilhante — Dano moral configurado

Ementa: RECURSO ORDINÁRIO. DANO MORAL. REVISTA DE EMPREGADOS. Implica dano moral o ato do empregador que impõe revista aos empregados de forma humilhante, distanciando-se totalmente da razoabilidade na utilização de métodos de segurança. TRT 1ª Reg. — RO 01125-2003-203-01-00-8 — (Ac. 9ª T.) — Rel. Des. José da Fonseca Martins Júnior. DJRJ 27.7.04, p. 221.

Revista de empregados — Instrumento normativo — Indenização por dano moral e arbitramento — Cabimento

Ementa: RECURSO DE REVISTA. CERCEAMENTO DE DEFESA. Não se configura cerceamento de defesa, pelo que ileso o art. 5º, incisos V, X e LV, da Constituição Federal na decisão regional que concluiu ser, diante do instrumento normativo acostado pela reclamada e dos fatos narrados na exordial, desnecessária e inútil a prova pretendida. Incidência dos Enunciados ns. 296 e 337 do TST e arestos inservíveis a confronto. Recurso não conhecido. INDENIZAÇÃO POR DANOS MORAIS. O fato de haver instrumento normativo prevendo a revista de empregados revela-se marginal diante do cerne da controvérsia, que reside em aferir o prejuízo à honra e dignidade do empregado nos procedimentos adotados para a realização da aludida revista. Consoante o que ficou registrado no acórdão regional, a revista realizada pela reclamada denuncia excessiva fiscalização, expondo o empregado à vexatória situação de ter de se despir perante funcionários da empresa, com comprometimento da dignidade e intimidade do indivíduo. É sabido ainda que a indenização por dano moral deve observar o critério estimativo, diferentemente daquela por dano material, cujo cálculo deve observar o critério aritmético. Na fixação da indenização do dano moral, deve o juiz se nortear por dois vetores: a reparação do dano causado e a prevenção da reincidência patronal. Vale dizer que, além de estimar o valor indenizatório, tendo em conta a situação econômica do ofensor, esse deve servir como inibidor de futuras ações lesivas à honra e boa fama dos empregados. Recurso provido. TST — RR-641.571/2000.3 — (Ac. 4ª T.) — 2ª Reg. — Rel. Min. Antônio José de Barros Levenhagen. DJU 21.2.03, p. 589.

A decisão acima foi mantida pela Seção Especializada em Dissídios Individuais pelo TST com a seguinte ementa:

Ementa: EMBARGOS. DANOS MORAIS. REALIZAÇÃO DE REVISTA ÍNTIMA. CONHECIMENTO DO RECURSO DE REVISTA. DIVERGÊNCIA JURISPRUDENCIAL. Nos termos da Orientação Jurisprudencial n. 37 da C. SBDI-1, a Turma é soberana na análise de divergência jurisprudencial. DANOS

MORAIS — REEXAME DE MATÉRIA FÁTICA. A C. Turma conheceu do Recurso de Revista da Reclamante por divergência jurisprudencial, a evidenciar a não-ocorrência de revisão do conjunto probatório. No mérito, julgou segundo os fatos revelados pelo acórdão regional. Incólume o Enunciado n. 126/TST. DANOS MORAIS — RECONHECIMENTO DO DANO — PREVISÃO NORMATIVA DA REVISTA. 1. O Eg. Tribunal Regional consignou que a Reclamante era submetida a revistas diárias, nas quais lhe era demandado abaixar as calças até os joelhos e levantar a camisa até os ombros. 2. Demonstrada a violação à honra e intimidade da Reclamante, não aproveita à Reclamada a alegação de previsão normativa da revista. A autorização de realização do procedimento não se comunica com a abusividade dos meios empregados, razão da condenação. INDENIZAÇÃO POR DANO MORAL — FIXAÇÃO DO *QUANTUM* INDENIZATÓRIO. 1. O arbitramento do dano moral, pelas próprias circunstâncias que o definem, ocorre de maneira necessariamente subjetiva, segundo critérios de justiça e eqüidade, ainda que, em cada situação específica, seja dada ao magistrado a oportunidade de fixar parâmetros à apreciação do dano sofrido. 2. O dano moral tem o escopo de, por um lado, compensar a vítima pelo dano sofrido e, por outro, punir o infrator, que não pode ofender em vão a esfera jurídica alheia. Na fixação desse valor, levam-se em conta as condições econômicas e sociais das partes envolvidas, bem como a gravidade da falta cometida. 3. Assim, em sendo plausível o *quantum* fixado pela C. Turma, que levou em consideração o dano causado e a condição econômica da Reclamada, não há falar em sua alteração, *a fortiori* pela inexistência de firme critério legal. Embargos não conhecidos. TST — E-RR-641.571/2000.3 — (Ac. SBDI-1) — 15ª Reg. — Rel. Maria Cristina Irigoyen Peduzzi. DJU 13.8.04, p. 854/855.

Do mencionado acórdão, retiramos o seguinte fundamento:

II — REVISTA — DANO MORAL — CONHECIMENTO DO RECURSO DE REVISTA — REEXAME DE ASPECTOS PROBATÓRIOS

a) Conhecimento

Ao reconhecer a existência de danos ao patrimônio moral da Reclamante, a C. Turma assim consignou:

O Regional não vislumbrou a ocorrência de lesão à honra, nome, conceito social, integridade moral ou física, nem tampouco à reputação. Isso porque a revista não era isolada, discriminatória ou pessoal, mas genérica em relação a todos os seus empregados, realizada em local próprio e por intermédio de funcionário específico, e porque a conduta reputada como determinante do pedido era disciplinada por instrumento normativo, conforme a cláusula 40 da Convenção Coletiva de fls. 73/83.

Observa-se, primeiramente, que o fato de haver instrumento normativo prevendo a revista de empregados revela-se marginal diante do cerne da controvérsia, que reside em aferir o prejuízo à honra e dignidade do empregado nos procedimentos adotados para a realização da aludida revista.

Consoante o que ficou registrado no acórdão regional, a revista realizada pela reclamada denuncia excessiva fiscalização, expondo o empregado à vexatória situação de ter de se despir perante funcionários da empresa, com comprometimento da dignidade e intimidade do indivíduo. Dessa forma, reputo o procedimento adotado pela demandada como lesivo à honra, exigindo a reparação pretendida. (fls. 211/212)

A Reclamada sustenta que a C. Turma contrariou o preceituado no Enunciado n. 126/TST, porquanto procedeu ao reexame do conteúdo probatório concebido pelas instâncias ordinárias, colacionando, inclusive, arestos à divergência.

Sem razão.

O acórdão regional decidiu a lide nestes termos:

No mérito, insurge-se a recorrente contra o indeferimento do pedido de danos morais, em face da revista diária procedida pela reclamada.

Na prefacial a reclamante alega que todos os dias, ao final da jornada, no trocador da empresa, a reclamada obrigava, não só a reclamante, mas todos os seus empregados, a abaixarem as calças até o joelho e levantar a camisa na altura dos ombros, a fim de mostrar-se para um funcionário específico, que verificava se a reclamante não levava algum objeto da empresa consigo.

Como se extrai dos fatos narrados pela recorrente, a atitude não era isolada, discriminatória ou pessoal. Era genérica em relação a todos os seus empregados. Por outro lado, a revista era realizada em local próprio e por intermédio de funcionário específico.

Assim, não vislumbro a ocorrência de lesão à honra, nome, conceito social, integridade moral ou física, nem tampouco à reputação.

Como se isso não bastasse, a conduta reputada como determinante do pedido era disciplinada por instrumento normativo, conforme cláusula 40 da Convenção Coletiva de fls. 73/83. (fl. 146)

O conhecimento do Recurso de Revista se deu, como demonstrado, por divergência jurisprudencial. Assim, a verificação de sintonia entre os fatos revelados pelo acórdão regional e aqueles constantes do aresto paradigma, logicamente, já afastam a ocorrência de reexame fático.

Ademais, verifica-se, ao contrário do alegado pela Reclamada, que a C. Turma fundou o entendimento com base especificamente nas provas reconhecidas pelo Eg. Tribunal Regional, remetendo-se à excessiva fiscalização que expunha o empregado à vexatória situação de ter de se despir perante funcionários da empresa, com comprometimento da dignidade e intimidade do indivíduo. (fls. 212)

Ressalte-se, ademais, que a C. Turma entendeu que a existência de norma coletiva autorizando a realização de revista afigura-se como aspecto marginal diante do cerne da controvérsia, que reside em aferir o prejuízo à honra e dignidade do empregado nos procedimentos adotados para a realização da aludida revista. (fls. 212)

Assim, inexiste a ocorrência de revisão probatória. Houve, efetivamente, novo enquadramento jurídico dos fatos revelados pelo Eg. Tribunal Regional. Não se divisa contrariedade ao Enunciado n. 126/TST.

Não há falar, tampouco, em ocorrência de divergência jurisprudencial. Os arestos citados, todos, têm como premissa a existência de reexame, a demonstrar a impertinência à espécie.

Não conheço.

III — REVISTA — DANO MORAL — INEXISTÊNCIA DE OFENSA À HONRA E À INTIMIDADE — EXISTÊNCIA DE CLÁUSULA COLETIVA

a) Conhecimento

Pretende a Reclamada a reforma do acórdão embargado também ao fundamento de que, dos fatos reconhecidos pelo Eg. Tribunal Regional, não se verifica a existência de ofensa à honra ou intimidade da Reclamante, capaz de autorizar a condenação ao pagamento de danos morais. Argumenta, ainda, que não pode ser apenada por exercer faculdade autorizada por norma coletiva.

Indica violação aos artigos 444, 611, § 1º, da CLT, 5º, inciso III e X, 7º, inciso XXVI, e 8º, inciso III, da Constituição da República e divergência com aresto do Excelso STF.

Novamente sem razão.

Na espécie, verifica-se a presença de todos os elementos hábeis a justificar a punição da Reclamada. Sublinhe-se, de início, a presença dos elementos conduta e nexo causal considerando-se o prisma objetivo, e do dolo, tomando-se o aspecto subjetivo. De fato, é incontroversa a realização de revista da Reclamante por prepostos conduta de onde emanaria, segundo a tese da Autora, o prejuízo que pretende ver indenizado nexo causal. Tampouco há dúvidas sobre a vontade dirigida da Reclamada na realização da prática.

Resta aferir, portanto, a existência de dano ao patrimônio moral da Reclamante.

O Eg. Tribunal Regional julgou o Recurso Ordinário da Reclamante considerando os fatos por ela revelados, restando incontroverso que a Reclamante efetivamente estava obrigada a, diariamente, passar por revista íntima. Embora em local reservado, a Autora deveria baixar as calças ou saia até os joelhos e levantar a camisa até a altura dos ombros, a demonstrar, inequivocamente, dano à intimidade e honra.

Alega a Reclamada, nos Embargos, que o procedimento da revista é válido sempre que houver a previsão no contrato de trabalho, razão pela qual entende violado o artigo 444 da CLT. Igualmente, invocando a convenção coletiva que prevê a realização da rotina, entende violados os artigos 611, § 1º, da CLT, 7º, inciso XXVI, e 8º, inciso III, da Constituição da República.

Não procede a insurgência patronal.

Ao contrário do alegado, nem o contrato de trabalho nem a norma coletiva teriam o condão de autorizar a realização de revista em detrimento da preservação da honra e intimidade do trabalhador. A proteção desses direitos inclui-se entre as garantias e direitos fundamentais da pessoa humana, conforme preceituado pelo artigo 5º, inciso X, da Constituição da República.

Incontestável o acerto da C. Turma ao entender marginal à discussão travada nos presentes autos a previsão normativa. Ou bem há apenas a previsão normativa do mero procedimento da revista, o que não autorizaria a prática abusiva, ou, em havendo a previsão de que se proceda como a Reclamada, há franca inconstitucionalidade da regra. Pelos dois aspectos evidencia-se a improcedência da argumentação. Não se divisa violação aos mencionados artigos 611, § 1º, da CLT, 7º, inciso XXVI, e 8º, inciso III, da Constituição da República.

Incólumes, igualmente, os incisos III e X do artigo 5º da Carta Magna. Isso porque, da análise dos fatos consagrados no acórdão regional, a Reclamante efetivamente teve o direito à honra e intimidade violado, tendo jus à devida reparação pecuniária.

Por fim, não se presta o acórdão colacionado ao conhecimento dos presentes Embargos, porque proferido pelo Exc. Supremo Tribunal Federal, ente não contemplado nas hipóteses do artigo 894, alínea *b*, da CLT.

Não conheço." (www.tst.gov.br, em 28.8.04)

Revista de pertences da reclamante — Poder de fiscalização do empregador

Ementa: A revista aos pertences da reclamante, sem que importasse em revolver o conteúdo de sua bolsa, e exercido em caráter genérico, por estender-se a todos os empregados do estabelecimento, trata-se de procedimento alcançado pelo lícito exercício do poder de fiscalização do empregador, não consistindo em violação aos direitos inerentes à personalidade da autora a autorizar a indenização por dano moral. Recurso ordinário não provido. TRT 1ª Reg. — RO 01676-2001-033-01-00-5 — (Ac. 4ª T.) — Rel. Juiz Luiz Alfredo Mafra Lino. DJRJ 26.2.03, p. 204.

Revista desrespeitosa e humilhante — Dano moral configurado

Ementa: INDENIZAÇÃO POR DANO MORAL. REVISTA. O fato de o empregador lidar com a guarda de dinheiro, bem suscetível de subtração e ocultação, justifica uma fiscalização mais rigorosa como meio de proteger o seu patrimônio. Saliente-se, entretanto, que, se a efetivação do controle é feita por meio da revista, ela deve ser admitida como último recurso para defender o patrimônio empresarial e salvaguardar a segurança interna da empresa, à falta de outras medidas preventivas. Mesmo quando indispensável a revista, o intérprete deverá ater-se ao modo pelo qual ela foi levada a efeito. Se o empregador exigia que o empregado se desnudasse, a revista há de ser tida como desrespeitosa e humilhante, traduzindo atentado ao pudor natural dos empregados e ao seu direito à intimidade. O poder diretivo exercido nesses moldes é abusivo e investe o empregador de poderes de polícia que não lhe foram conferidos pela lei. Se o empregador não confia na integridade moral do empregado, é melhor não contratá-lo ou dispensá-lo (TST — 2ª Turma, RR 553.779/99.3, Relator Juiz convocado Samuel Corrêa Leite). Situação fática ensejadora de compensação de dano moral por aplicação do art. 5º, X, da Constituição Federal e do art. 373-A da CLT, por analogia autorizada pelo art. 5º, I, da Constituição da República de 1988, a qual deve ser fixada em valor razoável, segundo os parâmetros que têm sido adotados na jurisprudência. TRT 3ª Reg. — RO 00325-2005-005-03-00-0 — (Ac. 7ª T.) — RELª Juíza Alice Monteiro de Barros. DJMG 22.11.05, p. 14.

Revista em empregado — Constrangimento — Dano moral conseqüente

Ementa: REVISTA. DANO MORAL CONSEQÜENTE, SALVO SE PROVADA A NECESSIDADE DO PROCEDIMENTO. Sendo constrangedora para o revistado, a revista ocasiona dano moral, salvo se o empregador provar a necessidade do procedimento. TRT 12ª Reg. — RO-V 03267-2000-028-12-00-7 — (Ac. 2ª T. 13.646/02, 3.9.02) — Rel. Juiz José Luiz Moreira Cacciari. DJSC 6.12.02, p. 170.

Revista em empregados — Vedação em lei — Art. 373-A, da CLT.

Ementa: REVISTA EM EMPREGADOS. VEDAÇÃO EM LEI. DANO MORAL. A revista em empregados revela medida ofensiva à intimidade do trabalhador, sendo vedada pela legislação trabalhista, inclusive (art. 373-A). Nesse compasso, utilizando-se o empregador desse expediente, deve ele responder pelo excesso de seu *jus variandi*, indenizando o empregado pelo dano moral configurado. TRT 12ª Reg. — RO V 04558-2002-028-12-00-4 — (Ac. 2ª T. 08.872/03, 19.8.03) — Rel. Juiz Dilnei Ângelo Biléssimo. DJSC 15.9.03, p. 160.

Revista em pertences pessoais — Constrangimento — Ausência de justificativa — Indenização — Avaliação — Razoabilidade

Ementa: DANO MORAL. REVISTA EM PERTENCES PESSOAIS. CONSTRANGIMENTO. AUSÊNCIA DE JUSTIFICATIVA. INDENIZAÇÃO. AVALIAÇÃO. RAZOABILIDADE. As revistas pessoais provocam profundo constrangimento, especialmente quando realizadas em local de atendimento ao público, em meio à atividade normal do estabelecimento. No ambiente de trabalho, o fato se reveste de maior gravidade, pois além de denotar desconfiança pelo empregador, constrange seriamente o empregado, que não dispõe de meios de recusa no ambiente onde prepondera o poder do empregador. Essa submissão não se justifica sequer pela preocupação em proteger o patrimônio, já que se faz ao arrepio de qualquer consideração por sentimentos e valores íntimos do trabalhador, considerado como homem médio. Na hipótese, trata-se de empregada, a quem o ordenamento jurídico assegura proteção especial pela vedação expressa às revistas pessoais, como se extrai do artigo 373-A, VI, da CLT. OBRIGAÇÃO DE FAZER. PEDIDO DE DESCULPAS E RETRATAÇÃO PÚBLICA. A natureza do bem agredido pela conduta do empregador impede sua reposição ao estado anterior ao evento danoso. Todavia, o abalo pode ser atenuado se for levado ao conhecimento público, principalmente dos colegas de trabalho, o pedido de desculpas e a retratação da ré, com a divulgação das conseqüências de sua conduta quando apreciada pela Justiça do Trabalho. Trata-se, ainda, de um meio eficaz no sentido de coibir a reiteração de atitude semelhante. Recurso provido para condenar a ré ao pagamento de indenização por dano moral e, também, em obrigação de fazer, consistente na divulgação de pedido de desculpas e retratação. TRT 9ª Reg. — RO 14648-2003-013-09-00-1 — (Ac. 2ª T. 07009/05) — Relª Juíza Marlene T. Fuverki Suguimatsu. DJPR 29.3.05, p. 197.

Revista em procedimento de segurança — Descabimento

Ementa: DANO MORAL. REVISTA EM PROCEDIMENTO DE SEGURANÇA. Não enseja reparação por dano moral a revista pessoal, quando é necessária e inevitável diante das circunstâncias específicas, em procedimento rotineiro de segurança, em empregados aleatoriamente escolhidos, sem discriminações, de forma reservada, sem excessos e realizada por pessoa do mesmo sexo. Direito assegurado ao empregador — e a qualquer um — que é o de proteger seu patrimônio, desde que exercido nos limites e de forma a não agredir a dignidade do trabalhador. TRT 2ª Reg. — RO 20010097257 — (Ac. 1ª T. 20020168157) — Rel. Juiz Eduardo de Azevedo Silva. DJSP 9.4.02, p. 15.

Revista íntima — Ato ilícito — Indenização reparatória devida

Ementa: RECURSO ORDINÁRIO. REVISTA ÍNTIMA DO TRABALHADOR. ATO ILÍCITO. DANOS MORAIS. INDENIZAÇÃO REPARATÓRIA DEVIDA. A prática de revista nos trabalhadores importa em ato ilícito que redunda na violação de sua intimidade e em eloqüente desrespeito ao princípio fundamental da dignidade da pessoa humana, com reflexos na órbita imaterial, o que legitima a estipulação de indenização destinada à reparação da correspondente lesão sofrida pelo agente passivo. TRT 1ª Reg. — RO 9.409/01 — (Ac. 9ª T.) — Red. Desig. Juiz José da Fonseca Martins Júnior. DJRJ 21.3.03, p. 232.

Revista íntima — Cabimento

Ementa: RECURSO ORDINÁRIO. DANO MORAL. REVISTA ÍNTIMA. PROCEDÊNCIA. Impõe-se à condenação em danos morais, verificando que o empregador, ultrapassando o âmbito diretivo previsto legalmente, sujeita seus empregados, periodicamente, a situações altamente vexatórias, submetendo-os a periódicas revistas íntimas, em flagrante ofensa à honra, à dignidade e à intimidade do empregado. TRT 1ª Reg. — RO 01899/2000-010-01-00-8 — (Ac. 3ª T.) — Relª Juíza Maria José Aguiar Teixeira Oliveira. DJRJ 4.2.03, p. 152.

Revista íntima — Caracterização

Ementa: DANO MORAL. REVISTA ÍNTIMA. CARACTERIZAÇÃO — Submeter empregado à revista íntima com intuito de proteger o patrimônio da empresa, viola o direito à intimidade constitucionalmente garantido (art. 5º, X) e configura situação vexatória passível de indenização por dano moral. TRT 15ª Reg. (Campinas/SP) — RO 1791-2005-009-15-00-3 — (Ac. 54053/06-PATR, 1ª C.) — Rel. Juiz Luiz Roberto Nunes. DJSP 24.11.06, p. 15.

Revista íntima — Configuração

Ementa: DANO MORAL. REVISTA ÍNTIMA. Ainda que o obreiro não seja tocado, a revista na presença de clientes e de empregados, consistente em mostrar o conteúdo dos bolsos e levantar as barras das calças e a camisa, é sempre constrangedora e vexatória, motivo pelo qual é ilegal e abusiva, uma vez que infringe o disposto no art. 5º, X, da Carta Magna. TRT 12ª Reg. — RO-V 01475-2004-035-12-00-3 — (Ac. 3ª T. 08577/05, 17.05.05) — Relª Juíza Lília Leonor Abreu. DJSC 13.7.05, p. 265.

Revista íntima — Configuração

Ementa: DANO MORAL. REVISTA ÍNTIMA. Vistoria para se apurar se a empregada estaria usando mais de uma peça íntima sobreposta. Prática que repugna ao sentido de respeito à individualidade da pessoa, à intimidade, à discrição, à vergonha. Não atenua a agressão a vistoria feita por pessoa do mesmo sexo, porque o padrão social não consagra a normalidade de se expor intimamente a qualquer pessoa do mesmo sexo e, além disso, a sociedade não desconhece os interesses íntimos entre pessoas também do mesmo sexo. Dano configurado. (*) TRT 2ª Reg. — RO 01199200336102008 — (Ac. 6ª T. 20050842867) — Rel. Juiz Rafael E. Pugliese Ribeiro. DJSP 13.12.05, p. 81.

Revista íntima — Dano moral configurado

Ementa: INDENIZAÇÃO POR DANO MORAL. REVISTA ÍNTIMA. O Eg. Tribunal de origem emitiu entendimento no sentido de que não há dano moral a ser objeto de indenização resultante de vistoria pessoal (revista) feita em empregado despido, mas levada a efeito de forma respeitosa, por empresa que tem de velar pelos produtos que manipula de natureza farmacêutica, tóxica e psicotrópica. Logra o Reclamante demonstrar o dissenso mediante o primeiro aresto transcrito e o último de fl. 180 (RO 313/97), ambos inadmitindo a revista pessoal, por constituir ato de constrangimento, não obstante a atividade da empresa seja ligada à manipulação de medicamentos e drogas. Recurso conhecido por divergência jurisprudencial. Quanto ao mérito, decide-se pelos seguintes fundamentos: filio-me à corrente cujo entendimento é favorável à indenização. Com efeito, não há circunstância que autorize o empregador a proceder à revista de seus empregados quanto mais se ela os constrange a despirem-se, por mais respeitosa que seja a conduta do preposto responsável pela vistoria. É de todos sabido que o contrato de trabalho envolve um mínimo de fidúcia entre ambas as partes. Se ao empregador remanesce dúvida sobre a integridade moral do candidato ao emprego deve, então recusar a contratação. Não há como conciliar uma confiança relativa com o contrato de trabalho variável conforme a natureza da atividade da empresa. Se esta a direciona para a manipulação de drogas e substâncias psicotrópicas, deve, naturalmente, tomar as precauções necessárias à segurança, como, por exemplo, a instalação de câmeras, que em nada ofendem a dignidade do trabalhador. Mas não pode, a pretexto disso investir-se dos poderes de polícia e submeter seus empregados a situações de extremo constrangimento, com total desprezo do direito do cidadão à preservação de sua intimidade. Não é por menos que tais valores e direitos foram erigidos ao *status* de objeto de garantia constitucional, o que se verifica do contido nos arts. 1º, III, 5º, III, e, sobretudo o art. 5º, X, todos da Constituição. Nesses preceitos estão garantidos como direitos fundamentais a dignidade da pessoa, a vedação do tratamento desumano e degradante, assim como a inviolabilidade da intimidade e da honra. Este Tribunal, inclusive por esta mesma Segunda Turma, já proferiu decisões no mesmo sentido quanto à revista íntima, como se pode verificar dos Processos RR 641.571/00, Quarta Turma, DJ 21.2.03, Rel. Min. Antônio José de Barros Levenhagen e RR 512.905/98, Segunda Turma, DJ 7.2.03, Rel. Juiz Convocado José Pedro de Camargo. Recurso a que se dá provimento para condenar a Reclamada ao pagamento de indenização por dano moral, na forma do pedido. TST — RR — 533.779/1999.3 — (Ac. 2ª T.) — Rel. Min. Juiz Conv. Samuel Corrêa Leite. DJU 6.2.04.

Da decisão acima, colhe-se o seguinte fundamento:

"1.1. INDENIZAÇÃO POR DANO MORAL — REVISTA ÍNTIMA

O Eg. Tribunal de origem emitiu entendimento no sentido de que não há dano moral a ser objeto de indenização, resultante de vistoria pessoal (revista) feita em empregado despido, mas levada a efeito de forma respeitosa, por empresa que tem de velar pelos produtos que manipula, de natureza farmacêutica, tóxica e psicotrópica.

Logra o Reclamante demonstrar o dissenso, mediante o primeiro aresto transcrito e o último de fl. 180 (RO n. 313/97), ambos inadmitindo a revista pessoal, por constituir ato de constrangimento, não obstante a atividade da empresa, ligada à manipulação de medicamentos e drogas.

Conheço, por divergência jurisprudencial.

2. MÉRITO

2.1. INDENIZAÇÃO POR DANO MORAL — VISTORIA PESSOAL

Filio-me à corrente cujo entendimento é favorável à indenização.

Com efeito, não há circunstância que autorize o empregador a proceder à revista de seus empregados, quanto mais se ela os constrange a despirem-se, por mais respeitosa que seja a conduta do preposto responsável pela vistoria.

É de todos sabido que o contrato de trabalho envolve um mínimo de fidúcia entre ambas as partes. Se ao empregador remanesce dúvida sobre a integridade moral do candidato ao emprego, então deve recusar a contratação. Não há como conciliar uma confiança relativa com o contrato de trabalho, variável conforme a natureza da atividade da empresa. Se esta a direciona para a manipulação de drogas e substâncias psicotrópicas, deve, naturalmente, tomar as precauções necessárias à segurança, como por exemplo a instalação de câmeras, que em nada ofendem a dignidade do trabalhador. Mas não pode a pretexto disso investir-se dos poderes de polícia e submeter seus empregados a situações de extremo constrangimento, com total desprezo do direito do cidadão à preservação de sua intimidade.

Não é por menos que tais valores e direitos foram erigidos ao *status* de objeto de garantia constitucional, o que se verifica do contido nos arts. 1º, III, 5º, III e, sobretudo, o art. 5º, X, todos da Constituição. Nesses preceitos estão garantidos como direitos fundamentais a dignidade da pessoa, a vedação do tratamento desumano e degradante, assim como a inviolabilidade da intimidade e da honra.

Este Tribunal, inclusive por esta mesma Segunda Turma, já proferiu decisões no mesmo sentido, quanto à revista íntima, como se pode verificar dos processos RR 641.571/00, Quarta Turma, DJ 21.2.03, Rel. Min. Antônio José de Barros Levenhagen e RR 512.905/98, Segunda Turma, DJ 7.2.03, Rel. Juiz Convocado José Pedro de Camargo. Deste último extrai-se ilustrativa ementa, nos seguintes termos:

Não viola os incisos II e XXII do artigo 5º da Constituição da República decisão que defere indenização por dano moral, em decorrência das vexatórias revistas íntimas impostas à empregada, durante o contrato de trabalho, porquanto essas disposições constitucionais hão de ser interpretadas em conjunto com os demais princípios consagrados no Texto Constitucional, especialmente aqueles que tratam da dignidade da pessoa, erigida como um dos fundamentos do Estado Democrático de Direito (art. 1º, inciso III), da proibição de tratamento desumano e degradante (art. 5º, inciso III) e da inviolabilidade da intimidade e da honra (art. 5º, inciso X). (Rel. Juiz Convocado José Pedro de Camargo).

Dou provimento ao recurso para condenar a Reclamada ao pagamento de indenização por dano moral, na forma do pedido." (www.tst.gov.br, em 24.8.04)

Revista Íntima — Em conjunto com outros empregados — Retirada de peças íntimas, na frente dos outros — Configuração

Ementa: A submissão do empregado à revista íntima, colocando-o de peças íntimas, em conjunto com outros empregados, e ainda obrigá-los a retirar uma das peças íntimas, na frente dos outros, caracteriza, de forma indiscutível, dano moral, ante o procedimento vexatório e humilhante a que é submetido o trabalhador. Recurso a que se nega provimento, no aspecto. TRT 1ª Reg. — RO 00154-2006-033-01-00-0 — (Ac. 4ª T.) — Rel. Desembargador Luiz Alfredo Mafra Lino. DJRJ 5.12.06, p. 246.

Revista íntima — Empregada seminua — Dano moral configurado

Ementa: DANO MORAL. REVISTA ÍNTIMA. A revista íntima que deixa a empregada seminua é agressiva, pois atinge o seu direito à intimidade, à privacidade e à honra, ainda mais quando feita na frente de suas colegas de trabalho, causando-lhe constrangimento, magoando-a e a fazendo sofrer. Além disso, trata-se de desconfiança que não condiz com o contrato de trabalho, que envolve um mínimo de fidúcia entre ambas as partes. TRT 3ª Reg. — RO 01889-2003-044-03-00-1 — (Ac. 6ª T.) — Rel. Juiz Hegel de Brito Boson. DJMG 13.5.04, p. 17.

Revista íntima — Funcionária — Vedação legal — Afronta aos direitos da personalidade e da dignidade humana — Convenção n. 111 da OIT — Quantificação da indenização — Parâmetros

Ementa: INDENIZAÇÃO POR DANOS MORAIS. REVISTA ÍNTIMA. FUNCIONÁRIA. VEDAÇÃO LEGAL. AFRONTA AOS DIREITOS DA PERSONALIDADE E DA DIGNIDADE HUMANA. CONVENÇÃO N. 111 DA OIT. QUANTIFICAÇÃO DA INDENIZAÇÃO. PARÂMETROS. A CLT dispõe ser vedado ao empregador proceder à revista íntima nas funcionárias (artigo 373-A, inciso VI). *In casu*, é fato incontroverso que a reclamante foi submetida à revista íntima, não permitindo a norma este tipo de procedimento, ainda que haja suspeita de que a funcionária tenha cometido ato de improbidade. Aliada à legislação laboral, integra-se o entendimento de que ao empregador cabe assumir os riscos da atividade econômica (princípio da alteridade), assim como cabe ao empregado prestar seus serviços, pautando-se na boa-fé e urbanidade. Como meio de inibir condutas inadequadas de seus empregados, o empregador pode, e deve, exercer o chamado poder diretivo em prol da organização do trabalho, visando o bem-estar do meio empresarial e social que abrange. No entanto, não se deve confundir poder diretivo com sujeição hierárquica. O que se estabelece entre empregado e empregador é uma relação jurídica, e não submissão pessoal do empregado *versus* supremacia empresária. Existem limites para o poder diretivo, e estes começam pelo respeito à dignidade humana do trabalhador. O empregado é pessoa, não coisa. A este cabe pensar, sentir e colaborar com o empregador, e não dispor de sua força de trabalho como se mercadoria fosse, por isso deve ser respeitado. Submeter a reclamante à revista íntima, baseando-se em "suspeita infundada", porquanto não provada, de prática de ato de improbidade, atentatório contra o patrimônio do patrão, é, no mínimo, imoral, agressivo e contrário aos princípios do direito à dignidade humana, afrontando-se o direito à intimidade, de forma discriminatória. É garantia constitucional a inviolabilidade da intimidade, da vida privada, à honra e imagem das pessoas. Tal poder deve ser exercido de forma responsável, coerente e dentro dos limites da razoabilidade. Neste sentido, o novo Código Civil veio regular a ocorrência de tais situações, dando-se destaque aos "Direitos da Personalidade" e sua proteção. A CONVENÇÃO N. 111 DA OIT, que trata da Discriminação no Emprego e Profissão, ratificada pelo Brasil, reconhece o limite ao poder do empregador, na medida em que este ofende a liberdade do empregado (como ser humano), em situações de desrespeito à dignidade humana, como no caso de prática de vistoria pessoal/corporal/aviltante e humilhante. Por tais razões, configuradas as hipóteses de abuso de direito e de prática vedada em lei, condena-se a empresa a indenizar a autora por danos morais, cuja quantificação deve-se pautar por parâmetros envolvendo a gravidade da falta, os efeitos danosos perpetrados em desfavor da obreira, o potencial econômico da empresa-infratora e, notadamente, o caráter pedagógico da indenização. Recurso parcialmente provido. TRT 3ª Reg. — RO 00771-2003-011-03-00-5 — (Ac. 5ª T.) — Relª Juíza Maria Cristina Diniz Caixeta. DJMG 22.11.03, p. 16.

Revista íntima — Indenização — Cabimento

Ementa: INDENIZAÇÃO POR DANO MORAL. REVISTA ÍNTIMA. O Eg. Tribunal de origem emitiu entendimento no sentido de que não há dano moral a ser objeto de indenização resultante de vistoria pessoal (revista) feita em empregado despido, mas levada a efeito de forma respeitosa, por empresa que tem de velar pelos produtos que manipula de natureza farmacêutica, tóxica e psicotrópica. Logra o Reclamante demonstrar o dissenso mediante o primeiro aresto transcrito e o último de fl. 180 (RO 313/97), ambos inadmitindo a revista pessoal, por constituir ato de constrangimento, não obstante a atividade da empresa seja ligada à manipulação de medicamentos e drogas. Recurso conhecido por divergência jurisprudencial. Quanto ao mérito, decide-se pelos seguintes fundamentos: filio-me à corrente cujo entendimento é favorável à indenização. Com efeito, não há circunstância que autorize o empregador a proceder à revista de seus empregados quanto mais se ela os constrange a despirem-se, por mais respeitosa que seja a conduta do preposto responsável pela vistoria. É de todos sabido que o contrato de trabalho envolve um mínimo de fidúcia entre ambas as partes. Se ao empregador remanesce dúvida sobre a integridade moral do candidato ao emprego deve, então recusar a contratação. Não há como conciliar uma confiança relativa com o contrato de trabalho variável conforme a natureza da atividade da empresa. Se esta a direciona para a manipulação de drogas e substâncias psicotrópicas, deve, naturalmente, tomar as precauções necessárias à segurança, como, por exemplo, a instalação de câmeras, que em nada ofendem a dignidade do trabalhador. Mas não pode, a pretexto disso investir-se dos poderes de polícia e submeter seus empregados a situações de extremo constrangimento, com total desprezo do direito do cidadão à preservação de sua intimidade. Não é por menos que tais valores e direitos foram erigidos ao *status* de objeto de garantia constitucional, o que se verifica do contido nos arts. 1º, III, 5º, III, e, sobretudo, o art. 5º, X, todos da Constituição. Nesses preceitos estão garantidos como direitos fundamentais a dignidade da pessoa, a vedação do tratamento desumano e degradante, assim como a inviolabilidade da intimidade e da honra. Este Tribunal, inclusive por esta mesma Segunda Turma, já proferiu decisões no mesmo sentido quanto à revista íntima, como se pode verificar dos processos RR 641.571/00, Quarta Turma, DJ 21.2.03, Rel. Min. Antônio José de Barros Levenhagen e RR 512.905/98, Segunda Turma, DJ 7.2.03, Rel. Juiz Convocado José Pedro de Camargo. Recurso a que se dá provimento para condenar a Reclamada ao pagamento de indenização por dano moral, na forma do pedido. TST — RR-533.779/1999.3 — (Ac. 2ª T.) — 3ª Reg. — Rel. Juiz Convocado Samuel Corrêa Leite. DJU 6.2.04, p. 667.

Da decisão acima, colhe-se o seguinte fundamento:

"1.1. INDENIZAÇÃO POR DANO MORAL — REVISTA ÍNTIMA

O Eg. Tribunal de origem emitiu entendimento no sentido de que não há dano moral a ser objeto de indenização, resultante de vistoria pessoal (revista) feita em empregado despido, mas levada a efeito de forma respeitosa, por empresa que tem de velar pelos produtos que manipula, de natureza farmacêutica, tóxica e psicotrópica.

Logra o Reclamante demonstrar o dissenso, mediante o primeiro aresto transcrito e o último de fl. 180 (RO 313/97), ambos inadmitindo a revista pessoal, por constituir ato de constrangimento, não obstante a atividade da empresa, ligada à manipulação de medicamentos e drogas.

Conheço, por divergência jurisprudencial.

2. MÉRITO

2.1. INDENIZAÇÃO POR DANO MORAL — VISTORIA PESSOAL

Filio-me à corrente cujo entendimento é favorável à indenização.

Com efeito, não há circunstância que autorize o empregador a proceder à revista de seus empregados, quanto mais se ela os constrange a despirem-se, por mais respeitosa que seja a conduta do preposto responsável pela vistoria.

É de todos sabido que o contrato de trabalho envolve um mínimo de fidúcia entre ambas as partes. Se ao empregador remanesce dúvida sobre a integridade moral do candidato ao emprego, então deve recusar a contratação. Não há como conciliar uma confiança relativa com o contrato de trabalho, variável conforme a natureza da atividade da empresa. Se esta a direciona para a manipulação de drogas e substâncias psicotrópicas, deve, naturalmente, tomar as precauções necessárias à segurança, como por exemplo a instalação de câmeras, que em nada ofendem a dignidade do trabalhador. Mas não pode a pretexto disso investir-se dos poderes de polícia e submeter seus empregados a situações de extremo constrangimento, com total desprezo do direito do cidadão à preservação de sua intimidade.

Não é por menos que tais valores e direitos foram erigidos ao *status* de objeto de garantia constitucional, o que se verifica do contido nos arts. 1º, III, 5º, III e, sobretudo, o art. 5º, X, todos da Constituição. Nesses preceitos estão garantidos como direitos fundamentais a dignidade da pessoa, a vedação do tratamento desumano e degradante, assim como a inviolabilidade da intimidade e da honra.

Este Tribunal, inclusive por esta mesma Segunda Turma, já proferiu decisões no mesmo sentido, quanto à revista íntima, como se pode verificar dos processos RR 641.571/00, Quarta Turma, DJ 21.2.03, Rel. Min. Antônio José de Barros Levenhagen e RR 512.905/98, Segunda Turma, DJ 7.2.03, Rel. Juiz Convocado José Pedro de Camargo. Deste último extrai-se ilustrativa ementa, nos seguintes termos:

Não viola os incisos II e XXII do artigo 5º da Constituição da República decisão que defere indenização por dano moral, em decorrência das vexatórias revistas íntimas impostas à empregada, durante o contrato de trabalho, porquanto essas disposições constitucionais hão de ser interpretadas em conjunto com os demais princípios consagrados no Texto Constitucional, especialmente aqueles que tratam da dignidade da pessoa, erigida como um dos fundamentos do Estado Democrático de Direito (art. 1º, inciso III), da proibição de tratamento desumano e degradante (art. 5º, inciso III) e da inviolabilidade da intimidade e da honra (art. 5º, inciso X) (Rel. Juiz Convocado José Pedro de Camargo).

Dou provimento ao recurso para condenar a Reclamada ao pagamento de indenização por dano moral, na forma do pedido." (www.tst.gov.br, em 27.8.04)

Revista íntima — Indenização — Cabimento

Ementa: RECURSO ORDINÁRIO. REVISTA ÍNTIMA DE EMPREGADOS. DANO MORAL CONFIGURADO. Importa em dano moral o ato do empregador que impõe revista íntima aos empregados despidos, com a agravante de filmá-los durante tal ato, distanciando tal procedimento da razoabilidade média exigível na utilização de métodos de segurança. TRT 1ª Reg. — RO 00010-2002-069-01-00-0 — (Ac. 9ª T.) — Rel. Juiz José da Fonseca Martins Júnior. DJRJ 10.9.03, p. 303.

Revista íntima — Nudez — Transportadora de valores — Atentado à dignidade do empregado — Dano moral configurado

Ementa: TRANSPORTADORA DE VALORES. NUDEZ. REVISTA ÍNTIMA. ATENTADO À DIGNIDADE DO EMPREGADO. INDENIZAÇÃO POR DANO MORAL. Ainda que se trate de empresa de transporte de valores, a prática diária de revista íntima, mesmo realizada por pessoa do mesmo sexo, não pode ser convalidada porque agride a dignidade humana, fundamento da República (CF, 1º, III). O direito do empregador, de proteger seu patrimônio e o de terceiros, termina onde começa o direito à intimidade e dignidade do empregado. A sujeição do empregado a permanecer nu ou de cuecas diante de colegas e superiores, retira legitimidade à conduta patronal, vez que incompatível com a dignidade da pessoa, com a valorização do trabalho humano e a função social da propriedade, asseguradas pela Constituição Federal (art. 1º, III e IV, art. 5º, XIII, art. 170, *caput* e III) e ainda, porque a Carta Magna veda todo e qualquer tratamento desumano e degradante (art. 5º, inciso III), e garante a todos a inviolabilidade da intimidade e da honra (art. 5º, inciso X). Tratando-se de direitos indisponíveis, não se admite sua renúncia e tampouco, a invasão da esfera reservada da personalidade humana com a imposição de condições vexaminosas que extrapolam os limites do poder de direção, disciplina e fiscalização dos serviços prestados. A revista íntima não pode ser vista como regra ou condição contratual, pois nem mesmo a autoridade policial está autorizada a proceder dessa forma sem mandado. A revista sem autorização judicial inverte a ordem jurídica vigente no sentido de que ninguém é culpado senão mediante prova em contrário. Estabelecer presunção de culpa contra os empregados, apenas pelo fato de a empresa lidar com valores é consagrar odiosa discriminação contra os trabalhadores dessa sofrida categoria, como se fosse regra a apropriação por estes, do numerário confiado por terceiros aos seus empregadores. Decisão que se reforma para deferir indenização por dano moral (art. 5º, V e X, CF). TRT 2ª Reg. — RO 01259200244202001 — (Ac. 1ª T. 20050755719) — Rel. Juiz Ricardo Artur Costa e Trigueiros. DJSP 11.11.05, p. 74.

Revista íntima — Poder de fiscalização — Dano moral não configurado

Ementa: PODER DE FISCALIZAÇÃO — REVISTA ÍNTIMA — Certo é que empregador tem o direito de fiscalizar e controlar as atividades de seus empregados, podendo submetê-los à revista íntima, como medida de salvaguarda do patrimônio da empresa. Certo também que o poder de fiscalização não é absoluto, sendo limitado por normas insertas na própria Constituição da República, a teor dos princípios que informam o Estado Democrático de Direito, tais como a dignidade da pessoa humana (artigo 1º, inciso III), a inviolabilidade da intimidade, da vida privada, da honra e da imagem das pessoas, bem como a proibição de tratamento desumano ou degradante (artigo 5o, incisos X e III, respectivamente). Todavia, *in casu*, a conduta da reclamada se justifica diante da necessidade de vigilância, mormente porque atua no transporte e conferência de numerários. Portanto é razoável se esperar pela fiscalização um tanto rígida no trabalho executado, já que, lhe cabendo o risco do empreendimento econômico, pela mesma forma se lhe debitam os prejuízos. TRT 3ª Reg. — RO 00879-2005-108-03-00-5 — (Ac. 7ª T.) Rel. Juiz Rodrigo Ribeiro Bueno. DJMG 9.3.06, p. 14.

Revista íntima — Prejuízo moral — Configuração

Ementa: REVISTA ÍNTIMA. DANO MORAL CONFIGURADO. INDENIZAÇÃO. A revista íntima é forma de fiscalização do empregador que atenta à dignidade dos empregados, causando prejuízo moral pela situação vexatória resultante do constrangimento de ser tratado como alguém que não merece confiança. Evidenciada a violação à intimidade pessoal do reclamante e o caráter discriminatório da revista, é devida a indenização pleiteada, nos termos do artigo 5º, incisos V e X, da Constituição Federal. Recurso do reclamado conhecido e desprovido. TRT 9ª Reg. — Proc. 02214-2006-663-09-00-7 — (Ac. 3ª T. 18109/07) — Rel. Altino Pedrozo dos Santos. DJPR 10.7.07.

Revista íntima — Proibição por lei — Local inadequado

Ementa: REVISTA ÍNTIMA. PROIBIÇÃO POR LEI. LOCAL INADEQUADO. Ao efetuar a revista íntima em suas empregadas, sem qualquer indício de ato atentatório a seu patrimônio, para apurar possíveis furtos, a Ré acaba por atentar contra a dignidade moral de suas empregadas, ao presumir sua desonestidade, contrariando os princípios da boa-fé e da confiança que regem os contratos de trabalho. Ressalte-se, ainda, que a Reclamada efetuava a revista íntima em local totalmente inadequado, situado entre a porta de incêndio e a porta das escadas, submetendo suas empregadas ao risco de serem vistas em trajes íntimos por pessoas estranhas, e, além disso, não procedia as revistas em suas gerentes, em atitude discriminatória em relação às demais empregadas. Cabível, portanto, a indenização por danos morais, diante da agressão à honra e à dignidade da Autora. TRT 1ª Reg. — RO 22.720/01 — (Ac. 3ª T.) — Relª Juíza Maria das Graças Viégas Paranhos. DJRJ 13.1.03, p. 230.

Revista íntima — Submeter funcionários à situação vexatória e constrangedora — Direito de fiscalização do empregador — Dano moral configurado

Ementa: DIREITO DE FISCALIZAÇÃO DO EMPREGADOR — REVISTA ÍNTIMA — SUBMETER FUNCIONÁRIOS À SITUAÇÃO VEXATÓRIA E

CONSTRANGEDORA — DANO MORAL — PERTINÊNCIA. A indenização por dano moral, decorrente de vexatórias revistas íntimas impostas à empregada, durante o contrato de trabalho, hão de ser interpretadas à luz dos princípios e direitos fundamentais como respeito à dignidade da pessoa, imperativo axiológicos do ordenamento jurídicos do Estado Democrático de Direito (art. 1º, inciso III), da proibição de tratamento desumano e degradante (art. 5º, inciso III) e da inviolabilidade da intimidade e da honra (art. 5º, inciso X). Indiscutível é a garantia constitucional da livre iniciativa e do poder fiscalização conferidos ao empregador (CF/88, art. 170, caput, incisos II e IV. Entretanto, a fiscalização deve pautar-se por métodos e meios razoáveis, de modo a não submeter a pessoa à situação vexatória e humilhante, nem expor o trabalhador à violação de sua intimidade (CF/88, art. 5º, X). O fato da reclamada realizar uma reunião, para discutir com suas empregadas a higiene dos sanitários por elas utilizados é plenamente aceitável. A circunstância, porém, de reuni-las nos sanitários e a lider submetê-las à revista íntima, obrigando-as a se despirem, servindo de chacota e humilhação por toda a fábrica, caracteriza-se ofensa à intimidade das funcionárias, à imagem e à dignidade humana que enseja reparação, através da obrigação de indenizar o dano moral perpetrado pela empresa. A colisão de princípios constitucionais em que de um lado encontra-se a livre iniciativa (CF/88, art. 170) e de outro a tutela aos Direitos Fundamentais do cidadão (CF/88, art. 5º, X) obriga o Juiz do trabalho a sopesar os valores e interesses em jogo para fazer prevalecer o respeito à dignidade da pessoa humana. Recurso da reclamada não provido. DANOS MORAIS — CRITÉRIOS PARA FIXAÇÃO. A imagem, honra e boa fama maculadas não têm preço que as recomponham. Daí a natural dificuldade na quantificação da indenização por dano moral, o que leva o julgador, para fixar o valor pecuniário da reparação, lançar mão de parâmetros balizados pelos princípios da razoabilidade e da equidade, corolários do princípio da proporcionalidade. Assim, deve estabelecer a relação de equivalência entre a gravidade da lesão e o valor da indenização a ser imposta. Na verdade, em caso de dano moral, a vítima não faz jus a ressarcimento por diminuição patrimonial, mas a uma compensação pecuniária que, por um lado, se traduz em um paliativo para amenizar a dor, o sofrimento e a tristeza e, por outro, tem um caráter pedagógico, porque se constitui em uma sanção para inibir e desencorajar o ofensor a reincidir na conduta reprimida. A aplicação analógica do princípio da proporcionalidade consagrada no art. 5º, inciso V, da CF/88 tem aplicação na hipótese. Incidência o inciso X do art. 5º da CF/88, arts. 944, do Código Civil de 2002, 53, da Lei 5.250/67, e 84, da Lei 4.117/62. A indenização fixada na origem foi de R$5.000,00 se mostra razoável a recompensar a reclamante pela gravíssima ofensa à sua intimidade e considerando a capacidade econômica do ofensor e a situação econômica da reclamante. Recurso da reclamante desprovido. TRT 15ª Reg. (Campinas/SP) — RO 01847-2004-062-15-00-8 — (Ac. 25965/2006-PATR, 10ª Câmara) — Rel. Juiz José Antonio Pancotti. DJSP 9.6.06, p. 84.

Revista íntima — Transporte de valores — Cabimento

Ementa: DANO MORAL. REVISTA ÍNTIMA. TRANSPORTE DE VALORES. Em razão da atividade da reclamada, que atua no transporte de valores, é razoável se esperar por uma fiscalização rígida no trabalho executado, já que, lhe cabendo o risco do empreendimento econômico, pela mesma forma se lhe debitam os prejuízos. Além disso, não restou comprovado constrangimento ou humilhação por ocasião das revistas o que, inquestionavelmente, torna insubsistente a condenação em reparação pecuniária. TRT 3ª Reg. — RO 00870-2005-110-03-00-0 — (Ac. 2ª T.) — Rel. Juiz Hegel de Brito Bóson. DJMG 21.10.05, p. 8.

Do voto do Relator, extrai-se o seguinte fundamento:

"MÉRITO

Dano moral

Não se conforma a reclamada com a r. decisão que lhe acolheu o pleito obreiro de indenização por danos morais.

Inicialmente cumpre fazer algumas considerações na tentativa de se definir dano moral. E o faço utilizando conceitos que entendo se amoldarem à hipótese dos autos. ENOQUE RIBEIRO DOS SANTOS, em obra editada sobre o assunto, conceitua dano moral como 'uma lesão a um indivíduo, proveniente de ato ilícito que recaia seu patrimônio extrapatrimonial, isto é, aquele conjunto de princípios, valores intrínsecos, que constituem a segunda natureza do indivíduo lesado e que aloja-se no mais recôndito de seu ser' (*in* 'O Dano Moral na Dispensa do Empregado', LTr, 1998, p. 32). Já para WILSON MELO DA SILVA, o dano moral se caracterizaria através de 'lesões sofridas pelo sujeito físico ou pessoa natural em seu patrimônio ideal, entendendo-se patrimônio ideal, em contraposição a patrimônio material, o conjunto de tudo aquilo que não seja suscetível de valor econômico' (*in* 'O Dano Moral e sua Reparação', Forense, 1995, p. 12, citado por Ricardo Sampaio, na Revista Consulex n. 18, p. 28).

A doutrina tem entendido que a caracterização do dano moral é condicionada à verificação de três fatores: a) a ocorrência de ação ou omissão do empregador; b) a existência de conseqüências malignas que atingiram o empregado em seus valores mais íntimos; e c) o nexo de causalidade entre o dano e a ação alheia. É necessário que ocorra abuso de direito, ou seja, falta de moderação no exercício de direitos por parte do empregador e da conexão com o fato causador para responsabilização do agente, abuso que não ocorreu na hipótese dos autos.

Saliente-se, que não basta um simples constrangimento em face do procedimento do empregador para que se configure o direito à indenização por dano moral. Há que ser firme e robusta a prova da extensão desse constrangimento a nível de provocar um dano, uma lesão a um bem jurídico de interesse da vítima.

O autor busca o reconhecimento da ocorrência do dano moral e a conseqüente indenização, sob o argumento de que a reclamada, submetia seus empregados a uma situação constrangedora e humilhante pois todos os dias na saída do trabalho era obrigado a ficar nu em frente de seus colegas.

O preposto em seu depoimento pessoal admitiu o fato informando que 'confirma realização de revista pessoal no recte. feita por outro vigilante, sendo determinado que o recte. retirasse sua roupa permanecendo nu, aos olhos de quem estava fazendo a revista; que a revista era feita todos os dias, na hora da saída.' (f. 442).

O reclamante tinha ciência prévia dessa exigência do empregador como consta de seu contrato de trabalho às fl. 461/462, permanecendo em seu emprego durante anos até sua despedida sem considerar o fato como danoso à sua dignidade.

Não se vislumbra nos autos humilhação pelo fato da empresa submeter o reclamante à revista corporal diária, pois esclareceu a reclamada que tal procedimento era feito em decorrência do trabalho desenvolvido, pois o autor manuseava grande quantidade de dinheiro e que tal revista era feita individualmente, em uma ante-sala, devidamente fechada e na presença de apenas um funcionário da reclamada, sendo que não foi apresentada prova em contrário a tais afirmações.

Verifica-se, portanto, que a inspeção pessoal era mais um recurso a salvaguardar o patrimônio empresarial que, na espécie, foi realizada com respeito à dignidade do autor, inexistindo afronta à sua intimidade.

Nos termos dos artigos 159 e 1.518, ambos do Código Civil, o dano, como elemento indispensável a configuração da responsabilidade, resulta de violação de norma jurídica, com conseqüência lesiva a bem jurídico de direito, ocasionando o ilícito. Portanto, não se há falar em dano quando não ofendido preceito legal.

Outro importante aspecto de que não se pode esquecer, é que em razão da atividade da reclamada, que atua no transporte de valores, é razoável se esperar por fiscalização mais rígida no trabalho executado, já que, lhe cabendo o risco do empreendimento econômico, pela mesma forma se lhe debitam os prejuízos. Além disso, como já se fundamentou, não há prova de constrangimento ou humilhação por ocasião das revistas o que, inquestionavelmente, torna insubsistente a condenação em reparação pecuniária.

Entendo que o reclamante não demonstrou o dano decorrente de constrangimento ou humilhação e que a atividade econômica desempenhada pela reclamada torna razoáveis as medidas de segurança adotadas pela empresa.

Nesse sentido, o RO-3117/03:

'DANO MORAL INEXISTENTE — REVISTA EFETUADA PELO EMPREGADOR. Não se configura ofensa à honra ou à moral do empregado só o fato de ser submetido a revista realizada pelo empregador, de modo regular, dentro de um critério de generalidade e impessoalidade, justificada pela natureza do empreendimento ligada à distribuição de remédios e psicotrópicos, mormente quando a ela anuiu o empregado, durante longo período contratual, até a sua dispensa, sem manifestar qualquer inconformismo, denotando, assim, a inexistência de constrangimento com o fato.'

Ausentes os pressupostos necessários à caracterização da responsabilidade por ato ilícito, é improcedente o pedido de indenização.

Provejo o recurso para excluir da condenação a indenização por dano moral."

Revista íntima imposta à empregada — Configuração

Ementa: RECURSO DE REVISTA. NULIDADE DA PRESTAÇÃO JURISDICIONAL. CERCEAMENTO DE DEFESA. TESTEMUNHA LITIGANTE. DANO MORAL. REVISTA ÍNTIMA. VIOLAÇÃO CONSTITUCIONAL INEXISTENTE. DESCONTOS FISCAIS E PREVIDENCIÁRIOS. COMPETÊNCIA E AUTORIZAÇÃO. Não incide em negativa da prestação jurisdicional ou, tampouco, em cerceamento de defesa, decisão que revela a avaliação das provas apresentadas, embora concluindo em sentido diametralmente oposto ao propugnado pela parte. A teor da Súmula n. 357 do Tribunal Superior do Trabalho, o simples fato de a testemunha estar litigando ou de ter litigado contra o mesmo empregador não a torna suspeita. Não viola os incisos II e XXII do artigo 5º da Constituição da República decisão que defere indenização por dano moral, em decorrência das vexatórias revistas íntimas impostas à empregada, durante o contrato de trabalho, porquanto essas disposições constitucionais hão de ser interpretadas em conjunto com os demais princípios consagrados no Texto Constitucional, especialmente aqueles que tratam da dignidade da pessoa, erigida como um dos fundamentos do Estado Democrático de Direito (art.

1º, inciso III), da proibição de tratamento desumano e degradante (art. 5º, inciso III) e da inviolabilidade da intimidade e da honra (art. 5º, inciso X). A teor das OJs ns. 32, 141 e 228 não há mais dúvidas sobre a competência desta Justiça para autorizar e cobrar as contribuições previdenciárias e fiscais. Recurso conhecido, em parte, e nela provido. TST — RR-512.905/1998.0 — (Ac. 2ª T.) — 9ª Reg. — Rel. Min. José Pedro de Camargo Rodrigues de Souza. DJU 7.2.03, p. 641.

Revista íntima inócua e arbitrária — Responsabilidade civil — Configuração

Ementa: RESPONSABILIDADE CIVIL. REVISTA ÍNTIMA INÓCUA E ARBITRÁRIA. DANO MORAL. Incorre em violação do direito à intimidade da empregada a empresa que, excedendo os limites do poder diretivo e fiscalizador, impõe-lhe que se dispa diante das outras colegas de trabalho e se submeta à revista íntima totalmente inócua e arbitrária para apuração da autoria de ato faltoso (sujar o banheiro feminino). Enfrentando a questão, a autora Alice Monteiro de Barros salienta que o empregador, e da mesma forma os seus prepostos, deve respeitar o direito subjetivo do empregado à própria intimidade, "independentemente de encontrar-se o titular desses direitos dentro do estabelecimento empresarial. É que a inserção do obreiro no processo produtivo não lhe retira os direitos da personalidade, cujo exercício pressupõe liberdades civis". E prossegue: "Não é o fato de um empregado encontrar-se subordinado ao empregador ou de deter este último o poder diretivo que irá justificar a ineficácia da tutela à intimidade no local de trabalho, do contrário, haveria degeneração da subordinação jurídica em um estado de sujeição do empregado" ("Proteção à intimidade do empregado", São Paulo: LTr, 1997) TRT 3ª Reg. — RO 01.056-2003-114-03-00-7 — (Ac. 3ª T.) — Rel. Juiz Sebastião Geraldo de Oliveira. DJMG 17.1.04.

Revista pessoal — Poder diretivo do empregador — Respeito à eminente dignidade humana — Configuração

Ementa: REVISTA PESSOAL. PODER DIRETIVO DO EMPREGADOR. RESPEITO À EMINENTE DIGNIDADE HUMANA. Com suporte nos poderes de direção, disciplinamento e fiscalização da prestação de serviços, ante a ausência de legislação trabalhista à espécie, os empregadores costumeiramente utilizam-se das revistas pessoais nos seus empregados, durante o expediente, argumentando que estão em defesa de seu patrimônio, o que admitimos como correto. Porém, invariavelmente, alguns procedimentos de revistas extrapolam os limites de atuação e atingem a dignidade do ser humano trabalhador. Ora, a dignidade humana é um bem juridicamente tutelado, que deve ser preservado e prevalecer em detrimento do excesso de zelo de alguns maus empregadores com o seu patrimônio. O que é preciso o empregador conciliar, é seu legítimo interesse em defesa do patrimônio, ao lado do indispensável respeito à dignidade do trabalhador. A Constituição Federal (artigo 5º, incisos V e X) e a legislação subconstitucional (artigo 159 do Código Civil Brasileiro de 1916, vigente à época dos fatos) não autorizam esse tipo de agressão e asseguram ao trabalhador que sofrer condições vexaminosas, a indenização por danos morais. Importante frisar, ainda, que a inserção do empregado no ambiente do trabalho não lhe retira os direitos da personalidade, dos quais o direito à intimidade constitui uma espécie. Não se discute que o empregado, ao ser submetido ao poder diretivo do empregador, sofre algumas limitações em seu direito à intimidade. O que é inadmissível, sim, é que a ação do empregador se amplie de maneira a ferir a dignidade da pessoa humana. TRT 2ª Reg. — RO 02635200301602007 — (Ac. 6ª T. 20050598583) — Rel. Juiz Valdir Florindo. DJSP 16.9.05, p. 61.

Da decisão, colhe-se o seguinte fundamento:

"3. Dano moral:

O recorrente aduziu em sua peça inaugural que a reclamada, após ameaçá-lo de dispensa por justa causa, obrigou-o a tirar a roupa, ficando nu na presença de todos, por considerar todos os funcionários suspeitos de roubo, submetendo-os a revista pessoal, entendendo que tal comportamento violou a sua intimidade e a sua honra, constrangendo-o de forma geral. Pois bem.

Com suporte nos poderes de direção, disciplinamento e fiscalização da prestação de serviços, ante a ausência de legislação trabalhista à espécie, os empregadores costumeiramente utilizam-se das revistas pessoais nos seus empregados, durante o expediente, argumentando que estão em defesa de seu patrimônio, o que admitimos como correto.

Porém, invariavelmente, alguns procedimentos de revistas extrapolam os limites de atuação e atingem a dignidade do ser humano trabalhador.

Ora, a dignidade humana é um bem juridicamente tutelado, que deve ser preservado e prevalecer em detrimento do excesso de zelo de alguns maus empregadores com o seu patrimônio. O que é preciso o empregador conciliar, é seu legítimo interesse em defesa do patrimônio, ao lado do indispensável respeito à dignidade do trabalhador. A Constituição Federal (artigo 5º, incisos V e X) e a legislação subconstitucional (artigo 159 do Código Civil Brasileiro de 1916, vigente à época dos fatos) não autorizam esse tipo de agressão e asseguram ao trabalhador que sofrer condições vexaminosas, a indenização por danos morais.

Importante frisar, ainda, que a inserção do empregado no ambiente do trabalho não lhe retira os direitos da personalidade, dos quais o direito à intimidade constitui uma espécie. Não se discute que o empregado, ao ser submetido ao poder diretivo do empregador, sofre algumas limitações em seu direito à intimidade. O que é inadmissível, sim, é que a ação do empregador se amplie de maneira a ferir a dignidade da pessoa humana.

Ora, ao contrário do alegado pela recorrente, vislumbra-se, sim, nos autos em epígrafe, através da prova testemunhal, a ocorrência de dano moral, com comprometimento à honra e dignidade do autor.

Frise-se, nesse sentido, que a própria recorrente reconheceu em seu depoimento que *'a revista foi feita no vestiário em grupo de cada 5 empregados, nas quais todos se despiam na frente dos seguranças; o reclamante efetivamente participou dessa revista...'*.

Outrossim, a testemunha da recorrente declarou que *'no local de trabalho estão instalados câmeras e detetores de metais'*, sustentando, ainda que: *'a revista consistiu em tirar toda a roupa, ficando nus no vestiário; a revista foi feita pelo pessoal da segurança;'* configurando-se assim a ocorrência de dano moral, com o comprometimento da honra e da dignidade do recorrente pelo fato de ocorrer a revista na presença de colegas de trabalho. Assim, verifica-se no caso em tela, a ocorrência de dano moral com abuso de poder diretivo, capaz de merecer reparação através da indenização postulada em juízo. Nego provimento ao apelo."

Revista pessoal — Poder diretivo excedido — "Quantum" indenizatório — Redução

Ementa: DANOS MORAIS. REVISTA PESSOAL. PODER DIRETIVO EXCEDIDO. "QUANTUM" INDENIZATÓRIO. REDUÇÃO. A revista aos empregados é um procedimento legal e legítimo, situado no âmbito do poder diretivo do empregador, desde que não ultrapassados os limites da moralidade e dos bons costumes. Verificado, entretanto, ante as particularidades da hipótese posta a exame, que o empregador excedeu-se no exercício do direito, obrigando o empregado a despir-se, tornando-o alvo de comentários maldosos no âmbito da empresa, impõe-se a indenização pelo abalo moral causado. Recurso do Reclamado a que se dá provimento, apenas, para reduzir o "quantum" indenizatório. TRT 9ª Reg. — RO 01539-2004-663-09-00-0 — (Ac. 1ª T. 03052/06) — Rel. Juiz Ubirajara Carlos Mendes. DJPR 3.2.06, pp. 544/45.

Revista pessoal — Razões de segurança pública — Inocorrência de dano moral

Ementa: REVISTA PESSOAL. RAZÕES DE SEGURANÇA PÚBLICA. INOCORRÊNCIA DE DANO MORAL. O procedimento de revista pessoal encontra vedação no ordenamento jurídico, pelo art. 373-A, da CLT que, por isonomia, estende-se ao trabalhador do sexo masculino. A vedação decorre, também e especialmente, do art. 5º, X da Constituição Federal, que assegura serem invioláveis a intimidade e a vida privada dos cidadãos. Mesmo quando feitas a pretexto de resguardar o patrimônio do empregador, as revistas devem respeitar a dignidade e a intimidade do empregado, sob pena de configurar-se o abalo moral. No ambiente de trabalho, onde prepondera o poder do empregador, o trabalhador não dispõe de meios de recusa, o que torna a submissão ainda mais afrontosa à honra. Situação diversa é a da revista feita em empregado de estabelecimento prisional, em virtude da suspeita de que portasse correspondência entregue por um detento. Trata-se de preocupação com a segurança pública, em nada comparável à do empregador com seu patrimônio. A particularidade da situação permite que se afastem os parâmetros comumente utilizados na análise de revistas rotineiras e que se abrandem os critérios para análise da ocorrência de dano moral, que deverão considerar a natureza da atividade, o local de trabalho, a função desempenhada e principalmente a necessidade de resguardo da tranqüilidade dos cidadãos. Constatada a necessidade da revista e o respeito à dignidade do empregado, é indiferente que as suspeitas não se tenham confirmado. Recurso a que se nega provimento para manter a rejeição ao pedido de indenização por danos morais. TRT 9ª Reg. — Proc. 09585-2005-013-09-00-3 — (Ac. 2ª T. 17802/07) — Relª. Marlene T. Fuverki Suguimatsu. DJPR 6.7.07.

Revista pessoal — Trabalhador obrigado a desnudar-se — Cabimento

Ementa: REVISTA PESSOAL. TRABALHADOR OBRIGADO A DESNUDAR-SE. DANO MORAL. A dignidade humana é um bem juridicamente tutelado, que deve ser preservado e prevalecer em detrimento do excesso de zelo de alguns maus empregadores com o seu patrimônio. O que é preciso o empregador conciliar, é seu legítimo interesse em defesa do patrimônio, ao lado do indispensável respeito à dignidade do trabalhador. A Constituição Federal (artigo 5º, incisos V e X) e a legislação subconstitucional (artigo 159 do Código Civil Brasileiro de 1916, vigente à época dos fatos) não autorizam esse tipo de agressão e asseguram ao trabalhador que sofrer essas condições vexaminosas, a indenização por danos morais. Importante frisar, ainda, que a inserção do empregado no ambiente do trabalho não lhe retira os direitos da personalidade, dos quais o direito à intimidade constitui uma espécie. Não se discute que o empregado, ao ser submetido ao poder diretivo do empregador, sofre algumas limitações em seu direito à intimidade. O que é inadmissível, sim, é que a ação do empregador se amplie de maneira a ferir a dignidade da pessoa humana. TRT 2ª Reg. — RO 18956200390202004 — (Ac. 6ª T. 20030363599) — Rel. Juiz Valdir Florindo. DJSP 1º.8.03, p. 96.

Revista procedida com o uso de arma de fogo — Dano moral configurado

Ementa: AGRAVO DE INSTRUMENTO. RECURSO DE REVISTA. DANO MORAL. A decisão objurgada, examinando os fatos e as provas existentes nos autos, constatou que o demandante foi submetido a constrangimento, consubstanciando ilícito praticado pela demandada, consistente em revista procedida com o uso de arma de fogo. Para chegar a um resultado diverso seria preciso afrontar a Súmula 126 desta Corte. Agravo conhecido e não provido. TST — AIRR-170/2005-431-05-40.5 — (Ac. 6ª T.) — 5ª Reg. — Rel. Juiz Convocado José Ronald Cavalcante Soares. DJU 23.2.07, p. 910.

Revista rotineira na bolsa e sacolas de funcionários — Horário de saída do trabalho — Local reservado — Ausência de ofensa à honra e dignidade da pessoa — Inocorrência

Ementa: REVISTA ROTINEIRA NA BOLSA E SACOLAS DE FUNCIONÁRIOS — HORÁRIO DE SAÍDA DO TRABALHO — LOCAL RESERVADO — CARÁTER NÃO ABUSIVO NEM VEXATÓRIO — AUSÊNCIA DE OFENSA À HONRA E DIGNIDADE DA PESSOA — DANO MORAL — INOCORRÊNCIA. A revista rotineira de bolsas e sacolas do pessoal da empresa, no horário de entrada e saída do serviço, constitui procedimento legítimo a ser utilizado pelo empregador como meio de proteção de seu patrimônio, ou como forma de tutela de sua integridade física e de seus empregados. Efetivamente, a maneira como realizada a revista, é que definirá a ocorrência ou não de dano moral. Nesse contexto, somente enseja o pagamento de indenização por dano moral, a revista em que o empregador extrapola o seu poder diretivo, mostrando-se abusiva, por constranger os empregados, colocando-os em situações de ultrajante, em frontal desrespeito à honra e à intimidade da pessoa humana. Na hipótese dos autos, segundo o quadro fático definido pelo Regional, não se pode considerar abusiva, nem vexatória, a revista, não ensejando, portanto, a condenação a indenização por dano moral, já que a revista foi realizada mediante o "exame de sacolas e bolsas ao final do expediente", sem que o segurança sequer tocasse no empregado. Recurso de revista conhecido e provido. TST — RR-250/2001-661-09-00.9 — (Ac. 4ª T.) — 9ª Reg. — Rel. Juiz Convocado José Antônio Pancotti. DJU 3.2.06, p. 975.

Revista vexatória — Configuração

Ementa: DANO MORAL. REVISTA VEXATÓRIA. Injustificável a adoção de medidas de constrangimento pessoal como aquelas adotadas pela Ré, quando o empregado ficava apenas de cuecas ou eventualmente nu, na frente do segurança, para adentrar e sair da tesouraria ou caixa-forte. Considerando-se a disponibilidade de inúmeros recursos de vigilância e fiscalização, como circuito interno de filmagem, que permitem ao empregador desincumbir-se de sua necessidade de zelo com o patrimônio sem que seja necessário tratar empregados como agentes delituosos e submetê-los a constrangimentos invasivos de sua privacidade e intimidade, a despeito de que se trate de relação que por definição é baseada na fidúcia. Seja como forma de atenuar o constrangimento já sofrido, seja como forma de incitar o empregador a rever seus procedimentos, de modo a não causar constrangimentos desnecessários e inadequados em seus empregados, provejo o recurso para deferir a indenização por danos morais. TRT 9ª Reg. — RO 09027-2004-652-09-00-9 — (Ac. 4ª T. 14948/05) — Rel. Juiz Arnor Lima Neto. DJPR 17.6.05, p. 615.

Revista vexatória — Dano moral configurado

Ementa: DANO MORAL. INDENIZAÇÃO. REVISTA VEXATÓRIA. Merece ser mantida a sentença que condenou a reclamada ao pagamento de indenização por danos morais, porquanto restou evidenciado que o reclamante era, com freqüência, submetido à revista em que lhe era ordenado a despir-se diante de outros colegas e num local que possibilitava a visualização por terceiros. Esta excessiva fiscalização adotada pela reclamada constitui extrapolação do seu poder disciplinar e implica a violação da integridade, honra e imagem da pessoa que está assegurada no inciso X do artigo 5º da Constituição Federal. TRT 12ª Reg. — RO-V-10.247/00 — (Ac. 2ª T. 07.238/01, 26.6.01) — Rel. Juiz Jorge Luiz Volpato. DJSC 26.7.01, p. 78.

Revista vexatória — Final do expediente — Dano moral configurado

Ementa: DANOS MORAIS. REVISTA VEXATÓRIA. Em regra, a revista ao final da jornada não é suficiente para, por si só, gerar constrangimento ou violação à intimidade da pessoa, máxime atuando a reclamada no comércio de medicamentos. Todavia, tal precaução deve ser manifestada de forma razoável, respeitando-se a dignidade do empregado, sem lhe submeter a situações vexatórias ou nitidamente constrangedoras. A exigência de que os empregados se dispam e passem nus diante de um encarregado revela abuso do poder diretivo, principalmente diante da possibilidade de adoção de meios menos vexatórios. TRT 3ª Reg. — RO 00530-2005-036-03-00-4 — (Ac. 6ª T.) — Rel. Juiz Ricardo Antonio Mohallem. DJMG 20.10.05, p. 12.

Extrai-se da decisão acima, a seguinte fundamentação:

"2. MÉRITO

2.1. Dano moral

A sentença condenou as reclamadas a pagar indenização por danos morais por submeterem o autor a situação vexatória em revista íntima, consistente na obrigação de se despir perante preposto e demais colegas ao final do expediente.

Sustentam que não houve excesso, que o procedimento era necessário a fim de evitar o eventual uso e a comercialização de drogas, que os empregados tinham conhecimento de tal situação desde a contratação, que era adotada em relação a todos, não consistindo em ato discriminatório. O preposto admitiu a revista na entrada e na saída dos empregados ao afirmar 'que todos tiravam a roupa e ficavam totalmente nus e todos passavam nus em frente ao encarregado e daí já iam para o vestiário onde colocavam as roupas; que era o procedimento normal na empresa por se tratar de distribuidora de remédios (...); que a partir de março de 2004 não há mais revistas na recda., que passou a adotar detector de metais que eram fixados em todos os medicamentos...' (f. 113).

Penso que, em regra, a revista ao final da jornada não é suficiente para, por si só, gerar indenização por constrangimento ou violação à intimidade da pessoa. A particularidade de a empresa trabalhar com medicamentos, entre os quais psicotrópicos e alucinógenos, torna justificável a fiscalização mais rigorosa, considerando o escopo de evitar o desvio desses produtos para uso indevido, comércio ilegal e as conseqüências daí decorrentes.

Todavia, tal precaução deve se pautar pela razoabilidade, com respeito à dignidade do empregado, sem lhe submeter a situações vexatórias ou nitidamente constrangedoras. O poder de direção do empregador está previsto e limitado pelo ordenamento jurídico, de forma que seu exercício não pode se sobrepor à intimidade e à dignidade do empregado, tutelados constitucionalmente.

A meu ver, o depoimento do preposto é revelador de que a reclamada extrapolou os limites do poder diretivo ao exigir que o reclamante se despisse, violando valores assegurados constitucionalmente (art. 5º, X).

Neste sentido e em situações análogas, também envolvendo empresas responsáveis pelo comércio de medicamentos, já decidiu o TST:

'COLISÃO DE DIREITOS E PRINCÍPIOS FUNDAMENTAIS. LIBERDADE DE INICIATIVA E DIREITO À PRIVACIDADE. EXCESSOS DE PODER DO EMPREGADOR. EMPREGADOS SUBMETIDOS À SITUAÇÃO VEXATÓRIA E HUMILHANTE EM VISTORIA DENTRO DA EMPRESA. INDENIZAÇÃO POR DANOS MORAIS. VIABILIDADE. Indiscutível a garantia legal de o empregador poder fiscalizar seus empregados (CF/88, art. 170, *caput*, incisos II e IV), na hora de saída do trabalho, de forma rigorosa, em se tratando de atividade industrial ou comercial de medicamentos visados pelo comércio ilegal de drogas. A fiscalização deve dar-se, porém, mediante métodos razoáveis, de modo a não expor a pessoa a uma situação vexatória e humilhante, não submetendo o trabalhador à violação de sua intimidade (CF/88, art. 5º, X). Exigir que o trabalhador adentre a uma cabine, dentro da qual deva ficar completamente nu para ser vistoriado por vigilantes da empresa, caracteriza violência à sua intimidade. A colisão de princípios constitucionais em que de um lado encontra-se a livre iniciativa (CF/88, art. 170) e de outro a tutela aos direitos fundamentais do cidadão (CF/88, art. 5º, X) obriga o juiz do trabalho a sopesar os valores e interesses em jogo para fazer prevalecer o respeito à dignidade da pessoa humana. Recurso de revista não conhecido.' (RR 578.399/99.1, Rel. Juiz Convocado José Antônio Pancotti, DJ 2.abr.2004).

'INDENIZAÇÃO POR DANO MORAL. REVISTA ÍNTIMA. (...) É de todos sabido que o contrato de trabalho envolve um mínimo de fidúcia entre ambas as partes. Se ao empregador remanesce dúvida sobre a integridade moral do candidato ao emprego deve, então recusar a contratação. Não há como conciliar uma confiança relativa com o contrato de trabalho variável conforme a natureza da atividade da empresa. Se esta a direciona para a manipulação de drogas e substâncias psicotrópicas, deve, naturalmente, tomar as precauções necessárias à segurança, como, por exemplo, a instalação de câmeras, que em nada ofendem a dignidade do trabalhador. Mas não pode, a pretexto disso investir-se dos poderes de polícia e submeter seus empregados a situações de extremo constrangimento, com total desprezo do direito do cidadão à preservação de sua intimidade. Não é por menos que tais valores e direitos foram erigidos ao *status* de objeto de garantia constitucional, o que se verifica do contido nos arts. 1º, III, 5º, III, e, sobretudo, o art. 5º, X, todos da Constituição. Nesses preceitos estão garantidos como direitos fundamentais a dignidade da pessoa, a vedação do tratamento desumano e degradante, assim como a inviolabilidade da intimidade e da honra. Este Tribunal, inclusive por esta mesma Segunda Turma, já proferiu decisões no mesmo sentido quanto à revista íntima, como se pode verificar dos processos RR 641.571/00, Quarta Turma, DJ 21/02/03, Rel. Min. Antônio José de Barros Levenhagen e RR 512.905/98, Segunda Turma, DJ 07/02/03, Rel. Juiz Convocado José Pedro de Camargo. Recurso a que se dá provimento para condenar a Reclamada ao pagamento de indenização por dano moral, na forma do pedido.' (RR 533.779/1999.3, Rel. Juiz Convocado Samuel Corrêa Leite, DJ 6.fev.2004)

O controle e a fiscalização dos medicamentos comercializados podem ser efetuados de forma menos rudimentar, com a utilização de câmeras de segurança ou detectores, medida, aliás, implantada posteriormente, conforme narrado pelo preposto. O que não se admite é, em nome de um objetivo justificável, submeter o empregado à situação constrangedora.

Além disso, a sentença captou com perspicácia um dado inexplicável, qual seja a exigência de revista no início da jornada, que não se justificaria pelo pretexto de se evitar o desvio de medicamentos.

O raciocínio de que a conduta empresária não é discriminatória, por alcançar todos os trabalhadores, deve ser lido de forma inversa: é discriminatória em relação a todos os empregados, notadamente por todos ficarem nus diante dos colegas e do encarregado. E ainda que os empregados tivessem ciência da revista no momento da contratação, registro que o preposto declarou não ter ficado esclarecido que eles deveriam ficar completamente nus (f. 113).

Irrelevante, ainda, o fato de inexistir revista tátil, pois a exposição de partes íntimas do corpo já evidencia a agressão ao trabalhador.

O dano moral contrapõe-se à reparabilidade material justamente por sua feição incorpórea, normalmente sediada na alma e expressa sob a forma de sofrimento moral ou psíquico. Conquanto seja impossível metrificá-lo, nem por isto deixa de ser indenizável, conforme assegura o art. 5º, X, da Constituição Federal. Desde que presentes o concurso da ação ou omissão dolosa ou culposa por parte do agente, o efetivo prejuízo para a vítima, o nexo causal entre o evento e o prejuízo, impõe-se a reparabilidade.

A conduta empresária não se traduz em puro exercício regular do direito. Embora seja legítima a revista, no caso, o seu exercício foi irregular e abusivo.

O dano moral emerge dos autos, assim como o nexo de causalidade e a conduta culposa do empregador.

Os critérios para fixação da indenização são vários. Embora não se possa cogitar de retorno ao *status quo ante*, ante a impossibilidade de aquilatar a dimensão precisa do prejuízo, deve ser observado o duplo caráter de compensação para a vítima e de punição do agente.

Conseqüentemente, o julgador deve ser cauteloso ao fixá-la, de forma a dar suficiente alívio ao indenizado, com força bastante para inibir o causador do dano à prática de atos semelhantes, evitando-se, porém, que o ressarcimento se transforme em fonte de enriquecimento injustificado.

Considerando que a empresa já substituiu o sistema de vigilância para evitar os dissabores revelados, o salário (R$ 383,00) e o tempo de casa do autor (24.fev.2003 a 5.abr.2004), é excessivo o valor reparatório fixado (R$ 15.000,00), razão pela qual, a meu ver, deveria ser reduzido para R$ 1.500,00. Todavia, quanto ao valor, prevaleceu a estimativa do e. Juiz Revisor, assim externada em seu voto:

'*D.v*, divirjo apenas no que toca ao valor da indenização. A meu ver R$ 6.000,00 atendem melhor às circunstâncias dos autos, levando em consideração a gravidade do fato e a condição econômica das partes.'

Provimento nestes termos."

Revistas — Dano moral não configurado

Ementa: REVISTAS. DANO MORAL. INDENIZAÇÃO. Não restando evidenciada qualquer violação à intimidade pessoal, caráter discriminatório da revista ou que a mesma estivesse direcionada apenas a um determinado nível hierárquico dos empregados, não se faz possível a caracterização de violação à intimidade pessoal, à imagem, à privacidade ou à dignidade. Mesmo que haja certo desconforto ao estar submetido a procedimentos desta natureza, impõe-se a inequívoca demonstração fática da conduta no disposto no artigo 5º, incisos V e X, da CF-88. Indevida a indenização pleiteada. Sentença que se mantém. TRT 9ª Reg. — RO 01067-2003-654-09-00-4 — (Ac. 4ª T. 09791/05) — Rel. Juiz Sergio Murilo Rodrigues Lemos. DJPR 26.4.05, p. 217.

Revistas — Não configuração

Ementa: REVISTAS. DANO MORAL. INDENIZAÇAO. Não restando evidenciada qualquer violação à intimidade pessoal, caráter discriminatório da revista ou que a mesma estivesse direcionada apenas a um determinado nível hierárquico dos empregados, não se faz possível a caracterização de violação à intimidade pessoal, à imagem, à privacidade ou à dignidade. Mesmo que haja certo desconforto ao estar submetido a procedimentos desta natureza, impõe-se a inequívoca demonstração fática da conduta no disposto no artigo 5º, incisos V e X, da CF/88. Indevida a indenização pleiteada. Sentença que se mantém. TRT 9ª Reg. — RO-08.989-2002 — (Ac. 4ª T. 00034/03) — Rel. Juiz Sergio Murilo Rodrigues Lemos. DJPR 24.1.03, p. 219.

Revistas — Violação à intimidade pessoal, à imagem, à privacidade e à dignidade da reclamante — Cabimento

Ementa: REVISTAS. DANO MORAL. INDENIZAÇÃO. Evidenciada a violação à intimidade pessoal da autora e o caráter discriminatório da revista, direcionada apenas a um determinado nível hierárquico dos empregados, resta caracterizada a violação à intimidade pessoal, à imagem, à privacidade e à dignidade da reclamante. Devida a indenização pleiteada, nos termos do artigo 5º, incisos V e X, da CF/88. Sentença que se mantém. TRT 9ª Reg. — Proc. 05378-2000-020-09-00-3 — (Ac. 18.532/03) — Rel. Juiz Sergio Murilo Rodrigues Lemos. DJPR 15.8.03, p. 373.

Revistas periódicas — Exposição vexatória — Valoração subjetiva

Ementa: DANO MORAL. REVISTAS PERIÓDICAS. EXPOSIÇÃO A SITUAÇÃO VEXATÓRIA. VALORAÇÃO SUBJETIVA. 1. Embora lídimo o procedimento patronal de realizar revistas aos pertences de seus empregados, no exercício de seu direito de fiscalização, este encontra óbice intransponível na dignidade do trabalhador. Transposta esta barreira adentra-se ao campo da violência ao patrimônio moral do empregado, desafiando a reparação ao dano causado pela conduta antijurídica. 2. Sob o aspecto quantitativo, a reparação deve guardar proporção à extensão do dano causado. Considerado o ramo de atividade econômica da reclamada e a limitação das revistas ao exame visual de pertences, justa a fixação objetiva em valor correspondente a cinco vezes a remuneração utilizada para o cálculo das verbas rescisórias. TRT 9ª Reg. — RO 13386-2004-013-09-00-9 — (Ac. 4ª T. 28656/05 — Rel. Juiz Fabrício Nicolau dos Santos Nogueira. DJPR 8.11.05, p. 309.

Revistas (Inspeções pessoais) — Inexistência de práticas abusivas

Ementa: DANO MORAL. INSPEÇÕES PESSOAIS (REVISTAS). INEXISTÊNCIA DE PRÁTICAS ABUSIVAS. INOCORRÊNCIA. "A revista, quando necessária, deve ser feita com a finalidade de evitar subtração de bens, cercada de discrição, ter abrangência à generalidade dos trabalhadores ou a um grupo determinado, não transparecer uma denúncia contra o revistado e ser realizada por pessoas do mesmo sexo" (*Süssekind*, "Instituições", p. 647), o que estaria amparado no poder diretivo do empregador, do qual são corolários o controle e a fiscalização (CLT, art. 2º). TRT 15ª Reg. (Campinas/SP) — RO-4 — 13.643/01 — (Ac. 5ª T. 9.462/02) — Rel. Juiz Valdevir Roberto Zanardi. DJSP 18.3.02, p. 11.

Revistas por amostragem — Procedimento autorizado pelo MPT — Inocorrência

Ementa: DANO MORAL — REVISTAS POR AMOSTRAGEM — PROCEDIMENTO AUTORIZADO PELO MPT — INOCORRÊNCIA. Tendo a Reclamada efetuado consulta específica ao MPT quanto aos procedimentos adotados nas revistas de empregados, que se manifestou pela legalidade dos mesmos, as revistas só podem ser consideradas ensejadoras de dano moral caso haja abusos. Não tendo sido demonstrada a ocorrência de tais abusos e ficando provado nos autos que as revistas eram feitas por amostragem, sem exposição da roupa íntima, sem contato físico entre revistador e revistado e por pessoas do mesmo sexo, não há fundamento legal para que se reconheça a ocorrência de dano moral. Recursos ordinários das partes conhecidos e, em parte, providos. TRT 9ª Reg. — RO 21688-2004-009-09-00-1- (Ac. 4ª T. 07088/07) — Rel. Luiz Celso Napp. DJPR 16.3.07, p. 715.

Uso de polígrafo, como instrumento técnico de avaliação, para fins admissionais de emprego — Configuração de dano moral

Ementa: USO DE POLÍGRAFO, COMO INSTRUMENTO TÉCNICO DE AVALIAÇÃO, PARA FINS ADMISSIONAIS DE EMPREGO. CONFIGURAÇÃO DE DANO MORAL. Por certo que o uso de meios técnicos, para fins de avaliação da idoneidade da pessoa, como critério inadequado e evidentemente falho, só por si, acaba por representar um ato de constrangimento pessoal — ainda que desprezado, aqui, o *modus procedendi*, de acoplagem de aparelhos, capazes de identificar reações de sudorese, batimentos cardíacos e reações emocionais. Comprimido pela necessidade de um emprego, qualquer cidadão de melhor índole e sensibilidade, só pela certeza da falha desse critério e pelo receio de não vir a alcançar o objetivo perseguido, por certo que se encontra extremamente exposto a reações daquela ordem — sem que, nem por isso, as mesmas guardem qualquer relação com a meta da verdade perseguida. De tanto se pode concluir, pois, inequivocamente, tratar-se de método duplamente atentatório, contra a dignidade da pessoa: em si, como ato vexatório; e, quanto ao seu resultado, enquanto que eventualmente oposto à realidade examinada. A todos os títulos, portanto, afrontoso à privacidade da pessoa e que fere, frontalmente, a sua dignidade — substrato e fundamento do direito à reparação por "dano moral", melhor dito dano não patrimonial. TRT 3ª Reg. — RO 00298-2003-092-03-00-0 — (Ac. 1ª T.) — Rel. Juiz Manuel Cândido Rodrigues. DJMG 30.4.04, p. 05.

Da decisão acima, colhe-se o seguinte fundamento:

"3.2. DANOS MORAIS — INDENIZAÇÃO (RECURSOS DA PRIMEIRA RECLAMADA, DA SEGUNDA RECLAMADA E DA AUTORA)

Como a primeira reclamada, também a segunda e a autora rebelam-se contra a r. sentença, que lhes foi desfavorável, no tocante à indenização por danos morais. Seus recursos, por isso, serão examinados, conjuntamente.

No sentir das reclamadas, inexistiu dano moral, em face da ausência dos elementos: fato lesivo, dano produzido e nexo causal.

Revela a segunda reclamada que '... no transporte aéreo internacional impõem-se métodos rigorosos para garantir a segurança, sendo público e notório que pessoas utilizam-se de aviões para fins escusos, como contrabando de mercadorias, tráfico de drogas, terrorismo, entre outros. Daí porque os empregados da American Airlines, do setor de segurança, ou que exerçam serviços de inspeção em qualquer das empresas integrantes do FAA (Federal Aviation Agency) submetem-se ao referido exame.

O objetivo do teste, no caso dos empregados da American Airlines, consiste em apenas aferir sua aptidão para o desempenho de tão delicada e importante tarefa. Dele não resulta qualquer lesão a direito personalíssimo nem violação ao direito à intimidade. A recorrente, ao submeter seletivamente seus empregados ao exame, ainda que fundada em seu poder diretivo, o faz com fundamento em razões sérias, que correspondem a recurso extremo. Não se trata de comodismo, não encontrando na tecnologia medida preventiva alternativa. O uso, sempre moderado e respeitoso, de caráter geral e impessoal, leva em conta critérios objetivos. Na verdade, tal método não tem por finalidade a salvaguarda do patrimônio da empresa, mas a segurança da população em geral e do usuário em especial'.

Por sua vez, sustenta a primeira reclamada não '... ser o polígrafo uma 'máquina da verdade', já que o mesmo se constitui em um simples aparelho que, a partir de uma entrevista na qual só participam um entrevistador e o analisado, realiza uma série de medições de funções fisiológicas e de condições psicológicas da pessoa. A partir destas medições, o entrevistador traça um perfil psicossocial do entrevistado.

Nestes termos, o uso do aparelho de polígrafo em nada difere dos exames admissionais de praxe adotados pelas empresas, em que os candidatos têm entrevistas com profissionais da área da psicologia e de recursos humanos, e passam por testes para saber se estão aptos a desempenhar as funções requisitadas pela empresa'.

Pois bem: o 'Dicionário Houaiss da Língua Portuguesa', Editora Objetiva, 1ª ed., 2001, p. 2251, define o polígrafo como sendo 'o aparelho que serve para registrar simultaneamente várias funções psicológicas e fisiológicas'.

Esse aparelho, segundo a reclamante, foi '... conectado a seu corpo por meio de elétrodos e fios pelas empresas americanas Harper & Associates, Professional Poligraph Services e Leonard Bierman & Associates, Inc., ambas com sede na Flórida, Estados Unidos da América, que analisaram suas reações de sudorese, de batimentos cardíacos e do seu estado emocional ...'.

Frise-se que tal informação não foi impugnada pelas reclamadas. Significa que tem cunho de verdade.

Ad instar da r. sentença, entende-se que o uso do Polígrafo agrediu a honra, a intimidade e a privacidade da autora, ferindo-se, assim, o disposto no artigo 5º, inciso X da Constituição da República.

Pensa-se que, para se extrair do empregado a verdade ou a mentira, para se saber se é honesto ou desonesto — e isso é obtido de conformidade com sua reação e com a segurança ou insegurança das respostas dadas às inúmeras perguntas formuladas, pela reclamada — reproduzidas, em parte, pela r. sentença — não é necessário que se coloquem, no seu corpo, elétrodos e fios, ligados ao Polígrafo, como se estivesse realizando um eletrocardiograma.

Pontue-se que a inquirição constrangedora, realizada na admissão e no curso do contrato de trabalho, faz lembrar a captação da verdade de prisioneiros de guerra.

Portanto, o resguardo da segurança dos usuários, a preocupação de evitar-se o contrabando e de se pôr fim ao tráfico de drogas, a obediência a normas da Infraero, do DAC (Departamento de Aviação Civil Brasileira) e do FAA (Agência Reguladora da Aviação Norte-Americana), a função exercida pela reclamante, o atentado aos Estados Unidos, em 11 de setembro de 2001, a inexistência de divulgação, o consentimento do empregado, a aplicação do teste a todos os trabalhadores e o poder diretivo do empregador — que, por sinal, tem limite — não autorizam, de forma alguma, a adoção do vexatório teste, que, obviamente, viola a intimidade, a liberdade, a dignidade e a privacidade do trabalhador.

É bom que se diga que, por amor ao emprego — patrimônio do trabalhador — este permite que se realize teste que fere até sua honra e atente contra a dignidade da pessoa humana.

Diante disso, da nossa parte, entendemos que o Polígrafo viola o direito à intimidade e à personalidade do empregado, apesar do conteúdo de excertos de duas sentenças de Varas do Trabalho de Guarulhos (SP) — transcrito nas razões recursais — que se respeita, mas não se adota, *data venia*. Via de conseqüência, a reclamada incorreu em ato ilícito, pois não agiu no exercício regular de um direito.

Assinale-se, ainda que, à luz dos elementos dos autos, restou provada, sobejamente, a existência do dano, do ato ilícito e do nexo causal.

Sem embargo disso, ensina o ilustre Prof. Carlos Alberto Bittar, *in* 'A Reparação Civil por Danos Morais', Editora Revista dos Tribunais, 2ª ed., 1994, p. 202, que 'Na concepção moderna da teoria da reparação de danos morais prevalece, de início, a orientação de que a responsabilização do agente se opera por força do simples fato da violação. Com isso, verificado o evento danoso, *ipso facto*, a necessidade de reparação, uma vez presentes os pressupostos de direito. Dessa ponderação, emergem duas conseqüências práticas de extraordinária repercussão em favor do lesado: uma, é a dispensa da análise da subjetividade do agente; outra, a desnecessidade de prova de prejuízo em concreto. Nesse sentido, ocorrido o fato gerador e identificadas as situações dos envolvidos, segue-se a constatação do alcance do dano produzido, caracterizando-se o de cunho moral pela simples violação da esfera jurídica, afetiva ou moral, do lesado ...'.

Quanto ao valor da reparação, por danos morais, insurgem-se as reclamadas e a autora. Aquelas, por considerá-lo elevado, e esta por entender ser ele pequeno, evidentemente.

Não estão com a razão, *data venia*.

Entende-se razoável. É que a r. sentença, ao arbitrá-lo, levou em consideração a natureza do próprio dano e as circunstâncias em que se processou.

Preconiza a ilustre Prof[a] *Maria Helena Diniz*, citada por *Clayton Reis*, *in* 'Dano Moral', Forense, 4[a] ed., 1995, p. 87, que '... o dinheiro não repara a dor, a mágoa, o sofrimento ou a angústia, mas apenas aqueles danos que resultarem da privação de um bem sobre o qual o lesado teria interesse reconhecido juridicamente. O lesado pode pleitear uma indenização pecuniária em razão de dano moral, sem pedir um preço para sua dor, mas um lenitivo que atenue, em parte, as conseqüências do prejuízo sofrido, melhorando seu futuro, superando o déficit acarretado pelo dano'.

Frise-se que a satisfação pecuniária não pode produzir enriquecimento à causa do empobrecimento alheio, como preleciona o ilustre Prof. *Ávio Brasil*, na sua obra 'O Dano Moral no Direito Brasileiro", Rio de Janeiro, Jacinto Editora, 1944.

Frente ao expendido, nega-se provimento aos recursos das reclamadas e ao da autora." (www.trt3.gov.br, em 31.8.04)

Vistoria pessoal — Configuração

Ementa: VISTORIA PESSOAL. DANO MORAL. Vistoria não pode ser utilizada de forma indiscriminada e abusiva, devendo ser tolerada somente em situações especiais e de modo extremamente comedido. A defesa do patrimônio não pode ser invocada como motivo para solapar valor social que merece maior prestigiamento e proteção, que é a dignidade humana. Mormente em se tratando de empresa de grande porte, como a Reclamada, que possui plena condição de se valer de mecanismos preventivos ou mesmo dispositivos eletrônicos, normalmente de maior eficiência que a vistoria realizada por outro empregado, que são amplamente utilizados, em relação a clientes, para proteger o mesmo patrimônio. Dano moral configurado e indenização deferida. MULTA CONVENCIONAL. PAGAMENTO PARCIAL DE HORAS EXTRAS. VIOLAÇÃO NORMATIVA VERIFICADA. Cláusula normativa que prevê a remuneração do labor extraordinário resta violada ainda que parte das horas extras tenham sido pagas, pois em relação ao labor extra não quitado, evidentemente, a cláusula normativa não foi cumprida. TRT 9[a] Reg. — Proc. 00308-2002-662-09-00-1 — (Ac. 24.635/03) — Rel. Juiz Arion Mazurkevic. DJPR 7.11.03, p. 414.

Vistorias — Dano moral configurado

Ementa: DANO MORAL: Vistorias, ainda que necessárias, feitas pela empregadora na presença e conhecimento de outros, onde exposto o empregado a blagues em situação de desnuda intimidade, é antijuridicidade amoldada à quadra do dano moral, atrativa da responsabilidade reparatória que deve ser de valor capaz de dar alívio ao molestado, e de ordem a potencializar inibição ao causador do dano. TRT 3[a] Reg. — RO 19.126/99 — (Ac. 2[a] T.) — Rel. Juiz Antonio Fernando Guimarães. DJMG 8.11.00.

4. BIBLIOGRAFIA

Alberto Emiliano de Oliveira Neto/Luciano Augusto de Toledo Coelho, *Direito à Intimidade e à Privacidade — E-mail do Empregado*, Revista do Tribunal Regional do Trabalho da 8[a] Região, n. 71, jul./dez./2003, e *E-mail do Empregado — Limites ao Poder Diretivo do Empregador sob a Ótica do Novo Código Civil, in O Impacto do Novo Código Civil no Direito do Trabalho*, Coordenadores José Affonso Dallegrave Neto e Luiz Eduardo Gunther, 2003, LTr, SP; Alessandra Loyola Mistrongue e Felipe de Oliveira Kersten, *Invasão de Privacidade: A Violação de E-mails nas Relações de Trabalho à Luz da Ordem Jurídica Constitucional Brasileira*, LTr 68-03-310; Alexandre Agra Belmonte, *Danos Morais no Direito do Trabalho — Identificação, Tutela e Reparação dos Danos Morais Trabalhistas*, 2[a] ed., 2002, Renovar, Rio e *O Monitoramento da Correspondência Eletrônica nas Relações de Trabalho*, 2004, LTr, SP; Alice Monteiro de Barros, *Proteção à Intimidade do Empregado*, 1997, LTr, SP; Amadeu Guerra, A Privacidade no Local de Trabalho. As Novas Tecnologias e o Controlo dos Trabalhadores Através de Sistemas Automatizados. Uma Abordagem ao Código do Trabalho, maio, 2004, Almedina, Portugal; Ana Amélia Menna Barreto de Castro Ferreira, *Correio Eletrônico Corporativo — Aspectos Jurídicos*, Revista de Direito do Trabalho, n. 110, abril/junho 2003, Coordenação de Nelson Mannrich, Revista dos Tribunais, SP; Antônio Álvares da Silva, *Pequeno Tratado da Nova Competência Trabalhista*, outubro/2005, LTr, SP; Antônio Lago Júnior, *Responsabilidade Civil por Atos Ilícitos na Internet*, 2001, LTr, SP; Arnaldo Süssekind, Délio Maranhão, Segadas Viana, Lima Teixeira, *Instituições de Direito do Trabalho*, 22ª ed., março/2005, LTr, SP; Arnaldo Süssekind e Luiz Inácio B. Carvalho, *Direito do Trabalho e Previdência Social, Pareceres*, 2002, vol. X, LTr, SP; Beatriz Della Giustina, *A Reparação do Dano Moral Decorrente da Relação de Emprego*, Gênesis, Revista de Direito do Trabalho, n. 34, out. 1995, Ed. Gênesis, Curitiba, PR; Bruno Lewicki, *A Privacidade da Pessoa Humana no Ambiente do Trabalho*, 2003, Renovar, Rio; Daniel Itokazu Gonçalves, *Aspectos Relevantes do Dano Moral Trabalhista*, *in* Síntese Trabalhista, n. 168, junho/2004; Dilvanir José da Costa, *Sistema de Direito Civil à Luz do Novo Código Civil*, 2003, Forense, Rio; Elimar Szaniawski, *Direitos de Personalidade e sua Tutela*, 2ª ed. revista, atualizada e ampliada, 2005, Revista dos Tribunais, SP; Estêvão Mallet, *O Novo Código Civil e o Direito do Trabalho, in O Impacto do Novo Código Civil no Direito do Trabalho*, Coordenadores José Affonso Dallegrave Neto e Luiz Eduardo Gunther, 2003, LTr, SP; Fernando Sogdu Martins, *Vedação de Práticas Discriminatórias. Privacidade do Trabalhador. Dano Moral*, Livro em homenagem ao Prof. Arion Sayão Romita, Coordenador Gustavo Adolpho Vogel Neto, 2000, Forense, Rio; Gardênia Borges Moraes, *Dano Moral nas Relações Trabalhistas*, 2003, LTr, SP; Gislene A. Sanches, *Dano Moral e suas Implicações no Direito do Trabalho*, 1997, LTr, SP; Guilherme Augusto Caputo Bastos, *O Dano Moral no Direito do Trabalho*, 2003, LTr, SP; José Cláudio Monteiro de Brito Filho, *Discriminação no Trabalho*, 2002, LTr, SP; José Roberto Dantas Oliva, *Tutela da Moral na Esfera Trabalhista: Tendências e Perspectivas, in Grandes Temas da Atualidade*, vários autores, Coordenação: Eduardo de Oliveira Leite, 2002, Forense, Rio; Luiz de Pinho Pedreira da Silva, *A Reparação do Dano Moral no Direito do Trabalho*, 2004, LTr, SP; Marcelo Oliveira Rocha, *Direito do Trabalho e Internet,* 2005, Leud, SP; Marcelo Oliveira Rocha, *Do Monitoramento dos E-Mails no Ambiente de Trabalho*, 1ª ed., 2004, Paulistanajur, SP; Marcos Antônio Scheuer de Souza, *O Dano Moral nas Relações entre Empresas e Empregadores*, 1998, Edelbra, Erechim, RS; Marcus Vinícius Lobregat, *Dano Moral nas Relações Individuais do Trabalho*, 2001, LTr, SP; Margareth de Freitas Bacellar, *O Direito do Trabalho na Era Virtual*, 2003, Renovar, Rio; Maria Luíza Pinheiro Coutinho, *Discriminação na Relação de Trabalho — Uma Afronta ao Princípio da Igualdade*, Aide, Rio; Mario Antônio Lobato de Paiva, *Rumos do Direito Eletrônico*, Gênesis, Revista de Direito do Trabalho, n. 133, janeiro de 2004, Curitiba, PR; Mário Gonçalves Júnior, *A Intimidade dos Trabalhadores e o Poder de Comando dos Patrões*, Gênesis, Revista de Direito do Trabalho, vol. 133, jan./2004; Nehemias Domingos de Melo, *Dano Moral — Problemática: Do Cabimento à Fixação do* Quantum, 2004, Juarez de Oliveira, SP; Octavio Bueno Magano, *Dos Direitos da Personalidade e o Direito do Trabalho*, Revista de Direito do Trabalho, coordenação de Nelson Mannrich, n. 111, jul./dez. 2003; Orlando Teixeira da Costa, *Da Ação Trabalhista sobre Dano Moral, in* Revista do Tribunal Regional do Trabalho da 15ª Região, n. 8/1996; *Temas da Atualidade*, vários autores, Coordenação: Eduardo de Oliveira Leite, 2002, Forense, Rio; Rodolfo Capón Filas, *Daño Moral y Derecho del Trabajo, in Direito do Trabalho*, Livro em Homenagem ao Prof. Luiz de Pinho Pedreira da Silva, vários autores, Coordenadores Lélia Guimarães Carvalho Ribeiro e Rodolfo Pamplona Filho, 1998, LTr, SP; Rodolfo Pamplona Filho, *O Dano Moral na Relação de Emprego*, 3ª ed., 2002, SP; Roxana Cardoso Brasileiro Borges, *Disponibilidade dos Direitos de Personalidade e Autonomia Privada*, 2005, Saraiva, SP; Sandra Lia Simon, *A Proteção Constitucional da Intimidade e da Vida Privada do Empregado*, 2000, LTr, SP; Sebastião Geraldo de Oliveira, *Proteção Jurídica à Saúde do Trabalhador*, 2ª ed., 1998, LTr, SP; Tupinambá Miguel Castro do Nascimento. *Comentários à Constituição Federal — Direitos e Garantias Fundamentais — Artigos 5º a 17*, 1997, Liv. do Advogado, Porto Alegre, RS; Valdir Florindo, *Dano Moral e o Direito do Trabalho*, 4ª ed., 2002, LTr, SP; Vera Lúcia Carlos, *Discriminação nas Relações de Trabalho*, 2004, Editora Método, SP; Walmir Oliveira da Costa, *Dano Moral nas Relações Laborais — Competência e Mensuração,* 1999, Juruá, Curitiba, PR.

CAPÍTULO XIV

DANO MORAL DECORRENTE DE RESCISÃO DO CONTRATO DE TRABALHO POR JUSTA CAUSA OU NÃO

1. COMENTÁRIO

O empregador detém o poder potestativo de dispensar o empregado, seja por justa causa, na forma do art. 482, e suas alíneas, da CLT, seja sem justa causa, caso em que são devidas as verbas rescisórias previstas em lei, conforme previsão contida no art. 477 da CLT.

Quando o empregado é portador de estabilidade provisória no emprego, aqui citamos, como exemplo, os casos de dirigente sindical (art. 8º,VIII, da CF e art. 543, § 3º, da CLT), membros de cooperativa (Lei n. 5.764/71), a rescisão do contrato de trabalho só poderá ser operada mediante inquérito judicial, no qual o empregador deverá comprovar as irregularidades praticadas que deram ensejo ao rompimento do contrato de trabalho; não comprovando, arcará com todos os encargos da condenação, inclusive os salários pertinentes ao período de afastamento do empregado.

No caso de membros da Comissão Interna de Prevenção de Acidentes — CIPA (arts. 162 a 165 da CLT), a lei permite que o empregador faça a dispensa sem necessidade de inquérito, mas, se houver reclamação trabalhista por parte do empregado, o empregador só ficará desonerado dos encargos decorrentes do período de garantia de emprego, ou conseqüente reintegração no emprego, se comprovar que a rescisão contratual se deu por motivo disciplinar, técnico, econômico ou financeiro (art. 165, parágrafo único).

Por outro lado, não há dúvida de que o rompimento do contrato de trabalho normalmente causa um trauma para o trabalhador, pois seu emprego está ligado à sua sobrevivência e à de sua família, sobretudo quando não há perspectiva de conseguir novo trabalho, diante do alarmante quadro de desemprego que impera no País.

Sobre tal questão, é oportuna a lição de *Rodolfo Pamplona Filho,* quando afirma que "um dos momentos mais tensos da relação empregatícia é, em regra, o momento de sua extinção, uma vez que consiste para o empregado a perda de sua fonte imediata de subsistência", e acrescenta que, "em que pese o contrato de trabalho não ser efetivamente um pacto de natureza vitalícia, os motivos da sua extinção podem, muitas vezes, configurar atos ilícitos ensejadores de danos na esfera patrimonial e extrapatrimonial, tanto de trabalhadores, quanto de empregadores"(1).

De outra parte, afirma *Jailson Pereira da Silva* que, "ao despedir o empregado por ato de improbidade ou mau procedimento, o empregador está no exercício regular de seu direito de resolver o contrato de trabalho. Independentemente da controvérsia acerca da natureza jurídica do poder disciplinar, o certo é que, tão logo ocorra a falta, a resolução contratual opera

---

(1) *O Dano Moral na Relação de Emprego*, 3ª ed., 2002, LTr, SP, p. 105.

ipso jure, por força de pacto comissório tácito". Acrescenta que, "no entanto, muitas das conseqüências dessa resolução, em termos de reversão nos tribunais e condenação em danos morais, dependem da forma como a falta é apurada pelo próprio empregador. Há faltas que são detectadas em estado de flagrância, outras dependem de apuração mais demoradas. Casos há, outrossim, que requerem afastamento do empregado por mais de 30 dias, não obstante a restrição do art. 474 da CLT. Além disso, deve ser questionado o direito ou não de o empregado ser ouvido, enfim, participar do procedimento investigatório. De lembrar que há autores que vislumbram na despedida do empregado o exercício de um verdadeiro Direito Disciplinar, equiparável ao Direito Penal, o que torna o direito participativo do empregado questionável", e arremata o autor afirmando que "todos esses aspectos são importantes na hora de se avaliar a reversão e a condenação por danos morais"(2).

De notar-se que a Constituição Federal de 1988, nos incisos V e X do art. 5º, tutelou os direitos ligados à moral, à imagem, à intimidade, à vida privada e assegurou a respectiva indenização reparatória do dano sofrido, alcançando todas as pessoas, até porque vivemos num Estado Democrático de Direito.

As normas constitucionais não só encorajaram, como incentivaram os trabalhadores a postular em juízo trabalhista, além de outros direitos, a indenização fundada em dano moral, sempre com a alegação de que o rompimento do contrato de trabalho causou lesões à sua pessoa (intimidade, honra, boa fama e outros motivos), principalmente quando ele decorra de justa causa.

Não podemos deixar de consignar que o art. 4º da Lei n. 9.029, de 13.4.95, estabelece uma indenização tarifada quando o ato da despedida tenha caráter discriminatório. O referido artigo consta da parte destinada às referências legais, mas sobre ele assinala *Pamplona Filho* que "esta indenização tarifada diz respeito aos prejuízos de ordem material com a despedida discriminatória" e que "inexiste impedimento legal que haja uma cumulação do pedido de dano material com um eventual preito de reparação do dano moral (caso este tenha efetivamente ocorrido na situação submetida à apreciação do Poder Judiciário)"(3).

É certo também que, estando em vigor o contrato de trabalho, dependendo da falta praticada pelo empregador, o empregado poderá postular não só a rescisão indireta do contrato de trabalho com fulcro no art. 483 da CLT, que trata das faltas praticadas pelo empregador, mas também a indenização por dano moral quando haja motivo para isso.

As decisões que acolhem o pedido de indenização por dano moral estão alicerçadas em hipóteses que suplantam a licitude da dispensa do empregado, ou seja, é importante que a comunicação da rescisão contratual seja feita dentro dos padrões normais de conduta, com observância das normas legais e não deixando transbordar em lesão à intimidade, à honra e à boa fama do trabalhador.

As modalidades da dispensa podem ser irrelevantes para configuração de dano moral, uma vez que o trabalhador pode ser dispensado sem justa causa ou mesmo solicitar demissão, recaindo sobre ele informações desairosas que não correspondem à realidade e ferem a sua dignidade como pessoa humana, que é tutelada pela Carta Magna (art. 1º, IV).

---

(2) Revista Jurídica da Amatra, 17ª Reg., pp. 54/55.

(3) Ob. cit., p. 106.

De todo o exposto, a conclusão que se tem é que o empregador, na atualidade, deve ter uma cautela no trato das questões envolvendo a rescisão do empregado por justa causa, pois, dependendo da sua reversão pela Justiça do Trabalho, poderá vir acompanhada de pesadas condenações por danos morais. Nas dispensas normais, também se exige todo o cuidado para não extrapolar os limites permitidos pela ordem jurídica, pois existem casos de condenação por dano moral por ter o empregador vindo a público justificar que as demissões ocorreram em relação aos trabalhadores menos capacitados ou por motivo que fere a dignidade da pessoa humana.

2. REFERÊNCIAS LEGAIS

Constituição Federal

Art. 5º Todos são iguais perante a lei, sem distinção de qualquer natureza, garantindo-se aos brasileiros e aos estrangeiros residentes no País a inviolabilidade do direito à vida, à liberdade, à igualdade, à segurança e à propriedade, nos termos seguintes:

....

V — é assegurado o direito de resposta, proporcional ao agravo, além da indenização por dano material, moral ou à imagem;

....

X — são invioláveis a intimidade, a vida privada, a honra e a imagem das pessoas, assegurado o direito a indenização pelo dano material ou moral decorrente de sua violação;

....

Consolidação das Leis do Trabalho

Art. 8º As autoridades administrativas e a Justiça do Trabalho, na falta de disposições legais ou contratuais, decidirão, conforme o caso, pela jurisprudência, por analogia, por eqüidade e outros princípios e normas gerais de direito, principalmente do direito do trabalho, e, ainda, de acordo com os usos e costumes, o direito comparado, mas sempre de maneira que nenhum interesse de classe ou particular prevaleça sobre o interesse público.

Parágrafo único. O direito comum será fonte subsidiária do direito do trabalho, naquilo em que não for incompatível com os princípios fundamentais deste.

....

Art. 482. Constituem justa causa para rescisão do contrato de trabalho pelo empregador:

a) ato de improbidade;

b) incontinência de conduta ou mau procedimento;

c) negociação habitual por conta própria ou alheia sem permissão do empregador, e quando constituir ato de concorrência à empresa para a qual trabalha o empregado, ou for prejudicial ao serviço;

....

g) violação de segredo da empresa;

....

j) ato lesivo da honra ou da boa fama praticado no serviço contra qualquer pessoa, ou ofensas físicas, nas mesmas condições, salvo em caso de legítima defesa, própria ou de outrem;

k) ato lesivo da honra ou da boa fama ou ofensas físicas praticadas contra o empregador e superiores hierárquicos, salvo em caso de legítima defesa, própria ou de outrem;

....

Art. 483. O empregado poderá considerar rescindido o contrato e pleitear a devida indenização quando:

a) forem exigidos serviços superiores às suas forças, defesos por lei, contrários aos bons costumes, ou alheios ao contrato;

b) for tratado pelo empregador ou por seus superiores hierárquicos com rigor excessivo;

....

d) não cumprir o empregador as obrigações do contrato;

e) praticar o empregador ou seus prepostos, contra ele ou pessoas de sua família, ato lesivo da honra e boa fama;

f) o empregador ou seus prepostos ofenderem-no fisicamente, salvo em caso de legítima defesa, própria ou de outrem;

g) o empregador reduzir o seu trabalho, sendo este por peça ou tarefa, de forma a afetar sensivelmente a importância dos salários.

§ 1º O empregado poderá suspender a prestação dos serviços ou rescindir o contrato, quando tiver de desempenhar obrigações legais, incompatíveis com a continuação do serviço.

....

§ 3º Nas hipóteses das letras *d* e *g*, poderá o empregado pleitear a rescisão de seu contrato de trabalho e o pagamento das respectivas indenizações, permanecendo ou não no serviço até final decisão do processo. (acrescentado pela Lei 4.825, de 1965.)

Código Civil de 2002

Art. 11. Com exceção dos casos previstos em lei, os direitos da personalidade são intransmissíveis e irrenunciáveis, não podendo o seu exercício sofrer limitação voluntária.

....

Art. 20. Salvo se autorizadas, ou se necessárias à administração da justiça ou à manutenção da ordem pública, a divulgação de escritos, a transmissão da palavra, ou a publicação, a exposição ou a utilização da imagem de uma pessoa poderão ser proibidas, a seu requerimento e sem prejuízo da indenização que couber, se lhe atingirem a honra, a boa fama ou a respeitabilidade, ou se se destinarem a fins comerciais.

Parágrafo único. Em se tratando de morto ou de ausente, são partes legítimas para requerer essa proteção o cônjuge, os ascendentes ou os descendentes.

Art. 21. A vida privada da pessoa natural é inviolável, e o juiz, a requerimento do interessado, adotará as providências necessárias para impedir ou fazer cessar ato contrário a esta norma.

....

Art. 186. Aquele que, por ação ou omissão voluntária, negligência ou imprudência, violar direito e causar dano a outrem, ainda que exclusivamente moral, comete ato ilícito.

Art. 187. Também comete ato ilícito o titular de um direito que, ao exercê-lo, excede manifestamente os limites impostos pelo seu fim econômico ou social, pela boa-fé ou pelos bons costumes.

....

Art. 927. Aquele que, por ato ilícito (arts. 186 e 187), causar dano a outrem, fica obrigado a repará-lo.

Parágrafo único. Haverá obrigação de reparar o dano, independentemente de culpa, nos casos especificados em lei, ou quando a atividade normalmente desenvolvida pelo autor do dano implicar, por sua natureza, risco para os direitos de outrem.

Lei n. 9.029, de 13.4.95

Art. 4º O rompimento da relação de trabalho por ato discriminatório, nos moldes desta lei, faculta ao empregado optar entre:

I — a readmissão com ressarcimento integral de todo o período de afastamento, mediante pagamento das remunerações devidas, corrigidas monetariamente, acrescidas dos juros legais;

II — a percepção, em dobro, da remuneração do período de afastamento, corrigida monetariamente e acrescida dos juros legais.

3. JURISPRUDÊNCIA

Acusar o empregado de prática de ato de improbidade — Caracterização

Ementa: DANO MORAL. CARACTERIZAÇÃO. Acusar o empregado da prática de ato de improbidade, sobretudo em uma cidade pequena, onde vive a autora e está localizada a reclamada, produz efeitos negativos de maior amplitude no meio social, levando à "condenação" antecipada daquele a quem é atribuída a autoria. Entre pessoas leigas, sobretudo aquelas menos esclarecidas, não se aplica a máxima de que "todos são inocentes até prova em contrário". Em face disso, o empregador deve agir com extrema cautela antes de fazer qualquer acusação. Assim não procedeu a reclamada, que acusou sem provas. Desse modo, estão plenamente configurados os requisitos que caracterizam o dano moral. TRT 8ª Reg. — RO 3.248/02 — (Ac. 2ª T., julg. 28.8.02) — Rel. Juiz Marcus Augusto Losada Maia, convocado. Rev. do TRT 8ª Reg. v. 35, n. 69, jul./dez./02.

Ato patronal de demissão por justa causa: alegação de desvio de conduta do obreiro — Nítida inconsistência — Configuração

Ementa: ATO PATRONAL DE DEMISSÃO POR JUSTA CAUSA: ALEGAÇÃO DE DESVIO DE CONDUTA DO OBREIRO: NÍTIDA INCONSISTÊN-

CIA: ABUSO DO DIREITO POTESTATIVO DE RESILIÇÃO CONTRATUAL PELO EMPREGADOR PARA OCASIONAR PREJUÍZO À IMAGEM DO OBREIRO PERANTE CONCORRENTES: EFEITO: INDENIZAÇÃO POR DANO MORAL. O direito potestativo de resilição contratual confiado à empresa não pode ser usado com desvio para constituir em abuso e prejuízo à imagem do obreiro. A consideração fútil de justa causa para a demissão, em caráter inconsistente, com nítida intenção de prejudicar a imagem do obreiro mediante empresas concorrentes de modo a inviabilizar sua colocação nestas, denota atuação repudiável e enseja, considerada a divulgação indevida de fato inconsistente prejudicial ao obreiro, na reparação do dano por este sofrido no plano moral, mediante a devida indenização. No caso, a Reclamante, após indicar intenção de se desligar do Banco Reclamado para ingressar em quadro de instituição bancária concorrente, inclusive assim pedido demissão, foi acusada de prática grave na condução de recursos financeiros, com divulgação imprópria do fato inexistente por ato de seu empregador, assim ensejando perda da proposta de contratação e dano à imagem por indevida indicação de falta de conduta ilibada, com repercussão no mercado financeiro em que atuava. Situação diversa do exercício regular do direito potestativo de resilição contratual entregue ao empregador, ante o abuso no exercício de tal prerrogativa contratual no âmbito trabalhista: ocorrência de dano moral inequívoco a partir da atuação patronal com necessidade de devida reparação mediante indenização pelo dano moral resultante na perda de imagem pela Reclamante perante o mercado financeiro. Recurso empresarial conhecido e desprovido. TRT 10ª Reg. — RO 00581-2005-015-10-00-7 — (Ac. 2ª T./06) — Red. Juiz Alexandre Nery de Oliveira. DJU3 9.2.07, p. 64.

Boatos — Dano moral — Despedida vazia — Insuficiência para caracterizar dano moral

Ementa: DANO MORAL. DESPEDIDA VAZIA. BOATOS. INSUFICIÊNCIA PARA CARACTERIZAR DANO MORAL. A condenação ao pagamento de indenização decorrente de dano moral só se justifica nos casos em que o ato imputado como causador seja ilícito e de tal monta lesivo que venha a deixar profundas cicatrizes no âmbito psicológico e emocional da pessoa. Assim, a existência de boatos acerca do trabalhador, cuja autoria não pode ser imputada à empregadora, não são suficientes para caracterizar o dano moral e justificar o pagamento da indenização correspondente. Afinal, não se pode olvidar que o ato de dispensa imotivada, em si, encontra previsão no ordenamento jurídico e não pode, por esse motivo, ser caracterizado como ilegal. TRT 12ª Reg. — RO-V-11.587/00 — (Ac. 3ª T. 01.175/02, 4.12.01) — Relª Juíza Marta Maria Villalba Fabre. DJSC 4.2.02, p. 107.

Boatos — Dano moral — Conversão da dispensa por justa causa em despedida imotivada — Insuficiência para caracterizá-lo

Ementa: DANO MORAL. BOATOS. CONVERSÃO DA DISPENSA POR JUSTA CAUSA EM DESPEDIDA IMOTIVADA. INSUFICIÊNCIA PARA CARACTERIZÁ-LO. A condenação ao pagamento de indenização decorrente de dano moral só se justifica nos casos em que o ato imputado como causador seja ilícito e de tal monta lesivo que venha a deixar profundas cicatrizes no âmbito psicológico e emocional da pessoa. Assim, a existência de boatos acerca do trabalhador inimputados à empresa e a conversão da dispensa por justa causa em despedida imotivada não são suficientes para caracterizar o dano moral e justificar o pagamento da indenização correspondente. Afinal, mesmo afastada a penalidade máxima aplicada pela ré, não se pode olvidar que o referido ato de dispensa, em si, encontra previsão no ordenamento jurídico e não pode, por esse motivo, ser caracterizado como ilegal. TRT 12ª Reg. — RO-V-07.444/01 — (Ac. 3ª T. 06.872/02, 9.4.02) — Relª Juíza Marta Maria Villalba Fabre. DJSC 28.6.02, p. 158.

Boatos — Despedida cheia descaracterizada — Insuficiência para caracterizar dano moral

Ementa: DANO MORAL. DESPEDIDA CHEIA DESCARACTERIZADA. BOATOS. INSUFICIÊNCIA PARA CARACTERIZAR DANO MORAL. À caracterização do dano moral concorre o pressuposto sem o qual nenhuma indenização será devida: ato violador (ato ilícito) da intimidade, da vida privada, da honra e da imagem das pessoas. A despedida por justa causa é um direito do empregador e sua utilização se traduz no regular exercício de um direito, fato que, por si só, descaracteriza o dano moral, ainda que afastada judicialmente. A menos que tenha ocorrido excesso na despedida cheia, culminando com a violação dos direitos da personalidade, bens da vida constitucionalmente garantidos, não se configura o direito à indenização decorrente do dano moral. O fato de ter havido a veiculação da despedida cheia dos 15 empregados acusados de estelionato em jornais de circulação estadual, nesta hipótese, não tipifica os crimes contra a honra ou a imagem das pessoas envolvidas, precipuamente, por não terem sido divulgados seus nomes nem ser possível imputar ao réu a autoria da divulgação. TRT-SC — RO-V-08.899/01 — (Ac. 3ª T. 02.235/02, 29.1.02) — Red. Desig. Juíza Marta Maria Villalba Fabre. DJSC 8.3.02, p. 182.

Demissão abrupta e imotivada — Inocorrência

Ementa: DANOS MORAIS. DEMISSÃO ABRUPTA E IMOTIVADA. INOCORRÊNCIA. A ruptura do contrato de trabalho por iniciativa do empregador e sem justa causa caracteriza apenas o exercício de um direito potestativo, absolutamente insusceptível de originar danos morais, mesmo porque a Constituição da República já estabelece a indenização que o empregado tem direito em razão da dispensa sem justo motivo (art. 7º, I, c/c art. 10, I, do ADCT), a qual é maior quanto maior for o tempo de serviço prestado para a mesma empresa. TRT 24ª Reg. — RO 191/2001 — (Ac. TP n. 1.841/2001) — Rel. Juiz Amaury Rodrigues Pinto Júnior — DJMS n. 5.557, 25.7.01.

Despedida — Insuficiência para caracterizar o dano moral

Ementa: DESPEDIDA. DANO MORAL. CONFIGURAÇÃO. O sofrimento psicológico decorrente da subjetividade do empregado, em conseqüência da despedida injusta, é insuficiente para caracterizar o dano moral. A lei permite, salvo exceções, que empregador e empregado rescindam o contrato de trabalho. TRT 12ª Reg. — RO-V 00058-2001-043-12-00-5 — (Ac. 2ª T. 12.750/02, 27.8.02) — Rel. Juiz José Luiz Moreira Cacciari. DJSC 12.11.02, p. 147.

Despedida imotivada — Direito livre e potestativo do empregador

Ementa: DIREITO DO TRABALHO. DANO MORAL. Não comprovada imposição ou promessa do Empregador para a mudança de domicílio do empregado, havendo iniciativa voluntária e exclusiva deste. A despedida imotivada consistiu em direito livre e potestativo do empregador de rescisão contratual, não se vislumbrando dano moral passível de reparação, dor íntima, ofensa à honra, por não denotar deslealdade na postura da Reclamada. Indenização indevida. TRT 15ª Reg. (Campinas/SP) — Proc. 29.126/03 — (Ac. 2ª T. 18.787/04-PATR) — Relª Luciane Storel da Silva. DJSP 28.5.04, p. 63.

Direito resilitório — Reconhecimento em juízo — Não configuração

Ementa: DIREITO RESILITÓRIO. RECONHECIDO EM JUÍZO. DANO MORAL INDEVIDO. A lesão de um direito como a dispensa sem pagamento do abono pecuniário, enquanto outros receberam o benefício, levando o autor a se socorrer do Poder Judiciário, com toda a aflição que disso decorre, não autoriza o dano moral por não lhe atingir a imagem, a honra, a intimidade e privacidade, tutelados pelo art. 5º, X, constitucional. Mesmo a falta de consideração administrativa ao não obter resposta a inúmeras correspondências enviadas a empresa, apesar de lhe impingir certo sofrimento na esfera moral não é o dano específico que acarrete a indenização pleiteada. Do contrário, o item seria banalizado, sendo devido sempre que implementado qualquer direito via processual. O transtorno causado pela indiferença, pela lesão que leve o cidadão a agir perante o Estado, que lhe reconhece o direito, não lhe rende ensejo à indenização se não houve abuso moral dirigido aos direitos de personalidade como a honra. TRT 15ª Reg. (Campinas/SP) — RO 1354-2002-016-15-00-5 — (Ac. 10770/06-PATR, 8ª Câmara) — Rel. Desig. Flavio Allegretti de Campos Cooper. DJSP 10.3.06, pág. 108.

Dispensa do empregado — Dificuldade financeira — Não configuração

Ementa: RECURSO ORDINÁRIO. DANO MORAL. A dispensa do empregado e a conseqüente dificuldade financeira para honrar seus compromissos financeiros, não configura ofensa à moral do obreiro, não ensejando a condenação da ré em reparação por dano moral. TRT 1ª Reg. — Proc. 01443-1999-066-01-00-8 — (Ac. 9ª T.) — Rel. Juiz José da Fonseca Martins Júnior. DJRJ 6.5.03, p. 197.

Dispensa do empregado — Direito potestativo do empregador — Dano moral não configurado

Ementa: DANO MORAL. NÃO-CARACTERIZAÇÃO. Danos morais são lesões sofridas pelas pessoas, físicas ou jurídicas, em certos aspectos da sua personalidade, em razão de investidas injustas de outrem. São aqueles que atingem a moralidade e a afetividade da pessoa, causando-lhe constrangimentos, vexames, dores, enfim, sentimentos e sensações negativas. Daí, a certeza, não só da possibilidade, como da obrigatoriedade, da reparação sempre que verificadas tais lesões. Todavia, o exercício pelo empregador de seu direito potestativo de dispensar o empregado não acarreta uma lesão à honra, à imagem ou à moral do laborista, ainda que à época da dispensa, encontrava-se o empregador limitado a exercer esse direito em razão da garantia de emprego. TRT 3ª Reg. — RO 01595-2003-041-03-00-0 — (Ac. 3ª T.) — Relª Juíza Maria Lúcia Cardoso Magalhães. DJMG 22.5.04, p. 06.

Dispensa do empregado — Nexo causal — Dano moral não configurado

Ementa: DANO MORAL. DISPENSA. CONFIGURAÇÃO. NEXO CAUSAL. Cabe à parte que invoca o dano sofrido fazer prova constitutiva de seu direito, decorrente do ato ilícito praticado. Devem restar comprovados o prejuízo e o nexo causal entre este o ato cometido pelo ofensor. O ato da dispensa é, a princípio, perfeitamente legal, como decorrência do direito potestativo do empregador. Seu caráter de excesso ou abuso deve ficar comprovado para configurar ato ilícito. Na ausência de comprovação entre o ato praticado pelo empregador e o dano sofrido, não há que se falar em dano moral. Recurso do Reclamante a que se nega provimento. TRT 9ª Reg. — Proc. 02361-2002-664-09-00-0 — (Ac. 22.216/2003) — Rel. Juiz Ubirajara Carlos Mendes. DJPR 10.10.03, p. 493.

Dispensa do empregado — Sofrimento psíquico do empregado — Não configuração

Ementa: DANO MORAL. Não se configura o dano moral pela mera circunstância de o fato em questão provocar sofrimento psíquico no indivíduo. Isso só não basta. Do contrário, a simples dispensa sem justa causa seria o bastante para ensejar indenização, na medida em que, na maioria dos casos, acarreta sofrimento psíquico e acentuado entristecimento do empregado. Assim, a configuração do dano moral, no âmbito do direito do trabalho, exige que o empregador dirija ofensa direta à reputação, honra, decoro ou dignidade pessoal do obreiro, faltando-lhe com o respeito e consideração devida. TRT 3ª Reg. — RO 7.112/01 — (Ac. 3ª T.) — Rel. Juiz Gabriel de Freitas Mendes. DJMG 7.8.01, p. 07.

Dispensa do empregado — Videoconferência — Indenização por danos morais — Cabível

Ementa: DISPENSA DO EMPREGADO. VIDEOCONFERÊNCIA. INDENIZAÇÃO POR DANOS MORAIS. CABÍVEL. Não se nega que, com o fim da estabilidade no emprego e a instituição do regime do Fundo de Garantia do Tempo de Serviço, a dispensa do empregado se insere no poder diretivo do empregador, que está autorizado a romper o vínculo de emprego, mediante o pagamento das respectivas obrigações, caso não mais lhe convenha o seu prosseguimento. Por outro lado, é inegável que este procedimento se deve concretizar da forma menos gravosa para o empregado, não se podendo aceitar que a comunicação da despedida se dê por meio de videoconferência, em recinto no qual estão presentes diversas outras pessoas, inclusive outros empregados que não serão dispensados. Inevitável mencionar, neste caso, o disposto no artigo 187 do Código Civil de 2002, no sentido de que "(...) comete ato ilícito o titular de um direito que, ao exercê-lo, excede manifestamente os limites impostos pelo seu fim econômico ou social, pela boa-fé ou pelos bons costumes", já que, embora o empregador tenha a prerrogativa de dirigir a prestação de serviços, nos termos do artigo 2º da CLT, não se pode permitir que isto se dê em detrimento da dignidade de seus empregados, por meio de dispensa pública e vexatória, ainda mais quando se tem em vista tratar-se na hipótese analisada de empregado com mais de 20 anos dedicados à empresa. TRT 3ª Reg. — RO 01.245-2002-110-03-00-3 (RO 1.703/03) — (Ac. 7ª T.) — Rel. Juiz Bolivar Viegas Peixoto. DJMG 8.4.03.

Da decisão acima, colhe-se o seguinte fundamento:

"DA INDENIZAÇÃO POR DANOS MORAIS

Insurge-se a recorrente contra a condenação imposta, alegando que somente houve alteração da função exercida pelo reclamante, tendo-se mantido a nomenclatura antes utilizada; que deve ser respeitada a necessidade de reestruturação da empresa; que o reclamante somente pleiteou a indenização depois que foi dispensado; que esta não se deu de forma isolada, mas foi feita em conjunto com outros empregados; que não houve referência malévola a trabalho individual; que o fato de o empregado ficar insatisfeito não leva à necessidade de pagamento de indenização por danos morais; que não houve dolo ou culpa da reclamada e que não houve lesão aos direitos íntimos do reclamante. Pede, pois, que se exclua da condenação a indenização por danos morais. Caso assim não se entenda, pleiteia a redução do montante fixado pelo MM. juízo *a quo*.

Não lhe assiste razão.

A matéria deve ser analisada em três frentes. As duas primeiras dizem respeito à concretização das condutas ensejadoras do pagamento de indenização por danos morais, que são as alegadas alteração lesiva e dispensa vexatória. A terceira questão a ser examinada diz respeito ao valor da indenização, tido como excessivo pela recorrente.

Insta ressaltar, inicialmente, que o pagamento de indenização por danos morais tem sede constitucional; mais especificamente, o artigo 5º, que, em seus incisos V e X, estabelece que 'é assegurado o direito de resposta, proporcional ao agravo, além da indenização por dano material, moral ou à imagem' e que 'são invioláveis a intimidade, a vida privada, a honra e a imagem das pessoas, assegurado o direito à indenização, pelo dano material ou moral decorrente de sua violação'.

Esta prerrogativa também está assegurada no artigo 186 do Código Civil brasileiro de 2002, que preceitua que 'aquele que, por ação ou omissão voluntária, negligência ou imprudência, violar direito e causar dano a outrem, ainda que exclusivamente moral, comete ato ilícito'.

Pode-se extrair, deste dispositivo, os requisitos ensejadores da pleiteada indenização por danos morais, que são o dano ao obreiro, a conduta culposa do empregador e o nexo de causalidade.

Presentes estes elementos, mister se faz deferir o pedido de pagamento da parcela, sob pena de se negar vigência aos dispositivos constitucionais citados no início desta explanação.

No presente caso, entende-se que não merece reforma a r. decisão que condenou a ré a pagar indenização por danos morais.

Quanto à alteração contratual lesiva, é inegável a sua concretização.

Primeiramente, porque, tal como ressaltou o MM. Juízo *a quo*, a modificação das funções exercidas pelo obreiro não foi sequer negada na defesa apresentada. Em segundo lugar, tendo em vista que, durante a instrução do feito, o preposto da reclamada, cujas declarações a obrigam, na forma do artigo 843, § 1º, da CLT, confirmou as alegações apostas na inicial, afirmando que o autor laborava, inicialmente, como consultor de clientes pessoas jurídicas, mas que, depois de reestruturação da empresa, este atendimento passou a ser feito por gerentes, aos quais o reclamante passou a dar suporte. Disse, ainda, que 'após a reestruturação mencionada os gerentes passaram a receber comissão, sendo certo que o autor não recebeu comissão após a tal reestruturação' (fl. 207).

Por fim, porque o autor, além de estar vinculado à reclamada há mais de 20 anos na data da alteração (dezembro de 2000), ocupava o cargo de consultor em telecomunicações desde o ano de 1996, conforme informações apostas na inicial e que não foram impugnadas pela reclamada.

Há que se admitir, pois, que causa inegável desconforto e prejuízo à auto-estima do empregado se tornar, depois de longo período de vinculação ao banco, além de 4 anos no exercício da função, mero auxiliar daqueles que passaram a exercer as tarefas antes desempenhadas por ele. A situação ainda tem como agravante a circunstância de, a partir do momento em que o obreiro foi afastado, iniciaram os novos ocupantes do cargo a receber comissão para tanto.

É inegável, portanto, a violação ao disposto no artigo 468, *caput*, da CLT, no sentido de que 'nos contratos individuais de trabalho só é lícita a alteração das respectivas condições por mútuo consentimento, e, ainda assim, desde que não resultem, direta ou indiretamente, prejuízos ao empregado, sob pena de nulidade da cláusula infringente desta garantia', devendo-se entender a expressão 'prejuízos' como abrangendo não só o campo financeiro, mas, também, o moral.

In casu, embora não tenha havido diretamente redução dos vencimentos do autor e tampouco alteração da nomenclatura do cargo por ele ocupado, salta aos olhos a concretização do dano à sua esfera íntima.

No que tange à forma como a dispensa do reclamante se concretizou por meio de videoconferência, o dano é ainda mais patente. Deve-se recorrer, mais uma vez, às declarações do preposto.

Afirmou ele que 'a videoconferência foi transmitida para Divinópolis, JF, Montes Claros, Araguari e não se lembra da outra cidade', ou seja, optou a reclamada por dar total publicidade ao ato de despedida.

Transpareceu, ainda, que o tema da reunião não foi anteriormente comunicado aos participantes, que foram pegos de surpresa. Neste sentido, disse o preposto que 'toda videoconferência demandava a elaboração de uma pauta prévia para que todos pudessem se preparar', mas que 'o tópico sobre a reestruturação e dispensa de pessoal não constou da pauta prévia da videoconferência, porque não quis causar uma ansiedade do pessoal (...)' (fl. 208).

O desconforto gerado pela atitude da reclamada também foi demonstrado, constando das declarações do preposto que 'a cada nome que falava o ambiente tornava-se cada vez mais pesado, pois eram todos amigos', que 'houve uma consternação de todos com a situação da dispensa, sendo que todos os que participaram ficaram extremamente constrangidos' e que 'a maioria chorou, inclusive o depoente' (fl. 208).

Não se nega que, com o fim da estabilidade no emprego e a instituição do regime do fundo de garantia do tempo de serviço, a dispensa do empregado se insere no poder diretivo do empregador, que está autorizado a romper o vínculo de emprego, mediante o pagamento da respectiva indenização, caso não mais lhe convenha o seu prosseguimento.

Por outro lado, é inegável que este procedimento se deve concretizar da forma menos gravosa para o empregado, não se podendo aceitar que a comunicação da despedida se dê por meio de videoconferência, em recinto em que estão presentes diversas outras pessoas, inclusive outros empregados que não serão dispensados.

Inevitável mencionar, neste caso, o disposto no artigo 187 do Novo Código Civil, no sentido de que '(...) comete ato ilícito o titular de um direito que, ao exercê-lo, excede manifestamente os limites impostos pelo seu fim econômico ou social, pela boa-fé ou pelos bons costumes'.

É que, embora o empregador tenha a prerrogativa de dirigir a prestação de serviços, nos termos do artigo 2º da CLT, não se pode permitir que isto se dê em detrimento da dignidade de seus empregados, por meio de dispensa pública e vexatória, ainda mais quando se tem vista tratar-se na hipótese que ora se analisa de empregado com mais de 20 anos dedicados à empresa.

Em face do exposto, resta claro que estão também presentes, nesta hipótese, os requisitos ensejadores do pagamento de indenização por danos morais.

Cumpre avaliar, por fim, se existe o alegado excesso na fixação do valor das respectivas indenizações.

Entende-se que não.

A condenação se baseia no artigo 927 do CCb, estabelecendo o artigo 944 do mesmo diploma de lei, que 'a indenização mede-se pela extensão do dano'.

In casu, levou-se em consideração que a vinculação do autor à empresa datava de 1979, que a conduta praticada constitui ilícito e se concretizou também em relação a diversos outros empregados, que, no caso da alteração contratual, permaneceu o autor por aproximadamente 3 anos no desempenho da 'função subalterna', que se trata de empresa de grande porte e que a indenização deve ter caráter pedagógico, para que não mais se repitam atitudes atentatórias da dignidade humana como as que agora foram mencionadas. Em resumo, tem-se como razoável, o importe de R$ 40.000,00 fixado como decorrência da alteração contratual *in pejus*, e o de R$ 60.000,00, pela comunicação pública da dispensa, não se podendo olvidar que a empregadora violou duplamente o disposto no artigo 5º, V e X, da Constituição da República de 1988.

Por outro lado, fico vencido, conforme o voto do i. Juiz Revisor:

'DA INDENIZAÇÃO POR DANOS MORAIS

Com razão, em parte.

Peço vênia ao Exmo. Juiz Relator, que em seu magistral voto captou todas as *nuances* do dano moral causado pela recorrente ao ex-empregado, tão-somente, para divergir no tocante aos valores fixados à indenização.

Com efeito, a alteração contratual foi lesiva, porém, é certo que o ex-empregado com ela consentiu, mesmo porque permaneceu no emprego por mais 03 anos aproximadamente antes de ser dispensado. Ademais, os valores arbitrados pelo Juízo *a quo* extrapolam aqueles fixados por este mesmo Regional em caso de danos morais decorrentes de invalidez permanente ou morte do empregado provocadas por acidente ou doença do trabalho. Logo, resolvo reduzir o valor da indenização em decorrência de alteração contratual lesiva para R$ 10.000,00 e o valor da indenização em decorrência de comunicação pública da dispensa para R$ 20.000,00, valores que equivalem, atualmente e respectivamente, a 50 e 100 salários mínimos.'

Dou provimento parcial."

Dispensa imotivada ilícita — Inadimplência salarial da empresa que leva à insolvência do empregado

Ementa: DANO MORAL. DISPENSA IMOTIVADA ILÍCITA. INADIMPLÊNCIA SALARIAL DA EMPRESA QUE LEVA À INSOLVÊNCIA DO EMPREGADO. Além de ter perpetrado contra o reclamante dispensa ilegal, conforme reconhecido em decisão definitiva passada em julgado, a reclamada tornou-se inadimplente quanto aos salários e consectários legais devidos ao reclamante, de natureza notoriamente alimentar, sobrevindo a este a insolvência que lhe custou a inscrição de títulos em órgãos de consulta de devedores do comércio, causando-lhe o abalo de seu crédito e o comprometimento de seu nome, conforme está relatado na petição inicial e demonstrado com a vasta prova documental com ela colacionada. Está aí a demonstração de culpa da reclamada: sua conduta ilícita e deliberada prejudicou o autor, sendo inequívoco o prejuízo que lhe manchou o nome. Essa culpa imprime o caráter ilícito ensejador da reparação pretendida. TRT 3ª Reg. — 01536-2005-092-03-00-7 — (Ac. 5ª T.) — Rel. Juiz José Roberto Freire Pimenta. DJMG 19.11.05, p. 21.

Dispensa por iniciativa do empregador — Dano moral e material — Ausência de ato ilícito

Ementa: DISPENSA POR INICIATIVA DO EMPREGADOR — DANO MORAL E MATERIAL — NÃO CARACTERIZAÇÃO — AUSÊNCIA DE ATO ILÍCITO. A dispensa de empregados no ordenamento jurídico brasileiro é admitida de modo amplo, sem qualquer justificativa do empregador. Inúmeros são os empregados despedidos a cada dia, que sofrem abalos, que até podem ficar a mercê de assistencialismo do Estado ou de particulares, mas nem por isso se justifica a indenização de dano moral ou material, já que essa prática da despedida, exclusivamente por força do poder diretivo do empregador, encontra amparo na lei. TRT 9ª Reg. — Proc. 03803-2006-018-09-00-9 — (Ac. 1ª T. 13222/07) — Rel. Juiz Tobias de Macedo Filho. DJPR 29.5.07.

Dispensa por justa causa — Abuso de direito — Ofensa à imagem e honra do trabalhador

Ementa: DANO MORAL. DISPENSA POR JUSTA CAUSA. ABUSO DE DIREITO. OFENSA À IMAGEM E HONRA DO TRABALHADOR. EXERCÍCIO IRREGULAR DO DIREITO. INDENIZAÇÃO DEVIDA. O exercício normal da prática do ato de dispensa do empregado pelo empregador, inclusive com a tipificação de justa causa, não acarreta dano moral ao empregado, exceto quando utilizado o expediente de modo abusivo. A motivação da dispensa do empregado por incontinência de conduta ou mau procedimento, nos termos da alínea *b* do art. 482 da CLT, sem esclarecer o fato na carta de dispensa ou em juízo, revela o exercício de modo abusivo, pois inexistente qualquer causa aparente para a rescisão motivada. Representa apenas o expediente artificioso da empresa para fraudar o pagamento de direito trabalhista, com mácula do exercício profissional do empregado sem justificativa jurídica. O empregador responde pelo dano moral praticado, em face do exercício irregular do direito, com ofensa à imagem e moral do trabalhador, nos termos do art. 5º, inciso X da CF/88 conjugado com os arts. 159 e 160 do Código Civil vigente à época da rescisão contratual. TRT 9ª Reg. — Proc. 01252-2002-663-09-00-9 — (Ac. 10.239/2004) — Relª Juíza Rosalie Michaele Bacila Batista. DJPR 28.5.04, p. 446.

Dispensa por justa causa — Ato de improbidade — Ausência de intenção dolosa — Não caracterização

Ementa: DANO MORAL. A imputação à empregada de cometimento de ato de improbidade, por si só, não é suficiente para a caracterização do dano moral, quando demonstrada a ausência de intenção dolosa, por parte da empregadora, de denegrir a sua imagem. Ausente o elemento subjetivo, inexiste crime de calúnia e, portanto, o ato ilícito ensejador da indenização por dano moral. TRT 12ª Reg. — RO-V-05.612/01 — (Ac. 1ª T. 12.006/01) — Rel. Juiz Gerson Paulo Taboada Conrado. DJSC 22.11.01, p. 131.

Dispensa por justa causa — Ato de improbidade — Indenização — Cabimento

Ementa: DANO MORAL. JUSTA CAUSA. As hipóteses de desavença entre patrão e empregado, assim como aquelas que ensejam a dispensa motivada pelo empregador, descritas no art. 482/CLT, envolvem algumas situações que, realmente, podem vir a comprometer a honra e imagem do trabalhador que se vê imputado por uma daquelas condutas, de forma injusta, precipitada ou arbitrária, desde que o âmbito de ofensa da imputação exceda os limites da subjetividade. O ato de improbidade, por exemplo, é de tamanha seriedade, porquanto configura-se em mais que uma violação à confiança do empregador, mas uma violação de um dever legal, um dever moral. Constitui-se em um atentado ao patrimônio alheio, que revela desonestidade, abuso, má-fé. Assim, vislumbro que possa ser caracterizada a conduta dolosa por parte do empregador que acusa o empregado de atos desse porte e não logra êxito em provar suas acusações. Contudo, a concretização do dano moral que implica no dever de indenização só deve ser possível se a ofensa ultrapassar os limites da subjetividade, isto é, de forma que a conduta do empregador afete a honra e a imagem do empregado perante a sociedade, perante sua família, seu mercado de trabalho. Isto porque, nessas circunstâncias, há evidente prejuízo da imagem que ultrapassa aquele "sentimento de pesar íntimo" da pessoa do ofendido. No nosso cotidiano turbulento, o sentimento íntimo de ofensa é experimentado por qualquer cidadão diante de uma imputação injusta, partindo até mesmo de entes queridos e próximos, até mesmo, nas relações mais amorosas e amistosas ... Daí porque, a indenização por dano moral deve extrapolar esse sentimento de pesar íntimo, para alcançar situações vexatórias e humilhantes, frente a terceiros, configurando-se o prejuízo à honra e à imagem. Hoje, mais do que nunca, esse verdadeiro sentido da indenização por dano moral deve estar presente nessa Justiça Especial, "momento de extrema cautela e conscientização, para que os pedidos de indenização por dano moral, que hoje abarrotam o poder judiciário, não se transformem numa verdadeira 'indústria' ou em um 'negócio lucrativo' para partes e advogados, o que traduziria uma completa deturpação do sistema (...)" (Juíza Maria Laura Franco Lima de Faria, RO 19.389/97, DJMG 18.8.98). TRT 3ª Reg. — RO 4.449/02 — (Ac. 6ª T.) — Rel. Juiz Hegel de Brito Bóson. DJMG 20.6.02, p. 10.

Dispensa por justa causa — Ato de improbidade — Indenização — Cabimento

Ementa: JUSTA CAUSA. REQUISITOS. I — Qualquer evento danoso decorrente da relação de emprego que afete o obreiro em sua vida profissional, colocando em descrédito a honestidade, moralidade, competência, diligência e responsabilidade no exercício de atribuições profissionais, afetando a sua honra, a sua integridade física e mental, e lhe causando sofrimento, e que tenha por agente causador da lesão o empregador, é passível de reparação por dano moral. II — Se tivermos presente o motivo ensejador da dispensa noticiado na defesa — ATO DE IMPROBIDADE — as declarações da testemunha bastam para a formação do convencimento do Juízo, porque comprovam o evento danoso que, segundo alega, ter-se-ia caracterizado por humilhações, situação vexatória ou constrangedora, dificuldade de nova colocação no mercado de trabalho. A alusão ao fato da repercussão do ato demissional leva à conclusão de que a reputação do autor no ambiente de trabalho fora prejudicada. TRT 1ª Reg. — RO 00705-2003-035-01-00-6 — (Ac. 7ª T.) — Rel. Juiz Evandro Pereira Valadão Lopes. DJRJ 2.8.04, p. 247.

Dispensa por justa causa — Ato de Improbidade — Indenização — Descabimento

Ementa: JUSTA CAUSA — IMPROBIDADE — DANO MORAL — Embora se possa reconhecer que em determinadas situações extremadas a despedida motivada do trabalhador possa materializar a hipótese de dano moral, por mácula à sua imagem funcional, este não é o caso quando a despedida por justa causa decorre de atos faltosos comprovadamente realizados pelo Reclamante, os quais configuram ato de improbidade que legitimam a dispensa por justa causa. Não sendo a dispensa motivada desconstituída em Juízo, não comprovada a manha social alegada, tampouco a chacota dos colegas de trabalho, indevida a indenização por dano moral. TRT 9ª Reg. — Proc. 15035-2005-003-09-00-6 — (Ac. 4ª T. 06618/07) — Rel. Juiz Arnor Lima Neto. DJPR 13.3.07, p. 337.

Dispensa por justa causa — Ato de improbidade (apropriação indébita) — Ausência de prova — Cabimento

Ementa: INDENIZAÇÃO POR DANO MORAL. Mesmo que a reclamada não tenha divulgado a notícia da prática do ato de improbidade, a dispensa do obreiro, sem qualquer prova do cometimento da gravíssima falta, por si só, fez aflorar a figura do ato ilícito, que dá origem ao dano moral. Noutras palavras, a simples alegação da empresa de que o reclamante tenha cometido ato de improbidade (apropriação indébita) — sem, contudo, provar tal prática —, viola o bom nome, a boa fama, a honra e a imagem do reclamante, de forma a afetá-la, moralmente. TRT 3ª Reg. — RO 00538-2004-001-03-00-6 — (Ac. 1ª T.) — Rel. Juiz Manuel Cândido Rodrigues. DJMG 26.11.04, p. 06.

Dispensa por justa causa — Ato de improbidade não comprovado — Indenização — Cabimento

Ementa: "DANO MORAL. IMPROBIDADE. JUSTA CAUSA. I — A resolução do contrato por falta grave, pela prática de ato de improbidade, pelas graves conseqüências que encerra, do ponto de vista pessoal e profissional, deve restar comprovada de forma clara e definitiva, competindo ao empregador demonstrar a materialidade e autoria do delito, de modo a não subsistirem dúvidas (art. 818 — CLT). II — A injusta acusação de desvio de numerário, despida de qualquer respaldo no conjunto probatório, implica em dano à moral, pois constitui ofensa à honra objetiva e subjetiva do empregado, a ensejar a reversão da despedida por justa causa e a condenação ao pagamento de indenização por dano moral". TRT 15ª Reg. (Campinas/SP) — RO 01669-2001-034-15-00-3 — (Ac. 5ª T. 25.939/2003-PATR) — Rel. Juiz João Alberto Alves Machado. DJSP 5.9.03, p. 32.

Dispensa por justa causa — Ato de improbidade não comprovado — Indenização — Caracterização e cabimento

Ementa: DANO MORAL. INDENIZAÇÃO. CARACTERIZAÇÃO E CABIMENTO. Cabe a condenação na indenização por dano moral quando o trabalhador é despedido sob alegação de justa causa, fundada em ato de improbidade, que não resta provado. A configuração do dano moral prescinde de prova efetiva de sua ocorrência, visto que a lesão causada no ofendido opera-se em seu âmago subjetivo. O dano moral é aquele decorrente de ato capaz de provocar dor, sofrimento ou constrangimento no ofendido, fatores tais que, nem sempre, são visíveis externamente. A avaliação, nesse caso, passa pela verificação da potencialidade lesiva da conduta do agente, no sentido de ser aferido se a prática apontada seria capaz de causar tais efeitos no atingido. Com isso, tem-se que, para a caracterização do dano moral não é necessário que tenha havido publicidade na imputação, porque a afirmação falsa de que o trabalhador praticou crime no exercício de seu trabalho, já é suficiente para ocasionar a ofensa à sua honra. Eventual divulgação dessa acusação somente potencializa a dor e dimensiona a indenização decorrente do dano, mas não é elemento substancial de seu reconhecimento. TRT 15ª Reg. (Campinas/SP) — ROS-6-8.492/01 — (Ac. 3ª T. 44.693/01) — Rel. Juiz Carlos Eduardo Oliveira Dias. DJSP 22.10.01, p. 16.

Dispensa por justa causa — Ato de improbidade — Princípio constitucional da dignidade da pessoa humana

Ementa: INDENIZAÇÃO. DANO MORAL. ATO DE IMPROBIDADE. PRINCÍPIO CONSTITUCIONAL DA DIGNIDADE DA PESSOA HUMANA. O direito ao recebimento de uma indenização por dano moral, nos casos em que não há provas contundentes acerca do cometimento de ato de improbidade pelo autor, há de ser reconhecido, independentemente da sua repercussão no meio social, vez que a acusação de prática de ato criminoso tem o condão de, por si só, atingir a moral e a dignidade da pessoa humana, lesando o princípio constitucional insculpido no artigo 1º, inciso III da Constituição Federal/ 88. TRT 15ª Reg. (Campinas/SP) — RO 01788-2001-013-15-00-5 — (Ac. 51144/2005-PATR, 10ª Câmara) — Relª Juíza Elency Pereira Neves. DJSP 21.10.05, p. 55.

Dispensa por justa causa — Ausência de culpabilidade do empregador — Transmudação da dispensa — Condenação das verbas rescisórias — Indenização indevida

Ementa: INDENIZAÇÃO POR DANOS MORAIS. DISPENSA POR JUSTA CAUSA. DESCARACTERIZAÇÃO. QUESTÃO CONTROVERTIDA. AUSÊNCIA DE CULPABILIDADE DO EMPREGADOR. TRANSMUDAÇÃO DA DISPENSA. CONDENAÇÃO AO PAGAMENTO DAS VERBAS RESCISÓRIAS. Não obstante não tenha sido configurada a justa causa aplicada ao obreiro, o fato é que a nota fiscal por ele apresentada à empresa tem valor mais elevado daquele devido ao hotel, no qual se hospedou. É certo que, conforme os fundamentos da r. sentença, que ficam mantidos, não logrou comprovar a reclamada que o reclamante tenha sido o autor da alteração efetuada no documento fiscal, mas, também, não é menos certo que poderia ter ele apresentado as notas fiscais relativas a cada serviço cobrado, e não o fez. Se de um lado não se pode acolher os fatos como ensejadores da punição máxima ao empregado, de outro, não se pode passar a mão em sua cabeça e dizer que o "coitado" foi injustamente acusado e teve sua honra, idoneidade e moral abalados. A transmudação da dispensa por justa causa, para dispensa motivada, traz, como conseqüência, o deferimento das verbas indenizatórias, o que, neste caso, pela controvertida situação fática, é suficiente à reparação do obreiro, restando afastada a pretensão de indenização por dano moral. Recurso provido. TRT 3ª Reg. — RO 00368-2003-090-03-00-8 — (Ac. 5ª T.) — Relª Juíza Maria Cristina Diniz Caixeta. DJMG 22.11.03, p. 15.

Dispensa por justa causa — Dano moral — Necessidade de prova quanto à intenção do empregador em desabonar o empregado — Caracterização

Ementa: DANO MORAL. DISPENSA POR JUSTA CAUSA. CARACTERIZAÇÃO. NECESSIDADE DE PROVA QUANTO À INTENÇÃO DO EMPREGADOR EM DESABONAR O EMPREGADO. O dano moral não se caracteriza pelo conhecimento de terceiros dos motivos invocados pelo empregador para a dispensa por justa causa de seu empregado, por absoluta impossibilidade de se manter sigilo acerca do assunto. À evidência que a ruptura contratual por justa causa implica questionamentos entre os demais colegas e até perante a sociedade, estando autorizada a reclamada, inclusive, a informar os interessados dos acontecimentos. Cabe ao Juízo apenas examinar se essas informações tiveram nítida intenção em desabonar o autor ou provocar-lhe prejuízo profissional, única hipótese autorizadora do deferimento de indenização por dano moral. TRT 12ª Reg. — RO-V-02.296/01 — (Ac. 2ª T. 08.961/01, 7.8.01) Rel. Juiz Telmo Joaquim Nunes. DJSC 12.9.01, p. 238.

Dispensa por justa causa — Denúncia de ato faltoso — Não configuração

Ementa: DANO MORAL. JUSTA CAUSA TRABALHISTA. Não se pode confundir acusação de prática de ilícito trabalhista com ofensa de ordem moral, suscetível de indenização. O legislador tipificou os casos em que o dano moral pode ocorrer no âmbito trabalhista, por ofensas praticadas pelo empregado (CLT, art. 482, *j* e *k*) ou pelo empregador (art. 483, *d*). Embora essas hipóteses não esgotem a possibilidade de outras ocorrências danosas à moral, em todas elas é necessária a prova da ofensa, e da intenção premeditada de ofender, e a demonstração do dano moral sofrido, como resultado daquele ato, sem o qual o dano não teria ocorrido. A simples denúncia do ato faltoso, por si só, não constitui dano moral. TRT 2ª Reg. — 25814200290202002 — (Ac. 9ª T. 20020690678) — Rel. Juiz Luiz Edgar Ferraz de Oliveira. DJSP 5.11.02, p. 81.

Dispensa por justa causa — Descaracterização — Indenização — Dano moral — Inexistência de direito

Ementa: JUSTA CAUSA. DESCARACTERIZAÇÃO. INDENIZAÇÃO. DANO MORAL. INEXISTÊNCIA DE DIREITO. O fato de o Empregador não conseguir comprovar, perante o Judiciário, a justa causa imputada a seu Empregado, não significa dizer que aquele fique obrigado a indenizar seu Empregado por dano moral, eis que a lei coloca à disposição dos Empregadores a possibilidade de considerarem rescindido o contrato de trabalho, quando o trabalhador tiver procedimento enquadrável nas alíneas do art. 482 da CLT. Eventual dificuldade de se obter o perfeito enquadramento da conduta obreira no elenco do art. 482 Consolidado, em face da rigidez da descrição das hipóteses de justa causa, não pode dar azo, por si só, à imputação de violação da honra do Obreiro, ensejadora da indenização por dano moral. A não comprovação da justa causa já traz embutida a sanção relativa ao pagamento das verbas rescisórias próprias da dispensa imotivada, não podendo se somar a essas a indenização por dano moral, caso não comprovada devidamente a lesão à honra e boa fama do Empregado. Revista obreira conhecida e desprovida. TST — RR-756.547/01.6 — (Ac. 4ª T.) — 13ª Reg. — Rel. Min. Ives Gandra Martins Filho. DJU 5.9.03, p. 860.

Da decisão acima, colhe-se o seguinte fundamento:

"2) PRESSUPOSTOS ESPECÍFICOS

JUSTA CAUSA — DESCARACTERIZAÇÃO — INDENIZAÇÃO — DANO MORAL — DIREITO. Cifra-se a controvérsia na existência de direito à indenização por dano moral, na hipótese em que o Empregador não consegue comprovar, perante o Judiciário, a justa causa para a dispensa do seu Empregado, seguindo a orientação fixada pelo art. 482, e alíneas, da CLT.

O Regional entendeu que a Empregada não faz jus à indenização por dano moral pelo fato de o Banco não ter conseguido comprovar a justa causa.

Contrapondo-se a esse entendimento, a ementa de fl. 143 adota posicionamento no sentido de que a não-comprovação da justa causa gera o direito à indenização por dano moral.

Estabelecido o conflito pretoriano, CONHEÇO do apelo por divergência jurisprudencial.

II) MÉRITO

A indenização por dano moral não pode ser deferida pelo simples fato de o empregador dispensar o empregado alegando justa causa e não tê-la reconhecida em juízo.

Com efeito, o dispositivo constitucional que assegura indenização por dano moral assim está vazado:

Art. 5º (*Omissis*)

X — são invioláveis a intimidade, a vida privada, a honra e a imagem das pessoas, assegurado o direito a indenização pelo dano material ou moral decorrente de sua violação (grifos nossos).

Do preceito constitucional em exame, percebe-se que a violação da honra e da imagem do cidadão está ligada àquela que atinja o âmago da pessoa humana, equiparando-se à violação da intimidade.

Antes de transportarmos esse preceito para o ramo do Direito do Trabalho, insta salientar que a jurisprudência dos Tribunais pátrios, e desta Corte também, fez-se no sentido de que a Justiça do Trabalho é competente para julgar o pedido de indenização por dano moral.

Todavia, a lei não pode ser interpretada isoladamente, notadamente quando se está confrontando norma constitucional, com dispositivo previsto em legislação infraconstitucional.

Na hipótese em exame, o art. 482 da CLT, em suas alíneas, autoriza o Empregador a rescindir o contrato de trabalho, por justa causa, quando não forem observadas as normas de conduta ali estabelecidas, as quais, uma vez violadas, implicam sanção capital para o Empregado, como é o caso da perda do posto de trabalho, sem direito a nenhuma verba indenizatória.

Ora, se há norma infraconstitucional estabelecendo que o Empregador poderá rescindir o contrato de trabalho do seu empregado, quando este cometer justa causa, não encontra amparo no princípio da razoabilidade a tese de que, caso não logre comprovar a motivação para a dispensa, venha a ser condenado a pagar, além das verbas rescisórias próprias da dispensa imotivada (que já é uma sanção), ainda a indenização por danos morais.

Por fim, cumpre ressaltar que o art. 482 da CLT não está revogado pela norma constitucional que assegura o direito à indenização por dano moral.

Nesse sentido, pode-se trazer à colação precedente desta Turma:

JUSTA CAUSA — DESCARACTERIZAÇÃO — INDENIZAÇÃO — DANO MORAL — DIREITO. O fato de o Empregador não conseguir comprovar, perante o Judiciário, a justa causa imputada a seu Empregado, não significa dizer que aquele fique obrigado a indenizar seu Empregado por dano moral, eis que a lei coloca à disposição dos Empregadores a possibilidade de considerarem rescindido o contrato de trabalho, quando o trabalhador tiver procedimento enquadrável nas alíneas do art. 482 da CLT. Eventual dificuldade de se obter o perfeito enquadramento da conduta obreira no elenco do art. 482 consolidado, em face da rigidez da descrição das hipóteses de justa causa, não pode dar azo, por si só, à imputação de violação da honra do Obreiro, ensejadora da indenização por dano moral. Revista patronal conhecida e provida. (TST-RR-570.845/99, 4ª Turma, Rel. Min. Ives Gandra Martins Filho, *in* DJ de 14.12.01).

Pelo exposto, NEGO PROVIMENTO ao recurso de revista da Reclamante." (*in* www.tst.gov.br, em 30.7.04)

Dispensa por justa causa — Ilícito trabalhista com ofensa de ordem moral — Não configuração

Ementa: DANO MORAL. JUSTA CAUSA TRABALHISTA. Não se pode confundir acusação de prática de ilícito trabalhista com ofensa de ordem moral, suscetível de indenização. O legislador tipificou os casos em que o dano moral pode ocorrer no âmbito trabalhista, por ofensas praticadas pelo empregado (CLT, art. 482, *j* e *k*) ou pelo empregador (art. 483, *d*). Embora essas hipóteses não esgotem a possibilidade de outras ocorrências danosas à moral, em todas elas é necessária a prova da ofensa, e da intenção premeditada de ofender, e a demonstração do dano moral sofrido, como resultado daquele ato, sem o qual o dano não teria ocorrido. A simples denúncia do ato faltoso, por si só, não constitui dano moral. TRT 2ª Reg. — RO 25814200290202002 — (Ac. 9ª T. 20020690678) — Rel. Juiz Luiz Edgar Ferraz de Oliveira. DJSP 5.11.02, p. 172.

Da decisão acima, colhe-se o seguinte fundamento:

"DO DANO MORAL. Com o advento da Constituição Federal de 1988, recrudesceram os debates em torno do dano moral, vez que o legislador constituinte, ao tratar dos DIREITOS E GARANTIAS FUNDAMENTAIS, dispôs no art. 5º, inciso V, que:

'... é assegurado o direito de resposta, proporcional ao agravo, além da indenização por dano material, moral e à imagem.'

A matéria porém não é nova. Foi tratada no Código Civil Brasileiro, conforme art. 76, do seguinte teor:

'... para propor, ou contestar uma ação, é necessário ter legítimo interesse econômico ou moral.'

Comentando o citado dispositivo, *Clóvis Bevilacqua* esclarece:

'Se o interesse moral justifica a ação para defendê-lo ou restaurá-lo, é claro que tal interesse é indenizável, ainda que o bem moral se não exprima em dinheiro. É por uma necessidade dos nossos meios humanos, sempre insuficientes, e, não raro, grosseiros, que o direito se vê forçado a aceitar que se computem em dinheiro o interesse de afeição e os outros interesses morais.

Este artigo, portanto, solveu a controvérsia existente na doutrina, e que, mais uma vez repercutiu em nossos julgados.

Espínola, *de acordo com* Coviello, *procura estabelecer que o interesse de agir difere do interesse, que forma o conteúdo do direito subjetivo, para concluir que no interesse moral não está incluído o dano moral, mas o interesse de agir é o mesmo conteúdo do direito subjetivo considerado no momento, em que reage contra a lesão ou a ameaça. E, se o dano moral é uma lesão do direito, forçosamente provoca a reação, cria a* 'ratio agendi'. *O Código, porém, não deu grande latitude ao poder de reação jurídica suscitado pelo dano moral; restringiu-o subjetivamente, neste artigo, e fixou-o objetivamente ao tratar da liquidação das obrigações resultantes de atos ilícitos'* (BEVILACQUA, Clóvis, *'Código Civil Comentado'*, vol. I, 2ª ed., Livraria Francisco Alves, 1921, p. 309).

Destarte, conceituado dano moral, *Clayton Reis*, posiciona:

'Em que pesem as idéias firmadas em torno do dano eminentemente material, José de Aguiar Dias, *ao abordar a amplitude ideada pelos doutrinadores pátrios e alienígenas: 'o dano que interessa ao estudo da responsabilidade civil é o que constitui requisito de obrigação de indenizar. Assim, não se pode deixar de atentar na divisão: danos patrimoniais e danos morais, materiais ou não patrimoniais'.*

E, adiante, o Professor José de Aguiar Dias *conclui com acerto: 'Quando ao dano não correspondem as características do dano patrimonial, dizemos que estamos na presença do dano moral'.*

Para o Professor Antonio Chaves: *'Dano moral é a dor resultante da violação de um bem juridicamente tutelado sem repercussão patrimonial. Seja dor física — dor-sensação como a denomina* Carpenter *—, nascida de uma lesão material; seja dor moral — dor-sentimento — de causa material'.*

De acordo com Maria Helena Diniz: *'O dano moral vem a ser a lesão de interesse não patrimonial de pessoa física ou jurídica'.*

Por seu turno Wilson Melo da Silva *acentua o dano moral como sendo 'Lesões sofridas pelo sujeito físico ou pessoa natural de direito em seu patrimônio ideal, entendendo-se por patrimônio ideal, em contraposição ao material, o conjunto de tudo aquilo que não seja suscetível de valor econômico'.'* (REIS, Clayton, *Dano Moral*, 4ª edição, Editora Forense, 1994, pp. 5 e 6).

E continua o referido autor:

'Pode-se conceituar, ainda, como lesivo todo o ato que, afetando o indivíduo no seu trabalho, reputação, ou vida profissional, tenha reflexos sobre o patrimônio físico.

Esse tipo de lesão é comum em nossa sociedade capitalista, visto que a maioria dos nossos valores gravita em torno de bens de natureza eminentemente material.

Todavia, as circunstâncias em que o ato lesivo afeta a personalidade do indivíduo, sua honra, sua integridade psíquica, seu bem-estar íntimo, suas virtudes, enfim, causando-lhe mal-estar ou uma indisposição de natureza espiritual — pateme d'animo —, *na expressão dos tratadistas italianos.*

A diferença dessas lesões reside, substancialmente, na forma de reparação.

Enquanto no caso dos danos materiais a reparação tem como finalidade repor as coisas lesionados ao seu statu quo ante *ou possibilitar à vítima a aquisição de outro bem semelhante ao destruído, o mesmo não ocorre, no entanto, com relação ao dano eminentemente moral. Neste é impossível repor as coisas ao seu estado anterior. A reparação, em tais casos, reside no pagamento de uma soma pecuniária, arbitrada pelo consenso do juiz, que possibilite ao lesado uma satisfação compensatória da sua dor íntima.*

Dessa forma, enquanto uma repõe o patrimônio lesado, a outra compensa os dissabores sofridos pela vítima, em virtude da ação ilícita, do lesionador.

Neste aspecto reside a diferença entre o dano material e o dano moral, porquanto as causas e efeitos são distintos. No primeiro, atinge-se o bem físico, reparando-se a sua perda. No segundo, fulmina-se o bem psíquico, compensando-o através de uma soma em dinheiro que assegure à vítima 'satisfação compensatória'.' (ob. cit., pp. 4 e 5)

In "Enciclopédia Saraiva do Direito", Artur Oscar Oliveira Deda, ao conceituar o dano moral, dispõe:

'Mazeaud *e* Josserand, *na França, definem os danos morais, aludindo à sua condição de extrapatrimonialidade. Sempre que não haja prejuízo material a reparar, o dano reputa-se moral.* Givord *adota outro critério, afirmando que 'há prejuízo extrapatrimonial, todas as vezes que o pagamento de uma soma de dinheiro não é suscetível de constituir uma reparação adequada'.* Aguiar Dias, *que aceita o critério discriminador proposto por* Minozzi, *define dano moral como as dores físicas ou morais que o homem experimenta em face da lesão.* Arnoldo Medeiros da Fonseca *entende que 'dano moral, na esfera do direito, é todo o sofrimento resultante de lesão de direitos estranhos ao patrimônio, encarado como complexo de relações jurídicas com valor econômico'.* Brebbia, *que sustenta o critério caracterizador adotado na última definição, considera incompletas as duas primeiras e diz que o critério proposto por* Minozzi *descansa em um equívoco, pois caracteriza os danos morais, considerando os efeitos da lesão jurídica, quando se deve levar em conta a natureza do direito violado.'* (ob. cit., vol. 22, p. 280)

Para o Professor *Carlos Alberto Bittar:*

'Os danos podem atingir: a) tanto pessoas físicas, b) como jurídicas, a respeito das quais podem ser caracterizados, na prática, prejuízos de ordem patrimonial ou moral. Com efeito, dotadas de personalidade, têm o seu reconhecimento, no âmbito do Direito, em todos os aspectos compatíveis — como, por exemplo, quanto à reputação, quanto à confiança, quanto ao crédito — na defesa de suas relações com a clientela, com o público em geral e com a concorrência, inclusive com expressa previsão legislativa, no plano penal, em que se evidencia o amparo jurídico a esses valores, no interesse da própria sociedade.' (BITTAR, Carlos Alberto, *'Responsabilidade Civil'*, Forense Universitária, 1989, p. 17)

Portanto, ante a alegação de dano moral, deve o julgador agir com cautela e discernimento, procurando a verdade dos fatos e aplicando a norma jurídica ao caso concreto. No presente caso, estabelecida a competência, e examinado o mérito, o recurso nao merece provimento. O recorrente não sofreu qualquer abalo moral grave para postular indenização por dano moral. Não houve violação à sua intimidade, vida privada, honra ou imagem. A alegação de justa causa trabalhista não constitui, por si só, dano moral, até porque o fato não foi provado pela recorrida, no caso dos autos. Exige-se a extensão do fato para fora dos limites do contrato individual de trabalho e a prova indiscutível do dano moral sofrido pelo trabalhador, a justificar a indenização prevista no inciso X do art. 5º, da CF. Não se pode confundir acusação de prática de ilícito trabalhista com ofensa de ordem moral, suscetível de indenização. O legislador tipificou os casos em que o dano moral pode ocorrer no âmbito trabalhista, por ofensas praticadas pelo empregado (CLT, art. 482, *j* e *k*) ou pelo empregador (art. 483, *d*). Embora essas hipóteses não esgotem a possibilidade de outras ocorrências danosas à moral, em todas elas é necessária a prova da ofensa, e da intenção premeditada de ofender, com a efetiva demonstração do dano moral sofrido, como resultado daquele ato e sem o qual o dano não teria ocorrido. A simples denúncia do ato faltoso, por si só, não constitui dano moral. No caso dos autos o recorrente denuncia a ocorrência de coação psicológica por ser obrigado a pedir demissão do emprego, na presença de um policial, que resultou no pedido manuscrito juntado no volume de documentos (doc. 5). Entretanto, o fato não passou disso e não resultou em nenhum dano de ordem moral que pudesse causar admiração no julgador. O ato foi prática comum no meio trabalhista, em que o empregado pede demissão num momento e depois vem à Justiça pedir a devida reparação, por ilegalidade no ato. Como aconteceu neste caso, o pedido de demissão não teve nenhum efeito jurídico válido, porque o recorrente contava com mais de um ano de serviço e o ato não foi homologado pelo sindicato ou DRT, na forma exigida pelo art. 477 da CLT de indenização. Correta a decisão que rejeitou o pedido." (www.trt2.gov.br, em 15.8.04)

Dispensa por justa causa — Imagem denegrida não comprovada — Indenização — Não cabimento

Ementa: DANO MORAL. Dispensa com justa causa é direito inerente ao poder diretivo empresarial, desde que a atitude não seja expressa com publicidade, tanto interna como externa, ao extremo de denegrir a imagem do empregado, entretanto, no caso presente, a publicidade alardeada, de que os funcionários do Banco, lojistas e concorrentes tomaram conhecimento dos motivos da dispensa, não foi comprovada a contento, assim a indenização por dano moral não se impõe. TRT 2ª Reg. — RO 07290200390202009 — (Ac. 2ª T. 20030240004) — Relª Juíza Rosa Maria Zuccaro. DJSP 10.6.03, p. 149.

Dispensa por justa causa — Não caracterização

Ementa: DANO MORAL. Não caracterização. Não se há cogitar em indenização por danos morais se o empregado não sofreu nenhum tratamento humilhante por parte da empresa, cingindo-se esta a romper o contrato de trabalho, ainda que não logrado o sucesso probatório da falta grave. A dispensa do empregado por justa causa, ainda que desconstituída pelo judiciário, por si só, não configura o propósito da reclamada de constranger o reclamante, de submetê-lo à humilhação ou mesmo de denegrir sua imagem frente à sociedade ou aos seus familiares. TRT 18ª Reg. — RO 1.754/01 — Rel. Juiz Aldivino A. da Silva. DJGO 7.12.01, p. 96.

Dispensa por justa causa — Não demonstração de que a empresa tivesse invocado uma justa causa com base em fato inexistente — Aplicação do princípio *in dubio pro reo*

Ementa: DANOS MORAIS. EMPREGADOR RECLAMADO. APLICAÇÃO DO PRINCÍPIO *IN DUBIO PRO REO*. Na ação de reparação por danos morais, onde o ex-empregador é reclamado, aplica-se o princípio do *in dubio pro reo* quando o ato dito danoso consiste em anterior alegação defensiva de justa causa que, a teor da prova produzida, reputou-se insuficientemente demonstrada. Não havendo cabal e insofismável demonstração no sentido de que a empresa tivesse invocado uma justa causa com base em fato inexistente, com o fito específico de desviar-se das obrigações laborais e ou com o objetivo de atingir o moral do obreiro, não se configura o dolo. Outrossim, não configurada a culpa, pois do contrário teríamos que assumir ser de grande risco jurídico-material tentar provar uma justa causa numa relação jurídico-processual, tudo resultando num verdadeiro constrangimento ao devido processo legal. A prova pode não ser suficiente para sustentar uma justa causa alegada anteriormente, mas não implica, *ipso facto*, a demonstração de um dano moral praticado no processo. Recurso ordinário a que se dá provimento para julgar improcedente a ação de dano moral proposta com base em alegação defensiva constante de RT anterior. TRT 15ª Reg. (Campinas/SP) — RO 01144-2001-094-15-00-1 — (Ac. 6ª T. 13.440/2004-PATR) — Rel. Juiz Luiz Felipe Paim da Luz Bruno. DJSP 23.4.04, p. 28.

Dispensa por justa causa — Obrigatoriedade de apontamento específico da conduta ilícita — Insuficiência do indicativo de hipóteses do artigo 482 — Dano moral configurado

Ementa: JUSTA CAUSA. OBRIGATORIEDADE DE APONTAMENTO ESPECÍFICO DA CONDUTA ILÍCITA. INSUFICIÊNCIA DO INDICATIVO DE HIPÓTESES DO ARTIGO 482. DANO MORAL CONFIGURADO. AFRONTA AOS PRINCÍPIOS DA DIGNIDADE HUMANA, VALOR DO TRABALHO E DO CONTRADITÓRIO E DA AMPLA DEFESA. O empregador é obrigado a apontar, de forma específica, qual a conduta ilícita atribuída ao empregado, não se mostrando suficiente a indicação formal de hipóteses do artigo 482 celetário. Mais que em qualquer situação, o empregado acusado de justa causa tem direito à ampla e irrestrita defesa, que, por seu turno, resta obstaculizada ao lhe ser informada, somente, a prática de conduta "desidiosa" e "insubordinada". É verdade insofismável o fato de que o trabalhador, pessoa humana que é, deve ser tratado de modo a ter preservada sua dignidade e honra durante, e isto não somente na vigência do contrato, como também após o seu rompimento. Nesse esteio, surgem vulnerados os princípios constitucionais de respeito, de igualdade, de valoração do trabalho humano, dentre outros. Dano moral configurado. TRT 9ª Reg. — Proc. 00352-2002-669-09-00-6 — (Ac. 27.640/03) — Relª Juíza Eneida Cornel. DJPR 5.12.03, p. 466.

Dispensa por justa causa — Poder de mando do empregador — Art. 482 da CLT — Ausência de dano moral

Ementa: JUSTA CAUSA. PODER DE MANDO DO EMPREGADOR, PREVISTO NO ART. 482 DA CLT. AUSÊNCIA DE DANO MORAL. Exsurgindo dos autos que houve discussão acalorada entre as partes litigantes, culminando com a dispensa por justa causa do empregado, mas não havendo comprovação de que o mesmo de alguma forma tivesse sido humilhado por seu empregador, conclui-se que este tão-somente utilizou-se de seu poder de mando, previsto no art. 482 da CLT, não havendo se falar em indenização por danos morais. Sentença que se mantém. TRT 15ª Reg. (Campinas/SP) — ROS. 139.366/00 — (Ac. 5ª T. 14.194/02) — Relª Juíza Olga Aida Joaquim Gomieri. DJSP 8.4.02, pp. 83/84.

Dispensa por justa causa — Repercussão na vida profissional e social — Prejuízo sem causa — Indenização devida

Ementa: DANO MORAL. JUSTA CAUSA. REPERCUSSÃO NA VIDA PROFISSIONAL E SOCIAL. INDENIZAÇÃO DEVIDA. A demonstração clara do fato apontado como lesivo à imagem e à honra constitui elemento suficiente para transformar o prejuízo sofrido pelo obreiro em indenização por dano moral (artigo 186/CC). É uma justa reparação a quem sofre prejuízos sem causa, em função de mácula lançada com repercussão na vida profissional e privada. Configurada a atitude negligente da reclamada na apuração dos atos faltosos desencadeadores da justa causa, torna-se a empregadora passível de indenizar o reclamante pelos danos morais que lhe forem causados. TRT 3ª Reg. — RO 01026-2003-036-03-00-0 — (Ac. 7ª T.) — Rel. Juiz Paulo Roberto de Castro. DJMG 22.7.04, p. 14.

Da decisão, colhe-se o seguinte fundamento:

"INDENIZAÇÃO POR DANOS MORAIS

O tema de inconformismo da reclamada refere-se à condenação sofrida em indenização por danos morais, proveniente da dispensa por justa causa imputada ao autor, a qual foi revertida por decisão já transitada em julgado.

Sustenta a ré que o não acolhimento da justa causa já teria gerado ao recorrido direito à única indenização prevista em lei, que seria o pagamento do aviso prévio e da multa de 40% do FGTS.

Argumenta, outrossim, que a mencionada decisão, em sede de embargos declaratórios, já teria determinado, ainda, a reintegração do reclamante ao trabalho.

Urge retroceder aos fatos caracterizados pela reclamada como ensejadores da justa causa, já que, desta sobreveio o pedido de indenização por danos morais.

Uma das características do pacto de labor é a subordinação hierárquica ou jurídica. É por conta da subordinação que se vê o empregado na dependência de seu empregador, devendo obedecer-lhe as ordens, bem como acatar a direção de seu trabalho, de acordo com o interesse do empreendimento societário. É, pois, a subordinação uma conseqüência do poder de comando do empregador, ínsito a este.

É exatamente sob esta ótica que se passa à análise dos autos, eis que sob esta égide clama a ré, dizendo estar em simples atuação de seu poder diretivo, do qual resultou a dispensa com justa causa de seu empregado.

Mediante análise do documento de fls. 67/68 (ficha de conduta funcional do autor) foram listadas várias condutas 'faltosas', as quais teriam sido praticadas pelo reclamante, sendo afastado de seu trabalho nos dias 16 e 17 de julho para apuração das supostas faltas graves, discriminadas no documento de fl. 68, as quais seriam: utilização de computador, ato proibido na empresa; venda de produtos de limpeza no interior da fábrica; utilização de equipamento telefônico indevidamente, realizando ligações externas (adaptando equipamento em outro interruptor) e ter recebido ligação a cobrar de ex-empregado.

Na decisão com trânsito em julgado na qual foi analisada a forma de ruptura do pacto contratual, sendo desconstituída a justa causa (fls. 12/13), entendeu o MM. Juízo de origem não só pela descaracterização da justa causa aplicada ao obreiro, como pela litigância de má-fé da reclamada (fl. 13), além de falta de seriedade ao submeter à Justiça defesa sem qualquer sustentação.

O comportamento ilícito da reclamada está fatalmente demonstrado diante de total desconhecimento do preposto acerca das supostas causas que levaram à justa causa. Neste sentido, não se pode deixar de destacar as falas do referido depoimento (fl. 10):

'... que a última falta cometida foi o reclamante manter em seu armário aquele produto de limpeza ou amaciante, tendo a reclamada deduzido que se destinava à venda nas dependências da tomadora de serviços; que o reclamante foi afastado para sindicância; que não se lembra o que foi constatado na sindicância, mas o resultado desta sindicância foi a justa causa aplicada ao recte. ...'; '... o fato de ter sido encontrado documentos do recte. no interior de veículo da segurança da tomadora de serviços, fez a reclamada deduzir que o recte. estava usando o veículo indevidamente; que no posto de vigilância do recte. ele tinha que tomar conta do referido carro; que não sabe dizer se o recte. abandonou seu posto de serviço algum dia; que nada sabe dizer sobre alegada falta relativa ao não uso do boné e ao uso do celular; que não sabe explicar o porquê de no dia 13.2.02 o recte. ter sido punido por atraso por ter chegado às 06:45 horas, enquanto no referido cartão consta o horário correto às 06:05 horas, com visto do supervisor; que não sabe dizer para onde o recte. teria feito ligações externas; que não sabe dizer se as ligações externas feitas pelo reclamante eram particulares ou feitas para a recda.; que o depoente não desacredita que o recte. tenha jogado cartas; que não sabe dizer se o recte. teve orientações de não atender ligações a cobrar; que não sabe dizer se o recte. fez utilização indevida de equipamentos sob sua guarda ...'.

É inadmissível que o preposto da reclamada, em depoimento acerca da essência da lide (justa causa) revele total desconhecimento dos fatos.

Não se pode olvidar das condutas descritas na ficha de fl. 67, como suspensão de 1 dia por terem sido encontrados documentos do reclamante no interior do veículo da ré, do qual ele era incumbido exercer vigilância; atestados médicos de 1 dia compondo a conduta faltosa, como se adoecer fosse proibido; abandono do posto de serviço, sendo que o preposto foi enfático ao afirmar não saber nada a respeito.

Outrossim, não se pode deixar de relevar a estampada controversão entre as condutas descritas na ficha de fl. 67: no dia 13.2.02 ter o autor chegado ao posto de trabalho às 06:45 horas, sendo que o respectivo cartão de ponto, com visto do supervisor, aponta o horário correto de chegada, 06:05 horas.

De fato, as práticas levadas a efeito pela empregadora, imputando ao autor as faltas retromencionadas, além de não passarem do campo das meras alegações, na verdade, foram no mínimo negligentes, ou mesmo levam a crer que o real intento da recorrente era 'buscar meios' para proceder a uma dispensa do autor por justo motivo.

As notícias acerca da apuração das supostas faltas, por óbvio, macularam a honra e a imagem do reclamante perante todos os empregados da ré, em face da ampla propagação do suposto mau procedimento e indisciplina, servindo, inclusive de exemplo para ameaçar os demais empregados, causando ao autor, sem sombra de dúvidas, constrangimento moral não só pelas más regras de conduta que lhe foram impingidas, como pelo transtorno moral sofrido diante de acusações infundadas e impertinentes.

Citam-se as falas das testemunhas ouvidas à fl. 157:

'... que todo mundo comentava na recda. que o recte. tinha sido demitido por justa causa; que a chefia e os líderes falavam para os vigilantes que o reclamante tinha tomado justa causa; que falavam isso para dizerem que se ele tomou justa causa, vocês também podem tomar ....'

'... que o comentário era geral que o recte. teria sido demitido por justa causa; que a coordenação informou que o recte. teria sido demitido por justa causa com tom de ameaça no sentido de que os demais vigilantes se acalmassem que poderiam ser dispensados por justa causa ...'

A justa causa como a modalidade mais drástica de resolução contratual, que deixa marcas indeléveis na vida profissional e pessoal do empregado, deve ser cuidadosamente sopesada pelo empregador, quando do cometimento da falta e conseqüente imposição da respectiva penalidade, mormente em se tratando da indiscutível necessidade de uma apuração séria e eficaz dos fatos, a fim de uma comprovação robusta da falta grave, o que, indubitavelmente, não ocorreu no presente caso.

Como bem asseverou o MM. Juízo sentenciante, a reclamada imputou a justa causa ao autor 'recheando' a sua ficha de conduta funcional com inverdades, já que, além de nenhuma acusação ser comprovada, sequer eram do conhecimento do preposto.

Correta a decisão de origem.

Nego provimento."

Dispensa por justa causa — Reversão — Não configuração

Ementa: DANO MORAL E A REVERSÃO DA JUSTA CAUSA. A ocorrência do dano exige a imputação da responsabilidade civil subjetiva ao empregador, a qual exige: a) ato omissivo ou comissivo; b) nexo causal; c) dano moral; d) a culpa em sentido amplo (intencional = dolo) ou na forma restrita (negligência, imperícia ou imprudência). Não se pode negar que toda e qualquer dispensa ocasiona ao empregado um dissabor, não só pela perda do emprego e do sustento, como também pelos transtornos de natureza pecuniária. Contudo, esses dissabores, a nosso ver, não justificam a concretização do dano moral, já que não se visualiza qualquer ofensa ao patrimônio ideal do trabalhador. A alegação da justa causa posta na defesa não se fez com o intuito de prejudicar ou denegrir a imagem do trabalhador. A justa causa foi alegada como fator obstativo ao direito das verbas rescisórias. O argumento de que a justa causa não ter sido reconhecida por essa instância revisora não autoriza, automaticamente, na caracterização do dano moral. Como não há os requisitos da responsabilidade civil, rejeito esse pedido. TRT 2ª Reg. — RO 01909200207102001 — (Ac. 4ª T. 20040356536) — Rel. Francisco Ferreira Jorge Neto. DJSP 23.7.04, p. 94.

Dispensa por justa causa — Reversão — Não configuração

Ementa: JUSTA CAUSA REVERTIDA. DANO MORAL NÃO COMPROVADO. INDENIZAÇÃO INDEVIDA. A reversão da justa causa, por si só, não enseja a condenação do empregador em indenização por dano moral. O dever de reparação apenas se origina quando for reconhecida a prática de ato ilícito pelo empregador, no intuito deliberado de prejudicar o empregado. Portanto, não havendo provas concretas de que a Reclamada tenha causado qualquer gravame moral à Autora, ou que a depressão alegada tenha ligação direta com o labor exercido junto à Reclamada, não há que se falar em constrangimento que comporte reparação pecuniária. Recurso da Reclamada a que se dá provimento para afastar a indenização por danos morais. TRT 9ª Reg. — Proc. 01408-2006-673-09-00-2 — (Ac. 1ª T. 16415/07) — Rel. Juiz Ubirajara Carlos Mendes. DJPR 26.6.07.

Dispensa por justa causa — Simples comunicação — Justa causa confirmada — Indenização indevida

Ementa: DANO MORAL. SIMPLES COMUNICAÇÃO. JUSTA CAUSA CONFIRMADA. INDENIZAÇÃO

INDEVIDA. Toda dispensa contém, em maior ou menor grau, uma carga dramática a ser suportada pelo demitido. A dor do empregado ao receber a comunicação de rescisão não infamante, com explicações sucintas ou meramente formais sobre a motivação do ato, não se transmuda em direito à indenização por dano moral, se o empregador não tiver excedido os limites da razoabilidade. *In casu,* a dispensa da reclamante, por não preencher o perfil como plantonista, desacompanhada de adjetivações, considerações ofensivas, ou publicidade de qualquer espécie, ainda que possa ter atingido alguma corda mais sensível do psiquismo da autora ocasionando-lhe desconforto, não faz incidir à espécie o disposto no artigo 5º, V e X, da Constituição Federal nem enseja a indenização pretendida, mormente porque confirmada a justa causa. TRT 2ª Reg. — AI 00880200227102007 — (Ac. 4ª T. 20040279388) — Rel. Juiz Ricardo Artur Costa e Trigueiros. DJSP 18.6.04, p. 64.

Da decisão acima, colhe-se o seguinte fundamento:

"DA INDENIZAÇÃO POR DANO MORAL

As relações de trabalho devem pautar-se pela respeitabilidade mútua, face ao caráter sinalagmático da contratação, impondo aos contratantes reciprocidade de direitos e obrigações. Assim, o empregador além da obrigação de dar trabalho e de possibilitar ao empregado a execução normal da prestação de serviços, deve ainda, respeitar a honra, a reputação, a liberdade, a dignidade, e integridade física e moral de seu empregado, porquanto tratam-se de valores que compõem o patrimônio ideal da pessoa, assim conceituado o conjunto de tudo aquilo que não seja suscetível de valor econômico.

Tais valores foram objeto de preocupação do legislador constituinte de 1988 que lhes deu *status* de princípio constitucional, assegurando o direito à indenização pelo dano material e moral decorrente de sua violação (CF, art. 5º, V e X).

Portanto, sempre que o trabalhador, em razão do contrato de trabalho, sofrer lesão à sua honra, ofensa que lhe cause um mal ou dor (sentimental ou física) causando-lhe abalo na personalidade, terá o direito de exigir do empregador a reparação por dano moral.

In casu, a reclamante funda o pedido de indenização por dano moral no fato de o diretor clínico da Unidade Mista de Saúde Pronto Socorro do Jardim Vazame ter colocado o seu cargo à disposição e, para justificar sua atitude, argumentou que a autora não possuía 'perfil' para laborar como plantonista em referida unidade. Inconforma-se a reclamante com tal medida, declarando que há mais de quatro anos trabalha para a reclamada, sendo excelente profissional, tendo desempenhado suas funções com ética, zelo, dedicação e profissionalismo em todas as unidades em que laborou.

Sem razão a reclamante.

O dano moral não se configura pela mera circunstância de o fato ou ato provocar sofrimento psíquico no indivíduo, pois para sua caracterização é necessário que o empregador dirija ofensa direta à reputação, honra, decoro ou dignidade pessoal do empregado, faltando-lhe com respeito e consideração devida, ou causando sofrimento por atingi-lo em seus valores mais caros e íntimos.

Na hipótese em tela, as alegações da reclamante no sentido de que a reclamada maculou seu prestígio social e profissional, ensejando situação vexatória não restaram comprovadas nos autos. Seria necessária a produção de prova quanto à intenção (e prática) da empregadora de lhe impingir desonra, atingindo seu perfil moral inclusive perante colegas, comunidade profissional ou familiares, ônus do qual não se desincumbiu a reclamante.

Toda dispensa contém, em maior ou menor grau, uma carga dramática a ser suportada pelo demitido. Contudo, a dor do empregado ao receber a comunicação de rescisão não infamante, com explicações no mais das vezes sucintas e meramente formais sobre a motivação do ato, não se transmuda em direito à indenização por dano moral, se o empregador não tiver excedido os limites da razoabilidade. *In casu,* a afirmativa reservada (nem mesmo provada) de que a médica não preenchia o perfil como plantonista, desacompanhada de adjetivações ou outras considerações ofensivas, ou publicidade de qualquer espécie, ainda que possa ter atingido alguma corda mais sensível do psiquismo da autora ocasionando-lhe certo desconforto ou abalo em sua auto-imagem, certamente não faz incidir à espécie o disposto no artigo 5º, V e X, da Constituição Federal e nem enseja a indenização pretendida.

Mantenho." (www.trt2.gov.br, em 15.8.04)

Dispensa por justa causa afastada judicialmente — Banalização da "indústria do dano" — Não configuração

Ementa: DISPENSA POR JUSTA CAUSA AFASTADA EM JUÍZO. INDENIZAÇÃO POR DANO MORAL. O exercício pelo empregador, do seu direito potestativo de dispensar o empregado, ainda que arrimado em justa causa, afastada ulteriormente pelo Poder Judiciário, não acarreta uma lesão à honra, à imagem ou à moral do laborista. Ora, se o reclamado agiu pensando encontrar-se amparado no art. 482 da CLT, e, entendendo a obreira não ser o caso, tanto que intentou ação hábil a anular a penalidade imposta pela empresa, o que restou ratificado em Juízo, já obteve, assim, a autora, o ressarcimento do que lhe era devido pelo empregador, por meio do pagamento das verbas rescisórias. Quanto ao alegado dano moral, nada lhe é devido, uma vez que não ficou cabalmente demonstrada nestes autos a sua ocorrência. Não fez prova de que a sua vida pregressa, a sua moral perante a sociedade, o seu passado profissional tenham sido atingidos de um modo grave o suficiente a ponto de a impedir de conseguir obter uma nova colocação profissional em outra empresa. Não há igualmente nenhuma prova de que o seu pedido de admissão em determinada empresa tenha sido recusado com arrimo na alegada justa causa afastada judicialmente. Assim, transtornos e descontentamentos, por não se enquadrarem nas hipóteses retratadas no inciso X, do art. 5º, da Carta Constitucional, não ensejam o pagamento da indenização guerreada. Deve-se evitar, ademais, a banalização da "indústria do dano". TRT 3ª Reg. — RO 00581-2004-014-03-00-8 — (Ac. 3ª T.) — Relª Juíza Maria Lúcia Cardoso Magalhães. DJMG 19.3.05, p. 5.

Dispensa por justa causa afastada judicialmente — Configurada a dispensa imotivada — Indenização por dano moral indevida

Ementa: JUSTA CAUSA AFASTADA PELO JUÍZO. CONFIGURADA A DISPENSA IMOTIVADA. INDENIZAÇÃO POR DANO MORAL INDEVIDA. O fato de não ter sido reconhecida em Juízo a prática de ato faltoso do empregado durante o contrato de trabalho, não é suficiente, por si só, para caracterizar o dano moral decorrente da dispensa. Se o ato de dispensa motivada do reclamante não foi além do exercício do poder diretivo do empregador de romper unilateralmente o contrato de trabalho, já que não há prova de que tenha repercutido e ganhado publicidade de molde a provocar prejuízo à honra e à imagem do autor, não configura a culpa ensejadora da responsabilidade civil. TRT 3ª Reg. — RO 00663-2003-038-03-00-1 — (Ac. 1ª T.) — Rel. Juiz Márcio Flávio Salem Vidigal. DJMG 24.4.04, p. 04.

Dispensa por justa causa afastada judicialmente — Embriaguez — Não caracterização

Ementa: DANO MORAL. JUSTA CAUSA AFASTADA EM JUÍZO. EMBRIAGUEZ. NÃO CARACTERIZAÇÃO. O fato de o empregador invocar embriaguez em serviço como motivador da rescisão contratual, não configura, por si só, ofensa ao patrimônio moral do trabalhador. O gravame à intimidade, vida privada, honra ou imagem há que ser bem delineado, a fim de ensejar indenização por danos morais. No caso em exame, não se comprovou qualquer ato positivo ou omissivo da Reclamada ou de seus prepostos que tivesse ofendido a moral, a dignidade e a honra do Reclamante. Não há qualquer comprovação nos autos de que as razões elencadas pela Reclamada, para dispensá-lo por justa causa, tenham lhe causado dano efetivo. O regular exercício do empregador de rescindir o contrato de trabalho não constitui dano moral, ainda que tenha alegado justa causa e tal circunstância não venha a se comprovar em juízo. Recurso a que se dá provimento para excluir a indenização deferida em razão de danos morais. TRT 9ª Reg. — RO 00722-2003-026-09-00-9 — (Ac. 4ª T. 14909/05) — Rel. Juiz Arnor Lima Neto. DJPR 17.6.05, p. 606.

Dispensa por justa causa afastada judicialmente — Hipótese de descabimento

Ementa: DANO MORAL. JUSTA CAUSA AFASTADA JUDICIALMENTE. O fato de a justa causa aplicada ter sido afastada judicialmente não gera, por si só, o direito à indenização por dano moral, devendo restar demonstrado o dano extrapatrimonial. O ilícito trabalhista consistente na aplicação da justa causa, embora ocorrente, não atingiu a esfera ética do reclamante, tendo gerado apenas danos de origem patrimonial, já recompostos, ainda que tardiamente, através da prestação jurisdicional. TRT 12ª Reg. — RO-V 01044-2002-028-12-00-7 — (Ac. 3ª T. 13.387/02, 22.10.02) — Relª Juíza Gisele Pereira Alexandrino. DJSC 28.11.02, p. 172.

Dispensa por justa causa afastada judicialmente — Indenização por dano moral

Ementa: DISPENSA POR JUSTA CAUSA AFASTADA EM JUÍZO. INDENIZAÇÃO POR DANO MORAL. O exercício pelo empregador, do seu direito potestativo de dispensar o empregado, ainda que arrimado em justa causa, afastada ulteriormente pelo Poder Judiciário, não acarreta uma lesão à honra, à imagem ou à moral do laborista. Ora, se a reclamada agiu pensando encontrar-se amparada no art. 482 da CLT, e, entendendo o obreiro não ser o caso, tanto que intentou ação hábil a anular a penalidade imposta pela empresa, o que restou ratificado em Juízo, já obteve, assim, o autor, o ressarcimento do que lhe era devido pela empregadora, por meio do pagamento das verbas rescisórias. Quanto ao alegado dano moral, nada lhe é devido, uma vez que não ficou demonstrada nestes autos a sua ocorrência. Não fez prova de que a sua vida pregressa, a sua moral perante a sociedade, o seu passado profissional tenham sido atingidos de um modo grave o suficiente a ponto de o impedir de conseguir obter uma nova colocação profissional em outra empresa. Não há igualmente prova de que o seu pedido de admissão em determinada empresa tenha sido recusado com arrimo na alegada justa causa afastada judicialmente. Assim, transtornos e descontentamentos, por não se enquadrarem nas hipóteses retratadas no inciso X, do art. 5º, da Carta Constitucional, não ensejam o pagamento da indenização guerreada. TRT 3ª Reg. — RO 14.124/02 — (Ac. 2ª T.) — Rel. Juiz Lucas Vanucci Lins. DJMG 25.1.03, p. 10.

Dispensa por justa causa afastada judicialmente — Insuficiência de prova — Dano moral não imputável

Ementa: I) AGRAVO DE INSTRUMENTO — JUSTA CAUSA — DANOS MORAIS — DIVERGÊNCIA JURISPRUDENCIAL ESPECÍFICA —

PROVIMENTO. Revelando o recurso de revista que a divergência jurisprudencial era específica, porquanto assentava que a insuficiência de produção de prova pelo empregador acerca da justa causa não implicava a configuração do dano moral, quando o acórdão regional atestou que, embora não provada a justa causa, era cabível o dano moral por propagação de comentários depreciativos à conduta profissional do Reclamante, há que ser admitido, nos termos do art. 896, "a", da CLT. **Agravo de instrumento provido. II) RECURSO DE REVISTA — JUSTA CAUSA AFASTADA POR INSUFICIÊNCIA DE PROVA — DANO MORAL NÃO IMPUTÁVEL.** 1. O dano moral passível de indenização diz respeito à violação da imagem, honra, vida privada e intimidade da pessoa (CF, art. 5º, X). 2. A dispensa do empregado por justa causa, quando não provada em juízo a motivação do ato, não implica automaticamente o deferimento da indenização por dano moral, pois o empregador já deverá arcar com os ônus da despedida imotivada (cfr. TST-RR- 570.845/1999.0, Rel. Min. Ives Gandra, DJ de 14/12/01. 3. "In casu", o Regional consignou que a dispensa foi motivada pelo desrespeito a normas de procedimento de vôos, pelo uso indevido, por parte do Autor (comandante), de equipamento da aeronave. A justa causa foi afastada, na hipótese, por insuficiência de prova e o dano moral deferido com lastro na propagação de comentários depreciativos quanto à conduta profissional do Autor, que teriam abalado sua esfera íntima e maculado a sua honra e imagem. 4. Ora, o fato de a dispensa e de sua motivação ser conhecida no âmbito da Empresa não é suficiente para gerar o direito à indenização por dano moral, uma vez que: a) se o procedimento adotado pelo Autor era o correto, porque corriqueiro (sendo conhecido pelos colegas), sua imagem não fica tisnada com a pecha; b) se era incorreto, mas só não foi apenado por insuficiência de prova, não se pode carregar ainda mais a Reclamada, que já arca com a majoração das verbas rescisórias com base na descaracterização da justa causa..Recurso de revista provido. TST — RR-1.876/1996-077-02-40.3 — (Ac. 4ª T.) — Rel. Min. Ives Gandra Martins Filho. DJU 4.5.07, p. 1.360.

Dispensa por justa causa afastada judicialmente — Insuficiência de provas — Indeferimento

Ementa: INDENIZAÇÃO POR DANO MORAL. JUSTA CAUSA NÃO RECONHECIDA POR INSUFICIÊNCIA DE PROVAS. INDEFERIMENTO. O fato de o empregador ter rompido o vínculo empregatício sob a alegação de cometimento de falta grave, e perante o Poder Judiciário não ter logrado comprovar os fatos em que fulcrou sua argumentação, é insuficiente para que se reconheça o direito do trabalhador em ser indenizado por danos morais. Tal indenização será cabível apenas quando restar inequívoco que a empresa utilizou-se desse subterfúgio com a única finalidade de escapar das obrigações rescisórias, ou quando nos autos restar absolutamente comprovada a inexistência da falta grave — jamais quando o não reconhecimento judicial da justa causa decorreu da mera insuficiência de provas quanto ao fato alegado (precedente deste Regional, julgado em 10.02.99). TRT 24ª Reg. — RO 1.525/2000 — (Ac. TP n. 473/2001) — Rel. Juiz Amaury Rodrigues Pinto Júnior. DJMS n. 5.472, 21.3.01.

Dispensa por justa causa afastada judicialmente — Não configuração

Ementa: DANO MORAL. DISPENSA POR JUSTA CAUSA REVERTIDA EM JUÍZO. A indenização por dano moral decorrente de despedida difamatória é admissível, em tese, pela doutrina, mas nestes casos, para a efetiva configuração do dano, é imprescindível a demonstração de que o comportamento do empregador tenha ultrapassado limites de razoabilidade. Assim, nem todos os casos de despedida por justa causa que não restou provada ensejam a condenação do empregador, pois é necessário, além do prejuízo efetivo, que tenha havido o ânimo de causá-lo por parte do réu, o qual deverá ser aferido de acordo com as particularidades de cada caso concreto submetido à apreciação judicial. No caso em tela, o contexto probatório produzido nos autos não demonstrou, de modo inequívoco, o prejuízo alegado pelo reclamante, de modo a ensejar a condenação da empresa ré no pleito epigrafado. Deste modo, o simples fato da justa causa ter sido revertida em Juízo por falta de prova, não enseja por si só a condenação do empregador ao pagamento da indenização por danos morais, até porque não restou demonstrada que a empresa pretendia, com a falta grave imputada ao emprego, eximir-se das obrigações rescisórias. Recurso improvido por unanimidade. TRT 24ª Reg. — RO 01009/2001-002-24-00-9 — Rel. Juiz João de Deus Gomes de Souza. DO-MS n. 5821, 22.8.02.

Dispensa por justa causa afastada judicialmente — Não configuração

Ementa: DANO MORAL. DEMISSÃO POR JUSTA CAUSA REVERTIDA POR DECISÃO JUDICIAL. A REVERSÃO DA DEMISSÃO POR JUSTA CAUSA EM DISPENSA IMOTIVADA, POR SI SÓ, NÃO TEM O CONDÃO DE CARACTERIZAR O DANO MATERIAL E MORAL. A reversão da demissão por justa causa em dispensa imotivada, por si só, não tem o condão de caracterizar o dano material e moral, máxime quando ausente a intenção culposa ou dolosa, por parte do empregador, de denegrir a honra, a imagem e a boa fama do empregado. Ainda que o empregado tenha passado funcional ilibado a imputação de ofender e desrespeitar superior hierárquico, por si só, não faz nascer o direito a indenização por dano moral, exceto quando tipificada uma falta grave de modo falso e abusivo, sem qualquer sustentáculo no princípio da razoabilidade. Ademais, quanto ao dano material, descaracterizada a falta grave em juízo, como na espécie, a dispensa revertida para imotivada já reconheceu as indenizações correspondentes. Qualquer prejuízo extrapolante da indenização legal tarifada da modalidade dispensa injusta deve ser cabalmente provada. TRT 2ª Reg. — RO 02653200131102000 — (Ac. 6ª T. 20050408008) — Relª Juíza Ivani Contini Bramante. DJSP 8.7.05, p. 161.

Dispensa por justa causa desqualificada judicialmente — Ocorrência policial — Ausência de publicização da acusação policial ou divulgação desabonadora do fato pelo empregador — Não configuração

Ementa: INDENIZAÇÃO POR DANO MORAL: REQUISITOS. O dano moral não pode apenas ser alegado ou presumido, dependendo da demonstração de prova de fatos que levam à desqualificação da honra do atingido ou à verificação de situação vexatória ou de temor que resultem na existência de dor sentimental. Para isso, há necessidade de verificação se o fato alegado causa gravame relevante no íntimo do atingido e não a mera circunstância da ocorrência de fato que possa estar coligado a interesses patrimoniais, dada a distinção com a indenização que decorre da percepção da ocorrência do dano moral. No caso, a demissão por justa causa, ainda que desqualificada judicialmente, com ocorrência policial para apuração de eventual fato criminoso, não envolve dano moral se a acusação não foi divulgada pela empresa para repercutir negativamente na sua honra, eis que é direito do empregador proteger-se de eventual ilícito provocando a autoridade policial ou a via judicial, ainda que por conta disso possam advir incômodos naturais. Seria necessário que a empresa houvesse publicizado a acusação policial ou dado divulgação desabonadora por qualquer outro meio para configurar-se atingida a obreira no seu íntimo. Recurso obreiro desprovido. TRT 10ª Reg. — RO 00772-2002-007-10-00-1 — (Ac. 1ª T./05) — Rel. Juiz Alexandre Nery de Oliveira. DJU3 2.9.05, p. 17.

Dispensa procedida ao arrepio do Estatuto da fundação empregadora. Configuração

Ementa: DANO MORAL — Dispensa procedida ao arrepio do Estatuto da fundação empregadora, contrária aos interesses individuais da empregada e aos interesses coletivos da comunidade docente e discente, exige reparação do prejuízo, com imposição de indenização, a que se imprime caráter pedagógico, como forma de coibir novas violações a normas cogentes e garantir a livre manifestação do pensamento no ambiente universitário. TRT 2ª Reg. — RO 00104200443402005 — (Ac. 7ª T. 20070053868) — Relª. Juíza Catia Lungov. DJSP 16.2.07, p. 29.

Dispensa sem justa causa — Alegação da ocorrência de dano moral — Retaliação por ter ajuizado outra ação trabalhista em desfavor do empregador — Não configuração

Ementa: DEMISSÃO IMOTIVADA. ALEGAÇÃO DA OCORRÊNCIA DE DANO MORAL. HIPÓTESE EM QUE É ADUZIDO PELO OBREIRO QUE A DEMISSÃO SE DERA COMO MEDIDA DE RETALIAÇÃO POR TER ELE AJUIZADO AÇÃO TRABALHISTA OUTRA EM DESFAVOR DO EMPREGADOR. Se os autos indicam que o empregador já havia manifestado claramente a intenção de demitir o obreiro mesmo antes de ele vir a ajuizar uma primeira ação trabalhista, fica afastada a assertiva de que a demissão procedida posteriormente tenha sido simples medida retaliatória ante o ajuizamento daquela ação; tanto mais se a dispensa fora procedida não quando o empregador fora notificado da existência daquela primeira ação trabalhista, mas somente após a prolação de sentença nela. Recurso ordinário do reclamante conhecido e desprovido. TRT 10ª Reg. — RO 01225-2004-008-10-00-1 — (Ac. 3ª T./05) — Rel. Juiz Paulo Henrique Blair. DJU3 5.8.05, p. 24.

Dispensa sem justa causa — Dano moral — Ausência de configuração

Ementa: INDENIZAÇÃO POR DANOS MORAIS. PRESSUPOSTOS. AUSÊNCIA DE CONFIGURAÇÃO. O acolhimento do pedido de indenização por danos morais pressupõe a prova da prática de ato ilícito, por parte da empregadora, bem como do nexo causal entre o mesmo e o prejuízo efetivado ao obreiro no âmbito moral. No caso em concreto, não sendo verificada manifesta ilicitude do ato patronal relacionado à dispensa sem justa causa da reclamante, estando a mesma inserida nos limites do poder potestativa da empregadora de rescindir o contrato de trabalho, faz-se mister indeferir a postulada indenização, à míngua de configuração dos pressupostos essenciais ao seu reconhecimento em juízo. TRT 3ª Reg. — RO 18.145/99 — (Ac. 4ª T.) — Rel. Juiz Julio Bernardo do Carmo. DJMG 29.4.00, p. 20.

Dispensa sem justa causa — Falsa imputação ao obreiro de ato de improbidade, com repercussão no seio da empresa

Ementa: DANO MORAL. A dispensa sem justa causa não afasta os efeitos do dano moral decorrente da falsa imputação ao obreiro de ato de improbidade, com repercussão no seio da empresa e, portanto, no âmbito da comunidade profissional do autor. O dano moral, na hipótese, é decorrência natural do fato e independe de qualquer outra prova, a não ser do fato que gerou a dor e o sofrimento íntimo, o que restou incontroverso nos autos. TRT 3ª Reg. — RO 01965-2004-031-03-00-3 — (Ac. 8ª T.) Relª Juíza Denise Alves Horta. DJMG 22.10.05, p. 21.

Dispensa sem justa causa — Motivos depreciativos divulgados em jornal de grande circulação — Repercussão danosa à honra e à possibilidade de novo emprego — Direito à indenização

Ementa: 1. — NULIDADE DO ACÓRDÃO DA TURMA. ARGÜIÇÃO DE NEGATIVA DE PRES-

TAÇÃO JURISDICIONAL. A Turma foi expressa com relação à inespecificidade do aresto acostado, ao aferir que este referia-se a situação em que teria havido a identificação do empregado que seria demitido, e no Acórdão proferido nos Embargos Declaratórios ressaltou a intenção do Embargante de reexaminar a questão, pelo que não se há falar em vício no julgado. Incólumes os preceitos legais e constitucionais suscitados. 2. EMPRESA PÚBLICA. DESPEDIDA IMOTIVADA. POSSIBILIDADE. A iterativa, notória e atual jurisprudência da Corte adota entendimento pelo qual não se exige de entidade da Administração Pública, equiparada à empresa de direito privado, motivação do ato de dispensa de seus empregados, ainda que admitidos por meio da aprovação em concurso público (Orientação Jurisprudencial n. 247/SDI). 3. DANOS MORAIS. DISPENSA SEM JUSTA CAUSA. MOTIVOS DEPRECIATIVOS DIVULGADOS EM JORNAL DE GRANDE CIRCULAÇÃO. REPERCUSSÃO DANOSA À HONRA E À POSSIBILIDADE DE NOVO EMPREGO. DIREITO À INDENIZAÇÃO. O dano moral ocorreu, na hipótese, porque a nota distribuída pelo Presidente do Reclamado, à imprensa, e por ela divulgada, na qual noticiava a dispensa de cerca de 700 empregados, que de alguma forma tiveram problemas administrativos, teve ampla repercussão e, em razão das declarações prestadas, tornaram-se, referidos empregados dispensados, destinatários das graves acusações divulgadas, já que presumia tratar-se, os dispensados, de maus empregados, desidiosos e com problemas administrativos, e isto obviamente repercutiu nos círculos familiar, de amizade e de relacionamento profissional da Reclamante, configurando-se uma ato danoso à honra e à possibilidade de novo emprego. Embargos conhecidos parcialmente e providos. TST — E-ED-RR-532.418/1999.0 — (Ac. SBDI1) 17ª Reg. — Rel. Min. Carlos Alberto Reis de Paula. DJU 13.4.07, p. 1.101/02.

Dispensa sem justa causa — Realização de auditoria periodicamente — Desemprego — Não configuração

Ementa: DANO MORAL NÃO CONFIGURADO. A circunstância de a empresa realizar auditoria periodicamente, e após, ser o recorrente e demais colegas dispensados sem justa causa, não obstante os transtornos que causa ao trabalhador desempregado, com repercussão na sua vida familiar e social, isto não se pode traduzir em dano moral, para efeito de indenização, tendo em vista que o desemprego é fenômeno mundial, decorrente da crise econômica e, por isto, não enseja a ofensa moral a caracterizar o dano que, por sua vez, faz nascer o direito à respectiva indenização. Ressalte-se que auditoria periódica é necessária ao bom andamento do empreendimento. Para se configurar a existência de dano à moral do empregado, é imprescindível a nítida demonstração da arbitrariedade praticada no uso do poder de mando e direção. Não se vislumbrando a ofensa à dignidade da pessoa humana, em razão dos motivos que levaram à auditagem, a mera apuração de desaparecimento de desvio de cargas, dentro de um critério de generalidade e impessoalidade, não caracteriza constrangimento ilegal que viabilize a condenação por dano moral. Ainda mais, quando a dispensa se operou sem justo motivo, compreendendo-se a atitude empresarial dentro do poder diretivo do empregador. TRT 3ª Reg. — RO 00609-2005-058-03-00-2 — (Ac. 2ª T.) — Rel. Juiz Bolivar Viegas Peixoto. DJMG 19.10.05, p. 29.

Exposição do empregado à situação vexatória quando da dispensa — Configuração

Ementa: INDENIZAÇÃO POR DANO MORAL. EXPOSIÇÃO DO EMPREGADO À SITUAÇÃO VEXATÓRIA QUANDO DA DISPENSA. A dispensa sem justa causa é expediente legítimo e, por si só, não caracteriza uma atitude abusiva do empregador. Mas o empregador não pode agir de forma indevida na defesa de seus interesses. As reclamadas que, a fim de dispensar o reclamante, optam por expor o empregado à situação vexatória diante de terceiros devem arcar com as conseqüências dos seus atos, se deles resulta dano moral, pois ultrapassados os limites da dignidade recíproca que regem a relação de emprego. A ausência de uma indenização pecuniária seria, em caso como esses, considerada estimuladora para que o empregador prosseguisse naquele tipo de conduta com outros empregados. TRT 3ª Reg. — RO 16.313/00 — (Ac. 4ª T.) — Rel. Juiz Márcio Flávio Salem Vidigal. DJMG 21.10.00, p. 16.

Falta de fornecimento de carta de apresentação — Descabimento

Ementa: DANO MORAL. FALTA DE FORNECIMENTO DE CARTA DE APRESENTAÇÃO. Não se verifica que a reclamante teve dor ou sofrimento para fazer jus à indenização por dano moral por falta de fornecimento de carta de apresentação. TRT 2ª Reg. — RO 07139200390202000 — (Ac. 3ª T. 20040000499) — Rel. Juiz Sergio Pinto Martins. DJSP 10.1.04, p. 99.

Indenização — Dano material e moral — Não configuração

Ementa: INDENIZAÇÃO. DANOS MATERIAL E MORAL. INDEVIDA. Não logrou o reclamante provar, de forma robusta, tenha a reclamada denegrido sua imagem perante possíveis e/ou potenciais empregadores, após a despedida levada a efeito em 08.04.98. Além disso, revelam as provas que o reclamante obteve novo emprego quatro meses após a rescisão do contrato mantido com a ré, não se confirmando, pois, as alegações da inicial que serviram de respaldo ao pedido de indenização decorrentes de danos material e moral, estes não vislumbrados, *in casu*. TRT 4ª Reg. — RO 01000.661/01-6 — (Ac. 6ª T., julg. 19.3.03) — Relª Beatriz Zoratto Sanvicente. DJRS 7.4.03.

Indenização por dispensa arbitrária — Impossibilidade de apreciar-se o pedido como de indenização por danos morais

Ementa: INDENIZAÇÃO POR DISPENSA ARBITRÁRIA. IMPOSSIBILIDADE DE APRECIAR-SE O PEDIDO COMO SENDO DE INDENIZAÇÃO POR DANOS MORAIS. Havendo o Reclamante pedido indenização por dispensa arbitrária, invocando o art. 477 da CLT e o art. 7º, I, da Constituição Federal, impossível apreciar-se o pedido como se fosse de indenização por danos materiais e morais, admitindo-se causa de pedir diversa da que foi alegada na inicial. TRT 3ª Reg. — RO 00682-2003-041-03-00-0 — (Ac. 4ª T.) — Rel. Juiz Luiz Otávio Linhares Renault. DJMG 6.12.03, p. 08.

Informações desabonadoras supostamente prestadas por ex-empregador — Inocorrência de ilícito — Ausência de nexo causal

Ementa: DANOS MORAIS E MATERIAIS — INFORMAÇÕES DESABONADORAS SUPOSTAMENTE PRESTADAS POR EX-EMPREGADOR — INOCORRÊNCIA DE ILÍCITO. AUSÊNCIA DE NEXO CAUSAL. Revelando a prova dos autos que as informações prestadas pela Reclamada, no único episódio confirmado, não destoam da realidade, tampouco denotam abusividade ou intuito de prejudicar, além de não constituírem causa eficiente da não contratação, restam afastadas as presenças do alegado ilícito e do nexo de causalidade entre o ato patronal e o dano. TRT 18ª Reg. — RO-00273-2006-161-18-00-8 — Rel. Juiz Marcelo Nogueira Pedra. DJGO 31.8.06, p. 76.

Não caracterização — Descoberta do autor, após o seu afastamento do emprego, que a verdadeira razão da sua dispensa foi falsa acusação de furto

Ementa: DANO MORAL. NÃO CARACTERIZAÇÃO. O fato de o autor descobrir após o seu afastamento do emprego que a verdadeira razão de sua dispensa foi falsa acusação de furto de bens da empresa, por si só, não implica indenização por dano moral, porquanto é necessária a prova de ter o empregador ofendido dolosamente sua personalidade, o que, *in casu*, não ocorreu, diante da sua dispensa sem justa causa, o que comprova não ter havido interesse do empregador em provocar maiores comentários a respeito. TRT 12ª Reg. — RO-V-03.210/01 — (Ac. 2ª T. 12.409/01, 23.10.01) — Rel. Juiz Telmo Joaquim Nunes. DJSC 3.12.01, p. 129.

Não comprovação da conduta ilícita do empregador no momento da rescisão do contrato

Ementa: DANOS MORAIS. INDENIZAÇÃO. NÃO CABIMENTO. HIPÓTESE. Não terá direito o empregado à indenização por dano moral se não comprovada a conduta ilícita do empregador no momento da rescisão do contrato de trabalho e, especialmente, quando este não tornar público o fato ou acusação que entende ter sido contra ele assacada. TRT 24ª Reg. — RO 1.202/2001-004-24-00-2 — Rel. Juiz Nicanor de Araújo Lima. DOMS n. 5.881, 20.11.02.

Pedido de demissão — Coação — Ocorrência

Ementa: PEDIDO DE DEMISSÃO. COAÇÃO. DANO MORAL. OCORRÊNCIA. O dano moral ocorre na esfera da subjetividade, traduzindo-se em sentimento de pesar íntimo do ofendido, capaz de gerar prejuízo ao aspecto afetivo ou social do seu patrimônio moral. Os Tribunais pátrios, igualmente, têm-se manifestado no sentido de que, diferentemente do que ocorre com o dano material, para que se configure o dano moral, não há de se cogitar da prova do prejuízo. Entretanto, para o deferimento da indenização, deve ficar provado o nexo de causalidade entre o dano e a conduta do ofensor, ou seja, que esta gerou aquele, bem como a existência do ato tido como ilícito. O empregador, ao utilizar-se publicamente de meios escusos no sentido de coagir seu empregado a assinar pedido de demissão, sob ameaça de ser incriminado da prática de furto, o submete a dor psicológica, bem como a perturbação da sua dignidade moral, restando configurado o nexo de causalidade entre dano e a conduta do ofensor, fazendo-se presente o dever de indenizar, nos termos do art. 5º, X, da CF, bem como do art. 483, "e", da CLT. DANO MORAL. MENSURAÇÃO DO *QUANTUM* COMPENSATÓRIO. Doutrina e jurisprudência têm sedimentado que a fixação do *quantum* compensatório a ser arbitrado na reparação de dano moral deve ficar ao livre e prudente arbítrio do Magistrado, único legitimado a aferir, a partir de seu convencimento, a extensão da lesão e o valor cabível que a ela corresponda. O ponto de partida para que o Juiz proceda à avaliação do dano moral, ou seja, estime o *quantum* reparatório, há de ser, se presente, o valor pedido pelo autor, que, em tese, num primeiro momento, obviamente seria o único capaz de mensurar o *quantum* suficiente para minimizar os sentimentos de revolta e indignação, aliados ao natural desejo de punir, voltado que está para a própria dor. Num segundo instante, caberia a intervenção do Juiz, que passaria a apreciar se o valor pretendido ajusta-se à situação posta em julgamento, a compreender as circunstâncias do caso, a gravidade do dano, a situação do lesante, a condição do lesado, preponderando, como orientação central, a idéia de sanção do ofensor, como forma de obstar a reiteração de casos futuros (cf. CARLOS ALBERTO BITTAR, *IN* "A Reparação do dano moral". Rio de Janeiro: Forense, p. 89). O valor da indenização, muito embora às vezes não seja suficiente para apagar as marcas dos danos impostos, não deve servir para o enriquecimento injustificado da parte. Também não deve pouco significar para o patrimônio do lesante, já que não serviria para desestimulá- lo à repetição do ato. TRT 10ª Reg. — RO 01166-2004-013-10-00-7 — (Ac. 1ª T./05) — Rel. Juiz Pedro Luis Vicentin Foltran. DJU3 24.6.05, p. 18.

Poder potestativo do empregador — Limites éticos, morais e jurídicos — Dano moral configurado

Ementa: DANOS MORAIS. O direito patronal ao despedimento imotivado, ainda que potestativo, não é absoluto e tem de ser exercido nos limites éticos, morais e jurídicos que se exigem de todos os demais direitos exercíveis em um Estado Democrático de Direito (artigo 1º, "caput" da Lei Maior). Evidentemente, não parece justo nem razoável que se ignore a dor interna sofrida pelo trabalhador imotivadamente despedido e que, enquanto pai de família, tem de zelar pela sobrevivência própria e dos que dele dependem, o que seguramente lhe causa angústia, tristeza e não raramente desespero e sofrimento. Contudo, tal lesão pessoal — indiscutivelmente sofrida pelo reclamante ao ser despedido injustamente — é idêntica àquela que atinge diariamente a todos os outros milhares de empregados que perdem seus empregos em nosso país, e tal "dor interna", embora existente, não pode ser tida por injusta, ao menos a princípio, uma vez que não decorre de conduta ilícita do empregador, mas sim, do malfadado e regular exercício do direito potestativo à rescisão contratual desmotivada, nos termos do inciso I do artigo 7º da Lei Maior. Entendo que o fato de que o reclamante e um colega de trabalho seu terem sido, ambos, os únicos despedidos imotivadamente, quando eram os únicos na empresa que moviam ação em face do sindicato profissional e que não gozavam de qualquer estabilidade, isso poucas semanas após serem "aconselhados" pela reclamada a desistirem da ação ajuizada em face do sindicato reivindicando a nulidade do estatuto e o cancelamento das eleições sindicais, sem que se extraia da contestação ofertada pela empresa qualquer outra justificativa para a despedida imotivada e súbita do obreiro, senão o malfadado uso do direito patronal potestativo à rescisão imotivada do contrato, evidencia, por certo, ato ilícito do empregador. Presentes todos os requisitos para a reparação civil (ação ou omissão; culpa ou dolo, relação de causalidade entre conduta e resultado danoso e o dano injusto sofrido pela vítima) o deferimento da indenização a título de danos morais se faz medida de rigor. TRT 15ª Reg. (Campinas/SP) — RO 02642-2003-044-15-00-7 — (Ac. 42480/2005-PATR, 11ª Câmara) — Relª Juíza Fany Fajerstein. DJSP 9.9.05, p. 68.

Publicidade dos fatos da dispensa — Configuração

Ementa: DANO MORAL. PUBLICIDADE DOS FATOS DA DISPENSA. CONFIGURAÇÃO. Além da obrigação de dar trabalho e de possibilitar ao empregado a execução normal da prestação de serviços, incumbe ao empregador respeitar a honra, a reputação, a liberdade, a dignidade, e integridade física e moral de seu empregado, por serem atributos que compõem o patrimônio ideal da pessoa, assim conceituado o conjunto de tudo aquilo que não seja suscetível de valor econômico. *In casu*, a prova indica a publicidade dada aos fatos que envolveram a dispensa (justa causa), feita através do mural de acesso de empregados da reclamada e demais trabalhadores do aeroporto, com informações dos motivos da dispensa promovida pela reclamada. Dano moral que se configura, não pela justa causa, e sim, pela publicidade dos motivos da dispensa. Recurso a que se nega provimento. TRT 2ª Reg. — RO 02337199902502000 — (Ac. 3ª T. 220040066074) — Rel. Juiz Ricardo Artur Costa e Trigueiros. DJSP 16.3.04, p. 133.

Publicidade e divulgação da modalidade da ruptura contratual — Repercussões desabonadoras à imagem profissional do reclamante — Cabimento

Ementa: DANO MORAL. PUBLICIDADE E DIVULGAÇÃO DA MODALIDADE DA RUPTURA CONTRATUAL. REPERCUSSÕES DESABONADORAS À IMAGEM PROFISSIONAL DO RECLAMANTE. Se a empresa divulga, em panfletos, o nome do empregado e a sua dispensa por justa causa, com o relato do fato que a ensejou, isto, sem dúvida, acarreta repercussões indeléveis para a imagem do trabalhador e, por certo, macula o seu patrimônio moral, mormente quando afastada, em juízo, a alegada justa causa para o despedimento. Nesses casos, o dano independe de prova, encontrando-se implícito no procedimento da empregadora, já que o constrangimento e a humilhação daí advindos afiguram-se inquestionáveis. TRT 3ª Reg. — RO 01.166-2003-109-03-00-3 — (Ac. 8ª T.) — Relª Juíza Denise Alves Horta. DJMG 17.1.04, p. 23.

Publicidade indevida da rescisão contratual por justa causa — Correio eletrônico — Indenização — Caracterização

Ementa: REINTEGRAÇÃO. AUSÊNCIA DE ESTABILIDADE. IMPOSSIBILIDADE DE GARANTIA DE PADRÃO REMUNERATÓRIO SUPERIOR NO PERÍODO DE 1 ANO APÓS O RETORNO DO EMPREGADO EXPATRIADO.VANTAGEM DE CARÁTER PESSOAL (VCP). A lotação operária em cargo de confiança, além de confirmar a natureza precária da investidura, revela-se incompatível com qualquer espécie de estabilidade. Sob tal prisma, não há de se falar em reintegração, mormente pela inaplicabilidade dos arts. 41, § 2°, da Constituição Federal e 495 da CLT ao caso concreto. Inexistindo no regramento interno (DIPES/DIRIN 2003/1.838) garantia de exercício de função comissionada após a repatriação do empregado, não há de se falar na manutenção de padrão remuneratório superior (gratificação de função/VCP durante 1 ano), após a rescisão contratual. Sentença mantida. JUSTA CAUSA. PRINCÍPIO DA IMEDIATIDADE. É de se considerar acertada a sentença que, a despeito de confirmar a irregularidade da conduta funcional do Reclamante, conclui pela reversão da falta grave em dispensa imotivada, porque desrespeitada a contemporaneidade na aplicação da punição disciplinar pelo decurso de 1 ano de investigação interna. O lapso temporal evidencia inequívoca mitigação da punição disciplinar ante o esmaecimento da falta no tempo, uma vez que o regulamento interno veda a aplicação de qualquer sanção ou dispensa do cargo comissionado no curso do inquérito administrativo. Sentença mantida. **DANOS MORAIS. CARACTERIZAÇÃO. PUBLICIDADE INDEVIDA DA RESCISÃO CONTRATUAL POR JUSTA CAUSA. CORREIO ELETRÔNICO. INDENIZAÇÃO.** O conjunto probatório ratifica o excesso praticado pelo Banco na publicidade da rescisão contratual, e sua motivação, à rede interna e externa de gerentes, por meio de correio eletrônico, ensejando a condenação em danos morais. Sentença reformada. Recurso ordinário do Reclamante parcialmente conhecido e parcialmente provido. Recurso ordinário do Reclamado também parcialmente conhecido e parcialmente provido. TRT 10ª Reg. — RO 00910-2005-016-10-00-6 — (Ac. 3ª T./06) — Relª. Juíza Márcia Mazoni Cúrcio Ribeiro. DJU3 25.8.06, p. 40.

Represália por ter reclamado contra o empregador — Informações negativas ao novo empregador

Ementa: AGRAVO DE INSTRUMENTO. DANO MORAL. Não fora a carência de fundamento do apelo, com denúncia inespecífica de violação à lei e à Constituição Federal, patenteia-se a razoabilidade da decisão regional conclusiva de que é induvidosa a lesão sofrida por empregado que tem seu contrato de trabalho rescindido três dias após a admissão, em razão de represália da ex-empregadora que tomando conhecimento do ajuizamento de demanda trabalhista contra ela, faz contato com o novo empregador, prestando-lhe informações negativas sobre o comportamento do obreiro, totalmente desvirtuadas da realidade. Decisão lastreada em fatos e provas insusceptíveis de revisão nesta fase recursal (Enunciado n. 126 do TST). Agravo de instrumento não provido. TST — AIRR-79.8913/01.1 — (Ac. 4ª T.) — 3ª Reg. — Rel. Juiz Convocado Horácio Raymundo de Senna Pires. DJU 28.3.03.

Rescisão contratual — Capacidade potestativa do empregador — Descabimento

Ementa: DANO MORAL X RESCISÃO CONTRATUAL. "Não há menor sombra de dúvida no sentido que o ato de rescindir o contrato de trabalho faz parte da capacidade potestativa do empregador, cabendo apenas a esta Justiça Especializada, em caso da falta de motivação justa para o ato demissionário, reverter a situação para fins de ressarcimento ao empregado pela despedida. Portanto, mediano concluir-se que o regular exercício do empregador em rescindir o contrato de trabalho, por si só, não constitui dano moral, ainda que haja justa causa, sem a devida confirmação em Juízo". TRT 2ª Reg. — RO 21984200290202008 — (Ac. 6ª T. 20020695890) — Relª Juíza Jucirema Maria Godinho Gonçalves. DJSP 8.11.02, p. 67.

Rescisão contratual decorrente da adesão do reclamante ao PDVI — Danos morais

Ementa: DA RESCISÃO CONTRATUAL DECORRENTE DA ADESÃO DO RECLAMANTE AO PDVI. DANOS MORAIS. Entende a jurisprudência que é devida indenização apenas em face de prejuízos que uma parte da relação empregatícia cause à outra em sua honra e dignidade, capaz de abalar, ainda que subjetivamente, sua reputação. Necessário, para tanto, o nexo causa-efeito entre a conduta dolosa e arbitrária e o dano moral efetivamente sofrido. Verificada que a rescisão, na hipótese vertente, não se enquadra nesse contexto, primeiro porque operada em função da adesão, legítima, do reclamante a programa de demissão incentivada, segundo porque tampouco restou demonstrada nos autos qualquer circunstância vivenciada pelo obreiro que pudesse abalar sua honra, quer subjetiva ou objetiva, indevida a indenização pleiteada. DA MULTA DO ART. 477, § 8º, DA CLT. Segundo disposição expressa do art. 477, § 6º, da CLT é apenas a mora no pagamento das verbas rescisórias o fato gerador da multa em questão. Assim, considerando-se que o autor em nenhum momento alegou atraso no pagamento das verbas rescisórias e, ainda, tendo sido tempestivamente depositadas em sua conta corrente o respectivo valor, conforme documento de fls. 229, não impugnado, tenho por irretocável o indeferimento da parcela em questão. Recurso conhecido e não provido. TRT 10ª Reg. — RO 00278-2004-019-10-00-9 — (Ac. 2ª T./2004) — Rel. Juiz Mário Macedo Fernandes Caron. DJU-3 20.8.04, p. 41.

Rescisão indireta do contrato de trabalho — Gravação de ofensas ao empregado no local de trabalho — Aceitação da prova no processo trabalhista

Ementa: DANO MORAL. RESCISÃO INDIRETA DO CONTRATO DE TRABALHO. GRAVAÇÃO DE OFENSAS AO EMPREGADO NO LOCAL DE TRABALHO. ACEITAÇÃO DA PROVA NO PROCESSO TRABALHISTA. Robustamente demonstradas pela prova as ofensas gravíssimas dirigidas pela representante da empresa à empregada, a hipótese autoriza não só a rescisão indireta do contrato de trabalho como também condenação da empresa em dano moral. A gravação clandestina dos diálogos mantidos entre a empregada e os seus superiores no local de trabalho, nos quais essas ofensas eram sistematicamente praticadas, é perfeitamente legal e legítima, pois, apesar do desconhecimento dos ofensores, não se trata de interceptação de conversa alheia, pois foi feita por um dos interlocutores, em local de acesso ao público, sobre fato (o trabalho) da vida social dos envolvidos. A hipótese, portanto, não caracteriza afronta à inviolabilidade da vida privada ou da intimidade de quem quer que seja, resguardada pelo artigo 5º, X, da Constituição Federal (Precedentes do TST, no TST-SDI-I ROMS n. 11.134/90, publicado no DJ de 27.9.91, p. 13394, e do STF nos HC n. 75.338, publicado no DJ de 25.9.98, pp. 00011, e RE n. 212.081, publicado no DJ de 27.3.98, pp. 00023). Além de não se caracterizar prova ilícita, trata-se, no caso, do exercício do direito de defesa por parte da empregada, com o meio legítimo de que ela dispunha. TRT 3ª Reg. — RO 01262-2002-111-03-00-7 — (Ac. 2ª T.) — Relª Juíza Alice Monteiro de Barros. DJMG 20.2.04, p. 11.

Rescisão indireta do contrato de trabalho — Tratamento desrespeitoso — Ofensas pessoais — Configuração

Ementa: DANO MORAL. RESCISÃO INDIRETA DO CONTRATO DE TRABALHO. Comete dano moral o empregador que trata seu empregado de maneira desrespeitosa, dirigindo-lhe graves ofensas pessoais, xingando-o e o submetendo a "castigos" quando do não implemento da venda ao cliente, como o retorno à residência ou mesmo a ida até o estoque da empresa, impedindo o trabalhador de realizar novas vendas. Tratamento minimamente cordial é o que se exige do empregador que, se não o cumpre, dá ensejo à rescisão indireta do contrato de trabalho, máxime quando verificado o descumprimento de outras regras contratuais. TRT 15ª Reg. (Campinas/SP) — RO 00017-2004-032-15-00-1 — (Ac. 28041/05-PATR, 7ª Câmara) — Relª Juíza Andrea Guelfi Cunha. DJSP 24.6.05, p. 42.

Reversão da dispensa por justa causa em injusta — Dano causado — Configuração

Ementa: DANO MORAL. CABIMENTO. Não se pode admitir que a empresa, verificando ter cometido uma ilegalidade, simplesmente reverta a demissão por justa causa em injusta, pagando apenas as verbas rescisórias, sem responder pelo dano causado. Se era intenção do empregador reparar o dano causado, deveria ter readmitido o obreiro, não o demitido sem justa causa. TRT 2ª Reg. — RO 01196200221102009 — (AC. 5ª T. 20050084199) — Rel. Juiz Ricardo Verta Luduvice. DJSP 11.3.05, p. 288.

4. BIBLIOGRAFIA

Alexandre Agra Belmonte, *Danos Morais no Direito do Trabalho — Identificação, Tutela e Reparação dos Danos Morais Trabalhistas*, 2ª ed., 2002, Renovar, Rio; Cristiani Marques, *O Contrato de Trabalho e a Discriminação Estética*, 2002, LTr, SP; Daniel Itokazu Gonçalves, *Aspectos Relevantes do Dano Moral Trabalhista*, *in* Síntese Trabalhista, n. 168, junho/2004; Enoque Ribeiro dos Santos, *O Dano Moral na Dispensa do Empregado*, 3ª ed., 2002, LTr, SP; Gardênia Borges Moraes, *Dano Moral nas Relações Trabalhistas*, 2003, LTr, SP; Gislene A. Sanches, *Dano Moral e suas Implicações no Direito do Trabalho*, 1997, LTr, SP; Guilherme Augusto Caputo Bastos, *O Dano Moral no Direito do Trabalho*, 2003, LTr, SP; Hádassa Dolores Bonilha Ferreira, *Assédio Moral nas Relações de Trabalho*, 2004, Ed. Russell, Campinas, SP; José Cláudio Monteiro de Brito Filho, *Discriminação no Trabalho*, 2002, LTr, SP; José Roberto Dantas Oliva, *Tutela da Moral na Esfera Trabalhista: Tendências e Perspectivas*, *in Grandes Temas da Atualidade*, vários autores, Coordenação: Eduardo de Oliveira Leite, 2002, Forense, Rio; Luiz de Pinho Pedreira da Silva, *A Reparação do Dano Moral no Direito do Trabalho*, 2004, LTr, SP; Marco Antônio Scheuer de Souza, *O Dano Moral nas Relações entre Empregados e Empregadores*, 1998, Edelbra, Erechim, RS; Marcus Vinícius Lobregat, *Dano Moral nas Relações Individuais do Trabalho*, 2001, LTr, SP; Maria Aparecida Alkimin, *Assédio Moral na Relação de Emprego*, Juruá, Curitiba, PR; Maria Luíza Pinheiro Coutinho, *Discriminação na Relação de Trabalho* — Uma Afronta ao Princípio da Igualdade, 2003, Aide, Rio; Nehemias Domingos de Melo, *Dano Moral — Problemática: Do Cabimento à Fixação do* Quantum, 2004, Juarez de Oliveira, SP; Orlando Teixeira da Costa, *Da Ação Trabalhista sobre Dano Moral*, *in* Revista do Tribunal Regional do Trabalho da 15ª Região, n. 8/1996; Paulo Eduardo V. Oliveira, *O Dano Pessoal no Direito do Trabalho*, LTr, 2002, SP; Renato Mehanna Khamis, *O Dano Moral — Dispensa Imotivada de Portador do Vírus HIV*, 2002, LTr, SP; Rodolfo Pamplona Filho, *O Dano Moral na Relação de Emprego*, 3ª ed., 2002, LTr; Rodolfo Pamplona Filho, *Dano Moral e Justiça do Trabalho*, *in Grandes Temas da Atualidade*, vários autores, Coordenação: Eduardo de Oliveira Leite, 2002, Forense, Rio; Sebastião Geraldo de Oliveira, *Proteção Jurídica à Saúde do Trabalhador*, 2ª ed., 1998, LTr, SP; Valdir Florindo, *Dano Moral e o Direito do Trabalho*, 4ª ed., 2002, LTr, SP; Vera Lúcia Carlos, *Discriminação nas Relações de Trabalho*, 2004, Editora Método, SP.

CAPÍTULO XV

DANO MORAL E OS EMPREGADOS EM BANCOS

1. COMENTÁRIO

A atividade bancária, por estar diretamente ligada com o dinheiro de terceiros, envolve responsabilidades próprias dessa característica, podendo, por isso, dar ensejo a danos materiais e morais aos empregados e a clientes.

Uma questão que vem ocorrendo nessa área de atividade é a decorrente de assaltos, em que se procura atribuir ao empregador a culpa pelo prejuízo causado aos empregados que foram vítimas deles.

Procura-se, para atribuir ao empregador tal ato culposo, por exemplo, a comprovação de que a agência não dispõe de porta giratória ou de qualquer outra providência que deveria ter sido tomada e não o foi, no sentido da segurança do estabelecimento em que ocorreu o assalto. Isto porque a Lei n. 7.102/83 dispõe sobre a segurança para estabelecimentos financeiros, lei esta que obriga o empregador a tomar as necessárias providências com relação ao sistema de segurança, como, por exemplo, vigilantes adequadamente preparados, alarme, portas e cabinas blindadas, entre outras.

Outra tentativa para se atribuir culpa ao empregador é a de que é dele o risco de sua atividade, com base no novo Código Civil, segundo o qual (art. 927), aquele que cria o risco de dano pelo exercício de sua atividade fica obrigado a repará-lo, independentemente de culpa.

Ocorre também, na prática, assalto a empregado que transporta dinheiro sem a proteção adequada, fato este que pode caracterizar negligência do empregador, a teor do disposto na Lei n. 7.102/83, dando ensejo à indenização por eventuais danos materiais e por dano moral.

Outra questão freqüente levada ao Judiciário é a da doença profissional (LER-DORT), podendo dar azo à reparação por danos materiais e morais decorrentes da lesão. Aliás, sobre citadas doenças, *Aloysio dos Santos*, Juiz do Tribunal Regional do Trabalho da 1ª Região, afirma que, "com as providências tomadas pelos bancos nos últimos anos, com relação aos locais de trabalho nas agências, mobiliário, ambiente menos hostil, o número de empregados afetados por doenças do grupo LER (lesões por esforços repetitivos) DORT (distúrbios osteomusculares relacionados com o trabalho) está diminuindo e tende a estabilizar-se em um patamar razoável, em termos de medicina do trabalho", mas acrescenta que "o número de casos de *stress* psicológico provocado pelo trabalho em bancos e estabelecimentos similares, nas áreas de atendimento ao público e administrativa, aos níveis inferior e médio, está aumentando desmesuradamente"(1).

---

(1) "Doença Profissional: Antecipação da Tutela. Mandado de Segurança: Cabimento", *in* Revista do Tribunal Superior do Trabalho n. 71, maio a agosto/2005, Síntese, RS, p. 57.

Sobre as doenças do trabalho, destaca *Aloysio dos Santos* aquelas que atingem os bancários e trabalhadores em empresas de crédito, financiamento e investimento e administradoras de cartões de crédito, e que, ao mesmo tempo, afligem o comando das organizações financeiras empregadoras, pelo elevado custo do absenteísmo e reflexos (que, segundo o Prof. *José Pastore*, alcança 12,5 bilhões de reais por ano). E acrescenta que "são exemplos mais freqüentes de doença do trabalho nos bancários e assemelhados: os episódios depressivos, a ansiedade, o transtorno do globo ocular, a hipertensão arterial, a lombalgia, as doenças do grupo LER/DORT"(2).

Também com relação ao caixa bancário ou outro empregado responsável pelo numerário de agência bancária, poderá ocorrer a procedência de reclamações trabalhistas por dano moral quando houver diferença de caixa por falha do sistema implantado, causando constrangimento e angústias ao empregado.

Os bancários representam também um grande contingente de trabalhadores no nosso país e quase a sua totalidade possui conta bancária no estabelecimento em que prestam serviços como empregados. Desse fato surge a questão do sigilo bancário, uma vez que, sendo o empregador a própria instituição bancária, fica a indagação se ela pode utilizar-se de dados do seu empregado que é resguardado pela lei que trata do sigilo bancário.

Referida questão mereceu uma análise por parte de *Victor Emanuel Alves de Lara* que, comentando a Lei Complementar n. 105, de 10.1.01, que trata do Sigilo Bancário, afirma que:

> "Uma questão que preocupa as instituições financeiras é a possibilidade, ou não, de utilização de extrato de conta-corrente de funcionários, ou de qualquer outro documento resguardado pelo sigilo bancário, para instruir inquérito administrativo instaurado. É de se observar, porém, que, pela própria definição contida na Lei de regência, só há a quebra do sigilo quando os dados resguardados são transferidos para terceiros. É o que se extrai da dicção do art. 1º, segundo o qual 'as instituições financeiras conservarão sigilo em suas operações ativas e passivas e serviços prestados'. Vale dizer que elas, fora dos casos expressamente ressalvados em Lei, estão proibidas de repassar esses dados para terceiros.
>
> Por outro lado, temos que considerar que o inquérito administrativo, mesmo que passando por mais de uma seção da empresa bancária, circula internamente, já que tais seções não podem ser consideradas entes autônomos. Assim, caso o processo administrativo não seja franqueado a pessoas ou entidades estranhas à instituição bancária que o instaurou, as informações sigilosas não estariam sendo levadas ao conhecimento de terceiros, razão pela qual não se configurará a quebra do sigilo bancário.
>
> Caso, porém, a instituição financeira necessite se utilizar desses documentos para instruir processo judicial, deverá requerer a quebra do sigilo bancário e, após a autorização judicial, juntar a documentação pertinente.
>
> Por outro lado, caso o indiciado solicite cópia de documentos sigilosos para instruir sua defesa, a instituição bancária deve ter em conta que tem ele o direito à ampla defesa, que, nos dizeres do professor Celso Ribeiro Bastos, 'só estará plenamente assegurada quando uma verdade tiver iguais possibilidades e convencimento do magistrado, quer seja ela alegada pelo autor ou pelo réu'.

---

(2) Santos, Aloysio dos, ob. cit., pp. 57/58.

Então, estando obrigada a assegurar essa garantia constitucional, a instituição financeira deverá fornecer ao empregado cópia de todos os documentos existentes nos autos do inquérito administrativo, com exceção daqueles que digam respeito a outros envolvidos ou contenha informações sigilosas relativas a essas pessoas"[3].

A jurisprudência dos Tribunais Trabalhistas tem deixado antever que, não tendo havido divulgação ou publicidade dos dados do empregado ou ex-empregado e o motivo se deu por razões ponderáveis (ex. apuração de irregularidades por auditoria interna), não se configura ato ilícito.

De qualquer modo, é preciso deixar claro que o dano moral, tendo forte ingrediente subjetivo, por atingir o íntimo do ofendido, deverá ser muito bem examinado diante da prova produzida no tocante ao nexo causal entre a conduta do empregado e a do empregador.

Como se sabe, o dano moral vem sendo o principal pedido em quase todas as pendências trabalhistas, como se fora uma compensação pela situação aflitiva em que se encontra o trabalhador que perdeu seu emprego, como se este devesse existir até a aposentadoria ou até a morte.

A prudência do Juiz é a que deve prevalecer sempre, mormente em questões de foro íntimo, como as que envolvem reparações indenizatórias pelos chamados danos morais.

2. *REFERÊNCIAS LEGAIS*

Constituição Federal

Art. 1º A República Federativa do Brasil, formada pela união indissolúvel dos Estados e Municípios e do Distrito Federal, constitui-se em Estado Democrático de Direito e tem como fundamentos:

....

III — a dignidade da pessoa humana;

IV — os valores sociais do trabalho e da livre iniciativa;

....

Art. 5º Todos são iguais perante a lei, sem distinção de qualquer natureza, garantindo-se aos brasileiros e aos estrangeiros residentes no País a inviolabilidade do direito à vida, à liberdade, à igualdade, à segurança e à propriedade, nos termos seguintes:

....

V — é assegurado o direito de resposta, proporcional ao agravo, além da indenização por dano material, moral ou à imagem;

....

X — são invioláveis a intimidade, a vida privada, a honra e a imagem das pessoas, assegurado o direito a indenização pelo dano material ou moral decorrente de sua violação;

....

Consolidação das Leis do Trabalho

Art. 482. Constituem justa causa para rescisão do contrato de trabalho pelo empregador:

a) ato de improbidade;

b) incontinência de conduta ou mau procedimento;

c) negociação habitual por conta própria ou alheia sem permissão do empregador, e quando constituir ato de concorrência à empresa para a qual trabalha o empregado, ou for prejudicial ao serviço;

....

g) violação de segredo da empresa;

....

j) ato lesivo da honra ou da boa fama praticado no serviço contra qualquer pessoa, ou ofensas físicas, nas mesmas condições, salvo em caso de legítima defesa, própria ou de outrem;

k) ato lesivo da honra ou da boa fama ou ofensas físicas praticadas contra o empregador e superiores hierárquicos, salvo em caso de legítima defesa, própria ou de outrem;

....

(3) Alves de Lara, Victor Emanuel, *Comentários à Lei do Sigilo Bancário,* out./2006, LTr, SP, pp. 85/86.

Art. 483. O empregado poderá considerar rescindido o contrato e pleitear a devida indenização quando:

a) forem exigidos serviços superiores às suas forças, defesos por lei, contrários aos bons costumes, ou alheios ao contrato;

b) for tratado pelo empregador ou por seus superiores hierárquicos com rigor excessivo;

c) correr perigo manifesto de mal considerável;

d) não cumprir o empregador as obrigações do contrato;

e) praticar o empregador ou seus prepostos, contra ele ou pessoas de sua família, ato lesivo da honra e boa fama;

f) o empregador ou seus prepostos ofenderem-no fisicamente, salvo em caso de legítima defesa, própria ou de outrem;

g) o empregador reduzir o seu trabalho, sendo este por peça ou tarefa, de forma a afetar sensivelmente a importância dos salários.

§ **1º** O empregado poderá suspender a prestação dos serviços ou rescindir o contrato, quando tiver de desempenhar obrigações legais, incompatíveis com a continuação do serviço.

....

§ **3º** Nas hipóteses das letras *d* e *g*, poderá o empregado pleitear a rescisão de seu contrato de trabalho e o pagamento das respectivas indenizações, permanecendo ou não no serviço até final decisão do processo.

....

Art. 508. Considera-se justa causa, para efeito de rescisão do contrato de trabalho do empregado bancário, a falta contumaz de pagamento de dívidas legalmente exigíveis.

Código Civil de 2002

Art. 11. Com exceção dos casos previstos em lei, os direitos da personalidade são intransmissíveis e irrenunciáveis, não podendo o seu exercício sofrer limitação voluntária.

....

Art. 20. Salvo se autorizadas, ou se necessárias à administração da justiça ou à manutenção da ordem pública, a divulgação de escritos, a transmissão da palavra, ou a publicação, a exposição ou a utilização da imagem de uma pessoa poderão ser proibidas, a seu requerimento e sem prejuízo da indenização que couber, se lhe atingirem a honra, a boa fama ou a respeitabilidade, ou se se destinarem a fins comerciais.

Parágrafo único. Em se tratando de morto ou de ausente, são partes legítimas para requerer essa proteção o cônjuge, os ascendentes ou os descendentes.

Art. 21. A vida privada da pessoa natural é inviolável, e o juiz, a requerimento do interessado, adotará as providências necessárias para impedir ou fazer cessar ato contrário a esta norma.

....

Art. 186. Aquele que, por ação ou omissão voluntária, negligência ou imprudência, violar direito e causar dano a outrem, ainda que exclusivamente moral, comete ato ilícito.

Art. 187. Também comete ato ilícito o titular de um direito que, ao exercê-lo, excede manifestamente os limites impostos pelo seu fim econômico ou social, pela boa-fé ou pelos bons costumes.

....

Art. 927. Aquele que, por ato ilícito (arts. 186 e 187), causar dano a outrem, fica obrigado a repará-lo.

Parágrafo único. Haverá obrigação de reparar o dano, independentemente de culpa, nos casos especificados em lei, ou quando a atividade normalmente desenvolvida pelo autor do dano implicar, por sua natureza, risco para os direitos de outrem.

....

Art. 932. São também responsáveis pela reparação civil:

....

III — o empregador ou comitente, por seus empregados, serviçais e prepostos, no exercício do trabalho que lhes competir, ou em razão dele;

....

Lei n. 7.102, de 20.6.83

Dispõe sobre segurança para estabelecimentos financeiros, estabelece normas para constituição e funcionamento das empresas particulares que exploram serviços de vigilância e de transporte de valores, e dá outras providências.

Art. 1º É vedado o funcionamento de qualquer estabelecimento financeiro onde haja guarda de valores ou movimentação de numerário, que não possua sistema de segurança com parecer favorável à sua aprovação, elaborado pelo Ministério da Justiça, na forma desta Lei. *(Redação dada pela Lei n. 9.017, de 1995)* (Vide *art. 16 da Lei n. 9.017, de 1995)*

Parágrafo único. Os estabelecimentos financeiros referidos neste artigo compreendem bancos oficiais ou privados, caixas econômicas, sociedades de crédito, associações de poupanças, suas agências, subagências e seções.

Art. 2º O sistema de segurança referido no artigo anterior inclui pessoas adequadamente preparadas, assim chamadas vigilantes; alarme capaz de permitir, com segurança, comunicação entre o estabelecimento financeiro e outro da mesma instituição, empresa de vigilância ou órgão policial mais próximo; e, pelo menos, mais um dos seguintes dispositivos:

I — equipamentos elétricos, eletrônicos e de filmagens que possibilitem a identificação dos assaltantes;

II — artefatos que retardem a ação dos criminosos, permitindo sua perseguição, identificação ou captura; e

III — cabina blindada com permanência ininterrupta de vigilante durante o expediente para o público e enquanto houver movimentação de numerário no interior do estabelecimento.

Parágrafo único. ***(Revogado pela Lei 9.017, de 1995.)***

Art. 3º A vigilância ostensiva e o transporte de valores serão executados: *(Redação dada pela Lei n. 9.017, de 1995)*

I — por empresa especializada contratada; ou *(Redação dada pela Lei n. 9.017, de 1995)*

II — pelo próprio estabelecimento financeiro, desde que organizado e preparado para tal fim, com pessoal próprio, aprovado em curso de formação de vigilante autorizado pelo Ministério da Justiça e cujo sistema de segurança tenha parecer favorável à sua aprovação emitido pelo Ministério da Justiça. *(Redação dada pela Lei n. 9.017, de 1995)*

Parágrafo único. Nos estabelecimentos financeiros estaduais, o serviço de vigilância ostensiva poderá ser desempenhado pelas Polícias Militares, a critério do Governo da respectiva Unidade da Federação. *(Redação dada pela Lei n. 9.017, de 1995)*

Art. 4º O transporte de numerário em montante superior a vinte mil Ufirs, para suprimento ou recolhimento do movimento diário dos estabelecimentos financeiros, será obrigatoriamente efetuado em veículo especial da própria instituição ou de empresa especializada. *(Redação dada pela Lei n. 9.017, de 1995)*

Art. 5º O transporte de numerário entre sete mil e vinte mil Ufirs poderá ser efetuado em veículo comum, com a presença de dois vigilantes. *(Redação dada pela Lei n. 9.017, de 1995)*

....

Art. 17. O exercício da profissão de vigilante requer prévio registro no Departamento de Polícia Federal, que se fará após a apresentação dos documentos comprobatórios das situações enumeradas no art. 16. *(Redação dada pela Medida Provisória n. 2.184, de 2001)*

Art. 18. O vigilante usará uniforme somente quando em efetivo serviço.

Art. 19. É assegurado ao vigilante:

I — uniforme especial às expensas da empresa a que se vincular;

II — porte de arma, quando em serviço;

III — prisão especial por ato decorrente do serviço;

IV — seguro de vida em grupo, feito pela empresa empregadora.

Lei n. 9.029, de 13.4.95

Art. 4º O rompimento da relação de trabalho por ato discriminatório, nos moldes desta lei, faculta ao empregado optar entre:

I — a readmissão com ressarcimento integral de todo o período de afastamento, mediante pagamento das remunerações devidas, corrigidas monetariamente, acrescidas dos juros legais;

II — a percepção, em dobro, da remuneração do período de afastamento, corrigida monetariamente e acrescida dos juros legais.

3. *JURISPRUDÊNCIA*

Assalto — Abalo psíquico — Dano moral configurado

Ementa: INDENIZAÇÃO POR DANO MORAL. ABALO PSÍQUICO. ASSALTO. A Constituição Federal considera como bens moralmente protegidos apenas a honra, a imagem e a intimidade das pessoas, não podendo ser considerado como dano moral o sofrimento psicológico. Logo, o abalo psíquico, em face do evento ocorrido — assalto — não dá ao autor o direito de obter indenização do reclamado. TRT 12ª Reg. — RO-V-A-05.573/01 — (Ac. 1ª T. 12.818/01, 9.10.01) — Relª Juíza Lourdes Dreyer. DJSC 12.12.01, p. 227.

Assalto — Agência bancária — Indenização de gerente obrigado a abrir o cofre e repassar o dinheiro aos assaltantes

Ementa: AGRAVO DE INSTRUMENTO EM RECURSO DE REVISTA. DANO MORAL. COMPETÊNCIA MATERIAL DA JUSTIÇA DO TRABALHO. Decisão regional em consonância com a Súmula 392/TST, a atrair a incidência do artigo 896, § 4º, da CLT. Violação do art. 114 da Carta Magna não comprovada. DANO MORAL. ASSALTO À AGÊNCIA BANCÁRIA. INDENIZAÇÃO DE GERENTE OBRIGADO A ABRIR O COFRE E REPASSAR O DINHEIRO AOS ASSALTANTES. Reconhecidas pelo Tribunal Regional, as responsabilidades objetiva e subjetiva do Banco, pelos danos morais decorrentes das agressões psicológicas sofridas pelo reclamante, durante assalto à agência em que foi obrigado a abrir o cofre e a passar o dinheiro aos assaltantes que mantinham o outro gerente, colega seu, como refém, não se verificou violação dos arts. 1º, 4º, III, 9º, 10, IX e 17 da Lei n. 4.595/64; 2º e 6º da Lei n. 7.102/83. DANO MORAL. VALOR DA INDENIZAÇÃO. Não configurada violação dos arts. 333, I e II do CPC e 818 da CLT, porquanto não analisados os termos da fixação do valor da indenização pelo prisma do ônus da prova. Também não procede a aventada violação dos arts. 159 do Código Civil de 1916 c/c 927 do Código Civil/2002, uma vez reconhecida pelo Tribunal Regional a culpa do Banco pelas agressões psicológicas sofridas pelo reclamante, durante o assalto. HORAS EXTRAS. CARGO DE CONFIANÇA. Expressamente admitido no acórdão regional que o autor se desincumbiu do ônus de comprovar o labor em horas extras, não se verifica violação dos arts. 818 da CLT e 333, I, do CPC. De outro lado, as razões esgrimidas na revista, de que o autor ostentava poderes de mando e gestão, aptos a enquadrá-lo no art. 62, II, da CLT, não prescinde do revolvimento de fatos e provas. Incidência da Súmula 126/TST. Agravo de instrumento não-provido. TST — AIRR-345/2003-051-18-40.3 — (Ac. 6ª T.) — 18ª Reg. — Relª. Min. Rosa Maria Weber Candiota da Rosa. DJU 18.5.07, p. 1.085.

Do venerando acórdão, colhe-se o seguinte fundamento:

"2. DANO MORAL. ASSALTO À AGÊNCIA BANCÁRIA. INDENIZAÇÃO DE GERENTE OBRIGADO A ABRIR O COFRE E REPASSAR O DINHEIRO AOS ASSALTANTES. O Tribunal Regional reformou a sentença para condenar o reclamado ao pagamento de indenização por dano moral, nos fundamentos resumidos na seguinte ementa:

DANO MORAL. ASSALTO A BANCO. TEORIA DO RISCO DA ATIVIDADE. Revela-se totalmente previsível ao sendo comum que, com os atuais níveis de violência, os bancos que não providenciem proteção privada para seus funcionários, ocupantes de cargo de confiança, resultem em culpa (negligência). Em tais condições, tendo o gerente sofrido agressões físicas e psicológicas durante o assalto, deve o banco indenizá-lo do dano moral sofrido. Ademais, na sistemática do novo Código Civil, o parágrafo único do art. 927 introduziu a chamada teoria do risco de dano pelo exercício de sua atividade obriga-se a repará-lo, independentemente de culpa (responsabilidade objetiva), a qual é presumida (fl. 129).

Nas razões da revista, o reclamado reputa violados os arts. 5º, II, da Constituição da República; 1º e 2º da LICC e 927 do Código Civil/2002, ao argumento de inaplicabilidade do último, uma vez que a questão deve ser examinada à luz do art. 159 do Código Civil de 1916, vigente à época da dispensa do autor, fruto de seqüestro ocorrido em julho de 2002.

Assevera ser indevida a mencionada indenização porque o Banco não transgrediu qualquer norma de segurança bancária, a ensejar a prática de ato ilícito, porquanto cumpridas todas as normas/determinações expedidas pelos órgãos competentes, sendo que inexiste qualquer dispositivo legal ou contratual que imponha a obrigação de disponibilizar segurança particular a empregados, uma vez que a segurança do cidadão está prevista no artigo 5º, caput da Lei Maior e a impossibilidade de garantia, diante da situação caótica da segurança pública do país.

Consigna que a teoria do risco e os termos do art. 927, parágrafo único do Código Civil de 2002 dizem com ato praticado pelo próprio responsável pelo dano, o que foge à hipótese dos autos, em que discutidas as conseqüências de atos de terceiros.

Alega que a tese de que as entidades financeiras são responsáveis pela segurança de seus empregados não pode ser adotada sob pena de se transferir a responsabilidade do Estado para qualquer agente do comércio em geral, sendo que aos bancos incumbe a observância estrita das normas previstas em circulares e resoluções expedidas pelo BACEN.

Fundamenta a revista, ainda, em violação dos arts. 1º, 4º, III, 9º, 10, IX e 17 da Lei n. 4.595/64; 2º e 6º da Lei n. 7.102/83, com a redação dada pela Lei n. 9.017, divergência jurisprudencial e contrariedade à Súmula 19 do STJ.

Inicialmente, é de se esclarecer que o novo Código Civil Brasileiro é regido pela Lei n. 10.406, de 20.01.2002, equivocado, portanto, o agravante, ao aludir ao ano de 2003. Assim, nada justifica a irresignação quanto à aplicação do art. 927 do Código Civil/2002.

Mesmo que assim não fosse, na hipótese de ocorrência dos fatos antes da vigência dos preceitos do Código Civil de 2002, à luz dos quais dirimida a lide, tenho por não verificada a invocada afronta aos artigos 5º, II, da Lei Maior; 1º, 2º da LICC e 927 do Código Civil/2002, para o fim proposto, uma vez que o Código Civil de 1916, incidente na espécie, como admite o agravante, regia a matéria de forma idêntica, em dispositivo inclusive tido pelo réu por violado, a saber, artigo 159:

"Aquele que, por ação ou omissão voluntária, negligência, ou imprudência, violar direito, ou causar prejuízo a outrem, fica obrigado a reparar o dano".

Nessa medida, tendo o acórdão concluído pela existência de nexo causal entre a negligência do réu com a segurança de seus gerentes e o dano moral sofrido pelo autor, ensejador da indenização deferida, a decisão regional se mostra em consonância com o disposto tanto na atual, como na já revogada lei civil.

O Tribunal Regional ao imputar a culpa do reclamado, por negligência, às agressões psicológicas sofridas pelo reclamante, durante o assalto, decorrente da ausência de segurança privada dos empregados exercentes de cargo de confiança, em face dos atuais níveis de violência, não agrediu os arts. 1º, 4º, III, 9º, 10, IX e 17 da Lei n. 4.595/64; 2º e 6º da Lei n. 7.102/83, que dispõem sobre Política e Instituições Monetárias, Bancárias e Creditícias e criação do Conselho Monetário Nacional e sobre segurança para estabelecimentos financeiros, estabelecimento de normas para constituição e funcionamento das empresas particulares que exploram serviços de vigilância e de transporte de valores. Isso porque, não se olvidou da condição de instituição bancária do reclamado, tampouco concluiu que houve desrespeito às regras estabelecidas na Lei n. 7.102/83, quanto à segurança.

Na verdade, concluiu que, diante da sofisticação da conduta dos bandidos, tornou-se obrigatória a providência, pelos bancos, da segurança privada dos empregados exercentes dos cargos de confiança, dentre eles, os gerentes conhecedores do segredo do cofre. Ademais, a adoção da tese da responsabilidade objetiva, decorrente da teoria do risco social, de que trata o parágrafo único do artigo 927 do Código Civil de 2002 por si só, afasta a pretendida violação dos mencionados dispositivos.

O Exmo. Ministro Barros Levenhagen, em análise a mesma norma, em situação fática similar, se manifestou no sentido de que:

Apesar de não constar expressamente da norma, deve-se entender que a proteção por ela objetivada dirige-se, primordialmente, às pessoas vinculadas ao estabelecimento financeiro, empregados e usuários, vindo os valores em plano secundário. Deste modo, cai por terra a conclusão a que chegou a decisão atacada para demonstrar a inexistência do elemento culpa por parte da reclamada para eximi-la da responsabilidade (RR2143/2001-462-05-00.7, publicado no DJ-05.5.2006). O único aresto paradigma da fl. 181 e a Súmula 19 desservem ao confronto por oriundos do STJ, órgão não elencado no art. 896 da CLT."

Assalto — Agência Bancária — Negligência — Configuração

Ementa: INDENIZAÇÃO POR DANO MORAL. ASSALTO A AGÊNCIA BANCÁRIA. NEGLIGÊNCIA. Embora não se olvide que a segurança pública é de responsabilidade do Estado, as instituições financeiras, por serem alvos freqüentes de assaltantes, devem tomar todas as providências necessárias para manter a segurança das pessoas que por ali circulam. Age com negligência o Banco que, em total descaso com a segurança de seus clientes e empregados, descumpre normas legais (Lei Estadual n. 12.971/98 e Lei Federal n. 7.102/83) que obrigam a instalação de equipamentos de segurança como porta eletrônica giratória com detector de metais e travamento automático em suas agências e postos de serviços, facilitando a ação de criminosos. Constatada a ocorrência do sinistro, com a abordagem direta do empregado por um assaltante armado, emerge cristalino o dever de indenizar. TRT 3ª Reg. — RO 0516-2006-092-03-00-0 — (Ac. 6ª T.) — Rel. Juiz Convocado João Bosco Pinto Lara. DJMG 28.6.07.

Do voto do Juiz Relator, extrai-se o seguinte fundamento:

"2.2.5. Indenização por danos morais

O dano moral refere-se à ofensa ou violação que não atinge os bens patrimoniais propriamente ditos de uma pessoa, mas os seus bens de ordem moral. Atinge-se um bem psíquico. Seu espectro é amplo: pode ser a dor física, dor sensação, nascida de uma lesão material, ou ainda a dor moral, dor sentimento. O dano moral é o que atinge, portanto, a intimidade, a privacidade, a honra, a imagem e a dignidade das pessoas.

Nesse sentido, a lição de Humberto Theodoro Júnior: "De maneira mais ampla, pode-se afirmar que são danos morais os ocorridos na esfera da subjetividade, ou no plano valorativo da pessoa na sociedade, alcançando os aspectos mais íntimos da personalidade humana ('o da intimidade e da consideração pessoal'), ou da própria valoração da pessoa no meio em que vive e atua ('o da reputação ou da consideração social') (...) Derivam, portanto, de 'práticas atentatórias à personalidade humana' (...)" (Dano moral, São Paulo, Ed. Oliveira Mendes, 1998, p. 2).

Segundo abalizada doutrina e jurisprudência, o assédio moral ou "mobbing" tem lugar no fato-humilhação, na ofensa, no menoscabo, inferiorizando e causando dor e sofrimento desgravitados do padrão mediano que se espera do ambiente de trabalho. Decorre de excesso no exercício do poder diretivo, com características de discriminação e reiteração no tempo, acarretando danos para a dignidade e a integridade psíquica do trabalhador. Submete-se, pois, à configuração dos pressupostos gerais necessários ao exame do direito à indenização por ilícito, quais sejam a existência do ato, omissivo ou comissivo, violador do direito de outrem, o resultado danoso para a vítima, o nexo causal entre o ato ou a omissão e o resultado.

No caso, não há prova convincente de ato atentatório à honra e à dignidade do autor ou de efetivo sofrimento íntimo decorrente de "maus tratos", "rispidez (...) do Gerente Geral", rigor excessivo, tratamento ofensivo, constrangedor ou humilhante no ambiente laboral, de forma habitual, por um período prolongado (a testemunha do reclamante menciona um único episódio no qual o autor teria sido chamado de "debilóide"; f. 455).

Saliente-se que a imposição e cobrança de metas não significa constrangimento ou humilhação para o empregado, de forma a ensejar o pagamento de indenização por assédio moral. Constitui procedimento comum e necessário em um mercado de trabalho competitivo, devendo apenas ser coibidas as práticas discriminatórias, o que não é o caso.

A prova do assédio moral deve ser contundente, tendo em vista as conseqüências reparatórias que dele advêm, ônus do qual o autor não se desincumbiu a contento.

Por outro lado, quanto ao danos pessoais decorrentes do assalto noticiado, entendo que o autor está com a razão.

Embora não se olvide que a segurança pública é de responsabilidade do Estado, o reclamado, por ser uma instituição financeira, alvo freqüente de assaltantes, tem o dever de tomar todas as providências necessárias para manter a segurança das pessoas que por ali circulam, seus clientes e empregados.

No caso, o conjunto probatório confirma a ocorrência de dois assaltos na agência de Vespasiano (num dos quais o autor foi diretamente abordado pelos criminosos) e a inexistência, até então, dos equipamentos de segurança legalmente exigidos:

"ocorreram 2 assaltos na agência que não tinha porta de segurança eletrônica; o depoente presenciou apenas o 2º assalto e sabe que o reclamante foi abordado pelo assaltante que queria saber quem era o gerente; após ser pressionado o reclamante apontou para o gerente da agência;" (depoimento de Marcelo Magno de Oliveira Júnior, f. 455)

"que no período de labor do reclamante houve um assalto na referida agência; que o reclamante não sofreu qualquer lesão física decorrente do aludido assalto; que durante a abordagem dos malfeitores, um dos assaltantes apontou a arma diretamente para o reclamante e lhe perguntou quem era o gerente da agência; que na ocasião do assalto a referida agência não era dotada de portões eletrônicos" (depoimento do preposto, f. 460)

"que a depoente presenciou um assalto à agência de Vespasiano-MG durante o qual um dos meliantes apontou uma arma para o reclamante e lhe perguntou aos gritos quem era o gerente; que na percepção da depoente o reclamante foi o funcionário da agência que mais sentiu os efeitos da ação dos assaltantes, tendo ficado bastante abatido na ocasião; (...); que na ocasião do assalto a agência contava com 02 vigilantes armados" (depoimento de Josimaire Andrade Santos; fs. 460/461)

"que antes da instalação da porta giratória a agência sofreu dois assaltos entre 2003 e 2005; que na avaliação do depoente a porta giratória ajuda a prevenir eventuais assaltos, tanto é que após a instalação da mesma na agência de Vespasiano não mais ocorreram assaltos; que em ambos os assaltos o reclamante estava presente na agência; que no segundo assalto um dos assaltantes apontou uma arma para o reclamante e lhe perguntou quem seria o gerente da agência;" (depoimento de Edelbrando Ramos Ribeiro Júnior, f. 462).

A culpa do reclamado ficou evidenciada por não ter cumprido normas legais (Lei Estadual n. 12.971/98 e Lei Federal n. 7.102/83) que obrigam a instalação de equipamentos de segurança como porta eletrônica giratória, alarme, "equipamentos elétricos, eletrônicos e de filmagens que possibilitem a identificação dos assaltantes"; etc., em agências e postos de serviços das instituições bancárias como forma de prevenção contra assaltos.

Esclareça-se que a adoção de uma determinada medida de segurança, como a manutenção de vigilantes, não exime a instituição financeira de instalar os demais dispositivos de segurança, a exemplo da porta giratória provida de detector de metais e travamento automático.

Diante do contexto apresentado, não há dúvidas quanto à negligência do reclamado, que descumpria obrigações legais em total descaso com a segurança de seus clientes e empregados, facilitando, assim, a ação dos assaltantes.

E não há falar-se que não houve dano. Eventos dessa natureza certamente provocam abalos psicológicos imensuráveis aos envolvidos (medo, angústia, insegurança, sofrimento, dor), mormente no caso do autor, diretamente abordado pelo assaltante, com ameaça à própria vida.

Ressalte-se, ademais, que não se exige a prova do sofrimento moral. O dever de reparar o dano moral é corolário da responsabilidade civil daquele que lesa, devendo haver entre o ilícito e o dano uma relação de causalidade. Assim já se pronunciou o Eg. Superior Tribunal de Justiça:

"Está assentado na jurisprudência da Corte que não há falar em prova do dano moral, mas sim, na prova do fato que gerou a dor, o sofrimento, sentimentos íntimos que o ensejam. Provado assim o fato, impõe-se a condenação, sob pena de violação do artigo 334 do CPC." (grifou-se; 3ª Turma, Resp 204786/SP, 1999/0015993-4, Min. CARLOS ALBERTO MENEZES, DJ 12.fev.2001, p.112).

A indenização por danos morais tem caráter de compensação para a vítima, e de sanção, ou mesmo de inibição, para quem pratica a ofensa. Chegam alguns a dizer que deve ter caráter intimidativo, porque a gravidade de tal lesão, que atinge valores relevantíssimos para o ofendido, deve ser exemplarmente punida, visando o desencorajamento de novas condutas semelhantes.

Alguns parâmetros têm sido considerados na condenação pecuniária, como a extensão do fato inquinado, a sua permanência no tempo, os antecedentes do agente, a situação econômica das partes envolvidas e a razoabilidade do valor pretendido.

A indenização por danos morais não guarda relação com interesses materiais, pois sua função é desagravar a ofensa demonstrando à vítima que a conduta ilícita não restou sem punição e assim estimulá-la a superar a dor ocasionada pelo sinistro.

Dentro dessas diretrizes, fixo o valor da indenização por danos morais em R$5.000,00.

Provejo nos termos acima."

Assalto — Agência bancária — Negligência do banco em relação à segurança — Configuração

Ementa: DANO MORAL — ASSALTO EM AGÊNCIA BANCÁRIA. Mesmo quando não constatada propriamente a culpa subjetiva por omissão, é inerente à atividade bancária a presença do risco, o que atrai a responsabilidade objetiva do empregador por eventuais danos, nos termos do artigo 927, parágrafo único, do novo Código Civil Brasileiro. Também foi demonstrado que o sistema de segurança da agência bancária apresentava falhas. Não existiam portas de segurança e o reclamado não indicou, afora a presença de vigias, qualquer outro sistema complementar de segurança. Infere-se que os assaltos resultaram da negligência do banco em relação à segurança.É inequívoco o abalo psicológico gerado nos empregados por assaltos em estabelecimentos bancários, o que gera dano moral. TRT 9ª Reg. — RO 08868-2003-011-09-00-3 — (Ac. 5ª T. 17233/06) — Relª. Juíza Eneida Cornel. DJPR 13.6.06, p. 189.

Assalto — Agência bancária — Reclamante sob a mira dos assaltantes — Configuração

Ementa: DANO MORAL. ASSALTO À AGÊNCIA BANCÁRIA. RECLAMANTE SOB A MIRA DOS ASSALTANTES. "A rigor, o dano moral trata-se de *damnum in re ipsa*, ou seja, a simples análise das circunstâncias fáticas é suficiente para a percepção pelo magistrado, no caso concreto. Dispensa-se, pois, comprovação, bastando, no caso concreto a demonstração do resultado lesivo e a conexão com o fato causador, para responsabilização do agente." (Enoque Ribeiro dos Santos in 'O Dano Moral na Dispensa do Empregado', 2ª edição, revista e ampliada, Editora LTr, pág. 96). TRT 18ª Reg. — RO 02229-2005-010-18-00-0 — (Ac. Pleno) — Rel. Juiz Marcelo Nogueira Pedra. DJE n. 14.917, 11.1.07, p. 39.

Assalto — Agência bancária — Rendição do gerente — Configuração

Ementa: INDENIZAÇÃO POR DANOS MORAIS — ASSALTO EM AGÊNCIA BANCÁRIA — RENDIÇÃO DO GERENTE. Induvidosamente a segurança pública é incumbência do Estado. Não obstante, em se tratando de instituição bancária há legislação expressa obrigando a instalação de dispositivos de segurança nas agências, taxativamente descritos na Lei 12.971/1998. Inclusive a adoção de um determinado sistema, a exemplo do circuito interno de televisão, não exclui a exigibilidade de outro, como as portas eletrônicas giratórias com detector de metias e travamento automático. Demonstrada nos autos a desobediência legal do empregador, a ocorrência de dois assaltos distintos, ambos no horário de trabalho, bem assim a rendição do reclamante, enquanto gerente bancário, pelos assaltantes armados, emerge patente o dever de indenizar TRT 3ª Reg. — RO 01762-2005-092-03-00-8 — (Ac. 8ª T.) — Rel. Juiz Heriberto de Castro. DJMG 3.6.06, p. 27.

Assalto — Empregado que transporta dinheiro sem a devida proteção — Cabimento

Ementa: DANO MORAL. CARACTERIZAÇÃO. ASSALTO A EMPREGADO QUE TRANSPORTA DINHEIRO SEM A DEVIDA PROTEÇÃO. A exigência de transporte de dinheiro de agência bancária, sem a devida proteção, conforme exige a Lei n. 7.102/83, caracteriza a negligência do banco em relação ao empregado que não foi preparado para tal encargo, eis que expõe o trabalhador a risco, sujeitando-o à situação desumana que abala o estado emocional do indivíduo. E uma vez evidenciado o ato ilícito do empregador e o nexo de causalidade com o dano sofrido pelo trabalhador, deve aquele indenizar este. TRT 18ª Reg. — RO 00547-2003-051-18-00-9-SP — Rel. Juiz Breno Medeiros. DJGO 20.1.04 (Síntese Trabalhista, n. 77, março/04, p. 80).

Assalto — Empregado que transporta valores entre agências bancárias — Teoria do risco da atividade

Ementa: DANO MORAL. ASSALTO A EMPREGADO QUE TRANSPORTA VALORES ENTRE AGÊNCIAS BANCÁRIAS. TEORIA DO RISCO DA ATIVIDADE. Revela-se totalmente previsível ao senso comum que, com os atuais níveis de violência, os bancos que não providenciem proteção adequada para seus empregados, encarregados de transportar valores entre agências bancárias, resultem em culpa (negligência). Em tais condições, tendo o reclamante sofrido agressões físicas e psicológicas durante assalto, deve o banco indenizá-lo do dano moral sofrido. Ademais, na sistemática do novo Código Civil, o parágrafo único do art. 927 introduziu a chamada teoria do risco, segundo a qual aquele que cria um risco de dano pelo exercício de sua atividade obriga-se a repará-lo, independentemente de culpa (responsabilidade objetiva), a qual é presumida. TRT 18ª Reg. — RO-00438-2005-011-18-00-6 — Relª Juíza Ialba Luza Guimarães de Mello. DJGO 1.8.05, p. 79.

Assalto — Negligência do empregador no apoio médico e psicológico — Indenização indevida

Ementa: DANO MORAL. ASSALTO. NEGLIGÊNCIA DO EMPREGADOR NO APOIO MÉDICO E PSICOLÓGICO. INDENIZAÇÃO DEVIDA. Não prestando o Banco assistência médica e psicológica aos seus funcionários, após a ocorrência de assalto em um de seus estabelecimentos, além de ficar demonstrado que negligenciou a segurança do local, fica obrigado a reparar o inevitável dano moral causado. TRT 9ª Reg. — Proc. 04648-2001-513-09-00-2 — (Ac. 19460/2004) — Rel. Juiz Luiz Eduardo Gunther. DJPR 3.9.04, p. 428.

Da decisão, colhe-se o seguinte fundamento:

"3.4. INDENIZAÇÃO POR DANO MORAL

Incontroverso que a autora foi vítima de assalto no posto de atendimento em que prestava serviços, '*quando foi rendida juntamente com os demais funcionários do Posto e mantida sob a mira de revólveres, enquanto os miliantes roubavam o dinheiro que estava nos caixas*'.

Também não se controverte que a reclamante foi ameaçada quanto a qualquer tentativa de reconhecimento perante a polícia.

O reclamado não rebate a acusação de que, desrespeitando norma coletiva, não teria prestado assistência médica e psicológica. Apenas alegou que não poderia ser responsabilizado por ato que não cometeu, questionando se os fatos, até mesmo comuns, sob sua ótica, vieram mesmo a ofender a honra e a dignidade profissional da reclamante.

Dos documentos de fls. 156/158, produzidos perante a autoridade policial, emerge que não havia detector de metal na porta do posto de atendimento, e que o sistema de alarme falhou, pois acionado, os policiais se locomoveram para outra agência.

Também deflui que, apesar de ameaçada, a autora fez reconhecimento dos assaltantes no inquérito policial instaurado.

A r. sentença concluiu que houve omissão voluntária (não prestou assistência médica e psicológica logo após o assalto para cuidar e prevenir traumas causados pela violência sofrida) e negligência do empregador (não manter detector de metais na porta de entrada do Posto de Atendimento nem sistema de alarme eficaz), de modo a tratar seus empregados com descaso, causando prejuízo à saúde mental da reclamante, ficando obrigado, portanto, a reparar o dano causado.

São fatos: a) que o assalto ocorreu; b) que a reclamante esteve na mira dos assaltantes; c) que o reclamado foi negligente quanto à segurança; e d) que não prestou as devidas assistências médica e psicológica aos seus funcionários.

Além disto, a reclamante, mesmo tendo feito o reconhecimento dos assaltantes perante a polícia, continuou trabalhando no mesmo local.

Portanto, a existência do elemento subjetivo para a configuração do dano moral, lesão grave à imagem, psique e integridade corporal, resta evidente, pelo constrangimento psicológico e físico ocorrido. A autora, em pleno exercício de seu trabalho, sofreu momentos de plena insegurança, que, por certo, influenciaram negativamente o seu estado emocional, não só no momento do assalto, como também depois, pelo inevitável abalo psicológico sofrido, ainda mais porque ameaçada, caso prestasse depoimento na polícia, o que foi obrigada a fazer. O reclamado não tomou nenhuma atitude para, quando muito, aliviar a dor moral a que se submeteu sua funcionária. Ao contrário, manteve a reclamante laborando no mesmo local, sem nenhuma nova providência para evitar a repetição do fato.

O *réu* também negligenciou a segurança do estabelecimento bancário, sendo relevante destacar que assalto em agência bancária não se trata de caso fortuito, pois é passível de previsão, tanto que o próprio reclamado admite *ser rotina na sua atividade.*

Assim, em face da atitude reprovável do reclamado, e com espeque nos arts. 1º, III, e 5º, V e X, da Constituição Federal, confirmo a condenação por dano moral.

Por seu turno, na mensuração das dimensões do dano moral, para efeito de se fixar a indenização correspondente, devem ser seguidos os seguintes parâmetros, dentre outros específicos a cada caso, segundo ensina a Professora Maria Francisca Carneiro(1): 1) que a satisfação pecuniária não produza um enriquecimento à custa do empobrecimento alheio; 2) equilíbrio entre o caso em exame e as normas jurídicas em geral, tendo-se em vista: a) a gradação do dano (inclusive o nível de risco), b) o efeito que o mesmo dano ou similar pudesse produzir numa pessoa normal e comum (tipo social médio), c) o comportamento da vítima, como conseqüência ao evento danoso, d) a influência do meio, bem como os possíveis efeitos ou reflexos do evento, e e) verificação do desmoronamento ou não do projeto de vida em razão do ato danoso.

Assim, quanto ao montante indenizatório fixado, considerando os critérios acima delineados, inclusive, o porte dos reclamados, não sendo capaz de produzir um enriquecimento à custa do empobrecimento alheio —, bem como porque considerado parâmetro cláusula convencional que prevê o montante devido caso haja vítima do infortúnio ocorrido, mantenho.

Nada a reparar."

Assalto — Reposição de numerário em caixa automático totalmente desprotegido — Dano moral configurado

Ementa: DANO MORAL. ASSALTO. INDENIZAÇÃO. Configura-se o dano moral passível de indenização quando o Banco permite que seu empregado efetue a reposição de numerário em caixa automático totalmente desprotegido, expondo-o ao risco que culmina em assalto, o qual acarreta lesões de ordem moral e de sentimento de insegurança pessoal. TRT 12ª Reg. — RO-V 02896-2003-005-12-00-9 — (Ac. 1ª T. 08977/05, 24.05.05.) — Relª. Juíza Sandra Márcia Wambier. Publ. DJSC 22.7.05, p. 239.

Assalto — Transporte de numerário — Negligência do empregador

Ementa: FATOS GRAVÍSSIMOS. OMISSÃO DO EMPREGADOR. DANOS MORAIS. INDENIZAÇÃO DEVIDA. A extrema gravidade dos fatos ocorridos, com violência ao obreiro e sua família, inclusive seus filhos, aliada à conduta omissa do empregador em não adotar medidas que visem à segurança, à integridade física dos empregados e também deixando de adotar medidas sugeridas pela própria assistência social da empresa, obrigando o empregado a permanecer na mesma localidade após a tragédia ocorrida, implica na reparação pelos danos morais sofridos. TRT 3ª Reg. — RO 00264-2005-045-03-00-0 — (Ac. 5ª T.) — Rel. Juiz Danilo Siqueira de Castro Faria. DJMG 13.8.05, p. 9.

Assalto a banco — Ausência de culpa do empregador

Ementa: DANO MORAL. ASSALTO A BANCO. AUSÊNCIA DE CULPA DO EMPREGADOR. INDENIZAÇÃO. INDEVIDA. Não comprovada a culpa do empregador, não há se falar de indenização ao empregado bancário, vítima de assalto, durante o horário de expediente. O fato de a agência não dispor de porta giratória não é suficiente para comprovar que o Reclamado não observava a Lei n. 7.102/83, que dispõe sobre segurança para estabelecimentos financeiros, quando a prova produzida nos autos não demonstra que este não dispusesse de outros meios de segurança, ônus que estava afeto ao Reclamante. Sentença que se reforma para excluir da condenação a indenização por dano moral. TRT 9ª Reg. — Proc. 00373-2001-665-09-00-5 — (Ac. 17.238/03) — Relª Juíza Márcia Domingues. DJPR 1º.8.03, p. 349.

Assalto a banco — Ausência de culpa do empregador — Indenização — Indevida

Ementa: DANO MORAL. ASSALTO A BANCO. AUSÊNCIA DE CULPA DO EMPREGADOR. INDENIZAÇÃO. INDEVIDA. Não comprovada a culpa do empregador, ou abuso ou uso ilegal do poder direito contra o empregado na execução do contrato de trabalho, não há se falar de indenização ao empregado bancário, vítima de assalto. Nem se alegue que o fato de o preposto ter admitido que a agência não possui *cabine* blindada se mostra suficiente para criar o nexo causal entre o assalto e o dano sofrido, já que de ordinário o que se denota é que sua existência não impede a ocorrência de assaltos nas agências bancárias e sua manutenção não é exigida pela Lei n. 7.102/83. Portanto, não demonstrada a prática de ato ilícito, tampouco a existência de dolo ou culpa do Réu no agravamento da doença da Autora (depressão), não há como se reconhecer o direito à indenização decorrente de dano moral. TRT 9ª Reg. — Proc. 01014-2002-019-09-00-6 — (Ac. 27.645/03) — Relª Juíza Eneida Cornel. DJPR 5.12.03, p. 472.

Assalto a banco — Teoria do risco da atividade

Ementa: DANO MORAL. ASSALTO A BANCO. TEORIA DO RISCO DA ATIVIDADE. Revela-se totalmente previsível ao senso comum que, com os atuais níveis de violência, os bancos que não providenciem proteção privada para seus funcionários, ocupantes de cargo de confiança, resultem em culpa (negligência). Em tais condições, tendo o gerente sofrido agressões físicas e psicológicas durante o assalto, deve o banco indenizá-lo do dano moral sofrido. Ademais, na sistemática do NCC, o parágrafo único do art. 927 introduziu a chamada teoria do risco, segundo a qual aquele que cria risco de dano pelo exercício de sua atividade obriga-se a repará-lo independentemente de culpa (responsabilidade objetiva), a qual é presumida. TRT 18ª Reg. — RO 00345-2003-051-18-00-9 — Relª Juíza

---

(1) CARNEIRO, Maria Francisca. "O projeto de vida como fator na avaliação do dano moral". *Revista Bonijuris*, ano XIII, n. 454, set./01. p. 15.

Ialba Luza Guimarães Mello. DJGO 9.12.03. (Síntese Trabalhista, n. 77, março/04, p. 80).

Assalto no estabelecimento — Ausência de responsabilidade do empregador

Ementa:1 ....

2. DANO MORAL. ASSALTO NO ESTABELECIMENTO. AUSÊNCIA DE RESPONSABILIDADE DO EMPREGADOR. O Art. 927 do Código Civil cuida, como é cediço, de presunção de culpa do patrão em vista do risco assumido pela empresa. A questão da incidência da regra jurídica, portanto, se alicerça na responsabilização pelo risco inerente à atividade empresarial, não se impondo se, como neste caso, não há prova de que a empresa tem como atividade trabalho que inequivocamente representa risco de causar a lesão invocada a empregados seus. TRT 10ª Reg. — RO 00816-2005-011-10-00-5 — (Ac. 3ª T./06) — Rel. Juiz Bertholdo Satyro. DJU3 26.5.06, p. 25.

Assaltos — Empregado designado pelo empregador para participar ativa e diretamente em negociação com os assaltantes — Configuração

Ementa: DANO MORAL. ASSALTOS. A ocorrência de assalto a agência bancária não gera, a princípio, a responsabilidade do empregador por danos materiais ou morais. Ainda que a hipótese comporte aplicação da teoria do risco, há que se considerar que incumbe, em primeiro lugar, ao Estado responder por falha do sistema público de segurança. Todavia, quando o empregado é designado pelo empregador para participar ativa e diretamente em negociação com assaltantes, executa tarefa estranha às suas atribuições, para a qual não foi treinado, tampouco é remunerado e que pertence exclusivamente à polícia. Ao colocá-lo à frente da operação de resgate, com inegável risco de vida, o banco concorreu culposamente para os desdobramentos na vida pessoal do empregado, que passou a sofrer ameaças por parte dos assaltantes, com inegável abalo psíquico a merecer reparação. A culpa do empregador resta evidente na medida em que é seu dever dar a mais ampla proteção a seus empregados, o que inclui evitar sua exposição a situação de perigo. Mesmo que fosse do empregado a iniciativa de liderar a negociação para resgate da companheira seqüestrada, o réu deveria impedir que o fizesse, sob pena de ver-se responsabilizado, posteriormente, por danos materiais ou morais. Recurso a que se nega provimento, no particular, para manter a condenação em indenização por danos morais. TRT 9ª Reg. — RO 04922-2002-664-09-00-5 — (Ac. 2ª T. 23299/05) — Relª Juíza Marlene T. Fuverki Suguimatsu. DJPR 20.9.05, p. 236.

Bancário — Com chaves do cofre — Familiares feitos reféns — Negligência patronal — Configuração

Ementa: DANO MORAL. NEGLIGÊNCIA PATRONAL. BANCÁRIO COM AS CHAVES DO COFRE. FAMILIARES FEITOS REFÉNS. O dano de ordem psicológica e material sofrido por empregado responsável pelo cofre de agencia bancária, em razão de assalto à sua residência com objetivo de obtenção das chaves do cofre, implica em pagamento de indenização por danos morais, pois traduz total incúria do banco em não providenciar melhorias no seu sistema de segurança. TRT 15ª Reg. (Campinas/SP) — RO 1326-2004-066-15-00-6 — (Ac. 34451/06-PATR, 1ª Câmara) — Rel. Juiz Luiz Roberto Nunes. DJSP 28.7.06, p. 27.

Bancário — Configuração automática do dano moral em decorrência do exercício da profissão — Inviabilidade

Ementa: DANO MORAL. BANCÁRIO. CONFIGURAÇÃO AUTOMÁTICA EM DECORRÊNCIA DO EXERCÍCIO DA PROFISSÃO. INVIABILIDADE. Não se nega que a profissão da parte autora — bancário — marca-se por elevado grau de tensão e responsabilidade no seu desempenho, decorrentes, especialmente, da inequívoca e notória pressão exercida pelos empregadores do ramo. Todavia, o simples exercício de determinada profissão que seja, por natureza, gênese de desgaste físico e moral acima da média das profissões não é causa de configuração automática de dano moral. Para ser considerada como desencadeante do infortúnio e gerar a obrigação de indenizar, a causa deve ser direta e especificamente demonstrada. TRT 9ª Reg. — Proc. 00213-2002-089-09-00-8 — (Ac. 13.254/2003) — Relª Juíza Sueli Gil El-Rafihi. DJPR 20.6.03, p. 321.

Bancário — Doença ocupacional — LER — DORT — Nexo de causalidade — Danos patrimoniais e morais

Ementa: BANCÁRIO. DOENÇA OCUPACIONAL. LER-DORT. NEXO DE CAUSALIDADE. DANOS PATRIMONIAIS E MORAIS. Restou caracterizado o evento lesivo aos direitos personalíssimos da reclamante, pois suas condições de saúde foram sendo debilitadas com o transcurso do contrato de trabalho, sendo demonstrado o nexo causal entre as atividades realizadas pela reclamante na vigência do pacto laboral e a doença desenvolvida. A ofensa repercutiu na esfera subjetiva da autora, pelas dores físicas e morais decorrentes de lesão, justificando a imposição da indenização, com fulcro nos artigos 5º, inciso X, 7º, inciso XXVIII e 196 da Constituição Federal, combinado com o art. 159 do CCB. Recurso dos reclamados a que se nega provimento. TRT 9ª Reg. — Proc. 00620-2002-093-09-00-4 — (Ac. 01.089/2004) — Rel. Juiz Sergio Murilo Rodrigues Lemos. DJPR 23.1.04, p. 194.

Bancário — Exame de conta corrente para verificação de dívidas — Inexistência de dano moral

Ementa: BANCÁRIO. EXAME DE CONTA CORRENTE PARA VERIFICAÇÃO DE DÍVIDAS. INEXISTÊNCIA DE DANO MORAL. A verificação na conta corrente do empregado bancário, por auditoria, para avaliar o seu percentual de endividamento, sendo procedimento geral, não configura, isoladamente considerado, dano moral, observando-se sobretudo que o empregador é estabelecimento de crédito e que o seu empregado tem o dever de manter vida econômica regular. TRT 12ª Reg. — RO-V 02545-2001-029-12-00-6 — (Ac. 2ª T. 2.413/03, 19.11.02) — Rel. Juiz José Luiz Moreira Cacciari. DJSC 11.3.03, p. 149.

Da decisão acima, colhe-se o seguinte fundamento:

"8. O recorrente foi condenado a indenizar o reclamante por dano moral. A indenização foi arbitrada em valor equivalente a 50 remunerações do autor.

Ao ser realizada auditoria, foi efetuado exame da conta corrente dos funcionários, com o objetivo de verificar o grau de endividamento, conforme informação da preposta (fl. 500). O recorrente considera o procedimento de rotina nas auditorias.

O MM. Juiz considerou comprovado o constrangimento dos empregados, uma vez que não havia apuração de desvio de dinheiro na agência, e não considerou a prática, como ante a comprovação de que foi realizada uma única vez.

Não há condenar o recorrente por esse procedimento, plenamente justificável, em razão de ser estabelecimento de crédito e dever seus funcionários conduzir, com regularidade, sua vida econômica.

Não tendo havido, por parte do recorrente, ânimo de prejudicar o empregado, não há por que subsistir a condenação.

Excluo, pois, da sentença, a indenização por dano moral." (www.trt12. gov.br, em 1º.9.04)

Bancário — Função de caixa — Doença ocupacional — LER-DORT — Nexo de causalidade — Danos patrimoniais e morais

Ementa: BANCÁRIO. FUNÇÃO DE CAIXA. DOENÇA OCUPACIONAL. LER-DORT. NEXO DE CAUSALIDADE. DANOS PATRIMONIAIS E MORAIS. Comprovado pela prova documental (emissão de Comunicações de Acidente de Trabalho), testemunhal e pericial que, no labor por longos anos na função de caixa, o fluxo de serviço era intenso, os movimentos executados eram repetitivos, havia pressão na produtividade, exigência de tensão constante, mobiliário ergonômico incorreto, bem como demonstrado o nexo causal entre as atividades realizadas e a doença desenvolvida, que culminou na aposentadoria por invalidez da reclamante, justifica-se a imposição da indenização por danos materiais e morais. TRT 9ª Reg. — RO-07.384-2002 — (Ac. n. 3.542/2003) — Rel. Juiz Sergio Murilo Rodrigues Lemos. DJPR 7.3.03, p. 215.

Bancário — Transporte de malotes (numerário) — Ato ilícito — Não configuração

Ementa: ...TRANSPORTE DE NUMERÁRIO. A configuração do ato ilícito do artigo 159 do CC antigo e 186 do CC novo está condicionada à ocorrência do dano causado a outrem. Dada a singularidade de não ter sofrido a reclamante prejuízo no exercício da função de transporte de malotes, não se caracteriza o ato ilícito mencionado. Nos termos da Lei n. 7.102/83, que regulamenta a segurança para estabelecimentos financeiros, empresas de vigilância e transportes de valores, vigilante é o empregado contratado por estabelecimentos financeiros ou por empresas especializadas em prestação de serviços de segurança ou transporte de valores, estando condicionado o seu exercício ao preenchimento de requisitos previstos em lei. A punição pelo descumprimento da legislação referente aos vigilantes não alcança a situação do bancário que efetua transporte de numerário por determinação da empresa, evidenciando-se a ausência de previsão legal que autorize o pagamento de indenização pelo exercício da referida atividade de risco, uma vez que não se configurou o ato ilícito de que trata o artigo 159 do CC. Precedente: RR-629671/2005, relator Juiz convocado José Antonio Pancotti, DJ 20/8/2004. Nos termos da Lei n. 7.102/83, que regulamenta a segurança para estabelecimentos financeiros, empresas de vigilância e transportes de valores, vigilante é o empregado contratado por estabelecimentos financeiros ou por empresas especializadas em prestação de serviços de segurança ou transporte de valores, estando condicionado o seu exercício ao preenchimento de requisitos previstos em lei. A punição pelo descumprimento da legislação referente aos vigilantes não alcança a situação do bancário que efetua transporte de numerário por determinação da empresa, evidenciando-se a ausência de previsão legal que autorize o pagamento de indenização pelo exercício da referida atividade de risco. Precedente: RR- 629671/2005, relator Juiz convocado José Antonio Pancotti, DJ 20/8/2004. Recurso provido. DEVOLUÇÃO DOS DESCONTOS. Não tendo sido comprovada a ocorrência do dano causado pelo empregado, não se configura a licitude do desconto prevista no art. 462, § 1º, da CLT. Revelam-se inespecíficos os arestos colacionados, na esteira da Súmula n. 296 do TST. Recurso não conhecido. TST — RR-372/2001-653-09-00.0 — (Ac. 4ª T.) — 9ª Reg. — Rel. Min. Antônio José de Barros Levenhagen. DJU 3.2.06, pp. 976/977.

Bancário — Transporte de valores — Acúmulo de funções — Dano moral

Ementa: TRANSPORTE DE VALORES. ACÚMULO DE FUNÇÕES. REMUNERAÇÃO. DANO MORAL. O exercício pelo obreiro da função de transporte de valores, não afeita ao cargo para o qual fora contratado, não basta, por si só, para ensejar o pagamento de indenização por danos morais. Trata-se de profissão lícita, que não implica em qualquer ofensa à honra ou dignidade ao profissional dela imbuído. Ainda mais quando sem comprovação de qualquer situação constrangedora ou vexatória e presente o reconhecimento do direito à remuneração correspondente ao trabalho realizado. TRT 9ª Reg. — RO 02847-2003-662-09-00-6 — (Ac. 2ª T. 29628/05) — Rel. Juiz Márcio Dionísio Gapski. DJPR 18.11.05, p. 456.

Bancário — Transporte de valores — Cabimento

Ementa: DANO MORAL. BANCÁRIO. TRANSPORTE DE VALORES. CABIMENTO. Nos termos do art. 3º, da Lei n. 7.102/83, o transporte de numerário deve ser efetuado por empresa especializada no transporte de valores, ou então por pessoal contratado e preparado para tal finalidade. O reclamante, bancário, não foi contratado para efetuar tais serviços e tampouco recebeu treinamento próprio. A tentativa de assalto que sofreu o reclamante, diretamente relacionada ao transporte diário de numerário do reclamado, atraiu a sagacidade dos assaltantes. Não há dúvida de que o reclamado detém responsabilidade por tal fato, na medida em que não poderia permitir que o reclamante, que não foi contratado para efetuar transporte de valores, assim procedesse. A conduta negligente do reclamado implica sua responsabilidade. TRT 9ª Reg. — Proc. 00323-2002-091-09-00-6 — (Ac. n. 23.396/03) — Rel. Juiz Celio Horst Waldraff. DJPR 24.10.03, p. 421.

Bancário — Transporte de valores — Desvio funcional — Pleito de reparação — Descabimento

Ementa: BANCÁRIO — TRANSPORTE DE VALORES — DANO MORAL — INDENIZAÇÃO. O dever de indenizar somente surge, e este é o seu pressuposto lógico, quando o comportamento ilícito, concretamente, produza danos. Não basta, por conseguinte, apenas a infração da norma legal. Exige-se mais. Cobra-se a indispensável presença do elemento objetivo consistente no dano, seja emergente ou cessante (NCC, art. 403), que, na definição de Orlando Gomes, "consiste na diferença entre o estado atual do patrimônio que o sofre e o que teria se o fato danoso não se tivesse produzido". Ausente esse requisito, soterra-se a possibilidade de indenizar. É que se destina a reparação a cobrir os prejuízos efetivamente sofridos pela vítima, e não aqueles meramente potenciais ou imaginários. Recurso provido, em parte. TRT 10ª Reg. — RO 00594-2005-010-10-00-4 — (Ac. 3ª T./06) — Rel. Juiz João Luis Rocha Sampaio. DJU3 28.4.06, p. 39.

Da decisão acima, colhe-se o seguinte fundamento:

"DO TRANSPORTE DE VALORES — DESVIO FUNCIONAL — DANO MORAL — PLEITO DE REPARAÇÃO

Denuncia o operário que foi obrigado, no período de janeiro/2000 até julho/2000, a transportar numerário, mediante uso do seu veículo próprio ou mesmo táxi, entre as agências do Setor Comercial Sul e os postos de atendimento situados no TST, TRT, Embaixada Americana e Asa Sul, cujos valores alcançavam expressivas somas. Alega que ficava exposto a risco acentuado, visto que não lhe era oferecida nenhuma proteção, sem embargo de que serviços de tal espécie devessem ser executado por empresa especializada transporte de valores. Com base nisso, é que postula indenização equivalente a 20 salários título de dano moral e outros 20 sob a rubrica de desvio funcional. O Demandado tece considerações jurídicas que, no seu entendimento, demarcam a improcedência da pretensão. O douto julgador de primeiro indeferiu o pedido, daí a irresignação obreira. Cumpre observar, de logo, que desponta incontroverso o fato de o Autor ter realizado o referido transporte de numerário no lapso indicado. Resta saber se ostenta ele vocação para ensejar conseqüências pretendidas pelo empregado. Creio que não. Cabe o registro, de logo, que lamentável — e mesmo inaceitável — que instituições financeiras exponham o trabalhador a acentuados riscos quando lhes impõe a tarefa de transportar numerários, máxime quando tem em conta o efervescente clima de insegurança que assola o País diante da ineficácia das políticas públicas adotadas pelo Estado para conter a criminalidade e os males sociais que dela resulta. Posturas que tal encerram franco ato de violação ao disposto no art. 3.° da Lei 7.102/83, que disciplina o transporte de valores no âmbito dos estabelecimentos financeiros. Feita essa digressão, cumpre observar, de outro ângulo, que o dever de indenizar somente surge, e este é o seu pressuposto lógico, quando o comportamento ilícito, concretamente, produza danos. Não basta, por conseguinte, apenas a infração da norma legal. Exige-se mais. Cobra-se a indispensável presença do elemento objetivo consistente no dano, seja emergente ou cessante (NCC, art. 403), que, na definição de Orlando Gomes "consiste na diferença o estado atual do patrimônio que o sofre e o que teria se o fato danoso não se tivesse produzido". Ausente esse pressuposto, soterra-se a possibilidade de indenizar. E que se destina a reparação a cobrir os prejuízos efetivamente sofridos pela vítima, e não aqueles meramente potenciais ou imaginários. Aplicada essa orientação doutrinária como premissa, bem é de ver, no caso, que o operário — a despeito da situação de risco que enfrentou com transporte de numerário — não suportou nenhum prejuízo concreto. Disso decorre que a postura patronal causou-lhe nenhum dano, pelo que nada há a reparar. De se relembrar, ainda, que a possibilidade de reparação do dano moral é assegurada pelo ordenamento jurídico vigente por meio de normas de estatura constitucional e outras de natureza infraconstitucional. As primeiras estão explícitas nos incisos V e X do art. 5º da Constituição Federal, ambas garantindo direito à indenização por dano moral. Os arts. 186 e 927 do atual Código Civil, seguindo a mesma linha, também instituem a obrigação de reparação por atos ilícitos. De qualquer modo, passo indispensável para o exame da verificação do dano moral identificação do conceito que se lhe empresta. E, no particular, a doutrina oferece definições variáveis. Para alguns, a exemplo de Valentin Carrion: "Dano moral é o que atinge os direitos da personalidade, sem valor econômico, tal como a dor mental psíquica ou física. Independe das indenizações previstas pelas leis trabalhistas e se caracteriza pelos abusos cometidos sujeitos da relação de emprego". Para tal corrente, o dano moral é definido positivamente pela violação de um bem integrante da personalidade, da qual resulta dor, vexame, sofrimento, humilhação, desconforto, etc., capaz de atingir o sentimento de dignidade da vítima. Por isso mesmo é que, para a sua configuração, não basta o ilícito em si mesmo, mas repercussão que possa ter. Verifica-se, no caso, uma vez adotadas tais premissas, que os contornos que o modelam não caracterizam dano moral. Ainda que se tenha identificado a postura irregular do empregador, é certo que em nenhum momento procurou ele submeter operário a constrangimentos públicos. O fato, embora extremamente desconfortável, não afeta a honorabilidade do empregado e em nada afeta a sua imagem e reputação. Isso ofusca possibilidade de se enxergar a intenção do Acionado, deliberada ou dissimulada, de expor trabalhador a situações vexatórias ou humilhantes, voltada a atingir, subjacentemente, o seu conceito social. O tratamento dispensado compreende-se, como dito, tão-só nas fronteiras desencontros de ordem administrativa. Problemas dessa natureza, que têm foco em conflitos nas relações de trabalho, não podem servir como fonte aceitável para irrigar e fazer florescer o pleito de indenização por dano moral. Ora, "Se dano moral é agressão à dignidade humana, não basta para configurá-lo qualquer contrariedade, desconforto, mágoa, irritação ou aborrecimento, sob pena de ensejar a sua banalização. Mero inadimplemento contratual ou prejuízo econômico não configuram dano moral, porque não agridem a dignidade humana" (Sérgio Cavaliere Filho). Portanto, malgrado o impacto causado, o ilícito cometido pelo Reclamado não se mostra vocacionado a determinar a reparação pleiteada. De resto, como pontuado com exatidão pelo destacado Julgador do primeiro grau, não se configura, hipótese, a situação de desvio funcional. Não tem lugar, pois, a indenização cobrada. Nego provimento. (www.trt10.gov.br, 10.6.07)

Bancário — Transporte de valores — Nexo de causalidade entre o dano e a conduta do ofensor — Inocorrência

Ementa: DANO MORAL. AUSÊNCIA. O dano moral ocorre na esfera da subjetividade, traduzindo-se em sentimento de pesar íntimo do ofendido, capaz de gerar prejuízo ao aspecto afetivo ou social do seu patrimônio moral. Os Tribunais pátrios, igualmente, têm-se manifestado no sentido de que, diferentemente do que ocorre com o dano material, para que se configure o dano moral, não há de se cogitar da prova do prejuízo. Entretanto, para o deferimento da indenização, deve ficar provado o nexo de causalidade entre o dano e a conduta do ofensor, ou seja, que esta gerou aquele. Na atividade de bancário, principalmente nos cargos de caixa e gerente, o empregado já fica exposto naturalmente a risco mais elevado de assalto do que os cidadãos que trabalham em outro ramo de atividade. Nessa linha de raciocínio, o fato de o bancário transportar valores pequenos de uma agência para outra não aumenta o risco em proporção capaz de ferir seu sentimento íntimo. Tal prática poderia ensejar o surgimento de outro direito, mas não o pagamento de indenização por dano moral. TRT 10ª Reg. — RO 01229-2002-007-10-00-1 — (Ac. 1ª T./04) — Rel. Juiz Pedro Luis Vicentin Foltran. DJU3 16.4.04, p. 13.

Bancário — Transporte de valores — Tiro rente ao rosto — Configuração

Ementa: 1. HORAS EXTRAS. PROVA TESTEMUNHAL. Ordena a CLT que o juiz, ao iniciar a tomada de depoimento, indague se a testemunha é empregada do reclamado, indicando o tempo de serviço em caso positivo (CLT, art. 828). A resposta negativa a tal indagação obrigatória não é suficiente para desprezar o testemunho, quando seu teor seja indicativo de que o depoente, embora vinculado contratualmente a outro empregador, prestava serviços no local de trabalho do reclamante, que lhe abria a porta diariamente. Sobrejornada caracterizada. 2. DANO MORAL. BANCÁRIO. TRANSPORTE DE VALORES. TIRO RENTE AO ROSTO. Na circunstância em que o empregado é vítima de assalto à mão armada, durante a atividade de transporte de valores, com disparo, por um dos meliantes, de sua arma de fogo rente ao rosto obreiro, resta evidenciado o dano psicológico inquestionável. Ao impor ao trabalhador o exercício de atividade estranha a suas atribuições, pois a legislação exige a contratação de guarda armada para tal missão (Lei n. 7.102/83), a instituição bancária terá contribuído, com sua dolosa omissão, para a ocorrência do dramático evento. Recurso conhecido e improvido. TRT 10ª Reg. — RO 00219-2002-802-10-00-2 — (Ac. 3ª T./05) — Red. Juiz Antonio Umberto de Souza Júnior. DJU3 11.3.05, p. 34.

Bancário — Transporte irregular de valores — Lei n. 7.102/1983 — Caracterização

Ementa: DANO MORAL. INSTITUIÇÃO FINANCEIRA. TRANSPORTE IRREGULAR DE VALORES. CARACTERIZAÇÃO. LEI N. 7.102/1983. O transporte de valores deve ser realizado por empresa especializada ou por empregados da própria instituição financeira, especialmente preparados para essa finalidade. A exigência irregular perpetrada pelo empregador para que vultosas quantias em dinheiro sejam transportadas por empregados que não receberam treinamento especial para essa finalidade traduz ato ilícito e expõe o empregado ao risco de assalto. Isso é suficiente para interferir negativamente na esfera íntima do comportamento do empregado, em virtude do receio de ser assaltado e até morto em decorrência da atribuição imposta pelo empregador. Caracterizado o dano moral, a culpa do reclamado e o nexo causal entre tais elementos, presente está o seu dever reparatório. TRT 23 Reg. — RO 00657.2005.041.23.00-0 — (Ac. 11/06) — Rel. Juiz Osmair Couto. DJE/23ª Reg. n. 108/06, 18.10.06, p. 23.

Bancário feito refém durante assalto — Responsabilidade civil — Negligência do empregador — Fato de terceiro — Prova negativa — Possibilidade de produção

Ementa: INDENIZAÇÃO POR DANO MORAL. BANCÁRIO FEITO REFÉM DURANTE ASSALTO. RESPONSABILIDADE CIVIL. NEGLIGÊNCIA DO EMPREGADOR. FATO DE TERCEIRO. PROVA NEGATIVA. POSSIBILIDADE DE PRODUÇÃO I. Há violação de direitos personalíssimos do empregado que é feito refém durante roubo do estabelecimento bancário empregador, em razão do abalo psíquico e do perigo que afrontou a sua vida Dever de indenização do empregador, que agiu culposamente ao negligenciar as normas de segurança, incluindo aí a ausência de portas eletrônicas de segurança. O fato de terceiro neste caso não exclui a responsabilidade do empregador, pois este agiu com culpa, inexistindo portanto quebra do nexo causal. II. Modernamente não se admite mais a alegação de que a prova negativa não pode ser produzida. "A doutrina como a jurisprudência superaram a complexa construção do direito antigo acerca da prova dos fatos negativos. Nenhuma regra positiva ou lógica dispensa o litigante de produzir prova de suas alegações". TRT 9ª Reg. — Proc. 06660-2002-006-09-00-3 — (Ac. 2ª T. 28006/04) — Relª Juíza Ana Carolina Zaina. DJPR 3.12.04, p. 467.

Caixa bancário — Diferenças de caixa — Sistema de segurança interna falho e negligente — Constrangimentos e angústias do empregado — Dano moral tipificado

Ementa: DANO MORAL. CAIXA BANCÁRIO. DIFERENÇAS DE CAIXA. SISTEMA DE SEGURANÇA INTERNA FALHO E NEGLIGENTE. CONSTRANGIMENTOS E ANGÚSTIAS DO EMPREGADO. DANO MORAL TIPIFICADO. É certo, em princípio, que o caixa instala-se no posto de trabalho, ao início da jornada, com valores iniciais conferidos e certos e atua, ao longo do dia, pagando e recebendo através de documentos igualmente certos. Pelo que o resultado, no final da jornada, deve ser sempre certo e conferido também, cabendo a ele responder pelas faltas decorrentes de erros ou desatenções. No caso, porém, era o próprio Banco o negligente, mantendo um caixa facilmente acessível a qualquer um e até mesmo com gavetas sem trancas nem chaves. Negligenciando a rigorosa segurança, vigilância e pronta ação corretiva que lhe cabe ter no setor. Ao contrário, em vez disso, preferiu a cômoda atitude passiva de ir descontando sempre no salário do empregado as elevadas e incomuns somas que desapareciam, sacrificando-lhe às vezes até o salário inteiro. O que perdurou até quando descoberto que outros empregados aproveitavam da falta total de segurança e ingenuidade da vítima para furtarem o dinheiro. Com a demissão deles e adoção de sistemas adequados de segurança, inclusive a singela colocação de chaves, sanou-se a situação. A displicência ou demora do Réu em perceber, investigar e resolver uma situação anormal, aliado à cobrança implacável das grandes somas de diferenças que não podiam ser tidas como normais, levando o trabalhador a situações financeira e emocional delicadas e a ser alvo das dúvidas e brincadeiras dos colegas sobre ser um mau caixa, causaram dor moral indenizável. QUITAÇÃO. ART. 477, CLT. As parcelas pedidas na ação e deferidas na condenação não se acham contempladas, nem pelo título, nem pelos valores, na quitação, pelo que, embora não ressalvadas nela, não se deu ao ex-empregador eficácia liberatória plena, uma vez que a quitação trabalhista, por força de lei, é limitada aos títulos expressamente quitados. HORAS EXTRAS. REFLEXOS. INCIDÊNCIA DOS REPOUSOS SEMANAIS REMUNERADOS. Os reflexos deferidos não provocam duplicidade quanto aos repousos, por já contê-los em sua formação inicial, relativas ao mês de trinta dias, uma vez que os valores pagos pelos trinta dias remuneram apenas as jornadas normais e obedecem a um divisor que já considera o mês integral e não apenas os dias úteis. TRT 3ª Reg. — RO 00746-2003-080-03-00-6 — (Ac. 3ª T.) — Rel. Juiz Paulo Araújo. DJMG 15.6.04, p. 13.

Da decisão acima, colhe-se o seguinte fundamento:

"Danos morais. Concluiu o d. julgador que a displicência ou demora do Réu em perceber, investigar e resolver uma situação anormal, aliado à cobrança implacável das grandes somas de diferenças que não podiam ser tidas como normais, levando-o a situações financeira e emocional delicadas e a ser alvo das dúvidas e brincadeiras dos colegas sobre ser um mau caixa, causaram dor moral indenizável. O que não se exclui, nem se justifica, pelo fato do empregado ser portador de grave neurose (síndrome psicótica paranóide delirante aguda), exigindo tratamento e afastamento do trabalho, uma vez que provado que por culpa dele não foram todas as faltas de dinheiro, embora sofrendo os constrangimentos e conseqüências de toda ordem e natureza. Uma vez que o sofrimento moral é inerente a todo ser racional, independentemente do grau maior ou menor da sua adequação à realidade e de eventuais neuroses. Ou seja, o neurótico, por ter emotividade e razão, também sofre intimamente, ainda que a sua doença possa exacerbar ou diminuir a percepção disso.

Como está na r. sentença: 'No particular, não se pode desconsiderar os nefastos prejuízos que a conduta negligente do reclamado gerou à imagem profissional e à própria auto-estima do reclamante, comprometendo-lhe o relacionamento interpessoal e familiar, sem contar com os transtornos naturais da privação de seus salários e dos empréstimos pessoais realizados.

Nesse contexto, não se pode banalizar o constrangimento, a angústia e, de certo modo, a revolta do reclamante em face dos injustos descontos de diferenças de caixa e, ainda que de forma velada, a imputação injuriosa de incompetência profissional'.

E: 'Presentes, portanto, os pressupostos da reparação civil por dano moral, quais sejam: o dano (sofrimento, indignação e constrangimentos impingidos ao obreiro, inclusive com privação de parte significativa dos salários e comprometimento de sua honra profissional), a culpa (negligência grave do banco na organização e controle da segurança interna, bem como na realização de descontos ilícitos) e o nexo de causalidade (liame entre a conduta ilícita e os danos perpetrados)'.

3.5. Valor Arbitrado. Fixou-se a indenização em R$ 19.200,00 considerando tratar-se o Réu de uma das maiores instituições financeiras 'não apenas no país, como no exterior', mas pretendendo-se não enriquecer 'ilicitamente' (*sic*) o beneficiário.

Embora criterioso o arbitramento, penso que pesadas todas as circunstâncias dos autos e relida bem a prova, que não é maciça e robusta quanto aos termos candentes e emocionados da petição inicial, atento ao que de usual se passa em todo local de trabalho e onde exista comunidade humana, habilito-me a rearbitrá-la no dobro dos valores pedidos na petição inicial como repetição dos descontos, já atualizados: R$ 5.684,48 x 2 = R$ 11.268,96, corrigíveis na forma da r. sentença." (www.trt3.gov.br, em 1º.9.04)

Empregadora que abruptamente estorna de conta corrente valores rescisórios pagos a mais — Causa de devolução de cheques do autor e de registro no Serasa — Dano moral configurado

Ementa: INSTITUIÇÃO BANCÁRIA. EMPREGADORA QUE ABRUPTAMENTE EXTORNA DE CONTA CORRENTE VALORES RESCISÓRIOS PAGOS A MAIS. CAUSA DE DEVOLUÇÃO DE CHEQUES DO AUTOR E DE REGISTRO NO SERASA. DANO MORAL CONFIGURADO. Hipótese em que o réu deposita em conta corrente as verbas rescisórias do autor, e decorrido quase um mês, procede abruptamente o estorno de substancial parte do valor, sob alegação de pagamento "a maior". A par de outros fatores de ilegalidade e da ausência de respeito, salta aos olhos o aspecto mais emblemático da arbitrariedade perpetrada: o fato de valer-se de sua condição de instituição bancária, com todos os mecanismos a estas inerentes, para proceder o estorno, como se de uma transação meramente financeira estivesse tratando. Ora, o que o réu estava retirando da conta era, *lato sensu*, salário, portanto, verba de natureza eminentemente alimentar. Além disso, estava atuando na condição de empregador, não de banco. Não tinha, portanto, o direito de assim proceder. Evidente a mácula ao patrimônio subjetivo do autor, cujo nome foi publicamente exposto no rol de inadimplentes, sem o ser (ao menos sob tal fundamento), em acintosa afronta às normas constitucionais garantidoras da honra e da dignidade. E, como causador direto de tais prejuízos, deve o réu ser responsabilizado por sua recomposição, na forma determinada na origem. TRT 9ª Reg. — Proc. 02397-2002-664-09-00-3 — (Ac. 00156/2004) — Relª Juíza Sueli Gil El-Rafihi. DJPR 23.1.04 (www.trt9.gov.br, em 29.7.04)

Gerente de Banco — Constrangimento — Demora injustificada do Banco no atendimento de informações solicitadas pelo Ministério Público — Configuração

Ementa: DANO MORAL. GERENTE. CONSTRANGIMENTO. DEMORA INJUSTIFICADA DO BANCO NO ATENDIMENTO DE INFORMAÇÕES SOLICITADAS PELO MINISTÉRIO PÚBLICO. Sofre dano moral, gerente de banco que, cumprindo determinação superior, deixa de prestar informações requisitadas pelo Ministério Público, recebendo ameaças de prisão e outros constrangimentos afins, sobretudo quando a demora no atendimento da requisição decorre da burocracia do Banco, ainda sobrando para o reclamante indiciamento em Inquérito Policial. O sigilo bancário é uma garantia constitucional do cidadão, mas não pode servir de escudo para delongas no atendimento de informações solicitadas pelos órgãos competentes. O setor financeiro é um dos mais eficientes em termos de lucratividade, a mesma eficiência deve ser empregada na colaboração com os órgãos investigativos, mormente envolvendo verba pública. Dano moral configurado. Recurso do reclamante provido. TRT 15ª Reg. (Campinas) — RO 1088-2004-044-15-00-1 — (Ac. 41573/06-PATR, 11ª Câmara) — Rel. Juiz Edison dos Santos Pelegrini. DJSP 15.9.06, pág. 101.

Monitoramento da conta corrente — Não configuração

Ementa: DANO MORAL — MONITORAMENTO DA CONTA CORRENTE — NÃO CONFIGURA-

ÇÃO — A quebra do sigilo bancário se caracteriza quando a Instituição Financeira, sem determinação judicial, revela a terceiros os dados pessoais de seus clientes. Ou seja, o monitoramento interno das contas correntes dos funcionários não é ilegal. Tal procedimento justifica-se em razão da atividade desenvolvida pelo réu, não podendo correr o risco de ter em seus quadros empregado estelionatário (emissor de cheque sem fundo). Aliás, o artigo 508 da CLT preconiza que a falta contumaz do pagamento de dívida legalmente exigível constitui justa causa para a demissão do bancário. TRT 9ª Reg. — Proc. 14224-2004-005-09-00-3 — (Ac. 4ª T. 09313/07) — Relª. Juíza Sueli Gil El-Rafihi. DJPR 17.4.07, p. 298.

Revista — Exigência que o empregado se desnudasse — Serviço terceirizado — Configuração

Ementa: INDENIZAÇÃO POR DANO MORAL. REVISTA. O fato de o empregador lidar com a guarda de dinheiro, bem suscetível de subtração e ocultação, justifica uma fiscalização mais rigorosa como meio de proteger o seu patrimônio. Saliente-se, entretanto, que, se a efetivação do controle é feita por meio da revista, ela deve ser admitida como último recurso para defender o patrimônio empresarial e salvaguardar a segurança interna da empresa, à falta de outras medidas preventivas. Mesmo quando indispensável a revista, o intérprete deverá ater-se ao modo pelo qual ela foi levada a efeito. Se o empregador exigia que o empregado se desnudasse, a revista há de ser tida como desrespeitosa e humilhante, traduzindo atentado ao pudor natural dos empregados e ao seu direito à intimidade. O poder diretivo exercido nesses moldes é abusivo e investe o empregador de poderes de polícia que não lhe foram conferidos pela lei. Se o empregador não confia na integridade moral do empregado é melhor não contratá-lo ou dispensá-lo (TST — 2ª Turma, RR-553.779/99.3, Relator Juiz convocado Samuel Corrêa Leite). Situação fática ensejadora de compensação de dano moral por aplicação do art. 5º, X, da Constituição Federal e do art. 373-A da CLT, por analogia autorizada pelo art. 5º, I, da Constituição da República de 1988. TRT 3ª Reg. — RO 01610-2004-108-03-00-5 — (Ac. 7ª T.) — Relª. Juíza Alice Monteiro de Barros. DJMG 4.10.05, p. 16.

Da decisão acima, colhe-se o seguinte fundamento:

"DANO MORAL — REVISTA ÍNTIMA

Pretende o reclamante o recebimento de indenização por dano moral, em razão da fiscalização exercida pela reclamada em seu ambiente de trabalho. Alega que era submetido a revista íntima, completamente nu, sempre que saía do interior da tesouraria onde trabalhava. Além disso, aduz que na sexta-feira que antecedeu a sua dispensa sem justa causa fora submetido a revista íntima por suspeita de furto, ficando exposto a situação vexatória.

Com efeito, a testemunha apresentada pelo autor, informou que '... acredita que até julho de 2002 a segunda reclamada procedia à revista pessoal de seus empregados; a revista era feita em conjunto, com mais de um empregado; permaneciam nus, no ato da revista; não sofreu qualquer tipo de constrangimento de natureza vexatória a não ser pelo fato de permanecer nu na presença do vigilantes, empregados da segunda reclamada, encarregados da revista; não se recorda de ter sido revistado na presença do reclamante; apesar disso, confirma que o procedimento da revista era igual para todos...; eram revistados todas as vezes que saíam do seu local de trabalho, o que perfazia de 6 a 7 vezes por dia; havia um rodízio entre os vigilantes encarregados da realização das revistas; as revistas pessoais poderiam ser realizadas por inspetores e seguranças...'.

Essa testemunha acrescentou que '...se recorda do fato de ter sido o reclamante alvo de revista em dezembro de 2002, a qual teria sido realizada por suspeita de furto supostamente cometido pelo reclamante; nada sabe informar a respeito das apurações realizadas pela empresa no sentido de ter sido ou não realizado o delito...' (f. 268).

O próprio preposto admitiu a prática de revistas pessoais até junho de 2002 e informou que o reclamante fazia uso de uniforme composto de macacão, sem bolso e chinelos (havaianas) e não usava roupas íntimas (f. 267).

De início, cumpre ressaltar que o fato de os reclamados possuírem como atividade-fim o transporte e a guarda de dinheiro, bem suscetível de subtração e ocultação, realmente justifica a utilização de uma fiscalização mais rigorosa. Tenho sustentado, entretanto, que a revista deve ser admitida como último recurso para defender o patrimônio empresarial e salvaguardar a segurança interna da empresa, à falta de outras medidas preventivas. Considero, também, que a tecnologia deve ser empregada amplamente nesse campo, a fim de evitar ou reduzir os efeitos da revista na intimidade dos empregados. Na hipótese dos autos, entendo que a conduta adotada pela reclamada extrapolou os limites do poder diretivo que lhe confere o art. 2º da CLT.

Ora, ainda que se tornasse indispensável a revista, a forma como foi levada a efeito era desrespeitosa e humilhante. A conduta do empregador, nesse caso, traduziu atentado ao pudor natural dos empregados, além de violar-lhes a intimidade, emergindo, daí, o dano moral que se procura reparar.

Registre-se que a inserção do empregado no ambiente de trabalho não lhe retira os direitos da personalidade, dos quais o direito à intimidade constitui uma espécie. Não se discute que o empregado, ao ser submetido ao poder diretivo do empregador, sofre algumas limitações em seu direito à intimidade. O que é inadmissível, contudo, é que a ação do empregador se amplie a ponto de ferir a dignidade da pessoa humana. Como foi por mim salientado na monografia 'Proteção à Intimidade do Empregado', não é o fato de um empregado encontrar-se subordinado ao empregador ou de deter este último o poder diretivo que irá justificar a ineficácia da tutela à intimidade no local de trabalho, do contrário, haveria degeneração da subordinação jurídica em um estado de sujeição do empregado. O contrato de trabalho não poderá constituir um 'título legitimador de recortes no exercício dos direitos fundamentais' assegurados ao empregado como cidadão; essa condição não deverá ser afetada quando o empregado se insere no organismo empresarial, admitindo-se, apenas, sejam modulados os direitos fundamentais na medida imprescindível do correto desenvolvimento da atividade produtiva (cf. Carlos Ruiz Miguel, 'La configuración constitucional del derecho a la intimidad', Madrid, Editorial Tecnos, 1995, p. 379, citado no livro 'Proteção à Intimidade do Empregado', à p. 33).

Não altera esse entendimento o fato de o autor ter assinado, quando de sua admissão, o contrato de f. 174/175, bem como os documentos de f. 176/178, declarando estar ciente das peculiaridades das suas funções e da forma como seria realizada a fiscalização pela reclamada.

Frise-se, a proteção à intimidade constitui um direito irrenunciável. Releva notar, ainda, que a responsabilidade de reparação surge tão logo se verifica o fato da violação (*damnun in re ipsa*). Não cabe cogitar, por isso, de prova do dano moral, já que não se exige do lesado a demonstração de seu sofrimento. Dessa forma, ainda que a testemunha ouvida não tenha demonstrado maior constrangimento por ser obrigada a passar pela revista, essa atitude não pode ser estendida ao reclamante.

Não se pode cogitar de afronta ao art. 5º, II, da Constituição Federal, pois esse mesmo artigo, em seu inciso X, garante às pessoas a inviolabilidade de sua intimidade, assegurando-lhes o direito a indenização por dano moral decorrente de sua violação.

Também há dano moral no procedimento adotado pela empresa, por ocasião da dispensa do obreiro, que se revela não só pela conduta adotada pela empresa (revista íntima) para apurar a falta, mas também pela acusação infundada, a qual não restou comprovada. Na primeira hipótese violou-se a intimidade e na segunda, a honra, ambas integrantes do gênero direitos da personalidade.

No caso, o banco reclamado compactuou com o procedimento ilícito praticado pela TRANSPEV, ao transferir-lhe a prestação de serviços ligados à sua atividade-fim. Ademais, mantinha um preposto no posto de serviço localizado nas dependências dessa empresa.

Constatado o dano e reconhecida a responsabilidade dos reclamados pela sua reparação, resta, agora, quantificá-lo. A meu ver, pesa contra a reclamada o pouco respeito que demonstra pela pessoa do reclamante enquanto cidadão. Considerado este fato, altamente relevante, entendo deva fixar-se a quantia de R$ 10.000,00, de forma a reparar o transtorno por ele vivido, lembrando-se que a reparação também possui finalidade lucrativa, de molde a coibir a repetição de tais abusos. Esse valor está em consonância com decisões do C. TST, que tem deferido compensação por dano moral nos casos de revista íntima no valor de R$ 10.000,00 (TST-RR-533.779/1999.3; TST-RR-2671/2001-433-02-00.7 e TST-RR-641571/2000).

Por essas razões, modifico o julgado, para deferir ao reclamante o pagamento de compensação por dano moral no importe de R$ 10.000,00." (www.trt3.gov.br, 10.10.05)

Sequestro do reclamante e assalto na agência. Assédio Moral — Perseguição velada ao reclamante pelos patronos do reclamado. Caracterização

Ementa: ASSÉDIO MORAL. SEQUESTRO DO RECLAMANTE E ASSALTO NA AGÊNCIA. PERSEGUIÇÃO VELADA AO RECLAMANTE PELOS PATRONOS DO RECLAMADO. CARACTERIZAÇÃO. O terror psicológico no trabalho, conhecido como assédio moral é uma das espécies de dano moral mais sutis que sofre o trabalhador, exigindo para sua constatação, uma minuciosa análise dos fatos, pelo Magistrado. A prova oral produzida nos autos, aliada ao documento de fls. 64 comprova o assédio moral sofrido pelo Obreiro, que após ser vítima de seqüestro, que culminou com assalto à agência em que trabalhava, foi humilhado por seus prepostos perante seus colegas de trabalho, sendo obrigado, no dia posterior ao assalto, a fazer a reconstituição do crime, perante cerca de 6 funcionários, bem como, após dois dias do evento assalto foi retirado de seu posto normal de trabalho e da convivência com os colegas, ficando confinado em uma sala separada, executando um serviço bem aquém de sua competência, porquanto o cargo que exercia — chefe de serviço — tinha atribuições muito mais complexas do que executar arquivo, bem como não mais manipulou numerários. TRT 23ª Reg. — RO 01290.2005.007.23.00-0 — (Sessão 14/2006) — Relª. Desembargadora Leila Calvo. DJE/TRT 23ª Reg. n. 121/06, 8.11.06, p. 32.

Sigilo bancário — Auditoria interna — Inexistência

Ementa: DANO MORAL. SIGILO BANCÁRIO. AUDITORIA INTERNA. INEXISTÊNCIA. A Constituição Federal dispõe expressamente que "é assegurado o direito de resposta, proporcional ao agravo, além da indenização por dano material, moral ou à imagem" (art. 5º, V, CF) e que "são invioláveis a intimidade, a vida privada, a honra e a imagem das pessoas, assegurado o direito à indenização pelo dano material ou moral decorrente de sua violação" (art. 5º, X, CF) — não podendo a simples abertura de auditoria, para a apuração de eventuais irregularidades no âmbito da relação de trabalho, com verificação de movimentos de conta bancária, caracterizar, de per si, dano moral ao empregado, principalmente pelo fato do banco possuir, por suas próprias atividades, total conhecimento dos dados que mantém sob seus cuidados. Imprescindível que o Reclamante demonstrasse que o acesso aos dados de sua conta corrente lhe causaram prejuízo moral, abalando a sua imagem e bom conceito social, causando-lhe transtornos profissionais. TRT 9ª Reg. — RO 01647-2006-028-09-00-9 — (Ac. 4ª T. 02387/07) — Rel. Juiz Luiz Celso Napp. DJPR 2.2.07, p. 579.

Sigilo bancário — Investigação da conta corrente — Danos materiais e morais — Dispêndio do reclamante para o fim de indenizar prejuízos da empresa — Violação de lei e divergência jurisprudencial não reconhecidas

Ementa:.......INDENIZAÇÃO POR DANOS MATERIAIS E MORAIS. DISPÊNDIO DO RECLAMANTE PARA O FIM DE INDENIZAR PREJUÍZOS DA EMPRESA. INVESTIGAÇÃO DA CONTA CORRENTE. SIGILO BANCÁRIO. VIOLAÇÃO DE LEI E DIVERGÊNCIA JURISPRUDENCIAL NÃO RECONHECIDAS. O Eg. Regional considerou devida indenização por danos materiais, resultantes de depósitos em contas correntes de clientes que o Reclamante foi obrigado a fazer com seu próprio numerário, levantado inclusive por meio de empréstimos pessoais e venda de imóvel de sua propriedade. Considerou devida, também indenização por danos morais, oriundos do dissabor de ter de tomar empréstimos, em função dos quais teve de dispor de todo seu salário, assim como do imóvel vendido a preço inferior ao de mercado, bem como a violação do sigilo bancário a que tinha direito o Reclamante, levada a efeito pela Reclamada. A Corte ainda considerou razoável o *quantum* fixado para cada uma dessas indenizações, em especial a primeira porque correspondente ao valor atualizado do imóvel vendido. Os preceitos legais invocados (159 e 160, I, do Código Civil de 1916, 5º, V e X, da Constituição Federal) não disciplinam a questão com todas as peculiaridades a ela concernentes, razão porque inviabiliza-se a possibilidade de serem literalmente violados. A comprovação do dano envolve o reexame do material fático-probatório, procedimento vedado nesta instância (Súmula 126/TST), o que afasta a possibilidade de infração dos arts. 818, da CLT e 333, I, do CPC, até porque não se cogita no Acórdão acerca do *onus probandi*. O aresto de fl. 122 e o último julgado de fl. 123 não ensejam o conhecimento, a teor da Súmula 296/TST. Os demais julgados transcritos não atendem aos requisitos de previsão e forma estabelecidos no art. 896, da CLT e Súmula 337/TST. Agravo de Instrumento a que se nega provimento. TST — AIRR-1.273/1998-442-02-40.2 — (Ac. 2ª T.) — Rel. Juiz Convocado Josenildo dos Santos Carvalho. DJU 15.6.07, p. 736.

Sigilo bancário — Quebra — Caracterização

Ementa: QUEBRA DE SIGILO BANCÁRIO. DANO MORAL. CARACTERIZAÇÃO. 1 — A garantia inserida no art. 5º, XII, da Constituição Federal estabelece ser inviolável o sigilo da correspondência e das comunicações telegráficas, de dados e das comunicações telefônicas, salvo, no último caso, por ordem judicial, nas hipóteses e na forma de que a lei estabelecer para fins de investigação criminal ou instrução processual penal. 2 — O sigilo bancário constitui garantia legal, disciplinada pela Lei n. 4.595/64, sendo imprescindível, para a sua quebradura, a demonstração, a partir de indícios suficientes, da existência concreta de causa provável que legitime a medida excepcional (ruptura da esfera de intimidade de quem se encontra sob investigação), justificando, assim, a necessidade de sua efetivação em procedimento investigatório. 3 — Não se trata de um poder arbitrário, mas, sim, vinculado ao próprio procedimento correspondente, no qual o possuidor da conta corrente seja o sujeito da investigação. 4 — A quebra de sigilo bancário determinada pelo Banco-reclamado sem a autorização do titular da conta bancária, sobretudo por ter sido ultimada com vistas à mera inspeção interna, mesmo não tendo havido divulgação de valores, implica violação ao direito de personalidade e privacidade do empregado. 5 — O dano moral independe da comprovação de prejuízo, ou da existência de seqüela moral, sendo congênito ao próprio ato infrator. 6 — Dada a singularidade de o dano moral decorrer da quebra do sigilo bancário, não se coaduna com o seu tradicional conceito a objeção de ser necessária a comprovação de a vítima ter sido atingida em sua honra de forma mortal ou ter sido exposta ao ridículo, pressupostos necessários apenas para avaliar o quantitativo da respectiva indenização. Recurso provido para restabelecer-se a sentença da Vara. TST — RR-951/2002-029-12-00.5 — (Ac. 4ª T.) — 12ª Reg. — Rel. Min. Antônio José de Barros Levenhagen. DJU 1.7.05, p. 1628.

Sigilo bancário — Quebra — Circunstâncias justificadoras — Ofensa legal descaracterizada

Ementa: AGRAVO DE INSTRUMENTO. RECURSO DE REVISTA. DANO MORAL. QUEBRA DE SIGILO BANCÁRIO. CIRCUNSTÂNCIAS JUSTIFICADORAS. OFENSA LEGAL DESCARACTERIZADA. Alega a demandante que a decisão regional, mantendo a decisão de origem quanto à improcedência da ação movida em face do BANESPA, por quebra do seu sigilo bancário, importou em violação da

Constituição Federal, art. 5º, X e XII, além de afrontar, também, a Lei n. 4.595/64 e a Lei Complementar n. 105/01. Ocorre que, no curso da instrução processual, o pedido de reflexo nos salários da reclamante, de comissões sobre a venda de papéis, tinha respaldo nas declarações da preposta que admitira a realização das referidas vendas pela demandante, embora declarando que as comissões eram pagas pela seguradora, enquanto a obreira sustentava que eram creditadas diretamente na sua conta corrente junto ao banco demandado. O Banco, então, para comprovar a inverdade das afirmativas da sua ex-empregada, juntou aos autos alguns dos extratos bancários, tendo o Juízo constatado que, na realidade, não havia qualquer daqueles depósitos referidos pela reclamante. Ficou ressaltado que, embora seja público o processo, não houve qualquer anúncio público, tampouco se pode afirmar que o demandado agiu com o interesse de denegrir a honra ou a boa fama de sua ex-servidora, pois os extratos serviram de prova fundamental para mostrar a inexistência do fato constitutivo do direito da autora. É oportuno salientar que a própria demandante, logo com a inicial, juntou extratos de sua conta-corrente, menos, é evidente, aqueles que não lhe interessava fossem examinados, pois demonstrariam o inverso do que por ela fora alegado. Por outro lado, não se configura qualquer violação do artigo 5º, XII, que não guarda pertinência com a matéria aqui tratada. Quanto à Lei 4.595 e a LC 105/2001, não foram as mesmas objeto de prequestionamento (Súmula 297). Agravo conhecido e não provido. TST — AIRR-2.226/2002-007-12-40.9 — (Ac. 6ª T.) — Rel. Juiz Convocado José Ronald Cavalcante Soares. DJU 2.6.06, p. 705.

Sigilo bancário — Quebra — Exposição de aspectos da vida privada — Dano moral configurado

Ementa: DANO MORAL. SIGILO BANCÁRIO. INDENIZAÇÃO. Com a juntada de extrato da conta corrente da reclamante o empregador feriu direito constitucionalmente garantido (art. 5º, X e XII, CF/88). Houve quebra do sigilo bancário com exposição de aspectos da vida privada da autora, o que lhe assegura o direito à indenização pelo dano sofrido. TRT 3ª Reg. — RO 00485-2005-051-03-00-0 — (Ac. 2ª T.) — Rel. Juiz Hegel de Brito Bóson. DJMG 11.11.05, p. 8.

Da decisão, colhe-se o seguinte fundamento:

"INDENIZAÇÃO POR DANOS MORAIS

A questão a ser analisada prende-se à verificação da ocorrência de danos morais sofridos pela autora em decorrência da quebra do sigilo bancário ocasionada pelo empregador, através da juntada de extratos bancários em autos de processo, sem autorização judicial ou consentimento da reclamante.

De fato, está comprovado nos autos (fl. 33) que o demandado fez juntada de extrato bancário da autora nos autos da ação de consignação em pagamento ajuizada pelo mesmo.

Na petição de fls. 31/32 observa-se que a juntada do documento foi feita com o objetivo de comprovar o pagamento de salário do mês de maio de 2005.

Incontroverso nos autos que o reclamado adotou tal procedimento sem o consentimento da reclamante ou ordem judicial autorizadora do ato.

Inegável também que o empregador dispunha de outros meios capazes de comprovar o depósito de salário na conta-corrente de sua empregada.

O ato praticado pelo reclamado traduz violação ao direito do cidadão à inviolabilidade da intimidade e da vida privada. A juntada do próprio extrato de movimentação bancária da reclamante fere direito constitucionalmente garantido (art. 5º, X e XII, CF/88). Houve quebra do sigilo bancário com exposição de aspectos da vida privada da autora, o que lhe assegura o direito à indenização pelo dano sofrido. (art. 5º, X, CF/88).

Frise-se que o direito à ampla defesa e ao contraditório não foi desrespeitado, conforme quer o recorrente. Como foi acima consignado, impossível conceber-se que o empregador, que efetuou o depósito do salário na conta da autora, não dispusesse de outro meio de prova do referido pagamento.

Configurado restou o dano moral, que, no presente caso, não prescinde de comprovação de prejuízo, sabido que o processo não tramitou em segredo de justiça. O procedimento adotado pelo recorrente desrespeitou ainda leis próprias que regem as instituições financeiras e garantem ao cidadão o sigilo bancário, demonstrando ainda abuso do poder atribuído ao empregador.

Por tais razões, mantenho a decisão de primeiro grau.

Quanto ao valor atribuído à indenização (R$ 50.000,00), inegável que o dano, termo o qual detém atualmente significação ampliada de lesões sofridas pelo patrimônio material e moral, implica seguramente em reparação.

Contudo, o valor atribuído à indenização mostra-se de fato elevado. Não se pode perder de vista que referido valor representa apenas um lenitivo ao dano sofrido, devendo ser observada a razoabilidade para sua fixação, ante a cautela que merece o tema, a fim de se evitar a deturpação do sistema e alcance de lucro fácil. Assim, reduzo para R$ 30.000,00 (trinta mil reais) o valor da indenização." (www.trt3.gov.br 2.12.05)

Sigilo bancário — Quebra — Não-caraterização — Ausência de materialidade do ilícito no âmbito interno de banco

Ementa: DANO MORAL — QUEBRA DE SIGILO BANCÁRIO — NÃO-CARATERIZAÇÃO — AUSÊNCIA DE MATERIALIDADE DO ILÍCITO NO ÂMBITO INTERNO DE BANCO. 1. O sigilo bancário, na definição da doutrina, é a obrigação imposta aos bancos e a seus funcionários de não revelar a terceiros, sem causa justificada, os dados pertinentes a seus clientes, que, como conseqüência das relações jurídicas que os vinculam, sejam de seu conhecimento. Confunde-se, nesse sentido, com o dever de segredo profissional e constitui desdobramento do direito à privacidade, amparável pelo art. 5º, X, da CF e pela Lei n. 4.595/64. 2. Pretendeu-se conferir ao sigilo bancário dimensão constitucional específica, com proposta de emenda (PEC n. 139/84) que previa alteração do art. 153, § 9º, da Constituição Federal de 1967, com a seguinte redação: "É inviolável o sigilo bancário, da correspondência e das comunicações em geral. A conta bancária do indivíduo não será objeto de investigação, nem servirá de base oponível para a tributação". No entanto, foi a proposta rejeitada, permanecendo sob o pálio da tutela genérica do direito à intimidade, prevista na Carta Política de 1988. 3. Ora, o sigilo bancário tem por guardião o próprio banco, que registra as informações de movimentações feitas pelos seus correntistas, às quais seus gerentes e funcionários têm acesso pelo simples exercício de suas funções. 4. Assim, a quebra desse sigilo só pode se referir a pedido de acesso a informações bancárias formulado por entidade não bancária. E, como decorrência lógica, o ilícito só se dará se o banco fornecer os dados de que dispõe sem a necessária autorização judicial. Daí que, se o banco tem total conhecimento da movimentação bancária de seus correntistas, impossível se torna a materialização do ilícito de quebra de sigilo em relação ao próprio banco. Apenas se houver exteriorização da informação é que a quebra se materializará. 5. "In casu", o TRT registrou que o pedido de indenização por dano moral formulado pelo Reclamante decorreu de auditoria interna do Banco em que trabalhava, amparada no art. 508 da CLT, pela qual foi examinada a conta corrente dos empregados da agência em que estava lotado, para verificação de percentual de endividamento. Não tendo havido divulgação ou publicidade do conteúdo dos extratos, não se configura a quebra do sigilo bancário, já que o Banco não revelou a terceiros (entidades ou pessoas que não pertençam ao banco) o conteúdo dos extratos, o que afasta o direito à pretendida indenização. Recurso de revista conhecido e desprovido. TST — RR-2.545/2001-029-12-00.6 — (Ac. 4ª T.) — 12ª Reg. — Red. Desig. Min. Ives Gandra Martins Filho. DJU 10.2.06, p. 1055.

Sigilo bancário — Quebra — Não configuração

Ementa: QUEBRA DE SIGILO BANCÁRIO. DANO MORAL. Em não havendo ato ilícito, igualmente inexiste lesão ao patrimônio ideal do empregado, sendo antijurídico concluir que o regular exercício de um direito (auditoria nas contas correntes de seus empregados direito conferido pelo art. 508 da CLT), como fez a empresa, cause dano de ordem moral. TRT 12ª Reg. — RO-V 01846-2003-007-12-00-7 — (Ac. 2ª T. 10489/04, 24.08.04) — Rel. Juiz Dilnei Ângelo Biléssimo. DJSC 23.9.04, p. 153.

Sigilo bancário — Quebrado só por determinação judicial

Ementa: DANO MORAL. SIGILO BANCÁRIO. O art. 5º, XII, da Constituição Federal/88, assegura aos indivíduos a inviolabilidade do sigilo de dados, compreendendo-se nesse conceito, o sigilo bancário, que se constitui em verdadeira projeção da personalidade do correntista. Assim, o sigilo somente pode ser quebrado em virtude de determinação judicial, sob pena de implicar em intromissão na privacidade do cidadão, garantindo-se a este, na hipótese, indenização por danos morais. TRT 24ª Reg. — RO 1.094/2001-001-24-00-1 — Rel. Juiz Nicanor de Araújo Lima. DOMS n. 5841, 20.9.02.

Da decisão acima, colhe-se o seguinte fundamento:

"2.2.1 — DANO MORAL

Insurge-se o reclamado contra r. sentença que deferiu indenização por dano moral.

Alega que o reclamante não se desincumbiu do ônus de provar a repercussão do fato tido como ensejador do dano moral, porquanto a prova testemunhal encontrava-se dividida.

Razão não lhe assiste.

Na inicial, o reclamante relatou que, em função da produção por ele alcançada com a venda e colocação de papéis, seus superiores desconfiaram que terceiros pudessem estar lhe prestando favores. Investigaram, então, junto a funcionários, clientes e parentes seus, perguntando-lhes se tinham conhecimento de alguma atividade ilícita desenvolvida pelo autor.

O reclamante afirmou, assim, que a falta de cuidado do Banco ao empreender as investigações, deixou-lhe marcas indeléveis tais como, meses de desemprego, a desconfiança e o receio de alguns que não tiveram acesso aos resultados da investigação.

O reclamado, entretanto, na contestação, alegou que apenas constatou que o reclamante estava recebendo depósitos em sua Conta-Salário, conta esta exclusiva para recebimento de remuneração. Dirigindo-se ao reclamante, este informou que os depósitos foram efetuados por seus familiares. E que, para dirimir dúvidas, o reclamante, por sua espontânea vontade, levou sua sobrinha até a agência para esclarecer a origem dos depósitos.

Alega, também, que não efetuou qualquer tipo de investigação junto a terceiros e que o reclamante não demonstrou o dano efetivamente sofrido, tampouco o nexo causal entre este e a conduta do reclamado.

Neste sentido, o preposto do reclamado afirmou que 'o que sabe é que o reclamante teve que justificar um depósito em sua conta', mas que 'não houve muita repercussão' (fl. 274).

Das três testemunhas indicadas pelo reclamante, o Sr. Sérgio Luiz confirmou os fatos noticiados na inicial, tendo declarado: 'soube que fizeram umas investigações na conta do reclamante, sendo que a inspetoria do banco, na pessoa do Sr. Despato, chegou a lhe fazer algumas perguntas a respeito do reclamante; foram feitas perguntas não só para o depoente mas para outros colegas da área, o Sr. Despato lhe perguntou se eles estavam a dar dinheiro para o reclamante, tudo isso em razão da grande produtividade das vendas dos produtos; houve muita repercussão inclusive entre clientes da agência; (...) o cliente, Sr. Marcos Ivan, o qual tinha vários seguros de caminhão para com o depoente, lhe disse que o pessoal da inspetoria o havia procurado, pedindo informações sobre o reclamante; depois do acontecido, houve mácula na imagem do reclamante, inclusive com chacotas de clientes ('quando é que vocês vão levar cigarro na cadeia para o reclamante').'

Também foram ouvidas três testemunhas indicadas pelo reclamado. A primeira nada declarou acerca dos acontecimentos que envolveram a dispensa do reclamante. A segunda testemunha disse que 'nada ficou sabendo à época da saída do reclamante, na medida em que estava na outra agência'. A terceira testemunha, Helder Soares, afirmou que 'no seu setor de trabalho, nada de anormal se comentou à época da saída do reclamante'.

Do que foi exposto, não há que se falar em prova dividida. Esta ocorre quando ambas as partes desincumbem-se, quer quantitativamente, quer qualitativamente, do ônus de provar suas alegações, ou seja, as narrativas das testemunhas favorecem tanto as afirmações feitas na inicial quanto na contestação.

No caso, ainda que analisássemos a prova oral produzida apenas sob o aspecto quantitativo, melhor êxito obteve o reclamante. Isto porque, embora uma testemunha indicada pelo reclamante tenha corroborado as alegações da inicial e uma testemunha indicada pelo reclamado tenha ratificado as declarações da defesa, o preposto do reclamado admitiu saber que o reclamante teve que justificar depósitos em sua conta.

No caso, a investigação levada a efeito na conta corrente do reclamante, por si só, caracteriza o dano moral, independentemente da repercussão do fato. Isto porque o art. 5º, inc. XII, da Constituição Federal, assegura a inviolabilidade do sigilo de dados e o inciso X assegura o direito à intimidade e à vida privada.

As informações bancárias, assim, fazem parte da vida privada da pessoa e, no que tange ao sigilo bancário, existe lei especial que regula a matéria — Lei n. 4.595, de 31.12.64.

O art. 38 da referida lei dispõe que as instituições financeiras conservarão sigilo em suas operações ativas e passivas e serviços prestados e o § 7º daquele artigo diz que a quebra do sigilo constitui crime.

Neste sentido, preleciona o jurista *Miguel Reale*, *in* 'Questões de Direito Público', 'uma conta bancária, qualquer que seja a sua modalidade, constitui uma projeção da personalidade do correntista que a constitui, valendo-se do serviço prestado pela instituição financeira. A sua designação como titular do depósito ou da aplicação diz bem do vínculo pessoal de domínio que surge como resultado de um ato de vontade (...)'.

Embora a proteção ao sigilo bancário possa ser quebrado em decorrência de determinação de um dos órgãos do Poder Judiciário, não pode ser quebrado com base em procedimento administrativo, por implicar em devida intromissão na privacidade do cidadão, garantia expressamente amparada pela Constituição Federal.

Desta feita, mesmo sendo o reclamante empregado daquela instituição financeira, não perde o *status* de correntista, a ele se aplicando todas as considerações anteriormente tecidas. Assim, em razão do direito de personalidade, as informações obtidas pelo reclamado somente poderiam ter sido adquiridas mediante prévia autorização pessoal do depositante ou autorização judicial.

Assim, independentemente da comprovação de lesão reflexa causada pelo ato danoso, a quebra do sigilo bancário, por si só, caracteriza a existência de dano moral.

Nego provimento." (www.trt24.gov.br,em 1º.9.04)

Tentativa de assalto — Sofrimento psicológico — Indenização por dano moral

Ementa: TENTATIVA DE ASSALTO. SOFRIMENTO PSICOLÓGICO. INDENIZAÇÃO POR DANO MORAL. CULPA DO BANCO EM NÃO PROVIDENCIAR MEDIDAS DE SEGURANÇA. Incide em culpa o Banco que exige a prestação de serviços voltados à coleta de malotes sem providenciar a mínima segurança para o desempenho da atribuição e, diante disso, vem a sofrer o trabalhador tentativa de assalto.

Contexto fático-jurídico que legitima o deferimento de indenização por dano moral ao trabalhador por sofrimento psicológico, o qual o Banco reconhece peremptoriamente, inclusive. TRT 12ª Reg. — RO-V 01773-2002-007-12-00-2 — (Ac. 2ª T. 07.167/03, 1º.7.03) — Rel. Juiz Dilnei Ângelo Biléssimo. DJSC 29.7.03, p. 134.

Da decisão acima, colhe-se o seguinte fundamento:

"2. Dano moral. Mensuração do valor devido

Narra o recorrido ter sido vítima de tentativa de assalto em 11.1.99, quando procedia 'a coleta de malotes com numerários de empresas clientes do reclamado' (fl. 05), permanecendo sob a mira da arma do assaltante. Em decorrência desse episódio teria desenvolvido quadro de insônia, irritação e profunda depressão, ficando afastado do trabalho no período de março de 2001 até abril de 2002, o que lhe trouxe dano moral que pretende ver indenizado pelo Banco.

Incontroverso o assalto, alega o Banco que inexiste nexo entre o evento e a culpa ou dolo da empresa.

Acerca das conseqüências advindas do assalto, a própria defesa ratifica a ocorrência de transtorno de estresse pós-traumático quando afirma que 'no tocante ao que o Banco reclamado poderia fazer para dirimir o sofrimento do reclamante, foi feito'. O autor foi submetido a diversos tratamentos de saúde, 'no qual ainda foi ressarcido de despesas com tratamento psicológico. De forma que o reclamado se responsabilizou pela continuidade do respectivo tratamento, dando todas as assistências necessárias para uma rápida melhoria do seu estado de saúde emocional' (fl. 98).

Note-se que a alteração de comportamento após o assalto restou corroborada pela prova testemunhal (Silvana Kátia Briering Viapina, fl. 204).

Estabelecido o inafastável nexo entre o assalto e o transtorno superveniente, cabe perquirir acerca da responsabilidade do réu acerca do ocorrido.

Conforme observo do caderno processual, independentemente do fato de o assalto intencionar a apropriação específica do malote (fl. 55), por certo foi facilitado por não contar o demandante com nenhuma segurança em seu trajeto diário de coleta de malotes, aliás realizado durante o que deveria ser seu intervalo intrajornada. Entendo, assim, que o Banco reclamado incorreu em culpa *in vigilando* ao permitir que seu empregado transportasse valores totalmente desprotegido, expondo-o ao risco que culminou com o assalto, que, por sua vez, o submeteu a lesões de ordem moral, perda da auto-estima e do sentimento de insegurança pessoal, após ver-se sob a mira de arma.

Outra não é a vertente adotada por este Regional em caso semelhante:

ASSALTO. PROTEÇÃO DO EMPREGADO. DANO MORAL. O empregador tem o dever de zelar pela segurança do empregado em seu trabalho. Transportando valores sem proteção adequada, o empregado que sofreu assalto faz jus à indenização por dano moral relativo aos efeitos dele decorrentes (Processo TRT/SC/RO-V-A 9.899/01, Rel. Juiz J. L. Moreira Cacciari).

Por essas razões, mantendo a decisão de 1º grau que reconheceu a existência de dano moral, eu reduziria a indenização correspondente para doze vezes o salário mensal da reclamante quando da propositura da ação.

Todavia, a maioria dos integrantes desta Turma resolveu limitar a indenização para R$ 50.000,00 (cinqüenta mil reais).

Estes são os motivos para tanto: no assalto ou na tentativa dele se apresentou a situação gravíssima de o trabalhador se ver sob a mira de arma de fogo, não havendo a consumação do intento pela fuga arriscada empreendida pelo trabalhador; a intensidade da culpa do Banco ao não tomar providências voltadas à segurança de seus empregados, nomeadamente daqueles, como o recorrido, que dão cabo à atividade de transporte de malote; a situação econômica do ofensor e do ofendido e o tempo de serviço prestado ao empregador (mais de 17 anos).

Prospera parcialmente a irresignação, portanto." (www.trt12.gov.br, em 1º.9.04)

Transporte de valores — Indenização — Descabimento

Ementa: TRANSPORTE DE VALORES. INDENIZAÇÃO. Embora o Reclamado não tenha atendido ao disposto no artigo 3º da Lei n. 7.102-83 (exigência de que o transporte seja feito por empresa especializada ou pelo próprio pessoal devidamente habilitado para tanto), tal omissão não determinou a ocorrência de nenhum dano concreto ao Reclamante. E apesar de a atividade até representar um certo risco de ocorrência de acidente ou assalto, não existe amparo legal ou convencional para o deferimento da indenização. Recurso a que se dá provimento para excluir a indenização deferida. TRT 9ª Reg. — RO 18959-2001-016-09-00-7 — (Ac. 4ª T. 31510/05) — Rel. Juiz Arnor Lima Neto. DJPR 2.12.05, p. 592.

4. BIBLIOGRAFIA

Alexandre Agra Belmonte, *Danos Morais no Direito do Trabalho — Identificação, Tutela e Reparação dos Danos Morais Trabalhistas*, 2ª ed., 2002, Renovar, Rio e *O Monitoramento da Correspondência Eletrônica nas Relações de Trabalho*, 2004, LTr, SP; Alice Monteiro de Barros, *Proteção à Intimidade do Empregado*, 1997, LTr, SP; Aloysio dos Santos, *Doença Profissional: Antecipação da Tutela. Mandado de Segurança: Cabimento*, *in* Revista do Tribunal Superior do Trabalho n. 71, maio a agosto/ 2005, Síntese/RS; Beatriz Della Giustina, *A Reparação do Dano Moral Decorrente da Relação de Emprego*, Gênesis, Revista de Direito do Trabalho, n. 34, out. 1995, Ed. Gênesis, Curitiba, PR; Bruno Lewicki, *A Privacidade da Pessoa Humana no Ambiente do Trabalho*, 2003, Renovar, Rio; Carlos Alberto Bittar e Carlos Alberto Bittar Filho, *Direito Civil Constitucional*, 3ª ed., 2003, Revista dos Tribunais, SP; Carlos Eduardo Oliveira Dias, *Dano Moral e Direito do Trabalho*, Revista da Amatra XV, n. 1, 1997, Leditathi, MG; Christiani Marques, *O Contrato de Trabalho e a Discriminação Estética*, 2002, LTr, SP; Daniel Itokazu Gonçalves, *Aspectos Relevantes do Dano Moral Trabalhista*, *in* Síntese Trabalhista, n. 168, junho/2004; Dilvanir José da Costa, *Sistema de Direito Civil à Luz do Novo Código Civil*, 2003, Forense, Rio; Eduardo Henrique Raymundo von Adamovich, *O Novo Código Civil e o Direito do Trabalho*, LTr 68-03/270; Enoque Ribeiro dos Santos, *O Dano Moral na Dispensa do Empregado*, 2002, LTr, SP; Fernando Sogdu Martins, *Vedação de Práticas Discriminatórias. Privacidade do Trabalhador. Dano Moral*, Livro em homenagem ao Prof. Arion Sayão Romita, Coordenador Gustavo Adolpho Vogel Neto, 2000, Forense, Rio; Gardênia Borges Moraes, *Dano Moral nas Relações Trabalhistas*, 2003, LTr, SP; Gislene A. Sanches, *Dano Moral e suas Implicações no Direito do Trabalho*, 1997, LTr, SP; Guilherme Augusto Caputo Bastos, *O Dano Moral no Direito do Trabalho*, 2003, LTr, SP; Hádassa Dolores Bonilha Ferreira, *Assédio Moral nas Relações de Trabalho*, 2004, Ed. Russell, Campinas, SP; Helena Elias, *O Dano Moral na Jurisprudência do STJ*, 2004, Lumen Juris, Rio; José Cláudio Monteiro de Brito Filho, *Discriminação no Trabalho*, 2002, LTr, SP; José Roberto Dantas Oliva, *Tutela da Moral na Esfera Trabalhista: Tendências e Perspectivas*, *in Grandes Temas da Atualidade*, vários autores, Coordenação: Eduardo de Oliveira Leite, 2002, Forense, Rio; Luiz de Pinho Pedreira da Silva, *A Reparação do Dano Moral no Direito do Trabalho*, 2004, LTr; Marcos Antônio Scheuer de Souza, *O Dano Moral nas Relações entre Empresas e Empregadores*, 1998, Edelbra, Erechim, RS; Marcus Vinícius Lobregat, *Dano Moral nas Relações Individuais do Trabalho*, 2001, LTr, SP; Margareth de Freitas Bacellar, *O Direito do Trabalho na Era Virtual*, 2003, Renovar, Rio; Maria Francisca dos Santos Lacerda, *Novo Código Civil e o Direito do Trabalho*, Síntese Trabalhista, n. 176, fevereiro, 2004, RS; Maria Luíza Pinheiro Coutinho, *Discriminação na Relação de Trabalho — Uma Afronta ao Princípio da Igualdade*, 2003, Aide, Rio; Mário Gonçalves Júnior, *A Intimidade dos Trabalhadores e o Poder de Comando dos Patrões,* Gênesis, Revista de Direito do Trabalho, vol. 133, jan./ 2004; Nehemias Domingos de Melo, *Dano Moral — Problemática: Do Cabimento à Fixação do* Quantum, 2004, Juarez de Oliveira, SP; Nereida Veloso Silva, *Dano Estético*, 2004, LTr, SP; Octavio Bueno Magano, *Dos Direitos da Personalidade e o Direito do Trabalho*, Revista de Direito do Trabalho, coordenação de Nelson Mannrich, n. 111, jul./dez. 2003; Orlando Teixeira da Costa, *Da Ação Trabalhista sobre Dano Moral*, *in* Revista do Tribunal Regional do Trabalho da 15ª Região, n. 8/1996; Patricia Ribeiro Serra Vieira, *A Responsabilidade Civil Objetiva no Direito de Danos*, 2004, Forense, Rio; Paulo Eduardo V. Oliveira, *O Dano Pessoal no Direito do Trabalho*, 2002, LTr, SP; R. Limongi França, *Reparação do Dano Moral*, *Estudos de Direito do Trabalho*, Livro em homenagem ao Prof. Washington Luiz da Trindade, vários autores, Coordenadores: Antonio Carlos de Oliveira e Rodolfo Pamplona Filho, 1998, LTr, SP; Renato Mehanna Khamis, *O Dano Moral — Dispensa Imotivada de Portador do Vírus HIV*, 2002, LTr, SP; Rodolfo Capón Filas, *Daño Moral y Derecho del Trabajo*, *in Direito do Trabalho*, Livro em Homenagem ao Prof. Luiz de Pinho Pedreira da Silva, vários autores, Coordenadores: Lélia Guimarães Carvalho Ribeiro e Rodolfo Pamplona Filho, 1998, LTr, SP; Rodolfo Pamplona Filho, *O Dano Moral na Relação de Emprego*, 3ª ed., 2002, SP; Rodolfo Pamplona Filho, *Dano Moral e Justiça do Trabalho*, *in Grandes Temas da Atualidade*, vários autores, Coordenação: Eduardo de Oliveira Leite, 2002, Forense, Rio; Sandra Lia Simon, *A Proteção Constitucional da Intimidade e da Vida Privada do Empregado*, 2000, LTr, SP; Sebastião Geraldo de Oliveira, *Proteção Jurídica à Saúde do Trabalhador*, 2ª ed., 1998, LTr, SP; Tupinambá Miguel Castro do Nascimento, *Comentários à Constituição Federal — Direitos e Garantias Fundamentais — Artigos 5º a 17*, 1997, Liv. do Advogado, Porto Alegre, RS; Valdir Florindo, *Dano Moral e o Direito do Trabalho*, 4ª ed., 2002, LTr, SP; Vera Lúcia Carlos, *Discriminação nas Relações de Trabalho*, 2004, Editora Método, SP; Victor Emanuel Alves de Lara, *Comentários à Lei do Sigilo Bancário,* outubro/2006, LTr, SP; Walmir Oliveira da Costa, *Dano Moral nas Relações Laborais — Competência e Mensuração,* 1999, Juruá, Curitiba, PR.

Vide também a bibliografia dos Capítulos I, IX e XI, que tratam sobre "Dano Moral — Conceito e sua aplicação no Direito do Trabalho", "Dano Moral e os direitos da personalidade" e o "Dano Moral — Decorrente de acidente do trabalho ou a ele equiparado (doença ocupacional ou profissional)."

CAPÍTULO XVI

DANO MORAL E OS PODERES DISCIPLINAR E DIRETIVO DO EMPREGADOR

1. COMENTÁRIO

O art. 2º da CLT conceitua o empregador como sendo "a empresa, individual ou coletiva, que, assumindo os riscos da atividade econômica, admite, assalaria e dirige a prestação pessoal de serviço", sendo certo que são equiparados ao empregador, para os efeitos exclusivos da relação de emprego, os profissionais liberais, as instituições de beneficência, as associações recreativas ou outras instituições sem fins lucrativos, que admitem trabalhadores como empregados (§ 1º do art. 2º).

Por outro lado, conforme enfatiza o saudoso *Octavio Bueno Magano*, "o poder diretivo é a capacidade do empresário, derivada do seu direito subjetivo, ou da organização empresarial, que o habilita a determinar a estrutura técnica e econômica da empresa e a dar o conteúdo concreto à atividade do trabalhador, visando à realização das finalidades daquela"[1].

Sobre o poder diretivo, assinala a autora portuguesa *Maria do Rosário Palma Ramalho* que a "A generalidade da doutrina nacional e estrangeira reconhece a maior *importância ao poder directivo* essencialmente a dois níveis.

"Por um lado, este poder é considerado fundamental para a verificação da existência de subordinação jurídica, no sentido em que esta é sistematicamente reportada à vertente directiva da posição contratual de domínio do empregador.

"Por outro lado, é entendimento comum que o poder directivo constitui a essência da posição de domínio do empregador no contrato de trabalho. Para esta conclusão tende não apenas o sector da doutrina que integra no âmbito deste poder todas as manifestações de domínio contratual do empregador, incluindo o poder disciplinar laboral, mas mesmo os autores que consideram autonomamente o poder directivo e o poder disciplinar, já que este segundo poder é sistematicamente reduzido à função de garante da eficácia dos comandos emanados do primeiro poder"[2].

A verdade é que a importância dos poderes diretivo e disciplinar reside na possibilidade de o empregador poder exercitá-los nos limites da razoabilidade, ou seja, no aproveitamento adequado das atividades do trabalhador em prol do empreendimento empresarial e respeitando-o como pessoa humana, já que a dignidade da pessoa humana constitui um dos princípios maiores do Estado Democrático de Direito.

---

(1) *Do Poder Diretivo na Empresa*, 1982, Saraiva, SP, p. 244.

(2) *Direito do Trabalho,* Parte II — Situações Laborais Individuais, julho/2006, Almedina, Coimbra, Portugal, p. 600.

Também assinala *Arion Sayão Romita* que "a exata captação jurídica dos poderes exercitados pelo empregador não prescinde, contudo, do aspecto *subjetivo*. O trabalho é inseparável da pessoa daquele que o presta. A subordinação do trabalhador integrado na organização empresarial e o conseqüente poder de disposição que o credor de trabalho assume em face da atividade do obreiro salientam o caráter *pessoal* da relação de trabalho. O aspecto subjetivo e o objetivo não podem ser, portanto, isolados um do outro. Ao revés, geram um todo inseparável, que revela uma só realidade: o caráter pessoal-patrimonial da relação de trabalho subordinado"(3).

Basta, portanto, que exista empregado, ou seja, pessoa física prestando serviços não eventuais, sob subordinação, para que, do outro lado, exista o empregador, o qual sempre correrá os riscos de sua atividade econômica ou não.

Em decorrência desse fato, tem o empregador o direito de dirigir a prestação pessoal dos serviços prestados por seus empregados.

É o chamado poder de comando ou do poder diretivo do empregador, detentor, por isso mesmo, do direito potestativo de admitir e de demitir seus empregados, desde que pague a eles as verbas rescisórias e a indenização de 40% sobre os valores do FGTS, pela dispensa imotivada (art. 7º, I, da CF/88 e art. 10 do Ato das Disposições Constitucionais Transitórias).

Ressalta também *Maria Aparecida Alkimin* que, "como complemento do poder de comando, o empregador detém poder disciplinar, através do qual, para manter o bom funcionamento do empreendimento e as regras estatuídas, tem o direito-poder de aplicar sanção ao empregado faltoso, sendo que as penalidades estão sujeitas ao poder discricionário do empregador, ou seja, de acordo com a natureza e gravidade da conduta infratora, poderá ser aplicado um tipo de penalidade: advertência, suspensão ou demissão por justa causa", e acrescenta, com respaldo em *Arion Sayão Romita*, que "obviamente essa discricionariedade esbarra em limites externos e internos, entendendo-se como limites externos as disposições celetistas tutelares, outras normas de ordem pública, a moral e bom costume, além da preservação dos direitos de personalidade e dignidade do trabalhador, e como limites internos os interesses e objetivos necessários para o funcionamento normal das atividades do empregador. Portanto, no que diz respeito ao poder disciplinar do empregador, não há dúvida de que '(...) *deve ser exercido com intuito funcional, a fim de satisfazer às exigências da organização do trabalho, e com o respeito devido à dignidade do empregado e de seus direitos patrimoniais, repelida qualquer forma de abuso de direito*'"(4).

A verdade é que todo o poder, no âmbito do Direito do Trabalho, quer o diretivo, quer o disciplinar, tende algumas vezes para o abuso do direito e conseqüentemente dá ensejo à respectiva reparação.

Nesse sentido é a lição do autor português *Pedro de Souza Macedo*, quando afirma que "o poder disciplinar é, como todo o poder, susceptível de desvio que pode manifestar-se pela desproporção entre a gravidade da infracção e a sanção aplicada", e acrescenta, "também o poder directivo é passível de desvio, quando é utilizado para impor uma medida penosa para o trabalhador, ditada não por razões organizativas, mas como processo punitivo indirecto. Assim, a alteração de condições de trabalho com efeito negativo para o trabalhador (penosidade, exigência de formação profissional, perda de chefia ou posição de prestígio) pode funcionar como sanção indirecta ou atípica, motivada por uma intenção punitiva, disfarçada em acto conformativo da prestação laboral.

---

(3) *O Poder Disciplinar do Empregador*, 1983, Freitas Bastos, Rio, pp. 38/39.

(4) *Assédio Moral na Relação de Emprego*, 2004, Juruá, Curitiba, PR, p. 57.

"Uma visão contratualista dos poderes patronais enquadra estas situações na figura jurídica do abuso de direito, que apresenta contornos apertados e inseguros. O poder disciplinar é, nesta concepção, um direito subjectivo da entidade patronal nascido do vínculo contratual pelo trabalhador que aceitou uma situação de subordinação jurídica àquele"[5].

Com relação à questão do dano moral, tendo em vista o poder diretivo do empregador, o que se vê muito nas decisões dos Tribunais pertine às arbitrariedades cometidas, dando origem a ofensas à imagem ou ao bom nome dos empregados.

Uma dessas arbitrariedades apontadas pela jurisprudência é, por exemplo, a do temor reverencial infundido ao empregado pelo empregador para cobrar na Justiça do Trabalho alguma violação de direito.

Outros exemplos mais freqüentes dizem respeito ao direito do empregador de proceder às revistas de seus empregados durante a jornada de trabalho ou na saída do estabelecimento.

Não há dúvida de que esse direito se enquadra no poder diretivo do empregador, que é uma forma de controlar seu patrimônio.

Tais revistas devem, contudo, ser realizadas sem ferir a dignidade do empregado, sua imagem e seu conceito junto aos demais empregados, seus colegas. Para tanto, será preciso que as revistas sejam feitas com critérios de bom senso e prudência, de modo que as mulheres sejam revistadas por mulheres e homens por homens, sem agressões e sem exposições a vexames ou mal-estares (v. capítulo XIII).

Por outro lado, as revistas devem ter um cunho geral (do estabelecimento ou determinados setores de trabalho), de modo que se evitem discricionariedade ou perseguições.

Outro ponto delicado no relacionamento entre empregados e empregadores é a educação no bom trato, de maneira a não humilhá-los perante colegas ou terceiros.

De notar-se que o empregador, no uso de seu poder diretivo, pode agir em seu proveito, se tiver a seu lado o direito e as regras do bom costume e do respeito à honra dos empregados.

Nesse sentido, um fato muito discutido na Justiça do Trabalho, por exemplo, é a destituição do cargo de confiança que foi concedido a empregados por um longo período de tempo.

A importância desse ato, bem como o prejuízo causado ao patrimônio material e moral do empregado, precisa ser muito bem analisada em face do poder diretivo do empregador.

Do confronto entre o direito do empregador e o direito do empregado, há de se ressaltar uma decisão justa.

Outro fato que poderá surgir em torno dessa questão é também o da arbitrariedade do empregador com relação à anulação de penalidades impostas aos empregados, de advertência e de suspensão do trabalho, causadoras, por vezes, de danos não só materiais, como também morais.

De tudo isso, é importante destacar que o poder diretivo do empregador não é absoluto, tanto que *Eliana dos Santos Alves Nogueira* afirma que "a subordinação à qual está sujeita o empregado não pode transpor a barreira de sua esfera de direitos pessoais, aqueles direitos que o identificam enquanto ser humano. O trabalhador sujeita-se ao empregador no que diz respeito a sua força de trabalho. Sua dignidade há de ser considerada intocável, como intocáveis são os sentimentos que cada um nutre por si próprio, e que levam o ser humano a encontrar-se enquan-

---

(5) *Poder Disciplinar Patronal,* 1990, Livraria Almedina, Coimbra, Portugal, p. 23.

to pessoa, buscando a sua auto-afirmação através da segurança que adquire por meio de suas atitudes, das quais fazem parte aquelas praticadas durante as relações laborais.

"Há, assim, que ser estabelecido um limite ao poder diretivo do empregador, no sentido de que a ele cabe a direção do contrato de trabalho, mas não pode imiscuir-se na esfera íntima, individual, psicológica do empregado a fim de dificultar ou impedir que o mesmo cumpra sua parte no contrato de trabalho, ou seja, trabalhe"(6).

Por último, *Américo Plá Rodriguez*, no seu livro "Curso de Direito de Trabalho", editado pela LTr, em 1983, às pp. 154/155, ao tratar da obrigação de respeitar a dignidade pessoal do trabalhador, afirma com propriedade que "o respeito à dignidade pessoal do trabalhador determina diversas exigências e proibições, sem que possa estabelecer um catálogo preciso de condutas impostas ou excluídas. O significado da expressão é suficientemente claro e fecundo para permitir avaliar os atos do empregador e julgar se tem o devido respeito à dignidade pessoal do trabalhador".

Afirma também que o trabalhador "deve ser tratado pelo empregador com o mesmo respeito com que ele próprio deve tratar o patrão", e que "esta afirmação comporta diversas implicações. Uma delas tem a ver com o trato pessoal que deve ser correto e digno tanto pela linguagem quanto pelo tom da voz. Outra é a necessidade de ter a devida consideração para com o trabalhador diante da clientela ou de terceiros, abstendo-se de fazer observações ou recriminações".

E, depois de fazer várias considerações sobre a conduta do empregador no relacionamento com os seus empregados, o consagrado mestre assinala que como dever do empregador "está a obrigação não só de observar uma conduta irrepreensível do ponto de vista moral no trato com os trabalhadores, mas também de assegurar a moralidade do ambiente. Nesse sentido, o empregador, além de responsável por seus próprios atos, é também responsável pelos atos de seus subordinados, na medida em que não são interditados nem sancionados por ele. A este respeito, a tolerância ou indiferença em relação ao comportamento desrespeitoso de um trabalhador compromete a responsabilidade do empregador".

2. *REFERÊNCIAS LEGAIS*

Constituição Federal

Art. 1º A República Federativa do Brasil, formada pela união indissolúvel dos Estados e Municípios e do Distrito Federal, constitui-se em Estado Democrático de Direito e tem como fundamentos:

....

III — a dignidade da pessoa humana;

IV — os valores sociais do trabalho e da livre iniciativa;

....

Art. 5º Todos são iguais perante a lei, sem distinção de qualquer natureza, garantindo-se aos brasileiros e aos estrangeiros residentes no País a inviolabilidade do direito à vida, à liberdade, à igualdade, à segurança e à propriedade, nos termos seguintes:

....

V — é assegurado o direito de resposta, proporcional ao agravo, além da indenização por dano material, moral ou à imagem;

....

---

(6) "Da Inviolabilidade do Direito de Trabalhar". Revista do Tribunal Regional do Trabalho da 15ª Região, jul./dez. de 2003, p. 314.

X — são invioláveis a intimidade, a vida privada, a honra e a imagem das pessoas, assegurado o direito a indenização pelo dano material ou moral decorrente de sua violação;

....

Art. 170. A ordem econômica, fundada na valorização do trabalho humano e na livre iniciativa, tem por fim assegurar a todos existência digna, conforme os ditames da justiça social, observados os seguintes princípios:

....

Declaração Universal dos Direitos do Homem (Assembléia Geral das Nações Unidas — 1948)

Art. 12. Ninguém será objeto de intervenções arbitrárias em sua vida privada, sua família, seu domicílio ou sua correspondência, nem de ataques contra sua honra e reputação. Toda pessoa tem o direito à proteção da lei contra tais intervenções ou ataques.

Pacto Internacional de Direitos Civis e Políticos — (Assembléia Geral das Nações Unidas —1996 — Ratificado pelo Brasil, Decreto n. 592, de 6.7.92).

Art. 17:

1. Ninguém poderá ser objeto de ingerências arbitrárias ou ilegais em sua vida privada, em sua família, em seu domicílio ou em sua correspondência, nem ofensas ilegais às suas honra e reputação.

2. Toda pessoa terá direito à proteção da lei contra essas ingerências ou ofensas.

Consolidação das Leis do Trabalho

Art. 2º Considera-se empregador a empresa, individual ou coletiva, que, assumindo os riscos da atividade econômica, admite, assalaria e dirige a prestação pessoal de serviço.

§ 1º Equiparam-se ao empregador, para os efeitos exclusivos da relação de emprego, os profissionais liberais, as instituições de beneficência, as associações recreativas ou outras instituições sem fins lucrativos, que admitirem trabalhadores como empregados.

§ 2º Sempre que uma ou mais empresas, tendo, embora, cada uma delas, personalidade jurídica própria, estiverem sob a direção, controle ou administração de outra, constituindo grupo industrial, comercial ou de qualquer outra atividade econômica, serão, para os efeitos da relação de emprego, solidariamente responsáveis a empresa principal e cada uma das subordinadas.

....

Art. 8º As autoridades administrativas e a Justiça do Trabalho, na falta de disposições legais ou contratuais, decidirão, conforme o caso, pela jurisprudência, por analogia, por eqüidade e outros princípios e normas gerais de direito, principalmente do direito do trabalho, e, ainda, de acordo com os usos e costumes, o direito comparado, mas sempre de maneira que nenhum interesse de classe ou particular prevaleça sobre o interesse público.

Parágrafo único. O direito comum será fonte subsidiária do direito do trabalho, naquilo em que não for incompatível com os princípios fundamentais deste.

Art. 9º Serão nulos de pleno direito os atos praticados com o objetivo de desvirtuar, impedir ou fraudar a aplicação dos preceitos contidos na presente Consolidação.

....

Art. 444. As relações contratuais de trabalho podem ser objeto de livre estipulação das partes interessadas em tudo quanto não contravenha às disposições de proteção ao trabalho, aos contratos coletivos que lhes sejam aplicáveis e às decisões das autoridades competentes.

....

Art. 468. Nos contratos individuais de trabalho só é lícita a alteração das respectivas condições por mútuo consentimento, e ainda assim desde que não resultem, direta ou indiretamente, prejuízos ao empregado, sob pena de nulidade da cláusula infringente desta garantia.

Parágrafo único. Não se considera alteração unilateral a determinação do empregador para que o respectivo empregado reverta ao cargo efetivo, anteriormente ocupado, deixando o exercício de função de confiança.

Código Civil de 2002

Art. 421. A liberdade de contratar será exercida em razão e nos limites da função social do contrato.

....

Art. 425. É lícito às partes estipular contratos atípicos, observadas as normas gerais fixadas neste Código.

3. *JURISPRUDÊNCIA*

Abuso do poder diretivo do empregador

Ementa: DANO MORAL. ABUSO DO PODER DIRETIVO DO EMPREGADOR. O poder diretivo do empregador deve ser respeitado, contudo, sua conduta não pode ser lesiva ao empregado já que a moralidade é valor protegido pelo ordenamento jurídico. O respeito e a dignidade do trabalhador devem ser observados em qualquer situação. No caso em apreço, restaram comprovadas as humilhações sofridas, o excessivo rigor, a maneira como era chamada a atenção dos empregados na presença de colegas de trabalho e de clientes. A superior hierárquica era agressiva com os empregados, dirigindo-se aos gritos aos mesmos e sempre de "mau humor", utilizando-se de adjetivos ofensivos à sua honra e à sua moral, tais como "incapaz" e "burra" e outras ofensas de ordem particular. Indenização por danos morais que deve ser mantida. TRT 9ª Reg. — RO 14266-2001-008-09-00-0 — (Ac. 4ª T. 24098/05) — Rel. Juiz Fabrício Nicolau dos Santos Nogueira. DJPR 23.9.05, p. 461.

Abuso do poder diretivo do empregador — Suspensão disciplinar — Configuração

Ementa: SUSPENSÃO DISCIPLINAR. ABUSO DO PODER DIRETIVO DA EMPRESA. O reclamante, gerente, foi punido com suspensão de 15 (quinze) dias por alegadas irregularidades na renegociação de dívida de cliente. Fartamente comprovado, porém, que tal negociação foi feita não só com autorização da empresa, mas com estrita observância dos limites funcionais do empregado, impõe-se a confirmação da sentença que, constatado o abuso no exercício do poder diretivo, não só anula a punição como condena a reclamada ao pagamento de indenização por dano moral. TRT 24ª Reg. — RO.1 1289/2005-004-24-00-1 — Juiz Redator:Márcio Eurico Vitral Amaro. DOMS 09.08.06. DOMS 6785, 9.8.06.

Do voto do Juiz Redator, colhe-se o seguinte fundamento:

"2.1.6 — DANOS MORAIS (matéria tratada em ambos os recursos)

Acolhido o pleito de indenização por danos morais, com a condenação da reclamada ao pagamento, a tal título, da importância de R$ 50.000,00 (cinqüenta mil reais).

A reclamada se insurge, alegando, em suma, que não excedeu o seu poder disciplinar, e que não há prova efetiva do dano subjetivo alegado na inicial.

O reclamante, a seu turno, pretende a majoração do valor da indenização.

Não prosperam os recursos.

Restou claro que houve excesso por parte da reclamada ao atribuir ao reclamante a prática de crime contra a administração pública, além de ato de improbidade, ao tempo em que tais alegações já haviam sido descartadas pelo Ministério Público Federal.

As conseqüências visíveis do constrangimento sofrido pelo reclamante estão amplamente documentadas nos autos, em especial nos relatórios médicos de fls. 153/178, que descrevem grave quadro de depressão clínica.

Outra prova palpável do dano sofrido é o laudo de fls. 199, dando conta de que, como reação aos sintomas de ansiedade, o reclamante passou a apresentar "bruxismo noturno e afastamento dental, causando dores musculares, desgaste e quebra de elementos dentários"

Nesse contexto fático, evidencia-se ainda mais o excesso de rigor da reclamada ao obstar, com fundamento na suspensão do reclamante, o adiantamento para tratamento odontológico por ele pleiteado, e a que tinha direito por norma regulamentar (fls. 194/199).

Causa estranheza, ainda, e mais reforça essa convicção, a determinação para o reclamante retornar da licença médica, sem exame prévio que o autorizasse, em afronta ao regulamento da empresa (fls. 174-5), somente para que lhe fosse aplicada a suspensão.

Abusiva, sem dúvida, a exigência da reclamada, tendo em vista sobretudo a conclusão do laudo readmissional de fls. 178, que declarou a persistência da inaptidão para o trabalho.

Comprovados, assim, o abuso do poder diretivo da reclamada e a forte discriminação social sofrida pelo reclamante como conseqüência da destituição do cargo de gerente, sob a acusação de improbidade.

Inequívoco, portanto, o dano moral sofrido pelo reclamante.

Por outro lado, mantenho o valor arbitrado, que reputo justo, ante sobretudo a impossibilidade de se avaliar com precisão a extensão do dano sofrido pelo reclamante. Trata-se de moedas distintas: nos termos da r. sentença recorrida, a intensa aflição experimentada pelo reclamante jamais será apagada. A indenização pecuniária, por seu turno, e em face do seu valor razoável, coloca uma pá de cal sobre o desequilíbrio social desencadeado pela situação injusta, ora superada. Pelo exposto, nego provimento a ambos os recursos, no aspecto.

MÁRCIO EURICO VITRAL AMARO

Juiz Relator" (www.trt24.gov.br., 16.6.07)

Abuso do poder diretivo e fiscalizatório — Dano moral configurado

Ementa: ABUSO DO PODER DIRETIVO E FISCALIZATÓRIO. DANO MORAL CONFIGURADO. REPARAÇÃO DEVIDA. A prática adotada pela empregadora para a cobrança da produtividade, expondo o empregado a constrangimento e humilhação, bem como a fiscalização excessiva do trabalho prestado, através de escuta e gravação de ligações telefônicas, expondo o trabalhador a situação constrangedora e degradante, configura ilicitude na conduta empresária. Não obstante se reconheça o poder empregatício conferido ao empregador, é inadmissível o exercício abusivo das prerrogativas fiscalizatória e diretiva, de molde implicar agressão à privacidade, à intimidade e até mesmo à honra do empregado, resultando na ofensa à dignidade do trabalhador como pessoa humana, em evidente afronta a princípios constitucionais expressos (artigos 1º, III e IV, e 170, *caput*, da CR/88). Nos termos do artigo 198 do CC-2002, também comete ato ilícito o titular de um direito que, ao exercê-lo, extrapola os limites impostos pelo seu fim econômico ou social. Nessa linha, impõe-se à empregadora a responsabilidade pela reparação dos danos morais causados à reclamante (artigo 927 do CC-2002). TRT 3ª Reg. — RO 105/2004.016.03.00-0 — (Ac. 1ª T.) — Relª Juíza Maria Laura F. L. de Faria. DJMG 10.9.04, p. 5. (RDT n. 10, outubro de 2004, Ed. Consulex, Brasília, DF)

Advertências e suspensão — Indenização — Cabimento

Ementa: HORAS EXTRAS. FUNÇÃO DE DIGITAÇÃO PERMANENTE COMPROVADA. Comprovado nos autos que a reclamante se ativava continuamente na digitação de dados, procede o pedido de horas extras pelo intervalo de 10min a cada 90 não concedidos, conforme analogia do artigo 72 da CLT e Súmula nº 346 do C. TST. Dou provimento. DANO MORAL advertências e suspensão. INDENIZAÇÃO. A comunicação ao empregado quanto aos erros cometidos, logo que detectados pela conferência/monitoria, encontram-se dentro do poder de fiscalização e disciplina do empregador na direção do trabalho No entanto, gravíssimo o fato de suspender um dia de trabalho, a cada 3 advertências por erro de digitação, efetuando descontos no salário, pois a reclamada não trouxe aos autos os procedimentos internos da empresa ou seu regulamento. Procedência parcial. RECURSO PARCIALMENTE PROVIDO. TRT 2ª Reg. — RO 00860200304002002 — (Ac. 12ª T. 20060941868) — Relª. Juíza Sonia Maria Prince Franzini. DJSP 1.12.06, p. 19.

Ameaças — Intimidação — Limites do poder diretivo — Dano moral configurado

Ementa: REPARAÇÃO DE DANOS MORAIS DECORRENTES DE ATO ILÍCITO DO EMPREGADOR. A lei assegura ao empregador instrumentos adequados para punir o seu empregado faltoso, de modo que o patrão que utiliza meios ilícitos para obter deles, sob constrangimento e ameaça, pedido de demissão, excede manifestamente os limites traçados pela ordem legal, pela boa-fé e pelos costumes, o que torna o ato abusivo e, portanto, ilícito. Nesse contexto, quando o empregador obriga o seu empregado a pedir demissão, ameaçando tirar-lhe a liberdade na presença de policiais ali levados com o único propósito de intimidar, ultrapassa os limites de atuação do seu poder diretivo para atingir a dignidade e a integridade física e psíquica desse obreiro, pois que se é fato que o empregador detém poderes de direção, fiscalização e disciplinamento em relação àqueles que lhe prestam serviços, não menos certo é que o exercício desse poder potestativo encontra limites no direito à dignidade que é assegurado a qualquer pessoa, inclusive ao seu empregado. TRT 3ª Reg. — RO 00080-2004-064-03-00-8 — (Ac. 5ª T.) — Relª Juíza Taisa Maria Macena de Lima. DJMG 6.11.04, p. 13.

Anulação de pena disciplinar — Não configuração

Ementa: DANO MORAL. ANULAÇÃO DE PENA DISCIPLINAR. Da simples anulação de pena disciplinar não se pode extrair, automaticamente, o direito à indenização por danos morais. Importa lembrar que a aplicação das penas está no poder diretivo e disciplinar do empregador, que assume os riscos do negócio, cuja anulação pelo Judiciário deve se ater à constatação de abuso de direito, de rigor excessivo, de desproporcionalidade. Diante da conduta incontroversa do(a) empregado(a) em torno do fato, resta ao Judiciário avaliar a pena em si, mas não, propriamente, a conduta do empregador, quando esta se limitar à aplicação da punição. Nem todas as vezes que experimentamos um sentimento íntimo de pesar, de ofensa, devemos entender que corresponde um direito de ver judicialmente condenado aquele que nos causou tal mal-estar. As hipóteses de desavença entre patrão e empregado envolvem algumas situações que, realmente, podem vir a comprometer a honra e imagem do trabalhador que se vê imputado por uma conduta qualquer de forma injusta, precipitada ou arbitrária, desde que o âmbito de ofensa da imputação exceda os limites da subjetividade. Contudo, a concretização do dano moral que implica no dever de indenização só deve ser possível se a ofensa ultrapassar os limites da subjetividade, isto é, de forma que, a conduta do empregador afete a honra e a imagem do empregado perante a sociedade, perante sua família, seu mercado de trabalho. Isto porque, nessas circunstâncias, há evidente prejuízo da imagem que ultrapassa aquele "sentimento de pesar íntimo" da pessoa do ofendido. No nosso cotidiano turbulento, o sentimento íntimo de ofensa é experimento por qualquer cidadão diante de uma imputação injusta, partindo até mesmo de entes queridos e próximos, até mesmo, nas relações mais amorosas e amistosas ... Daí porque, a indenização por dano moral deve extrapolar esse sentimento de pesar íntimo, para alcançar situações vexatórias e humilhantes, frente a terceiros, configurando-se o prejuízo à honra e à imagem. Hoje, mais do que nunca, esse verdadeiro sentido da indenização por dano moral deve estar presente nessa Justiça Especial, "momento de extrema cautela e conscientização, para que os pedidos de indenização por dano moral, que hoje abarrotam o poder judiciário, não se transformem numa verdadeira 'indústria' ou em um 'negócio lucrativo' para partes e advogados, o que traduziria uma completa deturpação do sistema (...)" (Juíza Maria Laura Franco Lima de Faria — RO/19.389/97 DJMG 18.8.98). TRT 3ª Reg. — RO 14.199/02 — (Ac. 6ª T.) — Rel. Juiz Hegel de Brito Bóson. DJMG 23.1.03, p. 15.

Comentários entre empregados — Poder diretivo — Não configuração

Ementa: "O empregador não pode responder por comentários surgidos entre empregados, sobre os quais não se estende o respectivo poder diretivo, razão pela qual descabe indenização por dano moral." TRT 2ª Reg. — RO 00324200425502003 — (Ac. 2ª T. 20060237966) — Relª. Juíza Maria Aparecida Pellegrina. DJSP 9.5.06, p. 40.

Destituição de função de confiança — Arbitrariedade do empregador — Configuração

Ementa: DANO MORAL. DESTITUIÇÃO DE FUNÇÃO DE CONFIANÇA. Caracteriza-se dano moral pela perda da função exercida por mais de 15 anos, quando a destituição é decorrente de arbitrariedade do empregador, que buscou infundir no empregado o temor reverencial, o arrependimento por haver ajuizado ação através da qual buscava a satisfação de seus direitos trabalhistas. A atitude do empregador, fundada em critérios discriminatórios, ofende a dignidade do empregado, atingindo-o em seu patrimônio moral trazendo à vítima a profunda sensação de injustiça, que precisava ser reparada. TRT 9ª Reg. — Proc. 00733-2001-092-09-00-2 (RO-02.652/2002) — (Ac. 09.632/03) — Relª Juíza Ana Carolina Zaina. DJPR 9.5.03, p. 526.

Destituição de função de confiança — Restituição das vantagens salariais anteriores e indenização por dano moral

Ementa: LIMITES DO PODER DIRETIVO DO EMPREGADOR. DESTITUIÇÃO DE CARGO DE CONFIANÇA. RESTITUIÇÃO DAS VANTAGENS SALARIAIS ANTERIORES E INDENIZAÇÃO POR DANO MORAL. A destituição do cargo de confiança embora derivada do poder diretivo do empregador, não é prerrogativa absoluta. Se decorrente de abusiva retaliação por suspeitas infundadas contra o empregado, devida a restituição das vantagens salariais anteriores e indenização pelo dano moral causado, especialmente se o fato tornou-se público e causou doença psicológica ao trabalhador. O ordenamento jurídico legitima o poder diretivo do empregador para dinamizar a atividade empresarial, jamais para permitir abusos, inqüidades e indignidades contra empregados. TRT 9ª Reg. — RO 01601-2005-018-09-00-1 — (Ac. 1ª T. 18185/06) — Relª. Juíza Janete do Amarante. DJPR 23.6.06, p. 494.

Determinação no sentido de que o reclamante não voltasse a exercer as suas atividades habituais após reintegração no emprego e permanecendo em casa, aguardando eventual convocação para o trabalho — Dano moral configurado

Ementa: PRINCÍPIOS CONSTITUCIONAIS. DIGNIDADE DA PESSOA HUMANA. VALORIZAÇÃO DO TRABALHO. FUNÇÃO SOCIAL DA PROPRIEDADE. A propriedade atenderá sua função social, não se permitindo ofensa aos princípios da dignidade da pessoa humana e valor social do trabalho. A função do contrato de trabalho, de inafastável natureza sócio-econômica, visa a garantia das condições de trabalho dignas e indispensáveis ao trabalhador. Afronta a dignidade humana a determinação da ré para que o autor não voltasse a exercer suas atividades habituais após a reintegração determinada judicialmente, mas permanecesse em casa, aguardando eventual convocação para o trabalho. Situação que implica sanção consubstanciada em indenização por dano moral. TRT 9ª Reg. — RO 00123-2005-655-09-00-1 — (Ac. 3ª T. 14143/06) — Rel. Juiz Celio Horst Waldraff. DJPR 16.5.06, p. 318.

Exercício do poder disciplinar do empregador — Dano moral não configurado

Ementa: DANO MORAL. INOCORRÊNCIA. EXERCÍCIO DO PODER DISCIPLINAR DO EMPREGADOR. O exercício regular do poder disciplinar do empregador, consubstanciado em realização de procedimento empresarial para apuração da autoria de ato delituoso, com o afastamento remunerado do empregado suspeito, não tem o conteúdo ilícito ensejador de reparação por dano moral se a empresa, que não dispensa o seu empregado por justa causa, cuida pela realização sigilosa do procedimento e não desfere qualquer acusação da autoria do crime que resultou em prejuízo para o seu patrimônio. Se existiu o constrangimento a que se refere o reclamante, adveio ele da sua abstração subjetiva acerca do procedimento empresarial e não deste, em si mesmo, realizado no exercício regular do poder empregatício. Ausente o suposto da ilicitude do ato praticado, não há lugar para a reparação pretendida. TRT 3ª Reg. — RO 00958-2003-104-03-00-9 — (Ac. 5ª T.) — Rel. Juiz José Roberto Freire Pimenta. DJMG 15.11.03, p. 20.

Exercício não abusivo do poder diretivo pelo empregador — Dano moral não configurado

Ementa: EXERCÍCIO NÃO ABUSIVO DO PODER DIRETIVO PELO EMPREGADOR. DANOS MORAIS. INEXISTÊNCIA. Considerando que as provas dos autos não autorizam concluir que houve arbitrariedade por parte da reclamada, não tendo esta exercido de forma abusiva seu poder diretivo, e tendo em vista que não restou provado que o reclamante tenha sido exposto à situação humilhante ou que seu direito de intimidade tenha sido atingido por ato do empregador, não há como se reconhecer a existência de dano capaz de ensejar o pagamento da indenização postulada. TRT 3ª Reg. — RO 01516-2003-104-03-00-0 — (Ac. 1ª T.) — Rel. Juiz Maurício J. Godinho Delgado. DJMG 4.6.04, p. 06.

Indenização por dano moral — Rebaixamento de cargo — Inocorrência

Ementa: EMPRESA DE GRANDE PORTE. TOLERÂNCIA PARA MARCAÇÃO DO PONTO. Ainda que a reclamada seja empresa de grande porte, não se pode admitir a tolerância para marcação de ponto que exceda ao legalmente previsto. Registrado o ponto, considera-se que o empregado, se não estiver efetivamente trabalhando, estava à disposição da empresa, sendo de pouca relevância perquirir o que esteja ele realizando a partir deste momento. SIMBOLOGIAS UTILIZADAS NAS FOLHAS DE PAGAMENTO. Não se considera que a forma de apuração determinada pela r. sentença esteja interferindo no direito potestativo da reclamada em adotar simbologias próprias nas folhas de pagamento. O que se está determinando é a apuração de toda a sobrejornada consignada nos controles de freqüência e, independentemente da simbologia utilizada, apurar-se as horas extras com compensação do que foi efetivamente pago. Não se está interferindo no poder gerencial da empresa, mas garantindo ao trabalhador o pagamento das verbas a que faz jus, nos termos da lei de regência, já que o regramento empresarial não pode se sobrepor à lei. INDENIZAÇÃO POR DANO MORAL. REBAIXAMENTO DE CARGO. NÃO OCORRÊNCIA DE DANO. O rebaixamento de cargo do reclamante não importou em situação vexatória, humilhação ou chacota por parte de seus ex-subordinados, não tendo havido prova do dano. Do contrário, estar-se-ia retirando o poder potestativo da reclamada em alçar aos cargos de Administração os empregados que ela entendesse qualificados para tal. Como se sabe, não há previsão legal para se estabilizar no cargo empregado exercente de cargo de confiança, não se imprimindo à reclamada qualquer conduta ilegal ou antijurídica. Obviamente que a perda do *status* profissional causou dor ao reclamante, mas não aquela tutelada pelo direito, ensejadora de reparação por dano moral, mas aquele tipo de perda que todos estamos sujeitos a sofrer em nossas relações sociais e profissionais e que todos temos que tolerar. TRT 3ª Reg. — RO 01813-2003-002-03-00-4 — (Ac. 5ª T.) — Rel. Juiz Emerson José Alves Lage. DJMG 5.6.04, p. 17.

Da decisão acima, colhe-se o seguinte fundamento:

"RECURSO DO RECLAMANTE

DANO MORAL — REBAIXAMENTO DE CARGO. Razão não assiste ao reclamante. Como admitido, não houve rebaixamento salarial quando, por ocasião da reestruturação da reclamada, foi o reclamante reconduzido ao cargo de Consultor de Vendas, deixando o cargo de Administrador. Não se extrai do depoimento da testemunha trazida a Juízo (fls. 451/453) que o reclamante tivesse sido submetido à situação vexatória, humilhado ou sido objeto de chacota por parte de seus ex-subordinados, não tendo havido prova do dano.

Do contrário, estar-se-ia retirando o poder potestativo da reclamada em alçar aos cargos de Administração os empregados que ela entendesse qualificados para tal. Como se sabe, não há previsão legal para se estabilizar no cargo empregado exercente de cargo de confiança, não se imprimindo à reclamada qualquer conduta ilegal ou antijurídica. Pelo contrário, há norma prevendo que a reversão do empregado, exercente de cargo de confiança, ao seu cargo efetivo, não indica alteração salarial lesiva.

Ademais, é notório que, à época da reestruturação, inúmeros empregados foram dispensados e remanejados dentro da nova política da empresa, sem que se possa atribuir ao caso do reclamante qualquer conduta perseguidora à sua pessoa.

Obviamente que a perda do *status* profissional causou dor ao reclamante, mas não aquela dor tutelada pelo direito, ensejadora de reparação por dano moral, mas aquele tipo de perda que todos estamos sujeitos a sofrer em nossas relações sociais e profissionais, e que todos temos que tolerar.

Não tendo havido dano tutelado pela ordem jurídica e nem culpa atribuível à reclamada, não merece reparos a r. sentença recorrida.

Nego provimento." (www.trt3.gov.br, em 21.7.04)

Inocorrência — Poder diretivo do empregador

Ementa: DANO MORAL. INOCORRÊNCIA. PODER DIRETIVO DO EMPREGADOR. A revista, como forma de controle do patrimônio do empregador, mormente quando se trata de empresa que atua no ramo de transporte e guarda de dinheiro, como é o caso dos autos, é admitida, não só pela doutrina, mas também pela jurisprudência. O simples fato de se realizar revista encontra-se nos limites do poder diretivo do empregador, não sendo tal prática motivo de constrangimento para os seus empregados. TRT 3ª Reg. — RO 18.822/00 — (Ac. 4ª T.) — Rel. Juiz Julio Bernardo do Carmo. DJMG 16.12.00, p. 25.

Pena de suspensão — Representante sindical — Indenização cabível

Ementa: PENA DE SUSPENSÃO. REPRESENTANTE SINDICAL. DANOS MORAIS. A punição de representante sindical com suspensão, em decorrência de sua participação em uma caminhada pacífica, constitui prática anti-sindical, atentatória ao exercício dessa atividade. Ferira-se a dignidade do trabalhador, pois não pudera, livremente, exercer seu direito de manifestação. Ofendera-se a sagrada liberdade de expressão, apanágio do mundo civilizado, subjugando o trabalhador à vontade autoritária do patronado. Assim como o despedimento, a punição do empregado deve observar parâmetros éticos e sociais, forma de preservar a dignidade do trabalhador. Devida indenização por danos morais. TRT 2ª Reg. — RO 00525200225502009 — (Ac. 1ª T. 20060110621) — Relª. Juíza Lizete Belido Barreto Rocha. DJSP 21.3.06, p. 38.

Poder de mando do empregador — Art. 482 da CLT — Ausência de dano moral

Ementa: JUSTA CAUSA. PODER DE MANDO DO EMPREGADOR, PREVISTO NO ART. 482 DA CLT. AUSÊNCIA DE DANO MORAL. Exsurgindo dos autos que houve discussão acalorada entre as partes litigantes, culminando com a dispensa por justa causa do empregado, mas não havendo comprovação de que o mesmo de alguma forma tivesse sido humilhado por seu empregador, conclui-se que este tão-somente utilizou-se de seu poder de mando, previsto no art. 482 da CLT, não havendo se falar em indenização por danos morais. Sentença que se mantém. TRT 15ª Reg. (Campinas/SP) — ROS. 139.366/00 — (Ac. 5ª T. 14.194/02) — Relª Juíza Olga Aida Joaquim Gomieri. DJSP 8.4.02, pp. 83/84.

Poder de comando do empregador — Descabimento

Ementa: DANO MORAL. A movimentação do empregado dentro da empresa em funções diversas está contido no poder de comando do empregador, tendo em vista a produção, a produtividade, bem assim o relacionamento do detentor do cargo de chefia com os seus comandados. Disso não resulta nenhum constrangimento, não fere suscetibilidade, uma vez que o empregador corre o risco do empreendimento e tem a direção da empresa. Não se deve transformar o dano moral em panacéia, como cura para todos os males, inclusive a suscetibilidade de quem só reclamou após rescindir o contrato. TRT 2ª Reg. — RO 28742200390202006 — (Ac. 6ª T. 20030461477) — Rel. Juiz Francisco Antonio de Oliveira. DJSP 19.9.03, p. 76.

Poder diretivo — Limites — Configuração

Ementa: Dano moral. Indenização. Poder diretivo. O poder diretivo inerente ao empregador não é absoluto, de forma que, não deve jamais relegar a segundo plano a soberania dos princípios de valorização da condição humana. Decerto, é legítima a defesa do próprio patrimônio, desde que o exercício deste direito não esbarre na prática de atos caracterizados por injustificável excesso de atuação e que importem em agressão a um dos maiores bens juridicamente tutelados, o da dignidade humana. Imputar ao empregado a autoria de um furto amparado em suspeitas desfundadas, mas alcançadas pelo simples fato de ser ele o bilheteiro responsável pelo recebimento de numerário pertencente à empresa, ou por desconhecer a autoria do ilícito praticado, bem caracterizam esta circunstância. Adotar-se procedimentos que resultem numa condenação sumária e despida de provas, como obstar a entrada na empresa sob o frágil argumento de preservação ao processo investigatório, merece inteiro repúdio, à vista do risco ao qual expõe o que há de mais valioso para o trabalhador, a sua credibilidade e não apenas sob o aspecto pessoal, mas também no profissional. É de extrema relevância que o empregador concilie o legítimo interesse na defesa patrimonial ao indispensável respeito à honra, à integridade e à imagem do trabalhador arduamente conquistadas, impassível, portanto, de sofrer os nefastos efeitos da atuação patronal em total afronta aos limites de civilidade. Nesse contexto, a indenização deve configurar impedimento à perpetuação de comportamentos tirânicos que extrapolam os contornos do profissionalismo, enquanto atuam como empregadores ou representantes destes, assim como, de compensação pela dor moral suportada. TRT 2ª Reg. — RO 01795200300602001 — (Ac. 4ª T. 20060532160) — Rel. Juiz Paulo Augusto Câmara. DJSP 4.8.06, p. 65.

Poder diretivo do empregador — Elemento fiduciário — Exercício regular de direito — Inexistência

Ementa: CONTRATO DE TRABALHO. ELEMENTO FIDUCIÁRIO. PODER DIRETIVO DO EMPREGADOR. EXERCÍCIO REGULAR DE DIREITO. DANO MORAL. INEXISTÊNCIA. Se o empregado — culpado ou não — encontrava-se diretamente envolvido em ocorrência de que resultou prejuízo para o patrimônio da empresa, considerando que a fidúcia é um dos elementos do contrato de trabalho, a atitude do empregador, pondo fim a esse vínculo, por não mais confiar em seu empregado é normal, não havendo nenhuma ilicitude nesse procedimento. Até porque, sendo da empresa o risco do empreendimento, tem o direito de zelar por seu patrimônio, promovendo todos os atos necessários à investigação dos fatos que levassem ao autor do ilícito. Ao fazê-lo, deve — isto sim — agir com o máximo de discrição possível, para evitar danos ao patrimônio subjetivo de terceiros, evitando expô-los, desnecessariamente, a situações vexatórias, o que não sucedeu no caso presente, em que a reclamada tentou apurar os fatos com total discrição, exercendo regularmente seu direito de rescindir o contrato com o reclamante, o que não gera a responsabilidade de indenizar. Recurso a que se dá provimento para isentar a reclamada do pagamento da indenização por danos morais. TRT 5ª Reg. — RO 00875-2004-194-05-00-5 — (Ac. 2ª T., j. 18.4.06) — Relª. Des. Dalila Andrade. DO TRT-05, 25.4.06.

Poder diretivo do empregador — Normalidade — Dano moral não configurado

Ementa: DANO MORAL. Quando a prova dos autos revela que as exigências decorrentes do poder diretivo da empresa se encontram em faixa de absoluta normalidade e não há qualquer manifestação exagerada ou abusiva, mantém-se a sentença que entendeu não configurados os pressupostos para a condenação da reclamada ao pagamento de indenização por dano moral. TRT 3ª Reg. — RO 01657-2003-112-03-00-7 — (Ac. 3ª T.) — Relª. Juíza Monica Sette Lopes. DJMG 16.7.05, p. 7.

Do voto da Relatora, extrai-se o seguinte fundamento:

"DANOS PELO ASSÉDIO MORAL PELA VENDA DOS PRODUTOS

Não há dúvida — porque é dado costumeiro na atividade bancária — que a reclamada estabelecia metas e que cobrava o seu cumprimento dos empregados. Dentro de escalas projetadas de seu poder diretivo, fica patente que ela adotava uma conduta ativa no sentido da cobrança. No entanto, seria preciso uma prova contundente de que alguma ação da empresa tivesse causado dano ao reclamante.

Os documentos juntados por ele indicam uma atuação da diretoria geral no sentido de incentivar ações do reclamante, como gerente geral de uma agência. Isto se infere do modo como se dá a argumentação: 'É preciso mais atenção e dedicação aos itens supras. O que você pretende fazer? Como pretende reverter? Você acredita que é possível?' (fl. 79). O texto da mensagem conclama o reclamante a participar e mesmo a fornecer dados com sua experiência, já que não se impõe uma solução, mas se lhe demanda a atuação.

A mesma linha de indagações consta do documento de fl. 88 ('O que fazer? Como fazer? Anexamos roteiros'). Dali consta um incentivo às agências que conseguiram resultados melhores ('É o caminho, vamos lá! É a melhor forma de rentabilizar a agência!' e para aquelas que obtiveram resultados superiores ('Parabéns. Vocês entenderam bem que é a melhor forma de melhorar o orçamento'). O próprio reclamante recebeu mensagem congratulando-o pelos resultados (fl. 89). As correspondências de fls. 1617/8 e seguintes têm o mesmo sentido, ou seja, por um lado, cobram resultados do reclamante (o que é procedimento normal da empresa), por outro, chamam pela participação dela para a descoberta de maneiras de os obter.

As correspondências de fls. 105/7 não dizem respeito ao reclamante.

Toda atividade profissional envolve pressão e *stress* por resultados. Quando se quer que um empreendimento (público ou privado) funcione da melhor maneira possível exige-se o comprometimento dos agentes e, principalmente, daqueles que se situam na esfera de gestão.

A cobrança do reclamante foi feita de modo polido, conclamando-o à participação e abrindo espaços para que ele se envolvesse em mecanismos e em informações já existentes, comparando facetas diversas do empreendimento.

Não houve qualquer exacerbação que pudesse levar a um constrangimento ou a prejuízo à honra e à dignidade do reclamante como empregado. Não há qualquer elemento que justifique o entendimento no sentido de que lhe tenha sido causado dano. A situação da empresa é de absoluta regularidade.

Por isto, nego provimento ao recurso."

Poder diretivo do empregador — Respeito à eminente dignidade humana — Configuração

Ementa: REVISTA PESSOAL. PODER DIRETIVO DO EMPREGADOR. RESPEITO À EMINENTE DIGNIDADE HUMANA. Com suporte nos poderes de direção, disciplinamento e fiscalização da prestação de serviços, ante a ausência de legislação trabalhista à espécie, os empregadores costumeiramente utilizam-se das revistas pessoais nos seus empregados, durante o expediente, argumentando que estão em defesa de seu patrimônio, o que admitimos como correto. Porém, invariavelmente, alguns procedimentos de revistas extrapolam os limites de atuação e atingem a dignidade do ser humano trabalhador. Ora, a dignidade humana é um bem juridicamente tutelado, que deve ser preservado e prevalecer em detrimento do excesso de zelo de alguns maus empregadores com o seu patrimônio. O que é preciso o empregador conciliar, é seu legítimo interesse em defesa do patrimônio, ao lado do indispensável respeito à dignidade do trabalhador. A Constituição Federal (artigo 5º, incisos V e X) e a legislação subconstitucional (artigo 159 do Código Civil Brasileiro de 1916, vigente à época dos fatos) não autorizam esse tipo de agressão e asseguram ao trabalhador que sofrer condições vexaminosas, a indenização por danos morais. Importante frisar, ainda, que a inserção do empregado no ambiente do trabalho não lhe retira os direitos da personalidade, dos quais o direito à intimidade constitui uma espécie. Não se discute que o empregado, ao ser submetido ao poder diretivo do empregador, sofre algumas limitações em seu direito à intimidade. O que é inadmissível, sim, é que a ação do empregador se amplie de maneira a ferir a dignidade da pessoa humana. TRT 2ª Reg. — RO 02635200301602007 — (Ac. 6ª T. 20050598583) — Rel. Juiz Valdir Florindo. DJSP 16.9.05, p. 61.

Poder diretivo e fiscalizador — Limites

Ementa: PODER DIRETIVO E FISCALIZADOR. LIMITES. Ainda que se admita a revista íntima como parte do poder diretivo do empregador, tal procedimento deve ser feito com razoabilidade, evitando-se humilhações e constrangimentos, sob pena de se violar o direito à intimidade e de fazer surgir o direito do empregado ao recebimento de indenização por danos morais. TRT 3ª Reg. RO 00523-2005-038-03-00-5 — (Ac. 8ª T.) — Rel. Juiz José Marlon de Freitas. DJMG 3.9.05, p. 24.

Procedimento investigatório — Defesa de patrimônio — Não configuração

Ementa: DANO MORAL. O procedimento investigatório instaurado pela reclamada destinado a proteger o seu patrimônio não configura ato ilícito, sobretudo quando não demonstrada a ocorrência de excessos no exercício do poder diretivo e o conjunto probatório não aponta nenhuma atitude discriminatória ou humilhante que possa ferir a honra e a dignidade do empregado. Recurso ordinário conhecido e desprovido. TRT 9ª Reg. — RO 01167-2005-071-09-00-9 — (Ac. 3ª T. 16676/06) — Rel. Juiz Altino Pedrozo dos Santos. DJPR 6.6.06, p. 246.

Profissional que extrapola os limites de sua autoridade passando a chefiar os subordinados como se fosse um feitor ou capataz — Dano moral configurado

Ementa: I — RECURSO DA RECLAMADA. 1. PRELIMINAR DE NULIDADE — AUSÊNCIA DE PRESTAÇÃO JURISDICIONAL — A prestação jurisdicional está completa se contempla exaustiva e exclusivamente os elementos de convicção existentes no processo. Questões rotuladas como obscuridade e inexeqüibilidade de um julgado que fixa a data da rescisão indireta quando a prestação laboral continua, não interferem na clareza da decisão embargada e tampouco poderiam induzir à antecipação premonitória do julgamento sobre a possibilidade ou não de sua execução, com supedâneo em fatos novos e até então ignorados nos autos. Preliminar que se rejeita. 2. RESCISÃO INDIRETA — DANO MORAL — A motivação do julgado no tocante à comprovação da justa causa patronal e à condenação da reclamada em dano moral está correta, porque assentada em declarações favoráveis das duas únicas testemunhas ouvidas, que demonstram a responsabilização objetiva da empresa pela escolha e manutenção, em cargo de liderança, de profissional que extrapola os limites de sua reduzida autoridade passando a chefiar os subordinados como se fosse um feitor ou capataz. Recurso a que se nega provimento. II — RECURSO DA RECLAMANTE — INSALUBRIDADE — LAUDO POSITIVO — AUSÊNCIA DE PEDIDO — HONORÁRIOS PERICIAIS — Conquanto o laudo pericial tenha sido positivo e favorável à reclamante, não há no recurso motivação suficiente a induzir reforma pela descaracterização da inépcia pronunciada no julgado em razão da ausência do correspondente pedido de adicional de insalubridade na petição inicial. Quanto à pretendida redução dos honorários do perito, tem-se que o valor arbitrado é compatível com o trabalho técnico realizado e que, até por imperativo de coerência, não pode ser menosprezado. Recurso a que se nega provimento. TRT 2ª Reg. — RO 01342200007102001 — (Ac. 8ª T. 20050026792) — Relª Juíza Wilma Nogueira de Araújo Vaz da Silva. DJSP 15.2.05, p. 148.

Realização de buscas na residência do empregado — Sumiço de dinheiro transportado em carro forte — Extrapolação do poder de direção do empregador — Configuração

Ementa: DANO MORAL — INDENIZAÇÃO. A realização de buscas na residência do empregado com o intuito de encontrar o responsável pelo sumiço de dinheiro transportado em carro forte extrapola o poder de direção do empregador. Ainda que seja para justificar a defesa de seu patrimônio, não se pode tolerar atitudes que violem a intimidade do lar do trabalhador. Trata-se de direito fundamental do indivíduo garantido constitucionalmente (art. 5º, X, CF/88). TRT 1ª Reg. — RO 01392-2003-061-01-00-0 — (Ac. 3ª T.) — Rel. Juiz Gustavo Tadeu Alkmim. DJRJ 3.2.06, p. 165.

4. BIBLIOGRAFIA

Aldacy Rachid Coutinho, *Poder Punitivo Trabalhista*, 1999, LTr, SP; Alexandre Agra Belmonte, *Danos Morais no Direito do Trabalho — Identificação, Tutela e Reparação dos Danos Morais Trabalhistas*, 2ª ed., 2002, Renovar, Rio e *O Monitoramento da Correspondência Eletrônica nas Relações de Trabalho*, 2004, LTr, SP; Alice Monteiro de Barros, *Proteção à Intimidade do Empregado*, 1997, LTr, SP; Arion Sayão Romita, *O Poder Disciplinar do Empregador,* 1983, Freitas Bastos, Rio; Arnaldo Süssekind, Délio Maranhão, Segadas Vianna, Lima Teixeira, *Instituições de Direito do Trabalho*, 22ª ed., março/2005, LTr, SP; Beatriz Della Giustina, *A Reparação do Dano Moral Decorrente da Relação de*

Emprego, Gênesis, Revista de Direito do Trabalho, n. 34, out. 1995, Ed. Gênesis, Curitiba, PR; Bruno Lewicki, *A Privacidade da Pessoa Humana no Ambiente do Trabalho*, 2003, Renovar, Rio; Caio Mário da Silva Pereira, *Responsabilidade Civil*, 8ª ed., Forense, Rio; Carlos Alberto Bittar e Carlos Alberto Bittar Filho, *Direito Civil Constitucional*, 3ª ed., 2003, Revista dos Tribunais, SP; Carlos Eduardo Oliveira Dias, *Dano Moral e Direito do Trabalho*, Revista da Amatra XV, n. 1, 1997, Leditathi, MG; Cássio Mesquita Barros, *A Empresa no Novo Código Civil*, Revista do Tribunal Regional do Trabalho, n. 24, jan./jun./2004, LTr, SP; Christiani Marques, *O Contrato de Trabalho e a Discriminação Estética*, 2002, LTr, SP; Daniel Itokazu Gonçalves, *Aspectos Relevantes do Dano Moral Trabalhista*, *in* Síntese Trabalhista, n. 168, junho/2004; Dilvanir José da Costa, *Sistema de Direito Civil à Luz do Novo Código Civil*, 2003, Forense, Rio; Eduardo Henrique Raymundo von Adamovich, *O Novo Código Civil e o Direito do Trabalho*, LTr 68-03/270; Eliana dos Santos Alves Nogueira, *Da Inviolabilidade do Direito de Trabalhar,* Revista do Tribunal do Trabalho da 15ª Região, jul.dez./2003; Enoque Ribeiro dos Santos, *O Dano Moral na Dispensa do Empregado*, 2002, LTr, SP; Fernando Sogdu Martins, *Vedação de Práticas Discriminatórias. Privacidade do Trabalhador. Dano Moral*, Livro em homenagem ao Prof. Arion Sayão Romita, Coordenador Gustavo Adolpho Vogel Neto, 2000, Forense, Rio; Gardênia Borges Moraes, *Dano Moral nas Relações Trabalhistas*, 2003, LTr, SP; Gislene A. Sanches, *Dano Moral e suas Implicações no Direito do Trabalho*, 1997, LTr, SP; Guilherme Augusto Caputo Bastos, *O Dano Moral no Direito do Trabalho*, 2003, LTr, SP; Hádassa Dolores Bonilha Ferreira, *Assédio Moral nas Relações de Trabalho*, 2004, Ed. Russell, Campinas, SP; Helena Elias, *O Dano Moral na Jurisprudência do STJ*, 2004, Lumen Juris, Rio; José Cláudio Monteiro de Brito Filho, *Discriminação no Trabalho*, 2002, LTr, SP; José Roberto Dantas Oliva, *Tutela da Moral na Esfera Trabalhista: Tendências e Perspectivas*, *in Grandes Temas da Atualidade*, vários autores, Coordenação: Eduardo de Oliveira Leite, 2002, Forense, Rio; Luiz de Pinho Pedreira da Silva, *A Reparação do Dano Moral no Direito do Trabalho*, 2004, LTr, SP; Luiz José de Mesquita, *Direito Disciplinar do Trabalho*, 2ª ed., 1991, LTr, SP; Márcia Novaes Guedes, *Terror Psicológico no Trabalho*, 2003, LTr, SP; Marcos Antônio Scheuer de Souza, *O Dano Moral nas Relações entre Empresas e Empregadores*, 1998, Edelbra, Erechim, RS; Marcus Vinícius Lobregat, *Dano Moral nas Relações Individuais do Trabalho*, 2001, LTr, SP; Margareth de Freitas Bacellar, *O Direito do Trabalho na Era Virtual*, 2003, Renovar, Rio; Maria do Rosário Palma Ramalho, *Do Fundamento do Poder Disciplinar Laboral,* 1993, Livraria Almedina, Coimbra, Portugal; Maria do Rosário Palma Ramalho, Direito do Trabalho, Parte II — Situações Laborais Individuais, julho/2006, Almedina, Coimbra, Portugal, p. 600, Maria Francisca dos Santos Lacerda, *Novo Código Civil e o Direito do Trabalho*, Síntese Trabalhista, n. 176, fevereiro/ 2004, RS; Maria Luíza Pinheiro Coutinho, *Discriminação na Relação de Trabalho — Uma Afronta ao Princípio da Igualdade*, 2003, Aide, Rio; Mário Gonçalves Júnior, *A Intimidade dos Trabalhadores e o Poder de Comando dos Patrões,* Gênesis, Revista de Direito do Trabalho, vol. 133, jan./2004; Mauricio Godinho Delgado, *O Poder Empregatício*, 1996, LTr, SP; Mauro Schiavi, Ações de Reparação por Danos Morais decorrrentes da Relação de Trabalho, maio/2007, LTr, SP, Nehemias Domingos de Melo, *Dano Moral — Problemática: Do Cabimento à Fixação do Quantum*, 2004, Juarez de Oliveira, SP; Nereida Veloso Silva, *Dano Estético*, 2004, LTr, SP; Octavio Bueno Magano, *Dos Direitos da Personalidade e o Direito do Trabalho*, Revista de Direito do Trabalho, coordenação de Nelson Mannrich, n. 111, jul./dez. 2003; Octavio Bueno Magano, *Do Poder Diretivo da Empresa,* 1982, Saraiva, SP; Orlando Teixeira da Costa, *Da Ação Trabalhista sobre Dano Moral*, *in* Revista do Tribunal Regional do Trabalho da 15ª Região, n. 8/1996; Paulo Eduardo V. Oliveira, *O Dano Pessoal no Direito do Trabalho*, 2002, LTr, SP; R. Limongi França, *Reparação do Dano Moral*, *Estudos de Direito do Trabalho*, Livro em homenagem ao Prof. Washington Luiz da Trindade, vários autores, Coordenadores: Antonio Carlos de Oliveira e Rodolfo Pamplona Filho, 1998, LTr, SP; Renato Mehanna Khamis, *O Dano Moral — Dispensa Imotivada de Portador do Vírus HIV*, 2002, LTr, SP; Rodolfo Capón Filas, *Daño Moral y Derecho del Trabajo*, *in Direito do Trabalho*, Livro em Homenagem ao Prof. Luiz de Pinho Pedreira da Silva, vários autores, Coordenadores: Lélia Guimarães Carvalho Ribeiro e Rodolfo Pamplona Filho, 1998, LTr, SP; Rodolfo Pamplona Filho, *O Dano Moral na Relação de Emprego*, 3ª ed., 2002, SP; Rodolfo Pamplona Filho, *Dano Moral e Justiça do Trabalho*, *in Grandes Temas da Atualidade*, vários autores, Coordenação: Eduardo de Oliveira Leite, 2002, Forense, Rio; Rogério Krauspenhar, *Os Limites do Poder Disciplinar do Empregador,* 2001, LTr,

SP; Sandra Lia Simon, *A Proteção Constitucional da Intimidade e da Vida Privada do Empregado*, 2000, LTr, SP; Sebastião Geraldo de Oliveira, *Proteção Jurídica à Saúde do Trabalhador*, 2ª ed., 1998, LTr, SP; Tupinambá Miguel Castro do Nascimento, *Comentários à Constituição Federal — Direitos e Garantias Fundamentais — Artigos 5º a 17*, 1997, Liv. do Advogado, Porto Alegre, RS; Valdir Florindo, *Dano Moral e o Direito do Trabalho*, 4ª ed., 2002, LTr, SP; Vera Lúcia Carlos, *Discriminação nas Relações de Trabalho*, 2004, Editora Método, SP; Walmir Oliveira da Costa, *Dano Moral nas Relações Laborais — Competência e Mensuração,* 1999, Juruá, Curitiba, PR.

Vide também a bibliografia dos Capítulos I, IX e XI que tratam sobre "Dano Moral — Conceito e sua aplicação no Direito do Trabalho", "Dano Moral e os direitos da personalidade" e o "Dano Moral — Decorrente de acidente do trabalho ou a ele equiparado (doença ocupacional ou profissional).

CAPÍTULO XVII

DANO MORAL PRATICADO POR EMPREGADO

1. COMENTÁRIO

A Constituição Federal de 1988, no art. 5º, inciso X, preceitua que:

"São invioláveis a intimidade, a vida privada, a honra e a imagem das pessoas, assegurado o direito a indenização pelo dano material ou moral decorrente de sua violação."

Essa proteção, na ordem dos direitos fundamentais, não se aplica, como pode parecer, apenas aos indivíduos, tendo em vista os contornos da personalidade de cada um, pois, conforme estabelece o art. 52 do Código Civil vigente:

"Aplica-se às pessoas jurídicas, no que couber, a proteção dos direitos da personalidade."

A possibilidade de a pessoa jurídica figurar como autora de pedido de indenização por dano moral foi objeto de muita controvérsia não só na doutrina, como na jurisprudência, sob o argumento de que a honra é bem personalíssimo que só poderia ser reconhecido em relação ao ser humano que possui sentimento, dor, sofrimento, tristeza, etc.

Lembra, no entanto, *Sérgio Cavalieri Filho* que "a pessoa jurídica é uma das mais extraordinárias criações do Direito. Não tem vida física, mas tem existência jurídica, mais duradoura que as pessoas naturais que a criaram; não tem vontade própria (ato de querer, próprio do ser humano), mas atua no mundo sócio-econômico pela vontade dos seus órgãos dirigentes. Dessa maneira, o Direito faculta-lhe adquirir e exercer direitos e contrair obrigações — enfim, proceder no mundo jurídico como ser dotado de patente autonomia. Há pessoas jurídicas que são economicamente mais fortes e poderosas que muitos Estados. E, se o Direito assim trata a pessoa jurídica, é preciso reconhecer que ela, embora despida de certos direitos que são próprios da personalidade humana — tais como a integridade física, psíquica e da saúde —, é titular de alguns direitos especiais da personalidade, ajustáveis às suas características particulares, tais como o bom nome, a imagem, a reputação, o sigilo de correspondência etc"(1).

Afirma também *Cavalieri Filho* que "a moderna doutrina francesa recomenda a utilização da via indenizatória para a proteção da pessoa jurídica: 'A Proteção dos atributos morais da personalidade para a propositura da ação, de responsabilidade, não está reservada somente às pessoas físicas. Aos grupos personalizados tem sido admitido o uso dessa via para proteger seu direito ao nome ou para obter a condenação de autores de propostas escritas ou tendentes à ruína de sua reputação. A pessoa moral pode mesmo reivindicar a proteção, senão de sua vida privada, ao menos do segredo dos negócios' (*Traité de Droit Civil,* Viney, *Les obligations, la responsabilité,* v. II/321, 1982)"(2).

---

(1) *Programa de Responsabilidade Civil*, março/2005, Malheiros Editores, SP, p. 118.
(2) Ob. cit., p. 118.

Gislene A. Sanches, no seu livro "Dano Moral e suas Implicações no Direito do Trabalho"(3), cita *Milton Paulo de Carvalho*, para quem:

"Sendo a vítima pessoa jurídica, não pode, evidentemente, sentir dor. Mas a lesão pode provocar um efeito negativo que também não seja patrimonial nem tenha reflexo patrimonial: a ofensa à confiança. ... O dano moral *lato sensu* à pessoa jurídica atinge algo que se pode considerar espécie ou manifestação da honra. Vejamos. A honra, na definição de Antonio Chaves, que sintetiza o quanto se tem escrito a respeito, é sentimento da própria dignidade, e, por via reflexa, decorrente de probidade, correção, proceder reto, é o apanágio da pessoa que sabe manter a própria respeitabilidade, correspondendo, assim, à estima em que é tida quem vive de acordo com ditames da moral. Há, assim, a honra subjetiva, consistente na consciência da própria dignidade; e a honra objetiva, consistente na reputação social ... As lições acima coligidas, destinadas, embora, à pessoa natural, aplicam-se à pessoa jurídica precisamente no ponto em que a retidão, a correção do comportamento, é destinada à obtenção do crédito externo. Há pessoas jurídicas que incluem no seu patrimônio jurídico a confiança dos cidadãos, sem nenhuma repercussão econômica. Têm elas o interesse na prática da correção para que possam realizar os seus fins."

Patrícia Guerrieri Barbosa Viana(4), citando *Carlos Alberto Bittar* e referindo-se à pessoa jurídica, afirma que o "elemento de cunho moral imprescindível à composição da personalidade é o direito à honra, cujo reconhecimento prende-se à necessidade de defesa da reputação da pessoa jurídica, compreendendo o bom nome e a fama de que desfruta no seio da coletividade (honra objetiva). Em outras palavras, no direito à honra, o bem jurídico protegido é a reputação ou a consideração social a cada pessoa devida, podendo ser atingida pela falsa atribuição de crime ou pela imputação de fato ofensivo a sua imagem, com a alteração da posição da entidade na sociedade".

Assinala, também, *Alexandre Ferreira de Assumpção Alves* que "a imagem constitui um dos fatores essenciais para o sucesso da empresa no mundo negocial e do próprio consumidor, diante dos quais forma-se um conceito abstrato, e não visual, da entidade, o qual pode ser repentinamente abalado por uma notícia errônea ou um ato doloso que imprima falsas declarações a diretores da pessoa jurídica ou um envolvimento em operações ilícitas. Inclusive, deve-se atentar ao fato de que nos meios de comunicação, em geral, não se divulga quem assinou o documento ou determinou a medida; o nome da empresa é que é exposto, abalando sua imagem. Dessa forma, a ofensa à imagem está ligada ao dano moral, na medida em que qualquer publicação ou palavra atentatória àquela tem como repercussão imediata a produção desse, podendo também atingir a pessoa jurídica, a qual tem direito à reparação com fulcro no art. 5º, V e X, da Constituição Federal "(5).

Lembra também *Enoque Ribeiro dos Santos* que, "Se o obreiro, por algum motivo ou desapontamento, logo após a extinção do contrato de trabalho, como às vezes ocorre, sair assacando falsas ou infundadas acusações, que tisnem a moral, a dignidade, a boa-fama e a reputação do empregador, terá praticado um ilícito caracterizado pelo Dano Moral contra o empregador"(6).

---

(3) *Dano Moral e suas Implicações no Direito do Trabalho*, 1998, LTr, SP, pp. 57/58.
(4) *Dano Moral à Pessoa Jurídica*, 2002, Lumen Juris, RJ, p. 84.
(5) *Apud* Barbosa Viana, Patrícia Guerrieri, ob. cit., pp. 84/85.
(6) *O Dano Moral na Dispensa do Empregado*, 2ª ed., 2000, LTr, SP, p. 137.

A verdade é, se a empresa, ao longo da sua existência, constrói uma imagem que lhe valeu a sua ascensão econômica e a confiança dos consumidores dos seus produtos ou serviços, é justo que ela tenha a proteção dos seus direitos arduamente conquistados. É obvio que, se depois dessa conquista vier a sofrer um abalo em virtude de atos praticados por seus empregados, de forma injusta e destruidora de sua imagem, surgirá para ela o direito de acionar o seu ofensor para a devida reparação, valendo registrar que, nesse caso, o risco será sempre maior do empreendedor ou do empresário, já que o trabalhador, salvo raras exceções, não terá patrimônio para responder pelos atos praticados.

Sobre o tema, é oportuna a lição de *Manoel Jorge e Silva Neto,* ao afirmar que:

> "Atualmente, gastam-se valores extraordinários com o objetivo de consolidação de uma imagem eficiente, responsável pela produção de bens ou prestação de serviços de qualidade. Em suma: é crescente a preocupação dos grupos empresariais com a construção de uma 'boa' imagem perante os consumidores"[(7)].

Sublinha *Silva Neto* que, "pelos caracteres associados às pessoas jurídicas, parece evidente que a única ofensa possível é à imagem-atributo, ou seja, às condições e qualidades especiais incorporadas à imagem da empresa", e acrescenta que "aludida transgressão à imagem-atributo somente é suscetível de ocorrência se a informação e/ou fato divulgados não corresponderem à realidade"[(8)].

Assim, se houver violação a tais direitos ligados à imagem da empresa, poderá haver dano material e/ou dano moral passíveis de reparação pecuniária.

Em que tais hipóteses poderá vir a ocorrer as violações ou afrontas mencionadas?

Algumas delas ocorrerão no controle de atuação eletrônico do empregado, seja nas operações do chamado "correio eletrônico", seja nas que envolvam a "internet".

O "correio eletrônico", como se sabe, é uma modalidade de transmissão de mensagens a distância, através de uma rede de comunicações pelo computador.

As empresas fazem uso desse meio de comunicação em razão do seu baixo custo, com mensagens enviadas por um endereço/virtual e que são armazenadas em caixa eletrônica ou *e-mail,* ambos de propriedade da empresa. Dessa forma, é um instrumento de trabalho.

Com relação à "internet", são conhecidos sua utilidade e seu meio de utilização porque muito difundidos no mundo todo, sobretudo pelas empresas numa afirmação de sua atuação no universo da eletrônica.

O *e-mail* institucional, embora proporcionado pela empresa, é individualizado em nome da empresa, por meio de senha.

É sabido também que, tanto em um como em outro instrumento de trabalho ("correio eletrônico" ou "internet"), os empregados usam o *e-mail* para assuntos estranhos ao seu trabalho, como jogos, planejamento de viagens, procura de emprego, conversas ou namoros em *chats,* afora os que visitam *sites* pornográficos.

---

(7) "A Proteção Constitucional à Imagem do Empregado e da Empresa", Gênesis — Revista de Direito do Trabalho, n. 123, março de 2003, p. 372.
(8) Ob. cit., p. 372.

Daí a pergunta: pode o empregador estabelecer regras unilaterais para controle do uso de tais veículos como costuma fazer com telefones e outros equipamentos de sua propriedade?

É que o empregado pode afrontar a intimidade do empregador, procurando obter, de um modo ou outro não muito claro, o conhecimento de segredos do empregador ou de suas atividades.

São casos exemplificativos, bem atuais, de como o empregado poderá causar prejuízos ao empregador.

Outros exemplos são citados por *Silva Neto,* ao mencionar a hipótese de "o empregado que exerceu função de direção começa a divulgar fatos ou informações que obtivera em razão do posto ocupado na unidade empresarial, que, por sua vez, atingem gravemente a imagem da empresa", e outra em que "sindicato profissional que, a pretexto de pressionar a empresa em período anterior à celebração de acordo coletivo, veicula no órgão de imprensa ou mesmo no boletim informativo do grêmio sindical, fatos inverídicos atentatórios à boa reputação empresarial"(9).

Apesar da possibilidade de reparação do dano moral causado pelo empregado ao empregador em função do contrato de trabalho, o certo é que, na prática, o segundo prefere promover a dispensa do trabalhador que lhe causou o dano, por justa causa ou mesmo sem justa causa. Baseada nessa prática, na edição anterior, afirmamos que na pesquisa que fizemos junto aos Tribunais Trabalhistas não foi localizada nenhuma decisão que dissesse respeito a dano moral praticado pelo empregado.

No entanto, na atualidade, já começam a surgir decisões nos Tribunais Trabalhistas questionando não só a competência da Justiça do Trabalho para apreciar e julgar os casos alusivos ao tema, como também decisões em ação de regresso ou mesmo em reconvenção contra o ex-empregado visando à reparação do dano causado à empresa, quer material ou moral, conforme se verifica na parte destinada à jurisprudência.

A respeito da reconvenção, *Mauro Schiavi,* Juiz do Trabalho da 2ª Região, afirma que, no ano de 2005, apreciou "um processo em que a reclamante, uma professora do ensino médio, postulava reparação por danos morais em face de um conceituado colégio, sob a alegação de que o referido colégio a colocou numa lista negra e estava divulgando a outros empregadores que a autora tinha sido dispensada por justa causa em razão de ter realizado uma rebelião no colégio. O reclamado ingressou com uma reconvenção, afirmando serem inverídicas as afirmações da inicial e que em razão de tais acusações, e face à publicidade do processo, como tinha um nome e reputação a zelar, postulou reparação por danos morais em face da ex-empregada. Durante a instrução processual, restou cabalmente comprovada a versão da reconvenção no sentido de que as acusações dirigidas ao reclamado não eram verdadeiras. Desse modo condenamos a professora, na reconvenção, a reparar os danos morais ao Colégio"(10).

Quanto à competência da Justiça do Trabalho, não paira nenhuma dúvida a respeito, pois o fato litigioso decorre da relação de emprego e, nesse sentido, sob o pálio do art. 114, VI, da Carta Magna, que confere à Justiça Especializada a apreciação e julgamento do respectivo conflito.

---

(9) Ob. cit., p. 372.

(10) *Ações de Reparação por Danos Morais decorrentes da Relação de Trabalho,* abril 2007, LTr, SP, p. 148.

No que concerne à possibilidade da ação regressiva, vale ressaltar que está prevista no Código Civil, especificamente no art. 934, que consta da parte destinada às referências legais.

Entretanto, como assinala *José Affonso Dallegrave Neto,* "quando hipoteticamente o empregado se antecipar e mover a ação trabalhista contra o empregador, a empresa poderá utilizar-se da *reconvenção.* Cabe registrar-se que a simples argüição de *compensação* constitui remédio inadequado para tanto, seja porque é mero meio de defesa, seja porque restrita de dívida de natureza trabalhista, conforme aponta a Súmula n. 18 do TST"[(11)].

Registre-se, também, o surgimento de tese no sentido de que, sendo o empregador acionado pelo empregado ou ex-empregado com pedido de reparação por dano moral praticado por seu preposto ou colega do reclamante, poderá ele requerer a denunciação da lide do causador do dano, até porque é possível o surgimento de acontecimentos que ficam fora da esfera de sua vigilância e situando-se no patamar do imponderável. O fundamento para que isso aconteça está no disposto no art. 70, inciso III, do Código de Processo Civil, a saber:

> "Art. 70. A denunciação da lide é obrigatória:
>
> ....
>
> III — àquele que estiver obrigado, pela lei ou pelo contrato, a indenizar, em ação regressiva, o prejuízo do que perder a demanda."

A tese a que nos referimos é defendida por *Pablo Stolze Gagliano e Rodolfo Pamplona Filho*. Mirando-se os autores no mencionado dispositivo, assim se posicionam:

> "A terceira hipótese (obrigação, pela lei ou pelo contrato, de indenizar, em ação regressiva, o prejuízo do que perder a demanda) pode ser perfeitamente aplicável em um litígio dessa natureza.
>
> Imagine-se, por exemplo, que o empregador esteja sendo acionado, sob a alegação de que uma empregada tenha sido assediada sexualmente por um colega de trabalho.
>
> Em função dos danos materiais e morais causados por tal empregado, na sua atividade laboral, deve a empregadora responder objetivamente, se provados todos os três elementos indispensáveis para a caracterização da responsabilidade civil, sem quebra do nexo causal.
>
> Nesse caso, baseando-se no já mencionado art. 462 da Consolidação das Leis do Trabalho, é plenamente cabível a responsabilização regressiva do empregado.
>
> Por que não fazê-la nos mesmos autos da ação principal?
>
> Poder-se-ia argumentar que isso faria demorar o ressarcimento da vítima, por ser gerada uma nova lide entre dois sujeitos, não tendo ela interesse jurídico em discutir a culpa, pela previsão legal de responsabilização objetiva.
>
> Essa não nos parece, porém, a melhor solução.
>
> Imagine, por exemplo, que não seja deferida a denunciação da lide, sob tal fundamento — muito comum, inclusive, em ações de responsabilidade civil do Estado — mas, na ação regressiva, o suposto assediador NEGA a autoria e materialidade do fato.

---

(11) Dallegrave Neto, José Affonso. *Responsabilidade Civil no Direito do Trabalho*, Junho/2005, LTr, SP, p. 226.

Haveria, sem sombra de dúvida, a possibilidade jurídica de sentenças contraditórias, que desprestigiariam a atividade jurisdicional.

Assim sendo, consideramos não somente possível a formação do litisconsórcio passivo, mas, principalmente, recomendável o eventual deferimento da denunciação da lide, garantindo-se, assim, uma resolução integral da demanda, possibilitando uma maior celeridade na efetiva solução do litígio e uma economia processual no sentido macro da expressão.

Até mesmo se tal ação foi ajuizada na Justiça do Trabalho, não haverá motivo razoável para se afastar a intervenção de terceiros, pois a regra de competência material do art. 114 da Constituição Federal de 1988 estará sendo estritamente observada, uma vez que teremos sempre demandas entre trabalhadores e empregadores (no exemplo dado, *empregada assediada x empregadora responsabilizada* e *empregadora responsabilizada x empregado assediador*)"[12].

À luz dessas considerações, podem ser acrescentados outros ingredientes que dão sustentação à tese ora defendida. O primeiro deles consiste num mecanismo de defesa do empregador, que responderá objetivamente pelo que aconteceu, mas, em contrapartida, terá no pólo passivo da demanda o causador do dano, e este terá a oportunidade de se defender no mesmo processo, na forma da lei. Pode até acontecer caso em que o acidente no trabalho se dê mais em função da participação da vítima do que do ofensor. Citamos, como exemplo, a hipótese de a vítima ter levado para o trabalho instrumento (brinquedo ou outro objeto sem conhecimento do empregador), o qual deu origem ao acidente que lhe causou o dano.

O segundo deles possibilitará ao Julgador uma visão maior dos fatos postos em juízo e, ao fixar a indenização por dano moral, que é do seu arbítrio, estabelecerá valor mais consentâneo com o acontecido, levando-se em conta a responsabilidade do causador do dano e a responsabilidade do empregador. Tal procedimento por certo contribuirá para que o trabalhador tenha consciência do seu papel na empresa e servirá também como exemplo para os demais.

O Tribunal Superior do Trabalho cancelou a Orientação Jurisprudencial n. 227 da SDI-1 que considerava incompatível a denunciação à lide (intervenção de terceiro) no processo do trabalho, conforme publicação feita no Diário da Justiça de 22.11.05.

A mudança de orientação se deu em virtude da ampliação da competência da Justiça do Trabalho, decorrente da promulgação da Emenda Constitucional n. 45, de 2004, que promoveu a reforma do Judiciário e incluiu na esfera da Justiça do Trabalho ações que eram da competência da Justiça Comum.

"Prevista no art. 70 do Código de Processo Civil, a denunciação da lide é um mecanismo que permite a uma das partes (denunciante) trazer para a disputa judicial um terceiro com quem mantenha uma relação jurídica. Desta ligação poderá resultar a condenação do terceiro a ressarcir o denunciante ou compensá-lo pelos prejuízos decorrentes da demanda.

A vantagem da denunciação à lide é a de concentrar em uma só causa a solução de duas pendências judiciais. Na primeira delas, resolve-se o litígio entre as partes originais. Na outra, em caso de condenação do denunciante, será julgado seu direito ao ressarcimento por parte do terceiro, dispensando outro processo judicial".

---

(12) *Novo Curso de Direito Civil, Responsabilidade Civil*, Vol. III, 2003, Saraiva, SP, pp. 269/270.

Na prática, porém, há muita timidez na aplicação do dispositivo em causa, mesmo quando se vislumbra a necessidade da participação de terceiro, principalmente na atualidade, em que se depara com a terceirização ou quarteirização de serviços, para melhor equacionar a responsabilidade do empregador, maior ou menor, em face do ato ilícito praticado por seu empregado e da responsabilidade deste ou então de terceiros, até para fixação da respectiva indenização, conforme já salientado acima.

Por último, não podemos deixar de consignar que *Maria Celina Bodin de Moraes,* ao se referir às pessoas jurídicas, afirma que o dano a elas "não poderá ser concebido na mesma medida que o dano às pessoas físicas, já que a tutela da dignidade constitucional somente protege as pessoas humanas. As pessoas jurídicas poderão sofrer danos não-patrimoniais quando, por exemplo, a instituição não visar lucro ou quando estiver sendo atacada em aspectos não-avaliáveis, direta e imediatamente, em dinheiro; mas se tratará, talvez, de um 'dano institucional' — conceito a ser ainda devidamente delineado —, o qual se distinguiria do dano moral em razão da necessidade de uma comprovação potencial do prejuízo, não se podendo aplicar a tese *in re ipsa.* Assim, por exemplo, na elaboração do chamado dano institucional, nada impediria que se levasse em consideração as condições econômicas da vítima ou que se pensasse em termos de aposição de tetos indenizatórios, ou ainda, que o delineamento dos lucros cessantes, nesse caso, fosse uma categoria específica que teria por base a imagem institucional de que a empresa é (ou era) detentora. Há inúmeras vantagens em se diferenciar, no âmbito da responsabilidade civil, a pessoa jurídica da pessoa humana, especialmente no que tange à especialíssima tutela de que esta última é credora"[(13)].

2. *REFERÊNCIAS LEGAIS*

Constituição Federal

Art. 1º A República Federativa do Brasil, formada pela união indissolúvel dos Estados e Municípios e do Distrito Federal, constitui-se em Estado Democrático de Direito e tem como fundamentos:

....

III — a dignidade da pessoa humana;

IV — os valores sociais do trabalho e da livre iniciativa;

....

Art. 5º Todos são iguais perante a lei, sem distinção de qualquer natureza, garantindo-se aos brasileiros e aos estrangeiros residentes no País a inviolabilidade do direito à vida, à liberdade, à igualdade, à segurança e à propriedade, nos termos seguintes:

....

V — é assegurado o direito de resposta, proporcional ao agravo, além da indenização por dano material, moral ou à imagem;

....

X — são invioláveis a intimidade, a vida privada, a honra e a imagem das pessoas, assegurado o direito a indenização pelo dano material ou moral decorrente de sua violação;

....

(13) *Danos à Pessoa Humana — Uma Leitura Civil-Constitucional dos Danos Morais*, 2003, Renovar, Rio, pp. 191/192.

Consolidação das Leis do Trabalho

Art. 482. Constituem justa causa para rescisão do contrato de trabalho pelo empregador:

....

c) negociação habitual por conta própria ou alheia sem permissão do empregador, e quando constituir ato de concorrência à empresa para a qual trabalha o empregado, ou for prejudicial ao serviço;

....

g) violação de segredo da empresa;

....

j) ato lesivo da honra ou da boa fama praticado no serviço contra qualquer pessoa, ou ofensas físicas, nas mesmas condições, salvo em caso de legítima defesa, própria ou de outrem;

k) ato lesivo da honra ou da boa fama ou ofensas físicas praticadas contra o empregador e superiores hierárquicos, salvo em caso de legítima defesa, própria ou de outrem;

....

Código Civil de 2002

Art. 11. Com exceção dos casos previstos em lei, os direitos da personalidade são intransmissíveis e irrenunciáveis, não podendo o seu exercício sofrer limitação voluntária.

....

Art. 20. Salvo se autorizadas, ou se necessárias à administração da justiça ou à manutenção da ordem pública, a divulgação de escritos, a transmissão da palavra, ou a publicação, a exposição ou a utilização da imagem de uma pessoa poderão ser proibidas, a seu requerimento e sem prejuízo da indenização que couber, se lhe atingirem a honra, a boa fama ou a respeitabilidade, ou se se destinarem a fins comerciais.

Parágrafo único. Em se tratando de morto ou de ausente, são partes legítimas para requerer essa proteção o cônjuge, os ascendentes ou os descendentes.

Art. 21. A vida privada da pessoa natural é inviolável, e o juiz, a requerimento do interessado, adotará as providências necessárias para impedir ou fazer cessar ato contrário a esta norma.

....

Art. 52. Aplica-se às pessoas jurídicas, no que couber, a proteção dos direitos da personalidade.

....

Art. 186. Aquele que, por ação ou omissão voluntária, negligência ou imprudência, violar direito e causar dano a outrem, ainda que exclusivamente moral, comete ato ilícito.

Art. 187. Também comete ato ilícito o titular de um direito que, ao exercê-lo, excede manifestamente os limites impostos pelo seu fim econômico ou social, pela boa-fé ou pelos bons costumes.

....

Art. 927. Aquele que, por ato ilícito (arts. 186 e 187), causar dano a outrem, fica obrigado a repará-lo.

Parágrafo único. Haverá obrigação de reparar o dano, independentemente de culpa, nos casos especificados em lei, ou quando a atividade normalmente desenvolvida pelo autor do dano implicar, por sua natureza, risco para os direitos de outrem.

....

Art. 932. São também responsáveis pela reparação civil:

....

III — o empregador ou comitente, por seus empregados, serviçais e prepostos, no exercício do trabalho que lhes competir, ou em razão dele;

....

3. JURISPRUDÊNCIA

Ação de regresso — Responsável direto pelo dano — Existência de um título judicial

Ementa: AÇÃO DE REGRESSO. A parte interessada pode exercer o seu direito de regresso contra o responsável direto pelo dano a partir da existência de um título judicial que a condene ao pagamento de créditos trabalhistas, não sendo condição "sine qua non" o trânsito em julgado. TRT 9ª Reg. — RO 00229-2004-669-09-00-7 — (Ac. 4ª T. 16464/05) — Rel. Juiz Luiz Celso Napp. DJPR 1.7.05, LTr 69-10/1259.

Da decisão acima, colhe-se o seguinte fundamento:

"6. Ônus da prova — Ação de regresso — Dano moral

O recorrente busca excluir a condenação que lhe foi imposta. Assevera, em suma, que a ré não se desincumbiu do seu ônus probatório de comprovar a prática dos atos ilícitos imputados a ele. Ao contrário, na defesa apresentada nos autos da RT 470/2002 negou com veemência a prática dos fatos noticiados pela autora dessa demanda.

Sucessivamente, requer que o valor da condenação seja reduzido para 1 salário mínimo (fls. 896/901).

Diversamente do que sustenta o autor, a ré se desincumbiu do seu ônus de comprovar as atitudes tomadas pelo autor, na condição de chefe de setor, que levaram a empresa a ser condenada ao pagamento de danos morais, conforme evidenciam os documentos juntados às fls. 159/177 (cópia da sentença proferida nos autos 470/2002, bem como, a cópia do acórdão número 22.473/2003 (fls. 185/187).

Em defesa, às fls. 732/741, o autor não refutou a prática dos atos inquinados a ele, constantes na sentença de fls. 159/177. Ao contrário, procurou atenuar a sua responsabilidade, dizendo que foi mero executor de ordens emanadas da empresa, e que demissão da Sr. Maria de Lourdes Caldin ocorreria de qualquer forma, independente de quem a demitisse, pois estaria apenas cumprindo as ordens do seu empregador (fl. 793).

Contudo, a realidade exposta na sentença proferida na RT 470/20002 comprova a 'perseguição' de caráter pessoal efetuada pelo Sr. Glauco contra Sra. Maria de Lourdes, no decorrer de vários anos, culminando com a demissão justificada da mesma. Restou demonstrado, ainda, que a perseguição teve origem numa desavença entre a Sra. Maria e a Sra. Valdenice, esposa do Gerente Administrativo e autor da presente ação.

No tocante ao pedido sucessivo de limitar a condenação a 1 salário mínimo, a mesma não tem procedência, pois o autor deve ser responsabilizado no mesmo valor a que a ré for condenada, uma vez que foi ele o responsável pelas atitudes que ensejaram a condenação da empresa ao pagamento da indenização por dano moral.

Se o autor não possui patrimônio suficiente para cumprir a decisão judicial, tal fato deverá ser discutido em momento oportuno (liquidação do julgado).

Mantenho."

Ação movida pela ex-empregadora em face de prejuízo causado pelo ex-empregado no cumprimento de decisão trabalhista. Competência da Justiça Estadual

Ementa: COMPETÊNCIA. AÇÃO MOVIDA PELA EX-EMPREGADORA EM FACE DE PREJUÍZO CAUSADO PELO EX-EMPREGADO NO CUMPRIMENTO DE DECISÃO TRABALHISTA. COMPETÊNCIA DA JUSTIÇA ESTADUAL. Compete à Justiça comum estadual processar e julgar ação de indenização por danos materiais em que é imputada a ex-empregado imperícia na desmontagem de equipamento quando do cumprimento de penhora determinada em execução trabalhista. Precedentes. Conflito conhecido, para declarar competente o Juízo de Direito da 2ª Vara Cível de Cubatão/SC, o suscitado. STJ — CC 40.933-SC — 2ª S. Rel. Min. Aldir Passarinho Júnior. DJU 10.5.04, *in* Síntese Trabalhista, n. 182, Agosto/04, p. 139.

Dano moral à empresa — Não configuração

Ementa: INDENIZAÇÃO POR DANO MORAL. Não comprovada, pelo conjunto probatório dos autos, a existência de dano moral à empresa, incabível a indenização por danos morais pretendida pela empregadora em decorrência de ato praticado por seu empregado. TRT 3ª Reg. — RO 00477-2003-043-03-00-8 — (Ac. 7ª T.) — Relª Juíza Maria Perpetua C.F. de Melo. DJMG 27.1.05.

Danos financeiros e à imagem do empregador — Cabimento

Ementa: DANO MORAL. DANOS FINANCEIROS E À IMAGEM DO EMPREGADOR. Ainda que se possa questionar a possibilidade de a pessoa jurídica sofrer dano moral (Súmula n. 227 do STJ), não há como negar o dano à sua imagem, mormente quando a atuação empresarial dependa da credulidade pública, como, no caso, um banco comercial. Restou provado nos autos que o autor, por negligência ao exercer suas funções laborais, causou dano à imagem da reclamada. Além de reclamações formuladas por clientes diretamente junto ao banco, um deles acionou o Poder Judiciário buscando reparação de prejuízo, tornando público o fato (apropriação de valores relativos às baixas de benefícios previdenciários). TRT 3ª Reg. — RO 00721-2004-057-03-00-6 — (Ac. 2ª T.) — Rel. Juiz Milton V. Thibau de Almeida. DJMG 1.6.05, p. 15.

Da decisão acima, colhe-se o seguinte fundamento:

"DANO MORAL

Sob este título, pede o réu a condenação do reclamante à indenização por danos financeiros e à sua imagem.

Tem razão.

Ainda que se possa questionar a possibilidade de a pessoa jurídica sofrer dano moral (Súmula n. 227 do STJ), não há como negar o dano à sua imagem, mormente quando a atuação empresarial dependa da credulidade pública, como, no caso, um banco comercial.

Restou demonstrado nos autos que o autor, por negligência ao exercer suas funções laborais, causou dano à imagem da reclamada. Além de reclamações formuladas por clientes diretamente junto ao banco, um deles acionou o Poder Judiciário buscando reparação de prejuízo, tornando público o fato (apropriação de valores relativos às baixas de benefícios previdenciários) conforme documentos de fls. 160/162. Apontaram-se, também, as restituições aos legítimos titulares dos benefícios da Previdência Social (f. 157, 162 e f. 45), perfazendo R$ 1.524,00.

Tem-se, pois, evidenciados o dano à imagem do banco-reclamado, a culpa operária e o nexo da causalidade, essenciais à reparação, assegurada pela legislação (artigos 186 e 927, ambos do CCb).

O empregado deve, pois, indenizar o dano à imagem causado ao empregador. Esta indenização reparatória tem o escopo de reduzir os efeitos da lesão e a punir o transgressor, no sentido de que não serão mais permitidas investidas desta ordem.

Assim, fixo o valor da reparação em R$ 1.000,00, considerando o grau de culpa, o dano em si e as condições sócio-econômicas dos litigantes, acrescidas do dano financeiro, R$ 1.524,00."

Empregado doméstico — Festas na ausência do empregador — Ofensa à integridade moral do empregador — Dano moral configurado

Ementa: DANOS MORAIS. CARACTERIZAÇÃO. EMPREGADO DOMÉSTICO. FESTAS NA AUSÊNCIA DO EMPREGADOR. Configura ofensa à integridade moral do empregador, por violação à sua individualidade e vida privada, a conduta do empregado moralmente reprovável quando, na ausência daquele, realizava festas particulares na residência do patrão, com finalidades e convidados estranhos, inclusive com uso exacerbado de bebidas alcoólicas. Devida a indenização prevista no art. 5º, inciso X, da Constituição Federal. TRT 10ª Reg. — RO 01209-2004-014-10-00-0 — (Ac. 1ª T./05) — Relª Juíza Elaine Machado Vasconcelos. DJU3 11.11.05, p. 16.

Da decisão, colhe-se os seguintes fundamentos:

"RECURSO ADESIVO DO RECLAMANTE — DANOS MORAIS. Os reconvintes-reclamados pleitearam reparação por danos morais em razão de 'constrangimentos sem precedentes, violação à honra, à intimidade e à família', sofridos pelo mau procedimento do reclamante ao realizar 'festas' em várias ocasiões, na ausência dos reclamados, com consumo de bebidas e presença de estranhos em todas as dependências da residência, fatos confessados pelo reconvindo perante a autoridade policial. Em defesa, asseverou o reclamante a irregularidade do procedimento, aduzindo que as declarações constantes do Termo tomado perante a autoridade policial foram previamente preparadas. O juízo primário entendendo que o procedimento do obreiro atingiu a intimidade e a vida privada dos reclamados, arbitrou indenização no montante de dois salários mínimos. Em sede recursal aduz o reclamante a ausência de prova dos fatos alegados. Restando-lhe favorável a prova oral produzida. O dano moral pode ter origem em qualquer uma das esferas do relacionamento humano: individual, familiar, negocial, político; relacionamentos jurídicos na esfera pública e privada. E embora a sua conceituação doutrinária não seja uniforme — para uns, dano moral traduz-se no constrangimento experimentado em conseqüência de lesão de direito personalíssimo (direitos morais), para outros, consiste em dano extrapatrimonial. A melhor definição é aquela obtida pela síntese dos dois conceitos. Segundo MARIA HELENA DINIZ, 'o dano moral consiste na lesão a um interesse que visa a satisfação ou gozo de um bem jurídico extrapatrimonial contido nos direitos da personalidade (como a vida, a integridade corporal, a liberdade, a honra, o decoro, a intimidade, os sentimentos afetivos, a própria imagem), ou nos atributos da pessoa (como o nome, a capacidade, o estado de família)'. O respeito à intimidade, à vida privada, à honra e à imagem das pessoas, ou seja, à integridade moral, por não se apresentar de forma materializada, palpável ou visível, sendo perceptível apenas por intuição ou lógica, assume a feição de direito fundamental (art. 5º, X da CF-88), erigido ao patamar de cláusula pétrea (art. 60, § 4º — CF/88). A Carta Política de 1988 assegura à vítima desta espécie de dano o direito à indenização (art. 5º, V e X) embora esta não tenha o condão de apagar os danos morais sofridos. Assim como se exige prova irrefutável para a configuração de um dos motivos elencados no art. 482 da CLT, como ensejador da resolução contratual em face da gravidade das acusações exige-se prova robusta para a condenação em indenização por dano moral. No caso concreto, constata-se, na Comunicação de Ocorrência Policial de fls. 56, que a reclamada, Sra. Carmem Lúcia Távora Vieira, atribuiu ao reclamante a autoria de conduta moralmente deplorável, qual seja, a promoção de 'várias festas em sua casa, com várias pessoas desconhecidas, entre travestis, prostitutas e demais pessoas do gênero, tendo invadido todas as dependências da casa, picina (*sic*), mesanino (*sic*), onde assistiam filmes (*sic*) pornográficos, etc.' A jurisprudência tem se definido pela não configuração de dano pelo simples registro de ocorrência policial, pois sujeita à investigação, dependente inclusive de abertura de inquérito policial. Em que pese não comprovada a prática de conduta tipificada como crime, restou evidenciado nos autos, pela confissão do próprio reclamante, conforme o Termo de Declaração de fls. 77/78, a prática consciente da conduta irregular alardeada pelos reclamados. Neste aspecto, a prova oral produzida mostra-se desnecessária, ante outros elementos de prova já contidos nos autos, sobretudo pelas revelações da própria parte. Ressalte-se, com o bem pontuado na origem, não ter o autor se desincumbido de provar a falsidade do conteúdo das declarações ali prestadas, diga-se de passagem, ricas em detalhes e circunstâncias que jamais poderiam ser previamente preparadas máxime quando os fatos ocorreram na ausência dos reclamados. Assim, tendo sido configurada a ofensa à moral invocada, consubstanciada na violação da intimidade e da vida privada dos reclamados, caracterizada, inclusive, pela confissão do próprio Autor, devida a indenização correspondente, pelo que sem reparos a r. sentença primária que julgou procedente o pedido. Ressalva de entendimento desta Relatora quanto ao montante fixado para a indenização, que entendo insuficiente à reparação pretendida. Nego provimento."

Proposta por empregador contra ex-empregado — Ausência de prova — Indenização indevida

Ementa: AÇÃO DE INDENIZAÇÃO POR DANOS MORAIS AJUIZADA POR PESSOA JURÍDICA CONTRA EX-EMPREGADO. AUSÊNCIA DE PROVA. INSUBSISTÊNCIA. Embora seja cabível indenização à pessoa jurídica, por danos morais causados por ex-empregado, a prática de atos geradores de ofensa à imagem empresarial deve ser convincentemente provada, sem o que, inexiste reparação a ser deferida. TRT 18ª Reg. — RO-00359-2005-054-18-00-3 — Rel. Juiz Gentil Pio de Oliveira. DJE 7.3.06.

Da referida decisão, *extraem-se os trechos os mais importantes* e a declaração do Juiz que foi voto vencido:

"DANO MORAL

Pretende a recorrente a condenação do recorrido ao pagamento de indenização por dano moral.

Alega ter sido demonstrado que o requerido queria ser dispensado do emprego e, como não conseguiu seu intento, passou a "assacar inverdades gratuitas contra a recorrente" (fl. 274).

Aduz que o recorrido demonstrou "descontrole verbal" ao gravar uma conversa com o presidente da empresa, na qual chamou-o de mentiroso.

Sustenta que mesmo após ter sido dispensado por justa causa, o requerido continuou afirmando para os ex-empregados que a autora estava falindo.

Ressalta que o recorrido confessou em seu depoimento que comentava com os colegas de serviço que a requerente não honrava seus compromissos com os fornecedores. Acrescenta que ele tinha "o mau vezo de utilizar-se de gravador 'como arma'" (fl. 277).

Analisa-se.

Na petição inicial, a autora alegou que o réu desejava rescindir seu contrato de trabalho e procurou "criar um ambiente de desassossego" dentro e fora da empresa. Disse que ele vem denegrindo imagem da empresa atribuindo-lhe em público o que ela classifica como "condutas vexatórias": "não honra seus compromissos"; "não paga ninguém"; "está quebrada"; "não confia na empresa e muito menos no empresário"; "a empresa é uma merda" (fl. 04).

O requerido, na defesa, refutou as alegações da requerente, argumentando que em nenhum momento propagou a situação econômico-financeira da empresa.

Para a caracterização da responsabilidade civil impõe-se a presença dos seguintes pressupostos: ação ou omissão culposa ou dolosa do agente, nexo de causalidade e dano experimentado pela vítima.

Consoante os termos da Súmula n. 227 do Colendo Superior Tribunal de Justiça "a pessoa jurídica pode sofrer dano moral".

Embora os danos morais, em regra, contenham alto grau de subjetividade, o deferimento de indenização a esse título está condicionado à prática de ato que cause ofensa à honra e à dignidade de outrem.

No caso dos autos os fatos narrados na petição inicial não foram comprovados."

....

É incontroverso que a autora passou por dificuldades financeiras, tendo havido atraso no pagamento dos salários dos empregados e problemas junto aos fornecedores e bancos.

Entretanto, depreende-se das declarações das testemunhas que as atitudes do recorrido no sentido de demonstrar a sua insatisfação e tecer comentários sobre a situação da empresa e sobre seu presidente ficaram restritas ao ambiente interno. Não há prova de que o requerido tenha divulgado as dificuldades financeiras da empresa.

Como bem observou o d. Julgador de origem "na realidade, corria um 'boato' sobre as dificuldades financeiras da Reclamante, que, aliás, eram reais. O termo 'boato', por si só, já designa a incerteza da origem, tanto assim que a testemunha Manoel Meireles ressaltou que nem mesmo o Sr. Eduardo (sócio-proprietário da Reclamante) tinha certeza de que o Reclamado seria a fonte. Ficou claro, isto sim, que houve apenas uma presunção ou ilação do Sr. Eduardo de que o Reclamado tivesse deixado vazar a notícia sobre as seríssimas dificuldades financeiras por que passava." (fl. 220).

Os documentos de fls. 111/115 (correspondências eletrônicas) demonstram que o requerido tinha que apresentar explicações junto aos fornecedores e não há neles nenhum comentário no sentido de denegrir a autora.

Verifica-se ademais que a conduta reprovável do réu com relação ao presidente da empresa já foi punida com a despedida motivada.

O fato de o recorrido ter gravado uma conversa com o dirigente da autora já foi exaustivamente analisado na reclamatória trabalhista por ele proposta, não cabendo nenhuma outra consideração por ser irrelevante para o deslinde da controvérsia relativa a essa ação. Ressalto ainda que não mais é possível discussão acerca dos motivos que ensejaram a rescisão contratual, tendo em vista que essa matéria também já foi solucionada judicialmente.

Constata-se ainda que não ficou comprovado que os comentários internos feitos pelo recorrido tenham causado prejuízos à requerente. Com efeito, não há prova de que a imagem da empresa perante os clientes e fornecedores tenha sofrido abalo causado pelo requerido.

Conseqüentemente, mantenho a r. sentença por seus próprios e jurídicos fundamentos."

"DECLARAÇÃO DE VOTO VENCIDO

Data venia, divirjo do Ilustre Juiz Relator no tocante ao pedido de dano moral.

É notória a insatisfação do réu com a manutenção do contrato de trabalho, tanto que ele pediu ao diretor da empresa para ser demitido, certamente para fugir da pesada multa contratual e poder ingressar em um novo emprego que lhe era mais vantajoso, já que recebeu pelo menos outras duas propostas de trabalho, Geolab e Cambury, fls. 33 e 225.

De outra parte, soa evidente que ele não manteve uma postura profissional condizente com o cargo que ocupava, tanto que admitiu em depoimento "...que comentava com os colegas de serviço, que lhe pediam matéria prima inexistente no estoque, que não as possuía porque a requerente não honrava seus compromissos com os fornecedores;..." (fl. 225).

Frise-se que constantemente ele também fazia declarações dessa natureza à 1ª testemunha da autora nos corredores da empresa, comentários estes que eram escutados por outros empregados, chegando inclusive a afirmar que não acreditava no sucesso da empresa. Ora, afirmações dessa envergadura quando ditas de forma reiterada, como no caso, e por pessoa com posição de destaque dentro da estrutura da empresa possuem um efeito devastador, impossível de ficar restrito ao âmbito da empregadora.

É lógico que a empresa atravessava um momento difícil e que isso podia ser sentido por determinadas pessoas, entretanto o que se espera de um gerente de suprimentos é o máximo de cautela em suas declarações, visto que uma simples frase mal formulada pode agravar sobremaneira a credibilidade da empresa frente aos fornecedores e funcionários, quanto mais uma declaração consciente e reiterada de que ela enfrenta uma forte crise financeira. Certamente que tal declaração jamais ficaria restrita ao âmbito da empresa e poderia trazer sérios inconvenientes, sendo que o nível intelectual do reclamado permitia prever tudo isso.

Aliás, como era de se esperar, tal situação acabou por influenciar diretamente a relação comercial mantida entre a autora e pelo menos um de seus fornecedores, conforme aduziu a 2ª testemunha da empresa, em que pese não ter sido diretamente comprovado que foi o réu o funcionário que passou a informação maliciosa para aquele fornecedor, de que a (supressão do nome da empresa pelos autores desta obra) passava por grave crise financeira. Mas os indicativos, a prova indireta, é eloqüente.

Não é demais dizer que o pessimismo apregoado pelo réu parece ser exagerado, haja vista que ele próprio declarou em depoimento desconhecer protestos de títulos da autora.

Tenho, pois, que o obreiro não se portou adequadamente frente a seu empregador, ocasionando-lhe sérios problemas de credibilidade junto aos funcionários e fornecedores, causando-lhe prejuízos de ordem moral com reflexos financeiros.

Não é por demais salientar que o crédito corresponde, hoje, ao maior volume de ativos em circulação, superando, em muito a própria moeda corrente emitida. Noutras palavras, sem crédito ou com o crédito abalado, uma empresa como a autora não sobreviveria.

Basta observar que a autora é empresa de grande porte, cujas negociações nacionais e internacionais envolvem altas somas em dinheiro. Está, portanto, bastante sujeita às intempéries do mercado financeiro e seu crédito, justo o que o réu atacou, é estratégico.

"Pau que dá em Chico, dá também em Francisco." Este caso requer, ao ver deste magistrado, atuação exemplar da Justiça do Trabalho, a demonstrar sua franca isenção de ânimos.

A vista de tais considerações, entendo que restou provada a má conduta apontada, sendo devida a indenização por danos morais pleiteada, a qual fixo em R$ 5.000,00.

É o voto.

EUGÊNIO JOSÉ CESÁRIO ROSA

Juiz Convocado (www.trt18.gov.br. 16.6.07)

Proposta por empregador contra ex-empregados supostamente causadores de danos sofridos por terceiros — Nexo causal e culpa dos agentes — Prova

Ementa: AÇÃO DE REGRESSO PROPOSTA POR EMPREGADOR CONTRA EX-EMPREGADOS SUPOSTAMENTE CAUSADORES DE DANOS SOFRIDOS POR TERCEIROS. A autora, na qualidade de empresa transportadora, detém a responsabilidade legal de arcar com os prejuízos sofridos pelas pessoas e cargas transportadas, sendo-lhe garantido, porém, o direito de acionar aqueles que, em seu entendimento, seriam os verdadeiros responsáveis pelo dano (art. 1.524). A responsabilidade dos supostos causadores do dano, contudo, é subjetiva. Assim, para que a reclamada possa ressarcir-se dos prejuízos alegadamente sofridos, é necessário que determinados requisitos sejam preenchidos, a saber: existência efetiva de dano; nexo causal e culpa dos agentes (art. 186 c/c art. 927 do Código Civil/2002). A prova da ocorrência do dano material, em se tratando de ação regressiva, demanda prova de que a empresa efetivamente foi obrigada a ressarcir os prejuízos sofridos pelos usuários do serviço de transporte. A mera indicação — em contrato bilateral firmado entre a transportadora e os supostos proprietários da carga transportada e após a ocorrência do sinistro — daquele que seria o valor do prejuízo sofrido não traduz prova cabal do dano material, para fins de ação regressiva. Com efeito, se a empresa firma acordo com as proprietárias da carga visando a indenizá-las pelos danos sofridos em decorrência do acidente, mas não faz prova de que o valor acordado corresponde ao valor efetivo dos bens deteriorados, não pode acionar seus empregados visando a ressarcir-se pelo pagamento efetuado. É que o autor do dano somente pode ser responsabilizado pelos prejuízos que efetivamente causou, na medida da sua culpabilidade. TRT 10ª Reg. — RO 00348-2004-841-10-00-5 — (Ac. 1ª T./05) — Rel. Juiz André R. P. V. Damasceno. DJU3 7.10.05, p. 26.

Recebimento de valores pelo empregado sem o devido repasse para a empresa — Nova cobrança formulada aos clientes — Mau conceito da reclamada junto à sua clientela — Dano moral devido ao empregador — Cabimento

Ementa: RECEBIMENTO DE VALORES PELO EMPREGADO SEM O DEVIDO REPASSE PARA A EMPRESA. NOVA COBRANÇA FORMULADA AOS CLIENTES. MAU CONCEITO DA RECLAMADA JUNTO À SUA CLIENTELA. DANO MORAL DEVIDO AO EMPREGADOR. CABIMENTO. É de conhecimento correntio que na quadra atual, de mercado competitivo e concorrência acirrada, as empresas gastam montantes vultosos com o objetivo de consolidar uma imagem eficiente junto à sua clientela. Em outros termos, é crescente a preocupação dos grupos empresariais com a construção da sua boa imagem perante os consumidores, constituindo a confiança desses no fundo de comércio e, portanto, em patrimônio jurídico de tais entes. Desse modo, o fato da reclamada ter procedido cobranças a seus clientes quando esses já haviam pago ao recorrente (ex-empregado) que se apropriou indevidamente dos valores não os repassando à empresa, criou um conceito negativo dessa junto a tais clientes, com prejuízos inegáveis, justificando-se plenamente a condenação em danos morais. Recurso improvido no particular, por unanimidade. TRT 24ª Reg. — RO 01977-2005-003-24-00-5 — Red. Juiz João de Deus Gomes de Souza DOE 6918 de 28.2.07. (www.trt24.gov.br, 14.6.07)

4. *BIBLIOGRAFIA*

Antonio Lindbergh C. Montenegro, *Ressarcimento de Danos*, 2005, Lumen Juris, Rio; Enoque Ribeiro dos Santos, *O Dano Moral na Dispensa do Empregado*, 3ª ed., 2002, LTr, SP; Gardênia Borges Moraes, *Dano Moral nas Relações de Trabalho*, 2003, LTr, SP; José Affonso Dallegrave Neto, *Responsabilidade Civil no Direito do Trabalho*, junho/2005, LTr, SP; Maria Celina Bodin de Moraes, *Danos à Pessoa Humana — Uma Leitura Civil-Constitucional dos Danos Morais*, 2003, Renovar, Rio; Mauro Schiavi, *Ações de Reparação por Danos Morais decorrentes da Relação de Trabalho,* abril 2007, LTr, SP; Paulo Maximilian Wilhelm Schonblum, *Dano Moral: Questões Controvertidas*, 2003, Forense, Rio; Walmir Oliveira da Costa, *Dano Moral nas Relações Laborais — Competência e Mensuração,* 1999, Juruá, Curitiba, PR.

Vide também a bibliografia dos Capítulos I e IX, que tratam sobre "Dano Moral — Conceito e sua aplicação no Direito do Trabalho" e "Dano Moral e os direitos da personalidade."

CAPÍTULO XVIII

DANO MORAL E A FIXAÇÃO DA INDENIZAÇÃO REPARATÓRIA

1. COMENTÁRIO

Vários são os estudos encontrados na doutrina a respeito do critério para fixação do valor da indenização, a título de dano moral, a ser paga à pessoa lesada. A matéria, por sinal, é tormentosa na seara jurídica, em virtude da inexistência de parâmetros legais.

Os danos materiais que causam prejuízo econômico e financeiro ao patrimônio do lesado podem ser restabelecidos de uma forma mais precisa. Isso porque, conforme assinala *Clayton Reis*, "as perdas envolvem a restituição do *status quo ante* vivenciado, facilmente apurável em virtude de perdas materiais, que podem ser quantificadas, medidas e pesadas"(1). São, na verdade, os chamados danos emergentes e lucros cessantes.

Entretanto, quando se trata de danos extrapatrimoniais, a dificuldade é muito grande para fixação da indenização, porque o prejuízo se situa na esfera da honra, da imagem, da intimidade e da dignidade da pessoa humana.

Também há que se considerar que, após a Constituição de 1988, a qual assegurou, nos incisos V e X do art. 5º, o direito à indenização por dano moral, muitos dos doutrinadores são do entendimento de que não existe mais tarifação nas indenizações por dano moral e que as limitações previstas, como a existente na Lei de Imprensa e nos Tratados (como o de Varsóvia), teriam sido derrogadas com a entrada em vigor da Carta Magna. A respeito, veja-se recente decisão do Supremo Tribunal Federal, a qual considera que o art. 52 da Lei n. 5.250, de 1967 — Lei de Imprensa — não foi recepcionado pela Constituição Federal de 1988, como segue:

"Ementa: CONSTITUCIONAL. CIVIL. DANO MORAL: OFENSA PRATICADA PELA IMPRENSA. INDENIZAÇÃO: TARIFAÇÃO. LEI N. 5.250/67 — LEI DE IMPRENSA, ART. 52: NÃO-RECEPÇÃO PELA CF/88, ARTIGO 5º, INCISOS V E X. REINTERPOSTO COM FUNDAMENTO NAS ALÍNEAS *A* E *B*. I — O acórdão recorrido decidiu que o art. 52 da Lei n. 5.250, de 1967 — Lei de Imprensa — não foi recebido pela CF/88. RE interposto com base nas alíneas *a* e *b* (CF, art. 102, III, *a* e *b*). Não conhecimento do RE com base na alínea *b*, por isso que o acórdão não declarou a inconstitucionalidade do art. 52 da Lei n. 5.250/67. É que não há falar em inconstitucionalidade superveniente. Tem-se, em tal caso, a aplicação da conhecida doutrina de Kelsen: as normas infraconstitucionais anteriores à Constituição, com esta incompatíveis, não são por ela recebidas. Noutras palavras, ocorre derrogação, pela Constituição nova, de normas infraconstitucionais com esta incompatíveis. II — A Constituição de 1988 emprestou à reparação decorrente do dano

(1) "O Verdadeiro Sentido da Indenização dos Danos Morais". *In Grandes Temas da Atualidade — Dano Moral, Aspectos Constitucionais, Civis, Penais e Trabalhistas*. Coordenação de Eduardo de Oliveira Leite, 2002, Forense, Rio, p. 47.

moral tratamento especial — CF, art. 5º, V e X — desejando que a indenização decorrente desse dano fosse a mais ampla. Posta a questão nesses termos, não seria possível sujeitá-la aos limites estreitos da lei de imprensa. Se o fizéssemos, estaríamos interpretando a Constituição no rumo da lei ordinária, quando é de sabença comum que as leis devem ser interpretadas no rumo da Constituição. III — Não recepção, pela CF/88, do art. 52 da Lei n. 5.250/67 — Lei de Imprensa. STF — RE 396.386-4 (6474) — SP — (Ac. 2ª Turma, j. 29.6.04) — Rel. Min. Carlos Velloso. DJU 13.8.04, p. 285."

Na doutrina, como não poderia deixar de ser, encontramos alguns adeptos do sistema tarifado, entre eles *Humberto Theodoro Júnior,* que justifica a sua instituição mais no sentido de "evitar-se o excesso de subjetivismo dos julgadores que, fatalmente, levaria à ruína o princípio constitucional da isonomia; o melhor caminho, *de lege ferenda*, seria o dispor-se em lei acerca dos parâmetros e tarifas, sempre flexíveis para que as peculiaridades do caso concreto pudessem ser valorizadas pela sentença", acrescentando ainda que, "enquanto isso não ocorrer, a sociedade ficará intranqüila e submetida aos humores e tendências pessoais de cada juiz. Casos absolutamente iguais receberão tratamento absurdamente diverso. As causas de dano moral se apresentarão, como é habitual, com um caráter puramente lotérico"[(2)].

A posição predominante na doutrina, no entanto, é pelo sistema aberto que possibilita ao juiz a fixação da indenização de forma subjetiva, mas com a observância de alguns parâmetros que analisaremos mais adiante.

São vários os argumentos que justificam o sistema aberto, já que, pela tarifação da indenização, o juiz estará limitado em seus poderes e com isso não poderá aplicar o princípio da eqüidade e da justa indenização.

Nehemias Domingos de Melo aponta várias posições contrárias à tese da tarifação, ao dizer: "Como poder atribuir a cada um o que efetivamente seja de seu direito, se este mesmo direito estará previamente tarifado? Como considerar as peculiaridades de cada caso, de tal sorte a que se possa sentenciar com uma perfeita dosimetria do valor indenizatório? Ademais, como harmonizar o preconizado na Constituição, que estabelece a reparação proporcional ao agravo de forma integral e sem limitações, com um sistema tarifado?"[(3)]. E continua ainda o autor, afirmando "que o então Desembargador de São Paulo e hoje Ministro do Supremo Tribunal, César Peluzo, em voto proferido em caso no qual se tratava das limitações impostas pela Lei de Imprensa, manifestou firme posição quanto a não se poder, em nome de eventuais demasias, querer limitar, através de lei subalterna, a amplitude do *quantum* a ser fixado por indenizações decorrentes de danos morais, porque se assim se fizesse, estar-se-ia colocando em risco o princípio da indenização justa e proporcional, já que, para se obter resultado que mais se aproxime do justo e do equânime, a indenização '*tem que ser fixada caso por caso, segundo as condições das pessoas, sem limitações abstratas capazes de inutilizar o sentido reparatório*'"[(4)].

A verdade é que o sistema aberto possibilita o arbitramento da indenização de maneira mais justa e proporcional à lesão sofrida pelo ofendido, considerando-se também que os atributos morais da pessoa variam segundo a sua formação e sua escala social. Assim, "um

---

(2) *Apud* Nehemias Domingos de Melo. *Dano Moral. Problemática: Do Cabimento à Fixação do* Quantum, 2004, Juarez de Oliveira, SP, p. 167.

(3) *Dano Moral — Problemática: Do Cabimento à Fixação do* Quantum, Juarez de Oliveira, SP, p. 167.

(4) Ob. cit., p. 168.

mesmo ato ou omissão é capaz de produzir impacto psicológico negativo de nível diferente para cada paciente atingido", conforme se constata pela jurisprudência, como também que "uma indenização insignificante significaria um agravamento ao ofendido e sentido de impunidade ao ofensor. Uma indenização escorchante representaria uma desproporcional punição ao ofensor, com vantagem imoderada ao ofendido".

A respeito, afirma também *Paulo Roberto Benasse* que, "ao verificar-se as condições da vítima e do agressor, ter-se-á uma situação próxima à correta a valoração do dano, notadamente para os casos em que não exista uma previsão legal expressa (*numerus clausus*), mediante os parâmetros valorativos da indenização a serem considerados, pela perquirição da gravidade da culpa, a repercussão ou gravidade do dano, a busca da compensação efetiva da dor sofrida, o caráter punitivo decorrente do interesse do Estado na paz social, entre outros elementos"(5).

Tais considerações na visão de *Benasse* são importantes porque "A tranqüilidade social, sua harmonia, depende do respeito do homem para com o homem, e uma forma de obter tal respeito é valorar corretamente a infração aos seus direitos imateriais, para que se busque uma sociedade mais justa, onde seu elemento mais importante, a sua razão de existir, o homem, obtenha o valor mais próximo do real que merece, em decorrência dessa infração, sem, contudo, refrear os anseios individuais de cada um, os pedidos feitos pelos advogados e as decisões de juízes, com tabelamento do dano moral, pois isso tenderia à diminuição dos valores indenizatórios, bem como daria preço ao homem sem considerar sua essência, sua sensibilidade, sua criação, sua cultura, sua educação e seu *status* social, nivelando-o, indevidamente, por baixo, ou seja, pelo grotesco, o aculturado, o imoral, o rude, o insensível etc"(6).

Observa-se que na fixação da respectiva indenização, a qual fica a critério do julgador, este não fica livre de alguns parâmetros que são aceitos como válidos pela doutrina, até porque, na atualidade, o dano moral vem ocorrendo em hipóteses inimagináveis, dados os fatos verificados no cotidiano das pessoas.

Tais parâmetros a que nos referimos são encontrados na jurisprudência e se direcionam no sentido de que o julgador deve levar em consideração a situação econômica de ambas as partes, a extensão da ofensa e o grau de culpa de agente. *Estêvão Mallet*, no entanto, sustenta "que é preciso levar em conta a relevância do direito violado. Ofensa ao direito à vida reclama condenação economicamente mais severa para o agressor do que ofensa ao direito ao uso do nome, como soa até mesmo evidente", bem como "o grau de repreensibilidade da conduta do agente causador do dano deve ser considerado, consoante reiteradamente enfatizado pela doutrina britânica e norte-americana e mesmo pela jurisprudência em matéria de *punitive damages*"(7).

De se notar também que, tanto na doutrina quanto na jurisprudência, encontramos posições no sentido de que a indenização por dano moral pode ser fixada levando-se em conta o salário do ofendido e vinculada ao seu tempo de serviço no emprego, por analogia ao art. 478 da CLT, que trata da indenização por tempo de serviço. No entanto, este critério, como bem

---

(5) *A Personalidade, os Danos Morais e sua Liquidação de Forma Múltipla*, 2003, Forense, Rio, p. 168.
(6) Benasse, Paulo Roberto, ob. cit., p. 168.
(7) *Direito, Trabalho e Processo em Transformação*, junho/2005, LTr, SP, p. 39.

assinala *Walmir Oliveira da Costa*, "nem ao mesmo compensa o tempo de serviço do empregado e, por isso mesmo, não serve de parâmetro à quantificação do dano moral, cuja reparação tem natureza e finalidade diversas"(8). Ademais, tais critérios, dependendo das circunstâncias da ofensa, como aquela que ocorre de forma continuada, à fixação da indenização por dano moral vinculada ao salário e tempo de serviço, tendem a ser injustos, uma vez que empregados igualmente ofendidos farão jus a indenizações diferenciadas apenas porque um tem mais tempo de serviço ou porque recebe salário superior ao outro. Nesse sentido, a lição de *Estêvão Mallet*, quando afirma que "a gravidade da lesão nem sempre guarda nexo com o valor do salário do empregado ou com o tempo de vigência do contrato de trabalho. Concebe-se seja produzido dano gravíssimo a empregado recém-admitido e remunerado com salário bastante baixo ou, inversamente, dano pouco expressivo a empregado com largo tempo de serviço e salário elevado"(9).

Encontramos também decisões que estipulam o pagamento da indenização por dano moral em prestações mensais, com o fundamento de que, com este procedimento, desestimulará a empregadora para novos fatos lesivos contra seus empregados, porque prolongará no tempo os efeitos dos atos por ela cometidos, tendo o Juiz Relator dessa decisão afirmado que, "melhor do que fixar uma indenização em prestação única (valor equivalente a 240 salários mínimos) e de valor elevado, será a fixação de um valor pequeno em várias prestações, prolongando no tempo o sentido de atualização da medida reparatória, com inegável vantagem educativa e repressora". A decisão aludida consta da parte destinada à jurisprudência com o título "Indenização por dano moral — Fixação da indenização com pagamento desdobrado em prestações mensais".

Ressalte-se que a fixação da indenização por dano moral pode ser estabelecida em salários mínimos, vedada apenas a sua atualização com base no seu reajuste. Isso porque o Supremo Tribunal Federal tem se manifestado em várias oportunidades que o salário mínimo pode ser utilizado como base de cálculo do adicional de insalubridade, conforme se verifica pelas seguintes decisões: AgR 444.412.6 — RS — (Ac. 2ª T., 12.8.03) — Rel. Min. Carlos Velloso. DJU 19.3.03, pág. 26 e RE 340.275-7 (499) —SP — (Ac. 2ª T. 28.9.04) — Relª. Min. Ellen Gracie, DJU 22.10.04, pág. 38.

Igualmente, poderá ser utilizado o salário mínimo como referencial na decisão judicial que venha a estabelecer o valor da indenização por ato ilícito, tal como sucede com a indenização por dano moral. Nesse sentido, a decisão monocrática do Min. Eros Grau, do Supremo Tribunal Federal, no RE 430902-RJ, publicada no DJU de 24.2.05, a qual deixa bem claro que "não se admite é observar o salário-mínimo para efeito de atualização de qualquer indenização, mas não como expressão do valor inicial da condenação". Abaixo transcrevemos a referida decisão:

> "DECISÃO: Trata-se de recurso extraordinário interposto contra acórdão que fixou o valor da indenização por danos morais em múltiplos do salário mínimo, sustentando-se como violado o artigo 7º, IV, da Constituição do Brasil, que veda a vinculação. 2. O Pleno desta Corte, no julgamento da ADI n. 1.425, em 01.10.1997, firmou entendimento segundo o qual, ao estabelecer o artigo 7º, IV, da Constituição Federal que é vedada a vinculação ao salário-mínimo para qualquer fim, quis evitar que interesses estranhos aos versados na norma constitucional venham a ter influência na fixação do valor mínimo a ser observado. Portanto, o que não se admite é

(8) *Dano Moral nas Relações Laborais: Competência e Mensuração*, 1999, Juruá, Curitiba, PR, p. 129.
(9) *Direito, Trabalho e Processo em Transformação*, Junho/2005, LTr, SP, pp. 38/39.

observar o salário-mínimo para efeitos de atualização de qualquer indenização, mas não como expressão do valor inicial da condenação (RE n. 338.760, DJ de 28.06.2002). 3. No mesmo sentido são as decisões proferidas no AI n. 147.579, DJ de 31.5.93, e no RE n. 140.940, DJ de 07.03.95, quando restou assente que a vedação inscrita na parte final do inciso IV do artigo 7º da Constituição não se aplica à fixação de base de cálculo e atualização de pensão em ação de indenização por ato ilícito. Assim, a referência ao valor do salário mínimo apenas serve de parâmetro para o cálculo da indenização. Ante o exposto, com base no artigo 21, § 1º, do RISTF, nego seguimento ao recurso. Intime-se. Brasília, 1º de fevereiro de 2005. Ministro Eros Grau Relator. www.stf.gov.br, 5.4.05."

Na parte destinada à jurisprudência, consta também outra decisão no mesmo sentido da 1ª Turma da Suprema Corte, processo AG. REG. NO AG. DE INSTRUMENTO n. 466.271-2 (112), originado do Rio Grande do Sul, cujo relator foi o Min. Sepúlveda Pertence e publicado no DJU de 13.5.05, à pág. 7.

Finalmente, é de se concluir que valor da indenização decorrente de dano moral não deve ser insignificante, pois, caso contrário, não desestimularia a sua prática pelo ofensor e muito menos teria o efeito pedagógico desejado. Aliás, neste particular é que residem as críticas mais contundentes dos doutrinadores ao sistema tarifado, pois, sabendo o ofensor do risco econômico a que estará sujeito numa eventual condenação, tudo leva a crer que não terá nenhuma preocupação com a prática do ato ilícito, pois o valor sabidamente conhecido será assimilável economicamente. Existem também situações que merecem uma análise mais acurada por parte do Julgador, observando-se, no caso, o princípio da razoabilidade, pois, na parte destinada à jurisprudência, consta decisão em que Relator afirma que "condenar a empresa a pagar a vultosa quantia pedida ao empregado pela violação de direito da personalidade, mormente considerando o elevado número de trabalhadores atingidos e que acionaram o Poder Judiciário, importa declarar a sua falência, gerando conseqüências desastrosas para os então empregados, para o empreendimento, para o Fisco e para toda a sociedade em geral".

2. *REFERÊNCIAS LEGAIS*

Constituição Federal

Art. 5º Todos são iguais perante a lei, sem distinção de qualquer natureza, garantindo-se aos brasileiros e aos estrangeiros residentes no País a inviolabilidade do direito à vida, à liberdade, à igualdade, à segurança e à propriedade, nos termos seguintes:

....

V — é assegurado o direito de resposta, proporcional ao agravo, além da indenização por dano material, moral ou à imagem;

....

X — são invioláveis a intimidade, a vida privada, a honra e a imagem das pessoas, assegurado o direito a indenização pelo dano material ou moral decorrente de sua violação;

....

Consolidação das Leis do Trabalho

Art. 8º As autoridades administrativas e a Justiça do Trabalho, na falta de disposições legais ou contratuais, decidirão, conforme o caso, pela jurisprudência, por analogia, por eqüidade e outros princípios e normas gerais de direito, principalmente do direito do trabalho, e, ainda, de acordo com os usos e costumes, o direito comparado, mas sempre de maneira que nenhum interesse de classe ou particular prevaleça sobre o interesse público.

Parágrafo único. O direito comum será fonte subsidiária do direito do trabalho, naquilo em que não for incompatível com os princípios fundamentais deste.

Código Civil de 2002

Art. 186. Aquele que, por ação ou omissão voluntária, negligência ou imprudência, violar direito e causar dano a outrem, ainda que exclusivamente moral, comete ato ilícito.

Art. 187. Também comete ato ilícito o titular de um direito que, ao exercê-lo, excede manifestamente os limites impostos pelo seu fim econômico ou social, pela boa-fé ou pelos bons costumes.

....

Art. 927. Aquele que, por ato ilícito (arts. 186 e 187), causar dano a outrem, fica obrigado a repará-lo.

Parágrafo único. Haverá obrigação de reparar o dano, independentemente de culpa, nos casos especificados em lei, ou quando a atividade normalmente desenvolvida pelo autor do dano implicar, por sua natureza, risco para os direitos de outrem.

....

Art. 944. A indenização mede-se pela extensão do dano.

Parágrafo único. Se houver excessiva desproporção entre a gravidade da culpa e o dano, poderá o juiz reduzir, eqüitativamente, a indenização.

Art. 945. Se a vítima tiver concorrido culposamente para o evento danoso, a sua indenização será fixada tendo-se em conta a gravidade de sua culpa em confronto com a do autor do dano.

Lei n. 9.029, de 13.4.95

Art. 4º O rompimento da relação de trabalho por ato discriminatório, nos moldes desta lei, faculta ao empregado optar entre:

I — a readmissão com ressarcimento integral de todo o período de afastamento, mediante pagamento das remunerações devidas, corrigidas monetariamente, acrescidas dos juros legais;

II — a percepção, em dobro, da remuneração do período de afastamento, corrigida monetariamente e acrescida dos juros legais.

3. JURISPRUDÊNCIA

Indenização por dano moral — Critério de fixação

Ementa: DANO MORAL. VALOR DA INDENIZAÇÃO. O dano moral não é mensurável matematicamente, mesmo porque atinge aquilo que o ser humano tem de mais precioso: sua honra, moral e intimidade. E, por isso mesmo, o instituto não pode ser desvirtuado, de modo a se transformar numa fonte de renda. A solidez econômica do empreendimento, o porte da empresa, seu capital social e a existência de diversas filiais, não podem ser considerados para efeito da fixação do valor da indenização. A punição do ofensor se caracteriza pela intervenção do Estado, através da sentença condenatória, e não pelo valor da condenação propriamente dita, muito embora este também não possa ser inexpressivo, sob pena de tornar inócua a reação. TRT 15ª Reg. — RO 00568-2002-058-15-00-6 — (Ac. 2ª T. 15.541/2004) — Rel. Juiz Paulo de Tarso Salomão. DJSP 7.5.04, p. 16.

Indenização por dano moral — Critério de fixação

Ementa: DANO MORAL. INDENIZAÇÃO. QUANTIFICAÇÃO. A fixação da indenização por dano moral não encontra amparo em elementos objetivos do ordenamento jurídico. No entanto, a doutrina e a jurisprudência têm se direcionado no sentido de que este valor deve ser fixado de forma tal que, ao mesmo tempo, compense o empregado pelo sofrimento que lhe foi causado e penalize a empregadora pelo ato ilegal cometido. Assim, nem deve ser baixo demais, a fim de que a empregadora não se sinta penalizada, nem alto demais, para então sufocar a empresa com único objetivo de causar o enriquecimento do empregado. Por isso, considerado o salário mensal do reclamante e a situação da reclamada, a fixação em 100 salários mínimos, atualizáveis à época do pagamento, afigura-se razoável para o tipo do dano causado. Processo a que se nega provimento ao recurso da reclamada e dá ao do reclamante, para majoração da indenização. TRT 2ª Reg. — RO 02766199902002006 — (Ac. 2ª T. 20040206780) — Relª Juíza Maria Inês Ré Soriano. DJSP 18.5.04, p. 21.

Indenização por dano moral — Critério de fixação

Ementa: DANO MORAL. FIXAÇÃO DO VALOR DA INDENIZAÇÃO. A quantificação do dano moral deve atender às necessidades do ofendido e aos recursos do ofensor, de modo a não ser o valor da indenização demasiado alto para acarretar um enriquecimento sem causa àquele que o recebe, nem tão insignificante a ponto de ser inexpressivo para quem o paga. Deve-se considerar, invariavelmente, a intensidade, a gravidade, a natureza e os reflexos do sofrimento experimentado, bem como a repercussão de caráter pedagógico que a pena imposta trará ao ofensor. TRT 12ª Reg. — RO-V 02690-2002-005-12-00-8 (Ac. 2ª T. 06.654/03, 17.6.03) — Rel. Juiz Gilmar Cavalheri. DJSC 10.7.03, p. 137.

Indenização por dano moral — Critério de fixação

Ementa: DANO MORAL. QUANTIFICAÇÃO. A quantificação da indenização por dano moral tem sido normalmente resolvida por arbitramento judicial, porque o nosso sistema, salvo o disposto na Lei de Imprensa, Lei das Telecomunicações e Lei de Direitos Autorais, não é tarifado. Esse arbitramento há de ser feito de modo a satisfazer, a um só tempo, o interesse de compensação ao lesado, de um lado, e a repressão à conduta do agressor, de outro. Uma indenização insignificante significaria um agravamento ao ofendido e sentido de impunidade ao ofensor. Uma indenização escorchante representaria uma desproporcional punição ao ofensor, com vantagem imoderada ao ofendido. TRT 2ª Reg. — RO 20010443328 — (Ac. 6ª T., 20020397440) — Rel. Juiz Rafael E. Pugliese Ribeiro. DJSP 28.6.02, p. 181.

Indenização por dano moral — Critério de fixação

Ementa: DANO MORAL. ARBITRAMENTO. A quantificação do dano moral deve ser feita a partir do sopesamento de critérios subjetivos (tais como posição social ou política do ofendido, o grau de culpa ou dolo, a intensidade do ânimo de ofender) e objetivos (como a situação econômica do ofensor, o risco criado, a repercussão da ofensa, a prova da dor), devendo sempre, porém, o magistrado, repudiar a pretensão dos que postulam quantias exorbitantes. Isto em razão da indenização não ter a intenção de apagar os efeitos da lesão, tampouco possuir caráter ressarcitório, e não se fundar exclusivamente na fortuna eventual de um ou na possível pobreza do outro. A reparação tem o duplo objetivo de atenuar o sofrimento injusto do lesionado e de coibir a reincidência do agente na prática de tal ofensa. TRT 24ª Reg. — RO 1.632/2000 — (Ac. TP n. 900/2001) — Rel. Juiz Nicanor de Araújo Lima — DJMS n. 5.490, 18.4.01.

Indenização por dano moral — Critério de fixação

Ementa: DANO MORAL. VALOR. CRITÉRIO DE FIXAÇÃO. Sendo um dos atributos da personalidade, a moral difere, em grau, de pessoa para pessoa. Assim, um mesmo ato ou omissão é capaz de produzir impacto psicológico negativo de nível diferente para cada paciente atingido. Esta possibilidade de resultados diversos deve ser levada em consideração pelo julgador, juntamente com outros parâmetros, para a fixação do *pretium doloris*, evitando-se, no arbitramento, indenização muito aquém da adequada, o que ocasionaria o acréscimo de outra dor ao lesionado, assim como também indenização muito além, o que configuraria, no tocante ao excesso, locupletamento sem causa. TRT 15ª Reg. (Campinas/SP) — RO 00453-2002-088-15-00-3 — (Ac. 3ª T. 020.659/2003-PATR) — Relª Juíza Ana Paula Pellegrina Lockmann. DJSP 18.7.03, p. 64.

Indenização por dano moral — Critério de fixação

Ementa: INDENIZAÇÃO POR DANO MORAL. ARBITRAMENTO DO VALOR CORRESPONDENTE À REPARAÇÃO. A indenização por dano moral deve ser fixada em termos que se mostrem razoáveis e compatíveis com a realidade que cercou a relação das partes, cabendo levar-se em consideração as atividades profissionais do empregado, o tempo de serviço, o valor do salário e as peculiaridades de cada caso. Deve-se procurar evitar que a reparação do dano extravase dessa finalidade e resulte em enriquecimento indevido. Recurso provido para acolher-se o pedido da reclamada de revisão do *quantum* indenizatório. TRT 4ª Reg. — RO 00952-2000-022-04-00-7 (RO) — (Ac. 7ª T., 19.10.05) — Rel. Juiz Flávio Portinho Sirangelo. DJRS 30.11.05.

Indenização por dano moral — Critério indenizatório: dor-permanente, gozo-permanente

Ementa: DANO MORAL. CRITÉRIO INDENIZATÓRIO: DOR-PERMANENTE, GOZO-PERMANENTE. O acidente do trabalho que ocasiona mutilação no trabalhador, obriga a empregadora ao pagamento de indenização por danos morais, em conseqüência de sua negligência. A composição dessa indenização é complexa. Diante disso, a dor-permanente, causada pela mutilação, deve ser compensada com a sensação de gozo-permanente. TRT 15ª Reg. (Campinas/SP) — RO 02021-2001-070-15-00-8 — (Ac. 6ª T. 010.591/03-PATR) — Rel. Juiz Antônio Mazzuca. DJSP 25.4.03, p. 24.

Indenização por dano moral — Critérios de fixação

Ementa: INDENIZAÇÃO POR DANOS MORAIS. CRITÉRIOS DE ARBITRAMENTO. Não há parâmetro rigoroso insculpido na lei para o arbitramento da indenização por danos morais, pelo que o valor da reparação há de ser arbitrado por um juízo de eqüidade, levando-se em consideração alguns critérios, tais como: a gravidade do ato danoso, a intensidade da sua repercussão na comunidade, o desgaste provocado no ofendido, a posição socioeconômica do ofensor, etc. TRT 3ª Reg. — RO 00455-2004-031-03-00-9 — (Ac. 1ª T.) — Rel. Juiz Mauricio J. Godinho Delgado. DJMG 7.10.05, p. 5.

Indenização por dano moral — Critérios de fixação

Ementa: DANO MORAL. VALOR. CRITÉRIOS DE FIXAÇÃO. A indenização por dano moral tem natureza punitiva e finalidade pedagógica, porque destinada a conscientizar o causador do dano a não mais repetir a ofensa. Não visa, por outro lado, propiciar o enriquecimento da parte lesada, daí porque, na fixação da indenização, o julgador deve levar em conta a capacidade econômica do autor do dano e, em contrapartida, as condições de vida do lesado, de forma que a reparação seja a mais justa possível. A lesão ao bem imaterial, por certo, jamais será passível de total reparação, daí porque a indenização é uma forma de amenizar o sofrimento do lesado, mas não de enriquecimento sem causa. TRT 3ª Reg. — RO 00454-2003-067-03-00-3 — (Ac. 6ª T.) — Rel. Juiz Hegel de Brito Bóson. DJMG 27.5.04, p. 15.

Indenização por dano moral — Critérios de fixação

Ementa: DANO MORAL. VALOR DA INDENIZAÇÃO. O valor da indenização por dano moral deve ser fixado pelo Juízo segundo critério subjetivo. Porém, alguns parâmetros devem ser levados em conta (a vida profissional e econômica do empregado, as condições do reclamado e a intensidade do abalo moral sofrido). Com efeito, a indenização será fixada com o objetivo de reparar o sofrimento, a vergonha e a humilhação que atingiu o empregado e coibir a repetição de abusos por parte do empregador. TRT 12ª Reg. — RO-VA 02864-2002-001-12-00-7 — (Ac. 1ª T. 08.137/03, 1º.7.03) — Rel. Juiz Marcos Vinício Zanchetta. DJSC 29.8.03, p. 189.

Indenização por dano moral — Critérios de fixação

Ementa: DANO MORAL. VALOR CRITÉRIO DE FIXAÇÃO. O dano moral deve ser arbitrado em função do padrão econômico e social da vítima e, em se tratando de empregado, sobretudo em função do reflexo na relação empregatícia, em face de futuros tomadores de seus serviços, ante a gravidade da agressão aos seus mais elevados sentimentos e valores morais, espirituais e profissionais, atento igualmente ao porte da empresa e sua posição no contexto da coletividade. Violações legais não configuradas. Recurso de revista não conhecido. TST — RR-763.443/01.4 — (Ac. 4ª T.) — TRT 17ª Reg. — Rel. Min. Milton de Moura França. DJU 26.4.02, p. 633.

Da decisão acima, colhe-se o seguinte fundamento:

"Finalmente, quanto ao critério de fixação do valor da indenização por dano moral, não conseguiu a reclamada indicar nenhuma obscuridade no julgado *a quo*, quando interpôs os declaratórios, limitando-se a tecer considerações acerca da necessidade de a indenização ser arbitrada mediante Juízo de eqüidade (v. fls. 406/407). Ocorre que, no v. acórdão então embargado, foi consignado que o valor de R$ 160.000,00 é razoável e proporcional ao gravame produzido pela reclamada (v. fl. 399, quarto parágrafo). Logo, o critério adotado pelo Regional, tal como exposto, situa-se exatamente no prestigioso universo da eqüidade, considerando-se a gravidade da acusação que foi imputada ao reclamante, circunstância evidenciadora da observância perfeita da razoabilidade e da proporcionalidade na fixação da indenização.

Não conheço." (www.tst.gov.br, em 16.8.04)

Indenização por dano moral — Critérios de fixação

Ementa: DANO MORAL. CRITÉRIOS DE FIXAÇÃO DA INDENIZAÇÃO. O dano moral é lesão imaterial cuja reparação não permite o retorno das partes ao *status quo ante*, mas visa à punição de quem cometeu o ato ilícito e a amenização da dor sofrida. Os critérios para fixar a indenização serão mais seguros se orientados por fatos objetivos, tais como, repercussão e gravidade dos fatos, do que pela dor interior e angústia sofrida pelo lesado. A suscetibilidade individual, diante da manifesta subjetividade, não é parâmetro seguro, até porque, é circunstância de difícil comprovação. TRT 2ª Reg. — RO 02867200100102004 — (Ac. 8ª T. 20050409675) — Rel. Juiz Rovirso Aparecido Boldo. DJSP 5.7.05, p. 226.

Indenização por dano moral — Critérios de fixação — Impedimento à perpetuação de comportamentos tirânicos praticados por pessoas que extrapolam os limites do profissionalismo e da urbanidade

Ementa: DANO MORAL. INDENIZAÇÃO. É certo que a subjetividade que envolve a questão do dano moral dificulta a dimensão dos prejuízos oriundos da lesão sofrida. Todavia, não é permitido perder de vista a necessidade do ofendido, a capacidade patrimonial do ofensor e o princípio da razoabilidade. A indenização deve configurar impedimento à perpetuação de comportamentos tirânicos praticados por pessoas que extrapolam os limites do profissionalismo e da urbanidade, enquanto atuam como representantes do empregador. Como se não bastasse, a reparação pecuniária tem por escopo a reparação do dano. TRT 2ª Reg. — RO 02134200406102006 — (Ac. 4ª T. 20050455022) — Rel. Juiz Paulo Augusto Camara. DJSP 22.7.05, p. 43.

Indenização por dano moral — Critérios de fixação — Princípio da razoabilidade

Ementa: INDENIZAÇÃO. DANO MORAL. CRITÉRIOS PARA FIXAÇÃO DO VALOR DA INDE-

NIZAÇÃO. PRINCÍPIO DA RAZOABILIDADE. Entende-se por dano moral, aquele que diz respeito às lesões sofridas pelo sujeito físico da pessoa natural (não jurídica), em seu patrimônio de valores exclusivamente não econômicos. Quando os prejuízos atingem o complexo valorativo da personalidade humana, nos aspectos de sua intimidade, afetividade pessoal e consideração social, surge o dano moral, indenizável por força de determinação constitucional. A fixação do *quantusm* a ser pago a título de indenização é tarefa tormentosa, que fica a cargo do juiz sentenciante, devendo o mesmo levar em conta a situação econômica de ambas as partes, a extensão da ofensa e o grau de culpa do agente, não podendo se olvidar de que a condenação tem por escopo além de compensar a vítima pela humilhação e dor indevidamente impostas, punir o causador do dano de forma a desestimulá-lo à prática de atos semelhantes (caráter pedagógico). Na mesma esteira, ainda que ao juízo caiba o arbitramento da indenização, esta não pode ser "escoadouro de sonhos e riquezas". É preciosa a lição do Mestre Humberto Theodoro Júnior, quando afirma que: "se a vítima pudesse exigir a indenização que bem quisesse e se o juiz pudesse impor a condenação que lhe aprouvesse, sem condicionamento algum, cada caso que fosse ter à Justiça se transformaria num jogo lotérico, com soluções imprevisíveis e disparatadas". É certo que a cada caso dá-se à vítima "uma reparação de *damno vitando,* e não de *lucro capiendo*. Mais que nunca há de estar presente a preocupação de conter a reparação dentro do razoável, para que jamais se converta em fonte de enriquecimento, conforme arremata o eminente professor. Recurso provido. TRT 3ª Reg. — RO 01828-2003-099-03-00-2 — (Ac. 3ª T.) — Relª Juíza Maria Cristina Diniz Caixeta. DJMG 24.4.04, p. 11.

Indenização por dano moral — Dever de reparação — Critérios para fixação

Ementa: DANOS MORAIS E MATERIAIS. DEVER DE REPARAÇÃO. A obrigação indenizatória, na forma dos artigos 186 e 927 do Código Civil Brasileiro, ocorre mesmo quando sem culpa a atividade normalmente desenvolvida pelo autor do dano implicar, por sua natureza, risco para os direitos de outrem. Fixação. O ordenamento jurídico nacional rejeita tarifação para a indenização por danos morais, prevalecendo o sistema aberto onde deve ser considerada a ofensa perpetrada, a condição cultural, social e econômica dos envolvidos, o caráter didático-pedagógico-punitivo da condenação e outras circunstâncias que na espécie possam servir de parâmetro para reparação da dor impingida, de modo que repugne o ato, traga conforto ao espírito do ofendido e desencoraje o ofensor à nova violação. TRT 12ª Reg. — RO-VA 00718-2003-021-12-00-2 — (Ac. 2ª T. 01031/05, 23.11.04) — Red. Desig. Juiz Amarildo Carlos de Lima. DJSC 31.1.05, p. 122.

Indenização por dano moral — Dimensionamento

Ementa: DANO MORAL. INDENIZAÇÃO. DIMENSIONAMENTO. É certo que a subjetividade que envolve a questão do dano moral dificulta a dimensão dos prejuízos oriundos da lesão sofrida. Todavia, não é permitido perder de vista amplitude da lesão, a necessidade do ofendido, a capacidade patrimonial do ofensor e o princípio da razoabilidade. A indenização deve configurar impedimento à perpetuação de comportamentos tirânicos e irresponsáveis praticados por pessoas que ignoram as regras do convívio social, imprescindíveis também no ambiente laboral. Como se não bastasse, a reparação pecuniária tem por escopo a compensação pela dor da vítima do dano moral, a busca da justa reparação. TRT 2ª Reg. — RO 01707200237102004 — (Ac. 4ª T. 20050539404) — Rel. Juiz Paulo Augusto Câmara. DJSP 26.8.05, p. 328.

Indenização por dano moral — Elevado número de empregados — Pedido de vultosa quantia — Importa declarar a sua falência — Razoabilidade e bom senso

Ementa: DANO MORAL. INDENIZAÇÃO. VALOR. Condenar a empresa a pagar a vultosa quantia pedida ao empregado pela violação de direito da personalidade, mormente considerando o elevado número de trabalhadores atingidos e que acionaram o Poder Judiciário, importa declarar a sua falência, gerando conseqüências desastrosas para os então empregados, para o empreendimento, para o Fisco e para toda a sociedade em geral. Definitivamente, a pretensão escapa ao bom senso e à razoabilidade que deve presidir as decisões judiciais. Arremata-se a questão com lição do grande civilista contemporâneo Caio Mário Pereira: "A vítima de uma lesão a algum daqueles direitos sem cunho patrimonial efetivo, mas ofendida em um bem jurídico que em certos casos pode ser mesmo mais valioso do que os integrantes de seu patrimônio, deve receber uma soma que lhe compense a dor ou o sofrimento, a ser arbitrada pelo juiz, atendendo às circunstâncias de cada caso, e tendo em vista as posses do ofensor e a situação pessoal do ofendido. Nem tão grande que se converta em fonte de enriquecimento, nem tão pequena que se torne inexpressiva" ("Responsabilidade Civil", n. 49, p. 67, *apud* Revista dos Tribunais, n. 731, p. 100/101). TRT 3ª Reg. — RO 00320-2005-103-03-00-3 — (Ac. 6ª T.) — Rel. Juiz Fernando A. Viegas Peixoto. DJMG 27.10.05, p. 15.

Da decisão, colhe-se o seguinte fundamento:

"DANO MORAL

Sustenta a reclamada que a instalação de câmaras falsas nos banheiros não gerou qualquer prejuízo ou dano ao trabalhador.

Diz que não tem culpa no ato praticado por equívoco pelo técnico responsável da empresa prestadora dos serviços.

Absolutamente sem razão.

Para o empregado obter sucesso na pretensão de ressarcimento por dano tem que comprovar a lesão, a culpa do empregador e a relação de causalidade entre o ato culposo e o dano suportado.

No caso em exame, é questão incontroversa que foram instaladas câmeras de vídeos nos banheiros da reclamada, de utilização dos empregados, ainda que por um único dia ou uma semana (f. 77 e 61, 4º parágrafo e f. 83, depoimento do preposto, juntados pela própria demandada).

Destaca-se o depoimento de Fábio Alves de Oliveira, em cópia juntada pelo autor: que as câmaras instaladas no banheiro focavam o mictório (v. ata de f. 84).

Da mesma ata, extrai-se o testemunho de José Alves Prado, arrolada pela empresa, pessoa que fez a instalação das câmaras e proprietária da empresa contratada pela reclamada para tanto: o serviço foi executado com a supervisão da reclamada porque no local nada é feito sem acompanhamento (f. 85).

Nilson Cabral da Silva, igualmente indicado pela reclamada naquela ação, assistente de gerente, afirmou: houve instalação de câmeras nos banheiros, onde permaneceram por cerca de quatro dias, que, na época, estava havendo desvio de mercadorias e bagunça nos banheiros, acreditando terem sido as causas justificadoras da instalação das câmeras.

Disse, ainda, que, não obstante elas não estivessem conectadas à energia, eram verdadeiras; que externamente as câmeras instaladas no banheiro eram iguais às que viu em outros locais (.); que uma das câmeras focava a porta de entrada do vestiário e a outra a porta de entrada dos vasos sanitários/mictórios (f. 86).

Diante desta constatação, não se tem dúvida de que a instalação das aludidas câmaras configura prática de ato lesivo — desrespeito à dignidade e intimidade do trabalhador — que gerou constrangimento moral e social, caracterizando o dano. Basta imaginar que, ao ir ao banheiro, a fim de satisfazer suas necessidades fisiológicas, o trabalhador estava sendo filmado, para conhecimento do patrão e demais interessados.

Ainda que seja admitida a culpa da empresa contratada, não há como afastar a responsabilidade patronal, ante a sua negligência caracterizada pelo não monitoramento da prestação de serviço contratada, permitindo a instalação de câmaras ('verdadeiras ou falsas', não importa, porque a conseqüência é a mesma) no ambiente de trabalho do reclamante, provocando, repita-se, constrangimento moral e social, além de ser vexatório.

Contudo, impõe-se reduzir o valor arbitrado à condenação para R$ 1.500,00, quantia satisfatória, considerando o grau de culpa, o dano em si e as condições sócio-econômicas dos litigantes. Provimento parcial, nestes termos.

RECURSO ADESIVO DO RECLAMANTE

DANO MORAL

Sem apontar vício processual algum, pede o reclamante a nulidade da r. sentença. Das razões expostas, percebe-se, na verdade, que o demandante pretende majorar a indenização por danos morais deferida, para R$ 100.000,00, como, aliás, requereu em tópico específico.

Ora, a reparação ou compensação pelo dano suportado não pode ser causa de enriquecimento do lesado e da decadência do lesante, sob pena de desvirtuar a finalidade da responsabilidade atribuída ao causador da lesão.

Na espécie, não se nega a culpa patronal que permitiu a instalação das câmaras. Mas, também, não se ignora que, tão logo acionada, a ré cuidou de retirá-las dos banheiros, o que há de ser valorado, mormente considerando que se trata de uma grande empresa, com vários empregados ajuizando ação pelo mesmo fato. Condená-la ao pagamento da vultosa quantia pedida, e considerando o número não pequeno de trabalhadores à época do ocorrido, importa declarar a sua falência, gerando conseqüências desastrosas para os então empregados, para o empreendimento, para o Fisco e para toda a sociedade em geral.

Definitivamente, a pretensão escapa ao bom senso e à razoabilidade que deve presidir as decisões judiciais.

Arremata-se a questão com lição do grande civilista contemporâneo Caio Mário Pereira:

'A vítima de uma lesão a algum daqueles direitos sem cunho patrimonial efetivo, mas ofendida em um bem jurídico que em certos casos pode ser mesmo mais valioso do que os integrantes de seu patrimônio, deve receber uma soma que lhe compense a dor ou o sofrimento, a ser arbitrada pelo juiz, atendendo às circunstâncias de cada caso, e tendo em vista as posses do ofensor e a situação pessoal do ofendido. Nem tão grande que se converta em fonte de enriquecimento, nem tão pequena que se torne inexpressiva' ('Responsabilidade Civil', n. 49, p. 67, *apud* Revista dos Tribunais, n. 731, p. 100/101).

Nada a deferir." (www.trt3.gov.br, 31.10.05)

Indenização por dano moral — Fixação da indenização com pagamento desdobrado em prestações mensais

Ementa: DANO MORAL. INDENIZAÇÃO. FIXAÇÃO DA INDENIZAÇÃO POR DANO MORAL COM PAGAMENTO DESDOBRADO EM PRESTAÇÕES MENSAIS. Hipótese em que, projetando-se no tempo o cumprimento da obrigação, asseguram-se meios módicos de cumprimento da obrigação, dando sentido reparatório para a vítima e sentido repressivo para o agressor. TRT 2ª Reg. — RO 01613200246102006 — (Ac. 6ª T. 20050414741) — Rel. Juiz Rafael E. Pugliese Ribeiro. DJSP 15.7.05, p. 38.

Da decisão acima, colhe-se o seguinte fundamento:

"3. Dano moral. O autor pede indenização por dano moral, em razão de doença profissional (perda da audição). A perda auditiva está afirmada pelo perito do Juízo (fls. 255/269 e 298/301) e pela perícia na ação acidentária (fls. 22/26), demandando a perda bilateral de 14,01 (OD = 16,52% e OE = 13,66), o que define o grau mínimo de disacusia. O nexo causal entre a perda auditiva e o ambiente de trabalho está também afirmado por ambos os peritos. O autor é portador de PAIR — disacusia ocupacional, decorrente de ambiente de trabalho ruidoso. A ação acidentária (fls. 33/45) foi julgada procedente e o INSS foi condenado a pagar ao autor auxílio-acidente, mensal e vitalício, no percentual de 50% do salário-benefício. Não há duvida, pois, que o autor sofreu uma lesão (perda da capacidade auditiva).

3.1. Resta saber se tal lesão enseja indenização por dano moral.

3.2. Está assente nos autos que a ré fornecia protetor auricular com possibilidade de troca a critério do empregado e que existia diálogo de segurança na empresa, com realização de reunião, uma vez por mês, sobre a utilização do equipamento. Assim, confessou o autor e confirmaram as testemunhas (fls. 319/320). O Juízo e ambos os peritos (oficial e do INSS) disseram que o autor não demonstrou dificuldades ao tom de conversação normal e os exames de audiometria revelaram que não houve agravo da disacusia, com o passar do tempo.

3.3. Mas isso não muda o fato da existência da perda auditiva irreversível, como também não muda o fato de ter a ré concorrido com culpa (omissão) para o evento lesivo, já que era seu dever cuidar para que as instalações de trabalho oferecessem condições isentas de riscos ou exposição aos riscos danosos à saúde, nos termos do art. 157, inciso I, da CLT.

3.3.1. Leio o texto legal:

'Art. 157 — Cabe às empresas:

I — cumprir e fazer cumprir as normas de segurança e medicina do trabalho;'

3.4. O autor foi admitido pela ré em 29.08.90, como prensista, tendo sido considerado apto no exame admissional. Segundo a defesa (fls. 109/110), o autor (em 01.06.93) foi transferido para a função de carpinteiro, passando (em 01.02.95) para conferente, depois para operador de armazenagem de peças (em 01.10.95), e finalmente para operador de empilhadeira (em 01.08.99). Os exames constantes dos autos, que diagnosticaram a disacusia, datam de dezembro de 1995. O perito do Juízo (fl. 265) referiu que *'o ruído existente no setor de carpintaria é potencialmente agressivo ao sistema auditivo, bem como o ruído produzido por empilhadeiras'*. Quando o autor foi trabalhar como operador de empilhadeira, já estava acometido da lesão e, ainda assim, foi novamente submetido a uma condição ambiental agressiva. Consta do laudo (fl. 298) que o autor só passou a receber equipamento de proteção em 02.09.04, ocorrendo a primeira substituição em 1996, e outra em 1997 (3 vezes), e outra mais em 1998 (mais 3 vezes) e, somente a partir daí, passou a receber regularmente e utilizar corretamente o protetor auricular.

3.5. O Juízo e ambos os peritos (oficial e do INSS) disseram que o autor não demonstrou dificuldades ao tom de conversação normal. Concluiu o perito (fls. 265/266) que a limitação do autor decorre da *'dificuldade para ouvir determinadas freqüências, com prejuízo para atividades ligadas à música, dificuldade para ouvir determinadas palavras em ambiente ruidoso'*, não havendo incapacidade laborativa. Mas o perito fez ressalva elementar, para afirmar que não haverá incapacidade *'desde que além da utilização (correta) dos protetores auriculares (com certificado de aprovação expedido pelo Ministério do Trabalho) exista um programa de conservação auditiva (PCA) em funcionamento'*.

3.6. Isso equivaleu a afirmar que o autor não está capacitado para a função, a não ser que se tencione levá-lo à completa surdez. Mantê-lo exposto às mesmas condições contratuais é autorizar um agravamento da doença de instalação progressiva e irreversível. A lesão auditiva é lesão a um dos sentidos do homem. A audição cria uma conexão do homem com o meio exterior, promovendo as relações interpessoais. Ninguém ignora que um ambiente ruidoso é apto a produzir irritabilidade, predispor a fadiga e favorecer complicações físicas, orgânicas e psíquicas, notadamente para quem já revela quadro de lesão iniciada. Por isso, a perda da capacidade auditiva, ainda que em grau mínimo, faz concluir a incapacidade do autor continuar trabalhando nas condições em que vinha sendo submetido, não se podendo escusar a responsabilidade da ré quanto ao problema de saúde que afetou o autor. A ré somente veio a fornecer regularmente o protetor auricular a partir de 1988 e manteve o autor em ambiente ruidoso mesmo após constada a disacusia ocupacional. Feriu, pois, a ré, um bem jurídico da maior importância para o homem, qual seja a sua saúde, o bem-estar, a higidez física, de cuja lesão resulta, de forma derivada, uma perturbação emocional. É inegável a lesão imaterial (moral) que afeta o autor e toda a preocupação que pode ter sobre recear rejeições no mercado de trabalho.

4. A reparação do dano moral tem um sentido de atenuação da dor, do sofrimento, da aflição do lesado, do sentido de perda (lesão sofrida e suas conseqüências) e, a um só tempo, uma conotação repressiva ou '*um castigo ao ofensor e esse castigo ele só terá, se for também compelido a desembolsar certa soma*' (Washington de Barros Monteiro, 'Curso de Direito Civil', 19ª ed., v. 5, p. 414).

5. Para a avaliação do dano moral, não basta saber se existiu a lesão, exige-se também que se avalie a possível irregularidade da conduta do empregador (se este contribuiu por ação ou omissão para a ocorrência da lesão). Além disso, é necessário valorar, na esfera da vida profissional do empregado, a possível extensão da lesão para os aspectos subjetivos que orientam a configuração desse dano.

6. Bem ponderados todos os fatos da lide, e atendendo, conjuntamente, a circunstância de uma lesão física de limitada conseqüência (extensão da perda auditiva), e observando-se a condição financeira do agressor (a ré é uma multinacional com elevado poder econômico), e considerando a importância de uma conseqüência que possa desestimular a ré para novos fatos lesivos contra seus empregados, hei por bem considerar que melhor calhará uma indenização parcelada, compreendendo prestações módicas. Melhor do que fixar uma indenização em prestação única (valor equivalente a 240 salários mínimos) e de valor elevado, será a fixação de um valor pequeno em várias prestações, prolongando no tempo o sentido de atualização da medida reparatória, com inegável vantagem educativa e repressora.

7. Por tudo isso, e sem deslembrar o alcance do pedido formulado na petição inicial (fl. 11), determino que o dano moral seja reparado mediante uma indenização desdobrada em 120 (cento e vinte) prestações, equivalentes a 2 (dois) salários-mínimos mensais cada uma, durante 10 (dez) anos. A primeira prestação dessa indenização será paga após 30 (trinta) dias do trânsito em julgado da presente decisão."

Indenização por dano moral — Fixação do *quantum*

Ementa: EMBARGOS. DANOS MORAIS. REALIZAÇÃO DE REVISTA ÍNTIMA. CONHECIMENTO DO RECURSO DE REVISTA. DIVERGÊNCIA JURISPRUDENCIAL. Nos termos da Orientação Jurisprudencial n. 37 da C. SBDI-1ª Turma é soberana na análise de divergência jurisprudencial. DANOS MORAIS — REEXAME DE MATÉRIA FÁTICA. A C. Turma conheceu do Recurso de Revista da Reclamante por divergência jurisprudencial, a evidenciar a não-ocorrência de revisão do conjunto probatório. No mérito, julgou segundo os fatos revelados pelo acórdão regional. Incólume o Enunciado n. 126/ TST. DANOS MORAIS — RECONHECIMENTO DO DANO — PREVISÃO NORMATIVA DA REVISTA. 1. O Eg. Tribunal Regional consignou que a Reclamante era submetida a revistas diárias, nas quais lhe era demandado abaixar as calças até os joelhos e levantar a camisa até os ombros. 2. Demonstrada a violação à honra e intimidade da Reclamante, não aproveita à Reclamada a alegação de previsão normativa da revista. A autorização de realização do procedimento não se comunica com a abusividade dos meios empregados, razão da condenação. **INDENIZAÇÃO POR DANO MORAL — FIXAÇÃO DO *QUANTUM* INDENIZATÓRIO.** 1. O arbitramento do dano moral, pelas próprias circunstâncias que o definem, ocorre de maneira necessariamente subjetiva, segundo critérios de justiça e eqüidade, ainda que, em cada situação específica, seja dada ao magistrado a oportunidade de fixar parâmetros à apreciação do dano sofrido. 2. O dano moral tem o escopo de, por um lado, compensar a vítima pelo dano sofrido e, por outro, punir o infrator, que não pode ofender em vão a esfera jurídica alheia. Na fixação desse valor, levam-se em conta as condições econômicas e sociais das partes envolvidas, bem como a gravidade da falta cometida. 3. Assim, em sendo plausível o *quantum* fixado pela C. Turma, que levou em consideração o dano causado e a condição econômica da Reclamada, não há falar em sua alteração, *a fortiori* pela inexistência de firme critério legal. Embargos não conhecidos. TST — E-RR-641.571/2000.3 — (Ac. SBDI-1) — 15ª Reg. — Relª. Min. Maria Cristina Irigoyen Peduzzi. DJU 13.8.04, pp. 854/855.

Da decisão acima, colhe-se o seguinte fundamento:

"IV. REVISTA. DANO MORAL. *QUANTUM* DA INDENIZAÇÃO

a) Conhecimento:

A C. 4ª Turma fixou o montante de R$ 10.000,00 (dez mil reais) para a indenização devida pelos danos morais reconhecidos:

Relativamente à fixação da indenização pelo dano moral, cumpre salientar a impertinência das normas do Código Penal, uma vez que o ato patronal não caracteriza nenhum ilícito penal.

É sabido ainda que a indenização por dano moral deve observar o critério estimativo, diferentemente daquela por dano material, cujo cálculo deve observar o critério aritmético. Na fixação da indenização do dano moral, deve o juiz se nortear por dois vetores: a reparação do dano causado e a prevenção da reincidência patronal. Vale dizer que, além de estimar o valor indenizatório, tendo em conta a situação econômica do ofensor, esse deve servir como inibidor de futuras ações lesivas à honra e boa fama dos empregados.

Considerando a presunção de a reclamada ser empresa de médio porte, a expressão do dano causado à intimidade da recorrente e a sua reiteração, dou provimento ao recurso de revista para arbitrar como valor indenizatório, até mesmo com o objetivo dissuasório da adoção de revistas vexatórias, o equivalente à quantia de R$ 10.000,00 (dez mil reais), a ser acrescida de juros e correção monetária. (fls. 212)

A Reclamada pretende seja atenuado o *quantum* fixado para condenação, nos termos do artigo 944 do Código Civil de 2002, em vigência quando da prolação do acórdão embargado. Afirma ser desproporcional o valor, em virtude do reduzido salário da Reclamante dois salários mínimos e pela breve duração do contrato de trabalho seis meses. Aduz, ainda, como argumento para a redução da condenação, o fato de a Reclamante haver ajuizado a Reclamação Trabalhista apenas depois de 18 meses da extinção do vínculo. Indica violação ao artigo 944 do Código Civil de 2002.

Novamente sem razão.

Até a entrada em vigor da Constituição da República de 1988, a orientação jurisprudencial assentava-se na impossibilidade de ressarcimento do dano moral. O advento da Carta Magna estabeleceu, entre os direitos fundamentais, a indenização por dano moral, encerrando as discussões doutrinárias e jurisprudenciais sobre sua existência. Nesse sentido, observe-se o disposto no artigo 5º, incisos V e X, da Constituição:

V — é assegurado o direito de resposta, proporcional ao agravo, além da indenização por dano material, moral ou à imagem;

X — são invioláveis a intimidade, a vida privada, a honra e a imagem das pessoas, assegurado o direito à indenização pelo dano material ou moral decorrente de sua violação; ...

Com base no entendimento de que o dano moral se configura com a caracterização do ato ilícito, o Código Civil de 2002 buscou atualizar a previsão normativa sobre o assunto. Por força do artigo 2.044, o dano, ainda que exclusivamente moral, recebeu previsão expressa. Observe-se:

Art. 2.044. Aquele que, por ação ou omissão voluntária, negligência ou imprudência, violar direito e causar dano a outrem, ainda que exclusivamente moral, comete ato ilícito.

Na esfera trabalhista, a reparação dos danos morais visa à proteção da dignidade do trabalhador. Em respeito a esse princípio, o TST, antes da vigência da Constituição da República, já tendia a admitir a indenização por dano moral, como se observa no julgado infratranscrito:

DESPEDIDA INDIRETA. DANO MORAL. DIGNIDADE DO TRABALHADOR. 1 — UM DOS TRÊS DIREITOS FUNDAMENTAIS QUE, VIOLADOS PELO PATRÃO, CONSTITUEM ATO FALTOSO DESTE É O DIREITO AO RESPEITO À PESSOA FÍSICA E MORAL DO EMPREGADO, COMPREENDIDOS NESSA ÚLTIMA O DECORO E O PRESTÍGIO *(VALENTE SIMI)*. 2 — O PODER DIRETIVO E DISCIPLINAR TEM LIMITES NA DIGNIDADE DA PESSOA HUMANA DO EMPREGADO. ASSIM, RIGOR USADO PELO EMPREGADOR SE TORNARÁ EXCESSIVO, SEMPRE QUE MENOSCABE AQUELA DIGNIDADE (*CESARINO JÚNIOR*). (RR n. 1.054/81, DJ 7.5.82, Ministro Relator: Coqueijo Costa.)

Atualmente, a jurisprudência e a doutrina são uníssonas em admitir a indenização por dano moral na esfera trabalhista. Questão mais complexa, no entanto, diz respeito à fixação do *quantum* indenizatório decorrente do dano moral.

O arbitramento do dano moral, pelas próprias circunstâncias que o definem, ocorre de maneira necessariamente subjetiva, segundo critérios de justiça e eqüidade, ainda que, em cada situação específica, seja dada ao magistrado a oportunidade de fixar parâmetros à apreciação do dano sofrido.

Assim, não possui menor veneração o arbitramento do dano moral se realizado diretamente por esta Seção ou pela Turma de origem, porquanto, ao fim e ao cabo, em ambos os casos, será emitido juízo necessariamente subjetivo, com o diferencial de que a devolução da matéria ao exame da instância *a quo* ensejaria enorme perda de economia processual.

O dano moral tem o escopo de, por um lado, compensar a vítima pelo dano sofrido e, por outro, punir o infrator, que não pode ofender em vão a esfera jurídica alheia. Na fixação desse valor, levam-se em conta as condições econômicas e sociais das partes envolvidas, bem como a gravidade da falta cometida. Sobre o tema, vale citar o entendimento de *Caio Mário da Silva Pereira:*

A vítima de uma lesão a algum daqueles direitos sem cunho patrimonial efetivo, mas ofendida em um bem jurídico que em certos casos pode ser mesmo mais valioso do que os integrantes de seu patrimônio, deve receber uma soma que lhe compense a dor ou o sofrimento, a ser arbitrada pelo juiz, atendendo às circunstâncias de cada caso, e tendo em vista as posses do ofensor e a situação pessoal do ofendido. Nem tão grande que se converta em fonte de enriquecimento, nem tão pequena que se torne inexpressiva. ('Responsabilidade Civil', 1990, pp. 64-64)

À luz dos fatos consignados no acórdão regional, é reprovável, como demonstrado, a conduta da empresa, que violou o direito à honra e intimidade da Reclamante ao sujeitá-la à revista abusiva.

Walmir Oliveira da Costa ('Dano Moral nas Relações Laborais', São Paulo: Juruá, pp. 124-140) anota que, no Direito do Trabalho, a fixação do dano moral deve levar em conta a sistemática prevista no art. 1.547 do Código Civil anterior para a reparação de imputação indevida de calúnia ou injúria. Nesses casos, o ofensor deve reparar o dano material que delas resultar ao ofendido. Se este não puder provar o prejuízo material, o ofensor deverá pagar ao ofendido o dobro da multa no grau máximo da pena criminal respectiva. Observe-se:

Art. 1.547. A indenização por injúria ou calúnia consistirá na reparação do dano que delas resulte ao ofendido.

Parágrafo único. Se este não puder provar prejuízo material, pagar-lhe-á o ofensor o dobro da multa no grau máximo da pena criminal respectiva. (destacado)

Segundo o critério estabelecido pelo Código Penal, o grau máximo da pena de multa será de 360 dias-multa, multiplicado pelo valor máximo do dia-multa, que corresponde a 5 vezes o salário mínimo, ou seja, 1.800 salários mínimos. Assim, segundo o Código Civil, o dobro da multa no grau máximo da pena criminal equivalerá a 3.600 salários mínimos. Esse seria o valor máximo da indenização compensatória por dano moral.

Verifica-se que a C. Turma fixou a condenação em aproximadamente 1,6% de 3.600 salários mínimos, evidenciando-se, assim, a razoabilidade do pronunciamento. Incólume, assim, o artigo 944 do Código Civil de 2002.

Por todo o exposto, não conheço." (www.tst.gov.br, em 28.8.04)

Indenização por dano moral — Fixação do *quantum*

Ementa: DANO MORAL. INDENIZAÇÃO. FIXAÇÃO DO *QUANTUM*. A fixação do valor da indenização por dano moral deve ser feita pelo Julgador atentando-se para os critérios de satisfação do ofendido, bem como de sanção do ofensor, não devendo o primeiro enriquecer-se de forma desarrazoada, nem o segundo sentir-se intocado pela penalidade imposta, para o que devem-se observar, no caso concreto, as condições que cercam tanto um como outro, tanto do ponto de vista profissional, como patrimonial. Recurso Ordinário obreiro a que se dá provimento, no aspecto. TRT 2ª Reg. — RO 02520200102402005 — (Ac. 7ª T. 20040054025) — Relª Juíza Anélia Li Chum. DJSP 12.3.04, p. 160.

Da decisão acima, colhe-se o seguinte fundamento:

"2.2. DO VALOR DA INDENIZAÇÃO POR DANO MORAL

A indenização por dano moral ainda constitui tema objeto de múltiplas discussões, especialmente quanto à questão da fixação de seu *quantum*.

Tais discussões apontam para a existência de dois sistemas utilizados para a determinação do valor dessa indenização, quais sejam o sistema tarifário e o sistema aberto. Este segundo sistema é o vigorante no País, como se observa, *v. g.*, do teor do art. 1.553 do vetusto Código Civil Brasileiro e do parágrafo único do art. 953 do atual Código Civil, e, portanto, deixa de estabelecer parâmetros objetivos para que o julgador fixe o valor que entender por adequado à indenização por dano moral. Assim, cumpre questionar quais seriam os critérios a serem adotados para que a indenização por dano moral seja quantificada.

A respeito, assim preleciona *Hélio Antonio Bittencourt Santos:*

'No sistema aberto, que é o adotado pelo Brasil, leva-se em consideração a situação econômica do ofendido e do ofensor, o risco criado, a gravidade e a repercussão da ofensa, a posição social ou política do ofendido, a intensidade do ânimo de ofender, a culpa ou dolo, entre outros. Da mesma forma, a já revogada Lei n. 4.117, de 27 de agosto de 1962, estabelecia em seu art. 84: 'Na estimação do dano moral, o juiz terá em conta, notadamente, a posição social ou política do ofensor, a intensidade do ânimo de ofender, a gravidade e a repercussão da ofensa'.

No entanto, imprescindível a advertência de *Francisco Antonio de Oliveira*, ao afirmar que 'a valoração indenizatória do dano moral há que buscar parâmetro na razoabilidade'.

Na verdade, concordando com *Maria Helena Diniz*, 'é necessário que o magistrado, quando da reparação do dano moral, decida como lhe parecer eqüitativo e justo e fixe moderadamente uma indenização, agindo com prudente arbítrio, sempre verificando os elementos probatórios e ouvindo as razões da parte. A reparação deve ser digna e estabelecida com base em parâmetros razoáveis; não devendo se tornar fonte de enriquecimento para o ofendido e nem irrisória ou simbólica para o ofensor.'

Já para *João Oreste Dalazen*, além de ser uma compensação para o ofendido, a indenização por dano moral deve constituir também uma sanção, um castigo, ao ofensor, de tal forma que este seja desestimulado a reiterar a prática. A respeito, assim se expressa o Exmo. Sr. Ministro do C. TST:

'Uma vez que o art. 5º, inc. V, da CF/88 cogita de um critério de proporcionalidade entre a reparação e o agravo infligido à vítima, parece apropriado afirmar-se que a reparação, além de cumprir uma finalidade de compensação, também ostenta um nítido caráter punitivo ao ofensor, destinado a inibir ou desencorajar, pelo efeito intimidativo do valor econômico, a reincidência na ofensa a bens preciosos da personalidade objeto de tutela jurídica.

[...]

Presentemente, prevalece no Direito brasileiro, como sabemos, a avaliação do dano moral por arbitramento do Juiz, com fulcro no art. 1.553, do Código Civil, sem limites ali predeterminados. De sorte que é um sistema aberto ou não tarifário, em que se confia exclusivamente à prudente discricionariedade do Juiz a fixação do valor, ainda que secundado por laudo pericial.

É um sistema, portanto, em que sobreleva o papel do Juiz, cabendo-lhe perscrutar as almas para, moderada e eqüitativamente, estimar o dano moral.

Nessa espinhosa tarefa, há leis esparsas traçando alguns critérios por que se deve pautar o Juiz. Assim, o art. 53 da Lei n. 5.250/67 (Lei de Imprensa) dispõe:

'Art. 53. No arbitramento da indenização em reparação do dano moral, o Juiz terá em conta, notadamente:

I — a intensidade do sofrimento do ofendido, a gravidade, a natureza e repercussão da ofensa e a posição social e política do ofendido;

II — a intensidade do dolo ou o grau da culpa do responsável, sua situação econômica (...).'

O art. 84 da Lei n. 4.117/62 (Código Brasileiro de Telecomunicações) contempla norma similar.

Ponderados tais aspectos, penso que são as seguintes as regras pelas quais deve guiar-se o Juiz para dimensionar concretamente o valor do dano moral:

1ª) compreender que o dano moral em si é incomensurável: como ensina o argentino *Jorge Iturraspe*, 'a dor, as disfunções nos estados de ânimo, os ataques à personalidade e à vida de relação, as frustrações nos projetos de vida, assim como os danos estéticos, à harmonia do corpo, à intimidade, não podem ser traduzidos em dinheiro. Deve-se compreender, portanto, a impossibilidade de fórmulas matemáticas' com vistas a preestabelecer um número.[13] Não deve constituir preocupação, pois, apurar uma soma pecuniária que corresponda ao valor intrínseco preciso dos bens morais ofendidos. Afinal, por exemplo, é estimável em dinheiro a honra ultrajada?

2ª) considerar a gravidade objetiva do dano, como propõe *Roberto Brebbia*, o que significa avaliar a extensão e a profundidade da lesão, tomando em conta os meios empregados na ofensa, as seqüelas deixadas, a intencionalidade do agente, etc.[14];

3ª) levar em conta a intensidade do sofrimento da vítima, que é um elemento marcantemente individual e variável, como bem assinala *Adriano de Cupis*; lesões igualmente graves do ângulo objetivo, podem provocar sofrimento diverso às pessoas, segundo a maior ou menor sensibilidade física ou moral de cada um.[15] Importa, assim, sempre ter presente a personalidade da vítima, aspecto sobremaneira relevante quando se atende para a circunstância de que o dano moral nasce da lesão sofrida ao complexo psíquico-espiritual da vítima;

4ª) considerar a personalidade (antecedentes, grau de culpa, índole, etc.) e o maior ou menor poder econômico do ofensor;

5ª) não desprezar a conjuntura econômica do País: inconcebível que o Poder Judiciário fixe o valor do dano moral ignorando essa realidade;

6ª) pautar-se pela razoabilidade e eqüitatividade na estipulação, evitando-se: de um lado, um valor exagerado e exorbitante, ao ponto de levar a uma situação de enriquecimento sem causa, ou à especulação, ou conduzir à ruína financeira o ofensor; de outro, evitando-se um valor tão baixo que seja irrisório e desprezível, ao ponto de não cumprir sua função inibitória. Recorde-se, a propósito deste último aspecto, o caso narrado por *Roberto Lyra*, do 'romano Nerácio', que 'passeava pelas ruas de Roma, acompanhado de um escravo, encarregado de pagar a taxa legal pelas bofetadas que se divertia em vibrar nos transeuntes'.[16]

Está claro que as regras que vêm de ser esboçadas, conquanto preconizem uma justa medida para a quantificação do dano moral, não oferecem, nem poderiam, uma equação matemática. Assim, tem-se consciência de que não solucionam a problemática de fixação do valor para o dano moral.

O certo é que tal valor, no Direito brasileiro e até no Direito Comparado, subordina-se essencialmente ao bom senso do Juiz e, portanto, a uma avaliação preponderantemente e sempre subjetiva de quem julga.'

Também acerca do tema, assim discorre *Maurício Godinho Delgado:*

'Alguns diplomas normativos especiais buscaram, contudo, alinhar critérios para a construção desse juízo valorativo pelo órgão sentenciante. Tais critérios devem orientar o Juiz do Trabalho em sua análise concernente à ocorrência do dano moral e fixação da correspondente indenização, uma vez que, em seu conjunto, atuam como verdadeiros princípios informativos iluminadores da compreensão de tal problema.

Nesse quadro, a Lei n. 4.117, de 27.8.62 (Código Brasileiro de Telecomunicações) estipula que na 'estimação do dano moral, o Juiz terá em conta, notadamente, a posição social ou política do ofendido, a situação econômica do ofensor, a intensidade do ânimo de ofender, a gravidade e repercussão da ofensa' (art. 84, Lei n. 4.117/62).

Na mesma direção, a Lei n. 5.250, de 9.2.67 (Lei de Imprensa) determina que no 'arbitramento da indenização em reparação do dano moral, o juiz terá em conta, notadamente: I — a intensidade do sofrimento do ofendido, a gravidade, a natureza e a repercussão da ofensa e a posição social e política do ofendido; II — a intensidade do dolo ou o grau da culpa do responsável, sua situação econômica e sua condenação anterior em ação criminal ou cível fundada em abuso no exercício da liberdade de manifestação do pensamento e informação; III — a retratação espontânea e cabal, antes da propositura da ação penal ou cível, a publicação ou transmissão da resposta ou pedido de retificação, nos prazos previstos na Lei e independentemente de intervenção judicial, e a extensão da reparação por esse meio obtida pelo ofendido' (art. 53, incs. I, II e III, Lei n. 5.250/67).

Em síntese, os critérios orientadores do órgão judicante no exame da ocorrência de um dano moral são os seguintes:

a) no tocante ao ato ofensivo em si: sua natureza (se é um tipo civil apenas ou, ao contrário, um tipo penal, por exemplo; a forma como se deu o ato, etc.); sua gravidade (a natureza já induz à conclusão sobre a gravidade, embora esta possa derivar também de outros fatores, como, por exemplo, a permanência no tempo dos efeitos da ofensa); o tipo de bem jurídico tutelado que a ofensa atinge (honra, intimidade, vida privada, por exemplo);

b) no tocante à relação do ato com a comunidade: a repercussão do ato (seja quanto à intensidade da repercussão — profunda, leve, etc. — seja quanto à sua abrangência — larga, restrita, etc.);

c) no tocante à pessoa do ofendido: a intensidade de seu sofrimento ou desgaste; a posição familiar, comunitária ou política do ofendido; seu nível de escolaridade;

d) no tocante à pessoa do ofensor: sua posição socioeconômica (tratando-se de empregador pessoa física, evidentemente deve-se tomar também em consideração os aspectos individuais do ofensor); a ocorrência (ou não) de práticas reiteradas de ofensas da mesma natureza e gravidade; a intensidade do dolo e culpa do praticante do ato ou por ele responsável;

e) a existência (ou não) de retratação espontânea e cabal pelo ofensor e a extensão da reparação alcançada por esse meio pelo ofendido. Registre-se, a propósito, que o Código de Telecomunicações considera que a 'retratação do ofensor, em juízo ou fora dele, não excluirá a responsabilidade pela reparação', aduzindo, contudo, que essa retratação será tida como 'atenuante na aplicação da pena de reparação' (art. 85 e parágrafo único, Lei n. 4.117/62).

A esse conjunto de critérios deve ser adicionado um específico dirigido à construção do valor indenizatório, a saber:

f) arbitramento da indenização deve construir-se pelo cotejo dos critérios enunciados (alíneas *a* até *e* citadas), mediante o pleno exercício das qualidades judicantes (sensatez, equanimidade, isenção, imparcialidade), atentando-se ainda para o seguinte: o montante arbitrado não produza enriquecimento ou empobrecimento sem causa das recíprocas partes; não perca esse montante a harmonia com a noção de proporcionalidade, seja por deixar de compensar adequadamente o mal sofrido seja por agregar ganhos financeiros superiores a uma compensação razoável pertinente.'

Finalmente, a lição de *Humberto Theodoro Júnior:*

'O problema mais sério suscitado pela admissão da reparabilidade do dano moral reside na quantificação do valor econômico a ser reposto ao ofendido. Quando se trata de dano material, calcula-se exatamente o desfalque sofrido no patrimônio da vítima e a indenização consistirá no seu exato montante. Mas quando o caso é de dano moral, a apuração do *quantum* indenizatório se complica, porque o bem lesado (a honra, o sentimento, o nome, etc.) não se mede monetariamente, ou seja, não tem dimensão econômica ou patrimonial.

Cabe assim ao prudente arbítrio dos juízes e à força criativa da doutrina e jurisprudência a instituição de critérios e parâmetros que haverão de presidir às indenizações por dano moral, a fim de evitar que o ressarcimento, na espécie, não se torne expressão de puro arbítrio, já que tal se transformaria numa quebra total de princípios básicos do Estado Democrático de Direito, tais como, por exemplo, o princípio da legalidade e o princípio da isonomia.

Se a vítima pudesse exigir a indenização que bem quisesse e se o juiz pudesse impor a condenação que lhe aprouvesse, sem condicionamento algum, cada caso que fosse ter à Justiça se transformaria num jogo lotérico, com soluções imprevisíveis e as mais disparatadas. Onde estaria, então, o amparo que a Constituição assegurou ao princípio da legalidade? Aonde iria parar o princípio do tratamento igualitário de todos perante a ordem jurídica?

Para fugir aos cálculos arbitrários, no caso de indenização por dano moral nas relações de consumo, *Tupinambá Miguel Castro do Nascimento* sugere o recurso à analogia, com base no art. 4º da Lei de Introdução.

Uma vez que o Código do Consumidor não cuidou de apontar qualquer critério, poder-se-ia lançar mão dos dados constantes do Código Brasileiro de Telecomunicações (Lei n. 4.117, de 27.8.1962), onde existem cálculos reparatórios organizados em função de certos números de salários mínimos ('Responsabilidade civil no Código do Consumidor', Rio, Aide, 1991, n. 15, p. 102). Esse recurso à solução analógica com as regras da Lei de Telecomunicações e da Lei de Imprensa tem sido adotado, também, pela jurisprudência (1º TACivSP, Ap. 516.041/8, *in* RT 698/104).

Já em antigo acórdão do Tribunal de Apelação de Minas Gerais, *Amílcar de Castro* invocava as lições de *Ripert, Pedro Lessa, Clóvis, Planiol, Vanni*, entre muitos outros, para afirmar que, na espécie, a indenização não compensa nem faz desaparecer a dor do ofendido. A reparação não compreende, por isso mesmo, uma 'avaliação da dor em dinheiro'. Representa apenas uma forma de tutelar em bem não-patrimonial que foi violado. A indenização é feita, então, como maneira de substituir um bem jurídico por outro (Rev. Forense 93/529).

Como a dor não se mede monetariamente, a importância a ser paga terá de submeter-se a 'um poder discricionário', mas segundo 'um prudente arbítrio dos juízes da fixação do *quantum* da condenação, arbítrio esse que emana da natureza das coisas'. E concluía o douto Des. *Amílcar de Castro:*

'Causando o dano moral, fica o responsável sujeito às conseqüências de seu ato, a primeira das quais será essa de pagar uma soma que for arbitrada, conforme a gravidade do dano e a fortuna dele, responsável, a critério do Poder Judiciário, como justa reparação do prejuízo sofrido, e não como fonte de enriquecimento.' (Rev. Forense 93/529)

Recomendava, ainda, o mesmo decisório que a condenação fosse ao pagamento do 'que for arbitrado razoavelmente', porque não se trata de 'enriquecer um necessitado' nem de 'aumentar a fortuna de um milionário', mas apenas de 'impor uma sanção jurídica ao responsável pelo dano moral causado' (Rev. Forense 93/530).

A reparação do dano moral, segundo *Aguiar Dias*, deve seguir um processo idôneo, que busque para o ofendido um 'equivalente adequado'. Lembra, para tanto, a lição de *Lacoste*, segundo a qual não se pretende que a indenização fundada na dor moral 'seja sem limite'. Aliás, 'a reparação será sempre, sem nenhuma dúvida, inferior ao prejuízo experimentado, mas, de outra parte, quem atribuísse demasiada importância a esta reparação de ordem inferior se mostraria mais preocupado com a idéia de lucro do que mesmo com a injúria às suas afeições; pareceria especular sobre sua dor e seria evidentemente chocante a condenação cuja cifra favorecesse tal coisa' (*apud Aguiar Dias*, 'Da Responsabilidade Civil', 9ª ed., Rio, Forense, 1994, vol. II, p. 740, nota 63).

Uma vez que nenhuma possibilidade há de medir pelo dinheiro um sofrimento puramente moral, *Caio Mário da Silva Pereira* recomenda que faça um jogo duplo de noções:

'a) de um lado, a idéia de punição do infrator, que não pode ofender em vão a esfera jurídica alheia;

b) de outro lado, proporcionar à vítima uma compensação pelo dano suportado, pondo-lhe o ofensor nas mãos uma soma que não é o *pretium doloris.*' ('Instituições de Direito Civil', 8ª ed., Rio, Forense, 1986, vol. II, n. 176, p. 235)

Quanto à punição do culpado, a condenação 'não pode deixar de considerar as condições econômicas e sociais dele, bem como a gravidade da falta cometida, segundo um critério subjetivo' — observa *Caio Mário*. Quanto ao ressarcimento, deve corresponder a um equivalente que a quantia em dinheiro proporciona à vítima 'na proporção da lesão sofrida' *(idem, ibidem).*

Mais do que em qualquer outro tipo de indenização, a reparação do dano moral há de ser imposta a partir do fundamento mesmo da responsabilidade civil, que não visa a criar fonte injustificada de lucros e vantagens sem causa. Vale, por todos os melhores estudiosos do complicado tema, a doutrina atualizada de *Caio Mário*, em torno do arbitramento da indenização do dano moral:

'E se em qualquer caso se dá à vítima uma reparação de *damno vitando*, e não de *lucro capiendo*, mais que nunca há de estar presente a preocupação de conter a reparação dentro do razoável, para que jamais se converta em fonte de enriquecimento.' ('Instituições', cit., loc. cit.)

Se de um lado se aplica uma punição àquele que causa dano moral a outrem, e é por isso que se tem de levar em conta a sua capacidade patrimonial para medir a extensão da pena civil imposta; de outro lado, tem-se de levar em conta a situação e o estado do ofendido, para medir a reparação em face de suas condições pessoais e sociais. Se a indenização não tem o propósito de enriquecê-lo, tem-se que lhe atribuir aquilo que, no seu estado, seja necessário para proporcionar-lhe apenas a obtenção de 'satisfações equivalentes ao que perdeu', como lembra *Mazeaud et Mazeaud* ('Responsabilité civile', vol. I, n. 313, *apud Caio Mário*, "Responsabilidade civil", 2ª ed., Rio, Forense, 1990, n. 45, pp. 63-64).

Em análise recente, feita já à luz da Constituição de 1988, o grande civilista contemporâneo *Caio Mário da Silva Pereira* faz o seguinte balizamento para a fixação do ressarcimento no caso de dano moral, que, sem dúvida, correspondente à melhor e mais justa lição sobre o penoso tema:

'A vítima de uma lesão a algum daqueles direitos sem cunho patrimonial efetivo, mas ofendida em um bem jurídico que em certos casos pode ser mesmo mais valioso do que os integrantes de seu patrimônio, deve receber uma soma que lhe compense a dor ou o sofrimento, a ser arbitrada pelo juiz, atendendo às circunstâncias de cada caso, e tendo em vista as posses do ofensor e a situação pessoal do ofendido. Nem tão grande que se converta em fonte de enriquecimento, nem tão pequena que se torne inexpressiva' ('Responsabilidade Civil', cit., n. 49, p. 67).

Rafael García López, lembrado por *Arruda Alvim* como autor de excelente monografia sobre o assunto, ensina, coerentemente com o que se acaba de expor, que o ressarcimento da lesão aos bens que integram o âmbito estritamente pessoal da esfera jurídica do sujeito de direito, dá-se 'por via satisfativa sujeita ao critério eqüitativo do juiz' ('Responsabilidade Civil por Dano Moral', Barcelona, Bosch Ed., 1990, p. 80; *Arruda Alvim* e outros, 'Código do Consumidor Comentado', 2ª ed., São Paulo, Ed. RT, 1995, p. 119, nota 133).'

Assim, *considerando* provada a ofensa da qual a Reclamante aduz ter sido vítima, restando reconhecido o dano moral alegado; *considerando* que tal se deu por Diretora da Reclamada, na presença de outros funcionários da empresa; *considerando* que, à época, a Reclamante contava com aproximadamente oito anos de casa, sem qualquer prova de ocorrência desabonadora em sua vida profissional junto à Reclamada; *considerando* que a circunstância decorreu de situação profissional insustentável não apenas em relação à Reclamante, mas em relação a vários outros funcionários, ante as reiteradas faltas patronais cometidas, incluindo atrasos de salários, judicialmente provados; *considerando*, ainda, que, nos termos da defesa, a Autora 'percebia salário razoável' (fl. 41), exercendo as funções de 'Assistente Administrativa' (documento n. 2 do Volume de Documentos), empregada que, em razão do cargo ocupado, sobressaía relativamente aos demais; *considerando* tratar-se a Reclamada de empresa de grande patrimônio, possuindo, além da sede, no Município de Cotia, filiais nas cidades de São Paulo e Rio de Janeiro, mantendo depósito, em São Paulo (fl. 116); *considerando* que a própria Reclamada informa em sua página da *Internet*, de acesso irrestrito, que atua hoje com pontos próprios de *outdoor* em São Paulo e Rio de Janeiro, mas cobre todo o Brasil através das melhores empresas de cada região do país, contando hoje com aproximadamente 120 pontos diferentes na cidade de São Paulo, onde possui cerca de 500 tabuletas instaladas, e no Rio de Janeiro, com 90 pontos com 200 tabuletas para atender às campanhas de seus clientes; *considerando* que, segundo informações do mesmo *site*, dentre os serviços prestados pela empresa está o de impressão de *outdoor* por empresa de seu próprio grupo econômico, atendendo 'qualquer quantidade, com qualidade e agilidade, em todo o território nacional', além da confecção de painéis, *backlights*, *front-lights*, empenas, triedros, de vários tamanhos e em diversas localidades, oferecendo seus pontos disponíveis para a veiculação de mensagem; *considerando*, finalmente, o arbitramento da condenação pela r. sentença revisanda, mediante todos os títulos deferidos, em R$ 30.000,00 (fl. 134), entendo que a estipulação do valor da indenização em seis salários mínimos, pelo r. julgado de origem, além de sugerir eventual violação do art. 7º, IV, da Constituição Federal, não atende, *data venia* do entendimento esposado pelo MM. Juízo *a quo*, às necessidades teleológicas da indenização por dano moral, tal como acima expressado, pelo que, atenta aos princípios supra-elencados como balizadores do *quantum* indenizatório em questão, fixo seu montante em R$ 40.000,00 (quarenta mil reais).

Do exposto, dou provimento parcial ao recurso da Reclamada para determinar a utilização, como critério de época própria para efeito de cálculo de correção monetária, do índice de atualização do mês seguinte ao trabalhado, bem como dou provimento parcial ao recurso da Reclamante para fixar o valor da indenização por dano moral em R$ 40.000,00 (quarenta mil reais), tudo na forma da fundamentação supra. Rearbitro à condenação o importe de R$ 70.000,00." (www.trt2.gov.br, em 15.8.04).

Indenização por dano moral — Fixação do *quantum* — Parâmetros

Ementa: DANO MORAL. VALOR DA INDENIZAÇÃO. PARÂMETROS DE FIXAÇÃO. A Constituição da República deixou patente que a reparação do dano moral ocorre pela indenização. O seu valor, contudo, é casuístico, fixado por arbitramento do Juiz (art. 1.553 do Código Civil), em vista da ausência de parâmetros para a sua fixação. A Lei n. 5.250, de 9.2.67, que regula a liberdade de manifestação do pensamento e de informações, por analogia aplicada ao Direito do Trabalho (CLT, art. 8º), estabelece que, no arbitramento da indenização em reparação do dano moral, o juiz terá em conta notadamente o seguinte: I — a intensidade do sofrimento do ofendido, a gravidade, a natureza e repercussão da ofensa e a posição social e política do ofendido; II — a intensidade do dolo ou o grau de culpa do responsável, sua situação econômica e sua condenação anterior em ação criminal ou cível fundada em abuso no exercício da liberdade de manifestação do pensamento e informação (art. 53). TRT 12ª Reg. — RO-V 03237-2002-001-12-00-3 — (Ac. 2ª T. 02.112/03, 4.2.03) — Rel. Juiz Jorge Luiz Volpato. DJSC 28.2.03, p. 175.

Indenização por dano moral — Majoração do valor fixado na sentença. Indeferimento

Ementa: INDENIZAÇÃO POR DANOS MORAIS. MAJORAÇÃO DO VALOR FIXADO NA SENTENÇA. INDEFERIMENTO. A indenização por danos morais deve ser condizente com a gravidade do fato e a extensão do dano, de modo a minimizar o sofrimento infligido à vítima. Deve servir ainda como medida coibitiva, desestimulando o ofensor de reincidir na prática da conduta ilícita. Importante também sopesar a condição financeira do ofensor, cuidando para que o valor da indenização não seja tão elevado que provoque a sua ruína, mas que também não seja tão insignificante a ponto de causar o aviltamento da dor suportada pelo ofendido. Destes elementos, assume especial relevância na fixação do montante pecuniário a gravidade ou extensão do dano sofrido, já que a indenização, embora não tenha a pretensão de conduzir a vítima ao "status quo" ante, visa de alguma forma a amenizar o sofrimento por ela suportado através de uma justa reparação. Verificado nos autos que o acidente sofrido não causou ao obreiro incapacidade de natureza permanente e tampouco o impediu de voltar a exercer as atividades normais após o período de afastamento, não havendo ainda prova de que tenha resultado alguma seqüela de natureza estética, circunstâncias que demonstram não ser o dano de grande extensão, não há razão plausível para majorar o valor fixado em primeira instância. TRT 12ª Reg. — RO-V 05599-2005-005-12-00-7 — (Ac. 3ª T. 17526/06, 24.10.06) —Relª. Juíza Gisele Pereira Alexandrino. DJSC 14.12.06, p. 9.

Indenização por dano moral — Mensuração exacerbada — Efeitos

Ementa: DANOS MORAIS. MENSURAÇÃO EXACERBADA. Admitir indenização por danos morais não significa chancelar o enriquecimento sem causa. Sua mensuração há de ser moderada. Trata-se de sanção pecuniária de cunho pedagógico, sendo inadmissível transformá-la em instrumento de espoliação do patrimônio do ofensor. Prevalece o princípio da razoabilidade. TRT 12ª Reg. — RO-V-10.298/00 — (Ac. 2ª T. 07930/01, 17.7.01) — Relª. Juíza Maria Aparecida Caitano. DJSC 15.8.01, p. 190.

Indenização por dano moral — Natureza de sua fixação

Ementa: DANO MORAL. COMPETÊNCIA. JUSTIÇA DO TRABALHO. Não obstante o dano moral tenha sede primária no direito de personalidade e obrigacional, ambos regidos pelo direito civil, no caso dos autos, o fato ensejador do pedido de reparação civil decorreu da relação empregatícia havida entre as partes, atraindo a competência da Justiça do Trabalho para conhecer e julgar o pedido de reparação civil. INDENIZAÇÃO POR DANOS MORAIS — NATUREZA DE SUA FIXAÇÃO. Quando se fala em indenização extrapatrimonial, não se cogita do ressarcimento propriamente de um dano, mas na fixação de uma quantia simbólica, a fim de refazer psicologicamente a dor da ofendida, e impingir à reclamada a reflexão e a conscientização da necessidade da adoção de medidas de preservação da saúde do trabalhasdor. A indenização de que aqui se fala, portanto, tem adornos distintos da concepção originária ou ordinária que desfrutamos. Tem ela, no plano do agressor, um "caráter punitivo", assim encarado pela busca, com a condenação, de uma recomposição patrimonial, castigo pelo dano causado, aliando-se a isto uma conduta ou caráter educativo e/ou corretivo, no sentido de adotar eficientes medidas ergonômicas, para que não haja ou, pelo menos, minimize os acidentes do trabalho. De outro lado, e agora no plano da ofendida, oferece-se a ela algo com "caráter compensatório", mas não no sentido que nos é de prática e conceituação cotidiana, mas na acepção do estabelecimento de um estado de prazer, em contrapartida ao mal sofrido, constante da redução de sua capacidade laborativa, restringindo-lhe a possibilidade de obtenção de novo emprego. Não se cria ou estabelece, portanto, compensação aritmético-matemática e/ou economicista, como vulgarmente nos é dado pensar. A sutileza da situação, portanto, impõe-nos raciocínio diferente, não se perdendo de vista que a reclamada recebeu uma trabalhadora com plena capacidade física e a está devolvendo ao mercado de trabalho com seqüelas e limitação de competências profissionais. TRT 3ª Reg. — RO 00413-2003-029-03-00-0 — (Ac. 5ª T.) — Rel. Juiz Emerson José Alves Lage. DJMG 22.5.04, p. 14.

Da decisão acima. colhe-se a seguinte fundamentação:

"INDENIZAÇÃO POR DANO MORAL

O artigo 186, do Novo Código Civil Brasileiro, que se adota na apuração de responsabilidade do empregador quando da ocorrência de acidente do trabalho, estipula três pressupostos de caracterização: dano causado ao empregado, culpa do empregador e nexo de causalidade entre o dano e a atividade prestada pelo empregado.

O primeiro requisito, o dano, resta evidente nos caso dos autos, tendo em vista que a reclamante perdeu parte de seu dedo indicador na máquina 'rebitadeira', no dia 29.nov.1999, tendo a mesma ficado afastada em gozo de auxílio-acidente por um ano e dois meses (29.nov.1999 a 31.jan.2001), o que, por si só, ressalta a gravidade da lesão e o tempo necessário para reabilitação da reclamante.

Descrevendo o estado atual da reclamante, o Sr. Perito médico declarou que há 'impossibilidade de realizar o movimento de flexão completa deste dedo. Movimento das articulações metacarpo-falangiana e interfalangiana proximal presente, com dificuldade de completa flexão.

Presença de leve deformidade estética, resultante de perda óssea e muscular no terço distal do dedo' (fl. 459), concluindo que 'a periciada é portadora de pequena seqüela anatomo-funcional de traumatismo no segundo dedo da mão esquerda, decorrente de acidente do trabalho que ocorreu nas dependências da reclamada. Esta seqüela leva a periciada a uma INCAPACIDADE PERMANENTE PARCIAL (física/funcional e laborativa) e a uma DISCRETA DEFORMIDADE PERMANENTE (dano estético). Encontra-se APTA ao trabalho, porém com PEQUENA limitação funcional permanente' (fl. 460). grifos nossos. Aduziu, ainda, o Sr. Perito que '... o percentual de redução funcional global corresponde a 1/3 de 15%, ou seja, 5% (cinco por cento) de redução funcional global do trabalhador' (fl. 461), estando declarada na CAT de fl. 35, com data de 21.mar.2001, que há 'rigidez definitiva do dedo', fato também lançado na CAT de fl. 37.

No que pertine ao nexo de causalidade, o Sr. Perito foi claro ao afirmar que 'há nexo causal entre o acidente sofrido pela periciada e as atividades por ela desenvolvidas na reclamada' (fl. 461).

Sustenta, no entanto, a reclamada, que não restou configurada a culpa no evento danoso que causou lesão parcial na reclamante.

Preleciona *Teresinha Lorena Pohlmann Saad*, em 'Responsabilidade Civil da Empresa — Acidentes do Trabalho', LTr Editora, 1993, p. 213:

'À luz do novo mandamento constitucional, a responsabilidade de direito comum da empresa pode ter fundamento na conduta negligente, imprudente ou omissa de medidas elementares na segurança do trabalhador, seguindo assim a regra geral da responsabilidade subjetiva, prevista no art. 159 do Código Civil, o que sem dúvida representa um avanço, sobretudo porque em direito civil não importa a qualificação da culpa para que o autor do dano seja responsabilizado, somente o *quantum* da reparação devida é que deverá ser diferente para cada caso.'

Nesse contexto, tem-se que houve culpa da empresa reclamada, ainda que se considere que ela foi decorrente da negligência em oferecer meio ambiente profissional sadio à reclamante, com máquinas em perfeito estado de conservação e uso. Observou o Sr. Perito que a máquina em que se acidentou a reclamante 'não apresentava nenhum dispositivo de segurança coletiva. Além disso, era acionada por pedal, colocando em risco os trabalhadores que a operavam' (fl. 461).

Veja-se que a reclamante alega que a máquina acionou espontaneamente, sendo que a CAT afirma que 'estava ribitando peça, quando a mão esquerda escapoliu e atingiu seu 2º dedo da mão esquerda' (fl. 35).

Nesse contexto, quisesse a reclamada provar que o acidente decorreu de culpa exclusiva da reclamante, deveria ter feito prova robusta neste sentido, já que não é possível presumir-se que a reclamante espontaneamente tenha se colocado em tal situação, que lhe causou perda definitiva, ainda que parcial, da função de seu dedo indicador esquerdo.

Veja-se que a reclamada foi declarada confessa quanto à matéria fática, vez que injustificadamente não compareceu à audiência de instrução.

O que deve ser destacado, isto sim, é que a atividade desenvolvida pela reclamante em benefício da reclamada já a predispunha ao risco, e este, por todos os meios, deveria ser evitado pela empresa. Se em razão deste risco vier o trabalhador a ser lesionado, e não tendo ele concorrido, de maneira alguma, para a ocorrência do dano, deve o empregador sujeitar-se à reparação.

Ademais, a reclamada angariou do mercado de trabalho uma trabalhadora com plena capacidade laborativa e a está devolvendo a este mesmo mercado, com perda funcional e possibilidade de admissão em novo emprego reduzida, como bem evidenciou a r. sentença. A declaração da médica da reclamada, de fl. 38, dá conta de que desde janeiro/01, após a alta do INSS, 'no trabalho, após várias tentativas de mudança de posto de trabalho, não se encontra em condições de exercer suas atividades'. Isto, em 16 abr.2001.

A reclamada preferiu, assim, descartar a reclamante de seus quadros funcionais, pagando a indenização pela estabilidade acidentária. Nesse contexto, é inverídica a afirmação lançada em contestação, de que a reclamante foi dispensada para redução de quadro (fl. 221). Simplesmente, a reclamante deixou de ter a qualificação profissional necessária para continuar na empresa.

No Brasil, as empresas não se interessam em investir em tecnologia de proteção e quem arca com o prejuízo causado à saúde do empregado é toda a sociedade, ao ter que mantê-lo afastado, recebendo benefícios previdenciários, às vezes, com aposentadoria por invalidez em idade precoce, com passagem pelos centros de reabilitação profissional e, após, devido a limitações físicas, permitir-lhe apenas o trabalho informal ou os denominados subempregos. A empresa fica com o lucro, o Estado, com o prejuízo.

Infelizmente, o Ministério do Trabalho não possui estrutura adequada para fiscalizar, de perto, a adoção de medidas de prevenção de riscos ambientais pelas empresas e o que se vê é isto: cada vez mais e mais trabalhadores devolvidos ao mercado de trabalho com limitação profissional, social e familiar, já que as seqüelas de acidentes do trabalho geram reflexos em todo o contexto de atuação do trabalhador, não apenas no aspecto profissional.

No que tange ao *quantum* arbitrado pela r. sentença, a título de danos patrimoniais (R$ 9.500,00) e morais (R$ 8.500,00), tem-se como razoáveis e compatíveis com o dano perpetrado.

Quando se fala em indenização extrapatrimonial, não se cogita do ressarcimento propriamente de um dano (dano este — na concepção de *Walter Moraes*, citado por *Rui Stoco*, em sua obra 'Responsabilidade Civil e sua Interpretação Jurisprudencial', Ed. Rev. dos Tribunais — que sequer chega a existir tecnicamente falando), mas na fixação de uma quantia simbólica que venha a refazer hipoteticamente a dor do ofendido, impingindo ao ofensor a reflexão e a conscientização da necessidade da adoção de medidas de preservação da saúde do trabalhador.

A indenização de que aqui se fala, portanto, tem adornos distintos da concepção originária ou ordinária que desfrutamos.

Tem ela, no plano do agressor, um 'caráter punitivo', assim encarado pela busca, com a condenação, de uma recomposição patrimonial, castigo pelo dano causado, aliando-se a isto uma conduta ou caráter educativo e/ou corretivo, no sentido de adotar política de preservação da saúde dos seus empregados, para que não haja ou, pelo menos, minimize os acidentes do trabalho. De outro lado, e agora no plano da ofendida, oferece-se a ela algo com 'caráter compensatório', mas não no sentido que nos é de prática e conceituação cotidiana, mas na acepção do estabelecimento de um estado de prazer, em contrapartida ao mal sofrido, constante da redução de sua capacidade laborativa, restringindo-lhe a possibilidade de obtenção de novo emprego. Não se cria ou estabelece, portanto, compensação aritmético-matemática e/ou economicista, como vulgarmente nos é dado pensar.

A sutileza da situação impõe-nos raciocínio diferente.

Se assim o é, por certo mais criteriosa será a atuação do juiz ao fixar esta 'indenização'. E, para assim o fazer, volto às palavras de *Walter Moraes*, citado por *Rui Stoco* (obra citada, 4ª ed., revista, atual. e ampliada, 2ª tiragem, SP: Ed. Rev. dos Tribunais, 1999, p. 675), para quem a fixação desta indenização 'trata-se, então, de uma estimação prudencial, que não dispensa sensibilidade para as coisas da dor e da alegria, pra os estados d'alma humana', atentando *Brebbia* (citado pelo mesmo autor na mesma obra — *Rui Stoco* ...) que, na sua fixação, deve-se atentar o julgador para os seguintes elementos: 'a gravidade objetiva do dano, a personalidade da vítima (situação familiar e social, reputação), a gravidade da falta (conquanto não se trate de pena, a gravidade e mesmo a culpa da ação implica a gravidade da lesão), a personalidade (as condições) do autor do ilícito'.

A r. sentença bem avaliou o dano, certamente atentando-se para estes fatores. Não há que se falar em enriquecimento sem causa.

Nego provimento." (www.trt3.gov.br, em 21.7.04)

Indenização por dano moral — Proporcionalidade e razoabilidade entre o montante arbitrado e o gravame sofrido pelo empregado

Ementa: DANO MORAL. INDENIZAÇÃO. PROPORCIONALIDADE E RAZOABILIDADE ENTRE O MONTANTE ARBITRADO E O GRAVAME SOFRIDO PELO EMPREGADO. O critério a ser utilizado para o arbitramento do montante a ser pago em virtude do dano moral sofrido pelo empregado é de ser fixado, já que não há como se dimensionar com segurança o volume da ofensa sofrida; também não há como se quantificar o pagamento dessa ofensa, pois a dor moral não tem preço. Deve buscar o julgador, utilizando-se do princípio da eqüidade, razoabilidade e proporcionalidade a traduzir tais condenações, de modo que possa proporcionar a certeza de que o ato ofensor não fique impune, e que sirva de desestímulo a práticas que possam retirar do trabalhador a sua dignidade. No caso em que o valor da indenização a ser paga foi considerado sob o prisma da ofensa sofrida, em que o autor que já trabalhava há 17 anos na empresa foi exposto a humilhação decorrente de flagrante de prisão orquestrado pelo empregador. São irrelevantes, diante da extensão do dano sofrido, a remuneração do empregado e o cargo por ele exercido para chegar ao valor da condenação. A gravidade do ato ofensivo foi o bastante para convencer o julgador do valor atribuído. Não há como se verificar a ausência de proporcionalidade ou alterar o valor da condenação. No dano moral, na ausência de parâmetro, a avaliação deve ser feita em benefício da vítima. Embargos não conhecidos. TST — E-RR-763.443/2001.4 — (Ac. SBDI1) — 17ª Reg. — Rel. Min. Aloysio Silva Corrêa da Veiga. DJU 26.8.05, p. 742.

Da decisão acima, colhe-se o seguinte fundamento:

"V — PREVALÊNCIA DA CONDENAÇÃO EM DANOS MORAIS E DO VALOR DA INDENIZAÇÃO. RAZÕES DE NÃO-CONHECIMENTO

A Colenda Turma considerou correta a condenação por danos morais, tendo entendido que:

'As alegadas violações de dispositivos de lei e da Constituição Federal não autorizam o conhecimento da revista por incidência do Enunciado n. 126 do TST, uma vez que somente mediante reexame do conjunto fático-probatório dos autos poder-se-ia chegar à conclusão diversa da adotada pelo v. acórdão do Regional, quanto à não-participação da empresa nos atos que culminaram com a gravíssima acusação contra o reclamante. No que se refere à fixação do montante pecuniário para reparação do dano, igualmente o recurso não prospera. O dano moral deve ser arbitrado em função do padrão econômico e social da vítima e, em se tratando de empregado, sobretudo em função do reflexo na relação empregatícia, em face de futuros tomadores de seus serviços, ante a gravidade da agressão aos seus mais elevados sentimentos e valores morais, espirituais e profissionais. A estima e o respeito que o ser humano usufrui no meio da coletividade estão íntima e diretamente vinculados aos seus mais elevados valores morais e espirituais, virtudes que justificam seu viver e caminhar neste mundo, de forma que a indenização por dano moral, que deverá corresponder à gravidade da lesão, e não ser equivalente, por impossível a equivalência, deve, de um lado, significar uma justa compensação ao ofendido e, de outro lado, uma severa e grave advertência ao ofensor, de forma a inibi-lo ou dissuadi-lo da prática de novo ilícito da mesma natureza. Esse é o sentido pedagógico e punitivo que a indenização representa para o ofensor, enquanto que, para o ofendido, significa a minimização da dor sofrida em seu patrimônio moral' (fls. 555/556).

A embargante sustenta que muitos dos constrangimentos sofridos pelo reclamante foram decorrentes de atos de terceiros, estranhos, portanto, à empresa reclamada. Afirma que não há nos autos comprovação da coação quanto à confissão do embargado na Delegacia. Aduz ainda, que caso seja devida a indenização, o valor arbitrado é excessivo e que sendo mantido, caracteriza o locupletamento indevido do embargado. Aponta violação dos artigos 5º, incisos II e LIV, da Constituição Federal e 159 e 1.553 do Código Civil.

Depreende-se dos autos que em Reclamação Trabalhista, objeto do acórdão de fls. 70/78, foi deferida ao reclamante rescisão indireta do contrato de trabalho, em face de ter sido vítima de flagrante orquestrado por diretores da empresa reclamada.

O Colegiado *a quo* esclareceu que o flagrante forjado determinou a prisão do reclamante, sendo ele absolvido, remetendo à seguinte conclusão da magistrada que prolatou a decisão na Vara Criminal:

'O que denoto é que o flagrante foi preparado para que pudessem incriminar o acusado e arbitrariamente despedi-lo com justa causa.

O que realmente ocorreu, pelas provas carreadas nos autos, é que induziram o acusado a entrar no veículo e, após denunciá-lo para seu gerente, colocaram o dinheiro no bolso daquele, para que ficasse comprovado o furto do dinheiro.

É absurdo e vergonhoso que uma empresa daquele porte ainda se utilize desse tipo de subterfúgio para despedir um funcionário.

(...)

Por fim, verifico que não há crime a ser apurado e julgado. Ausentes a materialidade e, principalmente, a autoria' (fls. 398/399).

Nesse sentido, ressaltou a Corte *a quo* que a reclamada não se dignou a produzir qualquer contraprova em relação aos fatos narrados pelo autor, e que '(...) houve transgressão do dever legal de respeitar o bem jurídico alheio ou do dever geral de não causar dano a outrem, desrespeitando a honra e a boa fama do obreiro, bens protegidos legalmente, conforme se infere do art. 483, *e* (...)'.

Entendeu, portanto, o eg. Tribunal Regional por manter a r. sentença, ao fundamento:

'Assim sendo, mantenho a sentença em sua inteireza, neste tópico, quanto ao valor fixado da condenação, inclusive, pois a estipulação é razoável e proporcional ao gravame produzido pela reclamada' (fl.399).

Há, portanto, firme entendimento no sentido de que efetivamente houve o dano moral e que o montante arbitrado era razoável e proporcional ao gravame produzido.

O dispositivo apontado por violado pela Embargante, art. 5º, V, da Constituição Federal, trata do direito de resposta, proporcional ao agravo, assegurando a indenização por dano material, moral ou à imagem, e não se observa que o parâmetro utilizado pela C. Corte *a quo*, em face do gravame sofrido, denote qualquer desproporção.

A indenização arbitrada inicialmente R$ 180.000,00 (cento e oitenta mil reais), foi alterada pelo Colegiado *a quo*, ao excluir da condenação perdas e danos, ficando estipulada a indenização em R$ 160.000,00 (cento e sessenta mil reais) considerada pela C. Turma, que entendeu que não houve inobservância do princípio da razoabilidade em relação ao montante da indenização, ante a gravidade da acusação.

Trata-se de tema tortuoso relacionado à proporcionalidade entre o dano sofrido à imagem e o valor a ser determinado pelo julgador, com o fim de indenizar o trabalhador pelo sofrimento moral injustamente causado por outrem.

A preocupação é pertinente. Não há como se dimensionar com segurança o volume da ofensa sofrida e também não há como se quantificar o pagamento dessa ofensa, a fixar o *pretium doloris*, pois a dor moral não tem preço.

Deve buscar o julgador, utilizando-se do princípio da eqüidade, razoabilidade e proporcionalidade, traduzir com moderação tais condenações em valores que possam proporcionar a garantia de que o ato ofensor não consagre a impunidade do empregador e que sirva de desestímulo a práticas que possam retirar do trabalhador a sua dignidade, ofendendo-lhe a honra.

A gravidade do ato considerado no presente caso é incontroverso. Trata-se de empregado que trabalhou durante dezessete anos na empresa e que foi demitido, após ter sido coagido e humilhado, em face de flagrante orquestrado pela empresa, que implicou em sua prisão. Os constrangimentos, portanto, não podem ser mensurados (ato de algemar o trabalhador dentro do ambiente de trabalho, coação física e psicológica, utilização de subterfúgio pela empresa, tudo isso sem conteúdo de prova). Embora haja necessidade de cautela no arbitramento da indenização do dano moral, no caso específico, não há desproporcionalidade ou ausência de razoabilidade no montante arbitrado.

Decisão do Tribunal de Justiça do Paraná, traça parâmetro que deve ser observado na estipulação do montante:

'Ao magistrado compete estimar o valor da reparação de ordem moral, adotando os critérios da prudência e do bom senso e levando em estima que o *quantum* arbitrado representa um valor simbólico que tem por escopo não o pagamento do ultraje — a honra não tem preço —, mas a compensação moral, a reparação satisfativa devida pelo ofensor ao ofendido' (TJPR, Ap. 19.411-2, Rel. Des. OTO LUIZ SPONHOLZ, ac. 05.05.92, *in* RT 66/206).

O Ministro Aguiar Dias se manifestou com exatidão ao tratar sobre a mensuração do dano, *in* 'Da Responsabilidade Civil':

'A condição de impossibilidade matemática exata da avaliação só pode ser tomada em benefício da vítima e não em seu prejuízo. Não é razão suficiente para não indenizar e, assim, beneficiar o responsável, o fato de não ser possível estabelecer equivalente exato, porque, em matéria de dano moral, o arbítrio é até da essência das coisas (Natur Der Sache)'.

Assim sendo, ante os fatos narrados pelo eg. Tribunal Regional e pela c. Turma, o único parâmetro que se tem é a informação de que se trata de empresa de grande porte e que a estipulação 'é razoável e proporcional ao gravame produzido pela reclamada' (fl. 399).

São irrelevantes, diante da extensão do dano sofrido, a remuneração do empregado e o cargo por ele exercido para chegar ao valor da condenação. A gravidade do ato ofensivo foi o bastante para convencer o julgador do valor atribuído.

Ante o exposto, não há como se verificar ofensa literal ao art. 5º, II e LIV, da Constituição Federal, muito menos aos arts. 159 e 1533 do Código Civil.

A decisão recorrida está fundamentada em norma constitucional que garante a indenização por dano moral, nos termos do inciso V do art. 5º da CF/88. O devido processo legal está sendo garantido à reclamada, e não se vislumbra locupletamento ilícito do empregado, em face exatamente da ampla defesa e do contraditório, por fim respeitado.

Ressalte-se que a C. Turma especificamente trouxe tese no sentido de ser irrelevante qualquer divagação acerca da função ou do salário do reclamante, pois não são critérios de fixação de indenização (fl. 553), adotando o entendimento de que a circunstância que evidenciou o valor arbitrado foi a gravidade da acusação que foi imputada ao reclamante e não foi demonstrada divergência jurisprudencial sobre o tema.

Não conheço dos embargos." (*site* do TST, 12.10.05)

Indenização por dano moral — Vinculação ao salário mínimo — Fixação apenas para expressar o valor inicial da condenação e não ser base para atualização

Ementa: DANO MORAL: INDENIZAÇÃO: VINCULAÇÃO AO SALÁRIO MÍNIMO: incidência da vedação do art. 7º, IV, da Constituição, restrita à hipótese em que se pretenda fazer das elevações futuras do salário mínimo índice de atualização da indenização fixada; não, qual se deu no acórdão, se o múltiplo do salário mínimo é utilizado apenas para expressar o valor inicial da condenação, a ser atualizado, se for o caso, conforme os índices oficiais da correção monetária: precedentes. STF — AG. REG. NO AG. DE INSTRUMENTO 466.271-2 (112) RS — (Ac. 1ª T., j. 26.4.05) — Rel. Min. Sepúlveda Pertence. DJU 13.5.05, p. 7.

Indenização por danos materiais e morais — Caracterização e fixação

Ementa: INDENIZAÇÃO POR DANOS MATERIAIS E MORAIS. CARACTERIZAÇÃO E FIXAÇÃO. O dano moral pode ser tido como aquele que atinge os valores extrapatrimoniais da pessoa, como, por exemplo, sua imagem e sua intimidade, dentre outras deste jaez. Já o dano material é aquele dano patrimonial, e por isso, devidamente mensurável, subdividindo-se em danos emergentes — aquilo que fui obrigado a despender, em razão do dano sofrido — e lucros cessantes — tudo aquilo que, também em razão deste mesmo dano, deixarei de auferir — tudo, logicamente, em rápidas considerações. Disto extrai-se que o primeiro, ao contrário do segundo, não pode ser quantificado pelos métodos comuns, pois não se mostra "líquido e certo" por sua própria natureza, o que o torna de difícil fixação. Mas pode-se, observando-se o princípio da razoabilidade, e atentando-se para a gravidade do dano, a condição pessoal tanto da vítima quanto do autor do ilícito, assim como para as circunstâncias do caso, dentre outros fatores, atribuir-lhe valor que, a um só tempo, em face do ofensor, revista-se de características de "punição", para que reflita sobre o ato perpetrado, assim como impinja um caráter educativo/corretivo, no sentido de criar, em seu íntimo, ambiente para uma reflexão sobre o mal praticado, a fim de que não mais o repita. Já para o ofendido, é preciso que a indenização fixada seja vista por seu ânimo "compensatório", criando um sentimento de prazer, para se contrapor à dor da ofensa. Não se estabelece, então, neste caso, uma compensação aritmético/matemática, como no caso do dano material, mas algo que, no nosso íntimo, seja capaz de nos "afagar" perante o mal de que padecemos. TRT 3ª Reg. — RO 01691-2001-042-03-00-3 — (Ac. 5ª T.) — Rel. Juiz Emerson José Alves Lage. DJMG 15.6.04, p. 22.

Majoração da indenização — Gravidade do dano — Possibilidade econômica da ofensora

Ementa: DANO MORAL. MAJORAÇÃO DA INDENIZAÇÃO. GRAVIDADE DO DANO. POSSIBILIDADE ECONÔMICA DA OFENSORA. A indenização pelos danos morais, tendo em vista a impossibilidade de mensuração técnica, depende de extrema subjetividade. Deve levar em conta, porém, a gravidade do dano conjuntamente com a possibilidade de satisfação pela ofensora. Sentença que se mantém, por considerar esta E. Corte que o valor indenizatório está fixado em níveis bastante razoáveis. TRT 9ª Reg. — Proc. 00371-2003-026-09-00-6 — (Ac. 23911/04) — Rel. Juiz Sergio Murilo Rodrigues Lemos. DJPR 5.11.04, p. 316.

Mensuração do *quantum* compensatório

Ementa: DANO MORAL. MENSURAÇÃO DO *QUANTUM* COMPENSATÓRIO. Doutrina e jurisprudência têm sedimentado que a fixação do quantum compensatório a ser arbitrado na reparação de dano moral deve ficar ao livre e prudente arbítrio do magistrado, único legitimado a aferir, a partir de seu convencimento, a extensão da lesão e o valor cabível que a ela corresponda. O ponto de partida para que o Juiz proceda à avaliação do dano moral, ou seja, estime o quantum reparatório, há de ser, se presente, o valor pedido pelo autor, que, em tese, num primeiro momento, seria o único capaz de mensurar o quantum suficiente para minimizar os sentimentos de revolta e indignação, aliados ao natural desejo de punir, voltado que está para a própria dor. Num segundo instante, caberia a intervenção do Juiz, que passaria a apreciar se o valor pretendido ajusta-se à situação posta em julgamento, a compreender as circunstâncias do caso, a gravidade do dano, a situação do lesante, a condição do lesado, preponderando, como orientação central, a idéia de sanção do ofensor, como forma de obstar a reiteração de casos futuros (cf. CARLOS ALBERTO BITTAR, in A Reparação do dano moral. Rio de Janeiro: Forense, p. 89). O valor da indenização, muito embora às vezes não seja suficiente para apagar as marcas dos danos impostos, não deve servir para o enriquecimento injustificado da parte. Também não deve pouco significar para o patrimônio do lesante, já que não serviria para desestimulá-lo à repetição do ato. TRT 10ª Reg. — RO 00617-2005-011-10-00-7 — (Ac. 1ª T./05) — Rel Juiz Pedro Luis Vicentin Foltran. DJU3 13.1.06, p. 20.

Parâmetros

Ementa: DANO MORAL — INDENIZAÇÃO — PARÂMETROS Verificada a exposição do empregado a situação vexatória e humilhante perante seus colegas e a opinião pública em geral, voltada a atingir, subjacentemente, a sua imagem e reputação, tal tratamento, porque de natureza ilícita, serve como fonte para irrigar e fazer florescer o pleito de indenização por dano moral. Quanto ao valor da reparação, surgem dificuldades de ordem prática para a sua justa definição, visto que a honra não é um patrimônio economicamente mensurável. Envolve, por essa razão, critérios subjetivos diante de cada situação concreta. Mas doutrinária e jurisprudencialmente já se evoluiu para entendê-la de maneira equilibrada ao ponto de não representar um enriquecimento sem causa para o ofendido e nem leniência com a atitude gravosa. É, pois, balanceada para compensar, ao mesmo tempo, o sofrimento da vítima e atuar como medida pedagógica para inibir a repetição do comportamento contrário ao direito. Para a sua fixação considera-se a condição do agredido e a capacidade econômico- financeira do agressor. Recurso parcialmente provido. TRT 10ª Reg. — RO 00134-2006-001-10-00-6 — (Ac. 3ª T./06) — Rel. Juiz João Luis Rocha Sampaio. DJU3 17.11.06, p. 47.

Quantificação — Acidente que resultou na morte do empregado — Patamares mais elevados

Ementa: INDENIZAÇÃO POR DANOS MORAIS. QUANTIFICAÇÃO. A indenização por danos morais não é tarifada, isto é, preestabelecida, dependendo por isso de cada caso concreto. Deve ser estipulada segundo o prudente arbítrio do Juízo, levando em conta várias circunstâncias, tais como: a situação patrimonial do ofendido e do agressor, a gravidade da ofensa e o grau de culpa do empregador ou seus prepostos, sempre tendo em mente que a indenização deve servir de lenitivo à dor sofrida pela vítima ou seus familiares, e ao mesmo tempo ser pedagógica em relação ao empregador, que deverá evitar ao máximo que o infortúnio se repita com outros trabalhadores, sem representar, contudo, a ruína de um e o enriquecimento de outro. No caso dos autos, tendo em vista que o acidente decorreu de culpa do empregador, resultando na morte do empregado, a indenização deve ser arbitrada em patamares mais elevados, de modo a incutir no empregador a necessidade de manter-se vigilante quanto à segurança dos seus trabalhadores, evitando a repetição do lamentável fato ou de situações semelhantes. TRT 3ª Reg. — RO 00812-2004-024-03-00-0 — (Ac. 6ª T.) — Rel. Juiz João Bosco de Barcelos Coura. DJMG 20.10.05, p. 13.

Quantificação do dano — Reparação correspondente ao grau e extensão da lesão — Perda dos membros inferiores

Ementa: I — COMPETÊNCIA DA JUSTIÇA DO TRABALHO. ACIDENTE DO TRABALHO. INDENIZAÇÃO. De acordo com a Emenda Constitucional 45/2004, que deu nova redação ao art. 114 da CF/88, a Justiça do Trabalho tem competência para julgar as ações de indenização decorrentes de acidente do trabalho, conforme dispõe o inciso VI do referido art. 114. II — ACIDENTE DO TRABALHO. INDENIZAÇÃO POR DANO MORAL E MATERIAL. CARACTERIZAÇÃO DA CULPA. A lei impõe ao empregador a obrigação de garantir, não só a integridade física do empregado, como também, a sua saúde, e em conseqüência, a de exigir o uso de equipamento definido na lei como obrigatório, conforme dispõem os arts. 154, 157, e 483, "f" da CLT, e NR-6 da Portaria 3214/78. Havendo violação a estas regras, o empregador age com culpa, porque descumpriu obrigação da qual tinha ciência e dever de observar. Logo, está obrigado a reparar o dano moral e material. Recurso a que se nega provimento. III — QUANTIFICAÇÃO DO DANO. REPARAÇÃO CORRESPONDENTE AO GRAU E EXTENSÃO DA LESÃO. PERDA DOS MEMBROS INFERIORES. Na fixação do dano, cabe ao juiz, imbuído da prudência, observar a gravidade do ato, se doloso ou culposo, a extensão do sofrimento, e finalmente, a situação econômica do devedor e o caráter pedagógico da sanção, a qual tem por finalidade coibir a reincidência. No presente caso, o acidente gerou a perda dos dois membros inferiores do corpo, o que caracteriza por si só, a gravidade do ato e a extensão do dano causado ao empregado, o qual repercutirá em toda a sua vida futura e na de sua família. Nesta hipótese, o empregador não está autorizado a indagar a respeito da posição social e intelectual da vítima, eis que os membros inferiores de uma pessoa, que goza de tais prestígios, valem tanto quanto os de uma, que não possui tais privilégios. Recurso improvido. TRT 17ª Reg. — RO 00210.2004.181.17.00.0 — (Ac. 6016/2005) — Relª Juíza Sonia das Dores Dionísio. DJES 2.8.05, p. 5636.

Redução do valor pecuniário inicialmente arbitrado em primeira instância por parte do Tribunal Regional — Ofensa ao artigo 5º, *caput*, I e X, da CF/88 — Não-configuração

Ementa: DANOS MORAIS. REDUÇÃO DO VALOR PECUNIÁRIO INICIALMENTE ARBITRADO EM PRIMEIRA INSTÂNCIA POR PARTE DO TRIBUNAL REGIONAL. OFENSA AO ARTIGO 5º, *CAPUT*, I E X, DA CF/88. NÃO-CONFIGURAÇÃO. O princípio constitucional da igualdade não convive com nenhuma forma de discriminação, pois, por medida de justiça, não é permitido dar-se um tratamento desigual para casos iguais, porque "se a justiça se relaciona com a igualdade e a igualdade repele discriminação, a discriminação é também uma negação da justiça". (Estêvão Mallet, "Direito do Trabalho e discriminação", Revista Amatra, II, dezembro/2003, p. 18-19). O princípio da igualdade, que está sempre associado ao ideal de Justiça, repele a idéia de discriminação e consagra o ideal de que todos os cidadãos têm direito de tratamento igual perante a lei, em consonância com os critérios albergados pelo ordenamento jurídico (Alexandre de Morais, "Constituição do Brasil Interpretada", 2ª ed., 2003, p. 180). O ordenamento constitucional veda diferenciações despropositadas, porque redundam em discriminações intoleráveis, quando se dá um tratamento desigual para casos iguais, revelando a negação do ideal de Justiça. No presente caso, contudo, conforme as premissas fáticas definidas no v. acórdão, quanto à diferenciação na fixação de valores arbitrados a título de indenização por danos morais, entre homens e mulheres, tratando-se de revista íntima, realizada no interior da empresa, vê-se que há mera diferenciação tolerável entre pessoas, em razão do sexo, como corretamente concluiu o e. Regional. Não configurando, portanto, violação do art. 5º, *caput*, nem do seu inciso II, ou do art. 7º, XXXII, da CF/88. Recurso de revista não conhecido. TST — RR-2.008/2001-001-19-00.2 — (Ac. 4ª T.) — 19ª Reg. — Rel. Juiz Convocado José Antônio Pancotti. DJU 11.11.05, p. 1.294.

Reparação e quantificação — Aplicação

Ementa: DANOS MORAIS. REPARAÇÃO. QUANTIFICAÇÃO. Entre o desprezível e o avultoso, entre a insignificância e o enriquecimento, o valor da reparação do dano moral deve ser determinado segundo os critérios da proporcionalidade e da razoabilidade, tendo-se em conta a condição sócio-econômica das partes, a natureza da agressão e as demais circunstâncias que cercaram os fatos. Há de ser valor que, de um lado, permita ao ofendido uma compensação como conforto pelo dano que não tem medida e, ao ofensor, um valor que lhe sirva de lição e exemplo, para a conscientização geral da reprovação da conduta ofensiva. TRT 2ª Reg. — RO 00619200333202003 — (Ac. 3ª T. 20050561159) — Rel. Juiz Eduardo de Azevedo Silva. DJSP 6.9.05, p. 120.

Da decisão, colhe-se o seguinte fundamento:

"Dano moral e indenização

Sem razão a recorrente. A conduta imputada à sócia da ré, Ebe Boni Costa, ficou provada, sim, como se vê no depoimento da testemunha Airton, ao confirmar que referida senhora costumava se dirigir ao autor para dizer a ele que era '*fraco, incompetente, que teria vida curta*' (fl. 66). Tudo isso em tom elevado de voz e na presença de outras pessoas. Ou seja, não só se dirigia de forma inapropriada ao subordinado, como fazia questão de tornar pública a sua insatisfação, expondo o empregado ao ridículo e à humilhação.

Em lugar da inteligência com sensibilidade, como instrumentos para incentivar vendedores, para tirar deles o melhor de si, a Sra. Ebe optou pela humilhação e para a agressão moral.

Em reforço do argumento, disse a testemunha convidada pela ré, Erinaldo (fl. 66) que nunca presenciou as ofensas, '*mas afirma que pode ter ocorrido*'. Ou seja, deixou registrado, nas entrelinhas, que as agressões podem mesmo ter ocorrido.

Por fim, em nada favorece a recorrente o fato de a Ebe ser idosa, pois além de ser pessoa dinâmica e ativa (é sócia atuante na administração da empresa), a maturidade, por si só, nem sempre garante a sensatez e a polidez esperadas nos relacionamentos sociais.

Por isso, mantenho a sentença, nesse ponto, uma vez suficientemente provada a agressão moral, da qual cabe a correspondente reparação.

Já quanto ao valor dessa reparação, dou razão à recorrente.

De fato, está pacificada na doutrina e na jurisprudência a idéia de que a reparação de dano moral, se de um lado não pode ser apenas simbólico para o agressor, também não pode, de outro lado, servir de enriquecimento para a vítima, já que aí não se teria apenas reparação, mas reparação cumulada com sanção, o que não tem previsão no nosso ordenamento. Por isso, o arbitramento da reparação deve levar em conta a condição sócio-econômica das partes envolvidas, o grau da ofensa e as circunstâncias específicas que cercaram o fato. São dois, enfim, os objetivos a serem alcançados: o desestímulo e a compensação. Pelo primeiro, pretende-se que se corrija o agressor, que se mostre a ele a reprovação social da sua conduta e que também sirva de exemplo para a conscientização geral. Pelo segundo, pretende-se uma reparação relativa do dano sofrido, e digo aí *relativa* porque o dano moral não tem medida concreta e matemática.

A razoabilidade e a proporcionalidade são os critérios que devem balizar o arbitramento, para que se evitem injustiças de parte a parte. Até porque, nas palavras de Caio Mário, se é certo '*que a indenização, em termos gerais, não pode ter o objetivo de provocar o enriquecimento ou proporcionar ao ofendido um avantajamento, por mais forte razão deve ser eqüitativa a reparação do dano moral para que não se converta o sofrimento em móvel de captação de lucro*' (*Responsabilidade civil*, Rio de Janeiro: Forense, 1994, p. 318).

Isso tudo considerado, me parece razoável que o valor dessa indenização seja de R$ 5.000,00, que é suficiente não só para que a empresa tenha consciência da gravidade da conduta — com o que se alcança o efeito pedagógico da reparação — mas para que também o autor se veja compensado das agressões a que foi submetido, ainda que apenas lhe sirva para amenizar o sofrimento que lhe causou a conduta reprovável do agressor.

Pode parecer ainda muito para a ré como também parecer ainda pouco para o autor. Isso, porém, não importa. Importa, isso sim, que não é um valor desprezível, nem para a ré nem para o autor, ainda mais porque as agressões se limitaram ao âmbito restrito da área de vendas, sem repercussão externa que pudesse comprometer a honra profissional do autor no mercado de trabalho. Além disso, foram agressões que não parecem terem sido desferidas com o objetivo específico de atingir a honra do autor, mas sim decorrentes do destempero verbal e do descontrole daquela diretora.

A justa medida dessa reparação, enfim, não é questão simples. Mas o valor ora arbitrado, no contexto específico da causa, é o que melhor atende, a meu ver, àqueles parâmetros da razoabilidade e da proporcionalidade.

Ante o exposto, **dou provimento em parte** ao apelo, para rearbitrar em R$ 5.000,00 (cinco mil reais) o valor da reparação do dano moral."

Valor — Princípio da proporcionalidade

Ementa: DANO MORAL. VALOR. PRINCÍPIO DA PROPORCIONALIDADE. Se, por um lado, deve-se entender que a indenização é um desestímulo para futuras condutas, por outro, não pode o valor pecuniário gerar enriquecimento sem causa. Compete ao juiz, baseado nos princípio da razoabilidade e proporcionalidade, fixar o "quantum" indenizatório com base em critérios subjetivos, tais como, a intensidade do sofrimento, a gravidade, a natureza e repercussão da ofensa, a posição social ou política do ofendido, a intensidade do ânimo do ofensor e sua situação econômica. TRT 9ª Reg. — Proc. 99504-2006-007-09-00-8 — (Ac. 1ª T. 05032/07) — Rel. Juiz Benedito Xavier da Silva. DJPR 2.3.07, p. 681.

Valor da indenização — Princípio da razoabilidade e da proporcionalidade

Ementa: DANO MORAL — VALOR DA INDENIZAÇÃO — PRINCÍPIO DA RAZOABILIDADE E DA PROPORCIONALIDADE. A quantificação do valor que visa a compensar a dor da pessoa requer por parte do julgador grande bom-senso. E mais, a sua fixação deve-se pautar na lógica do razoável a fim de se evitar valores extremos(ínfimos ou vultosos). O juiz tem liberdade para fixar o "quantum". É o que se infere da leitura do artigo 1.553 do Código Civil. Destarte, em relação à gravidade do dano, o laudo pericial aponta que a lesão causada ao aparelho auditivo do Autor não é grave e não compromete seriamente a sua vida social e profissional, visto que o exame médico demissional apontou o Autor como apto para trabalhar. Ademais, a responsabilidade da Ré não pode ser entendida como culpa grave, na medida em que esta fornecia e fiscalizava devidamente o uso dos EPIs, de forma que o Autor não esteve desprotegido. Sua culpa cinge-se ao fato de alocar um trabalhador com um quadro auditivo já lesionado, em local com exposição a ruídos. Desta forma, impõe-se reduzir a condenação a um valor compatível com a gravidade do dano e a culpa da Recorrente, em consonância com o princípio da proporcionalidade. Recurso a que se dá provimento parcial para reduzir a condenação em danos morais para R$ 5.000,00 (cinco mil reais). TRT 9ª Reg. — RIND 99503-2006-021-09-00-0 (Ac. 4ª T. 04311/07) — Rel. Juiz Arnor Lima Neto. DJPR 23.2.07, p. 535.

Valor da indenização por dano moral — Requisitos

Ementa: AGRAVO DE INSTRUMENTO. RECURSO DE REVISTA. COISA JULGADA E MULTA POR LITIGÂNCIA DE MÁ-FÉ. Não há como vislumbrar afronta ao 5º, inciso XXXVI, da CF, pois a questão relativa à indenização por danos morais em razão da cobrança da dívida referente ao empréstimo/luvas e à inscrição do nome do reclamante no SERASA e SPC foi posterior à celebração do acordo. Inexiste tampouco violação do artigo 17 do CPC, tendo em vista que a aplicação da multa por litigância de má-fé decorreu da constatação do Tribunal *a quo* de que o Banco argüira a incompetência absoluta tanto na Justiça Comum quanto da Justiça do Trabalho. DANO MORAL — VALOR DA INDENIZAÇÃO. O Regional, levando em consideração a remuneração do autor e a proporção dos fatos causadores do dano, entendeu que a quantia fixada pelo Juízo *a quo* encontrava-se inferior à devida e decidiu fixar a indenização em R$ 50.000,00, que correspondem a 250 salários mínimos. Frise-se, antes de mais nada, que o Regional não vinculou o valor da indenização por danos morais ao salário mínimo, mas limitou-se a fixar um valor maior que o estabelecido pela r. sentença, ressaltando, simplesmente, sua correspondência a 250 salários mínimos e não a correção automática em tal patamar. Por outro lado, o último aresto transcrito à fl. 321 e único renovado na minuta de agravo não se presta ao fim pretendido, pois menciona o fato de que o valor a ser estabelecido para ressarcimento do dano deve ser igual à maior remuneração mensal, em relação a cada ano de serviço prestado, sendo certo que o Regional levou em consideração a remuneração do autor, a proporção dos fatos, a situação vexatória pelo autor vivida, que foi cobrado por uma dívida já quitada e teve o seu nome colocado no SERASA, o que sujeitou-lhe a uma possível demissão e lhe coagiu a efetuar o pagamento (Incidência dos Enunciados 23 e 296 do TST). Agravo a que se nega provimento. TST — AIRR-6888-2002-906-06-00.3 — (Ac. 5ª T.) — 6ª Reg. — Rel. Juiz Convocado João Carlos Ribeiro de Souza. DJU 17.12.04, p. 1440.

Valor e critério para fixação de indenização — Princípio da razoabilidade

Ementa: DANO MORAL. VALOR E CRITÉRIO PARA FIXAÇÃO DA INDENIZAÇÃO. PRINCÍPIO DA RAZOABILIDADE. 1. A imagem, honra e boa fama maculadas não têm preço que as restaure. Daí a dificuldade existente na quantificação da indenização por dano moral. No entanto, a lacuna legislativa na seara laboral quanto aos critérios para fixação da indenização leva o julgador a lançar mão do princípio da razoabilidade, cujo corolário é o princípio da proporcionalidade, pelo qual se estabelece a relação de equivalência entre a gravidade da lesão à boa fama e o valor monetário da indenização imposta. 2. "In casu", o ato lesivo à imagem do Reclamante, gerente de relações trabalhistas, foi a dispensa motivada em improbidade, tendo o Regional reconhecido a materialidade do superfaturamento de compras, mas não demonstrada a responsabilidade do Reclamante por ato de sua subordinada. Nesse contexto, o Regional arbitrou a indenização em cem vezes o salário do empregado, fixando o valor de R$ 272.200,00. 3. Ora, tendo em vista o debate sobre a motivação da dispensa (improbidade ou desídia, em que esta segunda motivação é menos grave e mais consentânea com o ocorrido), o reconhecimento da materialidade do ato remoto ensejador da dispensa (compras superfaturadas no setor dirigido pelo Reclamante) e o reduzido tempo de casa do Empregado (menos de dois anos), verifica-se que a imposição da indenização equivalente a mais de 8 anos de salários extrapola os princípios da razoabilidade e da proporcionalidade entre pena e falta. 4. Na ausência de parâmetros legais para a tarifação da indenização, cabe ao julgador aplicar o princípio da eqüidade, sopesando os elementos que caracterizaram o caso concreto, em que a controvérsia sobre a gravidade da lesão à honra e o reduzido tempo de casa do Reclamante não permitiriam impor indenização tão elevada quanto à fixada pelo Regional. 5. Assim sendo, é de se dar provimento ao recurso de revista patronal, para reduzir a indenização por dano moral a cem salários mínimos. Recurso de revista conhecido em parte e provido. TST — RR-151.626/2005-900-01-00.3 — (Ac. 4ª T.) — Rel. Min. Ives Gandra Martins Filho. DJU 10.6.05, p. 1074.

Da decisão acima, colhe-se o seguinte fundamento:

"II) MÉRITO

DANO MORAL — VALOR E CRITÉRIO PARA FIXAÇÃO DA INDENIZAÇÃO — PRINCÍPIO DA RAZOABILIDADE. A imagem, honra e boa fama maculadas não têm preço que as restaure. Daí a dificuldade existente na quantificação da indenização por dano moral. No entanto, a lacuna legislativa na seara laboral quanto aos critérios para fixação da indenização leva o julgador a lançar mão do princípio da razoabilidade, cujo corolário é o princípio da proporcionalidade, pelo qual se estabelece a relação de equivalência entre a gravidade da lesão à boa fama e o valor monetário da indenização imposta.

'In casu', o ato lesivo à imagem do Reclamante, gerente de relações trabalhistas, foi a dispensa motivada em improbidade, tendo o Regional reconhecido a materialidade do superfaturamento de compras, mas não demonstrada a responsabilidade do Reclamante por ato de sua subordinada.

Nesse contexto, o Regional arbitrou a indenização em cem vezes o salário do empregado, fixando o valor de R$ 272.200,00.

Ora, tendo em vista o debate sobre a motivação da dispensa (improbidade ou desídia, em que esta segunda motivação é menos grave e mais consentânea com o ocorrido), o reconhecimento da materialidade do ato remoto ensejador da dispensa (compras superfaturadas no setor dirigido pelo Reclamante) e o reduzido tempo de casa do Empregado (menos de dois anos), verifica-se que a imposição da indenização equivalente a mais de 8 anos de salários extrapola os princípios da razoabilidade e da proporcionalidade entre pena e falta.

Na ausência de parâmetros legais para a tarifação da indenização, cabe ao julgador aplicar o princípio da eqüidade, sopesando os elementos que caracterizaram o caso concreto, em que a controvérsia sobre a gravidade da lesão à honra e o reduzido tempo de casa do Reclamante não permitiriam impor indenização tão elevada quanto à fixada pelo Regional.

Assim sendo, é de se dar PROVIMENTO ao recurso de revista patronal, para reduzir a indenização por dano moral a cem salários-mínimos."

Valor indenizatório — Período da prestação de serviços e ofensa ao patrimônio subjetivo da ofendida

Ementa: DANOS MORAIS. VALOR INDENIZATÓRIO. Comprovado que a empregadora ultrapassou os limites inerentes aos poderes de mando e gestão, ao proceder revistas diárias em bolsas e sacolas no término do expediente, deve indenizar a empregada pelo dano. O valor fixado deve considerar o período da prestação de serviços e a ofensa ao patrimônio subjetivo da ofendida, cuja proteção é assegurada pela Carta Magna (art. 5º, inc. V e X). TRT 9ª Reg. — RO 00201-2004-091-09-00-1 — (Ac. 2ª T. 09779/05) — Rel. Juiz Luiz Eduardo Gunther. DJPR 26.4.05, p. 224.

Valor indenizatório — Valor correspondente ao capital social da empresa e quarenta vezes o que a parte diz ter recebido mensalmente

Ementa: INDENIZAÇÃO POR DANO MORAL. VALOR. CRITÉRIOS. Em se tratando da determinação do valor de indenização por dano moral, o seu reflexo no patrimônio do ofensor deve assegurar que a natureza punitiva seja cumprida e no do ofendido que não resulte enriquecimento indevido, partindo-se do princípio de que, para se fixar o prejuízo de afeição, cumpre ter em vista o limite do razoável, a fim de que não se enverede pelo rumo das absurdas pretensões. Valor correspondente ao capital social da empresa e a quarenta vezes o que a parte diz ter recebido mensalmente considera tais critérios, mostrando-se equânime. TRT 9ª Reg. — RO 18122-2003-010-09-00-1 — (Ac. 1ª T. 23056/05) — Rel. Juiz Ubirajara Carlos Mendes. DJPR 16.9.05, p. 452.

4. *BIBLIOGRAFIA*

Alexandre Agra Belmonte, *Danos Morais no Direito do Trabalho — Identificação, Tutela e Reparação dos Danos Morais Trabalhistas*, 2ª ed., 2002, Renovar, Rio; André Gustavo Corrêa de Andrade, *Dano Moral e Indenização Punitiva*, 2006, Forense, Rio; Antonio Lindbergh C. Montenegro, *Ressarcimento de Danos*, 2005, Lumen Juris, Rio; Arnaldo Süssekind, Délio Maranhão, Segadas Vianna, Lima Teixeira, *Instituições de Direito do Trabalho*, 22ª ed., março/2005, LTr, SP; Christiani Marques, *O Contrato de Trabalho e a Discriminação Estética*, 2002, LTr, SP; Clayton Reis, *O Verdadeiro Sentido da Indenização dos Danos Morais, in Grandes Temas da Atualidade,* Coordenação de Eduardo de Oliveira Leite, 2002, Forense, Rio; Daniel Itokazu Gonçalves, *Aspectos Relevantes do Dano Moral Trabalhista*, *in* Síntese Trabalhista, n. 168, junho/2004; Elidia Tridapalli, *AIDS e seus Impactos nas Relações de Trabalho — Uma Discussão Doutrinária e Jurisprudencial*, OAB/SC Ed., Florianópolis, SC; Estêvão Mallet, *Direito, Trabalho e Processo em Transformação*, junho/2005, LTr, SP; Enoque Ribeiro dos Santos, *O Dano Moral na Dispensa do Empregado*, 3ª ed., 2002, LTr, SP; Gardênia Borges Moraes, *Dano Moral nas Relações Trabalhistas*, 2003, LTr, SP; Gislene A. Sanches, *Dano Moral e suas Implicações no Direito do Trabalho*, 1997, LTr, SP; Guilherme Augusto Caputo Bastos, *O Dano Moral no Direito do Trabalho*, 2003, LTr, SP; Hádassa Dolores Bonilha Ferreira, *Assédio Moral nas Relações de Trabalho*, 2004, Ed. Russell, Campinas, SP; Helena Elias, *O Dano Moral na Jurisprudência do STJ*, 2004, Lumen Juris, Rio; José Cláudio Monteiro de Brito Filho, *Discriminação no Trabalho*, 2002, LTr, SP; José Roberto Dantas Oliva, *Tutela da Moral na Esfera Trabalhista: Tendências e Perspectivas*, *in Grandes Temas da Atualidade*, vários autores, Coordenação: Eduardo de Oliveira Leite, 2002, Forense, Rio; Luiz de Pinho Pedreira da Silva, *A Reparação do Dano Moral no Direito do Trabalho*, 2004, LTr; Marco Antônio Scheuer de Souza, *O Dano Moral nas Relações entre Empregados e Empregadores*, 1998, Edelbra, Erechim, RS; Marcus Vinícius Lobregat, *Dano Moral nas Relações Individuais do Trabalho*, 2001, LTr, SP; Maria Aparecida Alkimin, *Assédio Moral na Relação de Emprego*, Juruá, Curitiba, PR; Maria Celina Bodin de Moraes, *Danos à Pessoa Humana — Uma Leitura Civil-Constitucional dos Danos Morais*, 2003, Renovar, Rio; Milton Paulo de Carvalho Filho, *Indenização por Eqüidade no Novo Código Civil*, 2003, Atlas, SP; Nehemias Domingos de Melo, *Dano Moral — Problemática: Do Cabimento à Fixação do* Quantum, 2004, Juarez de Oliveira, SP; Orlando Teixeira da Costa, *Da Ação Trabalhista sobre Dano Moral*, *in* Revista do Tribunal Regional do Trabalho da 15ª Região, n. 8/1996; Paulo Eduardo V. Oliveira, *O Dano Pessoal no Direito do Trabalho*, 2002, LTr, SP; Paulo Maximilian Wilhelm Schonblum, *Dano Moral: Questões Controvertidas*, 2003, Forense, Rio; Paulo Roberto Benasse,

A Personalidade, os Danos Morais e sua Liquidação de Forma Múltipla, 2003, Forense, Rio; Renato Mehanna Khamis, *O Dano Moral — Dispensa Imotivada de Portador do Vírus HIV*, 2002, LTr, SP; Rodolfo Pamplona Filho, *O Dano Moral na Relação de Emprego*, 3ª ed., 2002, LTr; Rodolfo Pamplona Filho, *Dano Moral e Justiça do Trabalho, in Grandes Temas da Atualidade*, vários autores, Coordenação: Eduardo de Oliveira Leite, 2002, Forense, Rio; Sebastião Geraldo de Oliveira, *Indenizações por Acidente do Trabalho ou Doença Ocupacional,* junho/2005, LTr, SP; Valdir Florindo, *Dano Moral e o Direito do Trabalho*, 4ª ed., 2002, LTr, SP; Vera Lúcia Carlos, *Discriminação nas Relações de Trabalho*, 2004, Editora Método, SP; Vitor Fernandes Gonçalves, *A Punição na Responsabilidade Civil — A Indenização do Dano Moral e da Lesão a Interesses Difusos,* 2005, Brasília Jurídica, DF; Walmir Oliveira da Costa, *Dano Moral nas Relações Laborais: Competência e Mensuração,* Juruá, Curitiba, PR.

Vide também a bibliografia do Capítulo I, que trata sobre "Dano Moral — Conceito e sua aplicação no Direito do Trabalho".

CAPÍTULO XIX

DANO MORAL E A PROVA JUDICIAL

1. COMENTÁRIO

Inicialmente, ao se falar em prova judicial, é necessário que se tenha em vista o seu significado no mundo jurídico. Tomando-se por norte uma posição eclética acerca dos significados propostos pela doutrina, *Helio Márcio Campo* afirma que "a prova consiste numa soma de meios probatórios realizados por um conjunto de atos praticados por pelos menos uma das partes litigantes ou requerentes em juízo, que quer fazer operar no espírito do julgador a certeza de sua ou de suas afirmações, com a finalidade precípua que é a de obter êxito na demanda, através das comprovações daquelas alegações".

Sob tal prisma, ensina *Cândido Rangel Dinamarco*: "A ordem processual conta com a vontade dos litigantes, como mola propulsora que induz cada um deles a participar ativamente do processo mediante atos destinados a gerar resultados favoráveis".

Ressalta, ainda, o renomado autor que "o primeiro e mais amplo de todos os ônus impostos a ambas as partes é o de afirmar. O autor tem o ônus de afirmar suas razões para demandar adequadamente, sob pena de sequer abrir caminho para a tutela jurisdicional. O réu tem de fazer afirmações contrárias às do autor, com as quais estabelece controvérsias no processo e convida o Juiz a decidir conforme a prova e sua convicção" ("Instituições de Direito Processual Civil", vol. III, Malheiros, SP, p. 527).

Como é sabido, no processo do trabalho, vigora o princípio de que a prova é de quem alega, por se tratar de fato constitutivo de seu direito, ou de quem nega, aplicando-se o art. 818, da CLT e o art. 333, I, do CPC.

São várias as decisões nesse sentido, inclusive no tocante à matéria relativa ao dano moral.

Entretanto, a moderna corrente doutrinária que trata da questão da prova relacionada a este tema caminha no sentido de que a lesão decorrente do ato ilícito independe de prova direta.

Explica-se que a prova direta "é aquela relacionada aos danos (menocasbo, sofrimento, dor etc.), enquanto que as indiretas seriam os indícios e presunções ligados aos efeitos do evento"(1).

Segundo a corrente que afasta a prova direta, há vários motivos para assim entender: "1) os danos morais ocorrem no interior do indivíduo, sendo quase impossível a sua comprovação; 2) a dificuldade impossibilitaria as pretensões e livraria os infratores das sanções correspondentes; e 3) os danos, em sua maioria, são abrangidos por uma presunção de ocorrência inerente a qualquer 'homem médio', e seria elidível em caso de prova em contrário, esta produzida pelo causador do dano"(2).

---

(1) Wilhelm Schonblum, Paulo Maximilian. *Dano Moral: Questões Controvertidas*, 2003, Forense, Rio, p. 71.
(2) Wilhelm Schonblum, Paulo Maximilian. Ob. cit., p. 72.

A verdade é que a admissão da prova indireta encontra mais apoio na doutrina, dada a natureza íntima que cerca a personalidade da pessoa, e que nem sempre se manifesta por sinais exteriores. Neste caso, a prova pode ser produzida por presunções, que se louvam no fato de que não há necessidade de comprovar a dor experimentada pela morte de um filho ou de uma lesão que incapacite a pessoa. Assim, no caso de prova indireta, basta ao autor a alegação de dano moral, cabendo ao réu a prova em sentido contrário.

Inúmeros juristas, quer na esfera cível quer na trabalhista, manifestam-se favoráveis à prova indireta.

Na esfera civil, destacamos a posição de *Sérgio Cavalieri Filho,* o qual sustenta que, "por se tratar de algo imaterial ou ideal a prova do dano moral não pode ser feita através dos mesmos meios utilizados para a comprovação do dano material. Seria uma demasia, algo até impossível, exigir que a vítima comprove a dor, a tristeza ou a humilhação através de depoimentos, documentos ou perícia; não teria ela como demonstrar o descrédito, repúdio ou o desprestígio através dos meios probatórios tradicionais, o que acabaria por ensejar o retorno à fase da irreparabilidade do dano moral em razão de fatores instrumentais"(3).

Luiz de Pinho Pedreira da Silva, em sua excelente obra "A Reparação do Dano Moral no Direito do Trabalho", LTr, SP, à p. 148, manifesta-se a favor da prova indireta "ante a impossibilidade de prova direta do dano moral e a excessiva subjetividade do sistema misto".

Nesse sentido, também a posição de *Maria Aparecida Alkimin,* quando afirma que "não se pode ignorar os prejuízos concretos e externos na vida da vítima, pois reflete no pessoal, social, familiar e profissional, cujo sofrimento moral provoca reações orgânicas e psíquicas, como, por exemplo, *stress*, ansiedade, depressão, distúrbio do sono e alimentar, medo, angústia etc.; cujos efeitos concretos podem ser aferidos ou apreciados através da prova indireta, como a presunção, indícios, quando a vítima não detém o meio de prova direto e lícito", e acrescenta que, "salvo melhor entendimento, a prova do dano moral, inclusive no caso do assédio moral, não deve se sujeitar à disciplina geral em matéria de prova, no sentido de que o encargo probatório deve ser transferido àquele que invoca a tutela jurisdicional e deduz a pretensão ressarcitória, sob alegação de ter sofrido dano moral (CLT, art. 818 e CPC, art. 333, inc. I), ante a dificuldade de se exteriorizar o sofrimento íntimo, moral e interno"(4).

Segundo *Helena Elias*, em livro que trata do "Dano Moral na Jurisprudência do STJ", 2004, Lumen Juris, p. 99, "é nítida a tendência, na doutrina e na jurisprudência, de se mitigar o ônus da prova da lesão, admitindo-se que o dano moral decorre da própria conduta ofensiva", e, neste ponto, cita a autora a lição de *Sérgio Cavalieri,* para quem "a razão se coloca do lado daqueles que entendem que o dano moral está ínsito na própria ofensa, decorre da gravidade do ilícito em si. Se a ofensa é grave e de repercussão, por si só justifica a concessão de uma satisfação de ordem pecuniária ao lesado. Em outras palavras, o dano moral existe *in re ipsa*; deriva inexoravelmente do próprio fato ofensivo, de tal modo que, provada a ofensa, *ipso facto* está demonstrado o dano moral à guisa de uma presunção natural, uma presunção *hominis* ou *facti*, que decorre das regras da experiência comum; provado que a vítima teve o seu nome aviltado, ou sua imagem vilipendiada, nada mais ser-lhe-á exigido provar, por isso o dano moral está *in re ipsa;* decorre inexoravelmente da gravidade do próprio fato extensivo, de sorte que, provado o fato, provado está o dano moral".

---

(3) *Programa de Responsabilidade Civil*, 6ª ed., março/05, Malheiros Ed., SP, p. 108.

(4) *Assédio Moral na Relação de Emprego*, 2005, Juruá, Curitiba, PR, p. 119.

A prova a ser produzida, contudo, se possível, há de ser a que macule a honra e a imagem do empregado, se tais ofensas forem praticadas por seu patrão, pessoa física, ou por superiores hierárquicos, se pessoa jurídica, podendo configurar-se, segundo preleciona *Alice Monteiro de Barros*, citando *Júlio César Rivera*, "como uma ofensa aos direitos da personalidade, cujo fundamento assenta-se no fato de que a pessoa tem um valor em si mesma, e como tal cabe reconhecer-lhe uma dignidade" ("Proteção à Intimidade do Empregado", 1997, LTr, SP, p. 26).

Adverte, no entanto, *Guilherme Guimarães Feliciano* que: "Em tema de direitos fundamentais nem tudo são imperativos categóricos, pois a possibilidade de aqueles direitos colidirem entre si não é, decerto, meramente acadêmica. Bem ao contrário, tais colisões tendem a ser encontradiças e freqüentemente são descobertas nos processos judiciais. No processo civil contemporâneo, esses conflitos trouxeram grande perplexidade, ante a formulação geral de um dever de cooperação processual que parecia obrigar à renúncia de certos direitos de personalidade. Aditou-se, ao já numeroso elenco de variáveis que a *vexata quaestio* reunia, uma especialmente polêmica. Entendemos que, sobre ser casuístico, o dirimir desses problemas não dispensa um instrumental dogmático coeso e uniforme. Isso porque, se a luz do Sol é percebida a tempos diversos por cada órgão do corpo, nem por isso deixa de ser, na essência, aquilo que é. Quando — e se — deixar de ser percebida como tal, então o órgão estará falido. O mesmo ocorre, *mutatis mutandi,* com os direitos fundamentais da pessoa: se a casuística pede a relativização, nem por isso deve transigir com o arbítrio pessoal ou com a chicana. Contra isso, os bons critérios"(5).

Na verdade, o que se deve provar, direta ou indiretamente, é a prática do dano moral, a culpa do empregador ou de quem a cometeu e o prejuízo dele decorrente.

De notar-se, também, que, em relação à doença ocupacional e profissional, é imprescindível a prova do nexo de causalidade entre a doença adquirida e o exercício da atividade pelo trabalhador, e sobre ele já fizemos referência em outro capítulo, daí por que nos reportamos ao Capítulo XI, que trata do "Dano Moral — Decorrente de acidente do trabalho ou a ele equiparado (doença ocupacional ou profissional)".

2. REFERÊNCIAS LEGAIS

Constituição Federal

Art. 5º Todos são iguais perante a lei, sem distinção de qualquer natureza, garantindo-se aos brasileiros e aos estrangeiros residentes no País a inviolabilidade do direito à vida, à liberdade, à igualdade, à segurança e à propriedade, nos termos seguintes:

....

V — é assegurado o direito de resposta, proporcional ao agravo, além da indenização por dano material, moral ou à imagem;

....

X — são invioláveis a intimidade, a vida privada, a honra e a imagem das pessoas, assegurado o direito a indenização pelo dano material ou moral decorrente de sua violação;

....

Consolidação das Leis do Trabalho

Art. 8º As autoridades administrativas e a Justiça do Trabalho, na falta de disposições legais ou contratuais, decidirão, conforme o caso, pela jurisprudência, por analogia, por eqüidade e outros princípios e normas gerais de direito, principalmente do direito do trabalho, e, ainda, de acordo com os usos e costumes, o direito comparado, mas sempre de maneira que nenhum interesse de classe ou particular prevaleça sobre o interesse público.

---

(5) *Direito à Prova e Dignidade Humana,* maio/2007, LTr, SP, p. 226.

Parágrafo único. O direito comum será fonte subsidiária do direito do trabalho, naquilo em que não for incompatível com os princípios fundamentais deste.

....

Art. 818. A prova das alegações incumbe à parte que as fizer.

Código de Processo Civil

Art. 332. Todos os meios legais, bem como os moralmente legítimos, ainda que não especificados neste Código, são hábeis para provar a verdade dos fatos, em que se funda a ação ou a defesa.

— Vide *artigo 136 do CC/1916; e artigo 212 do CC/2002.*

— Vide *artigo 5º, LVI, da CF/1988.*

Art. 333. O ônus da prova incumbe:

— Vide *artigos 6º, VIII, 38 e 51, VI, da Lei n. 8.078, de 11.9.90 (Código de Defesa do Consumidor).*

I — ao autor, quanto ao fato constitutivo do seu direito;

II — ao réu, quanto à existência de fato impeditivo, modificativo ou extintivo do direito do autor.

Parágrafo único. É nula a convenção que distribui de maneira diversa o ônus da prova quando:

I — recair sobre direito indisponível da parte;

— Vide *artigo 1.035 do CC/1916; e artigo 841 do CC/2002.*

— Vide *artigos 320, II, e 351 do CPC.*

II — tornar excessivamente difícil a uma parte o exercício do direito.

Art. 334. Não dependem de prova os fatos:

I — notórios;

II — afirmados por uma parte e confessados pela parte contrária;

— Vide *artigo 348 do CPC.*

III — admitidos, no processo, como incontroversos;

— Vide *artigo 302,* caput, *do CPC.*

IV — em cujo favor milita presunção legal de existência ou de veracidade.

3. JURISPRUDÊNCIA

Acidente de trabalho — Dano moral — Prova

Ementa: ACIDENTE DE TRABALHO. DANO MORAL. PROVA. O dano causado aos bens imateriais do indivíduo, consoante majoritária corrente doutrinária, prescinde de prova, pois este se encontra "in re ipsa", o que significa dizer que a dor moral se prova por si mesma. O que se impõe evidenciar é o fato causador do dano. Uma vez demonstrado, tem-se por ocorrida a lesão ao acervo extrapatrimonial do indivíduo. Inexistindo prova do fato ensejador do sustentado abalo emocional que ocasionou violação a bens imateriais do empregado, inviável é a procedência do pleito de indenização por danos morais. TRT 10ª Reg. — RO 00237-2006-801-10-00-1 — (Ac. 1ª T./07) — Relª. Juíza Maria Regina Machado Guimarães. DJU3 20.7.07, p. 8.

Alegação de dano moral — Necessidade de prova de quem alega

Ementa: RECURSO ORDINÁRIO. É certo, que o dano moral enseja o pagamento de indenização, na hipótese de lesão considerável, esta decorrente de violação da intimidade, da honra e imagem de quem se vê objeto de ação ou omissão correlata por parte de terceiro. No entanto, este deve ser cabalmente comprovado por quem o alega, a fim de que se evite o enriquecimento sem causa do empregado. TRT 1ª Reg. — RO 01342-2003-222-01-00-6 — (Ac. 8ª T.) — Relª Juíza Maria Helena Motta. DJRJ 22.11.04, p. 143.

Atribulações, mágoas, aflição e sofrimento — Prova não direta, mas de fatos que conduzam à ilação da ofensa dessa ordem

Ementa: DANO MORAL. Dano moral é representado pelas atribulações, mágoas, aflição e sofrimento, íntimos e subjetivos que atingem a alma de um ser humano, em decorrência de atos ofensivos à imagem ou à honra, que ocasionam intensa dor moral ou física na vítima (dor-sentimento), estando, aqui, incluídos os danos psíquicos e estéticos. O que se faz necessário, nesta sede, é a prova de que prática de fatos que impingem na pessoa uma dor profunda, que, de tão forte, fere sua alma. É que a moral cuida-se de bem imaterial, que repousa no recôndito da alma e não pode ser apreendida, senão sentida. Por isto é que não há prova direta de dano desta natureza, mas de fatos que conduzam à ilação de que a ofensa fora dessa ordem, que tenha ferido, por exemplo, a auto-estima do suposto lesado. TRT 3ª Reg. — RO 00661-2004-032-03-00-5 — (Ac. 7ª T.) — Relª Juíza Wilmeia da Costa Benevides. DJMG 26.4.05, p. 18.

Ausência de nexo de causalidade — Prova — Não configuração

Ementa: DANOS MORAIS E MATERIAIS. AUSÊNCIA DE NEXO DE CAUSALIDADE. PROVA. Pacífico na doutrina e jurisprudência que são necessários o preenchimento de alguns requisitos para configuração do direito à indenização por acidente do trabalho, quais sejam a existência da lesão ou da enfermidade; o nexo causal entre a lesão ou a enfermidade e o trabalho; a incapacidade parcial, permanente ou temporária, ou necessidade de maior esforço para executar a atividade decorrente do acidente e a culpa do empregador. Não evidenciado o nexo causal entre a atividade laborativa e a doença que acomete o obreiro, impossível falar-se em indenização, já que o empregador não pode ser responsabilizado por danos à saúde do trabalhador aos quais não deu causa. TRT 3ª Reg. — RO 01758-2002-059-03-00-2 — (Ac. 6ª T.) — Relª Juíza Emília Facchini. DJMG 10.6.04, p. 18.

Ausência de prova — Dano moral não configurado

Ementa: RECURSO ORDINÁRIO. Não se cogita de indenização por danos morais, quando inexiste prova de ofensa à dignidade do trabalhador, sua reputação, honra e o bom nome, enfim ao inestimável patrimônio moral que cada pessoa é titular. Recurso autora improvido. TRT 1ª Reg. — RO 01295-2002-035-01-00-0 — (Ac. 9ª T.) — Rel. Des. José Leopoldo Felix de Souza. DJRJ 29.9.05, p. 220.

Ausência de prova — Descabimento

Ementa: DANO MORAL. PROVA. A responsabilidade por danos morais decorre de uma lesão ao direito da personalidade, que afeta a ordem interna do ser humano, seu lado psicológico, em virtude de dor, sofrimento, tristeza, ou outro sentimento qualquer, que atinge seu íntimo e seus valores e repercute na vida social. Nesse aspecto, não precisa o lesado, no caso o empregado, comprovar que se sentiu ofendido ou humilhado. Porém, deve provar robustamente o fato humilhante e vexatório de que foi vítima. Não logrando êxito nesse mister, não há como lhe deferir a indenização almejada. TRT 3ª Reg. — RO 01134-2003-037-03-00-9 — (Ac. 8ª T.) — Relª Juíza Denise Alves Horta. DJMG 24.7.04, p. 16.

Da decisão acima, colhe-se o seguinte fundamento:

"DANOS MORAIS

Sustenta o reclamante que faz jus ao recebimento de indenização por danos morais. Argumenta que perdeu a condição de segurado perante o INSS, pois ficou mais de doze meses sem contribuir, motivo pelo qual terá que laborar por mais sessenta meses para recuperar os instantes de contribuição anteriores à interrupção dos recolhimentos; que a prova testemunhal informa que ele deixou de quitar com regularidade suas contas, no período de desemprego, ficando submetido ao vexame de dever e à mercê da boa vontade alheia e que a reclamada, na defesa, não se insurgiu contra as suas alegações de angústia e sofrimento.

O dano decorre de um ato ilícito, que provoca, contra quem o praticou, a obrigação de repará-lo, conforme exposto no art. 159 do Código Civil, de 1916, vigente à época do fato: 'aquele que, por ação ou omissão voluntária, negligência ou imprudência, violar direito, ou causar prejuízo a outrem, fica obrigado a reparar o dano'. Essas mesmas regras se aplicam à reparação do dano moral.

À luz desse dispositivo legal, discorre a doutrina sobre os pressupostos gerais necessários ao exame do direito à indenização por ato ilícito. Como ensina Caio Mário, o primeiro fundamento da reparação está no erro de conduta do agente, contrário ao direito; o segundo é a ofensa a um bem jurídico, que tanto pode ser patrimonial como de cunho não patrimonial e o terceiro está em estabelecer uma relação de causalidade entre a antijuridicidade da ação e o dano causado (*in* 'Instituições de Direito Civil', 12ª ed., vol. II, Forense, 1993, pp. 236/237).

A responsabilidade por danos morais, em especial, reconhecida pela Carta Magna de 1988, no seu art. 5º, V e X, decorre de uma lesão ao direito da personalidade, inerente a toda e qualquer pessoa.

Afeta, portanto, a ordem interna do ser humano, seu lado psicológico, em virtude de dor, sofrimento, tristeza, ou outro sentimento qualquer, que atinge seu íntimo e seus valores e repercute na vida social.

Nesse aspecto, não precisa o lesado, no caso o empregado, comprovar que se sentiu ofendido ou humilhado pelo ato praticado pelo empregador. Provado o fato e sendo ele humilhante e vexatório, o dano moral é presumível.

Na hipótese vertente, contudo, o reclamante não logrou êxito em demonstrar que o fato de ter ficado desempregado, ante a dispensa indevida pela reclamada, trouxe-lhe qualquer prejuízo moral, considerando-se que o ato de o empregador dispensar, em si, não se reveste das características que trazem implícita a humilhação.

A testemunha Celso de Paula Rodrigues, indicada pelo laborista, informou que possui um estabelecimento comercial e que, quando o autor ficou desempregado, passou a não pagar em dia suas contas, chegando a dever-lhe R$ 100,00/R$ 200,00. Afirmou, contudo, que 'nunca deixou de vender ao reclamante; que mesmo durante mencionado período, o depoente manteve a opinião que sempre teve sobre a pessoa do reclamante, vendo-o como uma boa pessoa, de agradável convivência, honesta, etc.; que o reclamante continua sendo cliente do depoente; (...) que alguns fregueses tinham conhecimento do fato de o reclamante estar desempregado; que neste período o reclamante chegou a trabalhar como servente de pedreiro no próprio bairro onde mora; que jamais presenciou ou teve conhecimento de o reclamante ter sido humilhado pelo fato de estar desempregado ou não honrar seus compromissos' (fl. 60).

Observa-se, pois, que a situação de desemprego e de dificuldade financeira pela qual passou o laborista não denegriu sua imagem perante os amigos e vizinhos e, nem tampouco, ensejou qualquer tipo de humilhação.

Também, não comprovou o laborista a sua alegação de que teve o nome incluído no Sistema de Proteção do Crédito (fl. 04).

Cabe destacar que ao autor foram deferidos os salários vencidos, bem como os consectários legais, relativos ao período compreendido entre sua dispensa e a reintegração.

Assim, sobre tais verbas incidirá a contribuição para a Previdência Social, não se podendo falar em perda da qualidade de segurado no período em questão. Ademais, nos termos do artigo 15, II, §§ 1º e 2º, da Lei n. 8.213/91, mantém a qualidade de segurado, independentemente de contribuições, o empregado que deixar de exercer atividade remunerada, até 24 meses, se já tiver pago mais de 120 contribuições mensais sem interrupção, podendo este prazo ser prorrogado por mais 12 meses, para o segurado desempregado, desde que comprovada essa situação pelo registro no órgão próprio do Ministério do Trabalho e da Previdência Social.

Ante o exposto, nego provimento ao recurso, no aspecto." (www.trt3.gov.br, em 16.8.04)

Confissão ficta — Efeitos limitados

Ementa: DANO MORAL: INDENIZAÇÃO. CONFISSÃO FICTA: EFEITOS LIMITADOS. A mera confissão ficta não conduz ao dano moral: há que haver indicativo de que o obreiro foi submetido à dor psicológica, à perturbação da sua dignidade moral por divulgação pública de ato ou fato que o envolva, e não a mera falta de indenização material que pudesse colocá-lo em mora, se não há igual indicativo de que, assim agindo, a empresa contribuíra para que o obreiro fosse humilhado ou tivesse sua dignidade diminuída. Ou seja, não é a existência, no campo material, do dano financeiro que acarretará, necessariamente, dano moral. É preciso que esteja indicada na exordial e comprovada a dor psicológica, a perturbação da dignidade moral pela exposição pública de ato vexatório, a destruição da honra do indivíduo. Se sequer a exordial traduz tais efeitos necessários à configuração do dano moral e, conseqüentemente, à condenação ao pagamento de indenização por dano moral, os efeitos da confissão ficta não são de molde a resultar na declaração judicial da ocorrência de fato não invocado como havido. Recurso parcialmente provido. TRT 10ª Reg. — RO 01081-2003-001-10-00-8 — (Ac. 3ª T./2004) — Red. Desig. Juiz Alexandre Nery de Oliveira. DJU-3 4.6.04, p. 43.

Dano estético — Independe de prova — Dano moral configurado

Ementa: DANO MORAL. No caso em tela, o dano moral independe de prova, de vez que decorre do próprio dano estético verificado no reclamante, sendo o sofrimento evidente, com inegável reflexo em direito personalíssimo, tudo em decorrência de conduta ilícita da reclamada. Daí que se verifica devida a reparação arbitrada pelo juízo de primeiro grau, que se mostra razoável, levando em consideração a extensão do dano, o grau de culpa da empresa e a situação financeira de ambas as partes, sem perder de vista o caráter pedagógico, a fim de que tais fatos não ocorram novamente, sem, contudo, propiciar o enriquecimento sem causa do trabalhador. TRT 3ª Reg. — RO 01062-2003-089-03-00-9 — (Ac. 7ª T.) — Rel. Juiz Fernando Luiz G. Rios Neto. DJMG 11.5.04, p. 14.

Dano moral está ínsito na própria ofensa e decorre da gravidade do ilícito em si

Ementa: O DANO MORAL ESTÁ ÍNSITO NA PRÓPRIA OFENSA, DECORRE DA GRAVIDADE DO ILÍCITO EM SI. Se a ofensa é grave e de repercussão, por si só justifica a concessão de uma satisfação de ordem pecuniária ao lesado. Tal prova decorre inexoravelmente da gravidade do próprio fato ofensivo, de sorte que, provado o fato, provado está o dano moral. Apesar de sua indenização dever ser a mais completa possível, não poderá tornar-se fonte de lucro indevido. TRT 1ª Reg. — RO 01288-2002-049-01-00-0 — (Ac. 5ª T.) — Relª Des. Nídia de Assunção Aguiar. DJRJ 27.7.04, p. 217.

Depoimentos conflitantes — Ofensa quando ultrapassar os limites da subjetividade — Resultado da prova

Ementa: DEPOIMENTOS CONFLITANTES. RESULTADO DA PROVA. Quando as partes apresentam testemunhas para provar um fato, e os depoimentos se fazem conflitantes, tanto entre os depoimentos, como em face do próprio pedido deduzido em juízo, o que se pode admitir como provado é o fato de menor gravame à parte contrária. Sem prova firme e robusta do alegado dano impingido ao empregado, das indigitadas extravagâncias de tratamento que diz ser vítima em serviço, cai por terra a pretendida indenização por danos morais. Aliás, a concretização do dano moral, que implica no dever de indenizar, somente mostra-se possível quando a ofensa ultrapassar os limites da subjetividade. Isto acontece quando a conduta do empregador afeta a honra e a imagem do empregado perante a sociedade, perante a sua família e o mercado de trabalho. Nessas circunstâncias há sim, evidente prejuízo, que ultrapassa aquele "sentimento de pesar íntimo" da pessoa do ofendido. Entrementes, para se deferir a indenização por danos morais ao empregado é necessário que estejam presentes os requisitos para a correspondente reparação pecuniária, quais sejam: a concorrência do elemento culpa do empregador, o ato ensejador da ofensa e o resultado que dele adveio, requisitos que não restaram demonstrados na hipótese dos autos. Recursos dos reclamados providos no aspecto. TRT 3ª Reg. — RO 01634-2004-106-03-00-1 — (Ac. 2ª T.) — Rel. Juiz João Bosco Pinto Lara. DJMG 10.8.05, p. 11.

Da decisão acima, colhe-se o seguinte fundamento:

"DA INDENIZAÇÃO POR DANOS MORAIS

O pedido de indenização por danos morais vem lastreado no fato de ter sido tratado o reclamante, durante todo o pacto laboral, de forma desrespeitosa, tanto pelo Sr. Anderson de Lucca (gestor do 2º reclamado), como pela supervisora do 1º, Sra. Juliana Madureira; que tanto ele, reclamante, como os demais empregados, eram tratados com palavras chulas e de baixo calão; que em reuniões eram ridicularizados, coagidos, intimidados e ameaçados de demissão, tudo no intuito de se obter a produção desejada; quando a equipe apresentava dificuldades em atingir a meta do dia era proibida de lanchar, beber água ou ir ao banheiro até que apresentasse o resultado e a meta imposta; e, por fim, e como se não bastasse, ao longo de toda a jornada, e por diversas vezes, era o reclamante e seus colegas surpreendidos com objetos lançados pelo Sr. Anderson na divisória de vidro, o que era feito com o intuito de chamar a atenção dos funcionários para suas ordens.

Aduz mais. Agora, em seu recurso adesivo, alega que tamanha era a pressão psicológica à qual foi submetida, que teve abalada a sua saúde física e emocional (fl. 339).

Com a devida, o reclamante tenta dourar a pílula.

É inaceitável que alguém possa suportar tantas extravagâncias, como as aqui denunciadas, durante todo o pacto laboral, que durou de março de 2003 a outubro de 2004.

A alegação soa inverossímil.

É bem verdade que a 1ª testemunha que fez ouvir (fl. 268), afirma que eram os empregados xingados, mediante uso de palavras de baixo calão.

Mas ouvido o Sr. Anderson de Lucca, como testemunha indicada pela reclamada, nega ele as acusações, declarando que nunca maltratou o autor (fl. 269).

O que se tem nos autos, é uma afirmativa e, ao mesmo tempo, uma negativa dos fatos.

Enquanto uma parte afirma um fato, a outra, aliás à qual é imputada a autoria da ofensa, o nega.

Os depoimentos tomados se mostram conflitantes.

Ora, quando as partes apresentam testemunhas para provar um fato, e os depoimentos se fazem conflitantes, tanto entre os depoimentos, como em face do próprio pedido deduzido em juízo, o que se pode admitir como provado é o fato de menor gravame à parte contrária.

Sem prova firme e robusta do alegado dano impingido ao empregado, das indigitadas extravagâncias de tratamento que diz ser vítima em serviço, cai por terra a pretendida indenização por danos morais.

De mais a mais, tenho que a concretização do dano moral, que implica no dever de indenizar, somente mostra-se possível quando a ofensa ultrapassar os limites da subjetividade.

Isto acontece quando a conduta do empregador afeta a honra e a imagem do empregado perante a sociedade, perante a sua família e o mercado de trabalho. Nessas circunstâncias há sim evidente prejuízo, que ultrapassa aquele 'sentimento de pesar íntimo' da pessoa do ofendido.

Entretanto, para se deferir a indenização por danos morais ao empregado é necessário que estejam presentes os requisitos para a correspondente reparação pecuniária, quais sejam: a concorrência do elemento culpa do empregador, o ato ensejador da ofensa e o resultado que dele adveio, requisitos que não restaram demonstrados na hipótese dos autos.

Provejo o recurso para excluir da condenação a indenização por danos morais, prejudicado o exame do apelo do reclamante."

Empregador reclamado — Aplicação do princípio *in dubio pro reo*

Ementa: DANOS MORAIS. EMPREGADOR RECLAMADO. APLICAÇÃO DO PRINCÍPIO *IN DUBIO PRO REO*. Na ação de reparação por danos morais, onde o ex-empregador é reclamado, aplica-se o princípio do *in dubio pro reo* quando o ato dito danoso consiste em anterior alegação defensiva de justa causa que, a teor da prova produzida, reputou-se insuficientemente demonstrada. Não havendo cabal e insofismável demonstração no sentido de que a empresa tivesse invocado uma justa causa com base em fato inexistente, com o fito específico de desviar-se das obrigações laborais e ou com o objetivo de atingir o moral do obreiro, não se configura o dolo. Outrossim, não configurada a culpa, pois do contrário teríamos que assumir ser de grande risco jurídico-material tentar provar uma justa causa numa relação jurídico-processual, tudo resultando num verdadeiro constrangimento ao devido processo legal. A prova pode não ser suficiente para sustentar uma justa causa alegada anteriormente, mas não implica, *ipso facto*, a demonstração de um dano moral praticado no processo. Recurso ordinário a que se dá provimento para julgar improcedente a ação de dano moral proposta com base em alegação defensiva constante de RT anterior. TRT 15ª Reg. (Campinas/SP) — RO 01144-2001-094-15-00-1 — (Ac. 6ª T. 13.440/2004-PATR) — Rel. Juiz Luiz Felipe Paim da Luz Bruno. DJSP 23.4.04, p. 28.

Gravação clandestina — Prova ilícita — Inadmissibilidade

Ementa: DANO MORAL. GRAVAÇÃO CLANDESTINA. PROVA ILÍCITA. INADMISSIBILIDADE. A gravação de conversa telefônica sem o conhecimento de um dos interlocutores consiste em prova obtida por meio ilícito, violadora do direito à intimidade do comunicador, inadmissível no processo, a teor do art. 5º, incs. X e LVI, da CF. TRT 12ª Reg. — RO-V 00833-2002-029-12-00-7 — (Ac. 3ª T. 00603/04, 25.11.03) — Relª Juíza Gisele Pereira Alexandrino. DJSC 20.1.04, p. 106.

Gravação de conversa telefônica — Prova imoral e ilícita

Ementa: DANO MORAL. GRAVAÇÃO DE CONVERSA TELEFÔNICA. PROVA IMORAL E ILÍCITA. A gravação de telefonema em que dialogam o sócio da empresa e um terceiro, feita com a participação do reclamante e sem o conhecimento do empregador, mediante a qual se busca provar que estariam sendo fornecidas informações desabonadoras do ex-empregado, não pode ser admitida como prova no processo, pois, além de implicar divulgação de conversa privada e violação de conversa telefônica (artigo 5º, X e XII, da Constituição Federal), caracteriza prova obtida por meios ilícitos. Isso porque a prova assim produzida nada mais constitui do que um ardil utilizado pelo reclamante e pela terceira pessoa que se faz passar por seu pretenso contratante, "interessado" na sua referência, no sentido de levar a reclamada a cair no deslize de fornecer informações desabonadoras do ex-empregado, sobre as quais poderia ser pedida a compensação de dano moral. Os preceitos legais aplicáveis à espécie buscam resguardar tanto a intimidade das pessoas, quanto a ética e a honra humana na sua dimensão maior, e qualquer procedimento que atente contra esta, ainda que a título de produção de prova, deve ser veementemente rechaçado. A atitude do reclamante, ao produzir esse tipo de prova, viola a honra do empregador, buscando fazer com que este incorra em ilícito, e, por outro lado, desmerece a grandeza do instituto da responsabilidade civil. TRT 3ª Reg. — RO 00664-2003-096-03-00-7 — (Ac. 2ª T.) — Relª Juíza Alice Monteiro de Barros. DJMG 23.6.04, p. 08.

Da decisão, colhe-se o seguinte fundamento:

"DANO MORAL

O reclamante, ora recorrente, alegou na inicial que foi admitido pela reclamada como motorista de carreta em 2.1.03 e dispensado em 12.8.03, sendo que, em agosto/03, ajuizou reclamação trabalhista contra essa ex-empregadora. Disse, também, que, por ter feito isso, a reclamada, por meio de seu sócio proprietário, passou a difamá-lo, prestando informações falsas e negativas sobre a sua pessoa, o que lhe tem impedido de arrumar novo emprego. O reclamante pediu, por conseguinte, o pagamento de compensação por dano moral, no valor de R$ 55.000,00.

A reclamada, ora recorrida, contestou a data de admissão apontada na inicial e o pleito de compensação de dano moral (fls. 13/17), dizendo, quanto a este, em suma, que é absurda a alegação de que teria difamado o autor. Acrescenta que, ao que sabe, apenas uma vez foram solicitadas informações sobre o reclamante, e que as forneceu de forma correta.

A MMª Vara de origem julgou improcedente o pedido em questão e a reclamação trabalhista ajuizada.

Contra essa decisão insurge-se o reclamante, alegando, em suma, que restou provado, mediante a fita cassete transcrita, o fornecimento das más referências pela reclamada relativamente a sua pessoa. Acrescenta que essas referências têm-lhe impedido a obtenção de novo emprego.

Inicialmente, cabe salientar que era ônus do reclamante comprovar os fatos alegados na inicial, sendo certo que, em relação à alegação de ofensas à sua honra, houve contestação da parte reclamada.

Vejamos a prova.

Dos autos consta apenas a transcrição de uma fita cassete (fls. 31/34) contendo gravação de conversa telefônica havida entre o sócio proprietário da reclamada e terceira pessoa, que telefonara para a reclamada, buscando informação sobre a pessoa do reclamante, sob a alegação de estar em via de contratá-lo. Além disso, consta o depoimento testemunhal desta terceira pessoa esclarecendo as circunstâncias dessa gravação.

A transcrição da fita cassete foi feita pelo advogado do reclamante.

A reclamada impugnou essa prova material, alegando que ela se refere à gravação clandestina de conversa telefônica (fls. 37/40).

Disse, por outro lado, que não há nada no conteúdo da conversa gravada que sustente a narrativa do reclamante, sobretudo porque nada foi inventado em relação a ele.

Primeiramente, cabe decidir sobre a validade, como prova judicial, dessa gravação. Trata-se de conversa telefônica entre o sócio da reclamada e um terceiro, de nome Marcos Antônio de Jesus, gravada sem o conhecimento daquele.

Essa circunstância caracteriza a prova como obtida de forma ilegal, já que se trata de divulgação de conversa privada e reservada entre o sócio da reclamada e essa terceira pessoa e implica, também, violação de comunicação telefônica, de que tratam os incisos X e XII do artigo 5º da Constituição Federal.

Note-se que sequer se cogita de autorização judicial para essa gravação.

Aqui, ao contrário do ocorrido no caso recente do RO n. 01262-2002-111-03-00-7, de que fui relatora, estamos tratando de conversa telefônica privada de que participaram o sócio proprietário da reclamada e uma terceira pessoa.

Assim sendo, a prova em questão esbarra na disposição do inciso LVI desse mesmo artigo 5º do texto constitucional, já que foi obtida de forma ilícita, pois ofende norma de direito material que garante a privacidade da pessoa, e ilegítima, já que contraria a lei processual, pois feita sem autorização judicial.

Além disso, tal gravação representa, no fundo, um ardil empregado pelo reclamante, pois, conforme revelado pelo próprio interlocutor da conversa gravada, eles teriam combinado entre si que este simularia a situação de interessado em contratar o reclamante como motorista de carreta, para tomar as referências do autor perante a reclamada.

O reclamante, como se verifica, contou com a 'samaritana' colaboração do Sr. Marcos Antônio de Jesus, conforme esclarecido à fl. 44, o qual, sendo professor de educação física, fez-se passar por proprietário de carretas, interessado na contratação do autor, e teve a iniciativa do telefonema para a reclamada em busca das tais referências.

Esse tipo de prova, a meu ver, atenta, também, contra a ética, mormente quando, por meio dela, busca-se, no fundo, fazer com que a outra pessoa incorra em ilícito, para, ao final, lançar mão da alegação de dano a ser reparado.

Na cultura dos povos, encontramos o preceito moral judaico que manda não se colocar obstáculo diante de cego. Ora, o reclamante, ao fabricar um telefonema de consulta à reclamada sobre a sua referência pessoal, na verdade, estava buscando induzir o ex-patrão a cometer ofensa contra a sua honra, para, ao final, lançar mão da responsabilidade civil.

Os preceitos legais aplicáveis à espécie buscam resguardar tanto a intimidade das pessoas, quanto a ética e a honra humana na sua dimensão maior, e qualquer procedimento que atente contra esta, ainda que a título de produção de prova, deve ser veementemente rechaçado.

A atitude do reclamante, ao produzir esse tipo de prova, viola a honra do empregador, buscando fazer com que este incorra em ilícito, e, por outro lado, desmerece a grandeza do instituto da responsabilidade civil.

Assim sendo, meu entendimento é no sentido de que não se deve sequer conhecer da referida prova.

Desse modo, não restou demonstrada a atitude ilícita do empregador e o dano sofrido pelo reclamante, razão pela qual não há espaço para a responsabilidade civil na espécie.

Nada a reparar." (www.trt3.gov.br, em 15.8.04)

Inexistência de prova

Ementa: DANO MORAL. INDENIZAÇÃO POR DANOS MORAIS. INEXISTÊNCIA. Para a configuração do dano moral e a conseqüente reparação, é imprescindível que a honra ou a imagem do trabalhador sofra uma ofensa concreta. Inexistindo prova de que os atos inquinados de ofensivos causassem constrangimento, situação de vergonha, ou qualquer outro sofrimento capaz de ensejar uma reparação pecuniária, resta indevida a indenização postulada. TRT 12ª Reg. — RO-V 02367-2002-039-12-00-1 — (Ac. 3ª T. 03.190/04, 9.3.04) — Relª Juíza Licélia Ribeiro. DJSC 12.4.04, p. 207.

Necessidade de perquirir a culpa do agente e a prova do dano

Ementa: INDENIZAÇÃO POR DANO MORAL. NECESSIDADE DE PERQUIRIR A CULPA DO AGENTE E A PROVA DO DANO. O direito positivo brasileiro consagrou a teoria clássica da responsabilidade subjetiva, sendo por ela necessário que o prejudicado prove, além do dano, da infração ao dever legal e do vínculo de causalidade, a existência de culpa do sujeito passivo da relação jurídica. A teoria objetivista emerge somente de imposição legal, e assim mesmo dentro de seus estritos limites. TRT 3ª Reg. — RO 1.204/00 — (Ac. 4ª T.) — Rel. Juiz Maurílio Brasil. DJMG 11.11.00, p. 17.

Nexo de causalidade entre o dano sofrido pelo empregado e a ação do empregador — Não configuração

Ementa: DANO MORAL. Para configurar dano moral, reparável pelo empregador, por ação ou omissão, é necessária a caracterização do nexo de causalidade entre o dano sofrido pelo empregado e a ação do empregador, quer na modalidade dolosa ou culposa, de modo a atingir direitos personalíssimos pela Constituição (art. 5º, X, CF). Não restando demonstrado que o ato danoso fora perpetrado pelo empregado, inexiste a reparação por ele a ser determinada, porquanto não concorreu para qualquer efeito danoso. TRT 9ª Reg. — Proc. 00247-2002-655-09-00-4 — (Ac. 02.848/2004) — Relª Juíza Rosemarie Diedrichs Pimpão. DJPR 6.2.04, p. 727.

Ônus da prova

Ementa: RECURSO ORDINÁRIO. INDENIZAÇÃO POR DANO MORAL. REQUISITOS. ÔNUS DA PROVA. A indenização por dano moral depende de prova, pelo interessado, não só do prejuízo psico-social sofrido, mas também e principalmente, do nexo de causalidade entre a conduta empresarial e a lesão ao equilíbrio psíquico-social do empregado. TRT 1ª Reg. — RO 02262-1998-016-01-00-1 — (Ac. 8ª T.) — Rel. Juiz Alberto Fortes Gil. DJRJ 9.8.04, p. 323.

Ônus da prova — Arts. 818, da CLT e 333, I e II, do CPC

Ementa: DANOS MORAIS. INDENIZAÇÃO PECUNIÁRIA. ÔNUS DA PROVA. ARTIGOS 818 DA CLT E 333, I E II, DO CPC. Para a existência de dano moral, é necessário haver lesão aos aspectos mais íntimos da personalidade humana, como a honra, a imagem. A tutela jurídica destes bens não suscetíveis de valor econômico está expressa na própria Constituição Federal, que proclama a "dignidade da pessoa humana" como fundamento do Estado Democrático de Direito (art. 1º, inciso III), e preceitua serem invioláveis "a intimidade, a vida privada, a honra e a imagem das pessoas, assegurado o direito a indenização pelo dano material ou moral decorrente de sua violação" (art. 5º, inciso X). No presente caso não há prova alguma de que o obreiro tenha sido aviltado em sua integridade moral, ônus processual que lhe competia, a teor dos arts. 818 da CLT e 333, I e II, do CPC. Recurso Ordinário a que se nega provimento. TRT 15ª Reg. (Campinas/SP) — RO 00728-2004-094-15-00-2 — (Ac. 32631/2005-PATR, 9ª Câmara) — Rel. Juiz João Alberto Alves Machado. DJSP 15.7.05, p. 44.

Ônus da prova — Dúvida quanto à participação no diálogo gravado em fita magnética

Ementa: DANO MORAL. ÔNUS DA PROVA. DÚVIDA QUANTO À PARTICIPAÇÃO NO DIÁLOGO GRAVADO EM FITA MAGNÉTICA. Se o réu nega ter participado do diálogo reproduzido em fita magnética trazida aos autos pelo autor como prova da ocorrência do dano moral e, em audiência afirma não reconhecer como "sua" a voz nela registrada, torna-se indispensável a realização de perícia técnica para confirmar a autoria das declarações ali registradas, pois a dúvida prejudica aquele que detém o ônus da prova que, em se tratando de dano moral, é o autor da pretensão. TRT 24ª Reg. — RO 976/2000 — (Ac. TP n. 3.000/2000) — Red. Desig. Juiz Amaury Rodrigues Pinto Júnior. DJMS n. 5.451, 16.2.01.

Ônus da prova — *Ficta confessio* imposta ao empregador — Impertinência

Ementa: DANO MORAL. ÔNUS DA PROVA. FICTA CONFESSIO IMPOSTA AO EMPREGADOR. IMPERTINÊNCIA. Tratando-se de pedido de indenização por dano moral, não cabe a aplicação da pena de confissão baseada no § 1º do art. 843 da CLT, porque o ônus de provar o fato que provocou a lesão de ordem moral, é do empregado e não do empregador, nos termos do art. 818 da CLT e 333, I do CPC. (Recurso provido). TRT 17ª Reg. — RO 00526.2005.004.17.00.5 — (Ac. 925/2006) — Relª. Juíza Sonia das Dores Dionísio. DJES 2.2.06, p. 941.

Ônus probatório — Dano moral — Caracterização — Indenização —

Ementa: DANO MORAL. CARACTERIZAÇÃO. INDENIZAÇÃO. ÔNUS PROBATÓRIO. O dano moral puro é aquele que atinge valores ideais, produz dor, desprazer sem, contudo, afetar o patrimônio do lesado. A ausência de prejuízo patrimonial não descaracteriza o dano moral, antes confirma a pureza da afetação. Ao contrário do dano material, não se exige prova do dano moral puro, exigindo-se apenas a prova dos fatos que teriam atingido o patrimônio moral de quem o alega. No presente caso, não foi comprovada a prática de ato ilícito pela empregadora, portanto, não há falar em dano moral. Recurso conhecido e desprovido. TRT 10ª Reg. — RO 01058-2004-101-10-00-2 — (Ac. 1ª T./05) — Relª Juíza Cilene Ferreira Amaro Santos. DJU3 5.8.05, p. 6.

Prova

Ementa: DANOS MORAIS E MATERIAIS. PROVA. Não se pode acolher o pleito de indenização por danos morais e materiais sem a prova inequívoca quer do dano alegado, quer do nexo de causalidade entre a imputação e os possíveis danos sofridos pelo autor. TRT 24ª Reg. — RO 951/2000 — (Ac. TP n. 51/2001) — Rel. Juiz Márcio Eurico Vitral Amaro. DJMS n. 5.444, 7.2.01.

Prova

Ementa: DANO MORAL. PROVA. Cabe ao empregado que busca indenização por dano moral fazer prova robusta de ter sido acusado de improbidade por parte do empregador, sobretudo quando a rescisão contratual se deu sem justa causa. TRT 12ª Reg. — RO-V 06462-2001-034-12-00-1 — (Ac. 1ª T. 08.553/03, 06.08.03) — Rel. Juiz Garibaldi T. P. Ferreira. DJSC 5.9.03, p. 188.

Prova — Ausência de ato ilícito

Ementa: DANO MORAL. AUSÊNCIA. Para a caracterização do dano moral, como causa da responsabilidade que dá ensejo à compensação pecuniária, é imprescindível a comprovação da prática, pelo empregador, de ato ilícito manifestado através de ação ou omissão, além da comprovação do dano e do nexo causal entre ambos. Ausente qualquer destes elementos, não há falar em direito à indenização reparatória. TRT 3ª Reg. — RO 01855-2003-017-03-00-4 — (Ac. 1ª T.) — Rel. Juiz Marcus Moura Ferreira. DJMG 23.7.04, p. 04.

Prova — Dano moral — Empregado

Ementa: DANOS MORAIS. PROVA — Compete ao empregado a demonstração inequívoca da ocorrência de constrangimento ilícito perpetrado pela empresa, hábil a impingir violação à sua integridade moral e à sua imagem. Não se desincumbido do ônus que lhe competia (art. 818 da CLT, c/c inciso I, do art.333 do CPC), o pedido é improcedente. TRT 10ª Reg. — RO 00903-2006-016-10-00-5 — (Ac. 1ª T./07) — Relª. Juíza Elaine Machado Vasconcelos. DJU3 29.6.07, pp. 16/17.

Prova — Dano moral puro

Ementa:..

"DANO MORAL. PROVA DO FATO. 1.'O dano moral puro é aquele que atinge valores ideais, produz dor, desprazer sem, contudo, afetar o patrimônio do lesado. O fundamento do dano moral reside no fato de que, ao lado do patrimônio material, o indivíduo também é titular de direitos que integram sua personalidade e não se pode conceber que estes possam ser impunemente atingidos. Dano moral puro não se prova, bastando provar o fato' (Juíza Cilene Ferreira Amaro Santos). 2. A divulgação de lista nominal de funcionários a serem mantidos na reclamada, como resultado de um processo de reestruturação, e publicidade restrita às unidades da empresa, sem qualquer conotação pejorativa quantos aos dela excluídos, não se mostra apta a viciar o consentimento na adesão ao PDVI. Não provado o fato que daria origem ao dano moral, indevida a indenização respectiva." (Juíza Maria Piedade Bueno Teixeira). Recurso conhecido e parcialmente provido. TRT 10ª Reg. — RO 00149-2004-010-10-00-3 — (Ac. 2ª T./05) — Red. Desig. Juiz Mário Macedo Fernandes Caron. DJU3 21.10.05, p. 4.

Prova — Dano puro ou meramente moral

Ementa: DANO MORAL. No pedido de reparação por danos morais não é necessário que se prove nenhum tipo de ofensa concreta à honra pessoal. A Jurisprudência mostra-se uníssona no sentido de que é indenizável o dano puro ou meramente moral. TRT 17ª. Reg. — RO 00025.2005.121.17.00.2 — RO (Ac. 9165/2005) — Relª Juíza Anabella Almeida Gonçalves. DJES 5.12.05, p. 9.012.

Prova — Desnecessidade

Ementa: I — DANO MORAL. PROVA. DESNECESSIDADE. Ofensa como fato gerador. Inarredável a produção de prova cabal da sua existência. Embora o dano moral, naturalmente sem qualquer repercussão patrimonial, não necessite ser provado, de vez que aparece no mundo jurídico e fático pela mera ocorrência da ofensa, esta como fato gerador deve ser demonstrada com clareza no mínimo mediana. É que os direitos integrantes da personalidade quando violados elevam os sentimentos e, em conseqüência, o sofrimento humano, observado por mera dedução e pela experiência comum dos fatos vividos e sofridos, daí a ensejar a indenização ou ressarcimento não só pela previsão constitucional (art. 5º, inc. X), como também pela codificada no CCB, art. 159. II — OPERADOR DE LIGAÇÃO. ATIVIDADE PREPONDERANTE. ART. 227 DA CLT. Aplicam-se aos operadores de ligação as regras previstas no art. 227 da CLT, quando resulta demonstrado o exercício preponderante de atividade na operação de ligação, recepção, transferência e outros serviços atinentes à telefonia de "mesa". TRT 12ª Reg. — RO-V-07.178/00 — (Ac. 1ª T. 07.096/01, 26.6.01) — Rel. Juiz Antonio Carlos Facioli Chedid. DJSC 24.7.01, p. 94.

Prova — Da dor moral sofrida pelo ofendido — Desnecessidade — Presunção hominis

Ementa PROVA DA DOR MORAL SOFRIDA PELO OFENDIDO. DESNECESSIDADE. PRESUNÇÃO HOMINIS. Diante do reconhecimento da existência do ato ilícito do Reclamado, fundado na teoria do risco, assim como do nexo de causalidade decorrente da lesão a direito subjetivo de outrem, desnecessário demonstrar a dor moral experimentada pela vítima, uma vez que a indenização por dano moral dispensa a produção de prova dos efeitos causados no ofendido, eis que decorre de presunção hominis, ou seja, são derivantes das regras da experiência comum. TRT 23ª Reg. — RO 01646.2005.008.23.00-2 — (Ac. 1ª T, julgado em 15.7.07) — Rel. Des. Tarcísio Valente. Publicado em 17.5.07.

Prova — Forma dolosa ou culposa — Inexistência

Ementa: DANOS MORAIS. A reparação por danos morais exige prova irrefutável não apenas do dano, mas de que esse mesmo dano tenha sido perpetrado de forma dolosa ou culposa. Inexistindo, nos autos, qualquer prova nesse sentido, inviável a indenização pleiteada. Recurso conhecido e não provido. TRT 10ª Reg. — RO 00287-2003-802-10-00-2 — (Ac. 3ª T./2004) — Relª Juíza Marli Lopes da Costa de Góes Nogueira. DJU-3 2.7.04, p. 31.

Prova — Necessidade

Ementa: DANO MORAL. PEDIDO DE INDENIZAÇÃO. PROVA. NECESSIDADE. Não obstante a indenização decorrente de danos morais esteja respaldada pela Constituição da República, somente pode ser deferida se demonstrado pelo postulante ter sofrido grave abalo psíquico e moral em virtude de atos injustificados praticados por outrem. Comprovado nos autos que os procedimentos administrativos adotados pelo ex-empregador em relação ao demandante não foram arbitrários ou injustificados, mas fundaram-se em relevantes indícios de atuação irregular e desidiosa deste, utilizando-se posteriormente do seu direito potestativo de promover a ruptura contratual imotivada, é de ser refutado o pedido de indenização por danos morais. Não necessita de prova o dano moral decorrente de lesão grave de ordem física, ou a privação de qualquer parte do corpo que gera sofrimento passível de caracterizar o dano moral. TRT 12ª Reg. — RO-V-06.232/00 — (Ac. 1ª T. 06.855/01, 19.6.01) — Rel. Juiz Antonio Carlos Facioli Chedid. DJSC 18.7.01, p. 231.

Prova — Necessidade de demonstração inequívoca do fato alegado

Ementa: DANO MORAL. INDENIZAÇÃO. NECESSIDADE DE DEMONSTRAÇÃO INEQUÍVOCA DO FATO ALEGADO. Compete ao reclamante o encargo de produzir prova robusta das acusações que teriam violado direitos personalíssimos e causado sensações ou emoções negativas na sua esfera íntima, a justificar o pedido de indenização por dano moral. Recurso conhecido e desprovido. TRT 9ª Reg. — Proc. 07042-2005-651-09-00-7 — (Ac. 3ª T. 08911/07) — Rel. Juiz Altino Pedrozo dos Santos. DJPR 13.4.07, p. 826.

Prova — Simples reação do ofendido — Não configuração

Ementa: DANO MORAL. A indenização por danos morais pressupõe a prova da existência do dano, do nexo de causalidade entre este e a ação ou omissão do agente (empregador ou seus prepostos), bem como a sua culpa. Sem a presença desta tríade elementar não há que se falar em indenização. Por outro lado, não se pode concluir pela existência do dano, subjetivamente, pela simples reação do ofendido, já que as pessoas reagem ao mesmo fato de formas diferentes, mas, objetivamente, pela gravidade do ato ou fato atribuído ao ofensor e as conseqüências inarredáveis em relação à vítima. TRT 3ª Reg. — RO 00564-2005-091-03-00-0 — (Ac. 6ª T.) — Rel. Juiz Sebastião Geraldo de Oliveira. DJMG 29.9.05, p. 13.

Do voto do Relator, colhe-se o seguinte fundamento:

"3.4. Dano moral

Alega a reclamante que a reclamada não impugnou os fatos narrados na inicial e que seriam causadores do suposto dano moral, salientando que a prova testemunhal também corrobora suas alegações, razão pela qual tem direito à indenização.

Ao contrário do alegado, a reclamada impugnou, ainda que de forma concisa, os fatos narrados na inicial, aduzindo que as alegações constantes da peça de ingresso são infundadas (f. 93), o que afasta a incidência do art. 302 do CPC.

Por outro lado, a prova produzida não imprime a certeza quanto à existência da alegada lesão à esfera moral da reclamante, já que a única testemunha a depor sobre os fatos, senhor Anderson Santana, informou apenas que viu o proprietário da reclamada dizer à reclamante, de forma autoritária, que o que estava na loja a ele pertencia (no caso uma caderneta com anotações que a reclamante teria dito que teria comprado com o seu dinheiro e que lhe havia sido tirada das mãos pela esposa do ofensor). Referida testemunha acrescentou que no momento só estava ele e uma empregada no local e que 'não houve nenhuma ofensa ou utilização de palavras agressivas, mas apenas o tom da fala é que foi agressivo' (f. 137/138).

Em que pese a reclamante estar chorando no momento do acontecido, não se pode dizer que tenha havido dano à sua esfera moral.

Primeiro, porque não está efetivamente provado que a caderneta foi retirada à força das suas mãos, pois a testemunha não viu o fato. Segundo, porque embora o proprietário da reclamada tenha se dirigido à reclamante de forma autoritária, o que é censurável, este fato não pode ser considerado como danoso à moral da autora, já que nenhuma ofensa foi-lhe impingida. Por fim, deve-se ter em conta que ainda que a reclamante tenha comprado a caderneta, continha ela anotações de vendas que interessavam a reclamada, razão pela qual a reclamante não poderia sonegar o acesso a estas informações.

Extrai-se dos autos que o proprietário da reclamada se excedeu na forma de se dirigir à reclamante, o que é censurável, repita-se, mas não se pode dizer que tenha havido dano moral. O fato de a reclamante estar chorando, nervosa, não é suficiente como prova do dano, porque as pessoas reagem de formas diferentes aos acontecimentos, não se podendo medir o dano subjetivamente, isto é, verificando-se as reações do ofendido, mas objetivamente, verificando-se a natureza e a gravidade da ofensa, bem como a sua repercussão.

Desprovejo."

Prova dos fatos que levam à desqualificação da honra do atingido ou à verificação de situação vexatória ou de temor que resultem na existência de dor sentimental — Necessidade

Ementa: INDENIZAÇÃO POR DANO MORAL. "O dano moral não pode apenas ser alegado ou presumido, dependendo da demonstração de prova de fatos que levam à desqualificação da honra do atingido ou à verificação de situação vexatória ou de temor que resultem na existência de dor sentimental. Para isso, há necessidade de verificação se o fato alegado causa gravame relevante no íntimo do atingido e não a mera circunstância da ocorrência de fato que possa estar coligado a interesses patrimoniais, dada a distinção com a indenização que decorre da percepção da ocorrência do dano moral. Recurso da Reclamada conhecido e parcialmente provido". (Juiz Alexandre Nery de Oliveira). DESCONTOS INDEVIDOS. O desconto salarial não justificado pelo empregador é vedado pelo art. 461, § 1º, da CLT, por isso, deve ser devolvido. COMUNICAÇÃO AO MINISTÉRIO PÚBLICO FEDERAL. Verificado descompasso em depoimentos prestados pelo empregado cabe ao magistrado comunicar a ocorrência ao Ministério Público Federal, o qual detém a titularidade da ação penal nesses casos. Eventual atipicidade da conduta deve ser verificada no processo criminal e não no trabalhista, portanto, deve ser mantida a determinação. Recursos conhecidos e parcialmente providos. TRT 10ª Reg. — RO 00122-2005-013-10-00-0 — (Ac. 1ª T./05) — Relª Juíza Cilene Ferreira Amaro Santos. DJU3 23.9.05, p. 8.

Prova material da dor moral — Impossibilidade — Forma da constatação

Ementa: INDENIZAÇÃO POR DANOS MORAIS. PROVA MATERIAL DA DOR MORAL. IMPOSSIBILIDADE. FORMA DE CONSTATAÇÃO. A "dor moral" não pode ser materialmente provada, nem mesmo por indícios, pois ela é de ordem subjetiva e particularizada para cada indivíduo, motivo pelo qual caberá ao julgador, utilizando-se de criterioso bom senso e tendo em conta os valores médios do cidadão de seu tempo, aquilatar se determinadas situações e fatos podem gerar "dor moral" nas suas mais variadas formas (dor, sofrimento, tristeza, desilusão, etc. ...). Em outras palavras: A "dor moral" não é provada, mas intuída pelo juiz à vista de sua experiência e levando em consideração os valores da sociedade e do homem médio. TRT 24ª Reg. — RO 01393/2001-000-24-00-7 — Red. Desig. Juiz Amaury Rodrigues Pinto Júnior. DOMS n. 5.813, 12.8.02.

Reparação — Ausência de requisito essencial — Prova do dano — Indevida

Ementa: DANO MORAL. REPARAÇÃO. AUSÊNCIA DE REQUISITO ESSENCIAL. PROVA DO DANO. INDEVIDA. Não obstante uma das principais finalidades do Direito do Trabalho seja a de assegurar o respeito à dignidade do trabalhador, já que este deve cumprir pessoalmente a prestação que lhe cabe no contrato de trabalho, encontrando-se em posição de subordinação jurídica perante seu empregador, nem sempre o pedido de indenização por danos morais derivados da relação de emprego tem fundamento. A reparação por dano moral no campo trabalhista não foge à regra geral que orienta a responsabilização civil; conseqüentemente, deve estar configurada a seguinte situação: ação ou omissão do empregador; a existência de um dano, isto é, de uma lesão sob forma de diminuição ou destruição de bem pessoal ou de interesse próprio do empregado, de natureza não-patrimonial, tutelado pela ordem jurídica; e, finalmente, que haja uma conexão entre esse resultado danoso e a ação ou omissão do empregador. A reparação pressupõe um dano efetivo, sendo que a mera suscetibilidade de um espírito mais delicado não enseja agravo moral reparável. Não se revelando ação ou omissão concreta, de efeito danoso, em relação ao empregado; não se comprovando ter ocorrido uma situação sequer em que o empregado tivesse sido exposto a ridículo, constrangido, humilhado ou maltratado pelos seus superiores, de modo a ter lesionado o complexo valorativo da sua personalidade, não se pode falar em dano moral; e, sem ele, não cabe reparação. Assim já afirmaram Ruggiero e Maroi: "a obrigação não nasce se falta o dano". TRT 3ª Reg. — RO 00689-2003-010-03-00-4 — (Ac. 4ª T.) — Rel. Juiz Eduardo Augusto Lobato. DJMG 15.11.03, p. 18.

Da decisão acima, colhe-se o seguinte fundamento:

"DANO MORAL

O d. Juízo de primeiro grau condenou a reclamada a pagar ao reclamante indenização por danos morais no importe de R$ 5.000,00, em face da sua anti-social conduta na avaliação diária dos vendedores, dentre eles, o reclamante, os quais, caso não atingissem as metas fixadas, eram expostos ao escárnio dos colegas de trabalho e seus superiores hierárquicos, restando evidente o dano causado ao seu patrimônio moral.

A reclamada, por sua vez, alega que jamais submeteu o reclamante a qualquer situação vexatória ou mesmo insultou a imagem, honra, reputação ou dignidade, seja do reclamante ou de qualquer outro empregado, sendo inadmissível debitar à sua conta qualquer conduta lesiva, não se justificando, pois, o deferimento da indenização por danos morais. Postula, caso seja mantida a condenação, a redução do valor arbitrado a tal título, tendo em vista que o *quantum* arbitrado enseja o enriquecimento ilícito do obreiro.

Em que pesem os judiciosos fundamentos da veneranda sentença recorrida, o inconformismo da ré, a meu ver, são consistentes e procedem, *data venia.*

Conforme cediço, no nosso Direito Positivo, o dano decorre de um ato ilícito, que provoca, contra quem o praticou, a obrigação de repará-lo, fundando-se o princípio geral da responsabilidade civil, no direito brasileiro, no art. 927 do Novo Código Civil, ou seja, 'aquele que, por ato ilícito (arts. 186 e 187), causar dano a outrem, fica obrigado a repará-lo'.

E, 'aquele que, por ação ou omissão voluntária, negligência ou imprudência, violar direito e causar dano a outrem, ainda que exclusivamente moral, comete ato ilícito' (art. 186 do NCC).

A obrigação de reparar o dano moral encontra-se prevista no art. 5º, X, da CR/88.

Na etiologia da responsabilidade civil, estão presentes três elementos, ditos essenciais na doutrina: a ofensa a uma norma preexistente ou erro de conduta; um dano; e o nexo de causalidade entre uma e outro.

No presente caso, não restaram preenchidos, consistentemente, os referidos requisitos. Destaco, em primeiro lugar, que a Egrégia 5ª Turma, recentemente, julgou caso semelhante (RO n. 10655/03 00231-017-03-00-0-RO), cuja relatoria esteve a cargo da eminente Juíza Taísa Maria Macena de Lima, onde o apelo do então reclamante foi desprovido, debaixo do fundamento de fragilidade da prova oral produzida, nos termos que se colhe do julgado em menção.

Nestes autos, a despeito de ter a prova oral produzida pelo reclamante (fls. 426/427) demonstrado que a reclamada, realmente, realizava avaliações de desempenho diários e, quando os empregados não atingiam as metas, eram chamados, ora de 'mulambos', e aqueles que não alcançavam o preço médio, intitulados por expressões chulas ('veadinho do dia'). Revelou mais que havia, na empresa, um quadro com o nome de todos os vendedores onde estes deveriam se rotular de 'feras', quando atingissem as metas, ou de 'mulambos', caso tal não ocorresse. Restou evidenciado, também, que, caso os vendedores se recusassem a se classificarem na forma retrocitada, os gerentes o faziam, sendo certo que tal fato ocorreu, por algumas (poucas) vezes, com o reclamante, sendo certo que os cognomes, de baixo nível ou não, provinham da gerência.

Dentre os danos passíveis de reparação, destaca-se o de natureza moral, representado pelas atribulações, mágoas e sofrimentos íntimos, em decorrência de atos ofensivos à honra e à dignidade, que ocasionam intensa dor pessoal na vítima.

No presente caso, não vejo consistência bastante para ocasionar, para o autor, o direito à indenização por DANO MORAL.

Embora seja de todo reprovável a conduta da reclamada, falta de educação, propriamente dita, ela não ocasionou, efetivamente, 'sérios danos ao patrimônio moral do reclamante', já que o grupo de vendas era 'fechado', constituído apenas por homens, e, conforme o próprio autor esclareceu, '... a detração restringia-se ao ambiente de trabalho ...', não se fizeram presentes os requisitos ditos essenciais na doutrina, hábeis à caracterização da responsabilidade civil: o dano, o ato ilícito praticado pela ré que tivesse ferido direitos personalíssimos do reclamante e o nexo de causalidade.

De outro norte, o reclamante lidou para a reclamada exatos 5 meses e 2 dias; dispensado, recebeu as suas verbas rescisórias (TRCT, fl. 53), e as guias de seguro-desemprego (fl. 54), que deu entrada no dia 21.10.02, para percepção do benefício; 8 meses e 3 dias depois, é que ajuizou a presente ação, interregno temporal excessivamente longo para quem, após dispensado, e mesmo antes, se sentia ofendido em face do proceder patronal, por atos e fatos que lhe tenham proporcionado intensa dor pessoal.

Curioso verificar que o autor disse, em interrogatório, que o tratamento a ele dispensado (que seria vexatório), ocorria '... por duas ou três vezes por semana, ...'. Já no início do mesmo depoimento, declarou que '... algumas vezes o declarante não cumpriu as metas estabelecidas pela Reclamada; nos últimos seis meses o declarante não cumpriu metas por 3 vezes; ....'.

Ora, além de não ter efetivamente laborado por 6 meses, as ditas ofensas só ocorriam com algum empregado, segundo revelado pelo próprio autor, em caso de descumprimento de metas; ele só admite não tê-las alcançado por 3 vezes, conforme ele próprio confessou; daí, cai por terra, a assertiva de que era ofendido entre 2 e 3 vezes por semana .... e até mesmo a prova oral produzida a respeito (depoimento de Cirino, fls. 427 e de Mauri, fls. 428, que aludem a 'diversas vezes', ao se referirem à ocorrência); há, aí, no mínimo, exagero, já que, como se disse, o autor, confessadamente, só admite não ter alcançado metas por 3 vezes. Lado outro, a prova oral, arregimentada pela reclamada, só confirmou os fatos referentes ao tratamento recíproco de 'mulambo', entre os próprios vendedores, quando da avaliação diária, 'jamais pela administração da reclamada'.

Por estas razões dou provimento ao recurso da reclamada para absolvê-la da condenação que lhe foi imposta relativa ao dano moral, arbitrada em R$ 5.000,00." (www.trt3.gov.br, em 20.6.04)

Requisitos — Não configuração

Ementa: INDENIZAÇÃO. DANOS MORAIS. A indenização por danos morais requer comprovação firme e convincente de três fatores: dano efetivo, ato ilegal do agente e nexo causal entre conduta do agente e dano. Ausente um deles, não há lugar para indenização. TRT 3ª Reg. — RO 851/00 — (Ac. 4ª T.) — Rel. Juiz Salvador Valdevino Conceição. DJMG 16.12.00, p. 20.

Requisitos — Não configuração

Ementa: DANO MORAL. REQUISITOS. Não se mostra possível o deferimento do pedido de pagamento de indenização por danos morais quando a parte, embora alegue a ocorrência de dano, não logra demonstrá-lo. Trata-se tal elemento, na verdade, de requisito essencial juntamente com a culpa do empregador e o nexo de causalidade à configuração do dano de ordem moral, na forma dos artigos 186 e 927 do Código Civil de 2002. TRT 3ª Reg. — RO 00609-2003-017-03-00-5 — (Ac. 7ª T.) — Rel. Juiz Maurílio Brasil. DJMG 16.12.03, p. 13.

Rescisão indireta do contrato de trabalho — Gravação de ofensas ao empregado no local de trabalho — Aceitação da prova no processo trabalhista

Ementa: DANO MORAL. RESCISÃO INDIRETA DO CONTRATO DE TRABALHO. GRAVAÇÃO

DE OFENSAS AO EMPREGADO NO LOCAL DE TRABALHO. ACEITAÇÃO DA PROVA NO PROCESSO TRABALHISTA. Robustamente demonstradas pela prova as ofensas gravíssimas dirigidas pela representante da empresa à empregada, a hipótese autoriza não só a rescisão indireta do contrato de trabalho como também condenação da empresa em dano moral. A gravação clandestina dos diálogos mantidos entre a empregada e os seus superiores no local de trabalho, nos quais essas ofensas eram sistematicamente praticadas, é perfeitamente legal e legítima, pois, apesar do desconhecimento dos ofensores, não se trata de interceptação de conversa alheia, pois foi feita por um dos interlocutores, em local de acesso ao público, sobre fato (o trabalho) da vida social dos envolvidos. A hipótese, portanto, não caracteriza afronta à inviolabilidade da vida privada ou da intimidade de quem quer que seja, resguardada pelo artigo 5º, X, da Constituição Federal (Precedentes do TST, no TST-SDI-I ROMS n. 11.134/90, publicado no DJ de 27.9.91, p. 13394, e do STF nos HC 75.338, publicado no DJ de 25.9.98, pp. 00011, e RE n. 212.081, publicado no DJ de 27.3.98, pp. 00023). Além de não se caracterizar prova ilícita, trata-se, no caso, do exercício do direito de defesa por parte da empregada, com o meio legítimo de que ela dispunha. TRT 3ª Reg. — RO 01.262-2002-111-03-00-7 — (Ac. 2ª T.) — Relª Juíza Alice Monteiro de Barros. DJMG 20.2.04, p. 11.

Responsabilidade civil — Doença profissional — Ônus da prova

Ementa: RESPONSABILIDADE CIVIL. DOENÇA PROFISSIONAL. ÔNUS DA PROVA. Compete ao empregado o ônus de comprovar o erro de conduta do empregador e o nexo de causalidade entre a ação ou omissão ilícita e a lesão que sofreu, material ou moral, nos termos dos arts. 818 da CLT e 333, inc. I, do CPC. TRT 12ª Reg. — RO-V 07552-2002-026-12-00-6 — (Ac. 3ª T. 03.372/04, 9.3.04) — Relª Juíza Mari Eleda Migliorini. DJSC 15.4.04, p. 195.

Responsabilidade do empregador — Prova do dolo ou culpa

Ementa: DANO MORAL. RESPONSABILIDADE DO EMPREGADOR. PROVA DO DOLO OU CULPA. A reparação indenizatória que o sistema jurídico normatiza nos artigos 5º, inciso X, 7º, inciso XXVIII, da Constituição Federal, e 159, do Código Civil, por danos morais acometidos ao empregado, depende da responsabilidade do empregador, envolvente de prova do dolo ou culpa deste. Ausente comprovação neste sentido é, portanto, injurídica a imputação de responsabilidade ao empregador pelo quadro mórbido que acometeu a empregada no passado. TRT 3ª Reg. — RO 17.198/00 — (Ac. 4ª T.) — Relª Juíza Jaqueline M. de Lima Borges. DJMG 2.12.00, p. 24.

Robusta demonstração de que o empregado tenha sido exposto em público a tratamento vexatório

Ementa: DANO MORAL. INDENIZAÇÃO. O direito à percepção de indenização por dano moral está jungido à robusta demonstração de que o empregado tenha sido exposto em público a tratamento vexatório ensejador de grave abalo psíquico, social e econômico. TRT 12ª Reg. — RO-V 00645-2003-037-12-00-4 — (Ac. 1ª T. 05.151/04, 27.4.04) — Relª Juíza Lourdes Dreyer. DJSC 25.5.04, p. 205.

Terceiros não têm condições de expressar a dor moral de alguém — Prova — Não configuração

Ementa: DANO MORAL. Terceiros, íntimos que sejam, não têm condição de expressar a dor moral de alguém e ou por esse alguém, porque uma tal indicação não condiz com o sentimento deste e, sim, daqueles próprios, fazendo situar a alegação de dano moral em mero juízo de valor, inteiramente despido do elo obrigacional exigido na quadra legal desse instituto. O que acham, pensam ou sentem os que cercam o alienado mental não tem como configurar, verdadeiramente, a situação apropriada ao debate de reparação de danos não-econômicos. TRT 3ª Reg. — RO n. 21.938/97 — (Ac. 1ª T.) — Relª Juíza Emília Facchini. DJMG 9.4.99, p. 11.

Testemunhal — Inapta para configuração de dano moral

Ementa: "Dano moral. Prova testemunhal inapta a demonstrar tenha sido o reclamante moralmente lesado ante as supostas ofensas contra si perpetradas por preposto da reclamada. Testemunha que relata um fato pessoal do qual não se pode supor tenha sido também praticado contra o reclamante. Encargo probatório não cumprido. Absolvição à condenação em indenização por danos morais que se impõe. Recurso parcialmente provido." TRT 2ª Reg. — RO 00178200320202000 — (Ac. 1ª T. 20050771153) — Rel. Juiz Plínio Bolivar de Almeida. DJSP 22.11.05, p. 9.

4. BIBLIOGRAFIA

Alice Monteiro de Barros, *Proteção à Intimidade do Empregado*, 1997, LTr, SP; André Gustavo Corrêa de Andrade, *Dano Moral e Indenização Punitiva*, 2006, Forense, Rio; Celso Leal da Veiga Júnior, *A Competência da Justiça do Trabalho e os Danos Morais*, 2000, LTr, SP; Elimar Szaniawski, *Direitos de*

Personalidade e sua Tutela, 2ª ed. revista, atualizada e ampliada, 2005, Revista dos Tribunais, SP; Gardênia Borges Moraes, *Dano Moral nas Relações de Trabalho*, 2003, LTr, SP; Guilherme Augusto Caputo Bastos, *O Dano Moral no Direito do Trabalho*, 2003, LTr, SP; Helena Elias, *O Dano Moral na Jurisprudência do STJ*, 2004, Lumen Juris, Rio; Humberto Theodoro Júnior, 5ª ed., 2007, Juarez de Oliveira, SP; Márcia Novaes Guedes, *Terror Psicológico no Trabalho*, 2003, LTr, SP; Marcos César Pavani Parolin, *Responsabilidade Civil na Produção da Prova*, 2004, Juarez de Oliveira, SP; Maria Aparecida Alkimin, *Assédio Moral na Relação de Emprego*, 2005, Juruá, Curitiba, PR; Maria Luíza Pinheiro Coutinho, *Discriminação na Relação de Trabalho — Uma Afronta ao Princípio da Igualdade*, 2003, Aide, Rio; Mário Gonçalves Júnior, *Prova do Sofrimento: Antídoto à Industrialização dos Danos Morais*, Gênesis, Revista de Direito do Trabalho, n. 135, março/04, Curitiba, PR; Paulo Maximilian Wilhelm Schonblum, *Dano Moral: Questões Controvertidas*, 2003, Forense, Rio; Rodolfo Pamplona Filho, *O Dano Moral na Relação de Emprego*, 3ª ed., 2002, SP; Sebastião Geraldo de Oliveira, *Proteção Jurídica à Saúde do Trabalhador*, 2ª ed., 1998, LTr, SP; Sérgio Cavaliere Filho, *Programa de Responsabilidade Civil*, 6ª ed., março/05, Malheiros Ed., SP; Valdir Florindo, *Dano Moral e o Direito do Trabalho*, 4ª ed., 2002, LTr, SP; Vera Lúcia Carlos, *Discriminação nas Relações de Trabalho*, 2004, Editora Método, SP; Walmir Oliveira da Costa, *Dano Moral nas Relações Laborais — Competência e Mensuração*, 1999; Juruá, Curitiba, PR.

Vide também a bibliografia do Capítulo I, que trata sobre "Dano Moral — Conceito e sua aplicação no Direito do Trabalho".

CAPÍTULO XX

DANO MORAL E O PRAZO PRESCRICIONAL

1. COMENTÁRIO

Desde o advento da Constituição Federal, de 5.10.88, em que figurou entre os direitos fundamentais a norma que trata do prazo prescricional para os créditos trabalhistas, temos defendido que a prescrição trabalhista passou a ser uma norma à qual se tem de dar a máxima efetividade, como sustenta *J. J. Gomes Canotilho*, um dos mais renomados constitucionalistas do mundo ocidental.

Isto porque as normas constitucionais como um todo, e a prescrição é uma delas, não podem ser contrariadas por nenhuma outra de natureza infraconstitucional, como as do direito civil.

Além do mais, a prescrição trabalhista é a única que foi contemplada pela Carta Magna, tornando-se, dessa forma, uma lei de aplicação até de ofício, dadas as características do Direito Processual do Trabalho que admite ainda o *jus postulandi* das próprias partes.

Mas não é só isso. É que os direitos sociais propriamente ditos (os contemplados no art. 7º da CF/88) "não podem deixar de gozar de certas garantias constitucionais que dêem sentido à sua natureza de direitos fundamentais"[(1)].

Assim, como autênticos direitos fundamentais, devem ser concebidos como direitos subjetivos públicos do cidadão. Por isso, a sua violação dá-se por omissão de atividade do Estado. Mas a omissão de Estado, quando indevida, não é menos inconstitucional do que a ação violadora de um direito negativo"[(2)].

No campo da prescrição do dano moral, há divergências quanto à aplicação do Direito do Trabalho ou do Direito Civil.

Os que entendem ser o prazo da prescrição aquele que está no Código Civil — 20 anos no Código de 1916 e 10 anos no Código atual, mas, em se tratando de responsabilidade civil, de 3 anos (art. 206, § 3º, V) — sustentam que a reparação do dano moral não é um crédito trabalhista, mas um direito pessoal.

Dentre os que entendem que a prescrição a ser aplicada é a do Código Civil, destaca-se o Procurador do Trabalho, *Raimundo Simão de Melo*. Para ele, "no caso dos acidentes do trabalho, os danos causados (materiais, morais e estéticos) são pessoais, com prejuízo à vida, à saúde física e/ou psíquica, à imagem, à intimidade etc. do cidadão trabalhador, porquanto assegura a Constituição Federal, como fundamentos da República Federativa do Brasil e da livre iniciativa, a dignidade da pessoa humana, os valores sociais do trabalho, o

---

(1) Canotilho, J. J. Gomes, *Fundamentos da Constituição*, Coimbra Editora, Portugal, 1991, p. 127.
(2) Canotilho, J. J. Gomes, ob. cit., p. 129.

trabalho com qualidade e o respeito ao meio ambiente (arts. 1º e 170), além de assegurar a redução dos riscos inerentes ao trabalho, por meio de normas de saúde, higiene e segurança (art. 7º, inciso XXIII).

"Portanto, se não se trata de direito de natureza trabalhista nem civil, e, como não existe qualquer dispositivo legal regulando de outra forma o prazo de prescrição para as pretensões decorrentes dos danos à pessoa (moral, material e estético), por exclusão aplica-se o prazo geral de 10 anos, como previsto no art. 205, do Código Civil. A norma civil está sendo aplicada, repita-se, não porque se trate de uma reparação civil no sentido estrito, mas porque é a lei civil que nos socorre nos casos de omissão regulatória sobre a prescrição no Direito brasileiro, ou seja, quando não há prazo expresso de prescrição sobre determinado dano, aplica-se o geral, de 10 anos, previsto no art. 205 do CC.

"Esclareça-se, por necessário, que o novo prazo de 10 anos aplica-se apenas às ofensas perpetradas a partir da vigência do Código Civil de 2002, que se deu em 10 de janeiro de 2003. Para os danos ocorridos até o dia 09.01.2003, continuam sendo aplicadas as regras da prescrição do Código anterior, com prazo de 20 anos, de acordo com as normas do artigo 2.028 do novo Código, que estabeleceu regras de transcrição para os novos prazos prescricionais e decadenciais"[(3)].

A corrente majoritária, no entanto, é a que entende que o dano moral, se derivado da relação de emprego, segue o prazo da prescrição trabalhista de cinco anos, até o limite de dois anos após a extinção do contrato de trabalho, conforme o inciso XXIX do art. 7º da CF/88, e Emenda Constitucional n. 28, de 25.5.00.

Em nosso entendimento, a distinção entre créditos trabalhistas e direitos pessoais não passa de filigrana jurídica, incapaz, contudo, de justificar a aplicação de dois institutos jurídicos distintos (civil e do trabalho), já que, mesmo se se entender tratar-se de direito pessoal (o que realmente é), tal direito se converte em crédito trabalhista a partir do momento em que a reparação resultar devida, numa verdadeira simbiose entre ambos, como entendimento analógico.

Por acaso, os direitos trabalhistas não são pessoais, gerando os créditos respectivos?

Sendo créditos trabalhistas, a aplicação prevista correta será, portanto, de prescrição prevista na CF/88 como um dos direitos sociais que limita o direito de ação, quanto aos créditos resultantes das relações de trabalho, ao prazo prescricional de cinco anos para os trabalhadores urbanos e rurais, até dois anos após a extinção do contrato de trabalho.

Aliás, analisando as novas diretrizes sobre o Código Civil vigente no que concerne ao prazo prescricional envolvendo as questões trabalhistas, *Estêvão Mallet* afirma que:

> "O prazo máximo da prescrição, mencionado no art. 205, passa a ser de 10 anos, e a prescrição para pretensão envolvendo responsabilidade civil se reduz a 3 anos, conforme art. 206 do novo Código. De todo o modo, qual é a prescrição para reclamar a indenização decorrente de acidente de trabalho? Respondo que, se a pretensão é trabalhista, se a controvérsia envolve empregado e empregador, se a competência para o julgamento da causa é da Justiça do Trabalho, a prescrição é e só pode ser a trabalhista, do artigo 7º do inciso XXIX, da Constituição, e não a prescrição civil, de 20 anos, no antigo Código, e de 3 anos, no novo. Não importa que a responsabilidade civil seja assunto disciplinado no Código Civil. O que importa é que a pretensão é trabalhista, porque decorre diretamente

---

(3) *Decisório Trabalhista*, Junho/2005, Curitiba, PR, p. 39.

do contrato de trabalho. Não se pode dizer, por outro lado, que a regra especial de prescrição do Direito Civil prevalece ante a regra geral do Direito do Trabalho. O art. 7º, inciso XXIX, da Constituição, disciplinou o prazo prescricional trabalhista, sem estabelecer exceções. Ademais, norma geral constitucional não tem sua aplicabilidade comprometida por norma especial da legislação ordinária"(4).

Tal entendimento tem sido prevalente nas decisões dos Tribunais Trabalhistas, conforme se verifica na parte destinada à jurisprudência, destacando-se, no entanto, decisão recente do TST, pela SDI-2, em ação rescisória, conforme voto do Ministro Relator *José Simpliciano Fontes F. Fernandes*, publicado no DJ de 5.8.05, pág. 740. No mesmo sentido outra ação rescisória, também julgada pelo TST, processo n. TST-ROAR-794/2002-000-03-00.5, tendo por Relator o Min. *Emmanoel Pereira* e publicada no DJ de 22.10.04, pág. 561, cuja ementa se encontra na parte destinada à jurisprudência.

A referida ação rescisória foi proposta para desconstituir acórdão proferido pelo TRT da 3ª Região, que manteve sentença declarando prescrito o direito de ação para pleitear créditos decorrentes de indenização por dano moral e material, ao entendimento de que essa indenização não constitui crédito trabalhista, mas sim de natureza civil resultante de ato praticado no curso da relação de trabalho, aplicando, então, a prescrição prevista no art. 159 do CC de 1916.

O Colendo TST, como já dissemos na 1ª edição desta obra, deixou claro que "não há como se pretender a aplicação do prazo prescricional de 20 anos, referente ao Código Civil (art. 177 do anterior), quando o ordenamento jurídico-trabalhista possui prazo prescricional unificado de 2 anos, a contar da incidência da lesão (CF, art. 7º, XIX, CLT, art. 11)". É forçoso reconhecer, entretanto, que existem hipóteses em que o dano moral tem relação com o contrato de trabalho e se verifica bem depois do prazo prescricional. É a hipótese do trabalhador que se candidata a uma vaga em outra empresa depois de alguns anos e, apesar de possuir todos os requisitos exigidos para a função, não é contratado porque o seu ex-empregador deu informações desabonadoras a seu respeito, sem corresponder com a verdade, com isso impedindo a formação do pacto laboral com aquela empresa.

A mesma situação pode ocorrer com a doença ocupacional que é considerada ou equiparada a acidente do trabalho (arts. 20 e 21 da Lei n. 8.213/91), pois ela pode desenvolver-se no curso do contrato de trabalho e manifestar-se depois de certo tempo já quando rompido o pacto laboral. Neste caso, a indagação que se faz é se o prazo prescricional deve ser contado a partir do conhecimento da doença pelo laudo médico competente ou então da rescisão do contrato de trabalho.

Para responder à indagação, é necessário que se atenha ao disposto no art. 23 da Lei n. 8.213/91, no sentido de que "considera-se como dia do acidente, no caso de doença profissional ou do trabalho, a data do início da incapacidade laborativa para o exercício da atividade habitual, ou o dia da segregação compulsória, ou o dia em que for realizado o diagnóstico, valendo para este efeito o que ocorrer primeiro".

No citado dispositivo, temos os parâmetros para o estabelecimento do dia do acidente ou o surgimento da doença ocupacional como fato jurídico, com as hipóteses verificadas e a prevalência daquela que ocorrer em primeiro lugar.

---

(4) *Apud* Dal Col, Helder Martinez, *Responsabilidade Civil do Empregador, Acidentes do Trabalho*, 2005, Forense, Rio, p. 341.

Acredita-se que o disposto na mencionada lei teve por fundamento, na sua essência, a orientação que já vinha sendo adotada pelo Supremo Tribunal Federal desde 1963, em face da sua Súmula n. 230, a qual prescreve: "A prescrição da ação de acidente do trabalho conta-se do exame pericial que comprovar a enfermidade ou verificar a natureza da incapacidade".

Mais recentemente, o Superior Tribunal de Justiça editou a Súmula n. 278, estabelecendo que "o termo inicial do prazo prescricional, na ação de indenização, é a data em que o segurado teve a ciência inequívoca da incapacidade laboral".

Tal regra parte do pressuposto de que a doença ocupacional ou profissional não surge com data marcada, mas deriva de um processo evolutivo que pode ter início no curso do pacto laboral e o seu momento crítico ocorrer bem depois do rompimento do contrato de trabalho e fora até do prazo prescricional.

Neste diapasão é o entendimento de *Sebastião Geraldo de Oliveira,* para quem "o termo *a quo* da contagem do prazo prescricional nas doenças ocupacionais não está vinculado à data da extinção do contrato de trabalho, ou do aparecimento da doença ou do diagnóstico ou mesmo do afastamento. Não se pode exigir da vítima o ajuizamento precoce da ação quando ainda pairam dúvidas sobre a doença, sua extensão, a possibilidade da recuperação total ou parcial etc. A lesão (*actio nata*) só fica mesmo caracterizada quando o empregado toma conhecimento, sem margem a dúvidas, da consolidação da doença e dos seus direitos na capacidade laborativa ou, como diz a Súmula 278 do STJ, quando ele tem 'ciência inequívoca da incapacidade laboral'. O prazo da prescrição só começa a fluir quando o direito se torna exigível. Esse posicionamento é de grande importância porque diversas patologias decorrentes de exposição aos agentes nocivos do ambiente de trabalho só se manifestam muitos anos depois, como é o caso da asbestose"[(5)].

No mesmo sentido é a posição do Juiz *Georgenor de Souza Franco Filho*, da 8ª Região, que, em artigo de sua lavra, "A Prescrição do Dano Moral Trabalhista"[(6)], no qual trata da competência da Justiça do Trabalho para apreciar demandas versando sobre dano moral decorrente de relação do trabalho e da aplicação da prescrição trabalhista, concluiu que:

"1. é competente a Justiça do Trabalho para apreciar demandas versando sobre dano moral decorrente de relação de trabalho;

2. o prazo prescricional para ajuizamento de ação de indenização por dano moral decorrente de relação de trabalho é o trabalhista, de dois anos, do art. 7º, XXIX, da CF/88;

3. descabe aplicar no processo do trabalho o prazo prescricional do Código Civil (anterior ou atual) porque não se trata da omissão da CLT a respeito (art. 8º da CLT);

4. o marco inicial para contagem da prescrição para ajuizamento de ação de dano moral trabalhista, em caso de existência de ação penal, é o do trânsito em julgado da respectiva sentença definitiva (aplicação subsidiária do art. 200 do CC/2002, combinado com o art. 8º da CLT);

5. em o dano sendo decorrente de prejuízo físico ou de qualquer outra natureza, o início da contagem do prazo será o dia da ocorrência do evento ofensivo."

Assim, podemos afirmar que, se a lesão sofrida pelo trabalhador, quer a relacionada com a doença profissional ou ocupacional, quer a relacionada com outros fatores, desde que provenha do pacto laboral ou a ele pertinente, e manifestada quando não mais existir o contrato de

---

(5) *Indenizações por Acidente do Trabalho ou Doença Ocupacional*, Junho/2005, LTr, SP, p. 282.

(6) *Revista de Direito do Trabalho*, vol. 119, Jul./Set./2005, RT, SP, pp. 82/93.

trabalho, o prazo prescricional só poderá ocorrer do conhecimento do evento danoso pelo trabalhador. Se não for assim, serão muito difíceis a compreensão e a aplicação do instituto da prescrição diante de tais casos, de forma que, na prática, se impõe a aplicação da regra da Súmula n. 278 do Superior Tribunal de Justiça, nas relações trabalhistas, por analogia. Aliás, caminham nesse sentido decisões de Tribunais Trabalhistas, conforme se visualiza em ementas constantes na parte destinada à jurisprudência, as quais consideram que o prazo prescricional se inicia a partir do conhecimento efetivo da lesão sofrida pelo trabalhador, o que pode ocorrer depois do rompimento do pacto laboral e ainda fora do prazo de dois anos a que aludem os arts. 7º, XXIX, da CF e 11 da CLT.

Ressaltamos, também, que existe posição no Tribunal Superior do Trabalho, como a do Ministro *João Oreste Dalazen*, no sentido de que a prescrição aplicável às ações com pedido de indenização por dano moral fundada em acidente do trabalho é aquela prevista no Código Civil, conforme decisão proferida no Recurso de Revista, processo n. 1.162/2002, publicada no DJ de 11.11.05, p. 1.172, cuja ementa se acha publicada na parte destinada à jurisprudência.

Por último, destacamos que a Lei n. 11.280, de 16.2.06 (DOU 17.2.06), modificou a redação do § 5º do art. 219 do CPC, para estabelecer que o "juiz pronunciará, de ofício, a prescrição", e ao mesmo tempo foi revogado o art. 194 da Lei n. 10.406, 10.2.04 (Código Civil). Assim, o Juiz está autorizado a pronunciar, de ofício, a prescrição, cuja regra se aplica ao processo do trabalho por força do art. 769 da CLT, embora se registre a existência de controvérsia a respeito, pois muitos entendem que a referida lei não se aplica na seara trabalhista por incompatibilidade com o princípio maior do Direito do Trabalho que é o da proteção.

2. REFERÊNCIAS LEGAIS

Constituição Federal

Art. 7º São direitos dos trabalhadores urbanos e rurais, além de outros que visem à melhoria de sua condição social:

....

XXIX — ação, quanto aos créditos resultantes das relações de trabalho, com prazo prescricional de cinco anos para os trabalhadores urbanos e rurais, até o limite de dois anos após a extinção do contrato de trabalho; (*Redação dada pela Emenda Constitucional n. 28, de 25.5.00 e Retif. no DOU 29.5.00.*)

Código Civil Brasileiro de 1916

Art. 177. As ações pessoais prescrevem, ordinariamente, em vinte anos, as reais em dez, entre presentes, e entre ausentes em quinze, contados da data em que poderiam ter sido propostas. *(Redação dada pela Lei n. 2.437, de 1995.)*

Código Civil Brasileiro de 2002

Art. 205. A prescrição ocorre em dez anos, quando a lei não lhe haja fixado prazo menor.

Art. 206. Prescreve:

....

§ 3º Em três anos:

....

V — a pretensão de reparação civil;

....

Art. 2.028. Serão os da lei anterior os prazos, quando reduzidos por este Código, e se, na data de sua entrada em vigor, já houver transcorrido mais da metade do tempo estabelecido na lei revogada.

Consolidação das Leis do Trabalho

Art. 11. O direito de ação quanto a créditos resultantes das relações de trabalho prescreve: (Redação de todo o artigo 11 dada pela Lei 9.658/98 — DOU 8.6.98.)

I — em cinco anos para o trabalhador urbano, até o limite de dois anos após a extinção do contrato;

II — em dois anos, após a extinção do contrato de trabalho, para o trabalhador rural.

§ 1º O disposto neste artigo não se aplica às ações que tenham por objeto anotações para fins de prova junto à Previdência Social.

§ 2º *(Vetado.)*

§ 3º *(Vetado.)*

3. *JURISPRUDÊNCIA*

Ação anterior com objeto diverso — Argüição de prescrição bienal acolhida

Ementa: DANO MORAL. AÇÃO ANTERIOR COM OBJETO DIVERSO. ARGÜIÇÃO DE PRESCRIÇÃO BIENAL ACOLHIDA. Conforme estabelece o artigo 7º, XXIX da Constituição Federal de 1988, o direito de ação, quanto aos créditos resultantes das relações de trabalho, tem prazo prescricional de até dois anos após a extinção do contrato de trabalho. Não obstante o Enunciado n. 268 do C. TST estabelecer que a demanda trabalhista, ainda que arquivada, interrompe a prescrição, isto só ocorre em relação à nova ação quando provada a identidade de objetos, ainda que o objeto da segunda ação decorra da decisão proferida na primeira. TRT 9ª Reg. — Proc. 02798-2002-660-09-00-8 — (Ac. 26.972/2003) — Relª Juíza Rosalie Michaele Bacila Batista. DJPR 5.12.03, p. 478.

Ação de indenização por dano moral ou material, decorrente de acidente do trabalho — Processo oriundo da Justiça Estadual — Prescrição aplicável

Ementa: AÇÃO DE INDENIZAÇÃO POR DANO MORAL OU MATERIAL, DECORRENTE DE ACIDENTE DO TRABALHO. PROCESSO ORIUNDO DA JUSTIÇA ESTADUAL. PRESCRIÇÃO APLICÁVEL. É regra básica de hermenêutica que disposições de Direito Processual têm vigência a partir da publicação da lei, tendo eficácia imediata, inclusive, apanhando os processos em curso. No Processo do Trabalho aplica-se tal regra, inclusive, por força de seu próprio art. 912, que trouxe disposição a respeito. É certo, outrossim, que os princípios regentes da aplicação das normas processuais no tempo, determinam, também, o respeito aos atos processuais praticados antes de seu advento (teoria do isolamento dos atos processuais). É inconteste que a ação foi ajuizada perante a MMª Justiça Estadual Comum, competente para apreciá-la à época de seu ajuizamento, sendo inequívoco que foi exercitada dentro do prazo prescricional aplicável à mesma, ou seja, aquele estabelecido no Código Civil de 1916, no seu art. 177. Mesmo sendo a prescrição instituto de direito material, não seria razoável aplicar-se a tais situações a prescrição trabalhista, unicamente, em razão do deslocamento da competência. *Mutatis mutandi* trata-se de hipótese típica de aplicação do entendimento contido na Orientação Jurisprudencial n. 271, do C. TST, editada em decorrência da alteração do prazo prescricional do trabalhador rurícola, por força da Emenda Constitucional n. 28/2000. TRT 17ª Reg. — RO 00247.2005.121.17.00.5 — (Ac. 8616/2005) — Rel. Juiz Antonio de Carvalho Pires. DJES 17.11.05, p. 8.502.

Ato ilícito em decorrência de acidente de trabalho — Ação em curso na Justiça do Trabalho — Prescrição aplicável

Ementa: AÇÃO DE INDENIZAÇÃO DE DANOS MATERIAIS E MORAIS POR ATO ILÍCITO EM DECORRÊNCIA DE ALEGADO ACIDENTE DE TRABALHO. AÇÃO EM CURSO NA JUSTIÇA DO TRABALHO. PRESCRIÇÃO APLICÁVEL. Tratando-se de pleito tido como decorrente do contrato de trabalho, por isso, declinada a competência pelo d. juízo civil e aceita pelo trabalhista, a prescrição aplicável ao direito de ação é a trabalhista, única existente para os conflitos entre empregados e empregadores, quaisquer sejam suas origens e mesmo que obrigue, face à natureza dos fatos e das pretensões, ao exame e aplicação de normas do Direito Civil, que as regula e tutela. Proposta a ação mais de dois anos após a extinção do contrato de trabalho, caracterizada a prescrição. TRT 3ª Reg. — RO 01745-2003-044-03-00-5 — (Ac. 2ª T.) — Rel. Juiz Paulo Araújo. DJMG 24.4.04, p. 11.

Dano moral — Relação de emprego — Art. 7º, XXIX, da CF — Aplicabilidade

Ementa: PRESCRIÇÃO — DANO MORAL — RELAÇÃO DE EMPREGO — ARTIGO 7º, XXIX, DA CONSTITUIÇÃO FEDERAL — APLICABILIDADE. O direito material, ou seja, a proteção jurídica à intimidade, à vida privada, à honra e à imagem das pessoas está prevista na Constituição Federal e, igualmente, no Código Civil, sendo certo que a violação desses valores resulta no dever de indenizar a parte ofendida (art. 5º, X, da Constituição Federal, c/c art. 186 do CCB). Este contexto normativo, de natureza constitucional e legal, se refere ao direito material, que não deve ser confundido com o direito de ação para pleiteá-los em Juízo, observada a sua fonte geradora. Se o pedido de indenização por dano moral esta assentado em uma relação de trabalho, portanto, decorrente de um contrato de trabalho, o exercício do direito de ação subordina-se à observância da prescrição do art. 7º, XXIX, da Constituição Federal. Recurso de embargos não conhecido. TST — E-ED-RR-96.752/2003-900-01-00.7 — (AC. SBDI1) — 1ª Reg. — Red. Desig. Min. Milton de Moura França. DJU 23.2.07, p. 793.

Dano moral e material trabalhista — Código Civil e normas esparsas — Aplicação

Ementa: PRESCRIÇÃO. DANO MORAL E MATERIAL TRABALHISTA. 1. O prazo de prescrição do direito de ação de reparação por dano moral e material trabalhista é o previsto no Código Civil. 2. À

Justiça do Trabalho não se antepõe qualquer obstáculo para que aplique prazos prescricionais diversos dos previstos nas leis trabalhistas, podendo valer-se das normas do Código Civil e da legislação esparsa. 3. De outro lado, embora o dano moral trabalhista encontre matizes específicos no Direito do Trabalho, a indenização propriamente dita resulta de normas de Direito Civil, ostentando, portanto, natureza de crédito não-trabalhista. 4. Por fim, a prescrição é um instituto de direito material e, portanto, não há como olvidar a inarredável vinculação entre a sede normativa da pretensão de direito material e as normas que regem o respectivo prazo prescricional. 5. Recurso de revista de que se conhece e a que se dá provimento. TST — RR-1.987/2002-042-15-00.0 — (Ac. 1ª T.) 15ª Reg. — Rel. Min. João Oreste Dalazen. DJU 27.4.07, p. 1.096.

Dano moral na esfera trabalhista — Prazo de prescrição extintiva

Ementa: DANO MORAL NA ESFERA TRABALHISTA. PRAZO DE PRESCRIÇÃO EXTINTIVA. A pretensão de obter, em Juízo Trabalhista, reparação de danos morais e materiais decorrentes de relação de emprego se submete à prescrição trabalhista prevista em norma constitucional (artigo 7º, XXIX, da CR/88), ainda que o instituto da reparação tenha natureza eminentemente civil. Se a lesão tem como causa e origem o contrato de trabalho, a controvérsia atrai a competência desta Justiça perante a qual se deve propor a competente reclamação segundo os prazos previstos constitucionalmente. Se o reclamante, irresignado com a acusação de ter cometido ato de improbidade e de ter respondido injustamente com a pena capital no âmbito do contrato de trabalho, sabendo-se inocente e infundada a acusação, insurgiu-se contra a justa causa dentro do prazo de dois anos da extinção do seu contrato de trabalho, deveria tê-lo feito também para vindicar a reparação dos danos morais decorrentes da pecha injusta de ímprobo que lhe foi impingida, sob pena de deixar perecer no tempo o seu direito, como aconteceu aqui. TRT 3ª Reg. — RO 01093-2003-036-03-00-4 — (Ac. 5ª T.) — Rel. Juiz José Roberto Freire Pimenta. DJMG 24.4.04, p. 21.

Danos morais — Decorrente da relação de emprego — Aplicação — Prazo prescricional previsto no art. 7º, XXIX, da CF

Ementa: INDENIZAÇÃO POR DANOS MORAIS. DECORRENTE DA RELAÇÃO DE EMPREGO. APLICAÇÃO. PRAZO PRESCRICIONAL PREVISTO NO ARTIGO 7º, XXIX, DA CONSTITUIÇÃO DA REPÚBLICA. MATÉRIA DE DIREITO. MÁ-APLICAÇÃO DA SÚMULA Nº 126/TST. VIOLAÇÃO DO ARTIGO 896 DA CLT. RETORNO DO PROCESSO AO TRT DE ORIGEM. A Turma, ao definir que o prazo prescricional para postular indenização por dano moral decorrente de vínculo empregatício é de dois anos, nos termos dos artigos 7º, XXIX, da Lei Maior, deveria ter determinado o retorno do processo ao TRT de origem, ao invés de não ter conhecido da Revista com suporte na Súmula n. 126/TST. Isto porque o debate da questão tem contornos jurídicos e não fáticos, pois ficou definido que, na hipótese de indenização por danos morais decorrente da relação de emprego, a prescrição a ser aplicável é a prevista na Constituição da República, e não a do artigo 205, do atual Código Civil. Recurso de Embargos provido. TST — E-RR-333/2005-002-20-00.5 — (AC. SBDI1) — 20ª Reg. — Rel. Min. Carlos Alberto Reis de Paula. DJU 2.2.07, p.984.

Danos morais — Indenização — Acidente de trabalho — Direito híbrido — Incidência da regra do art. 205, do C. Civil — Decenal — Actio nata — Início da contagem do prazo

Ementa: PRESCRIÇÃO. DANOS MORAIS. INDENIZAÇÃO DECORRRENTE DE ACIDENTE DE TRABALHO. DIREITO HÍBRIDO. INCIDÊNCIA DA REGRA DO ART. 205, DO CÓDIGO CIVIL. DECENAL. ACTIO NATA. INÍCIO DA CONTAGEM DO PRAZO. Não se confundem os créditos de natureza puramente trabalhista decorrentes da relação de emprego, de que são exemplo as parcelas remuneratórias (salário, gratificações, horas extras, férias, etc) com os créditos de natureza híbrida decorrentes da relação de trabalho, de que é exemplo a indenização por danos morais causados por acidente de trabalho. Os créditos de natureza puramente trabalhista sujeitam-se à regra prescricional constante do art. 7º, XXIX, CF, enquanto que os créditos de natureza híbrida estão sujeitos à prescrição decenal prevista no art. 205 do Código Civil. Por força do princípio da actio nata, o prazo prescricional começa a fluir a partir do momento em que nasce a pretensão, a qual por sua vez, surge com a violação do direito. A violação do direito da Autora, no caso em exame, nasceu com o início da manifestação de sua doença profissional o que ocorreu a partir de 24/06/99. Assim, tendo a ação sido proposta em 22/03/06, antes dos dez anos previstos no art. 205 do novo Código Civil, não há o que se falar em prescrição. TRT 18ª Reg. — RO 00523-2006-010-18-00-9 — (Ac. Sessão Plenária Ordinária) — Rel. Desembargador Elvecio Moura dos Santos. DJGO n. 14.894, 7.12.06, p. 49.

Indenização por dano moral — Prescrição — Acidente do trabalho — Art. 7º, XXIX, da CF — Aplicação

Ementa: PRESCRIÇÃO. DANO MORAL E MATERIAL DECORRENTE DE ACIDENTE DE TRABALHO. De acordo com o art. 7º, XXIX, da Carta Magna, e art. 11, I, da CLT, é de dois anos contados da ruptura do contrato de trabalho, o prazo para exercitar a ação judicial pleiteando direitos trabalhistas patrimoniais, inclusive a indenização por dano moral decorrente de acidente de trabalho, sob pena de perda desse direito, quando invocada a prescrição pelo reclamado em sua defesa. Não há prazo prescricional trabalhista específico para o direito postulado, pelo que recai na regra geral. TRT 8ª Reg. — RO 00680-2005-203-08-00-6 — (Ac. 2ª T., j. 28.9.05) — Relª Juíza Elizabeth Fátima Martins Newman. DJPA 3.10.05.

Indenização por dano moral — Prescrição — Aplicação do atual Código Civil — Regra intertemporal quanto aos prazos

Ementa: DANO MORAL. PRESCRIÇÃO. APLICAÇÃO DO ATUAL CÓDIGO CIVIL. REGRA INTERTEMPORAL QUANTO AOS PRAZOS. Não obstante a pretensão objeto da demanda insira-se no âmago da relação de emprego havida entre as partes, o que se discute nos autos é o dever de reparação de lesão à ordem extrapatrimonial, causada em face de ato ilícito supostamente cometido pelo empregador. Inaplicável, portanto, a regra prescricional disposta no art. 7º, XXIX, da CF/88, eis que atinente aos créditos trabalhistas, com os quais não se confunde a pretensão em exame. Incidem, na espécie, os prazos do direito comum, conforme o diploma vigente à época da lesão. Hipótese de aplicação do art. 2.028 do CCB/02, que determina que somente incidem, quanto aos prazos, as regras da legislação revogada, reduzidos pela atual legislação, quando ultrapassados, na data de sua entrada em vigor, mais da metade do tempo estabelecido no diploma anterior, hipótese que não se verifica no caso em exame, afastando a sua aplicação. Adota-se, para fins de contagem do prazo prescricional, a data de início da vigência da lei nova, ou seja, do CCB/2002, em razão da adoção do Princípio Geral da Irretroatividade das Leis. Inexiste, portanto, prescrição a ser pronunciada. Pronúncia de prescrição que se afasta. TRT 4ª Reg. — RO 00660-2004-701-04-00-4 — (Ac. 6ª T.) — Relª. Juíza Ana Rosa Pereira Zago Sagrilo. DJRS 2.12.05.

Indenização por dano moral — Prescrição — Art. 7º, XXIX, da CF

Ementa: PEDIDO DE INDENIZAÇÃO POR DANO MORAL E MATERIAL. PRESCRIÇÃO. Considerando que a Justiça do Trabalho é competente para julgar pretensão de indenização por dano moral e material decorrente da relação de emprego (art. 114, *caput*, da Constituição da República), há que se concluir que os prazos prescricionais aplicáveis são aqueles previstos no art. 7º, inciso XXIX, da mesma Constituição e art. 11 da CLT (cinco anos no curso do contrato, até o limite de dois anos após sua extinção), mas não aquele previsto no Código Civil (art. 177 do Código de 1916 — 20 anos — ou art. 206, § 3º, inciso V, do Novo Código — 3 anos, levando em conta o disposto no art. 2.028 deste último). TRT 3ª Reg. — RO 01272-2003-034-03-00-9 — (Ac. 1ª T.) — Rel. Juiz Márcio Flávio Salem Vidigal. DJMG 6.8.04, p. 05.

Indenização por dano moral — Prescrição — Art. 7º, XXIX, da CF

Ementa: "Dano moral na Justiça do Trabalho. Indenização. Prazo de prescrição trabalhista, e não, civil. Quando em juízo estão litigando as partes do contrato de trabalho, ambas agindo na condição de empregado e empregador, e tendo por objeto a indenização por dano moral decorrente de alegado ato ilícito patronal, a pretensão de direito material deduzida na reclamatória possui natureza de crédito trabalhista que, portanto, sujeita-se, para os efeitos da contagem do prazo de prescrição, à regra estabelecida no art. 7º, XXIX, da CF/88, e não a prescrição vintenária prevista no art. 177 do Código Civil. Recurso de Revista não conhecido. TST, 5ª Turma, RR-540.996/99, Relator: Juiz Convocado Walmir Oliveira da Costa, DJ 15.12.00". TRT 3ª Reg. — RO 00315-2004-065-03-00-9 — (Ac. 4ª T.) — Rel. Juiz Mauro César Silva. DJMG 21.8.04, p. 11.

Indenização por dano moral — Prescrição — Art. 7º, XXIX, da CF

Ementa: DANO MORAL. AÇÃO DE NATUREZA TRABALHISTA. PRESCRIÇÃO. Tendo sido fixado que a ação para reivindicar a reparação de dano moral advindo do contrato de trabalho é de natureza trabalhista, ainda que o juiz deva examinar incidentalmente questão acidentária e decidi-la à luz da legislação civil, a prescrição é de dois anos após o rompimento do contrato, por aplicação do art. 7º, XXIX, da Constituição da República. TRT 3ª Reg. — RO 0243-2004-078-03-00-5 — (Ac. 1ª T.) — Rel. Juiz Márcio Flávio Salem Vidigal. DJMG 16.7.4, p. 04.

Indenização por dano moral — Prescrição — Art. 7ª, XXIX, da CF — Aplicação

Ementa: DANO MORAL. PRESCRIÇÃO. O legislador estabeleceu, no art. 7º, inciso XXIX, da Constituição Federal, um único prazo prescricional para todos os títulos decorrentes da relação de trabalho, o que inclui a indenização por dano moral, mesmo que seu pedido esteja fundamentado no Direito Civil. O dano alegado pelo autor teria ocorrido em razão do contrato de trabalho e no âmbito deste. Por isso, ele deve se adequar às normas aplicáveis à esta relação. E, neste sentido, o constituinte limitou o prazo prescricional a dois anos após o término da relação de emprego. Logo, a demanda que deixou de observar o prazo bienal encontra-se fulminada pela prescrição total. Recurso a que se nega provimento. TRT 2ª Reg. — AI 01631200201202005 — (Ac. 8ª T. 20050709253) — Rel. Juiz Antonio José Teixeira de Carvalho. DJSP 18.10.05, p. 201.

Indenização por dano moral — Prescrição — Art. 7º, XXIX, da CF — Contagem do prazo

Ementa: DANO MORAL. INDENIZAÇÃO. PRESCRIÇÃO. O pedido de indenização por dano moral assegurado pelo art. 5º, inciso X da Constituição Federal, nos termos do art. 114 da Carta Magna ligado a fatos ocorridos na relação de emprego sujeita-se a prescrição trabalhista de que trata o art. 7º, inciso XXIX, da Constituição da República, iniciando-se com a extinção do contrato de trabalho e não com o trânsito em julgado em ação trabalhista, que manteve a justa causa aplicada por ato culposo. TRT 1ª Reg. — RO 01081-2003-043-0I—00-9 — (Ac. 5ª T.) — Relª Des. Tânia da Silva Garcia. DJRJ 16.9.05, p. 257.

Indenização por dano moral — Prescrição — Art. 7º , XXIX e 114, da CF

Ementa: RECURSO ORDINÁRIO. AÇÃO RESCISÓRIA. PEDIDO DE INDENIZAÇÃO POR DANO MORAL E MATERIAL. PRESCRIÇÃO. ALEGAÇÃO DE VIOLAÇÃO DOS ARTIGOS 7º, XXIX, E 114 DA CF/88. A norma tratada no art. 114 da Constituição Federal de 1988 não foi enfrentada no acórdão rescindendo, de sorte que o seu exame em ação rescisória encontra óbice no que dispõe a Súmula 298 do TST. O pedido de indenização por dano moral e material formulado na Reclamação Trabalhista teve como causa de pedir o descumprimento de obrigações decorrentes do contrato de trabalho firmado entre as partes litigantes (ausência de pagamento de adicional de insalubridade e falta de anotação na CTPS) e, como tal, sujeita-se ao prazo prescricional previsto no inciso XXIX do art. 7º da CF, independentemente da origem da norma jurídica que dá suporte ao pleito, se de natureza civil ou trabalhista. Apelo não provido. TST — ROAR-664/2004-000-03-00.4 — (Ac. SBDI2) — 3ª Reg. — Rel. Min. José Simpliciano Fontes de F. Fernandes. DJU 5.8.05, p. 740.

Da decisão, colhe-se o seguinte fundamento:

2 — MÉRITO

GERALDO CAMPOS SAMPAIO e OUTROS ajuizaram, conforme relatado, Ação Rescisória, buscando a desconstituição do acórdão proferido pelo TRT da 3ª Região que, nos autos da Reclamação Trabalhista 031/01942-99, manteve a sentença que declarou prescritos os créditos decorrentes do pedido de indenização por dano moral e material (fls. 17/19).

A Ação veio fulcrada no art. 485, V, do Código de Processo Civil, tendo os Autores alegado violação dos artigos 7º, XXIX e 114 da Constituição Federal de 1988.

A Corte a *quo* julgou improcedente o pedido por entender ausentes as violações argüidas.

Dessa decisão, os Autores interpõem Recurso Ordinário no qual renova as alegações expendidas na inicial.

Nenhum reparo merece o acórdão recorrido. Senão, vejamos:

O acórdão rescindendo encontra-se assim fundamentado:

"(...)

A tese recursal é insustentável, pois a controvérsia não tem natureza civil, como pretendem imputar-lhe os recorrentes. Trata-se, na verdade, de demanda essencialmente trabalhista, tanto que, distribuída perante a Justiça Comum, houve o inegável declínio da competência para a Justiça do Trabalho, sem qualquer irresignação dos recorrentes, conforme se infere da decisão de fls. 93.

Basta verificar que o pedido de indenização por danos materiais e morais deduzidos na peça vestibular, embora calcado no art. 159 do Código Civil, está vinculado ao não pagamento do adicional de insalubridade e à ausência de anotação na respectiva CTPS, matérias essas que decorrem inegavelmente da relação de emprego havida entre as partes litigantes. Vale dizer, o fato da pretensão vir calcada em disposições do direito civil não transmuda sua natureza jurídica, porquanto importa examinar, para fins de definição da natureza jurídica da demanda, a origem da controvérsia, que no caso é o próprio contrato de trabalho que vigeu entre as partes.

Obviamente, tratando-se de direito advindo da relação de emprego, o prazo prescricional do direito de ação aplicável à espécie é aquele previsto no artigo 11, inciso I, segunda parte, da CLT, estando, assim, correta a decisão recorrida" (fls. 18/19).

Aduzem os Autores que tal decisão violou os artigos 7º, XXIX e 114 da Constituição Federal de 1988 porque a indenização devida a título de dano moral não constitui crédito trabalhista mas sim de natureza "civil resultante de ato praticado no curso da relação de trabalho", de sorte que a prescrição a ser observada é aquela de que trata o art. 159 do Código Civil de 1916, ou seja, 20 (vinte) anos.

Do trecho acima transcrito exsurge-se que não houve debate acerca da questão tratada no art. 114 da Constituição Federal de 1988 (competência material da Justiça do Trabalho), de sorte que o acolhimento do pedido rescisório, neste particular, encontra óbice no que dispõe a Súmula 298 desta Corte.

Também não se vislumbra violação direta ao inciso XXIX do art. 7º da Constituição Federal, eis que corretamente aplicado à hipótese discutida, já que o pedido de indenização por dano moral e material formulado na Reclamação Trabalhista teve como causa de pedir o descumprimento de obrigações decorrentes do contrato de trabalho firmado entre as partes litigantes (ausência de pagamento de adicional de insalubridade e falta de anotação na CTPS) e, como tal, sujeita-se ao prazo prescricional ali previsto, independentemente da origem da norma jurídica que dá suporte ao pedido, se de natureza civil ou trabalhista.

Sobre tal questão esta c. SBDI-2 já se manifestou por diversas vezes, valendo citar as seguintes decisões:

"AÇÃO RESCISÓRIA. DANO MORAL. ACIDENTE DE TRABALHO. PRESCRIÇÃO.

Tratando-se de pedido de indenização por danos morais e materiais feito perante a Justiça do Trabalho, sob o fundamento de que a lesão decorreu da relação de trabalho, não há como se entender aplicável ao caso o prazo prescricional de 20 anos previsto no Código Civil, porquanto o ordenamento jurídico trabalhista possui previsão específica para a prescrição, cujo prazo, que é unificado, é de dois anos do dano decorrente do acidente de trabalho, conforme estabelece o artigo 7º, inciso XXIX, da Constituição Federal e o artigo 11 da Consolidação das Leis do Trabalho. Desse modo, correto o acórdão recorrido ao julgar improcedente o pedido de corte rescisório fulcrado no inciso V do artigo 485 do Código de Processo Civil, em face da não-ocorrência de ofensa à literalidade do artigo 177 do Código Civil" (ROAR-794/2002-000-03-00, Relator: Min. Emmanoel Pereira, DJU-22-10-2004).

"AÇÃO RESCISÓRIA. NÃO-OCORRÊNCIA DE VIOLAÇÃO DE LEI. DANO MORAL. PRESCRIÇÃO. Carece de respaldo legal a pretensão obreira de rescisão de decisão que extingue reclamatória postulando danos morais, decorrentes do reconhecimento da não-caracterização de ato de improbidade, por ocorrência de prescrição, dada a não configuração de violação do art. 177 do CC, uma vez que:

a) a lesão à boa fama e à imagem do Empregado surgiram com a dispensa, tida como motivada, e não com o reconhecimento, em juízo, da inocência do Reclamante e da ausência de justa causa da dispensa, razão pela qual deveria haver, na primeira reclamatória, cumulação de pedidos, relativos às verbas rescisórias e à indenização por dano moral, já que, pelo princípio da *actio nata*, o prazo prescricional começa a fluir da data em que ocorrida a lesão ao direito do Autor;

b) se a postulação da indenização por danos morais é feita na Justiça do Trabalho, sob o fundamento de que a lesão decorreu da relação de trabalho, não há como se pretender a aplicação do prazo prescricional de 20 anos, referente ao Direito Civil (CC, art. 177), quando o ordenamento jurídico-trabalhista possui prazo prescricional unificado de 2 anos, a contar da ocorrência da lesão (CF, art. 7º, XXIX; CLT, art. 11); e

c) não há que se falar em interrupção da prescrição pelo ajuizamento da primeira reclamatória, tendo em vista que, por não versar sobre o dano moral, não demonstrou a ausência de passividade do Empregado em relação à pretensa lesão sofrida em sua honra e imagem." (www. tst. gov. br, 19.9.05)

Indenização por dano moral — Prescrição — Arts. 7º, XXIX, da CF e 11 da CLT — Aplicação

Ementa: AÇÃO RESCISÓRIA. DANO MORAL. ACIDENTE DE TRABALHO. PRESCRIÇÃO. Tratando-se de pedido de indenização por danos morais e materiais feito perante a Justiça do Trabalho, sob o fundamento de que a lesão decorreu da relação de trabalho, não há como se entender aplicável ao caso o prazo prescricional de 20 anos previsto no Código Civil, porquanto o ordenamento jurídico trabalhista possui previsão específica para a prescrição, cujo prazo, que é unificado, é de dois anos do dano decorrente do acidente de trabalho, conforme estabelece o artigo 7º, inciso XXIX, da Constituição Federal e o artigo 11 da Consolidação das Leis do Trabalho. Desse modo, correto o acórdão recorrido ao julgar improcedente o pedido de corte rescisório fulcrado no inciso V do artigo 485 do Código de Processo Civil, em face da não-ocorrência de ofensa à literalidade do artigo 177 do Código Civil. TST — ROAR-794/2002-000-03-00.5 — (Ac. SBDI2) — 3ª Reg. — Rel. Min. Emmanoel Pereira. DJU 22.10.04, p. 561.

Indenização por dano moral — Prescrição — Normas de Direito Civil

Ementa: DANO MORAL. PRESCRIÇÃO. APLICAÇÃO DO ATUAL CÓDIGO CIVIL. REGRA INTERTEMPORAL QUANTO AOS PRAZOS. Não obstante a pretensão objeto da demanda insira-se no âmago da relação de emprego havida entre as partes, o que se discute nos autos é o dever de reparação de lesão à ordem extrapatrimonial, causada em face de ato ilícito supostamente cometido pelo empregador. Inaplicável, portanto, a regra prescricional disposta no art. 7º, XXIX, da CF/88, eis que atinente aos créditos trabalhistas, com os quais não se confunde a pretensão em exame. Incidem, na espécie, os prazos do direito comum, conforme o diploma vigente à época da lesão. Hipótese de aplicação do art. 2.028 do CCB/02, que determina que somente incidem, quanto aos prazos, as regras da legislação revogada, reduzidos pela atual legislação, quando ultrapassados, na data de sua entrada em vigor, mais da metade do tempo estabelecido no diploma anterior, hipótese que não se verifica no caso em exame, afastando a sua aplicação. Adota-se, para fins de contagem do prazo prescricional, a data de início da vigência da lei nova, ou seja, do CCB/2002, em razão da adoção do Princípio Geral da Irretroatividade das Leis. Inexiste, portanto, prescrição a ser pronunciada. Pronúncia de prescrição que se afasta. TRT 4ª Reg. — RO 00660-2004-701-04-00-4 — (Ac. 6ª T.) — Relª Juíza Ana Rosa Pereira Zago Sagrilo. DJRS 2.12.05, p. 100.

Da decisão acima, colhe-se o seguinte fundamento:

"DANO MORAL. PRESCRIÇÃO.

Inconforma-se, o recorrente, com a decisão *a quo*, que pronunciou a prescrição total do direito de ação.

Defende que, embora a competência para o julgamento da presente demanda esteja no âmbito desta Justiça Especializada, o prazo para a propositura da ação de indenização por danos morais deve ser o do Código Civil, ou seja, 10 anos, conforme art. 205, porquanto se trata de pedido de natureza civil. Cita doutrina. Colaciona jurisprudência. Pede a aplicação do disposto no art. 515, § 3º, do CPC, em caso de afastamento da prescrição, para que a lide seja apreciada por este Tribunal Regional.

O autor ajuizou a presente reclamatória trabalhista postulando a condenação da reclamada ao pagamento de indenização por danos morais, fundada na despedida imotivada pela qual se deu a extinção do vínculo contratual (fls. 02/21).

O julgador de origem pronunciou a prescrição total do direito de ação (fls. 69/70).

Impõe-se a reforma da decisão.

A fixação do prazo prescricional dá-se em consideração à natureza do direito subjetivo violado.

De fato, a pretensão objeto da demanda insere-se no âmago da relação de emprego havida entre as partes. Entretanto, não está em debate o descumprimento de direito de natureza trabalhista, e sim civil. O que se discute nos autos é o dever de reparação de lesão à ordem extrapatrimonial, causada em face de ato ilícito supostamente cometido pelo empregador. O direito subjetivo, cuja violação dá ensejo à provocação do Poder Judiciário, no intuito de elucidar a controvérsia, resolvendo acerca da pretensão resistida, é o atentado a valores morais, quais sejam, a honra, a individualidade e o caráter pessoal do homem.

O art. 114 da Constituição Federal atribui à Justiça do Trabalho a competência para apreciar a julgar as *ações de indenização por dano moral ou patrimonial, decorrentes da relação de trabalho,* o que não significa dizer que a natureza do direito material envolvido, ainda que buscado pelo empregado em face de seu empregador e inserido no âmbito da relação de trabalho, tenha a natureza de direito material trabalhista. Com efeito, a perquirição e julgamento acerca da caracterização e conseqüência do dano moral orientar-se-á pelas regras do direito comum, nada obstante a competência para tanto seja atraída por esta Justiça Especializada, forte no dispositivo constitucional supracitado.

O Superior Tribunal de Justiça assim decidiu ao julgar conflito de competência suscitado perante aquela corte:

'*Indenização. Danos Materiais e Morais. Conflito de Competência entre a Justiça Estadual e a Justiça do Trabalho nos autos de ação de indenização, objetivando receber do empregador a reparação de danos morais e materiais por despedida sem justa causa, a 3ª Seção do STJ definiu que a competência é a da Justiça do Trabalho. A decisão acatou a orientação do STF ao interpretar o art. 114 da Constituição Federal, segundo o qual em ações fundadas em fato decorrente de relação de trabalho a competência é da Justiça do Trabalho,* ***não importando que o dissídio seja resolvido com base nas normas de Direito Civil.***' (CC 26.852-RJ, Relator Ministro Fontes de Alencar, julgado em 12.04.00) — grifou-se.

Também manifestou-se, nesse sentido, o plenário do Supremo Tribunal Federal, em recente decisão acerca da competência para julgamento das ações de indenização decorrentes de acidente de trabalho (CC 7.204-1-MG, relator Ministro Carlos Ayres Brito). Transcreve-se o seguinte trecho:

'*(...)*

Começo por responder que ***a jurisprudência do Supremo Tribunal Federal proclama a competência da Justiça trabalhista para o conhecimento das ações indenizatórias por danos morais decorrentes da relação de emprego. Pouco importando se a controvérsia comporta resolução à luz do Direito Comum, e não do Direito do Trabalho.*** *Todavia, desse entendimento o STF vem excluindo as ações reparadoras de danos morais, fundadas em acidente do trabalho (ainda que movidas pelo empregado contra seu empregador), para incluí-las na competência da Justiça comum dos Estados. Isso por conta do inciso I do art. 109 da Constituição Republicana.*

(...)' — grifou-se

Inaplicável, portanto, à espécie, a regra prescricional disposta no art. 7º, XXIX, da CF/88, eis que atinente aos créditos trabalhistas, com os quais não se confunde a pretensão ora em exame.

Não se pode olvidar, outrossim, que as regras mediante as quais dar-se-á a contagem do prazo, bem o marco inicial deste interregno, deverá ser a data da ocorrência do dano, porquanto é nesse momento que nasce o direito subjetivo do empregado de buscar a reparação da lesão sofrida, e não o da extinção do contrato de trabalho, *data venia* do entendimento versado na origem. Incidem, na espécie, os prazos prescricionais do direito comum, conforme o diploma vigente à época da lesão.

De outra parte, o atual Código Civil, em seu art. 2.028, consigna regra de direito intertemporal com relação aos prazos a serem observados a partir de sua vigência. Assim preceitua:

Serão ***os da lei anterior os prazos****, quando reduzidos por este Código, e se, na data de sua entrada em vigor,* ***já houver transcorrido mais da metade do tempo estabelecido na lei revogada.***

O prazo para ajuizamento de ações pessoais, previsto no Código anterior (art. 177, *caput)* era de **20 (vinte) anos**. Há previsão específica, no Código atual, para a prescrição das ações que visem ao ressarcimento do enriquecimento sem causa, como na hipótese da presente demanda, estipulando o prazo de **03 (três) anos**, conforme art. 206, § 3º, IV.

A Lei n. 10.406/02, atual Código Civil Brasileiro, entrou em vigor em 11.01.2003, quando já iniciada a fluência do prazo prescricional para que o recorrente buscasse a reparação do dano extrapatrimonial porventura ocasionado em razão da justa causa que lhe foi atribuída por ocasião da rescisão contratual (18.06.97).

Assim, em atenção à norma intertemporal que rege os prazos em face da nova legislação, verifica-se que a hipótese dos autos atrai a sua aplicação. Considerando o disposto no referido dispositivo legal, tem-se que, para a incidência do prazo previsto pelo Código Civil de 1916, ou seja, de 20 anos, deveriam ter fluído mais de 10 anos desde o início da contagem do prazo prescricional (18.06.97) até a entrada em vigor da nova legislação civil (11.01.03), o que não ocorreu, na espécie. Em verdade, verifica-se que havia transcorrido menos da metade do prazo de 20 anos (5 anos, 6 meses e 24 dias), eis que o novo Código Civil passou a viger a partir de 11.01.2003.

Desta forma, incabível a incidência do prazo prescricional previsto na norma revogada, nos exatos termos do art. 2.028 da atual legislação.

O prazo a ser considerado, portanto, é o de **03 anos** estabelecido no art. 206, § 3º, IV, do CCB/2002.

Adota-se, para fins de contagem do prazo prescricional, a data de início da vigência da lei nova, ou seja, o CCB/2002, em razão da adoção do Princípio Geral da Irretroatividade das Leis, não sendo admissível que seja, o novo prazo de prescrição, computado de forma retroativa, considerando-se primordialmente o fato de haver sido reduzido os períodos anteriormente fixados.

Nesse sentido, a lição de Nelson Nery Júnior e Rosa Maria de Andrade Nery[1]:

Prazo diminuído pela lei nova. Menos da metade. Quando tiver decorrido menos da metade do prazo de prescrição regulado pelo CC/1916 (ou por lei extravagante) e esse mesmo prazo tiver sido diminuído pela lei nova (CC/2002), aplica-se a regra da lei nova, ***a partir de sua vigência (12.1.2003), desprezando-se o tempo que já tinha fluído sob a égide da lei revogada****.* (grifou-se).

Ainda nesse sentido, o ensinamento de Wilson de Souza Campos Batalha, analisando o Código Civil alemão[2]:

Se a lei nova reduz o prazo de prescrição ou decadência, há que se distinguir: a) se o prazo maior da lei antiga se escoar antes de findar o prazo menor estabelecido pela lei nova, adota-se o prazo estabelecido pela lei anterior; b) se o prazo menor da lei nova se consumar antes de terminado o prazo maior previsto pela anterior, ***aplica-se o prazo da lei nova, contando-se o prazo a partir da vigência desta.*** (grifou-se).

Desta forma, iniciado o prazo em **11.01.03**, o termo final implementar-se-ia em **11.01.06**, ou seja, 3 anos a contar da data de início da vigência da nova Lei Civil, não havendo prescrição a ser pronunciada, *in casu.*

Nesse contexto, dá-se provimento ao recurso do reclamante para, afastando a prescrição declarada em sentença, determinar o retorno dos autos à Origem para apreciação da pretensão formulada na petição inicial.

Registra-se que não se trata da hipótese de aplicação do art. 515, § 3º, do CPC, como quer o recorrente, porquanto a causa efetivamente não se funda em questão meramente de direito, conforme preceitua o dispositivo processual invocado."

Indenização por dano moral — Prescrição — Normas de Direito Civil

Ementa: PRESCRIÇÃO. DANO MORAL E MATERIAL TRABALHISTA. 1. O prazo de prescrição do direito de ação de reparação por dano moral e material trabalhista é o previsto no Código Civil. 2. À Justiça do Trabalho não se antepõe qualquer obstáculo para que aplique prazos prescricionais diversos dos previstos nas leis trabalhistas, podendo valer-se das normas do Código Civil e da legislação esparsa. 3. De outro lado, embora o dano moral trabalhista encontre matizes específicos no Direito do Trabalho, a indenização propriamente dita resulta de normas de Direito Civil, ostentando, portanto, natureza de crédito não-trabalhista. 4. Por fim, a prescrição é um instituto de direito material e, portanto, não há como olvidar a inarredável vinculação entre a sede normativa da pretensão de direito material e as normas que regem o respectivo prazo prescricional. 5. Recurso de

(1) Nery Júnior, Nelson. Nery, Rosa Maria de Andrade. *Código Civil Comentado e legislação extravagante.* 3ª ed. rev. ampl., Revista dos Tribunais, 2005. p. 897.

(2) Artigo desenvolvido a partir dos originais dos Comentários ao Código Civil (Forense) aos artigos 2.028 a 2.046, por PABLO STOLZE GAGLIANO, obra sob a coordenação científica do DR. ARRUDA ALVIM. *Desmistificando a Contagem de Prazos no Código Civil.* p. 3. http://www.juspodivm.com.br/novodireitocivil/artigos/pablo desmistificando a contagem de prazos no codigo civil.pdf."

revista de que se conhece e a que se dá provimento. TST-RR-1.162/2002-014-03-00.1 — (Ac. 1ª T.) — 3ª Reg. — Red. Desig. Min. João Oreste Dalazen. DJU 11.11.05, p. 1.072.

Da decisão, colhe-se o seguinte fundamento:

"1.1. DANO MORAL E MATERIAL. PRESCRIÇÃO

A discussão em torno do prazo de prescrição do direito de ação de reparação por danos materiais e morais trabalhistas é um daqueles temas que reputo tormentosos e atormentadores.

Ademais, trata-se de matéria que ainda não se encontra pacificada no âmbito desta Eg. Corte.

Conforme já destacado quando do exame do mérito do agravo de instrumento, a jurisprudência majoritária do Tribunal Superior do Trabalho inclina-se no sentido de aplicar o prazo previsto no artigo 7º, inciso XXIX, da Constituição Federal. Nesse sentido, podemos citar os seguintes julgados:

RR-158/2003-019-03-00, 3ª Turma, Rel. Ministra Maria Cristina Irigoyen Peduzzi, DJU de 27.05.2005; RR-86054/2003-900-04-00.7, 4ª Turma, Rel. Ministro Barros Levenhagen, DJU de 02.04.2004; RR-518/2004-002-03-00, 5ª Turma, Rel. Ministro João Batista Brito Pereira, DJU de 01.04.2005.

A doutrina, por sua vez, encontra-se dividida quanto à questão em apreço.

Consoante já revelado, nas razões aduzidas no agravo de instrumento, meu posicionamento é no sentido de que a prescrição a incidir no caso de pedido de reparação de danos materiais e danos morais é a prevista no Código Civil. Mantenho, portanto, entendimento já esposado no julgamento do RR-59.744/2002-900-06-00.1, em que fui Relator (DJU 15.04.2005), apreciado por esta Primeira Turma.

Aqueles que defendem a aplicação da prescrição bienal, prevista no artigo 7º, XXIX, da Constituição Federal, invocam como principais argumentos, essencialmente, os seguintes:

1) trata-se de demanda a ser apreciada pela Justiça do Trabalho, razão pela qual não se pode equacioná-la senão aplicando o artigo 7º, inciso XXIX, da Constituição Federal;

2) a pretensão de direito material deduzida em ação em que se pleiteia indenização por dano ostenta natureza de crédito trabalhista;

3) irrelevante em qual ramo do Direito encontra-se o fundamento da reparação do dano para a fixação do prazo de prescrição; e

4) não há omissão na CLT para permitir a invocação da lei civil.

Quanto ao primeiro argumento, penso que não se pode estabelecer qualquer relação entre regras de competência e de prescrição, institutos, respectivamente, de direito processual e de direito material. Do contrário, sempre que a competência fosse atribuída à Justiça do Trabalho, considerar-se-ia o prazo prescricional estabelecido pela lei trabalhista, e, de outro lado, sempre que a competência fosse da Justiça Comum recorrer-se-ia à lei civil.

Esse critério, sugerido por alguns, revela-se tecnicamente pouco recomendável. Com efeito, não há óbice algum no ordenamento jurídico para que a Justiça do Trabalho conheça e julgue pretensões com base em normas de direito civil, de forma subsidiária, consoante autoriza o artigo 8º, parágrafo único, da CLT.

É o caso, por exemplo, do PIS-PASEP, a que se refere VALENTIN CARRION, ao registrar:

'A única disposição diferente à norma genérica constitucional (cinco anos ou dois) é a referente ao PIS-PASEP; tal contribuição é trabalhista apenas indiretamente, pois a lei não considera rendimento do trabalho, nem o incorpora à remuneração (...). Nesse caso, a prescrição é de 10 anos (DL. 2.052/83, ART. 10)' (CARRION, Valentin. 'Comentários à Consolidação das Leis do Trabalho', p. 81, 30ª ed. atual. por Eduardo Carrion. São Paulo: Saraiva, 2005).

Outro caso é o que se encontra positivado no próprio artigo 11 da CLT, em parágrafo acrescentado pela Lei n. 9.658, de 5.6.1998:

Art. 11 — O direito de ação quanto a créditos resultantes das relações de trabalho prescreve: (Redação dada pela Lei n. 9.658, de 5.6.1998) (...)

§ 1º O disposto neste artigo não se aplica às ações que tenham por objeto anotações para fins de prova junto à Previdência Social. (Parágrafo incluído pela Lei n. 9.658, de 5.6.1998)

E um último exemplo é a prescrição qüinqüenal aplicada aos pedidos de diferenças de complementação de aposentadoria. Conforme entendimento firmado pelo Tribunal Superior do Trabalho, consolidado na Súmula n. 327 do TST, a ação para pleitear diferenças de complementação de aposentadoria, decorrente de contrato de trabalho, pode ser ajuizada a qualquer tempo, mesmo após o decurso do prazo bienal posterior à rescisão contratual. A prescrição é parcial e qüinqüenal.

Assim, à Justiça do Trabalho não se antepõe qualquer obstáculo para que aplique prazos prescricionais diversos dos previstos nas leis trabalhistas, podendo valer-se das normas do Código Civil e da legislação esparsa. Ilustra tal entendimento, no sentido de desvincular as regras de competência das normas aplicáveis aos pedidos formulados, o seguinte precedente do E. STF:

JUSTIÇA DO TRABALHO: COMPETÊNCIA: CONST., ART. 114: AÇÃO DE EMPREGADO CONTRA O EMPREGADOR, VISANDO À OBSER-

VÂNCIA DAS CONDIÇÕES NEGOCIAIS DA PROMESSA DE CONTRATAR FORMULADA PELA EMPRESA EM DECORRÊNCIA DA RELAÇÃO DE TRABALHO.

1. Compete à Justiça do Trabalho julgar demanda de servidores do Banco do Brasil para compelir a empresa ao cumprimento da promessa de vender-lhes, em dadas condições de preço e modo de pagamento, apartamentos que, assentindo em transferir-se para Brasília, aqui viessem a ocupar, por mais de cinco anos, permanecendo a seu serviço exclusivo e direto.

2. A determinação da competência da Justiça do Trabalho não importa que dependa a solução da lide de questões de direito civil, mas sim, no caso, que a promessa de contratar, cujo alegado conteúdo é o fundamento do pedido, tenha sido feita em razão da relação de emprego, inserindo-se no contrato de trabalho. (CJ-6959/DF, Rel. Acórdão Min. Sepúlveda Pertence, Tribunal Pleno, DJ de 22.02.1991, g.n.)

No tocante à natureza de crédito trabalhista que ostentaria a indenização por danos materiais e morais trabalhistas, há aí uma falha de percepção.

Como se recorda, a questão sobre a reparação de danos morais e materiais surgiu na Justiça do Trabalho em decorrência de algumas situações fáticas:

acidentes e doenças de trabalho, dispensas motivadas infundadas, atos contra a honra do empregado ou do empregador, entre outras.

Em todas essas hipóteses, observa-se o mesmo fundamento jurídico do pedido de indenização, seja material ou moral, qual seja, a responsabilidade subjetiva do empregador, ou do empregado, conforme o caso.

Responsabilidade essa decorrente da própria Constituição Federal, artigo 5º, incisos V e X, de seguinte teor:

V — é assegurado o direito de resposta, proporcional ao agravo, além da indenização por dano material, moral ou à imagem. X — são invioláveis a intimidade, a vida privada, a honra e a imagem das pessoas, assegurado o direito a indenização pelo dano material ou moral decorrente de sua violação.

Não obstante as particularidades do dano material ou moral trabalhista, a sua respectiva indenização, a meu ver, ostenta natureza civil, porquanto, como já salientei alhures (Aspecto do dano moral trabalhista. *In*: Revista do Tribunal Superior do Trabalho. Vol. 65, n. 1º, out./dez., Porto Alegre/RS: Síntese, 1999), tem arrimo nos artigos 159 e 1.518, do Código Civil de 1916, e artigos 186, 391 e 942, do Código Civil de 2002. Tais dispositivos, como se recorda, impõem o dever de indenizar não apenas àquele que causar prejuízo (material) como também àquele que 'violar direito' de outrem.

O equívoco reside na circunstância de considerar-se a reparação pecuniária do dano material e moral um crédito decorrente da relação de emprego. A indenização constitui, simplesmente, um valor compensatório que tem como causa um evento antijurídico e lesivo ao patrimônio moral do empregado.

Consiste em uma satisfação ao ofendido cuja responsabilidade se atribui ao causador do dano.

Por conseguinte, não se trata, por óbvio, de parcela ou contraprestação garantida legalmente aos empregados e que se encontre elencada em lei trabalhista. Por isso, não se cuida, a rigor, de crédito trabalhista.

Nessa esteira, oportunas as observações de RAIMUNDO SIMÃO DE MELO, em estudo específico sobre o tema:

'É certo que a CF, ao tratar da prescrição, fala em créditos resultantes da relação de trabalho. Porém, como é por demais evidente, a reparação do dano moral, mesmo praticado em face da relação de emprego, não constitui crédito trabalhista *stricto sensu*, mas sim de natureza civil, decorrente de ato ilícito que atinge a personalidade, a honra, a intimidade etc., da pessoa, ensejando, portanto, uma ação de natureza pessoal. Na verdade, nem de crédito propriamente dito se trata, quanto mais de crédito trabalhista.

Quando a Constituição tratou da prescrição no inciso XXIX do art. 7º, cuidou, na verdade, de direito de crédito, destinado ao restabelecimento de um estado anterior, o que não ocorre com a reparação do dano moral, cuja natureza jurídica não é indenizatória no sentido de restauração do *status quo*, mas reparatória/compensatória para o ofendido e punitiva/exemplar para o ofensor, para que este não volte mais a praticar atos molestadores dos direitos de personalidade.' (MELO, Raimundo Simão de. 'Prescrição do dano moral no Direito do Trabalho'. *In*: Síntese Trabalhista n. 138. dez./2000, pp. 28/29. Porto Alegre: Síntese, 2000.)

Desse modo, embora o dano material e o dano moral encontrem matizes específicos no Direito do Trabalho, a indenização propriamente dita resulta de normas de Direito Civil, ostentando, portanto, natureza de crédito não-trabalhista.

No concernente à irrelevância do ramo do Direito em que se encontra o fundamento para reparação do dano moral e do dano material, para efeito de fixação do prazo de prescrição, basta recordar que a prescrição é um instituto de direito material. Ora, sendo assim, não há como olvidar a inarredável vinculação entre a sede normativa da pretensão de direito material e as normas que regem o respectivo prazo prescricional.

Por fim, no que diz respeito à alegada inexistência de omissão na CLT a justificar a invocação da lei civil, o argumento não se sustenta, por si.

Isto porque parte de premissa equivocada, uma vez que inexiste na CLT, como é cediço, qualquer disposição a respeito da matéria dano moral, com o que, em verdade, haveria de ser invocada, supletivamente, a regra do Código Civil, tal como sugere MARIA HELENA DINIZ para os casos de omissão na legislação esparsa:

'Aplicação subsidiária do art. 177 do Código Civil. Nos casos em que o Código Civil ou lei esparsa forem omissos, relativamente ao prazo prescricional, deverá ser aplicado o disposto no art. 177, incidindo, então a prescrição ordinária.' (DINIZ, Maria Helena. 'Código Civil Anotado', p. 195. 5ª ed. atual. São Paulo: Saraiva, 1999.)

Acresça-se, ainda, que adotar o critério fixado pelo texto constitucional resultaria em algumas incongruências, ofensivas sobretudo ao princípio da isonomia, e implicaria alguns problemas de ordem prática, consoante lembra LUÍS MARCELO CAVALCANTI DE SOUSA:

'Imagine-se o seguinte exemplo: um funcionário de determinado banco, em vias de encerrar seu caixa ao final do expediente, recebe a visita de um amigo. No dia seguinte, o gerente da instituição constata um desfalque no referido caixa, determinando a abertura de sindicância e demitindo o funcionário por justa causa. Por igual, oferece queixa-crime contra o ex-funcionário e seu amigo, acusado de co-autoria.

Considerando que a acusação seja infundada, aos dois acusados é assegurado o direito de mover uma ação de indenização por danos morais. Ocorre que o ex-funcionário teria o prazo exíguo de dois anos para ajuizar a ação, enquanto o seu amigo, por não manter relação de emprego com a instituição, terá o prazo de vinte anos, infinitamente superior.

Ora, o fato que originou o ilícito é o mesmo. A causa de pedir e o pedido são os mesmos. O ofensor e a acusação são exatamente os mesmos. Por que, então, a discrepância nos prazos prescricionais a serem obedecidos?

Não parece razoável esta distinção, mesmo porque configura uma afronta aos princípios da isonomia e da segurança jurídica.' (SOUSA, Luís Marcelo Cavalcanti de. 'Ainda a questão do dano moral na Justiça do Trabalho'. Extraído de http://www1.jus.com.br/doutrina/texto.asp?id=2862. Acesso em 13.10.05)

Por fim, destaco que a SDI-1 já se manifestou sobre o tema, em julgamento do processo n. E-RR-08871/2002-900-02-00.4, de relatoria do Ministro Lélio Bentes Corrêa, DJU de 05.03.2004, no sentido de que a prescrição aplicável é a do Código Civil. Eis a ementa do referido julgado:

INDENIZAÇÃO POR DANOS MORAIS. PRESCRIÇÃO. Observada a natureza civil do pedido de reparação por danos morais, pode-se concluir que a indenização deferida a tal título, em lide cujo trâmite se deu na Justiça do Trabalho, não constitui crédito trabalhista, mas crédito de natureza civil resultante de ato praticado no curso da relação de trabalho. Assim, ainda que justificada a competência desta Especializada para processar a lide, não resulta daí, automaticamente, a incidência da prescrição trabalhista. A circunstância de o fato gerador do crédito de natureza civil ter ocorrido na vigência do contrato de trabalho, e decorrer da prática de ato calunioso ou desonroso praticado por empregador contra trabalhador, não transmuda a natureza do direito, uma vez que o dano moral se caracteriza pela projeção de um gravame na esfera da honra e da imagem do indivíduo, transcendendo os limites da condição de trabalhador ofendido. Dessa forma, aplica-se, na hipótese, o prazo prescricional de 20 anos previsto no artigo 177 do Código Civil, em observância ao art. 2028 do novo Código Civil Brasileiro, e não o previsto no ordenamento jurídico-trabalhista, consagrado no artigo 7º, XXIX, da Constituição Federal.

Embargos conhecidos e providos.

Em conclusão, não diviso óbices à aplicação do prazo previsto no Código Civil. Antes, parece-me imperativa a sua adoção, pelas razões declinadas.

Conseqüentemente, ao deixar de aplicá-lo, declarando a prescrição do direito de ação do Reclamante, entendo que a Eg. Corte Regional findou por malferi-lo.

Portanto, entendo admissível o recurso de revista, na forma da alínea 'c' do artigo 896 da CLT, por violação ao artigo 7º, inciso XXIX, da Constituição Federal. Conheço, portanto, do recurso de revista, no particular."

Indenização por dano moral — Prescrição — Termo inicial

Ementa: DANO MORAL. PRESCRIÇÃO. TERMO INICIAL. O pedido de indenização por dano moral decorrente da relação de emprego trata-se de crédito trabalhista, sujeitando-se, para os efeitos da contagem do prazo de prescrição, à regra estabelecida no art. 7º, XXIX, da Constituição Federal, logo, o termo inicial da prescrição é a data do término do contrato de trabalho. TRT 24ª Reg. — RO 00691/2001-021-24-00 — RO — Rel. Juiz Nicanor de Araújo Lima. DOMS n. 5.787, 5.7.02.

Indenização por dano moral e material — Prescrição do art. 7º, XXIX, da CF

Ementa: INDENIZAÇÃO POR DANO MORAL E MATERIAL. PRESCRIÇÃO. Nos termos do artigo

114 da Constituição da República, a Justiça do Trabalho é competente para apreciar pedido de reparação de dano moral e material decorrente de acidente do trabalho, já reconhecido pelo órgão da Previdência Social. A matéria posta em discussão é eminentemente trabalhista comportando a avaliação do dano, bem como da culpa do empregador pelo evento. Não há dúvida, portanto, que a pretensão dos autores possui natureza de crédito trabalhista, estando sujeita, por conseguinte, ao prazo prescricional previsto no artigo 7º, XXIX, da Constituição da República. Se a demanda foi ajuizada após o decurso do prazo de dois anos contados do término do contrato de trabalho, a ação dos empregados com o objetivo de postular a indenização em exame está efetivamente prescrita, devendo o processo ser extinto com julgamento do mérito, na forma determinada pela r. sentença recorrida. TRT 3ª Reg. — RO 00472-2003-054-03-00-9 — (Ac. 3ª T.) — Relª Juíza Maria Cristina Diniz Caixeta. DJMG 19.6.04, p. 03.

Da decisão acima, colhe-se o seguinte fundamento:

"PREJUDICIAL DE MÉRITO — PRESCRIÇÃO TOTAL — INDENIZAÇÃO POR DANO MORAL

O recorrente remanescente discute qual é o prazo prescricional da ação destinada a reivindicar reparação de dano moral decorrente de ato do empregador que afetou a honra e a dignidade de seus empregados. Aduz o reclamante que a prescrição aplicável é a vintenária, prevista no artigo 177 do Código Civil de 1916 (observa-se que o Novo Código Civil estabeleceu a prescrição decenal em seu art. 205).

Alega que a prescrição do art. 7º, XXIX da CF/88 limita-se apenas a créditos resultantes do contrato de trabalho (créditos trabalhistas *stricto sensu*) conceito que, no seu entender, não abrange o pedido de indenização por danos morais.

Contudo, não lhe assiste razão.

Definida a competência material trabalhista, compartilho do entendimento manifestado pelo d. julgador de origem (sentença, fl. 864) no sentido de que a ação de reparação de dano moral decorrente da relação de emprego está sujeita à prescrição do artigo 7º, XXIX, da Constituição da República.

Ao contrário do alegado pelo reclamante, a matéria discutida é eminentemente trabalhista, envolvendo a avaliação do dano, bem como da culpa do empregador pelo evento. Logo, não há dúvida de que a pretensão deduzida pelo autor possui nítida natureza de crédito trabalhista, estando sujeita, por conseguinte, ao prazo prescricional previsto no inciso XXIX do artigo 7º da CF/88 e não à prescrição vintenária prevista no artigo 177 do Código Civil.

Assim, considerando que a demanda foi ajuizada em 19 de dezembro de 1997 (inicial, fl. 12), após o decurso do prazo de dois anos do término do contrato de trabalho ocorrido em 31.1.95 (José Renato Bicalho da Silveira), fato reconhecido e informado na própria peça exordial (fl. 05), o direito de o autor postular a indenização em exame está efetivamente prescrito, devendo o processo ser extinto com julgamento do mérito, na forma determinada pela r. sentença recorrida.

Corroboram esse entendimento, as seguintes ementas:

'DANOS MORAIS. ACIDENTE DO TRABALHO. COMPETÊNCIA DA JUSTIÇA DO TRABALHO. RESPONSABILIDADE DO EMPREGADOR. PRESCRIÇÃO. A competência da Justiça do Trabalho para julgar ação de reparação dos danos morais e/ou materiais decorrentes de acidente do trabalho perante o empregador assenta-se em texto constitucional (artigo 114 da Constituição da República). A controvérsia decorre, necessariamente, da existência de um contrato de trabalho, constituindo este o antecedente lógico necessário sem o qual não haveria que se falar em acidente do trabalho e reparação da lesão. O dano emergiu de uma relação jurídica trabalhista. Por isto nada mais coerente e lógico do que a Justiça do Trabalho examinar e julgar a responsabilidade daquele que se beneficiou da prestação dos serviços. Embora o substrato da reparação do dano, culpa ou dolo, esteja insculpido no Direito Civil, artigo 159 do CCB, o prazo prescricional para o empregado se ressarcir dos prejuízos decorrentes do acidente, perante o empregador, é o do artigo 7º, inciso XXIX, da CR, pois aqui a reparação pretendida se funda no descumprimento de obrigações específicas e inerentes ao contrato de trabalho, conforme previsão do inciso XXVIII, do artigo 7º da Carta Magna.' (TRT-3ª Região, 4ª Turma, RO-17.651/99, Rel. Juiz Antônio Álvares da Silva. DJMG 7.10.00, p. 12).

'DANO MORAL. PRESCRIÇÃO. A indenização do dano moral, na Justiça do Trabalho, é considerada crédito trabalhista por ser decorrente da violação de um direito imaterial do trabalhador, durante uma relação de emprego ou de trabalho. Sendo crédito trabalhista, esta indenização fica sujeita à prescrição bienal prevista no art. 7º, inciso XXIX da Carta Política de 1988.' (TRT 9ª Reg., 2ª Turma, Ac. n. 013.741/98, 2.6.98, RO n. 15.384/97, Rel. Juiz Luiz E. Gunther).

'PRESCRIÇÃO. DANO MORAL. O suposto dano moral, entendido como o decorrente da infringência a cláusulas implícitas e acessórias do contrato de trabalho ou por ter sido cometido por sujeitos da relação de emprego, nessa qualidade e em seu desenvolvimento, sujeita-se à prescrição do art. 7º, XXIX, da Constituição Federal' (TRT 12ª Reg., 1ª T., RO n. 8.778/96, BJ maio/97, Rel. Juiz Dilnei Biléssimo).

No mesmo sentido, manifesta-se o C. TST:

'DANO MORAL NA JUSTIÇA DO TRABALHO. INDENIZAÇÃO. PRAZO DE PRESCRIÇÃO TRA-

BALHISTA E NÃO CIVIL. Quando em juízo estão litigando as partes do contrato de trabalho, ambas agindo na condição de empregado e empregador, e tendo por objeto a indenização por dano moral decorrente de alegado ato ilícito patronal, a pretensão de direito material deduzida na reclamatória possui natureza de crédito trabalhista que, portanto, sujeita-se, para os efeitos da contagem do prazo de prescrição, à regra estabelecida no art. 7º, XXIX, da CF/88, e não à prescrição vintenária prevista no art. 177 do Código Civil. Recurso de Revista não conhecido.' (TST — RR-540.996, Ano: 1999, 5ª Turma, Juiz Convocado Walmir Oliveira da Costa. DJ 15.12.00, p. 1.035).

Nada a prover." (www.trt3.gov.br, em 21.7.04)

Indenização por dano moral — Prescrição vintenária — Art. 177, do CC de 1916

Ementa: INDENIZAÇÃO POR DANOS MORAIS. PRESCRIÇÃO. Observada a natureza civil do pedido de reparação por danos morais, pode-se concluir que a indenização deferida a tal título, em lide cujo trâmite se deu na Justiça do Trabalho, não constitui crédito trabalhista, mas crédito de natureza civil resultante de ato praticado no curso da relação de trabalho. Assim, ainda que justificada a competência desta Especializada para processar a lide, não resulta daí, automaticamente, a incidência da prescrição trabalhista. A circunstância de o fato gerador do crédito de natureza civil ter ocorrido na vigência do contrato de trabalho, e decorrer da prática de ato calunioso ou desonroso praticado por empregador contra trabalhador, não transmuda a natureza do direito, uma vez que o dano moral se caracteriza pela projeção de um gravame na esfera da honra e da imagem do indivíduo, transcendendo os limites da condição de trabalhador do ofendido. Dessa forma, aplica-se, na hipótese, o prazo prescricional de 20 anos previsto no artigo 177 do Código Civil, em observância ao art. 2.028 do Novo Código Civil Brasileiro, e não o previsto no ordenamento jurídico-trabalhista, consagrado no artigo 7º, XXIX, da Constituição Federal. Embargos conhecidos e providos. TST — E-RR-08871/2002-900-02-00.4 — (Ac. SBDI-1) — Rel. Min. Lélio Bentes Corrêa. DJU 5.3.04.

Da decisão acima, colhe-se o seguinte fundamento:

"INDENIZAÇÃO POR DANOS MORAIS. PRESCRIÇÃO

A colenda Turma embargada negou provimento ao recurso de revista do autor, adotando a fundamentação assim sintetizada na ementa, *verbis*:

DANO MORAL — PRESCRIÇÃO QÜINQÜENAL. Quando em juízo estão litigando as partes do contrato de trabalho, ambas agindo na condição de empregado e empregador, e tendo por objeto uma indenização decorrente de alegado ato ilícito patronal é forçoso reconhecer que a pretensão de direito material deduzida na reclamatória possui nítida natureza de crédito trabalhista que, portanto, sujeita-se, para os efeitos da contagem do prazo de prescrição, à regra estabelecida no art. 7º, XXIX, da Constituição Federal. A matéria deve ser dirimida à luz da norma jurídica específica acerca de créditos de contrato de trabalho, no caso, a norma constitucional referida, motivo pelo qual não se aplica o art. 177 do Código Civil (fl. 412).

O embargante sustenta que as reparações de danos morais e materiais têm respaldo no Direito Civil, não podendo ser considerado como crédito trabalhista o pedido de indenização por dano moral. Indica violados os artigos 177 do Código Civil e 7º, XXIX, da Constituição da República.

O e. Tribunal Regional deu provimento ao recurso ordinário da Reclamada para, aplicando o prazo prescricional previsto na norma Constitucional, considerar prescritos os eventuais direitos anteriores a 19.12.91, julgando improcedente o pedido contido na inicial e afastando a condenação imposta pela r. sentença, nos seguintes termos:

(...) Diante disso, e considerando, conforme objetivamente se extrai dos autos, que a culpa da reclamada, que desencadeou o dano moral, ocorreu somente no período da alteração da função do reclamante de Chefe para Assessor, no ano de 1978, até a sua cessão para a Secretaria da Saúde, no ano de 1988, portanto por cerca de dez anos, e aplicando-se como parâmetro o disposto no art. 478 da CLT, resolve a Junta arbitrar a indenização no valor equivalente à remuneração mensal do reclamante para cada ano, e tendo em vista que na data da extinção do contrato de trabalho (26.5.95) a remuneração mensal do reclamante foi de R$ 4.100,60 (R$ 3.306,94 de salário mais R$ 793,66 de gratificação de tempo de serviço), conforme comprova o documento n. 136 do volume de documentos, resta portanto fixada no valor de R$ 41.006,00, cujo valor deverá ser corrigido monetariamente a partir de 26.5.95, acrescido de juros de mora a partir da data do ajuizamento da ação. (fl. 236)

Tratam os presentes embargos da controvérsia relativa a que prazo prescricional deve ser adotado na Justiça do Trabalho quando se discute a existência de dano moral. Trata-se de matéria de extrema relevância, ainda mais levando-se em consideração que a competência desta Justiça Especializada para dirimir controvérsias que tais até pouco tempo atrás sequer era reconhecida. Observem-se, a respeito, apenas a título de ilustração, as palavras do Eminente Ministro Arnaldo Süssekind, citadas por *João de Lima Teixeira Filho*, na obra 'Instituições de Direito do Trabalho', vol. 1, p. 635, que demonstram de forma cristalina a possibilidade de reconhecimento do Dano Moral nas relações de trabalho:

Seguindo a corrente doutrinária segundo a qual os direitos da personalidade, em sua essência, emanam do direito natural, Arnaldo Süssekind sustenta que o dano moral está correlacionado com os direitos da personalidade, que devem ser considerados inatos, integrantes do universo paraestatal. E pontifica: O quotidiano do contrato de trabalho, com o relacionamento pessoal entre o empregado e o empregador, ou aqueles a quem este delegou o poder de comando, possibilita, sem dúvida, o desrespeito dos direitos da personalidade por parte dos contratantes. De ambas as partes — convém enfatizar —, embora o mais comum seja a violação da intimidade, da vida privada, da honra ou da imagem do trabalhador.

Observa-se que, apesar de restar clara a possibilidade de advir da relação trabalhista injúria a justificar a propositura de ação visando à reparação dos danos morais causados, durante muito tempo persistiu dúvida quanto à competência da Justiça do Trabalho para julgar tais ações. Tais dúvidas foram definitivamente dirimidas pelo exc. Supremo Tribunal Federal, no julgamento do RE n. 238.737-4/SP, Relator Min. Sepúlveda Pertence, publicado no DJU de 5.2.99, cuja ementa se transcreve:

Justiça do Trabalho: Competência: Ação de Reparação de Danos decorrentes da imputação caluniosa irrogada ao trabalhador pelo empregador a pretexto de justa causa para a despedida e, assim, decorrente da relação de trabalho, não importando deva a controvérsia ser dirimida à luz do Direito Civil. (grifou-se)

Superada a questão da competência da Justiça do Trabalho para dirimir as causas relativas à indenização por danos morais decorrentes da relação de trabalho, outras questões passaram a atormentar os julgadores trabalhistas, sendo alvo inclusive de divergências a nível doutrinário, bem como jurisprudencial. Inúmeras questões têm suscitado acalorados debates, envolvendo, entre outros assuntos, o alcance da ofensa, a valoração do dano causado, e, a legislação aplicável no que se refere à prescrição matéria que constitui o cerne do presente recurso.

Importante se faz destacar, no intuito de dirimir a questão, que o dano moral possui natureza civil, encontrando-se previsto em nosso ordenamento jurídico, inicialmente no Código Civil Brasileiro de 1916, e atualmente encontra regência no Código Civil Brasileiro de 2002, como também na Constituição Federal de 1988, conforme se depreende dos seguintes dispositivos:

Art. 159. Aquele que, por ação ou omissão voluntária, negligência, ou imprudência, violar direito, ou causar prejuízo a outrem, fica obrigado a reparar o dano. (CCB/1916)

Art. 953. A indenização por injúria, difamação ou calúnia consistirá na reparação do dano que dela resulte ao ofendido.

Parágrafo único. Se o ofendido não puder provar prejuízo material, caberá ao juiz fixar, eqüitativamente, o valor da indenização, na conformidade das circunstâncias do caso. (Código Civil Brasileiro de 2002).

Art. 954. A indenização por ofensa à liberdade pessoal consistirá no pagamento das perdas e danos que sobrevierem ao ofendido, e se este não puder provar prejuízo, tem aplicação o disposto no parágrafo único do artigo antecedente.

Parágrafo único. Consideram-se ofensivos da liberdade pessoal:

a) o cárcere privado;

b) a prisão por queixa ou denúncia falsa e de má-fé;

c) a prisão ilegal. (Código Civil Brasileiro de 2002)

Art. 5º, V — é assegurado o direito de resposta, proporcional ao agravo, além da indenização por dano material, moral ou à imagem;

X — são invioláveis a intimidade, a vida privada, a honra e a imagem das pessoas, assegurado o direito à indenização pelo dano material ou moral decorrente de sua violação; (Constituição Federal de 1988)

Dessa forma, observada a natureza civil do pedido de reparação por danos morais, pode-se concluir que a indenização deferida a tal título de tal injúria auferida em lide cujo trâmite se deu na Justiça do Trabalho, não constitui crédito trabalhista, e sim, crédito de natureza civil resultante de um ato praticado no curso da relação de trabalho, o que justifica a competência desta Justiça Especializada para a lide. Sendo certo que, a circunstância de o fato gerador desse crédito de natureza civil ter ocorrido na vigência do contrato de trabalho, e ser decorrente da imputação caluniosa ou desonrosa irrogada ao trabalhador pelo empregador, não transmuda a natureza do direito, uma vez que, o dano moral se caracteriza pela projeção de um gravame na esfera da honra, da imagem do indivíduo, ou seja, o gravame transcende os limites da condição de trabalhador do ofendido.

Constatada a natureza civil do dano moral, tem-se que a prescrição segue a mesma natureza do direito, como aliás já pacificado por esta c. Corte em relação ao FGTS. Logo, a prescrição a ser aplicada à ação que vise à indenização por dano moral, é a prevista no Código Civil Brasileiro de 1916, artigo 177, vintenária, ou, a prevista no Novo Código de 2002, artigo 205, decenal, adequando-se cada caso ao disposto no artigo 2.028 do novo Código, conforme a data em que nasceu o direito à ação. É o seguinte o teor dos artigos ora referidos:

Art. 177. As ações pessoais prescrevem ordinariamente em vinte anos, as reais em dez entre presentes e, entre ausentes, em quinze, contados da data em que poderiam ter sido propostas. (Código Civil Brasileiro de 1916).

Art. 205. A prescrição ocorre em dez anos, quando a lei não lhe haja fixado prazo menor. (Código Civil Brasileiro de 2002)

Art. 2.028. Serão os da lei anterior os prazos, quando reduzidos por este Código, e se, na data de sua entrada em vigor, já houver transcorrido mais da metade do tempo estabelecido na lei revogada. (Código Civil Brasileiro de 2002)

Frise-se que tal entendimento encontra respaldo em parcela respeitável da doutrina, como se vê a seguir:

O Supremo Tribunal Federal, reconhecendo a existência de direito de natureza híbrida, acabou firmando entendimento de que na aplicação da prescrição, deve prevalecer o maior prazo aplicável às diversas naturezas, como forma de resguardar o exercício do direito ao maior bem tutelado. No caso do FGTS, prevaleceu a prescrição trintenária sobre a qüinqüenal, como forma de proteger a parcela de natureza social desse direito.

(...)

Observando ambos os fundamentos, podemos verificar que, tanto a doutrina como a jurisprudência distinguem os créditos decorrentes da relação de trabalho, como trabalhista típico (de natureza pura) e trabalhista atípico (de natureza híbrida), reconhecendo que somente os primeiros é que se submetem à regra geral da prescrição constitucional, enquanto os trabalhistas atípicos, escampam de sua atração em havendo regra análoga própria.

O crédito trabalhista típico, é aquele cuja observância interessa somente ao trabalhador, como os que se destinam a remunerar de alguma forma sua força de trabalho, enquanto os conceituados como trabalhista atípico, apesar de poderem ter revestimento patrimonial e guardar origem na relação de trabalho, são de interesse social, não só da classe trabalhadora, tais como o direito à integridade física e mental, à segurança e à previdência social.

Apesar da regra geral contida na Constituição Federal (art. 7º, XXIX) atrair tanto direitos patrimoniais como não patrimoniais, devemos entender, porém, que essa atração se faz somente em relação aos direitos de natureza tipicamente trabalhista, enquanto os atípicos, de natureza híbrida (trabalhista e social), escapam daquela, atraídos por normas prescricionais mais apropriadas à salvaguardar a ação jurídica, que tutela a parcela de natureza social daquele mesmo direito.

Roberto Brebbia ensina que dano moral ofende algum dos direitos inerentes à personalidade e, logo, interessa à sociedade como um todo. O direito à reparação de dano moral decorrente da relação de trabalho é de natureza híbrida, porque nasce da relação de trabalho, mas tutela um direito de interesse da sociedade em geral (trabalhista e social), escapando da prescrição dos créditos tipicamente trabalhistas, atraído pela norma do art. 177 do Código Civil, que regula a prescrição da análoga ação de reparação de dano civil. (Marco Antônio Miranda Mendes, Juiz do TRT da 24ª Região, em trecho extraído do artigo — Prazo Prescricional do Dano Moral Trabalhista)

Não obstante o brilho das teses que defendem a aplicação da prescrição trabalhista, como antes elencado, com o devido respeito, não nos convencemos da argumentação oferecida, baseada, fundamentalmente, no reconhecimento da competência da Justiça do Trabalho para apreciar e julgar os pedidos respectivos de reparação. É que a prescrição do direito de ação, com relação a algum direito, jamais pode ser fixada levando-se em conta a competência do juízo para conhecer do pedido. Esta decorre, sem, da natureza da matéria discutida, independentemente do ramo do Judiciário que deva apreciar o litígio.

(...)

... não é a competência que fixa o prazo prescricional de uma ação. Aliás, a prescrição é instituto de direito material, enquanto que a competência pertence ao direito processual. Logo, a prescrição do dano moral no Direito do Trabalho não é a trabalhista, porque não se tratam as reparações respectivas de verba trabalhista *stricto sensu*, mas de um crédito de natureza pessoal, a invocar a prescrição vintenária do art. 177, do Código Civil, não importando, como já ressaltado, que tal questão seja discutida perante a Justiça do Trabalho.

(...)

Assim, com o devido respeito àqueles que pensam de forma contrária, o entendimento mais adequando e consentâneo para o caso é de que a prescrição do dano moral praticado pelo empregado ou empregador em decorrência da relação de emprego é a vintenária.

Dessa maneira, o prazo para acionar o autor do dano moral é de vinte anos, seja perante a Justiça comum, seja perante a Justiça do Trabalho, porque:

a) a importância da reparação do dano moral, que não tem natureza trabalhista, interessa não somente ao ofendido, mas, a toda a sociedade, como reconhece a melhor doutrina; b) o prazo prescricional do direito de ação não se afirma pela competência do órgão julgador, mas, em razão da natureza da matéria discutida; c) a Constituição Federal, quando fala em créditos resultantes da relação de trabalho, está a se referir aos créditos trabalhistas *stricto sensu*; d) a indenização do dano moral constitui crédito de natureza pessoal; e) um dos mais importantes princípios que informam o Direito do Trabalho é o da norma favorável ao trabalhador, que ainda deve continuar norteando o intérprete moderno; a subordinação, como marca deste ramo do Direito, nunca vai desaparecer, apenas pode diminuir conforme a atividade desempenhada pelo trabalhador; f) finalmente, embora adaptados a uma nova realidade, é preciso superar preconceitos e resgatar os princípios informadores do Direito do Trabalho, na busca da dignificação da pessoa humana. (Raimundo Simão de Melo, Procurador do Ministério Público do Trabalho da 15ª Região, em trecho extraído do artigo Prescrição do Dano Moral no Direito do Trabalho)

Imagine-se o seguinte exemplo: um funcionário de determinado banco, em vias de encerrar seu caixa ao final do expediente, recebe a visita de um amigo. No dia seguinte, o gerente da instituição constata um desfalque no referido caixa, determinando a abertura de sindicância e demitindo o funcionário por justa causa. Por igual, oferece queixa-crime contra o ex-funcionário e seu amigo, acusado de co-autoria.

Considerando que a acusação seja infundada, aos dois acusados é assegurado o direito de mover uma ação de indenização por danos morais.

Ocorre que o ex-funcionário teria o prazo exíguo de dois anos para ajuizar a ação, enquanto o seu amigo, por não manter relação de emprego com a instituição, terá o prazo de vinte anos, infinitamente superior.

Ora, o fato que originou o ilícito é o mesmo. A causa de pedir e o pedido são os mesmos. O ofensor e a acusação são exatamente as mesmas. Por quê, então, a discrepância nos prazos prescricionais a serem obedecidos?

Não parece razoável esta distinção, mesmo porque configura uma afronta aos princípios da isonomia e da segurança jurídica. (Luís Marcelo Cavalcanti de Sousa, Advogado, em seu artigo Ainda a questão do dano moral na Justiça do Trabalho. Efeitos negativos da decisão do Supremo Tribunal Federal: Prescrição e coisa julgada).

O erro está simplesmente no fato de considerarem a reparação pecuniária um crédito decorrente da relação de trabalho. Esta posição em hipótese alguma corresponde com a verdade, posto que a indenização é simplesmente um *quantum* compensatório que tem como causa um evento antijurídico e lesivo, portanto, constitui uma satisfação ao ofendido e uma responsabilidade do causador, conseqüentemente, não se trata de parcela ou contraprestação garantida legalmente aos empregados e que notoriamente se encontram elencadas em leis específicas, principalmente, na Consolidação das Leis do Trabalho, como: salário mínimo, adicionais por serviço extraordinário, noturno, insalubre ou perigoso, remuneração de férias, abono pecuniário e outros.

Ademais, a doutrina e a jurisprudência apontam outros tipos de reparação do dano moral. A fim de demonstrar o aduzido, transcrevo algumas citações *ipsis litteris*:

... no dano moral, outras modalidades de reparação existem, não se encontrando no dinheiro a exata reparabilidade e, haja vista a impossibilidade de se repor as coisas ao estado primitivo; contudo, o dinheiro exercerá à vítima o efeito compensatório, diminuindo as conseqüências da lesão a direito personalíssimo.

Não se deve esquecer que a sentença condenatória poderá impor obrigação diversa da pecuniária, como a de fazer, exemplificando-se com a retratação pública, que seja perante a empresa, ou nota esclarecedora em jornal de grande circulação.

O dano moral não precisa ser recomposto, necessariamente, mediante indenização. Este posicionamento doutrinário é ratificado pela jurisprudência em grande número de decisões.

O importante é que se refaça a ordem sócio-jurídica lesada, o que se pode obter mediante providências outras, tais como publicações e prestações de serviços.

A propósito, convém destacar que a retratação feita publicamente sequer tem valor econômico, assim, obviamente não se enquadra na terminologia de crédito trabalhista, todavia, é como vem sendo tratada a matéria. Percebe-se desse contexto que é uma incoerência, pois, se porventura um empregado vir ajuizar uma ação, após o biênio estipulado quanto aos créditos trabalhistas, requerendo apenas a retratação do empregador, esta estará extemporânea caso seja aplicada a prescriçao bienal, portanto, verificado o absurdo da adoção da tese dos dois anos, torna-se mais correta e justa a utilização da prescrição vintenal. (Marcelo Pessôa, pós-graduando em Direito Processual Civil e Direito Processual do Trabalho pela UNESA/RJ, em trecho do artigo Prescrição do Dano Moral Trabalhista)

Diante de todo o exposto, tendo a c. Terceira Turma mantido a decisão regional que aplicou à hipótese a prescrição contida no inciso XXIX, do artigo 7º da Constituição Federal, acabou por violar o disposto no artigo 177 do Código Civil Brasileiro de 1916, que prevê para o caso a prescrição vintenária, motivo pelo qual conheço do recurso por violação do citado dispositivo legal.

II — MÉRITO

Conhecido o recurso por violação do artigo 177 do Código Civil Brasileiro de 1916, e, uma vez que o e. Tribunal Regional analisou o recurso da Reclamada, quanto à existência do dano moral, apenas no que se refere ao período posterior a 19.12.91, considerado prescrito o período anterior, impõem-se, como conseqüência lógica, o provimento do recurso para, aplicando ao caso a prescrição vintenária, determinar o retorno dos autos ao Tribunal Regional, a fim de que examine o recurso ordinário em relação ao tema — dano moral — como entender de direito, afastado o óbice da prescrição qüinqüenal. Fica prejudicada a análise do outro tema trazido no recurso."

Indenização por dano moral — Prescrição vintenária — Art. 177, do Código Civil de 1916

Ementa: INDENIZAÇÃO POR DANO MORAL. PRESCRIÇÃO VINTENÁRIA. Ainda que o pedido de indenização por danos morais seja da competência da Justiça do Trabalho, a prescrição incidente é aquela prevista no artigo 177, do Código Civil de 1916 (estatuto que estava em vigor na data da ocorrência do alegado dano sofrido), uma vez que o direito invocado é fundamentado em norma civilista, não se tratando de verba trabalhista. O fato de estar litigando, no presente caso, ex-empregado e ex-empregador, não se sujeita, só por isso, para os efeitos da contagem do prazo prescricional, à regra estabelecida no art. 7º, XXIX, da CR/88. TRT 3ª Reg. — 02231-2003-041-03-00-8 — (Ac. 1ª T.) — Relª Juíza Adriana Goulart de Sena. DJMG 14.8.04, p. 05.

Indenização por dano moral — Prescrição vintenária — Art. 177, do Código Civil de 1916

Ementa: DANOS MORAIS E MATERIAIS. PRESCRIÇÃO. Apesar da Competência da Justiça do Trabalho, para apreciar e julgar demanda que tem por objeto o ressarcimento de dano moral e material, decorrente da relação jurídica de emprego, que viçou, entre as partes, o direito material que se busca é de natureza civil. Por conseguinte, não se pode falar em prescrição do direito de Ação, em virtude do pacto laboral ter sido extinto, há mais de dois anos, e nem da prescrição qüinqüenal do artigo 7º, inciso XXIX da Constituição do Brasil, relativa a Créditos Trabalhistas. Aqui, a prescrição a ser aplicada é a prevista no Código Civil de 1916, porque o acidente ocorreu, na sua vigência. E ela é de vinte anos, conforme disposto no artigo 177, a contar da ocorrência do dano desde que, como anteriormente acentuado, o direito material pretendido, de natureza pessoal, atrai a incidência da norma civil. TRT 3ª Reg. — RO 00751-2003-031-03-00-9 — (Ac. 1ª T.) — Rel. Juiz Manuel Cândido Rodrigues. DJMG 1º.8.03, p. 06.

Indenização por danos morais — Prazo prescricional de 20 anos previsto no art. 177 da lei civil, em observância ao art. 2028 do novo CCB

Ementa: INDENIZAÇÃO POR DANOS MORAIS. PRESCRIÇÃO. 1. Observada a natureza civil do pedido de reparação por danos morais, pode-se concluir que a indenização deferida a tal título em lide cujo trâmite deu-se na Justiça do Trabalho não constitui crédito trabalhista, mas crédito de natureza civil resultante de ato praticado no curso da relação de trabalho. Assim, ainda que justificada a competência desta Especializada para processar a lide, não resulta daí, automaticamente, a incidência da prescrição trabalhista. 2. A circunstância de o fato gerador do crédito de natureza civil ter ocorrido na vigência do contrato de trabalho e decorrer da prática de ato calunioso ou desonroso praticado por empregador contra trabalhador não transmuda a natureza do direito, uma vez que o dano moral caracteriza-se pela projeção de um gravame na esfera da honra e da imagem do indivíduo, transcendendo os limites da condição de trabalhador do ofendido. Dessa forma, aplica-se, na hipótese, o prazo prescricional de 20 anos previsto no artigo 177 da lei civil, em observância ao artigo 2028 do novo Código Civil Brasileiro, e não o previsto no ordenamento jurídico-trabalhista, consagrado no artigo 7º, XXIX, da Constituição Federal. Recurso de revista conhecido e provido. TST — RR-1.189/2003-100-03-00.0 — (Ac. 1ª T.) — 3ª Reg. — Red. Desig. Min. Lelio Bentes Corrêa. DJU 7.12.06, p. 1.079.

Possibilidade da ação posterior à extinção do contrato de trabalho — Prescrição aplicável

Ementa: PRESCRIÇÃO. DANO MORAL. POSSIBILIDADE DA AÇÃO POSTERIOR À EXTINÇÃO DO CONTRATO DE TRABALHO. A possibilidade da reparação pretendida veio com a absolvição do empregado na esfera criminal. A prescrição a ser observada é a qüinqüenal (Constituição Federal, art. 7º, XXIX), tendo em vista que esse fato ocorreu após a extinção do contrato de trabalho. Recurso provido. TRT 2ª RO 02168200246402000 — (Ac. 6ª T. 20050530210) — Rel. Juiz Rafael E. Pugliese Ribeiro. DJSP 26.8.05, p. 37.

Da decisão acima, colhe-se o seguinte fundamento:

"2. Prescrição. Dano moral. O autor demanda uma reparação por dano moral ocorrido em virtude do contrato de trabalho mantido com a ré, cujo termo final se deu em 16/06/1989 (fl. 30). A reparação pretendida é própria da cognição trabalhista, porque os fatos tidos por lesivos à moral devem ser considerados como atos do empregador enquanto empregador e decorrentes do contrato de trabalho. A ação é regida pelas normas próprias ao Direito do Trabalho, submetendo-se à prescrição do art. 7º, XXIX, da Constituição Federal. Neste sentido se pronuncia o TST:

'RECURSO DE REVISTA. **DANO MORAL** NA JUSTIÇA DO TRABALHO. **PRESCRIÇÃO. A prescrição** aplicável, tratando-se de **dano moral** decorrente da relação de emprego, é a prevista no art. 7º, inc. XXIX, da Constituição da República; e não a estipulada no Código Civil. Recurso de Revista de que se conhece e a que se nega provimento. (TST, RR n. 518/2004-002-03-00.1, Min. Rel. João Batista Brito Pereira, 5ª Turma, DJ de 01.04.2005)."

2.1. O autor sustenta que a ré imputou-lhe a prática de ilícito penal do qual foi absolvido por decisão da 1ª Vara Criminal de São Bernardo do Campo no processo n. 142/91 em 02.03.1998 (fls. 101/110).

Apenas com o decreto absolutório é que o autor passou a ter a possibilidade e o interesse de exigir da ré uma indenização pelos danos que lhe foram causados. Sendo o fato posterior à extinção do contrato de trabalho, a prescrição a ser observada é de cinco anos contados da lesão e não de dois anos após a extinção do contrato (Constituição Federal, art. 7º, XXIX). Esta ação foi ajuizada em 29/11/2001 (fl. 04), quando decorridos pouco mais de 03 anos da absolvição e, portanto, não está prescrita. Aplicação, *mutatis mutandi*, da Súmula 327 do TST."

Prescrição — Art. 7º, XXIX, da CF — Aplicação

Ementa: DANO MORAL. PRESCRIÇÃO. I — Depreende-se do art. 114 da Constituição Federal que os dissídios individuais entre os trabalhadores e empregadores abrangem, também, os decorrentes de danos morais praticados no âmbito da relação de emprego. II — Não há dúvida de que, *in casu*, a questão controvertida é oriunda da relação de emprego. Trata-se de dano extrapatrimonial sofrido pelo empregado, quer provenha da fase pré-contratual quer da contratual ou pós-contratual, pois se refere ao contrato de trabalho. III — Registre-se pronunciamento do STF, em acórdão da lavra do Ministro Sepúlveda Pertence, no qual se concluiu não ser relevante para fixação da competência da Justiça do Trabalho que a solução da lide remeta a normas de Direito Civil, mas que o fundamento do pedido se assente na relação de emprego, inserindo-se no contrato de trabalho (Conflito de Jurisdição nº 6.959-6, Distrito Federal). Da mesma forma, para perquirir-se acerca da prescrição aplicável, há considerar em que se assenta o fundamento do pedido. IV — Por esses fundamentos, incensurável a conclusão regional de que o prazo prescricional aplicável à espécie é o previsto no art. 7º, XXIX, da Constituição Federal. V — Recurso desprovido. TST — RR-1.352/2004-002-20-00.8 — (Ac. 4ª T.) — 20ª Reg. — Rel. Min. Antônio José de Barros Levenhagen. DJU 13.10.06, p. 1.011.

Prescrição aplicável — Termo inicial — Data da ciência pelo empregado — Ônus da prova do autor

Ementa: ALEGAÇÃO DE INCLUSÃO EM "LISTA NEGRA". PLEITO DE DANO MORAL. PRESCRIÇÃO APLICÁVEL. TERMO INICIAL. DATA DA CIÊNCIA PELO EMPREGADO. ÔNUS DA PROVA DO AUTOR. Quanto ao dano moral, não se pode, sob pena de evidente contradição, reconhecer a competência da Justiça do Trabalho para decidir acerca da questão sob o fundamento de que a lesão "decorre da relação de trabalho", e, ao mesmo tempo, se deixa de reconhecer o prazo prescricional previsto para as demandas trabalhistas sob o argumento de que se trata de "tema civilista". Tal pretensão não encontra amparo nem no Direito nem na lógica. Caso contrário, em última análise, o que se estaria autorizando seria o "aproveitamento-adequação" de normas sobre competência-prescrição, segundo a mera conveniência da parte. Ou, dito de outro modo, quando à parte aprouvesse, o mesmo fundamento jurídico (natureza jurídica da demanda-origem trabalhista) seria utilizado para atrair ou afastar a incidência de determinadas regras. O ordenamento, sem embargo, não dá guarida a tal "linha de raciocínio". Isto posto, no caso em concreto, em face de alegação de existência da chamada "lista negra", cabe ao autor fazer prova da data em que efetivamente teve ciência de sua inclusão na referida lista. Diante da ausência de prova neste sentido, a data da emissão da suposta lista (porque a data da emissão da lista, evidentemente, é o limite para o conhecimento de sua existência) é que deve ser considerada o termo inicial para contagem do prazo prescricional de dois anos para ajuizamento da ação. TRT 9ª Reg. — RO 00194-2004-091-09-00-8 — (Ac. 4ª T. 17283/05) — Relª Juíza Sueli Gil El-Rafihi. DJPR 8.7.05, p. 577.

Da decisão acima, extraímos a seguinte fundamentação:

"2.1.3. PRESCRIÇÃO

a) Da prescrição aplicável

Desde logo, incumbe afastar qualquer pretensão de que o prazo prescricional relativo a danos morais seja o estatuído na Lei Civil (10 anos, nos termos do art. 205 do NCCB).

Considerando-se que o pedido de indenização por dano moral, passível de julgamento nesta Justiça Especializada, é aquele decorrente da relação de emprego, eventuais créditos de natureza indenizatória sujeitam-se aos princípios e normas próprias ao Direito do Trabalho. **E o prazo prescricional do direito de ação não foge a essa regra.**

Não se pode, sob pena de evidente contradição, reconhecer a competência da Justiça do Trabalho para decidir acerca da questão sob o fundamento de que a lesão *'decorre da relação de trabalho'*, e, ao mesmo tempo, se deixa de reconhecer o prazo prescricional previsto para as demandas trabalhistas sob o argumento de que se trata de *'tema civilista'*. Tal pretensão não encontra amparo nem no Direito nem na lógica. Caso contrário, em última análise, o que se estaria autorizando seria o 'aproveitamento/adequação' de normas sobre competência/prescrição, segundo a mera conveniência da parte. Ou, dito de outro modo, quando à parte aprouvesse, o mesmo fundamento, jurídico (natureza jurídica da demanda-origem trabalhista), seria utilizado para atrair ou afastar a incidência de determinadas regras sobre determinadas matérias. O ordenamento, sem embargo, não dá guarida a tal 'linha de raciocínio'.

Nesse sentido a Jurisprudência majoritária no C. TST, inclusive da SDI-2:

'AÇÃO RESCISÓRIA — NÃO-OCORRÊNCIA DE VIOLAÇÃO DE LEI — DANO MORAL — PRESCRIÇÃO — Carece de respaldo legal a pretensão obreira de rescisão de decisão que extingue reclamatória postulando danos morais, decorrentes do reconhecimento da não-caracterização de ato de improbidade, por ocorrência de prescrição, dada a não-configuração de violação do art.177 do CC, uma vez que: a) a lesão à boa fama e à imagem do Empregado surgiram com a dispensa, tido como motivada, e não com o reconhecimento, em juízo, da inocência do Reclamante e da ausência de justa causa da dispensa, razão pela qual deveria haver, na primeira reclamatória, cumulação de pedidos, relativos às verbas rescisórias e à indenização por dano moral, já que, pelo princípio da actio nata, *o prazo prescricional começa a fluir da data em que ocorrida a lesão ao direito do Autor; b) se a postulação da indenização por danos morais é feita na Justiça do Trabalho, sob o fundamento de que a lesão decorreu da relação de trabalho, não há como se pretender a aplicação do prazo prescricional de 20 anos, referente ao Direito Civil (CC, art. 177), quando o ordenamento jurídico-trabalhista possui prazo prescricional unificado de 2 anos, a contar da ocorrência da lesão (CF, art. 7º, XXIX, CLT, art. 11); e c) não há que se falar em interrupção da prescrição pelo ajuizamento da primeira reclamatória, tendo em vista que, por não versar sobre o dano moral, não demonstrou a ausência de passividade do Empregado em relação à pretensa lesão sofrida em sua honra e imagem. (TST — ROAR 39274 SBDI 2 — Rel. Min. Ives Gandra Martins Filho — DJU 13.12.2002).*

'RECURSO DE REVISTA DO RECLAMANTE — PRESCRIÇÃO — DANO MORAL — Se o dano moral passível de indenização, hábil a ser julgado nesta Especializada, é aquele advindo da relação de trabalho, eventuais créditos indenizatórios devem sujeitar-se às regras e princípios ínsitos ao Direito do Trabalho, inclusive quanto ao prazo prescricional de ação, não havendo de se falar em aplicação dos artigos 177 e 179 do Código Civil Brasileiro. Revista não conhecida. (TST — RR 562067 — 2ª T. — Rel. Min. Conv. Saulo Emídio dos Santos — DJU 07.11.2003)'.

'DANO MORAL — PRESCRIÇÃO — Tratando-se de demanda a ser solucionada pela Justiça do Trabalho, porque decorrente da relação de emprego, ainda que o ato lesivo tenha sido praticado pelo empregador após o rompimento contratual, a prescrição aplicável é a prevista no inciso XXIX do art. 7º da Constituição Federal e não a estipulada no Código Civil. Recurso de revista conhecido e desprovido. (TST — RR 686 — 5ª T. — Rel. Min. Rider Nogueira de Brito — DJU 09.05.2003)'

b) Termo inicial da prescrição

Relativamente à questão do termo inicial para contagem da prescrição atinente ao dano moral, valemo-nos dos argumentos expendidos pelo Exmo. Juiz Dr. Ney Fernando Olivé Malhadas, nos autos 00335/2003, porquanto reflete o posicionamento prevalecente da Turma quanto ao ponto. *In verbis:*

'O prazo prescricional inicia-se no momento em que o titular do direito toma ciência da sua violação. Não há como iniciar a contagem da prescrição imediatamente a partir da lesão efetivada, haja vista que aquela guarda relação com a inércia daquele que tinha conhecimento da violação mas não exerceu o respectivo direito de ação oportunamente.

Assim, o artigo 7º, XXIX, *da CF deve ser interpretado teleologicamente, e não apenas literalmente'.*

Naqueles autos, o então Exmo. Juiz Relator decidiu que:

'O Autor alegou que tomou ciência da inclusão do seu nome na lista negra somente no início de 2002, mas não comprovou tal alegação, como lhe competia (negritamos). Em face da cópia da lista, juntada na fl. 17, noticiar como data de sua emissão 06.06.2001, considera-se que a partir de então se iniciou a contagem do prazo prescricional (porque a data da emissão da lista, evidentemente, é o limite para o conhecimento de sua existência). Ajuizada a demanda em 03.06.2003, não há que se falar em prescrição total.'

Pois bem.

O documento controvertido naqueles autos ('lista negra') é o mesmo deste processo, portanto, idêntica há de ser a data de emissão considerada.

Aqui, também, embora o autor tenha afirmado, na inicial, que tomou ciência de sua inclusão na listagem 'em dezembro de 2003', não fez, todavia, prova de tal alegação, consoante raciocínio externado na decisão supra-relatada. Note-se que nem mesmo em depoimento o autor confirmou a data narrada na inicial (o que, de toda sorte, não faria prova a seu favor). Logo, não se desvencilhou do ônus que lhe pertencia.

Desta feita, considerando-se que a ação foi ajuizada em 22.03.04, tem-se por decorrido interregno superior a dois anos, contados a partir da data da emissão da suposta 'lista negra'. Imperativo, nestes termos, o reconhecimento da ocorrência da prescrição total oportunamente argüida pela parte adversa.

Reformo, para declarar prescrito o direito de ação relativo a eventuais créditos decorrentes da relação havida entre as partes."

Prescrição do atual Código Civil — Regra intertemporal quanto aos prazos

Ementa: DANO MORAL. PRESCRIÇÃO. APLICAÇÃO DO ATUAL CÓDIGO CIVIL. REGRA INTERTEMPORAL QUANTO AOS PRAZOS. Não obstante a pretensão objeto da demanda insira-se no âmago da relação de emprego havida entre as partes, o que se discute nos autos é o dever de reparação de lesão à ordem extrapatrimonial, causada em face de ato ilícito supostamente cometido pelo empregador. Inaplicável, portanto, a regra prescricional disposta no art. 7º, XXIX, da CF/88, eis que atinente aos créditos trabalhistas, com os quais não se confunde a pretensão em exame. Incidem, na espécie, os prazos do direito comum, conforme o diploma vigente à época da lesão. Hipótese de aplicação do art. 2.028 do CCB/02, que determina que somente incidem, quanto aos prazos, as regras da legislação revogada, reduzidos pela atual legislação, quando ultrapassados, na data de sua entrada em vigor, mais da metade do tempo estabelecido no diploma anterior, hipótese que não se verifica no caso em exame, afastando a sua aplicação. Adota-se, para fins de contagem do prazo prescricional, a data de início da vigência da lei nova, ou seja, do CCB/2002, em razão da adoção do Princípio Geral da Irretroatividade das Leis. Inexiste, portanto, prescrição a ser pronunciada. Pronúncia de prescrição que se afasta. TRT 4ª Reg. — RO 00660-2004-701-04-00-4 — (Ac. 6ª T.) — Relª Juíza Ana Rosa Pereira Zago Sagrilo. DJRS 2.12.05, p. 100.

4. BIBLIOGRAFIA

Alan Martins e Antonio Borges de Figueiredo, *Prescrição e Decadência no Direito Civil,* 2ª ed., 2004, Síntese, Porto Alegre, RS; Antonio Borges de Figueiredo, *Prescrição Trabalhista*, 2002, Síntese, Porto Alegre, RS; Ari Pedro Lorenzetti, *A Prescrição no Direito do Trabalho*, 1999, LTr, SP; Celso Leal da Veiga Júnior, *A Competência da Justiça do Trabalho e os Danos Morais*, 2000, LTr, SP; Francisco Ferreira Jorge Neto e Jouberto de Quadros Pessoa Cavalcante, *A Decadência e a Prescrição no Direito do Trabalho*, 2003, Lumen Juris, Rio; Gardênia Borges Moraes, *Dano Moral nas Relações de Trabalho*, 2003, LTr, SP; Georgenor de Sousa Franco Filho, *A Prescrição do Dano Moral Trabalhista,* Revista de Direito do Trabalho, vol. 119, jul./set./2005, RT, SP; Guilherme Augusto Caputo Bastos, *O Dano Moral no Direito do Trabalho*, 2003, LTr, SP; Helder Martinez Dal Col, *Responsabilidade Civil do Empregador, Acidentes do Trabalho,* 2005, Forense, Rio; Homero Batista Mateus da Silva, *Estudo Crítico da Prescrição Trabalhista*, 2004, LTr, SP; Ilse Marcelina Bernardi Lora, *A Prescrição no Direito do Trabalho, Teoria Geral e Questões Polêmicas*, 2001, LTr, SP; Ísis de Almeida, *Manual da Prescrição Trabalhista*, 3ª ed., 1999, LTr, SP; J. J. Gomes Canotilho, *Fundamentos da Constituição,* 1991, Coimbra Editora, Portugal; José Luiz Ferreira Prunes, *Tratado sobre a Prescrição e a Decadência no Direito do Trabalho*, 1998, LTr, SP; Luiz de Pinho Pedreira da Silva, *A Reparação do Dano Moral no Direito do Trabalho*, 2004, LTr, SP; Luiz Eduardo Gunther e Cristina Maria Navarro Zornig, *Aplicação do Novo Código Civil ao Direito do Trabalho*, 2003, LTr, SP; Maria Luíza Pinheiro Coutinho, *Discriminação na Relação de Trabalho — Uma Afronta ao Princípio da Igualdade*, Aide, Rio; Paulo Eduardo V. Oliveira, *O Dano Pessoal no Direito do Trabalho*, 2002, LTr, SP; Raimundo Simão de Melo, *Direito Ambiental do Trabalho e a Saúde do Trabalhador — Responsabilidades Legais, Dano Material, Dano Moral e Dano Estético*, novembro 2004, LTr, SP; Rodolfo Pamplona Filho, *O Dano Moral na Relação de Emprego*, 3ª ed., 2002, LTr, SP; Sebastião Geraldo de Oliveira, *Indenizações por Acidente do Trabalho ou Doença Ocupacional,* 2005 LTr, SP; Wilson de Souza Campos Batalha e Silvia M. L. Batalha de Rodrigues Netto, 2ª ed., 1998, LTr, SP.

CAPÍTULO XXI

DANO MORAL — INDENIZAÇÃO — NATUREZA JURÍDICA

1. COMENTÁRIO

A indenização recebida pelo trabalhador de seu empregador ou ex-empregador, a título de dano moral, pela via judicial não tem natureza salarial. Embora ela possa ter origem em conflito decorrente da relação de emprego, o certo é que a indenização está relacionada com a reparação de um dano, que nada mais é do que um ato ilícito praticado pelo empregador, na esfera da responsabilidade civil.

Pode-se dizer que do trabalho prestado resulta o pagamento do salário; do dano, a indenização pela reparação em razão do descumprimento de uma obrigação ou prática de um ato ilícito.

Amauri Mascaro Nascimento faz uma distinção entre salário e indenização, ao dizer que "a diferença entre indenização e salário se faz a partir da causa: na indenização, o dano; no salário, o trabalho prestado, a disponibilidade ao empregador ou as interrupções do trabalho nas quais a remuneração é devida. O salário não é pago porque o trabalhador sofre um dano. É devido mesmo sem qualquer dano. A indenização não se destina a retribuir o trabalho prestado, a disponibilidade ao empregador ou as interrupções do trabalho. Quanto a estas últimas, uma doutrina de direito do trabalho, hoje superada, considerava os pagamentos que a elas se relacionassem, indenizatórios. Atualmente, não mais é defensável essa tese. Distinguem-se salário e indenização também segundo a finalidade dos dois institutos. A indenização visa à recomposição de um patrimônio ou de um bem jurídico. O salário não tem a finalidade de recompor patrimônio. O seu fim é pagar o trabalhador como sujeito do contrato de trabalho, acrescentando um bem econômico ao seu patrimônio, no sentido de preenchimento de algumas das suas necessidades vitais. Note-se ainda que a indenização é quase sempre imediata e única, enquanto que o salário é continuado"(1).

A verdade é que, conforme assinala o tributarista *Roque Antônio Carraza*, "em ambos os casos a pessoa aquinhoada aufere benefícios econômicos. Estes, porém, isoladamente considerados, não têm a potencialidade de integrar a base de cálculo do IRPF. Para que tal aconteça é mister advenham da remuneração do trabalho efetivamente prestado em razão direta do *vínculo de emprego*. Logo, os benefícios do trabalhador que não correspondem a contraprestações sinalagmáticas da relação existente entre ele e a empresa, mas derivam de danos por esta última causados, não representam *remuneração do trabalho* — circunstância que nos reconduz à proposição, acima formulada, de que não integram a base de cálculo *in concreto* do IRPF"(2).

---

(1) *Teoria Jurídica do Salário*, 2ª ed., 1997, LTr, SP, p. 77.

(2) *Imposto sobre a Renda*, junho/2005, Malheiros Editores, SP, p. 211.

O empregador também poderá sofrer dano moral praticado por seu empregado e o valor decorrente da condenação terá natureza indenizatória.

Assim, podemos concluir que o valor decorrente de condenação judicial ou resultante de conciliação judicial ligado à reparação por dano moral, vinculado ou não ao contrato de trabalho, não sofre a incidência do imposto de renda e muito menos da contribuição previdenciária, dada a sua natureza indenizatória.

2. REFERÊNCIAS LEGAIS

Lei n. 8.541, de 23.12.92

Art. 46. O imposto sobre a renda incidente sobre os rendimentos pagos em cumprimento de decisão judicial será retido na fonte pela pessoa física ou jurídica obrigada ao pagamento, no momento em que, por qualquer forma, o rendimento se torne disponível para o beneficiário.

§ **1º** Fica dispensada a soma dos rendimentos pagos no mês, para aplicação da alíquota correspondente, nos casos de:

I — juros e indenizações por lucros cessantes;

....

Lei n. 7.713, de 22.12.1988

Art. 6º Ficam isentos do Imposto sobre a Renda os seguintes rendimentos percebidos por pessoas físicas:

....

IV — as indenizações por acidentes de trabalho;

....

Decreto n. 3.000, de 26.3.99

Art. 39. Não entrarão no cômputo do rendimento bruto:

....

Indenização por Acidente de Trabalho

XVII — a indenização por acidente de trabalho *(Lei n. 7.713, de 1988, art. 6º, inciso IV);*

....

3. JURISPRUDÊNCIA

Indenização por dano moral — Imposto de renda — Isenção

Ementa: ACIDENTE DE TRABALHO. INDENIZAÇÃO. IMPOSTO DE RENDA. ISENÇÃO. Por força do art. 6º, IV, da Lei n. 7.713, de 22 de dezembro de 1988, e do art. 39, XVII, do Decreto n. 3.000, de 26 de março de 1999, a indenização por acidente de trabalho é isenta do imposto de renda, de maneira que essa isenção atinge também a indenização por danos morais, decorrente desse mesmo acidente, já que tais normas não fazem qualquer distinção entre o tipo de dano indenizado, não cabendo, portanto, ao intérprete fazê-lo. Recurso parcialmente provido. TRT 15ª Reg. (Campinas/SP) — RO 01878-2002-113-15-00-5 — (Ac. 62304/2005-PATR, 6ª Câmara) — Rel. Juiz Jorge Luiz Costa. DJSP 19.12.05, p. 45.

Da decisão acima, colhe-se o seguinte fundamento:

"Recolhimentos previdenciários e do imposto de renda

Dada a natureza da única parcela deferida, indenização por danos morais, não há incidência de contribuição previdenciária sobre ela (art. 21, I, da Lei n. 8.212/91).

E por se tratar de indenização decorrente de acidente de trabalho, o valor respectivo é isento do imposto de renda, por força do art. 6º, IV, da Lei n. 7.713/88 e do art. 39, XVII, do Decreto n. 3.000/99.

Nem se argumente que a isenção abrangeria apenas a indenização por danos materiais, uma vez que as normas em questão não fazem qualquer distinção a respeito, não cabendo, portanto, ao intérprete fazê-lo.

Provejo, pois, para reconhecer a não-incidência da contribuição previdenciária e a isenção do imposto de renda retido na fonte, sobre a indenização deferida."

Indenização por dano moral — Natureza do seu pagamento e coisa julgada

Ementa: INDENIZAÇÃO POR DANO MORAL. INCIDÊNCIA DO IRRF. COISA JULGADA. A indenização por dano moral não está incluída no rol das verbas não tributáveis relacionadas no art. 39 do Decreto 3.000/99. Ainda assim, a jurisprudência vem admitindo não ser devida a incidência do imposto de renda sobre tal verba quando esta decorrer de acidente de trabalho, a teor do art. 6º, IV, da Lei 7.713/88 e art. 39, XVII, do referido decreto. No entanto, determinando expressamente a r. decisão exeqüenda a incidência do tributo sobre a indenização, não há o que se discutir na fase de execução, por força do disposto no art. 879, § 1º, da CLT. TRT 3ª Reg. — AP 00059-2000-044-03-00-4 — (Ac. 1ª T.) — Rel. Juiz Rogério Valle Ferreira. DJMG 10.6.05, p. 5.

Da decisão acima, colhe-se o seguinte fundamento:

"INCIDÊNCIA DO IRRF

Pede a agravante a exclusão da incidência do IRRF sobre os cálculos homologados, alegando que as parcelas deferidas — indenização por dano moral e pensão vitalícia decorrente de acidente do trabalho — são isentas de tributação.

Não lhe assiste razão.

A indenização por dano moral não está incluída no rol das verbas não tributáveis relacionadas no art. 39 do Decreto 3.000/99, ainda que a jurisprudência venha admitindo não ser devida a incidência do imposto de renda sobre tal verba quando esta decorrer de acidente de trabalho, a teor do art. 6º, IV, da Lei 7.713/88 e art. 39, XVII, do Decreto supracitado.

Todavia, o v. acórdão de f. 657/666 determinou expressamente a incidência do imposto de renda sobre a indenização em comento. E quanto ao decidido não houve qualquer questionamento das partes, operando-se a preclusão máxima, qual seja, a coisa julgada. Já a tributação da pensão vitalícia, que incluiu o pedido de lucros cessantes, conforme fundamentos de f. 659/661, encontra amparo legal no art. 55, VI, do Decreto 3.000/99, assim como no art. 39, XVI, do mesmo diploma, que expressamente excluiu a indenização decorrente de acidente, cujo pagamento se constitui de prestações continuadas, do rol das indenizações não tributáveis. Vejamos:

Art. 39. Não entrarão no cômputo do rendimento bruto:

XVI — a indenização reparatória por danos físicos, invalidez ou morte, ou por bem material danificado ou destruído, em decorrência de acidente, até o limite fixado em condenação judicial, exceto no caso de pagamento de prestações continuadas (grifei);

Assim, correta a decisão agravada que manteve a incidência do IRRF sobre o cálculo homologado.

Desprovejo."

Indenização por dano moral — Retenção de imposto de renda na fonte — Impossibilidade — Parcela de natureza indenizatória

Ementa: INDENIZAÇÃO POR DANO MORAL. RETENÇÃO DE IMPOSTO DE RENDA NA FONTE. IMPOSSIBILIDADE. PARCELA DE NATUREZA INDENIZATÓRIA. A indenização por dano moral não se traduz como rendimento, mas sim como indenização reparadora, sobre a qual não incide o imposto de renda, conforme dispõe a Lei 8.541-92, em seu art. 46: "O imposto sobre renda incidente sobre os rendimentos pagos em cumprimento de decisão judicial será retido na fonte pela pessoa física ou jurídica obrigada ao pagamento, no momento em que, por qualquer forma, o rendimento se torne disponível para o beneficiário. 1º Fica dispensada a soma dos rendimentos pagos no mês, para aplicação da alíquota correspondente, nos casos de: I — juros e indenizações por lucros cessantes." TRT 9ª Reg. — AP 00603-2001-021-09-00-2 — (Ac. SE 09105/05) — Rel. Juiz Benedito Xavier da Silva. DJPR 19.4.05, p. 257.

4. *BIBLIOGRAFIA*

Amauri Mascaro Nascimento, *Teoria Jurídica do Salário*, 2ª ed., 1997, LTr, SP, p. 77; Roque Antônio Carraza, *Imposto sobre a Renda,* junho/2005, Malheiros Editores, SP.

CAPÍTULO XXII

DANO MORAL — BANALIZAÇÃO

1. COMENTÁRIO

Nos dias atuais, pode-se dizer que o pedido de indenização por dano moral passou a fazer parte da grande maioria das ações trabalhistas.

Algumas delas estão alicerçadas em fatos que indicam a ocorrência ou mesmo a presunção de dano moral[1], outras, porém, não passam de verdadeira aventura processual.

Como diz a Juíza *Maria Cristina Diniz Caixeta,* do TRT da 3ª Região, como Relatora no processo 00415-2004-114-03-00-0, "inúmeras são as demandas que tramitam neste foro laboral, objetivando o pagamento de indenizações por danos morais, fulcrando-se em 'sentimentos subjetivos' que desvirtuam a finalidade da indenização compensatória, transformando o Judiciário Trabalhista em 'roletas da sorte'".

Isto tudo, como se a moralidade a que todo o cidadão procura preservar a qualquer custo, no seio da comunidade em que vive (empresa, bairro, cidade etc.), pudesse ser colocado em discussão em nome de algum benefício monetário.

É óbvio que a moral a ser preservada é aquela que diz respeito à honra dos cidadãos, e a tudo o mais que esteja diretamente relacionado com o direito à imagem, à personalidade, inclusive à vida e à saúde.

A violação de um desses direitos é que não pode ser tolerada pela Justiça, na luta por uma reparação econômica ainda que tímida, de um mal causado a uma pessoa, no caso, o trabalhador.

Essa reparação econômica vem sendo pleiteada judicialmente por supostos males físicos que teriam sido causados pelos empregadores, quase sempre descuidados e/ou não zelosos pelos direitos dos trabalhadores, que também devem ser tratados como cidadãos normais e merecedores de todo o respeito por parte de outros cidadãos.

É lógico que todo direito de ação deve ser incentivado porque é uma garantia de todo cidadão que vive em um Estado Democrático de Direito.

---

(1) O caderno "Dinheiro" do Jornal "A Folha de S. Paulo", do dia 17.12.06, traz reportagem com várias páginas sobre o assédio moral, com o enfoque de que "crescem denúncias de assédio moral no País, que é uma das modalidades do dano moral". Na reportagem consta que no ano de 2006, o Ministério Público do Trabalho abriu 337 investigações (mais que o dobro das instauradas em 2005), para apurar casos de assédio denunciados em empresas dos setores têxtil, cosmético, farmacêutico, químico, metalúrgico, financeiro e estatal.

Entretanto, muitos desvios estão sendo cometidos com a finalidade de levar para a Justiça do Trabalho todas as questões ligadas ao dano moral, quer os ligados a acidente do trabalho ou doenças, profissional ou ocupacional.

A própria mídia, escrita e falada, tem dado destaque para a matéria. O caderno Metrópole, do Jornal "O Estado de S. Paulo", do dia 26.10.04, já anunciava que o dano moral virava moda na Justiça com ênfase a afirmação do Juiz José Tadeu Picolo Zanoni, que "compara os pedidos de indenização por dano morais a batatas fritas, pois estão virando acompanhamento de outras ações".

Vários autores têm se debruçado sobre a questão ora enfocada e com certa preocupação, porque o instituto do dano moral não deve ser banalizado dada a sua importância para a valorização do ser humano, de sua dignidade e porque não dos direitos humanos que estão intimamente ligados aos direitos fundamentais que fazem parte de todo Estado Democrático de Direito.

Nessa linha, *Cícero Camargo Silva* afirma que "agora que reconhecido, o instituto transformou-se em objeto de inúmeras ações que abarrotam nosso Poder Judiciário, muitas delas absolutamente impertinentes, revelando o intento pernicioso dos autores dessas demandas, que, não raramente, postulam quantias indenizatórias absurdas, em verdadeira tentativa de extorsão pela via indenizatória, incorrendo em flagrante pretensão de locupletarem-se indevidamente às custas de outrem, máxime quando esse 'outrem' trata-se de empresa de grande porte.

"Um exemplo de despropósito, bem possível aliás: aquele que, sofrendo uma brusca fechada no trânsito, vale-se do seu direito constitucional de ação para postular uma indenização por danos morais no valor de R$ 1.000.000,00. Seria um verdadeiro despautério.

"Ora, defendemos, sim, a ampla tutela à moral e à imagem. Contudo, o pedido indenizatório deve ser pautado por uma pretensão justificada, marcada pela razoabilidade e conveniência, mas, sob hipótese alguma, ser utilizado como instrumento de enriquecimento sem causa. Em bom frisar, revelado intento pernicioso do autor da ação judicial, faz-se imperiosa sua submissão aos efeitos da litigância de má-fé, além, é claro, da total improcedência do pleito indenizatório"(2).

No Capítulo VII desta obra tratamos do assédio sexual que é uma das hipóteses que pode dar ensejo a pedido de indenização por dano moral e derivado algumas vezes de atos simulados com objetivo de lesar os legitimados a responder pelo pagamento. A respeito desses casos, *Rodolfo Pamplona Filho* afirma que a matéria tem sido motivo para profundas reflexões sobre o tema da litigância de má-fé. São suas as palavras:

> "Muitas vezes, por causa das vultosas indenizações de que se noticia no Direito Estrangeiro, é fato que, mesmo de modo jocoso, se tem falado em supostas 'armações' entre a alegada vítima e o suposto assediador com o fito de lesionar terceiros (notadamente os responsáveis legais pelos atos do acusado lesionante). Na área trabalhista, isso se mostra ainda mais tentador, uma vez que o direito positivo brasileiro estabelece a responsabilidade civil do empregador com culpa presumida por ato de seus prepostos, conforme se verifica dos arts. 1.521/1.523 do vigente Código Civil brasileiro e Súmula 341 do Supremo Tribunal Federal.

---

(2) *Dano Moral e sua quantificação,* vários autores, Coordenação de Sérgio Augustin, 3ª ed., 2005, Ed. Plenum, Caxias do Sul, RS, p. 78.

É óbvio que essa prática deve ser duramente rechaçada pelo Poder Judiciário brasileiro, seja buscando evitar, quando possível, a estipulação de quantias milionárias a título de indenização por dano moral (por não ser essa a essência do instituto), seja condenando duramente em litigância de má-fé, como medida repressiva e didática de combate a esta patologia jurídica"[(3)].

Tais práticas são, sem sombra de dúvida, uma forma de banalizar o instituto do dano moral, porque caracterizam desvios de sua finalidade, com a criação de fatos que não se coadunam com os princípios que cercam o processo e, mais ainda, violam o princípio da boa-fé. Presente também o enriquecimento sem causa do acionante com a possibilidade de desprestigiar o Judiciário, porque normalmente os infratores gostam de se gabar do que foi feito para outras pessoas.

Aliás, na mesma esteira afirma o Juiz do Trabalho da 9ª Região, *Mauro Vasni Paroski,* que "Não se deve exagerar na utilização do instituto da indenização por dano moral para não banalizá-lo e desprestigiá-lo, reservando-o para as situações em que houve verdadeiramente dano a direitos imateriais, não legitimado pelas circunstâncias circundantes do acontecimento, extrapolando a esfera do razoável e do suportável"[(4)].

Na parte destinada à jurisprudência, mencionamos algumas decisões que tratam especificamente da banalização do instituto do dano moral, mas nos outros capítulos poderão ser encontradas mais decisões que se amoldam ao aqui referido, embora não se refiram expressamente à "banalização", mas nelas estão implicitamente verificados os desvios da finalidade do instituto.

2. REFERÊNCIAS LEGAIS

Constituição Federal

Art. 1º A República Federativa do Brasil, formada pela união indissolúvel dos Estados e Municípios e do Distrito Federal, constitui-se em Estado Democrático de Direito e tem como fundamentos:

....

III — a dignidade da pessoa humana;

IV — os valores sociais do trabalho e da livre iniciativa;

....

Art. 5º Todos são iguais perante a lei, sem distinção de qualquer natureza, garantindo-se aos brasileiros e aos estrangeiros residentes no País a inviolabilidade do direito à vida, à liberdade, à igualdade, à segurança e à propriedade, nos termos seguintes:

....

V — é assegurado o direito de resposta, proporcional ao agravo, além da indenização por dano material, moral ou à imagem;

....

X — são invioláveis a intimidade, a vida privada, a honra e a imagem das pessoas, assegurado o direito a indenização pelo dano material ou moral decorrente de sua violação;

....

---

(3) *Assédio Sexual na Relação de Emprego,* 2001, LTr, SP, pp. 51/2.

(4) *Dano Moral e sua Reparação no Direito do Trabalho,* 2006, Juruá, Curitiba, p. 55.

Código Civil de 2002

Art. 11. Com exceção dos casos previstos em lei, os direitos da personalidade são intransmissíveis e irrenunciáveis, não podendo o seu exercício sofrer limitação voluntária.

....

Art. 20. Salvo se autorizadas, ou se necessárias à administração da justiça ou à manutenção da ordem pública, a divulgação de escritos, a transmissão da palavra, ou a publicação, a exposição ou a utilização da imagem de uma pessoa poderão ser proibidas, a seu requerimento e sem prejuízo da indenização que couber, se lhe atingirem a honra, a boa fama ou a respeitabilidade, ou se se destinarem a fins comerciais.

Parágrafo único. Em se tratando de morto ou de ausente, são partes legítimas para requerer essa proteção o cônjuge, os ascendentes ou os descendentes.

Art. 21. A vida privada da pessoa natural é inviolável, e o juiz, a requerimento do interessado, adotará as providências necessárias para impedir ou fazer cessar ato contrário a esta norma.

....

Art. 186. Aquele que, por ação ou omissão voluntária, negligência ou imprudência, violar direito e causar dano a outrem, ainda que exclusivamente moral, comete ato ilícito.

Art. 187. Também comete ato ilícito o titular de um direito que, ao exercê-lo, excede manifestamente os limites impostos pelo seu fim econômico ou social, pela boa-fé ou pelos bons costumes.

....

Art. 927. Aquele que, por ato ilícito (arts. 186 e 187), causar dano a outrem, fica obrigado a repará-lo.

Parágrafo único. Haverá obrigação de reparar o dano, independentemente de culpa, nos casos especificados em lei, ou quando a atividade normalmente desenvolvida pelo autor do dano implicar, por sua natureza, risco para os direitos de outrem.

Código de Processo Civil

TÍTULO II

DAS PARTES E DOS PROCURADORES

CAPÍTULO II

DOS DEVERES DAS PARTES E DOS SEUS PROCURADORES

Seção I

Dos Deveres

Art. 14. São deveres das partes e de todos aqueles que de qualquer forma participam do processo: ("Caput" *com redação dada pela Lei n. 10.358, de 27.12.01, DOU 28.12.01). Em vigor 3 (três) meses, após a publicação.*

I — expor os fatos em juízo conforme a verdade;

II — proceder com lealdade e boa-fé;

III — não formular pretensões, nem alegar defesa, cientes de que são destituídas de fundamento;

IV — não produzir provas, nem praticar atos inúteis ou desnecessários à declaração ou defesa do direito;

V — cumprir com exatidão os provimentos mandamentais e não criar embaraços à efetivação de provimentos judiciais, de natureza antecipatória ou final. (*acrescentado pela Lei n. 10.358, de 27.12.01, DOU 28.12.01). Em vigor 3 (três) meses após a publicação.*

— Vide *artigos 17, 340 e 485 do CPC.*

Parágrafo único. Ressalvados os advogados que se sujeitam exclusivamente aos estatutos da OAB, a violação do disposto no inciso V deste artigo constitui ato atentatório ao exercício da jurisdição, podendo o juiz, sem prejuízo das sanções criminais, civis e processuais cabíveis, aplicar ao responsável multa em montante a ser fixado de acordo com a gravidade da conduta e não superior a 20% (vinte por cento) do valor da causa; não sendo paga no prazo estabelecido, contado do trânsito em julgado da decisão final da causa, a multa será inscrita sempre como dívida ativa da União ou do Estado. (*Acrescentado pela Lei n. 10.358, de 27.12.2001, DOU 28.12.01). Em vigor 3 (três) meses após a publicação.*

— Vide *ADIn 2.652-6 (DOU 20.05.2003).*

Art. 15. É defeso às partes e seus advogados empregar expressões injuriosas nos escritos apresentados no processo, cabendo ao juiz, de ofício ou a requerimento do ofendido, mandar riscá-las.

Parágrafo único. Quando as expressões injuriosas forem proferidas em defesa oral, o juiz advertirá o advogado que não as use, sob pena de lhe ser cassada a palavra.

— Vide *artigo 445 do CPC.*

Seção II

Da Responsabilidade das Partes por Dano Processual

Art. 16. Responde por perdas e danos aquele que pleitear de má-fé como autor, réu ou interveniente.

— Vide *artigos 574, 811 e 881, parágrafo único, do CPC.*

— Vide *artigos 1.059 a 1.061 e 1.531 do CC/1916; e artigos 402 a 404 e 940 do CC/2002.*

Art. 17. Reputa-se litigante de má-fé aquele que: *(*"Caput" *com redação dada pela Lei n. 6.771, de 27.3.80.)*

I — deduzir pretensão ou defesa contra texto expresso de lei ou fato incontroverso; *(redação dada pela Lei n. 6.771, de 27.3.80.)*

II — alterar a verdade dos fatos; *(redação dada Lei n. 6.771, de 27.3.80.)*

III — *usar* do processo para conseguir objetivo ilegal; *(redação dada pela Lei n. 6.771, de 27.3.80.)*

IV — opuser resistência injustificada ao andamento do processo; *(redação dada pela Lei n. 6.771, de 27.3.80.)*

V — proceder de modo temerário em qualquer incidente ou ato do processo; *(redação dada pela Lei n. 6.771, de 27.3.80.)*

VI — provocar incidentes manifestamente infundados; *(redação dada pela Lei n. 6.771, de 27.3.80.)*

VII — interpuser recurso com intuito manifestamente protelatório. *(Inciso acrescentado pela Lei n. 9.668, de 23.6.98.)*

— Vide *artigos 14, 31, 129, 599, II, a 601 do CPC.*

Art. 18. O juiz ou tribunal, de ofício ou a requerimento, condenará o litigante de má-fé a pagar multa não excedente a 1% (um por cento) sobre o valor da causa e a indenizar a parte contrária dos prejuízos que esta sofreu, mais os honorários advocatícios e todas as despesas que efetuou. ("Caput" *com redação dada pela Lei n. 9.668, de 23.6.98.)*

§ 1º Quando forem dois ou mais os litigantes de má-fé, o juiz condenará cada um na proporção do seu respectivo interesse na causa, ou solidariamente aqueles que se coligaram para lesar a parte contrária.

§ 2º O valor da indenização será desde logo fixado pelo juiz, em quantia não superior a 20% (vinte por cento) sobre o valor da causa, ou liquidado por arbitramento. *(redação dada pela Lei n. 8.952, de 13.12.94.)*

— Vide *artigos 20, § 4º, 69 e 1.069 do CPC.*

— Vide *artigos 904 a 915 do CC/1916; e artigos 275 a 285 do CC/2002.*

3. JURISPRUDÊNCIA

Banalização — Requisitos

Ementa: DANO MORAL. BANALIZAÇÃO. REQUISITOS. Não se pode banalizar o dano moral, sob o risco de que se torne uma indústria que busca o enriquecimento sem causa. Indispensável, para sua caracterização, prova robusta no sentido de que o empregador praticou ato lesivo à honra e à dignidade do trabalhador. Recurso a que se nega provimento. Decisão unânime, acompanhada pelos juízes Eurico Cruz Neto e José Pitas. DANO MORAL. RUPTURA CONTRATUAL POR INICIATIVA DO EMPREGADOR. NÃO-CARACTERIZAÇÃO. Embora o desemprego seja situação lastimável a que se vêem submetidos milhares de cidadãos em nosso país, a ruptura contratual por iniciativa do empregador não é motivo suficiente para amparar condenação em dano moral, mormente se não houve qualquer ato que denegrisse a imagem ou atacasse a honra e a dignidade do reclamante. Decisão unânime, acompanhada pelos juízes Eurico Cruz Neto e José Pitas. TRT 15ª Reg. (Campinas/SP) — RO 1677-2002-069-15-00-4 — (Ac. 30092/07-PATR, 12ª C.) — Relª. Juíza Olga Aida Joaquim Gomieri. DJSP 29.6.07, pág. 103.

Cobranças profissionais — Padrão de exigência normal de mercado — Tratamento dispensado a todos os empregados — Inexistência

Ementa: COBRANÇAS PROFISSIONAIS. PADRÃO DE EXIGÊNCIA NORMAL DE MERCADO. TRATAMENTO DISPENSADO A TODOS OS EMPREGADOS. DANO MORAL. INEXISTÊNCIA. O que se extrai do conteúdo fático-probatório dos autos, mormente dos depoimentos testemunhais, é que, efetivamente, a empregadora não agiu de modo a causar qualquer dano moral à Recorrente, não se podendo equiparar a pressão inerente ao trabalho, por todos atualmente suportada, a qualquer intensidade de assédio moral. Nenhuma humilhação, cobrança excessiva ou abusiva, perseguição ou ameaça, por parte da Recorrida, foi, de fato, comprovada nos autos, restando claro que os "transtornos psicológicos", o temor e a angústia sofridos pela Recorrente decorreram de questões particulares, ou mesmo de dificuldades pessoais no cumprimento de suas atividades e de suas metas de trabalho, possivelmente agravados pelo estado de gravidez, não se podendo imputar à Recorrida qualquer responsabilidade pelas eventuais conseqüências advindas das fases depressivas vivenciadas pela obreira, antes, durante ou posteriormente o seu período de gestação. Constituindo importante conquista da classe trabalhadora, a possibilidade de se indenizar o dano moral, efetivamente causado pelo empregador, não pode se sujeitar ao risco de cair em descrédito, pela sua banalização no contexto jus— trabalhista, devendo ser enfatizado que não se equiparam a dano moral os aborrecimentos corriqueiros, as dificuldades e as cobranças do dia-a-dia no trabalho, tampouco se presta o instituto indenizatório como meio de imputar ao empregador a responsabilidade pelos problemas de seara privativa do empregado. TRT 3ª Reg. — RO 00904-2006-007-03-00-7 — (Ac. 8ª T.) — Rel. Juíza Convocada Maria Cecília Alves Pinto. DJMG 5.5.07, p. 27.

Da decisão acima, colhe-se o seguinte fundamento:

"JUÍZO DE MÉRITO

DO PEDIDO INDENIZATÓRIO POR DANO MORAL

Insiste a Recorrente na sua pretensão ao pagamento indenizatório por danos morais, sustentando, em síntese, ter sido vítima de assédio moral e psíquico, proveniente da Reclamada, por intermédio de seu superior hierárquico imediato, o que se consubstanciava em constantes humilhações, perseguições, cobranças excessivas e ameaças.

Contudo, em que pese o inconformismo da Recorrente, razão, de fato, não lhe assiste.

Para o deferimento de indenizações decorrentes de dano moral ou material, faz-se necessária a reunião dos três pressupostos: o dano, a ação ou a omissão do agente causador, e a relação de causalidade entre a ação ou omissão e o dano.

Apenas quando comprovada nos autos a existência de tais requisitos, pode ser deferida indenização, já que o inciso XXVIII, do art. 7º da Constituição Federal prevê a responsabilidade (subjetiva) do empregador por indenização decorrente de danos oriundos da relação de trabalho, quando este incorrer em dolo ou culpa.

Assim sendo, a indenização, ora pleiteada em grau recursal, não prescinde de fundamento também na teoria subjetiva da reparação civil, que se baseia em:

"a) o fundamento primário da reparação está, como visto, no erro de conduta do agente, no seu procedimento contrário à predeterminação da norma, que condiz com a própria noção de culpa ou dolo. Se o agente procede em termos contrários ao direito, desfere o primeiro impulso, no rumo do estabelecimento do dever de reparar, que poderá ser excepcionalmente ilidido, mas que em princípio constitui o primeiro momento da satisfação de perdas e interesses; b) o segundo momento, ou o segundo elo dessa cadeia, é a ofensa a um bem jurídico... c) em terceiro lugar, cumpre estabelecer uma relação de causalidade entre a antijuridicidade da ação e o dano causado. Não basta que o agente cometa um erro de conduta e que o queixoso aponte um prejuízo. Torna-se indispensável a sua interligação, de molde a assentar-se ter havido o dano porque o agente procedeu contra direito" (CAIO MÁRIO DA SILVA PEREIRA, Instituições de Direito Civil, 9ª ed., São Paulo, Ed. Forense, 1988, pg. 237).

Todavia, no caso em análise, por mais que se perquira nos autos, prova não se encontra que revele ter a Autora suportado dano moral efetivo, muito menos qualquer nexo de causalidade entre os exemplos de sofrimento psicológico suscitados pela obreira e alguma ação ou omissão proveniente de sua empregadora, ora Recorrida.

A primeira testemunha ouvida a rogo da Recorrente, Cleber Godinho (fls. 676/677), deixou claro que seu contato com a obreira era esporádico, afirmando que a via de vez em quando, e sem contato com ela. No tocante ao aspecto, limitou— se a dizer que, em avançado estado de gravidez, a Reclamante, por vezes, mostrava-se transtornada, chorando, e dizendo não agüentar mais a pressão do seu gerente.

Já a testemunha Ângela Machado de Ávila Meneguini (fls. 677/678) também informou que a Reclamante se mostrava emocionalmente abalada durante a gravidez, embora aparentasse gozar de saúde física normal. Em relação ao primeiro depoimento, acresceu apenas ter presenciado uma discussão entre a obreira e o seu gerente, sem, contudo, revelar algo que pudesse significar assédio moral, abuso ou rigor excessivo.

Também ouvida a rogo da própria Suplicante, a testemunha Luiz Carlos Farnesi (fls. 678/679) afirmou, referindo-se ao período de gravidez:

"(...) que nesse período encontrava com a reclamante cerca de uma vez por semana; que a reclamante nesse período chorava e reclamava que estava sendo muito cobrada; que conversava muito com a reclamante, vez que a mulher fica muito sensível nesse período de gravidez; que nesse período a reclamante apenas reclamava que estava sendo muito cobrada; que a autora reclamava da cobrança com relação às metas em que deveria cumprir; que essas cobranças de metas são normais no mercado; (...) que a única queixa da reclamante era que o Sr. Clayton estava cobrando muito, no sentido de exercer um bom trabalho, senão seria dispensada." (grifei)

Por fim, ainda no que diz respeito ao tópico em análise, tem-se que a única testemunha ouvida a rogo da Reclamada, Edison de Souza Braga Júnior (fls. 679/680) respondeu:

"(...) que esteve com a reclamante no período em que estava grávida e depois do parto; que parece que a autora estava com depressão; que não presenciou nenhuma discussão ou briga entre a reclamante e seu gerente; que presenciou apenas cobranças de resultados do gerente para com a reclamante, que não era uma cobrança ostensiva; que essa cobrança sobre a reclamante era a mesma que era feita para todos os outros representantes; que a reclamante já reclamou com o depoente que o Sr. Clayton "pegava no seu pé", mas não detalhou que forma isso ocorria; que essa reclamação da reclamante sempre existiu, mesmo antes de engravidar, sendo que também reclamava do gerente anterior; que não houve modificação nas cobranças do gerente antes e depois da reclamante engravidar; (...)" (grifei)

O que se extrai, portanto, do conteúdo fático-probatório dos autos, mormente dos depoimentos acima parcialmente reproduzidos, é que, efetivamente, a Recorrida não agiu de modo a causar qualquer dano moral à Recorrente, não se podendo equiparar a pressão inerente ao trabalho, por todos atualmente suportada, a qualquer intensidade de assédio moral.

Nenhuma humilhação, cobrança excessiva ou abusiva, perseguição ou ameaça, por parte da empresa Recorrida, foi, de fato, comprovada nos autos, restando claro que os "transtornos psicológicos", o temor e a angústia sofridos pela Recorrente decorreram de questões particulares, ou mesmo de dificuldades pessoais no cumprimento de suas atividades e de suas metas de trabalho, possivelmente agravados pelo estado de gravidez, não se podendo imputar à Recorrida qualquer responsabilidade pelas eventuais conseqüências advindas das fases depressivas vivenciadas pela obreira, conforme se verifica dos depoimentos prestados, antes, durante ou posteriormente o seu período de gestação.

Dessa forma, a meu ver, inexiste qualquer liame entre o dano alegado e as atividades desenvolvidas pela obreira na Recorrida, não sendo, pois, o caso de sequer perquirir a presença do elemento culposo, restando, assim, afastados os pressupostos que poderiam justificar a indenização pretendida.

Constituindo importante conquista da classe trabalhadora, a possibilidade de se indenizar o dano moral efetivamente causado pelo empregador não pode se sujeitar ao risco de cair em descrédito pela sua banalização no contexto jus— trabalhista, devendo ser enfatizado que não se equiparam a dano moral os aborrecimentos corriqueiros e as dificuldades do dia-a-dia no trabalho, tampouco se presta o instituto indenizatório como meio de imputar ao empregador a responsabilidade pelos problemas de seara privativa do empregado. Nada a prover.

Motivos ensejadores — Banalização do direito

Ementa: DANO MORAL — MOTIVOS ENSEJADORES — BANALIZAÇÃO DO DIREITO. O reconhecimento do dano moral e sua reparação indenizatória têm como objetivo ressarcir o íntimo sofrimento humano, em defesa da privacidade e da honra, instituto que enaltece a convivência respeitosa e a dignidade da pessoa. Em contrapartida, o extremo de sua aplicação, sem a comprovação dos elementos ensejadores ocasiona o risco de banalização dessa conquista, o que deve ser coibido, pena de enriquecimento sem causa. TRT 3ª Reg. — RO 00830-2006-006-03-00-2 — (Ac. 8ª T.) — Rel. Des. Heriberto de Castro. DJMG, 2.6.07, p. 21.

Da decisão acima, colhe-se o seguinte fundamento:

"INDENIZAÇÃO POR DANOS MORAIS

O reclamante insiste na condenação ao pagamento da indenização por danos morais advindos das condições ambientais no local de trabalho que lhe provocaram irritação crônica nos olhos.

Elaborada a prova técnica às fls. 221/224, com os esclarecimentos de fls. 239/240, não se comprovou que a moléstia adquirida tenha nexo causal com as condições laborais. Conquanto não tenha a perita comparecido ao local de trabalho para verificar as alegadas irregularidades apontadas pelo obreiro no condicionamento do ar, a própria testemunha obreira confirmou que havia manutenção nos equipamentos de ar condicionado (fl. 246, *in fine*). Tal fato está em consonância com a verificação noticiada no parecer elaborado pelo assistente técnico da ré à fl. 226, no sentido de que os aparelhos eram revisados periodicamente pelo setor de manutenção.

Frise-se que a perita do Juízo concluiu que a moléstia do reclamante tem origem irritativa, pois não melhorou após meses de sua demissão, sendo multicausal e não guarda relação com sua atividade (fl. 240). Relevante mencionar que a expert declarou encontrar-se o autor capaz para o trabalho (fl. 223).

A indenização por danos morais em decorrência de doença profissional equiparada a acidente de trabalho encontra-se entrelaçada com o nexo de causalidade existente entre o sinistro e a patologia que macula o obreiro. Constatada pelo perito a inexistência desses requisitos, não faz ao pleiteado.

O reconhecimento do dano moral e sua reparação indenizatória têm o fim de ressarcir o íntimo sofrimento humano, em defesa da privacidade e da honra, instituto que enaltece a convivência respeitosa e a dignidade humana. Em contrapartida, o extremo de sua aplicação ocasiona o risco de banalização dessa conquista e deve ser coibido, pena de enriquecimento ilícito.

Desprovejo.

Risco de banalização

Ementa: DANO MORAL. PRESSUPOSTOS. RISCO DE BANALIZAÇÃO. O direito à indenização por danos morais requer a presença simultânea do ato ilícito, do implemento do dano, do nexo causal e da culpa do réu. Sem a comprovação da ocorrência desses pressupostos, não pode prosperar a pretensão. Se, por um enfoque, o reconhecimento do dano moral e sua reparação pecuniária representam progresso extraordinário da ciência jurídica, para melhorar a convivência respeitosa e valorizar a dignidade humana, por outro lado, não se pode levar a extremo sua aplicação, com o risco de banalizar a conquista ou levá-la ao descrédito. Não cabe o deferimento de dano moral pelas ocorrências rotineiras das atividades profissionais, pelo simples melindre, contrariedades ou pequenas mágoas. Como assevera o Desembargador Sérgio Cavalieri Filho, da 2ª Câmara Cível do TJRJ, no julgamento da Ap. 7.928/95, "mero dissabor, aborrecimento, mágoa, irritação ou sensibilidade exacerbada estão fora da órbita do dano moral, porquanto, além de fazerem parte da normalidade do nosso dia-a-dia, no trabalho, no trânsito, entre os amigos e até no ambiente familiar, tais situações não são intensas e duradouras, a ponto de romper o equilíbrio psicológico do indivíduo. Se assim não se entender, acabaremos por banalizar o dano moral, ensejando ações judiciais em busca de indenizações pelos mais triviais aborrecimentos". TRT 3ª Reg. — RO 9.727/00 — (Ac. 2ª T.) — Rel. Juiz Sebastião Geraldo de Oliveira. DJMG 29.11.00, p. 20.

Simples procedimento investigatório — Inexistência

Ementa: DANO MORAL. PROCEDIMENTO INVESTIGATÓRIO. INEXISTÊNCIA. O Judiciário Trabalhista precisa ficar atento para não vulgarizar a questão do prejuízo moral ou material, sob pena de transformar os trabalhadores em verdadeiros poços de melindres e retirar por completo o poder potestativo dos empregadores. Assim, um simples procedimento investigatório dentro da empresa não autoriza a condenação por danos morais aos empregados envolvidos. Para tanto, faz-se necessário averiguar se não ocorreram abusos capazes de gerar prejuízo ao aspecto afetivo ou social do patrimônio moral de um indivíduo com estabilidade emocional mediana. TRT10ª Reg. — RO 00678-2005-001-10-00-7 — (Ac. 1ª T./07) — Red. Desig. Juiz Pedro Luis Vicentin Foltran. DJU3 9.3.07, p. 18.

Uso indevido de imagem — Ausência de ofensa à honra e à boa fama

Ementa: Indenização — Dano moral — Uso indevido de imagem — Utilização da imagem em matéria de conteúdo sério — Ausência de ofensa à honra e à boa fama — Recurso desprovido. TJ-SP— AP. 479.665.4.8-00 (Ac. 5ª Câmara de Direito Privado) — Rel. Dês. Dimas Carneiro. Julgado em 20.6.07.

Do voto do Desembargador, colhe-se o seguinte fundamento:

"Nem de longe se vislumbra dano moral, na espécie.

O livro editado pela ré é de conteúdo sério e não dá motivo a chacotas, inclusive em relação ao autor, ao contrário, exalta o estivador como trabalhador em serviço extremamente agressivo à sua saúde em troca de salário que não corresponde ao valor do seu trabalho.

Sem necessidade de adentrar no campo da indenização material pelo uso desautorizado da imagem do demandante, o qual restringiu o pedido ao dano moral.

É evidente o absurdo do pleito indenizatório moral quando ausente, por completo, qualquer afronta à honra e à boa fama do litigante, pessoa de pouca cultura aparentemente induzido a se aventurar na tentativa de fomento da chamada "indústria do dano moral" que deve ser duramente combatida em nome da moralidade da justiça".

4. BIBLIOGRAFIA

Cícero Camargo Silva, *Dano Moral e sua quantificação,* vários autores, Coordenação de Sérgio Augustin, 3ª ed., 2005, Ed. Plenum, Caxias do Sul, RS; Mauro Vasni Paroski, *Dano Moral e sua Reparação no Direito do Trabalho,* 2006, Juruá, Curitiba, PR; Rodolfo Pamplona Filho, *Assédio Sexual na Relação de Emprego,* 2001, LTr, SP.

ÍNDICE ALFABÉTICO-REMISSIVO

DANO MORAL — ACIDENTE DO TRABALHO OU A ELE EQUIPARADO (Cap. XI)

Comentário — p. 342

Referências legais — p. 351

Jurisprudência — p. 355

Bibliografia — p. 407

Acidente de trânsito — Trajeto para o trabalho — Transporte por conta do empregador — Princípio do risco por substituição da atividade — Responsabilidade objetiva — p. 355

Acidente do trabalho

Abalo moral advindo da perda da mão e do antebraço — Dano presumível — p. 356

Acidente de trajeto — Descumprimento de normas de segurança — Culpa contra a legalidade — Configuração — p. 356

Acidente de trânsito — Carona — Indenização — Descabimento — p. 356

Acidente de trânsito de percurso — Culpa do empregado motorista — Não configuração — p. 356

Art. 7º, XXVIII, da CF — Dolo ou culpa patronal — Nexo causal — Não configuração — p. 356

Assalto — Vigia — Responsabilidade da empresa — Danos morais e físicos — p. 356

Ausência — Reparação de danos — Impossibilidade — p. 357

Ausência de fiscalização e treinamento — Configuração — p. 357

Ausência de medidas preventivas por parte do empregador — Danos morais e estéticos — Culpa — Dever de indenizar — p. 357

Caso de ofensa física sofrida pelo empregado em decorrência de violência praticada por preposto da empregadora — Súmula 341/STF — Responsabilidade patronal — Excludente inexistente — p. 358

Colisão de veículos — Trajeto de retorno de treinamento patrocinado pela empregadora — Ausência de culpa patronal — p. 358

Condições de trabalho ergonomicamente inadequados — Nexo causal configurado — p. 358

Culpa concorrente — Autora que agiu com imprudência — Ré que agiu com negligência — Devido o pagamento de danos morais — p. 358

Culpa concorrente — Configuração — p. 359

Culpa da empregadora — Art. 157 da CLT — Inobservância — Dever de indenizar — p. 359

Culpa da primeira reclamada — Indenizações pelos danos moral, estético e material — p. 359

Culpa do empregador — Dano moral configurado — p. 359

Culpa do empregador — Dever geral de cautela — p. 360

Culpa do empregador — Requisitos legais — p. 360

Culpa patronal configurada — Exercício de atividade não inerente à função para que foi contratado o autor — p. 361

Dano moral — Juros de mora — Marco inicial — p. 362

Danos dele decorrentes — Imprescindibilidade de prova da culpa do empregador — p. 362

Danos morais e materiais — Prova — p. 363

Descumprimento da NR-15 da Portaria n. 3.214/78 — Ausência de fornecimento de EPIs — p. 363

Dever de indenizar — Ausência de culpa ou dolo — p. 364

Doença ocupacional — Aposentadoria por invalidez — Indenização por dano moral — Inocorrência — p. 364

Doença ocupacional — Direito fundado na responsabilidade civil subjetiva do empregador — p. 364

Doença profissional — Configuração — p. 364

Doença profissional — LER-DORT — Danos materiais — Pensão mensal — Direito reconhecido — p. 365

Equipamento de proteção coletiva — Responsabilidade civil do empregador — Não configuração — p. 365

Erro de conduta do agente e ofensa a um bem jurídico — Indenização — Configuração — p. 365

Explosão gerada por curto circuito na caldeira — Dano estético — Queimaduras em 20% do corpo do empregado — Indenização devida — p. 365

Fiscalização do uso de equipamentos de proteção individual — Responsabilidade do empregador — p. 366

Fornecimento de equipamentos de segurança ineficazes — Reconhecimento do direito à indenização — p. 366

Grau de culpa exigido à conduta do empregador e sua responsabilidade — p. 366

Hipoacusia leve bilateral — Indenização — p. 366

Imprudência no manuseio de equipamento de trabalho — Não configuração — p. 366

In itinere — Comprovação — p. 367

Incúria e negligência — Responsabilidade civil — Caracterização — p. 367

Indenização — p. 367

Indenização por dano físico — Cabimento — p. 367

Indenização por danos materiais e morais — Majoração dos valores arbitrados — Critérios — p. 367

Indenização por danos morais — Não caracterização — p. 368

Lesão a trabalhador — Doença ocupacional — Concausa — Indenização por dano moral — p. 368

Lesão por esforço repetitivo (LER) — Responsabilidade civil — Indenização a título de danos materiais e morais — p. 368

Máquina insegura — Mutilação — Indenização devida — p. 368

Menor empregado em atividade perigosa — Presença dos elementos configuradores do dano moral e estético — p. 368

Morte — Homicídio consumado por terceiro durante a jornada de trabalho — Responsabilidade do empregador — Danos morais e materiais configurados — p. 369

Morte — Pai de família — Presunção *jure et de jure* — p. 369

Morte do empregado — Reparação — Cabimento — p. 369

Morte do obreiro — Indenização — Minoração do valor fixado pela sentença — p. 370

Morte do trabalhador — Culpa concorrente — Direito de indenização ao ascendente — Limitações — p. 370

Morte do trabalhador — Culpa grave do empregador — Pretensão ajuizada pelo pai do falecido empregado — Controvérsia — p. 370

Morte do trabalhador com 23 anos de idade — Choque elétrico — Equipamento energizado — Culpa contratual da empresa — Indenização a título de danos morais e pensionamento mensal aos ascendentes — p. 371

Motorista — Emprego de uma força muscular acima do que normalmente é exercida — Configuração — p. 371

Necessidade de remanejamento — Dispensa abusiva — Dano à honra subjetiva e objetiva — p. 372

Nexo causal — Indenização devida — p. 372

Nexo de causalidade — Indenização por dano moral — Culpa do empregado — Descabimento — p. 373
Normas de prevenção de doenças laborativas e segurança do trabalho — Indenização — Cabimento — p. 375
Normas de segurança — Máquina de corte e solda — Inexistência de treinamento adequado — p. 375
Ocorrido no percurso, entre a residência e o local do trabalho — Ausência de dolo ou culpa do empregador — Reparação de danos improcedente — p. 375
Omissão culposa da reclamada — Indenização — Cabimento — p. 375
Omissão do empregador — Aplicação da recomendação n. 97 da OIT — Indenização devida — p. 375
Omissão do empregador — Não fornecimento de EPIs — Aplicação da Recomendação n. 97 da OIT — Dano moral — Indenização devida — p. 376
Omissão do empregador com as regras de segurança do trabalho — Conseqüências — p. 376
Patologia laboral — INSS — Análise de benefício — Prevalência da prova técnica judiciária — p. 376
Pedido de indenização por danos morais, físicos e estéticos — Presença dos requisitos — Culpa da empresa — p. 377
Pedidos reparatórios — Direitos inconfundíveis, mas compatíveis — p. 378
Pensão vitalícia — Art. 1.539 do antigo Código Civil (art. 950 do atual) — Requisitos para a sua concessão — p. 378
Presunção de culpa do empregador — p. 379
Reparação por danos materiais e morais — Responsabilização do empregador por atos de seus prepostos — p. 379
Responsabilidade civil do condomínio equiparado a empregador — Agressão praticada por condômino caracteriza acidente de trabalho — p. 379
Responsabilidade civil do empregador — Ausência de nexo de causalidade entre a moléstia constatada e sua atividade profissional — Efeitos — p. 381
Responsabilidade civil do empregador — Teoria do risco — Dano decorrente do meio ambiente do trabalho — Dever de indenizar, independente de dolo ou culpa — p. 380
Responsabilidade do empregador pelos atos dos seus empregados e prepostos — Indenização — p. 381
Responsabilidade objetiva — Indenização — Culpa concorrente — p. 381
Seguido de morte — Indenização — p. 382
Tipo da atividade — Teoria do risco — p. 383
Acidente do trabalho decorrente de acidente automobilístico — Falta de freios — Fato imprevisível e inevitável — Caso fortuito — Excludente de ilicitude — p. 383
Acidente de trabalho *latu sensu* — Cortador de cana — Direito Civil — Direito do Trabalho — Dano material e moral — Configuração — p. 384
Acidente do trabalho por si só não dá causa à indenização por dano moral — p. 384
Alegação de lesão decorrente de acidente de trabalho — Necessidade de prova técnica conclusiva — Artigos 130 e 131 do CPC — p. 385
Aposentadoria por invalidez — Indenização devida — p. 385
Auxílio-doença — Fornecimento de documentação reclamada pelo INSS — Responsabilidade do empregado — p. 385
Caso fortuito — Empregado picado por uma cobra — Não configuração — p. 385
Danos morais e estéticos — Indenização única para contemplar ambas as lesões, consideradas estas de forma individualizada — p. 386

Diminuição da capacidade auditiva — Estabilização — Exercício das atividades normais — Dano moral — Arbitramento moderado — p. 386

Doença — Nexo causal — Ausência de prova — Indenização indevida — p. 387

Doença degenerativa adquirida fora do ambiente de trabalho — Inexistência de direito à indenização — p. 387

Doença degenerativa inerente à faixa etária — Acidente do trabalho — Inexistência — p. 389

Doença não ocupacional — Reconhecimento pelo INSS — Prevalência — p. 389

Doença ocupacional

Causada pelas atividades desenvolvidas pelo empregado — Omissão do empregador — Cabimento — p. 390

Constatação por laudo pericial judicial — Estabilidade normativa — Viabilidade — Dano moral configurado — p. 390

Dano Moral configurado — p. 391

Epicondilite — Prova — p. 391

Não configuração — p. 391

PAIR (perda auditiva induzida por ruído) — Nexo de causalidade — Concausa — p. 391

Reparação indevida — p. 391

Doença profissional

Audição — Normas legais — Observância — Improcedência — p. 392

Caracterização da culpa do empregador — p. 392

Empregador que exige trabalho extraordinário exagerado — Indenização — Cabimento — p. 392

Existência — Dano Moral — Requisitos para sua configuração — p. 392

Incapacidade parcial — Dano Moral configurado — p. 392

Inexistência — p. 394

INSS — Inexistência — p. 394

Invalidez do empregado, ainda que parcial — Indenização devida — p. 394

Negligência do empregador na adoção de medidas preventivas — Configuração — p. 394

Nexo causal — Configuração — p. 395

Nexo causal — Culpa — p. 395

Nexo de causalidade — Culpa concorrente — Efeitos — p. 395

Nexo de causalidade — Rede telefônica com fones de ouvido e utilização de terminal de computadores — Moléstias desenvolvidas ao longo da contratualidade — Configuração — p. 395

Por danos patrimoniais, físicos, biológicos e morais — Configuração — p. 395

Prova do fato ilícito gerador — Inocorrência — p. 396

Quadro clínico da época do afastamento era reversível, não tendo deixado seqüelas — Não cabimento — p. 396

Responsabilidade objetiva e subjetiva — p. 396

Saúde do trabalhador — Responsabilidade do empregador — p. 396

Silicose — Dano moral e material configurado — p. 396

Doença profissional adquirida e agravada no curso da relação empregatícia — Configuração — p. 397

DORT — Doença profissional — Configuração — p. 398

Empregado acidentado — Necessidade de remanejamento — Dispensa abusiva — Dano à honra subjetiva e objetiva — p. 398

Enfermidade — Provas concretas que ela ocorreu de suas atividades laborais — p. 398

Indenização por danos morais — Nexo causal entre as doenças adquiridas e o trabalho desenvolvido — Culpa do empregador — p. 398
Indenização por danos morais e materiais — Coisa julgada — Inexistente — Recibo referente à indenização paga por terceiros — p. 399
Inexistência de precauções por parte da reclamada — Uso de equipamento de proteção individual — Indenização por dano moral devida — p. 399
Laudo pericial — Incapacidade para o trabalho — Seqüela do acidente sofrido — Indenização por dano moral — Cabimento — p. 399
Lesão por esforço repetitivo (LER)
Existência de condições laborais não ergonômicas — p. 399
Existência de nexo causal — Dano moral — Indenização — Pagamento devido — p. 399
Indenização por dano moral — Cabimento — p. 399
Presunção de culpa do empregador — p. 400
Lucros cessantes — Pensionamento — Constituição de capital — p. 400
Negligenciamento de treino ou oferta de preparo ergonômico para a lida — Responsabilidade do empregador — p. 400
Omissão da empregadora quanto ao preenchimento da CAT — Dano moral não configurado — p. 401
Pedido de indenização decorrente de acidente do trabalho — Solução da lide analisada à luz dos arts. 7º, inciso XXVIII da CF e 159 do Código Civil — p. 402
Perda auditiva
Conduta ilícita — Inocorrência — p. 402
Indenização — Cabimento — p. 402
Prova — p. 402
Perda auditiva decorrente do trabalho — Indenização por danos materiais e morais — Nexo causal e responsabilidade subjetiva da reclamada pericialmente demonstrados — p. 404
Perda da visão em acidente ocorrido nas dependências da empresa — Responsabilidade por fato de outrem — Natureza objetiva — p. 404
Perda de órgão vital — Responsabilidade civil — Dano moral e dano material — p. 404
Perdas da mão e parte do antebraço — Negligência de socorro do empregador — Configuração de dano moral e material — p. 404
Redução da capacidade laborativa — Negligência da ré — Dano moral configurado — p. 405
Redução da capacidade laborativa por ato culposo do empregador — Cabimento — p. 405
Responsabilidade civil — Doença profissional — Prova — p. 405
Responsabilidade civil do empregador — Indenização por dano moral — Cabimento — p. 405
Tarefas que exigiam o emprego de força muscular excessiva — Hérnia inguinal — Doença profissional — Configuração — p. 406
Teoria da responsabilidade subjetiva — Dano moral — Requisitos — p. 406

DANO MORAL — ASSÉDIO MORAL (Cap. VI)

Comentário — p. 98
Referências legais — p. 106
Jurisprudência — p. 107
Bibliografia — p. 142
Assédio moral
Abalo psíquico ao empregado — Caracterização — p. 107
Abuso cometido de forma sub-reptícia — Configuração — p. 107
Abuso de direito por parte do empregador — p. 108

Adesão PDV — Pressão psicológica — Configuração — p. 108
Ameaças de dispensa do emprego — Exigência de tarefas extra contratuais — p. 108
Aumento de produtividade e lucratividade em detrimento da dignidade da pessoa humana — Caracterização do dano moral — Indenização devida — p. 108
Ausência de propósito específico e de agressão grave e individualizada à dignidade da trabalhadora — Não caracterização — p. 109
Caracterização — Pressupostos objetivos — Desvio de finalidade do instituto — p. 109
Castigo do empregador — Informação sobre a existência de empregados sem registro, após indagado pelo Fiscal do Trabalho — Configuração — p. 110
Cerceio do direito ao trabalho — Dano moral configurado — Indenização devida — p. 114
Cobranças excessivas acerca de metas, acompanhadas de ameaça da perda de emprego — Não configuração — p. 114
Comportamento desleal e ímprobo ao reclamante — Ocorrência — Dever de indenizar — p. 115
Conceituação — p. 115
Configuração — p. 115
Constrangimento e humilhação — Projeto de incentivo à produtividade — Configuração — p. 116
Constrangimento e humilhações morais — Configuração — p. 116
Degradação do ambiente de trabalho — Direito à indenização — p. 119
Delegação de tarefas de limpeza — Não configuração — p. 119
Designação funcional — Deterioração das condições de trabalho — p. 119
Dinâmica grupal — Desvirtuamento — Violação ao patrimônio moral do empregado — Indenização — p. 119
Discriminação — Condição de gestante — Forçar a renúncia à estabilidade provisória — Configuração — p. 120
Dispensa — Direito potestativo — Ameaça da utilização desse direito para pressionar o empregado para aumento de produção — Configuração — p. 120
Elementos caracterizadores — p. 122
Elementos informadores e configuradores — p. 122
Empregado gerente geral da empresa — Reestruturação — Recebendo salário, sem nada fazer — Configuração — p. 122
Empregador que persegue o empregado, torturando-o psicologicamente — Indenização — Cabimento — p. 123
Eventual incivilidade ou mesmo desrespeito de terceiros para com o empregado da empresa não torna esta automaticamente responsável pela reparação — p. 124
Expressões pejorativas e humilhações — Configuração — p. 124
Expressões pejorativas e preconceituosas — Dano moral configurado — p. 123
Fato-humilhação, na ofensa, no menoscabo, inferiorizando e causando dor e sofrimento desgravitados do padrão — p. 124
Imposição de candidato a pleito eleitoral — Abuso do poder diretivo — p. 124
Indenização — Ausência da demonstração de clima de animosidade entre as partes — Não configuração — p. 124
Indenização pelos danos dele decorrentes — p. 125
Insistência do empregador em determinar o cumprimento de transferência ilegal do empregado — Caracterização — p. 125
Limitação do uso das instalações sanitárias — Configuração — p. 125

Marginalização do empregado em seu ambiente de trabalho e comprometendo a sua estabilidade emocional — Caracterização — p. 125

Mera rudeza de tratamento de superior hierárquico — Não Configuração — p. 126

Metas — Exigência — Extrapolamento — Ameaças, com intimidações e xingamentos, e impondo "castigos" (como trabalhar de pé, proibindo-os de ir ao banheiro, tomar água ou lanchar) — Configuração — p. 126

Metas de difícil alcance e condições de trabalho penosas — Pressão direta para o desligamento voluntário — Dano moral configurado — p. 126

Não configuração — p. 127 a 129

Natural pressão decorrente do mercado cada vez mais competitivo — Não configuração — p. 127

Nulidade de sanções disciplinares — Não configuração — p. 130

Ociosidade forçada — Colocar empregado 'na geladeira' — Rescisão indireta — Ausência de provas — p. 130

Ofensa à honra, à imagem e à dignidade do trabalhador — Pertinência — p. 130

Oitiva de testemunhas — Indeferimento — Prova essencial ao deslinde da controvérsia — p. 131

Patologia social — Configuração — p. 131

Perseguição empreendida por superior hierárquico — Configuração — p. 132

Prepostos do empregador — Arquitetacão de um plano para que o trabalhador pedisse demissão ou cometesse algum deslize apto a atrair a aplicação do art. 482 da CLT — Rescisão indireta do contrato de trabalho configurada — p. 132

Pressão psicológica — Caracterização — p. 132

Pressões por parte do empregador — Humilhações — Configuração — p. 135

Procedimento vexatório — Abuso de direito — Dever de boa-fé e de solidariedade — Dano e indenização — p. 135

Rebaixamento arbitrário de função e na perda do direito ao adicional de periculosidade — Configuração — p. 135

Rebaixamento de função e redução de salário. Gravidez. Perturbação a sua dignidade moral. Configuração — p. 135

Reiteradas situações vexatórias, com intuito de puni-lo pelo não alcance de meta — Configuração — p. 136

Repercussões sociais — p. 137

Represália por ter ingressado com ação trabalhista — Caracterização — p. 138

Rescisão do contrato de trabalho e dificuldade de conseguir recolocação no mitigado mercado de trabalho — Não configuração — p. 138

Resolução do contrato de trabalho por justa causa do empregador — Indenização por dano moral — Cabimento — p. 138

Responsabilidade civil do empregador — Não configuração — p. 139

Síndrome do pânico — Dano e nexo causal configurados — p. 139

Sofrido pelo empregado no ambiente de trabalho — Não configuração — p. 139

Stress — Não configuração — p. 139

Sujeição do empregado — Irrelevância de que o constrangimento não tenha perdurado por longo lapso de tempo — p. 140

Suposto incentivo à produtividade — p. 140

Tentativa de desqualificação profissional do autor — Configuração — p. 140

Tipificação — Repercussões — p. 141

Tratamento desigual em comparação com os demais colegas de trabalho, além de desrespeitoso à sua dignidade pessoal — Caracterização — p. 141

Zombaria — Menosprezo — Problema de visão — Configuração — p. 141

Zombaria, desqualificações e exposição de fragilidades — Superior hieráquico — Configuração — p. 141

DANO MORAL — ASSÉDIO PROCESSUAL (Cap. VIII)

Comentário — p. 171
Referências legais — p. 178
Jurisprudência — p. 180
Bibliografia — p. 184

Processo TRT 2ª Reg. RO 02784200406302004 — (Ac. 20050751918), tendo como Relatora a Juíza Jane Granzoto Torres da Silva, julgado em 12.12.05 (vide no respectivo capítulo) — p. 180

Dano moral processual — Configuração — Espécies — Competência material e funcional — p. 181

Litigância de má-fé — Prejuízo processual — Enquadramento do fato como dano moral — Não configuração — p. 183

DANO MORAL — ASSÉDIO SEXUAL (Cap. VII)

Comentário — p. 143
Referências legais — p. 148
Jurisprudência — p. 150
Bibliografia — p. 170

Assédio sexual

Abuso de autoridade — Configuração — p. 150

Ações constrangedoras por parte do diretor da escola — Configuração — p. 150

Arquivamento da denúncia de suposto crime, por falta de provas — Configuração do ato ilícito no juízo trabalhista — p. 150

Ato do preposto da ré — Superior hierárquico — Vantagem sexual — Dano moral configurado — p. 150

Ausência de pressuposto fático — p. 151

Ausência de prova — Não configuração — p. 151

Ausência de provas — Não cabimento de indenização — p. 151

Caracterização — p. 151

Comportamento inadequado ou deselegante do supervisor não pode ser confundido com assédio sexual — Não configuração — p. 151

Conduta intimidatória do empregador que assedia sexualmente empregada sua — Caracterização — p. 152

Configuração — p. 154

Configuração — Dano moral — p. 154

Configuração — Requisitos necessários — Promessa de vantagem ou represália por resistência ao envolvimento pessoal com o superior hierárquico e oposição declarada — p. 155

Configuração por meio de atos sub-reptícios — Dificuldade de comprovação pela vítima — Prova indiciária — Validade — p. 155

Dificuldade de comprovação — Indenização — Fixação do valor devido — Responsabilidade objetiva do empregador — p. 155

Encarregado — Configuração — p. 156

Exposição do empregado a situação vexatória e humilhante —— Indenização devida — p. 156

Imposição da vontade de uma parte a outra, em razão da superioridade hierárquica — Caracterização — p. 156

Indenização por danos morais — Ausência de prova — p. 156

Inexistência dos elementos configuradores — Ausência de culpa da empresa — p. 156

Inocorrência — p. 157

Não configuração — p. 157
Prova — p. 157
Prova — Não configuração — p. 157
Prova e configuração — p. 157 e 159
Prova frágil — Não configuração — p. 161
Prova indiciária — Admissibilidade — p. 161
Prova indireta — Configuração — p. 162
Requisitos necessários — Promessa de vantagem ou represália por resistência ao envolvimento pessoal com o superior hierárquico e oposição declarada — p. 162
Rescisão indireta — p. 162
Rescisão indireta do contrato de trabalho — Reparação civil — Procedência — p. 162
Responsabilidade do empregador pelos atos do preposto — Prova indiciária — p. 166
Tipificação legal — Gracejos indecorosos — Dever de indenizar — Decisão tomada por maioria — p. 166
Assédio sexual e manobras de conquista — p. 166
Assédio sexual e ofensa — Configuração — p. 167
Assédio sexual não configurado — Indenização indevida — p. 167
Assédio sexual no local de trabalho — Responsabilidade do empregador — p. 167
Assédio sexual por intimidação — Configuração — p. 167
Injusta e não verificada imputação de fato infamante — Alegação de prática sexual no local e horário de trabalho — p. 169

DANO MORAL — ATOS DE FISCALIZAÇÃO, MONITORAMENTO ELETRÔNICO E DE REVISTAS DE EMPREGADO POR PARTE DE EMPREGADOR (Cap. XIII)

Comentário — p. 439
Referências legais — p. 447
Jurisprudência — p. 449
Bibliografia — p. 478
Câmeras de filmagem nos banheiros — Caracterização — p. 449
Câmera de vídeo em banheiro feminino — Responsabilidade do empregador — p. 449
Correspondência eletrônica — Divulgação de conteúdo de cunho particular — p. 450
Correspondência eletrônica — Mera reprodução de conclusão de relatório de inquérito policial em contexto alheio ao empregado — Inexistência de conduta lesiva e do evento danoso — p. 450
Direito à intimidade — Revista íntima nas dependências do banheiro — Dano moral configurado — p. 450
Divulgação de foto na *Internet* — Autorização — Não configuração — p. 450
Empregado submetido à revista pressagiada em contrato de trabalho — Cabimento — p. 451
Empregados enfileirados apenas com roupas íntimas — Empresa que distribui medicamentos — Obrigação de vigilância e os limites da revista pessoal — p. 453
Instalação de câmeras de vídeo dentro do banheiro — Violação à intimidade dos empregados — Configuração — p. 453
Instalação de câmeras em local indevido — Configuração — p. 453
Instalação de câmeras no interior de banheiros — Dano moral configurado — p. 453
Invasão de privacidade — Constrangimento humilhante — p. 453
Mensagem de correio eletrônico dirigida ao trabalhador com conteúdo ofensivo — Prova — p. 454

Mensagens eletrônicas discriminatórias — Responsabilidade — p. 454

Monitoramento externo por seu superior imediato — Operadora de terminal telefônico — Vida privada da obreira — Comentários — Configuração — p. 455

Revista

Ausência de dano moral — p. 455

Avaliação da prova — Existência de prova material de ofensa — p. 455

Constrangimento — Configuração — p. 455 e 456

Exorbitância do poder fiscalizatório — Cabimento — p. 456

Fábrica de lingerie — Não configuração — p. 456

Submissão a revista coletiva de até 50% dos empregados escolhidos por sorteio ao final do expediente — Caracterização — p. 456

Submissão de empregado a revista sem peças íntimas, com divulgação à comunidade trabalhadora — Cabimento — p. 457

Revista abusiva e vexatória — Nudez do empregado — Configuração — p. 457

Revista aleatória — Constrangimento — Ausência de justificativa — Indenização — Razoabilidade — p. 457

Revista aos empregados — Exercício abusivo do poder diretivo — Fiscalizatório — p. 457

Revista constrangedora — Indenização — p. 457

Revista das roupas do empregado — Situação constrangedora — p. 457

Revista de bolsa — Indenização — Cabimento — p. 458

Revista de bolsas — Moderação — Inocorrência — p. 458

Revista de bolsas — Limites — p. 458

Revista de bolsas e mochilas dos empregados — Não configurado — p. 458

Revista de bolsa e sacolas— Lícita — Indenização indevida — p. 459

Revista de bolsas e sacolas — Zelo ao patrimônio e no próprio direito de fiscalizar — Licitude — p. 459

Revista de bolsas e sacolas ao término do expediente — Não configuração — p. 459

Revista de bolsas na presença de colegas, clientes do estabelecimento e transeuntes — Configuração — p. 459

Revista de empregado — Direito do empregador de zelar pelo seu patrimônio — p. 459

Revista de empregados

Forma humilhante — Dano moral configurado — p. 460

Instrumento normativo — Indenização por dano moral e arbitramento — Cabimento — p. 460

Revista de pertences da reclamante — Poder de fiscalização do empregador — p. 462

Revista desrespeitosa e humilhante — Dano moral configurado — p. 463

Revista em empregado — Constrangimento — Dano moral conseqüente — p. 463

Revista em empregados — Vedação em lei — Art. 373-A, da CLT — p. 463

Revista em pertences pessoais — Constrangimento — Ausência de justificativa — Indenização — Avaliação — Razoabilidade — p. 463

Revista em procedimento de segurança — Descabimento — p. 463

Revista íntima

Ato ilícito — Indenização reparatória devida — p. 464

Cabimento — p. 464

Caracterização — p. 464

Configuração — p. 464

Dano moral configurado — p. 464

Em conjunto com outros empregados — Retirada de peças íntimas, na frente dos outros — Configuração — p. 465

Empregada seminua — Dano moral configurado — p. 465

Funcionária — Vedação legal — Afronta aos direitos da personalidade e da dignidade humana — Convenção n. 111 da OIT — Quantificação da indenização — Parâmetros — p. 466

Indenização — Cabimento — p. 466 e 467

Nudez — Transportadora de valores — Atentado à dignidade do empregado — Dano moral configurado — p. 468

Poder de fiscalização — Dano moral não configurado — p. 468

Prejuízo moral — Configuração — p. 468

Proibição por lei — Local inadequado — p. 468

Submeter funcionários à situação vexatória e constrangedora — Direito de fiscalização do empregador — Dano moral configurado — p. 468

Transporte de valores — Cabimento — p. 469

Revista íntima imposta à empregada — Configuração — p. 470

Revista íntima inócua e arbitrária — Responsabilidade civil — Configuração — p. 471

Revista pessoal

Poder diretivo do empregador — Respeito à eminente dignidade humana — Configuração — p. 471

Poder diretivo excedido — "Quantum" indenizatório — Redução — p. 472

Razões de segurança pública — Inocorrência de dano moral — p. 472

Trabalhador obrigado a desnudar-se — Cabimento — p. 472

Revista procedida com o uso de arma de fogo — Dano moral configurado — p. 473

Revista rotineira na bolsa e sacolas de funcionários — Horário de saída do trabalho — Local reservado — Ausência de ofensa à honra e dignidade da pessoa — Inocorrência — p. 473

Revista vexatória

Configuração — p. 473

Dano moral configurado — p. 473

Final do expediente — Dano moral configurado — p. 473

Revistas

Dano moral não configurado — p. 475

Não configuração — p. 475

Violação à intimidade pessoal, à imagem, à privacidade e à dignidade da reclamante — Cabimento — p. 475

Revistas (Inspeções pessoais) — Inexistência de práticas abusivas — p. 476

Revistas periódicas — Exposição vexatória — Valoração subjetiva — p. 476

Revistas por amostragem — Procedimento autorizado pelo MPT — Inocorrência — p. 476

Uso de polígrafo, como instrumento técnico de avaliação, para fins admissionais de emprego — Configuração de dano moral — p. 476

Vistoria pessoal — Configuração — p. 478

Vistorias — Dano moral configurado — p. 478

DANO MORAL — ATOS DISCRIMINATÓRIOS (Cap. X)

Comentário — p. 309

Referências legais — p. 315

Jurisprudência — p. 317

Bibliografia — p. 340

Ação Civil Pública — Discriminação — Não configuração por tratar-se de um caso isolado de discriminação, sem refletir na filosofia da empresa — p. 317

Aidético — Dispensa não discriminatória — Não-comprovação de ciência do empregador — Reintegração e indenização por dano moral indevidas — p. 318

AIDS

Discriminação — Dano moral — p. 318

Discriminação — Indenização — Descabimento — p. 318

Dispensa arbitrária e discriminatória — Indenização devida — p. 319

Empregado portador do vírus — Ausência de discriminação — p. 319

Empregado portador do Vírus HIV — Discriminação caracterizada — Nulidade da dispensa — Dano moral configurado — p. 319

Empregado portador do vírus HIV — Dispensa — Discriminação — CF e Convenção n. 111 da OIT — p. 319

Alegação de preconceito sexual — Ato de demissão — Falta de nexo — p. 325

Alteração contratual — Designação para a execução de trabalhos externos — Ausência de demonstração de ato discriminatório — Inexistência de conduta lesiva e do evento danoso — p. 326

Ato discriminatório

Boate — Entrada de empregado em dia de folga — Proibição — Configuração — p. 326

Dispensa — Abuso de direito — Nulidade — Reintegração — p. 326

Responsabilidade pré-contratual — p. 327

Conduta discriminatória — Indenização — Não demonstrada — p. 327

Conduta discriminatória e arbitrária — Empregado portador de tríplice garantia de emprego — Dano moral configurado — p. 327

Constrangimento e humilhação suportados por empregada em razão do sexo advindas do superior hierárquico — Responsabilidade civil do empregador — p. 327

Discriminação — Ausência de relação entre a cessação do contrato e a moléstia — p. 328

Discriminação — Dano moral e rescisão indireta do contrato de trabalho — p. 328

Discriminação — Direito potestativo do empregador — Dano moral não configurado — p. 328

Discriminação — Dispensa em razão da idade — Prova pericial — Perfil do mercado de trabalho e perfil empresarial — p. 328

Discriminação — Isenção de um trabalhador do desconto relativo à refeição a título de prêmio pelo seu desempenho — Não configuração — p. 329

Discriminação nas relações de trabalho — Raça negra — p. 329

Discriminação no ato da admissão — Configuração — p. 331

Discriminação pela idade e pelo padrão físico de beleza — Indenização devida — p. 331

Discriminação por idade — Não configuração — p. 331

Discriminação racial

Configuração — p. 331

Não configuração — p. 333

Sofrimento e humilhação — Configuração — p. 333

Indenização — Desavença pessoal entre colegas — Rescisão sem justa causa — Ato discriminatório — Inexistente — p. 335
Ofensas verbais — Discriminação racial — Dano moral configurado — p. 335
Opção sexual
Alegação de prática discriminatória — Indenização — Ônus da prova — p. 335
Demissão — Dano moral configurado — p. 335
Suposta — Discriminação — Dispensa indireta — Ato lesivo da honra e boa fama — Cabimento — p. 338
Prática discriminatória — Empregado portador de hepatite "b" e "c" — Não configuração — p. 338
Preconceito religioso — Configuração — p. 338
Professor — Majoração constante de carga horária — Não configuração — p. 339
Racismo — Configuração — 339
Reparação — Ausência de prova robusta da adoção de procedimentos discriminatórios por parte da reclamada — p. 340
Trabalhador vítima de ato discriminatório — Configuração — p. 340

DANO MORAL — BANALIZAÇÃO — (Cap. XXII)

Comentário — p. 631
Referências legais — p. 633
Jurisprudência — p. 635
Bibliografia — p. 639

Banalização — Requisitos — p. 635
Cobranças profissionais — Padrão de exigência normal de mercado — Tratamento dispensado a todos os empregados — Inexistência — p. 636
Motivos ensejadores — Banalização do direito — p. 637
Risco de banalização — p. 638
Simples procedimento investigatório — Inexistência — p. 638
Uso indevido de imagem — Ausência de ofensa à honra e à boa fama — p. 638

DANO MORAL — BANCOS (Empregados em Bancos) — (Cap. XV)

Comentário — p. 506
Referências legais — p. 508
Jurisprudência — p. 511
Bibliografia — p. 530

Assalto
Abalo psíquico — Dano moral configurado — p. 511
Agência bancária — Indenização de gerente obrigado a abrir o cofre e repassar o dinheiro aos assaltantes — p. 511
Agência Bancária — Negligência — Configuração — p. 512
Agência bancária — Negligência do banco em relação à segurança — Configuração — p. 514
Agência bancária — Empregado que transporta dinheiro sem a devida proteção — Cabimento — p. 514
Agência bancária — Empregado que transporta valores entre agências bancárias — Teoria do risco da atividade — p. 515
Agência bancária — Negligência do empregador no apoio médico e psicológico — Indenização indevida — p. 515
Agência bancária — Reclamante sob a mira dos assaltantes — Configuração — p. 514
Agência bancária — Rendição do gerente — Configuração — p. 514

Reposição de numerário em caixa automático totalmente desprotegido — Dano moral configurado — p. 516
Transporte de numerário — Negligência do empregador — p. 516
Assalto a banco
Ausência de culpa do empregador — p. 516
Ausência de culpa do empregador — Indenização — Indevida — p. 516
Teoria do risco da atividade — p. 516
Assalto no estabelecimento — Ausência de responsabilidade do empregador — p. 517
Assaltos — Empregado designado pelo empregador para participar ativa e diretamente em negociação com os assaltantes — Configuração — p. 517
Bancário
Com as chaves do cofre — Familiares feitos reféns — Negligência patronal — Configuração — p. 517
Configuração automática do dano moral em decorrência do exercício da profissão — Inviabilidade — p. 517
Doença ocupacional — LER-DORT — Nexo de causalidade — Danos patrimoniais e morais — p. 517
Exame de conta corrente para verificação de dívidas — Inexistência de dano moral — p. 517
Função de caixa — Doença ocupacional — LER-DORT — Nexo de causalidade — Danos patrimoniais e morais — p. 518
Transporte de malotes (numerário) — Ato ilícito — Não configuração — p. 518
Transporte de valores — Acúmulo de funções — Dano moral — p. 518
Transporte de valores — Cabimento — p. 519
Transporte de valores — Desvio funcional — Pleito de reparação — Descabimento — p. 519
Transporte de valores — Nexo de causalidade entre o dano e a conduta do ofensor — Inocorrência — p. 520
Transporte de valores — Tiro rente ao rosto — Configuração — p. 520
Transporte irregular de valores — Lei n. 7.102/1983 — Caracterização — p. 520
Bancário feito refém durante assalto — Responsabilidade civil — Negligência do empregador — Fato de terceiro — Prova negativa — Possibilidade de produção — p. 521
Caixa bancário — Diferenças de caixa — Sistema de segurança interna falho e negligente — Constrangimentos e angústias do empregado — Dano moral tipificado — p. 521
Empregadora que abruptamente estorna de conta corrente valores rescisórios pagos a mais — Causa de devolução de cheques do autor e de registro no Serasa — Dano moral configurado — p. 522
Gerente de Banco — Constrangimento — Demora injustificada do Banco no atendimento de informações solicitadas pelo Ministério Público — Configuração — p. 522
Monitoramento da conta corrente — Não configuração — p. 522
Revista — Exigência que o empregado se desnudasse — Serviço terceirizado — Configuração — p. 523
Sequestro do reclamante e assalto na agência. Assédio Moral — Perseguição velada ao reclamante pelos patronos do reclamado — Caracterização — p. 524
Sigilo bancário
Auditoria interna — Inexistência — p. 524
Investigação da conta corrente — Danos materiais e morais — Dispêndio do reclamante para o fim de indenizar prejuízos da empresa — Violação de lei e divergência jurisprudencial não reconhecidas — p. 525
Quebra — Caracterização — p. 525

Quebra — Circunstâncias justificadoras — Ofensa legal descaracterizada — p. 525
Quebra — Exposição de aspectos da vida privada — Dano moral configurado — p. 526
Quebra — Não-caracterização — Ausência de materialidade do ilícito no âmbito interno de banco — p. 527
Quebra — Não configuração — p. 527
Quebrado só por determinação judicial — p. 527
Tentativa de assalto — Sofrimento psicológico — Indenização por dano moral — p. 528
Transporte de valores — Indenização — Descabimento — p. 529

DANO MORAL — CARTEIRA DE TRABALHO E PREVIDÊNCIA SOCIAL — Anotações desabonadoras e outras infrações a ela ligadas (Cap. V)

Comentário — p. 80
Referências legais — p. 82
Jurisprudência — p. 84
Bibliografia — p. 97

Ação de indenização por dano moral — Configuração de ato ilícito — Retificação de CTPS — Menção ao número do processo e à Vara do Trabalho — Conseqüências prejudiciais ao empregado — p. 84
Anotação de número do processo judicial na Carteira de Trabalho — Dano moral configurado — p. 84 e 86
Anotação deliberada do empregador de reclamação trabalhista na CTPS — Dano moral — Cabimento — p. 86
Anotação desabonadora consignada pela reclamada na CTPS da reclamante — Dano moral configurado — p. 86
Anotação desabonadora em CTPS — Reintegração por mandado judicial — Inexistência de dano moral — p. 87
Anotação desabonadora na CTPS à conduta profissional do autor — Impossibilidade — Artigo 29, § 4º, da CLT — Dano moral — Configuração — p. 88
Anotação do contrato na CTPS com a justificativa de que houve determinação judicial nesse sentido — Indenização indevida — p. 86
Anotação do contrato na CTPS do empregado em razão do reconhecimento da relação em Juízo e com expressa referência à decisão judicial — Não cabimento — p. 88
Anotação na CTPS
Contrato de curta duração — Não configuração — p. 89
Registro efetivado no curso de ação trabalhista — Ilicitude — Dano moral configurado — p. 89
Anotação na Carteira de Trabalho do empregado
Alusão expressa à reclamação trabalhista — p. 89
Fatos desabonadores — Cabimento — p. 89
Fora do prazo legal — Descabimento — p. 89
Forma incorreta — Não cabimento — p. 89
Retificação — Menção à determinação judicial — p. 91
Anotação na Carteira de Trabalho do empregado pelo empregador com entendimento de que ele era faltoso e insubordinado — Dano moral configurado — p. 92
Anotação na CTPS do empregado do motivo que ensejou a rescisão contratual por justa causa — Vedação legal — Cabimento — p. 92
Anotações em CTPS — Ilegal e desnecessária — Cabimento — p. 93
Ausência de anotação da CTPS — Falecimento da ex-empregada — Efeitos — p. 93
Ausência de anotação do contrato de trabalho — Não configuração — p. 93
Ausência de anotação na CTPS — Não recebimento do auxílio-doença — Danos morais e materiais — p. 93

Extravio da CTPS
Inexistência de direito à indenização — p. 94
Ocorrência de roubo — Força maior — Indevida a indenização — p. 95
Falta de anotação do contrato na CTPS — Inocorrência — p. 95
Rasura na CTPS — Carimbo "cancelado" sobre o contrato havido — Equivalente a anotação desabonadora — Reconhecimento da relação empregatícia — Indenização devida — p. 95
Reparação por dano moral — Registro de advertência lançado na CTPS obreira — Conduta do reclamante não demonstrada — Fixação do montante a ser pago — p. 95
Retenção de CTPS — Impossibilidade — Art. 53 da CLT — Configuração — p. 96
Retificação de registro pela reclamada na CTPS do reclamante — Existência de reclamação trabalhista ajuizada pelo trabalhador — Dano moral configurado — p. 96

DANO MORAL — COMPETÊNCIA DA JUSTIÇA DO TRABALHO, INCLUSIVE AS DEMANDAS QUE VERSAM SOBRE ACIDENTE DO TRABALHO OU A ELE EQUIPARADO (Cap. II)

Comentário — p. 24
Referências legais — p. 36
Jurisprudência — p. 41
Bibliografia — p. 56

Ação — Dano moral — Indenização — Acidente do Trabalho — Competência da Justiça do Trabalho — p. 41
Ação — Danos patrimoniais e morais decorrentes de acidente do trabalho — EC n. 45/2004 — Aplicação imediata — Competência da Justiça Trabalhista, na linha do assentado pelo STF — Aplicação imediata do Texto Constitucional aos processos em que ainda não proferida a sentença — p. 44
Ação de indenização decorrente de acidente do trabalho — Aplicação, imediata, da EC n. 45/2004 (Art. 114, VII) — Art. 87 do CPC — Precedentes — Competência da Justiça Trabalhista — p. 45
Ação indenizatória — Dano moral — Competência da Justiça do Trabalho — p. 46 e 47
Acidente do trabalho
Ação acidentária — INSS — Competência — Justiça Comum Estadual — p. 45
Acidente de trabalho fatal — Ação de indenização por dano moral proposta pelo pai do empregado vitimado — Demanda em nome próprio — Incompetência da Justiça do Trabalho — Conflito de competência — p. 49
Acidente do trabalho — Companheiro, esposa e filhos — Competência da Justiça do Trabalho — p. 49
Acidente do trabalho — Morte em serviço — Danos morais e materiais — Ação ajuizada pela mãe da vítima — Incompetência da justiça do trabalho — p. 52
Acidente do trabalho — Viúva e filha de empregado vitimado em serviço — Demanda em nome próprio — Indenização por dano moral — Competência da Justiça Comum — p. 53
Acidente do Trabalho — Viúva e filhos menores do empregado falecido em acidente de trabalho — Incompetência material da Justiça do Trabalho — p. 54
Conflito de competência — Modificação da competência — p. 49
Dano moral e material — Competência da Justiça do Trabalho — p. 51
Indenização por dano moral — Ação ajuizada pela mãe do empregado falecido — Competência da Justiça do Trabalho — p. 53
Reparação dos danos morais e materiais — Competência da Justiça do Trabalho — Improcedência do corte rescisório — p. 52
Dano moral e material — Ação proposta no Juízo Cível — Competência declinada — p. 54
Dano moral resultante da relação de emprego — Competência da Justiça do Trabalho — p. 54
Decisão interlocutória — Efeitos — p. 55

Direito de imagem do empregado — Pedido de indenização por uso indevido — Justiça do Trabalho — p. 55

Indenização por dano material e moral decorrente de acidente do trabalho — Lesões por esforços repetitivos — Competência da Justiça do Trabalho — p. 54

Ofensa a empregados — Competência da Justiça do Trabalho — p. 55

Ofensas irrogadas em comícios eleitorais, durante campanha política, fora do contexto do emprego e só fortuita e indiretamente ligadas ao contrato de trabalho — Incompetência da Justiça do Trabalho — p. 55

Origem no contrato de trabalho — Competência da Justiça do Trabalho — p. 55

DANO MORAL — COMPETÊNCIA — FASE PRÉ-CONTRATUAL, CONTRATUAL E PÓS-CONTRATUAL — (Cap. III)

Comentário — p. 57

Referências legais — p. 60

Jurisprudência — p. 62

Bibliografia — p. 70

Ação, cujo autor pleiteia indenização por danos decorrentes de situação vexatória a que teria sido submetido quando de exame admissional para integrar os quadros da ré — Competência da Justiça Comum — p. 62

Ação indenizatória movida por espólio de trabalhador falecido contra ex-empregador visando à reparação de danos materiais por ausência de anotação do contrato de trabalho do *de cujus* na CTPS — Competência da Justiça do Trabalho (STJ) — p. 63

Ato discriminatório — Responsabilidade pré-contratual — p. 64

Candidato não escolhido para vaga de emprego — Não caracterização — p. 64

Fase pós-contratual

Ato praticado em outra reclamação trabalhista quando já extinto o contrato de trabalho — Justiça do Trabalho — p. 65

Competência da Justiça do Trabalho — p. 65 e 66

Imputação de fatos desonrosos à reclamante depois de extinto o contrato de trabalho — Competência da Justiça do Trabalho — p. 66

Ofensa assacada em juízo — Competência *ex ratione materiae* da Justiça do Trabalho — p. 66

Referências desabonadoras à imagem do empregado — Competência da Justiça do Trabalho — p. 67

Fase pré-contratual — Dano moral e patrimonial — Cabimento — p. 67

Fase pré-contratual, contratual e pós-contratual — Competência da Justiça do Trabalho — p. 67

Fato ocorrido após a extinção do contrato

Incompetência da Justiça do Trabalho — p. 68

Nexo causal que atrai a competência da Justiça do Trabalho — p. 68

Fato ocorrido após o desligamento do empregado — Danos morais que têm sua raiz no contrato de trabalho — p. 68

Processo seletivo — Aprovação em todas as fases — Recusa injustificada da contratação — Função social da empresa — Configuração — p. 69

Promessa de contratação — Retenção de CTPS — Competência material — Abuso do direito — p. 69

Promessa de emprego — Competência da Justiça do Trabalho — p. 70

DANO MORAL — CONCEITO E SUA APLICAÇÃO NO DIREITO DO TRABALHO (Cap. I)

Comentário — p. 13
Referências legais — p. 18
Jurisprudência — p. 19
Bibliografia — p. 21
Caracterização — p. 19
Caracterização e efeitos — p. 19
Caracterização por elementos objetivos e não por mera consideração subjetiva da parte que se declara atingida — p. 19
Conceito — p. 19 e 20
Configuração — p. 21
Indenização por danos materiais e morais — Caracterização e fixação — p. 21

DANO MORAL — DIREITOS DA PERSONALIDADE — (Cap. IX)

Comentário — p. 185
Referências legais — p. 190
Jurisprudência — p. 192
Bibliografia — p. 307
Abuso de direito
  Descaracterização — p. 192
  Não configuração — Reparação por dano moral incabível — p. 192
Abuso do direito de defesa — Assertivas na contestação no processo trabalhista para atingir a honra do empregado — Configuração — p. 192
Ação de cobrança — Inquérito administrativo — Constrangimento Flagrante — Configuração — p. 193
Ação maliciosa da reclamada, expondo o obreiro a zombaria diante de colegas — Repetição em ações trabalhistas — Majoração da indenização — p. 193
Ação proposta pelo espólio — Direito personalíssimo do *de cujus* — p. 193
Acerto de contas — Emissão de título — Desconto em banco — Assinatura do autor — Concordância — Não tipificação — p. 193
Acidente automobilístico — Empregado motorista — Jornada extenuante — Dano moral devido — p. 194
Acusação da prática de ato ímprobo ao empregado, rejeitada em juízo — indenização devida — p. 194
Acusação de desonesto — Alvo de desconfiança dos colegas — Configuração — p. 194
Acusação de falta grave sem compreender fato praticado pela empregada — Dano moral configurado — p. 194
Acusação de furto — Autoria não provada — Dano moral configurado — p. 196
Acusação de furto desprovida de qualquer comprovação — Dano moral configurado — p. 196
Acusação de furto injusta — Dano moral configurado — p. 196
Acusação de furto simples — Indenização por dano moral — Cabimento — p. 196
Acusação de improbidade — Ausência de prova — Configuração — p. 196
Acusação de ingestão de bebida alcoólica durante o horário de trabalho — Não configuração — p. 193
Acusação de subtração de dinheiro, de comida e material de escritório — Prova frágil — Dano moral não configurado — p. 196

Acusação leviana de ato de improbidade — Dano moral configurado — p. 197
Acusação leviana de roubo imputada à reclamante — Caracterização — p. 197
Acusação verbal — Lesão à personalidade — Indenização por danos morais — p. 197
Admoestação de forma absolutamente desrespeitosa — Dano moral configurado — p. 197
Adoção pela empresa de procedimentos incompatíveis com o respeito e dignidade que merece o trabalho humano — Inciso IV, do artigo 1º, do Texto Maior — p. 197
Advertência declarada nula — Não configuração — p. 198
Advertência escrita — Aplicação — Dano moral não configurado — p. 198
Advertências ao empregado — Dano moral — Inexistência — p. 198
Advertências e suspensão — Indenização — Cabimento — p. 198
Agressão a direito da personalidade — Exposição pública — Nome do empregado — Ato ilícito de natureza culposa — Aplicação dos arts. 17, 186 e 927 do Código Civil — p. 198
Agressão em serviço, praticada por um dos clientes da empresa — Ausência de culpabilidade do empregador — p. 199
Agressão física — Preposto do empregador — Dano moral — p. 199
Agressão física perpetrada pelo empregador — Desferimento de coronhadas no trabalhador — Configuração — p. 199
Agressão policial — Inexistência de ação ou omissão da reclamada — Indenização indevida — p . 199
Agressão sofrida e a relação de trabalho — Nexo causal entre os fatos ocorridos e a relação de trabalho — Inexistência — p. 199
Agressões verbais ao trabalhador proferidas pelo gerente da empregadora — Revistas ao final do expediente — Configuração — p. 199
Agressões verbais iterativas — Cabimento — p. 200
Agressões verbais por superior hierárquico — Indenização devida — p. 200
Alegação de desvio de valores — Suspensão do contrato de trabalho até conclusão do inquérito policial — Dano moral configurado — p. 200
Alegação de que o funcionário é que mandou assaltar a empresa — Ofensa moral — Configuração — p. 201
Ambiente laboral — Identidade do empregador protegida — Normas específicas e uso legítimo do *ius variandi* — Polígrafo — Dano moral não configurado — p. 201
Anúncio inverídico de abandono de emprego publicado em jornal de grande circulação — Dano moral configurado — p. 205
Apuração de fato delituoso pela autoridade policial a pedido do empregador — Dano moral não configurado — p. 207
Apuração de fatos supostamente irregulares no âmbito da atividade profissional de caixa — Ação comedida e sem qualquer alarde da reclamada — Não configuração — p. 207
Assalto
Ausência de medidas preventivas, quanto à ocorrência de assaltos — Cabimento — p. 207
Não configuração — p. 209
Não demonstrado abalo moral do autor e ausência de relação de causa e efeito entre possíveis atos ou omissões da empregadora e o assalto — Dano moral não configurado — p. 208
Negligência em relação a medidas de segurança — Responsabilidade do empregador — p. 209
Assalto à mão armada — Não configuração — p. 209
Assalto a ônibus — Morte do empregado — Ausência de nexo causal entre a conduta da empregadora, apontada como ilícita, e o dano — Indenização indevida — p. 209
Assaltos a ônibus da reclamada — Motorista — Dano moral não configurado — p. 209

Assalto sofrido nas dependências da empresa — Não configuração de responsabilidade do empregador — p. 209

Atitude reprovável do gerente-geral do reclamado — Dano moral configurado — p. 210

Atitude suspeita do empregado — Abertura de inquérito judicial — p. 210

Atleta profissional — Configuração — p. 210

Ato de desonestidade, como fato que é levado ao conhecimento do círculo de emprego, atinge moralmente o trabalhador — Dano moral configurado — p. 210

Ato doloso do empregador — Nexo de causalidade — Prejuízo causado — Dano moral configurado — p. 211

Ato ilícito — Nexo causal — Rescisão em cumprimento à determinação judicial — Não configuração — p. 211

Ato ilícito do empregador — Prova da redução do patrimônio do empregado — Violação dos deveres contratuais — p. 211

Ato ilícito que atinge o patrimônio da pessoa — Dano moral configurado — p. 212

Ato lesivo à honra da empregada praticado por superior hierárquico — Indenização devida — p. 213

Ato ofensivo à moral ou à imagem do reclamante — Dano moral configurado — p. 213

Atos que extrapolam os limites da área de trabalho — Alvo de comentários ou conhecimento da comunidade local — Configuração — p. 213

Atraso habitual no pagamento dos salários — Desnecessidade de imediatidade da reação do empregado — Configuração — p. 213

Atraso no pagamento de salário — Não configuração — p. 214

Atraso no pagamento de verbas rescisórias — Dano moral não configurado — p. 214

Atraso no pagamento de verbas salariais — Indenização — Não cabimento — p. 214

Atribuição de prática criminosa sem comprovação — Indenização devida — p. 214

Atribuição de prática de crime — Autoridade judicial — Não comprovação — Dano moral configurado — p. 214

Auditoria para aferição de irregularidades — Moderação — Não configuração do dano moral — p. 215

Ausência de pagamento de verbas rescisórias — Indenização pelo dano moral — Descabimento — p. 215

Auto-imagem do empregado — Qualidade das relações de trabalho — Cabimento — p. 215

Avalista — Sócio-presidente de cooperativa — Não configuração — p. 215

Benefício previdenciário pago em valor inferior ao devido — Culpa da empregadora — Reparação de danos — p. 215

Caracterização — Empregador que prepara flagrante para incriminar e despedir o reclamante sob a acusação de falta grave — p. 215

Carta-circular encaminhada aos clientes da reclamada imputando ao reclamante atos de violação ético-profissional — Violação do patrimônio moral — p. 216

Castigo imposto em razão do ajuizamento de reclamatória trabalhista — Cabimento — p. 216

Castigo imposto em razão do não-cumprimento de metas de vendas — Situação degradante e vexatória — p. 216

Castigos pelo não-cumprimento de metas de vendas — Configuração — p. 216

Coação — Agressão física — Configuração — p. 217

Coação da empresa para que o empregado renuncie a direitos — Ameaça de demissão — Indenização devida — p. 217

Coletor de lixo — Pedido de dano moral em razão da tomada de refeições "na rua" — Ausência de ilicitude — Indevida reparação moral — p. 217

Comentário calunioso feito por exercente de cargo de gerência sobre envolvimento de empregado subalterno — Furto — Sindicância interna, nada apurou — Cabimento — p. 219

Comentários entre colegas de trabalho de mesmo nível hierárquico, sem a participação de algum detentor de cargo de chefia ou de direção na estrutura administrativa da reclamada — Não configuração — p. 219

Comparecimento perante autoridade policial — Não caracterização — p. 220

Competitividade — Exigência do alcance de metas — Dano moral — Indenização — Não cabimento — Ausência de ato ilícito por parte do empregador — p. 220

Comportamento do gerente — Temperamento extrovertido, o que ocorria com relação a todos os trabalhadores — Não configuração — p. 221

Comunicação de fato à autoridade policial — Ato lícito — Reparação afastada — p. 221

Concorrência para o evento danoso — Dano moral não configurado — p. 221

Condições de higiene, alimentação e descanso — Obrigação do empregador — p. 221

Condições de trabalho exaustivas — Omissão culposa da reclamada — Agravamento do estado de saúde do autor, acometido por doença comum — p. 221

Condições proporcionadas para fruição do intervalo intrajornada — Não configuração — p. 223

Condições subumanas de transporte — Configuração — p. 223

Conduta da reclamante exposta em coluna de jornal local, num nítido ânimo de *vendetta* e represália— Dano moral configurado — p. 224

Conduta equiparada a preposto — Atitude de ofensa à integridade e à honra da empregada — p. 224

Condutas lesivas praticadas por gerente de loja contra vendedor — Configuração — p. 224

Confinamento de trabalhador acidentado e seqüelado em sala de vidro apelidada de 'gaiola das loucas' e 'cemitério'— Configuração — p. 224

Conflitos profissionais com discussões acaloradas entre as pessoas envolvidas — Inocorrência — p. 224

Constranger o empregado, rebaixando-o à condição de verdadeiro delinqüente — Configuração — p. 224

Constrangimento — Diversos dias consecutivos na Portaria da 2ª Reclamada — Impedido de trabalhar sem qualquer motivo justificado — p. 225

Consumo de cerveja da marca concorrente — Dispensa sem justa causa — Não configuração e banalização — p. 225

Consumo de mercadorias no interior da loja — Divulgação inadequada — p. 225

Contrato de equipe — Indígena — Contratação não efetivada — Retorno à aldeia — Transporte não disponibilizado — p. 225

Contrato de trabalho declarado nulo — Dano moral — Possibilidade — p. 225

Contrato de trabalho nulo — Servidor público — CF, art. 37, II — Dano moral não configurado — p. 226

Convocação da polícia — Fatos imputados ao empregado — Exagero diante da realidade fática — Ação patronal — Dano moral configurado — p. 226

Crime de bagatela — Notícia crime formulada pela ré — Indenização — Indevida — p. 226

Culpa concorrente

Efeitos — p. 226

Indenização por metade — p. 226

Culpa do empregador, manifestada na violação dos deveres contratuais — Efeitos — p. 226 e 227

Culpa quase-delito — Efeitos — p. 227

Dano à alma, ao coração — Tratamento à pessoa com desdém e desleixo — Configuração — p. 227

Dano moral e dano estético — Cumulação — Possibilidade — p. 228

Dano moral e material — Teoria da responsabilidade subjetiva — p. 229

Dano pessoal — Dano moral — Dano estético — Configuração — p. 229
Danos susceptíveis de reparação — Dano de natureza moral — Configuração — p. 229
Declaração de nulidade da pena disciplinar — Dano moral não configurado — p. 229
Declaração na imprensa — Empregado chamado de sem ética e não confiável — Relação dos dispensados — p. 230
Declarações depreciativas à conduta profissional do empregado — Publicação em jornal — Configuração — p. 230
Denúncia — Investigação a respeito de desvio de dinheiro pelo empregador — Ausência de prova de constrangimento ou de difamação — Não configuração — p. 230
Denúncia da empresa — Sentença penal que absolve o ex-empregado das imputações delituosas — Configuração — p. 230
Descabimento — Não submissão a condições vexatórias — p. 230
Desconto do valor total do salário — Cabimento — p. 230
Desconto no salário
Rubrica "extravio de mercadoria" — Indenização — Cabimento — p. 231
Fiscal — Diferença de caixa — p. 231
Descrição das supostas ofensas sofridas — Prejuízo efetivo — Necessidade — p. 231
Descumprimento contratual — Ausência de pagamento de verbas trabalhistas — Indenização pelo dano moral — p. 231
Descumprimento de contrato — Injusta subtração de padrão de vida — p. 231
Descumprimento de obrigação — p. 231
Descumprimento de normas contidas em instrumento normativo — Riscos à vida do trabalhador — Dignidade da pessoa humana — Cabimento — p. 232
Descumprimento de ordem judicial pelo empregado — Culpa — Temor referencial — Não configuração de dano moral — p. 232
Descumprimento dos deveres do empregador — Reparação prevista no ordenamento jurídico — Não configuração — p. 232
Desligamento da eletricidade da casa ocupada pela família de empregado rural — Desocupação antes do prazo fixado pela lei — Dano moral configurado — p. 232
Desocupação de imóvel utilizado por zelador de condomínio — Ordem judicial — Ato lícito — Reparação não devida — p. 232
Despedida motivada pelo ajuizamento de ação trabalhista contra ex-empregador — Dano moral configurado — p. 232
Desrespeito à honra e dignidade do trabalhador — Conduta agressiva — Cabimento — p. 232
Desrespeito à intimidade ou à vida privada da autora — Não caracterização — p. 233
Desrespeito aos valores da eminente dignidade humana — Dano moral configurado — p. 234
Destituição do cargo de confiança e posterior dispensa sem justa causa, após discussão entre autor e colega de trabalho — Não-configuração — p. 234
Diferenças de caixa — Apuração — Afastamento do responsável — Inocorrência — p. 234
Dificuldades financeiras e aflições suportadas pelo empregado dispensado — Não configuração — p. 234
Direito à saúde — Dano moral configurado — p. 234
Direito de imagem
Anuência tácita — Trabalho fotográfico desprovido de caráter depreciativo — Não configuração — p. 235
Conceito — Configuração — Violação — Quando não ocorre — p. 235
Uso indevido para fins comerciais sem autorização da fotografada — p. 235

Direito personalíssimo — Impossibilidade de transmissão aos herdeiros — p. 235

Direito potestativo *versus* dignidade da pessoa humana (art. 1º, III da CF/88) — Dispensa de empregado portador de doença grave — Desvio de direito — p. 239

Direitos personalíssimos — Art. 5º, inc. XXVII, da CF e art. 11, do Novo CCB — p. 239

Dispensa coletiva — Divulgação depreciativa — Dispensa sem justa causa — p. 239

Dispensa do empregado que depõe como testemunha contra a empresa — Configuração — p. 242

Divulgação de fotografia de pessoas na Internet ou em outros veículos de divulgação — Dano à imagem — Não configuração — p. 242

Divulgação de furto não provado — *E-mail* — Cabimento — p. 242

Divulgação de imagem — Art. 5º, X, da CF — Configuração — p. 242

Divulgação de suposta gravidez — Violação à intimidade e à privacidade da empregada — p. 244

Divulgação de suspeita de furto — Dispensa sem justa causa — Dano moral configurado — p. 244

Divulgação indevida do nome do professor no site da faculdade — Propaganda do curso — Direito da personalidade violado — p. 244

Divulgação pelo empregador, em página aberta na "internet", do valor de salários mensais pagos ao obreiro — Violação da intimidade protegida constitucionalmente — p. 244

Documento falsificado pelo empregador, apresentado em juízo contra o empregado — Configuração — p. 245

Eleição do empregado tartaruga — Constrangimento — Dano moral configurado — p. 245

Empregada chamada de "gordinha", com sentido pejorativo — Dano moral configurado —p. 245

Empregada de salão de beleza — Teste de determinado produto — Danificação do cabelo — Configuração — p. 245

Empregada que disse ter sido chamada de ladra no ato da resilição do contrato de trabalho perante membros do respectivo sindicato — Não caracterização — p. 245

Empregado atingido, de raspão, por arma de fogo — Ausência de danos morais — p. 246

Empregado submetido a tratamento humilhante — Excesso de direito — p. 246

Empregado vítima de ameaça de demissão, para não comparecer à audiência trabalhista em ação movida contra o ex-empregador — Viabilidade — p. 246

Empregador que em comunicação informa ao trabalhador que sua presença no local de trabalho deverá se resumir na assinatura do ponto no início e no final da jornada — Ofensa à honra — Dano moral configurado — p. 247

Empresa que mantém em ociosidade o seu empregado, recebendo salários — Dano moral configurado — p. 247

Empréstimo bancário — Desconto em folha — Rescisão do contrato de trabalho — Restrição de crédito — Efeitos — p. 247

Empréstimo bancário — Serasa — Configuração — p. 247

Envio ao Ministério Público de *notitia criminis* (art. 172 do Código Penal brasileiro), extraída de Auditoria — Não configuração — p. 248

Esvaziamento de funções — Configuração — p. 248

Existência de prova do ato ilícito e do uso de vestimenta inadequada — Indenização devida — p. 249

Existência de reclamação trabalhista — Ciência dada aos condôminos — Descabimento — p. 249

Exposição da situação financeira do autor aos colegas — Configuração — p. 249

Exposição do empregado ao ridículo perante seus colegas de trabalho, por meio de ato patronal ofensivo da honra subjetiva e da imagem do empregado — Configuração — p. 250

Falsa imputação de furto — Indenização indevida — Fragilidade da prova da lesão praticada pelo empregador — p. 250

Falta de fornecimento de carta de apresentação — Descabimento — p. 251

Falta de imediatidade — Indeferimento — p. 251

Falta de pagamento de salários — Indenização — Não configuração — p. 251

Falta de pagamento de verbas rescisórias — Dano moral — Não configuração — p. 251

Falta grave — Fato que não ocorreu — Configuração — p. 251

Fato típico penal imputado ao empregado (furto) — Alegação desprovida de qualquer prova — Dano moral configurado — p. 251

Ferimento direto da dignidade humana do trabalhador — Indenização compensatória deferida — p. 252

Fraude comprovada em ação rescisória — Desrespeito da reclamada em relação ao empregado e à própria Justiça — Cabimento — p. 252

Fraude contratual — Ofensa a atributos morais — Conseqüências fático-jurídicas — p. 252

Gerente da empresa — Veemente, mas não humilha ou ofende outros funcionários, ainda que eleve seu tom de voz — Não configuração — p. 252

Gerente grosseiro — Ofensas verbais — Configuração — p. 252

Gestante — Parto — Plano de saúde — Elemento surpresa — Litigância de má-fé — p. 253

Gestão por injúria — Ambiente de trabalho — Castigos — Humilhações — Configuração — p. 253

Gravação de conversa telefônica — Depoimento em juízo não convincente — Intenção de obtenção de prova — Provocação e induzimento — Inadmissão — p. 253

Habitual labor em jornada extraordinária — Ambiente insalubre — Não configuração — p. 254

Homicídio cometido no ambiente de trabalho — Ausência de culpa — p. 254

Humilhação do empregado como forma de incremento de produção — Dano moral configurado — p. 254

Humilhação do empregado perante seus colegas — Cabimento — p. 254

Humilhação e constrangimento suportados por professor em decorrência de atitudes de alunos — Ausência de adoção de medidas punitivas — Responsabilidade civil da instituição de ensino — p. 254

Humilhação e marginalização — Não configuração — p. 255

Ilícito civil — Atos desleais do empregador — Excesso de jornada — Descabimento — p. 255

Imagem do trabalhador — Qualidade das relações de trabalho — Dano moral configurado — p. 255

Imagem profissional — Boletim de ocorrência policial — Trabalho para outrem — Aviso prévio — p. 255

Imposto de renda — Indenização por danos — Art. 186 do Novo Código Civil — Indevida — p. 256

Imposto de renda incidente sobre rendimento pago em cumprimento de sentença — Dano moral advindo da necessidade de ajuizar ação para recebimento de direitos trabalhistas — Não configuração — p. 256

Imprudência patronal — Dano moral configurado — p. 257

Imputação de delito ao empregado — Dano moral — Configuração — p. 257

Imputação de improbidade com repercussão negativa no meio social e profissional — Doméstica — Não comprovação — p. 258

Imputação de responsabilidade ao empregado por ato causado em decorrência de negligência do empregador — Incabível — p. 258

Inadimplemento da indenização por desligamento incentivado — Mágoa — Não configuração — p. 258

Inclusão do nome do reclamante no serviço de proteção ao crédito — Dano moral configurado — p. 258

Indenização pleiteada sob o fundamento de que houve violação de direitos inerentes à personalidade — Determinação geral para não-uso de barba — Não ocorrência — p. 258

Indenização por dano patrimonial físico e moral — Não configuração — p. 259

Indevida inclusão no *status* jurídico de cooperado e mora salarial — Indenização — p. 259

Indicação indevida de terceira pessoa (empregador) para compor o pólo passivo da demanda (Homônimo) — Não configuração — p. 259

Inexistência — Não comprovação de que houve acusação formal de que a reclamante seria a culpada pelo ocorrido — p. 260

Informação desabonadora — Não ocorrência — p. 260

Informação prestada por antigo empregador — Trabalhador apontado como impróprio para o emprego por ter ajuizado reclamação trabalhista — Configuração — p. 260

Informações desabonadoras — Indenização devida — p. 260

Informações desabonadoras fornecidas pela ré, por telefone, a prováveis novos empregadores — Empregada doméstica — Publicidade — Atração da norma legal — p. 261

Informações desabonadoras, inclusive dando conhecimento de ajuizamento de reclamatória trabalhista — Configuração — p. 261

Informações desabonadoras sobre o reclamante — Ausência de comprovação — Descabimento — p. 261

Infrações contratuais — Não configuração — p. 261

Ingerência na vida privada do trabalhador — Configuração — p. 261

Injúria e difamação no ambiente de trabalho — Independência de jurisdições — Abalo moral incontroverso — *Quantum* — p. 262

Injusta punição disciplinar — Nexo causal entre a conduta patronal lesiva e o sofrimento causado à trabalhadora provados — Indenização devida — p. 262

Inquérito administrativo — Insuficiência para caracterizar dano moral — p. 262

Instalação de câmera de vídeo na recepção do estabelecimento reclamado — Local de trabalho — Dano moral configurado — p. 263

Instauração de inquérito para apuração de falta grave — Empregado sindicalista — Ausência de prova — Dano moral configurado — p. 263

Instauração de sindicância — Dano moral não configurado — p. 263

Insultos praticados por superior hierárquico no ambiente de trabalho — Direito à indenização — p. 263

Interceptação de ligações telefônicas — Grampo telefônico — Dano moral não configurado — p. 263

Interpelação ao empregado a respeito do desaparecimento de objetos no local de trabalho — Empregador doméstico — Não configuração — p. 263

Investigação realizada dentro da empresa sem publicidade e nos limites da razoabilidade — Dano moral não configurado — p. 263

Labor em ambiente recém-dedetizado — Configuração — p. 264

Latrocínio — Empregado responsável pela guarda do estabelecimento comercial — Nexo de causalidade entre a omissão culposa do empregador e o evento lesivo — Responsabilidade civil configurada — Obrigação de indenizar o cônjuge supérstite e as filhas menores — p. 264

Lesão à integridade física da pessoa humana — Dano moral configurado — p. 264

Lista cadastral de ex-empregados de empresas prestadoras de serviços — Prejuízo não provado — Indeferimento — p. 264

Lista negra

- Ausência de prova — Não configuração — p. 265
- Elaboração e divulgação — Caracterização — Desnecessidade de demonstração da sua ocorrência — p. 265
- Elaboração e divulgação — Prova do prejuízo — Desnecessidade — p. 265
- Manutenção e divulgação — Indenização — Cabimento — p. 267

Local visualmente desagradável — Situação transitória — Adequação da empresa a uma nova realidade pós-privatização — Dano moral não configurado — p. 267

Más referências — Impedimento da obtenção de novo emprego — Indenização por dano moral — Cabimento — p. 267

Membro da CIPA — Atitude do empregador retirando as funções do empregado e expondo o trabalhador ao ridículo perante os demais colegas de trabalho — Indenização por dano moral — p. 267

Menor — Trabalho à noite — Configuração — p. 268

Mera insatisfação diante do desrespeito à legislação trabalhista — Não configuração — p. 268

Mera recusa de atestados médicos particulares — Norma coletiva — Não configuração — p. 268

Mero cumprimento de ditames da ordem constitucional — Não configuração — p. 268

Ministro de confissão religiosa — Pensionamento — Impossibilidade — p. 268

Mora salarial — Endividamento do trabalhador — Direito à indenização — p. 268

Motorista infrator — Culpa da empresa que não zelou pela conservação do veículo utilizado em serviço — Configuração — p. 269

Não concessão do prêmio correspondente a uma viagem à Itália — Frustração — Dano moral não configurado — p. 269

Não dar trabalho a empregado em gozo de estabilidade temporária — Dano moral — Caracterização — p. 269

Não fornecimento de *login* e senha a empregado de empresa terceirizada para acesso à rede de informática da tomadora de serviços — Ausência de dano moral — p. 270

Nome do reclamante lançado no cadastro do SPC — Não configuração — p. 270

Normas legais — Transgressão — Não configuração — p. 271

Nota falsa em jornal sobre abandono de emprego — Possibilidade — p. 271

Notícia jornalística — Menção genérica à gestão anterior — Troca de administração — Dano moral não configurado — p. 271

Obrigações pós-contratuais — Dever de boa-fé — Dano moral configurado — p. 271

Ocasionado pela desídia da Reclamada em honrar com seus débitos para com os hotéis em que se hospedaram seus clientes (turistas) e a reclamante — Permanência em país estrangeiro como garantia de pagamento das dívidas — Configuração — p. 271

Ocorrência policial — Indenização — Não configuração — p. 272

Ofensa a empregados — Configuração — p. 272

Ofensa à dignidade da pessoa humana — Viabilidade — p. 272

Ofensa à honra da reclamante por acusação lançada na contestação de reclamação trabalhista — p. 273

Ofensa à honra do empregado praticada por superior hierárquico — Responsabilidade objetiva do empregador — p. 273

Ofensa à honra do reclamante mediante palavras irrogadas em contestação — Cabimento — p. 273

Ofensa à honra e à imagem do empregado — Cabimento — p. 274

Ofensa à honra e dignidade — Agressões de seu superior hierárquico — Indenização por dano moral — Cabimento — p. 274

Ofensa ao empregado na presença dos demais empregados — Entrega pelo superior de instrumentos de trabalho com expressões de baixo calão — Configuração — p. 274

Ofensa ao patrimônio ideal do trabalhador — Configuração — p. 274

Ofensa ao princípio do valor humano — Caracterização — p. 275

Ofensa moral — Configuração — p. 275

Ofensa psicológica — Configuração — p. 275

Ofensas à honra — Ausência de prova — Não configurado — p. 275

Ofensas verbais — Caracterização — p. 275

Ofensas verbais à família do empregado — viabilidade — p. 275

Ofensas verbais praticadas pelo empregador contra o empregado — Indenização — Cabimento — p. 276

Operador de radar — Exposição ao escárnio e descrédito público — Não configuração — p. 276

Pagamento de despesas da empresa com cheques do empregado — Provisão de fundos não cumprida — Inserção do nome do trabalhador em órgãos de controle financeiro (Banco Central, Serasa, SPC) — Danos moral e material configurados — p. 276

Pagamento de mercadorias faltantes em estoque — Danos morais e materiais — Não configuração — p. 276

Palavra inapropriada deduzida em sede de defesa — Não configuração — p. 277

Palavras de baixo calão — Atitude lesiva à dignidade do trabalhador — Dano moral configurado — p. 277

Palavras obscenas e outras agressões verbais. Pessoas humildes, de parcos recursos financeiros e sem instrução formal. Configuração — p. 278

Participação em processo seletivo — Exame admissional — Reprovação em uma das fases da seleção — Inocorrência — p. 278

Pedido de indenização por dano moral com base em acusação de falsificação de atestado médico — Alteração da causa de pedir — Descabimento — p. 278

Pedido indenizatório fulcrado na improcedência das verbas pleiteadas em ação anterior, em razão da declaração da nulidade do contrato de trabalho (CF, art. 37, II) — Indeferimento — Inexistência de prejuízo — p. 278

Pena de suspensão — Dirigente sindical — Injusta — Configuração — p. 278

Perda de chance — Cabimento — p. 279

Perda de vaga no mercado de trabalho — Mensagem de correio eletrônico — Prova frágil — p. 279

Perseguição contra o trabalhador, após ter denunciado suas superioras hierárquicas pelo comércio irregular de material da instituição — Indenização — Cabimento — p. 279

Poder de direção — Uso de aparelhos audiovisuais em sanitários — Invasão da intimidade do empregado — p. 279

Prática de ato lesivo e violador da dignidade do trabalhador — Configuração — p. 280

Prática de danças populares com vestimentas femininas, imitações de bichos, utilização de chapéu de burro e nariz de palhaço — Configuração — p. 281

Prática motivacional de caráter ofensivo — Configuração — p. 281

Práticas incompatíveis com a subordinação típica do contrato de trabalho — Configuração — p. 281

Práticas motivacionais — Não configuração — p. 282

Prejuízo à imagem do indivíduo — Dano estético — Dano moral — Indenização — Cabimento — p. 282

Premiação do empregado mais "Rabugento" e "Chato do setor" — Configuração — p. 282

Pressupostos — Risco de banalização — p. 282

Presunção de ofensas — Improcedência do pedido — p. 282

Prisão de empregado por porte ilegal de arma no exercício da função de segurança pessoal de diretor da empresa empregadora — Dano — Indenização — p. 282

Problema de saúde — Dispensa sem justa causa — Não-configuração — p. 283

Professor — Majoração constante de carga horária — Não configuração — p. 283

Proibição de estudar — Configuração — p. 283

Promessa de novo emprego — Conteúdo indeterminado da proposta — Força vinculante não configurada — Reparação descabida — p. 283

Prova da conduta potencialmente lesiva e o nexo de causalidade — p. 283

Publicação de anúncio convocando para retorno ao emprego — Inexistência — p. 284

Publicação de edital de abandono de emprego em jornal — Não configuração — p. 284

Publicação em jornal de grande circulação — Não comparecimento ao trabalho desde 19.3.03 — Matéria veiculada somente em 13.11.03 — Retorno ao emprego sob a caracterização de abandono de emprego — Ultraje à boa-fé objetiva — p. 284

Publicação nos quadros de aviso da empresa — Representante sindical — Informações que repercutiram negativamente na imagem do obreiro — Configuração — p. 284

Punição disciplinar ou pecuniária justa — Ausência de ato faltoso pelo empregador — Indenização indevida — p. 285

Puro — Configuração — p. 285

Questão de inadimplemento — Configuração — p. 285

Readaptação de função — Atestados — Castigo e retaliação inocorrentes — Situação vexatória não configurada — p. 285

Rebaixamento de função e redução de salário. Gravidez. Perturbação a sua dignidade moral. Configuração — p. 286

Rebaixamento salarial como retaliação em vista de depoimento desfavorável ao empregador em ação trabalhista — Configuração — p. 286

Reconhecimento da nulidade do contrato de trabalho — Não configuração — p. 286

Recusa do empregador em emitir a CAT — Inexistência — p. 286

Registro de ocorrência policial indevida — Abusividade — Dano moral configurado — p. 287

Reintegração judicial frustrada — Dano moral configurado — p. 287

Reintegração no emprego

Decisão judicial — Empregado sem serviço cumprindo apenas expediente — Constrangimento e humilhação — Cabimento — p. 287

Responsabilidade pela lesão — Configuração do dano moral — p. 287

Reparação — Pedido de desculpas em particular face à acusação de improbidade lançada em reunião no ambiente do trabalho — Desproporcionalidade — p. 287

Repercussão na vida profissional e social — Indenização indevida — p. 288

Representação comercial fracassada — Indenização indevida — p. 288

Representação criminal — Não configuração — p. 288

Reprimendas humilhantes — Direito à indenização — p. 288

Requisitos — Ação dolosa e premeditada da reclamada — Dificuldade de recolocação do reclamante no mercado de trabalho — Configuração — p. 288

Rescisão contratual decorrente da adesão do reclamante ao PDVI — Danos morais inocorrentes — p. 289

Responsabilidade civil do empregador — Assaltantes que invadiram o prédio residencial onde o reclamante prestava serviço — Dano moral não configurado — p. 289

Responsabilidade civil dos advogados perante seus constituintes — Ausência de interposição de recurso cabível — Indenização por danos morais e materiais — p. 290

Responsabilidade da empresa por ato de seu contador — Indenização — p. 290

Responsabilidade pelos assaltos e ameaças sofridos pelo empregado durante a prestação de serviços — Segurança pública — Incumbência do Estado — Não imputação ao empregador — p. 290

Restrições acerca do ex-empregado em face do contrato então firmado — p. 290

Retaliação após o retorno da licença-maternidade — Configuração — p. 290
Retenção de documentos de entrega obrigatória — Caracterização — p. 291
Reuniões — Atraso — Pagamento de "prendas" (imitar um frango ou rebolar sobre uma cadeira) — Dano moral configurado — p. 291
Reuniões festivas e eventos ligados a atividades físicas — Não configuração — p. 291
Revistas e assaltos reiterados — Devida indenização — p. 292
Roubo de carga — Inocorrência — p. 292
Simples convocação do obreiro para prestar esclarecimento, na sala da segurança da empresa, sobre fato ocorrido durante a jornada de trabalho, envolvendo o trabalhador — Não configuração — p. 293
Situação de humilhação — Agressão verbal na frente dos demais colegas — Chamada de "burra" e mandada "calar a boca" — Dano moral configurado — p. 292
Situação humilhante e constrangedora — Dano moral configurado — p. 293
Situação vexatória
Configuração — p. 293
Vendedor que não atingia as metas que lhe eram impostas — Dano moral configurado — p. 293
Situação vexatória e humilhante não configurada — Indenização por dano moral indevida — p. 293
Situação vexatória não comprovada — p. 294
Situações vexatórias e humilhantes a que estavam submetidos empregados que não atingiam as metas de vendas — p. 295
Substituição de gerente afastado por motivo de saúde — Retorno ao cargo anterior — Ofensa à dignidade do trabalhador inexistente — p. 295
Substituição de professor em atividade complementar da escola — Inexistência de causa e efeito — p. 295
Suposto crime — Competente procedimento policial investigatório — Boletim de ocorrência — Não configuração — p. 295
Suspeita de apropriação indébita — Abalo da reputação do empregado — Prova — Reparação devida — p. 295
Suspeita sobre a conduta da empregada — Feito aos gritos — Conhecimento dos demais empregados — Cabimento — p. 296
Terceirização — Não pagamento de salários ou verbas rescisórias — Não configuração — p. 296
Trabalhador rural — Condições de trabalho inadequadas — Cabimento — p. 296
Trabalho em situação degradante — Configuração — p. 296
Trabalho escravo e em condições degradantes. Inviabilidade quanto à configuração — p. 297
Transferência para o exterior sem visto de trabalho — Dano moral configurado — p. 297
Transporte inadequado — Ausência de ofensa à dignidade humana — p. 297
Tratamento com incivilidade — Dano moral configurado — p. 298
Tratamento degradante — Direito à indenização — p. 298
Tratamento humilhante do superior hierárquico — Prova do dano — Cabimento — p. 298
Tratamento reiterado de forma grosseira — Aplicabilidade — p. 298
Tratamento vexatório — Configuração — p. 298
Triviais aborrecimentos — Não configuração — p. 299
Uso da imagem — Do empregado pelo empregador — Autorização tácita — Ausência de dano — Indenização incabível — p. 299
Uso indevido da imagem do empregado
Cabimento — p. 299
Desnecessidade de comprovação do dano material — Violação do artigo 5º, X, da Constituição Federal — Configuração — p. 299

Utilização de apelidos no local de trabalho — Responsabilidade da empregadora — p. 300
Utilização pelo empregador de cheques fornecidos de boa-fé pelo empregado para efetuar compras em benefício do empreendimento — Devolução dos cheques — Caracterização — p. 301
Utilização pelo empregador do nome do reclamante para movimentação de conta bancária "laranja" — Ausência de conivência e culpa concorrente — p. 301
Valorização do trabalho humano — Violação — Dano moral configurado — p. 301
Veiculação de imagem do empregado com fins de divulgação da empresa — Reflexos no campo religioso — Indenização — Ofensa aos arts. 1º, inc. III e 5º, inc. X, da CF — Violação dos arts. 11 e 21 do C.C.B. — Inocorrência — p. 303
Vendedor
Dança da música tema da novela Escrava Isaura — Não-cumprimento das metas de venda — Violação dos bens protegidos pelo art. 5º, X, da CF — p. 303
Desfile com vestimenta de presidiário e feminina — Violação aos direitos da personalidade — p. 303
Inadimplemento da obrigação por parte do empregador — Inexistência — p. 304
Metas de vendas — Submissão a situações constrangedoras e humilhantes perante colegas e superiores — Configuração — p. 304
Que não atinge metas — Submissão a atos de vexame, constrangimento e humilhação — Indenização — Cabimento — p. 304
Vendedora que realiza trabalho de modelo — Pedido de indenização por danos morais — Ausência do direito — p. 304
Vigilante — Porte ilegal de armas — Culpa do empregador — Dano moral configurado — p. 304
Violação à intimidade e privacidade — Caracterização — p. 305
Violação ao patrimônio moral do empregado — Reconhecimento com base em meras alegações — Indenização — Descabimento — p. 305
Violação de direitos inerentes à personalidade — Não ocorrência — p. 305
Violação do intervalo intrajornada — Dano moral não comprovado — Indenização indevida — p. 305
Vulneração de direitos da personalidade
Ato praticado por autoridade policial — p. 306
Ato praticado por autoridade policial — Não configuração — p. 307

DANO MORAL — INDENIZAÇÃO — NATUREZA JURÍDICA (Cap. XXI)
Comentário — p. 628
Referências legais — p. 629
Jurisprudência — p. 629
Bibliografia — p. 630
Indenização por dano moral
Imposto de renda — Isenção — p. 629
Natureza do seu pagamento e coisa julgada — p. 630
Retenção de imposto de renda na fonte — Impossibilidade — Parcela de natureza indenizatória — p. 630

DANO MORAL — INDENIZAÇÃO REPARATÓRIA — FIXAÇÃO DO *QUANTUM* (Cap. XVIII)
Comentário — p. 559
Referências legais — p. 563
Jurisprudência — p. 564
Bibliografia — p. 586
Indenização por dano moral
Critério de fixação — p. 564 e 566

Critérios de fixação — Impedimento à perpetuação de comportamentos tirânicos praticados por pessoas que extrapolam os limites do profissionalismo e da urbanidade — p. 566
Critérios de fixação — Princípio da razoabilidade — p. 566
Critério indenizatório: dor-permanente, gozo-permanente — p. 565
Dever de reparação — Critérios para fixação — p. 567
Dimensionamento — p. 567
Elevado número de empregados — Pedido de vultosa quantia — Importa declarar a sua falência — Razoabilidade e bom senso — p. 567
Fixação da indenização com pagamento desdobrado em prestações mensais — p. 568
Fixação do *quantum* — p. 570 e 572
Fixação do *quantum* — Parâmetros — p. 576
Majoração do valor fixado na sentença — Indeferimento — p. 576
Mensuração exacerbada — Efeitos — p. 577
Natureza de sua fixação — p. 577
Proporcionalidade e razoabilidade entre o montante arbitrado e o gravame sofrido pelo empregado — p. 579
Vinculação ao salário mínimo — Fixação apenas para expressar o valor inicial da condenação e não ser base para atualização — p. 581
Indenização por danos materiais e morais — Caracterização e fixação — p. 581
Majoração da indenização — Gravidade do dano — Possibilidade econômica da ofensora — p. 581
Mensuração do *quantum* compensatório — p. 582
Parâmetros — p. 582
Quantificação — Acidente que resultou na morte do empregado — Patamares mais elevados — p. 582
Quantificação do dano — Reparação correspondente ao grau e extensão da lesão — Perda dos membros inferiores — p. 582
Redução do valor pecuniário inicialmente arbitrado em primeira instância por parte do Tribunal Regional — Ofensa ao artigo 5º, *caput*, I e X, da CF/88 — Não-configuração — p. 583
Reparação e quantificação — Aplicação — p. 583
Valor — Princípio da proporcionalidade — p. 584
Valor da indenização — Princípio da razoabilidade e da proporcionalidade — p. 584
Valor da indenização por dano moral — Requisitos — p. 584
Valor e critério para fixação de indenização — Princípio da razoabilidade — p. 585
Valor indenizatório
Período da prestação de serviços e ofensa ao patrimônio subjetivo da ofendida — p. 586
Valor correspondente ao capital social da empresa e quarenta vezes o que a parte diz ter recebido mensalmente — p. 586

DANO MORAL — INTERESSES DIFUSOS E COLETIVOS — DANO MORAL COLETIVO — (Cap. XII)

Comentário — p. 408
Referências legais — p. 416
Jurisprudência — p. 417
Bibliografia — p. 438
Ação civil pública
Abuso do poder diretivo, na coação, no constrangimento e na intenção de lesar trabalhadores — Condenação ao pagamento de dano moral coletivo — Possibilidade — p. 418

Dano moral coletivo — p. 418
Dano moral coletivo — Cabimento — p. 420
Interesses coletivos — Não configurado — p. 422
Legitimidade ativa *ad causam* do Ministério Público do Trabalho — Dano moral coletivo — Pedido acessório — p. 422
Trabalho rural em condições análogas à de escravo — Dano moral coletivo — Interesses difusos e coletivos — p. 422
Revista íntima — p. 422
Dano moral coletivo
Configuração — p. 423
Meio ambiente de trabalho — Leucopenia — Destinação da importância referente ao dano moral coletivo — FAT e Instituição de saúde (Lei n. 7.347/85, Art. 13) — p. 423
Não configuração — p. 424 e 425
Dispensa sem justa causa — Represália ao exercício regular de um direito de cidadania — Caracterização — p. 428
Intermediação de mão-de-obra — Dano não é social, mas individual — Inexistência de dano moral coletivo — p. 427
Ministério Público do Trabalho — Legitimidade ativa — Ação civil pública — Direitos coletivos e direitos individuais homogêneos indisponíveis — p. 429
Não-recolhimento do FGTS — Inexistência de ofensa à moral coletiva — p. 429
Obrigação do empregador de contratar pessoas portadoras de deficiências — Competência material da Justiça do Trabalho — Legitimidade do Ministério Público do Trabalho — p. 431
Trabalho em condições análogas à de escravo — Dano moral — Configuração — p. 431
Trabalho em condições subumanas — Dano moral coletivo provado — Indenização devida — p. 432
Trabalho forçado — Configuração — p. 434

DANO MORAL — LEGITIMIDADE ATIVA PARA AGIR (Cap. IV)
Comentário — p. 72
Referências legais — p. 76
Jurisprudência — p. 77
Bibliografia — p. 79
Ação ajuizada ou assumida pelos dependentes do trabalhador falecido — Competência da Justiça do Trabalho — p. 77
Ação de indenização proposta pela esposa e pelo filho do falecido — Competência da Justiça Comum — p. 77
Ação reparatória — Danos morais — Legitimidade ativa *ad causam* do viúvo — Prejudicado indireto — Dano por via reflexa — p. 77
Acidente de trabalho fatal — Ação de indenização por dano moral proposta pelo pai do empregado vitimado — Demanda em nome próprio — Incompetência da Justiça do Trabalho — Conflito de competência — p. 77
Acidente de trabalho — Danos morais e materiais suportados pelos familiares do *de cujus* — Ilegitimidade ativa *ad causam* do espólio — p. 78
Acidente de trabalho — Espólio — Legitimidade ativa *ad causam* — Morte do trabalhador acidentado no curso da ação reclamatória — p. 78
Acidente do trabalho — Óbito do empregado. Ação de indenização por danos morais e materiais. Legitimidade ativa dos filhos do "de cujus" — p. 78
Direito personalíssimo — Processo em curso — Sucessão — p. 78
Indenizações por danos material e moral — Doença profissional — Morte do empregado — Legitimidade ativa *ad causam* — Esposa e filhos do *de cujus* — p. 79

Morte em serviço — Danos morais e materiais — Ação ajuizada pela mãe da vítima — Incompetência da Justiça do Trabalho — p. 79

DANO MORAL — PODERES DISCIPLINAR E DIRETIVO DO EMPREGADOR (Cap. XVI)

Comentário — p. 532
Referências legais — p. 535
Jurisprudência — p. 537
Bibliografia — p. 543

Abuso do poder diretivo do empregador — p. 537
Abuso do poder diretivo do empregador — Suspensão disciplinar — Configuração — p. 537
Abuso do poder diretivo e fiscalizatório — Dano moral configurado — p. 538
Advertências e suspensão — Indenização — Cabimento — p. 538
Ameaças — Intimidação — Limites do poder diretivo — Dano moral configurado — p. 538
Anulação de pena disciplinar — Não configuração — p. 538
Comentários entre empregados — Poder diretivo — Não configuração — p. 539
Destituição de função de confiança — Arbitrariedade do empregador — Configuração — p. 539
Destituição de função de confiança — Restituição das vantagens salariais anteriores e indenização por dano moral — p. 539
Determinação no sentido de que o reclamante não voltasse a exercer as suas atividades habituais após reintegração no emprego e permanecendo em casa, aguardando eventual convocação para o trabalho — Dano moral configurado — p. 539
Exercício do poder disciplinar do empregador — Dano moral não configurado — p. 539
Exercício não abusivo do poder diretivo pelo empregador — Dano moral não configurado — p. 540
Indenização por dano moral — Rebaixamento de cargo — Inocorrência — p. 540
Inocorrência — Poder diretivo do empregador — p. 540
Pena de suspensão — Representante sindical — Indenização cabível — p. 541
Poder de comando do empregador — Descabimento — p. 541
Poder de mando do empregador — Art. 482 da CLT — Ausência de dano moral — p. 541
Poder diretivo — Limites — Configuração — p. 541
Poder diretivo do empregador
  Elemento fiduciário — Exercício regular de direito — Inexistência — p. 541
  Normalidade — Dano moral não configurado — p. 542
  Respeito à eminente dignidade humana — Configuração — p. 542
  Poder diretivo e fiscalizador — Limites — p. 543
  Procedimento investigatório — Defesa de patrimônio — Não configuração — p. 543
  Profissional que extrapola os limites de sua autoridade passando a chefiar os subordinados como se fosse um feitor ou capataz — Dano moral configurado — p. 543
  Realização de buscas na residência do empregado — Sumiço de dinheiro transportado em carro forte — Extrapolação do poder de direção do empregador — Configuração — p. 543

DANO MORAL — PRATICADO POR EMPREGADO (Cap. XVII)

Comentário — p. 546
Referências legais — p. 552
Jurisprudência — p. 554
Bibliografia — p. 558

Ação de regresso — Responsável direto pelo dano — Existência de um título judicial — p. 554

Ação movida pela ex-empregadora em face de prejuízo causado pelo ex-empregado no cumprimento de decisão trabalhista — Competência da Justiça Estadual — p. 554

Dano moral à empresa — Não configuração — p. 554

Danos financeiros e à imagem do empregador — Cabimento — p. 554

Empregado doméstico — Festas na ausência do empregador — Ofensa à integridade moral do empregador — Dano moral configurado — p. 555

Proposta por empregador contra ex-empregado — Ausência de prova — Indenização indevida — p. 556

Proposta por empregador contra ex-empregados supostamente causadores de danos sofridos por terceiros — Nexo causal e culpa dos agentes — Prova — p. 558

Recebimento de valores pelo empregado sem o devido repasse para a empresa — Nova cobrança formulada aos clientes — Mau conceito da reclamada junto à sua clientela — Dano moral devido ao empregador — Cabimento — p. 558

DANO MORAL — PRAZO PRESCRICIONAL (Cap. XX)

Comentário — p. 604

Referências legais — p. 608

Jurisprudência — p. 609

Bibliografia — p. 627

Ação anterior com objeto diverso — Argüição de prescrição bienal acolhida — p. 609

Ação de indenização por dano moral ou material, decorrente de acidente do trabalho — Processo oriundo da Justiça Estadual — Prescrição aplicável — p. 609

Ato ilícito em decorrência de acidente do trabalho — Ação em curso na Justiça do Trabalho — Prescrição aplicável — p. 609

Dano moral — Relação de emprego — Art. 7º, XXIX, da CF — Aplicabilidade — p. 609

Dano moral e material trabalhista — Código Civil e normas esparsas — Aplicação — p. 609

Dano moral na esfera trabalhista — Prazo de prescrição extintiva — p. 610

Danos morais — Indenização — Acidente de trabalho — Direito híbrido — Incidência da regra do art. 205, do C. Civil — Decenal — Actio nata — Início da contagem do prazo — p. 610

Danos morais — Decorrente da relação de emprego — Aplicação — Prazo prescricional previsto no art. 7º, XXIX, da CF — p. 610

Indenização por dano moral

- Prazo prescricional de 20 anos previsto no art. 177 da lei civil, em observância ao art. 2.028 do novo CCB — p. 624
- Prescrição — Acidente do trabalho — Art. 7º, XXIX, da CF — Aplicação — p. 610
- Prescrição — Aplicação do atual Código Civil — Regra intertemporal quanto aos prazos — p. 611
- Prescrição — Art. 7º, XXIX, da CF — p. 611
- Prescrição — Art. 7º, XXIX, da CF — Aplicação — p. 611 e 625
- Prescrição — Art. 7º, XXIX, da CF — Contagem do prazo — p. 611
- Prescrição — Arts. 7º, XXIX e 114, da CF — p. 612
- Prescrição — Arts. 7º, XXIX, da CF e 11 da CLT — Aplicação — p. 613
- Prescrição — Normas de Direito Civil — p. 613 e 615
- Prescrição — Termo inicial — p. 618
- Prescrição do art. 7º, XXIX, da CF — p. 618
- Prescrição vintenária — Art. 177, do CC de 1916 — p. 620
- Prescrição vintenária — Art. 177, do Código Civil de 1916 — p. 620 e 624

Possibilidade da ação posterior à extinção do contrato de trabalho — Prescrição aplicável — p. 624
Prescrição aplicável — Termo inicial — Data da ciência pelo empregado — Ônus da prova do autor — p. 625
Prescrição do atual Código Civil — Regra intertemporal quanto aos prazos — p. 627

DANO MORAL — PROVA JUDICIAL — (Cap. XIX)

Comentário — p. 588
Referências legais — p. 590
Jurisprudência — p. 591
Bibliografia — p. 602
Acidente de trabalho — Dano moral — Prova — p. 591
Alegação de dano moral — Necessidade de prova de quem alega — p. 591
Atribulações, mágoas, aflição e sofrimento — Prova não direta, mas de fatos que conduzam à ilação da ofensa dessa ordem — p. 591
Ausência de nexo de causalidade — Prova — Não configuração — p. 592
Ausência de prova
  Dano moral não configurado — p. 592
  Descabimento — p. 592
Confissão ficta — Efeitos limitados — p. 593
Dano estético — Independe de prova — Dano moral configurado — p. 593
Dano moral está ínsito na própria ofensa e decorre da gravidade do ilícito em si — p. 593
Depoimentos conflitantes — Ofensa quando ultrapassar os limites da subjetividade — Resultado da prova — p. 593
Empregador reclamado — Aplicação do princípio *in dubio pro reo* — p. 594
Gravação clandestina — Prova ilícita — Inadmissibilidade — p. 595
Gravação de conversa telefônica — Prova imoral e ilícita — p. 595
Inexistência de prova — p. 596
Necessidade de perquirir a culpa do agente e a prova do dano — p. 596
Nexo de causalidade entre o dano sofrido pelo empregado e a ação do empregador — Não configuração — p. 596
Ônus da prova — p. 597
Ônus da prova
  Arts. 818, da CLT e 333, I e II, do CPC — p. 597
  Dúvida quanto à participação no diálogo gravado em fita magnética — p. 597
  Ficta confessio imposta ao empregador — Impertinência — p. 597
Ônus probatório — Dano moral — Caracterização — Indenização — p. 597
Prova — p. 597
Prova — Ausência de ato ilícito — p. 597
  Dano moral — Empregado — p. 598
  Da dor moral sofrida pelo ofendido — Desnecessidade — Presunção *hominis* — p. 598
  Dano moral puro — p. 598
  Dano puro ou meramente moral — p. 598
  Desnecessidade — p. 598
  Forma dolosa ou culposa — Inexistência — p. 598
  Necessidade — p. 598
  Necessidade de demonstração inequívoca do fato alegado — p. 599
  Simples reação do ofendido — Não configuração — p. 599

Prova dos fatos que levam à desqualificação da honra do atingido ou à verificação de situação vexatória ou de temor que resultem na existência de dor sentimental — Necessidade — p. 599
Prova material da dor moral — Impossibilidade — Forma da constatação — p. 600
Reparação — Ausência de requisito essencial — Prova do dano — Indevida — p. 600
Requisitos — Não configuração — p. 601
Rescisão indireta do contrato de trabalho — Gravação de ofensas ao empregado no local de trabalho — Aceitação da prova no processo trabalhista — p. 601
Responsabilidade civil — Doença profissional — Ônus da prova — p. 602
Responsabilidade do empregador — Prova do dolo ou culpa — p. 602
Robusta demonstração de que o empregado tenha sido exposto em público a tratamento vexatório — p. 602
Terceiros não têm condições de expressar a dor moral de alguém — Prova — Não configuração — p. 602
Testemunhal — Inapta para configuração de dano moral — p. 602

DANO MORAL — RESCISÃO DO CONTRATO DE TRABALHO POR JUSTA CAUSA OU NÃO (Cap. XIV)

Comentário — p. 480
Referências legais — p. 482
Jurisprudência — p. 483
Bibliografia — p. 505
Acusar o empregado de prática de ato de improbidade — Caracterização — p. 483
    Ato patronal de demissão por justa causa: alegação de desvio de conduta do obreiro — Nítida inconsistência — Configuração — p. 483
Boatos
    Dano moral — Despedida vazia — Insuficiência para caracterizar dano moral — p. 484
    Dano moral — Conversão da dispensa por justa causa em despedida imotivada — Insuficiência para caracterizá-lo — p. 484
    Despedida cheia descaracterizada — Insuficiência para caracterizar dano moral — p. 484
Demissão abrupta e imotivada — Inocorrência — p. 484
Despedida — Insuficiência para caracterizar o dano moral — p. 485
Despedida imotivada — Direito livre e potestativo do empregador — p. 485
Direito resilitório — Reconhecimento em juízo — Não configuração — p. 485
Dispensa do empregado
    Dificuldade financeira — Não configuração — p. 485
    Direito potestativo do empregador — Dano moral não configurado — p. 485
    Nexo causal — Dano moral não configurado — p. 485
    Sofrimento psíquico do empregado — Não configuração — p. 485
    Videoconferência — Indenização por danos morais — Cabível — p. 486
Dispensa imotivada ilícita — Inadimplência salarial da empresa que leva à insolvência do empregado — p. 488
Dispensa por iniciativa do empregador — Dano moral e material — Ausência de ato ilícito — p. 488
Dispensa por justa causa
    Abuso de direito — Ofensa à imagem e honra do trabalhador — p. 488
    Ato de improbidade — Ausência de intenção dolosa — Não caracterização — p. 488
    Ato de improbidade — Indenização — Cabimento — p. 488

Ato de Improbidade — Indenização — Descabimento — p. 489
Ato de improbidade (apropriação indébita) — Ausência de prova — Cabimento — p. 489
Ato de improbidade não comprovado — Indenização — Cabimento— p. 489
Ato de improbidade não comprovado — Indenização — Caracterização e cabimento — p. 490
Ato de improbidade — Princípio constitucional da dignidade da pessoa humana — p. 490
Ausência de culpabilidade do empregador — Transmudação da dispensa — Condenação das verbas rescisórias — Indenização indevida — p. 490
Dano moral — Necessidade de prova quanto à intenção do empregador em desabonar o empregado — Caracterização — p. 490
Denúncia de ato faltoso — Não configuração — p. 490
Descaracterização — Indenização — Dano moral — Inexistência de direito — p. 491
Ilícito trabalhista com ofensa de ordem moral — Não configuração — p. 492
Imagem denegrida não comprovada — Indenização — Não cabimento — p. 494
Não caracterização — p. 494
Não demonstração de que a empresa tivesse invocado uma justa causa com base em fato inexistente — Aplicação do princípio *in dubio pro reo* — p. 494
Obrigatoriedade de apontamento específico da conduta ilícita — Insuficiência do indicativo de hipóteses do art. 482 — Dano moral configurado — p. 494
Poder de mando do empregador — Art. 482 da CLT — Ausência de dano moral — p. 494
Repercussão na vida profissional e social — Prejuízo sem causa — Indenização devida — p. 495
Reversão — Não configuração — p. 496
Simples comunicação — Justa causa confirmada — Indenização indevida — p. 496
Dispensa por justa causa afastada judicialmente
Banalização da "indústria do dano" — Não configuração — p. 497
Configurada a dispensa imotivada — Indenização por dano moral indevida — p. 498
Embriaguez — Não caracterização — p. 498
Hipótese de descabimento — p. 498
Indenização por dano moral — p. 498
Insuficiência de prova — Dano moral não imputável — p. 498
Insuficiência de provas — Indeferimento — p. 499
Não configuração — p. 499
Dispensa por justa causa desqualificada judicialmente — Ocorrência policial — Ausência de publicização da acusação policial ou divulgação desabonadora do fato pelo empregador — Não configuração — p. 500
Dispensa procedida ao arrepio do Estatuto da fundação empregadora. Configuração — p. 500
Dispensa sem justa causa
Alegação da ocorrência de dano moral — Retaliação por ter ajuizado outra ação trabalhista em desfavor do empregador — Não configuração — p. 500
Dano moral — Ausência de configuração — p. 500
Falsa imputação ao obreiro de ato de improbidade, com repercussão no seio da empresa — p. 500
Motivos depreciativos divulgados em jornal de grande circulação — Repercussão danosa à honra e à possibilidade de novo emprego — Direito à indenização — p. 500
Realização de auditoria periodicamente — Desemprego — Não configuração — p. 501
Exposição do empregado à situação vexatória quando da dispensa — Configuração — p. 501
Falta de fornecimento de carta de apresentação — Descabimento — p. 501
Indenização — Dano material e moral — Não configuração — p. 501
Indenização por dispensa arbitrária — Impossibilidade de apreciar-se o pedido como de indenização por danos morais — p. 502

Informações desabonadoras supostamente prestadas por ex-empregador — Inocorrência de ilícito — Ausência de nexo causal — p. 502

Não caracterização — Descoberta do autor, após o seu afastamento do emprego, que a verdadeira razão da sua dispensa foi falsa acusação de furto — p. 502

Não comprovação da conduta ilícita do empregador no momento da rescisão do contrato — p. 502

Pedido de demissão — Coação — Ocorrência — p. 502

Poder potestativo do empregador — Limites éticos, morais e jurídicos — Dano moral configurado — p. 503

Publicidade dos fatos da dispensa — Configuração — p. 503

Publicidade e divulgação da modalidade da ruptura contratual — Repercussões desabonadoras à imagem profissional do reclamante — Cabimento — p. 503

Publicidade indevida da rescisão contratual por justa causa — Correio eletrônico — Indenização — Caracterização — p. 503

Represália por ter reclamado contra o empregador — Informações negativas ao novo empregador — p. 504

Rescisão contratual — Capacidade potestativa do empregador — Descabimento — p. 504

Rescisão contratual decorrente da adesão do reclamante ao PDVI — Danos morais — p. 504

Rescisão indireta do contrato de trabalho

Gravação de ofensas ao empregado no local de trabalho — Aceitação da prova no processo trabalhista — p. 504

Tratamento desrespeitoso — Ofensas pessoais — Configuração — p. 505

Reversão da dispensa por justa causa em injusta — Dano causado — Configuração — p. 505

Produção Gráfica e Editoração Eletrônica: **RLUX**
Capa: **ELIANA C. COSTA**
Impressão: **GEOGRÁFICA E EDITORA**